CÓDIGO SANITÁRIO
DO ESTADO DE SÃO PAULO

Lei nº 10.083, de 23 de setembro de 1998

O livro é a porta que se abre para a realização do homem.

Jair Lot Vieira

11ª edição
2019

Supervisão editorial
JAIR LOT VIEIRA

CÓDIGO SANITÁRIO
DO ESTADO DE SÃO PAULO

Lei nº 10.083, de 23 de setembro de 1998
Atualizada até o *DOE* de 20 de fevereiro de 2019

Decreto nº 12.342, de 27 de setembro de 1978
Regulamento da promoção, preservação
e recuperação da saúde

**Portaria Conjunta CVS-IAL nº 9,
de 12 de novembro de 2004**
Manual de procedimentos operacionais padronizados
para análise fiscal de produtos da área de alimentos

Lei nº 12.300, de 16 de março de 2006
Política Estadual de Resíduos Sólidos

Portaria CVS nº 4, de 21 de março de 2011
Sistema Estadual de Vigilância Sanitária (SEVISA)
Cadastro Estadual de Vigilância Sanitária (CEVS)

Portaria CVS nº 5, de 9 de abril de 2013
Regulamento técnico de boas práticas
para estabelecimentos comerciais de alimentos
e para serviços de alimentação, e roteiro de inspeção

Decreto nº 59.113, de 23 de abril de 2013
Estabelece novos padrões de qualidade do ar

Normas Técnicas
Legislação Complementar
Índice remissivo

edipro

Grafia conforme o novo Acordo Ortográfico da Língua Portuguesa.

11ª edição, 2019.
Atualizada até o *DOE* de 20.2.2019.

Editores: Jair Lot Vieira e Maíra Lot Vieira Micales
Coordenação editorial: Fernanda Godoy Tarcinalli
Editoração: Alexandre Rudyard Benevides
Revisão: Patricia Menezes
Arte: Karine Moreto de Almeida
Imagens da capa: Designed by DesEYEns; bearfotos; freepic.diller; montypeter; freepik / Freepik

Dados Internacionais de Catalogação na Publicação (CIP)
(Câmara Brasileira do Livro, SP, Brasil)

São Paulo (Estado)

Código Sanitário do Estado de São Paulo : Lei nº 10.083, de 23 de setembro de 1998 – Normas técnicas e legislação complementar / supervisão editorial Jair Lot Vieira – 11 ed. – São Paulo : Edipro, 2019. (Série Legislação)

ISBN 978-85-7283-963-1

1. Saúde pública – Leis e legislação – Brasil – São Paulo (Estado). I. São Paulo (Estado) Secretaria da Saúde. II. Título.

91-0582 CDU-34:614(816.1)(094.4)

Índices para catálogo sistemático:
1. Código Sanitário do Estado de São Paulo : 34:614(816.1)(094.4)
2. São Paulo : Estado : Código Sanitário : 34:614(816.1)(094.4)

edipro

São Paulo: (11) 3107-4788 • Bauru: (14) 3234-4121
www.edipro.com.br • edipro@edipro.com.br
@editoraedipro @editoraedipro

SUMÁRIO

CÓDIGO SANITÁRIO DO ESTADO DE SÃO PAULO

LEI Nº 10.083, DE 23 DE SETEMBRO DE 1998

Dispõe sobre o Código Sanitário do Estado.

LIVRO I
(arts. 1º a 10)

LIVRO II
PROMOÇÃO, PROTEÇÃO E PRESERVAÇÃO DA SAÚDE
(arts. 11 a 85)

LIVRO III
PROCEDIMENTOS ADMINISTRATIVOS
(arts. 86 a 138)

LIVRO IV
DISPOSIÇÕES FINAIS
(arts. 139 a 146)

REGULAMENTO DA PROMOÇÃO, PRESERVAÇÃO E RECUPERAÇÃO DA SAÚDE NO CAMPO DE COMPETÊNCIA DA SECRETARIA DE ESTADO DA SAÚDE

DECRETO Nº 12.342, DE 27 DE SETEMBRO DE 1978

Aprova o Regulamento a que se refere o art. 22 do Decreto-Lei nº 211, de 30 de março de 1970, que dispõe sobre normas de promoção, preservação e recuperação da saúde no campo de competência da Secretaria de Estado da Saúde.

PRIMEIRA PARTE
SANEAMENTO
(arts. 1º a 468)

SEGUNDA PARTE
PROMOÇÃO DA SAÚDE
(arts. 469 a 476)

TERCEIRA PARTE
PRESERVAÇÃO DA SAÚDE
(arts. 477 a 551)

QUARTA PARTE
RECUPERAÇÃO DA SAÚDE
(arts. 552 a 556)

QUINTA PARTE
REPRESSÃO ÀS INFRAÇÕES DE NATUREZA SANITÁRIA
(arts. 557 a 596)

LEGISLAÇÃO COMPLEMENTAR

LEIS E DECRETOS-LEIS

DECRETOS

PORTARIAS, RESOLUÇÕES E COMUNICADOS

NOTA DO EDITOR:

Os seguintes Comunicados, por serem de atualização anual, não apresentamos nesta edição:

- Comunicado DA que divulga o valor da Unidade Fiscal do Estado de São Paulo – UFESP para o período anual. Encontra-se disponível em: <http://info.fazenda.sp.gov.br/NXT/gateway.dll?f=templates&fn=default.htm&vid=sefaz_tributaria:vtribut>.
- Comunicado CVS que dispõe sobre os valores das Taxas de Fiscalização de Serviços Diversos para o período anual. Encontra-se disponível em: <http://www.cvs.saude.sp.gov.br/cvs.asp>.

CÓDIGO SANITÁRIO DO ESTADO DE SÃO PAULO

LEI Nº 10.083, DE 23 DE SETEMBRO DE 1998

Dispõe sobre o Código Sanitário do Estado.

O Vice-Governador, em exercício no cargo de Governador do Estado de São Paulo,
Faço saber que a Assembleia Legislativa decreta e eu promulgo a seguinte Lei:

LIVRO I

TÍTULO I
PRINCÍPIOS GERAIS

Art. 1º. Este Código atenderá aos princípios expressos nas Constituições Federal e Estadual, nas Leis Orgânicas de Saúde – Leis nºs 8.080, de 19 de setembro de 1990 e 8.142, de 28 de dezembro de 1990, no Código de Defesa do Consumidor – Lei nº 8.078, de 11 de setembro de 1990 e no Código de Saúde do Estado de São Paulo – Lei Complementar nº 791, de 9 de março de 1995, baseando-se nos seguintes preceitos:

I – descentralização, preconizada nas Constituições Federal e Estadual, de acordo com as seguintes diretrizes:

a) direção única no âmbito estadual e municipal;

b) municipalização dos recursos, serviços e ações de saúde, estabelecendo-se em legislação específica os critérios de repasse de verbas das esferas federal e estadual;

c) integração das ações e serviços, com base na regionalização e hierarquização do atendimento individual e coletivo, adequado às diversas realidades epidemiológicas; e

d) universalização da assistência com igual qualidade e acesso da população urbana e rural a todos os níveis dos serviços de saúde;

II – participação da sociedade, através de:

a) conferências de saúde;

b) conselhos de saúde;

c) representações sindicais; e

d) movimentos e organizações não governamentais;

III – articulação intra e interinstitucional, através do trabalho integrado e articulado entre os diversos órgãos que atuam ou se relacionam com a área de saúde;

IV – publicidade, para garantir o direito à informação, facilitando seu acesso mediante sistematização, divulgação ampla e motivação dos atos; e

V – privacidade, devendo as ações de vigilância sanitária e epidemiológica preservar este direito do cidadão, somente sendo sacrificado quando for a única maneira de evitar perigo atual ou iminente para a saúde pública.

TÍTULO II
OBJETO, CAMPO DE ATUAÇÃO E METODOLOGIA

Art. 2º. Os princípios expressos neste Código disporão sobre proteção, promoção e preservação da saúde, no que se refere às atividades de interesse à saúde e meio ambiente, nele incluído o do trabalho, e têm os seguintes objetivos:

I – assegurar condições adequadas à saúde, à educação, à moradia, ao transporte, ao lazer e ao trabalho;

II – promover a melhoria da qualidade do meio ambiente, nele incluído o do trabalho, garantindo condições de saúde, segurança e bem-estar público;

III – assegurar condições adequadas de qualidade na produção, comercialização e consumo de bens e serviços de interesse à saúde, incluídos procedimentos, métodos e técnicas que as afetem;

IV – assegurar condições adequadas para prestação de serviços de saúde;

V – promover ações visando o controle de doenças, agravos ou fatores de risco de interesse à saúde; e

VI – assegurar e promover a participação da comunidade nas ações de saúde.

Art. 3º. As ações de vigilância sanitária e epidemiológica serão desenvolvidas através de métodos científicos, mediante pesquisas, monitoramento através da análise da situação, mapeamento de pontos críticos e controle de riscos.

Art. 4º. Em consonância com o Sistema Estadual de Auditoria e Avaliação, deverá ser mantido processo contínuo de acompanhamento e avaliação das ações de vigilância sanitária e epidemiológica, visando o aprimoramento técnico-científico e a melhoria da qualidade e resolubilidade das ações.

Art. 5º. Caberá à direção estadual do Sistema Único de Saúde – SUS, enquanto atividade coordenadora do Sistema a elaboração de normas, Códigos e orientações, observadas as normas gerais de competência da União, no que diz respeito às questões de vigilância sanitária e epidemiológica, respeitadas as competências municipais estabelecidas no art. 30, inciso I da Constituição Federal.

Art. 6º. A política de recursos humanos da Secretaria de Estado da Saúde deverá manter atividade de capacitação permanente dos profissionais que atuam em vigilância sanitária e epidemiológica, de acordo com os objetivos e campo de atuação das mesmas.

Art. 7º. Em consonância com o Sistema Estadual de Informação em Saúde, a Secretaria de Estado da Saúde deverá organizar, em articulação com os Municípios, o Sistema de Informações em Vigilância Sanitária e Epidemiológica.

Art. 8º. Os órgãos e entidades públicas e as entidades do setor privado, participantes ou não do SUS, estarão obrigados a fornecer informações às direções estadual e municipal do SUS, na forma solicitada, para fins de planejamento, de correção finalística de atividades e de elaboração de estatísticas de saúde.

Art. 9º. As informações referentes às ações de vigilância deverão ser amplamente divulgadas à população, através de diferentes meios de comunicação.

Art. 10. As Vigilâncias Sanitária e Epidemiológica deverão organizar serviços de captação de reclamações e denúncias, divulgando periodicamente esses dados.

LIVRO II
PROMOÇÃO, PROTEÇÃO E PRESERVAÇÃO DA SAÚDE

TÍTULO I
SAÚDE E MEIO AMBIENTE

CAPÍTULO I
DISPOSIÇÕES GERAIS

Art. 11. Constitui finalidade das ações de vigilância sanitária sobre o meio ambiente o enfrentamento dos problemas ambientais e ecológicos, de modo a serem sanados ou minimizados a fim de não representarem risco à vida, levando em consideração aspectos da economia, da política, da cultura e da ciência e tecnologia, com vistas ao desenvolvimento sustentado, como forma de garantir a qualidade de vida e a proteção ao meio ambiente.

Art. 12. São fatores ambientais de risco à saúde aqueles decorrentes de qualquer situação ou atividade no meio ambiente, principalmente os relacionados à organização territorial, ao ambiente construído, ao saneamento ambiental, às fontes de poluição, à proliferação de artrópodes nocivos, a vetores e hospedeiros intermediários às atividades produtivas e de consumo, às substâncias perigosas, tóxicas, explosivas, inflamáveis, corrosivas e radioativas e a quaisquer outros fatores que ocasionem ou possam vir a ocasionar risco ou dano à saúde, à vida ou à qualidade de vida.

Parágrafo único. Os critérios, parâmetros, padrões, metodologias de monitoramento ambiental e biológico e de avaliação dos fatores de risco citados neste artigo serão os definidos neste Código, em normas técnicas e demais diplomas legais vigentes.

CAPÍTULO II
ORGANIZAÇÃO TERRITORIAL, ASSENTAMENTOS HUMANOS E SANEAMENTO AMBIENTAL

Art. 13. A direção estadual do SUS deverá manifestar-se através de instrumentos de planejamento e avaliação de impacto à saúde, no âmbito de sua competência, quanto aos aspectos de salubridade, drenagem, infraestrutura sanitária, manutenção de áreas livres e institucionais, sistemas de lazer, índices de ocupação e de densidade demográfica.

Art. 14. Toda e qualquer edificação, quer seja urbana ou rural, deverá ser construída e mantida, observando-se:

I – proteção contra as enfermidades transmissíveis e as crônicas;

II – prevenção de acidentes e intoxicações;

III – redução dos fatores de estresse psicológico e social;

IV – preservação do ambiente do entorno;

V – uso adequado da edificação em função da sua finalidade; e

VI – respeito a grupos humanos vulneráveis.

Art. 15. Toda e qualquer instalação destinada à criação, à manutenção e à reprodução de animais, quer esteja em zona rural ou urbana, deve ser construída, mantida e operada em condições sanitárias adequadas e que não causem incômodo à população.

Art. 16. A autoridade sanitária, motivadamente e com respaldo científico e tecnológico, poderá determinar intervenções em saneamento ambiental, visando contribuir para a melhoria da qualidade de vida e saúde da população.

Art. 17. (Vetado).

§ 1º. (Vetado).

§ 2º. (Vetado).

Seção I
Abastecimento de Água para Consumo Humano

Art. 18. Todo e qualquer sistema de abastecimento de água, seja público ou privado, individual ou coletivo, está sujeito à fiscalização da autoridade sanitária competente, em todos os aspectos que possam afetar a saúde pública.

Art. 19. Os projetos de construção, ampliação e reforma de sistema de abastecimento de água, sejam públicos ou privados, individuais ou coletivos, deverão ser elaborados, executados e operados conforme normas técnicas estabelecidas pela autoridade sanitária competente.

Art. 20. Nos projetos, obras e operações de sistemas de abastecimento de água, sejam públicos ou privados, individuais ou coletivos, deverão ser obedecidos os seguintes princípios gerais, independentemente de outras exigências técnicas eventualmente estabelecidas:

I – a água distribuída deverá obedecer às normas e aos padrões de potabilidade estabelecidos pela autoridade sanitária competente;

II – todos os materiais, equipamentos e produtos químicos utilizados em sistemas de abastecimento de água deverão atender às exigências e especificações das normas técnicas estabelecidas pela autoridade sanitária competente, a fim de não alterar o padrão de potabilidade da água distribuída;

III – toda água distribuída por sistema de abastecimento deverá ser submetida obrigatoriamente a um processo de desinfecção, de modo a assegurar sua qualidade do ponto de vista microbiológico e manter concentração residual do agente desinfetante na rede de distribuição, de acordo com norma técnica;

IV – deverá ser mantida pressão positiva em qualquer ponto da rede de distribuição; e

V – a fluoretação da água distribuída através de sistemas de abastecimento deverá obedecer ao padrão estabelecido pela autoridade sanitária competente.

Seção II
Esgotamento Sanitário

Art. 21. Todo e qualquer sistema de esgotamento sanitário, seja público ou privado, individual ou coletivo, estará sujeito à fiscalização da autoridade sanitária competente, em todos os aspectos que possam afetar a saúde pública.

Art. 22. Os projetos de construção, ampliação e reforma de sistemas de esgotamento sanitário, sejam públicos ou privados, individuais ou coletivos, deverão ser elaborados, executados e operados conforme normas técnicas estabelecidas pela autoridade sanitária competente.

Art. 23. A utilização, em atividades agropecuárias, de água fora dos padrões de potabilidade, esgotos sanitários ou lodo proveniente de processos de tratamento de esgotos, só será permitida conforme normas técnicas.

Seção III
Resíduos Sólidos

Art. 24. Todo e qualquer sistema individual ou coletivo, público ou privado, de geração, armazenamento, coleta, transporte, tratamento, reciclagem e destinação final de resíduos sólidos de qualquer natureza, gerados ou introduzidos no Estado, estará sujeito à fiscalização da autoridade sanitária competente, em todos os aspectos que possam afetar a saúde pública.

Art. 25. Os projetos de implantação, construção, ampliação e reforma de sistemas de coleta, transporte, tratamento, reciclagem e destinação final de resíduos sólidos deverão ser elaborados, executados e operados conforme normas técnicas estabelecidas pela autoridade sanitária competente.

Art. 26. Fica proibida a reciclagem de resíduos sólidos infectantes gerados por estabelecimentos prestadores de serviços de saúde.

Art. 27. As instalações destinadas ao manuseio de resíduos com vistas à sua reciclagem, deverão ser projetadas, operadas e mantidas de forma tecnicamente adequada, a fim de não vir a comprometer a saúde humana e o meio ambiente.

Art. 28. As condições sanitárias de acondicionamento, transporte, incineração, localização e forma de disposição final dos resíduos perigosos, tóxicos, explosivos, inflamáveis, corrosivos, radioativos e imunobiológicos, deverão obedecer às normas técnicas e ficarão sujeitas à fiscalização da autoridade sanitária.

TÍTULO II
SAÚDE E TRABALHO

CAPÍTULO I
DISPOSIÇÕES GERAIS

Art. 29. A saúde do trabalhador deverá ser resguardada, tanto nas relações sociais que se estabelecem entre o capital e o trabalho, como no processo de produção.

§ 1º. Nas relações estabelecidas entre o capital e o trabalho estão englobados os aspectos econômicos, organizacionais e ambientais da produção de bens e serviços.

§ 2º. As ações na área de saúde do trabalhador previstas neste Código compreendem o meio ambiente urbano e rural.

Art. 30. São obrigações do empregador, além daquelas estabelecidas na legislação em vigor:

I – manter as condições e a organização de trabalho adequadas às condições psicofísicas dos trabalhadores;

II – garantir e facilitar o acesso das autoridades sanitárias, Comissões Internas de Prevenção de Acidentes – CIPAs e representantes dos sindicatos de trabalhadores aos locais de trabalho, a qualquer dia e horário, fornecendo todas as informações e dados solicitados;

III – dar ampla informação aos trabalhadores e CIPAs sobre os riscos aos quais estão expostos;

IV – arcar com os custos de estudos e pesquisas que visem esclarecer os riscos ao ambiente de trabalho e ao meio ambiente; e

V – comunicar imediatamente à autoridade sanitária a detecção de quaisquer riscos para a saúde do trabalhador, sejam físicos, químicos, biológicos, operacionais ou provenientes da organização do trabalho, elaborando cronograma e implementando a correção dos mesmos.

Art. 31. Os órgãos executores das ações de saúde do trabalhador deverão desempenhar suas funções, observando os seguintes princípios e diretrizes:

I – informar os trabalhadores, CIPAs e respectivos sindicatos sobre os riscos e danos à saúde no exercício da atividade laborativa e nos ambientes de trabalho;

II – assegurar a participação das CIPAs, das comissões de saúde e dos sindicatos de trabalhadores na formulação, planejamento, avaliação e controle de programas de saúde do trabalhador;

III – assegurar às CIPAs, às comissões de saúde e aos sindicatos de trabalhadores a participação nos atos de fiscalização, avaliação e pesquisa referentes ao ambiente de trabalho ou à saúde, bem como garantir acesso aos resultados obtidos;

IV – assegurar ao trabalhador em condições de risco grave ou iminente no local de trabalho a interrupção de suas atividades, sem prejuízo de quaisquer direitos, até a eliminação do risco;

V – assegurar aos sindicatos o direito de requerer ao órgão competente do Serviço de Vigilância Sanitária e Epidemiológica a interdição de máquinas, de parte ou de todo o ambiente de trabalho, quando houver exposição a risco iminente para a vida ou saúde dos trabalhadores e da população, com imediata ação do poder público competente;

VI – considerar o conhecimento do trabalhador como tecnicamente fundamental para o levantamento das áreas de risco e dos danos à saúde;

VII – estabelecer normas técnicas para a proteção da saúde no trabalho, da mulher no período de gestação, do menor e dos portadores de deficiências; e

VIII – considerar preceitos e recomendações dos organismos internacionais do trabalho, na elaboração de normas técnicas específicas.

Art. 32. É dever da autoridade sanitária competente indicar e obrigação do empregador adotar todas as medidas necessárias para a plena correção de irregularidades nos ambientes de trabalho, observados os seguintes níveis de prioridades:

I – eliminação das fontes de risco;

II – medidas de controle diretamente na fonte;

III – medidas de controle no ambiente de trabalho; e

IV – utilização de equipamentos de proteção individual, que somente deverá ser permitida nas situações de emergência ou nos casos específicos em que for a única possibilidade de proteção, e dentro do prazo estabelecido no cronograma de implantação das medidas de proteção coletiva.

CAPÍTULO II
ESTRUTURAÇÃO DAS ATIVIDADES E DA ORGANIZAÇÃO DO TRABALHO

Seção I
Dos Riscos no Processo de Produção

Art. 33. O transporte, a movimentação, o manuseio e o armazenamento de materiais, o transporte de pessoas, os veículos e os equipamentos usados nestas operações, deverão obedecer a critérios estabelecidos em normas técnicas, que preservem a saúde do trabalhador.

Art. 34. A fabricação, importação, venda, locação, instalação, operação e manutenção de máquinas e equipamentos deverão obedecer a critérios estabelecidos em normas técnicas, que preservem a saúde do trabalhador.

Art. 35. As empresas deverão manter sob controle os fatores ambientais de risco à saúde do trabalhador, como ruído, iluminação, calor, frio, umidade, radiações, agentes químicos, pressões hiperbáricas e outros de interesse da saúde, dentro dos critérios estabelecidos em normas técnicas.

Art. 36. A organização do trabalho deverá adequar-se às condições psicofisiológicas e ergonômicas dos trabalhadores, tendo em vista as possíveis repercussões negativas sobre a saúde, quer diretamente, através dos fatores que a caracterizam, quer pela potencialização dos riscos de natureza física, química ou biológica, presentes no processo de produção, devendo ser objeto de normas técnicas.

TÍTULO III
PRODUTOS E SUBSTÂNCIAS DE INTERESSE À SAÚDE

CAPÍTULO I
DISPOSIÇÕES GERAIS

Art. 37. Entende-se por produtos e substâncias de interesse à saúde os alimentos, águas minerais e de fontes, bebidas, aditivos, medicamentos, drogas, insumos farmacêuticos, correlatos, cosméticos, perfumes, produtos de higiene, saneantes, domissanitários (inseticidas, raticidas), agrotóxicos, materiais de revestimento e embalagens ou outros produtos que possam trazer riscos à saúde.

Art. 38. Compete à autoridade sanitária a avaliação e controle do risco, normatização, fiscalização e controle das condições sanitárias e técnicas da importação, exportação, a extração, produção, manipulação, beneficiamento, acondicionamento, transporte, armazenamento, distribuição, dispensação, esterilização, embalagem e reembalagem, aplicação, comercialização e uso, referentes aos produtos e substâncias de interesse à saúde.

Parágrafo único. A fiscalização de que trata este artigo se estende à propaganda e à publicidade dos produtos e substâncias de interesse à saúde.

Art. 39. As empresas relacionadas aos produtos e substâncias de interesse à saúde serão responsáveis pela manutenção dos padrões de identidade, qualidade e segurança, definidos a partir de normas técnicas aprovadas pelo órgão competente, bem como pelo cumprimento das Normas de Boas Práticas de Fabricação e Prestação de Serviços.

§ 1º. As empresas mencionadas no *caput* deste artigo, sempre que solicitado pela autoridade sanitária, deverão apresentar o fluxograma de produção e as Normas de Boas Práticas de Fabricação e Prestação de Serviços referentes às atividades desenvolvidas.

§ 2º. Deverá ser assegurado ao trabalhador o acesso às Normas de Boas Práticas de Fabricação e Prestação de Serviços.

Art. 40. Os profissionais de saúde deverão formular suas prescrições de medicamentos com base na denominação genérica dos medicamentos, conforme lista estabelecida pela direção estadual do SUS.

Parágrafo único. A direção estadual do SUS fará afixar em todos os dispensários de medicamentos a lista de medicamentos identificados por sua denominação genérica.

CAPÍTULO II
DOS ESTABELECIMENTOS

Seção I
Condições de Funcionamento dos Estabelecimentos de Produtos e Substâncias de Interesse à Saúde

Art. 41. Os estabelecimentos industriais e comerciais farmacêuticos deverão possuir local ou armário com chave para guarda de substâncias e produtos de controle sanitário especial, definidos pela legislação vigente, e registro de entrada e saída dessas substâncias e produtos.

Art. 42. As farmácias e drogarias poderão manter serviços de atendimento ao público para a aplicação de injeções e curativos de pequeno porte, sob a responsabilidade do técnico habilitado, de acordo com normas técnicas específicas.

Parágrafo único. Fica vedado às ervanarias e postos de medicamentos exercer as atividades mencionadas neste artigo.

Seção II
Da Comercialização dos Produtos e Substâncias de Interesse à Saúde

Art. 43. (Vetado).

Art. 44. A comercialização dos produtos importados de interesse à saúde ficará sujeita à prévia autorização da autoridade sanitária competente.

Art. 45. (Vetado).

Art. 46. Nas embalagens e rótulos de medicamentos que contenham corantes, estabilizantes e conservantes químicos ou biológicos, deverão constar, obrigatoriamente, mensagem alertando o consumidor sobre a presença e composição dos mesmos, bem como sobre a possibilidade de consequências adversas, prejudiciais à saúde.

Seção III
Da Propaganda de Produtos e Substâncias de Interesse à Saúde

Art. 47. As amostras grátis distribuídas pelos estabelecimentos industriais de produtos farmacêuticos deverão ser dirigidas exclusivamente ao médico, ao cirurgião-dentista e ao médico veterinário, e a propaganda desses produtos deverá restringir-se a sua identidade, qualidade e indicação de uso.

Art. 48. (Vetado).

TÍTULO IV
ESTABELECIMENTOS DE SAÚDE

CAPÍTULO I
ESTABELECIMENTOS DE ASSISTÊNCIA À SAÚDE

Art. 49. Para fins deste Código e de suas normas técnicas, considera-se assistência à saúde a atenção à saúde prestada nos estabelecimentos definidos e regulamentados em norma técnica, destinados precipuamente à promoção, proteção da saúde, prevenção das doenças, recuperação e reabilitação da saúde.

Art. 50. Os estabelecimentos de assistência à saúde que deverão implantar e manter comissões de controle de infecção serão definidos em norma técnica.

Parágrafo único. A responsabilidade pessoal dos profissionais de saúde pelo controle de infecção em seus ambientes de trabalho independe da existência da comissão referida neste artigo.

Art. 51. Os estabelecimentos de assistência à saúde e os veículos para transporte de pacientes deverão ser mantidos em rigorosas condições de higiene, devendo ser observadas as normas de controle de infecção estipuladas na legislação sanitária.

Art. 52. Os estabelecimentos de assistência à saúde deverão adotar procedimentos adequados na geração, acondicionamento, fluxo, transporte, armazenamento, destino final, e demais questões relacionadas com resíduos de serviços de saúde, conforme legislação sanitária.

Art. 53. Os estabelecimentos de assistência à saúde deverão possuir condições adequadas para o exercício da atividade profissional na prática de ações que visem à proteção, promoção, preservação e recuperação da saúde.

Art. 54. Os estabelecimentos de assistência à saúde deverão possuir quadro de recursos humanos legalmente habilitados, em número adequado à demanda e às atividades desenvolvidas.

Art. 55. Os estabelecimentos de assistência à saúde deverão possuir instalações, equipamentos, instrumentais, utensílios e materiais de consumo indispensáveis e condizentes com suas finalidades e em perfeito estado de conservação e funcionamento, de acordo com normas técnicas.

Art. 56. Caberá ao responsável técnico pelo estabelecimento ou serviço, o funcionamento adequado dos equipamentos utilizados nos procedimentos diagnósticos e terapêuticos, no transcurso da vida útil, instalados ou utilizados pelos estabelecimentos de assistência à saúde.

§ 1º. Respondem solidariamente pelo funcionamento adequado dos equipamentos:

1. o proprietário dos equipamentos, que deverá garantir a compra do equipamento adequado, instalação, manutenção permanente e reparos;

2. o fabricante, que deverá prover os equipamentos de certificado de garantia, manual de instalação, operacionalização, especificações técnicas e assistência técnica permanente; e

3. a rede de assistência técnica, que deverá garantir o acesso aos equipamentos nas condições estabelecidas no item 2.

§ 2º. Os equipamentos, quando não estiverem em perfeitas condições de uso, deverão estar fora da área de atendimento ou, quando a remoção for impossível, exibir aviso inequívoco de proibição de uso.

Art. 57. Os estabelecimentos de assistência à saúde que utilizarem em seus procedimentos medicamentos ou substâncias psicotrópicas ou sob regime de controle especial, deverão manter controles e registros na forma prevista na legislação sanitária.

Art. 58. Todos os estabelecimentos de assistência à saúde deverão manter, de forma organizada e sistematizada, os registros de dados de identificação dos pacientes, de exames clínicos e complementares, de procedimentos realizados ou terapêutica adotada, da evolução e das condições de alta, para apresentá-los à autoridade sanitária sempre que esta o solicitar, justificadamente, por escrito.

Parágrafo único. Esses documentos deverão ser guardados pelo tempo previsto em legislação específica.

CAPÍTULO II
ESTABELECIMENTOS DE INTERESSE À SAÚDE

Art. 59. Para os fins deste Código e de suas normas técnicas, consideram-se como de interesse à saúde todas as ações que direta ou indiretamente estejam relacionadas com a proteção, promoção e preservação da saúde, dirigidas à população e realizadas por órgãos públicos, empresas públicas, empresas privadas, instituições filantrópicas, outras pessoas jurídicas de direito público, direito privado e pessoas físicas.

Art. 60. Para os fins deste Código consideram-se como de interesse indireto à saúde, todos os estabelecimentos e atividades não relacionadas neste Código, cuja prestação de serviços ou fornecimento de produtos possam constituir risco à saúde pública, segundo norma técnica.

TÍTULO V
VIGILÂNCIA EPIDEMIOLÓGICA

Art. 61. Entende-se por Vigilância Epidemiológica o conjunto de ações que proporcionem o conhecimento, a detecção ou prevenção de qualquer mudança nos fatores determinantes e condicionantes da saúde individual e coletiva, com a finalidade de adotar ou recomendar medidas de prevenção e controle das doenças e agravos à saúde.

Art. 62. As ações de Vigilância Sanitária e Epidemiológica compõem um campo integrado e indissociável de práticas, fundado no conhecimento interdisciplinar e na ação intersetorial, desenvolvidas através de equipes multiprofissionais, com a participação ampla e solidária da sociedade, através de suas organizações, entidades e movimentos, estruturando em seu conjunto um campo de conhecimentos e práticas denominado de vigilância à saúde.

Parágrafo único. Poderão fazer parte do Sistema de Vigilância Epidemiológica os órgãos de saúde públicos e privados definidos por ato administrativo.

CAPÍTULO I
NOTIFICAÇÃO COMPULSÓRIA DAS DOENÇAS E AGRAVOS À SAÚDE

Art. 63. As ações de vigilância à saúde previstas neste Código serão definidas através de normas técnicas, reelaboradas periodicamente, com ampla participação da sociedade civil.

§ 1º. As normas técnicas previstas neste Código serão elaboradas ou revistas, quando já existentes, em um prazo de até 1 (um) ano após a publicação desta Lei, quando então passarão a ser revistas a cada 5 (cinco) anos.

§ 2º. Estas normas técnicas passarão a ser numeradas sequencialmente, compondo um corpo articulado de regulamentações, que deverá ser divulgado pelo Poder Público.

§ 3º. As normas técnicas serão elaboradas ou revistas com base em Grupos de Trabalho compostos por:

1. técnicos dos diversos órgãos envolvidos;

2. representantes das Universidades Públicas do Estado; e

3. organizações da sociedade civil afins às questões tratadas, em especial:

a) os sindicatos;

b) entidades profissionais ou de caráter técnico-científico; e

c) entidades representativas da população em geral.

(*) § 3º originalmente vetado e posteriormente mantido pela Assembleia Legislativa em 15.10.1999.

§ 4º. O resultado deste trabalho deverá ser divulgado previamente, apresentado e debatido em audiências públicas amplamente divulgadas e, uma vez incorporadas eventuais sugestões, aprovado pelo Conselho Estadual de Saúde, constituindo este processo pré-requisito indispensável para sua regulamentação oficial pelo Poder Público.

(*) § 4º originalmente vetado e posteriormente mantido pela Assembleia Legislativa em 15.10.1999.

§ 5º. As organizações da sociedade civil, as entidades e os movimentos representativos da população em geral, previstos no § 3º deste artigo, serão indicados pelo Conselho Estadual de Saúde.

(*) § 5º originalmente vetado e posteriormente mantido pela Assembleia Legislativa em 15.10.1999.

Art. 64. Será obrigatória a notificação à autoridade sanitária local por:

I – médicos que forem chamados para prestar cuidados ao doente, mesmo que não assumam a direção do tratamento;

II – responsáveis por estabelecimentos de assistência à saúde e instituições médico-sociais de qualquer natureza;

III – responsáveis por laboratórios que executem exames microbiológicos, sorológicos, anatomopatológicos ou radiológicos;

IV – farmacêuticos, bioquímicos, veterinários, dentistas, enfermeiros, parteiras e pessoas que exerçam profissões afins;

V – responsáveis por estabelecimentos prisionais, de ensino, creches, locais de trabalho, ou habitações coletivas em que se encontre o doente;

VI – responsáveis pelos serviços de verificação de óbito e institutos médico legais; e

VII – responsáveis pelo automóvel, caminhão, ônibus, trem, avião, embarcação ou qualquer outro meio de transporte em que se encontre o doente.

§ 1º. (Vetado).

§ 2º. A notificação de quaisquer doenças e agravos referidos neste artigo deverá ser feita à simples suspeita e o mais precocemente possível, pessoalmente, por telefone ou por qualquer outro meio mais rápido disponível, à autoridade sanitária.

Art. 65. É dever de todo cidadão comunicar à autoridade sanitária local a ocorrência, comprovada ou presumível, de doença e agravos à saúde de notificação compulsória, nos termos do artigo anterior.

Art. 66. A notificação compulsória de casos de doenças e agravos deverá ter caráter sigiloso, obrigando-se a autoridade sanitária a mantê-lo.

Parágrafo único. Excepcionalmente, a identificação do paciente fora do âmbito médico-sanitário poderá ser feita em caso de grande risco à comunidade, a critério da autoridade e com conhecimento prévio do paciente ou de seu responsável, estando o ato formalmente motivado.

Art. 67. A direção estadual do SUS deverá manter fluxo adequado de informações ao órgão federal competente, de acordo com a legislação federal e Regulamento Sanitário Internacional.

Art. 68. Os dados necessários ao esclarecimento da notificação compulsória, bem como as instruções sobre o processo de notificação, constarão de normas técnicas.

CAPÍTULO II
INVESTIGAÇÃO EPIDEMIOLÓGICA E MEDIDAS DE CONTROLE

Art. 69. Recebida a notificação, a autoridade sanitária deverá proceder à investigação epidemiológica pertinente.

§ 1º. A autoridade sanitária poderá exigir e executar investigações, inquéritos e levantamentos epidemiológicos junto a indivíduos e a grupos populacionais determinados, sempre que julgar oportuno, visando a proteção à saúde, mediante justificativa por escrito.

§ 2º. Quando houver indicação e conveniência, a autoridade sanitária poderá exigir a coleta de material para exames complementares, mediante justificativa por escrito.

Art. 70. Em decorrência dos resultados parciais ou finais das investigações, dos inquéritos ou levantamentos epidemiológicos de que trata o artigo anterior e seus parágrafos, a autoridade sanitária ficará obrigada a adotar prontamente as medidas indicadas para o controle da doença, no que concerne a indivíduos, grupos populacionais e ambiente.

Parágrafo único. De acordo com a doença, as ações de controle deverão ser complementadas por medidas de combate a vetores biológicos e seus reservatórios.

Art. 71. As instruções sobre o processo de investigação epidemiológica em cada doença, bem como as medidas de controle indicadas, serão objeto de norma técnica.

Art. 72. Em decorrência das investigações epidemiológicas, a autoridade sanitária local poderá tomar medidas pertinentes podendo, inclusive, ser providenciado o fechamento total ou parcial de estabelecimentos, centros de reunião ou diversão, escolas, creches e quaisquer locais abertos ao público, durante o tempo julgado necessário por aquela autoridade, obedecida a legislação vigente.

CAPÍTULO III
VACINAÇÃO DE CARÁTER OBRIGATÓRIO

Art. 73. A direção estadual do SUS será responsável pela coordenação estadual e, em caráter suplementar, pela execução do Programa Nacional de Imunizações.

Parágrafo único. A relação das vacinas de caráter obrigatório no Estado deverá ser regulamentada através de norma técnica.

Art. 74. É dever de todo cidadão submeter-se à vacinação obrigatória, assim como os menores sob sua guarda ou responsabilidade.

Parágrafo único. Somente será dispensada da vacinação obrigatória a pessoa que apresentar atestado médico e contraindicação explícita para a aplicação da vacina.

Art. 75. (Vetado).

Art. 76. O cumprimento da obrigatoriedade das vacinações deverá ser comprovado através do atestado de vacinação, padronizado pelo Ministério da Saúde e adequado à norma técnica referida no parágrafo único do art. 73, e emitido pelos serviços de saúde que aplicarem as vacinas.

Art. 77. Os atestados de vacinação obrigatória não poderão ser retidos por qualquer pessoa natural ou jurídica.

Art. 78. Todo estabelecimento de saúde público ou privado que aplique vacinas, obrigatórias ou não, deverá credenciar-se junto à autoridade sanitária competente.

Parágrafo único. A autoridade sanitária deverá regulamentar o funcionamento desses estabelecimentos, bem como o fluxo de informações, através de norma técnica, sendo responsável por sua supervisão periódica.

Art. 79. As vacinas fornecidas pelo SUS serão gratuitas, inclusive quando aplicadas por estabelecimentos de saúde privados, assim como seus atestados.

CAPÍTULO IV
ESTATÍSTICAS DE SAÚDE

Art. 80. O SUS deverá coletar, analisar e divulgar dados estatísticos de interesse para as atividades de saúde pública, em colaboração com o órgão central de estatística do Estado e demais entidades interessadas nessas atividades.

Art. 81. Os estabelecimentos de atenção e assistência à saúde, outros tipos de estabelecimentos de interesse à saúde, quer sejam de natureza agropecuária, industrial ou comercial e os profissionais de saúde deverão, quando solicitado, remeter regular e sistematicamente os dados e informações necessários à elaboração de estatísticas de saúde, além das eventuais informações e depoimentos de importância para a Vigilância Sanitária e Epidemiológica.

CAPÍTULO V
ATESTADO DE ÓBITO

Art. 82. O atestado de óbito é documento indispensável para o enterramento e deverá ser fornecido pelo médico assistente em impresso especialmente destinado a esse fim.

Art. 83. Quando o óbito ocorrer por causas mal definidas ou sem assistência médica, competirá à autoridade sanitária fornecer o atestado de óbito ou determinar quem o forneça, desde que na localidade inexista serviço de verificação de óbito e não houver suspeita de que este tenha ocorrido por causas não naturais, conforme disposto na Lei nº 10.095, de 3 de maio de 1968.

Art. 84. Existindo indícios de que o óbito tenha ocorrido por doença transmissível, a autoridade sanitária determinará a realização de necrópsia.

CAPÍTULO VI
INUMAÇÕES, EXUMAÇÕES, TRANSLADAÇÕES E CREMAÇÕES

Art. 85. As inumações, exumações, transladações e cremações deverão ser disciplinadas através de normas técnicas.

LIVRO III
PROCEDIMENTOS ADMINISTRATIVOS

TÍTULO I
DO FUNCIONAMENTO DOS ESTABELECIMENTOS DE INTERESSE À SAÚDE

Art. 86. Todo estabelecimento de interesse à saúde, antes de iniciar suas atividades, deverá encaminhar à autoridade sanitária competente declaração de que suas atividades, instalações, equipamentos e recursos humanos obedecem à legislação sanitária vigente, conforme modelo a ser estabelecido por norma técnica, para fins de obtenção de licença de funcionamento através de cadastramento.

§ 1º. Os estabelecimentos deverão comunicar à autoridade sanitária competente as modificações nas instalações e equipamentos, bem como inclusão de atividades e quaisquer outras alterações que impliquem na identidade, qualidade e segurança dos produtos ou serviços oferecidos à população.

§ 2º. Quando a autoridade sanitária constatar que as declarações previstas no *caput* deste artigo, bem como em seu § 1º são inverídicas, fica obrigada a comunicar o fato à autoridade policial ou ao Ministério Público, para fins de apuração de ilícito penal, sem prejuízo dos demais procedimentos administrativos.

§ 3º. Os estabelecimentos de que trata o art. 60 serão dispensados de licença de funcionamento, ficando sujeitos às exigências sanitárias estabelecidas neste Código, às normas técnicas específicas e outros regulamentos.

Art. 87. Todo estabelecimento que mantenha serviço de transporte de pacientes, bem como de produtos relacionados à saúde, deverá apresentar junto à autoridade sanitária competente, declaração individualizada de cada veículo, constando, obrigatoriamente, equipamentos e recursos humanos, além de outras informações definidas em norma técnica, para fins de cadastramento.

Art. 88. Os estabelecimentos de interesse à saúde, definidos em norma técnica para fins de licença e cadastramento, deverão possuir e funcionarão na presença de um responsável técnico legalmente habilitado.

Art. 89. A empresa de serviços de interesse à saúde, individual ou coletiva, será a responsável, perante a autoridade sanitária competente, sem prejuízo da responsabilidade subsidiária de prestadores de serviços profissionais autônomos, outras empresas de prestação de serviços de saúde e assemelhados por ela contratados.

Art. 90. Quando da interdição de estabelecimentos de interesse à saúde ou de suas subunidades pelos órgãos de Vigilância Sanitária competentes, a Secretaria de Estado da Saúde deverá suspender de imediato eventuais contratos e convênios que mantenha com tais estabelecimentos ou suas subunidades, pelo tempo em que durar a interdição.

Art. 91. O órgão de vigilância sanitária que interditar estabelecimentos de interesse à saúde ou suas subunidades, deverá publicar edital de notificação de risco sanitário em Diário Oficial e veículos de grande circulação.

TÍTULO II
COMPETÊNCIAS

Art. 92. Os profissionais das equipes de Vigilância Sanitária e Epidemiológica, investidos das suas funções fiscalizadoras, serão competentes para fazer cumprir as leis e regulamentos sanitários, expedindo termos, autos de infração e de imposição de penalidades, referentes à prevenção e controle de tudo quanto possa comprometer a saúde.

Parágrafo único. O Secretário de Estado da Saúde, bem como o Diretor do órgão de vigilância sanitária, sempre que se tornar necessário, poderão desempenhar funções de fiscalização, com as mesmas prerrogativas e as mesmas atribuições conferidas por este Código às autoridades fiscalizadoras.

Art. 93. A toda verificação em que a autoridade sanitária concluir pela existência de violação de preceito legal deverá corresponder, sob pena de responsabilidade administrativa, a lavratura de auto de infração.

Art. 94. As penalidades sanitárias previstas neste Código deverão ser aplicadas sem prejuízo das sanções de natureza civil ou penal cabíveis.

Art. 95. As autoridades sanitárias, observados os preceitos constitucionais, terão livre acesso a todos os locais sujeitos à legislação sanitária, a qualquer dia e hora, sendo as empresas, por seus dirigentes ou prepostos, obrigadas a prestar os esclarecimentos necessários referentes ao desempenho de suas atribuições legais e a exibir, quando exigido, quaisquer documentos que digam respeito ao fiel cumprimento das normas de prevenção à saúde.

Art. 96. Nenhuma autoridade sanitária poderá exercer as atribuições do seu cargo sem exibir a credencial de identificação fiscal, devidamente autenticada, fornecida pela autoridade competente.

§ 1º. Fica proibida a outorga de credencial de identificação fiscal a quem não esteja autorizado, em razão de cargo ou função, a exercer ou praticar, no âmbito da legislação sanitária, atos de fiscalização.

§ 2º. A credencial a que se refere este artigo deverá ser devolvida para inutilização, sob pena da lei, em casos de provimento em outro cargo público, exoneração ou demissão, aposentadoria, bem como nos de licenciamento por prazo superior a 90 (noventa) dias e de suspensão do exercício do cargo.

§ 3º. A relação das autoridades sanitárias deverá ser publicada semestralmente pelas autoridades competentes, para fins de divulgação e conhecimento pelos interessados, ou em menor prazo, a critério da autoridade sanitária competente e por ocasião de exclusão e inclusão dos membros da equipe de vigilância sanitária.

TÍTULO III
ANÁLISE FISCAL

Art. 97. Compete à autoridade sanitária realizar de forma programada ou, quando necessária, a colheita de amostra de insumos, matérias-primas, aditivos, coadjuvantes, recipientes, equipamentos, utensílios, embalagens, substâncias e produtos de interesse à saúde, para efeito de análise fiscal.

Parágrafo único. Sempre que houver suspeita de risco à saúde, a colheita de amostra para análise fiscal deverá ser procedida com interdição cautelar do lote ou partida encontrada.

Art. 98. A colheita de amostra para fins de análise fiscal deverá ser realizada mediante a lavratura do termo de colheita de amostra e do termo de interdição, quando for o caso, dividida em três invólucros, invioláveis, conservados adequadamente, de forma a assegurar a sua autenticidade e características originais.

§ 1º. Se a natureza ou quantidade não permitir a colheita de amostra em triplicata, deverá ser colhida amostra única e encaminhada ao laboratório oficial para a realização de análise fiscal na presença do detentor ou fabricante de insumo, matéria-prima, aditivo, coadjuvante, recipiente, equipamento, utensílio, embalagem, substância ou produto de interesse à saúde, não cabendo, neste caso, perícia de contraprova.

§ 2º. Na hipótese prevista no § 1º deste artigo, se estiverem ausentes as pessoas mencionadas, deverão ser convocadas duas testemunhas para presenciar a análise.

Art. 99. Quando a análise fiscal concluir pela condenação dos insumos, matérias-primas, aditivos, coadjuvantes, recipientes, equipamentos, utensílios, embalagens, substâncias e produtos de interesse à saúde, a autoridade sanitária deverá notificar o responsável para apresentar defesa escrita ou requerer perícia de contraprova.

Art. 100. O laudo analítico condenatório deverá ser considerado definitivo quando da não apresentação da defesa ou da solicitação de perícia de contraprova, pelo responsável ou detentor, no prazo de 10 (dez) dias.

Art. 101. (Vetado).

CAPÍTULO I
DA INTERDIÇÃO, APREENSÃO E INUTILIZAÇÃO DE PRODUTOS, EQUIPAMENTOS E UTENSÍLIOS DE INTERESSE À SAÚDE

Art. 102. Quando o resultado da análise fiscal indicar que o produto considerado de risco à saúde, será obrigatória sua interdição ou do estabelecimento.

Art. 103. O detentor ou responsável pelo produto, equipamento e utensílios interditados, ficará proibido de entregá-lo ao consumo ou uso, desviá-lo ou substituí-lo, no todo ou em parte, até que ocorra a liberação da mercadoria pela autoridade competente, sob pena de responsabilização civil ou criminal.

Parágrafo único. Os locais de interesse à saúde somente poderão ser desinterditados mediante liberação da autoridade competente. A desobediência por parte da empresa acarretará pena de responsabilização civil ou criminal.

Art. 104. Os produtos clandestinos de interesse à saúde, bem como aqueles com prazos de validade vencidos, deverão ser interditados pela autoridade sanitária que, após avaliação técnica, deverá decidir sobre sua destinação.

Art. 105. Nos casos de condenação definitiva, a autoridade sanitária deverá determinar a apreensão ou inutilização do produto.

Art. 106. Quando o produto for considerado inadequado para uso ou consumo humano, mas passível de utilização para outros fins, a autoridade sanitária deverá lavrar laudo técnico circunstanciado, definindo o seu destino final.

Art. 107. Os produtos, equipamentos e utensílios de interesse à saúde, manifestamente alterados, considerados de risco à saúde, deverão ser apreendidos ou inutilizados sumariamente pela autoridade sanitária, sem prejuízo das demais penalidades cabíveis.

Parágrafo único. Nos casos de apreensão e inutilização sumária de produtos, equipamentos e utensílios de interesse à saúde, mencionadas no *caput* deste artigo, a autoridade sanitária deverá lavrar laudo técnico circunstanciado, ficando dispensada a colheita de amostra.

Art. 108. Caberá ao detentor ou responsável pelo produto, equipamentos e utensílios de interesse à saúde condenados, o ônus do recolhimento, transporte e inutilização, acompanhado pela autoridade sanitária até não mais ser possível a utilização.

Art. 109. Os procedimentos de análise fiscal, interdição, apreensão e inutilização de produtos, equipamentos, utensílios e locais de interesse da saúde, deverão ser objeto de norma técnica.

TÍTULO IV
INFRAÇÕES SANITÁRIAS E PENALIDADES

Art. 110. Considera-se infração sanitária para fins deste Código e de suas normas técnicas a desobediência ou a inobservância ao disposto nas normas legais e regulamentos que, por qualquer forma, se destinem à promoção, preservação e recuperação da saúde.

Art. 111. Responderá pela infração quem, por ação ou omissão, lhe deu causa, concorreu para sua prática ou dela se beneficiou.

Parágrafo único. Exclui a imputação de infração a causa decorrente de força maior ou proveniente de eventos naturais ou circunstâncias imprevisíveis que vierem a determinar avaria, deterioração ou alteração de locais, produtos ou bens de interesse da saúde pública.

Art. 112. As infrações sanitárias, sem prejuízo das sanções de natureza civil ou penal cabíveis, serão punidas, alternativa ou cumulativamente, com penalidades de:

I – advertência;

II – prestação de serviços à comunidade;

III – multa de 10 (dez) a 10.000 (dez mil) vezes o valor nominal da Unidade Fiscal do Estado de São Paulo (UFESP) vigente;

IV – apreensão de produtos, equipamentos, utensílios e recipientes;

V – interdição de produtos, equipamentos, utensílios e recipientes;

VI – inutilização de produtos, equipamentos, utensílios e recipientes;

VII – suspensão de vendas de produto;

VIII – suspensão de fabricação de produto;

IX – interdição parcial ou total do estabelecimento, seções, dependências e veículos;

X – proibição de propaganda;

XI – cancelamento de autorização para funcionamento de empresa;

XII – cancelamento do cadastro, licença de funcionamento do estabelecimento e do certificado de vistoria do veículo; e

XIII – intervenção.

Art. 113. A penalidade de prestação de serviços à comunidade consiste em:

I – (vetado);

II – veiculação de mensagens educativas dirigidas à comunidade, aprovadas pela autoridade sanitária.

Art. 114. A penalidade de intervenção será aplicada aos estabelecimentos prestadores de serviços de saúde, indústrias de medicamentos, correlatos e outros, sempre que houver riscos iminentes à saúde.

§ 1º. Os recursos públicos que venham a ser aplicados em um serviço privado durante a intervenção deverão ser cobrados dos proprietários em dinheiro ou em prestação de serviços ao SUS.

§ 2º. A duração da intervenção deverá ser aquela julgada necessária pela autoridade sanitária para que cesse o risco aludido no *caput* deste artigo, não podendo exceder o período de 180 (cento e oitenta) dias.

§ 3º. A intervenção e a nomeação do interventor dos estabelecimentos apenados deverão ficar a cargo da autoridade executiva máxima estadual, não sendo permitida a nomeação do então dirigente, sócios ou responsáveis técnicos, seus cônjuges e parentes até segundo grau.

Art. 115. A penalidade de interdição deverá ser aplicada de imediato, sempre que o risco à saúde da população o justificar, e terá três modalidades:

I – cautelar;

II – por tempo determinado; e

III – definitiva.

Art. 116. Para graduação e imposição da penalidade, a autoridade sanitária deverá considerar:

I – as circunstâncias atenuantes e agravantes;

II – a gravidade do fato, tendo em vista as suas consequências para a saúde pública; e

III – os antecedentes do infrator quanto às normas sanitárias.

Parágrafo único. Sem prejuízo do disposto neste artigo e da aplicação da penalidade de multa, a autoridade sanitária competente deverá levar em consideração a capacidade econômica do infrator.

Art. 117. São circunstâncias atenuantes:

I – a ação do infrator não ter sido fundamental para a consecução do evento;

II – o infrator, por espontânea vontade, imediatamente procurar reparar ou minorar as consequências do ato lesivo à saúde pública que lhe for imputado; e

III – ser o infrator primário.

Art. 118. São circunstâncias agravantes ter o infrator:

I – agido com dolo, ainda que eventual, fraude ou má-fé;

II – cometido a infração para obter vantagem pecuniária decorrente de ação ou omissão que contrarie o disposto na legislação sanitária;

III – deixado de tomar providências de sua alçada, tendentes a evitar ou sanar a situação que caracterizou a infração;

IV – coagido outrem para a execução material da infração; e

V – reincidido.

Art. 119. Havendo concurso de circunstâncias atenuantes e agravantes, a aplicação da penalidade deverá ser considerada em razão das que sejam preponderantes.

Art. 120. A reincidência tornará o infrator passível de enquadramento na penalidade máxima.

Art. 121. A autoridade sanitária deverá comunicar aos conselhos profissionais sempre que ocorrer infração sanitária que contenha indícios de violação de ética.

Art. 122. São infrações de natureza sanitária, entre outras:

I – construir ou fazer funcionar estabelecimentos comerciais, de produção, embalagem e manipulação de produtos de interesse à saúde e estabelecimentos de assistência e de interesse à saúde, sem licença dos órgãos sanitários competentes ou contrariando as normas legais vigentes:

Penalidade – advertência, prestação de serviços à comunidade, interdição, apreensão, inutilização, cancelamento de licença e/ou multa;

II – construir ou fazer funcionar estabelecimentos comerciais, de produção, embalagem e manipulação de produtos de interesse à saúde, sem a presença de responsável técnico legalmente habilitado:

Penalidade – advertência, prestação de serviços à comunidade, cancelamento de licença, interdição e/ou multa;

III – transgredir quaisquer normas legais e regulamentares e/ou adotar procedimentos na área de saneamento ambiental que possam colocar em risco a saúde humana:

Penalidade – advertência, prestação de serviços à comunidade, interdição, intervenção e/ou multa;

IV – extrair, produzir, fabricar, transformar, preparar, manipular, purificar, fracionar, embalar ou reembalar, transportar ou utilizar produtos ou resíduos perigosos, tóxicos, explosivos, inflamáveis, corrosivos, emissores de radiações ionizantes, entre outros, contrariando a legislação sanitária em vigor:

Penalidade – advertência, prestação de serviços à comunidade, apreensão, inutilização, suspensão de venda ou fabricação, cancelamento de registro, interdição, cancelamento de licença, proibição de propaganda, intervenção;

V – construir ou fazer funcionar todo e qualquer estabelecimento de criação, manutenção e reprodução de animais, contrariando as normas legais e regulamentos pertinentes:

Penalidade – advertência, prestação de serviços à comunidade, apreensão, interdição e/ou multa;

VI – reciclar resíduos sólidos infectantes gerados por estabelecimentos prestadores de serviços de saúde:

Penalidade – interdição, cancelamento da licença e/ou multa;

VII – manter condição de trabalho que ofereça risco à saúde do trabalhador:

Penalidade – advertência, prestação de serviços à comunidade, interdição parcial ou total do equipamento, máquina, setor, local ou estabelecimento e/ou multa;

VIII – obstar, retardar ou dificultar a ação fiscalizadora da autoridade sanitária competente, no exercício de suas funções:

Penalidade – advertência, prestação de serviços à comunidade e/ou multa;

IX – omitir informações referentes a riscos conhecidos à saúde:

Penalidade – advertência, prestação de serviços à comunidade e/ou multa;

X – fabricar, operar, comercializar máquinas ou equipamentos que ofereçam risco à saúde do trabalhador:

Penalidade – prestação de serviços à comunidade, interdição parcial ou total do equipamento, máquina, setor, local, estabelecimento e/ou multa;

XI – extrair, produzir, fabricar, transformar, preparar, manipular, purificar, fracionar, embalar ou reembalar, importar, exportar, armazenar, expedir, transportar, comprar, vender, ceder ou usar produtos de interesse à saúde, sem os padrões de identidade, qualidade e segurança:

Penalidade – advertência, prestação de serviços à comunidade, apreensão e inutilização, interdição, cancelamento de licença e/ou multa;

XII – comercializar produtos institucionais e de distribuição gratuita:

Penalidade – interdição e/ou multa;

XIII – expor à venda ou entregar ao consumo e uso produtos de interesse à saúde que não contenham prazo de validade, data de fabricação ou prazo de validade expirado, ou apor-lhes novas datas de fabricação e validade posterior ao prazo expirado:

Penalidade – prestação de serviços à comunidade, interdição, apreensão, inutilização, cancelamento da licença e/ou multa;

XIV – rotular produtos de interesse à saúde contrariando as normas legais e regulamentares:

Penalidade – prestação de serviços à comunidade, apreensão, inutilização, cancelamento da licença e/ou multa;

XV – fazer propaganda enganosa de produto ou serviço de saúde contrariando a legislação sanitária em vigor:

Penalidade – advertência, prestação de serviços à comunidade e/ou multa;

XVI – fazer propaganda de produtos farmacêuticos em promoção, ofertas ou doados, de concursos ou de prêmios aos profissionais médicos, cirurgiões dentistas, médicos veterinários ou quaisquer outros profissionais de saúde:

Penalidade – advertência, prestação de serviços à comunidade e/ou multa;

XVII – instalar ou fazer funcionar equipamentos inadequados, em número insuficiente, conforme definido em norma técnica, em precárias condições de funcionamento ou contrariando normas legais e regulamentos pertinentes em relação ao porte ou finalidade do estabelecimento prestador de serviços de saúde:

Penalidade – advertência, interdição, apreensão, cancelamento de licença e/ou multa;

XVIII – alterar o processo de fabricação dos produtos sujeitos a controle sanitário, modificar seus componentes, nome e demais elementos, sem a necessária autorização do órgão sanitário competente:

Penalidade – prestação de serviços à comunidade, interdição, apreensão, inutilização, cancelamento da licença e/ou multa;

XIX – transgredir outras normas legais federais ou estaduais, destinadas a promoção, prevenção e proteção à saúde:

Penalidade – advertência, prestação de serviços à comunidade, interdição, apreensão, inutilização, suspensão de fabricação ou venda, cancelamento de licença, proibição de propaganda, intervenção de estabelecimento de prestação de serviços de saúde e/ou multa; e

XX – descumprir atos emanados das autoridades sanitárias visando a aplicação da legislação pertinente à promoção, prevenção e proteção à saúde:

Penalidade – advertência, prestação de serviços à comunidade, interdição, apreensão, inutilização, suspensão de venda ou fabricação, cancelamento de licença, proibição de propaganda, intervenção de estabelecimento de prestação de serviços de saúde e/ou multa.

TÍTULO V
PROCEDIMENTOS ADMINISTRATIVOS DAS INFRAÇÕES DE NATUREZA SANITÁRIA

CAPÍTULO I
AUTO DE INFRAÇÃO

Art. 123. Quando constatadas irregularidades configuradas como infração sanitária neste Código, ou em outros diplomas legais vigentes, a autoridade sanitária competente lavrará de imediato os autos de infração.

Parágrafo único. As infrações sanitárias serão apuradas em processo administrativo próprio, iniciado com o auto de infração, observados o rito e os prazos estabelecidos neste Código.

Art. 124. O auto de infração será lavrado em três vias no mínimo, destinando-se a primeira ao autuado, e conterá:

I – o nome da pessoa física ou denominação da entidade autuada, quando se tratar de pessoa jurídica, especificando o seu ramo de atividade e endereço;

II – o ato ou fato constitutivo da infração, o local, a hora e a data respectivos;

III – a disposição legal ou regulamentar transgredida;

IV – indicação do dispositivo legal que comina a penalidade a que fica sujeito o infrator;

V – o prazo de 10 (dez) dias, para defesa ou impugnação do auto de infração;

VI – nome e cargo legíveis da autoridade autuante e sua assinatura; e

VII – nome, identificação e assinatura do autuado ou, na sua ausência, de seu representante legal ou preposto e, em caso de recusa, a consignação do fato pela autoridade autuante e a assinatura de duas testemunhas, quando possível.

Parágrafo único. Na impossibilidade de ser dado conhecimento diretamente ao interessado, este deverá ser cientificado do auto de infração por meio de carta registrada ou por edital publicado uma única vez na imprensa oficial, considerando-se efetivada a notificação após 5 (cinco) dias da publicação.

Art. 125. Constituem faltas graves os casos de falsidade ou omissão dolosa no preenchimento dos autos de infração.

Art. 126. O não cumprimento da obrigação subsistente, além da sua execução forçada acarretará, após decisão irrecorrível, a imposição de multa diária, arbitrada de acordo com os valores correspondentes à classificação da infração, sem prejuízo das demais penalidades previstas na legislação vigente.

CAPÍTULO II
AUTO DE IMPOSIÇÃO DE PENALIDADE

Art. 127. O auto de imposição de penalidade deverá ser lavrado pela autoridade competente após decorrido o prazo estipulado pelo art. 124, inciso V, ou imediatamente após a data do indeferimento da defesa, quando houver.

§ 1º. Nos casos em que a infração exigir a ação pronta da autoridade sanitária para proteção da saúde pública, as penalidades de apreensão, de interdição e de inutilização deverão ser aplicadas de imediato, sem prejuízo de outras eventualmente cabíveis.

§ 2º. O auto de imposição de penalidade de apreensão, interdição ou inutilização a que se refere o parágrafo anterior deverá ser anexado ao auto de infração original, e quando se tratar de produtos, deverá ser acompanhado do termo respectivo, que especificará a sua natureza, quantidade e qualidade.

Art. 128. O auto de imposição de penalidade de multa será lavrado em 4 (quatro) vias, no mínimo, destinando-se a primeira ao infrator, e conterá:

I – o nome da pessoa física ou jurídica e seu endereço;

II – o número, série e data do auto de infração respectivo;

III – o ato ou fato constitutivo da infração e o local;

IV – a disposição legal regulamentar infringida;

V – a penalidade imposta e seu fundamento legal;

VI – prazo de 10 (dez) dias para interposição de recurso, contado da ciência do autuado;

VII – a assinatura da autoridade autuante; e

VIII – a assinatura do autuado, ou na sua ausência, de seu representante legal ou preposto e, em caso de recusa, a consignação dessa circunstância pela autoridade autuante e a assinatura de duas testemunhas, quando possível.

Parágrafo único. Na impossibilidade de efetivação da providência a que se refere o inciso VIII deste artigo, o autuado será notificado mediante carta registrada ou publicação na imprensa oficial.

CAPÍTULO III
PROCESSAMENTO DAS MULTAS

Art. 129. Transcorrido o prazo fixado no inciso VI do art. 128, sem que tenha havido interposição de recurso ou pagamento de multa, o infrator será notificado para recolhê-la no prazo de 30 (trinta) dias ao órgão arrecadador competente, sob pena de cobrança judicial.

Art. 130. Havendo interposição de recurso, o processo, após decisão denegatória definitiva, será restituído à autoridade autuante, a fim de ser lavrada a notificação de que trata o artigo anterior.

Parágrafo único. Não recolhida a multa no prazo de 30 (trinta) dias, o processo administrativo será encaminhado ao órgão competente para cobrança judicial.

Art. 131. O recolhimento das multas ao órgão arrecadador competente será feito mediante guia de recolhimento, que poderá ser fornecida, registrada e preenchida pelos órgãos locais autuantes.

CAPÍTULO IV
RECURSOS

Art. 132. O infrator poderá oferecer defesa ou impugnação do auto de infração no prazo de 10 (dez) dias, contados de sua ciência.

Art. 133. A defesa ou impugnação será julgada pelo superior imediato do servidor autuante, ouvindo este preliminarmente, o qual terá o prazo de 10 (dez) dias para se pronunciar, seguindo-se a lavratura do auto de imposição de penalidade.

Art. 134. Da imposição de penalidade de multa poderá o infrator recorrer à autoridade imediatamente superior, no prazo de 10 (dez) dias, contados de sua ciência.

Art. 135. Mantida a decisão condenatória, caberá recurso no prazo de 10 (dez) dias ao:

I – Diretor hierarquicamente superior da regional de saúde autuante, qualquer que seja a penalidade aplicada e, das decisões deste; ao

II – Diretor do órgão central de Vigilância Sanitária ou Epidemiológica, quando se tratar de penalidade prevista nos incisos IV a XII do art. 112 ou de multa de valor correspondente ao previsto nos incisos II e III do art. 112 e, das decisões deste; ao

III – Secretário de Estado da Saúde, em última instância, e somente quando se tratar das penalidades previstas nos incisos VII a XII, do art. 112 e, das decisões deste; ao

IV – Governador do Estado, quando se tratar da penalidade prevista no inciso XIII, do art. 112.

Art. 136. Os recursos serão decididos depois de ouvida a autoridade autuante, a qual poderá reconsiderar a decisão anterior.

Art. 137. Os recursos somente terão efeito suspensivo nos casos de imposição de multa.

Art. 138. O infrator tomará ciência das decisões das autoridades sanitárias:

I – pessoalmente, ou por procurador, à vista do processo; ou

II – mediante notificação, que poderá ser feita por carta registrada ou através da imprensa oficial, considerando-se efetivada 5 (cinco) dias após a publicação.

LIVRO IV
DISPOSIÇÕES FINAIS

Art. 139. As infrações às disposições legais de ordem sanitária prescrevem em 5 (cinco) anos.

§ 1º. A prescrição interromper-se-á pela notificação ou qualquer outro ato da autoridade sanitária que objetive a sua apuração e consequente imposição de penalidade.

§ 2º. Não corre prazo prescricional enquanto houver processo administrativo pendente de decisão.

Art. 140. Os prazos mencionados no presente Código e suas Normas Técnicas Específicas correm ininterruptamente.

Art. 141. Quando o autuado for analfabeto ou fisicamente incapacitado o auto poderá ser assinado *a rogo* na presença de duas testemunhas ou, na falta destas, deverá ser feita a devida ressalva pela autoridade autuante.

Art. 142. Os órgãos da Secretaria de Estado da Saúde, após decisão definitiva na esfera administrativa, farão publicar todas as penalidades aplicadas aos infratores da legislação sanitária.

Art. 142-A. Os recursos provenientes de taxas, multas, serviços, emolumentos e preços públicos, arrecadados em virtude das ações previstas neste Código, constituirão receitas do FUNDES – Fundo Estadual de Saúde, conforme o disposto no art. 32 da Lei Federal nº 8.080, de 19 de setembro de 1990.

Parágrafo único. No caso de municipalização das ações de vigilância, os recursos previstos neste artigo constituirão receita do respectivo Fundo Municipal de Saúde.

(*) Art. 142-A, acrescentado pela Lei nº 10.145, de 23.12.1998.

Art. 143. O disposto neste Código deverá, na sua aplicação, ser compatibilizado com a legislação sanitária correlata vigente, prevalecendo sempre os parâmetros legais e técnico-científicos de proteção, promoção e preservação da saúde.

Art. 144. Na ausência de norma legal específica prevista neste Código e nos demais diplomas federais e estaduais vigentes, a autoridade sanitária, fundamentada em documentos técnicos reconhecidos pela comunidade científica, poderá fazer exigências que assegurem o cumprimento do art. 2º deste Código.

Art. 145. O desrespeito ou desacato à autoridade sanitária, em razão de suas atribuições legais, sujeitarão o infrator a penalidades educativas e de multa, sem prejuízo das penalidades expressas nos Códigos Civil e Penal.

Art. 146. Esta Lei entrará em vigor na data de sua publicação, revogadas as disposições em contrário.

Palácio dos Bandeirantes, 23 de setembro de 1998.

Geraldo Alckmin Filho – DOE de 24.9.1998

REGULAMENTO DA PROMOÇÃO, PRESERVAÇÃO E RECUPERAÇÃO DA SAÚDE NO CAMPO DE COMPETÊNCIA DA SECRETARIA DE ESTADO DA SAÚDE

DECRETO Nº 12.342, DE 27 DE SETEMBRO DE 1978

Aprova o Regulamento a que se refere o art. 22 do Decreto-Lei nº 211, de 30 de março de 1970, que dispõe sobre normas de promoção, preservação e recuperação da saúde no campo de competência da Secretaria de Estado da Saúde.

Paulo Egydio Martins, Governador do Estado de São Paulo, usando de suas atribuições legais, **Decreta:**

Art. 1º. Fica aprovado o Regulamento a que se refere o art. 22 do Decreto-Lei nº 211, de 30 de março de 1970, que dispõe sobre normas de promoção, preservação e recuperação da saúde, no campo de competência da Secretaria de Estado da Saúde, na forma do texto anexo a este Decreto.

Art. 2º. Este Decreto entrará em vigor no dia 1º de janeiro de 1979, ficando expressamente revogados os Decretos nº 52.497, de 21 de julho de 1970; nº 52.503, de 28 de julho de 1970; nº 52.532 de 17 de setembro de 1970; nº 52.746, de 25 de maio de 1971; nº 52.843, de 10 de dezembro de 1971; nº 3.678, de 16 de maio de 1974; nº 7.506, de 29 de janeiro de 1976, nº 7.788, de 8 de abril de 1976.

Palácio dos Bandeirantes, 27 de setembro de 1978.

Paulo Egydio Martins – DOE de 28.9.1978

PRIMEIRA PARTE
SANEAMENTO

LIVRO I
SANEAMENTO AMBIENTAL NOS ASSENTAMENTOS URBANOS E PARA FINS URBANOS

TÍTULO ÚNICO

Art. 1º. A direção estadual do SUS, no âmbito de sua competência deverá estabelecer normas para implantação de loteamentos urbanos e para fins urbanos e de conjuntos habitacionais, com a finalidade de eliminar, diminuir ou prevenir os agravos ao meio ambiente que tenham repercursão na saúde humana, sem prejuízo de outras normas federais e estaduais.

(*) Livro I, Título Único e art. 1º com redação dada pelo Decreto nº 41. 913, de 2.7.1997.

LIVRO II
SANEAMENTO BÁSICO

TÍTULO I
SISTEMAS DE ABASTECIMENTO DE ÁGUA E DISPOSIÇÃO DE ESGOTOS

Art. 2º. Todo e qualquer serviço de abastecimento de água ou de coleta e disposição de esgotos deverá sujeitar-se ao controle da autoridade sanitária competente.

Art. 3º. Os projetos de sistemas de abastecimento de água e de coleta e disposição de esgotos deverão ser elaborados em obediência às normas e especificações da Associação Brasileira de Normas Técnicas – ABNT e às normas e especificações adotadas pelo órgão técnico encarregado de aprová-los.

Art. 4º. Nos projetos e obras de sistemas de abastecimento de água deverão ser obedecidos os seguintes princípios gerais, independentemente de outras exigências técnicas estabelecidas em normas e especificações:

I – a água distribuída obedecerá aos padrões de potabilidade estabelecidos pela autoridade competente;

II – as tubulações, peças especiais e juntas deverão ser de tipos e materiais aprovados pela ABNT, tendo em vista conservar inalteradas as características da água transportada;

III – para fins de desinfecção ou de prevenção contra contaminações, à água distribuída deverá seradicionado, obrigatoriamente, teor conveniente de cloro ou equivalente em seus compostos. A juízo da autoridade sanitária competente, poderão ser adotados, com a mesma finalidade, outros produtos ou processos, desde que utilizados, para esse fim, teores e aparelhamentos apropriados;

IV – a fluoretação da água distribuída obedecerá às normas expedidas pelos órgãos competentes;

V – em qualquer ponto dos sistemas de abastecimento, a água natural ou tratada deverá estar suficientemente protegida.

Art. 5º. É vedada a instalação de tubulações de esgoto em locais onde possam representar risco de contaminação de água potável.

Art. 6º. Sempre que os sistemas públicos não tiverem condições de atendimento, os conjuntos habitacionais e as unidades isoladas deverão possuir sistemas de abastecimento de água e sistema de esgotos, aprovados pela autoridade competente.

Art. 7º. A disposição de esgotos nas praias e nos corpos de água, bem como em áreas adjacentes ou de influência, só poderá ser feita de modo a não causar riscos à saúde.

TÍTULO II
INSTALAÇÕES PREDIAIS DE ÁGUA E ESGOTOS

Art. 8º. As instalações prediais de água e esgotos deverão seguir as normas e especificações da ABNT e aquelas adotadas pelas entidades responsáveis pelos sistemas, às quais caberá fiscalizar estas instalações, sem prejuízo da fiscalização exercida pela autoridade sanitária.

§ 1º. As normas referidas neste artigo deverão atender ao estabelecido no presente Regulamento e ser submetidas à apreciação dá autoridade sanitária competente, sempre que solicitadas.

§ 2º. A autoridade sanitária poderá estabelecer que as normas sejam revistas na forma que indicar, bem como solicitar informações sobre a fiscalização das instalações.

Art. 9º. Todo prédio deverá ser abastecido de água potável em quantidade suficiente ao fim a que se destina, e dotado de dispositivos e instalações adequados destinados a receber e a conduzir os despejos.

§ 1º. Onde houver redes públicas de água ou de esgotos, em condições de atendimento, as edificações novas ou já existentes serão obrigatoriamente a elas ligadas e por elas respectivamente abastecidas ou esgotadas.

§ 2º. É vedada a interligação de instalações prediais internas entre prédios situados em lotes distintos.

Art. 10. Sempre que o abastecimento de água não puder ser feito com continuidade e sempre que for necessário para o bom funcionamento das instalações prediais, será obrigatória a existência de reservatórios prediais.

§ 1º. A capacidade mínima dos reservatórios prediais, adicional à exigida para combate a incêndios, será equivalente ao consumo do prédio durante vinte e quatro horas e calculada segundo os critérios fixados pela ABNT.

§ 2º. São obrigatórias a limpeza e a desinfecção periódica dos reservatórios prediais, na forma indicada pela autoridade sanitária.

Art. 11. Os reservatórios prediais deverão:

I – ser construídos e revestidos com materiais que não possam contaminar a água;

II – ter a superfície lisa, resistente e impermeável;

III – permitir fácil acesso, inspeção e limpeza;

IV – possibilitar esgotamento total;

V – ser suficientemente protegidos contra inundações, infiltrações e penetrações de corpos estranhos;

VI – ter cobertura adequada;

VII – ser equipados com torneira de bóia na tubulação de alimentação, à sua entrada, sempre que não se tratar de reservatório alimentado por recalque;

VIII – ser dotados de extravasor com diâmetro superior ao da canalização de alimentação, havendo sempre uma canalização de aviso, desaguando em ponto perfeitamente visível;

IX – ser providos de canalização de limpeza, funcionando por gravidade ou por meio de elevação mecânica.

Art. 12. Não será permitida:

I – a instalação de dispositivos para sucção de água diretamente das redes de distribuição;

II – a passagem de tubulações de água potável pelo interior de fossas, ramais de esgotos, poços absorventes, poços de visita e caixas de inspeção de esgotos, bem como de tubulações de esgoto por reservatórios ou depósitos de água;

III – a interconexão de tubulações ligadas diretamente a sistemas públicos com tubulações que contenham água proveniente de outras fontes de abastecimento;

IV – a introdução, direta ou indireta, de esgotos em conduto de águas pluviais;

V – qualquer outra instalação, processo ou atividade que, a juízo da autoridade sanitária, possa representar risco de contaminação da água potável;

VI – a ligação de ralos de águas pluviais e de drenagem à rede de esgotos, a critério da autoridade competente.

Art. 13. A admissão de água nos aparelhos sanitários deverá ser feita em nível superior ao de trasbordamento, ou mediante dispositivos adequados, para evitar a aspiração da água do receptáculo para a tubulação de água potável.

Art. 14. Os despejos somente serão admitidos às tubulações prediais de esgotos através de aparelhos sanitários de características e materiais adequados e que atendam às normas e especificações da ABNT.

Art. 15. É obrigatória:

I – a existência, nos aparelhos sanitários, de dispositivos de lavagem, continua ou intermitente;

II – a instalação de dispositivos de captação de água no piso dos compartimentos sanitários e nas copas, cozinhas e lavanderias;

III – a passagem dos despejos das pias da copa e cozinha de hospitais, hotéis, restaurantes e estabelecimentos congêneres, por caixa de gordura, a critério da autoridade competente.

Parágrafo único. A critério da autoridade sanitária, poderá ser exigida a instalação do dispositivo previsto no inciso II em outros compartimentos ou locais.

Art. 16. É proibida a instalação de:

I – pias, sanitários, lavatórios e outros aparelhos sanitários construídos ou revestidos com cimento, madeira, ou outro material não aprovado pela autoridade sanitária competente;

II – peças, canalizações e aparelhos sanitários que apresentem defeitos ou soluções de continuidade que possam acarretar infiltrações, vazamentos ou acidentes.

Art. 17. A utilização de privadas químicas será regulamentada em Norma Técnica Especial.

Art. 18. Toda habitação terá o ramal principal do sistema coletor de esgotos com diâmetro não inferior a 100 milímetros e provido de dispositivo de inspeção.

Art. 19. É expressamente proibida a introdução direta ou indireta de águas pluviais ou resultantes de drenagem nos ramais prediais de esgotos.

Art. 20. Os tanques e aparelhos de lavagem de roupas serão obrigatoriamente ligados à rede coletora de esgotos através de fecho hidráulico.

Art. 21. Os aparelhos sanitários quaisquer que sejam os seus tipos, serão desconectados dos ramais respectivos por meio de sifões individuais com fecho hidráulico nunca inferior a 5 centímetros, munidos de opérculos de fácil acesso à limpeza ou terão seus despejos conduzidos a um sifão único, segundo a técnica mais aconselhada,

Art. 22. Todos os sifões, exceto os autoventilados, deverão ser protegidos contra dessifonamento e contrapressão, por meio de ventilação apropriada.

Art. 23. As instalações prediais de esgotos deverão ser suficientemente ventiladas e dotadas de dispositivos adequados para evitar refluxo de qualquer natureza, inclusive:

I – tubos de queda, prolongados acima da cobertura do edifício;

II – canalização independente ascendente, constituindo tubo ventilador.

Parágrafo único. O tubo ventilador poderá ser ligado ao prolongamento de um tubo de queda acima da última inserção do ramal de esgotos.

Art. 24. Os poços de suprimento de água considerados inservíveis e as fossas, que não satisfizerem às exigências deste Regulamento, deverão ser aterrados.

Art. 25. A autoridade sanitária poderá estabelecer outras medidas de proteção sanitária, relativas às instalações prediais de águas e esgotos, além das previstas neste Título.

TÍTULO III
CONDIÇÕES GERAIS

Art. 26. Os edifícios, sempre que colocados nas divisas dos alinhamentos, serão providos de calhas e condutores para escoamento das águas pluviais.

§ 1º. Para efeito deste artigo excluem-se os edifícios cuja disposição dos telhados orientem as águas pluviais para o seu próprio terreno.

§ 2º. As águas pluviais provenientes das calhas e condutores dos edifícios deverão ser canalizadas até as sarjetas, passando sempre por baixo das calçadas.

LIVRO III
SANEAMENTO DAS EDIFICAÇÕES

TÍTULO I
DISPOSIÇÕES GERAIS

Art. 27. Nenhuma construção, reconstrução ou reforma de prédio, qualquer que seja o fim a que se destine, poderá ser iniciada, sem projeto e especificação que atendam às normas de edificação estabelecidas pelo respectivo Município e, na falta parcial ou total dos mesmos, seguirão as exigências contidas neste Regulamento e nas suas Normas Técnicas Especiais.

Parágrafo único. A autorização para a construção, reconstrução e reforma de prédio, bem como aexpedição da respectiva licença de utilização ou "habite-se" deverá ser emitida por órgão competente, e em consonância com os objetivos e atribuições do SUS na esfera municipal.

(*) Art. 27 com redação dada pelo Decreto nº 41, 913, de 2.7.1997.

Art. 28. O órgão estadual de Vigilância Sanitária no nível regional poderá, em caráter complementar, executar ações referentes ao controle sanitário das edificações nos Municípios, no limite das deficiências locais e de comum acordo com a direção municipal do SUS.

Parágrafo único. Cabe à direção estadual do SUS a regulamentação da atuação complementar a que se refere o *caput* deste artigo, que deverá estar em consonância com suas normas operacionais.

(*) Art. 28 com redação dada pelo Decreto nº 41. 913, de 2.7.1997.

Art. 29. Independem de prévia manifestação das autoridades sanitárias, as construções de habitações unifamiliares do tipo moradia econômica que obedeçam a projetos-tipo padronizados e elaborados pelo Poder Público Municipal, desde que tais projetos-tipo já tenham sido previamente aprovados pelo órgão de engenharia da Secretaria de Estado de Saúde.

§ 1º. Entende-se por moradia econômica, para os efeitos deste artigo, aquela que assim for considerada pelo Conselho Regional de Engenharia, Arquitetura e Agronomia da 6ª Região.

§ 2º. Ao Poder Público Municipal caberá zelar pelo fiel cumprimento das exigências e especificações constantes dos projetos-tipo, sob pena de ser revista a aprovação prévia concedida pela Secretaria de Estado da Saúde a tais projetos.

Art. 30. Se a autoridade sanitária verificar, em qualquer construção, reconstrução ou reforma, a inobservância das disposições deste Regulamento e de suas Normas Técnicas Especiais, intimará o responsável pela obra a suspender sua execução e solicitará aos poderes municipais as providências de sua alçada.

Art. 31. Os projetos deverão compreender as seguintes partes:

I – plantas de todos os pavimentos com a indicação do destino de cada compartimento;

II – elevação das fachadas voltadas para as vias públicas;

III – cortes, transversal e longitudinal;

IV – planta de locação na qual se indique a posição do edifício a construir, em relação às divisas do lote e às outras construções nele existentes e sua orientação;

V – perfis, longitudinal e transversal do terreno, tomado como referência de nível, o nível do eixo da rua;

VI – memoriais descritivos dos materiais, processos e equipamentos a serem empregados na construção, e memorial industrial, quando se tratar de indústria ou fábrica, ou memorial de atividade, nos demais casos.

VII – indicação da forma pela qual os prédios serão abastecidos de água potável e do destino a ser dado às águas ressudarias e ao lixo.

§ 1º. A documentação prevista neste artigo deverá ser complementada com a que for solicitada pela autoridade sanitária, para efeito de proteção à saúde, e, quando for o caso, com aprovação da autoridade competente no que se refere à proteção e defesa do meio ambiente.

§ 2º. Alterações nos projetos e especificações aprovados só poderão ser feitas mediante aprovação da autoridade sanitária competente.

Art. 32. As peças gráficas obedecerão as seguintes escalas: 1:100 para as plantas do edifício; 1:50 ou 1:100 para cortes e fachadas; 1:200 para planta de locação e perfis do terreno. Outras escalas só serão usadas quando justificadas tecnicamente.

§ 1º. As escalas não dispensam o emprego de cotas para indicar as dimensões dos diversos compartimentos, pés-direitos e posição das linhas limítrofes.

§ 2º. Nos projetos de reforma, acréscimo ou reconstrução serão representados:

I – a tinta preta ou azul as partes a serem mantidas;

II – a tinta vermelha, as partes a construir;

III – a tinta, amarela, as partes a demolir,

Art. 33. Todas as peças gráficas e memoriais do projeto deverão ter, em todas as vias, as assinaturas:

I – do proprietário ou seu representante legal;

II – do responsável técnico pela construção;

III – do autor do projeto.

Parágrafo único. O responsável técnico e o autor do projeto deverão indicar o número de registro no Conselho Regional de Engenharia, Arquitetura e Agronomia.

Art. 34. A autoridade sanitária competente poderá determinar correções ou retificações bem comoexigir informações, complementações, esclarecimentos e documentos, sempre que necessário ao cumprimento das disposições deste Regulamento e de suas Normas. Técnicas Especiais.

TÍTULO II
NORMAS GERAIS DE EDIFICAÇÕES

CAPÍTULO I
DIMENSÕES MÍNIMAS DOS COMPARTIMENTOS

Art. 35. Os compartimentos deverão ter conformação e dimensões adequadas à função ou atividade a que se destinam, atendidos os mínimos estabelecidos neste Regulamento e em suas Normas Técnicas Especiais.

Art. 36. Os compartimentos não poderão ter áreas e dimensões inferiores aos valores estabelecidos nas normas específicas para as respectivas edificações de que fazem parte, e, quando não previsto nas referidas normas específicas, aos valores abaixo:

I – salas, em habitações: 8,00 m^2;

II – salas para escritórios, comércio ou serviços: 10,00 m^2;

III – dormitórios: 8,00 m^2;

IV – dormitórios coletivos: 5,00 m^2 por leito;

V – quartos de vestir, quando conjugados a dormitórios: 4,00 m^2;

VI – dormitório de empregada: 6,00 m^2;

VII – salas-dormitórios: 16,00 m^2;

VIII – cozinhas: 4,00 m^2;

IX – compartimentos sanitários:

a) contendo somente bacia sanitária: 1,20 m^2, com dimensão mínima de 1,00 m;

b) contendo bacia sanitária e lavatório: 1,50 m^2, com dimensão mínima de 1,00 m;

c) contendo bacia sanitária e área para banho, com chuveiro, 2,00 m^2, com dimensão mínima de 1,00 m;

d) contendo bacia sanitária, área para banho, com chuveiro e lavatório, 2,50 m^2, com dimensão mínima de 1,00 m;

e) contendo somente chuveiro, 1,20 m^2, com dimensão mínima de 1,00 m;

f) antecâmaras, com ou sem lavatório, 0,90 m^2, com dimensão mínima de 0,90 m;

g) contendo outros tipos ou combinações de aparelhos, a área necessária, segundo disposição conveniente a proporcionar a cada um deles, uso cômodo;

h) celas, em compartimentos sanitários coletivos, para chuveiros ou bacias sanitárias, 1,20 m^2, com dimensão mínima de 1,00 m;

i) mictórios tipo calha, de uso coletivo, 0,60 m em equivalência a um mictório tipo cuba;

j) separação entre mictórios tipo cuba, 0,60 m, de eixo a eixo.

X – vestiários: 6,00 m^2;

XI – largura de corredores e passagens:

a) em habitações unifamiliares e unidades autônomas de habitações multifamiliares, 0,90 m;

b) em outros tipos de edificação:

– quando de uso comum ou coletivo, 1,20 m;

– quando de uso restrito, poderá ser admitida redução até 0,90 m.

XII – Compartimentos destinados a outros fins, valores sujeitos a justificação.

Art. 37. As escadas não poderão ter dimensões inferiores aos valores estabelecidos nas normas específicas para as respectivas edificações de que fazem parte e, quando não previstas nas referidas normas específicas, aos valores abaixo:

I – degraus, com piso (p) e espelho (e), atendendo à relação: 0,60 m: $\leq 2e + p \leq$ 0,65 m:

II – larguras:

a) quando de uso comum ou coletivo, 1,20 m;

b) quando de uso restrito poderá ser admitida redução até 0,90 m;

c) quando, no caso especial de acesso a jiraus, torres, adegas e situações similares, 0,60 m.

Parágrafo único. As escadas de segurança obedecerão às normas baixadas pelos órgãos competentes.

Art. 38. Os pés-direitos não poderão ser inferiores aos estabelecidos nas normas específicas para a respectiva edificação e, quando não previstos, aos valores a seguir:

I – nas habitações:

a) salas e dormitórios: 2,70 m;

b) garagens: 2,30 m;

c) nos demais compartimentos: 2,50 m;

II – nas edificações destinadas a comércio e serviços:

a) em pavimentos térreos: 3,00 m;

b) em pavimentos superiores: 2,70 m;

c) garagens: 2,30 m;

III – nas escolas:

a) nas salas de aulas e anfiteatros, valor médio 3,00 m, admitindo-se o mínimo em qualquer ponto: 2,50 m;

b) instalações sanitárias: 2,50 m;

IV – em locais de trabalho:

a) indústrias, fábricas e grandes oficinas, 4,00 m, podendo ser permitidas reduções até 3,00 m, segundo a natureza dos trabalhos;

b) outros locais de trabalho, 3,00 m podendo ser permitidas reduções até 2,70 m, segundo a atividade desenvolvida;

V – em salas de espetáculo, auditórios e outros locais de reunião, 6,00 m, podendo ser permitidas reduções até 4,00 m, em locais de área inferior a 250 m^2; nas frisas, camarotes e galerias, 2,50 m;

VI – em garagens, 2,30 m;

VII – em porões ou subsolos, os previstos para os fins a que se destinarem;

VIII – em corredores e passagens, 2,50 m;

IX – em armazéns, salões e depósitos, excetuados os domiciliares, 3,00 m;

X – em outros compartimentos, os fixados pela autoridade sanitária competente, segundo o critério de similaridade ou analogia.

CAPÍTULO II
INSOLAÇÃO, VENTILAÇÃO E ILUMINAÇÃO

Art. 39. Para fins de iluminação e ventilação natural, todo compartimento deverá dispor de abertura comunicando-o diretamente com o exterior.

§ 1º. Excetuam-se os corredores de uso privativo, os de uso coletivo até 10,00 m de comprimento, poços e saguões de elevadores, devendo as escadas de uso comum ter iluminação natural, direta ou indireta.

§ 2º. Para efeito de insolação e iluminação, as dimensões dos espaços livres, em planta, serão contadas entre as projeções das saliências, exceto nas fachadas voltadas para o quadrante Norte.

Art. 40. Consideram-se suficientes para insolação, iluminação e ventilação de quaisquer compartimentos, em prédios de um pavimento e de até 4,00 m de altura:

I – espaços livres fechados, com área não inferior a 6,00 m^2 e dimensão mínima de 2,00 m;

II – espaços livres abertos nas duas extremidades ou em uma delas (corredores), de largura não inferior a 1,50 m, quer quando junto às divisas do lote, que quando entre corpos edificados no mesmo lote, de altura não superior a 4,00 m;

Parágrafo único. A altura referida neste artigo será a altura média no plano da parede voltada para a divisa do lote ou para outro corpo edificado.

Art. 41. Consideram-se suficientes para insolação, iluminação e ventilação de dormitórios, salas, salões e locais de trabalho, em prédios de mais de um pavimento ou altura superior a 4,00 m:

I – os espaços livres fechados, que contenham em plano horizontal, área equivalente a $H^2/4$ (ao quadrado, dividido por quatro), onde H representa a diferença de nível entre o teto do pavimento mais alto e o piso do pavimento mais baixo a ser insolado, iluminado ou ventilado, permitindo-se o escalonamento;

II – os espaços livres abertos nas duas extremidades ou em uma delas (corredores), junto às divisas do lote ou entre corpos edificados, de largura maior ou igual a H/6, com o mínimo de 2,00 m.

§ 1º. A dimensão mínima do espaço livre fechado, referido no inciso I, será sempre igual ou superior a H/4 não podendo ser inferior a 2,00 m e sua área não inferior a 10,00 m², podendo ter qualquer forma, desde que nele possa ser inscrito, no plano horizontal um círculo de diâmetro igual a H/4.

§ 2º. Quando H/6 for superior a 3,00 m, a largura excedente deste valor poderá ser contada sobre o espaço aberto do imóvel vizinho, desde que constitua recuo legal obrigatório, comprovado por certidão da Prefeitura ou apresentação da legislação municipal.

Art. 42. Para iluminação e ventilação de cozinhas, copas e despensas serão suficientes:

I – os espaços livres fechados com:

a) 6,00 m² em prédios de até 3 pavimentos e altura não superior a 10,00 m;

b) 6,00 m² de área mais 2,00 m² por pavimento excedente de três; com dimensão mínima de 2,00 m e relação entre seus lados de 1 para 1,5 em prédios de mais 3 pavimentos ou altura superior a 10,00 m;

II – espaços livres abertos de largura não inferior a:

a) 1,50 m em prédios de 3 pavimentos ou 10,00 m de altura;

b) 1,50 m mais 0,15 m por pavimento excedente de três, em prédios de mais de 3 pavimentos;

Art. 43. Para ventilação de compartimento sanitário, caixas de escada e corredores com mais de 10,00 m de comprimento será suficiente o espaço livre fechado com área mínima de 4,00 m² em prédios de até 4 pavimentos. Para cada pavimento excedente haverá um acréscimo de 1,00 m² por pavimento. A dimensão mínima não será inferior a 1,50 m e relação entre os seus lados de 1 para 1,5;

Parágrafo único. Em qualquer tipo de edificação será admitida a ventilação indireta ou ventilação forçada de compartimentos sanitários mediante:

I – ventilação indireta através de compartimento contíguo, por meio de duto de seção não inferior a 0,40 m² Com dimensão vertical mínima de 0,40 m e extensão não superior a 4,00 m. Os dutos deverão se abrir para o exterior e ter as aberturas teladas;

II – ventilação natural por meio de chaminé de tiragem atendendo aos seguintes requisitos mínimos:

a) seção transversal dimensionada de forma a que correspondam no mínimo, 6 cm² (seis centímetros quadrados) de seção, para cada metro de altura da chaminé, devendo em qualquer caso, ser capaz de conter um círculo de 0,60 m de diâmetro;

b) ter prolongamento de, pelo menos, um metro acima da cobertura;

c) ser provida de abertura inferior, que permita limpeza, e de dispositivo superior de proteção contra a penetração de águas de chuva.

Art. 44. A área, iluminante dos compartimentos deverá corresponder, no mínimo, a:

I – nos locais de trabalho e nos destinados a ensino, leitura e atividades similares: 1/5 da área do piso;

II – nos compartimentos destinados a dormir, estar, cozinhar, comer e em compartimentos sanitários: 1/8 da área do piso, com o mínimo de 0,60 m²;

III – nos demais tipos de compartimentos: 1/10 de área do piso, com o mínimo de 0,60 m².

Art. 45. A área de ventilação natural deverá ser em qualquer caso de, no mínimo, a metade da superfície de iluminação natural.

Art. 46. Não serão considerados insolados ou iluminados os compartimentos cuja profundidade a partir da abertura iluminante for maior que três vezes seu pé direito, incluída na profundidade a projeção das saliências, alpendres ou outras coberturas.

Art. 47. Em casos especiais poderão ser aceitas ventilação e iluminação artificiais, em substituição às naturais, desde que comprovada sua necessidade e atendidas as normas da Associação Brasileira de Normas Técnicas.

Parágrafo único. Para os subsolos, a autoridade sanitária competente poderá exigir a ventilação artificial ou demonstração técnica de suficiência da ventilação natural.

Art. 48. Poderá ser aceita, para qualquer tipo de edificação, como alternativa ao atendimento das exigências dos artigos anteriores, referentes a insolação e ventilação natural, demonstração técnica de sua suficiência, na forma que for estabelecida em Norma Técnica Especial.

CAPÍTULO III
ESPECIFICAÇÕES CONSTRUTIVAS GERAIS

Art. 49. Os materiais empregados nas construções deverão ser adequados ao fim a que se destinam e atender às normas e especificações da Associação Brasileira de Normas Técnicas.

Art. 50. Toda edificação deverá ser perfeitamente isolada da umidade e emanações provenientes do solo, mediante impermeabilização entre os alicerces e as paredes e em todas as superfícies, da própria edificação e das edificações vizinhas, sujeitas à penetração de umidade.

Art. 51. As paredes terão espessuras e revestimentos suficientes a atender às necessidades de resistência, isolamento térmico, acústico e impermeabilidade, segundo sua posição e os materiais nelas empregados.

Art. 52. A cobertura dos edifícios será feita com materiais impermeáveis, incombustíveis e maus condutores de calor.

Art. 53. As instalações prediais de água e esgotos obedecerão ao disposto no Capítulo próprio deste Regulamento.

Art. 54. As cozinhas, instalações sanitárias, depósitos, armazéns, despensas, adegas e compartimentos similares, terão o piso e as paredes revestidas até a altura de 2,00 m no mínimo, de material liso, resistente, impermeável e lavável, ou na forma que for prevista em normas específicas.

§ 1º. O disposto neste artigo se aplica a locais de trabalho, segundo a natureza das atividades a serem neles desenvolvidas, a critério da autoridade sanitária competente.

§ 2º. Nas cozinhas e instalações sanitárias de habitações, exceto das coletivas, a altura da barra impermeável poderá ser reduzida a 1,50 m, no mínimo.

§ 3º. Para compartimentos de tipos não previstos, adotar-se-á o critério de similaridade.

CAPÍTULO IV
DISPOSIÇÕES DIVERSAS

Art. 55. Os sistemas privados de abastecimento de água ou de disposição de esgotos deverão ser submetidos à aprovação da autoridade sanitária.

§ 1º. Os poços e fossas, bem como a disposição de efluentes no solo, deverão atender às normas da Associação Brasileira de Normas Técnicas e as que forem estabelecidas neste Regulamento e em suas Normas Técnicas Especiais.

§ 2º. Os poços de suprimento de água considerados inservíveis e as fossas, que não satisfizerem as exigências deste Regulamento e de suas Normas Técnicas Especiais, deverão ser aterrados.

§ 3º. Cada prédio deverá ter um sistema independente de afastamento de águas residuais.

Art. 56. Todos os edifícios situados no alinhamento da via pública deverão dispor de calhas e condutores adequados e suficientes a conduzir as águas pluviais até às sarjetas, passando por baixo das calçadas.

Art. 57. As edificações no fundo dos lotes e nos denominados "lotes de fundo", excetuadas as edículas, serão regulamentadas por Norma Técnica Especial.

Art. 58. As parcelas de terreno, correspondentes à habitação unifamiliar serão fixadas em NormaTécnica Especial.

TÍTULO III
NORMAS ESPECÍFICAS DAS EDIFICAÇÕES

CAPÍTULO I
HABITAÇÕES UNIFAMILIARES – CASAS

Art. 59. Toda habitação deverá dispor de pelo menos um dormitório, uma cozinha, uma instalação sanitária e uma área de serviço.

Art. 60. As salas, dormitórios e cozinhas das habitações deverão apresentar áreas não inferiores às seguintes:

I – salas: 8,00 m^2;

II – dormitórios:

a) quando se tratar de um único além da sala: 12,00 m^2;

b) quando se tratar de dois: 10,00 m^2 para cada um;

c) quando se tratar de três ou mais: 10,00 m^2 para um deles, 8,00 m^2 para cada um dos demais, menos um, que se poderá admitir com 6,00 m^2;

d) quando se tratar de sala-dormitório: 16,00 m^2;

e) quartos de vestir, quando conjugados a dormitórios: 4,00 m^2;

f) dormitórios de empregada: 6,00 m^2.

III – cozinhas: 4,00 m^2.

Art. 61. As cozinhas terão paredes, até a altura de 1,50 metros no mínimo e os pisos revestidos de material liso, resistente, impermeável; não se comunicarão diretamente com dormitórios ou compartimentos providos de bacias sanitárias.

Parágrafo único. Nas cozinhas, deverá ser assegurada ventilação permanente.

Art. 62. A copa, quando houver, deverá ser passagem obrigatória entre a cozinha e os demais cômodos da habitação.

Art. 63. Nas casas que não disponham de quarto de empregada, os depósitos, despensas, adegas, despejos, rouparias e similares, somente poderão ter:

I – área não superior a 2,00 m^2; ou

II – área igual ou maior que 6,00 m^2, devendo neste caso, atender às normas de insolação, iluminação e ventilação aplicáveis a dormitórios.

Art. 64. Em toda habitação deverá haver pelo menos um compartimento provido de bacia sanitária, lavatório e chuveiro, com:

I – área não inferior a 2,50 m^2;

II – paredes até a altura de 1,50 m, no mínimo, e os pisos revestidos de material liso, resistente, impermeável e lavável.

Parágrafo único. Nestes compartimentos deverá ser assegurada ventilação permanente.

Art. 65. Os pisos e paredes dos demais compartimentos serão revestidos com materiais adequados ao fim a que se destinam.

Art. 66. A largura dos corredores internos e das escadas, não poderá ser inferior a 0,90 m.

Parágrafo único. A largura mínima das escadas destinadas a acesso e jiraus, torres, adegas e outras situações similares, serão, de 0,60 m.

Art. 67. Os pés-direitos mínimos serão os seguintes:

I – salas e dormitórios: 2,70 m;

II – garagens: 2,30 m;

III – demais compartimentos: 2,50 m.

Parágrafo único. Os compartimentos situados em subsolos ou porões, deverão atender aos requisitas acima, segundo seu destino.

CAPÍTULO II
HABITAÇÕES MULTIFAMILIARES – EDIFÍCIOS DE APARTAMENTOS

Art. 68. Aplicam-se aos edifícios de apartamentos as normas gerais referentes às edificações e as específicas referentes às habitações, no que couber, complementadas pelo disposto neste capítulo.

Art. 69. Nos edifícios de apartamentos deverão existir dutos de queda para lixo e compartimento para seu depósito com capacidade suficiente para 24 horas, no mínimo.

§ 1º. Os dutos deverão ter abertura acima da cobertura do prédio provida de tela; serão de material que permita lavagens e desinsetizações periódicas, devendo sua superfície ser lisa e impermeável.

§ 2º. A critério da autoridade sanitária, poderá ser dispensada a exigência deste artigo.

§ 3º. No recinto das caixas de escada não poderão existir aberturas diretas para equipamentos ou dispositivos de coleta de lixo.

Art. 70. É obrigatória a instalação de elevadores na forma disposta no art. 209 deste Regulamento.

Art. 71. É obrigatória a existência de depósito de material de limpeza, compartimento sanitário, vestiário e chuveiro para uso exclusivo do pessoal de serviço. O vestiário não terá área inferior a 6,00 m².

Parágrafo único. Essa exigência poderá ser dispensada, a juízo da autoridade sanitária, nos edifícios que, comprovadamente, pelas suas dimensões e características a justifiquem.

Art. 72. As piscinas em edifícios, quando não privativas de unidades autônomas, serão consideradas de uso coletivo restrito, sujeitas, no que lhe for aplicável, ao disposto neste Regulamento e em suas Normas Técnicas Especiais.

Parágrafo único. As piscinas privativas serão consideradas piscinas de uso familiar.

Art. 73. Nos prédios de apartamentos não será permitido depositar materiais ou exercer atividades que, pela sua natureza, representem perigo ou sejam prejudiciais à saúde e ao bem-estar dos moradores e vizinhos.

CAPÍTULO III
CONJUNTOS HABITACIONAIS

Art. 74. Os conjuntos habitacionais deverão observar as disposições deste Regulamento e de suas Normas Técnicas Especiais referentes a loteamentos e parcelamento de imóveis, assim como as referentes às habitações e a outros tipos de edificações que os componham.

Art. 75. Deverão, segundo a população que abrigam, prever áreas ou edificações necessárias para atividades de comércio, serviços, recreação e ensino.

Art. 76. Para aprovação pela Secretaria de Estado da Saúde de projetos de conjuntos habitacionais, situados em áreas não beneficiadas pelos sistemas públicos de água e de esgotos, será exigida indicação da solução a ser dada ao abastecimento de água e ao afastamento de esgotos e comprovação de que a mesma está aprovada pelos órgãos competentes.

Art. 77. O disposto neste Capítulo será complementado por Norma Técnica Especial que conterá também, dispositivos especiais aplicáveis aos conjuntos de habitações de interesse social.

CAPÍTULO IV
HABITAÇÕES COLETIVAS

Seção I
Hotéis, Motéis, Casas de Pensão, Hospedarias e Estabelecimentos Congêneres

Art. 78. Os hotéis, motéis, casas de pensão, hospedarias e estabelecimentos congêneres obedecerão as normas e especificações gerais para as edificações e as específicas para habilitações, no que aplicáveis, complementadas pelo disposto nesta Seção.

Art. 79. Nos hotéis, motéis, casas de pensão, hospedarias e estabelecimentos congêneres, todas as paredes internas, até a altura mínima de 1,50 m, serão revestidas ou pintadas com materiais impermeáveis, não sendo permitidas paredes de madeira para divisão de dormitórios.

Art. 80. As instalações sanitárias de uso geral deverão:

I – ser separadas por sexo, com acessos independentes;

II – conter, para cada sexo, no mínimo, uma bacia sanitária, um chuveiro em box e um lavatório para cada grupo de 20 leitos, ou fração, do pavimento a que servem;

III – nos pavimentos sem leitos, ter, no mínimo, uma bacia sanitária e um lavatório para cada sexo;

IV – atender às condições gerais para compartimentos sanitários.

Parágrafo único. Para efeito do inciso II, não serão considerados os leitos de apartamentos que disponham de instalações sanitárias privativas.

Art. 81. Os estabelecimentos deverão ter reservatórios de água potável, com capacidade que atenda ao estabelecido pelas normas da ABNT.

Art. 82. Os dormitórios deverão ter área correspondente a, no mínimo, 5,00 m² por leito e não inferior, em qualquer caso, a 8,00 m²; quando não dispuserem de instalações sanitárias privativas, deverão ser dotados de lavatório com água corrente.

Art. 83. Os hotéis, motéis, casas de pensão, hospedarias e estabelecimentos congêneres, que forneçam alimentação, deverão obedecer a todas as disposições relativas a estabelecimentos comerciais de gêneros alimentícios no que lhes forem aplicáveis.

Art. 84. (Revogado).

(*) Art. 84 revogado pelo Decreto nº 45.615, de 4.1.2001.

Art. 85. Os motéis serão providos, obrigatoriamente, dentro de suas divisas, de locais para estacionamento de veículos, na proporção de um local para cada quarto ou apartamento.

Seção II
Asilos, Orfanatos, Albergues e Estabelecimentos Congêneres

Art. 86. Aos asilos, orfanatos, albergues e estabelecimentos congêneres aplicam-se as normas gerais referentes a edificações e as específicas das habitações no que couber, complementadas pelo disposto nesta Seção.

Art. 87. As paredes internas, até a altura mínima de 1,50 m, serão revestidas ou pintadas de material impermeável não sendo permitidas divisões de madeira.

Art. 88. Os dormitórios coletivos deverão ter área não inferior a 5,00 m² por leito; os dormitórios dos tipos quarto ou apartamento deverão ter área não inferior a 5,00 m² por leito, com o mínimo de 8,00 m².

Art. 89. As instalações sanitárias serão na proporção mínima de uma bacia sanitária, um lavatório e um chuveiro para cada 10 leitos, além do mictório na proporção de 1 para cada 20 leitos.

Art. 90. Os locais destinados ao armazenamento, preparo, manipulação e consumo de alimentos deverão atender às exigências para estabelecimentos comerciais de alimentos, no que aplicáveis.

Art. 91. Quando tiverem 50 ou mais leitos, deverão ter locais apropriados para consultórios, médico e odontológico, bem como quarto para doentes.

Art. 92. Deverão ter área para recreação e lazer, não inferior a 10% da área edificada.

Parágrafo único. A área prevista neste artigo terá espaço coberto destinado a lazer, não inferior à sua quinta parte e o restante será arborizado ou ajardinado ou, ainda, destinado a atividades esportivas.

Art. 93. Se houver locais para atividades escolares, estes deverão atender às normas estabelecidas para as escolas, no que aplicáveis.

Seção III
Estabelecimentos Militares e Penais, Conventos, Mosteiros, Seminários e Similares

Art. 94. Aos estabelecimentos militares e penais, sob a jurisdição do Estado bem como aos conventos, mosteiros, seminários e similares, se aplicam as disposições da Seção anterior, adaptadas e complementadas, segundo as peculiaridades de cada tipo de edificação.

CAPÍTULO V
HABITAÇÕES DE INTERESSE SOCIAL

Art. 95. Considera-se habilitação de interesse social, a habitação com o máximo de 60,00 m², integrando conjuntos habitacionais, construída por entidades públicas de administração direta ou indireta.

§ 1º. É também considerado de interesse social a habitação isolada, com o máximo de 60,00 m², construída sob responsabilidade do proprietário segundo projetos-tipo elaborados pelo Poder Público Municipal.

§ 2º. Mediante atos específicos, poderão ser considerados de interesse social habitações construídas ou financiadas por outras entidades.

Art. 96. O projeto e a execução de habitações de interesse social, embora devam observar as disposições relativas à aprovação gozarão, em caráter excepcional, das permissões especiais estabelecidas neste capítulo.

Art. 97. No projeto e construção da casa de interesse social serão admitidos os seguintes mínimos:

I – pé direito de 2,40 m em todas as peças;

II – área útil de 6,00 m² nos quartos, desde que um, pelo menos, tenha 8,00 m²;

III – área útil de 4,00 m² na cozinha;

IV – área útil de 2,00 m² no compartimento sanitário.

Art. 98. Todas as paredes poderão ser de meio tijolo de espessura e assentes com barro ou saibro, desde que:

I – sejam revestidas com argamassa de cal e areia;

II – haja impermeabilização entre os alicerces e as paredes;

III – os alicerces tenham espessura de um tijolo e sejam feitos com argamassa adequada.

Art. 99. A barra impermeável nas paredes, com 1,50 m de altura, no mínimo, será obrigatória somente no compartimento sanitário. Na cozinha deverá ser feito pelo menos rodapé de ladrilho ou de argamassa de cimento.

Art. 100. É permitida na cozinha, no compartimento sanitário e nas passagens, pavimentação de tijolos com revestimento de argamassa de cimento e areia de 1,50 cm de espessura.

Art. 101. É obrigatória a ligação do prédio às redes urbanas de água e esgotos e, na falta destas, a construção de poço, com instalação de bomba e reservatório de quinhentos litros, no mínimo, com canalização para a cozinha e instalação sanitária, bem como é obrigatória a instalação de fossa séptica, obedecidas as prescrições deste Regulamento.

CAPÍTULO VI
EDIFICAÇÕES DESTINADAS AO ENSINO – ESCOLAS

Art. 102. A área das salas de aula corresponderá no mínimo a 1,00 m² por aluno lotado em carteira dupla e de 1,20 m², quando em carteira individual.

Art. 103. Os auditórios ou salas de grande capacidade das escolas, ficam sujeitos também às seguintes exigências:

I – área útil não inferior a 0,80 m² por pessoa;

II – ventilação natural, ou renovação mecânica de 50 m² de ar por pessoa, no mínimo, no período de 1 hora.

Art. 104. A área de ventilação natural das salas de aula deverá ser no mínimo igual à metade da superfície iluminante, a qual será igual ou superior a 1/5 da área do piso.

§ 1º. Será obrigatória a iluminação natural unilateral esquerda, sendo admitida a iluminação zenital, quando prevenido o ofuscamento.

§ 2º. A iluminação artificial, para que possa ser adotada em substituição à natural, deverá ser justificada e aceita pela autoridade sanitária e atender às normas da Associação Brasileira de Normas Técnicas.

Art. 105. Os corredores não poderão ter larguras inferiores a:

I – 1,50 m para servir a até 200 alunos;

II – 1,50 m acrescidos de:

a) 0,007 m (sete milímetros) por aluno, de 200 a 500;

b) 0,005 m (cinco milímetros) por aluno, de 501 a 1.000;

c) 0,003 m (três milímetros) por aluno excedente de 1.000.

Art. 106. As escadas e rampas deverão ter em sua totalidade, largura não inferior à resultante da aplicação dos critérios de dimensionamento dos corredores, para a lotação do pavimento a que servem, acrescida da metade daquela necessária para a lotação do pavimento imediatamente superior.

§ 1º. Para os efeitos deste artigo serão considerados os dois pavimentos que resultem no maior valor.

§ 2º. As escadas não poderão apresentar trechos em leque; os lances serão retos, não ultrapassarão a 16 degraus e estes não terão espelhos com mais de 0,16 m, nem piso com menos de 0,30 m, e os patamares terão extensão não inferior a 1,50 m.

§ 3º. As escadas deverão ser dotadas obrigatoriamente de corrimão.

§ 4º. O número de escadas será de 2 no mínimo, dirigidas para saídas autônomas.

§ 5º. As rampas não poderão apresentar declividade superior a 12% e serão revestidas de material não escorregadio, sempre que acima de 6%.

Art. 107. As escolas deverão ter compartimentos sanitários, devidamente separados para uso de cada sexo.

§ 1º. Esses compartimentos, em cada pavimento, deverão ser dotados de bacias sanitárias em número correspondente, no mínimo, a uma para cada 25 alunas; uma para cada 40 alunos; um mictório para cada 40 alunos; e um lavatório para cada 40 alunos ou alunas.

§ 2º. As portas das celas em que estiverem situadas as bacias sanitárias deverão ser colocadas de forma a deixar vãos livres de 0,15 m de altura na parte inferior e de 0,30 m, no mínimo, na parte superior.

§ 3º. Deverão, também, ser previstas instalações sanitárias para professores que deverão atender, para cada sexo, à proporção mínima de uma bacia sanitária para cada 10 salas de aula; e os lavatórios serão em número não inferior a um para cada 6 salas de aula.

§ 4º. É obrigatória a existência de instalações sanitárias nas áreas de recreação, na proporção mínima de 1 bacia sanitária e 1 mictório para cada 200 alunos; uma bacia sanitária para cada 100 alunas e um lavatório para cada 200 alunos ou alunas. Quando for prevista a prática de esportes ou educação física, deverá haver também chuveiros, na proporção de um para cada 100 alunos ou alunas e vestiários separados, com 5,00 m^2, para cada 100 alunos ou alunas, no mínimo.

Art. 108. É obrigatória a instalação de bebedouros de jato inclinado e guarda protetora na proporção mínima de 1 (um) para cada 200 alunos, vedada sua localização em instalações sanitárias; nos recreios, a proporção será de 1 (um) bebedouro para cada 100 alunos.

Parágrafo único. Nos bebedouros, a extremidade do local de suprimento de água deverá estar acima do nível de trasbordamento do receptáculo.

Art. 109. Os compartimentos ou locais destinados à preparação, venda ou distribuição de alimentos ou bebidas, deverão satisfazer às exigências para estabelecimentos comerciais de gêneros alimentícios, no que lhes forem aplicáveis.

Art. 110. As áreas destinadas à administração e ao pessoal de serviço, deverão atender às prescrições para locais de trabalho, no que aplicáveis.

Art. 111. Nos internatos, além das disposições referentes a escolas, serão observadas as referentes às habitações, aos dormitórios coletivos, quando houver, e aos locais de preparo, manipulação e consumo de alimentos, no que lhes forem aplicáveis.

Parágrafo único. Deverá haver, também, nos internatos, local para consultório médico, com leitos anexos.

Art. 112. Nas escolas de 1º grau é obrigatória a existência de local coberto para recreio, com área, no mínimo, igual a 1/3 (um terço) da soma das áreas das salas de aula.

Art. 113. As áreas de recreação deverão ter comunicação com o logradouro público, que permita escoamento rápido dos alunos, em caso de emergência; para tal fim, as passagens não poderão ter largura total inferior à correspondente a 1 cm por aluno, nem vão inferiores a 2 metros.

Art. 114. As escolas ao ar livre, parques infantis e congêneres, obedecerão às exigências deste Regulamento no que aplicáveis.

Art. 115. Os reservatórios de água potável das escolas terão capacidade, adicional à que for exigida para combate a incêndio, não inferior à correspondente a 50 litros por aluno.

Parágrafo único. Esse mínimo será de 100 litros por aluno, nos semi-internatos e de 150 litros por aluno nos internatos.

CAPÍTULO VII
LOCAIS DE REUNIÃO ESPORTIVOS, RECREATIVOS, SOCIAIS, CULTURAIS E RELIGIOSOS

Seção I
Piscinas

Art. 116. Para efeito deste Regulamento, as piscinas se classificam nas quatro categorias seguintes:

I – piscinas de uso público – as utilizáveis pelo público em geral;

II – piscinas de uso coletivo restrito – as utilizáveis por grupos restritos, tais como, condomínios, escolas, entidades, associações, hotéis, motéis e congêneres;

III – piscinas de uso familiar – as piscinas de residências unifamiliares;

IV – piscinas de uso especial – as destinadas a outros fins que não o esporte ou a recreação, tais como as terapêuticas e outras.

Art. 117. Nenhuma piscina poderá ser construída ou funcionar, sem que atenda às especificações do projeto aprovado pela autoridade sanitária, obedecidas as disposições deste Regulamento e das Normas Técnicas Especiais a elas aplicáveis.

§ 1º. (Revogado).

(*) § 1º revogado pelo Decreto nº 45.615, de 4.1.2001.

§ 2º. As piscinas de uso familiar e de uso especial ficam dispensadas das exigências deste Regulamento.

Art. 118. É obrigatório o controle médico sanitário dos banhistas que utilizem as piscinas de uso público e de uso coletivo restrito.

Parágrafo único. As medidas de controle médico sanitário serão ajustadas ao tipo de estabelecimento ou de local em que se encontra a piscina, segundo o que for disposto em Norma Técnica Especial.

Art. 119. As piscinas constarão, no mínimo, de tanque, sistema de circulação ou de recirculação, vestiários e conjuntos de instalações sanitárias.

Art. 120. O tanque obedecerá às seguintes especificações mínimas:

I – revestimento interno de material resistente, liso e impermeável;

II – o fundo não poderá ter saliências, reentrâncias ou degraus;

III – a declividade do fundo, em qualquer parte da piscina, não poderá ter mudanças bruscas; e, até 1,80 m de profundidade, não será maior do que 7%;

IV – as entradas de água deverão estar submersas e localizadas de modo a produzir circulação em todo o tanque.

§ 1º. O tanque deverá estar localizado de maneira a manter um afastamento de, pelo menos 1,50 m das divisas.

§ 2º. Em todos os pontos de acesso à área do tanque é obrigatória, a existência de lava-pés, com dimensões mínimas de 2,00 m x 2,00 m e de 0,2 m de profundidade útil, nos quais deverá ser mantido cloro residual acima de 25 mg/litro.

Art. 121. Os vestiários e as instalações sanitárias, independentes por sexo, conterão, pelo menos:

I – bacias sanitárias e lavatórios na proporção de 1 para cada 60 homens e 1 para cada 40 mulheres;

II – mictórios na proporção de 1 para cada 60 homens;

III – chuveiros, na proporção de 1 para cada 40 banhistas.

§ 1º. Os chuveiros deverão ser localizados de forma a tornar obrigatória a sua utilização antes da entrada dos banhistas na área do tanque.

§ 2º. As bacias sanitárias deverão ser localizadas de forma a facilitar a sua utilização antes dos chuveiros.

Art. 122. A área do tanque será isolada, por meio de divisória adequada.

Parágrafo único. O ingresso nesta área só será permitido após a passagem obrigatória por chuveiro.

Art. 123. A água do tanque deverá atender às seguintes condições:

I – permitir visibilidade perfeita, a observador colocado à beira do tanque, de um azulejo negro de 0,15 x 0,15 m, colocado na parte mais profunda do tanque;

II – PH entre 6,7 e 7,9;

III – cloro residual disponível entre 0,5 a 0,8 mg/litro.

Art. 124. Serão regulamentados por Norma Técnica Especial, a qualidade da água utilizada nas piscinas, os projetos de piscinas, os requisitos sanitários de uso, de operação e de manutenção, bem como o controle médico sanitário dos banhistas.

Seção II
Colônias de férias e Acampamentos

Art. 125. As colônias de férias se aplicam as disposições referentes a hotéis e similares bem como as relativas aos locais de reunião e de banho, quando for o caso.

Art. 126. As colônias de férias e os acampamentos de trabalho ou de recreação só poderão ser instalados em local de terreno seco e com declividade suficiente para o escoamento das águas pluviais.

Art. 127. Quando o abastecimento de água da colônia de férias ou acampamento se fizer por água de superfície, o manancial será convenientemente protegido; quando esse abastecimento se fizer por poços, estes atenderão às exigências previstas neste Regulamento.

Art. 128. Nas colônias de férias e acampamentos é obrigatória a existência de instalações sanitárias separadas para cada sexo na proporção de uma bacia sanitária, um lavatório e um chuveiro para cada 20 pessoas.

Art. 129. Nenhum local de acampamento poderá ser aprovado sem que possua:

I – sistema adequado de captação e distribuição de água potável e afastamento de águas residuárias;

II – instalações sanitárias, independentes para cada sexo, em número suficiente;

III – adequada coleta, afastamento e destino dos resíduos sólidos (lixo), de maneira que satisfaça às condições de higiene;

IV – instalações adequadas para lavagem de roupas e utensílios.

Parágrafo único. A qualidade da água de abastecimento deverá ser demonstrada pelos responsáveis por locais de acampamentos e colônias de férias, à autoridade sanitária, mediante resultados de exames de laboratório, semestralmente, e sempre que solicitado.

Seção III
Cinemas, Teatros, Auditórios, Circos e Parques de Diversões de uso Público

Art. 130. As salas de espetáculos e auditórios, serão construídos com materiais incombustíveis.

Art. 131. Só serão permitidas salas de espetáculos no pavimento térreo e no imediatamente superior, ou inferior, devendo em qualquer caso, ser assegurado o rápido escoamento dos espectadores.

Art. 132. As portas de saída das salas de espetáculos, deverão obrigatoriamente abrir para o lado de fora, e ter na sua totalidade a largura correspondente a 1 cm por pessoa prevista para lotação total, sendo o mínimo de 2,00 m por vão.

Art. 133. Os corredores de saída atenderão ao mesmo critério do artigo anterior.

Parágrafo único. Quando houver rampas, sua declividade não poderão exceder a 12%; quando acima de 6%, serão revestidas de material não escorregadio. A largura das rampas será a mesma exigida para escadas.

Art. 134. As escadas terão largura não inferiores a 1,50 m e deverão apresentar lances retos de 18 degraus, no máximo, entre os quais se intercalarão patamares de 1,50 m de extensão, no mínimo, não podendo apresentar trechos em leque.

§ 1º. Quando o número de pessoas que por elas devem transitar for superior a 150, a largura aumentará à razão de 8 mm por pessoa excedente.

§ 2º. Os degraus não terão piso inferior a 0,30 m nem espelho superior a 0,16 m.

§ 3º. O número de escadas será de 2, no mínimo, dirigidas para saídas autônomas.

Art. 135. As salas de espetáculos serão dotadas de dispositivos mecânicos, que darão renovação constante de ar, com capacidade de 13,00 m^3 de ar exterior, por pessoa e por hora.

§ 1º. Quando instalado sistema de ar condicionado será obedecida a norma da Associação Brasileira de Normas Técnicas.

§ 2º. Em qualquer caso, será obrigatória a instalação de equipamentos de reserva.

Art. 136. As cabines de projeção de cinemas deverão satisfazer as seguintes condições:

I – área mínima de 12,00 m^2, pé direito de 3,00 m;

II – porta de abrir para fora e construção de material incombustível;

III – ventilação natural ou por dispositivos mecânicos;

IV – instalação sanitária.

Art. 137. Os camarins deverão ter área não inferior a 4,00 m² e serão dotados de ventilação natural ou por dispositivos mecânicos.

Parágrafo único. Os camarins individuais ou coletivos serão separados para cada sexo e servidos por instalações com bacias sanitárias, chuveiros e lavatórios na proporção de 1 conjunto, para cada 5 camarins individuais ou para cada 20,00 m² de camarim coletivo.

Art. 138. As instalações sanitárias destinadas ao público nos cinemas, teatros e auditórios, serão separadas por sexo e independentes para cada ordem de localidade.

Parágrafo único. Deverão conter, no mínimo, uma bacia sanitária para cada 100 pessoas, um lavatório e um mictório para cada 200 pessoas, admitindo-se igualdade entre o número de homens e o de mulheres.

Art. 139. Deverão ser instalados bebedouros, com jato inclinado, fora das instalações sanitárias, para uso dos frequentadores, na proporção mínima de um para cada 300 pessoas.

Art. 140. As paredes dos cinemas, teatros, auditórios e locais similares, na parte interna deverão receber revestimento ou pintura lisa, impermeável e resistente, até a altura de 2,00 m. Outros revestimentos poderão ser aceitos, a critério da autoridade sanitária, tendo em vista a categoria do estabelecimento.

Art. 141. Para os efeitos deste Regulamento, equiparam-se no que for aplicável, aos locais referidos no artigo anterior, os templos maçônicos e congêneres.

Art. 142. Os circos, parques de diversões e estabelecimentos congêneres deverão possuir instalações sanitárias provisórias, independentes para cada sexo, na proporção mínima de uma bacia sanitária e um mictório para cada 200 frequentadores em compartimentos separados.

§ 1º. Na construção dessas instalações sanitárias poderá ser permitido o emprego de madeira e de outros materiais em placas, devendo o piso receber revestimento liso e impermeável.

§ 2º. Será obrigatória a remoção das instalações sanitárias construídas nos termos do parágrafo anterior, e o aterro das fossas, por ocasião da cessação das atividades que a elas deram origem.

Art. 143. (Revogado).

(*) Art. 143 revogado pelo Decreto nº 45.615, de 4.1.2001.

Art. 144. Sobre as aberturas de saída das salas de espetáculo propriamente ditas é obrigatória a instalação de luz de emergência, de cor vermelha, e ligada a circuito autônomo de eletricidade.

Seção IV
Locais de Reunião para Fins Religiosos

Art. 145. Consideram-se locais de reunião para fins religiosos os seguintes:

I – templos religiosos e salões de cultos;

II – salões de agremiações religiosas.

Art. 146. As edificações de que trata esta Seção deverão atender, além das normas e especificações gerais para edificações, mais aos seguintes requisitos:

I – as aberturas de ingresso e saída em número de 2, no mínimo, não terão largura menor que 2,00 m e deverão abrir para fora e serem autônomas;

II – o local da reunião ou de culto, deverá ter:

a) o pé-direito não inferior a 4,00 m;

b) área do recinto dimensionada segundo a lotação máxima prevista;

c) ventilação natural ou por dispositivos mecânicos capaz de proporcionar suficiente renovação de ar exterior.

Parágrafo único. Quando instalado sistema de condicionamento de ar, este deverá obedecer às Normas da Associação Brasileira de Normas Técnicas.

Art. 147. As edificações de que trata esta Seção, deverão dispor, além das privativas, instalações sanitárias para eventual uso dos frequentadores, separadas por sexo, com acessos, independentes, e constantes, pelo menos de:

I – um compartimento para homens, contendo bacia sanitária, lavatório e mictório;

II – um compartimento para mulheres, contendo bacia sanitária e lavatório.

Parágrafo único. Quando abrigarem outras atividades anexas, como escolas, pensionatos ou residências, deverão satisfazer as exigências próprias da respectiva norma específica.

CAPÍTULO VIII
NECROTÉRIOS, VELÓRIOS, CEMITÉRIOS E CREMATÓRIOS

Seção I
Necrotérios e Velórios

Art. 148. Os necrotérios e velórios deverão ficar a 3,00 m, no mínimo, afastados das divisas dos terrenos vizinhos a ser convenientemente ventilados e iluminados.

Art. 149. Os necrotérios deverão ter, pelo menos:

I – sala de necrópsia, com área não inferior a 16,00 m²; paredes revestidas até a altura de 2,00 m, no mínimo, e pisos de material liso, resistente, impermeável e lavável; devendo contar pelo menos, com:

a) mesa para necrópsia, de formato que facilite o escoamento de líquidos, e feita ou revestida de material liso, resistente, impermeável e lavável;

b) lavatório ou pia com água corrente e dispositivo que permita a lavagem das mesas de necrópsia e do piso;

c) piso dotado de ralo;

II – câmara frigorífica para cadáveres com área de 8,00 m²;

III – sala de recepção e espera;

IV – instalações sanitárias com, pelo menos, uma bacia sanitária, um lavatório e um chuveiro para cada sexo.

Art. 150. Os velórios deverão ter, pelo menos:

I – sala de vigília, com área não inferior a 20,00 m²;

II – sala de descanso e espera, proporcional ao número de salas de vigília;

III – instalações sanitárias com, pelo menos 1 bacia sanitária e um lavatório, para cada sexo;

IV – bebedouro, fora das instalações sanitárias e das salas de vigília.

Parágrafo único. São permitidas copas e locais adequadamente situados.

Seção II
Cemitérios

Art. 151. Os cemitérios serão construídos em áreas elevadas, na contravertente das águas que possam alimentar poços e outras fontes de abastecimento.

Parágrafo único. Em caráter excepcional, serão tolerados, a juízo da autoridade sanitária, cemitérios em regiões planas.

Art. 152. Deverão ser isolados, em todo o seu perímetro, por logradouros públicos ou outras áreas abertas, com largura mínima de 15,00 m, em zonas abastecidas por redes de água, e de 30,00 m, em zonas não providas de redes.

Art. 153. O nível dos cemitérios deverá ser suficientemente elevado de maneira a assegurar que as sepulturas não sejam inundadas.

Art. 154. O nível do lençol freático, nos cemitérios, deverá ficar a 2,00 m, no mínimo, de profundidade.

Parágrafo único. Na dependência das condições das sepulturas, deverá ser feito o rebaixamento suficiente desse nível.

Art. 155. Os projetos de cemitérios deverão ser acompanhados de estudos especializados, comprovando a adequabilidade do solo e o nível do lençol freático.

Art. 156. Nos cemitérios, deverá haver, pelo menos:

I – local para administração e recepção;

II – sala de necrópsia atendendo aos requisitos exigidos neste Regulamento;

III – depósito de materiais e ferramentas;

IV – vestiários e instalação sanitária para os empregados;

V – instalações sanitárias, para o público, separadas para cada sexo.

Parágrafo único. A autoridade sanitária poderá reduzir as exigências deste artigo em função das limitações socioeconômicas do município de localização do cemitério.

Art. 157. Nos cemitérios, pelo menos 20% de suas áreas serão destinadas a arborização ou ajardinamento.

§ 1º. Os jardins sobre jazigos não serão computados para os efeitos deste artigo.

§ 2º. Nos cemitérios-parque poderá ser dispensada a destinação da área mencionada neste artigo.

Art. 158. Os vasos ornamentais não deverão conservar água, a fim de evitar a proliferação de mosquitos.

Seção III
Crematório

Art. 159. É permitida a construção de crematórios, devendo seus projetos ser submetidos a prévia aprovação da autoridade sanitária.

Parágrafo único. O projeto deverá estar instruído com a aprovação do órgão encarregado da proteção do meio ambiente.

Art. 160. Os crematórios deverão ser providos de câmaras frigoríficas e de sala para necrópsia, devendo esta atender aos requisitos mínimos estabelecidos neste Regulamento.

Art. 161. Associadas aos crematórios deverão existir áreas verdes ao seu redor, com área mínima de 20.000 (vinte mil) m^2.

CAPÍTULO IX
LOCAIS DE TRABALHO

Seção I
Indústrias, Fábricas e Grandes Oficinas

Subseção I
Normas Gerais

Art. 162. Todos os locais de trabalho onde se desenvolvam atividades industriais, fabris e de grandes oficinas deverão obedecer às exigências deste capítulo e de suas Normas Técnicas Especiais.

Art. 163. Antes de iniciada a construção, a reconstrução, a reforma ou a ampliação de qualquer edificação destinada a local de trabalho deverá ser ouvida a autoridade sanitária quanto ao projeto, com suas respectivas especificações.

Art. 164. Para a aprovação do projeto, a autoridade sanitária deverá levar em conta a natureza dos trabalhos a serem executados.

Parágrafo único. O cumprimento deste artigo não dispensa a observância de outras disposições federais, estaduais e municipais.

Art. 165. (Revogado).

(*) Art. 165 revogado pelo Decreto nº 45.615, de 4.1.2001.

Art. 166. A autorização para instalação de estabelecimento de trabalho em edificações já existentes é de competência do órgão encarregado da higiene e segurança do trabalho, sem prejuízo da competência da autoridade sanitária nos casos previstos neste Regulamento e em suas Normas Técnicas Especiais.

Art. 167. Os locais de trabalho não poderão ter comunicação direta com dependências residenciais.

Art. 168. Os compartimentos especiais destinados a abrigar fontes geradoras de calor deverão ser isolados termicamente.

Art. 169. As águas provenientes de lavagem dos locais de trabalho deverão ser lançadas na rede coletora de esgotos ou ter outra destinação conveniente, a critério da autoridade competente.

Subseção II
Normas Construtivas

Art. 170. Os locais de trabalho terão, como norma, pé direito não inferior a 4,00 m, assim consideradas a altura livre compreendida entre a parte mais alta do piso e a parte mais baixa da estrutura do teto.

Parágrafo único. A juízo da autoridade sanitária o pé direito poderá ser reduzido a até 3,00 m, desde que na ausência de fontes de calor, e atendidas as condições de iluminação e ventilação condizentes com a natureza do trabalho.

Art. 171. Os pisos dos locais de trabalho serão planos e em nível, construídos com material resistente, impermeável, lavável e não escorregadio.

Art. 172. As estruturas de sustentação e as paredes de vedação serão revestidas com material liso, resistente, lavável e impermeável, até 2,00 m, de altura, no mínimo.

Art. 173. As coberturas dos locais de trabalho deverão assegurar proteção contra as chuvas e insolação excessiva.

Art. 174. O interior dos locais de trabalho deverá, de preferência, ter acatamento em cores claras.

Parágrafo único. A juízo da autoridade sanitária, outras exigências relativas aos pisos, paredes e forros poderão também ser determinadas, tendo-se em vista o processo e as condições de trabalho.

Subseção III
Iluminação

Art. 175. Em todos os locais de trabalho deverá haver iluminação natural ou artificial, apropriada à natureza da atividade.

§ 1º. A área para iluminação natural de um local de trabalho deve corresponder, no mínimo, a um quinto da área total do piso.

§ 2º. Para a iluminação artificial, quando justificada tecnicamente, deverão ser observadas as normas previstas na legislação sobre higiene e segurança do trabalho.

Art. 176. A iluminação deve ser adequada ao trabalho a ser executado, evitando-se o ofuscamento, reflexos fortes, sombras e contrastes excessivos.

Subseção IV
Ventilação

Art. 177. Os locais de trabalho deverão ter ventilação natural ou artificial que proporcionem ambiente compatível com o trabalho realizado.

§ 1º. A área total das aberturas de ventilação natural dos locais de trabalho deverá ser, no mínimo, correspondente a dois terços da área iluminante natural.

§ 2º. A ventilação artificial será obrigatória sempre que a ventilação natural não preencher as condições e conforto térmico a juízo da autoridade competente.

Subseção V
Circulação

Art. 178. Os corredores, quando houver, deverão ser livres, dimensionados para proporcionar o escoamento seguro dos empregados, e dirigidos para saídas de emergência.

Parágrafo único. A largura dos corredores não poderá ser inferior a 1,20 m.

Art. 179. As saídas de emergência terão portas abrindo para o exterior e largura não menor que as dimensionadas para os corredores.

Art. 180. As rampas e as escadas deverão ser construídas de acordo com as seguintes especificações:

I – a largura mínima da escada será de 1,20 m, devendo ser de 16, no máximo, o número de degraus entre patamares;

II – a altura máxima dos degraus (espelho) deverá ser de 0,16 m, e a largura (piso) de 0,30 m;

III – serão permitidas rampas com 1,20 m de largura, no mínimo, e declividade máxima de 15%.

Subseção VI
Instalações Sanitárias

Art. 181. Os locais de trabalho terão instalações sanitárias separadas, para cada sexo, dimensionadas por turno de trabalho, nas seguintes proporções:

I – uma bacia sanitária, um mictório, um lavatório e um chuveiro para cada 20 empregados do sexo masculino;

II – uma bacia sanitária, um lavatório e um chuveiro para cada 20 empregados do sexo feminino.

Parágrafo único. Será exigido um chuveiro para cada 10 empregados nas atividades ou operações insalubres, nos trabalhos com exposição a substâncias tóxicas, irritantes, alergizantes, poeiras ou substâncias que provoquem sujidade e nos casos em que haja exposição a calor intenso,

Art. 182. Os compartimentos das bacias sanitárias e dos mictórios deverão ser ventilados para o exterior, não poderão ter comunicação direta com os locais de trabalho nem com os locais destinados às refeições; e deverá existir entre eles antecâmaras com abertura para o exterior.

Art. 183. As instalações sanitárias deverão atender aos seguintes requisitos:

I – piso revestido de material resistente, liso, lavável e impermeável, inclinado para os ralos, os quais serão providos de sifões;

II – paredes revestidas de material resistente, liso, impermeável e lavável, até a altura de 2,00 m, no mínimo;

III – portas que impeçam o seu devassamento.

Art. 184. Os compartimentos com bacias sanitárias deverão ter área mínima de 1,20 m² com largura mínima de 1,00 m.

Parágrafo único. No caso de agrupamento de aparelhos sanitários da mesma espécie, os compartimentos destinados a bacias sanitárias e chuveiros, serão separados por divisões com altura mínima de 2,00 m, tendo vãos livres de 0,15 m de altura na parte inferior, e 0,35 m de altura na parte superior; área mínima de 1,20 m², com largura de 1,00 m; e acesso mediante corredor de largura maior que 0,90 m.

Art. 185. As instalações sanitárias deverão ser alimentadas por água proveniente do sistema público de abastecimento de água e esgotadas mediante ligação à rede pública.

Parágrafo único. Quando o local não for beneficiado pelos sistemas públicos de água e de esgotos, será obrigatória a adoção de medidas a serem aprovadas pelas autoridades competentes, no que concerne à provisão suficiente de água e à disposição dos esgotos e resíduos líquidos industriais.

Art. 186. Os reservatórios de água potável deverão ter capacidade mínima correspondente a 70 litros por empregado.

Subseção VII
Aparelhos Sanitários

Art. 187. O equipamento das instalações sanitárias deverá satisfazer às seguintes condições:

I – os aparelhos sanitários deverão ser de material cerâmico verificado, ferro fundido esmaltado ou material equivalente sob todos os aspectos, e atender às especificações da Associação Brasileira de Normas Técnicas, sendo rigorosamente proibida a instalação de aparelhos sanitários construídos de cimento;

II – não serão permitidos aparelhos ou canalizações das instalações sanitárias, de qualquer natureza, que apresentem defeitos ou soluções de continuidade que possam acarretar infiltrações ou acidentes;

III – as bacias e os mictórios serão ligados diretamente ao ramal de descarga ou tubo de queda; os demais aparelhos deverão ter seus despejos conduzidos a um ralo sifonado, provido de inspeção.

Art. 188. As bacias sanitárias deverão atender aos seguintes requisitos:

I – ser instaladas em compartimentos individuais ventilados direta ou indiretamente para o exterior;

II – não poderão estar envolvidas com quaisquer materiais como caixas de madeira, blocos de cimento, cerâmica e outros;

III – os seus receptáculos deverão fazer corpo com os respectivos sifões, devendo permanecer na bacia uma quantidade de água suficiente para impedir a aderência de dejetos;

IV – serão providas de dispositivos que impeçam a aspiração de água contaminada no aparelho para a tubulação de água.

Art. 189. Os mictórios deverão ser de fácil limpeza e atender aos seguintes requisitos:

I – poderão ser do tipo cuba ou calha;

II – deverão ser providos de descarga contínua ou intermitente, provocada ou automática;

III – no mictório do tipo calha, de uso coletivo, cada segmento de 0,60 m corresponderá a um mictório do tipo cuba;

IV – os mictórios do tipo cuba, de uso individual, deverão ser separados entre si, por uma distância de 0,60 m, no mínimo, de eixo a eixo.

Art. 190. Os lavatórios deverão atender ao seguinte:

I – devem estar situados no conjunto de instalações sanitárias ou em local adequado;.

II – poderão ser do tipo individual ou coletivo devendo, neste último, cada torneira corresponder a um lavatório individual, desde que estejam separadas por distâncias não inferiores a 0,60 m.

Subseção VIII
Bebedouros

Art. 191. Em todos os locais de trabalho deverá ser proporcionada aos empregados água potável em condições higiênicas, sendo obrigatória a existência de bebedouros de jato inclinado e guarda protetora, proibida sua instalação em pias ou lavatórios.

Parágrafo único. Os bebedouros serão instalados na proporção de um para cada 200 empregados, sendo que o local de suprimento de água deverá estar acima do nível de trasbordamento do receptáculo.

Subseção IX
Vestiários

Art. 192. Junto aos locais de trabalho serão exigidos vestiários separados, para cada sexo.

§ 1º. Os vestiários terão área correspondente a 0,35 m² por empregado que neles deva ter armário, com o mínimo de 6,00 m².

§ 2º. As áreas para vestiários deverão ter comunicação com as de chuveiros, ou ser a estas conjugadas.

Subseção X
Refeitórios

Art. 193. Nos estabelecimentos em que trabalhem mais de 30 empregados é obrigatória a existência de refeitório, ou local adequado a refeições, atendendo aos requisitos estabelecidos nesta subseção.

Parágrafo único. Quando houver mais de 300 empregados é obrigatória a existência de refeitório com área de 1,00 m² por usuário, devendo abrigar de cada vez 1/3 do total de empregados em cada turno de trabalho.

Art. 194. O refeitório ou local adequado para refeições obedecerá os seguintes requisitos mínimos:

I – piso revestido com material resistente, liso e impermeável;

II – forro de material adequado, podendo ser dispensado em casos de cobertura que ofereça proteção suficiente;

III – paredes revestidas com material liso, lavável, resistente e impermeável, até a altura de 2,00 m, no mínimo;

IV – ventilação e iluminação de acordo com as normas fixadas no presente Regulamento;

V – água potável;

VI – lavatórios individuais ou coletivos;

VII – cozinha, no caso de refeições preparadas no estabelecimento; ou local adequado, com fogão, estufa ou similar, quando se tratar de simples aquecimento das refeições.

Parágrafo único. O refeitório ou local adequado a refeições não poderá comunicar-se diretamente com os locais de trabalho, instalações sanitárias e com locais insalubres ou perigosos.

Art. 195. Em casos excepcionais, considerando as condições de duração, natureza do trabalho e peculiaridades locais, poderão ser dispensadas as exigências de refeitório e cozinha.

Subseção XI
Local para Creche

Art. 196. O estabelecimento em que trabalhem 30 ou mais mulheres com mais de 16 (dezesseis) anos de idade, e que não mantenha convênio nos termos da legislação federal pertinente, deverá dispor de creche ou local apropriado onde seja permitido às empregadas guardar, sob vigilância e assistência, os seus filhos no período de amamentação.

§ 1º. O local a que se refere o presente artigo obedecerá aos seguintes requisitos:

a) berçário, com área mínima de 3,00 m² por criança e no mínimo 6,00 m², devendo haver entre os berços e entre estes e as paredes, a distância mínima de 0,50 m (cinquenta centímetros);

b) saleta de amamentação, com área mínima de 6,00 m², provida de cadeiras ou banco-encosto, para que as mulheres possam amamentar seus filhos em adequadas condições de higiene e conforto;

c) cozinha dietética para o preparo de mamadeiras ou suplementos dietéticos para as crianças ou para as mães, com área de 4,00 m^2, no mínimo;

d) pisos e paredes, revestidas até a altura mínima de 1,50 m, de material liso, resistente, impermeável e lavável;

e) compartimento de banho e higiene das crianças, com área de 3,00 m^2, no mínimo;

f) instalações sanitárias para uso das mães e do pessoal da creche.

§ 2º. O número de leitos no berçário obedecerá a proporção de 1 (um) leito para cada grupo de 30 empregadas entre 16 e 40 anos de idade.

Subseção XII
Local para Assistência Médica

Art. 197. Nos estabelecimentos em que trabalhem mais de 10 operários deverá existir compartimento para ambulatório, destinado a socorros de emergência, com 6,00 m^2, de área mínima e com:

I – paredes revestidas até a altura de 1,50 m, no mínimo, com material liso, resistente, impermeável e lavável;

II – piso revestido com material liso, resistente, impermeável e lavável.

Seção II
Outros Locais de Trabalho

Art. 198. Outros locais de trabalho onde se exerçam atividades de comércio, serviços, bem como indústrias de pequeno porte, atenderão às normas previstas na Seção I deste Capítulo, no que lhes forem aplicáveis, ajustadas as suas dimensões e peculiaridades.

Art. 199. O pé direito dos locais referidos nesta seção será, como regra, não inferior a 3,00 m, podendo ser admitidas, desde que devidamente justificadas, reduções até 2,70 m.

Art. 200. Os vestiários, em casos devidamente justificados, poderão ter área inferior a 6,00 m^2, a critério da autoridade sanitária.

Art. 201. Aos locais de trabalho para pequenas oficinas e indústrias de pequeno porte aplicam-se as seguintes disposições:

I – oficinas de marcenaria desde que utilizem somente máquinas portáteis deverão ter compartimento de trabalho, com área não inferior a 20,00 m^2, e serão dotadas de instalação sanitária e, quando necessário, de vestiário com chuveiro;

II – oficinas de borracheiro:

a) deverão dispor, além dos compartimentos destinados ao conserto de pneus e à venda de materiais, de área ou pátio de trabalho;

b) quando não integradas ou conjugadas a outro local de trabalho que disponha de instalação sanitária deverão ter suas próprias, além de vestiário com chuveiro, quando necessário;

III – oficinas de funilaria e serralheria:

a) os locais de trabalho para oficinas de serralheria e funilaria não poderão fazer parte de edificações para habitação ou escritórios;

b) deverão dispor, no mínimo de: compartimento de trabalho com área não inferior a 20,00 m^2, compartimento especial para aparelhos de solda a gás, instalação sanitária e, quando necessário, vestiário com chuveiro;

IV – oficinas de tinturaria: deverão dispor de, pelo menos, área coberta para atendimento ao público, compartimento de trabalho com 20,00 m^2, no mínimo, área de secagem, instalação sanitária e, quando necessário, vestiário com chuveiro;

V – oficinas de sapateiro e de vidraceiro: deverão ser constituídas, no mínimo, de compartimento de trabalho, instalação sanitária e, quando necessário, de vestiário com chuveiro;

VI – oficinas mecânicas diversas:

a) os locais para oficinas mecânicas não poderão fazer parte de edificações para habitação ou escritórios;

b) deverão dispor de, pelo menos, compartimentos de trabalho com área suficiente a evitar trabalhos nos passeios, de instalação sanitária e, quando necessário, de vestiário com chuveiro;

c) quando houver trabalhos de solda ou pintura, deverão dispor de compartimentos separados, adequados a essas atividades.

§ 1º. Outros tipos de locais não mencionados neste artigo terão as exigências mínimas estabelecidas pela autoridade sanitária, segundo critério de exigências mínimas estabelecidas pela autoridade sanitária, segundo critério de similaridade.

§ 2º. Os pisos dos locais a que se refere este artigo serão revestidos de material resistente, impermeável, liso e lavável e de paredes com barra impermeável até 2,00 m de altura, no mínimo.

Art. 202. Os alojamentos provisórios para trabalhadores, destinados a serviços a céu aberto, deverão ser adequados a oferecer proteção contra o frio, a umidade ou os ventos e dispor de suprimento de água potável e adequada disposição de esgotos.

Parágrafo único. Quando localizados em áreas insalubres, serão também tomadas as medidas necessárias a prevenir a transmissão de endemias.

CAPÍTULO X
EDIFICAÇÕES DESTINADAS A COMÉRCIO E SERVIÇOS

Seção I
Edifícios de Escritórios

Art. 203. Os edifícios para escritórios atenderão às normas gerais, referentes às edificações, complementadas pelo disposto neste Capítulo.

Art. 204. Deverão ter dutos de queda para lixo e compartimento para seu depósito, com capacidade suficiente para 24 horas, no mínimo.

§ 1º. Os dutos deverão ter aberturas acima da cobertura do prédio, provida de tela e serão de material que permita lavagens e desinsetizações periódicas, devendo sua superfície ser lisa e impermeável.

§ 2º. Em casos especiais a critério da autoridade sanitária, poderá ser dispensada a exigência deste artigo.

Art. 205. No recinto das caixas de escada não poderão existir aberturas diretas para equipamentos e dispositivos de coleta de lixo.

Art. 206. Deverão ter, em cada pavimento, instalações sanitárias separadas, para cada sexo, com acessos independentes.

§ 1º. As instalações sanitárias para homens serão na proporção de uma bacia sanitária, um lavatório e um mictório para cada 200 m^2 ou fração de área útil de salas.

§ 2º. As instalações sanitárias para mulheres serão na proporção de uma bacia sanitária e um lavatório para cada 200 m^2 ou fração de área útil de salas.

Art. 207. E obrigatória a existência de depósito de material, compartimento sanitário, vestiário e chuveiro para uso exclusivo do pessoal encarregado da limpeza do prédio.

Parágrafo único. Essa exigência poderá ser dispensada, a juízo da autoridade sanitária, nos edifícios que comprovadamente pelas suas dimensões e características a justifiquem.

Art. 208. Nos edifícios de escritórios não será permitido depositar materiais ou exercer atividades que, pela sua natureza, representem perigo ou sejam prejudiciais à saúde.

Parágrafo único. A instalação, nesses edifícios, de farmácias, consultórios médicos e congêneres, bem como estabelecimentos comerciais de alimentos está sujeita às prescrições deste Regulamento e de suas Normas Técnicas Especiais, para tais atividades ou estabelecimentos.

Art. 209. É obrigatória a instalação de elevadores de passageiros nos edifícios que apresentam piso de pavimento a uma distância vertical maior que 10 m, contada a partir do nível da soleira do andar térreo.

§ 1º. Não será considerado o último pavimento, quando for de uso privativo do penúltimo, ou quando destinado exclusivamente a serviços do edifício ou habitação do zelador.

§ 2º. Em caso algum os elevadores poderão constituir o meio exclusivo de acesso aos pavimentos do edifício.

§ 3º. Quando o edifício possuir mais de 8 pavimentos deverá ser provido de dois elevadores, no mínimo.

Seção II
Lojas, Armazéns, Depósitos e Estabelecimentos Congêneres

Art. 210. As lojas, armazéns, depósitos e estabelecimentos congêneres estão sujeitos às prescrições referentes aos locais de trabalho em geral, no que lhes forem aplicáveis.

§ 1º. Os estabelecimentos com área até 50,00 m^2 terão, no mínimo, uma instalação sanitária com bacia e lavatório, em compartimentos separados; e aqueles com área superior obedecerão ao mesmo critério estabelecido para edifícios de escritórios.

§ 2º. A autoridade sanitária poderá admitir reduções, devidamente justificadas, bem como exigir além do previsto no § 1º, quando necessário.

Art. 211. Serão permitidas as galerias internas de acesso a estabelecimentos comerciais, em qualquer pavimento, desde que suas larguras correspondam a 1/20 (um vigésimo) de seu comprimento, com largura mínima de 4,00 m.

§ 1º. O pé direito dessas galerias deverão ser de 3,00 m, no mínimo.

§ 2º. As instalações sanitárias em galerias deverão satisfazer os requisitos estipulados para cada estabelecimento, em função de sua utilização, a critério da autoridade sanitária.

Seção III
Garagens, Oficinas, Postos de Serviço e de Abastecimento de Veículos

Art. 212. As garagens, oficinas, postos de serviço e de abastecimento de veículos estão sujeitos às prescrições referentes aos locais de trabalho em geral, no que lhes forem aplicáveis.

Art. 213. Os serviços de pintura nas oficinas de veículos deverão atender às prescrições referentes ao controle da poluição do ar, estabelecidas pelo órgão encarregado da proteção do meio ambiente.

Art. 214. Os despejos das garagens, oficinas, postos de serviço e de abastecimento de veículos, nos quais seja feita lavagem ou lubrificação deverão passar por instalação retentora de areia e graxa, aprovada pelo órgão competente.

Seção IV
Aeroportos, Estações Rodoviárias, Ferroviárias, Portuárias e Estabelecimentos Congêneres

Art. 215. Os aeroportos, estações rodoviárias, ferroviárias, portuárias e estabelecimentos congêneres deverão atender aos requisitos mínimos seguintes:

I – paredes até 2,00 m de altura, no mínimo, e os pisos em todos os locais de uso público, serão revestidos de material resistente e lavável;

II – os locais de uso do pessoal de serviço deverão atender às prescrições referentes a locais de trabalho;

III – o reservatório de água potável terá capacidade mínima equivalente ao consumo diário;

IV – terão bebedouros de jato inclinado, com grade protetora, na proporção de um para cada 300 m^2, ou fração de área de espera, atendimento e recepção, localizados fora dos compartimentos sanitários;

V – terão nos locais de uso público, recipientes adequados para lixo;

VI – os esgotos estarão sujeitos a exigências especiais da autoridade sanitária, mesmo quando lançados na rede pública;

VII – a retirada, o transporte e a disposição de excretos e do lixo, procedentes de aeronaves e veículos, deverão atender às exigências da autoridade sanitária competente;

VIII – os locais onde se preparem, manipulem, sirvam ou vendam alimentos, deverão obedecer às disposições relativas a estabelecimentos comerciais de alimentos no que lhes forem aplicáveis.

Art. 216. As instalações sanitárias serão separadas, para o pessoal de serviço e para uso do público, e satisfarão às seguintes exigências:

I – as de pessoal de serviço atenderão às normas estabelecidas para locais de trabalho;

II – as de uso público serão separadas, para cada sexo, com acessos independentes e atenderão às proporções mínimas seguintes quando forem para homens:

a) até 150 m^2 de área de atendimento, espera e recepção: uma bacia sanitária, um lavatório e um mictório;

b) de 151 a 500 m²: duas bacias sanitárias, dois lavatórios e dois mictórios;

c) de 501 a 1.000 m²: três bacias sanitárias, três lavatórios e três mictórios;

d) acima de 1.000 m²: três bacias sanitárias, três lavatórios e três mictórios, mais uma bacia sanitária, um lavatório e um mictório para cada 500 m² ou fração, excedentes de 1.000 m².

III – quando se tratar de instalações sanitárias destinadas às mulheres, a proporção será a mesma do item II, excluídos os mictórios.

Seção V
Institutos de Beleza sem Responsabilidade Médica, Salões de Beleza, Cabeleireiros, Barbearias, Casas de Banho e Congêneres

Art. 217. Os locais em que se instalarem institutos de beleza sem responsabilidade médica ou salões de beleza, cabeleireiros e barbearias terão:

I – área não inferior a 10,00 m², com largura mínima de 2,50 m, para o máximo de 2 (duas) cadeiras, sendo acrescidas de 5,00 m², para cada cadeira adicional;

II – paredes em cores claras, revestidas de material liso, resistente e impermeável até a altura de 2,00 m, no mínimo;

III – piso revestido de material liso, resistente e impermeável;

IV – um lavatório, no mínimo;

V – instalação sanitária própria.

Art. 218. Os estabelecimentos de que trata esta seção estão sujeitos a vistoria pela autoridade sanitária, e só poderão ser utilizados para o fim a que se destinam, não podendo servir de acesso a outras dependências.

Parágrafo único. São permitidas outras atividades afins, a critério da autoridade sanitária, respeitando as áreas mínimas exigidas.

Art. 219. As casas de banho obedecerão às disposições desta Seção no que lhes forem aplicáveis, e mais as seguintes:

I – as banheiras serão de ferro esmaltado ou de material aprovado pela autoridade sanitária;

II – os compartimentos de banho terão área mínima de 3,00 m², e revestimento de azulejos claros em todas as paredes até a altura de 2,00 m, no mínimo.

Art. 220. É proibida a existência de aparelho de fisioterapia nos estabelecimentos de que trata esta Seção.

Art. 221. Em todos os estabelecimentos referidos nesta Seção é obrigatória a desinfecção de locais, equipamentos e utensílios, na forma determinada pela autoridade sanitária.

Seção VI
Lavanderias Públicas

Art. 222. As lavanderias públicas deverão atender, no que lhes forem aplicáveis, a todas as exigências deste Regulamento e de suas Normas Técnicas Especiais.

Art. 223. Nas localidades em que não houver rede coletora de esgotos, as águas residuárias terão tratamento e destino de acordo com as exigências da legislação estadual sobre prevenção e controle da poluição do meio ambiente.

Art. 224. As lavanderias públicas serão dotadas de reservatórios de água com capacidade equivalente ao consumo diário, sendo permitido o uso de água de poço ou de outras procedências, desde que não seja poluída e que o abastecimento público seja insuficiente ou inexistente.

Art. 225. As lavanderias públicas deverão possuir locais destinados à secagem das roupas lavadas, desde que não disponham de dispositivos apropriados para esse fim.

CAPÍTULO XI
ESTABELECIMENTOS DE ASSISTÊNCIA MÉDICO-HOSPITALAR

Art. 226. Os estabelecimentos de assistência médico-hospitalar devem atender às exigências referentes às habitações e aos estabelecimentos de trabalho em geral constantes deste Regulamento e de suas Normas Técnicas Especiais, além das disposições previstas na legislação federal pertinente.

CAPÍTULO XII
ESTABELECIMENTOS INDUSTRIAIS E COMERCIAIS FARMACÊUTICOS E CONGÊNERES

Art. 227. É expressamente proibida a instalação em zonas urbanas de laboratório ou departamento de laboratório que fabrique produtos biológicos e outros produtos que possam produzir risco de contaminação aos habitantes.

Seção I
Estabelecimentos Industriais Farmacêuticos, Químico-Farmacêuticos, de Produtos Biológicos e Congêneres, de Produtos Dietéticos, de Higiene, Perfumes, Cosméticos e Congêneres

Art. 228. Os estabelecimentos que fabriquem ou manipulem drogas, medicamentos, insumos farmacêuticos e seus correlatos, cosméticos, produtos de higiene, perfume e outros, dietéticos, produtos biológicos e congêneres, que interessem à medicina e à saúde pública, além de obedecer àquilo que diz respeito às habitações e aos estabelecimentos de trabalho em geral, deverão ter:

I – locais independentes destinados à manipulação ou fabrico, de acordo com as formas farmacêuticas;

II – local apropriado para lavagem e secagem de vidros e vasilhames;

III – sala para acondicionamento;

IV – local para laboratório de controle;

V – compartimento para embalagem dos produtos acabados;

VI – local para armazenamento de produtos acabados e de material de embalagem;

VII – depósito para matéria-prima.

§ 1º. Estes locais terão área mínima de 12,00 m², cada um, forro liso, de cor clara e material adequado, piso de material liso, resistente e impermeável, paredes de cor clara revestidas até a altura de 2,00 m, no mínimo, de material liso, resistente e impermeável, devidamente aprovados pela autoridade sanitária.

§ 2º. As áreas mínimas desses locais poderão ser alteradas em função das exigências do processamento industrial adotado, a critério da autoridade sanitária.

Art. 229. O local onde se fabriquem injetáveis deverá, além de satisfazer os requisitos do artigo anterior, possuir:

I – câmara independente destinada ao envazamento de injetáveis, com área mínima de 12,00 m^2 dotada de antecâmaras com área mínima de 3,00 m^2, ambas com cantos arredondados, paredes e tetos de cor clara, revestidos de material liso, impermeável e resistente aos produtos normalmente aplicados para assepsia, com piso de material liso resistente e impermeável, devidamente aprovados pela autoridade sanitária, e equipadas com lâmpadas bactericidas, e sistema de renovação de ar filtrado com pressão positiva;

II – sala para esterilização, com 12,00 m^2, no mínimo, e todas as demais características do inciso anterior, dispensada a antecâmara.

Parágrafo único. Nos locais mencionados neste artigo é vedada a existência de saída para esgotos, salvo quando providas de dispositivos especiais, aprovados pela autoridade sanitária.

Art. 230. Quando o estabelecimento manipular produtos que necessitem envazamento estéril deverá satisfazer as condições gerais para o preparo de injetáveis e mais as seguintes:

I – compartimento adequadamente situado e destinado à esterilização de vasilhames e materiais de envazamento, com o equipamento e características exigidos no inciso I do artigo anterior;

II – compartimento para preparação e envazamento, com instalação de ar condicionado, filtrado e esterilizado, com pressão positiva, e todos os demais equipamentos e características exigidos no inciso I do artigo anterior;

III – conjunto vestiário composto de:

a) compartimento para trocar roupa, com chuveiro e lavatório;

b) compartimento estéril, com pressão positiva, equipado com lâmpadas esterilizantes, ou instalação equivalente a critério da autoridade sanitária, para vestir roupagem apropriada e esterilizada, comunicando-se diretamente com a antecâmara determinada no inciso II deste artigo.

§ 1º. Os locais indicados nas alíneas "a" e "b" do inciso III terão área mínima de 6,00 m^2 cada.

§ 2º. Os pisos, tetos e superfícies das paredes atenderão às condições estabelecidas no inciso I do art. 229.

§ 3º. Nos locais mencionados nos incisos I, II e alínea "b" do inciso III, é vedada a existência de saída para esgotos, salvo quando providos de dispositivos especiais aprovados pela autoridade sanitária.

§ 4º. As exigências mínimas referentes às antecâmaras, estabelecidas neste artigo, poderão ser modificadas em função das características do processo industrial a ser utilizado, e a critério da autoridade sanitária.

Art. 231. Os estabelecimentos que fabriquem produtos liofilizados deverão, além de satisfazer as condições gerais para o preparo de injetáveis, possuir:

I – locais destinados à preparação dos produtos a serem liofilizados. atendendo às exigências dos locais destinados ao fabrico de produtos farmacêuticos;

II – local de liofilização, com área mínima de 12,00 m^2 satisfazendo as características do inciso II do art. 230.

Parágrafo único. Nos locais mencionados neste artigo é vedada a existência de saída para esgotos, salvo quando provida de dispositivos especiais, aprovados pela autoridade sanitária.

Art. 232. Os estabelecimentos que fabriquem pós, granulados, comprimidos, drágeas, cápsulas, líquidos, cremes, pomadas e produtos voláteis, deverão possuir, em função do processo industrial utilizado, compartimentos adequados ao preparo e fabricação dessas formas farmacêuticas, com as características seguintes: área mínima de 12,00 m^2, piso de material liso, resistente e impermeável, paredes e teto de cor clara, revestida de material liso, resistente e impermeável, cantos arredondados.

§ 1º. Os compartimentos devem ser dotados de ar filtrado e de condições que impeçam a contaminação de um produto com componentes de outros, e equipados com exaustores de ejeção filtrante do ar para o exterior.

§ 2º. Os compartimentos onde se fabriquem produtos com emprego de substâncias voláteis deverão possuir equipamento adequado para a exaustão rápida de seus vapores.

§ 3º. Os produtos destinados à aplicação na pele ou mucosas devem ser preparados em ambiente de ar filtrado, e de modo a evitar toda e qualquer contaminação do material manipulado.

Art. 233. Os estabelecimentos que fabriquem produtos biológicos, além das exigências constantes do art. 228 deverão possuir:

I – biotério para animais inoculados;

II – sala destinada à montagem de material e ao preparo do meio de cultura;

III – sala de esterilização e assepsia;

IV – forno crematório;

V – outras dependências que a tecnologia e controle venham a exigir.

Parágrafo único. Os locais referidos neste artigo obedecerão, no que couber, às exigências do § 1º do art. 228, com exceção da sala de esterilização e assepsia, que obedecerá ao disposto no inciso II do art. 229.

Art. 234. Quando forem realizadas as operações próprias aos estabelecimentos a que se referem os arts. 228 a 233, em estabelecimentos hospitalares e congêneres deverão estes cumprir as exigências previstas nesta Seção, segundo a natureza dos produtos fabricados e a critério da autoridade sanitária.

Art. 235. Os estabelecimentos a que se refere esta Seção deverão ter entradas independentes, não podendo suas dependências ser utilizadas para outros fins, nem servir de passagem para outro local.

Art. 236. Os estabelecimentos e compartimentos industriais, que trabalhem com microorganismos patogênicos, deverão possuir instalações para o tratamento de água e esgotos, devidamente aprovadas pelo órgão competente estadual.

Art. 237. Os estabelecimentos de que trata esta seção deverão possuir equipamentos especiais para evitar a poluição ambiental, devidamente aprovadas pelo órgão estadual competente.

Art. 238. As plantas e memórias dos estabelecimentos de que trata esta seção deverão receber visto prévio da autoridade sanitária competente, antes de serem aprovados pelo órgão de engenharia da Secretária de Estado da Saúde ou da Prefeitura Municipal.

Seção II
Indústrias de Saneantes Domissanitários Inseticidas, Raticidas, Desinfetantes e Detergentes para Uso Doméstico

Art. 239. As indústrias de saneantes domissanitários – inseticidas, raticidas, desinfetantes e detergentes para uso doméstico – além de atender as condições referentes às habitações e estabelecimentos de trabalho em geral, deverão ter:

I – compartimento para fabricação;

II – compartimentos independentes para depósito de matéria-prima e de produto acabado;

III – compartimento destinado à lavagem de vidros e de vasilhames;

IV – compartimento para laboratório de controle.

Parágrafo único. Os compartimentos a que se refere este artigo deverão ser independentes de residências e obedecerão ao disposto no § 1º do art. 228, podendo ser reduzida para 6,00 m², no mínimo, a área do compartimento destinado ao laboratório de controle, a critério da autoridade sanitária.

Seção III
Distribuidores, Representantes, Importadores e Exportadores de Drogas, Medicamentos, Insumos Farmacêuticos e seus Correlatos, Cosméticos, Produtos de Higiene, Perfumes e outros, Dietéticos, Produtos Biológicos e Estabelecimentos Congêneres

Art. 240. O local para instalação dos distribuidores, representantes, importadores e exportadores de drogas, medicamentos, insumos farmacêuticos e seus correlatos, cosméticos, produtos de higiene, perfumes e outros, dietéticos, produtos biológicos e estabelecimentos congêneres, que interessem à medicina e à saúde pública, deve satisfazer, além das disposições concernentes às habitações e aos estabelecimentos de trabalho em geral, mais as seguintes exigências:

I – área mínima de 12,00 m²;

II – piso de material liso, resistente e impermeável e paredes pintadas de cor clara, com barra de 2,00 metros, no mínimo, também de material liso, resistente e impermeável, a critério da autoridade sanitária;

III – forros pintados de cor clara.

Art. 241. Se houver retalhamento, os estabelecimentos de que trata esta Seção, deverão dispor também de:

I – compartimentos separados para o retalhamento de formas sólidas, líquidas e gasosas;

II – compartimento para laboratório de controle;

III – compartimento para embalagem.

Parágrafo único. Os compartimentos a que se refere este artigo deverão satisfazer todas as exigências do art. 240 podendo ser reduzida para 6,00 m², no mínimo, a área destinada ao laboratório de controle, a critério da autoridade Sanitária.

Art. 242. Os estabelecimentos a que se refere esta Seção deverão ter entrada independente, não podendo suas dependências ser utilizadas para outros fins, nem servir de passagem para outro local do edifício.

Seção IV
Farmácias, Drogarias, Ervanarias, Postos de Medicamentos, Unidades Volantes e Dispensários de Medicamentos

Art. 243. O local para a instalação de farmácia deve, satisfazer, além das disposições referentes à habitação e aos estabelecimentos de trabalho em geral, mais as seguintes exigências:

I – piso de material liso, resistente e impermeável e paredes pintadas de cor clara, com barra de 2,00 metros, no mínimo, também de material liso, resistente e impermeável, a critério da autoridade sanitária;

II – forros pintados de cor clara;

III – compartimentos separados até o teto por divisões ininterruptas, de cor clara, com as mesmas características previstas nos incisos I e II, e destinados a:

a) mostruários e vendas de medicamentos, com área mínima de 20,00 m²;

b) laboratório com área mínima de 10 m²;

c) local para aplicação de injeções, quando houver, com área mínima de 3 m².

Art. 244. O local para instalação de drogaria, além de satisfazer as exigências referentes às habitações e aos estabelecimentos de trabalho em geral, deverá possuir no mínimo 20 m² de área, e:

I – ter piso de material liso, resistente e impermeável e as paredes pintadas de cor clara, com barra de 2,00 m, no mínimo, também de material liso, resistente e impermeável a critério da autoridade sanitária;

II – forro pintado de cor clara.

Parágrafo único. Quando houver local para aplicação de injeções, este deverá atender as exigências do inciso III e alínea "c" do artigo anterior.

Art. 245. O local para instalação de ervanarias deverá obedecer no disposto no art. 244, ficando vedada a existência de local para aplicação de injeções.

Art. 246. O local para instalação de postos de medicamentos deverá obedecer, no que couber, ao disposto no art. 244, a critério da autoridade sanitária, e ter área mínima de 12 m².

Art. 247. O local para instalação de dispensários de medicamentos deverá obedecer, no que couber, ao disposto no art. 244, a critério da autoridade sanitária, e ter área mínima de 12 m².

Art. 248. De acordo com as necessidades e peculiaridades das regiões suburbanas e rurais menos favorecidas economicamente, as exigências sobre as instalações e os equipamentos para o licenciamento de estabelecimentos destinados à assistência farmacêutica, a que se refere esta seção, poderão ser reduzidas a critério da autoridade sanitária, resguardados os interesses da saúde pública.

Parágrafo único. Em razão do interesse público, quando devidamente justificado, o disposto neste artigo poderá ser aplicado nas zonas urbanas dos municípios cujas condições socioeconômicas não permitam a integral satisfação das exigências nele mencionadas.

Art. 249. Os veículos destinados às unidades volantes deverão ser licenciados para transporte de carga, com a carroçaria fechada e dispor de meios eficazes, a critério da autoridade sanitária, para conservação dos produtos transportados.

Parágrafo único. Quando se tratar de embarcações ou aeronaves, estas deverão possuir compartimentos fechados e dispor de meios eficazes a critério da autoridade sanitária, para conservação dos produtos transportados.

Art. 250. Os estabelecimentos a que se refere esta Seção deverão ter entrada independente, não podendo suas dependências ser utilizadas para quaisquer outros fins, nem servir de passagem para qualquer outro local do edifício.

CAPÍTULO XIII
LABORATÓRIO DE ANÁLISES CLÍNICAS, DE PATOLOGIA CLÍNICA, DE HEMATOLOGIA CLÍNICA, DE ANATOMIA PATOLÓGICA, DE CITOLOGIA, DE LÍQUIDO CÉFALO-RAQUIDIANO, DE RADIOISOTOPOLOGIA *IN VITRO* E *IN VIVO* E CONGÊNERES

Art. 251. O local para instalação dos laboratórios de análises clínicas, de patologia clínica, de hematologia clínica, de anatomia patológica, de citologia, de líquido céfalo-raquidiano, de radioisotopologia *in vitro* e *in vivo* e congêneres, além das disposições referentes às habitações e estabelecimentos de trabalho em geral, deverão satisfazer mais as seguintes exigências:

I – piso de material liso, resistente e impermeável, paredes pintadas de cor clara, com barra lisa e impermeável até 2 metros de altura, no mínimo, e de material adequado aprovado pela autoridade sanitária ou de azulejos de cor clara;

II – forros pintados de cor clara;

III – compartimentos separados até o forro por paredes ou divisões ininterruptas, de cor clara, destinados a:

a) recepção e colheita, com área mínima de 10 m^2;

b) secretaria e arquivo, com área mínima de 10 m^2;

c) laboratório, com área mínima de 20 m^2.

Parágrafo único. Os compartimentos destinados à colheita, de material e ao laboratório terão as mesmas características previstas nos incisos I e II e serão providos de sanitários masculino e feminino, separados, e de um box para colheita de material, com mesa ginecológica.

Art. 252. Os estabelecimentos de que trata este capítulo deverão ter entrada independente, não podendo suas dependências ser utilizadas para outros fins nem servir de passagem para outro local.

CAPÍTULO XIV
ÓRGÃOS EXECUTIVOS DE ATIVIDADE HEMOTERÁPICA

Art. 253. Os locais destinados à instalação dos órgãos executivos de atividade hemoterápica, além das exigências referentes a habilitação e estabelecimentos de trabalho em geral, deverão satisfazer mais as seguintes:

I – os órgãos executivos de caráter não industrial devem dispor de locais de trabalho que permitam o correto desempenho de suas finalidades, pelas condições ambientais no que refere, entre outras, a planta física, revestimento, iluminação, aeração, conforto térmico e manutenção de ambiente asséptico para execução de determinadas operações, além de adequada infraestrutura quanto a serviços de água, esgoto, energia elétrica e sanitários para uso do pessoal e dos doadores;

II – os locais de trabalho devem ser isolados uns dos outros, a fim de disciplinar as operações que se processem em cada um deles;

III – os pisos e as paredes dos locais destinados à coleta, controle, armazenamento, seleção e transfusão de sangue, preparo de derivados e de material técnico, devem ter revestimento liso e impermeável, facilmente lavável;

IV – os órgãos de coleta devem estabelecer locais de atendimento ao público, de forma a facilitar o acesso e a circulação dos doadores.

Art. 254. A área total ocupada pelos órgãos executivos de coleta e/ou aplicação não deverá ser inferior a:

I – 200 m^2, no mínimo, para o serviço de hemoterapia, salvo quando incorporado a ambiente hospitalar, quando poderá ter 60 m^2 para uso exclusivo de seleção de doadores e coleta de sangue. No ambiente hospitalar poderão ser utilizados os serviços comuns referentes à sala de espera, de doadores, secretaria, laboratório e salas de aplicação de sangue;

II – 140 m^2 para o Banco de Sangue;

III – 60 m^2 para o Posto Fixo de Coleta;

IV – 30 m^2 para a Agência Transfusional.

CAPÍTULO XV
ESTABELECIMENTOS DE ASSISTÊNCIA ODONTOLÓGICA

Art. 255. Os locais destinados à assistência odontológica, tais como clínicas dentárias (oficiais ou particulares), clínicas dentárias especializadas e policlínicas dentárias populares, prontos-socorros odontológicos, institutos odontológicos e congêneres, além das exigências referentes à habitação e aos estabelecimentos de trabalho em geral, deverão satisfazer mais as seguintes:

I – piso de material liso, resistente e impermeável, e paredes pintadas de cor clara, com barra lisa e impermeável, até 2 m de altura, no mínimo, de material adequado, a critério da autoridade sanitária;

II – forros pintados de cor clara;

III – compartimentos, providos de portas, separados até o forro por paredes ou divisões ininterruptas com área de 10 m^2;

a) recepção com área mínima de 10 m^2;

b) consultórios dentários com área mínima de 6 m^2 cada;

c) água corrente e esgotos próprios, em cada consultório.

Art. 256. Os estabelecimentos de que trata este Capítulo devem ter entrada independente, não podendo suas dependências ser utilizadas para outros fins nem servir de passagem para outro local.

CAPÍTULO XVI
LABORATÓRIO E OFICINA DE PRÓTESE ODONTOLÓGICA

Art. 257. O laboratório e a oficina de prótese odontológica, além das exigências referentes à habitação e aos estabelecimentos de trabalho em geral, deverão satisfazer mais as seguintes:

I – área mínima de 10 m²;

II – piso de material liso, resistente e impermeável, paredes pintadas de cor clara, com barra de material liso, resistente e impermeável até 2 m de altura, no mínimo, a critério da autoridade sanitária;

III – forro de cor clara;

IV – pia com água corrente.

§ 1º. As fontes de calor deverão ter isolamento térmico adequado.

§ 2º. Quando forem utilizados combustíveis em tubos ou botijões, os mesmos serão mantidos isolados e distantes da fonte de calor.

§ 3º. Os gases, vapores, fumaças e poeiras deverão ser removidos por meios adequados.

Art. 258. Os estabelecimentos de que trata este capítulo deverão ter entrada independente, não podendo suas dependências ser utilizadas para outros fins nem servir de passagem para outro local.

Parágrafo único. O laboratório de prótese odontológica que não for utilizado exclusivamente pelo cirurgião-dentista não poderá ter porta comunicante com o consultório dentário.

CAPÍTULO XVII
INSTITUTOS OU CLÍNICAS DE FISIOTERAPIA E CONGÊNERES

Art. 259. Os Institutos ou Clínicas de Fisioterapia e Congêneres além das disposições referentes à habitação e estabelecimentos de trabalho em geral, e das condições específicas para locais dessa natureza terão no mínimo:

I – sala para administração com área mínima de 10 m²;

II – sala para exame médico, quando sujeitos à responsabilidade médica, com área mínima de 10 m²;

III – sanitários independentes para cada seção, separados do ambiente comum;

IV – vestiários e sanitários para empregados.

Art. 260. A área, a ventilação e as especificações dos pisos, forros e paredes dos locais para fisioterapia propriamente dita ficarão a critério da autoridade sanitária.

Art. 261. As salas de sauna e banho turco deverão receber, durante todo o período do seu funcionamento, oxigênio em quantidade adequada, através de dispositivos apropriados, a critério da autoridade sanitária.

Art. 262. Os estabelecimentos de que trata este capítulo terão entrada independente, não podendo suas dependências ser utilizadas para outros fins, nem servir de passagem para outro local.

CAPÍTULO XVIII
INSTITUTOS E CLÍNICAS DE BELEZA SOB RESPONSABILIDADE MÉDICA

Art. 263. O local para instalação dos institutos e clínicas de beleza sob responsabilidade médica, além das disposições referentes à habitação e estabelecimentos de trabalho em geral, deverão satisfazer mais as seguintes exigências:

I – piso de material liso, resistente e impermeável, paredes de cor clara com barra lisa, resistente e impermeável, até 2 m de altura, no mínimo, de material aprovado pela autoridade sanitária;

II – forros de cor clara;

III – compartimentos separados até o forro por paredes ou divisões ininterruptas de cor clara e destinados a:

a) recepção, com área mínima de 10 m²;

b) consultas, com área mínima de 10 m²;

c) aplicações, com área mínima de 10 m².

Art. 264. Os estabelecimentos de que trata este Capítulo terão entrada independente, não podendo suas dependências ser utilizadas para outros fins, nem servir de passagem para outro local.

CAPÍTULO XIX
CASAS DE ARTIGOS CIRÚRGICOS, ORTOPÉDICOS, FISIOTERÁPICOS E ODONTOLÓGICOS

Art. 265. As casas de artigos cirúrgicos, ortopédicos, fisioterápicos e odontológicos, além das disposições referentes à habitação e estabelecimentos de trabalho em geral, deverão satisfazer mais as seguintes exigências:

I – piso de material liso, resistente e impermeável, paredes de cor clara, com barra lisa e impermeável até 2 m de altura, no mínimo, de material aprovado pela autoridade sanitária;

II – forros de cor clara;

III – compartimentos separados até o forro por paredes ou divisões ininterruptas, com as características previstas no inciso I e destinados a:

a) loja ou recepção e mostruário, com área mínima de 10 m²;

b) depósito ou oficina, quando houver, com área mínima de 10 m².

Parágrafo único. Nas casas de artigos ortopédicos e fisioterápicos será permitido local com área mínima de 6 m², para adaptação ou demonstração desses artigos, por profissional legalmente habilitado e especializado, vedada a instalação de qualquer aparelho de uso médico exclusivo.

Art. 266. Os estabelecimentos de que trata este Capítulo terão entrada independente, não podendo suas dependências ser utilizadas para outros fins nem servir de passagem para outro local.

CAPÍTULO XX
BANCO DE OLHOS HUMANOS

Art. 267. O banco de olhos humanos, além das disposições referentes à habitação e estabelecimentos de trabalho em geral, deverá satisfazer mais as seguintes:

I – piso de material liso, resistente e impermeável, paredes e divisões de cor clara, com barra até 2 m de altura, no mínimo, de material liso e impermeável, a critério da autoridade sanitária;

II – forros de cor clara;

III – salas ou compartimentos, separados até o forro por paredes ou divisões ininterruptas, com área mínima de 10 m², cada um, e destinados a:

a) unidade administrativa com recepção, secretaria e arquivo;

b) laboratório.

Parágrafo único. O laboratório a que se refere o item III deste artigo, com características de área estéril, será dotado de antecâmara com área mínima de 3 m², cantos arredondados, piso, paredes e forro de cor clara revestidos de material liso, impermeável e resistente aos produtos aplicados para assepsia; será equipado com lâmpadas bactericidas e sistema de ar filtrado com pressão positiva, sendo vedada a existência de saída para esgoto, salvo quando provida de dispositivo especial, aprovado pela autoridade sanitária.

Art. 268. O banco de olhos humanos deverá ter entrada independente, não podendo suas dependências ser utilizadas para outras fins nem servir de passagem para outro local.

CAPÍTULO XXI
BANCO DE LEITE HUMANO

Art. 269. O banco de leite humano, além dos dispositivos referentes e aos estabelecimentos de trabalho em geral, deverá satisfazer mais o seguinte:

I – piso de material liso, resistente e impermeável; paredes de cor clara com barra até 200 m² de altura, no mínimo, lisa, resistente e impermeável, de material adequado a critério da autoridade sanitária;

II – forro de cor clara;

III – compartimentos separados até o forro por paredes ou divisões ininterruptas, de cor clara, e destinados a:

a) recepção e triagem, com área mínima de 10 m²;

b) laboratório, com área mínima de 10 m²;

c) coleta, com área mínima de 10 m²;

d) esterilização, com área mínima de 6 m².

CAPÍTULO XXII
ESTABELECIMENTOS QUE INDUSTRIALIZEM OU COMERCIEM LENTES OFTÁLMICAS

Art. 270. Os estabelecimentos que industrializem ou comerciem lentes oftálmicas, além das disposições referentes a habitação e estabelecimentos de trabalho em geral, deverão satisfazer mais o seguinte:

I – piso de material liso, resistente e impermeável; paredes de cor clara com barra de 2 m de altura, no mínimo, lisa, resistente e impermeável, de material adequado a critério da autoridade sanitária;

II – forro de cor clara;

III – compartimentos separados por paredes ou divisões ininterruptas até o forro, de cor clara e destinados a:

a) mostruário e venda, com área mínima de 10 m²;

b) laboratório, com área mínima de 10 m² e as características referidas nos itens I e II.

CAPÍTULO XXIII
ESTABELECIMENTOS VETERINÁRIOS E CONGÊNERES E PARQUES ZOOLÓGICOS

Art. 271. Os hospitais, clínicas e consultórios veterinários, bem como os estabelecimentos de pensão e adestramento, destinados ao atendimento de animais domésticos de pequeno porte, serão permitidos dentro do perímetro urbano, em local autorizado pela autoridade municipal, e desde que satisfeitas as exigências deste Regulamento e de suas Normas Técnicas Especiais.

Art. 272. Os canis dos hospitais e clínicas deverão ser individuais, localizados em recinto fechado, providos de dispositivos destinados a evitar a exalação de odores e a propagação de ruídos incômodos, construídos de alvenaria com revestimento impermeável, podendo as gaiolas ser de ferro pintado ou material inoxidável, com piso removível.

Art. 273. Nos estabelecimentos de pensão e adestramento, os canis poderão ser do tipo solário individual, devendo, neste caso, ser totalmente cercados e cobertos por tela de arame e providos de abrigo.

Art. 274. Os canis devem ser providos de esgotos com destino adequado, dispor de água corrente e sistema apropriado de ventilação.

Art. 275. Os jardins ou parques zoológicos, mantidos por entidades públicas ou privadas, poderão localizar-se no perímetro urbano municipal e deverão satisfazer aos seguintes requisitos:

I – localização aprovada pelo Poder Público Municipal;

II – jaulas, cercados, fossos e demais instalações destinadas à permanência de aves ou animais, distanciados 40 m no mínimo, das divisas dos terrenos vizinhos e dos logradouros públicos;

III – área restante, entre instalações e divisas, somente utilizável para uso humano;

IV – manutenção em perfeitas condições de higiene.

Art. 276. Os jardins ou parques zoológicos existentes no perímetro urbano, na data da publicação deste Regulamento, que não atendam aos requisitos do artigo anterior, serão fechados ou removidos no prazo de um ano, a critério da autoridade sanitária, que levará em conta as condições locais e os even-tuais prejuízos à saúde pública.

Parágrafo único. Para fins decorrentes da deterioração do meio ambiente é obrigatória a licença de instalação do órgão encarregado da proteção ambiental.

CAPÍTULO XXIV
ESTABELECIMENTOS COMERCIAIS E INDUSTRIAIS DE GÊNEROS ALIMENTÍCIOS

Art. 277. Os estabelecimentos comerciais e industriais de gêneros alimentícios, além das disposições relativas às habitações e estabelecimentos de trabalho em geral, deverão ainda, naquilo que lhes for aplicável, obedecer às exigências e possuir as dependências de que tratam as seções I e II do presente capítulo.

Seção I
Exigências

Art. 278. Haverá, sempre que a autoridade sanitária julgar necessário, torneiras e ralos dispostos de modo a facilitar a lavagem da parte industrial e comercial do estabelecimento.

§ 1º. Todos os estabelecimentos terão, obrigatoriamente, reservatório de água com capacidade mínima correspondente ao consumo diário, respeitado o mínimo absoluto de 1.000 litros.

§ 2º. As caixas d'água, quando subterrâneas, deverão ser devidamente protegidas contra infiltração de qualquer natureza.

Art. 279. As paredes acima das barras e os forros serão lisos e pintados com tinta impermeável de cor clara, lavável.

Art. 280. As seções industriais e residenciais, e de instalação sanitária, deverão formar conjuntos distintos na construção do edifício e não poderão comunicar-se diretamente entre si a não ser por antecâmaras dotadas de aberturas para o exterior.

Art. 281. A critério da autoridade sanitária, os estabelecimentos cuja natureza acarrete longa permanência do público, deverão ter instalações sanitárias adequadas, à disposição de seus frequentadores.

Art. 282. As instalações sanitárias deverão ter piso de material cerâmico, paredes revestidas até 2,00 m no mínimo, com material cerâmico vidrado, portas com molas e aberturas teladas.

Art. 283. Os vestiários não poderão comunicar-se diretamente com os locais de trabalho, devendo existir entre eles antecâmaras com abertura para o exterior, podendo utilizar-se da mesma antecâmara do sanitário do sexo correspondente e ter com ele comunicação por meio de porta, devendo, ainda, possuir:

I – um armário, de preferência impermeabilizado, para cada empregado;

II – paredes revestidas até 1,5 m, no mínimo, com material liso e impermeável;

III – piso de material liso, resistente e impermeável;

IV – portas com mola;

V – aberturas teladas.

Art. 284. Os depósitos de matéria-prima, adegas e despensas terão:

I – paredes revestidas de material cerâmico vidrado até a altura de 2,0 m, no mínimo;

II – pisos revestidos de material cerâmico ou equivalente;

III – aberturas teladas;

IV – portas com mola e com proteção, na parte inferior, à entrada de roedores.

Art. 285. As cozinhas terão:

I – área mínima de 10 m², não podendo a menor dimensão ser inferior a 2,5 m;

II – piso revestido de material cerâmico;

III – paredes revestidas até a altura mínima de 2,0 m com material cerâmico vidrado e daí para cima pintadas a cores claras com tinta lavável;

IV – aberturas teladas;

V – portas com mola;

VI – dispositivos para retenção de gorduras em suspensão;

VII – mesas de manipulação constituídas somente de pés e tampo, devendo este ser feito ou revestido de material liso, resistente e impermeável;

VIII – água corrente fervente, ou outro processo comprovadamente eficiente para higienização das louças, talheres e demais utensílios de uso;

IX – pias, cujos despejos passarão obrigatoriamente por uma caixa de gordura.

Art. 286. As copas obedecerão às mesmas exigências referentes às cozinhas, com exceção da área, a qual deverá ser condizente com as necessidades do estabelecimento, a critério da autoridade sanitária.

Art. 287. As copas-quentes obedecerão às mesmas exigências relativas às cozinhas, com exceção da área, que terá, no mínimo, 4,00 m².

Art. 288. Os fornos dos estabelecimentos industriais que usem como combustível lenha ou carvão, terão a boca de alimentação abrindo para a área externa sendo vedado efetuar sobre eles depósito de qualquer natureza, permitida apenas a adaptação de estufas. Estes fornos deverão ter aprovação do órgão encarregado do controle do meio ambiente.

Art. 289. Os depósitos de combustível, destinados a carvão e lenha, não terão acesso através do local de manipulação.

Art. 290. As salas de manipulação, de preparo e de embalagem terão:

I – piso revestido de material cerâmico ou equivalente;

II – paredes revestidas de material cerâmico vidrado até a altura de 2,0 m, no mínimo, e, daí para cima, pintadas a cores claras com tinta lavável;

III – forros exigíveis a critério da autoridade sanitária, em função das condições de fabrico, vedados os de madeira;

IV – área não inferior a 20,00 m², com dimensão mínima de 4,0 m, admitidas reduções nas pequenas indústrias; a critério da autoridade sanitária;

V – mesas de manipulação constituídas somente de pés e tampo, devendo este ser feito ou revestido de material liso, resistente e impermeável;

VI – portas com mola;

VII – aberturas teladas.

Art. 291. As salas de secagem obedecerão as mesmas exigências prescritas para as salas de manipulação, dispensada a de ventilação quando houver necessidade de manutenção, no ambiente, de características físicas constantes; neste caso os vitrôs poderão ser fixos, dispensadas as telas.

Art. 292. As salas de acondicionamento terão as paredes, até 2,0 m de altura, no mínimo, e os pisos revestidos de material liso, resistente e impermeável.

Art. 293. As seções de expedição e as seções de venda terão:

I – área não inferior a 10,00 m² com dimensão mínima de 2,5 m;

II – piso revestido de material liso, resistente e impermeável;

III – paredes revestidas de material liso, resistente e impermeável até a altura mínima de 2,0 m.

Art. 294. As seções de venda com consumação terão:

I – área não inferior a 10,00 m², com dimensão mínima de 2,5 m;

II – piso revestido com material cerâmico ou equivalente;

III – paredes revestidas com material cerâmico vidrado até a altura mínima de 2,0 m.

Parágrafo único. As exigências referentes ao revestimento do piso e paredes poderão ser modificadas, a juízo da autoridade sanitária, que terá em vista a finalidade e categoria do estabelecimento.

Art. 295. As estufas terão condições técnicas condizentes com sua destinação específica, a critério da autoridade sanitária, obedecido, no que couber, o disposto neste Capítulo.

Art. 296. Os entrepostos de gêneros alimentícios terão as paredes até a altura utilizável, obedecido o mínimo de 2,0 m, e os pisos, revestidos de material liso, resistente e impermeável.

Art. 297. Os supermercados e congêneres terão área mínima de 400,00 m^2, com dimensão mínima de 10,00 m; seus locais de venda obedecerão às exigências técnicas previstas neste Regulamento, segundo o gênero de comércio, no que lhes forem aplicáveis, dispensados os requisitos de áreas mínimas.

Art. 298. Os mercados, cujos locais de venda deverão obedecer às disposições deste Regulamento, segundo o gênero de comércio, no que lhes forem aplicáveis, terão:

I – piso de uso comum resistente, impermeável e com declividade para facilitar o escoamento de águas;

II – portas e janelas em número suficiente, para permitir franca ventilação e devidamente gradeadas de forma a impedir a entrada de roedores;

III – abastecimento de águas e rede interna para escoamento de águas residuais e de lavagem.

Art. 299. Os açougues, entrepostos de carnes, casa de aves abatidas, peixarias e entrepostos de pescado terão:

I – porta abrindo diretamente para logradouro público assegurando ampla ventilação;

II – área mínima de 20,00 m^2 com dimensão mínima de 4,0 m com exceção dos entrepostos, que terão área mínima de 40,00 m^2;

III – piso de material cerâmico;

IV – paredes revestidas até a altura mínima de 2,0 m com material cerâmico vidrado branco;

V – pia com água corrente;

VI – instalação frigorífica;

VII – iluminação artificial, quando necessário, de natureza tal que não altere as características organolépticas visuais do produto;

VIII – pintura, revestimento de paredes e forros de natureza tal que não alterem as características organolépticas visuais do produto.

Art. 300. Os estabelecimentos industriais de moagem de café serão instalados em locais próprios e exclusivos, nos quais não se permitirá a exploração de qualquer outro ramo de comércio ou indústria de produtos alimentícios. Estes estabelecimentos deverão ter aprovação do órgão encarregado do controle do meio ambiente.

Art. 301. Os armazéns frigorífico terão piso impermeável e antiderrapante sobre base adequada e as paredes, até a altura da ocupação, impermeabilizadas com material liso e resistente.

Art. 302. Os currais de matança terão:

I – área proporcional à capacidade máxima de matança diária do estabelecimento, a qual é obtida multiplicando-se a capacidade máxima de matança diária por 2,50 m^2;

II – piso pavimentado, resistente e antiderrapante;

III – cercas de 2,0 m de altura, de madeira ou outro material resistente, sem cantos vivas ou proeminências.

Art. 303. Os currais de observação obedecerão às mesmas exigências do artigo anterior, com exceção da área que deverá ser igual a 5% da área dos currais de matança.

Art. 304. Os currais de chegada e seleção obedecerão às mesmas exigências referentes aos currais de matança.

Art. 305. O departamento de necrópsia será constituído de sala de necrópsia e forno crematório.

Parágrafo único. A sala de necrópsia terá:

I – piso de cerâmica ou equivalente;

II – paredes revestidas até o teto com azulejos ou equivalente;

III – aberturas teladas;

IV – portas com mola;

V – cantos, entre paredes e destas com o piso, arredondados.

Art. 306. A sala de matança terá:

I – área total calculada à razão de 8,00 m^2 por boi/hora;

II – pé direito de 4,0 m, no mínimo;

III – piso de cerâmica ou outro material impermeável e resistente aos choques, ao atrito e ao ataque dos ácidos;

IV – cantos, entre paredes e destas com o piso, arredondados;

V – paredes revestidas com azulejos brancos ou em cores claras, ou similar, até a altura de 2,0 m no mínimo; ou de 3,0 m, no mínimo, quando o estabelecimento realizar comércio internacional;

VI – aberturas teladas;

VII – portas com mola;

VIII – as paredes acima da barra de azulejos e os forros serão lisos e pintados com tinta impermeável de cor clara, lavável.

Parágrafo único. Nos matadouros avícolas a sala de matança terá área mínima de 20,00 m^2.

Art. 307. Os laboratórios terão:

I – área mínima de 10,00 m^2, não podendo a menor dimensão ser inferior a 2,5 m;

II – piso de cerâmica;

III – paredes, revestidas até a altura de 2,0 m, no mínimo, com azulejos;

IV – aberturas teladas;

V – portas com mola.

Art. 308. As salas de recebimento de matéria-prima terão:

I – área mínima de 10,00 m^2, não podendo a menor dimensão ser inferior a 2,5 m;

II – paredes até a altura de 2,0 m, no mínimo, e pisos revestidos de material liso, resistente e impermeável.

Seção II
Dependências

Art. 309. As quitandas e casas de frutas, as casas de venda de aves e ovos, os empórios, mercearias, armazéns, depósitos de frutas, depósitos de gêneros alimentícios e estabelecimentos congêneres, serão constituídos, no mínimo, por seção de venda.

Art. 310. Os cafés, bares e botequins serão constituídos, no mínimo, por seção de venda com consumação.

Parágrafo único. Os estabelecimentos de que trata este artigo, que mantenham serviços de lanches, deverão possuir também copa-quente.

Art. 311. Os restaurantes terão cozinha, copa, se necessário, depósito de gêneros alimentícios e seção de venda com consumação.

Parágrafo único. Nos restaurantes que receberem alimentos preparados em cozinhas industriais licenciadas poderá ser dispensada a existência de cozinha, a critério da autoridade sanitária.

Art. 312. As pastelarias e estabelecimentos congêneres terão cozinha, depósito de matéria-prima e seção de venda com consumação.

Parágrafo único. Se no mesmo estabelecimento houver venda de caldo de cana, deverá haver localapropriado para depósito e limpeza da cana, com características idênticas às do depósito de matéria-prima bem como local apropriado para depósito do bagaço.

Art. 313. Os estabelecimentos industriais de torrefação e moagem de café terão:

I – dependências destinadas à torrefação, moagem e embalagem, independentes ou não, a critério da autoridade sanitária, que levará em conta o equipamento industrial utilizado;

II – depósito de matéria-prima;

III – seção de venda e/ou expedição.

Art. 314. As doçarias, "buffets" e estabelecimentos congêneres terão:

I – sala de manipulação;

II – depósito de matéria-prima;

III – seção de venda com consumação e/ou seção de expedição.

Art. 315. As padarias, fábricas de massas e estabelecimentos congêneres terão:

I – depósito de matéria-prima;

II – sala de manipulação;

III – sala de secagem;

IV – sala de embalagem;

V – seção de expedição e/ou de venda;

VI – depósito de combustível;

VII – cozinha.

Parágrafo único. As salas de embalagem, secagem, depósito de combustível e cozinha serão exigidas, a critério da autoridade sanitária, levando em conta a natureza do estabelecimento e o processamento das operações industriais.

Art. 316. As fábricas de doces, de conservas vegetais e estabelecimentos congêneres terão:

I – depósito de matéria-prima;

II – sala de manipulação;

III – sala de embalagem;

IV – sala de expedição e/ou de venda;

V – cozinha;

VI – estufa;

VII – local para caldeiras;

VIII – depósito de combustível.

Parágrafo único. A sala de embalagem, a cozinha, a estufa e o depósito de combustível serão exigidos conforme a natureza do estabelecimento e o processamento das operações industriais.

Art. 317. As fábricas de bebidas e estabelecimentos congêneres terão:

I – local para lavagem e limpeza dos vasilhames;

II – depósito de matéria-prima;

III – sala de manipulação;

IV – sala de envazamento e rotulagem;

V – sala de acondicionamento;

VI – sala de expedição.

Parágrafo único. Conforme a natureza do estabelecimento e equipamento industrial utilizado, poderão constituir uma única peça as salas de manipulação, envazamento e rotulagem, bem como as salas de acondicionamento e expedição.

Art. 318. As usinas e refinarias de açúcar e as refinarias de sal, conforme a natureza do estabelecimento e em função do equipamento industrial utilizado terão:

I – seção de manipulação para realização das diversas fases do processamento;

II – seção de ensacamento;

III – seção de embalagem;

IV – depósito de matéria-prima;

V – seção de expedição.

Art. 319. As fábricas e refinarias de óleo, conforme a natureza do estabelecimento e em função do equipamento industrial utilizado terão:

I – seção de manipulação para realização das diversas fases do processamento;

II – seção de envazamento;

III – depósito de matéria-prima;

IV – sala de acondicionamento;

V – seção de expedição;

VI – local para caldeiras;

VII – depósito de combustível.

Art. 320. As fábricas de gelo para uso alimentar terão:

I – sala de manipulação;

II – seção de venda e/ou de expedição.

Art. 321. Os matadouros-frigoríficos, matadouros, triparias, charqueadas, fábricas de conservas de carnes, gorduras e produtos derivados, fábricas de conservas de pescados e estabelecimentos congêneres, de acordo com a sua natureza, as atividades desenvolvidas, o processamento das operações industriais e o equipamento industrial utilizado, terão, a critério dá autoridade sanitária, e observada a legislação federal pertinente:

I – currais;

II – departamento de necrópsia;

III – sala de matança;

IV – câmaras frigoríficas;

V – depósito de matéria-prima;

VI – laboratório;

VII – sala de manipulação;

VIII – sala de embalagem, envazamento ou enlatamento;

IX – sala de acondicionamento;

X – sala de expedição.

Parágrafo único. As dependências utilizadas para preparo e fabrico de produtos destinados à alimentação humana deverão estar completamente isoladas das demais.

Art. 322. As granjas leiteiras, usinas de beneficiamento de leite, postos de refrigeração, postos de recebimento, fábricas de laticínios e estabelecimentos congêneres, de acordo com a sua natureza, as atividades desenvolvidas, o processamento das operações industriais e o equipamento industrial utilizado, terão, a critério da autoridade sanitária, e observada a legislação federal pertinente:

I – sala de recebimento de matéria-prima;

II – laboratório;

III – depósito de matéria-prima;

IV – câmaras frigoríficas;

V – sala de manipulação;

VI – sala de embalagem, envazamento ou enlatamento;

VII – sala de acondicionamento;

VIII – local de expedição.

LIVRO IV
SANEAMENTO NAS ZONAS RURAIS

TÍTULO I
NORMAS GERAIS

Art. 323. As habitações rurais obedecerão às exigências mínimas estabelecidas neste Regulamento, quanto às condições sanitárias, ajustadas as características e peculiaridades deste tipo de habitação.

Art. 324. É proibida a construção de casas de parede de barro e piso de terra.

Parágrafo único. As casas de parede de barro, existentes, não poderão ser reconstruídas.

Art. 325. A construção de casas de madeira ou outros materiais combustíveis, bem como a utilização de paredes com vazios entre suas faces, estará sujeita à aprovação de autoridade sanitária competente.

Parágrafo único. Essas construções serão assentadas sobre bases de alvenaria ou concreto de pelo menos 50 cm acima do solo.

Art. 326. O abastecimento de água potável terá captação, adução e reservação adequadas a prevenir a sua contaminação.

Parágrafo único. Quando feito por meio de poços estes deverão ser adequadamente protegidos contra infiltrações, queda de corpos estranhos e penetração de águas superficiais e, serão dotados, pelo menos, de bomba manual para a retirada da água, não se permitindo o uso de sarilhos ou outros processos que possam contaminar a água.

Art. 327. O destino dos dejetos será feito de modo a não contaminar o solo e as águas superficiais ou subterrâneas que sejam utilizadas para consumo.

§ 1º. Para os efeitos deste artigo é exigida, no mínimo, a existência da privada com fossa seca.

§ 2º. Quando houver instalações prediais de água e esgotos, estes serão dispostos no solo, mediante poços absorventes, ou por infiltração subsuperficial, ou por filtração, antes de serem lançados nos corpos de águas superficiais.

§ 3º. O lançamento dos esgotos em corpos de águas superficiais dependerá de autorização dos órgãos responsáveis pela proteção dos recursos hídricos.

§ 4º. Nenhuma fossa poderá estar situada em nível mais elevado nem a menos de 30 metros de nascentes, poços ou outros mananciais que sejam utilizados para abastecimento.

Art. 328. Não será permitida nas proximidades das habitações rurais, a distâncias menores que 50 metros, a permanência de lixo ou estrume.

Parágrafo único. Sempre que razões de saúde pública o exijam, a autoridade sanitária poderá estabelecer medidas especiais quanto ao afastamento ou destino desses resíduos.

Art. 329. As casas comerciais de gêneros alimentícios, vendas, quitandas, e estabelecimentos congêneres, situados em propriedades rurais, terão o piso revestido com material liso, resistente e impermeável e as paredes, até a altura de 2,00 m, no mínimo pintadas com tinta resistente e lavável.

Art. 330. A autoridade sanitária, além das exigências previstas nos artigos anteriores, poderá determinar outras que forem de interesse sanitário das populações rurais.

TÍTULO II
CHIQUEIROS E POCILGAS

Art. 331. Somente na zona rural serão permitidos porcos, chiqueiros ou pocilgas.

Art. 332. Os chiqueiros ou pocilgas obedecerão às seguintes condições mínimas:

I – deverão estar localizadas a uma distância de 50 metros, no mínimo, das divisas dos terrenos vizinhos e das frentes das estradas;

II – a pocilga terá o piso impermeabilizado e será, sempre que possível, provida de água corrente e as paredes deverão ser impermeabilizadas até a altura de 1,00 m, no mínimo;

III – os resíduos sólidos e líquidos deverão ter destino adequado, de forma a não comprometer as condições sanitárias dos corpos de água e do solo.

TÍTULO III
ESTÁBULOS, COCHEIRAS, GRANJAS AVÍCOLAS E ESTABELECIMENTOS CONGÊNERES

Art. 333. Novas instalações de estábulos, cocheiras, granjas avícolas e estabelecimentos congêneres, só serão permitidas na zona rural.

Art. 334. As granjas avícolas, existentes em zonas urbanas à data da publicação deste Regulamento, poderá continuar suas atividades no estado em que se encontram ou devidamente adaptadas, desde que não causem prejuízo à saúde pública e ao bem-estar das populações.

Parágrafo único. Para determinar ou aprovar medidas técnicas de adaptação, a autoridade sanitária ouvirá, sempre que necessário, os órgãos especializados da Secretaria da Agricultura, com vistas a que as medidas sanitárias não sejam incompatíveis com a técnica avícola.

Art. 335. Verificada a impossibilidade de se cumprir o disposto no artigo anterior, a autoridade sanitária fixará prazo para seu fechamento ou remoção, obedecendo ao seguinte critério:

I – granjas de aves de corte – prazo mínimo de 90 (noventa), e máximo de 180 (cento e oitenta) dias;

II – granjas de produção de ovos – prazo mínimo de 6 (seis) e máximo de 30 (trinta) meses.

Art. 336. Os estábulos, cocheiras e estabelecimentos congêneres deverão ser removidos, no prazo máximo de um ano, quando situados em áreas urbanas e, a critério da autoridade sanitária, quando o local se tornar núcleo de população densa.

Parágrafo único. Os estabelecimentos destinados a animais de tratamento em zonas urbanas poderão ser tolerados, desde que hajam sido regularmente implantados antes da vigência deste Regulamento e tomem medidas de higiene adequadas.

Art. 337. O piso dos estábulos, cocheiras, granjas de aves de corte e estabelecimentos congêneres deve ser mais elevado que o solo exterior, revestido de camada resistente e impermeável e ter declividade mínima de 0,5% até o conduto que receba e encaminhe os resíduos líquidos para a rede de esgotos ou instalações de tratamento adequadas, sendo vedado o despejo dos resíduos na via pública.

Parágrafo único. Poderão ser dispensados os revestimentos impermeáveis dos pisos, quando se tratar de criação de aves em gaiolas ou ripados desde que os galpões sejam convenientemente ventilados e tomadas medidas adequadas contra a proliferação de moscas, parasitas e desprendimentos de odores.

Art. 338. Novas instalações de estábulos, cocheiras, granjas avícolas e estabelecimentos congêneres devem ficar à distância mínima de 50 (cinquenta) metros dos limites dos terrenos vizinhos e das faixas de domínio das estradas.

Art. 339. Os estábulos, cocheiras, granjas avícolas e estabelecimentos congêneres, não beneficiados pelos sistemas públicos de água e esgoto, ficam obrigados a adotar medidas a serem aprovadas pelas autoridades sanitárias no que concerne à provisão suficiente de água e à disposição dos resíduos sólidos e líquidos.

Art. 340. Nos estabelecimentos referidos no presente título serão permitidos compartimentos habitáveis, destinados aos tratadores, desde que fiquem completamente isolados.

LIVRO V
NORMAS BÁSICAS DE PROTEÇÃO CONTRA RADIAÇÃO E RISCOS ELÉTRICOS

Art. 341. As normas básicas de proteção contra radiação e riscos elétricos terão tratamento específico em Norma Técnica Especial.

(*) Vide Decreto nº 12.660, de 10.11.1978 – Aprova Normas Técnicas Especiais (NTE) Relativas as Normas Básicas de Proteção contra Radiação e Riscos Elétricos.

LIVRO VI
CONTROLE DA POLUIÇÃO DO MEIO AMBIENTE: ÁGUA, AR E SOLO

Art. 342. O controle da poluição do meio ambiente – água, ar e solo – é exercido pela CETESB – Companhia Estadual de Tecnologia e Saneamento Básico e de Defesa do Meio Ambiente, órgão delegado da Secretaria de Obras e do Meio Ambiente, nos termos das leis estaduais nº 118, de 29 de junho de 1973 nº 898, de 18 de dezembro de 1975, nº 1.172, de 17 de novembro de 1976 e nº 997, de 31 de maio de 1976.

Art. 343. Quando a poluição do meio ambiente – água, ar e solo – oferecer risco à saúde, a autoridade sanitária alertará a CETESB para as providências cabíveis.

Parágrafo único. A ocorrência de sons, vibrações e ruídos incômodos configura poluição do meio ambiente.

Art. 344. As medidas de proteção à saúde contra os riscos decorrentes da poluição do meio ambiente, quando integrarem programas de controle ou erradicação de endemias, serão efetivadas pelos órgãos competentes da Secretaria da Saúde.

LIVRO VII
CONTROLE DE ARTRÓPODES E MOLUSCOS

TÍTULO I
DISPOSIÇÕES GERAIS

CAPÍTULO I
CONCEITOS E PROCEDIMENTOS

Art. 345. Para os efeitos deste Regulamento e de suas Normas Técnicas Especiais, considera-se:

I – vetor biológico e molusco hospedeiro intermediário, o artrópode ou molusco no qual se passa obrigatoriamente uma das fases do desenvolvimento de determinado agente etiológico;

II – vetor mecânico, o artrópode que pode acidentalmente transportar um agente etiológico;

III – artrópode importuno, aquele que em determinada circunstância causa desconforto ou perturba o sossego público;

IV – artrópode peçonhento; aquele que segrega substância tóxica (veneno) inoculada através de órgãos especializados e utilizado no ataque à caça ou como meio de defesa;

V – carrapato transmissor, aquele que participa da transmissão de agentes etiológicos (ricketsias, vírus e outros) ao homem e animais.

§ 1º. Entende-se por agente etiológico o ser animado capaz de produzir infecção ou doença infecciosa.

§ 2º. Para efeito do inciso III deste artigo, são incluídos na categoria de artrópodes importunos os ectoparasitas e os parasitas cutâneos do homem.

Art. 346. As atividades de combate, controle ou erradicação de artrópodes vetores, moluscos, artrópodes importunos e artrópodes peçonhentos serão objeto de planejamento e programação, observados os seguintes procedimentos:

I – levantamento do problema, compreendendo:

a) delimitação da área atingida, identificação, quantificação e causas;

b) escolha das medidas cabíveis;

II – ataque;

III – avaliação dos resultados;

IV – vigilância;

V – educação sanitária.

Art. 347. O controle e, quando possível, a erradicação dos vetores biológicos e dos moluscos hospedeiros intermediários, são de responsabilidade dos órgãos especializados da Secretaria de Estado da Saúde, em colaboração com outros órgãos do Estado, Prefeituras Municipais e particulares.

Art. 348. O controle dos principais vetores mecânicos é de responsabilidade de todos os componentes da comunidade.

Art. 349. No combate aos artrópodes importunos e peçonhentas, excetuadas situações especiais, a juízo da autoridade sanitária, a Secretaria de Estado da Saúde através dos seus órgãos especializados apenas dará orientação técnica às Prefeituras Municipais, às demais entidades públicas, assim como aos particulares.

CAPÍTULO II
FACILIDADES DE ACESSO

Art. 350. Os servidores da Secretaria de Estado da Saúde quando incumbidos das tarefas de combate, controle ou erradicação de artrópodes ou moluscos, contarão com todas as facilidades de acesso nas áreas de trabalho, e as autoridades locais a eles deverão prestar toda colaboração.

TÍTULO II
VETORES BIOLÓGICOS E MOLUSCOS HOSPEDEIROS INTERMEDIÁRIOS

Art. 351. O combate aos vetores biológicos e moluscos hospedeiros intermediários terá por objetivo a sua eliminação, quando possível, ou o seu controle nos demais casos.

Art. 352. Para alcançar este objetivo deverão ser adotadas as seguintes medidas:

I – planejamento e programação;

II – delimitação da área de transmissão;

III – levantamento da fauna de vetores biológicos ou de moluscos hospedeiros intermediários e da participação de cada um na transmissão de infecção, infestação ou doença ao homem, e, quando for o caso, aos animais reservatórios;

IV – realização de estudos destinados ao conhecimento dos vetores biológicos, moluscos hospedeiros intermediários, aspectos de transmissão e outros de interesse epidemiológico, ecológico ou profilático;

V – ação contra os vetores biológicos ou moluscos hospedeiros intermediários em suas diferentes fases através de medidas de saneamento do meio, aplicando-se, isolada ou combinadamente, métodos físicos, químicos ou biológicos;

VI – educação sanitária;

VII – avaliação periódica dos resultados;

VIII – vigilância.

TÍTULO III
VETORES MECÂNICOS

Art. 353. O controle de populações dos gêneros Musca (mosca), Periplaneta e Blatta (baratas) e de outros artrópodes, possíveis e eventuais vetores mecânicos, constitui medida complementar na profilaxia de certas doenças transmissíveis e objetivará:

I – diminuir a população desses vetores;

II – reduzir a possibilidade de contato dos vetores com as fontes de infecção e alimentos.

Art. 354. O combate aos vetores mecânicos será efetuado nos seus criadouros e abrigos, aplicando-se, isolada ou combinadamente, métodos físicos, químicos ou biológicos.

Art. 355. Nas atividades de controle, as autoridades sanitárias indicarão os métodos de combate adequados, cabendo aos executores a obediência às normas de segurança recomendadas, sempre que utilizadas técnicas, equipamentos ou produtos químicos que possam apresentar riscos ao homem, aos animais e às plantas.

§ 1º. A responsabilidade pelo controle das moscas, baratas e eventuais vetores mecânicos será assim distribuída, cabendo:

I – à autoridade sanitária local a orientação técnica e educativa, com ou sem auxilio dos serviços especializados, a vigilância sanitária, o levantamento e a avaliação dos resultados;

II – às Prefeituras Municipais, o saneamento dos criadouros e abrigos associados ao lixo ou entulhos e das canalizações nas vias públicas;

III – às escolas, a ação educativa junto aos escolares;

IV – aos particulares, a manutenção das condições higiênicas nos imóveis que ocupem; e aos proprietários dos imóveis não ocupados.

§ 2º. A autoridade sanitária poderá tomar medidas complementares.

TÍTULO IV
ARTRÓPODES IMPORTUNOS E ARTRÓPODES PEÇONHENTO

Art. 356. Os artrópodes importunos que poderão exigir medidas de controle em circunstâncias que possam afetar a coletividade são espécies dos gêneros:

I – *Culex* (pernilongos);

II – *Simulium* (borrachudos), *Culicoides* (maruins ou mosquitos-pólvora), *Hippelates*, (lambe-olhos); somente em locais de turismo, de lazer ou de trabalho e quando em grande densidade;

III – *Pulex* (pulgas), *Cimex* (percevejos), Pedículos e *Pthirus* (piolhos) e *Sarcoptes* – e outros, causadores da sarna.

Art. 357. Os artrópodes peçonhentos, tais como os escorpiões, as aranhas, as abelhas e outros, quando presentes em situações de importância médico-sanitária, serão objeto de medidas de controle nas habitações, suas imediações e nas áreas densamente habitadas.

Art. 358. Para controle dos artrópodes referidos nos incisos I e II do art. 356 e no art. 357, adotar-se-á o seguinte procedimento:

I – levantamento dos focos e abrigos desses artrópodes;

II – saneamento dos focos e inspeção periódica desses locais;

III – proteção dos indivíduos e das edificações na forma indicada pela autoridade sanitária;

IV – quando for o caso, sempre que possível, a eliminação dos focos através de obras hidráulicas.

Parágrafo único. A responsabilidade pelo controle dos artrópodes referidos neste artigo, será assim distribuída, cabendo:

I – às autoridades sanitárias a orientação técnica de proteção individual e coletiva, a vigilância e a promoção das medidas educativas;

II – às Prefeituras Municipais as medidas e obras de saneamento e outras determinadas pela autoridade sanitária;

III – às escolas, a ação educativa junto aos escolares;

IV – aos particulares, a manutenção das condições higiênicas nos imóveis que ocupem, e aos proprietários dos imóveis não ocupados.

Art. 359. Para controle das pulgas, percevejos, piolhos e agentes de sarna, inciso III do art. 356, adotar-se-á, como procedimento, o exame dos indivíduos, a inspeção de locais de reunião, estabelecimentos coletivos e outros, recomendando-se, quando necessário, aplicação periódica de inseticida e outras medidas indicadas.

Parágrafo único. A responsabilidade pelo controle desses artrópodes será assim distribuída, cabendo:

I – às autoridades sanitárias a orientação técnica de proteção individual e coletiva, as medidas educativas e fixação de periodicidade da inspeção e aplicação das medidas preventivas recomendadas;

II – às escolas, a inspeção e ação educativa junto aos escolares;

III – às pessoas físicas ou jurídicas, responsáveis pelos estabelecimentos coletivos e locais de reunião, manter as condições higiênicas e providenciar a aplicação das medidas preventivas, individuais ou coletivas, determinadas pela autoridade sanitária.

TÍTULO V
CARRAPATOS TRANSMISSORES DE DOENÇA AO HOMEM

Art. 360. Os ixódidas, em especial o *Amblyomma cajennense* (carrapato estrela) exigem medidas de controle sempre que representem problema médico-sanitário.

Art. 361. No controle dos carrapatos a autoridade sanitária, com a colaboração dos órgãos especializados, adotará o seguinte procedimento:

I – exame dos indivíduos, inspeção dos hospedeiros domésticos e levantamento dos abrigos;

II – combate aos carrapatos nos hospedeiros e abrigos;

III – solicitação, conforme o caso, da colaboração de outros órgãos públicos;

IV – orientação técnica sobre as medidas de proteção individual e coletiva, vigilância e promoção de medidas educativa, juntamente, conforme o caso, com outros órgãos públicos.

Parágrafo único. As Prefeituras Municipais, proprietários e moradores, caberão as medidas determinadas pela autoridade sanitária.

LIVRO VIII
CONTROLE DE ROEDORES

TÍTULO ÚNICO
CONCEITOS E PROCEDIMENTOS

Art. 362. Para os efeitos deste Regulamento e de suas Normas Técnicas Especiais, consideram-se roedores de importância sanitária os tratos e camundongos conhecidos como "ratos domésticos", ou simplesmente "ratos" pertencentes às espécies:

I – *Rattus norvegicus*;

II – *Rattus rattus*;

III – *Mus musculus*.

Art. 363. Para os programas de combate a roedores, desenvolvidos por entidades públicas, adotar-se-á o seguinte procedimento geral:

I – levantamento do problema, abrangendo:

a) espécies infestantes;

b) grau de infestação;

c) determinação da área infestada;

d) fontes de alimentação;

II – atividades educativas e de divulgação, abrangendo:

a) educação sanitária;

b) divulgação;

III – atividades de controle, abrangendo:

a) desratização, acompanhada ou não de despulização;

b) medidas de antirratização;

c) avaliação de resultados;

d) vigilância.

Art. 364. Na ação contra os roedores de importância sanitária, caberão:

I – à autoridade sanitária, a orientação técnica, a vigilância sanitária e as medidas educativas;

II – às prefeituras Municipais, a execução das ações de combate indicadas pela autoridade sanitária;

III – aos particulares, as medidas de antirratização nas edificações que ocupem, nas áreas anexas e nos terrenos de sua propriedade.

§ 1º. Nos casos de epidemia ou surtas epidêmicos transmitidos ou relacionados com roedores, as medidas de controle serão de responsabilidade da autoridade sanitária.

§ 2º. Na ocorrência de casos humanos de peste, observar-se-ão a legislação federal.

LIVRO IX
INSETICIDAS E RATICIDAS

TÍTULO I
DISPOSIÇÕES GERAIS

Art. 365. Só poderão ser utilizados os inseticidas registrados pelo órgão federal competente e que se destinem à pronta aplicação por quaisquer pessoas para fins domésticos ou à aplicação e manipulação por pessoa ou organização especializada para fins profissionais.

Art. 366. Somente poderão ser empregados, para fins domésticos, raticidas registrados pelo órgão federal competente e classificados como de baixa e média toxidade.

Art. 367. O controle da aplicação de raticidas registrados no órgão federal competente e classificados como de alta toxidade, serão privativo de empresas e entidades especializadas.

TÍTULO II
APLICAÇÃO DOS INSETICIDAS OU RATICIDAS

Art. 368. A aplicação dos inseticidas ou raticidas deverá ser orientada por pessoal técnico habilitado.

Art. 369. O pessoal destinado à aplicação de inseticidas ou raticidas em empresas e entidades públicas especializada deverá possuir, obrigatoriamente, cartão individual de identificação e habitação.

Art. 370. O pessoal referido no artigo anterior, quando em atividades de aplicação de inseticidas ou raticidas, deverá, obrigatoriamente, utilizar equipamento adequado de proteção individual.

TÍTULO III
EMPRESAS ESPECIALIZADAS NA APLICAÇÃO DE INSETICIDAS E DE RATICIDAS

Art. 371. As empresas especializadas na, manipulação ou aplicação de inseticidas e de raticidas somente poderão funcionar mediante registro no órgão sanitário competente.

Art. 372. Os estabelecimentos das empresas referidas no artigo anterior além de obedecer ao disposto para os estabelecimentos de trabalho, no que lhes for aplicável, deverão ter:

I – local independente destinado à manipulação e preparo de formulações;

II – local para armazenamento de matérias-primas e de produtos preparados;

III – local para laboratório de controle;

IV – instalações sanitárias dotadas de um chuveiro para cada 5 empregados no mínimo.

Parágrafo único. Os locais de que trata este artigo deverão ser isolados das demais dependências do estabelecimento.

Art. 373. Os estabelecimentos referidos neste título deverão adotar medidas especiais para proteger a população contra danos ou incômodos, resultantes da manipulação dos produtos inseticidas ou raticidas.

LIVRO X
CONDIÇÕES DE FUNCIONAMENTO DOS ESTABELECIMENTOS SOB RESPONSABILIDADE DE MÉDICOS, DENTISTAS, FARMACÊUTICOS, QUÍMICOS E OUTROS TITULARES DE PROFISSÕES AFINS

TÍTULO ÚNICO

Art. 374. As condições de funcionamento dos estabelecimentos sob responsabilidade de médicos, dentistas, farmacêuticos, químicos e outros titulares de profissões afins serão disciplinados por Normas Técnicas Especiais.

LIVRO XI
ALIMENTOS

TÍTULO I
DISPOSIÇÕES GERAIS

Art. 375. A defesa e a proteção da saúde individual e coletivo, no tocante a alimentos, desde a origem destes até seu consumo, será disciplinada pelas disposições deste Regulamento e de suas Normas Técnicas Especiais.

Art. 376. Somente poderão ser expostos à venda alimentos, matérias-primas alimentares, alimentos *in natura*, aditivos para alimentos, materiais, artigos e utensílios destinados a entrar em contato com alimentos que:

I – tenham sido previamente registrados no órgão competente, da acordo com exigências do Ministério da Saúde;

II – tenham sido elaborados, reembalados, transportados, importados ou vendidos por estabelecimentos devidamente licenciados;

III – tenham sido rotulados segundo as disposições deste Regulamento e de suas Normas Técnicas Especiais;

IV – obedeçam, na sua composição, às especificações do respectivo padrão de identidade e qualidade, quando se tratar de alimento padronizado ou àquelas que tenha sido declaradas no momento do respectivo registro, quando se tratar de alimento de fantasia ou artificial, ou ainda não padronizado.

Art. 377. Será permitido, excepcionalmente, expor à venda, sem necessidade de registro prévio, alimentos elaborados em caráter experimental e destinados à pesquisa de mercado.

§ 1º. A permissão a que se refere este artigo deverá ser solicitada pelo interessado, que submeterá à autoridade competente a fórmula do produto, indicará o local e o tempo de duração da pesquisa.

§ 2º. O rótulo do alimento nas condições deste artigo deverá satisfazer às exigências deste Regulamento e de suas Normas Técnicas Especiais.

Art. 378. A permissão excepcional de que trata o artigo anterior será dada mediante a satisfação prévia dos requisitos que vierem a ser fixados pelo órgão competente.

Art. 379. Aplica-se o disposto neste Regulamento e nas suas Normas Técnicas Especiais às bebidas de qualquer tipo ou procedência, aos complementos alimentares, aos produtos destinados a serem mascados e a outras substâncias, dotadas ou não de valor nutritivo, utilizados no fabrico, preparação e tratamento de alimentos, matérias-primas alimentares e alimentos *in natura*.

Art. 380. Excluem-se do disposto neste Regulamento e nas suas Normas Técnicas Especiais os produtos com finalidade medicamentosa ou terapêutica, qualquer que seja a forma como se apresentem ou o modo como são ministrados.

Art. 381. O alimento destinado à exportação poderá ser fabricado de acordo com as normas vigentes no país para o qual se destina.

Art. 382. O alimento importado, bem como os aditivos e matérias-primas empregadas no seu fabrico, deverão obedecer às disposições deste Regulamento e de suas Normas Técnicas Especiais.

Art. 383. A importação de alimentos, de aditivos para alimentos e de substancias destinadas a serem empregadas no fabrico de artigos, utensílios e equipamentos destinados a entrar em contato com alimentos, fica sujeita ao disposto na legislação federal pertinente e neste Regulamento, devendo a análise de controle ser efetuada no momento do seu desembarque no país.

Art. 384. Os produtos referidos no artigo anterior, quando importados na embalagem original ficam desobrigados de registro perante o órgão competente no Ministério da Saúde.

Art. 385. Os alimentos sucedâneos deverão ter aparência diversa daquela do alimento genuíno ou permitir por outra forma a sua imediata identificação.

Art. 386. Os alimentos destituídos, total ou parcialmente, de um de seus componentes normais, só poderão ser expostos à venda mediante autorização expressa do órgão competente.

Art. 387. Os requisitos para permissão de emprego de aditivos, bem como os requisitos de registro, as condições de uso e tolerâncias máximas em alimentos, obedecerão ao disposto na legislação federal pertinente e nas Resoluções da Comissão Nacional de Normas e Padrões para Alimentos.

Art. 388. A maquinaria, os aparelhos, utensílios, recipientes, vasilhames e outros materiais que entrem em contato com alimentos, empregados no fabrico, manipulação, acondicionamento, transporte, conservação e venda dos mesmos deverão ser de material adequado, que assegure perfeita higienização e de modo a não contaminar, alterar ou diminuir o valor nutritivo dos alimentos.

Parágrafo único. A autoridade sanitária poderá interditar temporária ou definitivamente os materiais referidos neste artigo, bem como as instalações que não satisfaçam os requisitos técnicos e as exigências deste Regulamento e de suas Normas Técnicas Especiais.

Art. 389. O emprego de produtos destinados à higienização de alimentos, matérias-primas alimentares e alimentos *in natura*, ou de recipientes ou utensílios destinados a entrar em contato com os mesmos, dependerá de prévia autorização do órgão competente.

TÍTULO II
DEFINIÇÕES

Art. 390. Para efeito deste Regulamento e de suas Normas Técnicas Especiais, considera-se:

I – alimento – toda substância ou mistura de substâncias, no estado sólido, líquido, pastoso, ou qualquer outra forma adequada, destinada a fornecer ao organismo humano os elementos normais à sua formação, manutenção e desenvolvimento;

II – matéria-prima alimentar – toda substância de origem vegetal ou animal, em estado bruto, que para ser utilizada como alimento precise sofrer tratamento e/ou transformação de natureza física, química ou biológica;

III – alimento *in natura* – todo alimento de origem vegetal ou animal para cujo consumo imediato seexija, apenas, a remoção da parte não comestível e os tratamentos indicados para a sua perfeita higienização e conservação;

IV – alimento enriquecido – todo alimento que tenha sido adicionado de substância nutriente, com a finalidade de reforçar o seu valor nutritivo;

V – alimento dietético – todo alimento elaborado para regimes alimentares especiais destinados a serem ingeridos por pessoas sãs;

VI – alimento de fantasia ou artificial – todo alimento preparado com objetivo de imitar alimento natural e em cuja composição entre, preponderantemente, substância não encontrada no alimento a ser imitado;

VII – alimento sucedâneo – todo alimento elaborado para substituir alimento natural, assegurando o valor nutritivo deste;

VIII – alimento irradiado – todo alimento que tenha sido intencionalmente submetido à ação de radiações ionizantes, com finalidade de preservá-lo ou para outros fins lícitos, obedecidas as normas que vierem a ser elaboradas pelo órgão competente;

IX – ingrediente – todo componente alimentar (matéria-prima alimentar ou alimento *in natura)* que entra na elaboração de um produto alimentício;

X – aditivo intencional – toda substância ou mistura de substância, dotadas ou não de valor nutritivo, ajuntada ao alimento com a finalidade de impedir alterações, manter, conferir ou intensificar seu aroma, cor e sabor, modificar ou manter seu estado físico geral, ou exercer qualquer ação exigida para uma boa tecnologia de fabricação do alimento;

XI – aditivo incidental – toda substância residual ou migrada presente no alimento, em decorrência dos tratamentos prévios, a que tenham sido submetidos a matéria-prima alimentar e o alimento *in natura*, e do contato do alimento com os artigos e utensílios empregados nas suas diversas fases de fabrico, manipulação, embalagem, transporte ou venda;

XII – produto alimentício – todo alimento derivado de matéria-prima alimentar ou de alimento *in natura*, adicionado ou não de outras substâncias permitidas, obtido por processo tecnológico adequado;

XIII – coadjuvante da tecnologia de fabricação – a substância ou mistura de substâncias empregadas com a finalidade de exercer uma ação transitória em qualquer fase do fabrico do alimento e dele retiradas, inativadas e/ou transformadas em decorrência do processo tecnológico utilizado, antes da obtenção do produto final;

XIV – padrão de identidade e qualidade – o estabelecido pelo órgão competente dispondo sobre a denominação, definição e composição de alimento, matérias-primas alimentares, alimentos *in natura* e aditivos intencionais, fixando requisitos de higiene, normas e envazamento e rotulagem, métodos de amostragem e análise;

XV – rótulo – qualquer identificação impressa ou litografada bem como dizeres pintados ou gravados a fogo, por pressão ou decalcação, aplicados sobre o recipiente, vasilhame, envoltório, cartucho ou qualquer outro tipo de embalagem do alimento ou sobre o que acompanha o continente;

XVI – embalagem – qualquer forma pela qual o alimento tenha sido acondicionado, guardado, empacotado ou envasado;

XVII – propaganda – a difusão, por quaisquer meios de indicações, e a distribuição de alimentos relacionados com a venda e o emprego de matéria-prima alimentar, alimento *in natura*, ou materiais utilizados no seu fabrico ou preservação, objetivando promover ou incrementar o seu consumo;

XVIII – órgão competente – o órgão técnico específico da Secretaria de Estado da Saúde, bem como os congêneres federais e municipais;

XIX – laboratório oficial – o órgão técnico específico da Secretaria de Estado da Saúde, como os órgãos congêneres federais e municipais;

XX – autoridade fiscalizadora competente – o funcionário legalmente autorizado do órgão competente da Secretaria de Estado da Saúde ou dos demais órgãos competentes federais e municipais;

XXI – análise de controle – aquela que é efetuada após o registro do alimento, quando de sua entrega ao consumo, e que servirá para comprovar a sua conformidade com o respectivo padrão de identidade e qualidade, ou com as Normas Técnicas Especiais, ou ainda com o relatório e o modelo de rótulo anexados ao requerimento que deu origem ao registro;

XXII – análise prévia – a análise que precede o registro;

XXIII – análise fiscal – a efetuada sobre o alimento colhido pela autoridade fiscalizadora competente e que servirá para verificar a sua conformidade com os dispositivos deste Regulamento e de suas Normas Técnicas Especiais;

XXIV – estabelecimento – o local onde se fabrique, produza, manipule, beneficie, acondicione, conserve, transporte, armazene, deposite para venda, distribua ou venda alimento, matéria-prima alimentar, alimento *in natura*, aditivo intencionais, matérias, artigos e equipamentos destinados a entrar em contato com os mesmos.

TÍTULO III
REGISTRO E CONTROLE

Art. 391. Todo alimento somente será exposto ao consumo ou entregue à venda depois de registrado no órgão competente do Ministério da Saúde.

§ 1º. O registro a que se refere este artigo será válido em todo o território nacional e será concedido no prazo máximo de 60 (sessenta) dias a contar da data de entrega do respectivo requerimento, salvo os casos de inobservância dos dispositivos deste Regulamento e de suas Normas Técnicas Especiais.

§ 2º. O registro deverá ser renovado cada 10 (dez) anos, mantido o mesmo número de registro anteriormente concedido.

§ 3º. O registro de que trata este artigo não exclui aqueles exigidos por Lei para outras finalidades que não as de exposição à venda ou a entrega ao consumo.

§ 4º. Para a concessão do registro a autoridade competente obedecerá às normas e padrões fixados pela Comissão Nacional de Normas e Padrões para Alimentos ou, na falta destes, às Normas Técnicas especiais de regulamentos pertinentes, ou às normas e padrões internacionalmente aceitos.

Art. 392. Estão igualmente obrigados a registro no órgão competente do Ministério da Saúde;

I – os aditivos intencionais;

II – as embalagens, equipamentos e utensílios elaborados e/ou revestidos internamente de substâncias resinosas e poliméricas e destinados a entrar em contato com alimentos, inclusive ou de uso doméstico;

III – os coadjuvantes da tecnologia de fabricação, assim declarados por Resolução da Comissão Nacional de Normas e Padrões para Alimentos.

Parágrafo único. Os alimentos industrializados vendidos a granel estarão sujeitos a registro quando a Norma Técnica Especial assim o determinar.

Art. 393. Ficam dispensados da obrigatoriedade do registro no órgão competente do Ministério da Saúde:

I – as matérias-primas alimentares e os alimentos *in natura*, salvo aqueles cujo registro tenha sido determinado pelo órgão competente do Ministério da Saúde;

II – os aditivos intencionais e os coadjuvantes da tecnologia de fabricação de alimentos dispensados por Resolução da Comissão Nacional de Normas e Padrões para Alimentos;

III – os produtos alimentícios, quando destinados ao emprego na preparação dos alimentos industrializados, em estabelecimentos devidamente licenciados, desde que incluídos em Resoluções da Comissão Nacional de Normas e Padrões para Alimentos.

Art. 394. Concedido o registro, fica obrigada a firma responsável a comunicar ao laboratório oficial da Secretaria de Estado da Saúde, no prazo de até 30 (trinta) dias, a data de entrega do alimento ao consumo.

§ 1º. Após o recebimento da comunicação deverá a autoridade fiscalizadora competente providenciar a colheita de amostra para a respectiva análise de controle, que será efetuada no alimento tal como se apresenta ao consumo.

§ 2º. A análise de controle observará as normas estabelecidas para análise fiscal.

§ 3º. O laudo da análise de controle será remetido ao órgão competente do Ministério da Saúde para arquivamento e passará a constituir o elemento de identificação do alimento.

§ 4º. Em caso de análise condenatória, e sendo o alimento considerado impróprio para o consumo, será tal fato comunicado ao órgão competente do Ministério da Saúde para fins de cancelamento do registro anteriormente concedido e sua apreensão em todo o território nacional.

§ 5º. No caso de constatação de falhas, erros ou irregularidades sanáveis e sendo o alimento considerado próprio para o consumo, deverá o interessado ser notificado da ocorrência, concedendo-se o prazo necessário para a devida correção, decorrido o qual proceder-se-á a nova análise de controle. Persistindo as falhas, erros ou irregularidades ficará o infrator sujeito às penalidades cabíveis.

§ 6º. Qualquer modificação que implique em alteração de identidade, qualidade, tipo ou marca do alimento já registrado, deverá ser comunicada previamente pelo interessado ao órgão competente do Ministério da Saúde, através do laboratório oficial da Secretaria de Estado da Saúde, procedendo-se a nova análise de controle, podendo ser mantido o número de registro anteriormente concedido.

Art. 395. O registro de aditivos intencionais, de embalagens, equipamentos e utensílios elaborados e/ou revestidos internamente de substâncias resinosas e poliméricas, e de coadjuvantes da tecnologia da fabricação, que tenha sido declarado obrigatório, será sempre precedido de análise prévia.

Parágrafo único. O laudo de análise será encaminhado ao órgão competente que expedirá o respectivo certificado de registro.

TÍTULO IV
ROTULAGEM

Art. 396. Os alimentos e aditivos intencionais deverão ser rotulados de acordo com as disposições deste Regulamento e demais dispositivos que regem o assunto.

Parágrafo único. As disposições deste artigo se aplicam aos aditivos intencionais e produtos alimentícios dispensados de registro, bem como às matérias-primas alimentares e alimentos *in natura*, quando acondicionados em embalagens que os caracterizem.

Art. 397. Os rótulos deverão mencionar em caracteres perfeitamente legíveis:

I – a qualidade, a natureza e o tipo do alimento, observadas a definição, a descrição e a classificação estabelecida no respectivo padrão de identidade e qualidade ou no rótulo arquivado no órgão competente do Ministério da Saúde no caso de alimento de fantasia ou artificial, ou de alimentos não padronizados;

II – nome e/ou a marca do alimento;

III – nome do fabricante ou produtor;

IV – sede da fábrica ou local de produção;

V – número de registro do alimento no órgão competente do Ministério da Saúde;

VI – indicação do emprego de aditivo intencional, mencionando expressamente ou indicando o código de identificação correspondente com a especificação da classe a que pertencer;

VII – número de identificação da partida, lote ou data de fabricação, quando se tratar de alimento perecível;

VIII – o peso ou o volume líquido;

IX – outras indicações que venham a ser fixadas em regulamento.

§ 1º. Os alimentos rotulados no país, cujos rótulos contenham palavras em idiomas estrangeiros, deverão trazer a respectiva tradução, salvo em se tratando de denominação universalmente consagrada.

§ 2º. Os rótulos de alimentos destinados à exportação poderão trazer as indicações exigidas pela lei do país a que se destinam.

§ 3º. Os rótulos de alimentos destituídos, total ou parcialmente, de um de seus componentes normais deverão mencionar a alteração autorizada.

§ 4º. Os nomes científicos que forem inscritos nos rótulos de alimentos deverão, sempre que possível, ser acompanhados da denominação comum correspondente.

Art. 398. Os rótulos de alimentos de fantasia ou artificial não poderão conter indicações especiais de qualidade, nem trazer menções, figuras ou desenhos que possibilitem falsa interpretação ou que induzam o consumidor a erro ou engano quanto à sua origem, natureza ou composição.

Art. 399. Os rótulos de alimentos que contiverem corantes artificiais deverão trazer na rotulagem a declaração "Colorido Artificialmente".

Art. 400. Os rótulos de alimentos adicionados de essências naturais ou artificiais, com objetivo de reforçar ou reconstruir o sabor natural do alimento, deverão trazer a declaração "Contém Aromatizante", seguido do código correspondente e da declaração "Aromatizado Artificialmente", no caso de ser empregado aroma artificial.

Art. 401. Os rótulos dos alimentos elaborados com essências naturais deverão trazer as indicações "Sabor de (...)" e "Contém Aromatizantes (...)", seguido do código correspondente.

Art. 402. Os rótulos dos alimentos elaborados com essências artificiais deverão trazer a indicação "Sabor Imitação ou Artificial de (...)", seguido da declaração "Aromatizado Artificialmente".

Art. 403. As indicações exigidas pelos arts. 397, 398, 399 e 400 deste Regulamento, bem como as que servirem para mencionar o emprego de aditivos, deverão constar do painel principal do rótulo do produto em forma facilmente legível.

Art. 404. O disposto nos arts. 397, 398, 399 e 400 se aplica, no que couber, à rotulagem dos aditivos intencionais e coadjuvantes da tecnologia de fabricação de alimento.

§ 1º. Os aditivos intencionais, quando destinados ao uso doméstico, deverão mencionar no rótulo a forma de emprego, o tipo de alimento em que pode ser adicionado e a quantidade a ser empregada, expressa sempre que possível em medidas de uso caseiro.

§ 2º. Os aditivos intencionais e os coadjuvantes da tecnologia de fabricação, declarados isentos de registro pela Comissão Nacional de Normas e Padrões para Alimentos, deverão ter essa condição mencionada no respectivo rótulo.

§ 3º. As etiquetas de utensílios ou recipientes destinados ao uso doméstico deverão mencionar o tipo de alimento que pode ser neles acondicionado.

Art. 405. Os rótulos dos alimentos enriquecidos e dos alimentos dietéticos e de alimentos irradiados deverão trazer a respectiva indicação em caracteres facilmente legíveis.

Parágrafo único. A declaração de "Alimento Dietético" deverá ser acompanhada da indicação do tipo de regime a que se destina o produto, expresso em linguagem de fácil entendimento.

Art. 406. As declarações superlativas de qualidade de um alimento só poderão ser mencionadas, na respectiva rotulagem, em consonância com a classificação constante do respectivo padrão de identidade e qualidade, ou de Norma Técnica Especial.

Art. 407. Não poderão constar da rotulagem denominações, designações, nomes geográficos, símbolos, figuras, desenhos ou indicações que possibilitem interpretação falsa, erro ou confusão, quanto à origem, procedência, natureza, composição ou qualidade do alimento, ou que lhe atribuam qualidades ou características nutritivas superiores àquelas que realmente possuam.

Art. 408. Não serão permitidas na rotulagem quaisquer indicações relativas à qualidade do alimento que não sejam as estabelecidas por este Regulamento e suas Normas Técnicas Especiais.

Art. 409. As disposições deste Regulamento se aplicam aos textos e matérias de propaganda de alimentos qualquer que seja o veículo utilizado para sua divulgação.

Art. 410. Os alimentos industrializados quando vendidos a granel ou a varejo, sem embalagem, deverão ser acompanhados de indicação ao consumidor da qualidade, natureza e tipo do alimento, bem como dos aditivos empregados.

TÍTULO V
PADRÕES DE IDENTIDADE E QUALIDADE

Art. 411. Haverá para cada tipo ou espécie de alimento um padrão de identidade e qualidade dispondo sobre:

I – denominação, definição e composição compreendendo a descrição do alimento, citando o nome científico, quando houver, e os requisitos que permitam fixar um critério de qualidade.

II – requisitos de higiene, compreendendo medidas sanitárias concretas e demais disposições necessárias à obtenção de um alimento puro, comestível e de qualidade comercial;

III – aditivos intencionais que podem ser empregados abrangendo a finalidade do emprego e o limite de adição;

IV – requisitos aplicáveis a peso e medida;

V – requisitos relativos à rotulagem e apresentação do produto;

VI – métodos de colheita de amostra, ensaio e análise do alimento.

§ 1º. Os requisitos de higiene abrangerão também o padrão microbiológico do alimento e o limite residual de pesticidas e contaminantes tolerados.

§ 2º. Os padrões de identidade e qualidade poderão ser revistos pelo órgão competente por iniciativa própria ou a requerimento da parte interessada, devidamente fundamentado.

§ 3º. Poderão ser aprovados subpadrões de identidade e qualidade devendo os alimentos por elesabrangidos ser embalados e rotulados de forma a distingui-los do alimento padronizado correspondente.

TÍTULO VI
FISCALIZAÇÃO DE ALIMENTOS

CAPÍTULO I
NORMAS GERAIS

Art. 412. A ação fiscalizadora será exercida pelas autoridades federais, estaduais ou municipais no âmbito de suas atribuições.

Art. 413. A fiscalização de que trata este Título se estenderá à publicidade e à propaganda de alimentos, qualquer que seja o meio empregado para sua divulgação.

Art. 414. O policiamento da autoridade sanitária será exercido sobre os alimentos, o pessoal que os manipula e sobre os locais e instalações onde se fabrique, produza, beneficie, manipule, acondicione, conserve, deposite, armazene, transporte, distribua, venda ou consuma alimentos.

Art. 415. No fabrico, produção, beneficiamento, manipulação, acondicionamento, conservação, armazenamento, transporte, distribuição, venda e consumação de alimentos, deverão ser observados os preceitos de limpeza e higiene.

Art. 416. No acondicionamento não será permitido o contato direto de alimento com jornais, papéis coloridos, papéis ou filmes plásticos usados e com a fase impressa de papéis, filmes plásticos ou qualquer outro invólucro que possa transferir ao alimento substâncias contaminantes.

Art. 417. É proibido manter no mesmo continente ou transportar no mesmo compartimento de um veículo alimentos e substâncias estranhas que possam contaminá-los ou corrompê-los.

Parágrafo único. (Revogado).

(*) Parágrafo único revogado pelo Decreto nº 45.615, de 4.1.2001.

Art. 418. No interesse da saúde pública, poderá a autoridade sanitária proibir, nos locais que determinar, o ingresso e a venda de gêneros e produtos alimentícios de determinadas procedências, quando plenamente justificados os motivos.

Art. 419. Pessoas que constituam fonte de infecção de doenças infectocontagiosas ou transmissíveis, exceto quando houver um vetor hospedeiro intermediário obrigatório, bem como as afetadas de dermatoses exsudativas ou esfoliativas, ou portadores de doenças de aspecto repugnante, não poderão exercer atividades que envolvam contato ou manipulação de gêneros alimentícios.

Parágrafo único. (Revogado).

(*) Parágrafo único revogado pelo Decreto nº 45.615, de 4.1.2001.

Art. 420. (Revogado).

(*) Art. 420 revogado pelo Decreto nº 45.615, de 4.1.2001.

Art. 421. Nenhuma substância alimentícia poderá ser exposta à venda sem estar devidamente protegida contra poeira, insetos e outros animais.

Parágrafo único. Excluem-se da exigência deste artigo os alimentos *in natura* e, a critério da autoridade sanitária, levando em conta as condições locais e a categoria dos estabelecimentos, os alimentos de consumo imediato que tenham ou não sofrido processo de cocção.

Art. 422. A critério da autoridade sanitária, poderá não ser permitida a venda ambulante e em feiras de produtos alimentícios que não puderem ser objeto desse tipo de comércio.

Art. 423. A venda ambulante e em feiras, de produtos perecíveis de consumo imediato, poderá ser autorizada pelo poder público municipal que levará em conta as condições e características locais e do produto, desde que obedecidas as Normas Técnicas Especiais estaduais.

Art. 424. A critério da autoridade sanitária e sob pena de apreensão e inutilização sumária, os alimentos destinados ao consumo imediato ou mediato, que tenham ou não sofrido processo de cocção, só poderão ser expostos à venda em locais de comércio de gêneros alimentícios, em feiras e por ambulantes, devidamente protegidos.

Parágrafo único. Excluem-se da exigência deste artigo os alimentos *in natura* e aqueles que, por qualquer forma, possam ser higienizados antes de serem consumidos.

Art. 425. A critério da autoridade sanitária, que levará em conta as características locais e de fiscalização, poderá a título precário, ser autorizada a venda de determinados tipos de alimentos em estabelecimentos não especializados situados fora do perímetro urbano das cidades, sob inteira responsabilidade da firma instalada no local com outro ramo de atividade devidamente comprovada.

Art. 426. Os gêneros alimentícios e bebidas depositados ou em trânsito nos armazéns das empresas transportadoras ficarão sujeitos à fiscalização da autoridade sanitária.

Parágrafo único. As empresas transportadoras serão obrigadas, quando parecer oportuno à autoridade sanitária, a fornecer, prontamente, esclarecimentos sobre as mercadorias em trânsito ou depositadas em seus armazéns, a lhe dar vista na guia de expedição ou importação, faturas, conhecimentos e demais documentos relativos às mercadorias sob a sua guarda, bem como facilitar a inspeção destas e a colheita de amostras.

CAPÍTULO II
COLHEITA DE AMOSTRAS E ANÁLISE FISCAL

Art. 427. Compete à autoridade fiscalizadora realizar periodicamente ou quando necessário, colheita de amostra de alimentos, matérias-primas para alimentos aditivos, coadjuvantes e recipientes, para efeito de análise fiscal.

Art. 428. A colheita de amostra será feita sem interdição da mercadoria, quando se tratar de análise fiscal de rotina.

Parágrafo único. Se a análise fiscal de amostra colhida, em fiscalização de rotina for condenatória, a autoridade sanitária poderá efetuar nova colheita de amostra, com interdição da mercadoria, lavrando o termo de interdição,

Art. 429. A colheita de amostra para fins de análise fiscal será feita mediante a lavratura do termo de colheita de amostra e esta deverá ser: em quantidade representativa do estoque existente, dividida em 3 (três) invólucros; tornadas invioláveis, para assegurar sua autenticidade; e conservadas adequadamente de modo a assegurar suas características originais.

§ 1°. Das amostras colhidas, uma será enviada ao laboratório oficial para a análise fiscal; outra ficará em poder do detentor ou responsável pelo alimento; e a terceira permanecerá no laboratório oficial, servindo estas duas últimas para eventual perícia de contraprova.

§ 2°. Se a quantidade ou natureza do alimento não permitir a colheita de amostra na forma prevista neste Regulamento e em suas Normas Técnicas Especiais, será o mesmo apreendido, mediante lavratura do termo respectivo, e levado ao laboratório oficial onde, na presença do possuidor ou responsável e do perito por ele indicado, ou na sua falta, de duas testemunhas, será efetuada, de imediato, a análise fiscal.

Art. 430. A análise fiscal será realizada no laboratório oficial e os laudos analíticos resultantes deverão ser fornecidos à autoridade fiscalizadora no prazo máximo de 30 (trinta) dias, e no caso de alimentos perecíveis, de 24 (vinte e quatro) horas, a contar da data do recebimento da amostra.

Parágrafo único. No caso de alimentos perecíveis, e quando a infração arguida não tiver relação com a perecibilidade do produto, o prazo para o fornecimento do laudo analítico poderá estender-se até 30 (trinta) dias.

Art. 431. Da análise fiscal condenatória o laboratório oficial deverá lavrar laudo minucioso e conclusivo contendo a discriminação, expressa de modo claro e inequívoco, das características da infração cometida, além da indicação dos dispositivos legais ou regulamentares infringidos.

Art. 432. O laudo analítico será lavrado em 4 (quatro) vias, no mínimo, que serão destinadas, respectivamente, ao detentor do produto, ao fabricante do produto, à instrução do processo, e ao arquivo do laboratório oficial.

Art. 433. Quando a análise fiscal concluir pela condenação do alimento, a autoridade fiscalizadora notificará o responsável para apresentar defesa escrita, e/ou requerer perícia de contraprova, no prazo de 10 (dez) dias ou 24 (vinte e quatro) horas, no caso de produtos perecíveis.

§ 1°. A notificação de que trata este artigo será acompanhada de 1 (uma) via do laudo analítico e deverá ser feita dentro do prazo de 10 (dez) dias ou de 24 (vinte e quatro) horas, no caso de produtos perecíveis, a contar da data do recebimento do resultado da análise condenatória.

§ 2°. Decorrido o prazo referido no *caput* deste artigo, sem que o responsável tenha apresentado defesa ou requerido perícia de contraprova, o laudo analítico da análise fiscal será considerado definitivo.

CAPÍTULO III
INTERDIÇÃO DE ALIMENTOS

Art. 434. Quando resultar provado em análise fiscal ser o alimento impróprio para o consumo, será obrigatória a sua interdição e, se for o caso, a do estabelecimento, lavrando-se os termos respectivos.

Art. 435. Na interdição de alimentos para fins de análise laboratorial será lavrado o termo respectivo assinado pela autoridade fiscalizadora e pelo possuidor ou detentor da mercadoria, ou seu representante legal e na ausência ou recusa destes, por 2 (duas) testemunhas.

Parágrafo único. O termo de interdição especificará a natureza, tipo, marca, procedência e quantidade da mercadoria, nome e endereço do detentor e do fabricante, e será lavrado em 4 (quatro) vias, no mínimo, destinando-se a primeira ao infrator.

Art. 436. Os alimentos suspeitos ou com indícios de alteração, adulteração, falsificação ou fraude serão interditados pela autoridade sanitária, como medida cautelar, e deles serão colhidos amostras para análise fiscal.

Art. 437. A interdição do produto e/ou do estabelecimento, como medida cautelar, durará o tempo necessário à realização de testes, provas, análises e outras providências requeridas, não podendo, em qualquer caso, exceder o prazo de 90 (noventa) dias, e de 48 (quarenta e oito) horas para os produtos perecíveis, findo o qual o produto, ou o estabelecimento, ficará automaticamente liberado.

§ 1°. Se a análise fiscal não comprovar infração a qualquer norma legal vigente, a autoridade comunicará ao interessado, dentro de 5 (cinco) dias úteis a contar do recebimento do laudo respectivo, a liberação da mercadoria.

§ 2°. Se a análise fiscal concluir pela condenação do alimento, a autoridade notificará o responsável na forma do art. 433 deste Regulamento, mantendo a interdição até decisão final, observando o prazo máximo estipulado no *caput* deste artigo.

§ 3°. No caso de alimentos perecíveis em que a infração arguida não tenha relação com a perecibilidade do produto, o prazo de sua interdição, bem como o prazo para notificação da análise condenatória, poderão estender-se até 10 (dez) dias.

Art. 438. O possuidor ou responsável pelo alimento interditado fica proibido de entregá-lo ao consumo, desviá-lo ou substituí-lo, no todo ou em parte, até que ocorra a liberação da mercadoria pela autoridade sanitária na forma prevista no artigo anterior.

CAPÍTULO IV
APREENSÃO E INUTILIZAÇÃO DE ALIMENTOS

Art. 439. Os alimentos manifestamente deteriorados e os alterados, de tal forma que a alteração constatada justifique considerá-los, de pronto, impróprios para o consumo, serão apreendidos e inutilizados sumariamente pela autoridade sanitária, sem prejuízo das demais penalidades cabíveis.

§ 1°. A autoridade sanitária lavrará os autos de infração, de imposição de penalidade de inutilização e o respectivo termo de apreensão e inutilização, que especificará a natureza, marca, quantidade e qualidade do produto, os quais serão assinados pelo infrator, ou na recusa deste, por duas testemunhas.

§ 2º. Se o interessado não se conformar com a inutilização da mercadoria, protestará no termo respectivo, devendo neste caso ser feita a colheita de amostra do produto para análise fiscal.

§ 3º. Quando o valor da mercadoria for notoriamente ínfimo, poderá ser dispensada a lavratura do termo de apreensão e inutilização, salvo se no ato houver protesto do infrator.

§ 4º. Quando, a critério da autoridade sanitária, o produto for passível de utilização para fins industriais ou agropecuários, sem prejuízo para a saúde pública, ou inconveniente, poderá ser transportado, por conta e risco do infrator, para local designado, acompanhado por autoridade sanitária, que verificará sua destinação até o momento de não mais ser possível colocá-la para consumo humano.

Art. 440. Não serão apreendidos, mesmo nos estabelecimentos de gêneros alimentícios, os tubérculos, bulbos, rizomas, sementes e grãos em estado de germinação quando destinados ao plantio ou a fim industrial, desde que essa circunstância esteja declarada no envoltório, de modo inequívoco e facilmente legível.

CAPÍTULO V
PERÍCIA DE CONTRAPROVA

Art. 441. A perícia de contraprova a que se refere o art. 433 deste Regulamento será efetuada sobre a amostra em poder do detentor ou responsável, no laboratório oficial que tenha realizado a análise fiscal, com a presença do perito do laboratório oficial e do perito indicado pelo interessado.

§ 1º. Ao perito indicado pelo interessado, que deve ter habilitação legal, serão fornecidas todas as informações que solicitar sobre a perícia, dando-se-lhe vista da análise condenatória, métodos utilizados e demais elementos por ele julgados indispensáveis.

§ 2º. O não comparecimento do perito indicado pela parte interessada, no dia e hora fixados, sem causa previamente justificada, acarretará o encerramento automático da perícia.

Art. 442. Aplicar-se-á na perícia de contraprova o mesmo método de análise empregado na, análise fiscal condenatória, salvo se houver concordância dos peritos quanto à adoção de outro.

Art. 443. Na perícia de contraprova não será efetuada a análise no caso da amostra em poder do infrator apresentar indícios de alteração ou violação dos envoltórios autenticados pela, autoridade fiscalizadora, e, nesta hipótese, prevalecerá como definitivo o laudo condenatório.

Art. 444. Da perícia de contraprova será lavrada ata circunstanciada, contendo todos os quesitos formulados pelos peritos, datada e assinada por todos os participantes, cuja primeira via integrará o processo.

Art. 445. A divergência entre os resultados da análise fiscal condenatória e da perícia de contraprova ensejará recurso à autoridade superior, no prazo de 10 (dez) dias, a qual determinará, dentro de igual prazo, novo exame pericial a ser realizado sobre a amostra em poder do laboratório oficial.

Art. 446. No caso de partida de grande valor econômico, confirmada a condenação do alimento em perícia de contraprova, poderá o interessado solicitar nova colheita de amostra, aplicando-se neste caso adequada técnica de amostragem estatística.

§ 1º. Entende-se por partida de grande valor econômico aquela cujo valor seja igual ou superior a 100 (cem) vezes o Maior Salário Mínimo vigente no Estado.

§ 2º. Excetuados os casos de presença de organismos patogênicos ou suas toxinas, considerar-se-á liberada a partida que indicar um índice de alteração ou deterioração inferior a 10% (dez por cento) do seu total.

Art. 447. Não sendo comprovada, através dos exames periciais, a infração objeto da apuração, e sendo o produto considerado próprio para o consumo, a autoridade competente lavrará despacho liberando-o, e determinando o arquivamento do processo.

CAPÍTULO VI
DISPOSIÇÕES FINAIS

Art. 448. Não caberá recurso na hipótese de condenação definitiva do alimento em razão do laudo laboratorial condenatório confirmado em perícia de contraprova, ou nos casos de constatação, em flagrante, de atos de fraude, falsificação ou adulteração do produto.

Art. 449. Os alimentos de origem clandestina serão interditados pela autoridade sanitária e deles serão colhidas amostras para análise fiscal.

§ 1º. Se a análise fiscal revelar que o produto é impróprio para o consumo, ele será imediatamenteinutilizado pela autoridade sanitária.

§ 2º. Se a análise fiscal tratar-se de produto próprio para o consumo, ele será apreendido pela autoridade sanitária e distribuído a instituições assistências, públicas ou privadas, desde que beneficentes, de caridade ou filantrópicas.

Art. 450. No caso de condenação definitiva do produto, cuja alteração, adulteração ou falsificação não impliquem em torná-lo impróprio para o uso ou consumo, ele será apreendido pela autoridade sanitária e distribuído a estabelecimentos assistências, de preferência oficiais, quando esse aproveitamento for viável em programas de saúde.

Art. 451. O resultado definitivo da análise condenatória de alimentos oriundos de Unidade Federativa diversa será, obrigatoriamente, comunicado ao órgão de vigilância sanitária federal e ao da Unidade Federativa interessada.

Art. 452. A inutilização dos produtos, e o cancelamento do registro respectivo, da autorização para o funcionamento de empresa, e de licença dos estabelecimentos somente ocorrerão após a publicação, na imprensa oficial de decisão irrecorrível.

TÍTULO VII
FUNCIONAMENTO DOS ESTABELECIMENTOS

Art. 453. Todo estabelecimento ou local destinados à produção, fabrico, preparo, beneficiamento, manipulação, acondicionamento, armazenamento, depósito ou venda de alimentos deverá possuir:

I – alvará de funcionamento;

II – (revogado).

(*) Inciso II revogado pelo Decreto nº 45.615, de 4.1.2001.

§ 1º. O alvará de funcionamento será concedido após inspeção das instalações pela autoridade sanitária competente obedecidas as especificações deste Regulamento e de suas Normas Técnicas Especiais.

§ 2º. Para cada supermercado, ou congênere, a repartição sanitária fornecerá um único alvará de funcionamento e, para os mercados, um alvará para cada box.

§ 3º. (Revogado).

(*) § 3º revogado pelo Decreto nº 45.615, de 4.1.2001.

§ 4º. Os veículos de transporte de gêneros alimentícios deverão possuir certificado de vistoria, o qual será concedido pela autoridade sanitária competente, após a devida inspeção.

Art. 454. Nos locais em que se fabriquem, preparem, beneficiem ou acondicionem alimentos é proibido ter em depósito substâncias nocivas à saúde ou que possam servir para alterar, adulterar, fraudar ou falsificar alimentos.

Art. 455. Só será permitido o comércio de saneantes, desinfetantes e produtos similares, em estabelecimentos de venda ou consumo de alimentos quando neles existir local apropriado separado, devidamente aprovado pela autoridade sanitária.

Art. 456. É obrigatória a existência de aparelhos de refrigeração e/ou de congelação nos estabelecimentos em que se produzam, fabriquem, preparem, beneficiem, manipulem, acondicionem, armazenem, depositem ou vendam produtos alimentícios perecíveis ou alteráveis.

Parágrafo único. A critério da autoridade sanitária competente a exigência de que trata este artigo poderá estender-se aos veículos de transportes.

Art. 457. Nos locais e estabelecimentos onde se manipulem, beneficiem, preparem ou fabriquem produtos alimentícios e bebidas é proibido:

I – fumar;

II – varrer a seco;

III – permitir a entrada ou permanência de quaisquer animais.

Art. 458. Nos estabelecimentos onde se fabriquem, preparem, vendam ou depositem gêneros alimentícios haverá recipientes adequados, de fácil limpeza e providos de tampo, ou recipientes descartáveis para coleta de resíduos.

Art. 459. Será obrigatório rigoroso asseio nos estabelecimentos industriais e comerciais de gêneros alimentícios.

Parágrafo único. Nas instalações sanitárias destinadas aos funcionários e empregados será obrigatória a existência de papel higiênico, lavatório com água corrente, sabão, toalhas de papel ou secador de ar quente e um aviso afixado em ponto visível, determinando a obrigatoriedade de seu uso, ficando proibidos recipientes para papel higiênico usado.

Art. 460. Os empregados e operários dos estabelecimentos de gêneros alimentícios serão obrigados:

I – (revogado).

(*) Inciso I revogado pelo Decreto nº 45.615, de 4.1.2001.

II – a usar vestuário adequado à natureza do serviço, durante o trabalho;

III – a manter rigoroso asseio individual.

§ 1º. As exigências deste artigo são extensivas a todos aqueles que, mesmo não sendo empregados ou operários registrados nos estabelecimentos de gêneros alimentícios, estejam vinculados de qualquer forma à fabricação, manipulação, venda, depósito ou transporte de gêneros alimentícios, em caráter habitual.

§ 2º. (Revogado).

(*) § 2º revogado pelo Decreto nº 45.615, de 4.1.2001.

Art. 461. Os açougues são destinados à venda de carnes, vísceras e miúdos frescos, resfriados ou congelados, fracionados e/ou preparados em condições higiênicas e provenientes de animais em boas condições de saúde, procedentes de estabelecimentos licenciados e registrados.

§ 1º. Será, entretanto, facultado aos açougues e estabelecimentos do comércio varejista de carnes:

1. a venda de carnes conservadas ou preparadas, exceto os enlatados, desde que convenientemente identificadas como procedentes de fábricas licenciadas e registradas;

2. a venda de carne fresca moída, desde que a moagem seja, obrigatoriamente, feita na presença do comprador e a seu exclusivo pedido;

3. a venda de pescado, industrializado e congelado procedente de fábricas licenciadas, desde que disponham de unidades frigoríficas próprias e exclusivas para sua boa conservação;

4. a venda exclusiva no balcão, de carnes frescas, fracionadas e temperadas, não podendo ser adicionadas de sais de cura.

§ 2º. A atividade de preparo e tempero de carnes frescas fica sujeita a prévia apresentação à autoridade sanitária de certificado de treinamento emitido por entidade de ensino, capacitação ou qualificação profissional, com reconhecimento técnico, nacional ou internacional e adequado aos critérios estabelecidos pelas Secretarias da Saúde e de Agricultura e Abastecimento.

(*) Art. 461 com redação dada pelo Decreto nº 45.615, de 4.1.2001.

Art. 462. Nenhum açougue poderá funcionar em dependência de fábrica de produtos de carne e estabelecimentos congêneres.

Art. 463. Nas casas de venda de aves vivas e ovos não é permitida a matança ou preparo de aves ou outros animais.

Art. 464. Nos estabelecimentos de comércio de aves abatidas não é permitida a existência de aves vivas.

Parágrafo único. (Revogado).

(*) Parágrafo único revogado pelo Decreto nº 45.615, de 4.1.2001.

Art. 465. Nas peixarias é proibido o preparo ou fabrico de conservas de peixe.

Art. 466. Nos supermercados e congêneres é proibida venda de aves ou outros animais vivos.

TÍTULO VIII
DISPOSIÇÕES TRANSITÓRIAS

Art. 467. (Revogado).

(*) Art. 467 revogado pelo Decreto nº 45.615, de 4.1.2001.

Art. 468. (Revogado).

(*) Art. 468 revogado pelo Decreto nº 45.615, de 4.1.2001.

SEGUNDA PARTE
PROMOÇÃO DA SAÚDE

LIVRO I
MATERNIDADE, INFÂNCIA E ADOLESCÊNCIA

Art. 469. A Secretaria de Estado da Saúde promoverá, de modo sistemático e permanente, assistência à saúde da população no que se refere à maternidade, à infância e à adolescência diretamente através de seus órgãos competentes, ou indiretamente mediante ajustes com outras entidades públicas ou privadas.

Art. 470. O órgão competente da Secretaria de Estado da Saúde orientará, a organização de proteção à maternidade, à infância e à adolescência, coordenando as iniciativas nesse sentido e estimulará a criação e o desenvolvimento de instituições públicas e privadas que, de qualquer modo, visem àqueles objetivos, oferecendo assistência técnica, material e financeira.

Parágrafo único. A cooperação técnica e material da Secretaria de Estado da Saúde às instituições, públicas e privadas de proteção e assistência à maternidade, à infância e à adolescência, será prestada mediante a elaboração de planos de organização e direção, e de normas e padrões de funcionamento de serviços.

LIVRO II
SAÚDE MENTAL

Art. 471. A Secretaria de Estado de Saúde promoverá a política sanitária estadual, com referência à Saúde Mental, em consonância com as diretrizes da Política Nacional de Saúde, mediante:

I – orientação básica para a execução dos programas de Saúde Mental, com vistas à prevenção, ao diagnóstico e tratamento, e à reabilitação;

II – prestação de orientação técnica, material e financeira, dentro de suas possibilidades;

III – estímulo e promoção de atividades de pesquisa e investigação epidemiológica sobre a prevalência e incidência de doenças mentais no Estado;

IV – organização e estímulo para a criação de Centros Comunitários de Saúde Mental, a fim de evitar o afastamento do paciente de sua comunidade e promover terapêutica de manutenção e reintegração social dos egressos.

Art. 472. Somente poderá, ser internado em estabelecimentos psiquiátricos o paciente que, após o indispensável exame médico, for reconhecido como doente mental.

Parágrafo único. São passíveis de cassação da licença de funcionamento, pelas autoridades sanitárias, os estabelecimentos psiquiátricos que procederem ao internamento de pacientes em desacordo com o disposto no presente artigo.

Art. 473. É vedada, quer nos estabelecimentos destinados à assistência a psicopatas, quer fora deles, prática de quaisquer atos litúrgicos de religião, culto ou seita com finalidade terapêutica, ainda que a título filantrópico e exercida gratuitamente.

Art. 474. É vedada a pessoas sem habilitação legal para o exercício da profissão, a prática de técnicas capazes de influenciar o estado mental de indivíduos ou de coletividade, ainda que sem finalidade de proteção ou de recuperação da saúde.

Art. 475. A profilaxia das toxicomanias, bem como o tratamento e reabilitação dos toxicômanos, devem obedecer a legislação específica vigente.

Art. 476. Os serviços psiquiátricos dos estabelecimentos penais terão por objetivo a assistência médica, sob guarda dos reclusos que apresentarem distúrbios mentais, tendo por atribuição, também, propor medidas preventivas na área de psiquiatria aos demais reclusos.

TERCEIRA PARTE
PRESERVAÇÃO DA SAÚDE

LIVRO I
AÇÃO DE VIGILÂNCIA EPIDEMIOLÓGICA

Art. 477. A ação da vigilância epidemiológica compreende as informações, investigações e levantamentos necessários à programação e avaliação das medidas de controle de doenças e de situações de agravos à saúde.

Art. 478. Compete à Secretaria de Estado da Saúde definir a organização e as atribuições dos serviços incumbidas da ação de Vigilância Epidemiológica, promover a sua implantação e coordenação, em consonância com a Lei Federal nº 6.259, de 30 de outubro de 1975, e o Decreto Federal nº 78.231, de 12 de agosto de 1876, e legislação federal subsequente.

Parágrafo único. A ação de Vigilância Epidemiológica será efetuada pelos órgãos de saúde, públicos e privados, devidamente habilitados para tal fim.

LIVRO II
NOTIFICAÇÃO COMPULSÓRIA DE DOENÇAS

Art. 479. Para os efeitos deste Regulamento e de suas Normas Técnicas Especiais, entende-se por notificação compulsória de doenças a comunicação, à autoridade sanitária, dos casos e óbitos suspeitos ou confirmados das doenças classificadas no artigo seguinte.

Art. 480. São de notificação compulsória às autoridades sanitárias os casos suspeitos ou confirmados de:

I – doenças que podem requerer medidas de isolamento ou quarentena, de acordo com o Regulamento Sanitário Internacional;

II – doenças constantes de relação elaborada pela Secretaria de Estado da Saúde, a ser atualizada periodicamente, obedecida a Legislação Federal;

§ 1º. Na relação de doenças de que trata o inciso II deste artigo será incluído item para casos de "agravo inusitado à saúde".

§ 2º. A Secretaria de Estado da Saúde poderá exigir dos órgãos de Saúde, públicos ou privados, a notificação negativa da ocorrência de doenças constantes da relação de que tratam os itens I e II deste artigo.

Art. 481. É dever de todo cidadão comunicar à autoridade sanitária local a ocorrência, comprovada ou presumível, de casos de doença transmissível nos termos do artigo anterior.

Art. 482. É obrigatória a notificação à autoridade sanitária local, em ordem prioritária, por:

I – médicos que forem chamados para prestar cuidados ao doente, mesmo que não assumam a direção do tratamento;

II – responsáveis por hospitais ou estabelecimentos congêneres, organizações para-hospitalares e instituições médico-sociais de qualquer natureza;

III – responsáveis por laboratórios que executem exames microbiológicos, sorológicos, anátomo-patológicos ou radiológicos;

IV – farmacêuticos, bioquímicos, veterinários, dentistas, enfermeiros, parteiras e pessoas que exerçam profissões afins;

V – responsáveis por estabelecimentos de ensino, locais de trabalho ou habitações coletivas em que se encontre o doente;

VI – responsáveis pelos serviços de verificação de óbitos;

VII – responsáveis pelo automóvel, caminhão, ônibus, trem, avião, embarcação ou qualquer outro meio de transporte em que se encontre o doente.

Parágrafo único. O cartório de registro civil, que registrar o óbito causado por moléstia transmissível, deverá comunicar o fato, dentro de 24 horas, à autoridade sanitária, que verificará se o caso foi notificado nos termos deste Regulamento.

Art. 483. A notificação de qualquer das doenças referidas nos incisos I e II do art. 480 deve ser feita, à simples suspeita e o mais precocemente possível, pessoalmente, por telefone, telegrama, carta ou impresso adequado.

Parágrafo único. A autoridade sanitária deverá dar conhecimento com a máxima urgência, ao órgão federal competente, dos casos de óbitos notificados das doenças referidas no inciso I do art. 480.

Art. 484. A autoridade sanitária proporcionará as facilidades ao processo de notificação compulsória, para o fiel cumprimento deste Regulamento.

Art. 485. A notificação compulsória de casos de doenças tem caráter sigiloso, obrigando-se a autoridade sanitária a mantê-lo.

Parágrafo único. Excepcionalmente, a identificação do paciente fora do âmbito médico-sanitário, poderá ser feita em caso de grande risco à comunidade, a critério da autoridade sanitária, e com conhecimento prévio do paciente ou de seu responsável.

Art. 486. Os dados necessários ao esclarecimento da notificação compulsória, bem como as instruções sobre o processo de notificação, constarão de Norma Técnica Especial.

LIVRO III
INVESTIGAÇÃO EPIDEMIOLÓGICA

Art. 487. Para os efeitos deste Regulamento e de suas Normas Técnicas Especiais, entende-se por Investigação Epidemiológica o conjunto de ações destinadas a descobrir, a partir dos casos notificados, a fonte de infecção, as vias de transmissão, os comunicantes, outros possíveis casos e os suscetíveis de modo a permitir a aplicação de medidas adequadas de profilaxia.

Art. 488. Recebida a notificação, a autoridade sanitária é obrigada a proceder à investigação epidemiológica pertinente para elucidação do diagnóstico e averiguação da disseminação da doença na população sob risco.

§ 1º. A autoridade sanitária poderá, exigir e executar investigações, inquéritos e levantamentos epidemiológicos junto a indivíduos e a grupos populacionais determinados, sempre que julgar oportuno, visando a proteção da saúde pública.

§ 2º. Quando houver indicação e conveniência, a autoridade sanitária poderá exigir provas imunológicas e coleta de material para exame de laboratório.

Art. 489. Em decorrência dos resultados, parciais ou finais, das investigações, dos inquéritos ou levantamentos epidemiológicos de que trata o artigo anterior e seus parágrafos, a autoridade sanitária fica obrigada a adotar, prontamente, as medidas de profilaxia indicadas para o controle da doença, no que concerne a indivíduos, grupos populacionais e ambiente.

Art. 490. As instruções sobre o processo de investigação epidemiológica em cada doença constarão de Norma Técnica Especial.

LIVRO IV

MEDIDAS DE PROFILAXIA DAS DOENÇAS TRANSMISSÍVEIS

Art. 491. Para os efeitos deste Regulamento e de suas Normas Técnicas Especiais, entende-se por doença transmissível a causada por um agente etiológico animado ou por seus produtos tóxicos, capaz de ser transferida, de modo direto ou indireto, de uma pessoa ou animal, de vegetais ou do solo, para o organismo de outro indivíduo ou animal.

Art. 492. A profilaxia das doenças transmissíveis baseia-se nas medidas que visam:

I – suprimir ou diminuir o risco à coletividade representado pelos indivíduos e animais infectados;

II – interromper ou dificultar a transmissão;

III – proteger convenientemente os suscetíveis.

Art. 493. A autoridade sanitária poderá exigir e executar, de acordo com a doença, uma ou mais das seguintes medidas de profilaxia: tratamento, isolamento, desinfecção, quarentena, vigilância sanitária, quimioprofilaxia e vacinação.

Parágrafo único. Periodicamente, a Secretaria de Estado da Saúde baixará Normas Técnicas Especiais disciplinando a aplicação destas medidas.

Art. 494. Para os efeitos deste Regulamento e de suas Normas Técnicas Especiais, no que diz respeito à profilaxia das doenças transmissíveis, entende-se por tratamento o uso de recursos terapêuticos destinados a impedir que o doente continue transmitindo a moléstia.

Art. 495. Para os efeitos deste Regulamento e de suas Normas Técnicas Especiais, entende-se por isolamento a separação de indivíduos afetados por doenças transmissíveis e eventualmente, portadores de agentes infectantes, em locais adequados, de molde a evitar que suscetíveis venham a ser atingidos direta ou indiretamente pelo agente patogênico.

Art. 496. O isolamento domiciliário estará sujeito à vigilância direta da autoridade sanitária, a fim de garantir a execução das medidas profiláticas necessárias e o tratamento clínico, que poderá ficar a cargo de médico de livre escolha do doente.

Art. 497. O período de isolamento, em cada caso particular, será determinado pela autoridade sanitária, tendo em vista os interesses da saúde coletiva.

Art. 498. A autoridade sanitária fornecerá, para efeitos legais, documento comprobatório da imposição e duração do isolamento.

Art. 499. Para os efeitos deste Regulamento e de suas Normas Técnicas Especiais, entende-se por desinfecção a destruição dos agentes patogênicos fora do organismo, por meios químicos ou físicos.

Art. 500. A critério da autoridade sanitária, de acordo com a doença, a desinfecção será complementada ou substituída por medidas de combate aos vetores biológicos e seus reservatórios.

Art. 501. Para os efeitos deste Regulamento e de suas Normas Técnicas Especiais, entende-se por quarentena a restrição da liberdade de locomoção e o controle médico permanente dos comunicantes e dos indivíduos procedentes de áreas onde a moléstia ocorra endêmica ou epidemicamente, por um intervalo de tempo ou período máximo de incubação da doença.

§ 1º. A quarentena é aplicável às doenças referidas no inciso I do art. 480 e, eventualmente, a outras doenças, a critério da autoridade sanitária.

§ 2º. A quarentena poderá ser substituída pela vigilância sanitária ou poderá deixar de ser aplicada nos casos previstos no Regulamento Sanitário Internacional.

§ 3º. Durante o período de quarentena, as pessoas a ela sujeitas deverão permanecer nos locaisexpressamente determinados pela autoridade responsável pela medida.

§ 4º. A autoridade sanitária fornecerá, para efeitos legais, documentos comprobatórios da imposição e duração da quarentena.

Art. 502. Para os efeitos deste Regulamento e de suas Normas Técnicas Especiais, entende-se por vigilância sanitária o seguimento dos comunicantes e dos indivíduos procedentes de áreas onde a moléstia ocorra endêmica ou epidemicamente, por intervalo de tempo igual ao período máximo de incubação da doença.

§ 1º. A vigilância sanitária é aplicável às doenças transmissíveis referidas no inciso II do art. 480 e, eventualmente, a outras doenças, a critério da autoridade sanitária.

§ 2º. As pessoas sob vigilância sanitária deverão comunicar previamente a mudança de domicílio à autoridade responsável, cabendo a esta dar ciência do fato à autoridade sanitária do local para onde se dirigir o indivíduo.

Art. 503. Para os efeitos deste Regulamento e de suas Normas Técnicas Especiais, entende-se por portador o indivíduo que está albergando um agente etiológico animado sem apresentar sintomas da moléstia, mas que o elimina para o ambiente de forma contínua ou intermitente.

Art. 504. Os portadores poderão, a critério da autoridade sanitária, ser submetidos a um controle apropriado, recebendo tratamento adequado para evitar a eliminação do agente etiológico para o ambiente, e observando os princípios de higiene e as demais medidas profiláticas impostas pela autoridade sanitária.

Art. 505. Para os efeitos deste Regulamento e de suas Normas Técnicas Especiais, entende-se por quimioprofilaxia a administração de uma substância química, inclusive antibióticos, para prevenir uma infecção ou sua evolução para a forma ativa e manifesta de uma doença.

Art. 506. Os comunicantes e os indivíduos que de qualquer modo se expuserem ao risco de contrair uma doença transmissível, deverão ser protegidos por meio de vacinas, soros ou seus derivados, antibióticos, quimioterápicos ou outros agentes antimicrobianos adequados, sempre que houver indicação.

LIVRO V
MEDIDAS EM CASO DE EPIDEMIAS

Art. 507. Para os efeitos deste Regulamento e de suas Normas Técnicas Especiais, entende-se por epidemia a ocorrência numa coletividade, ou região, de casos de uma determinada moléstia, em número que ultrapasse significativamente a incidência normalmente esperada.

Art. 508. Havendo suspeita de epidemia em uma localidade, a autoridade sanitária local deverá imediatamente:

I – confirmar os casos clinicamente e por meio de provas laboratoriais;

II – verificar se a incidência atual da moléstia é significativamente maior que a habitual;

III – comunicar a ocorrência ao seu chefe imediato;

IV – adotar as primeiras medidas de profilaxia indicadas.

Art. 509. Na iminência ou vigência de epidemias poderá ser providenciado o fechamento total ou parcial de estabelecimento, centro de reunião ou diversão, escolas e quaisquer locais abertos ao público, durante o tempo julgado necessário pela autoridade sanitária.

Art. 510. Na iminência ou vigência de epidemia de maior gravidade, ou de calamidade natural que possa provocá-la, serão tomadas medidas particularmente rigorosas para impedir a disseminação da moléstia. Tais medidas poderão abranger a limitação parcial ou total do direito de locomoção.

Art. 511. Esgotados os meios de persuasão, a autoridade sanitária requisitará o auxílio da autoridade policial local ou regional para a execução de medidas referentes à profilaxia de doenças.

LIVRO VI
VACINAÇÕES DE CARÁTER OBRIGATÓRIO

Art. 512. A Secretaria de Estado da Saúde é responsável pela vacinação obrigatória no território do Estado de São Paulo, nos ternos da Lei Federal nº 6.259, de 30 de outubro de 1975 que dispõe sobre a organização das ações de Vigilância Epidemiológica e sobre o Programa Nacional de Imunizações.

Parágrafo único. A Secretaria de Estado da Saúde, elaborará fará publicar e atualizará, bienalmente, a relação das vacinações de caráter obrigatório no Estado de São Paulo, após a devida aprovação pelo Ministério da Saúde.

Art. 513. É dever de todo cidadão submeter-se à vacinação obrigatória, assim como os menores sob sua guarda ou responsabilidade.

Parágrafo único. Só será dispensada da vacinação obrigatória a pessoa que apresentar Atestado Médico e contraindicação explicita da aplicação da vacina.

Art. 514. Anualmente, para o pagamento do salário-família, será exigido do segurado a comprovação de que seus beneficiários receberam as vacinas obrigatórias na forma do Decreto Federal nº 78.231, de 12 de agosto de 1976 e legislação subsequente.

Art. 515. Compete à Secretaria de Estado da Saúde, nos termos do Decreto Federal nº 78.231, de 12 de agosto de 1976, por meio dos seus órgãos responsáveis pelos Programas de Vacinação:

I – elaborar, implantar e implementar programas de imunizações, principalmente aqueles referentes à vacinação obrigatória;

II – supervisionar, controlar e avaliar a execução das vacinações no território do Estado de São Paulo.

Art. 516. A comprovação da obrigatoriedade das vacinações será feita por meio de Atestado de Vacinação padronizado pelo Ministério da Saúde e emitido pelos serviços de saúde que aplicarem as vacinas.

Art. 517. Toda pessoa vacinada tem o direito de exigir o correspondente atestado comprobatório da vacina obrigatória recebida, a fim de satisfazer exigências legais ou regulamentares.

Parágrafo único. Em situações excepcionais a autoridade sanitária poderá dispensar a emissão do atestado.

Art. 518. A pessoa que, durante o ano anterior, recorreu aos serviços de saúde autorizados para realização de vacinações obrigatórias e não conseguiu a aplicação das mesmas, pode exigir daqueles órgãos um atestado comprobatório da impossibilidade da vacinação, a fim de eximir-se, nas datas aprazadas, das obrigações e sanções estabelecidas na legislação específica.

Art. 519. As vacinas obrigatórias e seus respectivos atestados serão gratuitos, inclusive quando executados por profissionais em suas clínicas ou consultórios, ou por estabelecimentos privados de prestação de serviços, de saúde.

Art. 520. Os atestados de vacinação obrigatória não poderão ser retidos, em qualquer hipótese e sob qualquer motivo, por pessoa natural ou jurídica.

LIVRO VII

ESTATÍSTICAS DE SAÚDE

Art. 521. A Secretaria de Estado da Saúde deverá coletar, analisar e divulgar dados estatísticos de interesse para as atividades de saúde pública, em colaboração com o órgão central de estatística do Estado e demais entidades interessadas nessas atividades.

Art. 522. Os hospitais e estabelecimentos congêneres, os laboratórios de análises clínicas e os serviços médico-assistenciais de qualquer natureza são obrigados, quando solicitados, a remeter, regular e sistematicamente, aos órgãos próprios da Secretaria de Estado da Saúde os dados e informações necessários à elaboração de estatísticas de saúde.

Parágrafo único. O não cumprimento desta exigência implicará na cassação do alvará de funcionamento da entidade pela autoridade sanitária.

LIVRO VIII

ATESTADO DE ÓBITO

Art. 523. O atestado de óbito, documento indispensável para o enterramento, deve ser dado sempre em impressos especialmente destinados a esse fim.

Art. 524. Compete ao médico da Secretaria de Estado da Saúde fornecer o atestado em casos de óbitos motivados por moléstia mal definida ou "sem assistência médica", em localidade onde inexista serviço de verificação de óbitos, desde que não haja suspeita de que o óbito tenha ocorrido por causas não naturais, conforme o disposto na Lei Estadual nº 10.095 de 3 de maio de 1968.

LIVRO IX

DOENÇAS TRANSMISSÍVEIS E TRANSFUSÕES DE SANGUE

Art. 525. Compete aos órgãos de saúde pública do Estado a execução de medidas que visem a impedir a propagação de doenças transmissíveis através de transfusão de sangue ou de substâncias afins, quaisquer que sejam as suas modalidades.

Art. 526. Rejeitar-se-á a doação de sangue de doador cujo estado de saúde física ou mental não esteja de acordo com as exigências contidas neste Regulamento e em suas Normas Técnicas Especiais.

Parágrafo único. Ao sangue fresco ou estocado, proveniente de doadores ocasionais, quaisquer que sejam as suas procedências, devem ser aplicados, quando for o caso, processos físicos, ou químicos, ou de diferentes naturezas, que o libertem de agentes nocivos à saúde do receptor.

Art. 527. Os bancos de sangue, bem como toda e qualquer instituição ou profissional que se dediquem a essa atividade, são obrigados a registro em repartição oficial competente, devendo também contar com fichário convenientemente atualizado, correspondente a doadores de sangue.

Art. 528. Sem embargo da ação fiscalizadora que lhe compete, o Estado, quando solicitado, poderá oferecer às instituições privadas e aos profissionais habilitados, que se dediquem à prática de transfusões sanguíneas, orientação técnica para a boa execução de suas atividades.

LIVRO X

DOENÇAS TRANSMISSÍVEIS E SANEAMENTO DO MEIO

Art. 529. Nas barbearias, cabeleireiros, casas de banho, salões e institutos de beleza e estabelecimentos congêneres, será obrigatória a desinfecção do instrumental e utensílios destinados ao serviço, antes de serem usados, por meios apropriados, aceitos pela autoridade sanitária.

Art. 530. É proibido às casas de banho atenderem pessoas que sofram de dermatose ou qualquer doença parasitária, infectocontagiosa ou repugnante.

Parágrafo único. Os estabelecimentos que tiverem médico responsável em caráter permanente, poderão atender pessoas com essas características, obedecidas as determinações do responsável.

Art. 531. As roupas, utensílios e instalações dos hotéis, pensões, casas de banho, barbearias e cabeleireiros deverão ser limpas e desinfetadas.

§ 1º. As roupas utilizadas nos quartos de banho deverão ser individuais, não podendo servir a mais de um banhista antes de serem novamente lavadas e desinfetadas.

§ 2º. As banheiras deverão ser lavadas e desinfetadas após cada banho.

§ 3º. O sabonete será fornecido a cada banhista, devendo ser inutilizada a porção de sabonete que restar após ser usado pelo cliente.

Art. 532. As piscinas de uso público e as de uso coletivo restrito deverão utilizar água com características físicas, químicas e bacteriológicas adequadas, nos termos deste Regulamento e de suas Normas Técnicas Especiais.

§ 1º. Os seus vestiários, sanitários e chuveiros deverão ser conservados limpos e sua desinfecção será feita a critério da autoridade sanitária.

§ 2º. Os calções de banho e toalhas, quando fornecidos pelas entidades responsáveis pela piscina, deverão ser desinfetados após o uso de cada banhista.

Art. 533. É proibido às lavanderias públicas receberem roupas que tenham servido a doentes de hospitais ou estabelecimentos congêneres, ou provenientes de habitações particulares onde existam pessoas atacadas de doenças transmissíveis.

Parágrafo único. Somente lavanderias sob fiscalização da autoridade sanitária poderão receber roupas que tenham servido a doentes de hospitais e estabelecimentos congêneres ou de habitações particulares onde existam pessoas atacadas de doenças transmissíveis.

Art. 534. É proibido o uso de lixo *in natura* para servir como alimentação a porcos e outros animais.

Parágrafo único. Para efeito deste artigo admite-se na alimentação de porcos e outros animais, oaproveitamento de restos de comida, desde que sejam mantidos e conduzidos em recipientes de uso exclusivo para esse fim, devendo estes serem previamente limpos e desinfetados, de acordo com as instruções da autoridade sanitária.

Art. 535. É proibida a irrigação de plantações de hortaliças e frutas rasteiras com água contaminada, em particular as que contenham dejetos humanos.

Parágrafo único. Para efeito deste artigo considera-se água contaminada a que contenha elementos em concentrações nocivas à saúde humana, tais como organismos patogênicos, substâncias tóxicas ou radioativas.

Art. 536. Para consumo doméstico só deve ser utilizada água potável.

Art. 537. Estendem-se, no que couber, as determinações deste livro, aos hotéis, pensões e estabelecimentos congêneres.

Art. 538. É proibido manter quaisquer animais que por sua espécie, quantidade ou instalações inadequadas, possam ser causa de insalubridade ou de incômodo à vizinhança.

Art. 539. A autoridade sanitária poderá determinar outras medidas sobre saneamento do meio para assegurar proteção à saúde, prevenindo a disseminação de doenças transmissíveis e incômodos a terceiros.

LIVRO XI
DOENÇAS TRANSMISSÍVEIS E ACIDENTES PESSOAIS

Art. 540. Para os efeitos deste Regulamento e de suas Normas Técnicas Especiais, entende-se por doença não transmissível a causada por agente etiológico inanimado, ou cujos caracteres epidemiológicos se aproximam daqueles das doenças transmissíveis quando o referido agente for desconhecido.

Art. 541. Para os efeitos deste Regulamento e de suas Normas Técnicas Especiais, entende-se por acidente a ocorrência de uma série de fatos que, em geral e sem intenção, produzam lesão corporal ou morte.

Art. 542. A Secretaria de Estado da Saúde estimulará, por todos os meios ao seu alcance, o desenvolvimento de atividades de saúde pública, paralelamente ao progresso da ciência e da técnica sanitária, visando ao controle de acidentes pessoais e de doenças que, por sua elevada prevalência, constituam problemas de interesse coletivo, tais como o câncer, o *diabetes melitus*, as afecções cardiovasculares, as doenças carenciais e outras não transmissíveis.

Art. 543. A autoridade sanitária determinará a execução de medidas de prevenção adequadas, quando a prevalência de acidentes pessoais em domicílio o recomendar.

Art. 544. A Secretaria de Estado da Saúde, por intermédio dos órgãos competentes, promoverá programas de educação sanitária e o estudo das causas de acidentes pessoais e das doenças a que se refere este Livro.

Art. 545. Visando o combate às doenças não transmissíveis a Secretaria de Estado da Saúde promoverá atividades especializadas para diagnóstico precoce e tratamento adequado dos doentes quando possível, bem como estimulará o exame periódico dos grupos populacionais relacionados com a maior prevalência ou incidência da doença.

Art. 546. Na luta contra as doenças não transmissíveis de interesse coletivo e acidentes pessoais, a Secretaria de Estado da Saúde poderá prestar colaboração técnica e financeira às instituições públicas ou privadas, de reconhecido mérito, que a ela se dediquem.

LIVRO XII
INUMAÇÕES, EXUMAÇÕES, TRANSLADAÇÕES E CREMAÇÕES

Art. 547. A inumação de pessoas vitimadas por doenças transmissíveis somente poderá ser feita com observância das medidas e cautelas determinadas pela autoridade sanitária.

Parágrafo único. Havendo suspeita de que o óbito foi consequente à doença transmissível, a autoridade sanitária poderá exigir a necropsia para determinar a causa da morte.

Art. 548. É proibido o uso de caixões metálicos, ou de madeira revestida, interna ou externamente, com aquele material, excetuando-se os destinados:

I – aos embalsamados;

II – aos exumados;

III – aos cadáveres que não tenham de ser com eles enterrados, sendo obrigatória a desinfecção após o uso.

Parágrafo único. Outros materiais poderão ser utilizados na confecção de caixões, desde que submetidos à aprovação da autoridade sanitária.

Art. 549. Os caixões destinados à cremação de cadáveres deverão satisfazer às seguintes exigências:

I – ser de material de fácil combustão;

II – ter alças removíveis, evitadas quaisquer peças metálicas;

III – não serem pintados, laqueados ou envernizados;

IV – não provocar, quando queimados, poluição atmosférica acima dos padrões vigentes, nem deixar resíduos aglutinados.

Parágrafo único. Os cadáveres deverão ser cremados em caixões individuais, podendo conter, nos casos de óbitos de gestantes, também o feto ou natimorto.

Art. 550. O transporte de cadáveres só poderá ser feito em veículo especialmente destinado a esse fim.

Parágrafo único. Os veículos deverão ser de forma a se prestarem à lavagem e desinfecção após o uso, tendo, no local em que pousar o caixão, revestimento de placa metálica ou de outro material impermeável.

Art. 551. O prazo mínimo para a exumação de corpos é fixado em 3 (três) anos, contados da data do óbito, e em 2 (dois) anos no caso de criança até a idade de seis anos, inclusive.

§ 1º. Não está sujeita aos prazos fixados neste artigo a exumação de caixão funerário *in totum* para simples deslocamento, dentro do mesmo cemitério, nos casos de construção, reconstrução ou reforma de túmulos. Dever-se-á aguardar um prazo mínimo de 60 (sessenta) dias, independentemente do óbito ter sido ou não causado por doenças infectocontagiosas.

§ 2º. As exumações poderão ser feitas sob a responsabilidade dos órgãos ou entidades responsáveis pelo cemitério, independentemente de comunicação à autoridade sanitária estadual, desde que observados os prazos estabelecidos neste artigo e as precauções indicadas em Norma Técnica Especial.

§ 3º. Fora dos prazos estabelecidos neste artigo, a exumação de corpos poderá ser autorizada, previamente, pela autoridade sanitária estadual nos casos de interesse público comprovado, bem como nos de pedido de autoridade judicial ou policial para instruir inquéritos.

§ 4º. O transporte dos restos mortais exumados será feito em urna adequada, após a autorização da autoridade sanitária estadual.

(*) Art. 551 com redação dada pelo Decreto nº 16.017, de 4.11.1980.

QUARTA PARTE
RECUPERAÇÃO DA SAÚDE

LIVRO ÚNICO
ASSISTÊNCIA MÉDICO-HOSPITALAR

Art. 552. Para os fins deste Regulamento e de suas Normas Técnicas Especiais considera-se assistência médico-hospitalar aquela prestada nos estabelecimentos definidos no artigo seguinte, e destinada precipuamente a promover ou proteger a saúde pessoal, diagnosticar e tratar precocemente o indivíduo das doenças que acometam, limitar os danos por elas causados, e reabilitar quando a sua capacidade física, psíquica ou social for afetada.

Art. 553. A assistência médico-hospitalar é prestada nos seguintes estabelecimentos:

I – estabelecimentos de assistência médica ambulatorial exclusiva;

II – estabelecimentos de assistência médica de urgência, providos de leitos para repouso ou observação com limitação de tempo de permanência;

III – estabelecimentos de assistência médico hospitalar, com leitos em regime de internação, e sem limitação de tempo de permanência.

Art. 554. Os estabelecimentos de assistência médico-hospitalar somente poderão funcionar quando devidamente registrados nos órgãos competentes da Secretaria de Estado da Saúde, os quais, após a respectiva vistoria fornecerão o alvará de funcionamento, que deverá ser renovado anualmente.

Art. 555. A classificação e as exigências para funcionamento de estabelecimentos de assistência médico-hospitalar serão determinadas pelos órgãos competentes da Secretaria de Estado da Saúde, de acordo com a programação médica dos mesmos e obedecidas as disposições deste Regulamento e de suas Normas Técnicas Especiais, bem como ao previsto na legislação federal, estadual e municipal pertinentes.

Art. 556. A Secretaria de Estado da Saúde compete, ainda, fiscalizar o funcionamento dos estabelecimentos de assistência médico-hospitalar e determinar normas para sua construção, instalação e funcionamento.

QUINTA PARTE
REPRESSÃO ÀS INFRAÇÕES DE NATUREZA SANITÁRIA

LIVRO ÚNICO

TÍTULO I
COMPETÊNCIA

Art. 557. Os médicos, engenheiros, arquitetos, médicos-veterinários, farmacêuticos, dentistas, físicos, químicos, bioquímicos, supervisores de saneamento e agentes de saneamento da Secretaria de Estado da Saúde, no exercício de funções fiscalizadoras, têm competência, no âmbito de suas atribuições para fazer cumprir as leis e regulamentos sanitários, expedindo intimações, impondo penalidades referentes à prevenção e repressão de tudo quanto possa comprometer a saúde pública.

§ 1º. A competência dos supervisores de saneamento fica limitada, à aplicação das penalidades enumeradas nos incisos I, II, III e IV do art. 568.

§ 2º. Aos agentes de saneamento fica atribuída competência para aplicação da pena prevista no inciso I do art. 568.

Art. 558. Verificada a ocorrência da irregularidade será lavrado, de imediato, auto de infração, pelas autoridades mencionadas no artigo anterior.

Art. 559. As autoridades fiscalizadoras mencionadas no art. 557 terão livre ingresso em todos os locais, a qualquer dia e hora, quando no exercício de suas atribuições.

TÍTULO II
INFRAÇÕES E PENALIDADES

Art. 560. Considera-se infração, para os fins deste Regulamento e de suas Normas Técnicas Especiais, a desobediência ou a inobservância ao disposto nas normas legais, regulamentares e outras que, por qualquer forma, se destinem à promoção, preservação e recuperação da saúde.

Art. 561. Responde pela infração quem por ação ou omissão lhe deu causa, ou concorreu para sua prática ou dela se beneficiou.

Parágrafo único. Exclui a imputação de infração a causa decorrente de força maior ou proveniente de eventos naturais ou circunstanciais imprevisíveis, que vier a determinar avaria, deterioração ou alteração de produtos ou bens do interesse da saúde pública.

Art. 562. As infrações sanitárias classificam-se em:

I – leves, aquelas em que o infrator seja beneficiado por circunstância atenuante;

II – graves, aquelas em que for verificada uma circunstância agravante;

III – gravíssimas, aquelas em que seja verificada a existência de duas ou mais circunstâncias agravantes.

Art. 563. São circunstâncias atenuantes:

I – a ação do infrator não ter sido fundamental para a consecução do evento;

II – a errada compreensão da norma sanitária, admitida como escusável, quando patente a incapacidade do agente para entender o caráter ilícito do fato;

III – o infrator, por espontânea vontade, imediatamente, procurar reparar ou minorar as consequências do ato lesivo à saúde pública que lhe for imputado;

IV – ter o infrator sofrido coação, a que não podia resistir, para a prática, do ato;

V – a irregularidade cometida ser pouco significativa;

VI – ser, o infrator, primário.

Art. 564. São circunstâncias agravantes:

I – ter o infrator agido com dolo, ainda que eventual, fraude ou má-fé;

II – ter o infrator cometido a infração para obter vantagem pecuniária decorrente de ação ou omissão que contraria o disposto na legislação sanitária;

III – tendo conhecimento do ato ou fato lesivo à saúde pública, o infrator deixar de tomar as providências de sua alçada, tendentes a evitá-lo ou saná-lo;

IV – o infrator coagir outrem para a execução material da infração;

V – ter a infração consequências calamitosas à saúde pública;

VI – ser, o infrator, reincidente.

Art. 565. Para os efeitos deste Regulamento e de suas Normas Técnicas Especiais, ficará caracterizada a reincidência específica quando o infrator, após decisão definitiva na esfera administrativa do processo que lhe houver imposto a penalidade, cometer nova infração do mesmo tipo ou permanecer em infração continuada.

Parágrafo único. A reincidência específica torna o infrator passível de enquadramento na penalidade máxima e a caracterização da infração em gravíssima.

Art. 566. Para a imposição da pena e a sua graduação, a autoridade sanitária levará em conta:

I – as circunstâncias atenuantes e agravantes;

II – a gravidade do fato, tendo em vista as suas consequências para a saúde pública;

III – os antecedentes do infrator quanto às normas sanitárias.

Parágrafo único. Sem prejuízo do disposto neste artigo, a no art. 562, na aplicação da penalidade de multa a autoridade sanitária competente levará em consideração a capacidade econômica do infrator.

Art. 567. Havendo concurso de circunstâncias atenuantes e agravantes, a aplicação da pena será considerada em razão das que sejam preponderantes.

Art. 568. Em conformidade com o disposto na Lei Federal nº 6.437, de 20 de agosto de 1977, as infrações sanitárias, sem prejuízo das sanções de natureza civil ou penal cabíveis, serão punidas, alternativa ou cumulativamente, com penalidades de:

I – advertência;

II – multa;

III – apreensão de produto;

IV – inutilização de produto;

V – interdição de produto;

VI – suspensão de vendas e/ou fabricação de produto;

VII – cancelamento de registro de produto;

VIII – interdição parcial ou total do estabelecimento;

IX – proibição de propaganda;

X – cancelamento de autorização para funcionamento de empresa;

XI – cancelamento de alvará de licenciamento de estabelecimento.

Art. 569. A pena de multa consiste no pagamento das seguintes quantias:

I – nas infrações leves,
de Cr$ 2.000,00 a Cr$ 10.000,00;

II – nas infrações graves,
de mais de Cr$ 10.000,00 a Cr$ 20.000,00;

III – nas infrações gravíssimas,
de mais de Cr$ 20.000,00 a Cr$ 30.000,00.

Parágrafo único. Aos valores das multas previstas neste Regulamento aplicar-se-á o coeficiente de atualização monetária referido no parágrafo único do art. 2º da Lei Federal nº 6.205, de 29 de abril de 1975.

(*) Os valores foram estabelecidos em UFESP pelo inciso III, do art. 112, do Código Sanitário do Estado de São Paulo (Lei nº 10.083, de 23 de setembro de 1998). Vide também Comunicado anual do CVS com os valores para o período fiscal.

Art. 570. São infrações sanitárias entre outras:

I – construir, instalar, ou fazer funcionar laboratórios de produção de medicamentos, drogas, insumos, cosméticos, produtos de higiene, dietéticos, correlatos, ou quaisquer estabelecimentos que fabriquem alimentos, aditivos para alimentos, bebidas, embalagens, saneantes e demais produtos que interessem à saúde pública, sem registro, licença e autorizações dos órgãos sanitários competentes ou contrariando as normas legais pertinentes:

Pena – advertência, interdição, cancelamento de autorização e de licença, e/ou multa;

II – construir, instalar, ou fazer funcionar estabelecimento de dispensação de medicamentos, drogas, insumos farmacêuticos, correlatos, utensílios e aparelhos que interessem à saúde pública ou individual, sem registro, licença ou autorização do órgão sanitário competente, ou contrariando o disposto na legislação sanitária pertinente:

Pena – advertência, interdição e/ou multa;

III – construir, instalar ou fazer funcionar hospitais, postos ou casas de saúde, clínicas em geral, casas de repouso, serviços ou unidades de saúde, estabelecimentos ou organizações afins, que se dediquem à promoção, proteção e recuperação da saúde, sem licença do órgão sanitário competente ou contrariando normas legais e regulamentares pertinentes:

Pena – advertência, interdição, cancelamento da licença e/ou multa;

IV – instalar consultórios médicos, odontológicos, e de quaisquer atividades paramédicas, laboratórios de análises e de pesquisas clínicas, bancos de sangue, de leite humano, de olhos, e estabelecimentos de atividades afins, institutos de esteticismo, ginástica, fisioterapia e de recuperação, balneários, estâncias hidrominerais, terminais, climáticas, de repouso, e congêneres, gabinetes ou serviços que utilizem aparelhos e equipamentos geradores de raio X, substâncias radioativas ou radiações ionizantes e outras, estabelecimentos, laboratórios, oficinas e serviços de ótica, de aparelhos ou materiais óticos, de prótese dentária, de aparelhos ou materiais para uso odontológico, ou explorar atividades comerciais, industriais, filantrópicas, com a participação de agentes que exerçam profissões ou ocupações técnicas e auxiliares relacionadas com a saúde, sem licença do órgão sanitário competente ou contrariando o disposto nas demais normas legais e regulamentares pertinentes:

Pena – advertência, interdição, cancelamento da licença e/ou multa;

V – extrair, produzir, fabricar, transformar, preparar, manipular, purificar, fracionar, embalar ou reembalar, importar, exportar, armazenar, expedir, transportar, comprar, vender, ceder ou usar alimentos, produtos alimentícios, medicamentos, drogas, insumos farmacêuticos, produtos dietéticos, de higiene, cosméticos, correlatos, embalagens, saneantes, utensílios e aparelhos que interessem à saúde pública ou individual, sem registro, licença, ou autorizações dos órgãos sanitários competentes ou contrariando o disposto na legislação sanitária pertinente:

Pena – advertência, apreensão e inutilização, interdição, cancelamento do registro e/ou multa;

VI – fazer propaganda de produtos sob vigilância sanitária, alimentos e outros, contrariando a legislação sanitária:

Pena – advertência, proibição de propaganda suspensão de venda e/ou multa;

VII – deixar, aquele que tiver o dever legal de fazê-lo, de notificar doença ou zoonose transmissível ao homem, de acordo com o que disponham as normas legais ou regulamentares vigentes:

Pena – advertência e/ou multa;

VIII – impedir ou dificultar a aplicação de medidas sanitárias relativas às doenças transmissíveis e ao sacrifício de animais domésticos considerados perigosos pelas autoridades sanitárias:

Pena – advertência e/ou multa;

IX – reter atestado de vacinação obrigatória, deixar de executar, dificultar ou opor-se à execução de medidas sanitárias que visem à prevenção das doenças transmissíveis e sua disseminação, à preservação e à manutenção da saúde:

Pena – advertência, interdição, cancelamento de licença ou autorização e/ou multa;.

X – opor-se à exigência de provas imunológicas ou à sua execução pelas autoridades sanitárias:

Pena – advertência e/ou multa;

XI – obstar ou dificultar a ação fiscalizadora das autoridades sanitárias competentes no exercício de suas funções:

Pena – interdição, cancelamento de licença e autorização e/ou multa;

XII – aviar receita em desacordo com prescrições médicas ou determinação expressa em lei e normas regulamentares:

Pena – advertência, interdição, cancelamento de licença e/ou multa;

XIII – fornecer, vender ou praticar atos de comércio em relação a medicamentos, drogas e correlatos, cuja venda e uso dependam de prescrição médica, sem observância dessa exigência e contrariando as normas legais e regulamentares:

Pena – advertência, interdição, cancelamento da licença e/ou multa;

XIV – retirar ou aplicar sangue, proceder a operações de plasmaferese, ou desenvolver outras atividades hemoterápicas, contrariando normas legais e regulamentares:

Pena – interdição, cancelamento da licença e registro e/ou multa;

XV – exportar sangue e seus derivados, placentas, órgão, glândulas ou hormônios, bem como quaisquer substâncias ou partes do corpo humano, ou utilizá-los contrariando as disposições legais e regulamentares:

Pena – advertência, interdição, cancelamento da licença e registro e/ou multa;

XVI – rotular alimentos e produtos alimentícios ou bebidas, bem como medicamentos, drogas, insumos farmacêuticos, produtos dietéticos, de higiene, de correção estética, cosméticos, perfumes, correlatos, saneantes e quaisquer outros, contrariando as normas legais e regulamentares:

Pena – advertência, inutilização, interdição e/ou multa;

XVII – alterar o processo de fabricação dos produtos sujeitos a controle sanitário, modificar os seus componentes básicos, nome, e demais elementos objeto do registro, sem a necessária autorização do órgão sanitário competente:

Pena – interdição, cancelamento do registro, da licença e autorização e/ou multa;

XVIII – reaproveitar vasilhames de saneantes, seus congêneres, e de outros produtos capazes de serem nocivos à saúde, no envasilhamento de alimentos, bebidas, refrigerantes, produtos dietéticos, medicamentos, drogas, produtos de higiene, cosméticos e perfumes:

Pena – apreensão, inutilização, interdição, cancelamento do registro e/ou multa;

XIX – expor à venda ou entregar ao consumo, produtos de interesse à saúde, cujo prazo de validade tenha expirado, ou apor-lhes novas datas, de validade, posteriores ao prazo expirado:

Pena – apreensão, inutilização, interdição, cancelamento do registro, da licença e da autorização e/ou multa;

XX – industrializar produtos de interesse sanitário sem a assistência de responsável técnico, legalmente habilitado:

Pena – apreensão, inutilização, interdição, cancelamento do registro e/ou multa;

XXI – utilizar, na preparação de hormônios, órgãos de animais doentes, estafados ou emagrecidos ou que apresentem sinais de decomposição no momento de serem manipulados;

Pena – apreensão, inutilização, interdição, cancelamento do registro, da autorização e da licença e/ou multa;

XXII – comercializar produtos biológicos, imunoterápicos e outros que exijam cuidados especiais de conservação, preparação, expedição, ou transporte, sem observância das condições necessárias à sua preservação:

Pena – apreensão, inutilização, interdição, cancelamento do registro e/ou multa;

XXIII – aplicação de raticidas cuja ação se produza, por gás ou vapor, em galerias, bueiros, porões, sótãos ou locais de possível comunicação com residências ou frequentados por pessoas e animais:

Pena – interdição, cancelamento de licença e de autorização e/ou multa;

XXIV – descumprimento de normas legais e regulamentares, medidas, formalidades e outras exigências sanitárias pelas empresas de transportes, seus agentes e consignatários, comandantes ou responsáveis diretos por embarcações, aeronaves, ferrovias, veículos terrestres, nacionais e estrangeiros:

Pena – advertência, interdição e/ou multa;

XXV – inobservância das exigências sanitárias relativas a imóveis, pelos seus proprietários, ou por quem detenha legalmente a sua posse:

Pena – advertência, interdição e/ou multa;

XXVI – exercer profissões e ocupações relacionadas com a saúde sem a necessária habilitação legal:

Pena – interdição e/ou multa;

XXVII – cometer o exercício de encargos relacionados com a promoção, proteção e recuperação da saúde a pessoas sem a necessária habilitação legal:

Pena – interdição e/ou multa;

XXVIII – proceder à cremação de cadáveres, ou utilizá-los, contrariando as normas sanitárias pertinentes:

Pena – advertência, interdição, e/ou multa;

XXIX – fraudar, falsificar ou adulterar alimentos, inclusive bebidas, medicamentos, drogas, insumos farmacêuticos, correlatos, cosméticos, produtos de higiene, dietéticos, saneantes e quaisquer outros que interessem à saúde pública:

Pena – apreensão, inutilização, e/ou interdição do produto; suspensão de venda e/ou fabricação do produto, cancelamento do registro do produto, interdição parcial ou total do estabelecimento, cancelamento de autorização para funcionamento da empresa, cancelamento do alvará de licenciamento do estabelecimento e multa;

XXX – transgredir outras normas legais e regulamentares destinadas à proteção da saúde:

Pena – advertência, apreensão, inutilização e/ou interdição do produto; suspensão de venda e/ou de fabricação de produto, cancelamento do registro do produto; interdição parcial ou total do estabelecimento, cancelamento de autorização para funcionamento da empresa, cancelamento do alvará de licenciamento do estabelecimento proibição de propaganda e/ou multa;

XXXI – expor, ou entregar ao consumo humano, sal, refinado ou moído, que não contenha iodo na proporção de dez miligramas de iodo metalóide por quilograma de produto:

Pena – advertência, apreensão e/ou interdição do produto, suspensão de venda e/ou fabricação do produto, cancelamento do registro do produto, interdição parcial ou total do estabelecimento, cancelamento de autorização para funcionamento da empresa, cancelamento do alvará de licenciamento do estabelecimento;

XXXII – descumprir atos emanados das autoridades sanitárias competentes visando à aplicação da legislação pertinente:

Pena – advertência, apreensão, inutilização e/ou interdição do produto, suspensão de venda e/ou de fabricação do produto, cancelamento do registro do produto, interdição parcial ou total do estabelecimento; cancelamento de autorização para funcionamento da empresa, cancelamento do alvará de licenciamento proibição de propaganda.

Parágrafo único. Independem de licença para funcionamento os estabelecimentos integrantes da Administração Pública ou por ela instituídos, ficando sujeitos, porém, às exigências pertinentes às instalações, aos equipamentos e à aparelhagem adequados e à assistência e responsabilidade técnicas.

Art. 571. O desrespeito ou desacato ao servidor competente, em razão de suas atribuições legais, sujeitarão o infrator à penalidade de multa.

TÍTULO III
PROCEDIMENTO ADMINISTRATIVO DAS INFRAÇÕES DE NATUREZA SANITÁRIA

CAPÍTULO I
AUTO DE INFRAÇÃO

Art. 572. As infrações sanitárias serão apuradas em processo administrativo próprio, iniciado com a lavratura do auto de infração, observados o rito e os prazos estabelecidos neste Regulamento.

Parágrafo único. O auto de infração será avaliado pelo superior imediato da autoridade autuante, seguindo-se a lavratura do auto de imposição de penalidade, se for o caso.

Art. 573. O auto de infração será lavrado em 4 (quatro) vias, no mínimo, destinando-se a primeira ao autuado e conterá:

I – o nome da pessoa física ou denominação da entidade autuada, especificação de seu ramo de atividade e endereço;

II – o ato ou fato constitutivo da infração e o local, a hora e a data respectivos;

III – a disposição legal ou regulamentar transgredida;

IV – indicação do dispositivo legal ou regulamentar que comina penalidade a que fica sujeito o infrator;

V – o prazo de 15 (quinze) dias, para defesa ou impugnação do auto de infração;

VI – nome e cargo legíveis da autoridade autuante e sua assinatura;

VII – a assinatura do autuado ou, na sua ausência, de seu representante legal ou preposto, e em caso de recusa a consignação dessa circunstância pela autoridade autuante e a assinatura de duas testemunhas, quando possível.

Parágrafo único. Na impossibilidade de ser dado conhecimento diretamente ao interessado, este deverá ser cientificado do auto de infração por meio de carta registrada ou por Edital, publicado uma única vez na imprensa oficial, considerando-se efetivada a notificação 5 (cinco) dias após a publicação.

Art. 574. Os servidores ficam responsáveis pelas declarações que fizerem nos autos de infração sendo passíveis de punição, por falta grave, em casos de falsidade ou omissão dolosa.

Art. 575. Quando, apesar da lavratura do auto de infração, subsistir, ainda, para o infrator, obrigação a cumprir, será ele intimado a fazê-lo no prazo de 30 (trinta) dias.

§ 1º. O prazo para o cumprimento da obrigação subsistente poderá ser reduzido ou aumentado, em casos excepcionais, por motivos de interesse público, mediante despacho fundamentado.

§ 2º. O não cumprimento da obrigação subsistente, no prazo fixado, além de sua execução forçada acarretará, após decisão irrecorrível, a imposição de multa diária, arbitrada de acordo com os valores correspondentes à classificação da infração, até o exato cumprimento da obrigação, sem prejuízo de outras penalidades previstas na legislação vigente.

CAPÍTULO II
TERMO DE INTIMAÇÃO

Art. 576. Se, a critério das autoridades sanitárias mencionadas no art. 557 deste Regulamento, a irregularidade não constituir perigo iminente para a saúde pública será expedido termo de intimação ao infrator, para corrigi-la no prazo de 30 (trinta) dias.

§ 1º. O prazo para cumprimento da intimação será contado a partir da data de vencimento do prazo de defesa do auto de infração, ou da publicação do indeferimento desta, quando houver.

§ 2º. O prazo para cumprimento da intimação poderá ser reduzido ou aumentado, em casos excepcionais, por motivos de interesse público, mediante despacho fundamentado.

Art. 577. O termo de intimação será lavrado em 4 (quatro) dias, no mínimo, destinando-se a primeira ao intimado, e conterá:

I – o nome da pessoa física, ou denominação da entidade intimada, especificação do seu ramo de atividade e endereço;

II – número, série e data do auto de infração respectivo;

III – a disposição legal ou regulamentar infringida;

IV – a medida sanitária exigida;

V – o prazo para sua execução;

VI – nome e cargo legíveis da autoridade que expediu a intimação e sua assinatura;

VII – a assinatura do intimado, ou na sua ausência, de seu representante legal ou preposto; e, em caso de recusa, a consignação dessa circunstância e a assinatura de duas testemunhas, quando possível.

Parágrafo único. Na impossibilidade de ser dado conhecimento diretamente ao interessado, da intimação ou do despacho que reduzir ou aumentar o prazo para sua execução, o infrator deverá ser cientificado por meio de carta registrada ou publicação na imprensa oficial.

CAPÍTULO III
AUTO DE IMPOSIÇÃO DE PENALIDADE

Art. 578. O auto de imposição de penalidade deverá ser lavrado pela autoridade competente, dentro de 60 (sessenta) dias, no máximo, a contar da lavratura do auto de infração, ou da data da publicação do indeferimento da defesa, quando houver.

§ 1º. Quando houver intimação, a penalidade só será imposta após o decurso do prazo concedido, e desde que não corrigida a irregularidade.

§ 2º. Nas casos em que a infração exigir a ação pronta da autoridade sanitária para proteção da saúde pública, as penalidades de apreensão, de interdição e de inutilização poderão ser aplicadas de imediato, sem prejuízo de outras eventualmente cabíveis.

§ 3º. O auto de imposição de penalidade de apreensão, ou interdição, ou inutilização, a que se refere o parágrafo anterior, deverá ser anexado ao auto de infração original, e quando se tratar de produtos deverá ser acompanhado do termo respectivo, que especificará a sua natureza, quantidade e qualidade.

Art. 579. O auto de imposição de penalidade será lavrado em 5 (cinco) vias, no mínimo, destinando-se a primeira ao infrator e conterá:

I – o nome da pessoa física ou denominação da entidade autuada e seu endereço;

II – o número, série e data do auto de infração respectivo;

III – o número, série e data do termo de intimação, quando for o caso;

IV – o ato ou fato constitutivo da infração e o local;

V – a disposição legal ou regulamentar infringida;

VI – a penalidade imposta e seu fundamento legal;

VII – prazo de 15 (quinze) dias para interposição de recurso, contado da ciência do autuado;

VIII – assinatura da autoridade autuante;

IX – a assinatura do autuado, ou na sua ausência, de seu representante legal ou preposto, e em caso de recusa a consignação dessa circunstância pela autoridade autuante e a assinatura de duas testemunhas, quando possível.

§ 1º. Quando a penalidade imposta for apreensão, interdição ou inutilização de produtos, o auto deverá ser acompanhado do termo respectivo, que especificará a sua natureza, quantidade e qualidade.

§ 2º. Na impossibilidade de efetivação da providência a que se refere o item IX deste artigo, o autuado será notificado mediante carta registrada ou publicação na Imprensa Oficial.

CAPÍTULO IV
PROCESSAMENTO DAS MULTAS

Art. 580. Transcorrido o prazo fixado no item VII do art. 579, sem que tenha havido interposição de recurso, ou pagamento da multa, o infrator será notificado para recolhê-la, no prazo de 30 (trinta) dias, ao órgão arrecadador competente, sob pena de cobrança judicial.

Art. 581. Havendo interposição de recurso, o processo, após decisão denegatória definitiva, será restituído à repartição de origem, a fim de ser feitas notificação de que trata o artigo anterior.

Parágrafo único. Não recolhida a multa dentro do prazo fixado no art. 580, uma das vias do auto de imposição da penalidade de multa será encaminhada ao órgão competente para fins de cobrança judicial.

Art. 582. As multas impostas sofrerão redução de vinte por cento caso o infrator efetue o pagamento dentro do prazo de vinte dias, contados da data da ciência de sua aplicação, implicando na desistência tácita do recurso.

Art. 583. O recolhimento das multas no órgão arrecadador competente será feito mediante guia de recolhimento que.poderá ser fornecida, registrada e preenchida pelos órgãos locais autuantes.

CAPÍTULO V
RECURSOS

Art. 584. O infrator poderá oferecer defesa ou impugnação do auto de infração no prazo de 15 (quinze) dias, contados de sua ciência.

Art. 585. A defesa ou impugnação será julgada pelo superior imediato do servidor autuante, ouvindo este, preliminarmente, o qual terá o prazo de 10 (dez) dias para se pronunciar a respeito, seguindo-se a lavratura do auto de imposição de penalidade, se for o caso.

Art. 586. Da imposição de penalidade poderá o infrator recorrer à autoridade imediatamente superior, no prazo de 15 (quinze) dias, contados de sua ciência.

Art. 587. Mantida a decisão condenatória, caberá recurso, no prazo de 20 (vinte) dias ao:

I – Diretor da Divisão autuante, qualquer que seja a penalidade aplicada; e, das decisões deste, ao:

II – Coordenador respectivo, quando se tratar de penalidade prevista nos incisos III a XI do art. 568, ou de multa de valor correspondente ao previsto nos incisos II e III do art. 569; e, das decisões do Coordenador, ao:

III – Secretário de Estado da Saúde, em última instância, e somente quando se tratar das penalidades previstas nos incisos VII, VIII, X e XI do art. 568.

Art. 588. Os recursos serão decididos depois de ouvida a autoridade recorrida, a qual poderá reconsiderar a decisão anterior.

Art. 589. Os recursos só terão efeito suspensivo nos casos de imposição de multa.

Art. 590. O infrator tomará ciência das decisões das autoridades sanitárias:

I – pessoalmente, ou por seu procurador, à vista do processo; ou

II – mediante notificação, que poderá ser feita por carta registrada, ou através da imprensa oficial, considerando-se efetivada 5 (cinco) dias após a publicação.

TÍTULO IV
DISPOSIÇÕES GERAIS

Art. 591. As infrações às disposições legais e regulamentares de ordem sanitária prescrevem em 5 (cinco) anos.

§ 1º. A prescrição interrompe-se pela notificação, ou outro ato da autoridade competente, que objetive a sua apuração e consequente imposição de pena.

§ 2º. Não corre o prazo prescricional enquanto houver processo administrativo pendente de decisão.

Art. 592. Os prazos mencionados no presente Regulamento correm ininterruptamente.

Art. 593. Quando o autuado for analfabeto, ou fisicamente incapacitado, poderá o auto ser assinado *a rogo* na presença de duas testemunhas, ou na falta destas, deverá ser feita a devida ressalva pela autoridade autuante.

Art. 594. Sempre que a ciência do interessado se fizer por meio de publicação na imprensa será certificado no processo a página, a data e a denominação do jornal.

Art. 595. Quando a infração ocorrer em livro, esta não será apreendido, porém, no ato descrever-se-á circunstanciadamente a falta, lavrando-se o termo do ocorrido no próprio livro.

Art. 596. Os órgãos da Secretaria de Estado da Saúde, após decisão definitiva na esfera administrativa, farão publicar todas as penalidades aplicadas aos infratores da legislação sanitária.

LEGISLAÇÃO COMPLEMENTAR

CONSTITUIÇÃO DO ESTADO DE SÃO PAULO

[*Excertos*]

....

TÍTULO VII
DA ORDEM SOCIAL

....

Capítulo II
DA SEGURIDADE SOCIAL

....

Seção II
Da Saúde

Art. 219. A saúde é direito de todos e dever do Estado.

Parágrafo único. Os Poderes Públicos Estadual e Municipal garantirão o direito à saúde mediante:

1. políticas sociais, econômicas e ambientais que visem ao bem-estar físico, mental e social do indivíduo e da coletividade e à redução do risco de doenças e outros agravos;

2. acesso universal e igualitário às ações e ao serviço de saúde, em todos os níveis;

3. direito à obtenção de informações e esclarecimentos de interesse da saúde individual e coletiva, assim como as atividades desenvolvidas pelo sistema;

4. atendimento integral do indivíduo, abrangendo a promoção, preservação e recuperação de sua saúde.

Art. 220. As ações e os serviços de saúde são de relevância pública, cabendo ao Poder Público dispor, nos termos da lei, sobre sua regulamentação, fiscalização e controle.

§ 1º. As ações e os serviços de preservação da saúde abrangem o ambiente natural, os locais públicos e de trabalho.

§ 2º. As ações e serviços de saúde serão realizados, preferencialmente, de forma direta, pelo Poder Público ou através de terceiros, e pela iniciativa privada.

§ 3º. A assistência à saúde é livre à iniciativa privada.

§ 4º. A participação do setor privado no sistema único de saúde efetivar-se-á segundo suas diretrizes, mediante convênio ou contrato de direito público, tendo preferência as entidades filantrópicas e as sem fins lucrativos.

(*) Art. 220, § 4º, regulamentado pela
Lei nº 10.201, de 7.1.1999.

§ 5º. As pessoas físicas e as pessoas jurídicas de direito privado, quando participarem do sistema único de saúde, ficam sujeitas às suas diretrizes e às normas administrativas incidentes sobre o objeto de convênio ou de contrato.

§ 6º. É vedada a destinação de recursos públicos para auxílio ou subvenções às instituições privadas com fins lucrativos.

Art. 221. Os Conselhos Estaduais e Municipais de Saúde, que terão sua composição, organização e competência fixadas em lei, garantem a participação de representantes da comunidade, em especial, dos trabalhadores, entidades e prestadores de serviços da área de saúde, além do Poder Público, na elaboração e controle das políticas de saúde, bem como na formulação, fiscalização e acompanhamento do sistema único de saúde.

Art. 222. As ações e os serviços de saúde executados e desenvolvidos pelos órgãos e instituições públicas estaduais e municipais, da administração direta, indireta e fundacional, constituem o sistema único de saúde, nos termos da Constituição Federal, que se organizará ao nível do Estado, de acordo com as seguintes diretrizes e bases:

I – descentralização com direção única no âmbito estadual e no de cada Município, sob a direção de um profissional de saúde;

II – municipalização dos recursos, serviços e ações de saúde, com estabelecimento em lei dos critérios de repasse das verbas oriundas das esferas federal e estadual;

III – integração das ações e serviços com base na regionalização e hierarquização do atendimento individual e coletivo, adequado às diversas realidades epidemiológicas;

IV – universalização da assistência de igual qualidade com instalação e acesso a todos os níveis, dos serviços de saúde à população urbana e rural;

V – gratuidade dos serviços prestados, vedada a cobrança de despesas e taxas, sob qualquer título.

Parágrafo único. O Poder Público Estadual e os Municípios aplicarão, anualmente, em ações e serviços públicos de saúde recursos mínimos derivados da aplicação de percentuais calculados sobre:

1 – no caso do Estado, o produto da arrecadação dos impostos a que se refere o art. 165 da Constituição Estadual e dos recursos de que tratam os arts. 157 e 159, I, "a", e II, da Constituição Federal, deduzidas as parcelas que forem transferidas aos Municípios;

2 – no caso dos Municípios, o produto da arrecadação dos impostos a que se refere o art. 156 da Constituição Federal e dos recursos de que tratam os arts. 158,

I e II, e 159, I, "b", da Constituição Federal e art. 167 da Constituição Estadual.

(*) Art. 222, parágrafo único, acrescido pela Emenda Constitucional nº 21, de 14.2.2006.

Art. 223. Compete ao Sistema Único de Saúde, nos termos da lei, além de outras atribuições:

I – a assistência integral à saúde, respeitadas as necessidades específicas de todos os segmentos da população;

II – a identificação e o controle dos fatores determinantes e condicionantes da saúde individual e coletiva, mediante, especialmente, ações referentes à:

a) vigilância sanitária;

b) vigilância epidemiológica;

c) saúde do trabalhador;

d) saúde do idoso;

e) saúde da mulher;

f) saúde da criança e do adolescente;

g) saúde dos portadores de deficiências;

III – a implementação dos planos estaduais de saúde e de alimentação e nutrição, em termos de prioridades e estratégias regionais, em consonância com os Planos Nacionais;

IV – a participação na formulação da política e na execução das ações de saneamento básico;

V – a organização, fiscalização e controle da produção e distribuição dos componentes farmacêuticos básicos, medicamentos, produtos químicos, biotecnológicos, imunobiológicos, hemoderivados e outros de interesse para a saúde, facilitando à população o acesso a eles;

VI – a colaboração na proteção do meio ambiente, incluindo do trabalho, atuando em relação ao processo produtivo para garantir:

a) o acesso dos trabalhadores às informações referentes a atividades que comportem riscos à saúde e a métodos de controle, bom como aos resultados das avaliações realizadas;

b) a adoção de medidas preventivas de acidentes e de doenças do trabalho;

VII – a participação no controle e fiscalização da produção, armazenamento, transporte, guarda e utilização de substâncias de produtos psicoativos, tóxicos e teratogênicos;

VIII – a adoção de política de recursos humanos em saúde e na capacitação, formação e valorização de profissionais da área, no sentido de propiciar melhor adequação às necessidades específicas do Estado e de suas regiões e ainda àqueles segmentos da população cujas particularidades requerem atenção especial, de forma a aprimorar a prestação de assistência integral;

IX – a implantação de atendimento integral aos portadores de deficiências, de caráter regionalizado, descentralizado e hierarquizado em níveis de complexidade crescente, abrangendo desde a atenção primária, secundária e terciária de saúde, até o fornecimento de todos os equipamentos necessários à sua integração social;

X – a garantia do direito à auto-regulação da fertilidade como livre decisão do homem, da mulher ou do casal, tanto para exercer a procriação como para evitá-la, provendo por meios educacionais, científicos e assistenciais para assegurá-lo, vedada qualquer forma coercitiva ou de indução por parte de instituições públicas ou privadas;

XI – a revisão do Código Sanitário Estadual a cada cinco anos;

XII – a fiscalização e controle do equipamento e aparelhagem utilizados no sistema de saúde, na forma da lei.

Art. 224. Cabe à rede pública de saúde, pelo seu corpo clínico especializado, prestar o atendimento médico para a prática do aborto nos casos excludentes de antijuridicidade, previstos na legislação penal.

Art. 225. O Estado criará banco de órgãos, tecidos e substâncias humanas.

§ 1º. A lei disporá sobre as condições e requisitos que facilitem a remoção de órgão, tecidos e substâncias humanas, para fins de transplante, obedecendo-se à ordem cronológica da lista de receptores e respeitando-se, rigorosamente, as urgências médicas, pesquisa e tratamento, bem como a coleta, processamento e transfusão de sangue e seus derivados, sendo vedado todo tipo de comercialização.

§ 2º. A notificação, em caráter de emergência, em todos os casos de morte encefálica comprovada, tanto para hospital público como para a rede privada, nos limites do Estado, é obrigatória.

§ 3º. Cabe ao Poder Público providenciar recursos e condições para receber as notificações que deverão ser feitas em caráter de emergência, para atender ao disposto nos §§ 1º e 2º.

Art. 226. É vedada a nomeação ou designação, para cargo ou função de chefia ou assessoramento na área de Saúde, em qualquer nível, de pessoa que participe de direção, gerência ou administração de entidades que mantenham contratos ou convênios com o Sistema Único de Saúde, a nível estadual, ou sejam por ele credenciadas.

Art. 227. O Estado incentivará e auxiliará os Órgãos Públicos e entidades filantrópicas de estudo, pesquisa e combate ao câncer, constituídos na forma da lei, respeitando a sua autonomia e independência de atuação científica.

Art. 228. O Estado regulamentará, em seu território, todo processo de coleta e percurso de sangue.

Art. 229. Compete à autoridade estadual, de ofício ou mediante denúncia de risco à saúde, proceder à avaliação das fontes de risco no ambiente de trabalho e determinar a adoção das devidas providências para que cessem os motivos que lhe deram causa.

§ 1º. Ao sindicato de trabalhadores, ou a representante que designar, é garantido requerer a interdição de máquina, de setor de serviço ou de todo o ambiente de trabalho, quando houver exposição a risco iminente para a vida ou a saúde dos empregados.

§ 2º. Em condições de risco grave ou iminente no local de trabalho, será lícito ao empregado interromper suas atividades, sem prejuízo de quaisquer direitos, até a eliminação do risco.

§ 3º. O Estado atuará para garantir a saúde e a segurança dos empregados nos ambientes de trabalho.

§ 4º. É assegurada a cooperação dos sindicatos de trabalhadores nas ações de vigilância sanitária desenvolvidas no local de trabalho.

Art. 230. O Estado garantirá o funcionamento de unidades terapêuticas para recuperação de usuários de substâncias que geram dependência física ou psíquica, resguardado o direito de livre adesão dos pacientes, salvo ordem judicial.

Art. 231. Assegurar-se-á ao paciente, internado em hospitais da rede pública ou privada, a faculdade de ser assistido, religiosa e espiritualmente, por ministro de culto religioso.

....

Sala das Sessões da Assembleia Legislativa, na Cidade de São Paulo, em 5 de outubro de 1989, 436º da fundação de São Paulo.

LEIS E DECRETOS-LEIS

DECRETO-LEI Nº 211, DE 30 DE MARÇO DE 1970

Dispõe sobre as normas de promoção, preservação e recuperação da saúde, no campo de competência da Secretaria de Estado da Saúde, e dá providências correlatas.

O Governador do Estado de São Paulo, no uso da atribuição que, por força do Ato Complementarnº 47, de 7 de fevereiro de 1969, lhe confere o § 1º do art. 2º do Ato Institucional nº 5, de 13 de dezembro de 1968, decreta:

Art. 1º. Compete à Secretária de Estado da Saúde a execução, ou supervisão, na esfera de suas atribuições, de medidas que visem a assegurar, em relação ao homem:

I – promoção da saúde;

II – preservação da saúde;

III – recuperação da saúde.

Art. 2º. Para a consecução dos objetivos a que se refere o artigo anterior a Secretaria de Estado da Saúde desenvolverá atividades referentes a:

I – saneamento do meio;

II – assistência médico-sanitária e médico-hospitalar;

III – pesquisas.

§ 1º. O saneamento consiste em atividades destinadas ao controle do meio ambiente, visando à promoção da saúde e prevenção da doença.

§ 2º. As atividades de natureza médico-sanitária englobarão medidas que direta ou indiretamente digam respeito ao homem são ou doente, aos agentes de doença e ao meio ambiente.

§ 3º. A assistência médico-hospitalar será prestada na conformidade do disposto no art. 137, § 1º da Constituição do Estado.

§ 4º. Os trabalhos de pesquisa destinam-se a dar apoio científico ao planejamento das atividades de saneamento do meio e de assistência médico-sanitária e médico-hospitalar.

Art. 3º. Para execução de suas atribuições a Secretaria de Estado da Saúde deverá entrar com órgãos normativos e executivos destinados a proporcionar:

A – O Controle:

I – das condições sanitárias das águas destinadas a abastecimento público ou privado;

II – das condições sanitárias decorrentes da coleta e destino de excretos;

III – das condições sanitárias decorrentes da coleta, transporte e destino do lixo e refugos industriais;

IV – das condições sanitárias decorrentes da contaminação das águas litorâneas ou interiores, superficiais ou subterrâneas;

V – da localização e das condições sanitárias dos abrigos destinados a animais;

VI – de vetores ou reservatórios animados, responsáveis pela propagação de doenças, e de outros animais daninhos e prejudiciais à saúde e ao sossego público;

VII – das condições sanitárias do terreno baldios;

VIII – das condições de higiene das instalações sanitárias destinadas ao uso público;

IX – das fontes de poluição atmosférica e acústica;

X – das fontes de produção e radiações ionizantes;

XI – dos resíduos radioativos;

XII – das condições dos cemitérios, dos necrotérios, dos velórios para uso público, bem como das medidas sanitárias referentes às inumações, exumações, trasladações e cremações;

XIII – da localização e das condições sanitárias dos estabelecimentos industriais e de trabalho em geral;

XIV – da produção e uso de fogos de estampido e produtos afins, nocivos à saúde ou prejudiciais ao sossego público;

XV – das condições sanitárias das habitações e de seus anexos, das construções em geral, das reconstruções e reformas de prédios;

XVI – dos loteamentos de imóveis em geral, nas áreas urbanas e zonas rurais;

XVII – das condições sanitárias dos hotéis, motéis, pensões e estabelecimentos afins;

XVIII – das condições sanitárias dos estabelecimentos militares, penais e afins, sob a jurisdição do Estado;

XIX – das condições sanitárias das barbearias, cabeleireiros e dos estabelecimentos afins;

XX – das condições sanitárias e do funcionamento das lavanderias para uso público;

XXI – das condições sanitárias e do funcionamento das casas de banho para uso público;

XXII – das condições sanitárias das estações ferroviárias, rodoviárias e dos aeroportos, bem como dos transportes coletivos para uso público;

XXIII – das condições sanitárias dos templos religiosos, conventos, claustros e afins;

XXIV – das condições sanitárias dos logradouros públicos, dos locais de esporte e recreação, dos acampamentos públicos, das estâncias de cura, bem como dos estabelecimentos de divertimento público em geral;

XXV – das condições de higiene da produção, manipulação, beneficiamento, acondicionamento, armazenamento, transporte, distribuição e consumo de alimentos em geral;

XXVI – da qualidade dos alimentos e das condições sanitárias dos estabelecimentos em que se produzam, preparem, manipulem, beneficiem, acondicionem, armazenem, distribuam, exponham à venda, vendam ou consumam alimentos;

XXVII – das condições de higiene e saúde das pessoas que trabalhem em estabelecimentos em que se produzam, preparem, manipulem, beneficiem, acondicionem, armazenem, distribuam, exponham à venda, vendam ou consumam alimentos;

XXVIII – da qualidade dos aditivos e das condições de higiene da produção, comércio e uso dos aditivos alimentares;

XXIX – das condições sanitárias decorrentes da produção, comércio e uso de produtos agro-pecuários cujos resíduos possam prejudicar a saúde humana;

XXX – da qualidade e do uso dos pesticidas destinados ao controle de vetores de doenças;

XXXI – das condições sanitárias e do funcionamento de estabelecimentos veterinários;

XXXII – das condições sanitárias dos estabelecimentos escolares;

XXXIII – das condições sanitárias dos estabelecimentos e da produção, do comércio e do uso de entorpecentes ou de substâncias que produzam dependência, bem como das respectivas toxicomanias;

XXXIV – das condições sanitárias dos estabelecimentos e da produção, comércio e distribuição de drogas psicotrópicas ou alucinógenas;

XXXV – das condições sanitárias dos estabelecimentos e da produção, comércio e distribuição de drogas, medicamentos, produtos dietéticos e substâncias afins;

XXXVI – das condições sanitárias dos estabelecimentos e da produção, comércio e distribuição de produtos de higiene, toucador e afins;

XXXVII – das condições sanitárias e do funcionamento de hospitais, maternidades, postos de atendimento de urgência, ambulatórios, clínicas, gabinetes dentários, oficinas de prótese, farmácias, bancos de sangue, dispensários, lactários, laboratórios de análises clínicas e anátomo-patológicas, estabelecimentos de fisioterapia e afins;

XXXVIII – do exercício das profissões médica, veterinária, farmacêutica, odontológica, de enfermagem e de outras profissões afins que digam respeito à saúde física ou mental;

B – A execução de atividades ligadas a:

I – saneamento do meio;

II – prevenção de doenças transmissíveis;

III – prevenção de doenças não transmissíveis, bem como de acidentes pessoais, que pela sua elevada incidência constituam problemas de saúde pública;

IV – produção de soros, vacinas e demais produtos biológicos e quimioterápicos destinados à profilaxia e tratamento das doenças transmissíveis, bem como contra venenos animais;

V – laboratórios de saúde pública para pesquisas e controle de drogas, medicamentos, produtos de higiene e toucador, alimentos e das condições sanitárias do solo, da água e do ar, bem como para o diagnóstico de doenças;

VI – serviços de epidemiologia e bioestatística;

VII – hospitais para isolamento de casos clínicos de doenças transmissíveis;

VIII – hospitais para isolamento de casos clínicos de doenças transmissíveis;

VIII – hospitais e sanatórios especializados para tratamento de tuberculose, hanseníase, pênfigo foliáceo, doenças mentais e outras de caráter eminentemente social;

IX – exames médicos periódicos visando ao diagnóstico e tratamento precoces, sobretudo das enfermidades crônicas ou degenerativas;

X – reabilitação como complemento da recuperação da saúde;

XI – saúde materno-infantil;

XII – educação para saúde abrangendo todos os níveis de prevenção;

XIII – saúde escolar;

XIV – assistência médico-hospitalar;

XV – pesquisas.

Art. 4º. Para atingir os objetivos consubstanciados neste Decreto-Lei, a Secretaria de Estado de Saúde poderá estabelecer ajustes sob forma de acordos, convênios e contratos com a União, Estados, Territórios, Distrito Federal, Municípios e entidades públicas ou privadas, nacionais, estrangeiras ou internacionais, visando à execução comum, ou por delegação, de determinadas atividades obedecidas as normas legais pertinentes.

Art. 5º. Para o fim deste Decreto-Lei considera-se infração a desobediência ou a inobservância ao disposto nas normas legais, regulamentares e outras que, por qualquer forma, se destinem à promoção, preservação e recuperação da saúde.

Art. 6º. Responde pela infração quem, de qualquer modo, cometer ou concorrer para sua prática ou dela se beneficiar.

Art. 7º. As infrações serão apuradas em processo administrativo e serão, a critério das autoridades sanitárias classificadas em leves, graves e gravíssimas, levando-se em conta:

I – a sua maior ou menor gravidade;

II – as suas circunstâncias atenuantes e agravantes;

III – os antecedentes do infrator com relação às disposições das leis sanitárias e demais normas complementares.

Art. 8º. As infrações de natureza sanitária serão punidas com uma ou mais das penalidades seguintes, sem prejuízo das sanções penais cabíveis:

I – advertência;

II – multa;

III – apreensão dos produtos ou sua interdição temporária para fins de análise fiscal.

(*) Inciso III com redação dada pela Lei nº 604, de 17.11.1974.

IV – inutilização dos produtos;

V – suspensão, impedimento ou interdição temporária ou definitiva;

VI – denegação, cassação ou cancelamento de registro ou licenciamento;

VII – intervenção.

Art. 9º. A pena de multa nas infrações consideradas leves, graves ou gravíssimas, a critério da autoridade sanitária, consiste no pagamento de uma soma em dinheiro, fixada sobre o valor do maior salário-mínimo vigente no Estado, na seguinte proporção:

I – as infrações leves, de um terço a três vezes;

II – as infrações graves, de quatro a seis vezes;

III – as infrações gravíssimas, de sete a dez vezes.

Art. 10. Nos casos de reincidência as multas previstas neste Decreto-lei serão aplicadas em valor correspondente ao dobro da multa anterior.

Parágrafo único. Para os efeitos deste Decreto-Lei, de seus Regulamentos e Normas Técnicas Especiais, ficará caracterizada a reincidência quando o infrator cometer nova infração do mesmo tipo, ou permanecer em infração continuada, após decisão definitiva, na esfera administrativa, do processo que lhe houver imposto a penalidade.

Art. 11. Os médicos, engenheiros, arquitetos, médicos-veterinários, farmacêuticos, dentistas, químicos, bioquímicos, inspetores de saneamento e fiscais sanitários da Secretaria da saúde, no exercício de funções fiscalizadoras, têm competência para fazer cumprir as leis e regulamentos sanitários, expedindo intimações, impondo penalidades referentes à prevenção e repreensão de tudo quanto possa comprometer a saúde pública, tendo livre ingresso em todos os lugares onde convenha exercer a ação que lhes é atribuída.

§ 1º. A competência dos inspetores de saneamento fica limitada a aplicação das penalidades enumeradas nos incisos I, II, III e IV do art. 8º.

§ 2º. Aos fiscais sanitários fica atribuída a competência para a aplicação da pena prevista no inciso I e na parte final do inciso III do art. 8º.

(*) Art. 11, *caput* e parágrafos, com redação dada pela Lei nº 604, de 17.11.1974.

Art. 12. São infrações de natureza sanitária:

I – obstar ou dificultar a ação fiscalizadora das autoridades competentes no exercício de suas funções;

Pena – advertência ou multa de um terço a três vezes o maior salário-mínimo vigente no Estado, suspensão, impedimento ou interdição temporária ou definitiva;

II – deixar de executar, dificultar ou opor-se à execução de medidas sanitárias que visem à prevenção das doenças transmissíveis e sua disseminação, à preservação e à manutenção da saúde.

Pena – advertência, multa de um terço a dez vezes o maior salário-mínimo vigente no Estado, apreensão e inutilização, suspensão, impedimento ou interdição temporária ou definitiva, cassação ou cancelamento de registro ou licenciamento, ou intervenção;

III – deixar e notificar, de acordo com as normas legais ou regulamentares vigentes, doenças do homem ou zoonose transmissível ao homem;

Pena – advertência ou multa de um terço a três vezes o maior salário-mínimo vigente no Estado;

IV – impedir ou dificultar a aplicação de medidas sanitárias relativas às doenças transmissíveis e ao sacrifício de animais domésticos considerados perigosos pelas autoridades sanitárias;

Pena – advertência ou multa de quatro a seis vezes o maior salário-mínimo vigente no Estado;

V – opor-se à exigência de provas imunológicas ou à sua execução pelas autoridades sanitárias;

Pena – advertência ou multa de um terço a três vezes o maior salário-mínimo vigente no Estado;

VI – contrariar normas legais pertinentes a:

a) construção, instalação ou funcionamento de laboratórios industriais, farmacêuticos ou quaisquer outros estabelecimentos industriais, agrícolas, comerciais, hospitalares e congêneres, que interessem à medicina e à saúde pública;

b) controle da poluição do ar, do solo e das radiações;

Pena – multa de quatro a seis vezes o maior salário-mínimo vigente no Estado, e interdição temporária ou definitiva do estabelecimento ou intervenção, conforme o caso;

VII – inobservar as exigências de normas legais pertinentes a construções, reconstruções, reformas, loteamentos, abastecimento domiciliário de água, esgoto domiciliar, habitações em geral, coletivas ou isoladas, hortas, jardins e terrenos baldios, escolas, locais de divertimentos coletivos e de reuniões, necrotérios, velórios e cemitérios, estábulos e cocheiras, saneamento urbano e rural em todas as suas formas, controle dos ruídos e seus incômodos, bem como tudo que contrarie a legislação referente a imóveis em geral e sua utilização;

Pena – advertência ou multa de um terço a três vezes o maior salário-mínimo vigente no Estado ou interdição parcial ou total, temporária ou definitiva, do estabelecimento ou atividade;

VIII – o não cumprimento de medidas, formalidades e outras exigências sanitárias pelas empresas de transportes, seus agentes e consignatários, comandantes ou responsáveis diretos por embarcações, aeronaves e veículos terrestres;

Pena – multa de quatro a dez vezes o maior salário-mínimo vigente no Estado, interdição temporária, impedimento temporário ou definitivo;

IX – exercer, sem habilitação ou autorização legal, ainda que a título gratuito, as profissões de enfermagem, e funções auxiliares de nutricionista, obstetriz, protético, técnico em radiologia médica e auxiliar de radiologia médica, técnico de laboratório, laboratorista e auxiliar de laboratório, massagista, ótico prático e ótico em lentes de contato, pedicuro e outras profissões congêneres, que sejam criadas pelo poder público e sujeitas a controle e fiscalização das autoridades sanitárias;

Pena – multa de quatro a seis vezes o maior salário-mínimo vigente no Estado, ou suspensão temporária ou definitiva do exercício profissional;

X – exercer, sem habilitação ou autorização legal, ainda que a título gratuito, as profissões não enumeradas no inciso anterior, mas que sejam regulamentadas pelo poder público e sujeitas a controle e fiscalização das autoridades sanitárias;

Pena – a estabelecidas nas leis federais que regulamentam o exercício das respectivas profissões;

XI – cometer no exercício das profissões referidas no inciso IX, ação ou omissão em que haja propósito deliberado de iludir ou prejudicar, bem como, erro cujo efeito não possa ser tolerado pelas circunstâncias que envolverem o fato;

Pena – multa de quatro a seis vezes o maior salário-mínimo vigente no Estado, ou suspensão temporária ou definitiva do exercício profissional;

XII – aviar receita ou vender medicamentos em desacordo com prescrições médicas;

Pena – multa de quatro a seis vezes o maior salário-mínimo vigente no Estado, com ou sem interdição temporária ou definitiva do estabelecimento ou do cancelamento de licença, conforme o caso;

XIII – extrair, produzir, fabricar, transformar, preparar, manipular, purificar, fracionar, embalar ou reembalar, importar, exportar, armazenar, expedir, comprar, vender, trocar ou ceder alimentos e produtos alimentícios, produtos farmacêuticos, dietéticos, de higiene e toucador, saneantes e quaisquer outros produtos que interessem à medicina e à saúde pública, em descordo com as normas legais vigentes;

Pena – multa de quatro a seis vezes o maior salário-mínimo vigente no Estado, apreensão e inutilização dos alimentos e produtos, suspensão e interdição temporária ou definitiva, cancelamento do registro, licenciamento, autorização, ou intervenção, conforme o caso;

XIV – fraudar, falsificar e adulterar produtos farmacêuticos, dietéticos, alimentícios e suas matérias-primas, produtos de higiene e toucador, saneantes e quaisquer outros produtos que interessem à saúde pública;

Pena – multa de quatro a seis vezes o maior salário-mínimo vigente no Estado, apreensão e inutilização do produto, interdição temporária ou definitiva, cancelamento do registro ou licenciamento do produto ou estabelecimento;

XV – expor ao consumo produtos farmacêuticos, dietéticos, alimentícios e suas matérias-primas, produtos de higiene e toucador, saneantes e quaisquer outros produtos que interessem à saúde pública, que tenham sido fraudados, falsificados ou adulterados;

Pena – multa de quatro a seis vezes o maior salário-mínimo vigente no Estado, apreensão, inutilização do produto, interdição temporária ou definitiva, cancelamento do registro ou licenciamento do produtoou do estabelecimento;

XVI – expor ao consumo alimento que:

a) contiver germes patogênicos ou substâncias prejudicais à saúde;

b) estiver deteriorado ou alterado;

c) contiver aditivo proibido ou perigoso;

Pena – multa de quatro a seis vezes o maior salário-mínimo vigente no Estado, apreensão e inutilização do alimento, interdição temporária ou definitiva, cancelamento do registro ou licenciamento do produto ou do estabelecimento;

XVII – atribuir a produto alimentício ou medicamento, através de qualquer forma de divulgação, qualidade medicamentosa, terapêutica ou nutriente superior à que realmente possuir, assim como divulgar informação que possa induzir o consumidor a erro, quer quanto à qualidade, natureza, espécie, origem, quantidade e identidade dos produtos;

Pena – multa de quatro a seis vezes o maior salário-mínimo vigente no Estado, advertência, interdição temporária ou definitiva, cancelamento do registro do produto ou do estabelecimento;

XVIII – expor à venda em estabelecimentos de gêneros alimentícios tubérculos, bulbos, rizomas, sementes e grãos em estado de germinação;

Pena – apreensão e destinação agrícola conveniente, desde que se prestem ao plantio;

XIX – entregar ao consumo, desviar, alterar ou substituir, total ou parcialmente, alimento interditado;

Pena – quatro a seis vezes o maior salário-mínimo vigente no Estado, interdição temporária ou definitiva do estabelecimento;

Art. 13. Para os efeitos deste Decreto-Lei, de seus Regulamentos e Normas Técnicas Especiais considera-se:

I – fraude – a fabricação, beneficiamento, manipulação ou acondicionamento dos produtos mencionados no inciso XIV, do artigo anterior, cuja rotulagem contenha indicações ou declarações que induzam a erro quanto à sua natureza, espécie, origem, quantidade, identidade e finalidade;

II – produto fraudado – aquele que, afetado na sua procedência, natureza, espécie, origem, quantidade, identidade e finalidade é dado ao consumo como genuíno;

III – falsificação – a fabricação, manipulação, beneficiamento ou acondicionamento dos produtos mencionados no inciso XIV, do artigo anterior, fora dos padrões ou paradigmas constantes dos seus registros, visando à imitação da coisa genuína:

IV – produto falsificado:

a) o que tenha sido desnaturado ou diminuído das qualidades essenciais dos seus componentes, de forma a lhes dar aparência de qualidade que não possuem, ocultando-lhes a inferioridade;

b) o que tenha sofrido substituição, embora parcial, de elemento de sua composição normal por outro que tenha o mesmo aspecto, mas que não possua os elementos constitutivos do primeiro;

V – adulteração – a adição, subtração ou omissão, a qualquer tempo, de matérias-primas ou ingredientes, que venham a modificar a natureza, a pureza, a composição, as propriedades ou características essenciais dos produtos constantes em seu registro;

VI – produto adulterado – o que foi intencional ou culposamente poluído, privado parcial ou totalmente de elementos úteis ou princípios alimentícios ou medicamentosos característicos;

VII – alimento deteriorado ou alterado, o que haja sofrido avaria ou prejuízo em sua pureza, composição ou caracteres organoléticos, por ação da temperatura, de microorganismos, de parasitos, de sujidades, de prolongado armazenamento, de deficiente conservação, de mau acondicionamento, de detritos de fabricação ou em consequências de outros agentes.

Art. 14. Verificada, em processo administrativo, a existência de fraude, falsificação ou adulteração dos produtos mencionados no inciso XIV do art. 12, deverá a autoridade sanitária competente ao proferir a sua decisão, determinar a sua inutilização.

Parágrafo único. A inutilização dos produtos referidos no artigo, somente deverá ser feita após o decurso de 20 (vinte) dias, contados da data de publicação da decisão condenatória irrecorrível, lavrado o competente termo de inutilização que deverá ser assinado pela autoridade sanitária e pelo infrator ou seu substituto ou representante legal, devendo na recusa destes ser o termo assinado por duas testemunhas.

Art. 15. Não será considerado infrator o vendedor de produtos nas condições dos incisos XV e XVI do art. 12, desde que prove ignorar a qualidade ou estado da mercadoria.

Art. 16. Quando se tratar de alimento, a inutilização prevista no art. 14 não será efetuada desde que a análise do laboratório oficial revele não estar impróprio para o consumo imediato.

Parágrafo único. O alimento nas condições deste artigo poderá, após sua interdição, ser distribuído a instituições públicas ou privadas, desde que beneficentes, de caridades ou filantrópicas.

Art. 17. Não são consideradas fraude, falsificação ou adulteração as alterações havidas nos produtos mencionados no inciso XIV do art. 12, em razão de causas, circunstâncias ou eventos naturais ou imprevisíveis que vierem a determinar avaria ou deterioração.

§ 1º. Verificada a alteração nos casos previstos neste artigo será notificado o fabricante, manipulador, beneficiador ou acondicionador responsável, para que no prazo de 15 (quinze) dias, contados da data do recebimento da notificação providencie o recolhimento dos produtos alterados.

§ 2º. O não atendimento à notificação mencionada no parágrafo anterior sujeitará o notificado às penalidades previstas no presente Decreto-Lei.

Art. 18. A interdição de alimentos para análise fiscal será procedida de conformidade com o disposto nos arts. 33 a 38 do Decreto-Lei Federal nº 986, de 21 de outubro de 1969.

Art. 19. Quando aplicada a pena de multa o infrator será notificado para recolhê-la no prazo de 10 (dez) dias à Fazenda Estadual.

Art. 20. Das decisões das autoridades sanitárias caberá recurso àquelas que lhe sejam imediatamente superiores exceto quanto à hipótese prevista no parágrafo único do art. 14.

§ 1º. O recurso será interposto dentro do prazo de 20 (vinte) dias, contados da data de publicação da decisão da imprensa oficial ou do conhecimento da parte ou de seu procurador à vista do processo, ou da notificação por escrito sob registro postal.

§ 2º. Os recursos, devidamente fundamentados, serão decididos depois de ouvida a autoridade recorrida, a qual poderá reconsiderar a decisão anterior.

Art. 21. As infrações às disposições legais, regulamentares e outras, de ordem sanitária, regidas pelo presente Decreto-Lei prescrevem em 5 (cinco) anos.

§ 1º. A prescrição interrompe-se pela notificação ou outro ato da autoridade competente visando à sua apuração e consequente imposição de pena.

§ 2º. Não corre o prazo prescricional enquanto houver processo administrativo pendente da decisão.

Art. 22. O Poder Executivo expedirá os Regulamentos necessários à execução deste Decreto-Lei.

Art. 23. A Secretaria de Estado da Saúde elaborará Normas Técnicas Especiais que, depois de ouvido o Conselho Estadual de Saúde, serão baixadas por decreto do Poder Executivo, para o fim e complementar os Regulamentos previstos no artigo anterior.

Parágrafo único. Durante o primeiro ano de vigência do presente Decreto-Lei, as Normas Técnicas Especiais serão baixadas independentemente de audiência do Conselho Estadual de Saúde.

Art. 24. Ficam expressamente revogados: Lei nº 2.121, de 20 de dezembro de 1925; Lei nº 2.580, de 14 de janeiro de 1936; Lei nº 2.812, de 28 de dezembro de 1936; Lei nº 849, de 16 de novembro de 1950; Lei nº 813, de 28 de outubro de 1950; Lei nº 1.561-A, de 29 de dezembro de 1951; Lei nº 2.858, de 10 de dezembro de 1954; Lei nº 3.798, de 5 de fevereiro de 1957; Lei nº 4.328, de 30 de outubro de 1957; Lei nº 7.708, de 14 de janeiro de 1963; Lei nº 8.306, de 10 de setembro de 1964; Lei nº 10.067, de 9 de abril de 1968; Lei nº 1.982, de 19 de dezembro de 1952; Decreto-Lei nº 11.880, de 18 de março de 1941; Decreto-Lei nº 12.217, de 7 de outubro de 1941; Decreto-Lei nº 14.407, de 27 de dezembro de 1944; Decreto-Lei nº 15.373, de 26 de dezembro de 1943; Decreto-Lei nº 15.579, de 25 de janeiro de 1946; Decreto Lei nº 15.642, de 9 de fevereiro de 1946; Decreto nº 2.918, de 9 de abril de 1918; Decreto nº 3.876, de 11 de junho de 1925; Decreto nº 6.300, de 10 de fevereiro de 1934; Decreto nº 6.946, de 5 de fevereiro de 1935; Decreto nº 4.809, de 31 de dezembro de 1930; Decreto nº 4.891, de 13 de fevereiro de 1931; Decreto nº 4.967, de 13 de abril de 1931; Decreto nº 5.001, de 28 de abril de 1931; Decreto nº 5.188, de 2 de setembro de 1931; Decreto nº 5.493, de 29 de abril de 1932; Decreto nº 10.094, de 4 de abril de 1939; Decreto nº 10.139, de 18 de abril de 1939; Decreto nº 10.395, de 26 de julho de 1939; Decreto nº 10.764, de 6 de dezembro de 1939, bem como todos os demais preceitos legais, gerais ou especiais, que, direta ou indiretamente, no campo das atribuições da Secretaria de Estado da Saúde, disponham sobre matéria sanitária e, de modo particular, sobre a promoção, preservação e recuperação da saúde.

Art. 25. Este Decreto-Lei entrará em vigor 120 (cento e vinte) dias contados da data de sua publicação.

Palácio dos Bandeirantes, 30 de março de 1970.

Roberto Costa de Abreu Sodré

DOE de 31.3.1970

LEI Nº 997, DE 31 DE MAIO DE 1976

(*) Vide Decreto nº 8.468, de 8.9.1976 – Aprova o Regulamento da Lei nº 997, de 31 de maio de 1976, que dispõe sobre a prevenção e o controle da poluição do meio ambiente.

Dispõe sobre o controle da poluição do meio ambiente.

O Governador do Estado de São Paulo:

Faço saber que, nos termos dos §§ 1º e 3º do art. 24 da Constituição do Estado (Emenda nº 2), promulgo a seguinte lei:

Art. 1º. Fica instituído o sistema de prevenção e controle da poluição do meio ambiente, na forma prevista nesta lei.

Art. 2º. Considera-se poluição do meio ambiente a presença, o lançamento ou a liberação, nas águas, no ar ou no solo, de toda e qualquer forma de matéria ou energia, com intensidade, em quantidade, de concentração ou com características em desacordo com as que forem estabelecidas em decorrência desta lei, ou que tornem ou possam tornar as águas, o ar ou no solo:

I – impróprios, nocivos ou ofensivos à saúde;

II – inconvenientes ao bem-estar público;

III – danosos aos materiais, à fauna e à flora;

IV – prejudiciais à segurança, ao uso e gozo da propriedade e às atividades normais da comunidade.

Art. 3º. Fica proibido o lançamento ou liberação de poluentes nas águas, no ar ou no solo.

Parágrafo único. Considera-se poluente toda e qualquer forma de matéria ou energia que, direta ou indiretamente, causa poluição do meio ambiente de que trata o artigo anterior.

Art. 4º. A atividade fiscalizadora e repressiva, de que trata esta lei, será exercida, no que diz respeito a despejos, pelo órgão estadual de controle da poluição do meio ambiente, em todo e qualquer corpo ou curso de água situado nos limites do território do Estado, ainda que, não pertencendo ao seu domínio, não estejam sob sua jurisdição.

Parágrafo único. Para cumprimento do disposto neste artigo, o órgão estadual representará ao federal competente, sempre que a poluição tiver origem fora do território do Estado, ocasionando consequências que se façam sentir dentro de seus limites.

Art. 5º. A instalação, a construção ou a ampliação, bem como a operação ou o o funcionamento das fontes de poluição que forem enumeradas no Regulamento desta lei, ficam sujeitos à prévia autorização do órgão estadual de controle da poluição do meio ambiente, mediante expedição, quando for o caso, de Licença Ambiental Prévia (LAP), de Licença Ambiental de Instalação (LAI) e/ou de Licença Ambientalde Operação (LAO).

§1º. Para fins do disposto neste artigo, considera-se "fonte de poluição" qualquer atividade, sistema, processo, operação, maquinaria, equipamento ou dispositivo, móvel ou não, previsto no regulamento desta lei, que cause ou possa causar poluição ambiental através da emissão de poluentes.

§ 2º. A licença Ambiental Prévia – LAP, será expedida na parte preliminar do planejamento de uma "fonte de poluição", conterá os requisitos básicos a serem atendidos nas fases de localização, instalação e operação e será outorgada por prazo determinado.

§ 3º. A licença Ambiental de Instalação – LAI, autorizará o início da implantação, de acordo, com as especificações constantes do projeto aprovado e será outorgada por prazo determinado.

§ 4º. A Licença Ambiental de Operação – LAO autorizará o início da atividade licenciada e, quando couber, o funcionamento dos equipamentos de controle ambiental exigidos, de acordo com o previsto nas licenças ambientais prévia e de instalação e será outorgada por prazo determinado, sem prejuízo da eventual declaração de desconformidade do empreendimento ou atividade do ponto de vista ambiental, ocorrida posteriormente, ensejando a adoção, pelo empreendedor, de medidas corretivas a serem implantadas de acordo com programas fixados pela autoridade competente.

§ 5º. Na hipótese de declaração de desconformidade, o descumprimento, pelo empreendedor, dos programas previstos no parágrafo anterior, nos prazos neles estabelecidos pela autoridade, implicará na pena de suspensão das atividades enquanto não adotar as medidas corretivas.

§ 6º. A Administração Pública estabelecerá o prazo de validade das licenças ambientais, em cada caso concreto, considerando as características, a natureza, a complexidade e o potencial poluidor do empreendimento ou atividade.

§ 7º. Os empreendimentos que, na data de vigência desta lei, já tiveram obtido a licença ambiental ficarão obrigados à sua renovação quinquenal, tendo como data de início de contagem do prazo a da última licença expedida pelo órgão ambiental estadual.

(*) Art. 5º com redação dada pela Lei nº 9.477, de 30.12.1996.

Art. 6º. Os órgãos da Administração direta ou indireta, do Estado e dos Municípios, deverão exigir apresentação das licenças de que trata o artigo anterior, antes de aprovarem projetos de ampliação, instalação ou construção das fontes de poluição que forem enumeradas no regulamento desta lei, ou de autorizarem a operação ou o funcionamento dessas fontes, sob pena de nulidade de seus atos.

Art. 7º. As infrações às disposições desta lei, de seu regulamento, bem como das normas, padrões e exigências técnicas dela decorrentes serão, a critério da autoridade competente, classificadas em leves, graves e gravíssimas, levando-se em conta:

I – a intensidade do dano, efetivo ou potencial;

II – as circunstâncias atenuantes ou agravantes; e

III – os antecedentes do infrator.

Parágrafo único. Responderá pela infração quem por qualquer modo a cometer, concorrer para a sua prática ou dela se beneficiar.

(*) Art. 7º com redação dada pela Lei nº 8.943, de 29.9.1994.

Art. 8º. As infrações de que trata o artigo anterior serão punidas com as seguintes penalidades:

I – advertência;

II – multa de 10 a 10.000 vezes o valor da Unidade Fiscal do Estado de São Paulo – Ufesp;

III – interdição temporária ou definitiva;

IV – embargo;

V – demolição;

VI – suspensão de financiamentos e benefícios fiscais; e

VII – apreensão ou recolhimento, temporário ou definitivo.

§ 1º. A penalidade de multa será imposta observados os seguintes limites:

1 – de 10 a 1.000 vezes o valor da Ufesp, nas infrações leves;

2 – de 1.001 a 5.000 vezes o mesmo valor, nas infrações graves; e

3 – de 5.001 a 10.000 vezes o mesmo valor, nas infrações gravíssimas.

§ 2º. A multa será recolhida com base no valor da Ufesp do dia de seu efetivo pagamento.

§ 3º. Ocorrendo a extinção da Ufesp adotar-se-á, para efeitos desta lei, o mesmo índice que a substituir.

§ 4º. Nos casos de reincidência, caracterizada pelo cometimento de nova infração de mesma natureza e gravidade, a multa corresponderá ao dobro da anteriormente imposta.

§ 5º. Nos casos de infração continuada, a critério da autoridade competente, poderá ser imposta multa diária de 1 a 1.000 vezes o valor da Ufesp.

§ 6º. A penalidade de interdição, definitiva ou temporária, será imposta nos casos de perigo à saúde pública, podendo também ser aplicadas, a critério da autoridade competente, nos casos de infração continuada ou a partir da terceira reincidência.

§ 7º. As penalidades de embargo e de demolição poderão ser impostas na hipótese de obras ou construções feitas sem licença ou com ela desconformes.

§ 8º. A penalidade de recolhimento, temporário ou definitivo, será aplicada nos casos de perigo à saúde pública ou, a critério da autoridade competente, nos de infração continuada, ou a partir da terceira reincidência.

§ 9º. A penalidade de suspensão de financiamento e benefícios fiscais será imposta nos casos e condições definidos em regulamento.

§ 10. As penalidades estabelecidas nos incisos III, IV, V, VI e VII deste artigo poderão ser impostas cumulativamente com as previstas nos seus incisos I e II.

§ 11. Não será renovada a licença de trânsito de veículos em débitos de multas impostas por infração desta lei, de seu regulamento e das demais normas dela decorrentes.

(*) Art. 8º com redação dada pela Lei nº 8.943, de 29.9.1994.

Art. 9º. As multas poderão ter sua exigibilidade suspensa quando o infrator, nos termos e condições aceitas e aprovadas pela autoridade competente, se obrigar à adoção de medidas específicas para fazer cessar e corrigir a degradação ambiental.

§ 1º. Cumpridas todas as obrigações assumidas pelo infrator, a multa poderá ter redução de até 90% (noventa por cento) de seu valor.

§ 2º. O infrator não poderá beneficiar-se da redução da multa prevista neste artigo se deixar de cumprir, parcial ou totalmente, qualquer das medidas especificadas, nos prazos estabelecidos.

(*) Art. 9º com redação dada pela Lei nº 8.943, de 29.9.1994.

Art. 10. Da aplicação das penalidades previstas nesta lei caberá recurso à autoridade imediatamente superior, no prazo de 20 (vinte) dias contados da data do auto de infração, ouvida a autoridade recorrida, que poderá reconsiderar sua decisão.

Parágrafo único. No caso de imposição de multa, o recurso somente será processado se garantida a instância, mediante prévio recolhimento, no órgão arrecadador competente, do valor da multa aplicada.

Art. 11. O produto da arrecadação das multas decorrentes das infrações previstas nesta lei constituirá receita do Departamento de Águas e Energia Elétrica.

Art. 12. (Revogado).

(*) Art. 12 revogado pela Lei nº 8.943, de 29.9.1994.

Art. 13. Fica o Poder Executivo autorizado a determinar medidas de emergência a fim de evitar episódios críticos de poluição ambiental ou impedir sua continuidade, em casos de grave e iminente risco para vidas humanas ou recursos econômicos.

Parágrafo único. Para a execução das medidas de emergência de que trata este artigo, poderão, durante o período crítico, ser reduzidas ou impedidas quaisquer atividades em áreas atingidas pela ocorrência.

Art. 14. Para garantir a execução do Sistema de Prevenção e Controle da Poluição do Meio Ambiente previsto nesta lei, em seu regulamento e nas normas dela decorrentes, ficam assegurados aos agentes credenciados do órgão competente a entrada, a qualquer dia ou hora, e a permanência, pelo tempo que se tornar necessário, em estabelecimentos públicos ou privados.

Parágrafo único. Para os fins do disposto neste artigo, o órgão ambiental competente poderá aindaexigir que os responsáveis pelas atividades efetiva ou potencialmente poluidoras:

I – apresentem, quando solicitado, o plano completo de desenvolvimento de suas atividades ou de seu processamento industrial, bem como dos sistemas de tratamento existentes, do lançamento de resíduos em qualquer estado de matéria ou, ainda, de emissão de ruídos, vibrações. radiações ou outras formas de energia ou substâncias odoríferas;

II – apresentem plano de automonitoramento de suas fontes cabendo àquele órgão aprovar a frequência de realização de amostragens, os parâmetros a serem monitorados e a frequência na entrega dos relatórios;

III – instalem e operem equipamentos automáticos de medição, para monitoramento das quantidades e qualidades dos poluentes emitidos;

IV – comprovem a quantidade e qualidade dos poluentes emitidos, através de realização de amostragem e análise, utilizando-se de métodos aprovados pelo referido órgão.

(*) Parágrafo único acrescido pela Lei nº 9.477, de 30.12.1996.

Art. 15. Constituirão, também, objeto do regulamento desta lei:

I – a indicação de órgão da Administração, direta ou indireta, competente para a aplicação desta lei, e a fixação de suas atribuições;

II – a determinação de normas de utilização e preservação das águas, do ar e do solo, bem como ambiente ecológico em geral;

III – a enumeração das fontes de poluição referidas nos arts. 4º e 5º e na Disposição Transitória desta lei e o preço a ser cobrado pelo órgão competente, pela expedição das licenças e do certificado neles previstos;

IV – O procedimento administrativo a ser adotado na aplicação das penalidades previstas nesta lei;

V – os "Padrões de Qualidade do Meio Ambiente", como tais entendidas a intensidade, a concentração, a quantidade e as características de toda e qualquer forma de matéria ou energia, cuja presença, nas águas, no ar ou no solo, possa ser considerada normal;

VI – os «Padrões de Emissão», como tais entendidas a intensidade, a concentração e as quantidades máximas de toda e qualquer forma de matéria ou energia, cujo lançamento, ou liberação, nas águas, no ar ou no solo, seja permitido;

VII – os «Padrões de Condicionamento e Projeto», como tais entendidas as características e as condições de lançamento, ou liberação, de toda e qualquer matéria ou energia, nas águas, no ar ou no solo, bem como as características e condições de localização de utilização das fontes de poluição.

Art. 16. Somente poderão ser concedidos financiamentos, com recursos oriundos do Tesouro do Estado, sob forma de fundos especiais ou de capital, ou de qualquer outra, com taxas e condições favorecidas pelas instituições financeiras sob controle acionário do Governo do Estado, as empresas que apresentarem o certificado a que se refere esta lei, emitido pelos órgãos estaduais de controle da poluição.

Art. 17. (Vetado).

DISPOSIÇÃO TRANSITÓRIA

Artigo Único. As fontes de poluição que forem enumeradas em regulamento, existentes à data da vigência desta lei, ficam obrigadas a registrar-se no órgão estadual de controle da poluição do meio ambiente e a obter licença de funcionamento no prazo que lhes for fixado.

Palácio dos Bandeirantes, 31 de maio de 1976.

Paulo Egydio Martins

DOE de 1º.6.1976 – Retificação DOE de 3.6.1976

LEI Nº 6.134, DE 2 DE JUNHO DE 1988

Dispõe sobre a preservação dos depósitos naturais de águas subterrâneas do Estado de São Paulo e dá outras providências.

O Governador do Estado de São Paulo,

Faço saber que a Assembleia Legislativa decreta e eu promulgo a seguinte Lei:

Art. 1º. Sem prejuízo do disposto na legislação específica vigente, a preservação dos depósitos naturais de águas subterrâneas do Estado de São Paulo reger-se-á pelas disposições desta Lei e regulamentos dela decorrentes.

Parágrafo único. Para os efeitos desta Lei são consideradas subterrâneas as águas que ocorram natural ou artificialmente no subsolo, de forma suscetível de extração e utilização pelo homem.

Art. 2º. Nos regulamentos e normas decorrentes desta Lei serão sempre levados em conta a interconexão entre as águas subterrâneas e superficiais e as interações observadas no ciclo hidrológico.

Art. 3º. Vetado.

Art. 4º. As águas subterrâneas deverão ter programa permanente de preservação e conservação, visando ao seu melhor aproveitamento.

§ 1º. A preservação e conservação dessas águas implicam em uso racional, aplicação de medidas contra a sua poluição e manutenção do seu equilíbrio físico, químico e biológico em relação aos demais recursos naturais.

§ 2º. Os órgãos estaduais competentes manterão serviços indispensáveis à avaliação dos recursos hídricos do subsolo, fiscalizarão sua exploração e adotarão medidas contra a contaminação dos aquíferos e deterioração das águas subterrâneas.

§ 3º. Para os efeitos desta Lei, considera-se poluição qualquer alteração das propriedades físicas, químicas e biológicas das águas subterrâneas, que possa ocasionar prejuízo à saúde, à segurança e ao bem-estar das populações, comprometer o seu uso para fins agropecuários, industriais, comerciais e recreativos e causar danos à fauna e flora naturais.

Art. 5º. Os resíduos líquidos, sólidos ou gasosos, provenientes de atividades agropecuárias, industriais, comerciais ou de qualquer outra natureza, só poderão ser conduzidos ou lançados de forma a não poluírem as águas subterrâneas.

Parágrafo único. A descarga de poluente, tais como águas ou refugos industriais, que possam degradar a qualidade de água subterrânea, e o descumprimento das demais determinações desta Lei e regulamentos decorrentes sujeitarão o infrator às penalidades previstas na legislação ambiental, sem prejuízo das sanções penais cabíveis.

Art. 6º. A implantação de distritos industriais e de grandes projetos de irrigação, colonização e outros, que dependam da utilização de águas subterrâneas, deverá ser precedida de estudos hidrogeológicos para a avaliação das reservas e do potencial dos recursos hídricos e para o correto dimensionamento do abastecimento, sujeitos à aprovação pelos órgãos competentes, na forma a ser estabelecida em regulamento.

Parágrafo único. As disposições do art. 5º e seu parágrafo único deverão ser atendidas pelos estudos citados no *caput* deste artigo.

Art. 7º. Se no interesse da preservação, conservação e manutenção do equilíbrio natural das águas subterrâneas, dos serviços públicos de abastecimento de água, ou por motivos geotécnicos ou ecológicos, se fizer necessário restringir a captação e o uso dessas águas, os órgãos de controle ambiental e de recursos hídricos poderão delimitar áreas destinadas ao seu controle.

Art. 8º. Os poços jorrantes deverão ser dotados de dispositivos adequados para evitar desperdícios, ficando passíveis de sanção os seus responsáveis que não tomarem providências nesse sentido.

Parágrafo único. Os poços abandonados e as perfurações realizadas para outros fins, que não a extração de água, deverão ser adequadamente tamponados, de forma a evitar acidentes, contaminação ou poluição dos aquíferos.

Art. 9º. Sempre que necessário o Poder Público instituirá áreas de proteção aos locais de extração de águas subterrâneas, a fim de possibilitar a preservação e conservação dos recursos hídricos subterrâneos.

Art. 10. Os órgãos estaduais de controle ambiental e de recursos hídricos fiscalizarão o uso das águas subterrâneas, para o fim de protegê-las contra a poluição e evitar efeitos indesejáveis nas águas superficiais.

§ 1º. O regulamento desta Lei instituirá um cadastro estadual de poços tubulares profundos e de captação de águas subterrâneas.

§ 2º. Todo aquele que perfurar poço profundo, no território do Estado, deverá cadastrá-lo na forma prevista em regulamento, apresentar as informações técnicas necessárias e permitir o acesso da fiscalização ao local dos poços.

§ 3º. As atuais captações de água subterrânea deverão ser cadastradas em até 180 (cento e oitenta) dias da regulamentação desta Lei e as novas captações em até 30 (trinta) dias após a conclusão das respectivas obras.

Art. 11. Esta Lei será regulamentada pelo Poder Executivo no prazo de 90 (noventa) dias, a partir da data da publicação desta Lei.

Art. 12. Esta Lei entrará em vigor na data de sua publicação.

Palácio dos Bandeirantes, 2 de junho de 1988.

Orestes Quércia

DOE de 3.6.1988

LEI Nº 10.507, DE 1º DE MARÇO DE 2000

Estabelece normas para a elaboração, sob a forma artesanal, de produtos comestíveis de origem animal e sua comercialização no Estado de São Paulo, e dá providências correlatas.

O Governador do Estado de São Paulo,

Faço saber que a Assembleia Legislativa decreta e eu promulgo a seguinte Lei:

Art. 1º. A elaboração de produtos comestíveis de origem animal, sob forma artesanal, bem como a sua comercialização, no Estado de São Paulo sujeitar-se-ão às normas estabelecidas nesta Lei.

Art. 2º. A elaboração de produtos comestíveis de origem animal, sob a forma artesanal, será permitida exclusivamente aos produtores rurais que utilizarem matéria-prima de produção própria.

Parágrafo único. Admitir-se-á, na elaboração dos produtos, a utilização de matéria-prima adquirida de terceiros até o limite de 50% (cinquenta por cento) da quantidade de matéria-prima de produção própria, desde que tenha comprovação de inspeção higiênico-sanitária por órgão oficial.

Art. 3º. São considerados passíveis de elaboração sob a forma artesanal, nos termos desta Lei:

I – carnes;

II – leite;

III – ovos;

IV – produtos apícolas;

V – peixes, crustáceos e moluscos;

VI – outros produtos comestíveis de origem animal.

Art. 4º. Entende-se por forma artesanal o processo utilizado na elaboração, em pequena escala, de produtos comestíveis de origem animal com características tradicionais ou regionais próprias.

§ 1º. É considerada pequena escala a produção artesanal que se enquadrar dentro dos seguintes limites, por produtor:

1. até 130 (cento e trinta) quilogramas diários de carnes, provenientes de pequenos, médios e grandes animais, como matéria-prima para produtos cárneos;

2. até 300 (trezentos) litros de leite diários, como matéria-prima para produtos lácteos;

3. até 100 (cem) quilogramas diários de peixes, moluscos e crustáceos, como matéria-prima para produtos oriundos do pescado;

4. até 150 (cento e cinquenta) dúzias diárias de ovos, como matéria-prima para produtos oriundos de ovos;

5. até 3.000 (três mil) quilogramas por ano para mel e produtos da colmeia.

§ 2º. Os animais destinados à elaboração de produtos cárneos deverão ser abatidos em estabelecimento sob inspeção higiênico-sanitária oficial.

§ 3º. O leite deverá ser pasteurizado sempre que normas higiênico-sanitárias e tecnológicas o exigirem.

§ 4º. Os produtos de que trata este artigo poderão ser comercializados em todo o Estado de São Paulo, cumpridos os requisitos desta Lei.

§ 5º. Os produtos de que trata este artigo deverão ser elaborados em estabelecimentos apropriados para este fim, ficando vedado o processamento em locais destinados à residência ou a outras atividades que prejudiquem o processamento de produtos comestíveis.

Art. 5º. Compete à Coordenadoria de Defesa Agropecuária da Secretaria de Agricultura e Abastecimento, a fiscalização higiênico-sanitária e tecnológica dos produtos artesanais comestíveis de que trata esta Lei.

Art. 6º. A responsabilidade técnica de médicos veterinários rege-se pela Lei Federal nº 5.517, de 23 de outubro de 1968.

Art. 7º. Compete à Secretaria de Agricultura e Abastecimento a prestação de orientação técnica e a execução de atividades de treinamento.

Art. 8º. O Estado de São Paulo, através da Secretaria de Agricultura e Abastecimento, poderá celebrar convênios com os Municípios que disponham de estrutura técnica e laboratorial, bem como com outras pessoas jurídicas de direito público capacitadas, delegando-lhes a fiscalização prevista nesta Lei, visando garantir os aspectos higiênico-sanitários, tecnológicos e o controle de qualidade dos produtos.

Parágrafo único. O acompanhamento e a fiscalização das atividades dos convênios previstos no *caput*, compete à Coordenadoria de Defesa Agropecuária da Secretaria de Agricultura e Abastecimento.

Art. 9º. O produtor rural processador artesanal de produtos de origem animal deverá registrar-se junto ao Centro de Inspeção de Produtos de Origem Animal, do Grupo de Defesa Sanitária Animal, da Coordenadoria de Defesa Agropecuária, da Secretaria de Agricultura e Abastecimento.

§ 1º. Para os fins deste artigo, o produtor deverá apresentar:

1. requerimento dirigido ao Centro de Inspeção de Produtos de Origem Animal;

2. prova da condição de produtor rural;

3. atestados ou exames, a critério do Centro de Inspeção de Produtos de Origem Animal.

§ 2º. O registro previsto no item 1, do § 1º deste artigo terá validade de 1 (um) ano, devendo a solicitação de renovação ser efetuada até 30 (trinta) das antes do seu vencimento.

Art. 10. O produtor artesanal de que trata esta Lei deverá apresentar relatório mensal com os dados de produção, em conformidade com as normas preconizadas pelo Centro de Inspeção de Produtos de Origem Animal, bem como manter livro para registro das informações, recomendações e visitas da fiscalização, efetuadas para controle higiênico-sanitário e tecnológico da produção.

Parágrafo único. O Centro de Inspeção de Produtos de Origem Animal estabelecerá em regulamento, sem ônus para o produtor, as análises de rotina necessárias para cada produto processado.

Art. 11. Cada produto artesanal deverá ter registro de sua composição e método de processamento junto ao Centro de Inspeção de Produtos de Origem Animal, observadas as normas técnicas estabelecidas pela Secretaria de Agricultura e Abastecimento.

Art. 12. As instalações do estabelecimento processador artesanal de alimentos de origem animal observarão preceitos simplificados, no tocante à construção e aos equipamentos, estabelecidos em normas técnicas da Secretaria de Agricultura e Abastecimento.

Art. 13. O produtor artesanal está obrigado a efetuar o controle sanitário dos rebanhos que gerem a matéria-prima para a sua produção, observando a orientação dos órgãos de defesa sanitária animal do Estado de São Paulo.

Art. 14. O transporte e a armazenagem dos produtos artesanais deverão obedecer as condições estabelecidas em normas técnicas da Secretaria de Agricultura e Abastecimento.

Art. 15. As embalagens e os rótulos dos produtos artesanais deverão conter:

I – todas as informações preconizadas pelo Código de Defesa do Consumidor;

II – a indicação de que é produto artesanal;

III – o seu número de registro no Centro de Inspeção de Produtos de Origem Animal;

IV – a indicação "Serviço de Inspeção do Estado de São Paulo – SISP".

Art. 16. Os infratores desta Lei, de seus regulamentos e demais normas dela decorrentes, ficam sujeitos às seguintes penalidades, sem prejuízo de outras sanções cabíveis:

I – advertência, nos casos de primeira infração, com prazo para a regularização da situação a ser estabelecido em regulamento, desde que não haja risco iminente de natureza higiênico-sanitária;

II – multa a ser fixada em regulamento nos casos não compreendidos no inciso anterior;

III – apreensão ou condenação das matérias-primas, produtos, subprodutos e derivados de origem animal adulterados ou que não apresentarem condições higiênico-sanitárias adequadas ao fim a que se destinam;

IV – suspensão das atividades, nas hipóteses de risco ou de ameaça de natureza higiênico-sanitária, ou de embaraço à ação fiscalizadora;

V – interdição total ou parcial do estabelecimento, na hipótese de adulteração ou falsificação do produto ou de inexistência de condições higiênico-sanitárias;

VI – cancelamento do registro quando o motivo da interdição prevista no inciso anterior não for sanado no prazo de 12 (doze) meses.

§ 1º. A suspensão de atividades de que trata o inciso IV deste artigo cessará quando sanado o risco ou a ameaça de natureza higiênico-sanitária, ou no caso de facilitação do exercício da ação fiscalizadora.

§ 2º. A interdição do estabelecimento de que trata o inciso V deste artigo poderá ser levantada após o atendimento das exigências que motivaram a sanção.

Art. 17. O valor correspondente à multa prevista no inciso II do art. 16 será recolhido ao Fundo Especial de Despesas da Coordenadoria da Defesa Agropecuária, da Secretaria de Agricultura e Abastecimento.

Art. 18. Os estabelecimentos e produtos abrangidos por esta Lei ficam isentos das taxas previstas no § 1º do art. 7º da Lei nº 8.208, de 30 de dezembro de 1992.

Art. 19. O Poder Executivo regulamentará esta Lei no prazo de 90 (noventa) dias da data de suapublicação.

Art. 20. Esta Lei entrará em vigor na data de sua publicação, revogadas as disposições em contrário.

Mário Covas

DOE de 2.3.2000

LEI Nº 10.670, DE 24 DE OUTUBRO DE 2000

Dispõe sobre a adoção de medidas de defesa sanitária animal no âmbito do Estado e dá outras providências correlatas.

O Governador do Estado de São Paulo,

Faço saber que a Assembleia Legislativa decreta e eu promulgo a seguinte Lei:

Art. 1º. A política estadual de preservação da sanidade animal tem por objetivos:

I – combater, prevenir, controlar e erradicar doenças e pragas;

II – organizar as ações de vigilância e defesa sanitária dos animais, integrando-as no Sistema Unificado de Atenção à Sanidade Agropecuária de que trata o art. 28-A da Lei Federal nº 9.712, de 20 de novembro de 1998;

III – estimular a participação da comunidade nas ações de defesa sanitária animal;

IV – impedir a introdução de doenças e pragas no Estado.

§ 1º. O Poder Executivo, para o atendimento dos objetivos desta Lei, definirá, em regulamentos específicos, os programas de sanidade animal referentes às doenças e às pragas cujo combate e erradicação forem considerados de peculiar interesse do Estado, bem como as medidas e ações necessárias à proteção dos animais.

§ 2º. As atividades previstas nesta Lei poderão ser executadas, quando for o caso, em conjunto com a União, os Municípios e entidades conveniadas.

Art. 2º. Caberá à Coordenadoria de Defesa Agropecuária da Secretaria de Agricultura e Abastecimento o exercício das atividades de vigilância e defesa sanitária animal previstas nesta Lei.

Art. 3º. As medidas destinadas à vigilância e à defesa sanitária animal do Estado compreenderão:

I – cadastro estadual de propriedades voltadas à exploração de atividade pecuária de peculiar interesse do Estado;

II – cadastro de estabelecimentos que abatam animais de peculiar interesse do Estado, ou industrializem ou beneficiem suas partes, produtos e subprodutos;

III – cadastro de empresas constituídas com a finalidade de promover leilões, feiras, exposições e outros eventos que envolvam concentração de animais de peculiar interesse do Estado;

IV – cadastro de médicos veterinários e de outros profissionais credenciados para atuação na área de defesa sanitária animal no Estado;

V – cadastro de laboratórios de identificação e diagnóstico de doenças e pragas existentes no Estado;

VI – cadastro de estabelecimentos de comércio de insumos veterinários existentes no Estado;

VII – inventário da população animal de peculiar interesse do Estado;

VIII – inventário das doenças e pragas identificadas ou diagnosticadas no âmbito do Estado;

IX – controle sanitário do trânsito estadual de animais de peculiar interesse do Estado, bem como dos respectivos produtos e subprodutos;

X – organização e execução de campanhas de controle e erradicação de doenças e pragas;

XI – coordenação e participação em projetos de erradicação de doenças e pragas;

XII – fiscalização sanitária dos animais de peculiar interesse do Estado, bem como dos respectivos produtos e subprodutos;

XIII – vacinação e aplicação de insumos veterinários;

XIV – treinamento técnico do pessoal envolvido na fiscalização;

XV – estabelecimento de normas técnicas para fins de defesa sanitária animal;

XVI – organização de sistema estadual de comunicação e divulgação de informações zoossanitárias;

XVII – destruição de bens, produtos e subprodutos de origem animal, bem como sacrifício e abate sanitário de quaisquer animais, visando a prevenir, controlar e erradicar doenças e pragas;

XVIII – interdição de áreas, propriedades ou estabelecimentos, públicos ou privados, para evitar a disseminação de doenças e pragas;

XIX – apreensão de animais, bem como dos respectivos produtos e subprodutos;

XX – suspensão de atividades, nas hipóteses de que trata o inciso IV do art. 16 desta Lei.

§ 1º. Os regulamentos específicos preverão as hipóteses e as condições em que será admitido oaproveitamento de produtos dos animais sujeitos a sacrifício.

§ 2º. Poderá ser estabelecida, nos regulamentos específicos, a exigência de:

1. certificado de sanidade para as propriedades e estabelecimentos mencionados nos incisos I e II deste artigo;

2. certificado de sanidade para os locais onde se realizem as atividades de que trata o inciso III deste artigo.

Art. 4º. Poderá ser concedida indenização, nos casos e na forma estabelecidos em regulamento, ao proprietário de bens ou de animais cuja destruição ou sacrifício se impuser por razões de defesa sanitária.

§ 1º. As despesas realizadas pelo Poder Público e o valor do produto aproveitado deverão ser deduzidos da indenização a que se refere este artigo.

§ 2º. Não caberá indenização nas hipóteses de:

1. descumprimento da legislação sanitária;

2. doenças consideradas incuráveis e letais ou outras doenças previstas nos regulamentos específicos.

Art. 5º. Os proprietários ou todos aqueles que, a qualquer título, tiverem animais sob seu poder ou guarda, ficam obrigados a efetuar as vacinações, a aplicar insumos veterinários e a adotar as medidas preventivas contra doenças e pragas, bem como a colaborar em levantamentos e a executar serviços de campo necessários ao controle de doenças infectocontagiosas, doenças parasitárias e de pragas, na forma prevista nos regulamentos específicos e em normas técnicas expedidas pela Secretaria de Agricultura e Abastecimento.

Art. 6º. Os proprietários, os transportadores e os depositários de animais, a qualquer título, bem como os profissionais ligados à agropecuária, ficam obrigados a:

I – executar as medidas de defesa sanitária animal nos prazos e nas condições determinados pela Secretaria de Agricultura e Abastecimento;

II – comunicar à Coordenadoria de Defesa Agropecuária, quando exigido nos regulamentos específicos, a existência de animais doentes ou de focos de doenças e pragas;

III – permitir a realização de inspeções sanitárias;

IV – prestar à Coordenadoria de Defesa Agropecuária as informações necessárias à defesa sanitária animal de peculiar interesse do Estado;

V – comprovar a realização de vacinações, exames e provas sorológicas, na forma estabelecida nos regulamentos específicos;

VI – exigir, quando da aquisição ou transporte de animais, ou quando do recebimento de leite ou de animais para abate, a apresentação de guias de trânsito, de comprovantes do recolhimento de taxas e de outros documentos zoossanitários e fiscais, quando exigido nos regulamentos específicos;

VII – providenciar, junto à Coordenadoria de Defesa Agropecuária, a abertura de ficha cadastral deanimais, na forma estabelecida nos regulamentos específicos.

Parágrafo único. As obrigações previstas neste artigo deverão ser cumpridas, no que couber, pelos estabelecimentos de abate, pelas usinas de beneficiamento de leite e seus entrepostos e pelos promotores de leilões, feiras, exposições e outros eventos que envolvam concentração de animais.

Art. 7º. A realização de leilões, feiras, exposições e outros eventos que envolvam concentração deanimais dependerá de prévia autorização da Coordenadoria de Defesa Agropecuária.

Art. 8º. As empresas constituídas com a finalidade de promover leilões, feiras, exposições e outros eventos que envolvam concentração de animais deverão, na forma estabelecida nos regulamentos específicos:

I – cadastrar-se na Coordenadoria de Defesa Agropecuária;

II – manter escrituração de controle da origem e destino dos animais, da documentação zoossanitária e do recolhimento das taxas.

Art. 9º. Para o desempenho das atribuições previstas nesta Lei, a Secretaria de Agricultura e Abastecimento contará com a colaboração dos órgãos e entidades públicas estaduais, especialmente as Secretarias da Saúde, da Fazenda, da Segurança Pública e dos Transportes.

Parágrafo único. As autoridades da área de saúde pública deverão comunicar à Coordenadoria de Defesa Agropecuária as irregularidades constatadas na fiscalização de alimentos, que indiquem a ocorrência de problemas de sanidade animal.

Art. 10. As medidas de defesa sanitária animal cuja adoção for determinada pelo Estado deverão ser executadas pelas pessoas físicas ou jurídicas responsáveis, no prazo fixado pelo Poder Público.

Parágrafo único. Em caso de omissão, o Poder Público executará ou mandará executar as medidas necessárias, devendo os interessados ressarcir o Estado das despesas decorrentes da realização dos procedimentos compulsórios indicados.

Art. 11. Todos aqueles que, a qualquer título, tenham em seu poder produtos e insumos veterinários de peculiar interesse do Estado, liberados para comercialização, deverão estar devidamente aparelhados para a conservação desses produtos e insumos.

Parágrafo único. As pessoas de que trata este artigo ficam obrigadas a fornecer à Secretaria de Agricultura e Abastecimento os dados referentes à distribuição dos mencionados produtos e insumos e de seu estoque.

Art. 12. Em casos especiais, o órgão fiscalizador poderá proibir ou estabelecer condições para o trânsito de animais, bem como dos respectivos produtos ou subprodutos.

§ 1º. Os animais em trânsito no Estado deverão estar acompanhados, além da documentação fiscal pertinente, da Guia de Trânsito Animal – GTA, emitida pelo órgão fiscalizador, e dos documentos zoossanitários, conforme estabelecido nos regulamentos específicos.

§ 2º. O transportador de animais deverá portar os documentos zoossanitários que devam acompanhá-los e colaborar com a fiscalização, quando solicitado.

Art. 13. (Revogado).

(*) Art. 13 revogado pela Lei nº 15.266, de 26.12.2013.

Art. 14. (Revogado).

(*) Art. 14 revogado pela Lei nº 15.266, de 26.12.2013.

Art. 15. (Revogado).

(*) Art. 15 revogado pela Lei nº 15.266, de 26.12.2013.

Art. 16. Aos infratores desta Lei, sem prejuízo de outras sanções previstas em legislação própria, serão aplicadas, na forma estabelecida em regulamento, as seguintes penalidades:

I – multa de até 5000 UFESPs;

II – interdição parcial ou total de propriedades voltadas à exploração de atividade pecuária de peculiar interesse do Estado; e de recinto onde ocorra a concentração de animais para a realização de leilões, feiras, exposições e outros eventos da mesma natureza, quando tais propriedades e recintos não possuam Certificado de Sanidade exigido na forma estabelecida nos regulamentos específicos, ou quando ocorrer o descumprimento das determinações do órgão fiscalizador;

III – apreensão de animais que não estiverem acompanhados da documentação zoossanitária estabelecida nos regulamentos específicos;

IV – suspensão de atividade que cause risco à saúde humana ou à população animal ou embaraço à ação do órgão fiscalizador.

§ 1º. Para cálculo das multas deverá ser considerado o valor da UFESP vigente no dia em que for efetuado o seu recolhimento.

§ 2º. As multas previstas neste artigo serão agravadas até o dobro de seu valor, nos casos de reincidência, artifício, ardil, simulação, desacato, embaraço ou resistência à ação fiscal.

§ 3º. O animal apreendido, após sanadas as irregularidades que ensejaram a apreensão, poderá ser devolvido ao proprietário, para o fim condicionado pela fiscalização, salvo se existente risco zoossanitário.

§ 4º. A suspensão de que trata o inciso IV deste artigo cessará quando sanado o risco ou findo o embaraço oposto à ação da fiscalização.

§ 5º. A interdição de que trata o inciso II deste artigo será levantada após o atendimento das exigências que motivaram a sanção.

§ 6º. O não cumprimento das exigências que motivaram a interdição acarretará o cancelamento do cadastro.

§ 7º. A inexistência ou o cancelamento do cadastro implica exercício ilegal da atividade, sujeitando o transgressor às sanções de ordem administrativa previstas nesta Lei, sem prejuízo das sanções penais cabíveis.

§ 8º. A aplicação da pena de multa não exclui a incidência das demais sanções previstas neste artigo.

Art. 17. No caso de abandono, pelo proprietário, do animal apreendido, a Coordenadoria de Defesa Agropecuária poderá vendê-lo para aproveitamento condicionado, recolhendo o produto da operação ao Fundo Especial de Despesa instituído pela Lei nº 8.208, de 30 de dezembro de 1992; ou doá-lo a entidade pública ou filantrópica.

Art. 18. As multas, taxas e ressarcimentos previstos nesta Lei serão recolhidos, na forma e prazos fixados em regulamento, ao Fundo Especial de Despesa instituído pela Lei nº 8.208, de 30 de dezembro de 1992.

Art. 19. O Estado estimulará a criação, pelos segmentos interessados, de entidades sem fins lucrativos, com o objetivo de promover a defesa sanitária dos animais.

§ 1º. Às entidades referidas neste artigo, bem como às já existentes que obedeçam os requisitos estabelecidos no caput, poderão ser atribuídas atividades delegáveis, mediante convênio, para a execução das medidas previstas nos incisos X, XI, XIII e XIV do art. 3º desta Lei, bem como outras atividades de defesa sanitária animal.

§ 2º. As atividades de defesa sanitária animal poderão ser exercidas em conjunto com as entidades referidas neste artigo, às quais poderá ser prestado auxílio financeiro, nos termos da legislação federal, observado, como limite, o montante da arrecadação das multas e taxas fixadas nesta Lei.

§ 3º. Será dada prioridade às entidades reconhecidas pela Secretaria de Agricultura e Abastecimento como organizações sociais, de fins específicos, nos termos da Lei Federal nº 9.637, de 15 de maio de 1998, nas ações previstas neste artigo, podendo, ainda, ser concedida isenção de taxas previstas nesta Lei aos proprietários cujos animais se encontrem, na forma estabelecida em regulamento, sob controle sanitário dessas entidades, desde que conveniadas com o Estado.

Art. 20. Para o exercício da fiscalização e para a execução das medidas de defesa sanitária animal previstas nesta Lei, a Coordenadoria de Defesa Agropecuária poderá inspecionar propriedades públicas ou privadas e estabelecimentos rurais ou urbanos.

Art. 21. O Poder Executivo regulamentará esta Lei.

Art. 22. Esta Lei entra em vigor na data de sua publicação, produzindo efeitos a partir do dia 01 de janeiro do ano seguinte ao de sua publicação.

Palácio dos Bandeirantes, 24 de outubro de 2000.

Mário Covas – Yoshiaki Nakano

DOE de 25.10.2000

LEI Nº 12.300, DE 16 DE MARÇO DE 2006

Institui a Política Estadual de Resíduos Sólidos e define princípios e diretrizes.

O Governador do Estado de São Paulo,

Faço saber que a Assembleia Legislativa decreta e eu promulgo a seguinte Lei:

TÍTULO I
DA POLÍTICA ESTADUAL DE RESÍDUOS SÓLIDOS

Capítulo I
DOS PRINCÍPIOS E OBJETIVOS

Art. 1º. Esta Lei institui a Política Estadual de Resíduos Sólidos e define princípios e diretrizes, objetivos, instrumentos para a gestão integrada e compartilhada de resíduos sólidos, com vistas à prevenção e ao controle da poluição, à proteção e à recuperação da qualidade do meio ambiente, e à promoção da saúde pública, assegurando o uso adequado dos recursos ambientais no Estado de São Paulo.

Art. 2º. São princípios da Política Estadual de Resíduos Sólidos:

I – a visão sistêmica na gestão dos resíduos sólidos que leve em consideração as variáveis ambientais, sociais, culturais, econômicas, tecnológicas e de saúde pública;

II – a gestão integrada e compartilhada dos resíduos sólidos por meio da articulação entre Poder Público, iniciativa privada e demais segmentos da sociedade civil;

III – a cooperação interinstitucional com os órgãos da União e dos Municípios, bem como entre secretarias, órgãos e agências estaduais;

IV – a promoção de padrões sustentáveis de produção e consumo;

V – a prevenção da poluição mediante práticas que promovam a redução ou eliminação de resíduos na fonte geradora;

VI – a minimização dos resíduos por meio de incentivos às práticas ambientalmente adequadas de reutilização, reciclagem, redução e recuperação;

VII – a garantia da sociedade ao direito à informação, pelo gerador, sobre o potencial de degradação ambiental dos produtos e o impacto na saúde pública;

VIII – o acesso da sociedade à educação ambiental;

IX – a adoção do princípio do poluidor-pagador;

X – a responsabilidade dos produtores ou importadores de matérias-primas, de produtos intermediários ou acabados, transportadores, distribuidores, comerciantes, consumidores, catadores, coletores, administradores e proprietários de área de uso público e coletivo e operadores de resíduos sólidos em qualquer das fases de seu gerenciamento;

XI – a atuação em consonância com as políticas estaduais de recursos hídricos, meio ambiente, saneamento, saúde, educação e desenvolvimento urbano;

XII – o reconhecimento do resíduo sólido reutilizável e reciclável como um bem econômico, gerador de trabalho e renda;

Art. 3º. São objetivos da Política Estadual de Resíduos Sólidos:

I – o uso sustentável, racional e eficiente dos recursos naturais;

II – a preservação e a melhoria da qualidade do meio ambiente, da saúde pública e a recuperação das áreas degradadas por resíduos sólidos;

III – reduzir a quantidade e a nocividade dos resíduos sólidos, evitar os problemas ambientais e de saúde pública por eles gerados e erradicar os "lixões", "aterros controlados", "bota-foras" e demais destinações inadequadas;

IV – promover a inclusão social de catadores, nos serviços de coleta seletiva;

V – erradicar o trabalho infantil em resíduos sólidos promovendo a sua integração social e de sua família;

VI – incentivar a cooperação intermunicipal, estimulando a busca de soluções consorciadas e a solução conjunta dos problemas de gestão de resíduos de todas as origens;

VII – fomentar a implantação do sistema de coleta seletiva nos Municípios.

Parágrafo único. Para alcançar os objetivos colimados, caberá ao Poder Público, em parceria com a iniciativa privada:

1. articular, estimular e assegurar as ações de eliminação, redução, reutilização, reciclagem, recuperação, coleta, transporte, tratamento e disposição final dos resíduos sólidos;

2. incentivar a pesquisa, o desenvolvimento, a adoção e a divulgação de novas tecnologias de reciclagem, tratamento e disposição final de resíduos sólidos, inclusive de prevenção à poluição;

3. incentivar a informação sobre o perfil e o impacto ambiental de produtos através da autodeclaração na rotulagem, análise de ciclo de vida e certificação ambiental;

4. promover ações direcionadas à criação de mercados locais e regionais para os materiais recicláveis e reciclados;

5. incentivar ações que visem ao uso racional de embalagens;

6. instituir linhas de crédito e financiamento para a elaboração e implantação de Planos de Gerenciamento de Resíduos Sólidos;

7. instituir programas específicos de incentivo para a implantação de sistemas ambientalmente adequados de tratamento e disposição final de resíduos sólidos;

8. promover a implantação, em parceria com os Municípios, instituições de ensino e pesquisa e organizações não governamentais, de programa estadual de capacitação de recursos humanos com atuação na área de resíduos sólidos;

9. incentivar a criação e o desenvolvimento de cooperativas e associações de catadores de materiais recicláveis que realizam a coleta e a separação, o beneficiamento e o reaproveitamento de resíduos sólidos reutilizáveis ou recicláveis;

10. promover ações que conscientizem e disciplinem os cidadãos para o adequado uso do sistema de coleta de resíduos sólidos urbanos;

11. assegurar a regularidade, continuidade e universalidade nos sistemas de coleta, transporte, tratamento e disposição de resíduos sólidos urbanos;

12. criar incentivos aos Municípios que se dispuserem a implantar, ou a permitir a implantação, em seus territórios, de instalações licenciadas para tratamento e disposição final de resíduos sólidos, oriundos de quaisquer outros Municípios;

13. implantar Sistema Declaratório Anual para o controle da geração, estocagem, transporte e destinação final de resíduos industriais;

14. promover e exigir a recuperação das áreas degradadas ou contaminadas por gerenciamento inadequado dos resíduos sólidos mediante procedimentos específicos fixados em regulamento;

15. promover a gestão integrada e compartilhada de resíduos sólidos, apoiando a concepção, implementação e gerenciamento dos sistemas de resíduos sólidos com participação social e sustentabilidade.

Capítulo II
DOS INSTRUMENTOS

Art. 4º. São instrumentos da Política Estadual de Resíduos Sólidos:

I – o planejamento integrado e compartilhado do gerenciamento dos resíduos sólidos;

II – os Planos Estadual e Regionais de Gerenciamento de Resíduos Sólidos;

III – os Planos dos Geradores;

IV – o Inventário Estadual de Resíduos Sólidos;

V – o Sistema Declaratório Anual de Resíduos Sólidos;

VI – o termo de compromisso e termo de ajustamento de conduta;

VII – os acordos voluntários ou propostos pelo Governo, por setores da economia;

VIII – o licenciamento, a fiscalização e as penalidades;

IX – o monitoramento dos indicadores da qualidade ambiental;

X – o aporte de recursos orçamentários e outros, destinados prioritariamente às práticas de prevenção da poluição, à minimização dos resíduos gerados e à recuperação de áreas degradadas e remediação de áreas contaminadas por resíduos sólidos;

XI – os incentivos fiscais, tributários e creditícios que estimulem as práticas de prevenção da poluição e de minimização dos resíduos gerados e a recuperação de áreas degradadas e remediação de áreas contaminadas por resíduos sólidos;

XII – as medidas fiscais, tributárias, creditícias e administrativas que inibam ou restrinjam a produção de bens e a prestação de serviços com maior impacto ambiental;

XIII – os incentivos à gestão regionalizada dos resíduos sólidos;

XIV – as linhas de financiamento de fundos estaduais;

XV – a divulgação de dados e informações incluindo os programas, as metas, os indicadores e os relatórios ambientais;

XVI – a disseminação de informações sobre as técnicas de prevenção da poluição, de minimização, de tratamento e destinação final de resíduos;

XVII – a educação ambiental;

XVIII – a gradação de metas, em conjunto com os setores produtivos, visando à redução na fonte e à reciclagem de resíduos que causem riscos à saúde pública e ao meio ambiente;

XIX – o incentivo à certificação ambiental de produtos;

XX – o incentivo à autodeclaração ambiental na rotulagem dos produtos;

XXI – o incentivo às auditorias ambientais;

XXII – o incentivo ao seguro ambiental;

XXIII – o incentivo mediante programas específicos para a implantação de unidades de coleta, triagem, beneficiamento e reciclagem de resíduos;

XXIV – o incentivo ao uso de resíduos e materiais reciclados como matéria-prima;

XXV – o incentivo a pesquisa e a implementação de processos que utilizem as tecnologias limpas.

Capítulo III
DAS DEFINIÇÕES

Art. 5º. Para os efeitos desta Lei, consideram-se:

I – resíduos sólidos: os materiais decorrentes de atividades humanas em sociedade, e que se apresentam nos estados sólido ou semissólido, como líquidos não passíveis de tratamento como efluentes, ou ainda os gases contidos;

II – prevenção da poluição ou redução na fonte: a utilização de processos, práticas, materiais, produtos ou energia que evitem ou minimizem a geração de resíduos na fonte e reduzam os riscos para a saúde humana e para o meio ambiente;

III – minimização dos resíduos gerados: a redução, ao menor volume, quantidade e periculosidade possíveis, dos materiais e substâncias, antes de descartá-los no meio ambiente;

IV – gestão compartilhada de resíduos sólidos: a maneira de conceber, implementar e gerenciar sistemas de resíduos, com a participação dos setores da sociedade com a perspectiva do desenvolvimento sustentável;

V – gestão integrada de resíduos sólidos: a maneira de conceber, implementar, administrar os resíduos sólidos considerando uma ampla participação das áreas de governo responsáveis no âmbito estadual e municipal;

VI – unidades receptoras de resíduos: as instalações licenciadas pelas autoridades ambientais para a recepção, segregação, reciclagem, armazenamento para futura reutilização, tratamento ou destinação final de resíduos;

VII – aterro sanitário: local utilizado para disposição final de resíduos urbanos, onde são aplicados critérios de engenharia e normas operacionais especiais para confinar esses resíduos com segurança, do ponto de vista de controle da poluição ambiental e proteção à saúde pública;

VIII – aterro industrial: técnica de disposição final de resíduos sólidos perigosos ou não perigosos, que utiliza princípios específicos de engenharia para seu seguro confinamento, sem causar danos ou riscos à saúde pública e à segurança, e que evita a contaminação de águas superficiais, pluviais e subterrâneas, e minimiza os impactos ambientais;

IX – área contaminada: área, terreno, local, instalação, edificação ou benfeitoria que contém quantidades ou concentrações de matéria em condições que causem ou possam causar danos à saúde humana, ao meio ambiente e a outro bem a proteger;

X – área degradada: área, terreno, local, instalação, edificação ou benfeitoria que por ação humana teve as suas características ambientais deterioradas;

XI – remediação de área contaminada: adoção de medidas para a eliminação ou redução dos riscos em níveis aceitáveis para o uso declarado;

XII – co-processamento de resíduos em fornos de produção de clínquer: técnica de utilização de resíduos sólidos industriais a partir do seu processamento como substituto parcial de matéria-prima ou combustível, no sistema forno de produção de clínquer, na fabricação do cimento;

XIII – reciclagem: prática ou técnica na qual os resíduos podem ser usados com a necessidade de tratamento para alterar as suas características físico-químicas;

XIV – unidades geradoras: as instalações que por processo de transformação de matéria-prima, produzam resíduos sólidos de qualquer natureza;

XV – aterro de resíduos da construção civil e de resíduos inertes: área onde são empregadas técnicas de disposição de resíduos da construção civil classe A, conforme classificação específica, e resíduos inertes no solo, visando à reservação de materiais segregados, de forma a possibilitar o uso futuro dos materiais e/ou futura utilização da área, conforme princípios de engenharia para confiná-los ao menor volume possível, sem causar danos à saúde pública e ao meio ambiente;

XVI – resíduos perigosos: aqueles que em função de suas propriedades químicas, físicas ou biológicas, possam apresentar riscos à saúde pública ou à qualidade do meio ambiente;

XVII – reutilização: prática ou técnica na qual os resíduos podem ser usados na forma em que se encontram sem necessidade de tratamento para alterar as suas características físico-químicas;

XVIII – deposição inadequada de resíduos: todas as formas de depositar, descarregar, enterrar, infiltrar ou acumular resíduos sólidos sem medidas que assegurem a efetiva proteção ao meio ambiente e à saúde pública;

XIX – coleta seletiva: o recolhimento diferenciado de resíduos sólidos, previamente selecionados nas fontes geradoras, com o intuito de encaminhá-los para reciclagem, compostagem, reuso, tratamento ou outras destinações alternativas.

Art. 6º. Nos termos desta Lei, os resíduos sólidos enquadrar-se-ão nas seguintes categorias:

I – resíduos urbanos: os provenientes de residências, estabelecimentos comerciais e prestadores de serviços, da varrição, de podas e da limpeza de vias, logradouros públicos e sistemas de drenagem urbana passíveis de contratação ou delegação a particular, nos termos de lei municipal;

II – resíduos industriais: os provenientes de atividades de pesquisa e de transformação de matérias-primas e substâncias orgânicas ou inorgânicas em novos produtos, por processos específicos, bem como os provenientes das atividades de mineração e extração, de montagem e manipulação de produtos acabados e aqueles gerados em áreas de utilidade, apoio, depósito e de administração das indústrias e similares, inclusive resíduos provenientes de Estações de Tratamento de Água – ETAs e Estações de Tratamento de Esgosto – ETEs;

III – resíduos de serviços de saúde: os provenientes de qualquer unidade que execute atividades de natureza médico-assistencial humana ou animal; os provenientes de centros de pesquisa, desenvolvimento ou experimentação na área de farmacologia e saúde; medicamentos e imunoterápicos vencidos ou deteriorados; os provenientes de necrotérios, funerárias e serviços de medicina legal; e os provenientes de barreiras sanitárias;

IV – resíduos de atividades rurais: os provenientes da atividade agropecuária, inclusive os resíduos dos insumos utilizados;

V – resíduos provenientes de portos, aeroportos, terminais rodoviários, e ferroviários, postos de fronteira e estruturas similares: os resíduos sólidos de qualquer natureza provenientes de embarcação, aeronave ou meios de transporte terrestre, incluindo os produzidos nas atividades de operação e manutenção, os associados às cargas e aqueles gerados nas instalações físicas ou áreas desses locais;

VI – resíduos da construção civil – os provenientes de construções, reformas, reparos e demolições de obras de construção civil, e os resultantes da preparação e da escavação de terrenos, tais como: tijolos, blocos cerâmicos, concreto em geral, solos, rochas, metais, resinas, colas, tintas, madeiras, compensados, forros e argamassas, gesso, telhas, pavimento asfáltico, vidros, plásticos, tubulações e fiação elétrica, comumente chamados de entulhos de obras, caliça ou metralha.

Parágrafo único. Os resíduos gerados nas operações de emergência ambiental, em acidentes dentro ou fora das unidades geradoras ou receptoras de resíduo, nas operações de remediação de áreas contaminadas e os materiais gerados nas operações de escavação e dragagem deverão ser previamente caracterizados e, em seguida encaminhados para destinação adequada.

Art. 7º. Os resíduos sólidos que, por suas características exijam ou possam exigir sistemas especiais para acondicionamento, armazenamento, coleta, transporte, tratamento ou destinação final, de forma a evitar danos ao meio ambiente e à saúde pública, serão definidos pelos órgãos estaduais competentes.

TÍTULO II
DA GESTÃO DOS RESÍDUOS SÓLIDOS

Capítulo I
DAS DISPOSIÇÕES PRELIMINARES

Art. 8º. As unidades geradoras e receptoras de resíduos deverão ser projetadas, implantadas e operadas em conformidade com a legislação e com a regulamentação pertinente, devendo ser monitoradas de acordo com projeto previamente aprovado pelo órgão ambiental competente.

Art. 9º. As atividades e instalações de transporte de resíduos sólidos deverão ser projetadas, licenciadas, implantadas e operadas em conformidade com a legislação em vigor, devendo a movimentação de resíduos ser monitorada por meio de registros rastreáveis, de acordo com o projeto previamente aprovado pelos órgãos previstos em lei ou regulamentação específica.

Art. 10. As unidades receptoras de resíduos de caráter regional e de uso intermunicipal terão prioridade na obtenção de financiamentos pelos organismos oficiais de fomento.

Art. 11. (Vetado).

Art. 12. Os governos estadual e municipais, consideradas as suas particularidades, deverão incentivar e promover ações que visem a reduzir a poluição difusa por resíduos sólidos.

Art. 13. A gestão dos resíduos sólidos urbanos será feita pelos Municípios, de forma, preferencialmente, integrada e regionalizada, com a cooperação do Estado e participação dos organismos da sociedade civil, tendo em vista a máxima eficiência e a adequada proteção ambiental e à saúde pública.

Parágrafo único. Nas regiões metropolitanas, as soluções para gestão dos resíduos sólidos deverão seguir o plano metropolitano de resíduos sólidos com participação do Estado, Municípios e da sociedade civil.

Art. 14. São proibidas as seguintes formas de destinação e utilização de resíduos sólidos:

I – lançamento *in natura* a céu aberto;

II – deposição inadequada no solo;

III – queima a céu aberto;

IV – deposição em áreas sob regime de proteção especial e áreas sujeitas a inundação;

V – lançamentos em sistemas de redes de drenagem de águas pluviais, de esgotos, de eletricidade, de telecomunicações e assemelhados;

VI – infiltração no solo sem tratamento prévio e projeto aprovado pelo órgão de controle ambiental estadual competente;

VII – utilização para alimentação animal, em desacordo com a legislação vigente;

VIII – utilização para alimentação humana;

IX – encaminhamento de resíduos de serviços de saúde para disposição final em aterros, sem submetê-los previamente a tratamento específico, que neutralize sua periculosidade.

§ 1º. Em situações excepcionais de emergência sanitária e fitossanitária, os órgãos da saúde e de controle ambiental competentes poderão autorizar a queima de resíduos a céu aberto ou outra formade tratamento que utilize tecnologia alternativa.

§ 2º. (Vetado).

Art. 15. (Vetado).

Art. 16. Os responsáveis pela degradação ou contaminação de áreas em decorrência de suas atividades econômicas, de acidentes ambientais ou pela disposição de resíduos sólidos, deverão promover a sua recuperação ou remediação em conformidade com procedimentos específicos, estabelecidos em regulamento.

Art. 17. A importação, a exportação e o transporte interestadual de resíduos, no Estado, dependerão de prévia autorização dos órgãos ambientais competentes.

Parágrafo único. Os resíduos sólidos gerados no Estado somente poderão ser enviados para outros Estados da Federação, mediante prévia aprovação do órgão ambiental do Estado receptor.

Art. 18. A Administração Pública optará, preferencialmente, nas suas compras e contratações, pela aquisição de produtos de reduzido impacto ambiental, que sejam não perigosos, recicláveis e reciclados, devendo especificar essas características na descrição do objeto das licitações, observadas as formalidades legais.

Capítulo II
DOS PLANOS DE GERENCIAMENTO DE RESÍDUOS SÓLIDOS

Art. 19. O Plano de Gerenciamento de Resíduos Sólidos, a ser elaborado pelo gerenciador dos resíduos e de acordo com os critérios estabelecidos pelos órgãos de saúde e do meio ambiente, constitui documento obrigatoriamente integrante do processo de licenciamento das atividades e deve contemplar os aspectos referentes à geração, segregação, acondicionamento, armazenamento, coleta, transporte, tratamento e disposição final, bem como a eliminação dos riscos, a proteção à saúde e ao ambiente, devendo contemplar em sua elaboração e implementação:

I – (vetado);

II – as diretrizes estabelecidas no Plano Estadual de Recursos Hídricos e no Plano Estadual de Saneamento, quando houver;

III – o cronograma de implantação e programa de monitoramento e avaliação das medidas e dasações implementadas.

Parágrafo único. O programa de monitoramento e demais mecanismos de acompanhamento das metas dos planos de gerenciamento de resíduos previstos nesta Lei serão definidos em regulamento.

Art. 20. O Estado apoiará, de modo a ser definido em regulamento, os Municípios que gerenciarem os resíduos urbanos em conformidade com Planos de Gerenciamento de Resíduos Urbanos.

§ 1º. Os Planos referidos no *caput* deverão ser apresentados a cada quatro anos e contemplar:

1. a origem, a quantidade e a caracterização dos resíduos gerados, bem como os prazos máximos para sua destinação;

2. a estratégia geral do responsável pela geração, reciclagem, tratamento e disposição dos resíduos sólidos, inclusive os provenientes dos serviços de saúde, com vistas à proteção da saúde pública e do meio ambiente;

3. as medidas que conduzam à otimização de recursos, por meio da cooperação entre os Municípios, assegurada a participação da sociedade civil, com vistas à implantação de soluções conjuntas e ação integrada;

4. a definição e a descrição de medidas e soluções direcionadas:

a) às praticas de prevenção à poluição;

b) à minimização dos resíduos gerados, através da reutilização, reciclagem e recuperação;

c) à compostagem;

d) ao tratamento ambientalmente adequado;

5. os tipos e a setorização da coleta;

6. a forma de transporte, armazenamento e disposição final;

7. as ações preventivas e corretivas a serem praticadas no caso de manuseio incorreto ou de acidentes;

8. as áreas para as futuras instalações de recebimento de resíduos, em consonância com os Planos Diretores e legislação de uso e ocupação do solo;

9. o diagnóstico da situação gerencial atual e a proposta institucional para a futura gestão do sistema;

10. o diagnóstico e as ações sociais, com a avaliação da presença de catadores nos lixões e nas ruas das cidades, bem como as alternativas da sua inclusão social;

11. as fontes de recursos para investimentos, operação do sistema e amortização de financiamentos.

§ 2º. O horizonte de planejamento do Plano de Gerenciamento de Resíduos Urbanos deve ser compatível com o período de implantação dos seus programas e projetos, ser periodicamente revisado e compatibilizado com o plano anteriormente vigente.

§ 3º. Os Municípios com menos de 10.000 (dez mil) habitantes de população urbana, conforme último censo, poderão apresentar Planos de Gerenciamento de Resíduos Urbanos simplificados, na forma estabelecida em regulamento.

Art. 21. Os gerenciadores de resíduos industriais deverão seguir, na elaboração dos respectivos Planos de Gerenciamento, as gradações de metas estabelecidas pelas suas associações representativas setoriais e pelo órgão ambiental.

§ 1º. Para os efeitos deste artigo, entre outros, serão considerados os seguintes setores produtivos:

1. atividade de extração de minerais;

2. indústria metalúrgica;

3. indústria de produtos de minerais não metálicos;

4. indústria de materiais de transporte;

5. indústria mecânica;

6. indústria de madeira, de mobiliário, e de papel, papelão e celulose;

7. indústria da borracha;

8. indústria de couros, peles e assemelhados e de calçados;

9. indústria química e petroquímica;

10. indústria de produtos farmacêuticos, veterinários e de higiene pessoal;

11. indústria de produtos alimentícios;

12. indústria de bebidas e fumo;

13. indústria têxtil e de vestuário, artefatos de tecidos e de viagem;

14. indústria da construção;

15. indústria de produção de materiais plásticos;

16. indústria de material elétrico, eletrônico e de comunicação;

17. indústria de embalagens.

§ 2º. O Plano de Gerenciamento de Resíduos Industriais poderá prever a implantação de Bolsas de Resíduos, objetivando o reaproveitamento e o gerenciamento eficiente dos resíduos sólidos, conforme definido em regulamento.

§ 3º. O Plano de Gerenciamento de Resíduos Industriais poderá prever a destinação em centrais integradas de tratamento para múltiplos resíduos.

§ 4º. Os órgãos ambientais competentes poderão, na forma estabelecida em regulamento, exigir a apresentação do Plano de Gerenciamento de Resíduos Industriais para efeito de aprovação, avaliação e controle.

Art. 22. Os órgãos do meio ambiente e da saúde definirão os estabelecimentos de saúde que estão obrigados a apresentar o Plano de Gerenciamento de Resíduos.

Art. 23. (Vetado).

Art. 24. (Vetado).

Capítulo III
DOS RESÍDUOS URBANOS

Art. 25. Os Municípios são responsáveis pelo planejamento e execução com regularidade e continuidade, dos serviços de limpeza, exercendo a titularidade dos serviços em seus respectivos territórios.

Parágrafo único. A prestação dos serviços mencionados no *caput* deverá adequar-se às peculiaridades e necessidades definidas pelo Município, nos Planos de Gerenciamento de Resíduos Sólidos Urbanos.

Art. 26. A taxa de limpeza urbana é o instrumento que pode ser adotado pelos Municípios para atendimento do custo da implantação e operação dos serviços de limpeza urbana.

§ 1º. Com vistas à sustentabilidade dos serviços de limpeza urbana, os Municípios poderão fixar os critérios de mensuração dos serviços, para efeitos de cobrança da taxa de limpeza urbana, com base, entre outros, nos seguintes indicadores:

1. a classificação dos serviços;

2. a correlação com o consumo de outros serviços públicos;

3. a quantidade e frequência dos serviços prestados;

4. a avaliação histórica e estatística da efetividade de cobrança em cada região geográfica homogênea;

5. a autodeclaração do usuário.

§ 2º. Poderão ser instituídas taxas e tarifas diferenciadas de serviços especiais, referentes aos resíduos que:

1. contenham substâncias ou componentes potencialmente perigosos à saúde pública e ao meio ambiente;

2. por sua quantidade ou suas características, tornem onerosa a operação do serviço público de coleta, transporte, tratamento e disposição final dos resíduos urbanos.

Art. 27. (Vetado):

I – (vetado);

II – (vetado);

III – (vetado).

Art. 28. Os usuários dos sistemas de limpeza urbana deverão acondicionar os resíduos para coleta de forma adequada, cabendo-lhes observar as normas municipais que estabelecem as regras para a seleção e acondicionamento dos resíduos no próprio local de origem, e que indiquem os locais de entrega e coleta.

§ 1º. Cabe ao Poder Público Municipal, por meio dos órgãos competentes, dar ampla publicidade às disposições e aos procedimentos do sistema de limpeza urbana, bem como da forma de triagem e seleção, além dos locais de entrega dos resíduos.

§ 2º. A coleta de resíduos urbanos será feita, preferencialmente, de forma seletiva e com inclusão social.

Art. 29. O Estado deve, nos limites de sua competência e atribuições:

I – promover ações objetivando a que os sistemas de coleta, transporte, tratamentos e disposição final de resíduos sólidos sejam estendidos a todos os Municípios e atendam aos princípios de regularidade, continuidade, universalidade em condições sanitárias de segurança;

II – incentivar a implantação, gradativa, nos Municípios da segregação dos resíduos sólidos na origem, visando ao reaproveitamento e à reciclagem;

III – estimular os Municípios a atingirem a autossustentabilidade econômica dos seus sistemas de limpeza urbana, mediante orientação para a criação e implantação de mecanismos de cobrança e arrecadação compatíveis com a capacidade de pagamento da população;

IV – fomentar a elaboração de legislação e atos normativos específicos de limpeza urbana nos Municípios, em consonância com as políticas estadual e federal;

V – criar mecanismos que facilitem o uso e a comercialização dos recicláveis e reciclados em todas as regiões do Estado;

VI – incentivar a formação de consórcios entre Municípios com vistas ao tratamento, processamento de resíduos e comercialização de materiais recicláveis;

VII – fomentar parcerias das indústrias recicladoras com o Poder Público e a iniciativa privada nos programas de coleta seletiva e no apoio à implantação e desenvolvimento de associações ou cooperativas de catadores.

Art. 30. O Estado adotará critérios de elegibilidade para financiamento de projetos, programas e sistemas de resíduos sólidos aos Municípios que contemplem ou estejam de acordo com:

I – as diretrizes e recomendações dos planos regionais e estadual de resíduos sólidos;

II – a sustentabilidade financeira dos empreendimentos através da demonstração dos instrumentos específicos de custeio;

III – a sustentabilidade técnico-operacional por meio de programas continuados de capacitação e educação ambiental;

IV – (vetado).

Capítulo IV
DOS RESÍDUOS INDUSTRIAIS

Art. 31. O gerenciamento dos resíduos industriais, especialmente os perigosos, desde a geração até a destinação final, será feito de forma a atender os requisitos de proteção ambiental e de saúde pública, com base no Plano de Gerenciamento de Resíduos Sólidos de que trata esta Lei.

Art. 32. Compete aos geradores de resíduos industriais a responsabilidade pelo seu gerenciamento, desde a sua geração até a sua disposição final, incluindo:

I – a separação e coleta interna dos resíduos, de acordo com suas classes e características;

II – o acondicionamento, identificação e transporte interno, quando for o caso;

III – a manutenção de áreas para a sua operação e armazenagem;

IV – a apresentação dos resíduos à coleta externa, quando cabível, de acordo com as normas pertinentes e na forma exigida pelas autoridades competentes;

V – o transporte, tratamento e destinação dos resíduos, na forma exigida pela legislação pertinente.

Art. 33. O emprego de resíduos industriais perigosos, mesmo que tratados, reciclados ou recuperados para utilização como adubo, matéria-prima ou fonte de energia, bem como suas incorporações em materiais, substâncias ou produtos, dependerá de prévia aprovação dos órgãos competentes, mantida, em qualquer caso, a responsabilidade do gerador.

§ 1º. O fabricante deverá comprovar que o produto resultante da utilização dos resíduos referidos no *caput* deste artigo não implicará risco adicional à saúde pública e ao meio ambiente.

§ 2º. É vedada a incorporação de resíduos industriais perigosos em materiais, substâncias ou produtos, para fins de diluição de substâncias perigosas.

Art. 34. As instalações industriais para o processamento de resíduos são consideradas unidades receptoras de resíduos, estando sujeitas às exigências desta Lei.

Capítulo V
DOS RESÍDUOS PERIGOSOS

Art. 35. Os resíduos perigosos que, por suas características, exijam ou possam exigir sistemas especiais para acondicionamento, armazenamento, coleta, transporte, tratamento ou destinação final, de forma a evitar danos ao meio ambiente e à saúde pública, deverão receber tratamento diferenciado durante as operações de segregação, acondicionamento, coleta, armazenamento, transporte, tratamento e disposição final.

Art. 36. O licenciamento, pela autoridade de controle ambiental, de empreendimento ou atividade que gere resíduo perigoso condicionar-se-á à comprovação de capacidade técnica para o seu gerenciamento.

Art. 37. (Vetado):

I – (vetado);

II – (vetado);

III – (vetado);

IV – (vetado);

V – (vetado);

VI – (vetado).

Art. 38. A coleta e gerenciamento de resíduos perigosos, quando não forem executados pelo próprio gerador, somente poderão ser exercidos por empresas autorizadas pelo órgão de controle ambiental para tal fim.

Art. 39. O transporte dos resíduos perigosos deverá ser feito com emprego de equipamentos adequados, sendo devidamente acondicionados e rotulados em conformidade com as normas nacionais e internacionais pertinentes.

Parágrafo único. Quando houver movimentação de resíduos perigosos para fora da unidade geradora, os geradores, transportadores e as unidades receptoras de resíduos perigosos deverão, obrigatoriamente, utilizar o Manifesto de Transporte de Resíduos, de acordo com critérios estabelecidos pela legislação vigente.

Art. 40. Aquele que executar o transporte de resíduos perigosos deverá verificar, junto aos órgãos de trânsito do Estado e dos Municípios, as rotas preferenciais por onde a carga deverá passar, e informar ao órgão de controle ambiental estadual o roteiro de transporte.

TÍTULO III
DA INFORMAÇÃO

Capítulo I
DA INFORMAÇÃO E DA EDUCAÇÃO AMBIENTAL

Art. 41. O órgão ambiental elaborará e apresentará, anualmente, o Inventário Estadual de Resíduos, que constará de:

I – cadastro de fontes prioritárias, efetiva ou potencialmente, poluidoras, industriais, de transportadoras e locais de disposição de resíduos sólidos, especialmente, os industriais e os perigosos;

II – sistema declaratório;

III – relação de fontes e substâncias consideradas de interesse.

Parágrafo único. O inventário referido no *caput* deverá ser, obrigatoriamente, apresentado à Assembleia Legislativa do Estado.

Art. 42. Fica assegurado ao público em geral, o acesso às informações relativas a resíduos sólidos existentes nos bancos de dados dos órgãos e das entidades da administração direta e indireta do Estado.

Art. 43. Compete ao Poder Público fomentar e promover a educação ambiental sobre resíduos sólidos, inclusive por meio de convênios com entidades públicas e privadas.

Art. 44. Os fabricantes, importadores ou fornecedores de produtos e serviços que gerem resíduo potencialmente nocivos ou perigosos à saúde ou ao ambiente devem informar à comunidade sobre os riscos decorrentes de seu manejo, de maneira ostensiva e adequada.

Art. 45. Os fabricantes e os importadores de produtos que gerem resíduos potencialmente nocivos ao meio ambiente devem informar os consumidores sobre os impactos ambientais deles decorrentes, bem como sobre o seu processo de produção, por meio de rotulagem, em conformidade com os critérios estabelecidos pelo órgão ambiental estadual competente.

Capítulo II
DO SISTEMA DECLARATÓRIO ANUAL

Art. 46. As fontes geradoras, os transportadores e as unidades receptoras de resíduos ficam obrigadas a apresentar, anualmente, declaração formal contendo as quantidades de resíduos gerados, armazenados, transportados e destinados, na forma a ser fixada no regulamento desta Lei.

Art. 47. Os geradores e/ou responsáveis pelo gerenciamento de resíduos sólidos perigosos devem informar, anualmente, ou sempre que solicitado pelas autoridades competentes do Estado e do Municípios:

I – a quantidade de resíduos gerados, manipulados, acondicionados, armazenados, coletados, transportados ou tratados, conforme cada caso específico, assim como a natureza dos mesmos e sua disposição final;

II – as medidas adotadas com o objetivo de reduzir a quantidade e a periculosidade dos resíduos e de aperfeiçoar tecnicamente o seu gerenciamento;

III – as instalações de que dispõem e os procedimentos relacionados ao gerenciamento de resíduos;

IV – os dados que forem julgados necessários pelos órgãos competentes.

TÍTULO IV
DAS RESPONSABILIDADES, INFRAÇÕES E PENALIDADES

Capítulo I
DAS RESPONSABILIDADES

Art. 48. Os geradores de resíduos são responsáveis pela gestão dos mesmos.

Parágrafo único. Para os efeitos deste artigo, equipara-se ao gerador o órgão municipal ou a entidade responsável pela coleta, pelo tratamento e pela disposição final dos resíduos urbanos.

Art. 49. No caso de ocorrências envolvendo resíduos que coloquem em risco o ambiente e a saúde pública, a responsabilidade pela execução de medidas corretivas será:

I – do gerador, nos eventos ocorridos em suas instalações;

II – do gerador e do transportador, nos eventos ocorridos durante o transporte de resíduos sólidos;

III – do gerador e do gerenciador de unidades receptoras, nos eventos ocorridos nas instalações destas últimas.

§ 1º. Os derramamentos, os vazamentos ou os despejos acidentais de resíduos deverão ser comunicados por qualquer dos responsáveis, imediatamente após o ocorrido, à defesa civil, aos órgãos ambiental e de saúde pública competentes.

§ 2º. O gerador do resíduo derramado, vazado ou despejado acidentalmente deverá fornecer, quando solicitado pelo órgão ambiental competente, todas as informações relativas à quantidade e composição do referido material, periculosidade e procedimentos de desintoxicação e de descontaminação.

Art. 50. Os geradores e gerenciadores de unidades receptoras de resíduos sólidos deverão requerer, junto aos órgãos competentes, registro de encerramento de atividades.

Parágrafo único. A formalização do pedido de registro a que se refere o *caput* deste artigo deverá, para as atividades previstas em regulamento, ser acompanhada de relatório conclusivo de auditoria ambiental atestando a qualidade do solo, do ar e das águas na área de impacto do empreendimento.

Art. 51. O gerador de resíduos de qualquer origem ou natureza e seus sucessores respondem pelos danos ambientais, efetivos ou potenciais.

§ 1º. Os geradores dos resíduos referidos, seus sucessores, e os gerenciadores das unidades receptoras, em atendimento ao principio do poluidor-pagador, são responsáveis pelos resíduos remanescentes da desativação de sua fonte geradora, bem como pela recuperação das áreas por eles contaminadas.

§ 2º O gerenciador de unidades receptoras responde solidariamente com o gerador, pelos danos de que trata este artigo, quando estes se verificarem em sua instalação.

Art. 52. O gerador de resíduos sólidos de qualquer origem ou natureza, assim como os seus controladores, respondem solidariamente pelos danos ambientais, efetivos ou potenciais, decorrentes de sua atividade, cabendo-lhes proceder, às suas expensas, às atividades de prevenção, recuperação ou remediação, em conformidade com a solução técnica aprovada pelo órgão ambiental competente, dentro dos prazos assinalados, ou, em caso de inadimplemento, ressarcir, integralmente, todas as despesas realizadas pela administração pública para a devida correção ou reparação do dano ambiental.

Art. 53. Os fabricantes, distribuidores ou importadores de produtos que, por suas características, exijam ou possam exigir sistemas especiais para acondicionamento, armazenamento, coleta, transporte, tratamento ou destinação final, de forma a evitar danos ao meio ambiente e à saúde pública, mesmo após o consumo de seus resíduos desses itens, são responsáveis pelo atendimento de exigências estabelecidas pelo órgão ambiental.

Art. 54. As unidades de tratamento de resíduos de serviços de saúde somente poderão ser licenciadas quando localizadas em áreas em que a legislação de uso e ocupação do solo permitir o uso industrial ou quando localizadas dentro de áreas para recepção de resíduos previamente licenciadas.

Art. 55. (Vetado).

Parágrafo único. (Vetado).

Art. 56. Compete ao administrador dos portos, aeroportos, terminais rodoviários e ferroviários, o gerenciamento completo dos resíduos sólidos gerados nesses locais.

Art. 57. Na forma desta Lei, são responsáveis pelo gerenciamento dos resíduos de construção civil:

I – o proprietário do imóvel e/ou do empreendimento;

II – o construtor ou empresa construtora, bem como qualquer pessoa que tenha poder de decisão na construção ou reforma;

III – as empresas e/ou pessoas que prestem serviços de coleta, transporte, beneficiamento e disposição de resíduos de construção civil.

Capítulo II
DAS INFRAÇÕES E PENALIDADES

Art. 58. Constitui infração, para efeitos desta Lei, toda ação ou omissão que importe inobservância dos preceitos por ela estabelecidos.

Art. 59. As infrações às disposições desta Lei, do seu regulamento e dos padrões e exigências técnicas dela decorrentes serão sancionadas em conformidade com o disposto nos arts. 28 a 33 da Leinº 9.509, de 20 de março de 1997, e legislação pertinente.

(*) Lei nº 9.509, de 20 de março de 1997:

Capítulo V – Das Penalidades

***Art. 28.** Constitui infração, para os efeitos desta Lei, toda ação ou omissão que importe na inobservância de preceitos estabelecidos ou na desobediência às determinações de caráter normativo dos órgãos das autoridades administrativas competentes.*

***Art. 29.** As infrações às disposições desta Lei, de seu regulamento, bem como das normas, padrões e exigências técnicas serão, a critério da autoridade competente, classificadas em leves, graves e gravíssimas, levando-se em conta:*

I – a intensidade do dano, efetivo ou potencial;

II – as circunstâncias atenuantes ou agravantes;

III – os antecedentes do infrator; e

IV – a capacidade econômica do infrator.

Parágrafo único. Responderá pela infração quem por qualquer modo a cometer, concorrer para sua prática ou dela se beneficiar.

***Art. 30.** As infrações de que trata o artigo anterior serão punidas com as seguintes penalidades:*

I – advertência;

II – multa de 10 a 10.000 vezes o valor da Unidade Fiscal do Estado de São Paulo – UFESP;

III – interdição temporária ou definitiva;

IV – embargo;

V – demolição;

VI – suspensão de financiamento e benefícios fiscais; e

VII – apreensão ou recolhimento, temporário ou definitivo.

§ 1º. A penalidade de multa será imposta observados os seguintes limites:

1 – de 10 a 1.000 vezes o valor da UFESP, nas infrações leves;

2 – de 1.001 a 5.000 vezes o mesmo valor, nas infrações graves; e

3 – de 5.000 a 10.000 vezes o mesmo valor, nas infrações gravíssimas.

§ 2º. A multa será recolhida com base no valor da UFESP à data de seu efetivo pagamento.

§ 3º. Ocorrendo a extinção da UFESP, adotar-se-á, para os efeitos desta Lei, o mesmo índice que a substituir.

§ 4º. Nos casos de reincidência, caracterizado pelo cometimento de nova infração da mesma natureza e gravidade, a multa corresponderá ao dobro da anteriormente imposta, cumulativamente.

§ 5º. Nos casos de infração continuada, a critério da autoridade competente, poderá ser imposta multa diária de 1 a 10.000 vezes o valor da UFESP.

§ 6º. A penalidade de interdição definitiva ou temporária será imposta nos casos de perigo à saúde pública, podendo, também, ser aplicada, a critério da autoridade competente, nos casos de infração continuada e a partir da terceira reincidência.

§ 7º. As penalidades de embargo e demolição serão impostas na hipótese de obras ou construções feitas sem licença ou com ela desconformes.

§ 8º. A penalidade de recolhimento temporário ou definitivo será aplicada nos casos de perigo à saúde pública ou, a critério da autoridade pública, nos de infração continuada ou a partir da terceira reincidência.

§ 9º. A penalidade de suspensão de financiamento e benefícios fiscais será imposta conforme dispõe o inciso V do artigo 8º desta Lei.

§ 10. As penalidades estabelecidas nos incisos III e IV deste artigo poderão ser impostas cumulativamente com as previstas nos incisos I e II.

***Art. 31.** As multas poderão ter sua exigibilidade suspensa quando o infrator, nos termos e condições aceitas e aprovadas pelas autoridades competentes, se obrigar a* *adoção de medidas específicas para fazer cessar e corrigir a degradação ambiental.*

§ 1º. Cumpridas todas as obrigações assumidas pelo infrator, a multa poderá ter redução de até 50% (cinquenta por cento) de seu valor.

§ 2º. O infrator não poderá beneficiar-se da redução da multa prevista neste artigo se deixar de cumprir, parcial ou totalmente, qualquer das medidas especificadas nos prazos estabelecidos e nos casos de reincidência.

Art. 32. Independentemente da aplicação das penalidades referidas no artigo 30 e da existência de culpa, fica o poluidor obrigado a indenizar ou reparar os danos causados ao meio ambiente e a terceiros, afetados por sua atividade.

Art. 33. As entidades e órgãos do SEAQUA deverão encaminhar direta e imediatamente ao Ministério Público do Estado os elementos necessários para as providências de sua alçada em relação ao poluidor que expuser a perigo a incolumidade humana, animal ou vegetal, a situação de perigo existente ou a estiver tornando mais grave, nos termos da legislação pertinente.

Parágrafo único. A autoridade, funcionário ou servidor que deixar de cumprir a obrigação de que trata este artigo, ou agir para impedir, dificultar ou retardar o seu cumprimento, incorrerá nas mesmas responsabilidades do poluidor, sem prejuízo das demais penalidades administrativas e penais.

Art. 60. Os custos resultantes da aplicação da sanção de interdição temporária ou definitiva correrão por conta do infrator.

Art. 61. (Vetado).

Art. 62. Constatada a infração às disposições desta Lei, os órgãos da administração pública encarregados do licenciamento e da fiscalização ambientais poderão diligenciar, junto ao infrator, no sentido de formalizar termo de compromisso de ajustamento de conduta ambiental com força de título executivo extrajudicial, que terá por objetivo cessar, adaptar, recompor, corrigir ou minimizar os efeitos negativos sobre o meio ambiente, independentemente da aplicação das sanções cabíveis.

§ 1º. As multas pecuniárias aplicadas poderão ser reduzidas em até 50% (cinquenta por cento) de seu valor, e as demais sanções terão sua exigibilidade suspensa, conforme dispuser o regulamento desta Lei.

§ 2º. O não cumprimento total ou parcial do convencionado no termo de ajustamento de conduta ambiental ensejará a execução das obrigações dele decorrentes, sem prejuízo das sanções penais e administrativas aplicáveis à espécie.

Capítulo III
DAS DISPOSIÇÕES FINAIS

Art. 63. O regulamento desta Lei estabelecerá:

I – os prazos em que os responsáveis pela elaboração dos Planos de Gerenciamento de Resíduos nela referidos deverão apresentá-los aos órgãos competentes;

II – os mecanismos de cooperação entre as secretarias, órgãos e agências estaduais integrantes do Sistema Estadual de Administração da Qualidade Ambiental – SEAQUA, do Sistema Integral de Gerenciamento de Recursos Hídricos de São Paulo – SIGRH e do Sistema Estadual de Saneamento – SESAN, assim como os de saúde pública, com vistas à execução da Política Estadual de Resíduos Sólidos;

III – as regras que regulam o Sistema Declaratório Anual.

Art. 64. A presente Lei não se aplica à gestão de rejeitos radioativos.

Art. 65. O órgão ambiental deverá propor o regulamento desta Lei no prazo de 2 (dois) anos.

Art. 66. (Vetado).

Art. 67. Fica revogada a Lei nº 11.387, de 27 de maio de 2003.

Art. 68. Esta Lei entra em vigor na data de sua publicação.

Palácio dos Bandeirantes, 16 de março de 2006.

Geraldo Alckmin

DOE de 17.3.2006

LEI Nº 12.684, DE 26 DE JULHO DE 2007

Proíbe o uso, no Estado de São Paulo de produtos, materiais ou artefatos que contenham quaisquer tipos de amianto ou asbesto ou outros minerais que, acidentalmente, tenham fibras de amianto na sua composição.

O Governador do Estado de São Paulo,

Faço saber que a Assembleia Legislativa decreta e eu promulgo a seguinte Lei:

Art. 1º. Fica proibido, a partir de 1º de janeiro de 2008, o uso, no Estado de São Paulo, de produtos, materiais ou artefatos que contenham quaisquer tipos de amianto ou asbesto.

§ 1º. Entende-se como amianto ou asbesto a forma fibrosa dos silicatos minerais pertencentes aos grupos de rochas metamórficas das serpentinas, isto é, a crisotila (asbesto branco), e dos anfibólios, entre eles, a actinolita, a amosita (asbesto marrom), a antofilita, a crocidolita (asbesto azul), a tremolita ou qualquer mistura que contenha um ou vários destes minerais.

§ 2º. A proibição a que se refere o *caput* estende-se à utilização de outros minerais que contenham acidentalmente o amianto em sua composição, tais como talco, vermiculita, pedra-sabão, cuja utilização será precedida de análise mineralógica que comprove a ausência de fibras de amianto entre seus componentes.

Art. 2º. A proibição de que trata o *caput* do art. 1º vigerá a partir da data da publicação desta Lei em relação aos produtos, materiais ou artefatos destinados à utilização por crianças e adolescentes, tais como brinquedos e artigos escolares, e ao uso doméstico, tais como eletrodomésticos, tecidos, luvas, aventais e artigos para passar roupa.

Art. 3º. É vedado aos órgãos da administração direta e indireta do Estado de São Paulo, a partir da publicação desta Lei, adquirir, utilizar, instalar, em suas edificações e dependências, materiais que contenham amianto ou outro mineral que o contenha acidentalmente.

§ 1º. Estende-se, ainda, a proibição estabelecida no *caput* do art. 1º, com vigência a partir da publicação desta Lei, aos equipamentos privados de uso público, tais como estádios esportivos, teatros, cinemas, escolas, creches, postos de saúde e hospitais.

§ 2º. É obrigatória a afixação de placa indicativa, nas obras públicas estaduais e nas privadas de uso público, da seguinte mensagem: "Nesta obra não há utilização de amianto ou produtos dele derivados, por serem prejudiciais à saúde".

§ 3º. A expedição de alvará de funcionamento de estabelecimentos comerciais, industriais e de serviços pela Secretaria de Estado da Saúde ou qualquer outro órgão estadual fica condicionada à assinatura de Termo de Responsabilidade Técnica, estabelecido no Anexo I desta Lei.

Art. 4º. Até que haja a substituição definitiva dos produtos, materiais ou artefatos, em uso ou instalados, que contêm amianto, bem como nas atividades de demolição, reparo e manutenção, não será permitida qualquer exposição humana a concentrações de poeira acima de 1/10 (um décimo) de fibras de amianto por centímetro cúbico (0,1f/cc).

§ 1º. As empresas ou instituições, públicas e privadas, responsáveis pela execução de obras de manutenção, demolição, remoção de material, bem como sua destinação final, que contenham amianto ou em relação às quais haja suspeita de o conterem, deverão respeitar as normas técnicas previstas no Código Sanitário do Estado de São Paulo, bem como as disposições contidas na legislação estadual e federal, em regulamentos, portarias, normas coletivas de trabalho e em termos de ajuste de conduta, pertinentes ao objeto desta Lei, que sejam mais restritivas no que concerne às medidas de proteção ao meio ambiente e à saúde pública.

§ 2º. O disposto no § 1º deste artigo compreende também as medidas de proteção aos trabalhadores que de qualquer forma se exponham à poeira que contenha amianto, qualquer que seja o regime de trabalho.

Art. 5º. O Poder Executivo procederá à ampla divulgação dos efeitos nocivos provocados pelo contato e manuseio inadequados do amianto, bem como da existência de tecnologias, materiais e produtos substitutos menos agressivos à saúde, e promoverá orientações sobre como proceder com a manutenção dos produtos já instalados e usos até sua completa eliminação, incluindo os cuidados com os resíduos gerados e sua correta destinação final, conforme determinam a Resolução nº 348/2004, do Conselho Nacional do Meio Ambiente – CONAMA, e outros dispositivos legais atinentes.

Parágrafo único. Fica instituída a "Semana de Proteção Contra o Amianto", que ocorrerá anualmente na semana que compreende o dia 28 de abril, durante a qual serão promovidas ações educativas sobre os riscos do amianto, formas de prevenir a exposição às fibras cancerígenas de produtos já existentes, medidas e programas de substituição do amianto, bem como sobre a demolição de obras que o contenham, ainda que acidentalmente, e sua destinação final.

Art. 6º. Fica o Poder Executivo autorizado a criar, por intermédio do Sistema Único de Saúde – SUS, nos Centros de Referência em Saúde do Trabalhador e demais unidades de saúde, programas para desenvolver ações de vigilância em saúde e assistência especializada que visem à prevenção, ao diagnóstico e ao tratamento das doenças decorrentes do trabalho com o amianto.

§ 1º. Os programas compreenderão habilitação técnica dos profissionais e equipamentos necessários para o desenvolvimento das ações referidas no *caput* deste artigo.

§ 2º. Fica instituída a notificação obrigatória à autoridade local do SUS, pela rede pública e privada de assistência à saúde, de todos os casos de doenças e óbitos decorrentes da exposição ao amianto.

§ 3º. Quando requisitado pelo SUS, é obrigatório o fornecimento, pelas empresas que tenham utilizado o amianto no Estado de São Paulo até a data da entrada em vigor desta Lei, de informações referentes aos empregados e ex-empregados que tenham sido expostos ao amianto, como nome e endereço completos, cargo ou função, data de nascimento, data de admissão e, se for o caso, da demissão, data da cessação da exposição, diagnóstico dos exames clínico e radiológico e prova de função pulmonar, inclusive exames complementares, se houver.

Art. 7º. A não observância ao disposto nesta Lei é considerada infração sanitária e sujeitará o infrator às penalidades estabelecidas no Título IV, do Livro III, da Lei nº 10.083, de 23 de setembro de 1998 – Código Sanitário do Estado de São Paulo.

§ 1º. Sem prejuízo das sanções previstas no *caput* deste artigo, ficam os infratores obrigados a providenciar o descarte ambientalmente adequado, em aterro industrial para disposição final de lixo perigoso (Classe I), licenciado pelo órgão ambiental estadual, de quaisquer produtos, materiais, matérias-primas ou artefatos que contenham quaisquer tipos de amianto ou asbesto em quaisquer concentrações.

(*) § 1º acrescido pela Lei nº 16.048, de 10.12.2015.

§ 2º. O prazo para a realização do descarte será estipulado pela autoridade fiscalizadora.

(*) § 2º acrescido pela Lei nº 16.048, de 10.12.2015.

§ 3º. O não cumprimento do prazo disposto no § 2º deste artigo acarretará a aplicação de multa no valor de 1.000 (mil) a 10.000 (dez mil) Unidades Fiscais do Estado de São Paulo – UFESPs.

(*) § 3º acrescido pela Lei nº 16.048, de 10.12.2015.

§ 4º. A reincidência no descumprimento da presente lei acarretará a interdição do estabelecimento, com a revogação temporária ou definitiva de seu alvará de funcionamento, quando couber.

(*) § 4º acrescido pela Lei nº 16.048, de 10.12.2015.

Art. 8º. As despesas decorrentes da execução desta Lei correrão à conta de dotações orçamentárias próprias.

Art. 9º. Esta Lei entra em vigor na data de sua publicação.

Palácio dos Bandeirantes, 26 de julho de 2007.

José Serra

DOE de 27.7.2007

ANEXO I
TERMO DE RESPONSABILIDADE TÉCNICA

De acordo com o § 3º do art. 3º da Lei nº 12.684, de 26 de julho de 2007, declaro, sob as penas da lei, que no estabelecimento situado à (...), não são utilizados produtos, materiais ou artefatos que contenham quaisquer tipos de amianto ou asbesto ou outros minerais que, porventura, o contenham acidentalmente em sua composição, tais como talco, vermiculita, pedra sabão etc.

Estou ciente de que, no caso de demolição ou substituição de materiais que contenham amianto em sua composição, deverão ser atendidas as normas técnicas de proteção e preservação da saúde do trabalhador e da comunidade.

Assinatura do Proprietário ou Responsável Técnico

LEI Nº 13.541, DE 7 DE MAIO DE 2009

Proíbe o consumo de cigarros, cigarrilhas, charutos, cachimbos ou de qualquer outro produto fumígeno, derivado ou não do tabaco, na forma que especifica.

(*) Ver ADIN nº 4.249 de 1º.6.2009 – Requerente: Confederação Nacional do Turismo – CNTUR. Requerido: Assembleia Legislativa do Estado de São Paulo, Governador do Estado de São Paulo. Objeto: Lei nº 13.541, de 7 de maio de 2009. Liminar: Aguardando julgamento. Resultado Final: Aguardando julgamento.

O Governador do Estado de São Paulo:

Faço saber que a Assembleia Legislativa decreta e eu promulgo a seguinte Lei:

Art. 1º. Esta Lei estabelece normas de proteção à saúde e de responsabilidade por dano ao consumidor, nos termos do art. 24, incisos V, VIII e XII, da Constituição Federal, para criação de ambientes de uso coletivo livres de produtos fumígenos.

Art. 2º. Fica proibido no território do Estado de São Paulo, em ambientes de uso coletivo, públicos ou privados, o consumo de cigarros, cigarrilhas, charutos ou de qualquer outro produto fumígeno, derivado ou não do tabaco.

§ 1º. Aplica-se o disposto no *caput* deste artigo aos recintos de uso coletivo, total ou parcialmente fechados em qualquer dos seus lados por parede, divisória, teto ou telhado, ainda que provisórios, onde haja permanência ou circulação de pessoas.

§ 2º. Para os fins desta Lei, a expressão "recintos de uso coletivo" compreende, dentre outros, os ambientes de trabalho, de estudo, de cultura, de culto religioso, de lazer, de esporte ou de entretenimento, áreas comuns de condomínios, casas de espetáculos, teatros, cinemas, bares, lanchonetes, boates, restaurantes, praças de alimentação, hotéis, pousadas, centros comerciais, bancos e similares, supermercados, açougues, padarias, farmácias e drogarias, repartições públicas, instituições de saúde, escolas, museus, bibliotecas, espaços de exposições, veículos públicos ou privados de transporte coletivo, viaturas oficiais de qualquer espécie e táxis.

§ 3º. Nos locais previstos nos parágrafos 1º e 2º deste artigo deverá ser afixado aviso da proibição, em pontos de ampla visibilidade, com indicação de telefone e endereço dos órgãos estaduais responsáveis pela vigilância sanitária e pela defesa do consumidor.

Art. 3º. O responsável pelos recintos de que trata esta Lei deverá advertir os eventuais infratores sobre a proibição nela contida, bem como sobre a obrigatoriedade, caso persista na conduta coibida, de imediata retirada do local, se necessário mediante o auxílio de força policial.

Art. 4º. Tratando-se de fornecimento de produtos e serviços, o empresário deverá cuidar, proteger e vigiar para que no local de funcionamento de sua empresa não seja praticada infração ao disposto nesta Lei.

Parágrafo único. O empresário omisso ficará sujeito às sanções previstas no art. 56 da Lei Federal nº 8.078, de 11 de setembro de 1990 – Código de Defesa do Consumidor, aplicáveis na forma de seus arts. 57 a 60, sem prejuízo das sanções previstas na legislação sanitária.

Art. 5º. Qualquer pessoa poderá relatar ao órgão de vigilância sanitária ou de defesa do consumidor da respectiva área de atuação, fato que tenha presenciado em desacordo com o disposto nesta Lei.

§ 1º. O relato de que trata o *caput* deste artigo conterá:

1 – a exposição do fato e suas circunstâncias;

2 – a declaração, sob as penas da lei, de que o relato corresponde à verdade;

3 – a identificação do autor, com nome, prenome, número da cédula de identidade, seu endereço e assinatura.

§ 2º. A critério do interessado, o relato poderá ser apresentado por meio eletrônico, no sítio de rede mundial de computadores – "internet" dos órgãos referidos no *caput* deste artigo, devendo ser ratificado, para atendimento de todos os requisitos previstos nesta Lei.

§ 3º. O relato feito nos termos deste artigo constitui prova idônea para o procedimento sancionatório.

Art. 6º. Esta Lei não se aplica:

I – aos locais de culto religioso em que o uso de produto fumígeno faça parte do ritual;

II – às instituições de tratamento da saúde que tenham pacientes autorizados a fumar pelo médico que os assista;

III – às vias públicas e aos espaços ao ar livre;

IV – às residências;

V – aos estabelecimentos específica e exclusivamente destinados ao consumo no próprio local de cigarros, cigarrilhas, charutos, cachimbos ou de qualquer outro produto fumígeno, derivado ou não do tabaco, desde que essa condição esteja anunciada, de forma clara, na respectiva entrada.

Parágrafo único. Nos locais indicados nos incisos I, II e V deste artigo deverão ser adotadas condições de isolamento, ventilação ou exaustão do ar que impeçam a contaminação de ambientes protegidos por esta Lei.

Art. 7º. As penalidades decorrentes de infrações às disposições desta Lei serão impostas, nos respectivos âmbitos de atribuições, pelos órgãos estaduais de vigilância sanitária ou de defesa do consumidor.

Parágrafo único. O início da aplicação das penalidades será precedido de ampla campanha educativa, realizada pelo Governo do Estado nos meios de comunicação, como jornais, revistas, rádio e televisão, para esclarecimento sobre os deveres, proibições e sanções impostos por esta Lei, além da nocividade do fumo à saúde.

Art. 8º. Caberá ao Poder Executivo disponibilizar em toda a rede de saúde pública do Estado, assistência terapêutica e medicamentos antitabagismo para os fumantes que queiram parar de fumar.

Art. 9º. Esta Lei entra em vigor no prazo de 90 (noventa) dias após a data de sua publicação.

Palácio dos Bandeirantes, 7 de maio de 2009.

José Serra

DOE de 8.5.2009

LEI Nº 14.186, DE 15 DE JULHO DE 2010

Dispõe sobre a coleta, o recolhimento e o destino final das embalagens plásticas de óleos lubrificantes, e dá outras providências correlatas.

O Governador do Estado de São Paulo:

Faço saber que a Assembleia Legislativa decreta e eu promulgo a seguinte Lei:

Art. 1º. Os usuários de óleos lubrificantes, seus componentes e afins deverão efetuar a devolução das embalagens vazias aos estabelecimentos comerciais em que tais produtos foram adquiridos.

§ 1º. Os pontos de distribuição ou comercialização de óleos lubrificantes ficarão obrigados a aceitar a devolução das embalagens vazias, acondicionando-as adequadamente conforme as normas ambientais e de saúde pública, bem como as recomendações dos fabricantes, importadores e distribuidores.

§ 2º. A devolução poderá ser intermediada por postos ou centros de recolhimento, desde que autorizados, licenciados e fiscalizados pelo órgão competente.

Art. 2º. Os fabricantes, importadores e distribuidores de óleos lubrificantes deverão disponibilizar unidades de recebimento de embalagens vazias de óleos lubrificantes, nos pontos de venda, para posterior recolhimento.

Parágrafo único. O recebimento e a armazenagem das embalagens vazias devolvidas poderão ser feitos por coletores terceirizados credenciados, desde que devidamente licenciados e autorizados pelo órgão ambiental.

Art. 3º. A coleta e a destinação final adequada das embalagens vazias, após a sua devolução pelos usuários, são obrigações dos fabricantes, importadores e distribuidores de óleos lubrificantes.

§ 1º. Os fabricantes, importadores e distribuidores de óleos lubrificantes poderão atender ao disposto no *caput* de forma conjunta.

§ 2º. A contratação de coletor terceirizado não exonerará os fabricantes, importadores e distribuidores da responsabilidade pela coleta e destinação adequadas das embalagens de óleo lubrificante vazias devolvidas.

§ 3º. Os fabricantes, importadores e distribuidores responderão solidariamente pelas ações e omissões dos coletores que contratarem.

Art. 4º. Os fabricantes, importadores e distribuidores de óleos lubrificantes, em conjunto com o Poder Público, no que diz respeito às respectivas embalagens vazias, implementarão o seguinte:

I – campanhas de esclarecimento sobre a importância de sua destinação final ambientalmente correta;

II – programas educativos e mecanismos de estímulo a sua devolução por parte dos usuários.

Art. 5º. As embalagens de óleos lubrificantes vazias não poderão ser reutilizadas nem destinadas a aterros sanitários ou descartadas, direta ou indiretamente, sobre o solo, no subsolo, nas águas interiores, no mar territorial e nos sistemas de esgoto ou evacuação de águas residuais.

Parágrafo único. Fica autorizada a reciclagem das embalagens de óleo lubrificante vazias, desde que realizada por meio de processo tecnológico de comprovada eficácia ambiental, aprovado pelo órgão ambiental competente.

Art. 6º. Competirá aos órgãos de meio ambiente, no que diz respeito a esta Lei:

I – condicionar a renovação da licença ambiental de operação das unidades de fabricação, distribuição e revenda de óleos lubrificantes à comprovação de seu cumprimento;

II – exercer sua fiscalização.

Art. 7º. O descumprimento do disposto nesta Lei sujeitará os infratores às penalidades previstas nas Leis Federais nº 6.938, de 31 de agosto de 1981, e nº 9.605, de 12 de fevereiro de 1998, e no Decreto Federal nº 6.514, de 22 de julho de 2008.

Art. 8º. O Poder Executivo regulamentará esta Lei no prazo de 90 (noventa) dias contados a partir da data de sua publicação.

Art. 9º. Os fabricantes, importadores, distribuidores e revendedores de óleos lubrificantes cumprirão as exigências desta Lei no prazo de 180 (cento e oitenta) dias, contados a partir da data de sua publicação.

Art. 10. Esta Lei entra em vigor na data de sua publicação.

Palácio dos Bandeirantes, 15 de julho de 2010.

Alberto Goldman

DOE de 16.7.2010

LEI Nº 14.547, DE 14 DE SETEMBRO DE 2011

Assegura a gratuidade na utilização de banheiros públicos nas estações rodoviárias no Estado de São Paulo.

O Governador do Estado de São Paulo:

Faço saber que a Assembleia Legislativa decreta e eu promulgo a seguinte lei:

Art. 1º. As concessionárias ou permissionárias de serviços públicos responsáveis pela administração de estações rodoviárias deverão manter sanitários públicos para utilização dos seus usuários, ficando vedado qualquer tipo de cobrança.

Parágrafo único. O serviço a ser ofertado deverá observar as condições de higiene e conservação adotadas conforme normas e padrões internacionais.

Art. 2º. Os sanitários públicos terão normas de construção, para efeito de licenciamento da respectiva edificação, baixadas pela autoridade competente e destinadas a facilitar o acesso a esses locais pelas pessoas com deficiência e idosos com mobilidade reduzida, nos termos da Lei federal nº 10.048, de 8 de novembro de 2000.

Art. 3º. O descumprimento desta Lei sujeitará os infratores à multa diária de 300 UFESPs (trezentas Unidades Fiscais do Estado de São Paulo).

Art. 4º. O Poder Executivo estabelecerá o órgão responsável para fiscalizar e assegurar o fiel cumprimento desta Lei.

Art. 5º. Esta Lei entra em vigor na data de sua publicação.

Palácio dos Bandeirantes, 14 de setembro de 2011.

Geraldo Alckmin

DOE de 15.9.2011

LEI Nº 14.687, DE 2 DE JANEIRO DE 2012

Institui o Programa pró conexão de subsídio financeiro à população de baixa renda para a realização de obras necessárias à efetivação de ligações domiciliares de esgoto que demandem execução de ramais intradomiciliares.

O Governador do Estado de São Paulo:

Faço saber que a Assembleia Legislativa decreta e eu promulgo a seguinte lei:

Art. 1º. Fica criado, no âmbito da Secretaria de Saneamento e Recursos Hídricos, o Programa Pró-Conexão, destinado a subsidiar financeiramente a execução de ramais intradomiciliares necessária à efetivação de ligações à rede pública coletora de esgoto, em domicílios de famílias de baixa renda que concordem em aderir ao Programa, nos Municípios que tenham os seus serviços operados pela Companhia de Saneamento Básico do Estado de São Paulo – SABESP.

§ 1º. As famílias de baixa renda previstas no *caput* deste artigo são aquelas entendidas como a unidade nuclear, eventualmente ampliada por outros indivíduos que com ela possuam laços de parentesco ou de afinidade, que forme um grupo doméstico, vivendo sob o mesmo teto e que se mantém pela contribuição de seus membros, contribuição essa que nunca será superior a três salários mínimos. Os demais critérios para escolha das áreas beneficiárias do Programa Pró-Conexão serão estabelecidos em regulamento.

§ 2º. A adesão dos Municípios ocorrerá por meio de Termo de Cooperação, após a edição de lei municipal que obrigue os usuários a se conectarem às redes públicas coletoras de esgoto.

§ 3º. Fica o Governo do Estado autorizado a criar programa desta natureza, para firmar convênios com os Municípios não operados pela SABESP.

§ 4º. A definição dos locais prioritários de aplicação do programa será feita em conjunto entre o Município e a SABESP, respeitados o plano de saneamento local, os critérios e os requisitos a serem estabelecidos na regulamentação desta Lei.

Art. 2º. Para os efeitos desta Lei, considera-se:

I – execução de ramal intradomiciliar: obras civis para a implantação, nas dependências internas de um imóvel, de um conjunto de tubulações e caixas de inspeção, cuja finalidade é a de receber os esgotos provenientes dos ramais de descarga do imóvel e lançá-los no ramal predial de esgoto, incluindo-se, ainda, limpeza, remoção e destinação final dos entulhos resultantes;

II – ramal de descarga: tubulação que recebe diretamente os esgotos dos aparelhos sanitários;

III – ramal predial de esgoto: tubulações e dispositivos situados entre a caixa de inspeção do imóvel e a rede de coleta pública de esgotos;

IV – servidão de passagem: autorização para passagem de tubulação de esgotos através de imóvel vizinho objetivando sua ligação à rede coletora pública.

Art. 3º. A execução, direta ou indireta, das obras e serviços integrantes do Programa Pró-Conexão será de inteira responsabilidade da SABESP, cabendo à Municipalidade a fiscalização dos serviços executados, sem prejuízo das atribuições das entidades reguladoras e fiscalizadoras de saneamento.

Art. 4º. As despesas com o Programa Pró-Conexão serão custeadas na seguinte conformidade:

I – 80% (oitenta por cento) pelo Estado de São Paulo, por meio dos créditos relativos aos dividendos ou juros sobre capital próprio devidos pela SABESP, os quais constarão no orçamento do Estado em conta apropriada;

II – 20% (vinte por cento) pela SABESP, de acordo com deliberação de seu Conselho de Administração.

Art. 5º. As Secretarias de Saneamento e Recursos Hídricos e da Fazenda estabelecerão, por resolução conjunta:

I – a definição da meta anual de execução de ramais intradomiciliares a ser efetivada pela SABESP;

II – os critérios para o pagamento, pelo Estado de São Paulo, dos serviços prestados pela SABESP na execução dos ramais intradomiciliares de esgoto;

III – os mecanismos de fiscalização, auditoria e prestação de contas das despesas decorrentes da execução dos ramais intradomiciliares efetuada pela SABESP;

IV – os critérios para estabelecimento dos requisitos mínimos a serem cumpridos pelos beneficiários do Programa Pró-Conexão.

Art. 6º. Esta Lei entra em vigor na data de sua publicação.

Palácio dos Bandeirantes, 2 de janeiro de 2012.

Geraldo Alckmin

DOE de 3.1.2012

LEI Nº 15.413, DE 9 DE MAIO DE 2014

Dispõe sobre o tratamento térmico por cremação de animais mortos provenientes de estabelecimentos de ensino e pesquisa e de assistência à saúde veterinária sediados no Estado de São Paulo.

O Presidente da Assembleia Legislativa:

Faço saber que a Assembleia Legislativa decreta e eu promulgo, nos termos do art. 28, § 8º, da Constituição do Estado, a seguinte Lei:

TÍTULO I
DOS PRINCÍPIOS GERAIS

Art. 1º. Esta Lei dispõe sobre o tratamento térmico por cremação de animais mortos provenientes de estabelecimentos de ensino e pesquisa, e de assistência à saúde veterinária e outros resíduos provenientes de procedimentos cirúrgicos do ser humano, produto de fecundação sem sinais vitais, com peso menor que 500g (quinhentos gramas) ou estatura menor que 25cm (vinte e cinco centímetros) ou idade gestacional menor que 20 (vinte) semanas, que não tenham valor científico ou legal, e não tenha havido requisição pelo paciente ou familiares, provenientes de estabelecimento de assistência à saúde, de ensino e pesquisa, sediados no Estado de São Paulo, e dá outras providências.

Art. 2º. São princípios desta Lei:

I – a prevenção e a precaução enquanto medidas aplicáveis ao gerenciamento de resíduos de serviços de saúde, enquanto instrumento de reconhecimento e controle do inerente potencial de risco biológico, químico, radioativo de acidentes causados por materiais perfurantes e cortantes destes resíduos;

II – a minimização de riscos ocupacionais, ambientais e de saúde pública derivados do manuseio de resíduos dos Grupos A2, A3 e A4;

III – a correção dos procedimentos de manuseio de resíduos de serviços de saúde e dos materiais, equipamentos e instalações utilizados tanto intra quanto extra estabelecimento;

IV – a adoção do tratamento prévio, por cremação, de:

a) animais mortos (carcaças, peças anatômicas, vísceras, camas e forrações), enquanto instrumento de prevenção, precaução e minimização de riscos;

b) peças anatômicas (membros, órgão e tecidos) e outros resíduos provenientes de procedimentos cirúrgicos do ser humano, produto de fecundação sem sinais vitais, com peso menor que 500g (quinhentos gramas) ou estatura menor que 25cm (vinte e cinco centímetros) ou idade gestacional menor que 20 (vinte) semanas, que não tenham valor científico ou legal, e não tenha havido requisição pelo paciente e familiares;

V – (vetado).

TÍTULO II
DAS DEFINIÇÕES

Art. 3º. Para efeitos desta Lei, definem-se como:

I – animais mortos: resíduos de serviços de saúde classificados pelas resoluções do Conselho Nacional do Meio Ambiente – CONAMA nº 358/2005 e RDC Agência Nacional de Vigilância Sanitária – ANVISA 306/2004 e suas atualizações, como pertencentes aos Grupos:

a) A2 ("Carcaças, peças anatômicas, vísceras e outros resíduos provenientes de animais submetidos a processos de experimentação com inoculação de microorganismos, bem como suas forrações, e os cadáveres de animais suspeitos de serem portadores de microorganismos de relevância epidemiológica e com risco de disseminação, que foram submetidos ou não a estudo anátomo-patológico ou confirmação diagnóstica.");

b) A4 ("Carcaças, peças anatômicas, vísceras e outros resíduos provenientes de animais não submetidos a processos de experimentação com inoculação de microorganismos, bem como suas forrações.");

II – cremação: processo de tratamento térmico de redução de restos mortais por desidratação e combustão, ao fim do qual a matéria orgânica constitutiva dos corpos é integralmente consumida, eliminando qualquer risco de contaminação ou propagação de agentes etiológicos efetiva ou potencialmente presentes na matéria de origem. As cinzas resultantes do processo – ossos calcinados – são absolutamente inertes, uma vez constituídas da matriz mineral;

III – disposição final: descarte de resíduos no solo, em aterro sanitário ou industrial, conforme definidos nos incisos VII e VIII do art. 5º da Lei Estadual nº 12.300, de 16 de março de 2006:

a) aterro sanitário: local utilizado para disposição final de resíduos urbanos, onde são aplicados critérios de engenharia e normas operacionais especiais para confinar esses resíduos com segurança, do ponto de vista de controle da poluição ambiental e proteção à saúde pública;

b) aterro industrial: técnica de disposição final de resíduos sólidos perigosos ou não perigosos, que utiliza princípios específicos de engenharia para seu seguro confinamento, sem causar danos ou riscos à saúde pública e à segurança, e que evita a contaminação de águas superficiais, pluviais e subterrâneas, e minimiza os impactos ambientais;

IV – coleta externa: operação de recolhimento dos resíduos de serviços de saúde definidos no artigo 3º desta Lei, desde o estabelecimento gerador até o sistema crematório ou, quando couber, até a instalação de transbordo;

V – forno crematório: equipamento onde, pelas características de construção e operação, se dá, efetivamente, o processo de cremação, devendo observar:

a) sistema de câmaras múltiplas, dispostas em retorta com grelha (soleira) fixa;

b) no mínimo duas câmaras, a primeira destinada à queima de resíduos e a segunda à queima dos gases, sendo desejável uma terceira para pós combustão;

c) temperatura de operação de 850ºC (oitocentos e cinquenta graus Celsius) na câmara primária, 950ºC (novecentos e cinquenta graus Celsius) na câmara secundária e 1000ºC (mil graus Celsius) na câmara terciária;

d) tempo de retenção na câmara primária maior ou igual a 60min (sessenta minutos) e na secundária maior ou igual a 0,8s (oito décimos de segundo);

e) injeção controlada de ar a fim de assegurar operação sob atmosfera saturada (excesso de ar);

f) cremadores dispostos de sorte a possibilitar incidência direta da chama provocando a exposição dos restos a cremar a elevadas temperaturas acelerando assim sua redução;

g) monitoramento contínuo do processo;

VI – instalação de transbordo – edificação que abriga equipamento de armazenamento de resíduos definidos no artigo 3º desta Lei, sob refrigeração a temperaturas iguais ou inferiores a -4ºC (quatro graus Celsius negativos), no aguardo do encaminhamento ao sistema crematório;

VII – sistema crematório – conjunto de instalações, recursos e serviços necessários à operação do forno em si de apoio tais como: administrativo, controle operacional, saúde e segurança ocupacional, e desinfecção de instalações e equipamentos;

VIII – tratamento – aplicação de técnica destinada a eliminar, com eficiência e eficácia, as características de risco presentes num resíduo, por meio de processos físicos, químicos ou biológicos.

TÍTULO III
DO SISTEMA CREMATÓRIO

Art. 4º. Toda instalação destinada à cremação de animais deverá ser projetada, implantada e operada conforme a legislação vigente do Conselho Nacional do Meio Ambiente – CONAMA e dos órgãos competentes de controle ambiental e de saúde pública.

Parágrafo único. Os aspectos relativos à saúde e segurança ocupacional deverão observar as determinações da Norma Regulamentadora NR 32, do Ministério do Trabalho e Emprego – MTE, e suas atualizações.

Art. 5º. O forno crematório é objeto de licenciamento ambiental conforme estabelecido na Lei Estadual nº 997, de 31 de maio de 1976, e no Decreto nº 8.468, de 8 de setembro de 1976, observadas suas atualizações.

Parágrafo único. São exigíveis, igualmente, os critérios estabelecidos na Norma Técnica CETESB E15.011 e suas atualizações.

Art. 6º. São requisitos exigíveis para as instalações constitutivas do sistema crematório:

I – área de recepção:

a) vetado;

b) vetado;

II – área de estocagem pré-cremação:

a) vetado;

b) vetado;

c) vetado;

d) vetado;

e) vetado;

III – área de estocagem de cinzas:

a) vetado;

b) vetado;

c) vetado;

IV – área de higienização:

a) vetado;

b) vetado;

c) vetado;

d) vetado;

e) vetado;

f) vetado.

Art. 7º. O sistema crematório, por sua administração, deverá elaborar e manter atualizado o Plano de Manejo de Resíduos, constante de:

I – plano de procedimentos operacionais (POP);

II – plano de monitoramento ambiental;

III – plano de contingências;

IV – plano de atuação em emergências;

V – plano de encerramento de atividades.

Parágrafo único. A elaboração destes planos deverá observar tanto as determinações emanadas da Resolução CONAMA nº 316/2002 e suas atualizações, quanto as definidas pela Companhia Ambiental do Estado de São Paulo – CETESB.

Art. 8º. Os sistemas crematórios poderão prestar serviços de cremação dos resíduos definidos no art. 3º desta Lei sob os regimes de contratação direta, concessão, empreitada, conforme as peculiaridades locais do município onde estejam instalados.

TÍTULO IV
DOS SERVIÇOS, INSTALAÇÕES E ATIVIDADES COMPLEMENTARES

Art. 9º. (Vetado).

Art. 10. Os estabelecimentos de serviços de saúde geradores dos resíduos definidos no artigo 3º desta Lei deverão:

I – ser cadastrados junto aos órgãos locais de limpeza urbana e saúde pública;

II – acondicionar os resíduos em sacos plásticos conforme Norma ABNT NBR 9191, a serem mantidos sob refrigeração a temperaturas iguais ou inferiores a -4ºC (quatro graus Celsius negativos) até o momento da coleta externa;

III – elaborar e entregar, no momento da coleta externa, documentação de transporte conforme determinações da Resolução ANTT/ 420/2004.

Art. 11. Os veículos de coleta e transporte de resíduos de serviços de saúde, definidos no artigo 3º desta Lei, devem:

I – observar as determinações da Norma ABNT NBR 12810;

II – possuir sistema de refrigeração operando a temperaturas iguais ou inferiores a -4ºC (quatro graus Celsius negativos);

III – ser identificados com a simbologia de substância infectante, conforme Norma ABNT NBR 7500 e com o número de risco dos resíduos;

IV – possuir identificação da municipalidade e da empresa coletora.

§ 1º. A acomodação da carga no interior do veículo poderá se realizar em contêineres conforme a Norma ABNT NBR 12810.

§ 2º. O veículo poderá operar com sistema de plataforma elevatória para a carga e descarga dos contêineres.

Art. 12. A depender das condições locais, das quantidades a serem coletadas e da logística própria da coleta, desde o estabelecimento gerador até o transporte para o sistema crematório, uma estação de transbordo poderá ser construída e operada, observando-se:

I – área com acesso restrito às operações de carga e descarga da coleta externa e do transporte ao sistema crematório, com estrutura em alvenaria e laje de cobertura, piso, paredes e teto de material liso, resistente, lavável e impermeável;

II – ponto de água, iluminação natural e artificial, ralo sifonado ligado à rede de esgoto, com tampa dotada de dispositivo de fechamento;

III – sistema de armazenamento temporário da carga, operando com temperatura igual ou inferior a -4ºC (quatro graus Celsius negativos);

IV – acomodação da carga de resíduos definidos no artigo 3º desta Lei em contêineres conforme Norma ABNT NBR 12810, a serem dispostos no interior do sistema de armazenamento;

V – identificação de simbologia de substância infectante, conforme Norma ABNT NBR 7500;

VI – limpeza e desinfecção simultâneas do sistema de armazenamento temporário e da área onde se encontra, com solução bactericida associada a detergente, e água, preferencialmente quente, e sob pressão;

VII – instalação de apoio à higienização das mãos dos funcionários responsáveis pelas operações, conforme preconizado pela Norma Regulamentadora NR32 do Ministério do Trabalho e Emprego – MTE;

VIII – registro de entrada e saída da carcaça.

TÍTULO IV
DAS DISPOSIÇÕES FINAIS

Art. 13. Vetado.

Art. 14. O Poder Executivo, no prazo de 90 (noventa) dias, regulamentará esta Lei.

Art. 15. Esta Lei entra em vigor na data de sua publicação.

Assembleia Legislativa do Estado de São Paulo, aos 9 de maio de 2014.

Samuel Moreira, Presidente

DOE de 10.5.2014

DECRETOS

DECRETO Nº 8.468, DE 8 DE SETEMBRO DE 1976

Aprova o Regulamento da Lei nº 997, de 31 de maio de 1976, que dispõe sobre a prevenção e o controle da poluição do meio ambiente.

Paulo Egydio Martins, Governador do Estado de São Paulo, no uso de suas atribuições legais,

Decreta:

Art. 1º. Fica aprovado o Regulamento, anexo ao presente decreto da Lei nº 997, de 31 de maio de 1976, que dispõe sobre a prevenção e o controle da poluição do meio ambiente.

Art. 2º. Este Decreto entrará em vigor na data de sua publicação.

Palácio dos Bandeirantes, 8 de setembro de 1976.

Paulo Egydio Martins

DOE de 9.9.1976

ANEXO
A que se refere o Decreto nº 8.468, de 8 de setembro de 1976

Regulamento da Lei nº 997, de 31 de maio de 1976, que dispõe sobre a Prevenção e o Controle da Poluição do Meio Ambiente

TÍTULO I
DA PROTEÇÃO DO MEIO AMBIENTE

Capítulo I
DAS DISPOSIÇÕES PRELIMINARES

Art. 1º. O sistema de prevenção e controle da poluição do meio ambiente passa a ser regido na forma prevista neste Regulamento.

Art. 2º. Fica proibido o lançamento ou a liberação de poluentes nas águas, no ar ou no solo.

Art. 3º. Considera-se poluente toda e qualquer forma de matéria ou energia lançada ou liberada nas águas, no ar ou no solo:

I – com intensidade, em quantidade e de concentração, em desacordo, com os padrões de emissão estabelecidos neste Regulamento e normas dele decorrentes;

II – com características e condições de lançamento ou liberação, em desacordo com os padrões de condicionamento e projeto estabelecidos nas mesmas prescrições.

III – por fontes de poluição com características de localização e utilização em desacordo com os referidos padrões de condicionamento e projeto;

IV – com intensidade, em quantidade e de concentração ou com características que, direta ou indiretamente, tornem ou possam tornar ultrapassáveis os padrões de qualidade do meio ambiente estabelecidos neste Regulamento e normas dele decorrentes;

V – que, independentemente de estarem enquadrados nos incisos anteriores, tornem ou possam tornar as águas, o ar ou o solo impróprios, nocivos ou ofensivos à saúde; inconvenientes ao bem estar público; danosos aos materiais à fauna e à flora, prejudiciais à segurança, ao uso e gozo da propriedade, bem como às atividades normais da comunidade.

Art. 4º. São consideradas fontes de poluição todas as obras, atividades, instalações, empreendimentos, processos, operações, dispositivos móveis ou imóveis, ou meios de transporte que, direta ou indiretamente, causem ou possam causar poluição ao meio ambiente.

Parágrafo único. Para efeito da aplicação deste artigo, entende-se como fontes móveis todos os veículos automotores, embarcações e assemelhados e como fontes estacionárias, todas as demais.

(*) Art. 4º com redação dada pelo Decreto nº 39.551, de 18.11.1994.

Capítulo II
DA COMPETÊNCIA

Art. 5º. Compete à Companhia Estadual de Tecnologia de Saneamento Básico e de Defesa do Meio Ambiente – CETESB, na qualidade de órgão delegado do Governo do Estado de São Paulo, a aplicação da Lei nº 997, de 31 de maio de 1976, deste Regulamento e das normas dele decorrentes.

Art. 6º. No exercício da competência prevista no artigo anterior, incluem-se entre as atribuições da CETESB, para controle e preservação do meio ambiente:

I – estabelecer e executar planos e programas de atividades de prevenção e controle da poluição;

II – efetuar levantamento organizado e manter o cadastro das fontes de poluição e inventariar as fontes prioritárias – fixas e móveis – de poluição, segundo metodologias reconhecidas internacionalmente, a serem adotadas a critério da CETESB;

(*) Inciso II com redação dada pelo Decreto nº 50.753, de 28.4.2006.

III – programar e realizar coleta de amostras, exames de laboratórios e análises de resultados, necessários à avaliação da qualidade do referido meio;

IV – elaborar normas especificações e instruções técnicas relativas ao controle da poluição;

V – avaliar o desempenho de equipamentos e processos, destinados aos fins deste artigo;

VI – autorizar a instalação, construção, ampliação, bem como a operação ou funcionamento das fontes de poluição definidas neste Regulamento;

VII – estudar e propor aos Municípios, em colaboração com os órgãos competentes do Estado as normas a serem observadas ou introduzidas nos Planos Diretores urbanos e regionais do interesse do controle da poluição e da preservação do mencionado meio;

VIII – fiscalizar as emissões de poluentes feitas por entidades públicas e particulares;

IX – efetuar inspeções em estabelecimentos, instalações e sistemas que causem ou possam causar a emissão de poluentes;

X – efetuar exames em águas receptoras, efluentes e resíduos;

XI – solicitar a colaboração de outras entidades, públicas ou particulares, para a obtenção de informações sobre ocorrências relativas à poluição do referido meio;

XII – fixar, quando for o caso, condições a serem observadas pelos efluentes a serem lançados nas redes de esgotos;

XIII – exercer a fiscalização e aplicar as penalidades previstas neste Regulamento;

XIV – quantificar as cargas poluidoras e fixar os limites das cargas permissíveis por fontes, nos casos de vários e diferentes lançamentos e emissões em um mesmo corpo receptor ou em uma mesma região;

XV – analisar e aprovar planos e programas de tratamento e disposição de esgotos.

TÍTULO II
DA POLUIÇÃO DAS ÁGUAS

Capítulo I
DA CLASSIFICAÇÃO DAS ÁGUAS

Art. 7º. As águas interiores situadas no território do Estado, para os efeitos deste Regulamento, serão classificadas segundo os seguintes usos preponderantes;

I – CLASSE 1 – águas destinadas ao abastecimento doméstico, sem tratamento prévio ou com simples desinfecção;

II – CLASSE 2 – águas destinadas ao abastecimento doméstico, após tratamento convencional à irrigação de hortaliças ou plantas frutíferas e à recreação de contato primário (natação, esqui aquático e mergulho);

III – CLASSE 3 – águas destinadas ao estabelecimento domésticos, após tratamento convencional, à preservação de peixes em geral e de outros elementos da fauna e da flora e à descendentação de animais;

IV – CLASSE 4 – águas destinadas ao abastecimento doméstico, após tratamento avançado, ou à navegação, à harmonia paisagística, ao abastecimento industrial, à irrigação e a usos menos exigentes.

§ 1º. Não há impedimento no aproveitamento de águas de melhor qualidade em usos menos exigentes, desde que tais usos não prejudiquem a qualidade estabelecida para essas águas.

§ 2º. A classificação de que trata o presente artigo poderá abranger parte ou totalidade da coleção de água, devendo o decreto que efetuar o enquadramento definir os pontos limites.

Art. 8º. O enquadramento de um corpo de água, em qualquer classe, não levará em conta a existência eventual de parâmetros fora dos limites previstos para a classe referida, devido a condições naturais.

Art. 9º. Não serão objeto de enquadramento nas classes deste Regulamento os corpos de água projetados para tratamento e transporte de águas residuárias.

Parágrafo único. Os projetos de que trata este artigo deverão ser submetidos à aprovação da CETESB, que definirá também a qualidade do efluente.

Capítulo II
DOS PADRÕES

Seção I
Dos Padrões de Qualidade

Art. 10. Nas águas de Classe 1 não serão tolerados lançamentos de efluentes, mesmo tratados.

Parágrafo único. Nos corpos d'água que já recebem contribuição de efluentes sanitários de origem doméstica, comprovada a inviabilidade técnica ou econômica da infiltração ou reversão para outra bacia hidrográfica desses esgotos tratados, será permitido o lançamento desses efluentes desde que devidamente tratados e observados:

1. os padrões de qualidade estabelecidos para Classe 2;

2. os padrões de emissão;

3. o não comprometimento da qualidade das águas, à jusante do lançamento, para os usos previstos;

4. a implantação de sistema de desinfecção do efluente final, quando o sistema de tratamento estiver localizado em Área de Proteção e Recuperação de Mananciais – APRM.

(*) Parágrafo único acrescido pelo Decreto nº 43.594, de 27.10.1998.

Art. 11. Nas águas de Classe 2 não poderão ser lançados efluentes, mesmos tratados, que prejudiquem sua qualidade pela alteração dos seguintes parâmetros ou valores.

I – virtualmente ausentes:

a) materiais flutuantes, inclusive espumas não naturais;

b) substâncias solúveis em hexana;

c) substâncias que comuniquem gosto ou odor;

d) no caso de substâncias potencialmente prejudiciais, até os limites máximos abaixo relacionados:

1. Amônia – 0,5mg/l de N (cinco décimo de miligrama de Nitrogênio por litro)

2. Arsênio – 0,1 mg/l (um décimo de miligrama por litro)

3. Bário – 1,0 mg/l (um miligrama por litro)

4. Cádmio – 0,01 mg/l (um centésimo de miligrama por litro)

5. Cromo (total) – 0,05 mg/l (cinco centésimos de miligrama por litro)

6. Cianeto – 0,2 mg/l (dois décimos de miligrama por litro)

7. Cobre – 1,0 mg/l (um miligrama por litro)

8. Chumbo – 0,1 mg/l (um décimo de miligrama por litro)

9. Estanho – 2 mg/l (dois miligramas por litro)

(*) Item 9 com redação dada pelo Decreto nº 15.425, de 23.7.1980.

10. Fenóis – 0,001 mg/l (um milésimo de miligrama por litro)

11. Flúor – 1,4 mg/l (um miligrama e quatro décimos por litro)

12. Mercúrio – 0,002 mg/l (dois milésimos de miligrama por litro)

13. Nitrato – 10,0 mg/l de N (dez miligramas de Nitrogênio por litro)

14. Nitrito – 1,0 mg/l de N (um miligrama de Nitrogênio por litro)

15. Selênio – 0,01 mg/l (um centésimo de miligrama por litro)

16. Zinco – 5,0 mg/l (cinco miligramas por litro)

II – Proibição de presença de corantes artificiais que não sejam removíveis por processo de coagulação, sedimentação e filtração convencionais;

III – Número Mais Provável (NMP) de coliformes até 5.000 (cinco mil), sendo 1.000 (mil) o limite para os de origem fecal, em 100 ml (cem miligramas), para 80% (oitenta por cento) de, pelo menos, 5 (cinco) amostras colhidas, num período de até 5 (cinco) semanas consecutivas;

IV – Demanda Bioquímica de Oxigênio (DBO) em 5 (cinco) dias, a 20ºC (vinte graus Celsius) em qualquer amostra, até 5 mg/l (cinco miligramas por litro):

V – Oxigênio Dissolvido (OD), em qualquer amostra, não inferior a 5 mg/l (cinco miligramas por litro).

Art. 12. Nas águas de Classe 3 não poderão ser lançados, efluentes, mesmo tratados, que prejudiquem sua qualidade pela alteração dos seguintes parâmetros ou valores:

I – virtualmente ausentes:

a) materiais flutuantes, inclusive espumas não naturais;

b) substâncias solúveis em hexana;

c) substâncias que comuniquem gosto ou odor;

d) no caso de substâncias potencialmente prejudiciais, até os limites máximos abaixo relacionados:

1. Amônia – 0,5 mg/l de N (cinco décimos de miligrama de Nitrogênio por litro)

2. Arsênico – 0,1 mg/l (um décimo de miligrama por litro)

3. Bário – 1,0 mg/l (um miligrama por litro)

4. Cádmio – 0,01 mg/l (um centésimo de miligrama por litro)

5. Cromo (total) – 0,05 mg/l (cinco centésimos de miligrama por litro)

6. Cianeto – 0,2 mg/l (dois décimos de miligrama por litro)

7. Cobre – 1,0 mg/l (um miligrama por litro)

8. Chumbo – 0,1 mg/l (um décimo de miligrama por litro)

9. Estanho – 2 mg/l (dois miligramas por litro)

(*) Item 9 com redação dada pelo Decreto nº 15.425, de 23.7.1980.

10. Fenóis – 0,001 mg/l (um milésimo de miligrama por litro)

11. Flúor – 1.4 mg/l (um miligrama e quatro décimos por litro)

12. Mercúrio – 0,002 mg/l (dois milésimos de miligrama por litro)

13. Nitrato – 10,0 mg/l de N (dez miligramas de Nitrogênio por litro)

14. Nitrito – 1,0 mg/l de N (um miligrama de Nitrogênio por litro)

15. Selênio – 0,01 mg/l (um centésimo de miligrama por litro)

16. Zinco – 5,0 mg/l (cinco miligramas por litro);

II – Proibição de presença de corantes artificiais que não sejam removíveis por processos de coagulação, sedimentação e filtração, convencionais;

III – Número Mais Provável (NMP) de coliformes até 20.000 (vinte mil), sendo 4.000 (quatro mil) o limite para os de origem fecal, em 100 ml (cem mililitros), para 80% (oitenta por cento) de, pelos menos, 5 (cinco) amostras colhidas num período de até 50 (cinco) semanas consecutivas;

IV – Demanda Bioquímica de Oxigênio (DBO), em 5 (cinco) dias, a 20ºC (vinte graus Celsius), até 10 mg/l (dez miligramas por litro) em qualquer dia.

V – Oxigênio Dissolvido (OD), em qualquer amostra, não inferior a 4 mg/l (quatro miligramas por litro).

Art. 13. Nas águas de Classe 4 não poderão ser lançados efluentes, mesmo tratados, que prejudiquem sua qualidade pela alteração dos seguintes valores ou condições:

I – materiais flutuantes, inclusive espumas não naturais virtualmente ausentes;

II – odor e aspecto – não objetáveis;

III – Fenóis: até 1,00 mg/l (um miligrama por litro);

IV – Oxigênio Dissolvido (OD), superior a 0,5 mg/l (cinco décimos de miligrama por litro) em qualquer amostra.

§ 1º. Nos casos das águas de Classe 4 possuírem índices de coliformes superiores aos valores máximos estabelecidos para a Classe 3, poderão elas ser utilizadas para abastecimento público, somente se métodos especiais de tratamento forem utilizados, a fim de garantir sua potabilização.

§ 2º. No caso das águas de Classe 4 serem utilizadas para abastecimento público, aplicam-se os mesmos limites de concentrações, para substâncias potencialmente prejudiciais, estabelecidos, para as águas de Classes 2 e 3, nas alíneas "d" dos incisos I dos arts. 11 e 12, deste Regulamento.

§ 3º. Para as águas de Classe 4, visando a atender necessidades de jusante, a CETESB poderá estabelecer, em cada caso, limites a serem observados para lançamento de cargas poluidoras.

Art. 14. Os limites de Demanda Bioquímica de Oxigênio (DBO), estabelecidos para as Classes 2 e 3, poderão ser levados, caso o estudo de autodepuração do corpo receptor demonstre que os teores mínimos de Oxigênio Dissolvido (OD) previstos não serão desobedecidos em nenhum ponto do mesmo, nas condições críticas de vazão.

Art. 15. Para os efeitos deste Regulamento, consideram-se "Virtualmente ausentes" teores desprezíveis de poluentes, cabendo à CETESB, quando necessário, quantificá-los caso por caso.

Art. 16. Os métodos de análises devem ser os internacionalmente aceitos e especificados no "Standard Methods", última edição, salvo os constantes de normas específicas já aprovadas pela Associação Brasileira de Normas Técnicas (ABNT).

Seção II
Dos Padrões de Emissão

Art. 17. Os efluentes de qualquer natureza somente poderão ser lançados nas águas interiores ou costeiras, superficiais ou subterrâneas, situadas no território do Estado, desde que não sejam considerados poluentes, na forma estabelecida no art. 3º deste Regulamento.

Parágrafo único. A presente disposição aplica-se aos lançamentos feitos, diretamente, por fonte de poluição, ou indiretamente, através de canalizações públicas ou privadas, bem como de outro dispositivo de transporte, próprio ou de terceiros.

Art. 18. Os efluentes de qualquer fonte poluidora somente poderão ser lançados, direta ou indiretamente, nas coleções de água, desde que obedeçam às seguintes condições:

I – pH entre 5,0 (cinco inteiros) e 9,0 (nove inteiros);

II – temperatura inferior a 40ºC (quarenta graus Celsius);

III – materiais sedimentáveis até 1,0 ml/l (um mililitro por litro) em teste de uma hora em "cone imhoff";

IV – substâncias solúveis em hexana até 100 mg/l (cem miligramas por litro);

V – DBO 5 dias, 20ºC no máximo de 60 mg/l (sessenta miligramas por litro). Este limite somente poderá ser ultrapassado no caso de efluente de sistema de tratamento de águas residuárias que reduza a carga poluidora em termos de DBO 5 dias, 20ºC do despejo em no mínimo 80% (oitenta por cento);

VI – concentrações máximas dos seguintes parâmetros:

a) Arsênico – 0,2 mg/l (dois décimos de miligrama por litro)

b) Bário – 5,0 mg/l (cinco miligramas por litro);

c) Boro – 5,0 mg/l (cinco miligramas por litro);

d) Cádmio – 0,2 mg/l (dois décimos de miligrama por litro);

e) Chumbo – 0,5 mg/l (cinco décimos de miligrama por litro);

f) Cianeto – 0,2 mg/l (dois décimos de miligrama por litro);

g) Cobre – 1,0 mg/l (um miligrama por litro);

h) Cromo hexavalente – 0,1 mg/l (um décimo de miligrama por litro);

i) Cromo total – 5,0 mg/l (cinco miligramas por litro);

j) Estanho – 4,0 mg/l (quatro miligramas por litro);

k) Fenol – 0,5 mg/l (cinco décimos de miligrama por litro);

l) Ferro Solúvel (Fe^2 +) – 15,0 mg/l (quinze miligramas por litro)

m) Fluoretos – 10,0 mg/l (dez miligramas por litro)

n) Manganês solúvel (Mn^2 +) – 1,0 mg/l (um miligrama por litro);

o) Mercúrio – 0,01 mg/l (um centésimo de miligrama por litro);

p) Níquel – 2,0 mg/l (dois miligramas por litro);

q) Prata – 0,02 mg/l (dois centésimos de miligrama por litro);

r) Selênio – 0,02 mg/l (dois centésimos de miligrama por litro);

s) Zinco – 5,0 mg/l (cinco miligramas por litro);

VII – outras substâncias, potencialmente prejudiciais, em concentrações máximas a serem fixadas, para cada caso, a critério da CETESB;

VIII – regime de lançamento com vazão máxima de até 1,5 (um vírgula cinco) vezes a vazão média diária.

(*) Inciso VIII com redação dada pelo Decreto nº 15.425, de 23.7.1980.

§ 1º. Além de obedecerem aos limites deste artigo, os efluentes não poderão conferir ao corpo receptor características em desacordo com o enquadramento do mesmo, na Classificação das Águas.

§ 2º. Na hipótese de fonte de poluição geradora de diferentes despejos ou emissões individualizados, os limites constantes desta regulamentação aplicar-se-ão a cada um destes, ou ao conjunto após a mistura a critério da CETESB.

§ 3º. Em caso de efluente com mais de uma substância potencialmente prejudicial, a CETESB poderá reduzir os respectivos limites individuais, na proporção do número de substâncias presentes.

§ 4º. Resguardados os padrões de qualidade do corpo receptor, a CETESB poderá autorizar o lançamento com base em estudos de impacto ambiental, realizado pela entidade responsável pela emissão, fixando o tipo de tratamento e as condições desse lançamento.

(*) § 4º acrescido pelo Decreto nº 15.425, de 23.7.1980.

Art. 19. Onde houver sistema público de esgotos, em condições de atendimento, os efluentes de qualquer fonte poluidora deverão ser nele lançados.

§ 1º. Caso haja impossibilidade técnica de ligação ao sistema público, o responsável pela fonte de poluição deverá comprová-la perante a CETESB, mediante a apresentação de atestado nesse sentido, expedido pela entidade responsável pela operação do sistema, não se constituindo esse atestado condição definitiva para a não ligação da fonte ao referido sistema.

§ 2º. Quando o sistema Público de esgotos estiver em vias de ser disponível, a CETESB poderá estabelecer condições transitórias de lançamento em corpos de água, levando em consideração os planos e cronogramas aprovados pelo Governo Federal ou Estadual, eventualmente existentes.

§ 3º. Evidenciada a impossibilidade técnica do lançamento em sistema público de esgoto, os efluentes poderão, a critério da CETESB, ser lançados transitoriamente em corpos de águas, obedecidas as condições estabelecidas neste Regulamento.

§ 4º. A partir do momento em que o local onde estiver situada a fonte de poluição for provido de sistema público de coleta de esgoto, e houver possibilidade técnica de ligação a ele, o responsável pela fonte deverá providenciar o encaminhamento dos despejos líquidos à rede coletora.

(*) Art. 19 com redação dada pelo Decreto nº 15.425, de 23.7.1980.

Art. 19-A. Os efluentes de qualquer fonte poluidora somente poderão ser lançados em sistema de esgotos, provido de tratamento com capacidade e de tipo adequados, conforme previsto § 4º deste artigo, se obedecerem às seguintes condições:

I – pH entre 6,0 (seis inteiros) e 10,0 (dez inteiros);

II – temperatura inferior a 40ºC (quarenta graus Celsius);

III – materiais sedimentáveis até 20 ml/l (vinte mililitros por litro) em teste de uma hora em "*cone Imhoff*";

IV – ausência de óleo e graxas visíveis e concentração máxima de 150 mg/l (cento e cinquenta miligramas por litro) de substâncias solúveis em hexano;

V – ausência de solventes, gasolina, óleo leves e substâncias explosivas ou inflamáveis em geral;

VI – ausência de despejos que causem ou possam causar obstrução das canalizações ou qualquer interferência na operação das canalizações ou qualquer interferência do sistema de esgoto;

VII – ausência de qualquer substância em concentrações potencialmente tóxicas a processos biológicos de tratamento de esgoto;

VIII – concentrações máximas dos seguintes elementos, conjuntos de elementos ou substâncias:

a) arsênio, cádmio, chumbo, cobre, cromo hexavalente, mercúrio, prata e selênio – 1,5 mg/l (um e meio miligrama por litro) de cada elemento sujeitas à restrição da alínea e deste inciso;

b) cromo total e zinco 5,0 ml/l (cinco miligramas por litro) de cada elemento, sujeitas ainda à restrição da alínea e deste inciso;

c) estanho – 4,0 mg/l (quatro miligramas por litro) sujeita ainda à restrição da alínea e deste inciso;

d) níquel – 2,0 ml/l (dois miligramas por litro), sujeita ainda à restrição da alínea e deste inciso;

e) todos os elementos constantes das alíneas "a" a "d" deste inciso, excetuando o cromo hexavalente – total de 5,0 mg/l (cinco miligramas por litro);

f) cianeto – 0,2 mg/l (dois décimos de miligrama por litro);

g) fenol – 5,0 mg/l (cinco miligramas por litro);

h) ferro solúvel (Fe^2 +) – 15,0 mg/l (quinze miligramas por litro);

i) fluoreto – 10,0 mg/l (dez miligramas por litro);

j) sulfeto – 1,0 mg/l (um miligrama por litro)

l) sulfato – 1000 mg/l (mil miligramas por litro);

IX – regime de lançamento contínuo de 24 (vinte e quatro) horas por dia, com vazão máxima de até 1,50 (uma vez e meia) a vazão diária:

X – ausência de águas pluviais em qualquer quantidade.

§ 1º. Desde que não seja afetado o bom funcionamento dos elementos do sistema de esgotos, a entidade responsável pela sua operação poderá, em casos específicos, admitir a alteração dos valores fixados nos incisos IV e VIII, deste artigo, devendo comunicar tal fato à CETESB.

§ 2º. Se a concentração de qualquer elemento ou substância puder atingir valores prejudiciais ao bom funcionamento do sistema, à entidade responsável por sua operação será facultado, em casos específicos, reduzir os limites fixados nos incisos IV e VIII, deste artigo, bem como estabelecer concentrações máximas de outras substâncias potencialmente prejudiciais, devendo comunicar tal fato à CETESB.

§ 3º. Se o lançamento dos efluentes se der em sistema público de esgotos, desprovido de tratamento com capacidade e de tipos adequados, serão aplicável os padrões de emissão previstos no art. 18 e nos incisos V, VI, VIII, alíneas "j", "l" e "x", deste artigo, e, ainda, nas normas decorrentes deste Regulamento.

§ 4º. Para efeito de aplicação do disposto neste artigo, considera-se o sistema público de esgoto de tratamento com capacidade e de tipo adequados quando, à critério da CETESB, tal tratamento atender às finalidades pretendidas, ou existir plano e cronograma de obras já aprovadas pelo Governo Federal ou Estadual.

(*) Art. 19-A acrescido pelo Decreto nº 15.425, de 23.7.1980.

Art. 19-B. Os efluentes líquidos, excetuados os de origem sanitária, lançados nos sistemas públicos de coleta de esgotos, estão sujeitos a pré-tratamento que os enquadre nos padrões estabelecidos noart. 19-A deste Regulamento.

Parágrafo único. O lodo proveniente de sistemas de tratamento das fontes de poluição industrial, bem como o material proveniente da limpeza de fossas sépticas, poderá, a critério e mediante autorização expressa da entidade responsável pela operação do sistema, ser recebido pelo sistema público de esgotos proibida sua disposição em galerias de águas pluviais ou em corpos de água.

(*) Art. 19-acrescido pelo Decreto nº 15.425, de 23.7.1980.

Art. 19-C. Os efluentes líquidos provenientes de indústrias deverão ser coletadas separadamente, através de sistemas próprios independentes, conforme sua origem e natureza, assim destinados:

I – à coleta e disposição final de águas pluviais;

II – à coleta de despejos sanitários e industriais, conjunta ou separadamente; e

III – às águas de refrigeração.

§ 1º. Os despejos de referidos no inciso II, deste artigo, deverão ser lançados à rede pública através de ligação única, cabendo à entidade responsável pelo sistema público admitir, em casos excepcionais, o recebimento dos efluentes por mais de uma ligação.

§ 2º. A incorporação de águas de refrigeração dos despejos industriais só poderá ser feita mediante autorização expressa da entidade responsável pelo sistema público de esgotos, após verificação da possibilidade técnica do recebimento daquelas águas e o estabelecimento das condições para tal, vedada a utilização de água de qualquer origem com a finalidade de diluir efluentes líquidos industriais.

(*) Art. 19-C acrescido pelo Decreto nº 15.425, de 23.7.1980.

Art. 19-D. O lançamento de efluentes em sistemas públicos de esgoto será sempre feito por gravidade e, se houver necessidade de recalque, os efluentes deverão ser lançados em caixa de "quebra-pressão", da qual partirão por gravidade para a rede coletora.

(*) Art. 19-D acrescido pelo Decreto nº 15.425, de 23.7.1980.

Art. 19-E. O lançamento de despejos industriais à rede pública de esgotos será provido de dispositivos de amostragem e/ou medição na forma estabelecida em normas editadas pela entidade responsável pelo sistema.

(*) Art. 19-E acrescido pelo Decreto nº 15.425, de 23.7.1980.

Art. 19-F. Para efeito de aplicação das sanções cabíveis, as entidades responsáveis pelos sistemas públicos de esgotos comunicarão à CETESB as infrações constatadas, no lançamento de despejos em suas respectivas redes em desconformidade com o estatuído neste Regulamento.

(*) Art. 19-F acrescido pelo Decreto nº 15.425, de 23.7.1980.

TÍTULO III
DA POLUIÇÃO DO AR

Capítulo I
DAS NORMAS PARA UTILIZAÇÃO E PRESERVAÇÃO DO AR

Seção I
Das Regiões de Controle de Qualidade do Ar

Art. 20. Para efeito de utilização e preservação do ar, o território do Estado de São Paulo fica dividido em Regiões, denominadas Regiões de Controle de Qualidade do Ar – RCQA.

§ 1º. As regiões a que se refere este artigo deverão coincidir com as Regiões Administrativas do Estado, estabelecidas no Decreto nº 52.576, de 12 de dezembro de 1970, com suas alterações posteriores.

§ 2º. Para a execução de programas de controle da poluição do ar, qualquer Região de Controle de Qualidade do Ar poderá ser dividida em sub-regiões, constituídas de um, de dois ou mais Municípios, ou, ainda, de parte de um ou de partes de vários Municípios.

§ 3º. A abrangência da sub-região de gerenciamento da qualidade do ar onde houver estação de medição da qualidade do ar será:

1. para o ozônio, o território compreendido pelos municípios que, no todo ou em parte, estejam situados a uma distância de até 30km da estação de monitoramento da qualidade do ar;

2. para os demais poluentes, o território do município onde está localizada a estação de monitoramento da qualidade do ar;

3. nos casos de conurbação, a CETESB poderá, mediante decisão tecnicamente justificada, ampliar a área compreendida pela sub-região, de modo a incluir municípios vizinhos.

§ 4º. No caso de estação de medição da qualidade do ar não operada pela CETESB, a validação dos dados implicará na verificação da adequabilidade do local em que ela estiver instalada, dos procedimentos operacionais e da manutenção dos equipamentos utilizados, conforme diretrizes e procedimentos estabelecido pela CETESB.

(*) Art. 20 com redação dada pelo Decreto nº 52.469, de 12.12.2007.

Art. 21. (Revogado).

(*) Art. 21 revogado pelo Decreto nº 59.113, de 23.4.2013.

Art. 22. (Revogado).

(*) Art. 22 revogado pelo Decreto nº 59.113, de 23.4.2013.

Art. 23. Determina-se o grau de saturação da qualidade do ar de uma sub-região quanto a um poluente específico, cotejando-se as concentrações verificadas nos últimos 3 (três) anos com os Padrões de Qualidade do Ar (PQAR) estabelecidos no art. 29 deste Regulamento e na Resolução CONAMA nº 3/90 ou regulamentação correlata superveniente.

§ 1º. As sub-regiões a que se refere este artigo serão classificadas de acordo com os seguintes critérios:

1. para exposição de longo prazo:

a) sub-regiões com 3 (três) anos representativos:

1. saturada (SAT): média aritmética das médias anuais dos últimos 3 (três) anos maior que o PQAR;

2. em Vias de Saturação (EVS): média aritmética das médias anuais dos últimos 3 (três) anos maior que 90% (noventa por cento) do PQAR;

3. não Saturada (NS): média aritmética das médias anuais dos últimos 3 (três) anos menor ou igual a 90% do PQAR;

b) sub-regiões com 2 (dois) anos representativos:

1. SAT: média aritmética das médias anuais dos 2 (dois) anos maior que 90% (noventa por cento) do PQAR;

2. EVS: média aritmética das médias anuais dos 2 (dois) anos maior que 80% (oitenta por cento) do PQAR;

3. NS: média aritmética das médias anuais dos 2 (dois) anos menor ou igual a 80% (oitenta por cento) do PQAR;

c) sub-regiões com 1 (um) ano representativo:

1. SAT: média anual maior que 90% (noventa por cento) do PQAR;

2. EVS: média anual maior que 80% (oitenta por cento) do PQAR;

3. NS: média anual menor ou igual a 80% (oitenta por cento) do PQAR;

2. para exposição de curto prazo:

a) sub-regiões com 3 (três) anos representativos:

1. SAT: 4º maior valor diário dos últimos 3 (três) anos maior que o PQAR;

2. EVS: 3º maior valor diário dos últimos 3 (três) anos maior que 90% (noventa por cento) do PQAR;

3. NS: 3º maior valor diário dos últimos 3 (três) anos menor ou igual a 90% (noventa por cento) do PQAR;

b) sub-regiões com 2 (dois) anos representativos:

1. SAT: 3º maior valor diário dos últimos 3 (três) anos maior que o PQAR;

2. EVS: 2º maior valor diário dos últimos 3 (três) anos maior que 90% (noventa por cento) do PQAR;

3. NS: 2º maior valor diário dos últimos 3 (três) anos menor ou igual a 90% (noventa por cento) do PQAR;

c) sub-regiões com 1 (um) ano representativo:

1. SAT: 2º maior valor diário dos últimos 3 (três) anos maior que o PQAR;

2. EVS: 1º maior valor diário dos últimos 3 (três) anos maior que 90% (noventa por cento) do PQAR;

3. NS: 1º maior valor diário dos últimos 3 (três) anos menor ou igual a 90% (noventa por cento) do PQAR;

d) sub-regiões com nenhum ano representativo:

1. SAT: 2º maior valor diário dos últimos 3 (três) anos maior que o PQAR;

2. EVS: 1º maior valor diário dos últimos 3 (três) anos maior que 90% (noventa por cento) do PQAR;

3. onde não se aplicarem as disposições anteriores por ausência de dados de monitoramento, a CETESB

poderá propor a classificação das sub-regiões quanto ao grau de saturação com base nos dados disponíveis sobre as fontes fixas já instaladas e as fontes móveis em circulação nas características da região e, se necessário, no uso de modelos de dispersão.

§ 2º. As sub-regiões consideradas saturadas serão classificadas, quanto a sua severidade, de acordo com os seguintes critérios:

1. para exposição de curto prazo:

a) Ozônio (O_3)

1. Moderado: a segunda concentração máxima medida nos últimos três anos maior que 160 e menor ou igual a 200 µg/m³;

2. Sério: a segunda concentração máxima medida nos últimos três anos maior que 200 e menor ou igual a 240 µg/m³;

3. Severo: a segunda concentração máxima medida nos últimos três anos maior que 240 µg/m³.

b) Partículas inaláveis (MP_{10})

1. Moderado: a segunda concentração máxima medida nos últimos três anos maior que 150 e menor ou igual a 250 µg/m³;

2. Severo: a segunda concentração máxima medida nos últimos três anos maior que 250 µg/m³.

c) Partículas Totais em Suspensão (PTS)

1. Moderado: a segunda concentração máxima medida nos últimos três anos maior que 240 e menor ou igual a 375 µg/m³;

2. Severo: a segunda concentração máxima medida nos últimos três anos maior que 375 µg/m³.

d) Fumaça

1. Moderado: a segunda concentração máxima medida nos últimos três anos maior que 150 e menor ou igual a 250 µg/m³;

2. Severo: a segunda concentração máxima medida nos últimos três anos maior que 250 µg/m³.

e) Monóxido de Carbono (CO)

1. Moderado: a segunda concentração máxima da média de 8 horas medida nos últimos três anos maior que 9 e menor ou igual a 15 ppm;

2. Severo: a segunda concentração máxima da média de 8 horas medida nos últimos três anos maior que 15 ppm.

f) Dióxido de Nitrogênio (NO_2)

1. Moderado: a segunda concentração máxima medida nos últimos três anos maior que 320 e menor ou igual a 1130 µg/m³;

2. Severo: a segunda concentração máxima medida nos últimos três anos maior que 1130 µg/m³.

g) Dióxido de enxofre (SO_2)

1. Moderado: a segunda concentração máxima medida nos últimos três anos maior que 365 e menor ou igual a 800 µg/m³;

2. Severo: a segunda concentração máxima medida nos últimos três anos maior que 800 µg/m³.

2. para exposição de longo prazo:

a) Partículas inaláveis (MP_{10})

1. Moderado: a concentração média máxima medida nos três últimos anos maior que 50 e menor ou igual a 70 µg/m³;

2. Severo: a concentração média máxima medida nos três últimos anos maior que 70 µg/m³.

b) Partículas Totais em Suspensão (PTS)

1. Moderado: a concentração média máxima medida nos três últimos anos maior que 80 e menor que 110 µg/m³;

2. Severo: a concentração média máxima medida nos três últimos anos maior que 110 µg/m³.

c) Fumaça

1. Moderado: a concentração média máxima medida nos três últimos anos maior que 60 e menor que 80 µg/m³;

2. Severo: a concentração média máxima medida nos três últimos anos maior que 80 µg/m³.

d) Dióxido de enxofre (SO_2)

1. Moderado: a concentração média máxima medida nos três últimos anos maior que 80 e menor que 125 µg/m³;

2. Severo: a concentração média máxima medida nos três últimos anos maior que 125 µg/m³.

e) Dióxido de Nitrogênio (NO_2)

1. Moderado: a concentração média máxima medida nos três últimos anos maior que 100 e menor que 160 µg/m³;

2. Severo: a concentração média máxima medida nos três últimos anos maior que 160 µg/m³.

§ 3º. Para efeito de aplicação deste artigo, considera-se o seguinte:

1. ano representativo: aquele cujo número de valores diários válidos de amostragem da qualidade do ar em cada quadrimestre seja maior que 50% (cinquenta por cento) do total amostrado, respeitadas as metodologias de frequência de amostragem;

2. média anual válida de amostragem da qualidade do ar: somente aquela obtida em ano representativo;

3. valor diário válido de amostragem da qualidade do ar: valor obtido em dia em que 2/3 (dois terços) dos dados horários são válidos;

4. dado horário válido: aquele que foi submetido a análise técnica e validado, pela CETESB;

5. médias anuais de valores de amostragem da qualidade do ar: médias calculadas nos termos do art. 29 deste Regulamento e na Resolução CONAMA nº 3/90, ou regulamentação correlata superveniente;

6. valor diário de cada poluente: concentração máxima verificada no dia, observados os tempos de exposição dos padrões de curto prazo estabelecidos no art. 29 deste Regulamento e na Resolução CONAMA nº 3/90, ou regulamentação correlata superveniente.

§ 4º. As sub-regiões a que se refere este artigo serão classificadas anualmente, mediante Resolução do Secretário do Meio Ambiente, por proposta da CETESB aprovada pelo CONSEMA.

(*) Art. 23 com redação dada pelo Decreto nº 52.469, de 12.12.2007.

Art. 24. Nas sub-regiões em vias de saturação e nas já saturadas, a Companhia de Tecnologia de Saneamento Ambiental – CETESB estabelecerá um Programa de Redução de Emissões Atmosféricas – PREA para os empreendimentos que se encontrem em operação.

§ 1º. Serão integrantes do PREA, além das fontes móveis, o conjunto de empreendimentos que integrem a classe A da curva ABC, que será definida por sub-

-região e calculada com base no inventário do(s) poluente(s) que gerou(ram) a saturação.

§ 2º. A renovação da Licença de Operação dos empreendimentos integrantes do PREA condiciona-se às seguintes exigências técnicas especiais:

1. a utilização de sistemas de controle de poluição do ar baseados na melhor tecnologia prática disponível, tanto para processos produtivos, como para equipamentos de controle propriamente ditos;

2. a implementação de Plano de Monitoramento das Emissões Atmosféricas, segundo Termos de Referência estabelecidos pela CETESB;

3. a partir de janeiro de 2013, o cumprimento de metas de redução de emissões, em termos de prazo e quantidade, estabelecidas pela CETESB para empreendimentos localizados em sub-regiões SAT:

a) as metas de redução de emissão serão estabelecidas tomando por base a contribuição relativa do empreendimento no inventário das fontes fixas e móveis de poluição da respectiva sub-região;

b) a cada renovação da Licença de Operação a meta de redução poderá ser revista tendo por base o atingimento da meta anterior;

c) para o cumprimento das metas de reduções de emissões poderá ser utilizado o mecanismo de compensação de emissões por poluente estabelecido no art. 42-A deste Decreto.

(*) Art. 24 com redação dada pelo
Decreto nº 52.469, de 12.12.2007.

Art. 25. (Revogado).

(*) Art. 25 revogado pelo Decreto nº 59.113, de 23.4.2013.

Seção II
Das Proibições e Exigências Gerais

Art. 26. Fica proibida a queima ao ar livre de resíduos sólidos, líquido ou de qualquer outro material combustível, exceto mediante autorização prévia da CETESB, para:

I – treinamento de combate a incêndio;

II – evitar o desenvolvimento de espécies indesejáveis, animais ou vegetais, para proteção à agricultura e à pecuária.

Art. 27. Fica proibida a instalação e o funcionamento de incineradores domiciliares ou prediais, de quaisquer tipos.

Art. 28. A CETESB, nos casos em que se fizer necessário, poderá exigir:

I – a Instalação e Operação de equipamentos automáticos de medição com registradores, nas fontes de poluição do ar, para monitoramento das quantidades de poluentes emitidos, cabendo a esse órgão, à vista dos respectivos registros, fiscalizar seu funcionamento;

II – que os responsáveis pelas fontes de poluição comprovem a quantidade e qualidade dos poluentes atmosféricos emitidos, através de realização de amostragens em chaminé utilizando-se de métodos aprovados pelo referido órgão.

III – que os responsáveis pela fontes poluidoras construam plataforma e forneçam todos os requisitos necessários à realização de amostragens em chaminés.

Capítulo II
DOS PADRÕES

Seção I
Dos Padrões de Qualidade

Art. 29. (Revogado).

(*) Art. 29 revogado pelo Decreto nº 59.113, de 23.4.2013.

Art. 30. (Revogado).

(*) Art. 30 revogado pelo Decreto nº 59.113, de 23.4.2013.

Seção II
Dos Padrões de Emissão

Art. 31. Fica proibida a emissão de fumaça, por parte de fontes estacionárias, com densidade colorimétrica superior ao padrão I da Escala do Ringelmann, salvo por:

I – um único período de 15 (quinze) minutos por dia, para operação de aquecimento de fornalha;

II – um período de 3 (três) minutos, consecutivos ou não, em qualquer tese de 1 (uma) hora.

Parágrafo único. Em qualquer fase de 1 (uma) hora quando da realização da operação de aquecimento de fornalha, o período referido no inciso II deste artigo já está incluído no período de 15 (quinze) minutos referido no inciso I.

(*) Parágrafo único com redação dada pelo
Decreto nº 15.425, de 23.7.1980.

Art. 32. Nenhum veículo automotor a óleo diesel poderá circular ou operar no território do Estado de São Paulo emitindo pelo tubo de descarga fumaça com densidade calorimétrica superior ao Padrão 2 da Escala Ringelmann, ou equivalente, por mais de 5 (cinco) segundos consecutivos, exceto para partida a frio.

(*) Art. 32, *caput*, com redação dada pelo
Decreto nº 29.027, de 18.10.1988.

I – com densidade colorimétrica superior ao Padrão 2 da Escala Ringelmann, ou equivalente, por mais de 5 (cinco) segundos consecutivos;

II – com níveis de opacidade superiores aos limites estabelecidos nas Resoluções nº 8, de 31 de agosto de 1993, nº 16, de 13 de dezembro de 1995, e nº 251, de 7 de janeiro de 1999, do Conselho Nacional do Meio Ambiente – CONAMA, avaliados pelo teste de aceleração livre descrito no Anexo 12.

§ 1º. Para os veículos produzidos a partir da vigência da Resolução nº 16, de 13 de dezembro de 1995, do CONAMA, ficam estabelecidos os limites máximos de opacidade apresentados no Anexo 13, até que os parâmetros para fins de controle da poluição por veículos em uso, publicados pelos fabricantes de veículos e motores, sejam consolidados, atualizados e divulgados pela CETESB.

§ 2º. Não se aplica o disposto nos Artigos 83, 87, 92, 94 e 98 deste Regulamento às infrações previstas neste artigo.

(*) § 2º com redação dada pelo
Decreto nº 29.027, de 18.10.1988.

§ 3º. Não se aplica o disposto nos arts. 83, 87, 92, 94 e 98 deste Regulamento às infrações previstas neste artigo.

1. O recolhimento das multas aplicadas em decorrência deste parágrafo, deverá ser feito em qualquer agência do Banespa S.A. – Banco do Estado de São Paulo, e na falta desta, junto à Caixa Econômica do Estado de São Paulo S.A. – CEESP, ou em estabelecimento bancário, autorizado, através de guia Modelo RD-1 – Multas de Transito em Código a ser definido.

(*) Item 1 acrescido pelo Decreto nº 29.027, de 18.10.1988.

§ 4º. Constatada a infração, os agentes de fiscalização lavrarão, no ato, AIIPM – Auto de Infração e Imposição de Penalidade de Multa, contendo a identificação do veículo, o local, a hora e data da infração, o Padrão da Escala Ringelmann observado ou, no caso dos testes de aceleração livre, o limite máximo vigente e o nível de opacidade medido, bem como a penalidade aplicada.

§ 5º. No caso de veículos reprovados no teste de aceleração livre por itens que impeçam a avaliação do nível de opacidade, será emitida notificação indicando as desconformidades, devendo a comprovação da reparação, bem como do atendimento aos limites de opacidade vigentes, ser feita no prazo de até 60 (sessenta) dias, conforme diretrizes a serem expedidas pela CETESB.

1. Para controle das multas aplicadas em função do licenciamento dos veículos, será implantado um sistema integrado entre a CETESB – Companhia de Tecnologia de Saneamento Ambiental, Secretaria da Fazenda, Companhia de Processamento de Dados do Estado de São Paulo – PRODESP e o Departamento Estadual de Trânsito – DETRAN dará as informações necessárias.

(*) Item 1 acrescido pelo Decreto nº 29.027, de 18.10.1988.

§ 6º. Ultrapassado o prazo mencionado no parágrafo anterior sem a comprovação do atendimento aos limites e critérios vigentes, será lavrado AIIPM – Auto de Infração e Imposição de Penalidade de Multa, contendo a identificação do veículo, data, hora, local e número da notificação, bem como a indicação das desconformidades existentes no veículo que impossibilitaram a avaliação do nível de opacidade e da penalidade aplicada.

§ 7º. Não será renovada a licença de trânsito de veículo em débito de multas impostas por infração das disposições deste artigo e do art. 80.

(*) Art. 32 com redação dada pelo Decreto nº 54.487, de 26.6.2009.

Art. 33. Fica proibida a emissão de substâncias odoríferas na atmosfera, em quantidades que possam ser perceptíveis fora dos limites da área de propriedade da fonte emissora.

Parágrafo único. A constatação da percepção de que trata este artigo será efetuada por técnicos credenciados da CETESB.

(*) Parágrafo único com redação dada pelo Decreto nº 15.425, de 23.7.1980.

Limite de Percepção de Odor – LPO	
Substância	**PPM em Volume**
01. Acetaldeído	0,21
02. Acetona	100,00
03. Ácido Acético	1,00
04. Ácido Butírico	0,001
05. Ácido Clorídrico Gasoso	10,00
06. Acrilato de Etila	0,00047
07. Acroleina	0,21
08. Acrilonitrila	21,4
09. Amônia	46,8
10. Anilina	1,0
11. Benzeno	4,68
12. Bromo	0,047
13. Cloreto de Alila	0,47
14. Cloreto de Benzila	0,047
15. Cloreto de Metila	10,00
16. Cloreto de Metileno	214,00
17. Cloro	0,314
18. Dicloreto de Enxofre	0,001
19. Dimetil Amina	0,047
20. Dimetilacetamida	46,8
21. Dimetilformamida	100,00
22. Dimetilsulfeto	0,001
23. Dissulfeto de Carbono	0,21
24. Estireno	0,01
25. Etanol (sintético)	10,0
26. Eter Difenílico	0,1
27. Etil Mercaptana	0,001
28. Fenol	0,047
29. Formaldeído	1,0
30. Fósfina	0,021
31. Fosgênio ($COCL_2$)	1,0

(*cont.*)

Limite de Percepção de Odor – LPO	
Substância	**PPM em Volume**
32. Metacrilaco de Metila	0,21
33. Metanol	100,00
34. Metil Etil Cetona	10,0
35. Metil Mercaptana	0,0021
36. Metilisobutil Cetona	0,47
37. Monoclorebenzeno	0,21
38. Monometil Amina	0,021
39. Nitrobenzeno	0,0047
40. Paracressol	0,001
41. Para-xileno	0,47
42. Percloroetileno	4,68
43. Piridina	0,021
44. Sulfeto de Benzila	0,0021
45. Selfeto Difenílico	0,0047
46. Sulfeto de Hidrogênio (a partir de Dissulfeto de Sódio)	0,0047
47. Sulfeto de Hidrogênio (Gasoso)	0,00047
48. Tetracloreto de Carbono (a partir da Cloração de Dissulfeto de Carbono)	21,4
49. Teracloreto de Carbono (a partir da Cloração do Metano)	100,00
50. Tolueno Diisocianato	2,14
51. Tolueno (do Coque)	4,68
52. Tolueno (do Petróleo)	2,14
53. Tricloroacetaldeído	0,047
54. Tricloroetileno	21,4
55. Trimetil Amina	0,00021

Art. 33-A. Fica proibida a emissão de poluentes pelas fontes poluidoras existentes em 9 de setembro de 1976, instaladas nos municípios da RCQA 1, em quantidades superiores aos padrões de emissão constantes do Anexo 6.

§ 1º. A CETESB poderá, a seu critério, exigir que as fontes de poluição referidas no *caput* deste artigo controlem suas emissões, utilizando a melhor tecnologia prática disponível ou se transfiram para outro local, quando situadas em desconformidade com as normas municipais de zoneamento urbano ou com o uso do solo circunvizinho.

§ 2º. Os padrões de emissão constantes do Anexo 6 vigorarão pelo período mínimo de 10 anos, para as fontes de poluição que adotarem as medidas de controle necessárias para atendê-los.

(*) Art. 33-A acrescido pelo Decreto nº 15.425, de 23.7.1980.

Art. 33-B. As fontes de poluição instaladas no município de Cubatão e existentes em 9 de setembro de 1976, deverão observar os "Padrões de Emissão" constantes do Anexo 8, ficando proibida a emissão de poluentes em quantidades superiores.

§ 1º. A CETESB poderá exigir que as fontes de poluição referidas neste artigo controlem suas emissões, utilizando a melhor tecnologia prática disponível, ou que se transfiram para outro local, quando situadas em desconformidade com as normas de zoneamento urbano ou sejam incompatíveis com o uso do solo circunvizinho.

§ 2º. Os sistemas de controle da poluição do ar deverão estar providos de instrumentos que permitam a avaliação de sua eficiência, instalados em locais de fácil acesso para fins de fiscalização.

§ 3º. Caberá às fontes de poluição demonstrar à CETESB que suas emissões se encontram dentro dos limites constantes do Anexo 8.

(*) Art. 33-B acrescido pelo Decreto nº 18.386, de 22.1.1982.

Seção III
Dos Padrões de Condicionamento e Projeto para Fontes Estacionárias

Art. 34. O lançamento de efluentes provenientes da queima de combustíveis sólidos, líquidos ou gasosos deverá ser realizado através de chaminé.

Art. 35. Toda fonte de poluição do ar deverá ser provida de sistema de ventilação local exaustora e o lançamento de efluentes na atmosfera somente poderá ser realizado através de chaminé, salvo quando especificado diversamente neste Regulamento ou em normas dele decorrentes.

Parágrafo único. As operações, processos ou funcionamento dos equipamentos de britagem, moagem, transporte, manipulação, carga e descarga de material fragmentado ou particulado, poderão ser dispensados das exigências referidas neste artigo, desde que realizados a úmido, mediante processo de umidificação permanente.

Art. 36. O armazenamento de material fragmentado ou particulado deverá ser feito em silos adequadamente vedados, ou em outro sistema de controle de poluição do ar de eficiência igual ou superior, de molde a impedir o arraste, pela ação dos ventos, do respectivo material.

Art. 37. Em áreas cujo uso preponderante for residencial ou comercial, ficará a critério da CETESB especificar o tipo de combustível a ser utilizado por novos equipamentos ou dispositivos de combustão.

Parágrafo único. Incluem-se nas disposições deste artigo os fornos de panificação e de restaurantes e caldeiras para qualquer finalidade.

Art. 38. As substâncias odoríferas resultantes das fontes a seguir enumeradas deverão ser incineradas em pós-queimadores, operando a uma temperatura mínima de 750ºC (setecentos e cinquenta graus Celsius), em tempo de residência mínima de 0,5 (cinco décimos) segundos, ou por outro sistema de controle de poluentes, de eficiência igual ou superior:

I – torrefação e resfriamento de café, amendoim, castanha de caju e cevada;

II – autoclaves e digestores utilizados em aproveitamento de matéria animal;

III – estufas de secagem ou cura para peças pintadas, envernizadas ou litografadas;

IV – oxidação de asfalto;

V – defumação de carnes ou similares;

VI – fontes de sulfeto de hidrogênio e mercaptanas;

VII – regeneração de borracha.

§ 1º. Quando as fontes enumeradas nos incisos deste artigo se localizarem em áreas cujo uso preponderante for residencial ou comercial, o pós-queimador deverá utilizar gás como combustível auxiliar. Em outras áreas, ficará a critério da CETESB a definição do combustível.

§ 2º. Para efeito de fiscalização, o pós-queimador deverá estar provido de indicador de temperatura na câmara de combustão, em local de fácil visualização.

Art. 39. As emissões provenientes de incineradores de resíduos sépticos e cirúrgicos hospitalares deverão ser oxidadas em pós-queimador que utilize combustível gasoso operando a uma temperatura mínima de 850ºC (oitocentos e cinquenta graus Celsius) e em tempo de residência mínima de 0,8 (oito décimos) segundos, ou por outro sistema de controle de poluentes de eficiência igual ou superior.

Parágrafo único. Para fins de fiscalização, o pós-queimador a que se refere este artigo deverá conter marcador de temperatura na câmara de combustão, em local de fácil visualização.

Art. 40. As operações de cobertura de superfícies realizadas por aspersão, tais como pintura ou aplicação de verniz a revólver, deverão realizar-se em compartimento próprio, provido de sistema de ventilação local exaustora e de equipamento eficiente para a retenção de material particulado.

Art. 41. As fontes de poluição, para as quais não foram estabelecidos padrões de emissão, adotarão sistemas de controle de poluição do ar baseados na melhor tecnologia prática disponível para cada caso.

Parágrafo único. A adoção da tecnologia preconizada neste artigo, será feita pela análise e aprovação da CETESB de plano de controle apresentado por meio do responsável pela fonte de poluição, que especificará as medidas a serem adotada e a redução almejada para a emissão.

Art. 42. Fontes novas de poluição ou no caso da ampliação das já existentes que pretendam instalar-se ou operar, quanto à localização, serão:

I – proibidas de instalar-se ou de operar quando, a critério da CETESB mediante motivação técnica, houver o risco potencial a que alude o inciso V do art. 3º deste Regulamento, ainda que as emissões provenientes de seu processamento estejam enquadradas nos incisos I, II, III e IV do mesmo artigo;

II – quando localizarem-se em regiões SAT e EVS e aludidas no anexo 11, obrigadas a compensar, conforme estabelecido no art. 42-A, em 110% (cento e dez por cento) e 100% (cem por cento) das emissões atmosféricas a serem adicionadas dos poluentes que causaram os estados, respectivamente, de SAT ou EVS.

Parágrafo único. Para os fins de que trata o inciso II deste artigo, para empreendimentos localizados em municípios pertencentes a mais de uma sub-região, a compensação de emissões poderá ser efetuada entre os empreendimentos situados em qualquer dessas sub-regiões, considerando as exigências previstas para a sub-região.

(*) Art. 42 com redação dada pelo Decreto nº 52.469, de 12.12.2007.

Art. 42-A. A compensação prevista nos arts. 24 e 42 dar-se-á pela geração e utilização de crédito de emissões reduzidas.

§ 1º. A geração de crédito, em fontes fixas, dar-se-á mediante a redução de emissões dos poluentes que levaram à saturação, em qualquer grau, da sub-região:

1. em sub-regiões EVS e SAT, para o ozônio, a compensação de emissões dar-se-á por cada categoria de seus precursores, quais sejam, óxidos de nitrogênio (NOx) e compostos orgânicos voláteis (COVs), excluído o metano (CH4);

2. a redução de emissões em fontes fixas deverá ser comprovada por meio de medições efetuadas antes e, com exceção dos casos de desativação de fontes, depois das alterações realizadas;

3. a validação dos resultados de medições realizadas por empreendedores ou por terceiros, fica condicionada ao atendimento dos procedimentos estabelecidos pela CETESB;

4. excepcionalmente, na ausência de procedimentos para medições de emissões, as reduções poderão ser comprovadas mediante utilização de métodos ou fatores de emissões baseados na literatura internacional e reconhecidos pela CETESB.

§ 2º. As reduções permanentes de emissão em fontes fixas serão convertidas em créditos aplicando-se o fator de conversão 1,0 para sub-regiões EVS e SAT.

§ 3º. A geração do crédito em fontes fixas será efetivada no processo de renovação da Licença de Operação ou do licenciamento das alterações do processo produtivo, bem como por ocasião da desativação de fontes, atendidos os critérios de conversibilidade de reduções de emissões estabelecidos neste artigo:

1. A titularidade do crédito dar-se-á pelo registro, por parte da CETESB, na Licença de Operação, de acordo com o seguinte:

a) constarão da Licença de Operação a data de expiração do crédito, o poluente a que se refere e seu valor em toneladas por ano e em quilos por hora;

b) o crédito refere-se, inicialmente, ao empreendimento gerador da redução das emissões, podendo ser transferido total ou parcialmente entre empreendimentos localizados na mesma subregião.

2. a geração de crédito deverá ser solicitada pelo interessado previamente à implantação das alterações redutoras de emissões.

3. o crédito gerado por fontes fixas terá validade de 10 (dez) anos, extinguindo-se em duas situações:

a) quando da expiração de sua validade;

b) no momento de sua utilização.

§ 4º. A compensação de emissões ocorrerá apenas entre fontes localizadas em uma mesma sub-região, devendo ser comprovada pelo balanço de massas em toneladas/ano, entre a estimativa da emissão da(s) nova(s) fonte(s) e a emissão registrada no crédito a ser utilizado, sem prejuízo ao inciso I do art. 42 deste Decreto, respeitadas também as seguintes condições:

1. a utilização de créditos por empreendimentos que não detenham sua titularidade depende da anuência do(s) detentor(es) de crédito(s), formalizada em documento que a autorize perante a CETESB;

2. a diferença de cotas (altitude) dos empreendimentos envolvidos na compensação deverá ser inferior a 400 metros.

§ 5º. Os créditos gerados por fontes móveis poderão ser efetivados mediante reduções de emissões de poluentes em frotas cativas, que comprovadamente circulem na sub-região onde o crédito será utilizado:

1. a geração de crédito será autorizada somente após a constatação pela CETESB da efetiva implantação das medidas de redução das emissões da frota, respeitada a legislação vigente relativa às emissões de gases, partículas e ruído externo e atendida a capacidade operacional da frota.

2. entende-se por frota cativa aquela composta por veículos licenciados no Estado de São Paulo e de propriedade de uma única empresa ou entidade de transporte coletivo de passageiros, carga ou outra atividade, caracterizada pela uniformidade da operação, do serviço e área de circulação.

3. a atribuição de fatores de emissão das frotas para fins de cálculo das respectivas reduções de emissão será feita com base nos valores publicados pela CETESB, consideradas também as características tecnológicas das frotas.

4. os créditos serão calculados com base na quilometragem total rodada na sub-região onde o crédito será utilizado.

5. as reduções a que se refere o §5º serão convertidas em créditos mediante multiplicação pelos seguintes fatores:

a) 1,0 (um) para substituição da frota existente por veículos novos menos poluentes;

b) 0,9 (nove décimos) para substituição dos motores existentes por motores novos menos poluentes;

c) 0,8 (oito décimos) para instalação de equipamentos novos de controle de emissões nos veículos existentes;

6. a geração de crédito em fontes móveis deverá ser solicitada pelo interessado previamente à implantação das medidas de redução de emissões;

7. o crédito gerado em fontes móveis perderá sua validade se não utilizado em no máximo:

a) 5 (cinco) anos para o caso de substituição da frota por veículos novos, ou de sua motorização por motores novos;

b) 2 (dois) anos para o caso de instalação de equipamentos novos de controle de emissões em veículos existentes;

8. os equipamentos de controle de emissões citados nos incisos anteriores deverão ser certificados por órgãos competentes nacionais ou estrangeiros quanto à sua durabilidade e eficiência na redução das emissões, mediante procedimentos reconhecidos internacionalmente, sendo os testes de certificação realizados com combustível de especificação similar ao comercializado no Brasil;

9. os veículos existentes a serem substituídos para fins de geração de crédito devem ter comprovada sua operação na frota cativa por pelo menos três anos anteriormente à solicitação de geração de crédito;

10. o proprietário ou responsável legal pela frota cativa deverá, após aprovação da proposta técnica pela CETESB, assinar Termo de Compromisso, visando a manter em plena operação os novos veículos, motores ou equipamentos de controle de sua frota por pelo menos 5 (cinco) anos de acordo com as exigências definidas pela CETESB nesse Termo, sujeitando-se pelo seu descumprimento às penalidades previstas neste Regulamento;

11. em caso de necessidade de modificações da frota e/ou de sua operação, durante o período de 5 (cinco) anos, estas devem ser previamente autorizadas pela CETESB, de modo que resultem em reduções de emissões equivalentes ou superiores às previstas no Termo de Compromisso;

12. o Termo de Compromisso deve incluir obrigatoriamente:

a) declaração da quantidade de crédito e o respectivo prazo de validade.

b) a identificação e as especificações técnicas e características tecnológicas de cada veículo pertencente à frota objeto dos créditos e responsabilidade de que essas serão mantidas pelo prazo de 5 anos;

c) a região de operação da frota objeto dos créditos e responsabilidade de manutenção desta pelo prazo de 5 (cinco) anos;

d) as características operacionais da frota objeto dos créditos e responsabilidade de que essas serão mantidas pelo prazo de 5 (cinco) anos;

e) a responsabilidade de que quaisquer modificações na operação da frota, nas características tecnológicas que afetem as emissões, bem como na sua região de operação, só serão realizadas mediante prévia autorização da CETESB;

13. as penalidades por descumprimento às exigências do Termo de Compromisso incidirão individualmente sobre cada veículo em desconformidade autuado pelos agentes credenciados da CETESB;

14. constatada a infração, o agente credenciado da CETESB lavrará o Auto de Infração e Imposição de Penalidade de Multa, contendo a identificação do veículo, o local, hora e data da infração, o ato, fato ou omissão que resultou na infração, a penalidade aplicada e o prazo de no máximo 60 (sessenta) dias para a regularização das desconformidades encontradas, dando ciência ao proprietário ou responsável legal pela frota cativa;

15. o recolhimento das multas aplicadas em decorrência deste dispositivo deverá ser feito em qualquer estabelecimento bancário da Caixa Econômica do Estado de São Paulo – CEESP – através de guia específica a ser definida pela CETESB, consultada a Secretaria de Estado da Fazenda;

16. os veículos objeto da compensação não estão isentos das exigências relacionadas com a emissão de fumaça de que trata o art. 32 desse decreto;

17. não será renovada a licença de trânsito de veículo em débito de multas impostas por infração às disposições deste Decreto.

(*) Art. 42-A acrescido pelo Decreto nº 50.753, de 28.4.2006 e com redação dada pelo Decreto nº 52.469, de 12.12.2007.

Art. 42-B. A Companhia de Tecnologia de Saneamento Ambiental – CETESB publicará anualmente as seguintes informações:

I – a partir da classificação do grau de saturação das sub-regiões, metas de redução das emissões;

II – o inventário das emissões atmosféricas de fontes fixas e móveis, por sub-região e para o Estado de São Paulo, identificando os principais empreendimentos emissores, por poluente;

III – valor e titularidade dos créditos disponíveis nas sub-regiões, com os respectivos prazos de validade.

(*) Art. 42-B acrescido pelo Decreto nº 50.753, de 28.4.2006 e com redação dada pelo Decreto nº 52.469, de 12.12.2007.

Capítulo III
DO PLANO DE EMERGÊNCIA PARA EPISÓDIOS CRÍTICOS DE POLUIÇÃO DO AR

Art. 43. Fica instituído o Plano de Emergência para episódios críticos de poluição do ar, visando coordenar o conjunto de medidas preventivas a cargo do Governo do Estado, dos Municípios, das entidades privadas e da comunidade que objetivam evitar graves e iminentes riscos à saúde da população.

§ 1º. Considera-se episódio crítico de poluição do ar a presença de altas concentrações de poluentes na atmosfera em curto período de tempo, resultante da ocorrência de condições meteorológicas desfavoráveis à sua dispersão.

§ 2º. O Plano de Emergência será executado pela CETESB – Companhia de Tecnologia de Saneamento Ambiental, em articulação com a Coordenadoria Estadual de Defesa Civil – CEDEC.

(*) Art. 43 com redação dada pelo Decreto nº 28.313, de 4.5.1988.

Art. 44. Para execução do Plano de Emergência de que trata este capítulo ficam estabelecidos os níveis de Atenção, de Alerta e de Emergência.

(*) Art. 44, *caput*, com redação dada pelo Decreto nº 28.429, de 27.5.1988.

§ 1º. Para a ocorrência de qualquer dos níveis enumerados neste artigo serão consideradas as concentrações de dióxido de enxofre, material particulado, combinação de dióxido de enxofre e material particulado, concentração de monóxido de carbono e oxidantes fotoquímicos, bem como as previsões meteorológicas e os fatos e fatores intervenientes, previstos e esperados.

(*) § 1º com redação dada pelo Decreto nº 28.313, de 4.5.1988.

§ 2º. As providências a serem tomadas a partir da ocorrência dos níveis de Atenção e de Alerta têm por objetivo evitar o atingimento do Nível de Emergência.

(*) § 2º com redação dada pelo Decreto nº 28.313, de 4.5.1988.

Art. 45. Para efeito de execução de ações previstas neste plano, as áreas sujeitas a Episódios Críticos de Poluição do Ar poderão ser divididas em Zonas de Interesse de Controle – ZIC, classificadas em função do poluente cuja concentração é capaz de, nelas, originar episódios críticos de poluição.

Parágrafo único. As Zonas de Interesse de Controle serão estabelecidas pela CETESB – Companhia de Tecnologia de Saneamento Ambiental, a partir da análise de variáveis ambientais e urbanísticas, sendo periodicamente revistas para ajuste de seus perímetros.

(*) Art. 45 com redação dada pelo Decreto nº 28.313, de 4.5.1988.

Art. 46. Será declarado o Nível de Atenção quando, prevendo-se a manutenção das emissões, bem como condições meteorológicas desfavoráveis à dispersão dos poluentes nas 24 (vinte e quatro) horas subsequentes, for atingida uma ou mais das condições a seguir enumeradas:

I – concentração de dióxido de enxofre (SO_2), média de 24 (vinte e quatro) horas, de 800 (oitocentos) microgramas por metro cúbico;

II – concentração de material particulado, média de 24 (vinte e quatro) horas, de 375 (trezentos e setenta e cinco) microgramas por metro cúbico;

III – produto, igual a 65 x 10 m^3, entre a concentração de dióxido de enxofre – (SO_2) e a concentração de material particulado – ambas em microgramas por metro cúbico, média de 24 (vinte e quatro) horas;

IV – concentração de monóxido de carbono (CO), média de 8 (oito) horas, de 17.000 (dezessete mil) microgramas por metro cúbico;

V – concentração de oxidantes fotoquímicos, média de 1 (uma) hora, expressa em ozona, de 200 (duzentas) microgramas por metro cúbico.

(*) Art. 46 com redação dada pelo Decreto nº 28.313, de 4.5.1988.

Art. 47. Será declarado o Nível de Alerta quando, prevendo-se manutenção das emissões, bem como condições meteorológicas desfavoráveis à dispersão de poluentes nas 24 (vinte e quatro) horas subsequentes, for atingida uma ou mais das condições a seguir enumeradas:

I – concentração de dióxido de enxofre (SO_2), média de 24 (vinte e quatro) horas, de 1.600 (um mil e seiscentos) microgramas por metro cúbico;

II – concentração de material particulado, média de 24 (vinte e quatro) horas, de 625 (seiscentos e vinte e cinco) microgramas por metro cúbico;

III – produto, igual a 261 x 10, entre a concentração de dióxido de enxofre (SO_2) e a concentração de material particulado – ambas em microgramas por metro cúbico, média de 24 (vinte e quatro) horas;

IV – concentração de monóxido de carbono (CO), média de 8 (oito) horas, de 34.000 (trinta e quatro mil) microgramas por metro cúbico;

V – concentração de oxidantes fotoquímicos, média de 1 (uma) hora, expressa em ozona, de 800 (oitocentos) microgramas por metro cúbico.

(*) Art. 47 com redação dada pelo Decreto nº 28.313, de 4.5.1988.

Art. 48. Será declarado o Nível de Emergência quando, prevendo-se a manutenção das emissões, bem como condições meteorológicas desfavoráveis à dispersão dos poluentes nas 24 (vinte e quatro) horas subsequentes, for atingida uma ou mais das condições a seguir enumeradas:

I – concentração de dióxido de enxofre (SO_2), média de 24 (vinte e quatro) horas, de 2.100 (dois mil e cem) microgramas por metro cúbico;

II – concentração de material particulado, média de 24 (vinte e quatro) horas, de 875 (oitocentos e setenta e cinco) microgramas por metro cúbico;

III – produto, igual a 393 x 10, entre a concentração de dióxido de enxofre (SO_2) e a concentração de material particulado – ambas as microgramas por metro cúbico, média de 24 (vinte e quatro) horas;

IV – concentração de monóxido de carbono (CO), média de 8 (oito) horas, de 46.000 (quarenta e seis mil) microgramas por metro cúbico;

V – concentração de oxidantes fotoquímicos, média de 1 (uma) hora, expressa em ozona, de 1.200 (um mil e duzentos) microgramas por metro cúbico;

(*) Art. 48 com redação dada pelo Decreto nº 28.313, de 4.5.1988.

Art. 49. Caberá ao Secretário de Estado do Meio Ambiente declarar os Níveis de Atenção e de Alerta, e ao Governador o de Emergência, podendo a declaração efetuar-se por qualquer dos meios de comunicação de massa.

(*) Art. 49 com redação dada pelo Decreto nº 28.313, de 4.5.1988.

Art. 50. Nos períodos previsíveis de estagnação atmosférica, as fontes de poluição do ar, dentro das áreas sujeitas a Episódios Críticos de Poluição, ficarão sujeitas às seguintes restrições:

I – a circulação ou estacionamento de veículos automotores poderá ser restringida ao nível e pelo tempo necessários à prevenção do atingimento do Nível de Emergência ou do agravamento da deterioração da qualidade do ar;

II – a emissão de poluentes por fontes estacionárias ficará sujeita a restrições de horário, podendo ser exigida sua redução ao nível e pelo tempo necessários à prevenção do atingimento do Nível de Emergência.

(*) Art. 50 com redação dada pelo Decreto nº 28.313, de 4.5.1988.

Art. 50-A. Durante os episódios críticos, as fontes de poluição do ar estarão sujeitas às seguintes restrições:

I – quando declarado Nível de Atenção devido a monóxido de carbono e/ou oxidantes fotoquímicos, será solicitada a restrição voluntária do uso de veículos automotores particulares;

II – quando declarado Nível de Atenção, devido a material particulado e/ou dióxido de enxofre:

a) a limpeza de caldeiras por sopragem somente poderá realizar-se das 12 às 16 horas;

b) os incineradores somente poderão ser utilizados das 12 às 16 horas;

c) deverão ser adiados o início de novas operações e processamentos industriais e o reinício dos paralisados para manutenção ou por qualquer outro motivo;

d) deverão ser eliminadas imediatamente as emissões de fumaça preta por fontes estacionárias, fora dos padrões legais, bem como a queima de qualquer material ao ar livre;

III – quando declarado Nível de Alerta, devido a monóxido de carbono e/ou oxidantes fotoquímicos, ficará restringido o acesso de veículos automotores à zona atingida, no período das 6 às 21 horas;

IV – quando declarado Nível de Alerta, devido a dióxido de enxofre e/ou partículas em suspensão:

a) ficam proibidas de funcionar as fontes estacionárias de poluição do ar que estiverem em desacordo com o presente Regulamento, mesmo dentro do prazo para enquadramento;

b) ficam proibidas a limpeza de caldeiras por sopragem e o uso de incineradores;

c) devem ser imediatamente extintas as queimas de qualquer tipo, ao ar livre;

d) devem ser imediatamente paralisadas as emissões, por fontes estacionárias, de fumaça preta fora dos padrões legais;

e) fica proibida a entrada ou circulação, em área urbana, de veículos a óleo diesel emitindo fumaça preta fora dos padrões legais;

V – quando declarado Nível de Emergência, devido a monóxido de carbono e/ou oxidantes fotoquímicos, fica proibida a circulação e estacionamento de veículos automotores na zona atingida;

VI – quando declarado Nível de Emergência, devido ao dióxido de enxofre e/ou material particulado:

a) fica proibido o processamento industrial, que emita poluentes;

b) fica proibida a queima de combustíveis líquidos e sólidos em fontes estacionárias; e

c) fica proibida a circulação de veículos a óleo diesel.

Parágrafo único. Em casos de necessidade, a critério da CETESB – Companhia de Tecnologia de Saneamento Ambiental, poderão ser feitas exigências complementares.

(*) Art. 50-A acrescido pelo Decreto nº 28.313, de 4.5.1988.

Art. 50-B. Caberá à CETESB – Companhia de Tecnologia de Saneamento Ambiental e também à Polícia Militar, sob a orientação técnica da CETESB, o cumprimento deste artigo, obedecido o disposto nos parágrafos do art. 32 deste Regulamento.

(*) Art. 50-B acrescido pelo Decreto nº 28.313, de 4.4.1988 e com redação dada pelo Decreto nº 28.429, de 27.5.1988.

TÍTULO IV
DA POLUIÇÃO DO SOLO

Art. 51. Não é permitido depositar, dispor, descarregar, enterrar, infiltrar ou acumular no solo resíduos, em qualquer estado de matéria, desde que poluentes, na forma estabelecida no art. 3º deste Regulamento.

Art. 52. O solo somente poderá ser utilizado para destino final de resíduos de qualquer natureza, desde que sua disposição seja feita de forma adequada, estabelecida em projetos específicos de transporte e destino final, ficando vedada a simples descarga ou depósito, seja em propriedade pública ou particular.

Parágrafo único. Quando a disposição final, mencionada neste artigo, exigir a execução de aterros sanitários, deverão ser tomadas medidas adequadas para proteção das águas superficiais e subterrâneas, obedecendo-se normas a serem expedidas pela CETESB.

Art. 53. Os resíduos de qualquer natureza, portadores de patogênicos, ou de alta toxicidade, bem como inflamáveis, explosivos, radioativos e outro prejudiciais, a critério da CETESB, deverão sofrer, antes de sua disposição final no solo, tratamento e/ou condicionamento adequados, fixados em projetos específicos, que atendam aos requisitos de proteção de meio ambiente.

Art. 54. Ficam sujeitos à aprovação da CETESB os projetos mencionados nos arts. 52 e 53, bem como a fiscalização de sua implantação, operação e manutenção.

Art. 55. Somente será tolerada a acumulação temporária de resíduos de qualquer natureza na fonte de poluição ou em outros locais, desde que não ofereça risco de poluição ambiental.

Art. 56. O tratamento, quando for o caso, o transporte e a disposição de resíduos de qualquer natureza, de estabelecimentos industriais, comerciais e de prestação de serviços, quando não forem de responsabilidade do Município, deverão ser feitos pela própria fonte de poluição.

§ 1º. A execução, pelo Município dos serviços mencionados neste artigo, não eximirá a responsabilidade da fonte de poluição, quanto a eventual transgressão de normas deste Regulamento, específicas dessa atividade.

§ 2º. O disposto neste artigo, aplica-se também aos lodos, digeridos ou não, de sistemas de tratamento de resíduos e de outros materiais.

TÍTULO V
DAS LICENÇAS

(*) Título V com redação dada pelo Decreto nº 47.397, de 4.12.2002.

Capítulo I
DAS FONTES DE POLUIÇÃO

Art. 57. Para efeito de obtenção das Licenças Prévia, de Instalação e de Operação, consideram-se fontes de poluição:

(*) Art. 57, *caput*, com redação dada pelo Decreto nº 47.397, de 4.12.2002.

I – atividades de extração e tratamento de minerais, excetuando-se as caixas de empréstimo;

(*) Inciso I com redação dada pelo Decreto nº 47.397, de 4.12.2002.

II – atividades industriais e de serviços, elencadas no anexo 5;

(*) Inciso II com redação dada pelo Decreto nº 47.397, de 4.12.2002.

III – operação de jateamento de superfícies metálicas ou não metálicas, excluídos os serviços de jateamento de prédios ou similares;

(*) Inciso III com redação dada pelo Decreto nº 47.397, de 4.12.2002.

IV – sistemas de saneamento, a saber:

(*) Inciso IV, *caput*, com redação dada pelo Decreto nº 47.397, de 4.12.2002.

a) sistemas autônomos públicos ou privados de armazenamento, transferência, reciclagem, tratamento e disposição final de resíduos sólidos;

(*) Alínea "a" com redação dada pelo Decreto nº 47.397, de 4.12.2002.

b) sistemas autônomos públicos ou privados de armazenamento, afastamento, tratamento, disposição final e reuso de efluentes líquidos, exceto implantados em residências unifamiliares;

(*) Alínea "b" com redação dada pelo Decreto nº 47.397, de 4.12.2002.

c) sistemas coletivos de esgotos sanitários:

(*) Alínea "c", *caput*, com redação dada pelo Decreto nº 47.397, de 4.12.2002.

1. elevatórias, excetuadas as instaladas em condomínios não sujeitos à análise do GRAPROHAB;

(*) Item 1 com redação dada pelo Decreto nº 62.973, de 28.11.2017.

2. estações de tratamento;

(*) Item 2 com redação dada pelo Decreto nº 47.397, de 4.12.2002.

3. emissários submarinos e subfluviais;

(*) Item 3 com redação dada pelo Decreto nº 47.397, de 4.12.2002.

4. disposição final;

(*) Item 4 com redação dada pelo Decreto nº 47.397, de 4.12.2002.

d) estações de tratamento de água,

(*) Alínea "d" com redação dada pelo Decreto nº 47.397, de 4.12.2002.

V – usinas de concreto e concreto asfáltico, inclusive instaladas transitoriamente, para efeito de construção civil, pavimentação e construção de estradas e de obras de arte;

(*) Inciso V com redação dada pelo Decreto nº 47.397, de 4.12.2002.

VI – hotéis e similares que queimem combustível sólido ou líquido;

(*) Inciso VI com redação dada pelo Decreto nº 47.397, de 4.12.2002.

VII – atividades que utilizem incinerador ou outro dispositivo para queima de lixo e materiais, ou resíduos sólidos, líquidos ou gasosos, inclusive os crematórios;

(*) Inciso VII com redação dada pelo Decreto nº 47.397, de 4.12.2002.

VIII – serviços de coleta, armazenamento, transporte e disposição final de lodos ou materiais retidos em unidades de tratamento de água, em unidades de tratamento de esgotos ou em unidades de tratamento de resíduos industriais;

(*) Inciso VIII com redação dada pelo Decreto nº 62.973, de 28.11.2017.

IX – hospitais, sanatórios, maternidades e instituições de pesquisas de doenças;

(*) Inciso IX com redação dada pelo Decreto nº 62.973, de 28.11.2017.

X – todo e qualquer loteamento ou desmembramento de imóveis, condomínios horizontais ou verticais, independentemente do fim a que se destinam, conjuntos habitacionais e assentamentos para reforma agrária;

(*) Inciso X com redação dada pelo Decreto nº 62.973, de 28.11.2017.

XI – cemitérios horizontais ou verticais;

XII – comércio varejista de combustíveis automotivos, incluindo postos revendedores, postos de abastecimento, transportadores revendedores retalhistas e postos flutuantes;

XIII – depósito ou comércio atacadista de produtos químicos ou de produtos inflamáveis, desde que armazenados a granel ou em tanques;

(*) Inciso XIII com redação dada pelo Decreto nº 47.397, de 4.12.2002.

XIV – termoelétricas ou co-geradoras de energia;

(*) Inciso XIV acrescido pelo Decreto nº 53.205, de 3.7.2008.

XV – as atividades de bovinocultura de corte em confinamento, avicultura e suinocultura.

(*) Inciso XV com redação dada pelo Decreto nº 63.296, de 21.3.2018.

§ 1º. Excluem-se do licenciamento aqui previsto os condomínios verticais localizados fora dos municípios litorâneos, cuja implantação não implique a abertura de vias internas de circulação.

(*) § 1º com redação dada pelo Decreto nº 47.397, de 4.12.2002.

§ 2º. A CETESB poderá definir critérios para dispensar do licenciamento os condomínios horizontais e verticais com fins residenciais, inclusive situados na zona litorânea, considerando o número de unidades a serem implantadas e os sistemas de coleta e tratamento de efluentes a serem adotados.

(*) § 2º com redação dada pelo Decreto nº 47.397, de 4.12.2002.

§ 3º. (Revogado).

(*) § 3º revogado pelo Decreto nº 62.973, de 28.11.2017.

§ 4º. Quando se tratar de sistemas de saneamento implantados em atividades não listadas nos incisos I a III e V a XIV, a manifestação da CETESB ocorrerá por meio da emissão de parecer técnico.

(*) § 4º acrescido pelo Decreto nº 53.205, de 3.7.2008.

§ 5º. A instalação e a operação das atividades listadas no inciso XV dependerá unicamente da obtenção de Declaração de Conformidade da Atividade Agropecuária a ser obtida junto à Secretaria de Agricultura e Abastecimento, nas seguintes hipóteses:

1. atividade de bovinocultura de corte em confinamento com capacidade de criação menor ou igual a 5.000 indivíduos;

2. atividade de avicultura com capacidade de criação menor ou igual a 200.000 indivíduos;

3. atividade de suinocultura com capacidade de criação menor ou igual a 500 matrizes.

(*) § 5º com redação dada pelo Decreto nº 63.296, de 21.3.2018.

§ 6º. A instalação e a operação das atividades listadas no inciso XV dependerá da obtenção de licença única, concedida em processo de licenciamento ambiental simplificado e gratuito, nas seguintes hipóteses:

1. atividade de bovinocultura de corte em confinamento com capacidade de criação maior que 5.000 e menor ou igual a 20.000 indivíduos;

2. atividade de avicultura com capacidade de criação maior que 200.000 indivíduos e menor ou igual a 500.000 indivíduos;

3. atividade de suinocultura com capacidade de criação maior que 500 matrizes e menor ou igual a 2.000 matrizes.

(*) § 6º com redação dada pelo Decreto nº 63.296, de 21.3.2018.

§ 7º. Ficam sujeitas ao licenciamento ordinário as atividades de bovinocultura de corte em confinamento, avicultura e suinocultura não relacionadas nos §§ 5º e 6º.

(*) § 7º com redação dada pelo Decreto nº 63.296, de 21.3.2018.

Capítulo II
DAS LICENÇAS PRÉVIA E DE INSTALAÇÃO

Art. 58. O licenciamento ambiental das fontes de poluição listadas no art. 57 será obrigatório nas seguintes hipóteses:

I – planejamento preliminar,construção ou ampliação e utilização de edificação destinada à instalação de uma fonte de poluição;

II – planejamento preliminar, instalação, ampliação ou alteração e funcionamento de uma fonte de poluição em edificação nova ou regularmente existente.

(*) Art. 58, *caput*, com redação dada pelo Decreto nº 62.973, de 28.11.2017.

§ 1º. (Revogado).

(*) § 1º revogado pelo Decreto nº 62.973, de 28.11.2017.

§ 2º. (Revogado).

(*) § 2º revogado pelo Decreto nº 62.973, de 28.11.2017.

§ 3º. (Revogado).

(*) § 3º revogado pelo Decreto nº 62.973, de 28.11.2017.

Art. 58-A. A CETESB expedirá as seguintes modalidades de licenças ambientais, de forma isolada e sucessiva, nas hipóteses mencionadas nos incisos I e II do artigo 58:

I – Licença Prévia (LP) – concedida na fase de planejamento preliminar, aprovando sua localização e concepção, atestando a viabilidade ambiental e estabelecendo os requisitos básicos e condicionantes a serem atendidos nas próximas fases de sua implementação;

II – Licença de Instalação (LI) – autoriza a construção ou ampliação da edificação e a instalação do empreendimento ou atividade de acordo com as especificações constantes dos planos, programas e projetos aprovados, incluindo as medidas de controle ambiental e demais condicionantes, da qual constituem motivo determinante;

III – Licença de Operação (LO) – autoriza o funcionamento da atividade ou empreendimento, após a verificação do efetivo cumprimento do que consta das licenças anteriores, com as medidas de controle ambiental e condicionantes determinadas para a operação.

(*) Art. 58-A, *caput*, acrescido pelo Decreto nº 47.397, de 4.12.2002, e com redação dada pelo Decreto nº 62.973, de 28.11.2017.

§ 1º. A Licença de Operação para loteamentos, desmembramentos, condomínios, conjuntos habitacionais, assentamentos de reforma agrária e cemitérios deverá ser concedida antes de sua ocupação.

(*) § 1º acrescido pelo Decreto nº 62.973, de 28.11.2017.

§ 2º. As atividade listadas no Anexo 14 deste decreto solicitarão a Licença Prévia concomitantemente com a Licença de Instalação e, posteriormente, a correspondente Licença de Operação.

(*) § 2º acrescido pelo Decreto nº 62.973, de 28.11.2017.

§ 3º. Para as atividades não sujeitas ao licenciamento ambiental estabelecido neste decreto, a CETESB emitirá declaração em procedimento simplificado, informatizado e gratuito.

(*) § 3º acrescido pelo Decreto nº 62.973, de 28.11.2017.

Art. 59. As Licenças Prévia e de Instalação deverão ser requeridas pelo interessado diretamente à CETESB, mediante:

I – pagamento do preço estabelecido no Capítulo VI, do Título V, deste Regulamento;

II – apresentação de certidão da Prefeitura Municipal, atestando que o local e o tipo de instalação estão em conformidade com suas leis e regulamentos administrativos;

III – apresentação de memoriais, estudos, informações e publicações que forem exigíveis.

(*) Art. 59, *caput*, com redação dada pelo Decreto nº 62.973, de 28.11.2017.

Parágrafo único. A certidão da Prefeitura Municipal a que alude o inciso II será exigida por ocasião do pedido de Licença Prévia.

(*) Parágrafo único acrescido pelo Decreto nº 62.973, de 28.11.2017.

Art. 60. Não será expedida Licença de Instalação quando houver indícios ou evidências de que ocorrerá lançamento ou liberação de poluentes nas águas, no ar ou no solo.

§ 1º. No caso das fontes de poluição relacionadas no inciso X do art. 57, o empreendedor deverá comprovar que a área objeto do licenciamento não apresenta impedimentos à ocupação proposta, sob o ponto de vista ambiental e de saúde pública.

§ 2º. A expedição de Licença de Instalação para as ampliações de que tratam os incisos I e II do artigo 58 estará condicionada ao equacionamento das pendências ambientais.

(*) § 2º com redação dada pelo Decreto nº 62.973, de 28.11.2017.

§ 3º. Quando se tratar de alteração do projeto arquitetônico anteriormente analisado pela CETESB e desde que não implique acréscimo de área construída, as novas plantas deverão ser objeto de análise pela CETESB.

§ 4º. Da Licença de Instalação emitida deverão constar:

1. as exigências técnicas formuladas;

2. os processos produtivos licenciados e as respectivas capacidades de produção;

3. referência aos equipamentos produtivos a serem instalados.

4. no caso de se tratar de atividades minerárias, remissão a descrição completa da poligonal objeto do licenciamento e regularizada junto ao DNPM – Departamento Nacional de Produção Mineral.

(*) Art. 60 com redação dada pelo Decreto nº 47.397, de 4.12.2002.

Art. 61. Os órgãos da Administração Centralizada ou Descentralizada do Estado e dos Municípios deverão exigir a apresentação das Licenças de Instalação de que trata este Capítulo, antes de aprovarem projetos ou de fornecerem licenças ou alvarás, de qualquer tipo, para as fontes de poluição relacionadas no art. 57, com exceção do inciso IV, sob pena de nulidade do ato.

(*) Art. 61 com redação dada pelo Decreto nº 47.397, de 4.12.2002.

§§ 1º a 5º. (Revogados).

(*) §§ 1º a 5º revogados pelo Decreto nº 55.091, de 30.11.2009.

Art. 61-A. (Revogado).

(*) Art. 61-A revogado pelo Decreto nº 62.973, de 28.11.2017.

Capítulo III
DAS LICENÇAS DE OPERAÇÃO

Art. 62. (Revogado).

(*) Art. 62 revogado pelo Decreto nº 62.973, de 28.11.2017.

Art. 63. A Licença de Operação deverá ser requerida pelo interessado diretamente à CETESB, mediante:

I – pagamento do preço estabelecido no Capítulo VI, do Título VI, deste Regulamento;

II – apresentação das publicações que forem exigíveis.

(*) Art. 63 com redação dada pelo Decreto nº 47.397, de 4.12.2002.

Art. 64. Poderá ser emitida Licença de Operação a título precário, cujo prazo de validade não poderá ser superior a 180 (cento e oitenta) dias, nos casos em que o funcionamento ou operação da fonte, forem necessários para testar a eficiência do sistema de controle de poluição do meio ambiente.

(*) Art. 64 com redação dada pelo Decreto nº 47.397, de 4.12.2002.

Art. 65. Não será emitida Licença de Operação se não tiverem sido cumpridas todas as exigências determinadas por ocasião da expedição da Licença de Instalação, ou houver indícios ou evidências de liberação ou lançamento de poluentes nas águas, no ar ou no solo.

Parágrafo único. Da Licença de Operação emitida deverão constar:

1. as exigências e condicionantes técnicas a serem cumpridas pela fonte de poluição durante sua operação;

2. os processos produtivos licenciados e as respectivas capacidades de produção;

3. referência aos equipamentos e sistemas de controle de poluição instalados;

4. no caso de se tratar de atividades minerárias, a descrição completa do módulo a ser explorado.

(*) Art. 65 com redação dada pelo Decreto nº 47.397, de 4.12.2002.

Art. 66. Os órgãos da Administração Centralizada ou Descentralizada do Estado e dos Municípios deverão exigir a apresentação das Licenças de Operação de que trata este Capítulo, antes de concederem licença ou alvará de funcionamento para as fontes de poluição relacionadas no art. 57, com exceção de seus incisos IV, VIII, X e XI, sob pena de nulidade do ato.

(*) Art. 66 com redação dada pelo Decreto nº 47.397, de 4.12.2002.

Capítulo IV
DO PARCELAMENTO DO SOLO

Art. 67. Compete à Companhia de Tecnologia de Saneamento Ambiental – CETESB manifestar-se quanto aos empreendimentos relacionados no inciso X, do art. 57, em relação aos seguintes aspectos:

I – sistemas de abastecimento de água;

II – sistemas de coleta, tratamento e disposição de esgotos sanitários;

III – compatibilidade do empreendimento com o zoneamento estabelecido para o local, assim como a sua compatibilidade com a ocupação do solo circunvizinho;

IV – sistemas de coleta e disposição de resíduos.

(*) Art. 67 com redação dada pelo Decreto nº 47.397, de 4.12.2002.

Art. 68. A Companhia de Tecnologia de Saneamento Ambiental – CETESB exigirá dos empreendedores:

I – a implantação de sistemas de abastecimento de água e de coleta, afastamento, tratamento e disposição de esgotos ou a interligação do empreendimento aos sistemas públicos existentes;

II – solução para a coleta, tratamento e disposição final de resíduos sólidos.

Parágrafo único. No caso de sistemas individuais de tratamento e disposição de efluentes, o empreendedor deverá fazer constar do instrumento de compra e venda da unidade resultante do parcelamento, a obrigação de implantação dos mesmos antes da ocupação dos lotes.

(*) Art. 68 com redação dada pelo Decreto nº 47.397, de 4.12.2002.

Art. 69. A Licença de Operação somente será concedida após terem sido implantadas:

I – obras que assegurem o escoamento ou a drenagem das águas nos terrenos alagadiços e sujeitos a inundação; e

II – os sistemas e serviços de que trata o art. 68.

Art. 69-A. O saneamento das áreas objeto de deposição, aterramento ou contaminação com materiais nocivos à saúde pública deverá ser executado previamente ao pedido de Licença de Instalação a que se refere o art. 58.

Parágrafo único. A eficácia das ações de saneamento de que trata este artigo será avaliada pela CETESB, que poderá exigir do empreendedor a apresentação de projetos, análises laboratoriais ou outras informações que entender necessárias.

(*) Art. 69-A acrescido pelo Decreto nº 47.397, de 4.12.2002.

Art. 69-B. A concessão das Licenças de Instalação e de Operação fica condicionada à vistoria prévia do local onde o interessado pretende implantar o empreendimento.

(*) Art. 69-B acrescido pelo Decreto nº 47.397, de 4.12.2002.

Capítulo V
PRAZO DAS LICENÇAS

Art. 70. Os empreendimentos licenciados terão um prazo máximo de 2 (dois) anos, contados a partir da data da emissão da Licença Prévia, para solicitar a Licença de Instalação e o prazo máximo de 3 (anos) para iniciar a implantação de suas instalações, sob pena de caducidade das licenças concedidas.

§ 1º. A Licença de Instalação concedida para os parcelamentos do solo perderá sua validade no prazo de 2 (dois) anos, contados a partir da data de sua emissão, caso o empreendedor não inicie, nesse período, as obras de implantação.

§ 2º. A pedido do interessado e a critério da Companhia de Tecnologia de Saneamento Ambiental – CETESB, os prazos previstos neste artigo poderão ser prorrogados por igual período.

(*) Art. 70 com redação dada pelo Decreto nº 47.397, de 4.12.2002.

Art. 71. A Licença de Operação terá prazo de validade de até 5 (cinco) anos, a ser estabelecido de acordo com o fator de complexidade da listagem do anexo 5, conforme o seguinte critério:

I – 2 (dois) anos: W = 4, 4,5 e 5;

II – 3 (três) anos: W = 3 e 3,5;

III – 4 (quatro) anos: W = 2 e 2,5;

IV – 5 (cinco) anos: W = 1 e 1,5.

(*) Art. 71, *caput*, com redação dada pelo Decreto nº 47.397, de 4.12.2002.

§ 1º. As Licenças de Operação a que se refere o § 1º do art. 58-A não estarão sujeitas a renovação.

(*) § 1º primitivo parágrafo único, renumerado e com redação dada pelo Decreto nº 62.973, de 28.11.2017.

§ 2º. O prazo de validade das Licenças de Operação de empreendimentos que não tenham fator de complexidade estabelecido na listagem do Anexo 5 será de 5 (cinco) anos.

(*) § 2º acrescido pelo Decreto nº 62.973, de 28.11.2017.

Art. 71-A. As fontes de poluição que já obtiveram a Licença de Funcionamento até a data de vigência deste Decreto, serão convocadas pela CETESB no prazo máximo de 5 (cinco) anos, para renovação da respectiva licença.

§ 1º. As fontes instaladas antes de 8 de setembro de 1976, que não possuam Licença de Operação, serão convocadas a obter a respectiva licença.

§ 2º. Decorrido o prazo mencionado no *caput* deste artigo, as Licenças de Operação não renovadas perderão sua validade.

(*) Art. 71-A acrescido pelo Decreto nº 47.397, de 4.12.2002.

Capítulo VI
DOS PREÇOS PARA EXPEDIÇÃO DE LICENÇAS E OUTROS DOCUMENTOS

Art. 72. O preço para expedição de Licenças Prévia, de Instalação e de Operação será cobrado separadamente.

Parágrafo único. O preço para expedição da Licença Prévia, quando emitida nos termos do § 2º do art. 58, será equivalente a 30% (trinta por cento) do valor da correspondente Licença de Instalação.

(*) Art. 72 com redação dada pelo Decreto nº 47.397, de 4.12.2002.

Art. 73. O preço para expedição das Licenças de Instalação para todo e qualquer loteamento ou desmembramento de imóveis, condomínios horizontais ou verticais, conjuntos habitacionais e cemitérios e para expedição de parecer técnico para empreendimentos sujeitos à análise do GRAPROHAB será fixado pela seguinte fórmula:

P = 100 + 3 x √A

onde

P = Preço a ser cobrado, expresso em UFESP

√A = Raiz quadrada da área do terreno do empreendimento, em m² (metros quadrados).

(*) Art. 73, *caput*, com redação dada pelo Decreto nº 62.973, de 28.11.2017.

§ 1º. Os empreendimentos que tenham recebido dois indeferimentos do GRAPROHAB no mesmo protocolo somente serão reanalisados mediante requerimento de novo protocolo GRAPROHAB e pagamento do preço mencionado no *caput* deste artigo.

(*) § 1º acrescido pelo Decreto nº 62.973, de 28.11.2017.

§ 2º. O preço de análise de projeto modificativo de empreendimentos já aprovados pelo GRAPROHAB será fixado pela seguinte fórmula:

P = 0,25 x (100 + 3 x √A)

onde

P = Preço a ser cobrado, expresso em UFESP

√A = Raiz quadrada da área do terreno do empreendimento, em m² (metros quadrados).

(*) § 2º acrescido pelo Decreto nº 62.973, de 28.11.2017.

Art. 73-A. O preço para expedição das Licenças de Instalação para as fontes de poluição listadas no inciso IV do artigo 57, será fixado pela seguinte fórmula:

P = F x C

onde

P = preço a ser cobrado em UFESP

F = valor fixo igual a 0,5/100 (meio por cento)

C = custo do empreendimento em UFESP.

(*) Art. 73-A, *caput*, com redação dada pelo Decreto nº 53.205, de 3.7.2008.

Parágrafo único. O preço para expedição das Licenças de Instalação para aterros de resíduos de construção civil ou resíduos inertes será fixado pela seguinte fórmula:

P = 100 + (5 x √A)

onde

P = Preço a ser cobrado, expresso em UFESP

√A = Raiz quadrada da área do terreno do empreendimento, em m² (metros quadrados).

Art. 73-B. O preço para expedição das Licenças de Instalação para todo e qualquer serviço de coleta, armazenamento, transporte e disposição final de materiais retidos em unidades de tratamento de água, em unidades de tratamento de esgotos ou em unidades de tratamento de resíduos industriais será fixado em 100 UFESP.

(*) Art. 73-B com redação dada pelo Decreto nº 62.973, de 28.11.2017.

Art. 73-C. O preço para expedição das Licenças de Instalação para as fontes listadas nos incisos II, III, V, VI, VII, IX, XII e XIII do art. 57 será fixado pela seguinte fórmula:

P = 100 + (3 x W x √A), onde:

P = Preço a ser cobrado, expresso em UFESP

W = Fator de complexidade, de acordo com o Anexo 5 deste Regulamento

√A = Raiz quadrada da área integral da fonte de poluição objeto do licenciamento, em m² (metros quadrados).

(*) Art. 73-C, *caput*, com redação dada pelo Decreto nº 62.973, de 28.11.2017.

§ 1º. Quando se tratar de empreendimentos considerados por lei federal ou estadual como microempresa ou empresa de pequeno porte, a fórmula a ser adotada será:

P = 0,15 [100 + (3 x W x √A)],

onde:

P = Preço a ser cobrado, expresso em UFESP

W = Fator de complexidade, de acordo com o Anexo 5 deste Regulamento

√A = Raiz quadrada da área integral da fonte de poluição objeto do licenciamento, em m² (metros quadrados).

(*) § 1º com redação dada pelo Decreto nº 62.973, de 28.11.2017.

§ 2º. A área integral da fonte de poluição a que se refere o *caput* deste artigo será a área do terreno ocupado pelo empreendimento ou atividade, acrescida das áreas construídas dos pavimentos superiores e/ou inferiores, excluindo-se as seguintes:

1 – as áreas ocupadas com florestas e outras formas de vegetação nativa;

2 – a área ocupada por outros empreendimentos presentes na área total do terreno; e

3 – as áreas ocupadas por atividades agrosilvopastoris que não estejam diretamente ligadas à atividade licenciada.

(*) § 2º com redação dada pelo Decreto nº 62.973, de 28.11.2017.

§ 3º. O preço máximo a ser cobrado será limitado a 5.000 (cinco mil) UFESP.

(*) § 3º com redação dada pelo Decreto nº 62.973, de 28.11.2017.

§ 4º. Quando se tratar de empreendimentos de associações de produtores rurais, de associações ambientalistas e de cooperativas de produtores, com faturamento anual igual ou inferior aos limites para enquadramento como pequena ou microempresa definidos por lei federal ou estadual, será adotada a fórmula do § 1º deste artigo.

(*) § 4º acrescido pelo Decreto nº 62.973, de 28.11.2017.

Art. 73-D. O preço para expedição das Licenças de Instalação para as atividades de extração e tratamento de minerais será fixado de acordo com a seguinte fórmula:

P = 400 + 20 x √AL,

onde:

P = Preço a ser cobrado, expresso em UFESP

√AL = Raiz quadrada da área de poligonal, em ha (hectares)

(*) Art. 73-D, *caput*, com redação dada pelo Decreto nº 62.973, de 28.11.2017.

§ 1º. Quando se tratar de extração e engarrafamento de água mineral o preço das licenças de instalação será fixado pela seguinte fórmula:

P = 200 + √AC,

onde:

P = Preço a ser cobrado, expresso em UFESP

$\sqrt{AC}$ = Raiz quadrada da área construída e de atividades ao ar livre, em m² (metros quadrados).

(*) § 1º, primitivo parágrafo único, renumerado e com redação dada pelo Decreto nº 62.973, de 28.11.2017.

§ 2º. Quando se tratar de empreendimentos considerados por lei federal ou estadual como microempresa ou empresa de pequeno porte, a fórmula a ser adotada será:

$$P = 0,15\ (400 + 20 \times \sqrt{AL}),$$

onde:

P = Preço a ser cobrado, expresso em UFESP

$\sqrt{AL}$ = Raiz quadrada da área de poligonal, em ha (hectares)

(*) § 2º acrescido pelo Decreto nº 62.973, de 28.11.2017.

§ 3º. Quando se tratar de empreendimentos que desenvolvam as atividades de extração e engarrafamento de água mineral e sejam considerados por lei federal ou estadual como microempresa ou empresa de pequeno porte, o preço das licenças de instalação será fixado pela seguinte fórmula:

$$P = 0,15\ (200 + \sqrt{AC})$$

onde:

P = Preço a ser cobrado, expresso em UFESP

$\sqrt{AC}$ = Raiz quadrada da área construída e de atividades ao ar livre, em m² (metros quadrados).

(*) § 3º acrescido pelo Decreto nº 62.973, de 28.11.2017.

Art. 73-E. O preço para expedição das Licenças de Instalação para as fontes de poluição listadas no inciso XIV do art. 57, será fixado pela seguinte fórmula:

$$P = F \times C$$

onde

P = preço a ser cobrado em UFESP

F = valor fixo igual a 0,25/100 (zero vírgula vinte e cinco por cento)

C = custo do empreendimento em UFESP

(*) Art. 73-E, *caput*, acrescido pelo Decreto nº 53.205, de 3.7.2008.

§ 1º. O preço para análise de pedidos de licenças de atividades de co-geração de energia que tiverem sua produção integrada e condicionada ao processo produtivo de empreendimentos licenciáveis pela CETESB será calculado com base no fator de complexidade W de atividade principal, desde que se trate da mesma razão social, utilizando-se a fórmula prevista no *caput* do art. 73-C deste Regulamento.

(*) § 1º acrescido pelo Decreto nº 53.205, de 3.7.2008.

§ 2º. (Revogado).

(*) § 2º acrescido pelo Decreto nº 53.205, de 3.7.2008, e revogado pelo Decreto nº 62.973, de 28.11.2017.

Art. 73-F. O preço cobrado para análise dos pedidos de Licença Prévia, de Instalação e de Operação e renovação da Licença de Operação referente ao licenciamento das atividades relacionadas no § 7º do art. 57 será correspondente a 500 (quinhentas) UFESP'S para cada pedido.

(*) Art. 73-F acrescido pelo Decreto nº 62.973, de 28.11.2017.

Art. 74. Para a expedição de outros documentos são fixados os seguintes valores:

I – O preço de Pareceres Técnicos para Recebimento de Resíduos de Interesse e Certificados de Movimentação de Resíduos de Interesse Ambiental emitidos para um único gerador de resíduos será calculado pela seguinte fórmula:

$$P = (100 + 0,10K + \sqrt{K})FP,$$

onde

P = Preço a ser cobrado, expresso em UFESP

K = quantidade anual de resíduos que serão movimentados, em toneladas

FP = fator de periculosidade, que será igual a 1,0, se algum dos resíduos for classificado como perigoso, de acordo com as normas técnicas vigentes, e igual a 0,5, se todos os resíduos forem classificados como não perigosos;

(*) Inciso I com redação dada pelo Decreto nº 62.973, de 28.11.2017.

II – regularização de plantas de projetos 35 UFESP;

III – parecer de viabilidade de localização e pareceres técnicos não especificados: 100 UFESP;

(*) Inciso III com redação dada pelo Decreto nº 62.973, de 28.11.2017.

IV – Certificado de Dispensa de Licença e Treinamento de Combate a Incêndio 35 UFESP;

V – alteração de documento: 15 (quinze) UFESP;

(*) Inciso V com redação dada pelo Decreto nº 62.973, de 28.11.2017.

VI – análise de solicitação de crédito de compensação de emissões de poluentes atmosféricos por fontes fixas 250 (duzentas e cinquenta) UFESP's;

(*) Inciso VI acrescido pelo Decreto nº 50.753, de 28.4.2006.

VII – análise de solicitação de crédito de compensação de emissões de poluentes atmosféricos por fontes móveis 250 (duzentas e cinquenta) UFESP's;

(*) Inciso VII acrescido pelo Decreto nº 50.753, de 28.4.2006.

VIII – solicitação de registro de crédito de compensação de emissões de poluentes atmosféricos por fontes móveis 550 (quinhentas e cinquenta) UFESP's;

(*) Inciso VIII acrescido pelo Decreto nº 50.753, de 28.4.2006.

IX – solicitação de transferência de créditos 35 (trinta e cinco) UFESP's;

(*) Inciso IX acrescido pelo Decreto nº 50.753, de 28.4.2006.

X – O preço do Parecer Técnico para a regularização de parcelamento do solo para fins habitacionais e núcleos habitacionais será fixado pela seguinte fórmula:

$$P = 100 + 3 \times \sqrt{A}$$

onde

P = Preço a ser cobrado, expresso em UFESP

$\sqrt{A}$ = Raiz quadrada da área do terreno do empreeendimento, em m² (metros quadrados);

(*) Inciso X acrescido pelo Decreto nº 62.973, de 28.11.2017.

XI – o preço do Parecer Técnico sobre o Plano de Intervenção de Área Contaminada será fixado pela seguinte fórmula:

$$P = 750 + w\sqrt{A}$$

onde

P = Preço a ser cobrado, expresso em UFESP

W = Fator de complexidade, de acordo com o Anexo 5 deste Regulamento

$\sqrt{A}$ = Raiz quadrada da área do terreno do empreeendimento em análise (m²);

(*) Inciso XI acrescido pelo Decreto nº 62.973, de 28.11.2017.

XII – O preço do Parecer Técnico sobre Avaliação Preliminar e Investigação Confirmatória nos casos de área com potencial de contaminação será fixado pela seguinte fórmula:

$$P = 500 + w\sqrt{A}$$

onde

P = Preço a ser cobrado, expresso em UFESP

W = Fator de complexidade, de acordo com o Anexo 5 deste Regulamento

√A = Raiz quadrada da área do terreno do empreendimento em análise (m²);

(*) Inciso XII acrescido pelo Decreto nº 62.973, de 28.11.2017.

XIII – O preço do Parecer Técnico sobre avaliação preliminar, investigação confirmatória, investigação detalhada e avaliação de risco em áreas contaminadas será fixado pela seguinte fórmula:

$$P = 650 + w\sqrt{A}$$

onde

P = Preço a ser cobrado, expresso em UFESP

W = Fator de complexidade, de acordo com o Anexo 5 deste Regulamento

√A = Raiz quadrada da área do terreno do empreendimento em análise (m²);

(*) Inciso XIII acrescido pelo Decreto nº 62.973, de 28.11.2017.

XIV – O preço do Parecer Técnico sobre resultados da implantação e execução de medidas de intervenção em áreas contaminadas será fixado pela seguinte fórmula:

$$P = 500 + w\sqrt{A}$$

onde

P = Preço a ser cobrado, expresso em UFESP

W = Fator de complexidade, de acordo com o Anexo 5 deste Regulamento

√A = Raiz quadrada da área do terreno do empreendimento em análise (m²);

(*) Inciso XIV acrescido pelo Decreto nº 62.973, de 28.11.2017.

XV – O preço do Parecer Técnico sobre avaliação de Plano de Desativação ou Desmobilização será fixado pela seguinte fórmula:

$$P = 500 + w\sqrt{A}$$

onde

P = Preço a ser cobrado, expresso em UFESP

W = Fator de complexidade, de acordo com o Anexo 5 deste Regulamento

√A = Raiz quadrada da área do terreno do empreendimento em análise (m²);

(*) Inciso XV acrescido pelo Decreto nº 62.973, de 28.11.2017.

XVI – Pareceres técnicos para Recebimento de Resíduos de Interesse e Certificados de Movimentação de Resíduos de Interesse Ambiental emitidos para um conjunto de geradores de resíduos será fixado pela seguinte fórmula:

$$P = 5\,(100 + 0{,}10K + \sqrt{K})FP$$

onde

P = Preço a ser cobrado, expresso em UFESP

K = quantidade anual de resíduos que serão movimentados, em toneladas

FP = fator de periculosidade, que será igual a 1,0, se algum dos resíduos for classificado como perigoso, de acordo com as normas técnicas vigentes, e igual a 0,5, se todos os resíduos forem classificados como não perigosos;

(*) Inciso XVI acrescido pelo Decreto nº 62.973, de 28.11.2017.

XVII – Parecer Técnico para instrução de pedidos de outorga de captação de água subterrânea: 250 (duzentas e cinquenta) UFESP;

(*) Inciso XVII acrescido pelo Decreto nº 62.973, de 28.11.2017.

XVIII – a regularização dos empreendimentos existentes em 8 de setembro de 1976 ocorrerá por meio de emissão de Licença de Operação, cujo preço será fixado pelas fórmulas descritas nos arts. 73-A a 73-E.

(*) Inciso XVIII acrescido pelo Decreto nº 62.973, de 28.11.2017.

§ 1º. Quando se tratar de empreendimentos considerados por lei federal ou estadual como microempresa ou empresa de pequeno porte ou de empreendimentos de associações de produtores rurais, de associações ambientalistas e de cooperativas de produtores, com faturamento anual igual ou inferior aos limites para enquadramento como pequena ou microempresa definidos por lei federal ou estadual, o preço cobrado para a expedição dos documentos listados no *caput* deste artigo será de 07 (sete) UFESP.

(*) § 1º primitivo parágrafo único, renumerado e com redação dada pelo Decreto nº 62.973, de 28.11.2017.

§ 2º. Do valor arrecadado correspondente ao inciso XI, nos casos referentes a reutilização de áreas contaminadas, serão destinados ao FEPRAC o correspondente a 40%.

(*) § 2º acrescido pelo Decreto nº 62.973, de 28.11.2017.

§ 3º. No caso de empreendimentos que não tenham fator de complexidade W definido no Anexo 5 deste Regulamento, para o cálculo dos preços dos pareceres listados nos incisos XI a XV será adotado o fator de complexidade igual a 1.

(*) § 3º acrescido pelo Decreto nº 62.973, de 28.11.2017.

Art. 75. O preço para a expedição das Licenças de Operação ou para sua renovação será fixado de acordo com as mesmas fórmulas utilizadas para cálculo dos preços para expedição das Licenças de Instalação.

(*) Art. 75, *caput*, com redação dada pelo Decreto nº 62.973, de 28.11.2017.

Parágrafo único. Quando se tratar de Licença de Operação para a atividade de extração e tratamento de minerais, o preço será fixado de acordo com a área do módulo poligonal a ser explorado.

(*) Parágrafo único com redação dada pelo Decreto nº 47.397, de 4.12.2002.

Art. 75-A. Serão dispensadas do pagamento do preço de análise as solicitações de licenciamento ambiental simplificado das atividades e empreendimentos de que trata o Decreto estadual nº 60.329, de 2 de abril de 2014.

(*) Art. 75-A acrescido pelo Decreto nº 62.973, de 28.11.2017.

TÍTULO VI
DA FISCALIZAÇÃO E DA SANÇÕES

Capítulo I
DA FISCALIZAÇÃO

Art. 76. A fiscalização do cumprimento do disposto neste Regulamento e das normas dele decorrentes, será exercida por agentes credenciados da CETESB.

Art. 77. No exercício da ação fiscalizadora, ficam asseguradas aos agentes credenciados na CETESB a entrada, a qualquer dia ou hora, e a permanência pelo tempo que se tornar necessário, em estabelecimentos públicos ou privados.

Parágrafo único. Os agentes, quando obstados poderão requisitar força policial para o exercício de suas atribuições em qualquer parte do território do Estado.

Art. 78. Aos agentes credenciados compete:

I – efetuar vistorias em geral, levantamentos e avaliações;

II – verificar a ocorrência de infrações e propor as respectivas penalidades;

III – lavrar de imediato o auto de inspeção, fornecendo cópia ao interessado;

IV – intimar por escrito as entidades poluidoras, ou potencialmente poluidoras a prestarem esclarecimentos em loca e data previamente fixados.

Art. 79. As fontes de poluição ficam obrigadas a submeter a CETESB quando solicitado, o plano completo do lançamento de resíduos líquidos sólidos ou gasosos.

Parágrafo único. Para efeito do disposto neste artigo, poder-se-á exigir a apresentação de detalhes, fluxogramas, memoriais, informações, plantas e projetos bem como linhas completas de produção, com esquema de marcha das matérias-primas beneficiadas e respectivos produtos, sub-produtos e resíduos, para cada operação, com demonstração de quantidade, qualidade, natureza e composição de uns e de outros assim como consumo de água.

Capítulo II
DAS INFRAÇÕES E DAS PENALIDADES

Art. 80. As infrações às disposições da Lei nº 997, de 31 de maio de 1976, deste Regulamento, bem como das normas, padrões e exigências técnicas dela decorrentes, serão, a critério da CETESB, classificadas em leves, graves e gravíssimas levando-se em conta:

I – a intensidade do dano efetivo ou potencial;

II – as circunstâncias atenuantes ou agravantes;

III – os antecedentes do infrator.

§ 1º. Constitui também infração, para os efeitos da Lei nº 997, de 31 de maio de 1976, e deste Regulamento, toda ação ou omissão que importe na inobservância de preceitos estabelecidos ou na desobediência às determinações de caráter normativo da CETESB.

§ 2º. Responderá pela infração quem de qualquer modo a cometer, concorrer para a sua prática ou dela se beneficiar.

(*) Art. 80 com redação dada pelo
Decreto nº 54.487, de 26.6.2009.

Art. 81. As infrações de que trata o artigo anterior serão punidas com as seguintes penalidades:

I – advertência;

II – multa de 10 a 10.000 vezes o valor da Unidade Fiscal do Estado de São Paulo – UFESP;

III – interdição temporária ou definitiva;

IV – embargo;

V – demolição;

VI – suspensão de financiamentos e benefícios fiscais;

VII – apreensão ou recolhimento, temporário ou definitivo.

Parágrafo único. As penalidades previstas nos incisos III a VII deste artigo poderão ser impostas cumulativamente com as previstas nos incisos I e II.

(*) Art. 81 com redação dada pelo
Decreto nº 39.551, de 18.11.1994.

Art. 82. Serão consideradas circunstâncias agravantes:

I – obstar ou dificultar a fiscalização;

II – deixar de comunicar de imediato a ocorrência de acidente que ponha em risco o meio ambiente;

III – praticar qualquer infração durante a vigência do plano de Emergência disciplinado no Título III, deste Regulamento.

(*) Art. 82 com redação dada pelo
Decreto nº 15.425, de 23.7.1980.

Art. 83. A penalidade de advertência será aplicada quando se tratar de primeira infração de natureza leve, devendo, na mesma oportunidade, quando for o caso, fixar-se prazo para que sejam sanadas as irregularidades apontadas.

(*) Art. 83, *caput*, com redação dada pelo
Decreto nº 62.973, de 28.11.2017.

Parágrafo único. Quando se tratar de infração natureza leve e consideradas as circunstâncias atenuantes do caso, poderá, a critério da autoridade competente, ser novamente aplicada a penalidade de advertência, mesmo que outras já tenham sido impostas ao infrator.

(*) Parágrafo único com redação dada pelo
Decreto nº 15.425, de 23.7.1980.

Art. 84. A penalidade de multa a que se refere o inciso II do art. 81 deste Regulamento será imposta observados os seguintes limites:

I – de 10 a 1.000 vezes o valor da UFESP, nas infrações leves;

II – de 1001 a 5.000 vezes o valor da UFESP, nas infrações graves;

III – de 5 001 a 10.000 vezes o valor da UFESP, nas infrações gravíssimas.

(*) Art. 84, *caput*, com redação dada pelo
Decreto nº 39.551, de 18.11.1994.

Parágrafo único. No caso de fontes móveis, a penalidade a que alude o inciso I deste artigo, quando enquadrada nos arts. 32 e 80 deste Regulamento, não será inferior a 60 (sessenta) vezes o valor da UFESP.

(*) Parágrafo único acrescido pelo
Decreto nº 54.487, de 26.6.2009.

Art. 85. A penalidade de multa será imposta quando da constatação da irregularidade ou, quando for o caso, após o decurso do prazo concedido para sua correção, caso não tenha sido sanada a irregularidade.

§ 1º. No caso de fontes móveis as penalidades de multa serão aplicadas observado o seguinte:

1. para a mesma fonte, deverá ser lavrado um auto de infração para cada irregularidade cometida e constatada;

2. desde que decorridos 10 (dez) dias da data da última autuação, pela mesma infração.

(*) § 1º, primitivo parágrafo único, com redação dada pelo Decreto nº 39.551, de 18.11.1994 e renumerado pelo Decreto nº 50.753, de 2.8.2006.

§ 2º. Para as infrações às exigências do Termo de Compromisso de que trata o item 10 do § 5º do art. 15 do Decreto nº 59.113, de 23 de abril de 2013, aplicam-se as seguintes disposições:

(*) § 2º, *caput*, com redação dada pelo Decreto nº 59.113, de 23.4.2013.

1. serão punidas com a multa de 600 (seiscentas) vezes o valor da Unidade Fiscal do Estado de São Paulo – UFESP, dobrando o valor nas reincidências;

2. a penalidade de multa será imposta quando da constatação do não atendimento às exigências técnicas referidas no Termo de Compromisso ou, em caso de reincidência, após o decurso do prazo concedido para sua correção, caso não tenha sido sanada a desconformidade;

3. o prazo concedido poderá ser dilatado, desde que requerido fundamentadamente pelo infrator, antes de vencido o prazo anterior, sendo dada ciência ao infrator das decisões que concederem ou denegarem prorrogação;

4. caracteriza-se a reincidência quando ocorrer nova infração às exigências do Termo de Compromisso durante todo o período de vigência desse;

5. não se aplicam às infrações de que tratam os dispositivos anteriores as penalidades, procedimentos e demais requisitos constantes nos artigos 32, 80 a 84 e 86 a 96 deste Regulamento.

(*) § 2º acrescido pelo Decreto nº 50.753, de 2.8.2006.

Art. 86. Nos casos de reincidência, a multa será aplicada pelo valor correspondente ao dobro da anteriormente imposta.

§ 1º. Caracteriza-se a reincidência quando ocorrer nova infração ao mesmo dispositivo legal ou regulamentar que motivou a aplicação da multa anterior.

§ 2º. Para as fontes móveis, não será considerada reincidência se:

1. entre a infração cometida anteriormente e a nova constatação houver decorrido um ano;

2. no período de um ano a mesma fonte sofrer autuações da mesma natureza por mais de quatro vezes.

§ 3º. No caso de infração a vários dispositivos referidos num único auto de infração, ficará caracterizada a reincidência naquele que volte a ser infringido.

(*) Art. 86 com redação dada pelo Decreto nº 39.551, de 18.11.1994.

Art. 87. Nos casos de infração continuada, a critério da CETESB, poderá ser imposta multa diária de 1 a 1.000 vezes o valor da UFESP.

§ 1º. Considera-se em infração continuada a fonte poluidora do meio ambiente que:

1. estando em atividade ou operação, não esteja provida de meios tecnicamente adequados para evitar o lançamento ou a liberação de poluentes;

2. esteja se instalando ou já instalada e em funcionamento, sem as necessárias licenças;

3. permaneça descumprindo exigências técnicas ou administrativas da CETESB, após o decurso de prazo concedido para sua correção.

§ 2º. No caso de aplicação de multa diária, poderá, a critério da CETESB, ser concedido novo prazo para correção das irregularidades apontadas, desde que requerido fundamentadamente pelo infrator.

§ 3º. O deferimento do pedido a que se refere o parágrafo anterior suspenderá a incidência da multa.

§ 4º. A multa diária, que não ultrapassará o período de 30 (trinta) dias contados da data de sua imposição, cessará quando corrigida a irregularidade ou tiver sua aplicação suspensa.

§ 5º. Sanada a irregularidade, o infrator comunicará o fato, por escrito, à CETESB e, uma vez constatada sua veracidade, retroagirá o termo final do curso diário da multa à data da comunicação feita.

§ 6º. Persistindo a infração após o período referido no § 4º deste artigo, poderá haver nova imposição de multa diária, sem prejuízo da aplicação das penalidades previstas nos incisos III a VII do artigo 81 deste Regulamento.

(*) Art. 87 com redação dada pelo Decreto nº 39.551, de 18.11.1994.

Art. 89. As penalidades de embargo e de demolição serão aplicadas no caso de obras e construções executadas sem as necessárias licenças da CETESB, ou em desacordo com as mesmas, quando sua permanência ou manutenção colocar em risco ou causar dano ao meio ambiente ou contrariar as disposições da lei, deste Regulamento ou das normas deles decorrentes.

Parágrafo único. As penalidades mencionadas neste artigo serão aplicadas a partir de primeira reincidência na infração.

(*) Art. 89 com redação dada pelo Decreto nº 39.551, de 18.11.1994.

Art. 90. As penalidades de apreensão ou recolhimento temporário ou definitivo, poderão ser aplicadas nos casos de risco à saúde pública ou, a critério da CETESB, nos casos de infração continuada ou a partir da terceira reincidência.

§ 1º. No caso de fontes móveis, a imposição de penalidade de recolhimento, se temporária, implicará na permanência do veículo em local determinado pela CETESB até que a irregularidade constatada seja sanada.

§ 2º. O recolhimento definitivo implicará na proibição de sua circulação.

(*) Art. 90 com redação dada pelo Decreto nº 39.551, de 18.11.1994.

Art. 91. No caso de resistência, a execução das penalidades previstas nos incisos III, IV e VII do art. 81 deste Regulamento será efetuada com requisição de força policial.

(*) Art. 91 com redação dada pelo Decreto nº 39.551, de 18.11.1994.

Capítulo III
DO PROCEDIMENTO ADMINISTRATIVO
Seção I
Da Formalização das Sanções

Art. 92. Constatada a infração, será lavrado o respectivo auto, em três vias, no mínimo, destinando-se a primeira ao autuado e as demais à formalização do processo administrativo, devendo conter:

I – identificação da pessoa física ou jurídica autuada, com endereço completo, CPF ou CGC;

II – o ato, fato ou omissão que resultou na infração;

III – o local, data e hora do cometimento da infração;

IV – a disposição normativa em que se fundamenta a infração;

V – a penalidade aplicada e, quando for o caso, o prazo para correção da irregularidade;

VI – nome e assinatura da autoridade autuante.

Parágrafo único. O autuado tomará ciência do auto de infração, bem como do auto de inspeção de que trata o inciso III do art. 78 deste Regulamento, alternativamente da seguinte forma:

1. pessoalmente ou por seu representante legal ou preposto;

2. por carta registrada ou com "Aviso de Recebimento" (A.R.);

3. por publicação no Diário Oficial do Estado;

4. por notificação extrajudicial.

(*) Art. 92 com redação dada pelo Decreto nº 39.551, de 18.11.1994.

Art. 93. A penalidade de advertência será aplicada por agente credenciado da CETESB.

Art. 94. A penalidade de multa será aplicada pelo gerente da área competente da mesma entidade.

Art. 95. As penalidade previstas nos incisos III a VII do art. 81 deste Regulamento serão aplicadas da seguinte forma:

I – pelo secretário do Meio Ambiente, por proposta da CETESB, quando se tratar de interdição temporária ou definitiva, embargo, demolição ou suspensão de financiamento e benefícios fiscais;

II – pelo Diretor-Presidente da CETESB, por proposta da área competente, quando se tratar de apreensão ou recolhimento temporário ou definitivo.

(*) Art. 95 com redação dada pelo Decreto nº 39.551, de 18.11.1994.

Art. 96. A critério da autoridade competente, poderá ser concedido prazo para correção da irregularidade apontada no auto de infração.

§ 1º. O prazo concedido poderá ser dilatado, desde que requerido fundamentadamente pelo infrator, antes de vencido o prazo anterior.

§ 2º. Das decisões que concederem ou denegarem prorrogação, será dada ciência ao infrator.

Seção II
Do Recolhimento das Multas

Art. 97. As multas previstas neste Regulamento deverão ser recolhidas pelo infrator dentro de 20 (vinte) dias, contados da ciência da Notificação para Recolhimento da Multa, sob pena de inscrição como dívida ativa.

Parágrafo único. A CETESB concederá desconto de 30% (trinta por cento) do valor da penalidade sempre que o autuado decidir efetuar o pagamento no prazo previsto no *caput* deste artigo.

(*) Parágrafo único acrescido pelo Decreto nº 62.973, de 28.11.2017.

Art. 98. O recolhimento referido no artigo anterior deverá ser feito em qualquer agência de estabelecimento bancário autorizado, a favor da CETESB, mediante guia a ser fornecida pela área competente.

(*) Art. 98 com redação dada pelo Decreto nº 62.973, de 28.11.2017.

Art. 99. A multa será recolhida com base no valor da UFESP do dia de seu efetivo pagamento.

Parágrafo único. Ocorrendo a extinção da UFESP, adotar-se-á, para os efeitos deste Regulamento, o mesmo índice que a substituir.

(*) Art. 99 com redação dada pelo Decreto nº 39.551, de 18.11.1994.

Art. 100. Nos casos de cobrança judicial, a CETESB encaminhará os processos administrativos à Procuradoria Geral do Estado, para que esta promova a inscrição, controle e cobrança da dívida ativa.

(*) Art. 100 com redação dada pelo Decreto nº 62.973, de 28.11.2017.

Capítulo IV
DOS RECURSOS

Art. 101. O infrator no prazo de 20 (vinte) dias, contados da ciência da infração, poderá interpor recurso, que deverá conter medidas específicas para fazer cessar e corrigir a degradação.

§ 1º. O recurso terá efeito suspensivo se as medidas propostas forem aceitas pela CETESB e quando:

1. se tratar da primeira penalidade imposta;

2. a penalidade aplicada for de natureza gravíssima.

§ 2º. Cumpridas todas as obrigações assumidas pelo infrator, a multa poderá ter redução de até 90% (noventa por cento) de seu valor.

§ 3º. O infrator não poderá beneficiar-se da redução da multa prevista no parágrafo anterior se deixar de cumprir, parcial ou totalmente, qualquer das medidas específicas, nos prazos estabelecidos.

(*) Art. 101 com redação dada pelo Decreto nº 39.551, de 18.11.1994.

Art. 101-A. As multas aplicadas por infrações decorrentes de fontes móveis, capituladas no art. 32 deste Regulamento, poderão ser reduzidas, ou poderá ser restituída parcela do valor pago, em até 70% (setenta por cento) de seu valor, desde que, cumulativamente:

I – não se registre outra multa nos 12 (doze) meses anteriores à infração;

II – o infrator comprove a reparação efetuada no veículo, conforme diretrizes a serem expedidas pela CETESB;

III – os pedidos de redução ou restituição sejam apresentados à CETESB em até 60 (sessenta) dias após a ciência da autuação.

Parágrafo único. As restituições a que se refere este artigo observarão o disposto no art. 106 deste Regulamento.

(*) Art. 101-A acrescido pelo Decreto nº 54.487, de 26.6.2009.

Art. 102. Os recursos, instruídos com todos os elementos necessários ao seu exame, deverão ser dirigidos:

I – ao Gerente da área competente da CETESB, quando se tratar de aplicação das penalidades de advertência e multa;

II – ao Secretário do Meio Ambiente, quando da aplicação da penalidade de apreensão ou recolhimento;

III – ao Governador do Estado, quando se tratar das demais.

(*) Art. 102 com redação dada pelo Decreto nº 39.551, de 18.11.1994.

Art. 103. (Revogado).

(*) Art. 103 revogado pelo Decreto nº 62.973, de 28.11.2017.

Art. 104. Os recursos encaminhados por via postal deverão ser registrados com "Aviso de Recebimento" e dar entrada na CETESB dentro do prazo fixado no art. 101, valendo, para esse efeito, o comprovante do recebimento do correio.

Art. 105. Os recursos serão decididos depois de ouvida a autoridade recorrida, que poderá reconsiderar sua decisão.

Art. 106. As restituições de multa resultante de aplicação deste Regulamento serão efetuadas sempre pelo valor recolhido.

Parágrafo único. As restituições mencionadas neste artigo deverão ser requeridas ao Gerente da área competente da CETESB, por meio de petição que deverá ser instruída com:

1. identificação do infrator e seu endereço completo;

2. número do processo administrativo a que se refere a restituição pleiteada;

3. cópia da guia de recolhimento;

4. comprovante do acolhimento do recurso apresentado.

(*) Art. 106 com redação dada pelo Decreto nº 39.551, de 18.11.1994.

Art. 107. Caberá pedido de reconsideração do não acolhimento da comunicação prevista no art. 87, desde que formulado dentro de 10 (dez) dias, contados da ciência da decisão da CETESB, comprovada, de maneira inequívoca, a cessação da irregularidade.

TÍTULO VII
DAS DISPOSIÇÕES FINAIS

Art. 108. Na contagem dos prazos estabelecidos neste Regulamento, excluir-se-á o dia do início e incluir-se-á o do vencimento, prorrogando-se este, automaticamente, para o primeiro dia útil, se recair em dia sem expediente una CETESB.

Art. 109. Na elaboração de Planos Diretores Urbanos ou Regionais, bem como no estabelecimento de distritos ou zonas industriais, deverá ser previamente ouvida a CETESB, quanto aos assuntos de sua competência, tendo em vista a preservação do meio ambiente.

Art. 110. Os veículos novos com motor a explosão por faísca só poderão ser comercializados por seus fabricantes, no território do Estado de São Paulo, desde que não emitam monóxido de carbono, hidrocarbonetos ou óxido de nitrogênio, este expresso em dióxido de nitrogênio, pelo cano de descarga, respiro do cárter ou por evaporação de combustível, em quantidades superiores aos padrões de emissão fixados.

Parágrafo único. A metodologia a ser utilizada para determinação dos poluentes emitidos pelo cano de descarga é a do Amostrador de Volume Constante, com a simulação de tráfego segundo ciclo de condução EPA-75, especificados no "Federal Register" – volume 42, nº 124, de 28 de junho de 1977.

(*) Parágrafo único acrescido pelo Decreto nº 15.425, de 23.7.1980.

Art. 111. Os veículos novos, com motor a explosão de ciclo diesel, só poderão ser comercializados por seus fabricantes, no território do Estado de São Paulo, desde que não emitam poluentes pelo cano de descarga, em quantidades superiores aos padrões de emissão fixados.

(*) Art. 111 com redação dada pelo Decreto nº 15.425, de 23.7.1980.

Art. 112. Os padrões de emissão de que tratam os artigos anteriores, bem como os demais métodos de medida e procedimentos de teste serão fixados em decreto.

(*) Art. 112 com redação dada pelo Decreto nº 15.425, de 23.7.1980.

Art. 113. Os arruamentos e loteamentos deverão ser previamente aprovados pela CETESB, que poderá exigir projeto completo de sistema de abastecimento de água, de escoamento de águas pluviais, de coleta de disposição de esgotos sanitários, compreendendo instalações para tratamento ou depuração.

Art. 114. A CETESB concederá prazo adequado para que as atuais fonte de poluição atendam às normas deste Regulamento, desde que possuam e venham operando regularmente instalações adequadas e aprovadas de controle de poluição.

Art. 115. Serão fixados por decretos específicos os padrões de condicionamento e projeto, assim como outras normas para preservação de recursos hídricos e as referentes à poluição causada por ruídos e radiações ionizantes.

Art. 116. As fontes de poluição enumeradas no art. 57, inclusive as existentes nesta data, ficam proibidas de manipular, para fins industriais, produtos químicos que contenham em suas formulações substâncias, mesmo residuais, do grupo químico de Dioxina (TCDD – 2, 3, 7, 8 Tetracloro Dibenzeno Para-Dioxina).

(*) Art. 116, *caput*, acrescido pelo Decreto nº 10.229, de 29.8.1977 e com redação dada pelo Decreto nº 12.045, de 8.8.1978.

Parágrafo único. O uso desses produtos em atividades agrícolas sujeita-se às normas e regulamentos estabelecidos pelo Ministério da Agricultura.

(*) Parágrafo único acrescido pelo Decreto nº 11.720, de 16.6.1978 e com redação dada pelo Decreto nº 12.045, de 8.8.1978.

Art. 117. Ficam proibidos, no Estado de São Paulo, o transporte, o armazenamento e o processamento industrial da substância denominada isocianato de metila.

(*) Art. 117 acrescido pelo Decreto nº 23.128, de 19.12.1984.

ANEXO 1

A que se refere o art. 30, I

MÉTODO REFERÊNCIA PARA A DETERMINAÇÃO DE PARTÍCULAS EM SUSPENSÃO NA ATMOSFERA (MÉTODO DO AMOSTRADOS DE GRANDES VOLUMES)

(*) Anexo 1 revogado pelo Decreto nº 59.113, de 23.4.2013.

ANEXO 2

A que se refere o art. 30, II

MÉTODO REFERÊNCIA PARA A DETERMINAÇÃO DE DIÓXIDO DE ENXOFRE NA ATMOSFERA

(*) Anexo 2 revogado pelo Decreto nº 59.113, de 23.4.2013.

ANEXO 3

A que se refere o art. 30, III

MÉTODO REFERÊNCIA PARA A DETERMINAÇÃO CONTÍNUA DE MONÓXIDO DE CARBONO NA ATMOSFERA (ESPECTROMETRIA NA REGIÃO INFRAVERMELHO DO ESPECTRO)

(*) Anexo 3 revogado pelo Decreto nº 59.113, de 23.4.2013.

ANEXO 4

A que se refere o art. 30, IV

MÉTODO REFERÊNCIA PARA A DETERMINAÇÃO DE OXIDANTES FOTOQUÍMICOS

(*) Anexo 4 revogado pelo Decreto nº 59.113, de 23.4.2013.

ANEXO 5

A que se refere o art. 74

VALORES DE FATOR DE COMPLEXIDADE DA FONTE DE POLUIÇÃO (W)

(*) Anexo 5 com redação dada pelo Decreto nº 62.973, de 28.11.2017.

Código CNAE		Subclasse	Denominação	Valor de W
Grupo	Classe			
		0210-1/08	Produção de carvão vegetal – Florestas plantadas	3
		0220-9/02	Produção de carvão vegetal – Florestas nativas	3
10.1			Abate e fabricação de produtos de carne	5
10.2			Preservação do pescado e fabricação de produtos do pescado	5
10.3			Fabricação de conservas de frutas, legumes e outros vegetais	2,5
10.4			Fabricação de óleos e gorduras vegetais e animais	4
10.5			Laticínios	3
10.6			Moagem, fabricação de produtos amiláceos e de alimentos para animais	3
10.7			Fabricação e refino de açúcar	3,5
10.8			Torrefação e moagem de café	3
10.9			Fabricação de outros produtos alimentícios	3
11.1			Fabricação de bebidas alcoólicas	4
11.2			Fabricação de bebidas não-alcoólicas	3
12.1			Processamento industrial do fumo	5
12.2			Fabricação de produtos do fumo	5
13.1			Preparação e fiação de fibras têxteis	3

(*cont.*)

Código CNAE		Subclasse	Denominação	Valor de W
Grupo	Classe			
13.2			Tecelagem, exceto malha	3
13.3			Fabricação de tecidos de malha	2,5
13.4			Acabamentos em fios, tecidos e artefatos têxteis	3,5
13.5			Fabricação de artefatos têxteis, exceto vestuário	2,5
15.1			Curtimento e outras preparações de couro	5
15.2			Fabricação de artigos para viagem e de artefatos diversos de couro	2
15.3			Fabricação de calçados	2,5
15.4			Fabricação de partes para calçados, de qualquer material	2,5
16.1			Desdobramento de madeira	2,5
16.2			Fabricação de produtos de madeira, cortiça e material trançado, exceto móveis	3
17.1			Fabricação de celulose e outras pastas para a fabricação de papel	5
17.2			Fabricação de papel, cartolina e papel-cartão	4
17.3			Fabricação de embalagens de papel, cartolina, papel-cartão e papelão ondulado	3
17.4			Fabricação de produtos diversos de papel, cartolina, papel-cartão e papelão ondulado	2
18.1			Atividade de impressão	3
19.1			Coquerias	5
19.2			Fabricação de produtos derivados do petróleo	5
19.3			Fabricação de biocombustíveis	5
20.1			Fabricação de produtos químicos inorgânicos	5
20.2			Fabricação de produtos químicos orgânicos	5
20.3			Fabricação de resinas e elastômeros	5
20.4			Fabricação de fibras artificiais e sintéticas	5
20.5			Fabricação de defensivos agrícolas e desinfetantes domissanitários	5
20.6			Fabricação de sabões, detergentes, produtos de limpeza, cosméticos, produtos de perfumaria e de higiene pessoal	5
20.7			Fabricação de tintas, vernizes, esmaltes, lacas e produtos afins	5
20.9			Fabricação de produtos e preparados químicos diversos	5
21.1			Fabricação de produtos farmoquímicos	5
21.2			Fabricação de produtos farmacêuticos	5
22.1			Fabricação de produtos de borracha	3
	22.11-1		Fabricação de pneumáticos e de câmaras-de-ar	5
22.2			Fabricação de produtos de material plástico	2,5
23.1			Fabricação de vidro e de produtos do vidro	3,5

(*cont.*)

Código CNAE		Subclasse	Denominação	Valor de W
Grupo	Classe			
23.2			Fabricação de cimento	5
23.3			Fabricação de artefatos de concreto, cimento, fibrocimento, gesso e materiais semelhantes	2,5
23.4			Fabricação de produtos cerâmicos	2,5
23.9			Aparelhamento de pedras e fabricação de outros produtos de minerais não-metálicos	3
24.1			Produção de ferro-gusa e de ferroligas	5
24.2			Siderurgia	5
24.3			Produção de tubos de aço, exceto tubos sem costura	5
24.4			Metalurgia dos metais não-ferrosos	5
24.5			Fundição	4
25.1			Fabricação de estruturas metálicas e obras de caldeiraria pesada	3
25.2			Fabricação de tanques, reservatórios metálicos e caldeiras	3
25.3			Forjaria, estamparia, metalurgia do pó e serviços de tratamento de metais	3
25.4			Fabricação de artigos de cutelaria, de serralheria e ferramentas	3
25.5			Fabricação de equipamento bélico pesado, armas munições	4
25.9			Fabricação de produtos de metal não especificados anteriormente	3
26.1			Fabricação de componentes eletrônicos	3
26.2			Fabricação de equipamentos de informática e periféricos	3
26.3			Fabricação de equipamentos de comunicação	3
26.4			Fabricação de aparelhos de recepção, reprodução, gravação e amplificação de áudio e vídeo	3
26.5			Fabricação de aparelhos e instrumentos de medida, teste e controle; cronômetros e relógios	3
26.6			Fabricação de aparelhos eletromédicos e eletroterapêuticos e equipamentos de irradiação	3
26.7			Fabricação de equipamentos e instrumentos ópticos, fotográficos e cinematográficos	3
26.8			Fabricação de mídias virgens, magnéticas e ópticas	5
27.1			Fabricação de geradores, transformadores e motores elétricos	3
27.2			Fabricação de pilhas, baterias e acumuladores elétricos	4
27.3			Fabricação de equipamentos para distribuição e controle de energia elétrica	3
27.4			Fabricação de lâmpadas e outros equipamentos de iluminação	3
27.5			Fabricação de eletrodomésticos	3
27.9			Fabricação de equipamentos e aparelhos elétricos não especificados anteriormente	3
28.1			Fabricação de motores, bombas, compressores e equipamentos de transmissão	3

(*cont.*)

Código CNAE		Subclasse	Denominação	Valor de W
Grupo	Classe			
28.2			Fabricação de máquinas e equipamentos de uso geral	3
28.3			Fabricação de tratores e de máquinas e equipamentos para a agricultura e pecuária	3
28.4			Fabricação de máquinas-ferramenta	3
28.5			Fabricação de máquinas e equipamentos de uso na extração mineral e na construção	3
28.6			Fabricação de máquinas e equipamentos de uso industrial específico	3
29.1			Fabricação de automóveis, camionetas e utilitários 4,5	
29.2			Fabricação de caminhões e ônibus 4,5	
29.3			Fabricação de cabines, carrocerias e reboques para veículos automotores 4,5	
29.4			Fabricação de peças e acessórios para veículos automotores 4,5	
30.1			Construção de embarcações 4,5	
30.3			Fabricação de veículos ferroviários 4,5	
30.4			Fabricação de aeronaves 4,5	
30.5			Fabricação de veículos militares de combate 4,5	
30.9			Fabricação de equipamentos de transporte não especificados anteriormente 4,5	
31.0			Fabricação de móveis	3
32.1			Fabricação de artigos de joalheria, bijuteria e semelhantes	3
32.2			Fabricação de instrumentos musicais	3
32.3			Fabricação de artefatos para pesca e esporte	3
32.4			Fabricação de brinquedos e jogos recreativos	3
32.5			Fabricação de instrumentos e materiais para uso médico e odontológico e de artigos ópticos	3
32.9			Fabricação de produtos diversos	3
	33.15-5		Manutenção e reparação de veículos ferroviários	3
		3316-3/01	Manutenção e reparação de aeronaves, exceto a manutenção na pista	3
	33.17-1		Manutenção e reparação de embarcações	3
		3319-8/00	Recuperação de tambores e tanques metálicos para embalagem	3
		35.20-4/01	Produção de gás; processamento de gás natural	5
35.3			Produção e distribuição de vapor, água quente e ar condicionado	5
38.2			Serviços de incineração de lixo; eliminação de resíduos não-perigosos pela combustão ou incineração, com ou sem objetivo de geração de eletricidade ou vapor, cinzas ou outros subprodutos para posterior aproveitamento e incineração ou combustão de resíduos perigosos	5
38.3			Recuperação de materiais	3

(*cont.*)

Código CNAE		Subclasse	Denominação	Valor de W
Grupo	Classe			
		4681-8/01	Comércio atacadista de álcool carburante, biodiesel, gasolina e demais derivados de petróleo, exceto lubrificantes, não realizado por transportador retalhista (TRR), desde que armazenados em tanques	3
		4681-8/02	Comércio atacadista de combustíveis realizado por transportador retalhista (TRR), desde que armazenados em tanques	3
		4681-8/04	Comércio atacadista de combustíveis de origem mineral em bruto, desde que armazenados em tanques	3
	46.82-6		Comércio atacadista de gás liquefeito de petróleo (GLP), desde que armazenados em tanques	3
	46.84-2		Comércio atacadista de produtos químicos e petroquímicos, exceto agroquímicos), desde que armazenados a granel ou em tanques	3
		4687-7/02	Comércio atacadista de acumuladores usados, lubrificante usado, óleo combustível usado, resíduo de lubrificante e sucata de baterias e acumuladores	3
	47.31-8		Comércio varejista de combustíveis para veículos automotores	3
	55.10-8		Hotéis e similares que queimem combustível sólido ou líquido	3
58.2			Edição integrada à impressão de livros, jornais, revistas e outras publicações	3
86.1			Atividades de atendimento hospitalar	3
		9601-7/03	Toalheiros	3
		9603-3/02	Serviços de cremação	5

Notas:

1) As descrições das atividades e códigos listados neste Anexo correspondem às descrições e códigos utilizados na versão 2.2 da listagem da CNAE – Classificação Nacional de Atividades Econômicas, ou a que vier a substituí-la.
2) As descrições das atividades e códigos listados neste Anexo correspondem ao Grupo da CNAE, exceto quando especificados para a Classe ou a Subclasse, situação em que prevalecerá o código e a descrição específicos.
3) Excluem-se da listagem de atividades licenciáveis deste Anexo as seguintes:
   - toda a Subclasse CNAE 1091-1/02 – Fabricação de produtos de padaria e confeitaria com predominância de produção própria;
   - Fabricação de bordados confeccionados por encomenda em roupas e artefatos de tecidos; bordados e acabamentos semelhantes em artefatos de tecidos e peças do vestuário; bordados em artigos têxteis e em peças do vestuário; serviços de bordados, da Subclasse CNAE 13.40-5/99;
   - toda a Subclasse CNAE 3250-7/03 – Fabricação de aparelhos e utensílios para correção de defeitos físicos e aparelhos ortopédicos em geral sob encomenda;
   - toda a Subclasse CNAE 3250-7/06 – Serviços de prótese dentária;
   - toda a Subclasse CNAE 3250-7/09 – Serviço de laboratório óptico;
   - Serviço de taxidermia, da Subclasse CNAE 32.99-0/99;
   - Manutenção de medidores de gás quando executada por empresas de produtoras e distribuidoras, da Subclasse CNAE 3520-4/01;
   - Comércio atacadista de filmes para raio x para uso médico, odontológico e similares e comércio atacadista de fogos de artifício, da Subclasse CNAE 4684-2/99;
   - Aluguel de roupas de cama, mesa e banho e locação ou aluguel de toalhas, do código CNAE 9601-7/03.
4) As atividades do grupo CNAE 38.3 – Recuperação de materiais estão sujeitas a licenciamento apenas se realizarem as operações de lavagem ou beneficiamento de materiais, incluindo a trituração, desmontagem, derretimento ou fundição.
5) A atividade "Usinas de compostagem", pertencente à subclasse 3839-4/01, tem o preço do licenciamento definido de acordo com a fórmula do art. 73-A deste Regulamento.

ANEXO 6

Ao Regulamento aprovado pelo Decreto nº 8.468, de 8 de setembro de 1976, a que se refere o art. 33-A do mesmo Regulamento e acrescentado pelo artigo 6º do Decreto nº 15.425, de 23 de julho de 1980

PADRÕES DE EMISSÃO PARA MATERIAL PARTICULADO

(*) Anexo 6 acrescido pelo Decreto nº 15.425, de 23.6.1980, e com redação dada pelo Decreto nº 16.266, de 2.12.1980.

PADRÃO DE EMISSÃO (PE)				
ATIVIDADE	**FONTE**	**FORMULAÇÃO**	**UNIDADE (a)**	**NOTAS (b)**
Fundição de Aço	Forno Elétrico a Arco	$PE = 1{,}650\ X^{-0{,}221}$	kg/t carregada	1 / 4
	Forno Siemens-Martins	$PE = 5.080\ X^{-0{,}468}$	kg/t carregada	1 / 3
	Conversor a Oxigênio	$PE = 6{,}000$	kg/t produzida	
Fundição de Ferro	Forno Cubilo	$PE = 1{,}373\ Y^{-0{,}212}$	kg/t carregada	2
	Forno Cadinho	$PE = 0{,}400\ X^{-0{,}155}$	kg/t carregada	1
	Forno Revérbero	$PE = 0{,}400\ X^{-0{,}155}$	kg/t carregada	1
	Forno Elétrico a Arco	$PE = 1{,}500\ X^{-0{,}221}$	kg/t carregada	1
Produção de Ferro	Alto de Forno	$PE = 9{,}000$	kg/t carregada	
Fundição de Latão e Bronze	Forno de Cadinho	$PE = 1{,}800\ X^{-0{,}367}$	kg/t carregada	1
	Forno Elétrico de Indução	$PE = 0{,}500\ X^{-0{,}155}$	kg/t carregada	1
	Forno Revérbero	$PE = 7{,}000\ X^{-0{,}231}$	kg/t carregada	1
	Forno Rotativo	$PE = 7{,}500\ X^{-0{,}396}$	kg/t carregada	1
Fundição de Chumbo Secundário	Forno Revérbero	$PE = 14{,}700\ X^{-0{,}231}$	kg/t carregada	1
	Forno Cubilo	$PE = 14{,}475\ X^{-0{,}135}$	kg/t carregada	1
	Forno Rotativo	$PE = 8{,}750\ X^{-0{,}306}$	kg/t carregada	1
	Forno Cadinho	$PE = 0{,}120\ X^{-0{,}367}$	kg/t carregada	1
Fundição de Alumínio Secundário	"Sweating Furnace"	$PE = 1{,}885\ X^{-0{,}252}$	kg/t carregada	1
	Forno Revérbero	$PE = 0{,}538\ X^{-0{,}139}$	kg/t carregada	1
	Forno Cadinho	$PE = 0{,}285\ X^{-0{,}067}$	kg/t carregada	1
Fundição de Magnésio	Forno Cadinho	$PE = 0{,}400\ X^{-0{,}111}$	kg/t carregada	1
Produção de Cimento	Forno de Calcinação	$PE = 6{,}000$	kg/t carregada	
	Secadores	$PE = 3{,}000$	kg/t carregada	
	Moinhos	$PE = 3{,}000$	kg/t carregada	
Produção de Concreto Asfáltico	Secador Rotativo	$PE = 4{,}500\ C^{0{,}651}$	kg/h	5
Produção de Artefatos Cerâmicos	Secadores	$PE = 9{,}500\ C^{0{,}811}$	kg/h	5
	Moinhos	$PE = 9{,}500\ C^{0{,}811}$	kg/h	5
Beneficiamento de Pedra	Moinhos	$PE = 1{,}500\ C^{0{,}766}$	kg/h	5
	Peneiras	$PE = 1{,}500\ C^{0{,}766}$	kg/h	5
Produção de Rocha Fosfática	Moinhos	$PE = 1{,}875\ C^{0{,}766}$	kg/h	5
	Secadores	$PE = 1{,}875\ C^{0{,}766}$	kg/h	5
Produção de Fertilizantes Fosfatados Simples e Triplos	Secadores	$PE = 1{,}125\ C^{0{,}766}$	kg/h	5
	Moinhos	$PE = 1{,}125\ C^{0{,}766}$	kg/h	5
Produção de Fosfatos de Amônia DAP e MAP	Reação, Secagem e Resfriamento	$PE = 10{,}000\ C^{0{,}766}$	kg/h	5
Produção de Cal	Moinhos	$PE = 3{,}875\ C^{0{,}766}$	kg/h	5
	Fornos Rotativos de Calcinação	$PE = 25{,}000\ C^{0{,}766}$	kg/h	5
Produção de Gesso	Secadores	$PE = 5{,}000\ X^{-0{,}234}$	kg/t carregada	1
	Calcinadores	$PE = 10{,}000\ X^{-0{,}234}$	kg/t carregada	1
	Moinhos	$PE = 3{,}875\ C^{0{,}766}$	kg/h	5

(*cont.*)

PADRÃO DE EMISSÃO (PE)				
ATIVIDADE	FONTE	FORMULAÇÃO	UNIDADE (a)	NOTAS (b)
Produção de Fritas	Fornos Contínuos	$PE = 3{,}175\ C^{-0{,}857}$	kg/h	5
	Fornos Periódicos	$PE = 5{,}099\ X^{-0{,}110}$	kg/t carregada	1
	Fornos Rotativos	$PE = 1{,}570\ X^{-0{,}143}$	kg/t carregada	1

(a) *As unidades utilizadas representam a massa total de particulados emitidos por unidade de massa de carga produzida ou carregada.*

(b) *Notas:*

1 – X representa a massa total carregada (t).

2 – Y representa o diâmetro interno do Cubilo (m).

3 – Para os fornos com capacidades nominais maiores ou iguais a 20 t. Para fornos com capacidade menor, PE = 1,300 kg/t carregada.

4 – Para os fornos com capacidade nominal maiores ou iguais a 2 t. Para fornos com capacidade menores, PE = 1,650 kg/t carregada.

5 – C representa a taxa de carregamento (t/h).

Observações: No cálculo dos Padrões de Emissão, os valores obtidos deverão ser considerados até a 3ª (terceira) casa decimal.

As fontes existentes para as quais ainda não se estabeleceu padrões de emissão específicos, ficam sujeitas às emissões máximas permisssíveis obtidas pelas seguintes formulações:

PE = 0,007	$Q^{0,865}$	para		Q ≤	250 kg/h
PE = 0,023	$Q^{0,656}$	para	250	< Q ≤	500 kg/h
PE = 0,042	$Q^{0,557}$	para	500	< Q ≤	950 kg/h
PE = 0,054	$Q^{0,522}$	para	950	< Q ≤	1.400 kg/h
PE = 0,051	$Q^{0,529}$	para	1.400	< Q ≤	1.850 kg/h
PE = 0,047	$Q^{0,540}$	para	1.850	< Q ≤	2.950 kg/h
PE = 0,028	$Q^{0,602}$	para	2.950	< Q ≤	5.000 kg/h
PE = 0,012	$Q^{0,706}$	para		< Q >	5.000 kg/h

Tanto Q (taxa de carregamento) como o padrão de emissão (PE) são expressos em kg/h.

Observação: No cálculo dos Padrões de Emissão, os valores obtidos deverão ser considerados até a 3ª (terceira) casa decimal.

ANEXO 7

A que se refere o § 2º do art. 74 do Regulamento aprovado pelo Decreto nº 8.468, de 8 de setembro de 1976, e acrescentado ao referido Regulamento pelo artigo 4º do presente Decreto

VALORES DO FATOR DE MULTIPLICAÇÃO (F) A SEREM APLICADOS QUANDO DA IMPLANTAÇÃO DE NOVAS EMPRESAS

(*) Anexo 7 acrescido pelo Decreto nº 17.299, de 7.7.1981.

Fator de Complexidade	Aplicar o Fator de Multiplicação (F) igual a 1,00 para áreas	Aplicar o Fator de Multiplicação (F) igual a 1,175 para áreas	Aplicar o Fator de Multiplicação (F) igual a 1,35 para áreas
W = 1,0	abaixo de 180 m²	de 180 a 360 m²	acima de 360 m²
W = 1,5	abaixo de 75 m²	de 75 a 150 m²	acima de 150 m²
W = 2,0	abaixo de 50 m²	de 50 a 100 m²	acima de 100 m²
W = 2,5	abaixo de 38 m²	de 38 a 75 m²	acima de 75 m²
W = 3,0	abaixo de 25 m²	de 25 a 50 m²	acima de 50 m²

ANEXO 8

Ao Regulamento aprovado pelo Decreto nº 8.468, de 8 de setembro de 1976, a que se refere o art. 33-B, do mesmo Regulamento, acrescentado pelo Decreto nº 18.386

PADRÕES DE EMISSÃO PARA MATERIAL PARTICULADO

(*) Anexo 8 acrescido pelo Decreto nº 18.386, de 22.1.1982.

Atividade Industrial	Fonte de Emissão	Padrão de Emissão	Observações
Indústria siderúrgica	conversor LD	100 mg/Nm³	Padrão de emissão por fonte
Processamento de rocha fosfática	moagem	0,2 kg/t processada	Padrão de emissão por fonte
	secagem	0,2 kg/t processada	
	outras fontes não especificadas	0,1 kg/t processada	
	fabricação de superfosfato granulado	1,5 kg/t processada	Padrão de emissão global do estabelecimento
Produção de fertilizantes fosfatados	fabricação de superfosfato não granulado	0,45 kg/t processada	Padrão de emissão global do estabelecimento
Produção de cimento	secador, moagem, separador ciclônico, peneira vibratória, sistema de transportes, silos e ensacadeiras	0,5 kg/t de produto	Padrão de emissão global do estabelecimento
Produção de sulfato de cálcio	secador, calcinador	0,7 kg/t processada	Padrão de emissão por fonte
	outras fontes não especificadas	0,05 kg/t processada	

Observações:

1. *Considera-se como tonelada processada todas as substâncias adicionadas no processo, exceto combustíveis.*
2. *Processamento de rocha fosfática – os padrões são se aplicam às operações de recebimento, descarga, manuseio e armazenamento da rocha.*

ANEXO 9

A que se refere o art. 57

(*) Anexo 9 acrescido pelo Decreto nº 47.397, de 4.12.2002, e revogado pelo Decreto nº 62.973, de 28.11.2017.

ANEXO 10

A que se refere o art. 58

(*) Anexo 10 acrescido pelo Decreto nº 47.397, de 4.12.2002, e revogado pelo Decreto nº 62.973, de 28.11.2017.

ANEXO 11

[A que se refere o art. 42 do Regulamento aprovado pelo Decreto nº 8.468, de 8 de setembro de 1976, e acrescentado ao referido Regulamento pelo] artigo 2º do Decreto nº 52.469, de 12 de dezembro de 2007

(*) Anexo 11 acrescido pelo Decreto nº 50.753, de 28.4.2006, e com redação dada pelo Decreto nº 52.469, de 12.12.2007.

1. Estão sujeitos ao critério de compensação, os novos empreendimentos e ampliações, cujo total de emissões adicionadas é igual ou superior a:

a) Material Particulado (MP): 100 t/ano

b) Óxidos de Nitrogênio (NOx): 40 t/ano

c) Compostos Orgânicos Voláteis, exceto metano (COVs, não CH_4): 40 t/ano

d) Óxidos de Enxofre (SOx): 250 t/ano

e) Monóxido de Carbono (CO): 100 t/ano

2. Definições

a) emissões: liberação de substâncias para a atmosfera a partir de fontes pontuais ou difusas;

b) óxidos de Enxofre: óxidos de enxofre, expressos em dióxido de enxofre (SO_2);

c) óxidos de Nitrogênio: óxido de nitrogênio e dióxido de nitrogênio, expresso em dióxido de nitrogênio (NO_2);

d) Composto Orgânico Volátil (COV) Não Metano: todo composto orgânico, exceto o metano (CH_4), medido por um método de referência ou determinado por procedimentos estabelecidos pela CETESB.

ANEXO 12

[A que se refere o art. 32 do Regulamento aprovado pelo Decreto nº 8.468, de 8 de setembro de 1976, e acrescentado ao referido Regulamento pelo] artigo 4º do Decreto nº 54.487, de 26 de junho de 2009

PROCEDIMENTO DE AVALIAÇÃO DA OPACIDADE PELO MÉTODO DE ACELERAÇÃO LIVRE

(*) Anexo 12 acrescido pelo Decreto nº 54.487, de 26.6.2009.

Os ensaios de avaliação da opacidade pelo método de aceleração livre para fins de programas de fiscalização de veículos automotores do ciclo Diesel em circulação no Estado de São Paulo deverão ser feitos com opacímetro certificado e calibrado conforme requisitos estabelecidos pelo Instituto Nacional de Metrologia, Normalização e Qualidade Industrial – INMETRO.

As medições da opacidade devem ser realizadas mediante a utilização de opacímetro correlacionável com opacímetro de fluxo parcial, com tempo de resposta físico de no máximo 0,4s, tempo de resposta total de 0,9 a 1,1s e câmara de medição de 430 mm de comprimento efetivo da trajetória da luz através do gás.

1. Pré-inspeção

1.1. Antes de iniciar as medições, o operador deverá verificar se esse apresenta funcionamento irregular do motor, emissão de fumaça azul, vazamentos de fluidos aparentes, violação do lacre da bomba injetora, vazamentos e alterações do sistema de escapamento e do sistema de admissão de ar e retirada ou alteração de componentes originais do veículo que influenciem diretamente na emissão de fumaça. Caso o veículo apresente pelo menos uma das irregularidades descritas, será considerado reprovado, e nesse caso, não serão realizadas as medições.

1.2. Além dos itens descritos, se o operador observar que o veículo apresenta emissão excessiva de fumaça preta, antes de iniciar o procedimento completo de medição, deve inserir a sonda no tubo de escapamento e acelerar, em até 5s, até cerca de 75% do final do curso do acelerador, e verificar o valor máximo de opacidade registrado. Se esse valor for superior a 7,0 m^{-1}, o procedimento de medição completo será interrompido, o relatório será emitido e o veículo será reprovado.

2. Preparação da medição

2.1. O operador deve certificar-se que o veículo está devidamente freado e a alavanca de mudança na posição neutra. Todos os dispositivos que alterem a aceleração do veículo, tais como ar condicionado, freio motor etc., devem ser desligados. O motor do veículo deve estar na temperatura normal de funcionamento e em condições estabilizadas de operação.

2.2. O operador deverá verificar o modelo do veículo e o modelo do motor para correta seleção das especificações de velocidade angular de marcha lenta, máxima livre do motor, bem como dos limites de aprovação/reprovação aplicáveis.

3. Medição da rotação de marcha lenta

3.1. Atingidas as condições estabilizadas e normais de operação, o operador deve colocar o motor em marcha lenta, iniciando prontamente o procedimento de medição para que não ocorra esfriamento ou acúmulo de resíduos na câmara de combustão e sistema de escapamento. Caso a rotação de marcha lenta registrada pelo tacômetro esteja mais que 100 rpm acima ou abaixo da faixa especificada pelo fabricante, o veículo é reprovado, sem realização de medição de opacidade.

4. Medição da rotação de máxima livre

4.1. A fim de preservar a integridade mecânica do motor, esse deve ser de início acelerado lentamente visando a atingir a velocidade angular de máxima livre especificada pelo fabricante, certificando-se, em no mínimo 1s e no máximo 5s, de sua estabilização. Deve-se registrar a velocidade angular de máxima livre medida, comparando-se o registro com a faixa especificada pelo fabricante, considerada a tolerância de +100 rpm ou -200 rpm, acima e abaixo dessa faixa, respectivamente.

4.2. Se o valor de velocidade angular registrado não atender o valor especificado, incluída a tolerância, o veículo será reprovado sem realização da medição da opacidade. Se ocorrer alguma anormalidade durante a aceleração do motor, bem como a ultrapassagem do valor da velocidade angular de máxima livre especificada, considerada a tolerância, o operador deverá desacelerar imediatamente o veículo e interromper o ensaio. Nesse caso, o veículo também será reprovado sem realização da medição de opacidade.

5. Medição de opacidade

5.1. Antes de iniciar as acelerações, com o motor em marcha lenta, o sistema deve registrar o valor de opacidade de marcha lenta. O acelerador deve ser acionado de modo rápido e contínuo, em no máximo 1s, sem golpes, até atingir o final de seu curso. A rotação máxima atingida em cada aceleração deve ser registrada.

5.2. Em cada aceleração, o tempo de elevação da rotação do valor de marcha lenta até a de máxima livre deve ser registrado. Se esse tempo ultrapassar 4,5s, a aceleração será desconsiderada e uma nova aceleração será realizada em seu lugar. Se essa mesma condição ocorrer pela terceira vez durante o teste de aceleração livre, o teste será interrompido e o veículo será reprovado por funcionamento irregular do motor.

5.3. Durante as acelerações para medição, a posição do acelerador no final do seu curso deve ser mantida até que o motor atinja nitidamente a velocidade angular de máxima livre estabilizada, num tempo máximo na faixa de 0,5s a 5s, até o registro do valor da opacidade. Após o registro desse valor, o sistema deve aguardar, no mínimo, mais 1s e autorizar a liberação do acelerador. Deve-se em seguida aguardar até que o motor estabilize na faixa de velocidade angular de marcha lenta e que o opacímetro retorne ao valor original de opacidade registrado anteriormente na condição de marcha lenta. Reacelerar, no máximo, em 5s após a estabilização nessa condição.

5.4. Se em determinada aceleração a rotação máxima atingida estiver abaixo da faixa especificada da rotação de máxima livre, considerada a tolerância, o valor máximo de opacidade não será registrado e a operação será desprezada, devendo ser repetida. Se ocorrer que a rotação máxima em três acelerações consecutivas esteja abaixo da faixa especificada da rotação de máxima livre, considerada a tolerância, o veículo será reprovado por funcionamento irregular do motor.

6. Cálculo do resultado da medição

6.1. O operador deve executar quatro vezes a sequência de acelerações descrita, registrando-se como medida o valor máximo da opacidade em cada uma das acelerações. O valor da opacidade registrado na primeira aceleração deve ser descartado para fins do cálculo do valor final da opacidade. O resultado final da medição é calculado por meio da média aritmética dos valores máximos de opacidade registrados durante as três últimas acelerações, desde que a diferença entre os valores máximo e mínimo não seja maior que 0,5 m^{-1}, no caso de registros com média até 2,5 m^{-1}, ou maior que 0,7 m^{-1}, no caso de registros com média superior a 2,5 m^{-1}. Se essa diferença for maior que 0,5 ou 0,7 m^{-1}, ou se a média dos últimos três valores for superior ao limite de aprovação estabelecido, serão feitas de uma a 6 acelerações adicionais, com medição da opacidade, até que sejam encontrados três valores consecutivos, cuja diferença seja inferior ou igual a 0,5 ou 0,7 m^{-1} e a média dos últimos três valores seja inferior ou igual ao limite. Nesse caso, o veículo será aprovado, sendo então emitido o certificado de aprovação do veículo. Caso pelo menos uma dessas duas condições não ocorra, o veículo será reprovado e será emitido o relatório de avaliação do veículo.

6.2. O relatório somente apresentará o resultado final da medição, se o veículo for aprovado ou se a média dos últimos três valores medidos no teste de aceleração livre for superior ao limite estabelecido.

Figura: Procedimento de Aceleração Livre – Tempo de Medição

(*) Vide site: <http://www.imprensaoficial.com.br/PortalIO/DO/BuscaDO>.

ANEXO 13

[A que se refere o art. 32 do Regulamento aprovado pelo Decreto nº 8.468, de 8 de setembro de 1976, e acrescentado ao referido Regulamento pelo] artigo 4º do Decreto nº 54.487, de 26 de junho de 2009

LIMITES MÁXIMOS DE OPACIDADE EM ACELERAÇÃO LIVRE DE VEÍCULOS RODOVIÁRIOS AUTOMOTORES DO CICLO DIESEL

(*) Anexo 13 acrescido pelo Decreto nº 54.487, de 26.6.2009.

LIMITES DE OPACIDADE DE VEÍCULOS A DIESEL EM ACELERAÇÃO LIVRE		
Ano-Modelo	**Altitude**	**Opacidade (m^{-1})**
1996-199	Até 350 m	2,1
	Acima de 350 m	2,8
2000 e posteriores	Até 350 m	1,7
	Acima de 350 m	2,3

Nota: Os limites se aplicam aos veículos posteriores à vigência da resolução CONAMA nº 16/1995. Os limites dos veículos fabricados até 1995 são estabelecidos na Resolução CONAMA nº 251.

Os limites máximos de opacidade em aceleração livre de veículos rodoviários automotores do cicloDiesel apresentados na tabela são estabelecidos nas Resoluções nºs 08/1993, 16/1995 e 251/1999 do Conselho Nacional do Meio Ambiente – CONAMA, como tetos do Programa de Controle da Poluição do Ar por Veículos Automotores – PROCONVE para fins de controle de veículos em circulação. São utilizados na impossibilidade de identificação dos valores especificados pelos fabricantes para os veículos produzidos a partir da vigência da Resolução nº 16/1995.

ANEXO 14

A que se refere o § 2º do art. 58-A [do Regulamento aprovado pelo Decreto nº 8.468, de 8 de setembro de 1976, e acrescentado ao referido Regulamento pelo] inciso XII do artigo 2º do Decreto nº 62.973, de 28 de novembro de 2017

(*) Anexo 14 acrescido pelo Decreto nº 62.973, de 28.11.2017.

Código CNAE			Denominação	W
Grupo	**Classe**	**Subclasse**		
		0210-1/08	Produção de carvão vegetal – florestas plantadas	3
		0220-9/02	Produção de carvão vegetal – florestas nativas	3
		1013-9/01	Fabricação de produtos de carne	5
		1053-8/00	Fabricação de sorvetes e outros gelados comestíveis	3
10.6			Moagem, fabricação de produtos amiláceos e de alimentos para animais	3
10.7			Fabricação e refino de açúcar	3,5
10.9			Fabricação de outros produtos alimentícios	3
		1121-6/00	Fabricação de águas envasadas	3
13.1			Preparação e fiação de fibras têxteis	3
13.2			Tecelagem, exceto malha	3
13.3			Fabricação de tecidos de malha	2,5
13.4			Acabamentos em fios, tecidos e artefatos têxteis	3,5

(*cont.*)

Código CNAE			Denominação	W
Grupo	Classe	Subclasse		
13.5			Fabricação de artefatos têxteis, exceto vestuário	2,5
15.2			Fabricação de artigos para viagem e de artefatos diversos de couro	2
15.3			Fabricação de calçados	2,5
15.4			Fabricação de partes para calçados, de qualquer material	2,5
16.1			Desdobramento de madeira	2,5
	16.22-6		Fabricação de estruturas de madeira e de artigos de carpintaria para construção	3
	16.23-4		Fabricação de artefatos de tanoaria e de embalagens de madeira	3
	16.29-3		Fabricação de artefatos de madeira, palha, cortiça, vime e material trançado não especificados anteriormente, exceto móveis	3
17.3			Fabricação de embalagens de papel, cartolina, papel-cartão e papelão ondulado	3
17.4			Fabricação de produtos diversos de papel, cartolina, papel-cartão e papelão ondulado	2
18.1			Atividade de impressão	3
20.6			Fabricação de sabões, detergentes, produtos de limpeza, cosméticos, produtos de perfumaria e de higiene pessoal	5
	20.91-6		Fabricação de adesivos e selantes	5
	20.93-2		Fabricação de aditivos de uso industrial	5
	20.94-1		Fabricação de catalisadores	5
	20.99-1		Fabricação de produtos químicos não especificados anteriormente	5
		2123-8/00	Fabricação de preparações farmacêuticas	5
22.2			Fabricação de produtos de material plástico	2,5
		2319-2/00	Fabricação de artigos de vidro	3,5
		2330-3/01	Fabricação de estruturas pré-moldadas de concreto armado, em série e sob encomenda	2,5
		2330-3/04	Fabricação de casas pré-moldadas de concreto	2,5
23.4			Fabricação de produtos cerâmicos	2,5
		2399-1/01	Decoração, lapidação, gravação, vitrificação e outros trabalhos em cerâmica, louça, vidro e cristal	3
		2399-1/02	Fabricação de abrasivos	3
		2399-1/99	Fabricação de outros produtos de minerais não-metálicos não especificados anteriormente	3
		2424-5/01	Produção de arames de aço	5
		2424-5/02	Produção de relaminados, trefilados e perfilados de aço, exceto arames	5
24.3			Produção de tubos de aço, exceto tubos sem costura	5
	24.42-3		Metalurgia dos metais preciosos	5
	24.43-1		Metalurgia do cobre	5
	24.49-1		Metalurgia dos metais não-ferrosos e suas ligas não especificados anteriormente	5

(*cont.*)

Código CNAE			Denominação	W
Grupo	Classe	Subclasse		
		2512-8/00	Fabricação de esquadrias de metal	3
		2539-0/01	Serviços de usinagem, tronearia e solda	3
		2539-0/02	Serviços de tratamento e revestimento em metais	3
25.4			Fabricação de artigos de cutelaria, de serralheria e ferramentas	3
26.1			Fabricação de componentes eletrônicos	3
26.2			Fabricação de equipamentos de informática e periféricos	3
26.3			Fabricação de equipamentos de comunicação	3
26.4			Fabricação de aparelhos de recepção, reprodução, gravação e amplificação de áudio e vídeo	3
26.5			Fabricação de aparelhos e instrumentos de medida, teste e controle; cronômetros e relógios	3
26.6			Fabricação de aparelhos eletromédicos e eletroterapêuticos e equipamentos de irradiação	3
26.7			Fabricação de equipamentos e instrumentos ópticos, fotográficos e cinematográficos	3
26.8			Fabricação de mídias virgens, magnéticas e ópticas	5
27.1			Fabricação de geradores, transformadores e motores elétricos	3
	27.31-7		Fabricação de aparelhos e equipamentos para distribuição e controle de energia elétrica	3
	27.32-5		Fabricação de material elétrico para instalações em circuito de consumo	3
27.4			Fabricação de lâmpadas e outros equipamentos de iluminação	3
27.5			Fabricação de eletrodomésticos	3
27.9			Fabricação de equipamentos e aparelhos elétricos não especificados anteriormente	3
	28.12-7		Fabricação de equipamentos hidráulicos e pneumáticos, exceto válvulas	3
	28.13-5		Fabricação de válvulas, registros e dispositivos semelhantes	3
	28.14-3		Fabricação de compressores	3
	28.15-1		Fabricação de equipamentos de transmissão para fins industriais	3
28.2			Fabricação de máquinas e equipamentos de uso geral	3
	28.32-1		Fabricação de equipamentos para irrigação agrícola	3
	28.33-0		Fabricação de máquinas e equipamentos para a agricultura e pecuária, exceto para irrigação	3
28.4			Fabricação de máquinas-ferramenta	3
		2851-8/00	Fabricação de máquinas e equipamentos para a prospecção e extração de petróleo, peças e acessórios	3
		2852-6/00	Fabricação de outras máquinas e equipamentos para uso na extração mineral, peças e acessórios, exceto na extração de petróleo	3
28.6			Fabricação de máquinas e equipamentos de uso industrial específico	3

(*cont.*)

Código CNAE			Denominação	W
Grupo	Classe	Subclasse		
29.4			Fabricação de peças e acessórios para veículos automotores 4,5	
30.1			Construção de embarcações 4,5	
		3032-6/00	Fabricação de peças e acessórios para veículos ferroviários 4,5	
30.9			Fabricação de equipamentos de transporte não especificados anteriormente 4,5	
31.0			Fabricação de móveis	3
32.1			Fabricação de artigos de joalheria, bijuteria e semelhantes	3
32.2			Fabricação de instrumentos musicais	3
32.3			Fabricação de artefatos para pesca e esporte	3
32.4			Fabricação de brinquedos e jogos recreativos	3
32.5			Fabricação de instrumentos e materiais para uso médico e odontológico e de artigos ópticos	3
32.9			Fabricação de produtos diversos	3
	33.15-5		Manutenção e reparação de veículos ferroviários	3
		3316-3/01	Manutenção e reparação de aeronaves, exceto a manutenção na pista	3
	33.17-1		Manutenção e reparação de embarcações	3
		3319-8/00	Tambores e tanques metálicos para embalagem, Recuperação de	3
		4681-8/01	Comércio atacadista de álcool carburante, biodiesel, gasolina e demais derivados de petróleo, exceto lubrificantes, não realizado por transportador retalhista (TRR)	3
		4681-8/04	Comércio atacadista de combustíveis de origem mineral em bruto	3
	46.82-6		Comércio atacadista de gás liquefeito de petróleo (GLP)	3
	46.84-2		Comércio atacadista de produtos químicos e petroquímicos, exceto agroquímicos	3
		4687-7/02	Comércio atacadista de resíduos e sucatas não-metálicos, exceto de papel e papelão	3
58.2			Edição integrada à impressão de livros, jornais, revistas e outras publicações	3
		9601-7/03	Toalheiros	3

DECRETO Nº 12.479, DE 18 DE OUTUBRO DE 1978

Aprova Norma Técnica Especial Relativa às Condições de Funcionamento dos Estabelecimentos sob Responsabilidade de Médicos, Dentistas, Farmacêuticos, Químicos e outros Titulares de Profissões afins.

Paulo Egydio Martins, Governador do Estado de São Paulo, usando de suas atribuições legais, decreta:

Art. 1º. Fica aprovada a Norma Técnica Especial Relativa às Condições de Funcionamento dos Estabelecimentos sob a Responsabilidade de Médicos, Dentistas, Farmacêuticos, Químicos e outros Titulares de Profissões afins, anexa a este Decreto, que complementa o Decreto nº 12.342, de 27 de setembro de 1978.

Art. 2º. Este Decreto entrará em vigor no dia 1º de janeiro de 1979.

Palácio dos Bandeirantes, 18 de outubro de 1978.

Paulo Egydio Martins

DOE de 19.10.1978

NORMA TÉCNICA ESPECIAL

Relativa às condições de funcionamento dos estabelecimentos sob responsabilidade de médicos, dentistas, farmacêuticos, químicos e outros titulares de profissões afins

TÍTULO I
DEFINIÇÕES

Art. 1º. Para os efeitos desta Norma Técnica Especial, considera-se:

I – Droga: substância ou matéria-prima que tenha finalidade medicamentosa ou sanitária;

II – Medicamento: produto farmacêutico, tecnicamente obtido ou elaborado, com finalidade profilática, curativa, paliativa ou para fins de diagnóstico;

III – Insumo Farmacêutico: droga ou matéria-prima aditiva ou complementar de qualquer natureza, destinada a emprego em medicamentos, quando for o caso, ou em seus recipientes;

IV – Correlato: substância, produto, aparelho ou acessório não enquadrado nos conceitos anteriores, cujo uso ou aplicação esteja ligado à defesa ou proteção da saúde individual ou coletiva, a higiene pessoal ou de ambientes, ou a fins diagnósticos e analíticos os cosméticos e perfumes e, ainda, os produtos dietéticos, óticos, de acústica médica, odontológicos e veterinários;

V – Produto Dietético: o tecnicamente elaborado para atender às necessidades dietéticas de pessoas em condições fisiológicas especiais;

VI – Nutrimento: substância constituinte dos alimentos de valor nutricional, incluindo proteínas, gorduras, hidratos de carbono, água, elementos minerais e vitaminas;

VII – Produto de higiene: o de uso externo, antisséptico ou não, destinado ao asseio ou à desinfecção corporal, compreendendo os sabonetes, xampus, dentifrícios, enxaguatórios bucais, antiperspirantes, desodorantes, produtos para barbear e após o barbear, estípticos e outros;

VIII – Perfume: o produto de composição aromática à base de substâncias naturais ou sintéticas, que em concentração e veículos apropriados, tenha como principal finalidade a odorização de pessoas ou ambientes, incluídos os extratos, as águas perfumadas, os perfumes cremosos, preparados para banhos e os odorizantes de ambientes, apresentados em forma líquida, geleificada, pastosa ou sólida;

IX – Cosmético: o produto de uso externo, destinado à proteção ou ao embelezamento das diferentes partes do corpo, tais como pós faciais, talcos, cremes de beleza, cremes para as mãos e similares, máscaras faciais, loções de beleza, soluções leitosas, cremosas e adstringentes, loções para as mãos, bases de maquilagem e óleos cosméticos, rouges, blushes, batons, lápis labiais, preparados antissolares, bronzeadores e simulatórios, rimeis, sombras, delineadores, tinturas e capilares, agente clareadores de cabelos, fixadores, laquês, brilhantinas e similares, tônicos capilares, depilatórios ou epilatórios, preparados para unhas e outros;

X – Saneantes domissanitários: substância ou preparação destinada a higienização, desinfecção ou desinfestação domiciliar, em ambientes coletivos ou públicos, em lugares de uso comum e no tratamento da água, compreendendo:

a) inseticida: destinado ao combate, à preparação e ao controle aos insetos em habitações, recintos e lugares de uso público e suas cercanias:

b) raticida: destinado ao combate a raios, camundongos e outros roedores, em domicílios, embarcações, recintos e lugares de uso público, contendo substancias ativas, isoladas ou em associação, que não ofereçam risco à vida ou a saúde do homem e dos animais úteis, de sangue quente, quando aplicado em conformidade com as recomendações contidas em sua apresentação;

c) desinfetante: destinado a destruir, indiscriminada e seletivamente, microrganismo, quando aplicado em objetos inanimados ou ambientes;

d) detergentes: destinado a dissolver gorduras e à higiene de recipientes e vasilhames e a aplicação de uso doméstico;

XI – Corante: a substância adicionada aos medicamentos, produtos dietéticos, saneantes domissanitários, cosméticos, perfumes, produtos de higiene e similares, com efeito de lhes conferir cor, e, de acordo com a finalidade do produto;

XII – Aditivo: substância adicionada aos medicamentos, produtos dietéticos, cosméticos, perfumes, produtos de higiene e similares, com a finalidade de impedir alterações, manter, conferir ou intensificar seu aroma, cor e sabor, modificar ou manter seu estado físico e geral ou exercer qualquer ação exigida para a tecnologia de fabricação;

XIII – Matéria-prima: substância ativa ou inativa que se emprega na fabricação dos medicamentos e demais produtos abrangidos pelo Decreto nº 79.094, de 5 de janeiro de 1977, tanto a que permanece inalterada, quando a passível de modificações;

XIV – Produto semielaborado: substância ou mistura de substâncias ainda sob processo de fabricação;

XV – Rótulo: identificação impressa ou litografada, bem como dizeres pintados ou gravados a fogo, pressão ou decalco, aplicados diretamente sobre recipientes, vasilhames, invólucros, envoltórios ou qualquer outro protetor de embalagem;

XVI – Embalagem: invólucro, recipiente ou qualquer forma de acondicionamento removível, ou não, destinado a cobrir, empacotar, envasar, proteger ou manter, especificamente ou não, produtos de que trata o Decreto nº 79.094, de 5 de janeiro de 1977;

XVII – Fabricação: todas as operações que se fizerem necessárias à obtenção dos produtos abrangidos pelo Decreto nº 79.094, de 5 de janeiro de 1977;

XVIII – Registro de produto: ato privativo do órgão competente do Ministério da Saúde destinado a comprovar o direito de fabricação de produto submetido ao regime da Lei nº 6.360, de 23 de setembro de 1976 e de seu Regulamento;

XIX – Autorização: ato privativo do órgão competente do Ministério da Saúde, incumbido da vigilância sanitária dos produtos de que trata o Decreto nº 79.094, de 5 de janeiro de 1977, contendo permissão para que as empresas exerçam as atividades sob regime de vigilância sanitária, instituído pela Lei nº 6.360, de 23 de setembro de 1976;

XX – Licença: ato privativo do órgão de saúde competente dos Estados, do Distrito Federal e dos Territórios, contendo permissão para o funcionamento dos estabelecimentos que desenvolvem qualquer das atividades a que foi autorizada a empresa;

XXI – Relatório: documento apresentado pela empresa descrevendo os elementos que componham e caracterizem o produto, e esclareça as suas peculiaridades, finalidades, modo de usar, as indicações e contraindicações e tudo o mais que possibilite à autoridade sanitária proferir decisões sobre o pedido de registro;

XXII – Nome: designação do produto, para distinguí-lo de outros, ainda que do mesmo fabricante ou mesma espécie, qualidade ou natureza;

XXIII – Marca: elemento que identifica uma série de produtos de um mesmo fabricante ou que os distinga dos produtos de outros fabricantes, segundo a legislação de propriedade industrial;

XXIV – Procedência: lugar de produção ou industrialização do produto;

XXV – Lote ou Partida: quantidade de um medicamento ou produto abrangido pelo Decreto nº 79.094, de 5 de janeiro de 1977, que se produz em um ciclo de fabricação, cuja característica essencial é a homogeneidade;

XXVI – Número de Lote: designação impressa na etiqueta de produtos abrangidos pelo Decreto nº 79.094, de 5 de janeiro de 1977, que permita identificar o lote ou a partida a que este pertence, e, em caso de necessidade, localizar e rever todas as operações da fabricação e inspeção praticadas durante a produção;

XXVII – Controle de Qualidade: conjunto de medidas destinadas a verificar a qualidade de cada lote de medicamentos e demais produtos abrangidos pelo Decreto nº 79.094, de 5 de janeiro de 1977, para que satisfaçam as normas de atividade, pureza, eficácia e inocuidade;

XXVIII – Inspeção de Qualidade: conjunto de medidas destinadas a garantir a qualquer momento, durante o processo de fabricação, a produção de lotes de medicamentos e demais produtos abrangidos pelo Decreto nº 79.094, de 5 de janeiro de 1977, tendo em vista o atendimento das normas sobre atividade, pureza, eficácia e inocuidade;

XXIX – Pureza: grau em que uma droga determinada contém outros materiais estranhos;

XXX – Análise Prévia: a efetuada em determinados produtos sob o regime de vigilância sanitária, a fim de ser verificado se os mesmos podem ser objeto de registro;

XXXI – Análise de Controle: a efetuada em produtos sob o regime de vigilância sanitária, após sua entrega ao consumo e destinada a comprovar a conformidade do produto com a fórmula que deu origem ao registro;

XXXII – Análise Fiscal: a efetuada sobre os produtos submetidos ao sistema instituído pelo Decreto nº 79.094, de 5 de janeiro de 1977, em caráter de rotina, para apuração de infrações ou verificação de ocorrência fortuita ou eventual;

XXXIII – Órgão de Vigilância Sanitária Competente ou Órgão Sanitário Competente: órgão do Ministério da Saúde, dos Estados, do Distrito Federal e dos Territórios, incumbido da vigilância sanitária dos produtos abrangidos pelo Decreto nº 79.094, de 5 de janeiro de 1977, e dos estabelecimentos de que trata esta Norma Técnica Especial;

XXXIV – Autoridade Sanitária Competente: funcionário legalmente autorizado, do órgão técnico específico competente da Secretaria de Estado da Saúde;

XXXV – Laboratório Oficial: laboratório do Ministério da Saúde, ou congênere da União dos Estados, do Distrito Federal e dos Territórios, com competência delegada através de convênio, destinado à análise de drogas, medicamentos, insumos farmacêuticos e correlatos;

XXXVI – Empresa: pessoa física ou jurídica de direito público ou privado, que exerça, como atividade principal ou subsidiária, a industrialização, o comércio, o fornecimento ou a distribuição de drogas, medicamentos, insumos farmacêuticos e correlatos, equiparando-se à mesma, para os efeitos das Leis nºs 5.991, de 17 de dezembro de 1973, 6.360, de 23 de setembro de 1976, e desta Norma Técnica Especial, as unidades dos órgãos da administração direta ou indireta da União, dos Estados, do Distrito Federal, dos Territórios, dos Municípios e de suas entidades paraestatais, incumbidas de serviços correspondentes;

XXXVII – Estabelecimento: unidade da empresa destinada à industrialização, ao comércio, ao fornecimento e à distribuição de drogas, medicamentos, insumos farmacêuticos e correlatos, inclusive a que receba material em sua forma original ou semi manufaturado;

XXXVIII – Farmácia: estabelecimento da manipulação de fórmulas magistrais e oficinas, de comércio de drogas, medicamentos, insumos farmacêuticos e correlatos, compreendendo a dispensação e o atendimento privativo de unidade hospitalar ou de qualquer outra equivalente de assistência médica;

XXXIX – Drogaria: estabelecimento de dispensação e comércio de drogas, medicamentos, insumos farmacêuticos e correlatos, em suas embalagens originais;

XL – Ervanária: estabelecimento que realiza dispensação de plantas medicinais;

XLI – Posto de Medicamentos e Unidade Volante: estabelecimento destinados, exclusivamente, à dispensação de medicamentos industrializados, em suas embalagens originais e constantes de relação elaborada pelo órgão de vigilância sanitária do Ministério da Saúde, publicada pela imprensa oficial, para atendimento a localidades desprovidas de farmácia e drogarias;

XLII – Dispensário de Medicamentos: setor de fornecimento de medicamentos industrializados, privativo de pequena unidade hospitalar ou equivalente;

XLIII – Dispensação: ato de fornecimento ao consumidor de drogas, medicamentos, insumos farmacêuticos e correlatos, a título remunerado ou não;

XLIV – Distribuidor, Representante, Importados e Exportador: empresa ou estabelecimento que exerça, direta ou indiretamente, o comércio atacadista de drogas, medicamentos em suas embalagens originais ou não, insumos farmacêuticos e correlatos.

TÍTULO II

FUNCIONÁRIOS DOS ESTABELECIMENTOS INDUSTRIAIS E COMERCIAIS FARMACÊUTICOS E CONGÊNERES

Capítulo I

DISPOSIÇÕES GERAIS

Art. 2º. Os estabelecimentos de que trata o presente título não poderão funcionar sem a prévia licença de funcionamento do órgão sanitário competente.

Parágrafo único. A licença de funcionamento dos estabelecimentos de que trata o presente título deverá ser neles afixada, em quadro próprio e em lugar visível.

Art. 3º. A mudança para local diverso do previsto no licenciamento dependerá de licença prévia do órgão sanitário estadual competente e do atendimento das normas exigidas para o licenciamento.

Parágrafo único. Os estabelecimentos que mudarem de local, de firma proprietária ou de responsável técnico, deverão, no prazo de 10 dias, providenciar a apostila da alteração ocorrida na licença de funcionamento.

Art. 4º. O licenciamento e o funcionamento dos estabelecimentos ficam condicionados à existência de recursos humanos capacitados ao desempenho das atividades de sua produção ou comércio, a critério da autoridade sanitária competente.

Art. 5º. É obrigatório o exame periódico de saúde, inclusive o microbiológico, de todos os empregados em estabelecimentos de produção de medicamentos, devendo a autoridade sanitária competente verificar, em intervalos regulares, esses exames, para que os funcionários doentes ou acometidos de infecções inaparentes ou, ainda, portadores de germes, sejam afastados.

Art. 6º. Os estabelecimentos industriais e comerciais farmacêuticos e congêneres somente se utilizarão de veículos apropriados, com instalações e meios eficazes de proteção, a critério da autoridade sanitária competente para o transporte de drogas, medicamentos, insumos farmacêuticos e correlatos perecíveis e/ou sujeitos a controle sanitário especial, de acordo com sua natureza.

Art. 7º. Os estabelecimentos e empresas que armazenem produtos altamente inflamáveis, em grande quantidade, deverão contar com dispositivos de segurança determinados pela autoridade competente.

Art. 8º. As farmácias e drogarias serão obrigadas a plantão, pelo sistema de rodízio, para atendimento ininterrupto à comunidade, consoante normas a serem baixadas pelos municípios.

Art. 9º. Os estabelecimentos de que trata este título deverão ser mantidos nas mais perfeitas condições de ordem e higiene, inclusive no que se refere ao pessoal e ao material.

Art. 10. Fica concedido prazo até o dia 31 de dezembro do corrente ano, para que os estabelecimentos já licenciados se adaptem às exigências ora estabelecidas.

Capítulo II

ESTABELECIMENTOS INDUSTRIAIS FARMACÊUTICOS, QUÍMICO-FARMACÊUTICOS, DE PRODUTOS DE HIGIENE, DE COSMÉTICOS, DE PERFUME E CONGÊNERES E DE SANEANTES DOMISSANITÁRIOS

Art. 11. Os estabelecimentos industriais que fabriquem ou manipulem drogas, medicamentos, insumos farmacêuticos e seus correlatos, produtos de higiene, dietéticos, perfumes e cosméticos, produtos biológicos, plantas saneantes domissanitários e congêneres que interessam à medicina e à saúde pública, não poderão funcionar sem a prévia licença de autoridade sanitária competente e sem que tenham em cada um de seus setores de atividade – quais sejam: (a) produtos farmacêuticos e correlatos; (b) produtos biológicos; (c) produtos químicos; (d) produtos de higiene, cosméticos, perfumes e similares; (e) produtos saneantes domissanitários – um responsável técnico legalmente habilitado, com termo de responsabilidade assinado perante a autoridade sanitária competente.

Parágrafo único. A licença a que se refere este artigo, será válida para o ano em que foi concedida e deverá ser renovada até 31 de março de cada ano.

Art. 12. A fabricação ou manipulação de drogas, medicamentos, insumos farmacêuticos e seus correlatos, produtos de higiene, dietéticos, perfumes e cosméticos, produtos biológicos, plantas, saneantes domissanitários e congêneres, referidos no artigo anterior, somente poderão ser realizadas com a presença obrigatória dos respectivos responsáveis técnicos.

Art. 13. Esses estabelecimentos deverão possuir aparelhos, utensílios, vasilhames, e os meios necessários à fabricação e ao controle, pias com água corrente, mesas com tampo e pés de material liso, resistente e impermeável, que não dificulte a higiene e a limpeza, armações e/ou armários adequados, a critério da autoridade sanitária competente.

§ 1º. Esses estabelecimentos deverão ter, quando for o caso, cofre e/ou local que ofereça segurança, com chave, para a guarda de drogas, medicamentos e insumos farmacêuticos capazes de criar dependência física ou psíquica – entorpecentes e seus equiparados – e/ou sujeitos a controle sanitário especial.

§ 2º. Deverão ter, ainda, quando for o caso, livros conforme modelos oficiais, com termos de abertura e encerramento pela autoridade sanitária competente e por esta devidamente rubricados, destinados ao registro de drogas, medicamentos e insumos farmacêuticos capazes de criar dependência física ou psíquica – entorpecentes e seus equiparados – e/ou sujeitos a controle sanitário especial.

Art. 14. Os estabelecimentos que fabricarem produtos injetáveis ou outros que necessitem de preparo e envasamento asséptico, deverão, conforme o caso, estar equipados com:

I – aparelhos de extração;

II – colorímetro ou fotômetro para dosagem de vitaminas;

III – lâmpadas de luz ultravioleta ou fluorímetro;

IV – recipientes próprios à conservação e acondicionamento das substâncias sensíveis a variação da concentração iônica.

Parágrafo único. Os estabelecimentos que manipulem produtos necessitando de preparo e envasamento asséptico deverão possuir, nos locais para esse fim destinados, sinalização de impedimento ou liberação das câmaras, com lâmpadas vermelhas e verdes, respectivamente.

Art. 15. Os estabelecimentos fabricantes de produtos biológicos, tais como soros, vacinas, bacteriófagos, hormônios e vitaminas naturais ou sintéticos, fermentos e outros, deverão possuir câmara frigorífica de funcionamento automático, com capacidade suficiente, aferida em função da produção, para assegurar a conservação dos produtos e da matéria-prima passíveis de se alterarem sem essas condições.

Art. 16. Os estabelecimentos produtores de hormônios artificiais, além da obrigatoriedade do fornecimento de equipamentos individuais de proteção – EIP – destinados ao uso dos empregados e da existência de instalações, equipamentos e aparelhagem técnica indispensáveis e em condições necessárias a finalidade a que se propõe, somente poderão ser licenciados se dispuserem de recinto próprio e separado para a manipulação dos hormônios e para a lavagem diária dos trajes utilizados durante o trabalho.

Art. 17. Os estabelecimentos produtores de soro antitetânico, vacina anticarbunculose e vacina BCG, deverão ter, completamente isolados de outros serviços de laboratório, para cada produto:

I – compartimento especial dotado de utensílios, estufa e demais acessórios;

II – tanque com desinfetante para imersão dos vasilhames, depois de utilizados;

III – forno e autoclave, exclusivos;

IV – culturas conservadas em separado das demais culturas de laboratório;

V – outros meios que a tecnologia e controle venham a exigir.

Art. 18. Os estabelecimentos industriais de que trata o art. 11 deverão manter, em cada um de seus setores de atividade, fichários atualizados de controle de matéria-prima e de controle da fabricação de cada um de seus produtos.

§ 1º. Nas fichas individuais de matéria-prima, devidamente numeradas, deverá ser registrada toda matéria-prima adquirida pelo estabelecimento, ou pelo setor de atividade e delas constará obrigatoriamente:

a) nome da matéria-prima e sinônimos, se houver;

b) procedência;

c) quantidade adquirida;

d) data de entrada e número da nota fiscal;

e) estoque existente atualizado;

f) resultados das análises efetuadas;

g) assinatura do analista;

h) assinatura do responsável técnico pelo setor de atividade.

§ 2º. Nas fichas individuais de fabricação e produto acabado deverá constar:

a) nome do produto;

b) número da partida fabricada;

c) datas do início e do término da preparação;

d) quantidade teórica a ser fabricada;

e) quantidade realmente obtida;

f) matérias-primas utilizadas, seguidas dos números das respectivas fichas de controle de qualidade e suas quantidades;

g) resultados das análises de controle realizadas (química, microbiológica, biológica etc.) do produto acabado;

h) observações, quando necessárias;

i) assinatura do encarregado pela preparação;

j) assinatura do analista;

k) assinatura do responsável técnico do setor de atividade.

§ 3º. As fichas a que se refere este artigo deverão ficar arquivadas sob supervisão do responsável técnico pelo setor de atividade, por ordem alfabética do produto, à disposição da autoridade sanitária competente, pelo prazo mínimo de 5 (cinco) anos, ou quando for o caso, pelo prazo de validade indicado na embalagem da respectiva partida do produto.

Art. 19. (Revogado).

(*) Art. 19 revogado pelo Decreto nº 19.182, de 2.8.1982.

Art. 20. As empresas que se dedicam ao preparo de embalagens e acabamento, estarão sujeitas, no que couber, às mesmas exigências dos estabelecimentos industriais, farmacêuticos, inclusive quanto às instalações, licenciamentos e renovação anual de licença.

Capítulo III
ESTABELECIMENTOS COMERCIAIS FARMACÊUTICOS E CONGÊNERES

Seção I
Distribuidores, Representantes, Importadores e Exportadores de Drogas, Medicamentos, Insumos Farmacêuticos e Correlatos

Art. 21. Os distribuidores, representantes importadores e exportadores que comerciem e detenham drogas, medicamentos, insumos farmacêuticos e seus correlatos, deverão possuir:

I – armações e/ou armários adequados, e critério da autoridade sanitária competente;

II – lavatório com água corrente;

III – aparelho de refrigeração para a conservação de produtos perecíveis;

IV – cofre ou armário que ofereça segurança com chave, para a guarda de drogas, medicamentos e insumos farmacêuticos capazes de criar dependência física ou psíquica – entorpecentes e seus equiparados – e ou sujeitos a controle sanitário especial quando for o caso;

V – livros, conforme modelos oficiais com termos de abertura e encerramento pela autoridade sanitária competente e por esta devidamente rubricados, destinados ao registro diário de entrada e saída de drogas, medicamentos e insumos farmacêuticos capazes de criar dependência física ou psíquica – entorpecentes e seus equiparados – e/ou sujeitos a controle sanitário especial, quando for o caso.

Art. 22. Os distribuidores, representantes, importadores e exportadores que funcionem com retalhamento, além de satisfazer as exigências do artigo anterior, deverão possuir:

I – três balanças: granatária, Roberval e de precisão, ou outras adequadas aos retalhamentos a serem processados, a critério da autoridade sanitária competente;

II – instrumental apropriado devidamente aferido;

III – um exemplar da última edição, em uso corrente, da Farmacopeia Brasileira;

IV – aparelhos, utensílios, vasilhames e reagentes empregados para o controle dos insumos farmacêuticos e correlatos, e armação e/ou armário adequado para a sua guarda;

V – mesa para retalhamento, com tampo e pés de material liso, resistente e impermeável, que não dificulte a higiene e a limpeza;

VI – pia com água corrente.

Art. 23. Quando houver retalhamento de insumos farmacêuticos e correlatos voláteis, deverá o estabelecimento possuir, na sala própria, exaustores adequados, a critério da autoridade sanitária competente.

Art. 24. As empresas, estabelecimentos ou firmas de que trata esta Seção somente poderão funcionar depois de devidamente licenciados e sob a responsabilidade de técnico legalmente habilitado, com termo de responsabilidade assinado perante a autoridade sanitária competente, mas sem a obrigatoriedade de permanência e horário integral para o exercício de suas atividades.

§ 1º. A assistência e a responsabilidade técnicas das filiais, ou sucursais serão exercidas por profissionais que não sejam o da matriz ou sede.

§ 2º. Excluem-se das exigências deste artigo as empresas, estabelecimentos ou firmas que não armazenem as mercadorias.

Seção II
Farmácias, Drogarias, Ervanárias, Postos de Medicamentos, Unidades Volantes e Dispensários de Medicamentos

Art. 25. As farmácias e drogarias funcionarão, depois de devidamente licenciadas e, obrigatoriamente, sob a responsabilidade de técnico legalmente habilitado com termo de responsabilidade assinado perante a autoridade sanitária competente.

§ 1º. A presença do técnico responsável será obrigatória durante todo o horário de funcionamento dos estabelecimentos mencionados neste artigo.

§ 2º. Os estabelecimentos de que trata este artigo poderão manter técnico responsável substituto, para suprir os casos de impedimentos ou ausência do titular.

Art. 26. As farmácias deverão possuir:

I – armações e/ou armários adequados, a critério da autoridade sanitária competente;

II – três balanças: granatária, Roberval e de precisão;

III – um exemplar da última edição, em uso corrente, da Farmacopeia Brasileira;

IV – instrumental apropriado devidamente aferido;

V – armações e/ou armários envidraçados e fechados, livres de poeira e contaminação, para a guarda de medicamentos, drogas e vasilhames empregados na manipulação, previamente aprovados pela autoridade sanitária competente;

VI – cofre e/ou armário que ofereça segurança, com chave, para a guarda de drogas, medicamentos e insumos farmacêuticos capazes de criar dependência física ou psíquica – entorpecentes e seus equiparados – e/ou sujeitos a controle sanitário especial;

VII – livros, conforme modelos oficiais, com termos de abertura e encerramento pela autoridade competente e por esta devidamente rubricados, destinados à transcrição diária do receituário médico e ao registro diário de entrada e saída de drogas, medicamentos e insumos farmacêuticos capazes de criar dependência física ou psíquica – entorpecentes e seus equiparados – e/ou sujeitos a controle sanitário especial.

Art. 27. Os laboratórios das farmácias deverão ser dotados, no mínimo, de pia com água corrente, filtro de vela sob pressão, aparelhos, utensílios e vasilhames necessários à manipulação, aparelhos de refrigeração para conservação de produtos perecíveis, depósito para água filtrada e mesas para manipulação com tampo e pés de material liso, resistente e impermeável, que não dificulte a higiene e a limpeza.

Art. 28. As drogarias deverão ser providas de:

I – armações e/ou armários adequados, a critério da autoridade sanitária competente;

II – cofre ou armário que ofereça segurança, com chave, para guarda de drogas, medicamentos e insumos farmacêuticos capazes de criar dependência física ou psíquica – entorpecentes e seus equiparados – e/ou sujeitos a controle sanitário especial;

III – aparelho de refrigeração para a conservação de produtos perecíveis;

IV – livros, conforme modelos oficiais, com termos de abertura e encerramento pela autoridade sanitária competente e por esta devidamente rubricados, destinados ao registro diário de entrada e saída de drogas, medicamentos e insumos farmacêuticos capazes de criar dependência física ou psíquica – entorpecentes e seus equiparados – e/ou sujeitos a controle sanitário especial;

V – lavatório com água corrente.

Art. 29. As farmácias e drogarias, quando houver aplicação de injeções, deverão possuir no compartimento destinado a esse fim, lavatório com água corrente, descansa-braço e acessórios apropriados, forno de Pasteur (estufa) ou autoclave ou outro equipamento capaz de, a critério da autoridade sanitária competente, assegurar esterilização, e cumprir os preceitos sanitários pertinentes.

Parágrafo único. As exigências, quanto ao equipamento para esterilização, a que se refere este artigo, poderão ser dispensadas quando se faça uso exclusivo de agulhas e seringas descartáveis, pré-esterilizadas, inutilizadas após cada aplicação.

Art. 30. É permitido as farmácias e drogarias exercer o comércio de determinados correlatos, como aparelhos e acessórios usados para fins terapêuticos ou de correção estética, produtos utilizados para fins diagnósticos e analíticos, de higiene pessoal ou de ambiente, o de cosméticos e perfumes, os dietéticos definidos no item V do art. 1º, os produtos óticos, de acústica médica, odontológicos, veterinários e outros, desde que observada a legislação federal específica e a supletiva estadual pertinente.

Parágrafo único. Para o comércio de correlatos a que se refere esse artigo, as farmácias e drogarias deverão manter seções separadas, de acordo com a natureza dos correlatos e a juízo da autoridade sanitária competente.

Art. 31. É vedada a aplicação, nos próprios estabelecimentos, de quaisquer tipos de aparelhos a que se refere o artigo anterior.

Art. 32. As ervanárias somente poderão efetuar a dispensação de plantas medicinais, excluídas as entorpecentes cuja venda privativa das farmácias e drogarias.

§ 1º. Os estabelecimentos a que se refere este artigo somente funcionarão depois de devidamente licenciados e sob a responsabilidade de técnico legalmente habilitado e com termo de responsabilidade assinado perante a autoridade sanitária competente.

§ 2º. É proibido às ervanárias negociar com objetos de cera, colares, fetiches e outros que se relacionem com práticas de fetichismo e curandeirismo.

§ 3º. As plantas vendidas sob classificação botânica falsa, bem como as desprovidas de ação terapêutica e entregues ao consumo com o mesmo nome vulgar de outras terapeuticamente ativas, serão apreendidas, e inutilizadas, sendo os infratores punidos na forma da legislação em vigor.

Art. 33. Os estabelecimentos a que se refere o artigo anterior possuirão armações e/ou armários adequados, a critério da autoridade sanitária competente, recipientes fechados para o acondicionamento obrigatório, livres de pó e de contaminação, de todas as plantas e partes vegetais.

Art. 34. Nas zonas com características suburbanas ou rurais onde, em um raio de mais de três quilômetros, não houver farmácia ou drogaria licenciada, poderá, a critério da autoridade sanitária competente, ser concedida licença, a título precário, para instalação de posto de medicamentos, sob a responsabilidade de pessoa idônea, com capacidade necessária para proceder à dispensação dos produtos farmacêuticos, atestada por dois farmacêuticos inscritos no Conselho Regional de Farmácia do Estado de São Paulo.

Parágrafo único. A licença não será renovada desde que se instale, legalmente, farmácia ou drogaria dentro da área a que se refere este artigo.

Art. 35. Poderão ser licenciadas, a título precário, pela autoridade sanitária competente, unidades volantes para o atendimento de regiões onde, num raio de trinta quilômetros, não houver farmácia, drogaria ou posto de medicamentos.

§ 1º. O licenciamento das unidades volantes, concedido pela autoridade sanitária competente, fixará a região a ser percorrida pelo veículo respectivo.

§ 2º. A licença será cancelada para as regiões onde se instalarem legalmente farmácia, drogaria ou posto de medicamentos.

§ 3º. As unidades volantes, a critério exclusivo da autoridade sanitária competente, poderão funcionar sob a responsabilidade de pessoa idônea, com capacidade necessária para proceder à dispensação dos produtos farmacêuticos, atestada por dois farmacêuticos inscritos no Conselho Regional de Farmácia do Estado de São Paulo.

Art. 36. Os postos de medicamentos e as unidades volantes somente poderão funcionar depois de devidamente licenciados e dos seus responsáveis terem assinado termo de responsabilidade perante a autoridade sanitária competente.

Art. 37. Os dispensários de medicamentos funcionarão depois de devidamente licenciados e, obrigatoriamente, sob a responsabilidade de profissional legalmente habilitado, com termo de responsabilidade assinado perante a autoridade sanitária competente.

Art. 38. Os dispensários de medicamentos deverão possuir:

I – armações e/ou armários adequados, a critério da autoridade sanitária competente, para a guarda dos medicamentos;

II – lavatório com água corrente;

III – aparelho de refrigeração para a conservação de produtos perecíveis;

IV – cofre ou armário que ofereça segurança, com chave, para a guarda de drogas e medicamentos capazes de criar dependência física ou psíquica – entorpecentes e seus equiparados – e/ou sujeitos a controle sanitário especial;

V – livros, conforme modelos oficiais, com termo de abertura e encerramento pela autoridade sanitária competente e por esta devidamente rubricados, destinados ao registro diário de entrada e saída de drogas e medicamentos capazes de criar dependência física ou psíquica – entorpecentes e seus equiparados – e/ou sujeitos a controle sanitário especial.

Seção III
Empresas Aplicadoras de Saneantes Domissanitários

Art. 39. As empresas aplicadoras de saneantes domissanitários somente poderão funcionar depois de devidamente licenciadas e tendo em sua direção técnica um responsável legalmente habilitado, com termo de responsabilidade assinado perante a autoridade sanitária competente.

Parágrafo único. A licença a que se refere este artigo será válida para o ano em que foi concedida e deverá ser renovada até 31 de março de cada ano.

Art. 40. A aplicação de saneantes domissanitários, como prestação de serviços, somente poderá ser feita por empresas especializadas.

Art. 41. As empresas a que se refere esta Seção deverão possuir armações e/ou armários adequados, aparelhos, utensílios, vasilhames necessários às suas finalidades, reagentes para o controle dos produtos a serem aplicados, pia com água corrente, mesas com tampo e pés de material liso, resistente e impermeável, que não dificulte a higiene e a limpeza, a juízo da autoridade sanitária competente.

Art. 42. As empresas de que trata esta Seção somente poderão utilizar produtos devidamente registrados no Órgão de Vigilância Sanitária do Ministério da Saúde e seguindo as instruções aprovadas e constantes das embalagens dos produtos.

Parágrafo único. Após a aplicação do produto, a empresa fica obrigada a fornecer certificado, assinado pelo responsável técnico, do qual conste o nome e a composição qualitativa do produto ou associação utilizada, as proporções e a quantidade total empregada por área, bem como as instruções para a prevenção ou para o caso de ocorrência de acidente.

TÍTULO III
LABORATÓRIOS DE ANÁLISES CLÍNICAS OU DE PATOLOGIA CLÍNICA, DE HEMATOLOGIA CLÍNICA, DE ANATOMIA PATOLÓGICA, DE CITOLOGIA, DE LÍQUIDO CÉFALO-RAQUIDIANO, DE RADIOISOTOPOLOGIA, E CONGÊNERES

Art. 43. Os laboratórios de análises clínicas ou de patologia clínica de hematologia clínica, de anatomia patológica, de citologia, de líquido céfalo-raquidiano, de radioisotopologia *in vitro* e *in vivo* e congêneres, somente poderão funcionar depois de devidamente licenciados, com suas especificações definidas, sob a responsabilidade de profissionais legalmente habilitados para cada uma das especializações, com termos de responsabilidade assinados perante a autoridade sanitária competente, e com pessoal técnico legalmente habilitado.

§ 1º. Esses estabelecimentos só funcionarão com a presença obrigatória do profissional responsável, podendo manter profissional responsável substituto, legalmente habilitado, e com termo de responsabilidade assinado perante a autoridade sanitária competente, para suprir os casos de ausência ou impedimento do titular.

§ 2º. Os estabelecimentos a que se refere este artigo poderão funcionar com mais de uma especialização, desde que conte com pessoal legalmente habilitado para cada uma delas, disponha de equipamentos apropriados e mantenha controles e desempenho adequados.

Art. 44. Os estabelecimentos de que trata o artigo anterior deverão possuir armações e armários adequados, aparelhos, utensílios, vasilhames, vidraria apropriada e os demais meios necessários às suas finalidades, pia com água corrente, mesas com tampo e pés de material liso, resistente e impermeável, que facilitem a limpeza e a higiene e seções separadas de acordo com a natureza dos exames realizados, a critério da autoridade sanitária competente.

Art. 45. Esses estabelecimentos e congêneres, deverão contar, no mínimo, obrigatoriamente, com os equipamentos, controles e desempenhos seguintes:

I – Laboratórios de Análises Clínicas ou de Patologia Clínica:

a) Equipamentos

1. microscópios, oculares de 5 a 10X, objetivas de 10, 20 e 100x, condensador comum, condensador de campo escuro;
2. centrífugas para tubos de 15 ml, com rpm mínimo de 2.500;
3. refratômetro e/ou urodensímetro;
4. estufa regulada 32º – 37ºC;
5. autoclave;
6. forno tipo Pasteur ou similar;
7. refrigerador com congelador;
8. espectrofotômetro 400 – 700 mm;
9. banho-maria fervente ou termobloco regulado 100ºC;
10. banho-maria 37ºC;
11. banho-maria 56ºC;
12. aglutinoscópio;
13. destilador ou deionizador;
14. estufa para secagem de material;
15. potenciômetro (pH);
16. balança analítica ou de precisão;
17. mesa ginecológica;
18. agitador de Kahn;
19. bico de Bunsen;
20. tripés:
21. alça de platina;
22. estante de hemossedimentação;
23. estante para tubos de ensaio;
24. Câmara de Neubauer – mínimo 2;
25. cálices de Hoffman – mínimo 10;
26. recipientes para cultivo em CO_2;
27. lavador de pipetas;
28. seringas e agulhas descartáveis;

b) Controles:

1. arquivo de resultados técnicos mantidos durante 5 anos, em ordem cronológica;
2. manual(ais) atualizado(s) de procedimento, abrangendo coleta, métodos e expedição de resultados;
3. registros diários de temperatura de estufas, banhos-termo-reguláveis e geladeiras;
4. controle e registro semanais de eficiência de autoclave(s);
5. registros semestrais de espectros de absorção de espectrofotômetro;
6. manter cultivos de, pelo menos, estafilococos e colibacilos para registros semanais dos testes de função de meios de cultivo e corantes de bacteriologia;
7. manter e registrar controles negativos e positivos para as reações sorológicas;
8. manter reserva de soro ou soros comerciais para controle de qualidade tubular e gráfico em bioquímica;
9. manter soluções artificiais para controles semanais de função nas pesquisas urinárias;
10. registros de controle de aferição na aquisição dos recipientes e pipetas volumétricas;

c) Desempenho mínimo de exames:

1. Fezes: parasitológico – exame direto (sedimentação, centrífugo-flutuação, larvatropismo), sangue oculto;
2. Urina: urina I, com sedimento urinário;
3. Microbiologia: métodos de exames para reconhecimento e identificação de fungos, e cogumelos; meios primários e/ou de transporte para urina, fezes, sangue, líquor, secreção e escarro (Tb) e para difteria; microscopia e exame direto entre lâmina e lamínula ou por métodos de coloração, Gram, Ziehl, Giemsa, Neisser ou similares e Fontana;
4. Bioquímica: glicose, ureia, creatinina, ácido úrico, colesterol, triglicérides, bilirrubinas tansaminase, amilase, fosfatase alcalina, fosfatase ácida, proteínas totais com separação das frações por eletroforese sódica potássio, cloro e cálcio;
5. Hematologia: nemograma, dosagem de hemoglobina, plaquetas, hemossedimentação, falcização, reticulócitos tempo de protombina, tempo de sangramento, tempo de coagulação, tempo de trombina, tempo parcial de tromboplastina, fibrinogênio, retração do coágulo, prova de Laço, hematozoários;

6. Imunossorologia: gravidez, sífilis, Chagas, febre tifóide, brucelose, toxoplasmase, grupos sanguíneos e fator Rh, Coombs direto, Coombs indireto;

7. Provas Cutâneas: reação de Mantoux, de Frei, de Ito-Reestiern e de Montenegro.

II – Laboratórios de Anatomia Patológica:

a) Equipamentos:

1. microscópios: oculares de 5 a 10X, objetivas 10, 20 e 100X, condensador comum;

2. condições de fixação;

3. micrótomo;

4. meios para coloração por hematoxilina-eosina e métodos adicionais necessários;

5. refrigerador com congelador.

b) Controles:

1. arquivo de resultados técnicos mantidos, pelo menos, durante 5 (cinco) anos, em ordem cronológica;

2. manual(ais) atualizado(s) de procedimento abrangendo coleta, métodos e expedição de resultados;

3. registro dos controles de eficiência das soluções corantes;

4. arquivo de lâminas e blocos, com finalidade de documentação e ensino, mantidas, pelo menos, durante 5 (cinco) anos.

c) Desempenho mínimo de exames:

1. histológico e de biópsias cirúrgicas;

2. análises macro e microscópicas de peças;

3. análise de congelação intraoperatória (em serviços hospitalares de porte);

4. necropsia, em hospitais com instalações apropriadas.

III – Laboratórios de Citologia:

a) Equipamentos:

1. microscópios: oculares de 5 e 10X, objetivas de 10, 20 e 100X, condensador comum;

2. meios necessários para colorações pelo Papanicolau, Shorr e outras;

3. centrífuga;

4. refrigerador com congelador.

b) Controles:

1. arquivo de resultados técnicos mantidos, no mínimo, durante 5 (cinco) anos;

2. manual(ais) atualizado(s) de procedimentos, abrangendo coleta, métodos e expedição de resultados;

3. registros de eficiência das soluções corantes;

4. arquivo de lâminas, com finalidade de documentação mantidos, no mínimo durante 5 (cinco) anos.

c) Desempenho mínimo de exames:

1. rastreio de neoplasias;

2. citologia hormonal;

3. pesquisa de inclusões e atipias celulares.

IV – Laboratórios de Radioisotopologia *in vitro* e *in vivo*:

a) Equipamentos:

1. cintilômetro gama ou beta;

2. centrífuga;

3. geladeira com congelador, exclusiva para radionuclídeos;

4. banho-maria 37°C;

5. destilador ou deionizador;

6. estufa de secagem de material;

7. lavador de pipetas;

8. área delimitada com "quente", com o símbolo internacional, para estocar substâncias em decaimento;

9. pipetas automáticas ou pró-pipetas.

b) Controles:

1. arquivo de resultados técnicos mantidos pelo menos, durante 5 (cinco) anos;

2. manual(ais) atualizado(s) de procedimento, abrangendo coleta, métodos e expedição de resultados;

3. registro de controle de padrão artificial radioisotópico para aferir o cintilômetro;

4. reserva de soros padrões para controle de qualidade tabular e gráfico.

c) Desempenho mínimo:

1. captação de T3 (tri-iodotironina);

2. dosagem de tiroxina.

V – Laboratórios de Líquido Céfalo-Raquidiano;

a) Equipamentos:

1. microscópios: oculares de 5 e 10X objetivas de 10, 20 e 100X, condensador comum;

2. centrífuga para tubos de 15 ml, com rpm mínima de 2.500;

3. câmara de Neubauer ou Fuchs-Rosenthal;

4. estufa regulada 32°C – 37°C;

5. recipiente para cultivo em CO_2;

6. autoclave;

7. refrigerador com congelador;

8. banho-maria fervente ou termobloco regulado 100°C;

9. espectrofotômetro 400 – 700 mm;

10. banho-maria 37°C;

11. banho-maria 56°C;

12. destilador ou deionizador;

13. estufa de secagem de material;

14. mesa para coleta de líquido céfalo-raquidiano;

15. lavador de pipetas.

b) Controles:

1. arquivo de resultados técnicos mantidos pelo menos, durante à (cinco) anos;

2. manual(ais) atualizado(s) de procedimentos, abrangendo coleta, métodos e expedição de resultados;

3. registros diários de temperatura de estufas, banhos termo-reguláveis e geladeiras;

4. controle e registros semanais de eficiência de autoclave(s);

5. registros semestrais de espectros de absorção do espectrofotômetro;

6. manter cultivos de, pelo menos, estafilococos e colibacilos para registros semanais dos testes de função de meios de cultivo e corantes de bacteriologia;

7. manter e registrar controles negativos e positivos para as reações sorológicas;

8. registros de aferição dos recipientes e pipetas volumétricas.

c) Desempenho mínimo de exames:

1. coleta e exame completo do líquido céfalo--raquidiano, com correlação clínico-laboratorial.

Art. 46. Os laboratórios congêneres satisfarão os requisitos mínimos adequados quanto a equipamentos, controle e desempenho, de acordo com as exigências para os laboratórios referidos no art. 45 e a critério da autoridade sanitária competente.

Art. 47. A licença dos laboratórios a que se refere o art. 43 com a(s) especificação(ões) da(s) respectiva(s) especialização(ões) será renovada até o dia 31 de março de cada ano.

Art. 48. É obrigatória a afixação da licença no estabelecimento, em quadro próprio e em local visível ao público.

Art. 49. Os laboratórios de análises clínicas ou de patologia clínica de hematologia clínica, de anatomia patológica, de citologia, de líquido céfalo-raquidiano, de radioisotopologia *in vivo,* e congêneres, particulares, oficiais, de autarquias ou de entidades de economia mista, terão livro próprio, com termo de abertura e encerramento pela autoridade sanitária competente e por esta devidamente rubricado, destinado ao registro de todos os resultados positivos de exames realizados para diagnóstico de doenças de notificação compulsória, indicando, obrigatoriamente, a data, o nome do paciente, o seu endereço completo, o material a ser analisado e o número da ficha onde foi lançado o resultado do exame.

§ 1º. Quando se tratar de análise requisitada pelo INAMPS, ou instituições congêneres, poderá ser registrado o número de sua matrícula e a designação do posto de atendimento em que está inscrito.

§ 2º. Esse livro permanecerá, obrigatoriamente, no laboratório, será assinado diariamente pelo profissional responsável ou por seu substituto legalmente habilitado e será exibido à autoridade sanitária competente, sempre que solicitado.

§ 3º. Nos laboratórios que possuírem sistema eletrônico de processamento de dados, o registro em livro próprio, com as indicações obrigatórias, ao qual se refere este artigo, poderá ser feito em fitas magnéticas que ficarão arquivadas no local, à disposição da autoridade sanitária competente.

Art. 50. Os laboratórios de que trata este Título, deverão ser mantidos em perfeitas condições de ordem e higiene.

Art. 51. A mudança desses laboratórios para outro local dependerá de licença prévia do órgão sanitário competente e do atendimento das condições exigidas para o licenciamento.

Art. 52. Os profissionais responsáveis pelos laboratórios de que trata este Título, quando não forem proprietários, deverão apresentar contrato de trabalho no órgão sanitário competente, para anotação.

TÍTULO IV
ÓRGÃOS EXECUTIVOS DA ATIVIDADE HEMOTERÁPICA

Art. 53. Os órgãos executivos da atividade hemoterápica, para o seu funcionamento, conterão com divisões dispondo de equipamentos que permitam a correta execução das operações de que estão incumbidos.

Art. 54. O Serviço de Hemoterapia deverá contar, nas diferentes divisões que o compõem, com:

I – Direção e serviços gerais de administração dotados de mobiliário, equipamento de escritório e recursos para guarda do material destinado às atividades da organização;

II – Admissão dotada de:

a) mobiliário e equipamento de escritório;

b) assentos para doadores;

c) fichários para cadastro de doadores;

III – local para exame médico provido de:

a) mobiliário adequado;

b) equipamento para seleção dermatológica pelo nível de hemoglobulina e/ou pelo volume hematocrítico;

c) equipamento para seleção clínica por peso, altura, pressão arterial e temperatura;

IV – sala para coleta de sangue dispondo de:

a) instalação para doação de sangue com:

1. camas ou cadeiras reclináveis;

2. recursos auxiliares;

b) instalação para assepsia do pessoal técnico;

c) material para assepsia e anestesia do local de punção;

d) recipientes para coleta de sangue;

e) equipes de coleta;

f) equipamento para socorro de emergência;

V – local para repouso e alimentação do doador com mesas e assentos apropriados;

VI – laboratório de controle do sangue coletado e seleção do sangue a transfundir provido de:

a) mesa(s) de laboratório, com tampo de material impermeável, de fácil limpeza;

b) refrigerador para conservação de reagentes e amostras de sangue, com temperatura regulada entre 2ºC (dois graus centígrados) e 6ºC (seis graus centígrados);

c) congelador a -20ºC (menos vinte graus centígrados) para conservação de reagentes;

d) banho(s)-maria sorológicos;

e) estufa bacteriológica;

f) centrífuga(a);

g) balança de precisão;

h) caixa-visor para classificação de Rh em lâmina aquecida;

i) microscópio;

j) marcador de tempo com alarme;

k) cronógrafo;

l) trompa de água ou bomba de vácuo;

m) espelho côncavo;

n) agitador para testes sorológicos;

o) suporte para tubos;

p) vidraria (pipetas, tubos de ensaio, tubos de hemólise, tubos centrífugos, lâminas, placas de vidro, opalina ou porcelana);

q) reagentes classificadores para os sistemas de grupos sanguíneos ABO e Rh e soro antiglobulina humana;

r) reagentes para provas sorológicas;

VII – armazenamento e fornecimento de sangue e, eventualmente, também de derivados, contando com:

a) mobiliário adequado (mesa, cadeira, armário);

b) refrigerador(es) como degelo contínuo dotados de sistema de controle e regulado(s) para temperatura variando entre 6°C (seis graus centígrados) e 2°C (dois graus centígrados) destinados exclusivamente à conservação de sangue, albumina, imunoglobulina, fibrinogênio e solução de proteínas plasmáticas;

c) congelador a -20°C (menos vinte graus centígrados) para conservação de plasma normal), plasma fresco, crioprecipitação com ação anti-hemofílica, se a organização se incumbir do preparo ou armazenamento de tais produtos;

d) banho-maria para degelo de plasma (eventual);

e) caixas térmicas para o transporte de recipientes de sangue a temperatura compreendida entre 2°C (dois graus centígrados) e 8°C (oito graus centígrados);

VIII – sala de aplicação de sangue ou derivados em transfusão, contando com:

a) mobiliário adequado (cama, mesa auxiliar, dispositivo para suspensão do recipiente de sangue, armário, cadeira);

b) recursos para transfusão de sangue e derivados (roupas apropriadas, banho-maria ou dispositivo que assegure o adequado aquecimento do sangue);

c) recursos para tratamento de emergência de eventuais reações transfusionais;

d) material para eventual retirada de amostras de sangue do receptor;

IX – preparo não industrial de derivados de sangue (optativo);

a) mesa(s) de laboratório com tampo de material impermeável e de fácil limpeza;

b) recursos para obtenção de produtos estéreis e apirogênicos;

c) centrífuga para frascos de sangue, refrigerada ou não;

d) equipamento para controle de esterilidade dos produtos (estufa bacteriológica, autoclave);

e) bomba aspirante-calcante;

f) biotério para provas de toxidez e pirogenicidade;

X – preparo de material e esterilização dispondo de:

a) mesa(s) de laboratório;

b) armário(s) para guarda de material preparado;

c) dispositivos para obtenção de água própria para injeção endovenosa;

d) autoclave de câmara dupla para esterilização por calor úmido, com secagem de material esterilizado;

e) material para preparo de soluções anticoagulantes e preservadoras;

f) estufa(s) para esterilização por calor seco;

g) balança(s);

h) recipientes para soluções;

i) dispositivos para limpeza e preparo de material a ser utilizado na coleta, controle e eventual seleção de sangue;

j) biotério para provas de pirogenicidade.

Art. 55. O Serviço de Hemoterapia poderá simplificar a estruturação, instalação e equipamento de sua divisão encarregada do preparo de material se adquirir recipientes, equipos e outros elementos prontos para uso, de fabricação industrial e não reutilizáveis.

Art. 56. Os exames sorológicos para controle de sangue coletado poderão ser executados fora do Serviço de Hemoterapia por organizações ou laboratórios devidamente credenciados mediante contrato por ambas as partes e apresentado a autoridade fiscalizadora.

Art. 57. O Serviço de Hemoterapia integrante de hospital geral ou maternidade pode utilizar seus serviços comuns como espera de doadores, secretaria, recursos para alimentação dos doadores, sala de aplicação de sangue, simplificando sua estruturação, instalações e equipamentos.

Art. 58. O Banco de Sangue deverá contar, nas diferentes divisões que o compõem com:

I – Direção e serviços gerais de administração dotados de mobiliário, equipamento de escritório e recursos para guarda do material destinado às atividades do organismo;

II – Admissão dotada de:

a) mobiliário e equipamento de escritório;

b) assentos para doadores;

c) fichários para cadastro de doadores.

III – Local para exame médico provido de:

a) mobiliário adequado;

b) equipamento para seleção hematológica pelo nível de hemoglobina e/ou pelo volume hematocrítico;

c) equipamento para seleção clínica por peso, altura, pressão arterial e temperatura;

IV – Sala para coleta de sangue dispondo de:

a) instalação para doação de sangue com:

1. camas ou cadeiras reclináveis;

2. recursos auxiliares;

b) instalação para assepsia do pessoal técnico;

c) material para assepsia (anestesia do local de punção);

d) recipientes para coleta de sangue;

e) equipos de coleta;

f) equipamentos para socorro de emergência.

V – Local para repouso e alimentação do doador com mesas e assentos apropriados;

VI – Laboratório de controle de sangue coletado e eventual seleção de sangue a transfundir provido de:

a) mesa(s) de laboratório com tampo de material impermeável e de fácil limpeza;

b) refrigerador para conservação de reagentes e amostras de sangue, com temperatura regulada entre 2°C (dois graus centígrados) e 6°C (seis graus centígrados);

c) congelador a -20°C (menos vinte graus centígrados) para conservação de reagentes;

d) banho(s)-maria sorológico(s);

e) estufa bacteriológica;

f) centrífuga(s);

g) balança de precisão;

h) caixa-visor para classificação de Rh em lâmina aquecida;

i) microscópio;

j) marcador de tempo com alarme;

k) cronógrafo;

l) trompa de água ou bomba de vácuo;

m) espelho côncavo;

n) agitador para testes sorológicos;

o) suportes para tubos;

p) vidraria (pipetas, tubos de ensaio, tubos de hemólise, tubos centrífugos, lâminas, placas de vidro, opalina ou porcelana);

q) reagentes classificadores para os sistemas de grupos sanguíneos ABO e Rh e soro antiglobulina humana;

r) reagentes para provas sorológicas.

VII – Armazenamento e fornecimento de sangue e eventualmente, também de derivados, contando com:

a) mobiliário adequado (mesa, cadeira, armário);

b) refrigerador(es) com degelo contínuo, regulado(s) para temperatura variando entre 6ºC (seis graus centígrados) e 2ºC (dois graus centígrados) dotado de sistema de controle destinado exclusivamente à conservação de sangue, albumina, imunoglobulina, fibrinogênio e solução de proteínas plasmáticas;

c) congelador a -20ºC (menos vinte graus centígrados) para conservação de plasma normal, plasma fresco, crioprecipitação com ação anti-hemofílica, se a organização se incumbir do preparo ou armazenamento de tais produtos;

d) banho-maria para degelo de plasma (eventual);

e) caixas térmicas para o transporte dos recipientes de sangue à temperatura compreendida entre 2ºC (dois graus centígrados) e 8ºC (oito graus centígrados);

VIII – Preparo não industrial de derivados de sangue (optativo), com:

a) mesa(s) de laboratório com tampo de material impermeável de fácil limpeza;

b) recursos para obtenção de produtos estéreis e apirogênicos;

c) centrífuga para recipientes de sangue refrigerado ou não;

d) equipamento para controle de esterilidade dos produtos (estufa bacteriológica, autoclave);

e) bomba de vácuo e pressão;

f) biotério para provas de toxidez e pirogenicidade.

IX – Preparo de material e esterilização dispondo de:

a) mesa(s) de laboratório;

b) armário(s) para guarda de material preparado;

c) dispositivos para obtenção de água própria para injeção endovenosa;

d) autoclave de câmara dupla para esterilização por calor úmido, com secagem de material esterilizado;

e) material para preparo de soluções anticoagulantes e preservadoras;

f) estufa(s) para esterilização por calor seco;

g) balança(s);

h) recipientes para soluções;

i) dispositivo para limpeza e preparo de material a ser utilizado na coleta, controle e eventual seleção de sangue;

j) biotério para provas de pirogenicidade.

Art. 59. O Banco de Sangue poderá simplificar a estruturação, instalação e equipamento de sua divisão encarregada do preparo de material, se adquirir recipientes, equipos e outros elementos prontos para uso, de fabricação industrial e não reutilizáveis.

Art. 60. Os exames sorológicos para controle de sangue coletado poderão ser executados fora do Banco de Sangue por organizações ou laboratórios devidamente credenciados, mediante contrato assinado por ambas as partes e apresentado à autoridade fiscalizadora.

Art. 61. O Posto fixo de coleta deverá contar, nas diferentes divisões que o compõem, com:

I – Direção e serviços gerais de administração dotados de mobiliário e equipamentos de escritórios e recursos para guarda de material destinado às atividades da organização.

II – Admissão dotada de:

a) mobiliário e equipamento de escritório;

b) assentos para doadores;

c) fichários para cadastro de doadores;

III – Local de exame médico provido de:

a) mobiliário adequado;

b) equipamento para seleção hematológica pelo nível de hemoglobina e/ou pelo volume hematocrítico;

c) equipamento para seleção clínica por peso, altura, pressão arterial e temperatura;

IV – Sala para coleta de sangue dispondo de:

a) instalação para doação de sangue com:

1. camas ou cadeiras reclináveis;

2. recursos auxiliares;

b) instalação para assepsia do pessoal técnico;

c) material para assepsia e anestesia do local da punção;

d) recipientes para coletas de sangue;

e) equipos de coleta;

f) equipamento para socorro de emergência.

V – Recursos para repouso e alimentação dos doadores;

VI – Armazenamento provisório do sangue, com refrigerador com degelo contínuo, regulado para temperatura variando entre 6ºC (seis graus centígrados) e 2ºC (dois graus centígrados) e dispondo de sistema de controle, para conservação do sangue até sua transferência ao banco de sangue ou serviço de hemoterapia a que esteja vinculado e para guarda de reagentes classificadores;

VII – Transporte, se tal incumbência couber à organização abastecedora de sangue.

Art. 62. O Posto móvel de coleta deverá dispor de:

I – transporte(s) motorizado(s) para condução de pessoal e equipamentos;

II – recursos para recepcionar e cadastrar os candidatos à doação;

III – recursos para exame médico, com:

a) mobiliário adequado;

b) equipamento para seleção hematológica pelo nível de hemoglobina e/ou pelo volume hematocrítico;

c) equipamento para seleção clínica pelo peso, altura, pressão arterial e temperatura;

IV – recursos para coleta de sangue, com:

a) camas ou cadeiras reclináveis;

b) equipamento auxiliar;

c) recipientes para coleta de sangue;

d) equipos de coleta;

e) equipamento para socorro de emergência;

V – recursos para repouso e alimentação de doadores;

VI – armazenamento provisório de sangue com refrigerador com degelo contínuo, regulado para temperatura variando entre 6°C (seis graus centígrados) e 2°C (dois graus centígrados) para conservação do sangue até sua transferência ao banco de sangue ou serviço de hemoterapia a que esteja vinculado e para guarda de reagentes classificadores.

Art. 63. A Agência Transfusional deverá contar, nas diferentes divisões que a compõem, com:

I – local destinado ao armazenamento dispondo de:

a) mobiliário adequado (mesa, cadeira, armário);

b) refrigerador com degelo contínuo, regulado para temperatura variando entre 6°C (seis graus centígrados) e 2°C (dois graus centígrados) e com sistema de controle para guarda dos frascos de sangue e derivados e de reagentes classificadores;

II – local para seleção do sangue a transfundir, caso se incumba dessa tarefa:

III – sala para aplicação de sangue ou derivados em transfusão, se prevista tal operação em seu recinto, com:

a) mobiliário adequado (cama, mesa auxiliar, dispositivo para suspensão do recipiente de sangue ou derivados, armário, cadeira);

b) material para transfusão de sangue e derivados;

c) medicamentos de emergência para tratamento de eventuais reações transfusionais.

Art. 64. Os Serviços de Hemoterapia, os Bancos de Sangue, as Agências Transfusionais e os Postos de Coleta de sangue, manterão fichários rigorosamente atualizados dos doadores, devendo deles constar, obrigatoriamente, no mínimo:

I – Identificação, com:

a) nome completo, com anotação da cédula de identidade – RG – ou outro documento de identidade equivalente;

b) idade;

c) sexo;

d) cor;

e) estado civil;

f) endereço completo;

g) profissão ou ocupação habitual.

II – Exame médico;

a) peso;

b) altura;

c) temperatura;

d) pressão arterial;

e) data da última doação de sangue;

f) quantidade de sangue retirado.

III – Provas laboratoriais adequadas para a pesquisa:

a) do tipo sanguíneo;

b) do fator Rh;

c) do nível de hemoglobina ou volume hematocrítico;

(*) Alínea "c" com redação dada pelo Decreto nº 14.477, de 18.12.1979.

d) de sífilis;

e) de doença de Chagas;

f) do vírus de hepatite B.

Art. 65. Os órgãos executivos da atividade hemoterápica terão livro próprio, com folhas numeradas e com termo de abertura e encerramento pela autoridade sanitária competente e por esta devidamente rubricado, para o registro diário de entrada, saída e destino do sangue coletado, com os seguintes dados obrigatórios:

I – Serviço de Hemoterapia:

a) data de entrada;

b) número do frasco de sangue;

c) proveniência do frasco de sangue;

d) nome do doador;

e) data da retirada do sangue;

f) quantidade do sangue retirado;

g) resultado das provas laboratoriais para pesquisa:

1. do tipo sanguíneo;
2. do fator Rh;
3. do nível de hemoglobina ou volume hemotocrítico;

(*) Item 3 com redação dada pelo Decreto nº 14.477, de 18.12.1979.

4. de sífilis;
5. de doença de Chagas;
6. de vírus de hepatite B;

h) data da transfusão;

i) quantidade de sangue transfundido;

j) nome do receptor;

k) ocorrências eventuais resultantes da transfusão;

l) destino do frasco de sangue utilizado para transfusão;

m) destino do frasco de sangue não transfundido.

II – Bancos de Sangue:

a) data da entrada;

b) número do frasco de sangue;

c) proveniência do frasco de sangue;

d) nome do doador;

e) data da retirada do sangue;

f) quantidade de sangue retirado;

g) resultado das prova laboratoriais para pesquisa:

1. do tipo sanguíneo;
2. do fator Rh;
3. do nível de hemoglobina ou volume hematocrítico;

(*) Item 3 com redação dada pelo Decreto nº 14.477, de 18.12.1979.

4. de sífilis,
5. de doença de Chagas;
6. do vírus de hepatite B;

h) ocorrências eventuais consequentes a retirada do sangue:

i) destino do frasco de sangue utilizado para transfusão;

j) destino do frasco de sangue não transfundido;

III – Agências Transfusionais:

a) data de entrada;

b) número do frasco de sangue;

c) proveniência do frasco de sangue;

d) data de transfusão;

e) quantidade de sangue transfundido;

f) nome do receptor;

g) ocorrências eventuais resultantes da transfusão;

h) destino do frasco de sangue não transfundido.

IV – Posto de Coleta, fixo ou móvel;

a) data da colheita de sangue;

b) número do frasco de sangue;

c) nome do doador;

d) quantidade de sangue retirado;

e) resultado das provas laboratoriais para pesquisa:

1. do tipo sanguíneo;

2. do fator Rh;

3. do nível de hemoglobina ou volume nematocrítico;

(*) Item 3 com redação dada pelo Decreto nº 14.477, de 18.12.1979.

4. de sífilis;

5. de doença de Chagas;

6. do vírus de hepatite B;

f) ocorrências eventuais resultantes da coleta de sangue;

g) destino do frasco de sangue.

§ 1º. O livro de que trata este artigo permanecerá, obrigatoriamente, no órgão executivo de atividade hemoterápica, será assinado diariamente pelo seu responsável técnico ou seu substituto legalmente habilitado e exibido à autoridade sanitária competente, sempre que solicitado.

§ 2º. Nos órgãos executivos de atividade hemoterápica que possuírem sistema eletrônico de processamento de dados, o registro em livro próprio com indicações obrigatórias, ao qual se refere este artigo, poderá ser feito em fitas magnéticas, que ficarão arquivadas no estabelecimento à disposição da autoridade sanitária competente, para verificação.

Art. 66. Para a pesquisa de sífilis, de doença de Chagas e do vírus de hepatite B, obrigatória a realização, para cada caso no mínimo, de duas reações sorológicas adequadas e diferentes, cujos resultados serão anotados nas fichas e livros próprios, aos quais se referem os artigos anteriores.

Parágrafo único. No caso de demonstração do antígeno Au, poderá ser utilizada uma única técnica se esta for o radioimunoensaio ou outra de sensibilidade pelo menos igual; quando isto não for possível, serão utilizadas duas reações uma das quais com grau de sensibilidade pelo menos igual à da reação de hemoglutinação passiva reversa.

Art. 67. Os Serviços de Hemoterapia e os Bancos de Sangue ficam obrigados a manter durante 120 (cento e vinte) dias à disposição das autoridades sanitárias competentes para as verificações que forem necessárias, amostras de sangue total, ou soro, de sangue coletado, absorvido em área mínima de 6 (seis) cm^2 em tira individual de papel de filtro Whatman nº 1, ou similar.

(*) Art. 67, *caput*, com redação dada pelo Decreto nº 14.477, de 18.12.1979.

§ 1º. A tira de papel de filtro, a que se refere este artigo, medirá 8 (oito) cm de comprimento 3 (três) cm de largura e será identificada com a inscrição do nome do doador e do número do frasco de coleta. Após secagem à temperatura ambiente, será envolvida em papel alumínio, identificada externamente com o número do frasco e acondicionada, diariamente, em saco plástico hermeticamente fechado com anotação da data. Este saco plástico será armazenado em temperatura inferior a -15º (menos quinze graus) Celsius, podendo ser utilizado o congelador de geladeira tipo doméstica.

(*) § 1º acrescido pelo Decreto nº 14.477, de 18.12.1979.

§ 2º. As verificações referidas no *caput* deste artigo serão realizadas por órgão competente da Administração Estadual.

(*) § 2º acrescido pelo Decreto nº 14.477, de 18.12.1979.

§ 3º. Nos casos de contaminação ou de suspeita de contaminação do sangue coletado, os responsáveis pelas Unidades Hemoterápicas interessadas serão notificados para acompanhar as verificações que se realizarem e assinar as atas então lavradas.

(*) § 3º acrescido pelo Decreto nº 14.477, de 18.12.1979.

Art. 68. Os frascos contendo sangue impróprio para transfusão e não destinados à industrialização, terão seus números anotados em livro próprio, e seu conteúdo, depois de adicionada solução de formal a 4% (quatro por cento), será inutilizado.

(*) Art. 68 com redação dada pelo Decreto nº 14.477, de 18.12.1979.

Art. 69. As unidades executivas da atividade hemoterápica manterão, à disposição da autoridade sanitária competente, arquivados em fichário próprio, em ordem cronológica e por 5 (cinco) anos, os comprovantes das transações efetuadas.

Art. 70. Os órgãos executivos da atividade hemoterápica procederão, de acordo com sua natureza, exclusivamente:

I – o Serviço de Hemoterapia à coleta e transfusão de sangue e/ou derivados;

II – o Banco de Sangue à coleta do sangue e/ou derivados, em sua área física, e, fora desta, à sua transfusão;

III – a Agência Transfusional à transfusão de sangue e/ou derivados;

IV – o Posto de Coleta, fixo ou móvel, à coleta de sangue.

(*) Inciso IV com redação dada pelo Decreto nº 14.477, de 18.12.1979.

Art. 71. As organizações ou laboratórios devidamente credenciados mediante contrato, aprovado e visado pela autoridade sanitária competente, para a execução de provas laboratoriais para órgãos executivos da atividade hemoterápica, de sangue por eles coletado, manterão livro próprio para cada uma dessas entidades com a qual mantenham contrato, para o registro diário:

(*) Art. 71, *caput*, com redação dada pelo Decreto nº 14.477, de 18.12.1979.

I – da data de entrada da amostra do sangue a ser examinado;

II – do número do frasco da amostra;

III – dos resultados das provas laboratoriais realizadas para pesquisa:

a) do tipo sanguíneo;

b) do fator Rh;

c) do nível de hemoglobulina ou volume hematocrítico;

(*) Alínea "c" com redação dada pelo Decreto nº 14.477, de 18.12.1979.

d) de sífilis;

e) de doença de Chagas;

f) do vírus de hepatite B.

Parágrafo único. As organizações e laboratórios credenciados aos quais se refere este artigo enviarão, ao órgão sanitário competente, até o dia 10 de cada mês mediato ao vencido, relação da qual conste nome de cada órgão de atividade hemoterápica para o qual foi feito exame sorológico, com:

I – o número de exames positivos para sífilis, doenças de Chagas e vírus de hepatite B;

II – o número de cada frasco correspondente aos exames positivos;

III – número total de exames realizados durante o mês vencido.

Art. 72. Será feita, obrigatoriamente, a bacterioscopia pré-transfusional em todo o sangue proveniente de frasco aberto para fracionamento e não utilizado no período de oito horas.

Art. 73. Os órgãos de atividade hemoterápica somente poderão funcionar depois de devidamente licenciados, sob a responsabilidade de médico legalmente habilitado e com termo de responsabilidade assinado perante a autoridade sanitária competente.

Parágrafo único. Esses estabelecimentos só funcionarão com pessoal técnico devidamente habilitado e a presença obrigatória do médico responsável, ou de médico por este indicado sob sua responsabilidade, podendo manter médico responsável substituto, legalmente habilitado, com termo de responsabilidade assinado perante a autoridade sanitária competente, para suprir os casos de ausência ou impedimento do titular.

Art. 74. A licença a que se refere o artigo anterior será renovada anualmente até o dia 31 de março de cada ano.

Art. 75. obrigatória a afixação da licença, em quadro próprio, e em local bem visível ao público.

Art. 76. Esses estabelecimentos deverão ser mantidos em perfeitas condições de ordem e higiene.

Art. 77. A mudança de local dependerá de licença prévia do órgão sanitário competente e do atendimento das condições exigidas para o licenciamento.

Art. 78. Os profissionais responsáveis pelos órgãos executivos da atividade hemoterápica, quando não forem seus proprietários, deverão apresentar contrato de trabalho no órgão sanitário competente, para anotação.

TÍTULO V
ESTABELECIMENTOS DE ASSISTÊNCIA ODONTOLÓGICA

Art. 79. Os estabelecimentos de assistência odontológica, tais como clínicas dentárias, oficiais ou particulares, clínicas dentárias especializadas e policlínicas dentárias, populares, pronto-socorros-odontológicos, institutos odontológicos e congêneres, somente poderão funcionar depois de devidamente licenciados, sob a responsabilidade de cirurgião-dentista, legalmente habilitado e com termo de responsabilidade assinado perante a autoridade sanitária competente e com pessoal técnico também legalmente habilitado.

Parágrafo único. Esses estabelecimentos só funcionarão com a presença obrigatória do profissional responsável podendo manter responsável substituto, legalmente habilitado, com termo de responsabilidade assinado perante a autoridade sanitária competente, para suprir os casos de impedimento ou ausências do titular.

Art. 80. A licença dos estabelecimentos a que se refere o artigo anterior será renovada anualmente até o dia 31 de março de cada ano.

Art. 81. É obrigatória a afixação da licença no estabelecimento, em quadro próprio e em lugar visível ao público.

Art. 82. Os estabelecimentos de assistência odontológica, oficiais e particulares, terão livro próprio, com folhas numeradas e com termo de abertura e encerramento pela autoridade sanitária competente e por esta devidamente rubricado, para o registro diário do nome de cada paciente atendido e do profissional que o atendeu, com o número de sua inscrição no Conselho Regional de Odontologia.

§ 1º. Quando se tratar de prescrição encaminhada pelo INAMPS ou instituições congêneres, em lugar do endereço e do nome do paciente, poderá ser registrado o número de sua matrícula no INAMPS e a designação do posto de atendimento em que está inscrito.

§ 2º. Esse livro permanecerá, obrigatoriamente, no estabelecimento, será assinado diariamente pelo seu responsável técnico ou seu substituto legalmente habilitado, e exibido à autoridade sanitária competente, sempre que solicitado.

§ 3º. Nos estabelecimentos de que trata este artigo, o registro em livro próprio, com as indicações obrigatórias referidas, poderá ser feito em fichas ou equivalentes, que ficarão arquivados no local, à disposição da autoridade sanitária competente.

(*) § 3º acrescido pelo Decreto nº 21.929, de 1º.2.1984.

Art. 83. Esses estabelecimentos deverão possuir mobiliário adequado, aparelhos, equipamento, instrumentos, vasilhames, lavatório com água corrente e todos os meios necessários às suas finalidades, a critério da autoridade sanitária competente.

Art. 84. Esses estabelecimentos deverão ser mantidos em perfeitas condições de ordem e higiene.

Art. 85. A mudança de local dependerá de licença prévia do órgãos sanitário competente e do atendimento das condições exigidas para o licenciamento.

Art. 86. Os responsáveis por esses estabelecimentos quando não forem os proprietários, deverão apresentar contrato de trabalho no órgão sanitário competente, para anotação.

TÍTULO VI
LABORATÓRIOS E OFICINAS DE PRÓTESE ODONTOLÓGICA

Art. 87. Os laboratórios e oficinas de prótese odontológica, somente poderão funcionar depois de devidamente licenciados sob a responsabilidade assinado perante a autoridade sanitária competente.

Parágrafo único. Esses estabelecimentos só funcionarão com a presença obrigatória do profissional responsável, podendo manter responsável, podendo manter responsável substituto, legalmente habilitado, com termo de responsabilidade assinado perante a autoridade sanitária competente, para suprir os casos de impedimento ou ausência do titular.

Art. 88. A licença dos estabelecimentos a que se refere o artigo anterior será renovada anualmente até o dia 31 de março de cada ano.

Art. 89. obrigatória afixação da licença no estabelecimento, em quadro próprio e em lugar visível.

Art. 90. Esses estabelecimentos deverão possuir instalações adequadas, aparelhos, equipamento, instrumentos, vasilhames, e todos os meios necessários às suas finalidades.

Art. 91. O laboratório ou oficina de prótese que não for utilizado exclusivamente pelo cirurgião-dentista, não poderá ter comunicação com o consultório dentário.

Art. 92. Os laboratórios ou oficinas de prótese odontológica deverão ser mantidos em perfeitas condições de ordem e higiene.

Art. 93. Os laboratórios ou oficinas de que trata o artigo anterior, oficiais ou particulares, terão livro próprio, com folhas numeradas e com termo de abertura e encerramento pela autoridade sanitária competente e por esta e devidamente rubricado, destinado ao registro diário de todos os trabalhos realizados, indicando obrigatoriamente, para cada trabalho realizado, a data o nome do cirurgião dentista requisitante, e o endereço de seu consultório ou residência.

(*) Art. 93, *caput*, com redação dada pelo Decreto nº 14.477, de 18.12.1979.

§ 1º. Quando se tratar de trabalho requisitado pelo INAMPS ou instituições congêneres, em lugar do endereço e do nome do paciente, poderá ser registrado o número de sua matrícula e a designação do posto de atendimento em que está inscrito.

§ 2º. Esse livro permanecerá, obrigatoriamente, no laboratório ou oficina, será assinado diariamente pelo seu responsável técnico ou seu substituto legalmente habilitado, e exibido à autoridade sanitária competente, sempre que solicitado.

Art. 94. A mudança de local dependerá de licença prévia do órgão sanitário competente e do atendimento das condições exigidas para o licenciamento.

Art. 95. Os responsáveis pelos estabelecimentos, quando não forem sócios ou proprietários, deverão apresentar contrato de trabalho no órgão sanitário competente para anotação.

TÍTULO VII
INSTITUTOS OU CLÍNICAS DE FISIOTERAPIA

Art. 96. Os institutos ou clínicas de fisioterapia são aqueles estabelecimentos nos quais são utilizados agentes físicos com finalidade terapêutica, mediante prescrição médica.

§ 1º. Esses estabelecimentos somente poderão funcionar após devidamente licenciados, sob a direção e responsabilidade de profissional legalmente habilitado e com termo de responsabilidade assinado perante a autoridade sanitária competente, devendo todo o tratamento prescrito ser executado por pessoal técnico também legalmente habilitado.

§ 2º. Os estabelecimentos a que se refere este artigo só funcionarão com a presença obrigatória do profissional responsável, podendo manter profissional responsável substituto, legalmente habilitado, com termo de responsabilidade assinado perante a autoridade sanitária competente, para suprir os casos de ausência ou impedimento do titular.

§ 3º. Expressamente vedado o uso da expressão "Fisioterapia" na denominação de qualquer estabelecimento que não preencha as condições deste artigo.

§ 4º. Fica estabelecido o prazo de 90 (noventa) dias para os estabelecimentos do gênero se enquadrarem nas exigências deste artigo.

Art. 97. A licença dos estabelecimentos a que se refere o artigo anterior será renovada anualmente até o dia 31 de março de cada ano.

Art. 98. É obrigatória a afixação da licença no estabelecimento em quadro próprio e em lugar visível.

Art. 99. Os institutos ou clínicas de fisioterapia, oficiais e particulares, terão livro próprio, com folhas numeradas e com termo de abertura e encerramento pela autoridade sanitária competente e por esta devidamente rubricado, destinado ao registro diário de todos os tratamentos prescritos, e dele constarão obrigatoriamente, a data, o nome do paciente e seu endereço completo, o nome do médico que prescreveu o tratamento com o seu número de inscrição no Conselho Regional de Medicina e o seu endereço de consultório ou residência.

§ 1º. Quando se tratar de prescrição encaminhada pelo INAMPS ou instituições congêneres, em lugar do endereço e do nome do paciente, poderá ser registrado o número de sua matrícula no INAMPS e a designação do posto de atendimento em que está inscrito.

§ 2º. Esse livro permanecerá, obrigatoriamente, no estabelecimento, será assinado diariamente pelo seu responsável técnico ou seu substituto legalmente habilitado, e exibido à autoridade sanitária competente, sempre que solicitado.

Art. 100. Esses estabelecimentos deverão possuir instalações adequadas, aparelhos, utensílios, vasilhames e todos os meios necessários às suas finalidades, pia com água corrente, mesas próprias com tampos e pés de material liso, resistente e impermeável, que não dificultem a higiene e a limpeza, a juízo da autoridade sanitária competente.

Art. 101. Os institutos ou clínicas de fisioterapia deverão ser mantidos em perfeitas condições de ordem e higiene.

Art. 102. A mudança de local dependerá de licença prévia do órgão sanitário competente e do atendimento das condições exigidas para o licenciamento.

Art. 103. Os responsáveis pelos institutos ou clínicas de fisioterapia, quando deles não forem sócios ou proprietários, deverão apresentar contrato de trabalho no órgão sanitário competente, para anotação.

Art. 104. Em todas as placas indicativas, anúncios ou formas de propaganda dos institutos ou clínicas de fisioterapia previstos, deverá ser mencionada com destaque a expressão "Sob Responsabilidade Técnica", com o nome completo do profissional responsável e o seu número de inscrição no respectivo Conselho Regional.

TÍTULO VIII
INSTITUTOS E CLÍNICAS DE BELEZA SOB RESPONSABILIDADE MÉDICA

Art. 105. Os institutos e as clínicas de beleza, sob responsabilidade médica, são estabelecimentos que se destinam exclusivamente a tratamento com finalidade estética, envolvendo atividades que só podem ser exercidas por profissionais legalmente habilitados.

§ 1º. Esses estabelecimentos somente poderão funcionar após devidamente licenciados, sob a direção e responsabilidade técnica de médico legalmente habilitado e com termo de responsabilidade assinado perante a autoridade sanitária competente, devendo todo o tratamento prescrito ser executado por pessoal também legalmente habilitado.

§ 2º. Os estabelecimentos a que se refere este artigo só funcionarão com a presença obrigatória do médico responsável, podendo manter médico responsável substituto, legalmente habilitado, com termo de responsabilidade assinado perante a autoridade sanitária competente, para suprir os casos de ausência ou impedimento do titular.

Art. 106. A licença de que trata o artigo anterior, será renovada anualmente até o dia 31 de março de cada ano.

Art. 107. É obrigatória a afixação da licença no estabelecimento, em quadro próprio e em local visível ao público.

Art. 108. Esses estabelecimento terão livro próprio com folhas numeradas e com termo de abertura e encerramento pela autoridade sanitária competente e por esta devidamente rubricado, destinado ao registro diário das prescrições médicas, indicando, obrigatoriamente, a data, o nome do paciente e seu endereço completo, o nome do médico que prescreveu, com o seu número de inscrição no Conselho Regional de Medicina e seu endereço de consultório ou residência.

Parágrafo único. Esse livro permanecerá, obrigatoriamente, no estabelecimento será assinado diariamente pelo seu responsável médico ou seu substituto legalmente habilitado e exibido à autoridade sanitária competente, sempre que solicitado.

Art. 109. Esses estabelecimentos deverão possuir mobiliário adequado, aparelhos, vasilhames e todos os meios necessários às suas finalidades, pia com água corrente, mesas próprias, com tampos e pés de material liso, resistente e impermeável que não dificultem a higiene e a limpeza, a juízo da autoridade sanitária competente.

Art. 110. Os institutos, ou clínicas de beleza sob responsabilidade médica deverão ser mantidos em perfeitas condições de ordem e higiene.

Art. 111. A mudança de local dependerá de licença prévia do órgão sanitário competente e do atendimento das condições exigidas para o licenciamento.

Art. 112. O responsável médico pelo instituto ou clínica de beleza, quando não for o proprietário, deverá apresentar contrato de trabalho no órgão sanitário competente para anotação.

Art. 113. Em todas as placas indicativas, anúncios ou formas de propaganda dos estabelecimentos de beleza aqui previstos, deverá ser mencionada com destaque a expressão "SOB RESPONSABILIDADE MÉDICA", com o nome completo do médico responsável e o seu número de registro no Conselho Regional de Medicina.

TÍTULO IX
CASAS DE ARTIGOS CIRÚRGICOS, ORTOPÉDICOS, FISIOTERÁPICOS E ODONTOLÓGICOS

Art. 114. Os estabelecimentos que comerciam com artigos cirúrgicos, ortopédicos, fisioterápicos e odontológicos só poderão funcionar depois de devidamente licenciados sob a responsabilidade do proprietário ou sócio da firma, que assinará termo de responsabilidade perante a autoridade sanitária competente.

Art. 115. A licença dos estabelecimentos a que se refere o artigo anterior, será renovada anualmente até o dia 31 de março de cada ano.

Art. 116. É obrigatória a afixação da licença nos estabelecimentos, em quadro próprio e em local visível ao público.

Art. 117. Esses estabelecimentos deverão ser mantidos em perfeitos condições de ordem e higiene.

Art. 118. A mudança de local dependerá de licença prévia do órgão sanitário competente e do atendimento das condições exigidas para o licenciamento.

TÍTULO X
BANCOS DE OLHOS

Art. 119. Os bancos de olhos só poderão funcionar depois de devidamente licenciados, sob a responsabilidade de médico legalmente habilitado e com termo de responsabilidade assinado perante a autoridade sanitária competente.

Parágrafo único. Esses estabelecimentos só funcionarão com a presença obrigatória do médico responsável, podendo manter médico responsável substituto legalmente habilitado, e com termo de responsabilidade assinado perante a autoridade sanitária competente, para suprir os casos de ausência ou impedimento do titular.

Art. 120. Somente aos bancos de olhos, que serão obrigatória e exclusivamente instituições filantrópicas, compete:

I – promover a necessária divulgação e promoção para obter doadores de olhos;

II – efetuar a remoção dos olhos doados, seu exame, seleção, preparo e distribuição aos médicos solicitantes, especializados na matéria;

III – preservar os olhos doados;

IV – ceder os olhos doados para transplante ou pesquisa.

§ 1º. Nas localidades onde não houver Bancos de Olhos, as funções às quais se referem os itens I, II e III deste artigo, poderão ser desempenhadas por médico legalmente habilitado local, com autorização expressa, orientação e responsabilidade dos Bancos de Olhos mais próximos, para os quais serão remetidos os olhos removidos.

§ 2º. Os Bancos de Olhos poderão, sem caráter de exclusividade, promover a realização de pesquisas e atividades didáticas no setor.

Art. 121. É vedado aos Bancos de Olhos ou aos seus membros e colaboradores o recebimento ou pagamento de quaisquer importâncias ou vantagens, sob qualquer título, para efetuar a retirada e a entrega dos olhos doados.

Art. 122. É vedado aos Bancos de Olhos prestar diretamente assistência médica ou cirúrgica.

Art. 123. A autorização para o funcionamento dos Bancos de Olhos será solicitada à autoridade sanitária competente, pelo médico responsável, em requerimento obrigatoriamente acompanhado dos estatutos dos Bancos de Olhos, devidamente registrado em Cartório, com todos os requisitos previstos nos dispositivos legais vigente para Obras Sociais com finalidade filantrópica.

Art. 124. A autoridade sanitária competente autorizará o funcionamento de Banco de Olhos apenas em Faculdades de Medicina, Hospitais de Ensino e outras instituições ligadas ao ensino médico e, onde não houver tais estabelecimentos, junto a hospitais sem fins lucrativos.

(*) Art. 124 com redação dada pelo Decreto nº 24.165, de 25.10.1985.

Art. 125. Os Bancos de Olhos deverão estar providos e preparados 24 horas por dia, com os meios necessários – unidade móvel – para a extração dos órgãos doados e o seu transporte para o Banco, devendo para tanto dispor de:

I – unidade térmica adequada e portátil esterilizada, com todos os instrumentos necessários à enucleação do olho doado e a condigna recomposição da cavidade orbitária do doador;

II – meios de transporte para atendimento;

III – médico legalmente habilitado, qualificado para o trabalho.

Art. 126. O laboratório dos Bancos de Olhos deverão ter no mínimo, obrigatoriamente, os seguintes equipamentos:

I – lâmpada de fenda;

II – microscópio oftálmico especular com equipamento para documentação fotográfica;

III – vidraria e instrumento cirúrgicos específicos para enucleação e separação dos órgãos;

IV – antibióticos adequados;

V – aventais, máscaras e gorros cirúrgicos esterilizados;

VI – refrigerador comum;

VII – microscópio de laboratório;

VIII – vidraria e reagentes necessários para testes de compatibilidade tissular;

IX – câmara com fluxo laminar;

X – vidraria e reagente necessários para preservação tissular;

XI – microscópio cirúrgico;

XII – estufa;

XIII – equipamento para cultura.

Art. 127. Os bancos de olhos deverão manter quadro de pessoal técnico devidamente qualificado e legalmente habilitado, em número suficiente, para a perfeita execução de suas atividades.

Art. 128. A Unidade Administrativa dos bancos de olhos deverá possuir, obrigatoriamente:

I – telefone exclusivo para o banco de olhos, atendendo 24 horas por dia;

II – arquivo mantido rigorosamente em dia, com os documentos de doação dos doadores em vida;

III – livro próprio, com folhas numeradas, com termo de abertura e encerramento pela autoridade sanitária competente e por esta devidamente rubricado destinado ao registro dos pacientes interessados e seus diagnósticos, e dos respectivos médicos, com os endereços de ambos;

IV – livro próprio, com folhas numeradas, com termo de abertura e encerramento, pela autoridade sanitária competente, para o registro dos pacientes receptores dos olhos enucleados e dos respectivos médicos;

V – arquivo dos relatórios médico-técnicos referentes aos olhos enucleados de doadores.

Parágrafo único. Os arquivos e livros aos quais se refere este artigo deverão ser mantidos rigorosamente em dia, permanecerão obrigatoriamente nos bancos de olhos e serão exibidos à autoridade sanitária competente, sempre que solicitados.

Art. 129. O atendimento dos pacientes para obtenção de olhos nos Bancos de Olhos obedecerá rigorosamente a ordem cronológica de inscrição, no livro próprio, exceto para os casos de emergência, devidamente comprovada.

Art. 130. Os Bancos de Olhos enviarão anualmente, até o dia 31 de março de cada ano, às autoridades sanitárias competentes, a lista dos doadores cujos olhos foram enucleados no ano anterior, juntamente com os nomes dos receptores e dos seus médicos, bem como dos respectivos endereços.

Art. 131. Os Bancos de Olhos atenderão indiscriminadamente as solicitações de olhos, feitas por médicos legalmente habilitados e devidamente qualificados, obedecida a ordem cronológica a que se refere o art. 129.

Art. 132. Os Bancos de Olhos terão adequada infraestrutura quanto a serviços de água, esgoto, energia elétrica e sanitários, a critério da autoridade sanitária competente, e serão mantidos em perfeitas condições de ordem e higiene.

Art. 133. A mudança de local dependerá de licença prévia do órgão sanitário competente e do atendimento das condições exigidas para o licenciamento.

Art. 134. A licença de funcionamento dos Bancos de Olhos será renovada, anualmente, até o dia 31 de março de cada ano.

Art. 135. O responsável médico pelo Banco de Olhos deverá apresentar contrato de trabalho no órgão sanitário competente, para anotação.

TÍTULO XI
BANCO DE LEITE HUMANO

(*) Título XI, arts. 136 a 146, com redação dada pelo Decreto nº 40.134, de 7.6.1995.

Art. 136. Os Bancos de Leite Humano são estabelecimentos de tipo ambulatorial sem fins lucrativos, que se destinam à coleta, processamento e estocagem de colostro, de leite de transição e de leite maduro, para posterior distribuição, obedecendo rigorosamente a prioridade clínica, sob prescrição médica, tendo como principal objetivo o incentivo ao aleitamento natural e o prolongamento do período de amamentação.

§ 1º. Define-se como Posto de Coleta a unidade destinada exclusivamente à coleta de produtos lácticos humanos, vinculado a um banco de leite e dotado de condições para atender as exigências técnicas, higiênicas e sanitárias.

§ 2º. É vedada a comercialização do leite humano, seja a aquisição, seja na distribuição do produto.

(*) Art. 136 com redação dada pelo
Decreto nº 40.134, de 7.6.1995.

Art. 137. Os Bancos de Leite Humano e Postos de Coleta somente poderão funcionar após devidamente licenciados, sob a direção de médico, enfermeiro, nutricionista ou engenheiro de alimentos, legalmente habilitados e com termo de responsabilidade assinado perante a autoridade sanitária competente.

§ 1º. Os Bancos de Leite Humano e Postos de Coleta deverão funcionar com a presença obrigatória do profissional responsável, podendo manter profissional substituto, legalmente habilitado, com termo de responsabilidade assinado perante a autoridade sanitária competente, para suprir os casos de ausência ou impedimento do titular.

§ 2º. A licença de que trata este artigo será renovada anualmente até 31 de março de cada ano.

§ 3º. É obrigatória a afixação da licença no estabelecimento, em quadro próprio e em local visível ao público.

§ 4º. A mudança de local dependerá de licença prévia do órgão sanitário competente e do atendimento às condições exigidas para o licenciamento.

§ 5º. O pessoal do corpo técnico deverá estar legalmente habilitado para exercer as funções.

§ 6º. A responsabilidade técnica pela doadora e seu filho será obrigatoriamente do profissional médico.

(*) Art. 137 com redação dada pelo
Decreto nº 40.134, de 7.6.1995.

Art. 138. O Banco de Leite Humano, além de obedecer aos dispositivos referentes à habitação e estabelecimento em geral, deverá ter:

I – piso de material liso, resistente, impermeável com cantoneiras arredondadas e paredes de cor clara, com barra até 2 (dois) metros de altura no mínimo, laváveis, lisas, resistentes e impermeáveis de material adequado a critério da autoridade sanitária;

II – forro de cor clara;

III – compartimentos separados até o forro por paredes ou divisões ininterruptas, de cor clara, destinados à:

a) recepção e triagem;

b) coleta;

c) sala de processamento;

d) área total mínima de 20 m^2, quando ligado a hospital;

e) área mínima de 80 m^2, quando não ligado a hospital;

f) o posto de coleta, quando existente, deverá ter área mínima de 9 m^2, obedecendo ao disposto neste artigo.

(*) Art. 138 com redação dada pelo
Decreto nº 40.134, de 7.6.1995.

Art. 139. O Banco de Leite Humano e Posto de Coleta deverão estar providos dos seguintes ambientes, mobiliários e equipamentos:

I – Para admissão das doadoras:

a) mobiliário e equipamento de escritório;

b) fichário para cadastro de doadoras;

II – Para exame médico de funcionários, doadoras e seus filhos:

a) mobiliário adequado;

b) equipamento para seleção clínica por peso, altura, pressão arterial e temperatura;

III – Para coleta:

a) cadeiras, bombas para sucção;

b) instalação para higienização da doadora e do funcionário;

c) recipientes que possuam vedamento perfeito (fechamento hermético) de modo a impedir a troca do produto com o meio ambiente;

d) refrigerador exclusivo;

IV – para transporte, caixas isotérmicas, protegidas por material liso, resistente, impermeável, de fácil higiene e limpeza, aprovado pela autoridade sanitária;

V – Para o processamento:

a) mesa de laboratório com tampo de material impermeável e de fácil limpeza;

b) congelador;

c) banho-maria, com capacidade para contingentes do leite humano, com temperatura de até 100ºC e sensibilidade mínima de 0,5ºC;

d) vidraria;

e) pia;

f) bico de Bunsen.

Parágrafo único. O Posto de Coleta deverá obedecer às normas estabelecidas nos artigos anteriores.

(*) Art. 139 com redação dada pelo
Decreto nº 40.134, de 7.6.1995.

Art. 140. O Banco de Leite Humano deverá desenvolver as seguintes atividades:

I – Coleta, onde as nutrizes deverão ser submetidas, anteriormente a cada coleta, à higienização corporal, enfatizando-se as mãos e mamas;

II – Coleta externa, a qual deverá observar os seguintes critérios:

a) deverá ser realizada por funcionários do Banco de Leite ou capacitados pelo mesmo;

b) o produto colhido deverá ser mantido sob refrigeração a 5ºC, no máximo por 24 (vinte e quatro) horas;

c) o leite colhido, na residência da doadora, poderá ser pré-estocado sob congelamento por um período máximo de 7 (sete) dias, a partir da data da coleta;

III – Transporte, o qual deverá ser feito utilizando-se o material descrito no inciso IV do art. 139, sendo que:

a) o transporte do leite deverá ser realizado em sistemas que assegurem a manutenção da temperatura entre 2ºC a 10ºC;

b) no Banco de Leite Humano, quando da chegada dos produtos, deverá ser observada se a temperatura das caixas térmicas está entre 20ºC e 10ºC e se os frascos estão hermeticamente fechados;

IV – Processamento, efetuado após a seleção e triagem das doadoras, onde:

a) todo o produto coletado será submetido a testes bacteriológicos de controle de qualidade e outros a critério da autoridade competente;

b) o colostro, o leite de transição e o leite maduro, destinados à pasteurização, não deverão chegar ao Banco com uma temperatura superior a 10ºC;

c) a pasteurização deverá ser rigorosamente conduzida, obedecendo ao binômio temperatura e tempo -62,5ºC por 30 minutos, sendo que:

1. ao final desse tempo, será o produto submetido a um resfriamento rápido, até que sua temperatura atinja 5ºC;

2. após a pasteurização poderá proceder-se ao controle de contaminação bacteriana;

3. o produto deverá ser congelado, resfriado e/ou encaminhado para a Unidade de Liofilização, dependendo da estrutura operacional do banco de leite;

d) a liberação do produto pasteurizado para consumo só ocorrerá após os resultados laboratoriais bacteriológicos e triagem sorológica da doadora/nutriz.

(*) Art. 140 com redação dada pelo Decreto nº 40.134, de 7.6.1995.

Art. 141. O processo de seleção, triagem e controle de doadoras deverá obedecer aos seguintes critérios:

I – a doadora e seu filho serão submetidos, em caráter obrigatório, a exames periódicos de saúde e avaliação do estado nutricional;

II – as nutrizes admitidas serão submetidas aos seguintes exames laboratoriais, quando indicados, e sem prejuízo dos demais que o médico entender necessários:

a) exame bacteriológico de escarro;

b) protoparasitológico de fezes;

c) sorologia para Lues, Chagas, Hepatite, AIDS, HTLV I/II, ALT/TGP, Anti-HCV e Anti-HBC;

III – os exames clínico geral e de laboratório serão repetidos extraordinariamente sempre que necessários.

Parágrafo único. Os exames relacionados na letra "c" do inciso II são obrigatórios na realização de triagem das doadoras.

(*) Art. 141 com redação dada pelo Decreto nº 40.134, de 7.6.1995.

Art. 142. Os funcionários do Banco de Leite serão submetidos, a cada 6 (seis) meses, em caráter obrigatório, a exame clínico geral e aos exames laboratoriais a seguir enumerados:

I – protoparasitológico de fezes;

II – coprocultura com ênfase na detecção de portadores de *Salmonella sp* e *Escherichia coli* esteropatogênicas;

III – sorologia para Lues, Hepatite e AIDS, ou outros a critério do médico responsável.

(*) Art. 142 com redação dada pelo Decreto nº 40.134, de 7.6.1995.

Art. 143. O Banco de Leite Humano deverá ser mantido em perfeitas condições de ordem e higiene.

(*) Art. 143 com redação dada pelo Decreto nº 40.134, de 7.6.1995.

Art. 144. O Banco de Leite Humano deverá manter obrigatoriamente e à disposição da autoridade sanitária:

I – fichário permanente atualizado das nutrizes, devendo nele constar nome, idade, local de nascimento, endereço residencial e comercial, anamnese, resultados dos exames clínicos e laboratoriais realizados, além da data e hora da coleta, quantidade retirada e a assinatura do profissional responsável;

II – livro próprio com folhas numeradas, destinado ao registro diário das quantidades coletadas, nome e endereço das doadoras, bem como dos receptores, com as respectivas quantidades doadas e os resultados das análises de culturas, ou através de sistema informatizado.

§ 1º. Quando a doadora for considerada inapta, sua ficha deverá ser arquivada, ficando à disposição da autoridade sanitária, após registro do encaminhamento realizado.

§ 2º. Quando verificada alteração nos exames dos funcionários ou servidores, o fato será anotado em ficha ou prontuário, bem como o encaminhamento devido.

(*) Art. 144 com redação dada pelo Decreto nº 40.134, de 7.6.1995.

Art. 145. Os Bancos de Leite Humano deverão enviar obrigatoriamente ao órgão sanitário competente até o dia 10 (dez) de cada mês subsequente ao informado, os seguintes dados:

I – número de sorologias positivas para Lues, Chagas, Hepatite, AIDS;

II – identificação de cada frasco correspondente ao exame positivo da doadora;

III – quantidade de leite utilizado;

IV – quantidade de leite excedente;

V – quantidade de leite desprezado e motivo;

VI – data de comunicação do exame à doadora positiva e local para onde foi encaminhada;

VII – nome e endereço do laboratório que está realizando os exames.

(*) Art. 145 com redação dada pelo Decreto nº 40.134, de 7.6.1995.

Art. 146. Em todas as placas indicativas, anúncios ou formas de propaganda dos Bancos de Leite Humano deverá ser mencionado com destaque o nome completo do responsável, com seu título profissional e o número de registro no Conselho Profissional Regional respectivo.

(*) Art. 146 com redação dada pelo Decreto nº 40.134, de 7.6.1995.

TÍTULO XII
ESTABELECIMENTOS QUE INDUSTRIALIZEM OU COMERCIEM LENTES OFTÁLMICAS

Art. 147. Os estabelecimentos que industrializem e/ou comerciem lentes oftálmicas, somente poderão funcionar, depois de devidamente licenciados e sob a responsabilidade de um ótico, legalmente habilitado, especializado quando se tratar de lentes de contato, com termo de responsabilidade assinado perante a autoridade sanitária competente.

Parágrafo único. Esses estabelecimentos só funcionarão com a presença obrigatória do ótico responsável, podendo manter ótico responsável substituto, legalmente habilitado e com termo de responsabilidade assinado perante a autoridade sanitária competente, para suprir os casos de impedimento ou ausência do titular.

Art. 148. A licença a que se refere o artigo anterior será renovada anualmente até o dia 31 de março de cada ano.

Art. 149. É obrigatória a afixação da licença em quadro próprio e em local bem visível ao público.

Art. 150. Esses estabelecimentos deverão possuir mobiliário adequado, aparelhos, equipamentos, instrumentos, vasilhames, pia com água corrente e todos os meios necessários às suas finalidades, a critério da autoridade sanitária competente.

Art. 151. Esses estabelecimentos deverão ser mantidos em perfeitas condições de ordem e higiene.

Art. 152. Os estabelecimentos que comerciem com lentes oftálmicas terão livro próprio, com folhas numeradas e com termo de abertura e encerramento pela autoridade sanitária competente e por esta devidamente rubricadas, destinado ao registro diário das receitas aviadas, indicando obrigatoriamente, a data, o nome do paciente e seu endereço completo, o nome do médico receitante e o endereço de seu consultório ou residência.

Parágrafo único. Esse livro será assinado diariamente, pelo ótico responsável ou seu substituto legal, permanecerá no estabelecimento e será apresentado à autoridade sanitária competente sempre que solicitado.

Art. 153. A mudança de local dependerá de licença prévia do órgão sanitário competente e do atendimento das condições exigidas no licenciamento.

Art. 154. Os óticos responsáveis, quando não forem proprietários ou sócios dos estabelecimentos, deverão apresentar contrato de trabalho no órgão sanitário competente, para anotação.

DECRETO Nº 12.486, DE 20 DE OUTUBRO DE 1978

Aprova Normas Técnicas Especiais Relativas a Alimentos e Bebidas.

Paulo Egydio Martins, Governador do Estado de São Paulo, usando de suas atribuições legais,

Decreta:

Art. 1º. Ficam aprovadas as Normas Técnicas Especiais, anexas a este Decreto, que complementam o Decreto nº 12.342, de 27 de setembro de 1978, na parte relativa a Alimentos e Bebidas.

Art. 2º. Fica expressamente revogado o Decreto nº 52.504, de 28 de julho de 1970, que aprova as Normas Técnicas Especiais relativas a Alimentos e Bebidas.

Art. 3º. Este Decreto entrará em vigor no dia 1º de janeiro de 1979.

Palácio dos Bandeirantes, 20 de outubro de 1978.

Paulo Egydio Martins

DOE de 21.10.1978

NORMAS TÉCNICAS ESPECIAIS RELATIVAS A ALIMENTOS E BEBIDAS

As presentes Normas Técnicas Especiais (NTA) têm por objetivo normalizar e padronizar alimentos e bebidas. Foram obedecidas nas presentes Normas Técnicas Especiais as especificações ou normas próprias de Alimentos e Bebidas constantes da legislação federal vigente.

As condições de uso de aditivos intencionais e a tolerância máxima de aditivos intencionais e incidentais em alimentos e bebidas, obedecem ao disposto na legislação federal pertinente e nas Resoluções da Comissão Nacional de Normas e Padrões para Alimentos (CNNPA) ou da Câmara Técnica de Alimentos (CTA) do Ministério da Saúde.

NTA 1
NORMAS GERAIS DE HIGIENE PARA ASSEGURAR CONDIÇÕES DE PUREZA NECESSÁRIAS AOS ALIMENTOS DESTINADOS AO CONSUMO HUMANO

1. OBJETO

A presente Norma estabelece os princípios gerais de higiene a serem observados na obtenção, manipulação, armazenagem, transporte e distribuição de alimento, sem prejuízo de normas específicas de higiene a serem estabelecidas para cada espécie de alimento.

2. DEFINIÇÕES

As normas gerais de que trata esta NTA abrangem os alimentos em geral, incluindo a matéria-prima alimentar e o alinhamento *in natura* conforme definições do capítulo I, art. 2º, do Decreto-Lei nº 986, de 21 de outubro de 1969.

3. REQUISITOS PARA MATÉRIA-PRIMA E ALIMENTO *IN NATURA*

3.1. Higiene Ambiental nas Áreas de Cultivo e Produção de Matéria-Prima e de Alimento *In Natura*

Para assegurar higiene ambiental, nas áreas de cultivo e produção de matéria-prima e alimento *in natura*, dever-se-á:

3.1.1. Dar destino adequado aos dejetos humanos e animais, devendo-se aplicar medidas especiais para evitar a contaminação da matéria-prima alimentar ou alimento *in natura*, especialmente daqueles que possam ser consumidos crus, a fim de evitar riscos à saúde pública.

3.1.2. Utilizar, na irrigação ou rega, água que não ofereça risco à saúde através do alimento.

3.1.3. Combater as doenças e pragas, de animais e de vegetais empregando produtos químicos, biológicos ou físicos, aprovados pelo órgão oficial competente; a ação deverá ser levada a efeito sob direta supervisão de pessoal consciente dos perigos e riscos nela envolvidos, inclusive com os perigos relacionados a resíduos tóxicos.

3.2. Condições Sanitárias para Obtenção, Produção e Armazenagem de Matéria-Prima e Alimento *In Natura*

Para atender a condições sanitárias satisfatórias na obtenção, produção e armazenagem da matéria-prima alimentar e alimento *in natura*, serão observadas as seguintes diretrizes:

3.2.1. O equipamento e utensílios destinados a entrar em contato com a matéria-prima alimentar oualimento *in natura* não deverão oferecer risco a saúde, sobretudo os destinados a uso repetido; estes deverão ser de material e formato apropriados, a fim de apresentarem facilidade de limpeza e possam ser limpos e assim mantidos para não constituírem fonte de contaminação para o produto alimentar.

3.2.2. Os produtos imprestáveis deverão ser separados da maneira mais eficiente durante as fases de colheita e produção, dando-se aos mesmos destinação tal que não constituam fonte de contaminação para o alimento, para a água de abastecimento ou para outras colheitas.

3.2.3. Deverão ser tomadas medidas para proteger a matéria-prima de contaminação por animais, insetos, aves e por elementos químicos ou microbiológicos ou por outras substâncias indesejáveis, durante a manipulação e a armazenagem. A natureza do produto e os métodos de colheita indicarão o tipo e o grau de proteção requeridos.

3.3. Transportes

3.3.1. Os meios de transportes da safra colhida ou da matéria-prima da área de produção, local da colheita ou armazenagem, deverão ser adequados aos fins a que se destinam e deverão ser de material e construção tais que permitam completa limpeza e possam ser mantidos limpos de modo que não constituam fonte de contaminação para o produto.

3.3.2. As práticas de manipulação adotadas deverão impedir a contaminação da matéria-prima e doalimento *in natura*. Especial cuidado deverá ser tomado no transporte de produtos mais facilmente perecíveis para evitar sua alteração. Neste caso deverão ser observado os preceitos pertinentes ao emprego da refrigeração e do gelo.

3.3.3. Equipamento especial, tal como o de refrigeração, deverá ser utilizado se a natureza do produto ou as distâncias a serem percorridas o indicarem. Neste caso, deverão ser observados os preceitos pertinentes ao emprego de refrigeração e do gelo. O gelo utilizado em contato com o produto alimentar, deverá ser fabricado com água potável.

4. REQUISITOS PARA A CONSTRUÇÃO DOS ESTABELECIMENTOS COM PRÁTICAS OPERACIONAIS

4.1. Projeto de Construção e Planta

4.1.1. Localização, área e orientação sanitária. A construção de edifícios, destinados a operar comalimento, será precedida de aprovação do projeto de construção e das instalações pela autoridade sanitária competente, observadas as seguintes diretrizes, além das previstas nas leis vigentes:

a) As edificações e áreas circundantes deverão ser projetadas de modo que possam ser mantidas livres de odores estranhos, pó, fumaça e de outros poluentes; deverão ser de dimensões suficientes para atender objetivo visado, sem excesso de equipamento ou de pessoal; de sólida construção e serem mantidas em boas condições de conservação; deverão ser construídas de tal modo que evitem a penetração e permanência de insetos, pássaros ou outros animais daninhos e deverão permitir fácil e adequada limpeza.

b) Deverá ser previsto o tratamento dos poluentes atmosféricos e do solo, inclusive quando o projeto for para fim de ampliação.

4.1.2. Condições de controle sanitário:

a) Os locais de recebimento ou de armazenagem de matéria-prima e alimento *in natura* serão separados dos destinados à preparação ou ao acondicionamento do produto acabado.

b) Os recintos e compartimentos destinados à armazenagem, fabricação ou manipulação de produtos comestíveis deverão ser separados e distintos daqueles reservados a material não comestível.

O local de manipulação de alimentos não poderá ter comunicação direta com moradia.

c) Deverão dispor de abundante suprimento de água fria e adequado suprimento de água quente onde for necessária. A água deverá ser potável e de padrão não inferior ao fixado pelo Decreto nº 79.367, de 9.3.1977.

d) O sistema de canalização de alimentação de rejeitos (inclusive o sistema e esgoto) deverá ser adequadamente dimensionado a fim de suportar a carga máxima, pré-estimada, com encanamentos que não apresentem vazamentos, e providos de sifões e respiradouros apropriados, de modo que não haja possibilidade de contaminação e poluição de água potável.

e) As aéreas de produção deverão ser bem iluminadas; as lâmpadas, quando suspensas sobre locais onde se encontre alimento em qualquer fase de preparação, deverão ser devidamente protegidas para evitar a contaminação dos alimentos no caso de se quebrarem.

f) As áreas de produção deverão ser bom ventiladas, especialmente as dos locais com equipamentos que produzam excessivo calor, vapor ou aerossóis contaminantes, a fim de evitar a condensação de vapor d'água e a proliferação de mofo nas partes altas e que poderão cair sobre o alimento.

g) Deverão dispor de dependências com latrinas e mictórios em número suficiente, com portas providas de molas para serem mantidas fechadas e sempre limpas bem iluminadas e ventiladas. Não deverão ter comunicação direta com o local em que se manipulem alimentos, devendo existir entre ambos os locais, antecâmaras com abertura para o exterior e, contíguos, lavatórios com advertência escrita para o usuário lavar as mão após o uso da latrina ou do mictório.

h) Obrigatória a existência de lavatórios próximos aos locais de trabalho para que os empregados possam lavar as mãos, com sabão ou detergentes, e secá-las sempre que a natureza do trabalho o exija. Os métodos para secar as mão deverão ser aceitos pelo órgão sanitário competente.

i) O gelo destinado a entrar em contato com o alimento deverá ser fabricado com água potável e deverá ser manipulado, armazenado e usado de tal maneira que seja protegido contra contaminação.

j) Deverá dispor de suprimento auxiliar de água não potável para operações que não envolvam contato direto com o alimento, equipamento ou utensílio. Neste caso a água deverá ser conduzida por encanamento separado, identificado, preferentemente, através de cor preestabelecida, não devendo ter interconexão ou retro sifonação com os encanamentos de água potável.

4.2. Equipamentos de Utensílios

4.2.1. O Material destinado a entrar em contato com o alimento deverá apresentar superfícies apro-priadas, isentas de cavidades, fendas e farpas, não tóxico não afetado pelos produtos alimentares; capaz de resistir ao repetido processo normal de limpeza; e não absorvente; exceto em casos especiais nos quais haja necessidade do emprego de madeira ou de outro material, de acordo com a exigência do processo de fabricação.

4.2.2. Os equipamentos fixos ou móveis e os utensílios serão construídos e instalados de modo a prevenir risco à saúde e permitir a fácil e completa limpeza.

4.2.3. Os equipamentos e utensílios destinados ao uso de produtos não comestíveis ou contaminantes, deverão ser facilmente identificados não podendo ser usados em operações com produtos comestíveis.

4.3. Requisitos de higiene nas operações

4.3.1. Sem prejuízo de requisitos adicionais e específicos de higiene que possam ser estabelecidos para determinados produtos, as operações de produção, manipulação, armazenagem e distribuição de alimentos deverão atender aos seguintes requisitos mínimos de higiene:

a) Manter o edifício, suas dependências e instalações, equipamentos e utensílios em bom estado de conservação boas condições de higiene.

b) Remover, frequentemente, o lixo dos locais de trabalho e dispor de recipientes apropriados para o mesmo.

c) Os detergentes e desinfetantes empregados deverão ser apropriados ao fim a que se destinam e só poderão ser usados de modo que não acarretem perigo à saúde pública.

d) Deverão ser tomadas medidas eficientes para evitar a penetração no prédio e o abrigo na suas dependências de insetos, roedores, pássaros ou outros animais daninhos.

e) Deverá ser evitada a presença de cães, gatos e outros animais domésticos nos locais onde o alimento seja manipulado ou armazenado.

f) Deverão ser armazenados, separadamente, em local ou armário fechado, os raticidas, fumigantes, inseticidas ou outros tóxicos, que só deverão ser manejados por pessoas especialmente treinadas para esse fim. Tais produtos só deverão ser aplicados por ou sob a direta supervisão de pessoas que estejam suficientemente esclarecidas a respeito dos perigos que o uso dos mesmos representa, inclusive o do risco de contaminar o alimento.

g) Deverá tomar precaução para evitar a contaminação do produto alimentar ou dos ingredientes por qualquer substância estranha.

h) Somente poderá trabalhar na área de manipulação de alimento, pessoal considerado sadio, através do exame de saúde.

i) Os empregados dos estabelecimentos deverão ser alertados para obrigatoriedade de comunicar à gerência o aparecimento de qualquer ferimento, ferida, chaga, úlcera ou lesão da pele de outra natureza, bem como outros tipos de doenças, principalmente as do aparelho respiratório e ao do aparelho digestivo acompanhadas de diarreia.

j) A gerência do estabelecimento deverá impedir o acesso ao local de produção e encaminhar ao serviço médico qualquer empregado suspeito de ser portador de enfermidade que possa ser transmitida por alimento.

l) Todo pessoal que trabalha diretamente com alimento deverá manter, obrigatoriamente, rigoroso asseio; o vestuário, inclusive o gorro, deverá ser apropriado ao tipo de trabalho que executa e mantido sempre limpo.

m) As mãos deverão ser lavadas tantas vezes quanto necessário, de acordo com as exigências do trabalho em execução.

n) Deverá ser proibido comer, cuspir, mascar goma ou fumo, fumar nos locais em se manipulam alimentos.

o) As luvas para o manuseio de alimento quando houver indicação, deverão ser de material adequado, em boas condições sanitárias e de uso.

4.4. Processos operacionais e requisitos de produção

4.4.1 Manuseio da matéria-prima:

a) A matéria-prima armazenada deverá ser mantida sob condições tais que a protejam contra contaminação e poluição.

b) A matéria-prima alimentar não poderá ser utilizada se apresentar contaminantes ou matérias estranhas que possam ser removidas em nível aceitável pelos processos normais.

c) A água utilizada para o transporte das matérias-primas, inclusive a água do mar empregada no transporte do pescado e outros produtos marinhos, não deverá apresentar qualquer risco para a saúde e deverá atender aos requisitos sanitários mínimos fixados pelo órgão governamental competente.

4.4.2. Inspeção de qualificação:

Antes do processamento ou em fase conveniente do mesmo, a matéria-prima deverá ser obrigatoriamente examinada, classificada ou selecionada, para serem removidas as impróprias.

4.4.3. Lavagem da matéria-prima:

A matéria-prima deverá ser lavada, quando necessário, para remover sujidade. A água usada não poderá ser reciclada a não ser que seja submetida a tratamento adequado para não oferecer risco à saúde pública.

4.4.4. Preparação e processamento:

As operações de preparo que levam à obtenção do produto e as operações de embalagem devem ser programadas de tal forma que haja um fluxo ordenado de produção, de maneira a evitar contaminação, deterioração, decomposição ou desenvolvimento de microrganismo patogênicos.

4.4.5. Embalagem do produto final:

a) Material – Os materiais de embalagem devem ser armazenados e utilizados em condições higiênicas satisfatórias, não podendo, em nenhum caso, interferir com as características próprias do alimento ou torná-lo inadequado para a alimentação humana.

b) Acondicionamento – acondicionamento deve ser efetuado de forma a impedir a contaminação do produto.

4.4.6. Preservação do produto final:

Os métodos de preservação e controle necessários deverão ser rigores de modo a proteger o produto final contra a contaminação e outros riscos à saúde pública bem como contra a deterioração.

4.4.7. Armazenagem e transporte do produto final:

O produto acabado deverá ser armazenado e transportado sob condições tais que evitem contaminação ou desenvolvimento de microrganismos patogênicos ou outras alterações indesejáveis e protejam de deterioração o produto alimentar ou o seu invólucro.

4.5. Programa de controle Sanitário

É desejável que cada organização, em seu próprio interesse, destaque um empregado para supervisionar a higiene do estabelecimento e que tenha, sob suas ordens, auxiliares bem treinados no manejo de equipamentos de limpeza e dos métodos de desmontagem dos mesmos, e que estejam conscientes do significado da contaminação e dos riscos que ela representa. As áreas críticas, o equipamento e materiais deverão merecer atenção especial com parte do programa de higienização permanente.

4.6. Controle de Laboratório

Em complementação ao controle exercido pelo órgão oficial, recomenda-se que cada empresa, em seu próprio interesse tenha seu controle laboratorial sobre a qualidade de seus produtos. O grau e o tipo de cada controle variará com o produto e a necessidade de manipulação. Tal controle rejeitará todos os alimentos impróprios para o consumo humano. As técnicas de análise empregadas deverão obedecer as normas oficialmente reconhecidas e métodos padronizados para o resultado possam ser uniforme e corretamente interpretados.

5. ESPECIFICAÇÕES DO PRODUTO ACABADO

Deverão atender às especificações baixadas ou que vierem a ser baixadas pela Comissão Nacional de Normas e Padrões para Alimentos inclusive no que tange à amostragem e métodos de análise.

NTA 2
ROTULAGEM

1. DEFINIÇÕES

Para efeito da presente Resolução, consideram-se:

1.1. *Rotulagem* – processo de identificar o alimento através do rótulo.

1.2. *Rótulo* – qualquer identificação impressa ou litografada, bem como dizeres pintados ou gravados a fogo, por pressão ou decalque, aplicados sobre o recipiente, vasilhame, envoltório, cartucho ou qualquer outro tipo de embalagem do alimento ou sobre o que acompanha o continente.

1.3. *Embalagem* – qualquer forma pela qual o alimento tenha sido acondicionado, empacotado ou envasado.

1.4. *Continente* – todo o material que envolve o alimento, total ou parcialmente, para venda ao consumidor como unidade isolada.

1.5. *Alimento pré-embalado* – o alimento previamente acondicionado em um continente, pronto para a exposição à venda.

1.6. *Ingrediente* – toda a matéria-prima alimentar ou substância comestível utilizada na fabricação ou preparo de um alimento e presente no produto final.

1.7. *Componente* – toda substância que faz parte de um ingrediente.

1.8. *Nome* – o termo (ou termos) utilizado para indicar genericamente o alimento, como tal conceituado no respectivo padrão de identidade e qualidade.

1.9. *Designação* – o termo (ou termos) empregados para indicar especificamente o alimento, como tal conceituado no respectivo padrão de identidade e qualidade.

1.10. *Natureza* – o termo (ou termos) que identifica, científica ou vulgarmente, a origem do alimento.

1.11. *Classificação* – o critério científico ou comercialmente adotado para estabelecer a classe do alimento como tal indicado no respectivo padrão de identidade e qualidade.

1.12. *Tipo* – o termo (ou termos) indicativo da forma de apresentação do alimento, em função de suas características peculiares.

1.13. *Marca* – elemento que identifica um ou vários produtos do mesmo fabricante e que os distingue de produtos de outros fabricantes, segundo a legislação de propriedade industrial.

1.14. *Painel* – a superfície de rótulo onde são disposto os dizeres exigidos e outros dizeres, figuras ou desenhos informativos, e compreende:

a) *Painel principal* – a parte do rótulo que se apresenta visível, ao comprador, em condições habituais de exposição à venda, observadas as peculiaridades de cada embalagem ou continente.

b) *Painel frontal* – a parte do painel principal imediatamente colocada ou mais facilmente visível ao comprador, em condições habituais de exposição à venda e onde deverão figurar as informações referidas nos itens 4.1 – "a", "b" e "c". Consideram-se, ainda, parte do painel frontal as tampas metálicas que vedam as garrafas e os filmes plásticos ou laminados utilizados na vedação de vasilhames em forma de garrafa ou de copo.

c) *Painel lateral* – a parte do painel principal, contígua ao painel frontal, onde deverão estar dispostas as informações na natureza obrigatória.

d) *Painel secundário* – a parte do rótulo, não habitualmente visível ao comprador, nas condições comuns de exposição à venda, onde deverão estar expressas as informações facultativas ou obrigatórias, a critério da autoridade competente, bem como as etiquetas ou outras informações escritas que acompanhem o continente.

2. DESENHOS E DETALHES DO RÓTULO

a) o desenho do rótulo deverá ser simples e bem definido, desprovido de detalhes desnecessários que prejudiquem a clareza das informações, ou induzam a interpretações incorretas da real origem ou natureza do produto;

b) o fundo do rótulo não deverá interferir na legibilidade dos dizeres nele contidos;

c) os dizeres impressos e os detalhes desenhados não deverão estar dispostos na forma a prejudicar a visibilidade ou dificultar a leitura.

2.1. Cores

a) É facultado o emprego de cores nos rótulos, respeitadas as disposições legais vigentes.

b) Os termos empregados para indicar a designação do alimento deverão apresentar a mesma cor e dimensões, diretamente relacionados com sua natureza e composição, sob fundo de cor uniforme e contrastante.

2.2. Tipos de letras

a) As dimensões dos tipos de letra empregadas deverão ser tais que assegurem a clareza e a legibilidade das informações obrigatórias, não sendo permitido o emprego de tipos de letra de tamanho inferior a 1 mm (um milímetro).

b) Deverão ser obedecidas as seguintes proporções entre altura do tipo de letra utilizada para a designação do alimento e dos ingredientes, e a área do painel frontal:

Área do painel frontal (cm)	Altura mínima do tipo de letra usada para a identificação do alimento (mm)	Altura mínima do tipo de letra usada para a identificação dos ingredientes (mm)
Até 40	1.5	1.0
De 40 a 170	3.0	1.5
De 170 a 650	4.5	3.0
De 650 a 2.600	6.0	4.0
De 2.600 a mais	12.5	8.0

b') A proporção entre altura e a largura dos tipos de letras não poderá exceder de 3 por 1.

b") As declarações relativas ao emprego de aditivos deverão figurar em dimensões não inferiores a1 mm (um milímetro).

3. ORIENTAÇÃO PARA O EMPREGO DOS TERMOS OBRIGATÓRIOS NA ROTULAGEM DOS ALIMENTOS PRÉ-EMBALADOS

3.1. As designações relativas à qualidade do alimento deverão ser facilmente compreensíveis e não deverão induzir o comprador a erro ou confusão, sendo vedado o emprego de indicações que, direta ou indiretamente, se relacionem a efeitos fisiológicos ou terapêuticos, sem o prévio pronunciamento do Órgão Federal de Saúde competente.

3.2. Os alimentos rotulados no País, cujos rótulos contenham indicações relacionadas à qualidade, tipo e natureza, expressas em idioma estrangeiro, deverão trazer a tradução correspondente, no mesmo painel, salvo em se tratando de denominação universalmente consagrada.

3.3. As declarações obrigatórias expressas nos rótulos dos alimentos não deverão ficar incobertas por qualquer dispositivo escrito, impresso ou gravado. Caso o continente seja coberto por envoltório, este deverá trazer aquelas informações obrigatórias ou o rótulo do continente deverá ser facilmente legível através do invólucro.

3.4. Os ingredientes deverão constar de relação completa, em ordem decrescente da respectiva proporção, no painel frontal do rótulo, exceto quando esta declaração tiver sido isentada no respectivo padrão de identidade e qualidade.

3.4.1. Quando se tratar de alimento a ser consumido após reconstituição, mediante adição de líquido, os ingredientes deverão ser identificados na ordem decrescente da proporção no alimento reconstituído, devendo a relação ser encabeçada pela indicação; "ingredientes após reconstituição".

3.4.2. Na relação dos ingredientes deverá ser empregada a designação, isto é, a indicação específica, exceto quando os mesmos pertencerem às categorias abaixo relacionadas.

a) gorduras animais;

b) óleos animais;

c) gorduras vegetais;

d) óleos vegetais;

e) condimentos;

f) especiarias.

3.4.3. A água adicionada será declarada na relação de ingredientes sempre que essa indicação resultar em melhor compreensão para o consumidor sobre a composição do alimento, exceto quando a água dele fizer parte, tal como salmoura, xarope, calda, molho e outros.

4. DISPOSIÇÃO DAS INFORMAÇÕES NOS PAINÉIS DOS RÓTULOS

4.1. No painel frontal:

a) nome, marca e conteúdo líquido dos alimentos, respeitadas as disposições legais vigentes;

b) designação do alimento indicando sua natureza, classe ou tipo, em letra de tamanho não inferior a um quinto (1/5) do da letra de maior tamanho utilizada para indicar a marca;

c) outras declarações exigidas pela legislação vigente, respeitadas as disposições específicas fixadas para "alimentos irradiados", "alimentos dietéticos" e "alimentos enriquecidos".

4.2. No painel frontal e nos painéis laterais:

a) nome e endereço do fabricante, acondicionador, re-embalador, distribuidor, importador, exportador ou, opcionalmente, do vendedor do alimento, conforme o caso;

b) a relação dos ingredientes e aditivos intencionais;

c) o nome do País de origem, a juízo da autoridade federal competente;

d) outras indicações exigidas no respectivo padrão de identidade e qualidade e nos dispositivos legais vigentes.

4.3. Nos painéis secundários – outras indicações exigidas, bem como indicações opcionais dispostas estas últimas em tipo de letras de tamanho inferior aos das empregadas no painel principal.

5. DISTRIBUIÇÃO DAS INFORMAÇÕES NO RÓTULO EM FUNÇÃO DO FORMATO DO CONTINENTE

5.1. Continente de formato cilíndrico ou cônico – as informações deverão ser harmoniosamente distribuídas no painel principal ou pela área total do recipiente, excluída a face inferior que constitui o painel secundário.

5.2. Continente de formato retangular vertical – as informações relativas à designação, natureza, classificação, tipo e marca do alimento deverão ser dispostas na face de maior área, podendo as demais informações obrigatórias figurarem nas faces laterais e na face superior. A face inferior constitui o painel secundário.

5.3. Continente de formato retangular baixo – as informações relacionadas à designação, natureza, classificação, tipo e marca do alimento deverão ser dispostas na face superior, podendo as demais informações obrigatórias figurarem na face superior e/ou nas faces laterais. A face inferior constitui o painel secundário.

5.4. Continente de formato esférico ou ovóide – as informações relacionadas com a designação, natureza, classificação, tipo e marca do alimento deverão ser dispostas na área correspondente à metade superior do envase, podendo as demais informações obrigatórias figurarem na metade inferior, convencionado que o envase tenha sido cortado ao meio por uma linha horizontal imaginária.

5.5. Garrafas ou vasilhames em forma de garrafa ou de copo – as informações relativas à marca do alimento serão estampadas no corpo do vasilhame imediatamente voltado para o comprador, podendo as informações relativas à designação, natureza, tipo e outras indicações obrigatórias figurarem na rolha ou tampa do continente.

6. REQUISITOS ADICIONAIS OU OUTROS, PARA O RÓTULO DE ALIMENTOS ESPECÍFICOS

6.1. Esta Resolução não exclui a adoção de requisitos suplementares relacionados ao desenho do rótulo, tipos de letras e declarações opcionais, previstos nos respectivos padrões de identidade e qualidade ou em normas específicas que poderão vir a ser aprovadas.

7. ROTULAGEM OPCIONAL

O emprego, na rotulagem, de dizeres, símbolos, selos ou outras informações relativas à certificação de qualidade do alimento, somente será permitido quando expedida por órgão federal competente.

8. Será concedido o prazo de 1 (um) ano, prorrogável em casos devidamente justificados, para que sejam procedidas as modificações impostas pela presente Resolução, nos rótulos dos alimentos pré-embalados, registrados anteriormente à sua vigência.

NTA 3
CARNES

1. DEFINIÇÃO

Denomina-se "carne de açougue" a parte muscular comestível dos mamíferos e aves, com os respectivos ossos, manipulada em condições higiênicas e provenientes de animais em boas condições de saúde, abatidos sob inspeção veterinária.

[2. Não consta]

(*) Item 2 ausente na publicação oficial.

3. CLASSIFICAÇÃO

1. Por espécie:

a) carne de bovino – compreende a de novilho, a de touro, a de vaca, podendo todas serem expostas à venda com denominação genérica de carne de vaca e de vitelo quando se referir a bovino novo;

b) carne de suíno – compreendendo a de porco (suíno adulto) e a de leitão (suíno novo);

c) carne de ovino – compreendendo a de carneiro (ovino adulto) e a de cordeiro (ovino novo);

d) carne de caprino – compreendendo especialmente a de cabrito;

e) carne de galináceos – compreendendo a de galinha, de frango, de peru, de pato, de ganso e de marreco.

2. Por categoria:

Carne de bovino:

1ª Categoria – alcatra, coxão mole, coxão duro, patinho, lagarto, filé de lombo, filé de costela, fraldinha;

2ª Categoria – braço;

3ª Categoria – acém, pescoço, músculos, capa de filé, ponta de agulha, peito;

Carne de suíno:

1ª Categoria – lombo, costela;

2ª Categoria – pernil;

3ª Categoria – braço;

4ª Categoria – entrecosto, pescoço.

Carne de bovino e caprino:

1ª Categoria – costeleta, perna;

2ª Categoria – braço;

3ª Categoria – peito, pescoço.

4. CARACTERÍSTICAS GERAIS

As carnes expostas à venda devem apresentar-se livres de parasitos e de qualquer substância contaminante que possa alterá-las ou encobrir alguma alteração. A carne de bovino, quando moída, deve conter no máximo 10% de gordura, ser isenta de cartilagens, de ossos e conter no máximo 3% de aponevroses.

5. CARACTERÍSTICAS ORGANOLÉTICAS

Aspecto – próprio de cada espécie, não amolecida e nem pegajosas.

Cor – própria de cada espécie, sem manchas esverdeadas.

Cheiro – próprio.

Sabor – próprio.

6. CARACTERÍSTICAS FÍSICAS E QUÍMICAS

As carnes em geral deverão apresentar pH ácido e reação de H^2S negativa.

7. CARACTERÍSTICAS MICROBIOLÓGICAS

As carnes cruas, preparadas ou não, e os miúdos deverão obedecer ao seguinte padrão:

Contagem padrão em placas: máximo, 3×10^6/g.

Bactérias do grupo coliforme de origem fecal: máximo, 3×10^2/g.

Clostrídios sulfito redutores (a 44ºC): máximo, 2 x 10 g.

Salmonelas: ausência em 25 g.

Deverão ser efetuadas determinações de outro microorganismos e/ou de substâncias tóxicas de origem microbiana, sempre que se torna necessária a obtenção de dados sobre o estado higiênico-sanitário dessa classe de alimentos, ou quando ocorrem toxinfecções alimentares.

8. CARACTERÍSTICAS MICROSCÓPICAS

Ausência de sujidades, parasitos e larvas.

NTA 4
CONSERVAS DE ORIGEM ANIMAL

1. DEFINIÇÃO

Conserva de origem animal o produto preparado com carnes ou outros tecidos animais comestíveis, crus ou cozidos, depois de submetidos a processos tecnológicos adequados.

2. DESIGNAÇÃO

Cada espécie de conserva de origem animal terá sua designação própria.

3. CLASSIFICAÇÃO

As conservas de origem animal segundo o processo ou técnica de fabricação empregada, condimentação, forma, tamanho e sistema de acondicionamento ou envolvimento, serão classificadas em:

a) conservas de carnes propriamente ditas – são os produtos preparados com carnes ou outros tecidos animais comestíveis, crus ou cozidos, curados ou não, salgados ou não, defumados e dessecados ou não, condimentados. Incluem-se nesta classe: charque, carne de sol, pertences para feijoada e toucinho ou bacon;

b) carnes preparadas embutidas – são os produtos preparados com carnes ou outros tecidos animais comestíveis, crus ou cozidos, curados ou não, defumados e dessecados ou não, condimentados, tendo como envoltório natural, tripas, bexigas ou outras membranas, animais ou envoltório plástico apropriado;

c) carnes preparadas envasadas – são os produtos preparados com carnes ou outros tecidos animais comestíveis, cozidos, curados ou não, defumados ou não, condimentados e conservados em recipiente hermeticamente fechados e esterilizados.

4. CARACTERÍSTICAS GERAIS

As conservas de origem animal deverão ser preparadas a partir de animais sadios, abatidos sob prévia inspeção sanitária. Poderão ser de carne de bovino, suíno, ovino, caprino, galináceo, outros e de miúdos (coração, fígado, língua etc.). As carnes destinadas ao fabrico ou preparo das conservas animais, deverão ser processadas por meios mecânicos, restringidas ao mínimo as manipulações. As conservas de origem animal poderão conter sal, condimentos, óleos e gorduras comestíveis, vinagre, álcool, aguardente, amido, açúcares e leite. Não deverão conter aponervrose, cartilagens, intestinos, tendões e outros tecidos inferiores, a não ser em casos especiais. Serão consideradas impróprias para o consumo, as conservas cujas carnes se apresentarem amolecidas, pegajosas, com desenvolvimento de gás, pardo-esverdiadas, com cheiro e sabor impróprios, alcalinas ou com outros indícios que denunciem má conservação. As partes gordurosas não deverão se apresentar rançosas. As conservas poderão ser defumadas e as madeiras empregadas na defumação, não deverão ser resinosas, mas sim secas e duras. Nas conservas de origem animal, não será tolerada a dição de qualquer corante orgânico artificial, mesmo para colorir externamente. Não será permitido na fabricação de conservas de carnes em geral o emprego de carnes e gorduras provenientes de animais caninos e felinos. Não deverão ser empregadas salmouras turvas, alcalinas, com cheiro amoniacal e fermentadas. Será permitida a recuperação de salmouras por fervura filtração para subsequente reaproveitamento.

5. CARACTERÍSTICAS ORGANOLÉTICAS

Aspecto – próprio.

Cor – própria.

Cheiro – próprio.

Sabor – próprio.

6. CARACTERÍSTICAS FÍSICAS E QUÍMICAS

As conservas de origem animal, deverão apresentar reação de amônia negativa. O pH deverá ser ácido e a prova de rancidez nas gorduras, deverá ser negativa. Poderão conter amido ou fécula no limite máximo de 5% p/p, exceto o patê, que poderá ter no máximo 10% p/p e a salsicha que poderá ter no máximo 2% p/p. O sal empregado na indústria de carnes deverá ter no mínimo 96,5% de cloreto de sódio (calculado na base seca).

7. CARACTERÍSTICAS MICROBIOLÓGICAS

a) As conservas cruas deverão obedecer ao seguinte padrão:

Contagem padrão em placas: máximo, 10^6/g.

Bactérias do grupo coliforme de origem fecal: máximo, 10^2/g.

Clostrídios sulfito redutores (a 44ºC): máximo, 2 x 10/g.

Staphylococcus aureus: ausência em 0,01g.

Salmonelas: ausência em 25 g.

Bolores e leveduras: máximo, 10^3/g.

b) as demais conservas, exceto as carnes preparadas embutidas, as carnes preparadas envasadas, os afiambrados e os presuntos, deverão obedecer ao seguinte padrão:

Contagem padrão em placas: máximo, 5 x 10^5/g.

Bactérias do grupo coliforme de origem fecal: máximo, 5 x 10/g.

Clostrídios sulfito redutores (a 44ºC): máximo, 2 x 10/g.

Staphylococcus aureus: ausência em 0,01 g.

Salmonelas: ausência em 25 g.

Bolores e leveduras: máximo, 5 x 10^2/g.

Deverão ser efetuadas determinações de outros microrganismos e/ou de substâncias tóxicas de origem microbiana, sempre que se tornar necessária a obtenção de dados sobre o estado higiênico-sanitário dessas classes de alimentos, ou quando ocorrerem toxinfecções alimentares.

8. CARACTERÍSTICAS MICROSCÓPICAS

Ausência de sujidades, parasitos e larvas.

9. ROTULAGEM

O rótulo deverá trazer a denominação do produto e a classe a que pertence além das indicações relativas à sua origem, espécie e natureza. Quando o produto tiver carnes de mais de uma espécie animal, deverá ser declarada, depois da palavra "mista", o nome da espécie animal que entra em maior proporção.

NTA 5
CARNES PREPARADAS EMBUTIDAS

1. DEFINIÇÃO

Carnes preparadas embutidas ou embutidos, são produtos elaborados com carnes ou outros tecidosanimais comestíveis, curados ou não, condimentados, cozidos ou não, defumados e dessecados ou não, tendo como envoltório natural tripas, bexigas ou outras membranas animais ou envoltório plástico apropriado.

2. DESIGNAÇÃO

O produto embutido será designado pelo seu nome, seguido da classe a que corresponde, ou tipo, ou espécie animal de que provém, podendo ser seguido ainda de complementações elucidativas quanto às características peculiares. Ex.: "Linguiça defumada", "Salsicha tipo Viena", "Pasta de fígado".

3. CLASSIFICAÇÃO

Os embutidos serão classificados:

I – segundo o seu processo de fabricação, em :

a) frescos

b) cozidos

c) defumados

d) secos

II – segundo a sua composição, em:

a) simples

b) mistos

III – segundo as suas características, em:

a) Chouriço – é o produto preparado com mistura de carnes bovinas e suína, trituradas ou picadas, fortemente condimentadas, com certa porção de sangue, embutido em tripas de bovino, cozido e defumado. O chouriço poderá conter pedaços e tecidos animais comestíveis tais como: coração, fígado, língua. Será tolerada a adição de até 5% de amido.

b) Linguiça – é o produto preparado com mistura de carne picada, toucinho e condimentos, embutido em tripas finas de suíno, ovino, caprino ou vitela, defumado ou não, conservado pela salga. As linguiças poderão ser de carne suína, bovina ou mistura das duas. A carne usada deverá ser cortada em pedaços cujos tamanhos variam de acordo com o tipo. Será permitido o emprego de carne bovina de segunda qualidade. A linguiça poderá ser defumada, curada ou não. De acordo com o processo de preparação, a linguiça poderá ser:

A) Linguiça frescal – é a linguiça que corresponde à definição.

B) Linguiça dessecada – é a linguiça parcialmente desidratada por processo tecnológico adequado.

A linguiça segundo o estilo de preparação e condimentação, poderá classificar-se ainda em tipos: Ex.: "tipo calabreza", "tipo napolitana", "tipo portuguesa".

c) Morcela – é o produto preparado exclusivamente com sangue de suínos e bovinos, adicionados de toucinho, moído ou não e condimentos, embutidos em tripas de grossura média de bovino, ou tripa grossa de suíno, ou estômago de suíno. Será tolerado adicionar até 5% de amido. A morcela depois de embutida deverá ser totalmente cozida.

d) Mortadela – é o produto constituído da mistura de carne de bovino, suíno, ovino, isoladas ou misturadas, convenientemente trituradas, adicionadas de condimentos e outras substâncias alimentares, embutido em bexiga de bovino, suíno, ovino ou em plásticos apropriados, cozido e defumado. Poderá apresentar no máximo 10% de cubos de toucinho e no máximo 25% de umidade. A mortadela de acordo com as suas características, será classificada em:

A) Primeira qualidade – deverá ser preparada com carnes de primeira categoria, sem gordura bovina, isento de cartilagens e aponevroses.

B) Segunda qualidade – deverá ser preparada com carnes de 2ª categoria, tolerando-se pequena quantidade de cartilagens e aponevroses.

e) Paio – é o produto elaborado com mistura de carnes bovina e suína, e de gordura suína, fortemente condimentadas, embutido em tripa médias ou finas de bovino, e convenientemente defumado.

f) Patê ou Pasta – é o produto preparado com carne, fígado, língua ou presunto, isolados ou misturados, cozidos, condimentados e reduzidos a consistência pastosa. O patê poderá ser preparado com carnes de bovino ou suíno e de presunto. Ao patê poderão ser adicionados gordurosa, leite, ovos, amido, trufas, e outras substâncias comestíveis. O patê de "foie gras" deverá ser preparado exclusivamente com fígado de ganso ou pato. O patê poderá conter no máximo 62% p/p de umidade e 10% p/p de amido ou fécula.

g) Rolado ou queijo de porco – é o produto preparado com mistura de carnes da cabeça, orelha, focinho, bochecha de suínos e outras porções gelatinosas da cabeça e pele, fortemente condimentado, embutido em estômago de suínos ou em tripas grossas de suínos e bovinos, ou em plásticos apropriados, convenientemente cozido e preparado, podendo ser defumado, porém obrigatoriamente cozido em água e em seguida prensado ou não. O rolado ou queijo de porco deverá ser cozido até o perfeito amolecimento e gelatinização dos tecidos cartilaginosos empregados.

h) Salame – é o produto constituído da mistura de carnes bovina e suína cruas, convenientemente condimentado, embutido em tripas finas de bovino, ovino, caprino ou vitela, em seguida, conforme o tipo, submetido a defumação ou cozimento e dessecação a frio. As carnes usadas no preparo do salame devem ser cortadas em pedaços ou trituradas. Será permitida a adição de toucinho na proporção de 5 a 10%. Será permitido o emprego de carne de terceira de bovino, tal como: acém, peito, pescoço. O salame segundo o estilo de preparo e condimentação poderá ser classificado em tipos. Ex.: "tipo milanês", "tipo genovês".

i) Salsicha – é o produto preparado com carnes, toucinhos e condimentos, perfeitamente triturados e misturados, embutido em tripas finas de suínos novos, de ovinos e caprinos ou em plásticos apropriados, cozido e ligeiramente defumado ou não. Será tolerada a adição de pequena quantidade de água. A salsicha poderá conter no máximo 2% de amido com exceção de certos tipos tal como tipo Oxford, que contém em sua composição farinha de rosca. A salsicha de acordo com o processo de preparação, poderá ser classificada em tipos. Ex.: "salsicha tipo Frankfurt", "salsicha tipo Viena", "salsicha tipo Oxford", "salsicha tipo *cocktail*".

j) Salsichão – é o produto preparado com carnes, toucinho e condimentos, perfeitamente triturados e misturados, embutidos em tripas grossas, esôfago de bovino ou em plástico apropriado, cozido e ligeiramente defumado ou não. Será tolerado o emprego de fígado, coração e rins. Será tolerada a adição de pequena quantidade de água. O salsichão poderá conter no máximo 2% de amido. Poderão também ser adicionados pimentão em pó, cenouras e outros vegetais próprios para este fim.

4. CARACTERÍSTICAS GERAIS

Os embutidos deverão ser preparados de carne e outros tecidos animais em perfeito estado de conservação. Segundo o tipo de embutido e suas peculiaridades, podem entrar na sua composição, tendões, cartilagens ou aponevroses porém, a produção não poderá ser preponderante ao exame microscópico. O toucinho empregado no preparo de determinados embutidos, não poderá ser substituído por gordura bovina. O sangue utilizado deverá ser colhido isoladamente de cada animal em recipiente separado, sendo rejeitado o sangue procedente de animais considerados impróprios para o consumo pela inspeção sanitária. Não é permitido o emprego de matérias-primas de qualidade ou em proposições diferentes das constantes da fórmula aprovada. Nos embutidos não poderão ser adicionados tecidos inferiores. Os embutidos mistos não poderão conter menos de 30% de uma das espécies componentes. Não será permitido na fabricação dos embutidos o emprego de carnes e gorduras provenientes de animais equinos, caninos e felinos. O chouriço, a linguiça morcela, a salsicha e o patê, depois de embutidos deverão ser atados em seções mais ou menos uniformes. Os embutidos não deverão apresentar a superfície úmida, pegajosa, exsudato líquido, ou partes flácidas ou de consistência anormal com indícios de fermentação pútrida. O embutidos deverão ser manipulados em boas condições de higiene. As tripas e membranas de animais empregados como envoltórios deverão estar rigorosamente limpas e sofrer lavagem imediatamente antes de seu uso. Será permitido dar um banho de parafina pura na membrana que envolve os embutidos. Será permitido com a mesma finalidade o emprego de resinas e polímeros desde que não prejudiquem o produto. Os envoltórios não deverão estar perfurados por parasitos. Os embutidos poderão ser envasados e nesse caso, deverão ser submetidos ao teste de esterilidade indicado na Norma para carnes preparadas envasadas. Nos embutidos não será permitida a adição de corantes artificiais.

5. CARACTERÍSTICAS ORGANOLÉTICAS

Aspecto – característico de cada espécie.

Cor – própria, sem manchas pardecentes ou esverdeadas.

Cheiro – próprio.

Sabor – próprio.

6. CARACTERÍSTICAS FÍSICAS E QUÍMICAS

No preparo de embutidos não submetidos a cozimento, será permitida a adição de água ou de gelo, na proporção máxima de 3%, calculada sobre o total dos componentes e com a finalidade de facilitar a trituração e homogeneização da massa. No caso de embutidos cozidos (salsichas em geral) a porcentagem de água ou gelo não deverá ultrapassar 10%. Todo gelo empregado deve ser produzido com água potável. Os embutidos deverão apresentar reação de amônia negativa. O pH deverá ser levemente ácido e a prova de rancidez deverá ser negativa.

7. CARACTERÍSTICAS MICROBIOLÓGICAS

a) As carnes frescas preparadas embutidas deverão obedecer ao seguinte padrão:

Contagem padrão em placas: máximo, 10^6/g.

Bactéria do grupo coliforme de origem fecal: máximo, 10^2/g.
Clostrídios sulfito redutores (a 44ºC): máximo, 2 x 10/g.
Staphylococcus aureus: ausência em 0,01 g.
Salmonelas: ausência em 25 g.
Bolores e leveduras: máximo, 10^3/g.

b) As demais carnes preparadas embutidas deverão obedecer ao seguinte padrão:
Contagem padrão em placas: máximo, 5 x 10^5/g.
Bactérias do grupo coliforme de origem fecal: máximo 5 x 10/g.
Clostrídios sulfito redutores (a 44ºC): máximo, 2 x 10/g.
Staphylococcus aureus: ausência em 0,01 g.
Salmonelas: ausência em 25 g.
Bolores e leveduras: máximo, 5 x10^2/g.

Deverão ser efetuadas determinações de outros microrganismos e/ou de substâncias tóxicas de origem microbiana, sempre que se tornar necessária a obtenção de dados sobre o estado higiênico-sanitário dessas classes de alimentos, ou quando ocorrerem toxinfecções alimentares.

8. CARACTERÍSTICAS MICROSCÓPICAS

Ausência de sujidades, parasitos e larvas.

9. ROTULAGEM

O rótulo deverá trazer a denominação do produto, o tipo a que pertença, além das indicações relativas à sua origem, espécie e natureza . Todos os embutidos deverão trazer no rótulo a composição quantitativa e qualitativa das carnes utilizadas. O patê ou pasta preparado com trufas, deverá trazer esta identificação no rótulo. Quando o embutido houver sido elaborado mediante técnica especial, deverá ser declarado nos respectivos rótulos. Ex.: "salsicha tipo Viena", "salsicha tipo Frankfurt", "salsicha tipo milanês", "rolado à Marselha", "morcela à genovesa".

NTA 6
CARNES PREPARADAS ENVASADAS

1. DEFINIÇÃO

As carnes preparadas envasadas são produtos preparados com carnes, ou outros tecidos animais comestíveis, cozidos, curados ou não, defumados ou não, condimentados e conservados em recipientes hermeticamente fechados e esterilizados tecnologicamente.

2. DESIGNAÇÃO

O produto será designado pelo nome da classe a que pertence, seguido de complementações elucidativas.

3. CLASSIFICAÇÃO

As carnes preparadas envasadas são classificadas em:

a) carne cozida envasada – é o produto constituído de carne de bovino, suíno ou ovino, desossada, curada, condimentada, fragmentada parcialmente, podendo ser cozida ou assada. Deverá ser preparada pelo cozimento total ou parcial, fragmentada e adicionada dos agentes de cura necessários. Poderá ser envasada em caldo gelatinoso ou em gordura de porco.

Deverá apresentar as seguintes características organoléticas:

Aspecto – bloco de consistência firme.

Cor – rosada.

Cheiro – próprio.

Sabor – próprio.

b) ensopado envasado – é o produto obtido pelo cozimento de carnes, adicionado ou não de vegetais, condimentado e envasado juntamente com o próprio caldo. A carne poderá ser pedaços isolados ou em mistura com vegetais (batata, cenoura, ervilha etc).

Os vegetais não deverão apresentar defeitos. Os galináceos poderão ser utilizados com ou sem ossos. O caldo do ensopado poderá ser engrossado com farinhas. Deverá conter no mínimo 40% de carne;

c) feijoada – é o produto obtido pelo cozimento de feijão preto adicionado de charque, carne salgada de suíno, carne bovina, linguiça, paio, outros pertences para feijoada e condimentos. Deverá conter no mínimo, 20% de peso do conteúdo total de carne e de outros pertences para feijoada;

d) língua envasada – é produto envasado obtido pelo cozimento de língua bovina ou suína, convenientemente condimentada, e adicionada de caldo gelatinoso. A língua a envasar não deverá apresentar qualquer lesão, ainda que cicatrizada. Deverá ser previamente lavada e raspada a quente e removida a sua camada epitelial bem como, tecidos vizinhos de sua inserção (cartilagens, glândulas). A língua poderá ser previamente curada ou defumada.

4. CARACTERÍSTICAS GERAIS

As conservas de carne deverão ser preparadas de animais sadios, abatidos sob prévia inspeção sanitárias. Deverão ser de carnes ou de outros tecidos animais comestíveis. As carnes destinadas ao fabrico ou preparo das conservas deverão estar em perfeito estado de conservação e, sempre que possível, processadas por meios mecânicos. As conservas de carnes poderão conter: sal, condimentos, óleos e gorduras comestíveis, amido, açúcares, leite, vegetais, gelatina comestível ou agar-agar. O caldo geleificante deverá ser em quantidade estritamente necessária para manter a aderência da porção carnosa. Não deverão conter aponevrosas, cartilagens, intestinos, tendões e outros tecidos inferiores. As conservas de carne deverão ser manipuladas em boas condições de higiene. Todos os envasados deverão ser submetidos a um teste de esterilidade no mínimo por 10 (dez) dias, em sala-estufa a 35ºC antes de sua liberação, podendo este período ser ampliado se for necessário. A embalagem deverá ser de material que resista à alteração por ação do produto. As latas usadas como embalagem não deverão apresentar falhas de estanhagem, estar isentas de ferrugem ou outros defeitos. Não se apresentar bombeadas e à perfuração não deve ocorrer desprendimento de gases nem projeção de líquidos. A pressão interior das latas deverá ser no mínimo de 300 mm de Hg. O espaço livre das latas não deverá exceder 10% da altura das mesmas. As características organoléticas e a composição do produto não deverão ser alteradas pelo material da embalagem.

5. CARACTERÍSTICAS ORGANOLÉTICAS

Aspecto – próprio.

Cor – próprio.

Sabor – próprio.

Cheiro – próprio.

6. CARACTERÍSTICAS FÍSICAS E QUÍMICAS

As carnes preparadas envasadas deverão apresentar reação de amônia negativa. O pH deverá serácido. Nas conservas em cuja preparação entrarem legumes ou farinha, a porcentagem de glicídios totais deverá ser no máximo de 12 % p/p. A prova de rancidez na gordura deverá ser negativa.

7. CARACTERÍSTICAS MICROBIOLÓGICAS

Após 10 dias de incubação a 35ºC, não se deverão observar sinais de alterações das embalagens (estufamentos, alterações, vazamentos, corrosões internas), bem como quaisquer modificações de natureza física, química ou organolética do produto.

Deverão ser efetuadas determinações de outros microrganismo e/ou de substâncias tóxicas de origem microbiana, sempre que se tornarem necessária a obtenção de dados sobre o estado higiênico-sanitário dessa classe de alimentos, ou quando ocorrerem toxinfeccções alimentares.

8. CARACTERÍSTICAS MICROSCÓPICAS

Ausência de sujidades, parasitos e larvas.

9. ROTULAGEM

O rótulo, além de outras exigências legais, deverá trazer o nome do produto e as indicações relativas a sua origem e espécie. Ex.: "carne de bovino cozida", "carne de bovino assada", "ensopado de galinha", "ensopado de bovino com batatas", "feijoada", "língua de bovino", "língua de suíno".

NTA 7
AFIAMBRADOS

1. DEFINIÇÃO

Afiambrados são produtos elaborados com carnes bovina e/ou suína, trituradas convenientemente podendo ser adicionados gorduras, condimentos, queijo em cubos, sendo processados por cozimento em água ou assados em forno.

2. DESIGNAÇÃO

O produto será designado "afiambrado", "fiambre" ou "pão de carne", podendo ser seguido de outra denominação que especifique ou ressalte características peculiares.

3. CLASSIFICAÇÃO

Os afiambrados serão classificados, de acordo com a espécie animal da carne empregada, em:

a) afiambrado de bovino – produto preparado com recortes de carnes de bovino;

b) afiambrado de suíno – produto preparado com recortes de carne de suíno;

c) afiambrado misto – produto preparado com recortes de carnes de bovinos e suínos.

4. CARACTERÍSTICAS GERAIS

O afiambrado deverá ser preparado de carne bovina, suína ou de suas misturas, em bom estado de conservação, em misturas com outros ingredientes que lhes confiram as características próprias da classe a que pertença. Não deve apresentar superfície pegajosa, úmida, exsudando líquido, nem exalar odores anormais.

5. CARACTERÍSTICAS ORGANOLÉTICAS

Aspecto – próprio.

Cor – própria.

Cheiro – próprio.

Sabor – próprio.

6. CARACTERÍSTICAS FÍSICAS E QUÍMICAS

O afiambrado deverá apresentar reação de amônia negativa. O pH deverá ser levemente ácido. Poderá conter até 3% de amido.

7. CARACTERÍSTICAS MICROBIOLÓGICAS

Os afiambrados deverão obedecer ao seguinte padrão:

Contagem padrão em placas: máximo, 5 x 10^5/g.

Bactérias do grupo coliforme de origem fecal: máximo, 5x10/g.

Clostrídios sulfito redutores (a 44ºC): máximo, 2 x 10/g.

Staphylococcus aureus: ausência em 0,01 g.

Salmonelas: ausência em 25 g.

Bolores e leveduras: máximo, 5 x 10^2/g.

Deverão ser efetuadas determinações de outros microrganismos e/ou de substâncias tóxicas de origem microbiana, sempre que tornar necessária a obtenção de dados sobre o estado higiênico-sanitário dessa classe de alimento, ou quando ocorrerem toxinfecções alimentares.

8. CARACTERÍSTICAS MICROSCÓPICAS

Ausência de sujidades, parasitos e larvas.

9. ROTULAGEM

No rótulo deverá constar a denominação “afiambrados”, “fiambre” ou “pão de carne” e a classe a que pertençam.

NTA 8
PRESUNTO

1. DEFINIÇÃO

Presunto é o produto preparado com pernil, com ou sem osso, ou carnes de outras partes do suíno, curado a seco ou em salmoura, condimentado ou não, defumado ou não, cru ou cozido.

2. DESIGNAÇÃO

O produto será designado “presunto”, seguido de classificação, da especificação do tipo ou qualquer expressão que caracterize sua peculiaridade. Ex.: “presunto cru, tipo italiano”, “presunto branco, tipo Paris”, “presunto Dinamarquês”.

3. CLASSIFICAÇÃO

Os presuntos serão classificados, de acordo com o processo de preparação, em:

a) presunto cru – o presunto cru, segundo o estilo de sua preparação, classifica-se ainda em tipos. Ex.: “tipo italiano”, “tipo alemão” (Hamburgo, Westfalia), “tipo francês” (sem osso), “tipo inglês” (York);

b) presunto cozido – o presunto cozido, segundo o estilo de sua preparação, classifica-se também em tipos. Ex.: tipo francês (“presunto branco, tipo Paris”), “presunto, tipo Reims”, tipo alemão (“presunto tipo Berlim, enrolado”), tipo Dinamarquês.

4. CARACTERÍSTICAS GERAIS

O presunto deverá ser preparado de pernis ou carnes de outras partes de suínos sadios, abatidos sob prévia inspeção sanitária. O presunto cru, deverá ser dessecado de forma a permitir condições favoráveis à sua conservação, e o cozido deverá ser submetido à cocção com a dição ou não de condimentos e, também convenientemente conservados. Não será permitido o emprego na sua preparação de fermentos proteolíticos. Será considerado impróprio para o consumo o presunto cuja a carne se apresentar amolecida, pegajosa, pardo-esverdeada, com cheiro e sabor impróprios, alcalina, ou com outros indícios que denunciem má conservação. As partes gordurosas não poderão se apresentar rançosas e amareladas. O presunto deverá ser manipulado em boas condições de higiene.

5. CARACTERÍSTICAS ORGANOLÉTICAS

Aspecto – próprio.

Cor – rosada internamente.

Cheiro – próprio.

Sabor – próprio.

6. CARACTERÍSTICAS FÍSICAS E QUÍMICAS

O presunto deverá apresentar reação de amônia negativa. O pH deverá ler levemente ácido.

7. CARACTERÍSTICAS MICROBIOLÓGICAS

a) Os presuntos crus deverão obedecer ao seguinte padrão:

Contagem padrão em placas: máximo, 10^6/g.

Bactérias do grupo coliforme de origem fecal: máximo 10^2/g.

Clostrídios sulfito redutores (a 44ºC): máximo, 2 x10/g.

Staphylococcus aureus: ausência em 0,01 g.

Salmonelas: ausência em 25 g.

Bolores e leveduras: máximo 5 x 10^3/g.

b) Os demais tipos de presunto deverão obedecer ao seguinte padrão:

Contagem padrão em placas: máximo, 10^5/g.

Bactérias do grupo coliforme de origem fecal: máximo 5 x 10/g.

Clostrídios sulfito redutores (a 44ºC): máximo, 2 x10/g.

Staphylococcus aureus: ausência em 0,01 g.

Salmonelas: ausência em 25 g.

Bolores e leveduras: máximo 5 x 10^2/g.

Deverão ser efetuadas determinações de outros microrganismos e/ou de sustância tóxicas de origem microbiana, sempre que se tornar necessária a obtenção de dados sobre o estado higiênico-sanitário dessas classes de alimentos, ou quando ocorrerem toxinfecções alimentares.

8. CARACTERÍSTICAS MICROSCÓPICA

Ausência de sujidades, parasitos e larvas.

9. ROTULAGEM

No rótulo deverá constar a denominação "presunto", a classe a que pertence e o tipo.

NTA 9
PESCADO

1. DEFINIÇÃO

Pescado é todo o animal que vive normalmente, em água doce ou salgada, e que sirva para alimentação. Pescado fresco aquele que não sofreu qualquer processo de conservação, exceto pelo resfriamento, e que mantém seus caracteres organoléticos essenciais inalterados.

2. DESIGNAÇÃO

O pescado será designado pela espécie animal a que pertence ou pelo seu nome comum. Ex.: sardinha, tainha, camarão, siri, polvo, lula, marisco.

[3. Não consta]

(*) Item 3 ausente na publicação oficial.

4. CARACTERÍSTICAS GERAIS

O pescado deverá estar íntegro e ser julgado em face das características próprias de sua espécie. O pescado não deverá ser de aspecto alterado, mutilado, traumatizado ou deformado, e não poderá apresentar cheiro ou sabor anormais, e não apresentar lesões, doenças microbianas, ou estar infestado por parasitos. Não deverá ser proveniente de águas contaminadas ou poluídas, nem recolhido já morto. Poderá ser feita a evisceração de certos pescados, para seu consumo como pescado fresco. O pescado congelado, uma vez descongelado, não poderá ser novamente recolhido às câmaras frigoríficas. Os peixes frescos deverão se apresentar íntegros e com as seguintes características: olhos transparentes, brilhantes e salientes, ocupando completamente as órbitas; guelras róseas ou vermelhas úmidas, não apresentando cheiro estranho; ventre roliço ou em quilha, não deixando sinal de dedo, quando comprimido; escamas brilhantes aderentes e firmes; nadadeiras perfeitas; carne firme, consistente, elástica, branca ou ligeiramente rósea. O camarão fresco, refrigerado ou congelado, deverá ter corpo curvo, não deixando escapar facilmente as pernas e os cefalotórax (cabeça) e no de carapaça transparente, deverá aparecer a coloração dos músculos. O camarão deverá ainda apresentar ausência de qualquer pigmentação rósea estranha à espécie; músculos consistentes, olhos de cor negra e bem destacados e a carapaça aderente ao corpo, libertando-se sem aderências musculares, quando forçada. A lagosta e os lagostins frescos, deverão ter corpo em curvatura natural, rígido, não deixando escapar facilmente as pernas; coloração própria à espécie, apresentando na face inferior dos músculos tonalidades branco-acizentada e músculos consistentes. Os siris, caranguejos, guaiamus e outro do mesmo tipo, frescos, deverão apresentar coloração característica à espécie sem qualquer pigmentação estranha, especialmente na face inferior do corpo; pinças e pernas relativamente resistentes à separação do corpo, mantendo-se mais ou menos rígidas. Os moluscos e bivalvos devem ser expostos à venda vivos, com valvas fechadas e com retenção de grande quantidade de água incolor e límpida nas conchas. A carne deverá estar bem aderente à concha, deve ser úmida, de cor cinzenta clara nas ostras e amarelada nos mexilhões e mariscos. O aspecto e esponjoso, gelatinoso e elástico, com cheiro próprio. O polvo, a lula e o calamar frescos, deverão ter pele lisa e úmida, olhos transparentes, carne consistente elástica, ausência de pigmentação estranha à espécie, especialmente a de tonalidade avermelhada.

[5. Não consta]

(*) Item 5 ausente na publicação oficial.

6. CARACTERÍSTICAS FÍSICAS E QUÍMICAS

Gás sulfídrico – apenas ligeiros vestígios.

pH da carne externa, máximo – 6,8.

pH da carne interna, máximo – 6,5.

Bases voláteis, máximo – 0,030% (em nitrogênio).

Reação negativa de indol, com exceção do camarão no qual o limite máximo de indol será de 4 microgramas por 100 gp/p.

7. CARACTERÍSTICAS MICROBIOLÓGICAS

Os pescados deverão obedecer ao seguinte padrão:

Contagem padrão em placas: máximo, 3×10^6/g.

Bactérias do grupo coliforme de origem fecal: máximo, 10^2/g;

Clostrídios sulfito redutores (a 44ºC): máximo, 2 x 10/g.

Staphylococcus aureus: ausência em 0,01 g.

Salmonelas: ausência em 25 g.

Deverão ser efetuadas determinações de outros microrganismos e/ou de substâncias tóxicas de origem microbiana, sempre que se tornar necessária a obtenção de dados sobre o estado higiênico-sanitário dessa classe de alimento, ou quando ocorrerem toxinfecções alimentares.

8. CARACTERÍSTICAS MICROSCÓPICAS

Ausência de sujidades, parasitos e larvas.

9. ROTULAGEM

Quando embalado, o rótulo deverá trazer a denominação do produto.

NTA 10
CONSERVA DE PESCADO

1. DEFINIÇÃO

Conserva de pescado é o produto preparado com pescado, limpo, cru, cozido ou curado, adicionado de outras substâncias alimentícias e submetido a processos físicos e químicos apropriados a cada espécie.

2. DESIGNAÇÃO

As conservas de pescado serão designadas pela espécie de pescado que pertencem e o modo de apresentação. Ex.: "Sardinha ao molho de tomate", "Camarão seco salgado".

3. CLASSIFICAÇÃO

As conservas de pescado, de acordo com o processo de sua elaboração serão classificadas em:

I – Pescado em conserva – o produto elaborado com pescado íntegro, acondicionado em recipientes fechados e esterilizados, compreendendo de acordo com o modo de preparação os seguintes:

a) ao natural – o produto que tenha por líquido de cobertura uma salmoura fraca, adicionada ou não de substâncias aromáticas;

b) pescado em azeite ou em óleo comestível – o produto que tenha por líquido de cobertura, azeite de oliva ou um óleo comestível adicionado ou não de substâncias aromáticas;

c) pescado em escabeche – produto que tenha por líquido de cobertura principal, o vinagre adicionado ou não de substâncias aromáticas;

d) pescado em vinho branco – produto que tenha por líquido de cobertura principal o vinho branco,adicionado ou não de substâncias aromáticas;

e) pescado em molho – produto que tenha por líquido de cobertura molho com base em meio aquoso ou gorduroso;

f) pasta de pescado – produto elaborado com pescado íntegro que depois de cozido, sem ossos ou espinhas reduzido a massa, condimentado e adicionado ou não de farináceos.

II – Caldo de pescado – o produto líquido obtido pelo cozimento do pescado, adicionado ou não de substâncias aromáticas, envasado e esterilizado, compreendendo os seguintes tipos principais:

a) sopa de pescado – caldo de pescado adicionado de vegetais ou massas;

b) geleia de pescado – caldo de pescado adicionado de gelatina comestível;

c) extrato de pescado – caldo de pescado concentrado até consistência pastosa.

III – Ovas de pescado – é o produto elaborado com ovas de pescado convenientemente aproveitadas para elaboração de conservas tipo "caviar".

IV – Pescado curado – é o produto elaborado com pescado íntegro tratado por processos especiais, compreendendo além de outros, os seguintes tipos principais;

a) pescado salgado – produto obtido pelo tratamento de pescado íntegro, pela salga a seco ou por salmoura;

b) pescado prensado – produto obtido pela prensagem do pescado íntegro, convenientemente curado pelo sal (cloreto de sódio);

c) pescado defumado – produto obtido pela defumação do pescado íntegro, submetido previamente à cura pelo sal (cloreto de sódio);

d) pescado dessecado – produto obtido pela dessecação natural ou artificial do pescado íntegro, compreendendo os seguintes tipos:

1 – pescado salgado seco – produto obtido pela dessecação do pescado íntegro tratado previamente pelo sal (cloreto de sódio);

2 – pescado seco – produto obtido pela dessecação apropriada do pescado íntegro;

3 – pescado desidratado – produto obtido pela dessecação profunda em aparelhagem adequada do pescado íntegro.

4. CARACTERÍSTICAS GERAIS

As conservas de pescado deverão ser preparadas com pescado submetidos a prévia inspeção sanitária. Deverá ser evitada ao máximo a exposição do pescado ao sol, e o destinado ao preparo de produtos de pescado deverá ser mantido refrigerado em temperatura não superior a -2ºC (menos dois graus centígrados). As conservas de pescado deverão ser preparadas com pescado fresco, limpo e eviscerado. Os ingredientes utilizados na sua elaboração deverão apresentar-se em boas condições. Quando for empregado o tomate, não poderá ser clorífero. Nas pastas de pescado, será tolerada a adição de, no máximo 10% de amido e 18% de sal. As conservas do pescado não deverão ter cheiro ardido ou rançoso. O pescado preparado com sal poderá apresentar cristalização superficial. O camarão seco salgado poderá ter casca, cabeça e cauda. Os produtos em conserva só poderão ser liberados para o consumo, depois de submetidos a observação no mínimo por 15 (quinze) dias a 35ºC após o acondicionamento em recipiente herméticos. As conservas de pescado em geral deverão ser manipuladas em boas condições de higiene.

5. CARACTERÍSTICAS ORGANOLÉTICAS

Aspecto – próprio.

Cor – próprio.

Cheiro – próprio.

Sabor – próprio.

6. CARACTERÍSTICAS FÍSICAS E QUÍMICAS

Produtos de pescado em geral:

Gás sulfídrico .... ausência

Bases voláteis, máximo .... 0,03% (em nitrogênio)

Conservas de camarão

Indol, máximo .... 4 microgramas por cem g p/p

Pescado prensado

Umidade, máximo .... 45,0% p/p

Lipídios, máximo .... 8,0% p/p

Pescado salgado seco

Umidade máximo .... 35,0% p/p

Resíduo mineral fixo, máximo .... 25,0% p/p

Pescado seco

Umidade máximo .... 12,0% p/p

Resíduo mineral fixo, máximo .... 5,5% p/p

Pescado desidratado

Umidade máximo .... 5,0% p/p

Resíduo mineral fixo, máximo .... 3,0% p/p

7. CARACTERÍSTICAS MICROBIOLÓGICAS

a) As conservas cruas de pescado deverão obedecer ao seguinte padrão:

Contagem padrão em placas: máximo 10^6/g.

Bactérias do grupo coliforme de origem fecal: máximo, 10^2/g.

Staphylococcus aureus: ausência em 0,01 g.

Salmonelas: ausência em 25 g.

Bolores e leveduras: máximo, 10^3/g.

b) Conservas envasadas de pescado que receberem tratamento térmico adequado:

Após 10 dias de incubação a 35ºC, não se deverão observar sinais de alterações das embalagens (estufamentos, alterações, vazamentos, corrosões internas) bem como, quaisquer modificações na natureza física, química ou organolética do produto.

c) As demais conservas de pescado, deverão obedecer ao seguinte padrão:

Contagem padrão em placas: máximo, 5×10^5/g.

Bactérias do grupo coliforme de origem fecal: máximo 2 x 10/g.

Clostrídios sulfito redutores (a 44ºC): máximo, 2 x 10/g.

Staphylococcus aureus: ausência em 0,1 g.

Salmonelas: ausência em 25 g.

Bolores e leveduras: máximo, 5×10^2/g.

Deverão ser efetuadas determinações de outros microrganismo e/ou de substâncias tóxicas de origem microbiana, sempre que se tornar necessária a obtenção de dados sobre o estado higiênico-sanitário dessas classes de alimentos, ou quando ocorrerem toxinfecções alimentares.

8. CARACTERÍSTICAS MICROSCÓPICAS

Ausência de sujidades, parasitos e larvas.

9. ROTULAGEM

No rótulo deverá constar a denominação "Pescado em conserva" ou "Conserva de Pescado", a espécie do pescado, seguido de sua classificação e tipo.

NTA 11
QUEIJOS

1. DEFINIÇÃO

Queijo o produto fresco ou maturado obtido pela separação do soro após a coagulação natural ou artificial do leite integral, leite parcial ou totalmente desengordurado, por processo tecnológicos adequados, enriquecido ou não de creme de leite e de outras substâncias permitidas. Incluem-se as ricotas na presente Norma.

2. DESIGNAÇÃO

O produto será designado "queijo" seguido pelo nome que indique a variedade e a classe. Ex.: "Queijo Gruyère-extra", "queijo Minas frescal".

3. CLASSIFICAÇÃO

Os queijos, de acordo com as suas características serão classificadas em três categorias, tendo por base: porcentagem de gordura no extrato seco total, qualidade e consistência.

I – Quanto à porcentagem de gordura no extrato seco total, os queijos poderão ser:

a) gordo – com 40% de lipídios no mínimo;

b) meio gordo – com 25% de lipídios no mínimo;

c) magro – com 15% de lipídios, no mínimo;

d) desnatado – com menos de 15% de lipídios.

II – Quanto à qualidade, os queijos poderão ser:

a) extra

b) de 1ª qualidade

c) de 2ª qualidade

Para servir de base a classificação dos queijos quanto à qualidade, será usada uma escala de pontos. O mínimo exigido, para cada classe, será o seguinte:

a) Extra: 90 pontos

b) 1ª qualidade: 85 pontos

c) 2ª qualidade: 80 pontos

Os pontos serão dados de acordo com o seguinte critério:

Paladar: compreendendo sabor e aroma máximo 50 pontos

Consistência: compreendendo dureza e untura máximo 20 pontos

Textura: compreendendo olhadura e granulação, máximo 15 pontos

Cor: máximo 10 pontos

Apresentação: compreendendo formato, embalagem e acabamento, máximo 5 pontos

III – Quanto a consistência e para efeito de padronização dos queijos, ficará estabelecida a seguinte nomenclatura:

a) queijos moles – Minas frescal, queijo fundido, ricota fresca, requeijão, Roquefort, Gorgonzola, Limburgo, Camembeert e outros;

b) queijos semiduros – Prato, Edam ou Reino, Gouda, Gruyère, Emental, Mussarela e outros;

c) queijos duros – Parmesão, Provolone, Cacciovalio e outros.

Os queijos moles ou semiduros poderão ser: fresco, quanto não sofrerem o processo de cura; e maturados, quando submetidos ao processo de cura por processo tecnológico adequado a cada tipo.

a) queijos moles:

Queijo Camembert – é o produto obtido de leite integral ou levemente desnatados, não prensado, maturado pelo espaço mínimo de 4 semanas, desenvolvendo-se em sua superfície, *Oidium lactis* e *Penicilium camembert.*

O produto deverá apresentar, preferivelmente, formato cilíndrico, com11 cm de diâmetro e 3 cm de altura, aproximadamente, e faces planas. A crosta fina poderá ser levemente rugosa e seca. A consistência da massa deverá ser macia e a textura homogênea. Encontram-se, entretanto, certos tipos de Camembert muitos macios: alguns deles, ao serem cortados são internamente quase líquidos, com cheiro e sabor bem fortes. Estes poderão ter mais umidade que os demais.

Características organoléticas:

Aspectos – massa macia, com crosta fina e levemente rugosa.

Cor – da crosta fina, marfim ou branco-acinzentada ou cinza esverdeada, devido as formações características do *Penicilium camenbert* e *Oidium lactis*; certos tipos, têm crosta recoberta de um limo pegajoso amarelo-alaranjado: cor da massa: amarelo-clara.

Cheiro – próprio.

Sabor – mais ou menos picante e forte, dependendo do tipo.

Características físicas e químicas:

Umidade, máximo 52% p/p;

Lipídios de leite (calculado sobre a matéria seca), mínimo 36% p/p.

Queijo fundido – é o produto obtido da fusão em condições apropriadas da massa de queijos, adicionados ou não de condimento. Poderá ser apresentado sob formatos e pesos variados. Não deverá apresentar crosta.

Características organoléticas:

Aspecto – compacto fechado, sem grânulos, homogêneo, mole e untoso ao tacto.

Cor – amarelo-folha, podendo ser rósea.

Cheiro – próprio.

Sabor – próprio (lembrando os condimentos utilizados).

Características físicas e químicas:

Umidade, máximo 50% p/p;

Lipídios de leite (calculado sobre a matéria seca), mínimo 45% p/p.

Queijo Gorgonzola – é o produto preparado com leite de vaca, cru ou pasteurizado de massa crua, não prensada, maturado pelo espaço mínimo de 3 meses, apresentando formações verde-azuladas devido ao desenvolvimento do *Penicilium glaucum*, com exceção dos produzidos com o *P. glaucum* variedade incolor.

O produto deverá ter massa de consistência mole, esfarelante, com untura manteigosa. A textura deverá ser fechada ou com poucos buracos mecânicos ou com alguns em cabeça de alfinete, e crosta fina, úmida, meio pegajosa. O formato do queijo, de preferência, deverá ser cilíndrico, em faces planas e ângulos vivos.

Características organoléticas:

Aspecto – massa mole, esfarelante, untosa.

Cor – branco-creme, apresentando as características formações verde-azuladas ou não.

Cheiro – próprio.

Sabor – levemente salgado e picante.

Características físicas e químicas:

Umidade, máximo 42% p/p;

Lipídios de leite (calculado sobre a matéria seca), mínimo 45% p/p.

Queijo Limburgo – é o produto obtido do leite cru ou pasteurizado, geralmente de massa crua, não prensado devidamente maturado, variando a maturação de um mês e meio a dois.

O queijo Limburgo deverá apresentar, de preferência, formato de paralelepípedo, com peso variando de 250 a 300 g. Sua crosta deverá ser fina, lisa e úmida; a consistência deverá ser pastosa, tendente a mole e de untura manteigosa, a textura deverá ser fechada ou com alguns olhos mecânicos.

Características organoléticas:

Aspecto – massa, tendente a mole.

Cor – branco-creme ou amarelo-clara, podendo apresentar leve tonalidade rósea.

Cheiro – próprio.

Sabor – próprio (tipicamente picante).

Características físicas e químicas:

Umidade, máximo 50% p/p;

Lipídios (calculados sobre a massa seca) mínimo 43 p/p.

Queijo de Minas frescal – é o produto obtido de leite pasteurizado, integral ou parcialmente desnatado, comprimido, prensado levemente ou não, e geralmente de massa crua, devidamente maturado, variando a maturação.

O queijo de Minas frescal deverá apresentar de preferência, formato cilíndrico baixo, de 4 a 7 cm de altura, tamanho médio com peso variando de 500 a 1.500 g aproximadamente, com bordos retos e faces planas, formando ângulo vivo. A crosta deverá ser mal formada. A consistência deverá ser macia de untura manteigosa. A textura deverá apresentar buracos mecânicos, pequenos, com ou sem olhaduras em cabeça de alfinete, pouco numerosas.

Características organoléticas:

Aspecto – massa mole.

Cor – branco ou branco-creme, homogênea.

Cheiro – próprio.

Sabor – próprio (levemente ácido).

Características físicas e químicas:

Umidade, máximo 57% p/p;

Lipídios de leite (calculados sobre a matéria seca), mínimo 40% p/p.

Requeijão – é o produto obtido da fusão da mistura de creme com massa de coalhada dessorada e lavada, de leite integral ou desnatado, cru ou pasteurizado.

O produto será designado de preferência "requeijão", "requeijão de creme" seguido do nome fantasia ou comercial. Ex.: "Requeijão Catupiry". Maior proporção de creme, dará requeijão macio, mole (Requeijão de creme) e menor proporção de creme, dará requeijão mais duro (Requeijão comum).

Características organoléticas:

Aspecto – massa mole ou pastosa.

Cor – branco-creme, homogênea.

Cheiro – próprio.

Sabor – próprio (entre adocicado e ligeiramente ácido e levemente salgado).

Características físicas e químicas:

Lipídios de leite (calculada sobre a matéria seca), mínimo 30% p/p.

Ricota fresca – é o produto obtido da albumina do soro de queijo, adicionado de leite (integral, parcial ou totalmente desnatado) até 20% do seu volume, por processos tecnológicos adequados.

O produto deverá apresentar crosta rugosa, não formada ou pouco nítida; consistência mole, tendente a friável, às vezes dessorada, textura fechada ou com alguns olhos mecânicos. O formato deverá ser, de preferência cilíndrico alto, pesando mais ou menos de 500 a 1.000 g. Deverá ser dado ao consumo, no máximo até o terceiro dia após a sua fabricação. Quando a ricota for elaborada com leite desnatado, tal circunstância deverá constar da rotulagem.

Características físicas e químicas:

Umidade, máximo 80% p/p.

Queijo Roquefort – é o produto obtido do leite cru ou pasteurizado, de massa crua, não prensado, e maturado pelo espaço mínimo de três meses, apresentando as características formações verde-azuladas devidas ao desenvolvimento, no interior da massa do Penicilium roquefort. Esse queijo também conhecido com as designações "Tipo azul-argentino" ou "Blue cheese". O produto deverá ter massa de consistência mole, esfarelante, com untura manteigosa, de textura fechada sem olhadura, e com poucos buracos mecânicos ou ainda, alguns em cabeça de alfinete. A crosta deverá ser fina, úmida, meio pegajosa. O formato do queijo será, de preferência, cilíndrico, de faces planas e bordos retos, formando ângulos vivos.

Características organoléticas:

Aspecto – massa mole, esfarelante.

Cor – branco-creme, apresentando as características formação ramificadas, no interior da pasta, de cor verde-azulada, bem distribuídas.

Cheiro – próprio.

Sabor – próprio (tendente a amoniacal, gosto *sui generis* ligeiramente adocicado, picante e salgado).

Características físicas e químicas:

Umidade, máximo 45% p/p;

Lipídios de leite (calculados sobre a matéria seca), mínimo de 44% p/p.

b) queijos semiduros:

Queijo Edam ou Reino – é o produto obtido do leite cru ou pasteurizado, de massa semicozida, prensado e maturado, no mínimo por dois meses.

A consistência do produto deverá ser semidura, pouco elástica, de untura macia; a textura deverá ser aberta, apresentando olhos arredondados ou ovalados, de contorno nítido, fundo raso e brilhante, ou às vezes olhos mecânicos, quando a massa moída para enformar.

Características organoléticas:

Aspecto – massa semidura.

Cor – amarelo-palha ou amarelada, homogênea, podendo ter tonalidade rósea.

Cheiro – próprio.

Sabor – próprio.

Características físicas e químicas:

Umidade, máximo 45% p/p;

Lipídios de leite (calculado sobre a matéria seca), mínimo 34% p/p.

Queijo Emental ou Suíço – é o produto preparado com leite cru ou pasteurizado, de massa cozida, prensada e devidamente maturado pelo espaço mínimo de quatro meses. O queijo deverá apresentar, de preferência, formato cilíndrico baixo, de faces planas e bordos ligeiramente convexos. Seu peso poderá variar de 60 a 120 kg. A crosta deverá ser firme, grossa, lisa, preferentemente untada de óleo comestível. A consistência deverá ser semidura, elástica de untura manteigosa. A textura deverá ser aberta, bem formada, com olhos redondos ou ovais de 10 a 25 mm de diâmetro. Será tolerada a adição de corante natural, em quantidade mínima para coloração amarelo-claro.

Características organoléticas:

Aspecto – massa semidura.

Cor – amarelo-clara.

Cheiro – próprio (suave, levemente picante).

Sabor – próprio (suave, levemente picante).

Características físicas e químicas:

Umidade, máximo 41% p/p;

Lipídios de leite (calculados sobre a matéria seca), mínimo 38% p/p.

Queijo Gouda – é o produto preparado com leite pasteurizado, ou não, de massa semicozida, prensado e maturado no mínimo, por 20 dias. O produto deverá apresentar, de preferência, formato cilíndrico, baixo, com faces planas e ângulos arredondados ou formato de esfera comprimida. As faces comprimidas são paralelas e planas. Sua crosta deverá ser bem formada e lisa. A consistência deverá ser semidura, elástica, de untura semimanteigosa. A textura deverá ser semiaberta, com poucos olhos ovalados ou arredondados, tolerando-se alguns em cabeça de alfinete ou mecânicos. A crosta poderá ser ou não revestida de parafina ou outra substância aderente. Será tolerado colorir a crosta de amarelo ou vermelho, com corantes naturais ou artificiais permitidos.

Características organoléticas:

Aspecto – massa semidura.

Cor – amarela ou amarelada, homogênea.

Cheiro – próprio.

Sabor – próprio (suave, tendente a picante e adocicado).

Características físicas e químicas:

Umidade, máximo 46% p/p;

Lipídios de leite (calculado sobre a matéria seca), mínimo 40% p/p.

Queijo Cruyère – é o produto elaborado com leite cru ou pasteurizado, de massa cozida, prensado, maturado, no mínimo quatro meses. O queijo deverá apresentar, de preferência, formato cilíndrico baixo, de faces planas e bordos ligeiramente convexos na parte central, formando ângulos vivos. Seu peso poderá variar de 20 a 45 kg. A crosta deverá ser firme, grossa, lisa, preferivelmente untada de óleo comestível. A consistência deverá ser semidura, elástica de untura semimanteigosa. A textura deverá ser aberta, apresentando olhaduras características, com olhos redondos ou ovalados, medindo, aproximadamente, de 5 a 10 mm de diâmetro.

Características organoléticas:

Aspecto – massa semidura.

Cor – amarelo-clara, homogênea.

Cheiro – próprio.

Sabor – próprio (agradável, suave, tendendo ao picante).

Características físicas e químicas:

Umidade, máximo 30% p/p;

Lipídios de leite (calculado sobre a matéria seca), mínimo 38% p/p.

Mussarela – é o produto elaborado com leite de vaca, de cabra, de ovelha, de búfula ou qualquer combinação de dois ou mais destes leites, de massa filada, não prensado e exposto ao consumo até 5 dias depois da fabricação.

O produto elaborado unicamente com leite de vaca, será designado "mussarela", seguido da classe a que pertence. Quando for elaborado com leite que não seja de vaca, ou com mistura de dois ou mais leites, o produto deverá trazer, também, o nome dos leites empregados. Ex.: "Mussarela de leite de Búfula, 1ª qualidade". O produto deverá ter, de preferência, formato cilíndrico-chato, com peso variável de 15 a 30 g, ou então, formato de paralelepípedo, com peso variável de 500 a 2.000 g. A crosta deverá ser fina ou não formada; a consistência semidura, rígida, e a textura fechada, indicando pouco ou nenhuma fermentação.

Características organoléticas:

Aspecto – massa semidura.

Cor – branco-creme, homogênea.

Cheiro – próprio.

Sabor – suave, levemente salgado, próprio.

Características físicas e químicas:

Umidade, máximo 58% p/p;

Lipídios de leite (calculados sobre a matéria seca), mínimo 28% p/p.

Queijo Prato e suas variedades – é o produto preparado com leite integral pasteurizado, de massa semicozida, prensado e maturado, no mínimo vinte dias. As variedades Lanche, Cobocó e Esférico ou Bola, cabem nesta definição apresentando as mesmas características com variação somente no formato. O produto será designado "Queijo prato" seguido da variedade e classe. Ex.: "Queijo prato, Cobocó, 1ª qualidade". O queijo prato deverá, de preferência, apresentar formato cilíndrico baixo de 8 a 10 cm de altura por 25 a 28 cm de diâmetro, faces planas e bordos arredondados; é permitido, também formato cilíndrico, baixo, em diâmetro menor (Cobocó), paralelepípedo, pequeno ou grande (Lanche) e esférico (Bola ou Esférico). Seu peso poderá variar de 2.000 a 6.000 g no padrão e nas variedades Cobocó, Lanche e Esférico ou Bola de 1.000 a 4.000 g. Sua crosta deverá ser lisa, fina, bem formada, e preferivelmente, revestida de parafina. A textura deverá apresentar olhos redondos ou ovais, regularmente distribuídos, pouco numerosos bem formados. A consistência poderá ser macia e compacta. Será tolerada a coloração da crosta, de preferência de amarelo com corantes permitidos.

Características organoléticas:

Aspecto – pasta semidura, elástica, tendente a macia, de untura manteigosa.

Cor – amarelo-palha, tolerando-se a tonalidade ligeiramente rósea.

Cheiro – próprio.

Sabor – próprio (suave, não picante e quando tiver maturação prolongada, deverá ter sabor mais pronunciado).

Características físicas e químicas:

Umidade, máximo 45% p/p;

Lipídios de leite (calculado sobre a matéria seca), mínimo 40% p/p.

c) Queijos duros

Cacciocavallo – é o produto preparado com leite cru ou pasteurizado de vaca, ovelha ou cabra, ou com a mistura de dois ou três, enformado ou não, às vezes prensado e maturado pelo espaço mínimo de dois a três meses.

O produto elaborado unicamente com leite de vaca, será designado "Cacciocavallo", seguida da classe a que pertence. Quando o produto for elaborado com leite que não seja o de vaca, ou com a mistura de dois ou dos três, o queijo deverá trazer, também, os nomes dos leites empregados. Ex.: "Cacciocavallo, de leite de ovelha e cabra, 1ª qualidade". O produto poderá apresentar de preferência, formato paralelepípedo pequeno ou grande, com textura fibrosa e crosta lisa, de preferência revestida de parafina. A textura poderá ser fechada ou com alguns olhos redondos e pequenos.

Características organoléticas:

Aspecto – massa fibrosa, dura ou semidura.

Cor – branco-creme, homogênea.

Cheiro – próprio.

Sabor – próprio (levemente picante).

Características físicas e químicas:

Umidade, máximo 40% p/p;

Lipídios de leite (calculado sobre a matéria seca), mínimo 38% p/p.

Queijo parmesão – é o produto obtido de leite cru ou pasteurizado, de massa cozida, prensado e maturado, no mínimo, 6 meses. O produto deverá ter, de preferência, formato cilíndrico, faces e bordos retos, formando ângulo vivo, em tamanho pequeno, médio e grande; pesando de 6.000 a 6.500 g no tamanho médio e de 10.000 a 40.000 g no tamanho grande, aproximadamente. A crosta deverá ser firme, lisa, não pegajosa, untada com óleo secativo ou verniz, próprio, ou com substância adesiva de preferência de cor preta. A consistência deverá ser dura, maciça, de untura seca, própria para ralar. A textura deverá ser compacta, com poucos olhos mecânicos pequenos, e alguns formato de cabeça de alfinete, superfície de fratura granulosa, de grânulos pequenos e homogêneos. Será tolerado o uso de corante natural permitido e em quantidade mínimas, necessária para a coloração amarelo-clara.

Características organoléticas:

Aspecto – massa dura.

Cor – amarelo-palha, homogênea, podendo tender ao esverdeado, no de prolongada maturação.

Cheiro – próprio, picante, forte.

Sabor – próprio (picante, forte).

Características físicas e químicas:

Umidade, máximo 32% p/p;

Lipídios de leite (calculado sobre a matéria seca), mínimo 32% p/p.

Queijo provolone – é o produto preparado com leite cru ou pasteurizado, de pasta filada, enformado ou não, prensado ou não e devidamente maturado pelo espaço mínimo de dois meses. O produto deverá ter, de preferência, formato cilíndrico, alongado ou esférico. Sua crosta deverá ser lisa, firme, resistente, destacável, parafinada, encerada ou oleada, com as características ranhaduras do barbante. A consistência deverá ser semidura, pouco elástica, quebradiça, de untura às vezes meio seca, outras tendente a manteigosa. A textura deverá ser compacta ou apresentar poucos olhos em formato de cabeça de alfinete. O queijo provolone poderá ser defumado ou não, devendo tal circunstância ser declarada no rótulo.

Características organoléticas:

Aspecto – massa semidura.

Cor – marfim ou creme, homogênea.

Cheiro – próprio.

Sabor – picante, suave, tolerando-se o picante forte.

Características físicas e químicas:

Umidade, máximo 45% p/p;

Lipídios de leite (calculado sobre a matéria seca), mínimo 30% p/p.

4. CARACTERÍSTICAS GERAIS

O leite empregado na elaboração do queijo deverá apresentar características normais, ser fresco e tratado, isto é, filtrado, refrigerado e padronizado adequadamente para cada tipo de queijo. Será permitido adicionar ao leite, cloreto de cálcio, na proporção máxima de 0,02%, calculado em sal anidro, sobre o peso do leite. A solução de cloreto de sódio empregada e as demais soluções dos sais deverão ser esterilizadas. Será tolerada a adição decorantes naturais permitidos nos tipos já consagrados. O produto, tanto na massa como na crosta, deverá ser isento de impurezas. Será permitido adicionar, no revestimento de certos queijos, corantes naturais e artificiais permitidos. Os queijos elaborados com fungos, deverão ser conservados em geladeira, logo após o término da maturação.

[5. Não consta]

(*) Item 5 ausente na publicação oficial.

[6. Não consta]

(*) Item 6 ausente na publicação oficial.

7. CARACTERÍSTICAS MICROBIOLÓGICAS

a) Os queijos moles tipo frescal e as ricotas deverão obedecer ao seguinte padrão:

Bactérias do grupo coliforme de origem fecal: máximo 10^2/g.

Staphylococcus aureus: ausência em 0,01 g.

Salmonelas: ausência em 25 g.

b) Os queijos moles fundidos deverão obedecer ao seguinte padrão:

Bactérias do grupo coliforme de origem fecal: máximo, 10/g.

Staphylococcus aureus: ausência em 0,01 g.

Salmonelas: ausência em 25 g.

c) Os queijos duros e semiduros, ralados ou não, deverão obedecer ao seguinte padrão:

Contagem padrão em placas: máximo, 10^4/g.

Bactérias do grupo coliforme de origem fecal: máximo, 10/g.

Staphylococcus aureus: ausência em 0,01 g.

Salmonelas: ausência em 25 g.

Bolores e leveduras: máximo, 5 x 10^2/g.

Observação: Os valores de contagem padrão em placas e de bolores e leveduras, não serão considerados para queijos nos quais foram usados microrganismos para o obtenção tecnológica do produto.

Deverão ser efetuadas determinações de outros microrganismos e/ou de substâncias tóxicas de origem microbiana, sempre que se tornar necessária a obtenção de dados sobre o estado higiênico-sanitário dessas classes de alimentos, ou quando ocorrerem toxinfecções alimentares.

8. CARACTERÍSTICAS MICROSCÓPICAS

Ausência de sujidades, parasitos e larvas.

9. ROTULAGEM

No produto deverá constar a denominação "queijo", seguida do nome que indique a variedade e classe. Deverá ser usada a palavra tipo, sempre que a origem do mesmo não seja a que lhe deu a designação da variedade. Ex.: "Queijo Camembert", "Queijo Gorgonzola – 1ª qualidade", "Mussarela", "Requeijão". O queijo fundido deverá trazer no rótulo o tipo do queijo principal de sua composição. Os queijos frescos, fundidos, requeijões e os queijos maturados deverá trazer a data de fabricação. Nos queijos maturados esta data e o dia do término da prensagem ou retirada da forma.

NTA 12
HORTALIÇAS

1. DEFINIÇÃO

Hortaliça é a planta herbácea, da qual uma ou mais partes são utilizadas como alimento, na sua forma natural.

2. DESIGNAÇÃO

O produto será designado: verdura, quando utilizadas as partes verdes; legumes, quando utilizado o fruto ou a semente, especialmente das leguminosas e raízes, tubérculos e rizomas, quando utilizadas as partes subterrâneas.

3. CLASSIFICAÇÃO

I – As hortaliças, de acordo com a parte da planta que foi utilizada como alimento, serão classificadas em:

a) verdura;

b) legume;

c) raízes, tubérculos e rizomas.

II – As hortaliças, de acordo com as suas características, serão classificadas em:

a) Extra – Esta classe deverá ser constituída por hortaliças de ótima qualidade, bem desenvolvidas, compactas e firmes. Não serão permitidos defeitos nas hortaliças desta classe. Deverá haver uniforme na coloração, tamanho e conformação.

b) Primeira – Esta classe deverá ser constituída por hortaliças de boa qualidade, bem desenvolvidas, compactas e firmes. As hortaliças deverão apresentar coloração uniforme, típica da variedade. Não serão permitidos danos nas hortaliças, que alterarem sua conformação e sua aparência, contudo serão tolerados ligeiros defeitos ou manchas. Não serão permitidas rachaduras, cortes e perfurações.

c) Segunda – Esta classe deverá ser constituída por hortaliças que não foram classificadas nas classes anteriores. São tolerados ligeiros defeitos na conformação e ligeira descoloração desde que não afetem seriamente as suas características. Serão, também, tolerados pequenos danos de origem física ou mecânica, desde que não causem defeitos graves.

4. CARACTERÍSTICAS GERAIS

As hortaliças próprias para o consumo, deverão ser procedentes de espécimes vegetais genuínos e são, e satisfazer as seguintes condições mínimas:

a) ser frescas, colhidas pela madrugada e abrigadas dos raios solares e do vento forte;

b) ser colhida ao atingir o grau normal de evolução e apresentadas ao consumo em perfeito estado de desenvolvimento do tamanho, aroma e cor próprios da espécie e variedade;

c) estar livre da maior parte possível da terra aderente;

d) estar isenta de umidade externa anormal, odor e sabor estranho;

e) estar livre de resíduos de fertilizantes;

f) corresponder às indicações de qualidade constantes do rótulo.

[5. Não consta]

(*) Item 5 ausente na publicação oficial.

[6. Não consta]

(*) Item 6 ausente na publicação oficial.

7. CARACTERÍSTICAS MICROBIOLÓGICAS

As hortaliças deverão obedecer ao seguinte padrão:

Bactérias do grupo coliforme de origem fecal: máximo, 2×10^2/g.

Salmonelas: ausência em 25 g.

Deverão ser efetuadas determinações de outros microrganismos e/ou de substâncias tóxicas de origem microbiana, sempre que tornar necessária a obtenção de dados sobre o estado higiênico-sanitário dessa classe de alimento, ou quando ocorrerem toxinfecções alimentares.

8. CARACTERÍSTICAS MICROSCÓPICAS

Ausência de sujidades, parasitos e larvas.

9. ROTULAGEM

Quando embaladas, o rótulo deverá trazer a denominação da hortaliça e sua classificação.

NTA 13
VERDURAS

1. DEFINIÇÃO

Verdura é parte geralmente verde das hortaliças, utilizadas como alimento no seu estado natural.

2. DESIGNAÇÃO

O produto será designado, simplesmente, por seus nomes comuns. Ex.: "alface", "chicória", "almeirão".

3. CLASSIFICAÇÃO

As verduras, de acordo com as suas características, serão classificadas em:

a) extra – esta classe deverá ser constituída por verduras de ótima qualidade, sem defeitos, com folhas verdes, sem traços de descoloração, turgescentes, intactas, firmes e bem desenvolvidas. Deverão apresentar coloração e tamanho uniforme e típicos da variedade. Não serão permitidos defeitos nas verduras que alterem sua conformação e sua aparência;

b) primeira – esta classe deverá ser constituída, por verduras de boa qualidade, que não foram classificadas na classe anterior desde que conservem as suas características. Serão tolerados pequenos defeitos na conformação, ligeira descoloração, e ligeiros danos de origem física ou mecânica, desde que não causem defeitos graves e não alterem sua conformação e aparência;

c) segunda – esta classe deverá ser constituída por verduras de boa qualidade, com todas as características da espécie, verdes, turgescentes, firmes e intactas. Serão tolerados defeitos no desenvolvimento, coloração, tamanho e outros de ordem física ou mecânicas, desde que não afetem seriamente suas características, não será obrigatória a uniformidade de coloração e tamanho.

4. CARACTERÍSTICAS GERAIS

As verduras próprias para o consumo deverão ser procedentes de espécimes vegetais genuínos e sãos, e satisfazer as seguintes condições:

a) ser frescas, colhidas pela madrugada e abrigadas dos raios solares;

b) apresentar grau de evolução completo do tamanho, aroma e cor próprias da espécie e variedade;

c) estar livre de enfermidades e insetos;

d) não estar danificadas por qualquer lesão de origem física ou mecânica que afete a sua aparência;

e) estar livre das folhas externas sujas de terra e da maior parte possível da terra aderente;

f) estar isenta de umidade externa anormal, odor e sabor estranhos;

g) estar livre de resíduos de fertilizante.

[5. Não consta]

(*) Item 5 ausente na publicação oficial.

[6. Não consta]

(*) Item 6 ausente na publicação oficial.

7. CARACTERÍSTICAS MICROBIOLÓGICAS

As verduras deverão obedecer ao seguinte padrão:

Bactérias do grupo coliforme de origem fecal: máximo, 2×10^2/g.

Salmonelas: ausência em 25 g.

Deverão ser efetuadas determinações de outros microrganismos e/ou de substâncias tóxicas de origem microbiana, sempre que se tornar necessária a obtenção de dados sobre o estado higiênico-sanitário dessa classe de alimento, ou quando ocorrerem toxinfecções alimentares.

8.CARACTERÍSTICAS MICROSCÓPICAS

Ausência de sujidades, parasitos e larvas.

9. ROTULAGEM

Quando embaladas, o rótulo deverá trazer a denominação da verdura e sua classificação.

NTA 14
LEGUMES

1. DEFINIÇÃO

Legume é o fruto ou semente de diferentes espécies de plantas, principalmente das leguminosas, utilizados como alimentos.

2. DESIGNAÇÃO

O produto será designado simplesmente por seus nomes comuns. Ex.: "berinjela", "chuchu", "abobrinha".

3. CLASSIFICAÇÃO

Os legumes, de acordo com as suas características, serão classificadas em:

a) extra – esta classe deverá ser constituída por legumes de ótima qualidade, suficientemente desenvolvidos. Deverão apresentar coloração e tamanho uniforme e típicos da variedade. Não serão permitidos nos legumes defeitos que alterem a sua conformação e aparência.

b) primeira – esta classe deverá ser constituída por legumes de boa qualidade, suficientemente desenvolvidos. Deverão apresentar coloração e tamanho uniformes. Serão tolerados ligeiros defeitos na conformação e ligeira descoloração nos legumes, desde que não afetem as suas características. Serão tolerados pequenos danos de origem física ou mecânica, desde que não causem defeitos graves nos legumes.

c) segunda – esta classe deverá ser constituída por legumes que não foram classificados nas classes anteriores. Serão tolerados defeitos na cor, tamanho e conformação dos legumes, desde que conservem as suas características.

4. CARACTERÍSTICAS GERAIS

Os legumes próprios para o consumo deverão ser procedentes de espécimes vegetais genuínos e sãos e satisfazer as seguintes condições mínimas:

a) ser colhidos ao atingirem o grau normal de evolução do tamanho e apresentados ao consumo em perfeito estado de desenvolvimento do aroma, cor e sabor próprios da variedade e espécie;

b) estar livre de enfermidades;

c) não estar danificados por qualquer lesão de origem física ou mecânica que afete a sua aparência;

d) não estar sujos de terra;

e) não conter corpos estranhos aderentes à superfície externa;

f) estar isento de umidade externa anormal, odor e sabor estranhos;

g) estar livre de resíduos de fertilizantes.

[5. Não consta]

(*) Item 5 ausente na publicação oficial.

[6. Não consta]

(*) Item 6 ausente na publicação oficial.

7. CARACTERÍSTICAS MICROBIOLÓGICAS

Os legumes deverão obedecer ao seguinte padrão:

Bactérias do grupo coliforme de origem fecal: máximo 2×10^2/g.

Salmonelas: ausência em 25 g.

Deverão ser efetuadas determinações de outros microrganismos e/ou de substâncias tóxicas de origem microbiana, sempre que se tornar necessária a obtenção de dados sobre o estado higiênico-sanitário dessa classe de alimento, ou quando ocorrerem toxinfecções alimentares.

8. CARACTERÍSTICAS MICROSCÓPICAS

Ausência de sujidades, parasitos e larvas.

9. ROTULAGEM

Quando embalados, o rótulo deverá trazer a denominação do legume e sua classificação.

NTA 15
RAÍZES, TUBÉRCULOS E RIZOMAS

1. DEFINIÇÃO

Raiz, tubérculo e rizoma é a parte subterrânea desenvolvida de determinadas plantas, utilizada como alimento. Ex.: tubérculo (batatinha), rizoma (araruta), raiz (cenoura).

2. DESIGNAÇÃO

O produto será designado simplesmente por seus nomes comuns. Ex.: "mandioca", "batata inglesa", "nabo", cenoura" etc.

3. CLASSIFICAÇÃO

As raízes tubérculos e rizomas, de acordo com as suas características, serão classificadas em:

a) extra – esta classe deverá ser constituída por raízes, tubérculos e rizomas de ótima qualidade e sem defeito, suficientemente desenvolvidos, com aspecto, aroma e sabor típicos da variedade e uniformidade no tamanho e cor. Não serão permitidas rachaduras, perfurações e cortes.

b) primeira – esta classe deverá ser constituída por espécimes vegetais genuínos de boa qualidade, compactos e firmes. As raízes tubérculos e rizomas deverão apresentar suficiente evolução de tamanho, cor e sabor típicos da espécie. Serão tolerados ligeiros defeitos, desde que não alterem a sua conformação e aparência.

c) segunda – esta classe deverá ser constituída por espécimes vegetais genuínos de boa qualidade, compactos e firmes, mas que não foram classificados nas classes anteriores. Serão tolerados ligeiros defeitos na conformação, tamanho e cor, e pequenos danos, de origem física ou mecânica, desde que não afetem seriamente as suas características.

d) terceira – esta classe deverá ser constituída por raízes, tubérculos e rizomas que não foram classificados nas classes anteriores, desde que conservem as suas características. Não será exigida uniformidade no tamanho, cor e aspecto. As raízes, tubérculos e rizomas desta classe poderão ser de tamanho pequeno. A polpa deverá estar intacta. Serão toleradas manchas e defeitos na casca. As raízes, tubérculos e rizomas desta classe serão utilizados para a industrialização.

4. CARACTERÍSTICAS GERAIS

As raízes, tubérculos e rizomas próprios para o consumo deverão proceder de espécimens vegetais genuínos e sãos e satisfazer as seguintes condições mínimas:

a) ser de colheita recente, feita pela manhã. A secagem será ao sol ou protegida dos raios solares, conforme o caso, em lugares secos, ventilados e limpos;

b) ser suficientemente desenvolvidos, com tamanho, aroma, sabor e cor próprios da espécie;

c) não estar danificados por qualquer lesão de origem física ou mecânica que afete a sua aparência;

d) estar livres de enfermidades;

e) estar livres da maior parte possível de terra aderente à casca;

f) estar isentos de umidade externa anormal, odor e sabor estranhos;

g) estar livres de resíduos de fertilizantes;

h) não apresentar rachaduras ou cortes na casca; a polpa deverá estar intacta e limpa;

i) não poderão ser dados ao consumo ou expostos à venda, as raízes, tubérculos e rizomas capazes de produzir ácido cianídrico, salvo quando para fins industriais e depois de desnaturados, de acordo com o fim a que destinarem.

[5. Não consta]

(*) Item 5 ausente na publicação oficial.

[6. Não consta]

(*) Item 6 ausente na publicação oficial.

7. CARACTERÍSTICAS MICROBIOLÍGICAS

As raízes, tubérculos e rizomas deverão obedecer ao seguinte padrão:

Bactérias do grupo coliforme de origem fecal: máximo, 2×10^2/g.

Salmonelas: ausência em 25 g.

Deverão ser efetuadas determinações de outros microrganismos e/ou de substâncias tóxicas de origem microbiana, sempre que necessária a obtenção de dados sobre o estado higiênico-sanitário dessa classe de alimento, ou quando ocorrerem toxinfecções alimentares.

8. CARACTERÍSTICAS MICROSCÓPICAS

Ausência de sujidades, parasitos e larvas.

9. ROTULAGEM

Quando embalados, o rótulo deverá trazer a denominação da raiz, tubérculo ou rizoma e sua classificação.

NTA 16
COGUMELOS COMESTÍVEIS OU CHAMPIGNON

1. DEFINIÇÃO

Os cogumelos comestíveis são fungos pertencentes às classes dos ascomicetes e dos basidiomincetes. A espécie cultivada mais comum o *Agaricus campestris* (basidiomicetes).

2. DESIGNAÇÃO

O produto será designado simplesmente "cogumelo".

3. CLASSIFICAÇÃO

a) Extra – carpóforos inteiros, firmes, bem formados, véu fechado, tamanho uniforme, sem manchas ou marcas de parasitos. Quando lavados não devem apresentar odores estranhos (branqueadores).

b) Comum – carpóforos inteiros, firmes, sendo toleradas algumas manchas, tamanho e formato diversos.

4. CARACTERÍSTICAS GERAIS

Os cogumelos comestíveis serão constituídos por carpóforos não inteiramente desenvolvidos (botões) cortados pela base (não arrancados), sãos, consistentes, isentos de manchas ou marcas de parasitos e, isentos da maior parte de matéria terrosa. Não poderão conter detritos do substrato usado para o cultivo. Não poderão apresentar-se fermentados e quando lavados não deverão apresentar odores estranhos. Será tolerado o tratamento dos cogumelos com solução de bisulfito de sódio como agente branqueador. O resíduo máximo de SO_2 tolerado será de 50 p.p.m.

5. CARACTERÍSTICAS ORGANOLÉTICAS

Aspecto – botão (píleo), globular, irregular, com haste grossa.

Cor – conforme a variedade: branco, creme ou marrom.

Cheiro – próprio.

Sabor – próprio.

[6. Não consta]

(*) Item 6 ausente na publicação oficial.

7. CARACTERÍSTICAS MICROBIOLÓGICAS

Os cogumelos comestíveis ou champignon deverão obedecer ao seguinte padrão:

Bactérias do grupo coliforme de origem fecal: máximo, 2×10^2/g.

Salmonelas: ausência em 25 g.

Deverão ser efetuadas determinações de outros microrganismos e/ou de substâncias tóxicas de origem microbiana, sempre que tornar necessária a obtenção de dados sobre o estado higiênico-sanitário dessa classe de alimento, ou quando ocorrerem toxinfecções alimentares.

8. CARACTERÍSTICAS MICROSCÓPICAS

Ausência de sujidades, parasitos e larvas.

9. ROTULAGEM

Quando embalado, o rótulo deverá trazer a denominação "cogumelo", seguida de sua classificação, podendo também conter a designação "champignon".

NTA 17
FRUTAS

1. DEFINIÇÃO

Fruta é o produto procedente da frutificação de uma planta sã, destinada ao consumo, *in natura*.

2. DESIGNAÇÃO

O produto será designado simplesmente por seu nome comum. Ex.: "banana", "laranja", "pêssego".

3. CLASSIFICAÇÃO

As frutas, de acordo com as suas características, serão classificadas em:

a) Extra – esta classe deverá ser constituídas por frutas de ótima qualidade, sem defeitos sérios apresentando tamanho que e consentem tamanho, cor e conformação uniformes. Os pedúnculos e a polpa deverão estar intactos e uniformes. Não serão permitidas manchas ou defeitos na casca.

b) Primeira – esta classe deverá ser constituída por fruta de boa qualidade, sem defeitos sérios, apresentando tamanho, cor e conformação uniformes, devendo ser bem desenvolvidas e maduras. Serão tolerados ligeiros defeitos na conformação, tamanho e cor. As frutas poderão apresentar ligeiras manchas no epicarpo (casca), desde que não prejudiquem a sua aparência geral. A polpa deverá estar intacta e firme. O pedúnculo poderá estar ligeiramente danificado.

c) Segunda – esta classe deverá ser constituída por frutas de boa qualidade mas que não foram classificadas nas classes anteriores. As frutas poderão apresentar ligeiros defeitos na cor, desenvolvimento e conformação, desde que conservem as suas características e não prejudiquem a sua aparência. As frutas não poderão ser de tamanho muito pequeno. A casca não poderá estar danificada, sendo, porém, tolerados pequenos defeitos ou manchas. A polpa deverá estar intacta. Não serão permitidas rachaduras nas frutas, contudo serão toleradas rachaduras cicatrizadas.

d) Terceira – esta classe, destinada a fins industriais, será constituída por frutas que não foram classificadas nas classes anteriores, desde que conservem as suas características. Não será exigida a uniformidade no tamanho, grau de maturação e conformação. A frutas poderão ser de tamanho pequeno. Não serão permitidas rachaduras abertas, contudo serão toleradas as rachaduras cicatrizadas, defeitos e manchas na casca.

4. CARACTERÍSTICAS GERAIS

As frutas próprias para o consumo deverão ser procedentes de espécimens vegetais genuínos e sãos, e satisfazer a seguintes condições mínimas:

a) ser frescas;

b) ter atingido o grau máximo no tamanho, aroma, cor e sabor próprios da espécie variedade;

c) apresentar grau de maturação tal que lhes permita suportar a manipulação, o transporte e a conservação em condições adequadas para o consumo mediato e imediato;

d) ser colhidas cuidadosamente e não estar golpeadas ou danificadas por qualquer lesão de origem, física ou mecânica que afete a sua aparência; a polpa e o pedúnculo, quando houver, deverão se apresentar intactos e firmes;

e) não conter substância terrosa, sujidades ou corpos estranhos aderentes à superfície da casca;

f) estar isentas de umidade externa anormal, aroma e sabor estranhos;

g) estar livres de resíduos de fertilizantes.

[5. Não consta]

(*) Item 5 ausente na publicação oficial.

[6. Não consta]

(*) Item 6 ausente na publicação oficial.

7. CARACTERÍSTICAS MICROBIOLÓGICAS

Os morangos deverão obedecer ao seguinte padrão:

Bactérias do grupo coliforme de origem fecal: máximo, 10^2/g.

Salmonelas: ausência em 25 g.

Deverão ser efetuadas determinações de outros microrganismos e/ou de substâncias tóxicas de origem microbiana, em todos os tipos de frutas, sempre que se tornar necessária a obtenção de dados sobre o estado higiênico-sanitário dessa classe de alimento, ou quando ocorrerem toxinfecções alimentares.

8. CARACTERÍSTICAS MICROSCÓPICAS

Ausência de sujidades, parasitos e larvas.

9. ROTULAGEM

Quando embaladas, o rótulo deverá trazer a denominação da fruta e sua classificação.

NTA 18
FRUTAS CRISTALIZADAS E GLACEADAS

1. DESCRIÇÃO

1.1. Definição

"Fruta cristalizada ou glaceada" é o produto preparado com frutas, atendendo as definições destes padrões, nas quais se substitui parte da água da sua constituição por açúcares, por meio de tecnologia adequada, recobrindo-as ou não com uma camada de sacarose.

1.1.1. Entende-se por fruta para efeito deste padrão, todas as partes comestíveis de vegetais reconhecidamente apropriados para a obtenção do produto final.

1.2. Classificação

As "frutas cristalizadas ou glaceadas" classificam-se em:

a) Simples: quando preparadas com uma única espécie de fruta.

b) Mista: quando preparadas com duas ou mais espécies de frutas.

1.3. Apresentação

1.3.1. Cristalizada: quando recoberta ou não com uma camada de cristais de açúcar.

1.3.2. Glaceada: quando recoberta com uma camada supersaturada contínua de açúcar.

1.4. Designação

1.4.1. Os produtos elaborados com uma única espécie de fruta, serão designados pelo nome da fruta que lhe deu origem, seguida da palavra "Cristalizada" "glaceada", conforme a forma de apresentação.

1.4.2. Os produtos elaborados com duas ou mais espécies de frutas serão designados pelo nome genérico "frutas cristalizadas mistas" ou "frutas glaceadas mistas".

1.4.3. A designação do produto poderá incluir ou vir acompanhada de expressões que caracterizem o seu formato de apresentação ou uma peculiaridade do mesmo.

2. COMPOSIÇÃO E FATORES ESSENCIAIS DE QUALIDADE

2.1. Composição

2.1.1. Ingredientes obrigatórios:

a) Partes comestíveis de frutas, inteiras ou em pedaços, frescas, congeladas, desidratadas, em conserva ou por outros meios preservadas.

b) Sacarose.

2.1.2. Ingredientes opcionais:

a) Açúcar invertido, lactose, frutose, glicose e seus xaropes.

b) Especiarias, seus óleos, essenciais e extratos naturais, quando usados como condimento.

2.1.3. Teor de umidade

Inferior a 25%.

2.2. Fatores essenciais de qualidade

2.2.1. Cor: deverá estar de acordo com as espécies ou variedades de fruta empregada e com a tecnologia de fabricação utilizada.

2.2.2. Sabor e odor: característicos dos ingredientes utilizados, devendo o produto apresentar-se livre de sabores e odores estranhos.

2.2.3. Forma e tamanho: deverá apresentar forma e tamanho uniformes.

2.2.4. Ausência de defeitos: o produto não deverá apresentar defeitos decorrentes da utilização de frutas imaturas, de amadurecimento excessivo ou degenerescência das frutas que apresentarem esmagamento, ruptura da casca ou das que apresentem outras alterações.

2.2.5. Acondicionamento: o produto deverá ser acondicionado de modo a assegurar sua completa proteção, não devendo o material empregado interferir desfavoravelmente nas suas características de qualidade.

3. ADITIVOS INTENCIONAIS E COADJUVANTES DA TECNOLOGIA DE FABRICAÇÃO

3.1. Aditivos intencionais

Serão permitidos os aditivos intencionais relacionados no Anexo I do presente padrão e aqueles incluídos nos padrões e fixados para produtos específicos.

3.2. Coadjuvantes da tecnologia de fabricação

Serão permitidos aqueles relacionados no Anexo II dos presentes padrões e aqueles fixados para produtos específicos.

4. ADITIVOS INCIDENTAIS

4.1. Dióxido de enxofre

Tolerância máxima de 200 mg/kg, (duzentos miligramas/quilograma), decorrentes do emprego eventual no processamento dos ingredientes utilizados.

4.2. Resíduos de pesticidas

Deverão estar em correspondência com a quantidade da matéria-prima empregada, observado o limite de tolerância fixado para os ingredientes utilizados.

4.3. Contaminantes inorgânicos

Contaminante inorgânico	Tolerância máxima (mg/kg)
Antimônio	1,00
Arsênico	0,50
Cádmio	0,20
Chumbo	1,00
Cobre	15,00
Cromo	0,10
Estanho	250,00
Mercúrio	0,01
Níquel	1,00
Selênio	0,30
Zinco	25,00

4.4. Outros contaminantes

Serão obedecidos os limites de tolerância que vierem a ser especificamente fixados.

5. HIGIENE

5.1. Os produtos a que se refere o presente padrão obedecerão aos requisitos gerais de higiene para alimentos e os especificados para frutas e vegetais processados, não podendo:

5.1.1. Apresentar sujidades, parasitas, partes de insetos, fungos, fermentação, leveduras, detritos de animais ou vegetais e outras substâncias estranhas que indiquem o uso de ingredientes em condições impróprias e/ou manipulação ou emprego de tecnologia de elaboração inadequada.

5.1.2. Apresentar microrganismos em desenvolvimento sob condições normais de armazenamento.

5.1.3. Apresentar germes patogênicos e/ou substâncias tóxicas elaboradas por microrganismos, em quantidade que possam torná-las nocivas à saúde humana.

6. ROTULAGEM

Além dos dizeres e indicações, exigidos pelo Decreto-Lei nº 986 de 21 de outubro de 1969 e seu regulamentos, a rotulagem das frutas cristalizadas ou glaceadas, deverão indicar:

6.1. A designação correta do produto, de acordo com o presente padrão.

6.2. A relação das frutas e outros ingredientes empregados, em ordem de produção decrescente.

6.2.1. A indicação das frutas empregadas s será permitida quando o peso das mesmas representar no mínimo 3% do peso líquido total.

6.3. A classificação do produto, quanto à qualidade, quando esta for estabelecida em conformidade com o padrão de identidade e qualidade específico.

6.4. A identificação do lote ou partida de fabricação, expressamente ou em código.

7. AMOSTRAGEM E MÉTODOS DE ANÁLISES

7.1. Serão obedecidas as técnicas de amostragem, e métodos de análise adotados pela *Association of Official Analytical Chemical* (AOAC), pela Organização Internacional de Normalização (OSO), pela Comissão Panamericana de Normas Técnicas (COPANT), pelo *Food Chemicals Codex* e pelo Instituto Adolfo Lutz, até que venham a ser aprovados métodos de amostragem e análise oficiais.

7.2. A comprovação do atendimento das características de identidade e qualidade, fixadas pelo presente padrão, obedecerá o paradigma abaixo indicado:

a) Inspeção externa e interna da embalagem;

b) Avaliação dos fatores de qualidade;

c) Umidade;

d) Determinação do peso líquido;

e) Proporção das frutas utilizadas;

f) Aditivos e contaminantes;

g) Exame microscópico;

h) Exame microbiológico;

i) Eventuais.

ANEXO I

Aditivos Intencionais .... *Limite máximo (mg/kg)*

1. Antioxidantes – Ácido L-ascórbico 500

2. Conservadores – Ácido sórbico e seus saís de cálcio, potássio e sódio 1.000

ANEXO II – COADJUVANTES DA TECNOLOGIA DE FABRICAÇÃO

1. Pectina, em quantidade suficiente para a obtenção do efeito desejado.

2. Hidróxido, cloreto, sulfato e citrato de cálcio e fosfato de monocálcio, como agentes de endurecimento, na quantidade necessária à obtenção do efeito desejado, fixado o limite máximo de 200 mg/kg (duzentos miligramas/quilograma) expresso em (Ca), no produto acabado.

3. Goma arábica, para fixação dos cristais de açúcar na cobertura.

4. Ácido cítrico, láctico e tartárico e seu sais de cálcio potássio e sódio na quantidade estritamente necessária para ajustar o pH do produto.

5. Carbonatos e bicarbonatos de potássio ou sódio, na quantidade estritamente necessária para ajustar e corrigir o pH do produto.

NTA 19
FRUTAS SECAS OU DESSECADAS

1. DEFINIÇÃO

Fruta seca é o produto obtido pela perda parcial da água da fruta madura, inteira ou em pedaços, processos tecnológicos adequados.

2. DESIGNAÇÃO

O produto será designado simplesmente pelo nome da fruta que lhe deu origem, seguida da palavra "seca". Os produtos preparados com mais de uma espécie de frutas, terão a designação de "frutas secas mistas", seguida do nome das frutas componentes. Poderá também ser usada a palavra "passa", em lugar de "seca". Ex.: "uva passa".

3. CARACTERÍSTICAS GERAIS

O produto deverá ser preparado com frutas maduras, sãs e limpas, isentas de matéria terrosa, de parasitos, de detritos animais e vegetais. Não deverá conter substâncias estranhas à sua composição normal, exceto as previstas nesta Norma. Será tolerada a imersão das frutas em solução de cloreto de sódio, hidróxido de sódio ou carbonato de sódio, de acordo com as exigências da técnica de fabricação. As frutas secas ou dessecadas não poderão apresentar fermentações.

4. CARACTERÍSTICAS ORGANOLÉTICAS

Aspecto – fruta inteiras ou em pedaços, de consistência própria não esmagadas.

Cor – própria.

Cheiro – próprio.

Sabor – próprio.

5. CARACTERÍSTICAS FÍSICAS E QUÍMICAS

Umidade, máximo – 25% p/p.

6. CARACTERÍSTICAS MICROBIOLÓGICAS

As frutas secas e dessecadas deverão obedecer ao seguinte padrão:

Bactérias do grupo coliforme: máximo, 10^2/g.

Bactérias do grupo coliforme de origem fecal: ausência em 1 g.

Salmonelas: ausência em 25 g.

Bolores e leveduras: máximo, 10^2/g.

Deverão ser efetuadas determinações de outros microrganismos e/ou de substâncias tóxicas de origem microbiana, sempre que se tornar necessária a obtenção de dados sobre o estado higiênico-sanitário dessa classe de alimento, ou quando ocorrerem toxinfecções alimentares.

7. CARACTERÍSTICAS MICROSCÓPICAS

Ausência de sujidades, parasitos e larvas.

8. ROTULAGEM

No rótulo deverá constar o nome da fruta seguido da palavra "seca", "dessecada" ou "passa". Quando a embalagem contiver frutas secas de diversas espécies levará a denominação de "Frutas secas mistas", seguida do nome das frutas com as respectivas porcentagens em ordem descrente.

NTA 20
FRUTAS LIOFILIZADAS

1. DEFINIÇÃO

Fruta liofilizada é o produto obtido pela desidratação quase completa da fruta madura, inteira ou em pedaços, pelo processo tecnológico denominado "liofilização".

2. DESIGNAÇÃO

O produto será designado pelo nome da fruta que lhe deu origem, seguido da palavra "liofilizada". Ex.: "Banana liofilizada".

3. CLASSIFICAÇÃO

As frutas liofilizadas serão classificadas de acordo com a sua apresentação em:

a) frutas liofilizadas inteiras ou em pedaços;

b) frutas liofilizadas em pó.

4. CARACTERÍSTICAS GERAIS

O produto deverá ser preparado com frutas maduras, sãs e limpas, isentas de matéria terrosa, de parasitos e detritos animais e vegetais. Não deverá conter substâncias estranhas à sua composição normal, exceto as previstas nesta Norma. Quando o produto estiver embalado em recipiente hermeticamente fechado, o espaço livre não deverá exceder 10% de altura do recipiente. O ar do espaço livre deverá ser retirado ou substituído por gases inertes.

5. CARACTERÍSTICAS ORGANOLÉTICAS

Aspecto – frutas liofilizadas em pedaços ou em pó.

Cor – próprio.

Cheiro – próprio.

Sabor – próprio.

6. CARACTERÍSTICAS FÍSICAS E QUÍMICAS

Umidade, máximo, 5% p/p.

7. CARACTERÍSTICAS MICROBIOLÓGICAS

As frutas liofilizadas deverão obedecer ao seguinte padrão:

Bactérias do grupo coliforme: máximo, 10^2/g.

Bactérias do grupo coliforme de origem fecal: ausência em 1 g.

Salmonelas: ausência em 25 g.

Bolores e Leveduras: máximo, 10^2/g.

Deverão ser efetuadas determinações de outros microrganismos e/ou de substâncias tóxicas de origem microbiana, sempre que se tornar necessária a obtenção de dados sobre o estado higiênico-sanitário dessa classe de alimentos, ou quando ocorrerem toxinfecções alimentares.

8. CARACTERÍSTICAS MICROSCÓPICAS

Ausência de sujidades, parasitos e larvas.

9. ROTULAGEM

No rótulo, deverá constar o nome da fruta seguida da palavra "liofilizada" e sua classificação.

NTA 21
POLPA DE FRUTAS

1. DEFINIÇÃO

Polpa de fruta é o produto obtido por esmagamento das partes comestíveis de frutas carnosas, por processos tecnológicos adequados.

2. DESIGNAÇÃO

O produto será designado por "polpa " seguido do nome da fruta. Ex.: "polpa de goiaba".

4. CARACTERÍSTICAS GERAIS

O produto deverá ser preparado com frutas sãs, limpas e isentas de parasitos e de detritos animais ou vegetais. Não deverá conter fragmentos das partes não comestíveis da fruta, nem substâncias estranhas a sua composição normal, exceto as previstas nesta Norma. Será tolerada a adição de sacarose em proporção a ser declarada no rótulo.

5. CARACTERÍSTICAS ORGANOLÉTICAS

Aspecto – pasta mole.

Cor – própria.

Cheiro – própria.

Sabor – próprio.

[6. Não consta]

(*) Item 6 ausente na publicação oficial.

7. CARACTERÍSTICAS MICROBIOLÓGICAS

a) Polpa de frutas envasadas e que receberam tratamento térmico adequado:

Após 10 dias de incubação a 35ºC, não deverão observar sinais de alterações das embalagens (estufamentos, alterações, vazamentos, corrosões internas) bem como, quaisquer modificações de natureza física, química ou organolética do produto.

b) Os demais tipos de polpa de frutas deverão obedecer ao seguinte padrão:

Bactérias do grupo coliforme; máximo, 10^2/g.

Bactérias do grupo coliforme de origem fecal: ausência em 1 g.

Salmonelas: ausência em 25 g.

Bolores e leveduras: máximo, 10^2/g.

Deverão ser efetuadas determinações de outros microrganismos e/ou substâncias tóxicas de origem microbiana, sempre que se tornar necessária a obtenção de dados sobre o estado higiênico-sanitário dessas classes de alimentos, ou quando ocorrerem toxinfecções alimentares.

8. CARACTERÍSTICAS MICROSCÓPICAS

Ausência de sujidades, parasitos e larvas.

9. ROTULAGEM

No rótulo deverá constar a denominação "Polpa", seguida do nome da fruta.

NTA 22
NÉCTAR DE FRUTAS

1. DEFINIÇÃO

Néctar de frutas é o produto obtido pela mistura de 50%, no mínimo, de suco e polpa integrais de frutas maduras, finamente divididos e tamizados, água potável, sacarose, ácidos orgânicos e outras substâncias permitidas.

2. DESIGNAÇÃO

O produto será designado "Néctar", seguido do nome da fruta empregada. Ex.: "Néctar de manga", "Néctar de mamão".

3. CLASSIFICAÇÃO

Os néctares de frutas serão classificados em:

a) simples – quando preparados com uma única espécie de fruta;

b) mistos – quando preparados com a mistura de frutas de espécies diferentes.

4. CARACTERÍSTICAS GERAIS

Os néctares deverão ser preparados com frutas maduras, sãs, limpas, e isentas de matéria terrosa, de parasitos e de detritos animais e vegetais. Os néctares de fruta mistos poderão conter até três espécies de frutas diferentes. Deverão conter os sólidos insolúveis da parte comestível da fruta ou das frutas. Não deverão conter fragmentos das partes não comestíveis nem substâncias estranhas à sua composição normal.

5. CARACTERÍSTICAS ORGANOLÉTICAS

Aspecto – líquido, com sólidos em suspensão.

Cor – própria.

Cheiro – próprio.

Sabor – próprio.

[6. Não consta]

(*) Item 6 ausente na publicação oficial.

7. CARACTERÍSTICAS MICROBIOLÓGICAS

a) Os néctares de frutas preservados quimicamente deverão obedecer ao seguinte padrão:

Bactérias do grupo coliforme de origem fecal: ausência em 1 g.

Bolores e leveduras: máximo, 20/g.

b) Néctares de frutas envasadas e que receberam tratamento térmico adequado:

Após 10 dias de incubação a 35ºC, não deverão observar sinais de alterações das embalagens (estufamentos, alterações, vazamentos, corrosões internas) bem como, quaisquer modificações de natureza física, química ou organolética do produto.

c) Os demais néctares deverão obedecer ao seguinte padrão:

Bactérias do grupo coliforme: máximo, 10^2/g.

Bactérias do grupo coliforme de origem fecal: ausência em 1 g.

Bolores e leveduras: máximo, 10^2/g.

Deverão ser efetuadas determinações de outros microrganismo e/ou de substâncias tóxicas de origem microbiana, sempre que se tornar necessária a obtenção de dados sobre o estado higiênico-sanitário dessas classes de alimentos, ou quando ocorrerem toxinfecções alimentares.

8. CARACTERÍSTICAS MICROSCÓPICAS

Ausência de sujidades, parasitos e larvas.

9. ROTULAGEM

No rótulo deverá constar a denominação "Néctar", seguido do nome da fruta ou frutas empregadas.

NTA 23
SUCO DE FRUTAS

1. DEFINIÇÃO

Suco de frutas é o líquido obtido, por expressão ou extração de frutas maduras, por processos tecnológicos adequados.

2. DESIGNAÇÃO

O produto será designado "suco", seguido do nome da fruta que lhe deu origem. Ex.: "Suco de laranja", "Suco de uva".

3. CLASSIFICAÇÃO

O suco de fruta será classificado quanto à sua concentração em:

a) suco integral – é o que correspondente à definição;

b) suco concentrado – é o que foi parcialmente desidratado;

c) suco desidratado – é o produto sob a forma sólida, obtido pela desidratação do suco de fruta e cujo teor de umidade não exceda a 3%.

Incluem-se nesta Norma, entre outros, os seguintes sucos:

a) suco de caju – líquido obtido do caju, do pseudofruto (pedúnculo) do *Anacardium occidentale*.

Características organoléticas:

Aspecto: líquido, contendo sólidos em suspensão;
Cor: branco-amarelada;
Cheiro: próprio;
Sabor: próprio (adstringente).

Características físicas e químicas:	mínimo	máximo	
Densidade relativa a 20/20ºC	1,040	–,–	
Sólidos solúveis, ºBrix a 20ºC	10,0	–,–	
Relação sólidos solúveis em ºBrix/acidez em g% de ácido cítrico anidro	15,0	–,–	
Sólidos em suspensão	–,–	30,0%	(v/v)
Grau alcoólico em graus GL	–,–	0,5%	
Açúcares totais, naturais do caju	–,–	15,0%	(p/v)
Ácido ascórbico, em mg	50,0	–,–%	(p/v)

b) suco de maracujá – líquido obtido do maracujá *Passiflora sp*.

Características organoléticas:

Aspecto: líquido, contendo sólidos em suspensão;
Cor: amarelo-alaranjada;
Cheiro: próprio;
Sabor: próprio.

Características físicas e químicas:	mínimo	máximo	
Densidade relativa a 20/20ºC.	1,036	–,–	
Sólidos solúveis, ºBrix a 20ºC	9,0	–,–	
Relação sólidos solúveis em ºBrix/acidez em g% de ácido cítrico anidro	2,0	5,0%	
Sólidos em suspensão	–,–	30,0%	(v/v)
Grau alcoólico em graus GL	–,–	0,5%	
Açúcares totais, naturais do maracujá	7,0	13,0%	(p/v)
Ácido ascórbico, mg.	8,0	–,–%	(p/v)

c) suco de uva – líquido obtido por expressão da uva *Vitis sp*.

Características organoléticas;

Aspecto: líquido turvo, podendo conter pequeno depósito;
Cor: própria;
Cheiro: próprio;
Sabor: próprio;

Características físicas e químicas:	mínimo	máximo	
Densidade relativa a 20/20ºC	1,057	–,–	
Sólidos solúveis, ºBrix a 20º	14,0	–,–	
Relação sólidos solúveis em ºBrix/acidez em g% de ácido tartárico	15,0	45,0%	
Sólidos em suspensão	–,–	5,0%	(v/v)
Grau alcoólico em graus GL.	–,–	0,5%	
Açúcares totais, naturais de uva	–,–	20,0%	(p/v)
Acidez volátil, g% de ácido acético	–,–	0,025%	(p/v)
Acidez total, em g% de ácido tartárico	–,–	0,90%	(p/v)

d) suco de abacaxi – líquido obtido por expressão do abacaxi *Ananas sativus*.

Características organoléticas:

Aspecto: líquido límpido ou turvo;
Cor: branco-amarelada;
Cheiro: próprio;
Sabor: próprio.

Características físicas e químicas:	mínimo	máximo	
Densidade relativa a 20/20ºC	1,045	–,–	
Sólidos solúveis, ºBrix a 20ºC	10,0	–,–	
Relação sólidos solúveis em ºBrix/acidez em g% de ácido cítrico anidro	15,0	–,–	
Sólidos em suspensão	–,–	30,0%	(v/v)
Grau alcoólico em graus GL	–,–	0,5%	
Açúcares totais, naturais do abacaxi	–,–	15,0%	(p/v)
Ácido ascórbico, em mg.	15,0	–,–%	(p/v)

e) suco de goiaba – líquido obtido da goiaba *Psidium guajava*.

Características organoléticas:

Aspecto: líquido turvo;
Cor: avermelhada;
Cheiro: próprio;
Sabor: próprio.

Características físicas e químicas:	mínimo	máximo	
Densidade relativa a 20/20ºC	1,060	–,–	
Sólidos solúveis, ºBrix a 20ºC	6,0	–,–	
Relação sólidos solúveis em ºBrix/acidez total g%	–,–	30,0	
Sólidos em suspensão	–,–	50,0%	(v/v)
Grau alcoólicos em graus GL.	–,–	0,5%	
Açúcares totais, naturais da goiaba	5,0	–,– %	(p/v)
Acidez total, em g% em ácido málico	0,2	0,8%	(p/v)

f) suco de manga – líquido obtido da manga *Mangífera indica*.

Características organoléticas:

Aspecto: líquido turvo;
Cor: amarela;
Cheiro: próprio;
Sabor: próprio.

Características físicas e químicas:	mínimo	máximo	
Densidade relativa a 20/20ºC.	1,042	–,–	
Sólidos solúveis, ºBrix a 20ºC.	11,0	–,–	
Relação sólidos solúveis em ºBrix/acidez total em g%	27,0	–,–	
Sólidos em suspensão	–,–	40,0%	(v/v)
Grau alcoólico em graus GL	–,–	0,5%	
Açúcares totais, naturais da manga	–,–	16,0%	(p/v)
Acidez total, g% em ácido cítrico anidro	0,40	–,–%	(p/v)

g) suco de tamarindo – líquido obtido do tamarindo *Tamarindus indica*.

Características organoléticas:

Aspecto: líquido turvo;
Cor: castanha;
Cheiro: próprio;
Sabor: próprio.

Características físicas e químicas:	mínimo	máximo	
Densidade relativa a 20/20ºC	1,030	–,–	
Sólidos solúveis, ºBrix a 20ºC	6,0	–,–	
Sólidos em suspensão	–,–	30,0%	(v/v)
Grau alcoólico em graus GL	–,–	0,5%	
Acidez total, g% em ácido tartárico	1,5	–,–%	(p/v)

h) suco de tomate – líquido obtido do tomate *Solanum lycppersicum*.

Será tolerada a adição de cloreto de sódio até 0,5 por cento, devendo ser declarada na rotulagem.

Características organoléticas:

Aspecto: líquido, contendo sólidos em suspensão;
Cor: vermelha;
Cheiro: próprio;
Sabor: próprio.

Características físicas e químicas:	mínimo	máximo	
Acidez, em ácido cítrico anidro	–,–	0,7%	(p/v)
Sólidos totais	5,0	–,–	(p/v)
Resíduo mineral fixo	0,4	–,–%	(p/v)

4. CARACTERÍSTICAS GERAIS

O produto deverá ser preparado com frutas maduras, sãs, limpas e isentas de matéria terrosa, de parasitos e de detritos animais ou vegetais. A densidade dos sucos de frutas é variável. Poderão conter sólidos em suspensão. Não deverão conter fragmentos das partes não comestíveis da fruta, nem substâncias estranhas à sua composição normal.

[5. Não consta]

(*) Item 5 ausente na publicação oficial.

[6. Não consta]

(*) Item 6 ausente na publicação oficial.

7. CARACTERÍSTICAS MICROBIOLÓGICAS

a) Os sucos integrais de frutas deverão obedecer ao seguinte padrão:

Bactérias do grupo coliforme: máximo, 10^2/ml.

Bactérias do grupo coliforme de origem fecal: ausência em 1 ml.

Bolores e leveduras: máximo, 10^2/g.

b) Os sucos concentrados de frutas deverão obedecer ao seguinte padrão:

Contagem padrão em placas: máximo, 10^4/g.

Bactérias do grupo coliforme: máximo, 2 x 10/g.

Bactérias do grupo coliforme de origem fecal: ausência em 1 g.

Bolores e leveduras: máximo, 10^2/g.

c) Os sucos desidratados de frutas deverão obedecer ao seguinte padrão:

Contagem padrão em placas: máximo, 5 x 10^4/g.

Bactérias do grupo coliforme: máximo, 2 x 10/g.

Bactérias do grupo coliforme de origem fecal: ausência em 1 g.

Bolores e leveduras: máximo, 10^2/g.

d) Sucos de frutas envasados e que sofreram tratamento térmico adequado:

Após 10 dias de incubação a 35ºC, não deverão observar sinais de alterações das embalagens (estufamentos, alterações, vazamentos, corrosões internas), bem como, quaisquer modificações de natureza física, química ou organolética do produto.

Deverão ser efetuadas determinações de outros microrganismos e/ou de substâncias tóxicas de origem microbiana, sempre que se tornar necessária a obtenção de dados sobre o estado higiênico-sanitário dessas classes de alimentos, ou quando ocorrerem toxinfecções alimentares.

8. CARACTERÍSTICAS MICROSCÓPICAS

Ausência de sujidades, parasitos e larvas.

9. ROTULAGEM

No rótulo deverá constar a denominação "suco", seguida do nome da fruta. O produto concentrado, no rótulo, deverá trazer a indicação clara da diluição para a reconstituição do suco integral.

NTA 24
SUCO DE FRUTAS CÍTRICAS

1. DEFINIÇÃO

Suco de frutas cítricas é o líquido obtido por expressão ou extração de frutas cítricas, por processos tecnológicos adequados.

2. DESIGNAÇÃO

O produto será designado "suco", seguido do nome da fruta que lhe deu origem. Ex.: "suco de laranja", "suco de limão".

3. CLASSIFICAÇÃO

O suco de frutas cítricas será classificado quanto à sua concentração em:

a) integral;

b) concentrado;

c) desidratado.

Incluem-se nesta Norma, entre outros, os seguintes sucos:

a) suco de pomelo (*grapefruit*) – líquido obtido do pomelo *Citrus paradisi*.

Características físicas e químicas:

Integral:

Índice de refração a 20ºC – 1,3625 (valor médio).

Acidez, em ácido cítrico – 0,4% a 3,0% (p/v).

Resíduo mineral fixo – 0,34% a 0,56% (p/v).

Ácido ascórbico, mg por 100 ml – 35 a 65 (p/v).

ÍNDICE DE REFRAÇÃO A 20ºC

Concentração	Índice
3 x	1,3765 – 1,3790
4 x	1,3926 – 1,3970
5 x	1,4086 – 1,4120
6 x	1,4236 – 1,4270
7 x	1,4391 – 1,4430

b) suco de laranja – líquido obtido da laranja *Citrus sinensis.*

Características físicas e químicas:	mínimo	máximo	
Densidade relativa a 20/20ºC	1,042	–,–	
Sólidos solúveis, ºBrix a 20ºC	10,5	–,–	
Relação sólidos solúveis em ºBrix/acidez em g% de ácido cítrico, anidro	9,0	20,0	
Sólidos em suspensão	–,–	7,0	(v/v)
Grau alcoólico em graus GL	–,–	0,5	
Açúcares totais, naturais da laranja	–,–	13,0	(p/v)
Ácido ascórbico, mg por 100 ml	38,0	–,–	(p/v)
Óleo essencial	–,–	0,03	(v/v)

ÍNDICE DE REFRAÇÃO A 20ºC

Concentração	Índice
3 x	1,3816 – 1,3860
4 x	1,3996 – 1,4040
5 x	1,4181 – 1,4230
6 x	1,4381 – 1,4430
7 x	1,4566 – 1,4610

c) suco de limão – líquido obtido do limão *Citrus limonia.*

Características físicas e químicas	mínimo	máximo	
Densidade relativa a 20/20ºC	1,027	–,–	
Sólidos em suspensão	–,–	10,0%	(v/v)
Grau alcoólico em graus GL	–,–	0,5%	
Acidez total titulável, em g% de ácido cítrico, anidro	0,5	–,–	(p/v)
Ácido ascórbico, mg por 100 ml.	25,0	–,–	(p/v)
Óleo essencial de limão	–,–	0,010%	(v/v)

ÍNDICE DE REFRAÇÃO A 20ºC

Concentração	Índice
3 x	1,3681 – 1,3710
4 x	1,3796 – 1,3820
5 x	1,3911 – 1,3940
6 x	1,4041 – 1,4070
7 x	1,4149 – 1,4175

4. CARACTERÍSTICAS GERAIS

O produto deverá ser preparado com frutas maduras, sãs, limpas, isentas de matéria terrosa, de parasitos e detritos animais ou vegetais. A densidade dos sucos de frutas e variável. Poderão conter sólidos ou suspensão. Não deverão conter fragmentos das partes não comestíveis da fruta, nem substâncias estranhas à sua composição normal. Deverão estar isentos de leveduras, fermentações, parasitos e outras substâncias que indiquem manipulação defeituosa do produto.

[5. Não consta]

(*) Item 5 ausente na publicação oficial.

[6. Não consta]

(*) Item 6 ausente na publicação oficial.

7. CARACTERÍSTICAS MICROBIOLÓGICAS

a) Os sucos integrais de frutas deverão obedecer ao seguinte padrão:
Bactérias do grupo coliforme: máximo, 10^2/ml.
Bactérias do grupo coliforme de origem fecal: ausência em 1 ml.
Bolores e leveduras: máximo, 10^2/ml.

b) Os sucos concentrados de frutas deverão obedecer ao seguinte padrão:
Contagem padrão em placas: máximo, 5 x 10^4/g.
Bactérias do grupo coliforme: máximo, 2 x 10/g.
Bactérias do grupo coliforme de origem fecal: ausência em 1 g.
Bolores e leveduras: máximo, 10^2/g.

c) Os sucos desidratados de frutas deverão obedecer ao seguinte padrão;
Contagem padrão em placas: máximo, 5 x 10^4/g.
Bactérias do grupo coliforme: máximo 2 x 10/g.
Bactérias do grupo coliforme de origem fecal: ausência em 1 g.
Bolores e leveduras: máximo, 10^2/g.

d) Sucos de frutas envasadas e que sofreram tratamento térmico adequado:

Após 10 dias de incubação a 35ºC, não se deverão observar sinais de alterações das embalagens (estufamentos, alterações, vazamentos, corrosões internas) bem como, quaisquer modificações de natureza física, química ou organolética do produto.

Deverão ser efetuadas determinações de outros microrganismos e/ou de substâncias tóxicas de origem microbiana, sempre que se tornar necessária a obtenção de dados sobre o estado higiênico-sanitário dessas classes de alimentos ou quando ocorrerem toxinfecções alimentares.

8. CARACTERÍSTICAS MICROSCÓPICAS

Ausência de sujidades, parasitos e larvas.

9. ROTULAGEM

No rótulo deverá constar a denominação "suco", seguida do nome da fruta. O produto concentrado e o desidratado, no rótulo, deverá trazer a indicação clara da diluição para a reconstituição do suco integral.

NTA 25
GELEIA DE FRUTAS

1. DEFINIÇÃO

Geleia de frutas é o produto obtido pela cocção de frutas, inteiras ou em pedaços, polpa ou suco de frutas, com açúcar e água e concentrado até consistência gelatinosa.

2. DESIGNAÇÃO

O produto será designado, genericamente, "geleia", seguido do nome da fruta de origem.

3. CLASSIFICAÇÃO

As geleias de frutas são classificadas em:

a) comum – quando preparadas numa proporção de 40 partes de frutas frescas, ou seu equivalente, para 60 partes de açúcar. As geleias de marmelo, laranja e maçã poderão ser preparadas com 35 partes de frutas, ou seu equivalente à fruta fresca, e 65 partes de açúcar.

b) extra – quando preparadas numa proporção de 50 partes de frutas frescas, ou seja equivalente, para 50 partes de açúcar.

4. CARACTERÍSTICAS GERAIS

O produto deverá ser preparado de frutas sãs e limpas, isentas de matéria terrosa, de parasitos, de detritos animais ou vegetais, e de fermentações. Poderá ser adicionado de glicose ou açúcar invertido. Não deverá conter substâncias estranhas à sua composição normal, exceto as previstas nesta Norma. Deverá estar isento de pedúnculos e de cascas, mas poderá conter fragmentos da fruta, dependendo da espécie empregada no preparo do produto. Não poderá ser colorido e nem aromatizado artificialmente. Será tolerada a adição de acidulantes e de pectina para compensar qualquer deficiência no conteúdo natural de pectina ou de acidez da fruta.

5. CARACTERÍSTICAS ORGANOLÉTICAS

As geleias deverão apresentar-se sob o aspecto de massa gelatinosa, de consistência tal, que, quando extraídas de seu recipientes, sejam capazes de se manterem no estado semissólido. As geleias transparentes que não contiverem em sua massa pedaços de frutas deverão, ainda, apresentar elasticidade ao toque, retornando a sua forma primitiva após ligeira pressão. A cor e o cheiro deverão ser próprios da fruta de origem. O sabor deverá ser doce, semiácido, de acordo com a fruta de origem.

6. CARACTERÍSTICAS FÍSICAS E QUÍMICAS

	Comum	Extra
Umidade, máximo	38% p/p	35% p/p
Sólidos solúveis totais, máximo	62% p/p	65% p/p
Pectina Adicionada, máximo	2% p/p	2% p/p

7. CARACTERÍSTICAS MICROBIOLÓGICAS

As geleias de fruta deverão obedecer ao seguinte padrão:

Bactérias do grupo coliforme: máximo, 10^2/g.

Bactérias do grupo coliforme de origem fecal: ausência em 1 g.

Salmonelas: ausência em 25 g.

Bolores e leveduras: máximo, 10^2/g.

Deverão ser efetuadas determinações de outros microrganismos e/ou de substâncias tóxicas de origem microbiana, sempre que se tornar necessária a obtenção de dados sobre o estado higiênico-sanitário dessa classe de alimento, ou quando ocorrerem toxinfecções alimentares.

8. CARACTERÍSTICAS MICROSCÓPICAS

Ausência de sujidades, parasitos e larvas.

9. ROTULAGEM

No rótulo deverá constar a denominação genérica "Geleia", seguida do nome da fruta de origem. Poderá constar a palavra extra, quando satisfazer as condições exigidas nesta Norma.

NTA 26
COMPOTA OU FRUTA EM CALDA

1. DEFINIÇÃO

Compota ou fruta em calda é o produto obtido de frutas inteiras ou em pedaços, com ou sem sementes ou caroços, com ou sem casca, e submetidas a cozimento incipiente, enlatadas ou envidradas, praticamente cruas, cobertas com calda de açúcar. Depois de fechado em recipientes, o produto submetido a um tratamento térmico adequado.

2. DESIGNAÇÃO

O produto será designado por "compota" seguido do nome da fruta ou frutas; ou nome da fruta ou frutas seguido da expressão "em calda". Ex.: "Compota de figo" ou "Figo em calda", "Compota de laranja e pêssego" ou "Laranja e pêssego em calda". O produto preparado com mais de três espécies, receberá a designação genérica de "Salada de frutas" ou de "Miscelânea de frutas", seguida da expressão "em calda".

3. CLASSIFICAÇÃO

As compostas serão classificadas de acordo com sua composição em:

a) compota simples – produto preparado com apenas uma espécie de fruta;

b) compota mista em calda – produto preparado com duas espécies de frutas;

c) salada de frutas ou miscelânea de frutas – produto preparado com três ou mais espécies de frutas, em pedaços de tamanhos razoavelmente uniforme, até o máximo de cinco, não sendo permitido menos de 1/5 da quantidade de qualquer espécie em relação ao peso total das frutas escorridas. Se o produto contiver cerejas, estas podem perfazer a quantidade entre 3 e 8% sobre o peso total das frutas escorridas, e se forem uvas, de 6 a 12% sobre o mesmo total.

4. CARACTERÍSTICAS GERAIS

O produto deverá ser preparado com frutas sãs, limpas, isentas de matéria terrosa parasitos e de detritos animais ou vegetais. O produto não deverá ser colorido nem aromatizado artificialmente. Somente para a cereja será permitida a recoloração. Poderá ser adicionado de glicose ou açúcar invertido. As frutas deverão obedecer às classificações e graduações de tamanho específico para cada espécie. O espaço livre aos recipientes não deverá exceder de 10 por cento da altura dos mesmos. A pressão no interior dos recipientes não deverá ser superior a 300 mm de Hg.

5. CARACTERÍSTICAS ORGANOLÉTICAS

Aspecto – frutas inteiras ou em pedaços.

Cor – própria da fruta ou das frutas de origem.

Cheiro – próprio.

Sabor – próprio.

6. CARACTERÍSTICAS FÍSICAS E QUÍMICAS

Densidade da calda em graus Brix – entre 14 e 40º.

7. CARACTERÍSTICAS MICROBIOLÓGICAS

Após 10 dias de incubação a 35ºC, não se deverão observar sinais de alterações das embalagens (estufamentos, alterações, vazamentos, corrosões internas) bem como, quaisquer modificações de natureza física, química ou organolética do produto.

Deverão ser efetuadas determinações de outros microrganismos e/ou substâncias tóxicas de origem microbiana, sempre que se tornar necessária a obtenção de dados sobre o estado higiênico-sanitário dessa classe de alimento, ou quando ocorrerem toxinfecções alimentares.

8. CARACTERÍSTICAS MICROSCÓPICAS

Ausência de sujidades, parasitos e larvas.

9. ROTULAGEM

No rótulo deverá constar a denominação do produto de acordo com a designação constante nesta Norma. Nas compotas simples e mistas, deverá constar, ainda, o estado de apresentação da fruta, se inteira, em metade ou em pedaços, com ou sem caroço ou outras indicações da apresentação. Deverá constar, também, o peso das frutas escorridas ou drenadas.

NTA 27
DOCE DE FRUTA EM CALDA

1. DEFINIÇÃO

Doce de fruta em calda é o produto obtido de frutas inteiras ou em pedaços, com ou sem sementes ou caroços, com ou sem casca, cozido em água e açúcar, enlatado ou envidrado e submetido a um tratamento térmico adequado.

2. DESIGNAÇÃO

O produto será designado por “doce” seguido do nome da fruta e da expressão “em calda”. Ex.: “Doce de goiaba em calda”.

[3. Não consta]

(*) Item 3 ausente na publicação oficial.

4. CARACTERÍSTICAS GERAIS

O produto será preparado com frutas sãs, limpas, isentas de matéria terrosa, de parasitos e de detritos animais e vegetais. O produto não poderá ser colorido ao aromatizado artificialmente. Poderá ser adicionado de glicose e açúcar invertido. O espaço livre dos recipientes não deverá exceder de 10 por cento da altura dos mesmos. A pressão do interior dos recipientes não deverá ser superior a 300 mm de Hg.

5. CARACTERÍSTICAS ORGANOLÉTICAS

Aspecto – frutas inteiras ou em pedaços.

Cor – própria da fruta de origem.

Cheiro – próprio.

Sabor – doce, próprio.

6. CARACTERÍSTICAS FÍSICAS E QUÍMICAS

Densidade da calda em ºBrix – entre 30 e 65º

7. CARACTERÍSITCAS MICROBIOLÓGICAS

Após 10 dias de incubação a 35ºC não se deverá observar sinais de alterações das embalagens (estofamentos, alterações, vazamentos, corrosões internas) bem como, quaisquer modificações de natureza física, química ou organolética do produto.

Deverão ser efetuadas determinações de outros microrganismos e/ou de substâncias tóxicas de origem microbiana, sempre que se tornar necessária a obtenção de dados sobre o estado higiênico-sanitário dessa classe de alimentos, ou quando ocorrerem toxinfecções alimentares.

8. CARACTERÍSITCAS MICROSCÓPICAS

Ausência de sujidades, parasitos e larvas.

9. ROTULAGEM

Nos rótulos dos doces e frutas em calda, deverá constar a denominação “Doce de (nome da fruta) em calda”. Deverá constar, ainda, o peso das frutas escorridas ou drenadas.

NTA 28
DOCES EM PASTA

1. DESCRIÇÃO

1.1. Definição

“Doce em Pasta” é o produto resultante do processamento adequado das artes comestíveis desintegradas de vegetais com açúcares, com ou sem adição de água, pectina, ajustador de pH e outros ingredientes e aditivos permitidos por estes padrões até uma consistência apropriada, sendo finalmente, acondicionando de forma a assegurar sua perfeita conservação.

1.1.1. Os doces em pasta poderão apresentar eventualmente pedaços de vegetais.

1.1.2. Entende-se como “vegetais”, para efeito destes padrões, todas as frutas, tubérculos e outras partes comestíveis reconhecidamente apropriadas para elaboração de doce em pasta.

1.1.3. Entende-se como “partes comestíveis de vegetais”, para efeito destes padrões aqueles provenientes de vegetais frescos, congelados, desidratados, em conserva, ou por outros meios preservados no seu estado natural ou desintegrados por processos tecnológicos adequados.

1.2. Classificação

Os doces em pasta classificam-se em:

1.2.1. Quanto ao vegetal empregado:

a) Simples – quando preparado com uma única espécie vegetal.

b) Misto – quando preparado com a mistura de mais de uma espécie vegetal.

1.2.2. Quanto à consistência:

a) Cremoso – quando a pasta e homogênea e de consistência mole, não devendo oferecer resistência, nem possibilidade de corte.

b) Em massa – quando a pasta homogênea e de consistência que possibilite o corte.

1.3. Designação

Os doces em pasta serão designados:

1.3.1. Pela palavra “doce” seguido do nome da espécie vegetal ou das espécies vegetais empregadas, quando se tratar, respectivamente de “doces em pastas simples” ou “doce em pasta misto”.

1.3.2. Pela oposição de sufixo "ada" ao nome da fruta, quando se tratar de "doce em massa" elaborado com uma única espécie de fruta.

1.3.3. Pela indicação "doce em massa" seguido do nome das frutas empregadas na sua elaboração, facultada a associação do nome das respectivas frutas, quando empregada mais de uma espécie de fruta.

1.3.4. Pela palavra "doce" seguida do nome da espécie ou espécies vegetais empregadas e da palavra "cremoso", quando se tratar de doce em pasta de consistência cremosa.

1.3.5. Pela palavra "miscelânea" seguida do nome das espécies vegetais empregadas, quando se tratar de associação individualizada, na mesma embalagem, de diferentes classes de doce em pasta.

2. COMPOSIÇÃO E FATORES ESSENCIAIS DE QUALIDADE

2.1. Composição

2.1.1. Ingredientes obrigatórios:

a) Partes comestíveis de vegetais conforme definido em 1.1.3.

b) Isoladamente ou em combinação adequada: sacarose, açúcar invertido e seus xaropes e glucose.

2.1.2. Ingredientes opcionais:

a) Suco de frutas.

b) Mel de abelha.

c) Ervas e especiarias ou seus princípios ativos, em quantidades suficientes para uma boa elaboração de produto.

2.1.3. O doce em pasta deverá ser elaborado a partir de uma mistura contendo não menos que 50 partes dos ingredientes vegetais para cada 50 partes em peso dos açúcares utilizados.

2.1.4. As proporções fixadas por estes padrões são baseadas no teor normal de sólidos solúveis da frutas componentes *in natura*.

2.1.5. A proporção mínima de cada ingrediente vegetal será de 20% sobre o total dos ingredientes vegetais quando participar mais de um vegetal na composição do produto.

2.1.6. Exceções eventuais, devido às necessidades tecnológicas para uma boa elaboração tendo em vista determinado tipo de vegetal utilizado, serão tratadas particularmente e deverão constar dos padrões específicos para os produtos correspondentes.

2.1.7. O teor de sólidos solúveis do produto final não deverá ser inferior a 55% para os cremosos e 65% para os doces em massa.

2.2. Fatores Essenciais de Qualidade

2.2.1. Cor – a cor deverá ser própria dos produtos, conforme ingredientes e a tecnologia da elaboração.

2.2.2. Sabor e odor – próprios dos ingredientes, devendo o produto ser isento de sabores e odores estranhos à sua composição.

2.2.3 Consistência – apropriada para cada tipo de produto.

2.2.4. Ausência de defeitos – o produto deverá estar praticamente isento de defeitos, tais como: matérias estranhas inócuas, fragmentos vegetais não comestíveis ou outros, apresentados, conforme o tipo do produto.

2.2.5. Acondicionamento – o produto deverá ser acondicionado de modo a assegurar a sua proteção, não devendo o material empregado interferir desfavoravelmente nas características de sua qualidade.

3. ADITIVOS INTENCIONAIS E COADJUVANTES DA TECNOLOGIA DE FABRICAÇÃO

3.1. Aditivos Intencionais

Poderão ser empregados os aditivos intencionais relacionados no Anexo I dos presentes padrões e àqueles que vierem a ser autorizados para produtos específicos e finalidades específicas.

3.2. Coadjuvantes da Tecnologia de Fabricação

Poderão ser empregadas as substâncias relacionadas no Anexo II dos presentes padrões e aqueles que vierem a ser autorizadas para produtos específicos e com finalidades específicas.

4. ADITIVOS INCIDENTAIS

4.1. Dióxido de Enxofre

Tolerância máxima de 100 mg/kg (cem miligramas/quilo), resultante do seu eventual emprego, no pré-processamento ou preservação dos vegetais utilizados.

4.2. Resíduos de Pesticidas

Os resíduos de pesticidas só serão tolerados, quando em correspondência com a qualidade de ingredientes empregado, obedecida a tolerância fixada para o mesmo.

4.3. Contaminantes Inorgânicos

Contaminantes inorgânicos	Tolerância máxima (mg/kg)
Antimônio – Sb	1,00
Arsênico – As	0,20
Cádmio – Cd	0,20
Chumbo – Pb	0,50
Cobre – Cu	15,00

Cromo – Cr 0,10
Estanho – Sn 250,00
Mercúrio – Hg 0,01
Níquel – Ni 1,00
Selênio – Se 0,30
Zinco – Zn 25,00

4.4. Outros Contaminantes

Serão obedecidos os limites aos requisitos de tolerância que vierem a ser especificamente fixados.

5. HIGIENE

Os doces em pasta obedecerão aos requisitos gerais de higiene e aos requisitos específicos de higiene fixados para os vegetais e as frutas processadas, não podendo:

5.1. apresentar sujidades, partes de insetos, fungos, leveduras, detritos orgânicos e de outras substâncias estranhas em quantidade que indique utilização de ingredientes em condições insatisfatórias ou tecnologia de processamento inadequada;

5.2. apresentar após sete dias de incubação a 35ºC, modificações de natureza físico-química ou organolética, assim como alterações das embalagens (estufamento, vazamentos e corrosão);

5.3. apresentar níveis de contaminação além daqueles fixados pelos padrões microbiológicos vigentes.

6. PESOS E MEDIDAS

Os doces em pasta deverão atender a legislação específica em vigor.

7. CRITÉRIO DE ENCHIMENTO

7.1. Enchimento mínimo (somente para recipientes rígidos) – os recipientes deverão estar convenientemente cheios e o produto não deverá ocupar menos de 90% (noventa por cento) da capacidade do mesmo.

7.2. A capacidade do recipiente o volume de água destilada, a 20ºC, que cabe no recipiente hermeticamente fechado quando completamente cheio.

8. ROTULAGEM

Além dos dizeres e indicações exigidas pelo Decreto-Lei nº 986, de 21 de outubro de 1969 e seu Regulamentos, o rótulo dos doces em pasta deverá indicar:

8.1. a designação correta do produto fixado neste padrão;

8.2. declaração da lista dos ingredientes na ordem decrescente do respectivo peso, com exceção da água, quando for o caso;

8.3. a classificação correspondente à respectiva qualidade, quando a mesma for certificada pelo órgão federal competente;

8.4. identificação do lote ou partida de fabricação, expressamente ou em código;

8.5. as exigências da legislação metrológica vigente.

9. AMOSTRAGEM E METÓDOS DE ANÁLISE

9.1. Serão obedecidas as técnicas de amostragem e métodos de análise adotados pelo Instituto Adolfo Lutz (IAL), pela *Association of Official Analytical Chemical* (AOAC), pela Organização Internacional de Normalização (ISO) e pela Comissão Panamericana de Normas Técnicas (COPANT), até que venham a ser aprovados métodos de amostragem e análise oficiais.

9.2. A comprovação do atendimento das características de identidade e qualidade, fixadas pelo presente padrão, obedecerá o paradigma abaixo indicado.

a) Inspeção externa e interna da embalagem;
b) Avaliação dos fatores e qualidade;
c) Umidade;
d) Determinação de sólidos solúveis;
e) Determinação do peso líquido;
f) Proporção das frutas (vegetais) utilizadas;
g) Aditivos e contaminantes;
h) Exame Microscópico;
i) Exame microbiológico;
j) Eventuais.

ANEXO I – ADITIVOS INTENCIONAIS

1. Antioxidante .... Limite Máximo
   Ácido L-ascórbico .... 500 mg/kg
2. Conservadores
   Benzoato de Sódio (ácido benzóico) .... 2000 mg/kg
   Ácido Sórbico – isoladamente ou em combinação até .... 2000 mg/kg
   Sorbato de potássio, cálcio ou sódio .... 2000 mg/kg

ANEXO II – COADJUVANTES DA TECNOLOGIA DE FABRICAÇÃO

1. Pectina, agar-agar e goma garrofin, em quantidade para compensar possível deficiência dos ingredientes em substâncias pécticas dos vegetais básicos.

2. Ácido cítrico, ácido lático, ácido tartárico, ácido fosfórico como agentes de ajustamento correção do pH, quando necessário e em quantidade para se atingir os objetivos desejados.

3. Sais de sódio, potássio ou cálcio, dos ácidos mencionados em (2), utilizados como reguladores do pH, somente quando necessários e em quantidade para obtenção de efeito desejado.

4. Carbonato e bicarbonato de sódio e potássio usados para eventuais correções do pH.

5. Mono e diglicerídeos provenientes de óleos e gorduras comestíveis como agentes antiespumíferos nas quantidades mínimas para obter o efeito desejado.

NTA 29
COCO RALADO

1. DEFINIÇÃO

Coco ralado é o produto obtido do endosperma do fruto do coqueiro (*Cocos nucifera*), por processo tecnológico adequado e separado parcialmente da emulsão óleo/água (leite de coco) por processos mecânicos.

2. DESIGNAÇÃO

O produto será designado "coco ralado" seguido de sua classificação.

3. CLASSIFICAÇÃO

De acordo com as suas características o coco ralado poderá ser:

a) coco ralado puro, de baixo teor de gordura – coco ralado sem qualquer adição e que conserva parte dos componentes do endosperma do fruto; contém de 35 a 60% de lipídios;

b) coco ralado puro, de alto teor de gordura – o coco ralado sem qualquer adição e que conserva parte dos componentes do endosperma do fruto; contém acima de 60% de lipídios;

c) coco ralado açucarado – o coco ralado adicionado de açúcar (sacarose) e que conserva parte dos componentes do endosperma do fruto; poderá conter, no máximo, 30% de sacarose total.

4. CARACTERÍSTICAS GERAIS

O coco ralado deverá ser elaborado com endosperma procedente de frutos sãos e maduros. Não poderá apresentar cheiro alterado ou rançoso.

5. CARACTERÍSTICAS ORGANOLÉTICAS

	Coco ralado puro	*Coco ralado açucarado*
Aspecto	Fragmentos soltos	Grânulos recobertos de açúcar
Cor	Branca	Branca
Cheiro	Próprio, não rançoso	próprio, não rançoso
Sabor	Próprio, não rançoso	próprio, doce, não rançoso

6. CARACTERÍSTICAS FÍSICAS E QUÍMICAS

	Coco ralado puro baixo teor de gordura	*Coco ralado puro alto teor de gordura*	*Coco ralado açucarado*
Umidade, máximo	4% p/p	4% p/p	4% p/p
Acidez, em ml de solução normal, máximo	3% v/p	3% p/p	3% p/p
Lipídios, máximo	60% p/p	acima de 60% p/p	min. 35% p/p
Lipídios mínimo	35% p/p		
Açúcar não redutor expresso em sacarose em relação aos lipídios, máximo	12% p/p	12% p/p	–
Açúcar (sacarose) total máximo	–	–	30%

7. CARACTERÍSTICAS MICROBIOLÓGICAS

O coco ralado deverá obedecer ao seguinte padrão:

Bactérias do grupo coliforme: máximo 10^2 g.

Bactérias do grupo coliforme de origem fecal, ausência em 1 g.

Clostrídios sulfito redutores (a 44ºC), máximo, 2x10/g.

Staphylococcus aureus: ausência em 1 g.

Salmonelas: ausência em 25 g.

Bolores e leveduras: máximo, $5x10^2$ g.

Deverão ser efetuadas determinações de outros microrganismos e/ou de substâncias tóxicas de origem microbiana, sempre que tornar necessária a obtenção de dados sobre o estado higiênico-sanitário dessa classe de alimento, ou quando ocorrerem toxinfecções alimentares.

8. CARACTERÍSTICAS MICROSCÓPICAS

Ausência de sujidades, parasitos e larvas.

9. ROTULAGEM

Deverá constar do rótulo a denominação completa do produto: "Coco ralado puro, baixo teor de gordura", "Coco ralado puro, alto teor de gordura", "Coco ralado açucarado".

NTA 30
LEITE DE COCO

1. DEFINIÇÃO

Leite de coco é a emulsão aquosa extraída do endosperma do fruto do coqueiro (*Cocos nucifera*) por processos mecânicos adequados.

2. DESIGNAÇÃO

O produto será designado "leite de coco", seguido de sua classificação.

3. CLASSIFICAÇÃO

De acordo com as suas características próprias e composição, o leite de coco poderá ser classificado em:

a) leite de coco natural – quando corresponder à definição;

b) leite de coco açucarado – quando tiver sido adicionado de açúcar;

c) leite de coco concentrado – quando tiver sido parcialmente desidratado;

d) leite de coco em pó ou leite de coco desidratado – quando tiver sido quase totalmente desidratado, até forma seca.

4. CARACTERÍSTICAS GERAIS

O leite de coco deverá ser preparado com endosperma procedente de frutos sãos, maduros. Deverá estar isento de substâncias estranhas à sua composição, exceto as previstas nesta Norma.

5. CARACTERÍSTICAS ORGANOLÉTICAS

Natural	Açucarado	Concentrado	Pó
Aspecto – Emulsão espessa	Líquido espesso, translúcido podendo haver separação de emulsão	Líquido xaroposo, podendo haver separação de emulsão	Pó solto
Cor – Branco-leitosa	Branco-leitosa	Branco-amarelada	Branca
Cheiro – Próprio, não rançoso	Próprio, doce, não rançoso	Próprio, não rançoso	Próprio, não rançoso
Sabor – Próprio, não rançoso	Próprio, doce, não rançoso	Próprio, não rançoso	Próprio, não rançoso

6. CARACTERÍSTICAS FÍSICAS E QUÍMICAS

	Natural	Açucarado	Concentrado	Pó
Acidez, em ml de solução normal máximo	5% v/p	5% v/p	7% v/p	7% v/p
Lipídios (Gerber), mínimo	25% p/p	18% p/p	entre 40% e 75% p/p	entre 40% e 75% p/p
Açúcar não redutor, expresso em sacarose, em relação aos lipídios, máximo	20% p/p	–	20% p/p	20% p/p
Açúcar (sacarose) total máximo	–	40% p/p	–	–

7. CARACTERÍSTICAS MICROBIOLÓGICAS

a) Leite de coco envasado e que recebeu tratamento térmico adequado:

Após 10 dias de incubação a 35ºC, não se deverão observar sinais de alterações das embalagens (estufamentos, alterações, vazamentos, corrosões internas bem como, quaisquer modificações de natureza física, química ou organolética do produto.

b) O leite de coco concentrado e o desidratado, deverão obedecer ao seguinte padrão:

Bactérias do grupo coliforme: máximo, 10^2/g.

Bactérias do grupo coliforme de origem fecal: ausência em 1 g.

Clostrídios sulfito redutores (a 44ºC): máximo, 2 x 10/g.
Salmonelas: ausência em 25 g.
Bolores e leveduras: máximo, 2 x 10^2/g.

c) Os demais tipos de leite de coco, deverão obedecer ao seguinte padrão:
Bactérias do tipo coliforme: máximo 10^2/ml.
Bactérias do grupo coliforme de origem fecal: ausência em 1 ml.
Clostrídios sulfito redutores (a 44ºC): máximo, 2 x 10/ml.
Staphylococcus aureus: ausência em 1 ml.
Salmonelas: ausência em 25 ml.
Bolores e leveduras: máximo, 10^2/ml.

Deverão ser efetuadas determinações de outros microrganismos e/ou de substâncias tóxicas de origem microbiana, sempre que se tornar necessária a obtenção de dados sobre o estado higiênico-sanitário dessas classes de alimentos, ou quando ocorrerem toxinfecções alimentares.

8. CARACTERÍSTICAS MICROSCÓPICAS

Ausência de sujidades, parasitos e larvas.

9. ROTULAGEM

Deverá constar do rótulo a denominação completa do produto "Leite de coco natural", "Leite de coco açucarado", "Leite de coco concentrado", "Leite de coco em pó" ou "Leite de coco desidratado".

NTA 31
HORTALIÇAS EM CONSERVA

1. DESCRIÇÃO

1.1. Definição

"Hortaliças em Conserva" é o produto preparado com as partes comestíveis de hortaliças, como tal definidas nestes padrões, envasadas praticamente cruas, rehidratadas ou pré-cozidas imersas ou não em líquido de cobertura apropriado, submetidas a adequado processamento tecnológico antes ou depois de fechadas hermeticamente nos recipientes utilizados a fim de evitar sua alteração.

1.1.1. Entende-se por "Hortaliça", para efeito deste padrão, tubérculos, raízes, rizomas, bulbos, talos, brotos, folhas, inflorescências, pecíolos, frutos, sementes e cogumelos comestíveis cultivados, reconhecidamente apropriados para elaboração de conservas.

1.2. Classificação

As hortaliças em conserva classificam-se em:

a) Simples – quando preparadas com uma única espécie vegetal;

b) Mistas – quando preparadas com duas espécies vegetais;

c) Miscelânea, Jardineira, Salada ou Seleta, quando preparada com mais de duas espécies de vegetais.

1.3. Apresentação

As hortaliças em conserva são apresentadas:

1.3.1. Quanto à forma de acondicionamento:

a) com líquido de cobertura;

b) sem líquido de cobertura, quando o líquido não exceder a 20% do peso dos vegetais que compões as hortaliças em conserva.

1.3.2. Quanto ao tipo de variedades:

Quanto aos tipos de variedades utilizados derem origem a produtos diferenciados, as hortaliças em conserva deverão ser apresentadas conforme os respectivos tipos.

1.3.3. Quanto a forma de apresentação:

As hortaliças em conserva deverão ser apresentadas, de acordo com o formato dos vegetais que compõem o produto: inteiros ou cortados, de tamanhos e formas regulares ou não, com ou sem casca, com ou sem sementes, através de denominações específicas que evidenciem o respectivo formato.

1.3.4. Quanto ao tamanho:

As hortaliças em conserva deverão ser apresentadas, quanto ao tamanho, sempre que o mesmo der origem a produtos diferenciados, através de denominação que evidenciem as respectivas dimensões.

1.4. Designação

1.4.1. Pelo nome do vegetal empregado, quando elaboradas com uma única espécie vegetal, seguido ou precedido da palavra "conserva" ou seguido do nome do respectivo líquido de cobertura.

1.4.2. Pelos nomes dos vegetais empregados, quando elaborados com duas espécies vegetais, seguidos ou precedidos da palavra "conserva" ou seguidos do nome do líquido de cobertura, devendo ser empregado em primeiro lugar o nome do componente usado em maior quantidade, tais como "Ervilha com Cenoura em Conserva", "Batata com Cenoura em Molho de Manteiga".

1.4.3. Pelas expressões “miscelânea”, “Jardineira”, “salada”, ou “seleta” seguidas da indicação das hortaliças empregadas, quando elaboradas com três ou mais espécies vegetais.

1.4.4. Pela expressão “sem líquido de cobertura”, seguida opcionalmente da designação “Solid Pack” precedida das designações indicadas em 1.4.1, 1.4.2 e 1.4.3, quando elaboradas sem líquido de cobertura.

1.4.5. Caso a variedade vegetal utilizada diferencie o produto, esta diferenciação deverá ser mencionada acompanhando ou compondo a designação.

1.4.6. Caso o produto apresente alguma peculiaridade que o diferencie, esta poderá ser mencionada, acompanhando ou compondo a designação, tais como “Aspargos Verdes em Conserva”, “Tomate Pelado em Conserva”.

1.4.7. A forma de apresentação e o tamanho das hortaliças empregadas, deverão acompanhar ou compor a designação do produto, sempre que as mesmas deem origem a produtos diferenciados ou sejam objeto de classificação específica.

1.4.8. Designações opcionais tais como “Hortaliças Frescas em Conserva”, “Hortaliças ao Natural em Conserva” e semelhantes, serão permitidas exclusivamente em conservas elaboradas com hortaliças que não tenham sido rehidratadas.

2. COMPOSIÇÃO E FATORES ESSENCIAIS DE QUALIDADE

2.1. Composição

2.1.1. Ingredientes obrigatórios:

Partes comestíveis de hortaliças inteiras, ou fragmentadas, frescas, congeladas, desidratadas ou por meios preservadas.

2.1.2. Ingredientes opcionais:

a) Água, sal, sacarose;

b) Açúcar invertido, glicose e seus xaropes, exceto para conservas de cogumelos;

c) Manteiga, óleos e gorduras comestíveis, animais e vegetais, estabelecido o mínimo de 3% (p/p) para manteiga, sobre o conteúdo total do produto acabado;

d) Vinagres e vinhos, limitado este último de forma a que o teor alcoólico do produto acabado não ultrapasse de 1,9º G.L;

e) Caldos, molhos ou sumos de vegetais compatíveis com o ingrediente obrigatório;

f) Matérias-primas naturais aromáticas – (especiarias e condimentos em geral);

g) guarnição composta de uma ou mais das hortaliças (alface, cebola, pedaços de pimentão vermelho ou verde, ou mistura dos mesmos) até o máximo de 10% (p/p) do peso drenado dos ingredientes obrigatórios;

h) Proteína vegetal hidrolisada.

i) Extrato de levedura autolisado.

2.2. Fatores essenciais de qualidade:

As hortaliças em conserva deverão apresentar:

2.2.1. Cor: apropriada ao produto, de acordo com a composição e tecnologia de elaboração.

2.2.2. Sabor e odor: próprios dos ingredientes, devendo o produto estar isento de sabores e odores estranhos.

2.2.3. Textura: apropriada para cada tipo de produto.

2.2.4. Uniformidade: existência de razoável uniformidade de tamanho e formato, característica para cada tipo de produto.

2.2.5. Ausência de defeitos: ausência de defeitos tais como cascas, sementes (os produtos devem ser apresentados sem as mesmas), unidades manchadas ou descoloridas, resíduos de vegetais e outros respeitada as tolerâncias fixadas para cada tipo de produto.

2.2.6. pH: o pH deverá ser adequado à composição e natureza do produto, exigindo-se pH máximo de 4,5 exclusivamente para as conservas de palmito, pimentão e alcachofra.

2.2.7. Acondicionamento: o produto deverá ser acondicionado de modo a assegurar a sua proteção, não devendo o material empregado interferir desfavoravelmente nas características de sua qualidade.

3. ADITIVOS INTENCIONAIS E COADJUVANTES DA TECNOLOGIA DE FABRICAÇÃO

3.1. Aditivos intencionais:

Poderão ser empregados os aditivos intencionais relacionados no Anexo I dos presentes padrões e aqueles que vierem a ser autorizados para produtos específicos e finalidades específicas.

3.2. Coadjuvantes da tecnologia de fabricação:

Poderão ser empregadas as substâncias relacionadas no Anexo II dos presentes padrões e aquelas que vierem a ser autorizados para produtos específicos e com finalidade específicas.

4. ADITIVOS INCIDENTAIS

4.1. Dióxido de enxofre:

Tolerância máxima de 100 mg/kg (cem miligrama/quilo), resultante do seu eventual emprego, no pré-processamento ou preservação dos vegetais utilizados.

4.2. Resíduos de pesticidas

Só serão tolerados quando, em correspondência com a quantidade de ingrediente empregado, obedecida a tolerância fixada para a matéria-prima considerada.

4.3. Contaminantes orgânicos:

	Tolerância máxima (mg/kg)
Antimônio	1,00
Arsênico	0,20
Cádmio	0,20
Chumbo	0,50
Cobre	15,00
Cromo	0,10
Estanho	250,00
Mercúrio	0,01
Níquel	1,00
Selênio	0,30
Zinco	25,00

4.4. Outros contaminantes:

Serão obedecidos os limites de tolerância que vierem a ser especificamente fixados.

5. HIGIENE

As hortaliças em conserva obedecerão aos requisitos gerais de higiene e aos requisitos específicos de higiene fixados para os vegetais e as frutas processadas, não podendo:

5.1. Apresentar sujidades, parasitas, partes de insetos, fungos, leveduras, detritos de animais ou vegetais e de outras substâncias estranhas em que indique a utilização de ingredientes em condições insatisfatórias ou tecnologia de processamento inadequada.

5.2. Apresentar microrganismos em desenvolvimento sob condições normais de armazenamento.

5.3. Apresentar germes patogênicos e/ou substâncias tóxicas elaboradas por microrganismos, em quantidade que possa torná-las nocivas à saúde humana.

5.3.1. Os produtos acabados que apresentarem pH superior a 4,5 deverão ser submetidos a um processamento tecnológico adequado (esterilização comercial) para a destruição dos esporos de *Clostridium Botulinum.*

6. PESOS E MEDIDAS

Os vegetais em conserva deverão atender à legislação específica em vigor.

7. CRITÉRIOS DE ENCHIMENTO

7.1. O acondicionamento das hortaliças em conserva deverá ser tal que os respectivos recipientes se apresentem convenientemente cheios e o produto, inclusive líquido de cobertura, ocupe no mínimo 90% da capacidade dos mesmos, excetuando-se os produtos sem líquido de cobertura (*solid pack*) cujos critérios de enchimento serão fixados nos padrões específicos.

7.2. Entende-se por capacidade do recipiente o volume de água destilada, a 20ºC que cabe no recipiente hermeticamente fechado, estando o mesmo completamente cheio.

8. ROTULAGEM

Além dos dizeres exigidos pelo Decreto-Lei nº 986, de 21.10.69, e seus regulamentos o rótulo das hortaliças em conserva deverá indicar:

8.1. A designação correta do produto fixada neste padrão:

8.2. A lista dos ingredientes na ordem decrescente do respectivo peso, com exceção da água, quando for o caso.

8.3. A classificação correspondente à respectiva qualidade, quando a mesma for certificada pelo órgão federal competente.

8.4. O peso líquido drenado.

8.5. A identificação do lote ou partida de fabricação, expressamente ou em código.

9. AMOSTRAGEM E MÉTODOS DE ANÁLISE

9.1. Serão obedecidas as técnicas de amostragem e o métodos de análise adotados e/ou recomendados pela Comissão do *Codex Alimentarius* e pelos seus comitês. *Association of Official Analytical Chenists* (AOAC), pela Organização Internacional de Normalização (ISO), pela Comissão Panamericana de Normas Técnicas (COPANT), pelo *Food Chemicals Codex*, pelo Instituto Adolfo Lutz, até que venham a ser aprovados métodos de amostragem e de análise, oficiais.

9.2. A comprovação do atendimento das características de identidade e qualidade fixadas pelo presente padrão obedecerá ao paradigma abaixo indicado:

a) Inspeção externa e interna de embalagem;

b) Avaliação dos fatores de qualidade;

c) Espaço vazio;

d) Peso líquido total;

e) Peso líquido drenado;

f) Aditivos intencionais;
g) Aditivos incidentais,
h) Proporção de vegetais;
i) Exame microscópico;
j) Exame microbiológico;
l) pH;
m) Eventuais:
- Teor alcoólico (em conservas que contenham vinho);
- Teor de gordura (em conservas que apresentem líquido de cobertura gorduroso);
- Outras determinações.

ANEXO I – ADITIVOS INTENCIONAIS

Tolerância máxima (mg/kg)

I – Realçador do Sabor
Glutamato mono sódico .... sem limite
II – Antioxidantes

1.	Ácidos ascórbico	Cogumelos	300
	Ácido isoascórbicos	Alcachofra	300
		Aspargos	300
		Palmito	300
2.	EDTAH$_2$, Na$_2$,	Feijão-fradinho	145
	EDTAH$_2$, Na$_2$,	Batata	100
		Cogumelo	200

III – Estabilizantes (Isoladamente ou em conjunto, nas conservas vegetais que contêm molhos ou líquidos de cobertura gordurosos.)

1. Amido modificado 1%
   - Amidos tratados por ácidos
   - Diamido fosfato
   - Diamido fosfato, fosfatado
   - Moniamido fosfato
   - Acetato de amido
2. Gomas vegetais 1%
   - Goma arábica
   - Goma guar
   - Carragenatos
3. Alginatos de amônio, cálcio, potássio e sódio 1%
4. Alginato de propilenoglicol 1%
   (*) *Isoladamente ou em conjunto, nas conservas vegetais que contêm molhos ou líquidos de coberturas gordurosos.*

ANEXO II – COADJUVANTES DA TECNOLOGIA DE FABRICAÇÃO

1. Acido acético, ácido cítrico, ácido lático e ácido tartárico, como agentes de ajustamento e correção de pH, na quantidade estritamente necessária para atingir o objetivo desejado.

2. Mono e diglicerídeos de óleos e gorduras comestíveis como agentes antiespumíferos, na quantidade estritamente necessária para atingir o objetivo desejado.

3. Cloreto de cálcio, lactato de cálcio e gluconato de cálcio, como agentes de endurecimento, na quantidade estritamente necessária para atingir o objetivo desejado, respeitados os limites máximos a serem indicados, expressos em cálcio (Ca):

	Tolerância máxima (mg/kg)
Cenouras, ervilhas e demais vegetais	350
Pimentas doces	350
Tomates inteiros	450
Tomates sob outras formas	800
Batatas	1.000

4. Cloreto de Estanho II
Aspargo em lata envernizada ou vidro 25

NTA 32
EXTRATO DE TOMATE

1. DEFINIÇÃO

Extrato de tomate é o produto resultante da concentração da polpa de frutos maduros e sãos do tomateiro Solanum licopersicum por processo tecnológico adequado.

2. DESIGNAÇÃO

O produto será designado por "Extrato de tomate", podendo também ser denominado "massa de tomate" ou "concentrado de tomate".

3. CLASSIFICAÇÃO

O extrato de tomate de acordo com a sua concentração será classificado em:

a) purê de tomate;

b) simples concentrado;

c) duplo concentrado;

d) triplo concentrado.

4. CARACTERÍSTICAS GERAIS

O extrato de tomate deverá ser preparado com frutos maduros, escolhidos, sãos, sem pele e sementes. Será tolerada a adição de 1% de açúcar e de 5% de cloreto de sódio. O produto deverá estar isento de fermentações e não indicar processamento defeituoso.

5. CARACTERÍSTICAS ORGANOLÉTICAS

Aspecto – massa mole.

Cor – vermelha.

Cheiro – próprio.

Sabor – próprio.

6. CARACTERÍSTICAS FÍSICAS E QUÍMICAS

a) Purê de tomate: substância seca, menos cloreto de sódio, mínimo 9% p/p.

b) Extrato de tomate simples concentrado: substância seca, menos cloreto de sódio, mínimo 18% p/p.

c) Extrato de tomate duplo concentrado: substância seca, menos cloreto de sódio, mínimo 25% p/p.

d) Extrato de tomate triplo concentrado: substância seca, menos cloreto de sódio, mínimo 25% p/p.

7. CARACTERÍSTICAS MICROBIOLÓGICAS

Extrato de tomate envasado e que recebeu tratamento térmico adequado:

Após 10 dias de incubação a 35ºC, não deverão observar sinais de alterações das embalagens (estufamentos, alterações, vazamentos, corrosões internas) bem como, quaisquer modificações de natureza física, química ou organolética do produto.

Deverão ser efetuadas determinações de outros microrganismos e/ou de substâncias tóxicas de origem microbiana, sempre que se tornar necessária a obtenção de dados sobre o estado higiênico-sanitário dessa classe de alimento, ou quando ocorrerem toxinfecções alimentares.

8. CARACTERÍSTICAS MICROSCÓPICAS

Ausência de sujidades, parasitos e larvas. Será tolerado, na contagem pelo método de Howard, apresentar no máximo, 40% de campos positivos com filamentos de cogumelos.

9. ROTULAGEM

No rótulo deverá constar a denominação do produto de acordo com a designação constante desta Norma; deverá, também, constar a classificação do produto.

NTA 33
CEREAIS E DERIVADOS

1. DEFINIÇÃO

Cereais são as sementes ou grãos comestíveis das gramíneas, tais como: trigo, arroz, centeio, aveia.

2. DESIGNAÇÃO

O produto será designado pelo nome do cereal ou derivado do cereal, seguido de sua classificação. Ex.: "Arroz extra longo", "arroz inflado".

3. CLASSIFICAÇÃO

Os derivados de cereais serão classificados em:

a) cereais inflados (inclusive pipocas) – quando obtidos por processos adequados, mediante o qual rompe-se o endosperma e os grãos se inflam. Poderão conter ou ser recobertos de outras substâncias comestíveis.

b) cereais laminados, cilindrados ou rolados – quando obtidos de grãos com ou sem tegumentos, e laminados por processo adequado.

c) cereais em flocos ou flocos de cereais – quando obtidos de cereais livres do seu tegumelo, cozido, podendo ser adicionado de extrato de malte, mel, xaropes, sal e outras substâncias comestíveis, secos, laminados e tostados.

d) cereais pré-cozidos ou cereais instantâneos – quando obtidos de cereais, com ou sem tegumento pré-cozidos e secos por processo adequado, podendo ser apresentados de diversas maneiras, tais como: inteiros, laminados, em flocos ou sob forma de farinha.

4. CARACTERÍSTICAS GERAIS

Os derivados de cereais deverão ser preparados com matérias-primas, sãs, limpas, isentas de matéria terrosa, de parasitos e de detritos animais ou vegetais. Os cereais poderão ser polidos e lustrados com glicose, óleos vegetais comestíveis, talco ou outras substâncias comestíveis, desde que o acréscimo de peso não exceda de 0,5%. Não poderão ser utilizados no seu polimento ou brilho, óleos minerais ou outras substâncias resinosas ou graxas não comestíveis. Os cereais e os produtos derivados de cereais incluídos nesta Norma, não poderão ter mais de 15% de umidade.

[5. Não consta]

(*) Item 5 ausente na publicação oficial.

[6. Não consta]

(*) Item 6 ausente na publicação oficial.

7. CARACTERÍSTICAS MICROBIOLÓGICAS

Os cereais inflados, laminados e em flocos deverão obedecer ao seguinte padrão:

Contagem padrão em placas: máximo 5×10^4/g.

Bactérias do grupo coliforme de origem fecal: ausência de 1 g.

Clostrídios sulfito redutores (a 44ºC): máximo 2 x 10/g.

Staphylococcus aureus: ausência em 0,1 g.

Salmonelas: ausência em 25 g.

Deverão ser efetuadas determinações de outros microrganismos e/ou de substâncias tóxicas microbiana, sempre que se tornar necessária a obtenção de dados sobre o estado higiênico-sanitário dessa classe de alimento, ou quando ocorrem toxinfecções alimentares.

8. CARACTERÍSTICAS MICROSCÓPICAS

Ausência de sujidades, parasitos e larvas.

9. ROTULAGEM

O produto deverá ser rotulado de acordo com o cereal de origem e a classificação. Ex.: "Aveia laminada", "Aveia laminada instantânea", "Trigo inflado", "Flocos de milho".

NTA 34
FARINHAS

1. DEFINIÇÃO

Farinha é o produto obtido pela moagem da parte comestível de vegetais, podendo sofrer previamente processos tecnológicos adequados.

2. DESIGNAÇÃO

O produto será designado "farinha", seguido do nome do vegetal de origem. Ex.: "farinha de mandioca", "farinha de arroz", "farinha de banana".

3. CLASSIFICAÇÃO

As farinhas serão classificadas de acordo com as suas características, em:

a) Farinha simples – produto obtido da moagem ou raladura dos grãos, rizomas, frutos ou tubérculos de uma só espécie vegetal.

b) Farinha mista – produto obtido pela mistura de farinhas de diferentes vegetais.

4. CARACTERÍSTICAS GERAIS

As farinhas deverão ser fabricadas a partir de matérias-primas sãs e limpas, isentas de matéria terrosa e parasitos. Não poderão estar úmidas, fermentadas ou rançosas.

Entres farinhas mais usadas, incluem-se:

a) Farinha de alfarroba – produto obtido pela moagem do grão da alfarroba (*Ceratonia siliqua L.*), previamente descorticada.

b) Farinha de amendoim – produto obtido pela moagem do grão de amendoim (*Arachijs hypogaea, L.*) desembaraçado das cascas e parcialmente desengordurado.

c) Farinha de arroz – produto obtido pela moagem do grão de arroz (*Oriza sativa, L.*), beneficiado.

d) Farinha de aveia – produto obtido pela moagem da semente de aveia (*Avena sativa, L.*), benificiada.

e) Farinha de centeio – produto obtido pela moagem do grão de centeio (*Secale cereale L.*), benificiado.

f) Farinha de fruta – produto obtido pela pulverização de frutas previamente dessecadas.

g) Farinha de glúten – produto obtido da farinha de trigo (*Triticum vulgare*), privado de quase todo o seu amido.

h) Farinha integral – produto obtido pela moagem ou raladura da parte comestível dos grãos, rizonas, frutas ou tubérculos integrais.

i) Farinha de mandioca – produto obtido pela ligeira torração da raladura das raízes de mandioca (*Manihot utilissida*), previamente descascada, lavada e isentas do radical cianeto. O produto submetido à nova torração será denominado "Farinha de mandioca torrada".

j) Farinha de milho – produto obtido pela ligeira torração do grão de milho (*Zea mays, L.*), desgerminado ou não, previamente macerado, socado e peneirado.

k) Farinha de raspa de mandioca – produto obtido da mandioca descascada, fragmentada, dessecada (raspa), em seguida moída e peneirada.

l) Fubá de milho ou fubá – produto obtido pela moagem do grão de milho (*Zea mays, L.*), desgerminado ou não.

[5. Não consta]

(*) Item 5 ausente na publicação oficial.

6. CARACTERÍSTICAS FÍSICAS E QUÍMICAS

Tipo de farinha (origem)	Umidade % p/p máximo	Acidez de solução normal % p/p máximo	Amido% p/p	Protídios % p/p mínimo	Lipídios % p/p	Resíduos min. fixo % p/p máximo
Alfarroba	14,0	2,0	–	15,0	–	3,0
Amendoim	14,0	3,0	–	44,0	–	6,0
Arroz	13,0	3,0	–	6,0	–	2,0
Aveia	12,0	5,0	–	9,0	–	2,0
Centeio	14,0	5,0	mínimo 60,0	8,0	–	2,0
Fubá	15,0	5,0	mínimo 72,0	7,0	–	2,0
Glúten	10,0	–	mínimo 8,0	–	–	–
Mandioca	14,0	2,0	mínimo 70,0	1,5	–	2,0
Milho	14,0	2,0	–	6,0	–	1,0
Raspa de mandioca	14,0	2,5	mínimo 75,0	–	–	–

7. CARACTERÍSTICAS MICROBIOLÓGICAS

As farinhas deverão obedecer ao seguinte padrão:

Contagem padrão em placas: máximo, 5×10^4/g.

Bactérias do grupo coliforme de origem fecal: ausência em 1 g.

Clostrídios sulfito redutores (a 44ºC), máximo, 2 x 10/g.

Staphylococcus aureus: ausência em 0,1 g.

Salmonelas: ausência em 25 g.

Bolores e leveduras: máximo, 10^3/g.

Deverão ser efetuadas determinações de outros microrganismos e/ou de substâncias tóxicas de origem microbiana, sempre que se tornar necessária a obtenção de dados sobre o estado higiênico-sanitário dessa classe de alimento, ou quando ocorrerem toxinfecções alimentares.

8. CARACTERÍSTICAS MICROSCÓPICAS

Ausência de sujidades, parasitos e larvas.

9. ROTULAGEM

No rótulo deverá constar a denominação do produto de acordo com a sua designação ou classificação. As farinhas integrais trarão o nome "Farinha Integral", seguida do nome do vegetal comum de origem. No rótulo das farinhas mistas deverão constar a expressão: "Farinha mista", bem como a especificação e a quantidade das farinhas empregadas.

NTA 35
FARINHA DE TRIGO

1. DEFINIÇÃO

Farinha de trigo é o produto obtido pela moagem, exclusivamente, do grão de trigo *Triticum Vulgare*, beneficiado.

2. DESIGNAÇÃO

O produto será designado, simplesmente, por "farinha" ou "farinha de trigo".

3. CLASSIFICAÇÃO

A farinha de trigo será classificada de acordo com as suas características em:

a) farinha integral – produto obtido a partir do cereal limpo com uma extração máxima de 95% e com teor máximo de cinza de 1,750%;

b) farinha especial ou de primeira – produto obtido a partir do cereal limpo, desgerminado, com uma extração máxima de 20% e com teor máximo de cinzas de 0,850%;

c) farinha comum – produto obtido a partir do cereal limpo, desgerminado, com uma extração máxima de 78% ou com extração de 58%, após a separação dos 20% correspondentes à farinha de primeira. O teor máximo de cinzas de 0,850%;

A farinha de trigo comum, por determinação do Governo Federal, para fins de panificação, pode ser adicionada de farinha de outras origens;

d) sêmola – produto obtido pela trituração do trigo limpo e desgerminado, compreendendo partículas que passem pela peneira nº 20 e sejam retidas pela peneira nº 40;

e) semolina – produto obtido pela trituração do trigo limpo e desgerminado, compreendendo partículas que passem pela peneira nº 40 e sejam retidas pela peneira nº 60.

4. CARACTERÍSTICAS GERAIS

A farinha de trigo deverá ser fabricada a partir de grãos de trigo sãos e limpos, isentos de matéria terrosa e em perfeito estado de conservação. Não poderá estar úmida, fermentada, nem rançosa. Os termos sêmola e semolina podem ser usados para outros grãos vegetais, devendo constar da denominação do produto, o vegetal de origem. As sêmolas e semolinas, quando armazenadas por muito tempo, podem dar origem a certa quantidade de farinha.

5. CARACTERÍSTICAS ORGANOLÉTICAS

	Especial ou de 1ª	Comum	Integral
Aspecto	Pó fino	Pó fino	Pó
Cor	branca ou ligeiramente amarelada	ligeiramente cinza amarelada	marrom-escura
Cheiro	próprio	próprio	próprio
Sabor	próprio	próprio	próprio

6. CARACTERÍSTICAS FÍSICAS E QUÍMICAS

Farinha de trigo	Unidade % p/p máximo	Acidez (álcool a 95%) em ml de solução N % v/p máximo	Resíduo mineral fixo (sobre substância seca) % p/p máximo	Gluten seco % p/p mínimo
Especial ou de 1ª	14,0	2,0	0,45	6,0
Comum	14,0	3,0	1,00	8,0
Integral	14,0	4,0	2,00	8,5
Sêmola e Semolena	14,0	2,0	0,45	8,0

[7. Não consta]

(*) Item 7 ausente na publicação oficial.

[8. Não consta]

(*) Item 8 ausente na publicação oficial.

9. ROTULAGEM

No rótulo da farinha deverá constar a denominação "Farinha de trigo" seguida do tipo. O tipo integral deverá trazer no rótulo, a declaração "Farinha integral de trigo".

NTA 36

FARINHA DESENGORDURADA DE SOJA, PROTEÍNA TEXTURIZADA DE SOJA, PROTEÍNA CONCENTRADA DE SOJA, PROTEÍNA ISOLADA DE SOJA, EXTRATO DE SOJA E PROTEÍNA HIDROLIZADA VEGETAL

I – FARINHA DESENGORDURADA DE SOJA

1. DESCRIÇÃO

1.1. Definição

Farinha Desengordurada de Soja é o produto obtido a partir dos grãos de soja convenientemente processados até a obtenção da farinha desengordurada.

1.1.1. O produto utilizado como fonte de proteína para outros alimentos.

2. COMPOSIÇÃO E FATORES ESSENCIAIS DE IDENTIDADE E QUALIDADE

2.1. Composição

2.1.1. Ingredientes obrigatórios: partes comestíveis dos grãos de soja convenientemente limpos, reduzidos a farinha por processo técnico adequado.

2.1.2. Ingredientes opcionais: não são admitidos.

2.2. Fatores essenciais de identidade e qualidade

2.2.1. Cor: bege;

2.2.2. Sabor: próprio;

2.2.3. Odor: próprio;

2.2.4. Aspecto: pó;

2.2.5. Características químicas:

Umidade .... máximo 9,0%
Proteínas: (*) (N x 6,25) .... mínimo 50,0%
(N x 5,27) .... mínimo 45,0%
Óleo (*) .... máximo 2,0%
Fibras (*) .... máximo 4,0%
Cinzas (*) .... máximo 6,5%
Índice de proteínas dispersáveis (IPD) .... mínimo 45,0%

(*) *Significa: calculado na base seca.*

2.2.6. Ausência de Defeitos – o produto deve apresentar-se praticamente isento de defeitos, tais como matérias estranhas, inócuas, fragmentos vegetais não comestíveis ou outras.

2.2.7. Acondicionamento – o produto deve ser acondicionado de modo a assegurar a sua proteção, não devendo o material empregado interferir desfavoravelmente nas características de sua qualidade.

3. ADITIVOS INTENCIONAIS E COADJUVANTES DE TECNOLOGIA DE FABRICAÇÃO

3.1. Aditivos intencionais

Não tolerado qualquer aditivo.

3.2. Coadjuvantes de tecnologia de fabricação não são permitidos.

4. ADITIVOS INCIDENTAIS

4.1. Resíduos de Pesticidas

Não são permitidos.

4.2. Contaminantes

O produto não pode apresentar fragmentos de insetos pelos e outras matérias estranhas em 100 gramas de amostras, devendo também ser isento de aromas e sabores estranhos.

5. HIGIENE

O produto deve obedecer aos requisitos gerais de higiene fixados pela Resolução nº 33/1977, da CNNPA.

5.1. Apresentar níveis microbiológicos além dos previstos para seu padrão, que é o seguinte:

Contagem padrão em placa – máxima: 200.000 microrganismos por grama:

Coliformes totais – máxima: 100 microrganismos por grama.

Coliformes fecais – máxima: 10 microrganismos por grama.

Bolores e leveduras – máxima: 1.000 microrganismos por grama.

Bacillus cereus (*) – máxima: 1.000 microrganismos por grama.

Salmonelas- ausência em 50 gramas.

(*) *O limite assinalado pelo asterisco não deverá ser condenativo no período de 2 (dois) anos, nos termos da legislação Federal vigente.*

6. PESOS E MEDIDAS

O produto deve obedecer à legislação específica em vigor.

7. ROTULAGEM

O produto deve obedecer ao que estabelecer a Resolução nº 27/1977, da CNNPA, no que couber.

8. AMOSTRAGEM E MÉTODOS DE ANÁLISE

8.1. As determinações químicas devem ser executadas segundo as Normas Analíticas do Instituto Adolfo Lutz ou segundo os métodos da *American Oil Chemist's Society* (A.O.C.S.).

8.2. As determinações microbiológicas devem ser executadas segundo a *American Public Health Association (APAA), Intersociety Agency Committee on Microbiological Methods for Foods – Compendium of Methods for the Microbiological. Examination of Foods*, editado por Marvin L. Speck. Washington, D.C., APHA, 1976.

II – PROTEÍNA TEXTURIZADA DE SOJA

1. DESCRIÇÃO

1.1. Definição

Proteína Texturizada de Soja é o produto protéico dotado de integridade estrutural e textura identificável, de modo a que cada unidade suporte hidratação e cozimento, obtida por fiação e extrusão termoplástica, a partir de uma ou mais das seguintes matérias-primas: proteína isolada de soja, proteína concentrada de soja e farinha desengordurada de soja.

1.1.1. A proteína texturizada de soja utilizada como ingrediente de alimentos como fonte protéica e como "extensor" em produto de carne.

2. COMPOSIÇÃO E FATORES ESSENCIAIS DE QUALIDADE

2.1. Composição

2.1.1. Ingredientes obrigatórios:

Partes comestíveis dos grãos de soja, convenientemente limpos e submetidos a processo tecnológico adequado.

2.1.2. Ingredientes opcionais:

Não são admitidos.

2.2. Fatores essenciais de qualidade

2.2.1. Cor: própria.

2.2.2. Sabor: próprio ou sem sabor.

2.2.3. Odor: próprio.

2.2.4. Aspecto: grânulos, cubos, pó de granulação diversas e outras.

2.2.5. Característica químicas:

Proteína (N x 6,25)........ mínimo: 50,0% (base seca)
Umidade........ máximo: 8,0%
Fibra bruta........ máximo: 4,0%
Óleo........ máximo: 2,0%
Cinzas........ máximo: 6,5%

2.2.6. Ausência de defeitos – o produto deve apresentar-se praticamente isento de defeitos tais como matérias estranhas, inócuas, fragmentos vegetais não comestíveis ou outros.

2.2.7. Acondicionamento – o produto deve ser acondicionado de modo a assegurar a sua proteção, não devendo o material empregado interferir desfavoravelmente nas características de sua qualidade.

3. ADITIVOS INTENCIONAIS E COADJUVANTES DE TECNOLOGIA DE FABRICAÇÃO

3.1.1. É tolerada a adição de aromas e/ou corantes ao produto com destinação específica, desde que tais aditivos sejam compatíveis com os alimentos a serem elaborados e aprovados pela CNNPA.

3.1.2. É tolerado o emprego de ácido sórbico ou seus sais, como conservador na quantidade máxima de 0,6% (seis décimos por cento), no produto que deva ser pré-hidratado para fins industriais.

3.2. Coadjuvantes da Tecnologia de Fabricação

4. ADITIVOS INCIDENTAIS

4.1. Resíduos de pesticidas

Não são permitidos.

4.2. Contaminantes

O produto não pode apresentar fragmentos de insetos, pelos e outras matérias estranhas em 100 gramas da amostra do produto, devendo também ser isento de aromas e sabores estranhos.

5. HIGIENE

O produto deve obedecer aos requisitos gerais de higiene fixados pela Resolução nº 33/1977, da CNNPA, não podendo:

5.1. Apresentar níveis microbiológicos além dos previstos para seu padrão, que é o seguinte:

Contagem padrão em placa – máximo: 20.000 microrganismos por grama;

Coliformes totais: ausência em um (1) grama;

Bolores e leveduras – máximo: 100 microrganismos por grama;

Esporos termófilos (*) – máximo: 150 microrganismos por grama;

Salmonelas: ausência em 50 gramas.

(*) *O asterisco significa VALOR INDICATIVO. Esta determinação será feita durante dois (2) anos; no final desse período será reexaminado o limite proposto.*

6. PESOS E MEDIDAS

O produto deve obedecer à legislação específica em vigor.

7. ROTULAGEM

O produto deve obedecer ao que estabelece a Resolução nº 27/1977, da CNNPA, no que couber.

8. AMOSTRAGEM E MÉTODOS DE ANÁLISE

8.1. As determinações químicas devem ser executadas segundo as Normas Analíticas do Instituto Adolfo Lutz ou segundo ao métodos da *American Oil Chemist's Society* (O.A.C.S.).

8.2. As determinações microbiológicas devem ser executadas segundo a *American Public Health Association (APAA). Intersociety Agency Committee on Miocrobiological Methods for Foods – Compendium of Methods for the Microbiological Examimnation of Foods*, editado por Marvin L. Speck. Washington, D.C., APHA, 1976.

III – PROTEÍNA CONCENTRADA DE SOJA

1. DESCRIÇÃO

1.1. Definição

Proteína concentrada de Soja é o produto protéico, concentrado por processo tecnológico adequado a partir da farinha de soja.

1.1.1. Proteína concentrada de Soja constitui fonte de proteína utilizada como ingrediente na elaboração de alimentos.

2. COMPOSIÇÃO E FATORES ESSENCIAIS DE IDENTIDADE E QUALIDADE

2.1. Composição

2.1.1. Ingredientes obrigatórios

Farinha de Soja preparada por processo tecnológico adequado.

2.1.2. Ingredientes opcionais

Não são admitidos.

2.2. Fatores essenciais de qualidade

2.2.1. Cor – própria.

2.2.2. Sabor – próprio ou sem sabor.

2.2.3. Odor – próprio.

2.2.4. Aspecto – pó fino.

2.2.5. Características químicas:

Proteínas (N x 6,25).. mínimo: 68,0% (base seca)

Umidade.. máximo: 8,0%

Fibra bruta... máximo: 5,0%

Óleo .... máximo 1,0%

Cinzas .... máximo 5,0%

Índices de proteínas dispensáveis (IPD) .... mínimo 5,0%

2.1.6. Ausência de defeitos – o produto deve apresentar-se praticamente isento de defeitos, tais como matérias estranhas inócuas, fragmentos vegetais não comestíveis e outras.

2.2.7. Acondicionamento – o produto deve ser acondicionado de modo a assegurar a sua proteção, não devendo o material empregado interferir desfavoravelmente nas características de sua qualidade.

3. ADITIVOS INTENCIONAIS E COADJUVANTES DE TECNOLOGIA DE FABRICAÇÃO

3.1. Aditivos Intencionais

Não são tolerados.

3.2. Coadjuvantes da Tecnologia de Fabricação

Não permitidos.

4. ADITIVOS INCIDENTAIS

4.1. Resíduos de Pesticidas

Não são permitidos.

4.2. Contaminantes

O produto não pode apresentar fragmentos de insetos, pelos e outras matérias estranhas em 100 gramas de amostra, devendo também ser isento de aromas e sabores estranhos.

5. HIGIENE

O produto deve obedecer aos requisitos gerais de higiene fixados pela Resolução nº 33/1977, da CNNPA, não podendo:

5.1. Apresentar níveis microbiológicos além dos previstos para o seu padrão, que é o seguinte:

Contagem padrão em placa – máximo 50.000 microrganismos por grama.

Coliformes totais: ausência em um (1) grama.

Bolores e leveduras – máximo: 1.000 microrganismos por grama.

Salmonelas: ausência em 50 gramas.

6. PESOS E MEDIDAS

O produto deve obedecer à legislação específica em vigor.

7. ROTULAGEM

O produto deve obedecer ao que estabelece a Resolução nº 27/1977, da CNNPA, no que couber.

8. AMOSTRAGEM E MÉTODOS DE ANÁLISE

8.1. As determinações químicas devem ser executadas segundo as Normas Analíticas do Instituto Adolfo Lutz ou segundo os Métodos da *American Oil Chemist's Society* (A.O.C.S.).

8.2. As determinações microbiológicas devem ser executadas segundo a *American Public Health Association (APAA). Intersociety Agency Committee on Microbiological Methods for Foods – Compendium of Methods for the Microbiological Examination of Foods*, editado por Marvin L. Speck. Washington, D.C., APHA, 1976.

IV – PROTEÍNA ISOLADA DE SOJA

1. DESCRIÇÃO

1.1. Definição

A proteína de soja é a fração protéica da soja por processo tecnológico adequado.

1.1.1. A proteína isolada de soja é utilizada como agente de consistência para produtos derivados de carnes, tais como embutidos e patês, e como fonte protéica.

2. COMPOSIÇÃO E FATORES ESSENCIAIS DE IDENTIDADE E QUALIDADE

2.1. Composição

2.1.1. Ingredientes obrigatórios: partes comestíveis dos grãos de soja convenientemente processados por técnica adequada.

2.1.2. Ingredientes opcionais

Não admitidos.

2.2. Fatores essenciais de identidades e qualidade

2.2.1. Cor – própria.

2.2.2. Sabor – próprio.

2.2.3. Odor – próprio.

2.2.4. Aspecto – pó fino.

2.2.5. Características químicas:

Proteínas (N x 6,25) .... mínimo: 88,0% (base seca)

Umidade .... máximo: 6,0%

Fibra bruta .... máximo: 1,0%

Óleo .... máximo: 0,5%

Cinzas .... máximo: 6,0%

Índices de proteínas dispensáveis (IPD) .... mínimo: 20,0%

2.2.6. Ausência de defeitos: o produto deve apresentar-se praticamente isento de defeitos, tais como matérias estranhas inócuas, fragmentos vegetais não comestíveis ou outras.

2.2.7. Acondicionamento: o produto deve ser acondicionado de modo a assegurar a sua proteção, não devendo o material empregado interferir desfavoravelmente nas características de sua qualidade.

3. ADITIVOS INTENCIONAIS E COADJUVANTES DE TECNOLOGIA DE FABRICAÇÃO

3.1. Aditivos Intencionais

Não tolerado qualquer aditivo.

3.2. Coadjuvantes de Tecnologia de Fabricação

Não são permitidos.

4. ADITIVOS INCIDENTAIS

4.1. Resíduos de Pesticidas

Não são permitidos.

4.2. Contaminantes

O produto não pode apresentar fragmentos de insetos, pelos e outras matérias estranhas em 100 gramas da amostra, devendo também ser isento de aromas e sabores estranhos.

5. HIGIENE

O produto deve obedecer aos requisitos gerais de higiene fixados pela Resolução nº 33/1977, da CNNPA, não podendo:

5.1. Apresentar níveis microbiológicos além dos previstos para seu padrão, que é o seguinte:

Contagem padrão em placa – máximo 50.000 microrganismos por grama.

Coliformes totais: ausência em um (1) grama.

Bolores e leveduras – máximo: 1.000 microrganismos por grama.

Salmonelas: ausência em 50 gramas.

6. PESOS E MEDIDAS

O produto deve obedecer à legislação específica em vigor.

7. ROTULAGEM

O produto deve obedecer ao que estabelece a Resolução nº 27/1977, da CNNPA, no que couber.

8. AMOSTRAGEM E MÉTODOS DE ANÁLISE

8.1. As determinações químicas devem ser executadas segundo as Normas Analíticas do Instituto Adolfo Lutz ou segundo os métodos da *American Oil Chemits's Society* (A.O.C.S).

8.2. As determinações microbiológicas devem ser executadas segundo a *American Public Health Association* (APAA). *Intersociety Agency Committee on Microbiological Methods for Foods – Compendium of Methods for the Microbiological Examination of Foods*, editado por Marvin L. Speck. Washington, D.C., APHA, 1976.

V – EXTRATO DE SOJA

1. DESCRIÇÃO

1.1. Definição

O Extrato de Soja é o produto obtido a partir da emulsão aquosa resultante da hidratação dos grãos de soja, convenientemente limpos, seguido de processamento tecnológico adequado, adicionado ou não de ingredientes opcionais permitidos, podendo ser submetido à desidratação, total ou parcial.

1.1.1. O Extrato de Soja em pó ou em forma de emulsão aquosa, constitui fonte de proteínas e pode ser usado como alimento ou como ingrediente para a elaboração de alimentos.

2. COMPOSIÇÃO E FATORES ESSENCIAIS DE IDENTIDADE E QUALIDADE

2.1. Composição

2.1.1. Ingredientes Obrigatórios: partes comestíveis dos grãos de soja submetidos a processo tecnológico adequado.

2.1.2. Ingredientes Opcionais:

Gorduras ou Óleos.

Açúcares, dextrinas ou amidos.

Aminoácidos.

Sais minerais.

Vitaminas.

Outros produtos comestíveis autorizado.

2.2. Fatores Essenciais de Identidade Qualidade

2.2.1. Cor – própria.

2.2.2. Sabor – próprio.

2.2.3. Odor – próprio.

2.2.4. Aspecto – líquido ou em pó.

2.2.5. Características químicas:

	Líquidos	Pó
Umidade	máximo: 93,0%	mínimo: 03,0%
Proteínas (N x 6,25)	máximo: 03,0%	mínimo: 41,5%
Óleo	máximo: 01,0%	mínimo: 13,8%
Carboidratos	máximo: 04,8%	mínimo: 34,6%
Cinzas	máximo: 0,60%	mínimo: 07,0%

2.2.6. Ausência de Defeitos: O produto deve apresentar-se praticamente isento de defeitos, tais como matérias estranhas inócuas, fragmentos vegetais não comestíveis ou outras.

2.2.7. Acondicionamento: o produto deve ser acondicionado de modo a assegurar a sua proteção, não devendo o material empregado interferir desfavoravelmente nas características de sua qualidade.

3. ADITIVOS INTENCIONAIS E COADJUVANTES DE TECNOLOGIA DE FABRICAÇÃO

3.1. Aditivos Intencionais

Não tolerado qualquer aditivo.

3.2. Coadjuvantes de Tecnologia de Fabricação

Não são permitidos.

4. ADITIVOS INCIDENTAIS

4.1. Resíduos de Pesticidas

Não são permitidos.

4.2. Contaminantes

O produto não pode apresentar fragmentos de insetos, pelos e outras matérias estranhas em 100 gramas de amostra, devendo também ser isento de aromas e sabores estranhos.

5. HIGIENE

O produto deve obedecer aos requisitos gerais de higiene fixados pela Resolução nº 33/1977, da CNNPA, não podendo:

5.1. Apresentar níveis microbiológicos além dos previstos para seu padrão, que é o seguinte para a sua forma de pó:

Contagem padrão em placa – máximo: 50.000 microrganismos por grama.

Coliformes totais: ausência em um (1) grama.

Bolores e leveduras – máximo: 1.000 microrganismos por grama.

Salmonelas: ausência em 50 gramas.

6. PESO E MEDIAS

O produto deve obedecer à legislação específica em vigor.

7. ROTULAGEM

O produto deve obedecer ao que estabelece a Resolução nº 27/1977, da CNNPA, no que couber.

8. AMOSTRAGEM E MÉTODOS DE ANÁLISE

8.1. As determinações químicas devem ser executadas segundo as Normas Analíticas do Instituto Adolfo Lutz ou segundo os métodos da *American Oil Chemist's Society* (A.O.C.S.).

8.2. As determinações microbiológicas devem ser executadas segundo a *American Public Health Association* (APAA). *Intersociety Agency Committee on Microbiological Methods for Foods – Compendium of Methods for the Microbiological Examination of Foods*, editado por Marvin L. Speck. Washington, D.C., APHA, 1976.

VI – PROTEÍNA HIDROLISADA VEGETAL

1. DESCRIÇÃO

1.1. Definição

Proteína Hidrolisada Vegetal é o produto obtido a partir de fontes protéicas vegetais, tais como milho, amendoim, soja, trigo, isolados ou combinados, por hidrólise, total ou parcial, com ácido clorídrico e subsequente neutralização com hidróxido de sódio ou carbonato de sódio.

1.1.1. A Proteína Hidrolisada de Vegetal é utilizada como ingrediente de alimentos e se destina a lhes conferir sabor.

2. COMPOSIÇÃO E FATORES ESSENCIAIS DE IDENTIDADE E QUALIDADE

2.1. Composição

2.1.1. Ingredientes obrigatórios: partes comestíveis de vegetais como milho, amendoim, soja e trigo.

2.1.2. Ingredientes opcionais

Glutamato monossódico – máximo: 20% (base seca).

Gorduras vegetais – máximo: 02,0%.

2.2. Fatores essenciais de identidade e qualidade

2.2.1. Cor – própria.

2.2.2. Sabor – próprio.

2.2.3. Odor – próprio.

2.2.4. Aspecto – líquido, pasta ou pó.

2.2.5. Características químicas:

Proteínas (N x 6,25) – mínimo: 25,0% (base seca).

Cloreto de sódio – máximo 52,0% (base seca).

Cinzas, inclusive cloreto de sódio – máximo: 60,0% (base seca).

pH da solução a 10%: 3,5 a 7,0.

2.2.6. Ausência de Defeitos: o produto deve apresentar-se praticamente isento de defeitos, tais como matérias estranhas inócuas, fragmentos vegetais não comestíveis ou outras.

2.2.7. Acondicionamento: o produto deve ser acondicionado de modo a assegurar a sua proteção, não devendo ao material empregado interferir desfavoravelmente nas características de sua qualidade.

3. ADITIVOS INTENCIONAIS E COADJUVANTES DE TECNOLOGIA DE FABRICAÇÃO

3.1. Aditivos Intencionais

É tolerada a adição de aroma de fumaça ao produto destinado a alimentos nos quais está previsto o emprego desse aromatizante.

3.2. Coadjuvantes de Tecnologia de Fabricação

Não são permitidos.

4. ADITIVOS INCIDENTAIS

4.1. Resíduos de Pesticidas

Não são permitidos.

4.2. Contaminantes

O produto não pode apresentar fragmentos de insetos, pelos e outras matérias estranhas em 100 gramas da amostra.

5. HIGIENE

O produto deve obedecer aos requisitos gerais de higiene fixados pela Resolução nº 33/1977, da CNNPA, não podendo:

5.1. Apresentar níveis microbiológicos além dos previstos para o seu padrão, que é o seguinte:

Contagem padrão em placa – máximo: 50.000 microrganismos por grama.

Coliformes totais: ausência em um (1) grama.

Bolores e leveduras – máximo: 1.000 microrganismos por grama.

Salmonelas: ausência em 50 gramas.

6. PESOS E MEDIDAS

O produto deve obedecer à legislação especifica em vigor.

7. ROTULAGEM

Do rótulo do produto deverá constar, além das exigências gerais, o teor de sólidos totais e o nome do aditivo, quando houver.

8. AMOSTRAGEM E MÉTODOS DE ANÁLISE

8.1. As determinações químicas devem ser executadas segundo a as Normas Analíticas do Instituto Adolfo Lutz ou segundo os métodos da *American Oil Chemist's Society* (A.O.C.S).

8.2. As determinações microbiológicas devem ser executadas segundo a *American Public Health Association* (APAA). *Intersociety Agency Committee on Microbiological Methods for Foods – Compendium of Methods for the Microbiological Examination of Foods*, editado por Marvin L. Speck Washington, D.C., APHA, 1976.

NTA 37
AMIDOS E FÉCULAS

1. DEFINIÇÃO

Amido é o produto amiláceo extraído das partes aéreas comestíveis dos vegetais (sementes etc.). Fécula o produto amiláceo extraído das partes subterrâneas comestíveis dos vegetais (tubérculos, raízes e rizomas).

2. DESIGNAÇÃO

O produto será designado "amido" ou "fécula", seguido do nome do vegetal de origem. Ex.: "amido de milho", "fécula de batata".

[3. Não consta]

(*) Item 3 ausente na publicação oficial.

4. CARACTERÍSTICAS GERAIS

Os amidos e féculas deverão ser fabricados a partir da matérias-primas sãs e limpas, isentas de matéria terrosa e parasitos. Não poderão estar úmidos, fermentados ou rançosos. Sob a forma de pó, deverão produzir ligeira crepitação quando comprimido entre os dedos. Será permitido expor ao consumo mistura de amidos ou féculas desde que declarado em rotulagem.

Entre os amidos, féculas e derivados mais usuais, incluem-se:

a) amido de arroz – produto amiláceo extraído do arroz (*Orisa sativa, L.*);

b) amido de milho – produto amiláceo extraído do milho (*Zea mays, L.*);

c) araruta – produto amiláceo extraído dos rizomas de diversas espécies do gênero Maranta (*Maranta arundinácea. M. nobilis* etc.);

d) fécula de batata – produto amiláceo extraído da batata (*Solanum tuberosum, L.*);

e) polvilho ou fécula de mandioca – produto amiláceo extraído da mandioca (*Manihot itilissima*). O polvilho de acordo com o teor de acidez, será classificado polvilho doce ou polvilho azedo;

f) sagu – produto amiláceo extraído de várias espécies de palmeiras (*Metroxylon spp.*). Quando preparado a partir de outros amidos ou féculas, terá forma granulada e será designado pela palavra "sagu" seguido do nome do vegetal de origem, nos mesmos caracteres e tamanho da palavra "sagu",

g) tapioca – produto obtido sob forma granulada a partir da fécula de mandioca submetida a processo tecnológico adequado.

[5. Não consta]

(*) Item 5 ausente na publicação oficial.

6. CARACTERÍSTICAS FÍSICAS E QUÍMICAS

	Umidade % p/p máximo	Acidez em ml de solução N % v/p máximo	Amido % p/p mínimo	Resíduo mineral fixo % p/p máximo
Milho	14,0	2,5	84,0	0,2
Arroz	14,0	2,0	80,0	0,5
Mandioca	13,0	1,5	–	0,25
Araruta	14,0	2,0	80,0	0,5
Batata	14,0	2,0	80,0	0,5
Tapioca	14,0	2,0	80,0	0,5
Sagu	14,0	2,0	80,0	0,5
Polvilho doce	14,0	1,0	80,0	0,5
Polvilho azedo	14,0	5,0	80,0	0,5

7. CARACTERÍSTICAS MICROBIOLÓGICAS

Os amidos e féculas deverão obedecer ao seguinte padrão:

Contagem padrão em placas: máximo, 5×10^4/g.

Bactérias do grupo coliforme de origem fecal: ausência em 1 g.

Clostrídios sulfito redutores (a 44ºC): máximo, 2 x 10/g.

Staphylococcus aureus: ausência em 0,1 g.

Salmonelas: ausência em 25 g.

Bolores e leveduras: máximo, 10^3/g.

Deverão ser efetuadas determinações de outros microrganismos e/ou de substâncias tóxicas de origem microbiana, sempre que se tornar necessária a obtenção de dados sobre o estado higiênico-sanitário dessa classe de alimento, ou quando ocorrerem toxinfecções alimentares.

8. CARACTERÍSTICAS MICROSCÓPICAS

Ausência de sujidades, parasitos e larvas.

9. ROTULAGEM

O rótulo deverá trazer a denominação “amido” ou “fécula”, seguido do nome do vegetal de origem ou então a denominação corrente de uso popular constante nesta Norma. Ex.: “amido de milho”, “polvilho”. No rótulo de mistura de amidos deverá contar a especificação e a quantidade dos amidos empregados.

NTA 38
MALTE E DERIVADOS

1. DEFINIÇÃO

Malte é o produto resultante da germinação e posterior dessecação do grão de cevada (*Hordeum sativum*) ou de outros cereais.

2. DESIGNAÇÃO

O produto será designado simplesmente “malte” quando obtido da cevada: quando obtido de outro cereal, será designado pela palavra “malte” seguido do nome do cereal de origem. Ex.: “malte de milho”.

[3. Não consta]

(*) Item 3 ausente na publicação oficial.

4. CARACTERÍSTICAS GERAIS

O malte deverá ser preparado com grãos de cereais, sãos e limpos, isentos de matéria terrosa, parasitos e em perfeito estado de conservação. Não poderá conter substâncias estranhas à sua composição normal.

Características de alguns produtos derivados do malte:

a) extrato de malte – produto de consistência xaroposa obtido unicamente do malte de cevada e submetido a tratamentos adequados como: maceração, extração e concentração:

b) extrato seco de malte – produto sólido, em pó, obtido pela evaporação da água do extrato de malte;

c) malte em pó – produto obtido pela pulverização do grão de cevada maltada e dessecada;

d) farinha de malte – produto obtido pela pulverização do grão de cevada maltada desprovido da maior parte de sua celulose;

e) malte torrado – produto obtido pela torração do grão de cevada maltada seco ou verde;

f) malte caramelizado – produto obtido pela torração do grão de cevada maltada seco ou verde e submetido a parcial sacarificação e caramelização;

g) farinha de cereal maltado – produto obtido pela moagem do cereal maltado desprovido da maior paste de sua celulose.

[5. Não consta]

(*) Item 5 ausente na publicação oficial.

6. CARACTERÍSTICAS FÍSICAS E QUÍMICAS

a) Extrato de malte:

Umidade, máximo 35% p/p.

Poder diastásico – deverá converter cinco vezes seu próprio peso, calculado em substância seca, de amido em maltose em uma hora a 53ºC.

b) Extrato seco de malte:

Poder diastásico – deverá converter cinco vezes seu próprio peso de amido em maltose, em uma hora a 53%C.

c) Malte em pó:

Poder diastásico – deverá ser igual ao seu próprio peso.

d) Farinha de Malte:

Poder diastásico – deverá ser igual ao seu próprio peso.

e) Malte torrado:

Maltose, mínimo 30% p/p.

f) Malte caramelizado:

Maltose, mínimo 30% p/p.

7. CARACTERÍSTICAS MICROBIOLÓGICAS

O malte e derivados deverão obedecer ao seguinte padrão:

Contagem padrão em placas: máximo, 5×10^4/g.

Bactérias do grupo coliforme de origem fecal: ausência em 1 g.

Clostrídios sulfito redutores (a 44ºC): máximo, 2 x 10/g.

Staphylococcus aureus: ausência em 25 g.

Salmonelas: ausência em 25 g.

Bolores e leveduras: máximo, 10^3/g.

Deverão ser efetuadas determinações de outros microrganismos e/ou de substâncias tóxicas de origem microbiana, sempre que se tornar necessária a obtenção de dados sobre o estado higiênico-sanitário dessa classe de alimento, ou quando ocorrerem toxinfecções alimentares.

8. CARACTERÍSTICAS MICROSCÓPICAS

Ausência de sujidades, parasitos e larvas.

9. ROTULAGEM

Os rótulos dos maltes e seus derivados deverão trazer a indicação clara de seu tipo e sua origem. Ex.: “Extrato de malte”, “Extrato de malte de milho” ou “Extrato de milho maltado”, “Malte de milho em pó”.

NTA 39
CACAU

1. DEFINIÇÃO

Cacau é a semente do cacaueiro *Theobroma cacau* (e suas variedades) liberta por fermentação do invólucro, dessecada e tostada.

2. DESIGNAÇÃO

O produto será designado “cacau” seguido de sua classificação.

3. CLASSIFICAÇÃO

a) massa ou pasta de cacau – produto obtido pela moagem do cacau e posterior tratamento mecânico para obtenção de massa homogênea;

b) cacau em pó – produto obtido pela moagem da pasta de cacau parcialmente desengordurada;

c) cacau em pó parcialmente desengordurado – produto obtido pela moagem da pasta de cacau submetida uma extração de gordura;

d) cacau solúvel – produto solubilizado obtido pelo tratamento do cacau em pó com substâncias alcalinas;

e) misturas à base de cacau para bebidas – produto obtido pela mistura do cacau em pó com açúcar (sacarose, maltose, glicose ou lactose) e leite em pó, podendo ainda ser adicionado de outras substâncias alimentícias, tais como produtos maltados, farinha de cereais e ovos.

4. CARACTERÍSTICAS GERAIS

O cacau deverá ser fabricado com matérias-primas sãs e limpas, isentas de matéria terrosa, parasitos e de detritos vegetais ou animais e em perfeito estado de conservação. No preparo do cacau solúvel, poderão entrar, como coadjuvantes da tecnologia, hidróxidos ou carbonatos de sódio, potássio, amônio ou magnésio na proporção máxima de 4,0%, expresso em carbonato de potássio anidro.

5. CARACTERÍSTICAS ORGANOLÉTICAS

Aspecto – produto homogêneo.

Cor – marrom.

Cheiro – característicos.

Sabor – próprio.

6. CARACTERÍSTICAS FÍSICAS E QUÍMICAS

	Pasta de cacau	**Cacau em pó**	**Cacau em pó parcialmente desengordurado**	**Cacau solúvel**
Umidade, máximo	7% p/p	8% p/p	8% p/p	–
Lipídios, mínimo	50% p/p	20% p/p	> 8%p/p< 20% p/p	12% p/p
Resíduo mineral fixo, máximo	5% p/p	–	–	14% p/p (calculado sobre a matéria seca desengordurada)
Teobromina e cafeína	1 a 4% p/p	–	–	–
Fibra bruta	2 a 4% p/p	–	–	–

7. CARACTERÍSTICAS MICROBIOLÓGICAS

a) o cacau em pasta e o em pó deverão obedecer ao seguinte padrão:

Contagem padrão em placas: máximo, 5 x 10^4/g.

Bactérias do grupo coliforme de origem fecal: ausência em 1 g

Clostrídios sulfito redutores (a 44ºC): máximo, 2 x 10/g.

Staphylococcus aureus: ausência em 0,1 g.

Salmonelas: ausência em 25 g.

Bolores e leveduras: máximo, 5 x 10^2/g.

b) O cacau solúvel e as misturas à base de cacau para bebidas deverão obedecer ao seguinte padrão:

Contagem padrão em placas: máximo, 5 x 10^4/g.

Bactérias do grupo coliforme: máximo, 10^2/g.

Bactérias do grupo coliforme de origem fecal: ausência em 1 g.

Clostrídios sulfito redutores (a 44ºC): máximo, 2 x 10/g.

Staphylococcus aureus: ausência em 0,1 g.

Salmonelas: ausência em 25 g.

Deverão ser efetuadas determinações de outros microrganismos e/ou de substâncias tóxicas de origem microbiana, sempre que tornar necessária a obtenção de dados sobre o estado higiênico-sanitário dessas classes de alimentos, ou quando ocorrerem toxinfecções alimentares.

8. CARACTERÍSTICAS MICROSCÓPICAS

Ausência de sujidades, parasitos e larvas.

9. ROTULAGEM

O rótulo deverá trazer a denominação “cacau” seguida da sua classificação. Nos produtos “Mistura à base de cacau para bebidas”, deverá ser declarado o tipo de cacau empregado.

NTA 40
CHOCOLATE

1. DEFINIÇÃO

Chocolate é o produto preparado com o cacau obtido por processo tecnológico adequado e açúcar, podendo conter outras substâncias alimentícias.

2. DESIGNIÇÃO

O produto será denominado “chocolate” seguido de sua classificação, podendo ser acrescentado o nome da forma de apresentação comercial. Ex.: “chocolate em pó”, “chocolate em tablete”, “chocolate com amendoim”.

3. CLASSIFICAÇÃO

O chocolate, de acordo com a sua composição, será classificado em:

a) chocolate em pó – produto obtido pela mistura de cacau em pó com açúcar;

b) chocolate em pó parcialmente desengordurado e chocolate em pó solúvel – produto obtido pela mistura de cacau em pó parcialmente desengordurado ou cacau solúvel, com açúcar;

c) chocolate ao leite – produto preparado com pasta de cacau, açúcar e leite, leite em pó, evaporado ou condensado;

d) chocolate fantasia ou composto – produto preparado com mistura, em proporções variáveis, de chocolate adicionado ou não de leite e de outros ingredientes, tais como: amêndoa, avelã, amendoim, nozes, mel e outras substâncias alimentícias, que caracterizam o produto; sua denominação estará condicionada ao ingrediente com que foi preparado;

e) chocolate "fondant" e chocolate tipo suíço – produto contendo no mínimo 30% de gordura de cacau, o que abaixa o seu ponto de fusão;

f) chocolate recheado moldado – produto contendo um recheio de substâncias comestíveis, completamente recoberto de chocolate. O recheio deve diferir nitidamente da cobertura, em sua composição. No mínimo 40% do peso total do produto, deve consistir de chocolate. O produto deverá ser denominado chocolate com recheio, seguido da denominação do recheio. Ex.: "chocolate com recheio de geleia de fruta";

g) chocolate amargo – produto preparado com cacau pouco açúcar, adicionado ou não de leite;

h) chocolate cobertura – produto preparado com menor proporção de açúcar e maior proporção de manteiga de cacau, empregado no revestimento de bombons e outros produtos de confeitaria.

4. CARACTERÍSTICAS GERAIS

O chocolate deverá ser obtido de matérias-primas sãs e limpas, isentas de matéria terrosa de parasitos, detritos animais, cascas de sementes de cacau e outros detritos vegetais. No preparo de qualquer qualidade de chocolate, o cacau correspondente ao tipo deve entrar, no mínimo, na proporção de 32%. O açúcar empregado no seu preparo deve ser normalmente sacarose, podendo ser substituído parcialmente por glicose pura ou lactose. É expressamente proibido adicionar gordura e óleos estranhos à qualquer tipo de chocolate, bem como, à manteiga de cacau. Os chocolates não poderão ser adicionados de amido e féculas estranhas.

5. CARACTERÍSTICAS ORGANOLÉTICAS

Aspecto – massa ou pó homogêneo (exceto no tipo fantasia).

Cor – própria do tipo.

Cheiro – característico.

Sabor – doce, próprio.

6. CARACTERÍSTICAS FÍSICAS E QUÍMICAS

Umidade, máximo: 3,0% p/p.

Glicídios não redutores, em sacarose, máximo: 68,0% p/p.

Lipídios:

Chocolate, mínimo: 20,0% p/p.

Chocolate em pó, mínimo: 6,5% p/p.

Chocolate em pó parcialmente desengordurado de 2,5 a 6,4% p/p.

Resíduo mineral fixo, máximo: 2,5% p/p

(Exceto para o chocolate solúvel).

7. CARACTERÍSTICAS MICROBIOLÓGICAS

Os chocolates deverão obedecer ao seguinte padrão:

Contagem padrão em placas: máximo, 5×10^4/g.

Bactérias do grupo coliforme: máximo, 10^2/g.

Bactérias do grupo coliforme de origem fecal: ausência em 1 g.

Clostrídios sulfito redutores (a 44ºC): máximo, 2 x 10/g.

Staphylococcus aureus: ausência em 0,1 g.

Salmonelas: ausência em 25 g.

Bolores e leveduras: máximo, 10^2/g.

Deverão ser efetuadas determinações de outros microrganismos e/ou de substâncias tóxicas de origem microbiana, sempre que se tornar necessária a obtenção de dados sobre o estado higiênico-sanitário dessa classe de alimento, ou quando ocorrerem toxinfecções alimentares.

8. CARACTERÍSTICAS MICROSCÓPICAS

Ausência de sujidades, parasitos e larvas.

9. ROTULAGEM

O rótulo deverá trazer a denominação genérica do "chocolate" seguido de classificação constante desta Norma. No chocolate de fantasia ou composto deverá também constar a declaração das substâncias adicionais que caracterizam o produto. Nos chocolates em pó parcialmente desengordurados, será obrigatória a declaração do teor de lipídios do produto.

NTA 41
CHÁ

1. DEFINIÇÃO

Chá é o produto constituído pelas folhas novas e brotos de várias espécies do gênero "*Thea*" (*Thea sinensis* e outras).

2. DESIGNAÇÃO

O produto será designado "chá", seguido da classificação. Ex.: "Chá verde Imperial", "Chá preto Congo".

3. CLASSIFICAÇÃO

Incluem-se nesta Norma, segundo o processo de preparação, entre outras, as seguintes classes.

I – Chá verde – produto não fermentado, submetido à secagem.

a) Chá Hyson – formado pelos brotos foliares e pelas primeiras folhas colhidas, de tamanho uniforme, torcidas e enroladas longitudinalmente em espiral;

b) Chá swin Hyson – formado pelas folhas inferiores e sobras do Hyson, enroladas transversalmente e longitudinalmente;

c) Chá pólvora (*gunpowder*) – formado por folhas cortadas em três ou quatro pedaços, transversalmente, e enroladas em forma de pequenas esferas de 1 a 3 mm de diâmetro;

d) Chá pérola ou imperial – formado por folhas enroladas primeiro no sentido longitudinal, e depois no sentido transversal, apresentando-se, como o anterior, sob a forma de pequenas esferas de 3 a 5 mm de diâmetro.

II – Chá preto – produto fermentado, submetido à secagem:

a) *Souchong* – folhas delgadas, grandes, procedentes da primeira e segunda colheita;

b) *Pekoe Souchong* – qualidade intermediária;

c) *Pekoe*:

A) *Flowery Orange Pekoe*: brotos e folhas mais tenras;

B) *Orange Pekoe*: menos tenras que as do tipo anterior;

C) *Pokoe* nº 1: menos tenras que as do tipo anterior.

d) Congo – folhas da terceira colheita, de tamanho maior que as precedentes.

Esta classificação refere-se aos chás chineses. Nos produtos análogos ou de outras regiões deverá ser especificado o lugar de origem.

4.CARACTERÍSTICAS GERAIS

O chá deverá ser preparado com folhas e brotos sãos e limpos, procedentes de espécimens vegetais genuínos. Não deverá conter substâncias estranhas à sua constituição normal, nem elementos vegetais estranhos à espécie. Deverá estar isento de folhas previamente esgotadas. Não poderá ser colorido artificialmente.

5. CARACTERÍSTICAS ORGANOLÉTICAS

Aspecto – brotos ou folhas inteiras ou em pedaços, secas e enroladas.

Cor – folhas esverdeadas (chá verde), negras (chá preto).

Cheiro – próprio

Sabor – próprio.

6. CARACTERÍSTICAS FÍSICAS E QUÍMICAS

Umidade, máximo	12,0%	p/p
Resíduos mineral fixo, máximo	8,0%	p/p
Resíduo mineral fixo solúvel em ácido clorídrico a 10% v/v, máximo	1,5%	p/p
Extrato aquoso (chá preto), mínimo	24%	p/p
Extrato aquoso (chá verde), mínimo	28%	p/p
Cafeína, mínimo	1,5%	p/p
Chumbo, máximo	2,5%	ppm

7. CARACTERÍSTICAS MICROBIOLÓGICAS

Os chás deverão obedecer ao seguinte padrão:

Bactérias do grupo coliforme de origem fecal: máximo, 10/g.

Deverão ser efetuadas as determinações de outros microrganismos e/ou de substâncias tóxicas de origem microbiana, sempre que se tornar necessária a obtenção de dados sobre o estado higiênico-sanitário dessa classe de alimento, ou quando ocorrerem toxinfecções alimentares.

8. CARACTERÍSTICAS MICROSCÓPICAS

Ausência de sujidades, parasitos e larvas.

9. ROTULAGEM

No rótulo deverá constar a denominação "chá", seguida da classificação e procedência.

NTA 42
CAFÉ CRU

1. DEFINIÇÃO

Café cru ou café em grão, é a semente beneficiada do fruto maduro de diversas espécies do gênero *Coffea*, principalmente, *Coffea arabica*, *Coffea libérica*, *Hiern* e *Coffea robusta*.

2. DESIGNAÇÃO

O produto será designado "café cru", seguido de sua classificação.

3. CLASSIFICAÇÃO

O café cru é classificado da seguinte maneira:

a) Pelo tipo

De acordo com a impureza e os defeitos encontrados tais como: pedras, torrões, paus, cascas, grãos quebrados, ardidos, pretos, brocados, verdes, não descascados, mal granados, chochos e com forma de concha, contados em uma amostra de 300 gramas. As impurezas e os defeitos correspondem a valores determinados no quadro abaixo:

TABELA DE EQUIVALÊNCIA DE DEFEITOS

1 grão preto .... 1 defeito
3 conchas .... 1 defeito
5 verdes .... 1 defeito
5 quebrados .... 1 defeito
2 ardidos .... 1 defeito
5 chochos .... 1 defeito
1 pedra grande .... 2 a 3 defeitos
1 pedra regular .... 1 defeito
3 pedras pequenas .... 1 defeito
1 pau grande .... 2 a 3 defeitos
1 pau regular .... 1 defeito
3 paus pequenos .... 1 defeito
1 casca grande .... 1 defeito
1 coco .... 1 defeito
2 marinheiros .... 1 defeito

A tabela de classificação oficial estabelece oito tipos definidos. Os que estão abaixo da base (tipo 4) somam-se numa escala de 50 pontos e os que estão acima, diminuem-se numa escala também de 50 pontos, intermediários, entre cada tipo.

TABELA DE CLASSIFICAÇÃO
Latas de 300 gramas

Defeitos	Tipos	Pontos
4	2	+ 100
4	2 – 5	+ 95
5	2 – 10	+ 90
6	2 – 15	+ 85
7	2 – 20	+ 80
8	2 – 25	+ 75
9	2 – 30	+ 70
10	2 – 35	+ 65
11	2 – 40	+ 60
12	3	+ 50
13	3 – 5	+ 45
15	3 – 10	+ 40
17	3 – 15	+ 35
18	3 – 20	+ 30

(*cont.*)

Defeitos	Tipos	Pontos
19	3 – 25	+ 25
20	3 – 30	+ 20
22	3 – 35	+ 15
23	3 – 40	+ 10
25	3 – 45	+ 5
26	4	Base
28	4 – 5	– 5
30	4 – 10	– 10
32	4 – 15	– 15
34	4 – 20	– 20
36	4 – 25	– 25
38	4 – 30	– 30
40	4 – 35	– 35

(*cont.*)

Defeitos	Tipos	Pontos
42	4 – 40	– 40
44	4 – 45	– 45
46	5	– 50
49	5 – 5	– 55
53	5 – 10	– 60
57	5 – 15	– 65
61	5 – 20	– 70
64	5 – 25	– 75
68	5 – 30	– 80
71	5 – 35	– 85
75	5 – 40	– 90
86	6	– 100
93	6 – 5	– 105
100	6 – 10	– 110
108	6 – 15	– 115
115	6 – 20	– 120

(*cont.*)

Defeitos	Tipos	Pontos
123	6 – 25	– 125
130	6 – 30	– 130
138	6 – 35	– 135
145	6 – 40	– 140
153	6 – 45	– 145
160	7	– 150
180	7 – 5	– 155
200	7 – 10	– 160
220	7 – 15	– 165
240	7 – 20	– 170
260	7 – 25	– 175
280	7 – 30	– 180
300	7 – 35	– 185
320	7 – 40	– 190
340	7 – 45	– 195
360	8	– 200

Ex.: se no exame de uma amostra de 300 g forem encontrados 17 defeitos, recorrer-se-á à tabela de classificação, na qual se verificara que esta quantidade de defeitos corresponde ao tipo 3 – 15 ou 35 pontos. Isto significa que a amostra 15 pontos pior que o tipo 3 ou 35 pontos melhor que o tipo 4. Serão considerados próprios para o consumo, os tipos de café de 2 (dois) a 8 (oito), desde que em sua constituição não entre mais de 1 % de impurezas (paus, pedras, torrões, cocos, cascas e marinheiros).

b) Pela bebida, de acordo com o sabor, pela "prova de xícara":
Estritamente mole – gosto doce, muito suave.
Mole – gosto doce e suave
Apenas mole – gosto suave
Duro – gosto áspero
Rio – gosto áspero, lembrando iodofórmio
Riado – gosto leve de Rio

c) Pela peneira:
Chato grosso – peneiras 19, 18 e 17
Chato médio – peneiras 16 e 15
Chato miúdo – peneiras 14 e menores
Moca graúdo – peneiras 13,12 e 11
Moca médio – peneira 10
Moca miúdo – peneiras 8, 7 e menores
Quebrados (grinder) – Vazamentos de peneiras inferiores a 16, com pelo menos 2/3 de grãos inteiros.
Minimal (resíduos) – Conchas, triângulos, quebrados, marinheiros, coco etc., com 10% de pretos e ardidos.
As peneiras para o café chato, são de crivo redondo, e para o café moca, são de crivo oblongo.

d) Pela cor:
Verde cana
Esverdeados
Chumbados
Amarelados
Amarelos
Pampas
Marrons

4. CARACTERÍSTICAS GERAIS

O café cru, grão, deverá ser constituído pela semente da drupa madura, procedente de espécimes vegetais genuínos e sãos da *Coffea arábica*, *Coffea libérica* e *Coffea robusta*, convenientemente lavada, dessecada e desprovida dos tegumentos externos, excetuando a parte da película (espermoderma) invaginada. O grão de café cru deverá apresentar consistência córnea, medindo de 5 a 17 mm de comprimento, 3 a 8 mm de largura e 3 a 5 mm de espessura.

O café cru, em grão, será considerado impróprio para o consumo quando:

a) se apresentar úmido, mofado, rançoso, queimado e em geral, mal conservado;

b) estiver adulterado por qualquer forma ou meio, inclusive pela adição de corantes artificiais, cujo emprego está taxativamente vedado;

c) contiver, em amostras de 300 g mais de 1% de impurezas, tais como: paus, pedras, torrões de terra, cascas ou quaisquer outros corpos estranhos; ou 200 grãos pretos; ou 300 defeitos, não constando como tais os quebrados ou conchas dos grãos sãos; ou 100 grãos ardidos.

5. CARACTERÍSTICAS ORGANOLÉTICAS

Aspecto – O fruto do café é um ovóide constituído por dois grãos justapostos pela parte ventral. Os grãos tem uma parte ventral plana ou ligeiramente côncava, com um sulco longitudinal profundo, e uma face dorsal convexa.

Cor – amarelada, verde-amarelada, verde-cana ou verde-pardacenta.

Cheiro – próprio, característico.

Sabor – característicos.

6. CARACTERÍSTICAS FÍSICAS E QUÍMICAS

Densidade aparente .... 0,7 g/ml

Umidade, máximo .... 11% p/p

Resíduo mineral fixo, máximo .... 5% p/p

Resíduo mineral fixo, insolúvel em ácido clorídrico a 10%v/v, máximo .... 1% p/p

Cafeína, mínimo .... 1% p/p

Extrato etéreo total, mínimo .... 10% p/p

Extrato alcoólico, mínimo .... 7% p/p

Nitrogênio total, mínimo .... 12,5% p/p

[7. Não consta]

(*) Item 7 ausente na publicação oficial.

8. CARACTERÍSTICAS MICROSCÓPICAS

Ausência de sujidades, parasitos e larvas.

NTA 43
CAFÉ SOLÚVEL

1. DEFINIÇÃO

Café solúvel ou extrato de café desidratado, é o produto resultante da desidratação do extrato aquoso de café (*Coffea arábica* e outras espécies do gênero *Coffea*), torrado e moído.

2. DESIGNAÇÃO

O produto será designado “extrato de café desidratado”, ou “café solúvel”.

3. CLASSIFICAÇÃO

Os cafés solúveis serão classificados:

I – de acordo com o tipo de bebida predominante, resultante da mistura de cafés verdes que lhes deram origem;

II – quanto a forma de apresentação: café solúvel em pó e café solúvel granulado.

4. CARACTERÍSTICAS GERAIS

O café solúvel deverá ser preparado com café recentemente torrado e moído e água potável. Os grãos de café deverão se apresentar sãos e limpos, estar isentos de matéria terrosa, parasitos, detritos vegetais e animais e em perfeito estado de conservação. O café solúvel resultante deverá apresentar composição tal que o extrato reconstituído, segundo as indicações contidas no rótulo, reproduza exatamente o café bebida comum. Não serão toleradas quaisquer adições de conservadores ou outros aditivos.

5. CARACTERÍSTICAS ORGANOLÉTICAS

Aspecto – pó fino ou granulado.

Cor – castanho escura.

Cheiro – próprio.

Sabor – próprio.

6. CARACTERÍSTICAS FÍSICAS E QUÍMICAS

Umidade, máximo – 3% p/p.

Densidade aparente – 0,20 g/ml.

Solubilidade (sedimento), máximo – padrão 2 (Gerber).

pH – 5,0 a 5,5.

Resíduo mineral, fixo, máximo – 14% p/p.

Cafeína, mínimo – 2,0% p/p.

7. CARACTERÍSTICAS MICROBIOLÓGICAS

O café solúvel deverá obedecer ao seguinte padrão:

Bactérias do grupo coliforme: máximo, 10/g.

Bactérias do grupo coliforme de origem fecal: ausência em 1 g.

Bolores e leveduras: máximo, 10^2/g.

Deverão ser efetuadas determinações de outros microrganismos e/ou de substâncias tóxicas de origem microbiana, sempre que se tornar necessária a obtenção de dados sobre o estado higiênico-sanitário dessa classe de alimento, ou quando ocorrerem toxinfecções alimentares.

8. CARACTERÍSTICAS MICROSCÓPICAS

Ausência de sujidades, parasitos e larvas.

9. ROTULAGEM

O rótulo deverá trazer a denominação "Café solúvel" ou "extrato de café desidratado", seguida da classificação.

NTA 44
CAFÉ TORRADO

1. DEFINIÇÃO

Café torrado é o grão do fruto maduro de diversas espécies do gênero Coffea, principalmente de *Coffea arábica*, *Coffea libérica* e *Coffea robusta*, submetido a tratamento térmico adequado.

2. DESIGNAÇÃO

O produto será designado "Café torrado", seguido da sua forma de apresentação. Ex.: "Café torrado e moído" (café torrado, em grão).

3. CLASSIFICAÇÃO

O café torrado, de acordo com sua forma de apresentação, será classificado em:

a) Café torrado, em grão;

b) Café torrado e moído.

4. CARACTERÍSTICAS GERAIS

O café torrado deverá ser constituído por grãos torrados procedentes de espécimens vegetais genuínos sãos e limpos, ou em pó proveniente dos mesmos. Será tolerada a porcentagem máxima de até 1% de impurezas (cascas, paus etc.) no café torrado, em grão ou moído.

5. CARACTERÍSTICAS ORGANOLÉTICAS

Aspecto – pó homogêneo, fino ou grosso, ou grãos inteiros torrados.

Cor – variando de acordo com o processo de torração, do castanho claro ao castanho escuro.

Sabor – próprio.

Cheiro – próprio.

6. CARACTERÍSTICAS FÍSICAS E QUÍMICAS

Umidade, máximo .... 6% p/p

Resíduos mineral fixo, máximo .... 5% p/p

Resíduos mineral fixo, insolúvel em ácido clorídrico a 10% v/v, máximo .... 1% p/p

Extrato aquoso, mínimo .... 20% p/p

Extrato alcoólico total, mínimo .... 12% p/p

Extrato etéreo, mínimo .... 8% p/p

Cafeína, mínimo .... 0,7% p/p

7. CARACTERÍSTICAS MICROBIOLÓGICAS

O café torrado deverá obedecer ao seguinte padrão:

Bactérias do grupo coliforme: máximo 10/g.

Bactérias do grupo coliforme de origem fecal: ausência em 1 g.

Bolores e leveduras: máximo 10^2/g.

Deverão ser efetuadas determinações de outros microrganismos e/ou de substâncias tóxicas de origem microbiana, sempre que se tornar necessária a obtenção de dados sobre o estado higiênico-sanitário dessa classe de alimentos, ou quando ocorrerem toxinfecções alimentares.

8. CARACTERÍSTICAS MICROCÓPICAS

Ausência de parasitos, larvas e substâncias estranhas.

9. ROTULAGEM

O rótulo deverá trazer a denominação "Café torrado", seguida da sua classificação e do prazo de validade.

NTA 45
GUARANÁ

1. DEFINIÇÃO

O guaraná é o produto constituído pelas sementes da *Paullinia cupana* ou *Paullinia sorbilis*.

2. DESIGNAÇÃO

O produto será designado "guaraná", seguido da sua forma de apresentação.

3. CLASSIFICAÇÃO

O guaraná de acordo com a sua forma de apresentação, será classificado em:

a) guaraná em sementes;

b) guaraná em pó;

c) guaraná em bastões.

4. CARACTERÍSTICAS GERAIS

O guaraná em pó ou em bastões deverá provir de sementes sãs e limpas. A semente é globulosa, medindo, média 1 cm de diâmetro, desigualmente convexa dos dois lados, as vezes encimada por um curto apículo, glaba, luzidia e apresentando um largo hillo. Os dois cotilédones são espessos, carnosos, firmes, desiguais, planos-convexos. O espermoderma é resistente. O guaraná não deverá apresentar indícios de alterações. Não poderá conter elementos vegetais estranhos à espécie.

5. CARACTERÍSTICAS ORGANOLÉTICAS

Aspecto – semente globulosa ou pó fino ou bastões pétreos.

Cor – pardo-negro, vermelho-escura ou pardo-avermelhada.

Cheiro – próprio.

Sabor – amargo e adstringente.

6. CARACTERÍSTICAS FÍSICAS E QUÍMICAS

Umidade, máximo .... 7% p/p

Resíduos mineral fixo, máximo .... 2% p/p

Resíduos mineral fixo insolúvel em ácido clorídrico a 10% v/v, máximo .... 0,5% p/p

Cafeína, mínimo .... 3,0% p/p

Reações características dos componentes secundários do guaraná.

[7. Não consta]

(*) Item 7 ausente na publicação oficial.

8. CARACTERÍSTICAS MICROSCÓPICAS

Ausência de sujidades, parasitos e larvas.

9. ROTULAGEM

No rótulo deverá constar a denominação "Guaraná" seguida da forma de apresentação.

NTA 46
MATE

1. DEFINIÇÃO

"Erva mate" ou simplesmente "mate" é o produto constituído pelas folhas, hastes, pecíolos e pedúnculos das variedades do "Ilex brasilienses ou paraguayensis".

2. DESIGNAÇÃO

O produto será designado "erva mate" ou "mate".

3. CLASSIFICAÇÃO

O mate, de acordo com a sua forma de apresentação, será classificado em:

a) verde – quando ligeiramente tostados;

b) queimado – quando tostado;

c) chimarrão – quando no estado virgem, apenas dessecado.

4. CARACTERÍSTICAS GERAIS

O mate constituído pelas folhas, hastes, pecíolos e pedúnculos, convenientemente dessecados, ligeiramente queimados ou não, partidos ou moídos. A erva mate não poderá ser artificialmente colorida, esgotada no todo ou em parte, alterada ou misturada com folhas ou hastes de outros vegetais estranhos. O mate não deverá ter cheiro de fumaça e sabor normal. O mate não deverá apresentar-se em pó muito tênue que subsista suspenso, quando feita a infusão, o mate deverá ser constituído, no mínimo, de 70% de folhas.

5. CARACTERÍSTICAS ORGANOLÉTICAS

Aspecto – folhas, hastes, pecíolos e pedúnculos fragmentados, secos.

Cor – verde escura.

Cheiro – próprio.

Sabor – próprio.

6. CARACTERÍSTICAS FÍSICAS E QUÍMICAS

Umidade, máximo .... 10,0% p/p

Resíduo mineral fixo, máximo .... 7,0% p/p

Resíduo mineral fixo insolúvel em solução de ácido clorídrico a 10% v/v, máximo .... 1,0% p/p

Extrato aquoso, mínimo .... 25,0% p/p

Cafeína, mínimo .... 0,7% p/p

7. CARACTERÍSTICAS MICROBIOLÓGICAS

O mate deverá obedecer ao seguinte padrão:

Bactérias do grupo coliforme de origem fecal máximo, 10^2/g.

Deverão ser efetuadas determinações de outros microrganismos e/ou de substâncias tóxicas de origem microbiana, sempre que se tornar necessária a obtenção de dados sobre o estado higiênico-sanitário dessa classe de alimento, ou quando ocorrerem toxinfecções alimentares.

8. CARACTERÍSTICAS MICROSCÓPICAS

Ausência de sujidades, parasitos e larvas.

9. ROTULAGEM

O rótulo deverá trazer a denominação "Erva-mate" ou "Mate", seguida da classificação.

NTA 47
PÃO

1. DEFINIÇÃO

Pão é o produto obtido pela cocção, em condições técnicas adequadas, da massa preparada com farinha de trigo, fermento biológico, água e sal, podendo conter outras substâncias alimentícias.

2. DESIGNAÇÃO

O produto será designado por "pão", "pão comum" ou "pão de trigo" quando se tratar do produto comum ou "pão" seguido da substância ou tipo que caracterize. Ex.: "pão de leite", "pão de centeio", "pão francês".

3. CLASSIFICAÇÃO

O pão será classificado de acordo com seu ingrediente ou tipo que o caracterize:

a) pão ázimo – produto preparado com farinha de trigo, água e sal, sem adição de fermento, apresentando-se sob a forma de lâminas finas;

b) pão de centeio – produto preparado, no mínimo, com 50% de farinha de centeio, sendo proibido o emprego de caramelo;

c) pão integral ou pão preto – produto preparado, no mínimo, com 50% de farinha integral, sendo proibido o emprego de caramelo;

d) pão misto – produto preparado com a mistura de farinha;

e) pão doce – produto de sabor doce, preparado com adição de açúcar e/ou mel, manteiga ou gordura, podendo conter recheios diversos;

f) pão de leite – produto preparado com adição de leite integral ou seu equivalente, contendo, no mínimo, 3% sólidos totais;

g) pão de ovos – produto preparado com adição, no mínimo, de 3 ovos por quilo de farinha, correspondente a 0,045 g de colesterol;

h) pão de luxo ou de fantasia – produto adicionado de substâncias alimentícias tais como: leite, ovos, manteiga, queijo, coco, frutas secas ou cristalizadas, sementes oleaginosa e designado de acordo com o ingrediente que o caracterize;

i) pão de forma ou para sanduíche – produto obtida pela cocção da massa em formas untadas com gordurosa, resultando em pão com casca fina, macia e grande quantidade de miolo;

j) pão de glúten – produto preparado com farinha de trigo e glúten, ou farinha de glúten;

k) panetone – produto de forma própria, preparado com leite, ovos, açúcar, manteiga ou gorduras e frutas secas ou cristalizadas;

l) farinha de pão ou de rosca – produto obtido pela moagem de pães ou de roscas torradas em perfeito estado de conservação;

m) torrada – produto obtido de pão em fatias ou massa de pão moldada individualmente em forma de fatias, e torrada.

4. CARACTERÍSTICAS GERAIS

O pão deverá ser fabricado com matérias-primas de primeira qualidade, isentas de matéria terrosa, parasitos e em perfeito estado de conservação. Será rejeitado o pão queimado ou mal cozido. Será interditado, na panificação, o emprego de farelo de qualquer espécie. Será permitida a fabricação de pão com farinha de trigo enriquecida com vitaminas e sais minerais. É proibida a fabricação de pão redondo de peso superior a dois quilos, assim como o emprego de matéria corante em qualquer tipo de pão. Será permitido o fabrico de pães com outras farinhas desde que tragam a designação de sua origem.

5. CARACTERÍSTICAS ORGANOLÉTICAS

Aspecto – massa cozida. O pão deverá apresentar duas crostas: – uma interior e outra mais consistente, bem aderente ao miolo. O Miolo deverá ser poroso, leve e homogêneo, elástico, não aderente aos dedos ao ser comprimido, e não deverá apresentar grumos duros, pontos negros, pardos ou avermelhados.

Cor – a parte externa deverá ser amarelada, amarelo-pardacenta, ou de acordo com o tipo; o miolo deverá ser de cor branca, branco-parda, ou de acordo com o tipo.

Cheiro – próprio.

Sabor – próprio.

6. CARACTERÍSTICAS FÍSICAS E QUÍMICAS

	Umidade g por 100 g máximo	**Acidez em solução N por 100 g máximo**	**Amido (na base seca) g por 100 g máximo**	**Protídios (na base seca) g por 100 g mínimo**	**Resíduo mineral fixo (menos NaCl) máximo**	**Resíduo mineral fixo g por 100 g**
Pão	30	5 ml	–	11,4	1,2	–
Pão de centeio	35	5 ml	–	15,4	2,0	–
Pão integral	35	5 ml	–	15,4	–	3,5
Pão de glúten	30	5 ml	57,1	28,5	1,2	–
Torrada	10	3 ml	–	11,1	2,0	–
Torrada de glúten	10	3 ml	55,5	27,8	1,2	–

7. CARACTERÍSTICAS MICROBIOLÓGICAS

a) Os pães embalados ou não, deverão obedecer ao seguinte padrão:

Bactérias do grupo coliforme: máximo, 5 x 10/g.

Bolores e leveduras: máximo, 2×10^2/g.

b) Os pães doces de fantasias, de ovos e de leite – deverão obedecer ao seguinte padrão:

Bactérias do grupo coliforme: máximo, 5 x 10/g.

Bactérias do grupo coliforme de origem fecal, ausência em 1 g.

Staphylococcus aureus: ausência em 1 g.

Salmonelas: ausência em 25 g

Bolores e leveduras: máximo 2×10^2g.

c) As farinhas de pão deverão obedecer ao seguinte padrão:

Bactérias do grupo coliforme: máximo, 5 x 10/g.

Bactérias do grupo coliforme de origem fecal: ausência em 1 g.

Salmonelas: ausência em 25 g.

Bolores e leveduras: máximo, 10^2/g.

Deverão ser efetuadas determinações de outros microrganismos e/ou de substâncias tóxicas de origem microbiana, sempre que tornar necessária a obtenção de dados sobre o estado higiênico-sanitário dessas classes de alimentos ou quando ocorrerem toxinfecções alimentares.

8. CARACTERÍSTICAS MICROSCÓPICAS

Ausência de sujidades, parasitos e larvas.

9. ROTULAGEM

No produto deverá constar a denominação do produto de acordo com a classificação desta Norma.

NTA 48
BISCOITOS E BOLACHAS

1. DEFINIÇÃO

Biscoitos ou bolacha é o produto obtido pelo amassamento e cozimento conveniente de massa preparada com farinha, amido, féculas fermentadas ou não ou outras substâncias alimentícias.

2. DESIGNAÇÃO

O produto será designado "biscoito ou bolacha" seguida da substância que o caracteriza ou nomes consagrados pelo uso. Ex.: "Biscoito de polvilho", "Bolacha de coco", "*Grissini*".

3. CLASSIFICAÇÃO

Os biscoitos ou bolachas serão classificados de acordo com o ingrediente que o caracteriza ou forma de apresentação.

a) biscoitos ou bolachas salgadas – produtos contendo cloreto de sódio em quantidade que acentue o sabor salgado, além das substâncias normais do produto;

b) biscoito ou bolachas doces – produto que contém açúcar, além das substâncias normais do produto;

c) recheados – quando possuírem na parte interna um recheio apropriado;

d) revestidos – quando possuírem na parte externa um revestimento apropriado;

e) *grissini* – produto preparado com farinha de trigo, manteiga ou gordura, água e sal e apresentado sob a forma de cilindros finos e curtos;

f) biscoitos ou bolachas para aperitivos e petiscos ou salgadinhos – produtos contendo condimentos, substâncias alimentícias de sabor forte, característico, além das substâncias normais do produto; apresentam-se geralmente sob formas variadas e tamanhos bem pequenos. Ex.: "Petisco de queijo", "bolacha de cebola para aperitivos";

g) palitos para aperitivos ou *pretsel* – produto preparado com farinha, água, sal, manteiga ou gordura e fermento biológico; a massa moldada em forma de varetas, que podem ser dobradas em forma de oito, e são submetidas a prévio cozimento rápido em banho alcalino, antes de assadas;

h) *waffer* – produto preparado à base de farinha de trigo, amido fermento químico, manteiga ou gordura, leite e ovos e apresentados sob forma de folhas prensadas;

i) *waffer* recheado – produto preparado com folhas de *waffer* superpostas em camadas intercaladas de recheios;

j) *petit-four* – produto preparado à base de farinha, amidos ou féculas, doce ou salgado, podendo conter leite, ovos manteiga, gordura e outras substâncias alimentícias que o caracteriza, como coco, frutas oleaginosas, geleia de frutas e queijo. Tais produtos podem ser decorados com doce, glacês, geleias, frutas secas ou cristalizadas, queijo, anchova etc.

4. CARACTERÍSTICAS GERAIS

Os biscoitos ou bolachas deverão ser fabricados a partir de matérias-primas sãs e limpas, isentas de matéria terrosa, parasitos e em perfeito estado de conservação. Serão rejeitados biscoitos ou bolachas mal cozidos, queimados, de caracteres organoléticos anormais. Não será tolerado o emprego de substâncias corantes na confecção dos biscoitos ou bolachas, excetuando-se tão somente nos revestimentos e recheios açucarados (glacês). Os corantes amarelos não serão tolerados mesmos nos recheios e revestimentos açucarados.

5. CARACTERÍSTICAS ORGANOLÉTICAS

Aspecto – massa torrada, com ou sem recheio ou revestimento.

Cor – próprio.

Cheiro – próprio.

Sabor – próprio.

6. CARACTERÍSTICAS FÍSICAS E QUÍMICAS

Acidez em solução normal, máximo, 2,0 ml/100 g.

Umidade, máximo 14,0% p/p.

Resíduo mineral fixo máximo 3,0% p/p (deduzido o sal).

7. CARACTERÍSTICAS MICROBIOLÓGICAS

a) Os biscoitos e bolachas sem recheio e cobertura, deverão obedecer ao seguinte padrão:

Bactérias do grupo coliforme: máximo, 5 x 10/g.

Bolores e leveduras: máximo, 10^2/g.

b) biscoitos e bolachas com recheio e/ou cobertura, deverão obedecer o seguinte padrão:

Bactérias do grupo coliforme: máximo, 5 x 10/g.

Bactérias do grupo coliforme de origem fecal: ausência em 1 g.

Clostrídios sulfito redutores (a 44ºC); máximo, 2 x 10/g.

Staphylococcus aureus: ausência em 0,1 g.

Salmonelas: ausência em 25 g.

Bolores e leveduras: máximo 10^2/g.

Deverão ser efetuadas determinações de outros microrganismos e/ou de substâncias tóxicas de origem microbiana, sempre que se tornar necessária a obtenção de dados sobre o estado higiênico-sanitário dessas classes de alimentos, ou quando ocorrerem toxinfecções alimentares.

8. CARACTERÍSTICAS MICROSCÓPICAS

Ausência de sujidades, parasitos e larvas.

9. ROTULAGEM

No rótulo deverá constar a denominação "biscoito" ou "bolacha" seguido de sua classificação ou simplesmente a denominação consagrada.

NTA 49
MASSAS ALIMENTÍCIAS OU MACARRÃO

1. DEFINIÇÃO

Massa alimentícia é o produto não fermentado, obtido pelo amassamento da farinha de trigo, da semolina ou sêmola do trigo com água, adicionado ou não de outras substâncias permitidas.

2. DESIGNAÇÃO

As massas alimentícias serão designadas por nomes próprios de acordo com a sua forma, tipo e substâncias adicionadas. Ex.: "espaguete", "aletria", "massa com ovos", "massa com espinafre". Quando preparadas pela mistura de farinha de trigo com outras farinhas serão consideradas "massa alimentícias mistas" e designadas pela espécie das farinhas constituintes da mistura.

3. CLASSIFICAÇÃO

As massas alimentícias serão classificadas:

I – Segundo o teor de umidades:

a) Massa fresca – quando foi submetida a processo incipiente (parcial) de secagem;

b) Massa seca – quando foi submetida a processo de secagem.

II – Segundo seu formato:

a) Massa comprida ou longa – massa tipo espaguete, talharim e outras;

b) Massa curta – massa Ave-Maria, concha e outras;

c) Massinha – massa tipo chumbinho, alfabeto, alpiste, estrelinha e outras.

III – Segundo a sua composição:

a) Massa mista – preparada pela mistura de farinha de trigo com outras farinhas;

b) Massa recheada – contendo recheio preparado com diferentes substâncias alimentícias;

c) Massa glutinada e super ou hiperglutinadas – preparadas com farinha de trigo adicionadas de glúten.

4. CARACTERÍSTICAS GERAIS

As massas deverão ser fabricadas a partir de matérias-primas sãs e limpas, isentas de matéria terrosa e de parasitos. As massas alimentícias com ovos só poderão ser expostas à venda com a designação "massa com ovos" quando forem preparadas com 3 ovos por quilo, no mínimo, correspondente a 0,045 g de colesterol por quilo, não podendo ser adicionadas de qualquer espécie de corantes. Nas massas recheadas tais como capeletes, ravioli, tortelines e similares, deverá ser especificada a natureza do ingrediente principal do recheio. Será permitido o enriquecimento das massas alimentícias com vitaminas, sais minerais e outras substâncias de valor biológico específico. As massas alimentícias ao serem postas na água não deverão turvá-la antes cocção. Não poderão estar fermentadas ou rançosas.

[5. Não consta]

(*) Item 5 ausente na publicação oficial.

6. CARACTERÍSTICAS FÍSICAS E QUÍMICAS

Tipo de massa alimentícia	Umidade g por 100 g máximo	Acidez em solução N por 100 g máximo	Amido g por 100 g máximo	Protídios g por 100 g mínimo	Resíduo fixo sobre a substância seca por 100 g máximo
Fresca	30	5 ml	–	–	1,0
Seca	13	5 ml	–	–	1,0
Glutinada	13	5 ml	60	15	1,0
Super ou Hiper Glutinada	13	5ml	50	25	1,0

7. CARACTERÍSITCAS MICROBIOLÓGICAS

a) As massas alimentícias secas, com ou sem recheio, deverão obedecer ao seguinte padrão:

Contagem padrão em placas: máximo, 10^5/g.
Bactérias do grupo coliforme: máximo, 5 x10/g.
Bactérias do grupo coliforme de origem fecal: ausência em 1 g.
Clostrídios sulfito redutores (a 44ºC): máximo 2 x 10g.
Staphylococcus aureus: ausência em 0,01 g.
Salmonelas: ausência em 25 g.
Bolores e leveduras: máximo, 5 x 10^2/g.

b) As massas alimentícias frescas com ou sem recheio deverão obedecer ao seguinte padrão:

Bactérias do grupo coliforme de origem fecal: máximo, 10/g.
Clostrídios sulfito redutores (a 44ºC): máximo, 10/g.
Staphylococcus aureus: ausência em 0,01 g.
Salmonelas: ausência em 25 g.
Bolores e leveduras: máximo, 10^3/g.

Deverão se efetuadas determinações de outros microrganismos e/ou de substâncias tóxicas de origem microbiana, sempre que se tornar necessária a obtenção de dados sobre o estado higiênico-sanitário dessas classes de alimentos, ou quanto ocorrerem toxinfecções alimentares.

8. CARACTERÍSTICAS MICROSCÓPICAS.

Ausência de sujidades, parasitos e larvas.

9. ROTULAGEM

No rótulo deverá constar a denominação específica do produto. As massas alimentícias deverão trazer no rótulo a designação expressa da sua natureza em caracteres de igual tamanho da palavra "Massa" ou "Macarrão". Ex.: "Massa Alimentícia Mista", "Massa com espinafre", "Massa com ovos". As massas alimentícias recheadas deverão trazer a declaração do tipo do recheio empregado. Ex.: "Ravioli de ricota", "Capelete de carne". As massas alimentícias vendidas a granel, deverão ter etiqueta ou outro meio indicativo da qualidade, natureza e tipo do produto.

NTA 50
ÓLEOS E GORDURAS COMESTÍVEIS

1. DEFINIÇÃO

Entende-se por óleos e gorduras comestíveis os produtos constituídos de glicerídeos de ácidos gordurosos de origem vegetal ou animal, podendo conter pequenas quantidades de outros lipídios como os fosfatídios, elementos insaponificáveis a ácidos gordurosos livres naturalmente presente no óleo ou gordura.

2. CLASSIFICAÇÃO

Os óleos e gorduras comestíveis serão classificados como:

2.1. Óleo ou Gordura Vegetal – Os glicerídeos de ácidos gordurosos de origem vegetal, com ponto de fusão inferior a 20ºC (vinte graus centígrados) para os óleos e, igual ou superior a 20ºC (vinte graus centígrados) para as gorduras, compreendendo:

a) Óleo ou Gordura Vegetal, Cru ou Bruto – o extraído de sementes ou de frutos por processo mecânico e/ou mediante o emprego de solventes, separado do resto do vegetal que serviu de matéria-prima à sua elaboração.

b) Óleo ou Gordura Virgem – obtidos unicamente por processos mecânicos, com ou sem aplicação de calor, e que possa ser consumido em seu estado natural, podendo sofrer exclusivamente lavagens, decantação, filtração e centrifugação.

c) Óleo ou Gordura Vegetal Degomado – o submetido a processo de degomagem.

d) Óleo ou Gordura Vegetal Semirrefinado – o que sofreu processo de degomagem, neutralização, filtração e clarificação ou não.

e) Óleo ou Gordura Refinado – o que sofreu processo tecnológico adequado como degomagem, neutralização, clarificação, frigorificação ou não de desodorização, ou aqueles que se apresentarem com características iguais aos assim tratados.

f) Óleo ou gordura Vegetal Hidrogenado – o que apresenta ponto de fusão igual ao superior a 20ºC (vinte graus centígrados), obtido pela hidrogenação catalítica de óleos ou gorduras vegetais comestíveis.

g) Óleo Vegetal Misto – o obtido pela mistura de óleos de espécies vegetais diferentes.

2.1.1. Entende-se por processo mecânico, a extração por meio de prensa contínuas ou hidráulicas, centrífugas e outros processos similares.

2.2. Óleos e Gorduras Animais – são glicerídeos de ácidos gordurosos de origem animal, com ponto de fusão inferior a 20ºC (vinte graus centígrados), para os óleos, e igual ou superior a 20ºC (vinte graus centígrados), para as gorduras.

2.2.1. Os Sebos Animais Comestíveis ficam incluídos entre as gorduras animais.

2.3. Composto Gorduroso – são os obtidos pela mistura de óleos e gorduras comestíveis ou de gorduras comestíveis hidrogenadas ou não, apresentando ponto de fusão igual ou superior a 20ºC (vinte graus centígrados).

2.4. Margarina – é o produto que se apresenta sob forma de emulsão plástica ou fluída; principalmente do tipo água em óleo, produzido basicamente, a partir de óleos e/ou gorduras comestíveis, no qual o leite poderá estar presente ou não como um dos componentes.

3. DESIGNAÇÃO

Os óleos e gorduras comestíveis serão designados segundo sua classificação, obedecidas as seguintes restrições:

3.1. O uso do vegetal de origem apenas para os óleos e as gorduras vegetais obtidas de uma única espécie vegetal.

3.2. O uso do nome do animal de origem apenas as gorduras obtidas de uma única espécie animal.

3.3. O uso do vocábulo "AZEITE", exclusivamente para óleos provenientes de frutos.

4. COMPOSIÇÃO E FATORES ESSENCIAIS DE QUALIDADE

4.1. Composição e Características de Identidade – os óleos e as gorduras deverão apresentar a composição e as características de identidade que lhes sejam próprias, ressalvado o disposto no Anexo I da presente Resolução.

4.1.1. Os óleos vegetais mistos que contiverem azeite de oliva poderão ter somente dois componentes, devendo a quantidade de azeite de oliva ser, no mínimo, 30% (trinta por cento) p/p.

4.1.2. Os óleos vegetais mistos poderão resultar da mistura no máximo, de quatro óleos vegetais de espécies diferentes, admitidas a variação da sua composição qualitativa e quantitativa.

4.2. Fatores Essenciais de Qualidade – os óleos e gorduras comestíveis obedecerão aos seguintes critérios de qualidade;

4.2.1. Apresentação, aspecto, cheiro, sabor e cor peculiares aos mesmos e deverão estar isentos de ranço e de outras características indesejáveis.

4.2.2. Serão obtidos de matérias-primas de origem animal ou vegetal em bom estado sanitário.

4.2.3. Apresentar-se-ão isento de substâncias estranhas à sua composição e, de componentes indicativos de alteração do produto ou de emprego de tecnologia de fabricação inadequado.

4.2.4. Atenderão, essencialmente, às características abaixo indicadas:

1. Acidez (em ácido olético)	% p/p máximo
– óleo ou gordura virgem, exceto dendê	2,0
– óleo ou gordura refinado	0,3
2. Índice de Peróxido	meq./kg de óleo ou gordura máximo
– óleo ou gordura virgem	20,0
– óleo ou gordura refinado	10,0

5. ADITIVOS INTENCIONAIS E COADJUVANTES DA TECNOLOGIA DE FABRICAÇÃO

5.1. Poderão ser utilizados na elaboração dos óleos e gorduras comestíveis aditivos intencionais constantes do Anexo II desta Resolução, obedecidos os limites nele fixados e outros que vierem a ser autorizados por meio de Resolução da Comissão Nacional de Normas e Padrões para Alimentos.

5.2. Poderão ser autorizados na tecnologia de fabricação os coadjuvantes constantes do Anexo III desta Resolução, respeitados os limite de tolerância fixados pela Comissão Nacional de Normas e Padrões para Alimentos.

6. ADITIVOS INCIDENTAIS

Nos óleos e gorduras comestíveis serão tolerados os seguintes aditivos incidentais, nos limites abaixo fixados:

6.1. Pesticidas – somente serão tolerados resquícios de pesticidas empregados na cultura de vegetais ou na criação de animais, respeitados os limites de tolerância fixados pela Comissão Nacional de Normas e Padrões para alimentos.

6.2. Contaminantes Minerais		mg/kg máximo
(Ferro) Fe	Óleo ou gordura virgem	5,0
	Óleo ou gordura refinado	1,5
(Cobre) Cu	Óleo ou gordura virgem	0,4
	Óleo ou gordura refinado	0,1
(Chumbo) Pb		0,1
(Arsênico) As		0,1

6.3. Contaminantes Resultantes da Tecnologia de Fabricação	% p/p máximo
Material volátil a 105ºC	0,2
Impurezas insolúveis em éter de petróleo	0,05
Conteúdo em sabão, no óleo ou gordura refinada	0,005

6.3.1. A tolerância de impurezas insolúveis em éter de petróleo para óleo de dendê a que se refere o item 6.3 será admitida até o limite máximo de 0,1% (um décimo por cento) p/p.

6.3.2. Não são tolerados outros contaminantes nos óleos e gorduras comestíveis, migrados das respectivas embalagens e equipamentos, ou substâncias de natureza química ou biológica, além dos limites de tolerância fixados pela Comissão Nacional de Normas e Padrões para alimentos.

7. PRINCÍPIOS GERAIS DE HIGIENE

7.1. Os estabelecimentos que elaboram óleos e gorduras deverão satisfazer as condições de higiene exigidas pelas normas sanitárias vigentes.

7.2. Os óleos e gorduras deverão atender aos princípios gerais de higiene dos alimentos e aos requisitos específicos que vierem a ser fixados pela Comissão Nacional de Normas e Padrões para Alimentos.

8. PESO E MEDIDAS

Os óleos e gorduras comestíveis, para exposição à venda, obedecerão, no que se refere ao peso líquido, à legislação pertinente.

9. ROTULAGEM

Na rotulagem dos óleos e gorduras comestíveis, além do atendimento ao já estabelecido nas normas e regulamentos, deverão ser feita as indicações correspondentes à classificação e designação de que trata esta Resolução.

10. AMOSTRAGEM E MÉTODOS DE ANÁLISE

10.1. Serão obedecidas as técnicas de amostragem e métodos de análise adotados pela *Association of Official Analytical Chemical* (AOAC), pela Comissão Pan-Americana de Normas Técnicas (COPANT) pelo *Food Chemicals Codex* e pelo Instituto Adolfo Lutz, até que venham a ser aprovados métodos de amostragem e de análise oficiais.

10.2. A comprovação de atendimento das características de identidade e qualidade, fixados pelo presente padrão, obedecerá o paradigma abaixo indicado:

– Densidade relativa a 20ºC
– Índice de refração a 40ºC
– Índice de saponificação
– Índice de Iodo (Wijs)
– Índice de acidez
– Matéria insaponificável
– Índice de peróxido
– Substâncias voláteis a 105º
– Impurezas insolúveis
– Conteúdo de sabão
– Contaminantes minerais
– Ferro
– Cobre
– Chumbo
– Arsênico
– Título (gorduras animais)
– Aditivos
– Exame microscópico
– Exame microbiológico
– Eventuais

11. Fica concedido o prazo de 180 (cento e oitenta) dias para que os óleos e gorduras comestíveis já registrados, se ajustem ao padrão de identidade e qualidade, nos termos da Legislação Federal vigente.

ANEXO I – PARTE I
CARACTERÍSTICAS DE IDENTIDADE DOS ÓLEOS VEGETAIS

(Os valores se referem a óleos refinados)

1. Óleo de semente de algodão
   a) Densidade relativa (20ºC/20ºC) – 0,918 – 0,926
   b) Índice de saponificação (mg KOH/g) – 189 – 198
   c) Índice de iodo (Wijs) – 99 – 119
   d) Índice de refração a 40ºC – 1,458 – 1,466
   e) Matéria insaponificável máx. % p/p – 1,5
2. Óleo de Amendoim
   a) Densidade relativa (20ºC/20ºC) – 0,914 – 0,917
   b) Índice de saponificação (mg KOH/g) – 187 – 196
   c) Índice de iodo (Wijs) – 90 – 104
   d) Índice de refração a 40ºC – 1,463 – 1,465
   e) Matéria insaponificável máx. % p/p – 1,0
3. Óleo de arroz
   a) Densidade relativa (20ºC/20ºC) – 0,919 – 0,924
   b) Índice de saponificação (mg KOH/g) – 181 – 195
   c) Índice de iodo (Wijs) – 92 – 109
   d) Índice de refração a 40ºC – 1,465 –1,467
   e) Matéria insaponificável máx. % p/p – 1,0
4. Óleo de coco de babaçu
   a) Densidade relativa (20ºC/20ºC) – 0,918 – 0,921
   b) Índice de saponificação (mg KOH/g) – 245 – 256
   c) Índice de iodo (Wijs) – 12 – 18
   d) Índice de refração a 40ºC – 1,448 – 1,456
   e) Matéria insaponificável máx. % p/p – 1,2
   f) Título (ºC) – 20 – 27
   g) Ponto de fusão (capilar ºC) – 22 – 27
5. Óleo de coco da Bahia
   a) Densidade relativa (20ºC/20ºC) – 0,908 – 0,918
   b) Índice de saponificação (mg KOH/g) – 250 – 265
   c) Índice de iodo (Wijs) – 7,0 – 10,5
   d) Índice de refração a 40ºC – 1,448 – 1,451
   e) Matéria insaponificável máx. % p/p – 1,0
   f) Título (ºC) – 20 – 27
   g) Ponto de fusão (capilar ºC) – 22 – 27
6. Óleo de dendê
   a) Densidade relativa (20ºC/20ºC) – 0,918 – 0,922
   b) Índice de saponificação (mg KOH/g) – 195 – 205
   c) Índice de iodo (Wijs) – 44 – 60
   d) Índice de refração a 40ºC – 1,457 – 1,459
   e) Matéria insaponificável máx. % p/p – 0,8
7. Óleo de semente de gergelim
   a) Densidade relativa (20ºC/20ºC) – 0,915 – 0,923
   b) Índice de saponificação (mg KOH/g – 187 – 198
   c) Índice de iodo (Wijs) – 104 – 120
   d) Índice de refração a 40ºC – 1,465 – 1,467
   e) Matéria insaponificável máx. % p/p – 2,0
8. Óleo de semente de girassol
   a) Densidade relativa (20ºC/20ºC) – 0,918 – 0,923
   b) Índice de saponificação (mg KOB/g) – 188 – 195
   c) Índice de iodo (Wijs) – 120 – 138
   d) Índice de refração a 40ºC – 1,467 – 1,469
   e) Matéria insaponificável máx. % p/p – 1,5

9. Óleo de milho
a) Densidade relativa (20ºC/20ºC) – 0,917 – 0,925
b) Índice de saponificação (mg KOH/g) – 187 – 195
c) Índice de iodo (Wijs) – 108 – 116
d) Índice de refração a 40ºC – 1,464 – 1,467
e) Matéria insaponificável máx. % p/p – 2,8

10. Óleo de ouricuri
a) Densidade relativa (20ºC/20ºC) – 0,920 – 0,931
b) Índice de saponificação (mg KOH/g) – 251 – 260
c) Índice de iodo (Wijs) – 12 – 15
d) Índice de refração a 40ºC – 1,448 (valor médio)
e) Matéria insaponificável máx. % p/p – 0,4
f) Título (ºC) – 24 – 25
g) Ponto de fusão (capilar ºC) – 23 – 26

11. Óleo de soja
a) Densidade relativa (20ºC/20ºC) – 0,919 – 0,925
b) Índice de saponificação (mg KOH/g) – 189 – 198
c) Índice de iodo (Wijs) – 120 – 143
d) Índice de refração a 40ºC – 1,467 – 1,469
e) Matéria insaponificável máx. % p/p – 1,5

12. Óleo de oliva
a) Densidade relativa (20ºC/20ºC) – 0,910 – 0,916
b) Índice de saponificação (mg KOH/g)
– virgem ou refinado – 184 – 197
– de extração, refinado – 182 – 193
c) Índice de iodo (Wijs)
– virgem ou refinado – 75 – 90
– de extração, refinado – 75 – 90
d) Índice de refração a 40ºC
– virgem ou refinado – 1,4601 – 1,4629
– de extração, refinado – 1,4604 – 1,4631
e) Matéria insaponificável máx. % p/p
– virgem ou refinado – 1,5
– de extração, refinado – 2,5
f) Índice de Bellier
– virgem ou refinado – máximo – 17
g) Acidez (ácido oléico) máximo % p/p
– virgem – 3,3
– refinado e de extração refinado – 0,3
h) Índice de peróxido – máximo mg/Kg
– virgem, refinado ou de extração refinado – 20,0
i) Impureza insolúveis em éter de petróleo – máx. % p/p
– virgem – 0,1
– refinado ou de extração refinado – 0,05
j) Absorvidade no ultravioleta (E, 1%cm) em ciclo-hexano ou isooctano.

	1% E, cm máximo em 232 nm	1% E, cm máximo em 270 nm	1% E, cm variação máxima próximo a 270 nm
Óleo virgem	3,50	0,25	(*)
Óleo refinado	–	1,10	0,16
Óleo de extração refinado	6,00	2,00	0,20
Mistura de óleos virgem e refinado	3,30	0,90	0,15
Mistura de óleos e de extração refinado	5,50	1,70	0,18

(*) *Óleos com absorvidade em 270 nm que excede 0,25 podem ser óleos virgens se, após passagem da amostra por alumina ativada, sua absorvidade em 270 nm for inferior a 0,11.*

ANEXO I – PARTE 2
CARACTERÍSTICAS DE COMPOSIÇÃO PARA AS MARGARINAS

a) Conteúdo máximo de água – 16% sobre o peso do produto
b) Adições:
(1) Vitaminas: Vitamina A (obrigatório) 15.000 – 50.000 UI/kg Vitamina D (opcional) 500 – 32.000 UI/kg
(2) Cloreto de sódio, máximo – 3% sobre o peso do produto
(3) Açúcares
c) Características de identidade – segundo tipo de óleo ou gordura empregado
d) Ponto de fusão – (capilar) máximo – 40ºC (exceção para tipos especiais industriais)
e) Níquel (catalizador) máximo – 4 mg/kg

ANEXO I – PARTE 3
CARACTERÍSTICAS DE IDENTIDADE E QUALIDADE PARA AS BANHAS

1. DESCRIÇÃO
Banha – é a gordura fundida de tecidos adiposos frescos, limpos e sadios de suínos (*Sus scrofa*) em bom estado sanitário no momento do abate e liberados para o consumo humano pela autoridade sanitária competente.
2. CLASSIFICAÇÃO
2.1. Banha de primeira qualidade – o produto obtido, exclusivamente, pela fusão de tecidos adiposo, frescos de suínos.

2.2. Banha refinada – o produto obtido de banha de 1ª qualidade submetida a um processo de beneficiamento, compreendendo clarificação, desodorização parcial, filtração e eliminação da umidade.

2.3. Banha comum – o produto obtido pela fusão de tecidos adiposos frescos de suínos, adicionados de ossos, peles, orelhas, órgãos e outras partes apropriadas de suínos.

2.4. Banha comuns submetida a um processo de beneficamente, compreendendo clarificação, desodorização parcial, filtração e eliminação da umidade.

3. DESIGNAÇÃO

A banha será designada segundo a respectiva classificação.

4. COMPOSIÇÃO E FATORES ESSENCIAIS DE QUALIDADE

a) Características de identidade:

(1) Densidade relativa (40°C/água 20°C): 0,896 – 0,904;
(2) Índice de refração a 40°C: 1,448 – 1,460;
(3) Título (°C) – 32 – 45;
(4) Ponto de fusão (capilar) máx. 45°C;
(5) Índice de saponificação (mg KOH/g de gordura) – 190 – 203;
(6) Matéria insaponificável, máx. % (p/p) – 1,0;
(7) Índice de iodo (Wijs) – 45 – 70.

b) Características de qualidade

(1) Cor – branca, quando sólida;
(2) Cheiro e sabor – característico e livre de cheiros e sabores estranhos;
(3) Índice de acidez (mg KOH por g) – 1,3;
(4) Índice de peróxido, máximo (meq. de peróxido de oxigênio/kg) – 10,0;
(5) Substâncias voláteis, a 105° máximo % (p/p – 0,5);
(6) Impurezas – 0,1;
(7) Conteúdo de sabão – zero.

ANEXO I – PARTE 4
CARACTERÍSTICAS DE IDENTIDADE
PARA OS ÓLEOS E GORDURAS HIDROGENADOS E COMPOSTOS GORDUROSOS

(1) Densidade relativa (40°C/água a 20°C) segundo o óleo ou gordura empregado.
(2) Índice de refração a 40°C segundo o óleo ou gordura empregado.
(3) Ponto de fusão (capilar) máximo: 45°C.
(4) Índice de saponificação (mg KOH/g de gordura) segundo o óleo ou gordura empregado.
(5) Índice de iodo (Wijs) segundo o óleo ou gordura empregado.
(6) Matéria insaponificável – máx. % (p/p – 2,0).
(7) Conteúdo mínimo de gordura – 99,0.
(8) Níquel (catalisador) máximo 4 mg/kg.

ANEXO II

ADITIVO	AÇÃO	PRODUTO	LIMITE MÁXIMO
Ácido ascórbico, seus sais e ésteres	Antioxidante	Margarina	0,20
		Óleos e gorduras (*)	0,03
Ácido cítrico	Antioxidante (sinergista)	Gorduras	0,01
		Margarina	0,01
Ácido fosfórico	Antioxidante (sinergista)	Gorduras	0,01
		Margarina	0,01
Butil hidroxianisol (BHA)	Antioxidante	Margarina	0,01
		Óleos e gorduras (*)	0,01
Butil hidroxitolueno (BHT)	Antioxidante	Margarina	0,01
		Óleos e gorduras	0,01
Cálcio Dissódio EDTA	Antioxidante	Margarina	0,01
		Óleos e gorduras (*)	0,01

(*cont.*)

ADITIVO	AÇÃO	PRODUTO	LIMITE MÁXIMO
Citrato de monoglicerídio	Antioxidante	Óleos e gorduras (*)	0,02
Citrato de monoisopropila	Antioxidante	Margarina	0,01
		Óleos e gorduras (*)	0,01
Corante natural	Corante	Margarina (***)	
Substâncias aromatizantes naturais e/ou idênticas às naturais	Flavorizante	Gorduras hidrogenadas (**)	
Fosfolipídios	Antioxidante	Margarina	0,50
		Óleos e gorduras (*)	0,20
Galato de propila, duodecila ou octila	Antioxidante	Margarina	0,01
		Óleos e gorduras (*)	0,01
Mono e diglicerídeos	Estabilizante	Gorduras compostas	2,00
		Margarina	0,50
Monoesterato de sorbitana	Estabilizante	Gorduras compostas	3,00
Monopalmitato de sorbitana	Estabilizante	Gorduras compostas	3,00
Polisorbato 80	Estabilizante	Gorduras compostas	0,50
Polisorbato 60	Estabilizante	Gorduras compostas	0,50
Resina de guaiaco	Antioxidante	Margarina	0,10
		Óleos e gorduras (*)	0,10
Tocoferóis	Antioxidante	Margarina	0,03
		Óleos e gorduras (*)	0,03
Triestearato de sorbitana	Estabilizante	Gorduras compostas	0,30

(*) *Exceto óleos e/ou gorduras virgens.*

(**) *Resolução nº 1/1970: Permitir o emprego de diacetila em compostos elaborados com gorduras hidrogenadas destinadas à elaboração em escala industrial, de biscoitos e produtos de confeitarias, proibido a venda de tais compostos para uso doméstico.*

(***) *Corantes naturais vegetais, limite estabelecido pela boa tecnologia de fabricação.*

ANEXO III
COADJUVANTES DA TECNOLOGIA DE FABRICAÇÃO

Neutralizantes .... – Hidróxido de sódio
– Carbonato de sódio
– Ácido cítrico
Degomantes.. – Ácido fosfórico
– Ácido sulfúrico
Agentes de filtração .... – Terra diatomácea
Clarificantes .... – Terras ativadas
– Carvão ativo
Solventes .... – Hexana
Catalizadores de hidrogenação .... – Níquel
– Mistura à base de cromo, manganês e óxido de cobre
Agente de interesterificação................... – Metilato de sódio

Métodos de Amostragem e Análise

Normas Analíticas do Instituto Adolfo Lutz – v. I, 1976.

Official and tentative methods of the American Oil Chemist's Society – última edição.

IUPAC – *Standard Methods for the Analysis of Oils, Fast and Soaps* – última edição.

Codex Alimentarius Commission CAC/RM – 19 – 1969.

Determinação da absorvidade no ultravioleta para óleos de oliva – *Codex Alimentarius Commission* – CAC/RM – 26 – 1970 ou CAC/RS 33 – 1970.

NTA 51
MANTEIGA DE CACAU

1. DEFINIÇÃO

A manteiga de cacau é o produto obtido, por processo tecnológico adequado, da massa ou pasta de cacau *Theobroma cacao L.* ou cacau triturado, podendo ser filtrada, centrifugada e desodorizada.

2. DESIGNAÇÃO

O produto será designado por "manteiga de cacau".

[3. Não consta]

(*) Item 3 ausente na publicação oficial.

4. CARACTERÍSTICAS GERAIS

A manteiga de cacau deverá provir de sementes de cacau sãs, limpas e torradas. Deverá ser dura e friável em temperatura inferior a 25ºC.

5. CARACTERÍSTICAS ORGANOLÉTICAS

Aspecto – massa sólida untosa ao tacto.

Cor – branca ou branco-amarelada.

Cheiro – próprio.

Sabor – próprio.

6. CARACTERÍSTICAS FÍSICAS E QUÍMICAS

Substâncias voláteis, máximo .... 0,2% p/p

Acidez livre em ml de solução normal, máximo .... 5,0% v/p

Índice de refração a 40ºC .... 1,4535 a 1,4630

Ponto de fusão final .... 28 a 35ºC

Índice de iodo (Hübl) .... 35 a 43

Índice de saponificação (Koesttstorfer) .... 188 a 200

Substâncias insolúveis em hexano, máximo .... 0,05% p/p

[7. Não consta]

(*) Item 7 ausente na publicação oficial.

8. CARACTERÍSTICAS MICROSCÓPICAS

Ausência de sujidades, parasitos e larvas.

9. ROTULAGEM

A rotulagem deverá trazer a denominação "Manteiga de cacau".

NTA 52
AÇÚCAR

1. DEFINIÇÃO

Açúcar é a sacarose obtida da *Saccharum officinarum*, ou *Beta alba, L.*, por processos industriais adequados.

2. DESIGNAÇÃO

O produto será designado "açúcar", seguido da denominação correspondente às suas características. Ex.: "açúcar cristal", "açúcar mascavo".

3. CLASSIFICAÇÃO

O açúcar, de acordo com a sua características, será classificado em:

a) Açúcar cristal – contendo no mínimo – 99,3% de sacarose;

b) Açúcar refinado – contendo no mínimo – 98,5% de sacarose;

c) Açúcar moído – contendo no mínimo – 98,0% de sacarose;

d) Açúcar demerara – contendo no mínimo – 96,0% de sacarose;

e) Açúcar mascavo – contendo no mínimo – 90,0% de sacarose;

f) Açúcar mascavinho – contendo no mínimo – 93% de sacarose;

g) Açúcar-cande – contendo no mínimo – 99,0% de sacarose;

h) Açúcar glacê ou em pó ou de confeiteiro – contendo no mínimo – 99,0% de sacarose (excluído o antiaglutinante);

i) Açúcar em cubos ou tabletes – contendo no mínimo – 98,0% de sacarose (excluído o aglutinante);

j) Açúcar para confeitar – açúcar finamente pulverizado ou em cristais, adicionado de corantes permitidos.

4. CARACTERÍSTICAS GERAIS

O açúcar deverá ser fabricado de suco de cana ou de beterraba, livre de fermentação, isento de matéria terrosa, de parasitos e de detritos animais ou vegetais.

5. CARACTERÍSTICAS ORGANOLÉTICAS

Aspecto – próprio do tipo de açúcar.

Cor – própria do tipo de açúcar.

Cheiro – próprio.

Sabor – doce.

[6. Não consta]

(*) Item 6 ausente na publicação oficial.

7. CARACTERÍSTICAS MICROBIOLÓGICAS

Deverão ser efetuadas determinações de microrganismos e/ou de substâncias tóxicas de origem microbiana, sempre que se tornar necessária a obtenção de dados sobre o estado higiênico-sanitário dessa classe de alimento, ou quando ocorrerem toxinfecções alimentares.

8. CARACTERÍSTICAS MICROSCÓPICAS

Ausência de sujidades, parasitos e larvas.

9. ROTULAGEM

O rótulo deverá trazer a denominação "Açúcar", seguida do tipo e/ou classificação.

NTA 53
AÇÚCAR REFINADO

1. DEFINIÇÃO

Açúcar refinado é a sacarose obtida de açúcar de cana purificado por processo tecnológico adequado.

2. DESIGNAÇÃO

O produto será designado "açúcar refinado" seguido de sua classificação.

3. CLASSIFICAÇÃO

O açúcar refinado será classificado em:

a) Amorfo, de primeira;

b) Amorfo, de segunda;

c) Granulado.

4. CARACTERÍSTICAS GERAIS

O açúcar refinado deverá ser fabricado de açúcar isento de fermentações, de matérias terrosas, de parasitos e detritos animais ou vegetais.

5. CARACTERÍSTICAS ORGANOLÉTICAS

Aspecto – próprio do tipo de açúcar.

Cor – próprio.

Cheiro – próprio.

Sabor – doce.

6. CARACTERÍSTICAS FÍSICAS E QUÍMICAS

a) Açúcar amorfo, de primeira:

Sacarose, mínimo .... 99,0% p/p

Resíduo mineral fixo, máximo .... 0,2% p/p

Cor "ICUMSA" (420 nm), máximo 80

Umidade, máximo .... 0,3% p/p

b) Açúcar amorfo, de segunda

Sacarose, mínimo .... 98,5% p/p

Resíduo mineral fixo, máximo .... 0,2% p/p

Cor "ICUMSA" (420 nm), máximo 120

Umidade máximo .... 0,4% p/p

c) Granulado:

Sacarose, mínimo .... 99,8% p/p

Resíduo mineral fixo, máximo .... 0,04% p/p

Cor "ICUMSA" (420 nm), máximo 45

Umidade, máximo .... 0,04% p/p

7. CARACTERÍSTICAS MICROBIOLÓGICAS

Deverão ser efetuadas determinações de microrganismos e/ou de substâncias tóxicas de origem microbiana, sempre que se tornar necessária a obtenção de dados sobre o estado higiênico-sanitário dessa classe de alimento, ou quando ocorrerem toxinfecções alimentares.

8. CARACTERÍSTICAS MICROSCÓPICAS

Ausência de sujidades, parasitos e larvas.

9. ROTULAGEM

O rótulo deverá trazer a denominação "Açúcar refinado", seguida do tipo.

As expressões superior, extra ou especial serão admitidas para o açúcar refinado que apresentar:

Teor de sacarose, superior a .... 99,0% p/p
Resíduo mineral fixo, inferior a .... 0,2% p/p
Cor "ICUMSA" (420 nm), inferior a 80
Umidade, inferior a........ 0,3% p/p
Ferro, máximo........ 0,001% p/p

NTA 54
MELAÇO – MELADO – RAPADURA

1. DEFINIÇÃO

Melaço – é o líquido que se obtém como resíduo de fabricação do açúcar cristalizado, do melado ou da refinação do açúcar bruto.

Melado – é o líquido xaroposo obtido pela evaporação do caldo de cana (*Saccharum officinarum*) ou a partir da rapadura, por processos tecnológicos adequados.

Rapadura – é o produto sólido obtido pela concentração a quente do caldo de cana (*Saccharum officinarum*).

2. DESIGNAÇÃO

O produto será designado "melaço" seguido do nome da substância de origem. Ex.: "melaço de cana".

O melado será designado "melado" ou "melado de rapadura".

A rapadura será designada simplesmente "rapadura"; quando adicionada de outras substâncias alimentares, terá sua designação acrescida do nome das mesmas. Ex: "rapadura com coco", "rapadura com amendoim".

[3. Não consta]

(*) Item 3 ausente na publicação oficial.

4. CARACTERÍSTICAS GERAIS

Esses produtos deverão ser fabricados com matérias-primas não fermentadas, isentas de matéria terrosa, parasitos e detritos animais e vegetais. Será vedada a adição de essências, corantes naturais ou artificiais, conservadores e edulcorantes.

5. CARACTERÍSTICAS ORGANOLÉTICAS

	Melaço	Melado	Rapadura
Aspecto	Líquido viscoso e denso	Líquido xaroposo e denso	Massa dura
Cor	Amarela e castanha	Amarelo âmbar	Castanha
Cheiro	Próprio	Próprio	Próprio
Sabor	Doce	Doce	Doce

6. CARACTERÍSTICAS FÍSICAS E QUÍMICAS

	Melaço	*Melado*	*Rapadura*
Umidade, máximo	25% p/p	25% p/p	–
Acidez em solução normal, máximo	–	10% v/p	–
Glicídios totais, mínimo	50% p/p	50% p/p	80% p/p
Resíduo mineral fixo, máximo	6% p/p	6% p/p	6% p/p

7. CARACTERÍSTICAS MICROBIOLÓGICAS

Os melaços, melados e rapaduras deverão obedecer ao seguinte padrão:

Bactérias do grupo coliforme de origem fecal: ausência em 1 g.

Salmonelas: ausência em 25 g.

Bolores e leveduras: máximo, 5 x 10^2/g.

Deverão ser efetuadas determinações de outros grupos microorganismos e/ou de substâncias tóxicas de origem microbiana, sempre que se tornar necessária a obtenção de dados sobre o estado higiênico-sanitário dessa classe de alimentos ou quando ocorrerem toxinfecções alimentares.

8. CARACTERÍSTICAS MICROSCÓPICAS

Ausência de sujidades, parasitos e larvas.

9. ROTULAGEM

O rótulo deverá trazer a denominação do produto.

NTA 55
MEL

1. DEFINIÇÃO

Mel é o produto natural elaborado por abelhas a partir de néctar de flores e/ou exsudatos sacarídeos de plantas.

2. DESIGNAÇÃO

O produto será designado, simplesmente, por “mel” ou “mel de abelha”.

3. CLASSIFICAÇÃO

O mel será classificado:

I – de acordo com o processo de obtenção:

a) mel virgem – produto que flui espontaneamente dos favos, quando desoperculados;

b) mel centrifugado – obtido por processo de centrifugação;

c) mel prensado – obtido por compressão a frio;

d) mel em favos – mantido dentro dos próprios favos.

II – de acordo com as suas características físicas e químicas:

a) mel de mesa;

b) mel industrial.

4. CARACTERÍSTICAS GERAIS

O mel não poderá conter substâncias estranhas à sua composição normal, nem ser adicionado de corretivos de acidez. Poderá se apresentar parcialmente cristalizado e não poderá apresentar caramelização nem espuma superficial. Será permitido o aquecimento do mel até no máximo de 70ºC, desde que seja mantida a sua atividade enzimática. Será proibida a adição de corantes, aromatizantes, espessantes, conservadores e de edulcorantes de qualquer natureza, naturais ou sintéticos.

5. CARACTERÍSTICAS ORGANOLÉTICAS

Aspecto – líquido denso, viscoso, translúcido ou parcialmente cristalizado

Cor – levemente amarelada a castanho-escura.

Cheiro – próprio.

Sabor – próprio.

6. CARACTERÍSTICAS FÍSICAS E QUÍMICAS

a) mel de mesa:

Umidade a 105ºC, máximo .... 21% p/p

Acidez em ml. de solução normal, máximo .... 2% p/p

Sacarose máximo .... 10% p/p

Açúcar invertido, mínimo .... 70% p/p

Dextrina, máximo .... 5,0% p/p

Resíduo mineral fixo, máximo .... 0,2% p/p

Insolúveis em água, máximo .... 1,0% p/p

Reação de Fiehe .... negativa

Reação de Lund, máximo .... 3,0 ml

mínimo .... 0,6 ml

Reação de Lugol .... negativa

b) mel industrial:

Umidade a 150ºC, máximo .... 25% p/p

Acidez em ml. de solução normal, máximo .... 4% v/p

Sacarose, máximo .... 15% p/p

Açúcar invertido, mínimo .... 64% p/p

Dextrina, máximo .... 10% p/p

Resíduo mineral fixo, máximo .... 0,75% p/p

Insolúveis em água, máximo .... 2% p/p

Reação de Fiehe .... negativa

O mel será considerado industrial quando:

1º) apresentar uma ou mais características fora dos limites fixados para o mel de mesa, mas dentro daqueles fixados para o tipo industrial;

2º) apresentar ligeira caramelização;

3º) apresentar poder diastásico baixo ou nulo, como consequência de aquecimento à temperatura superior a 70ºC.

[7. Não consta]

(*) Item 7 ausente na publicação oficial.

8. CARACTERÍSTICAS MICROSCÓPICAS

Ausência de sujidades, parasitos e larvas. Presença de grãos de pólen, de forma variável, redondos, triangulares, ovóides, cúbicos, alongados, poliédricos e outros. O grão de pólen limitado externamente por uma membrana diferenciada em duas camadas: a externa, cutinizada e a interna, incolor e constituída por matéria péctica. O tamanho de grão de pólen varia de vinte a duzentas micra. Poderá conter cristais de glicose com forma de lâminas largas, irregulares ou alongadas. O mel não purificado poderá apresentar partículas de cera.

9. ROTULAGEM

O rótulo deverá trazer a denominação "Mel" seguida da classificação. Deverá trazer ainda a classificação do mel segundo o seu uso. Ex: "Mel de mesa" ou "Mel industrial". Será optativa a declaração de sua qualificação de acordo com o seu processo de obtenção. O mel proveniente de abelhas indígenas deverá trazer no rótulo indicação clara da sua procedência.

NTA 56
DOCE DE LEITE

1. DEFINIÇÃO

Doce de leite é o produto resultante da cocção de leite com açúcar, podendo ser adicionado de outras substâncias alimentícias permitidas, até concentração conveniente e parcial caramelização.

2. DESIGNAÇÃO

O produto será designado "doce de leite" ou "doce de leite" seguida da substância adicionada que o caracteriza. Ex.: "doce de leite com amendoim".

3. CLASSIFICAÇÃO

O doce de leite será classificado de acordo com a sua consistência, em:

a) doce de leite cremoso ou em pasta;

b) doce de leite em tablete.

4. CARACTERÍSTICAS GERAIS

O doce de leite deverá ser fabricado com matérias-primas sãs e limpas, isentas de matéria terrosa, parasitos, e em perfeito estado de conservação. O leite empregado deverá apresentar-se normal e fresco. No preparo do produto, o leite deve entrar na proporção mínima de três partes de leite para uma de açúcar. Não poderá conter substâncias estranhas à sua composição normal, além das previstas nesta Norma. Será permitido adicionar ao doce de leite: cacau, amendoim, coco, castanha-do-Pará e outras substâncias alimentícias que caracterizem o produto. Como coadjuvante da tecnologia de fabricação será tolerado o emprego de amido na dosagem máxima de 2%. Será tolerada a adução de aromatizantes naturais. Será proibido adicionar ao doce de leite gorduras estranhas, geleificantes ou outras substâncias, embora inócuas, exceto o bicarbonato de sódio em quantidade estritamente necessária para a redução parcial da acidez do leite.

5. CARACTERÍSTICAS ORGANOLÉTICAS

Aspecto – próprio.

Cor – amarelada ou amarelo-pardacenta.

Cheiro – próprio.

Sabor – doce.

6. CARACTERÍSTICAS FÍSICAS E QUÍMICAS

Acidez em ml de solução normal, máximo		5% v/p
Umidade, máximo	(doce de leite em tablete)	20,0% p/p
	(doce de leite cremoso ou em pasta)	30,0% p/p
Clicídios não redutores em amido, máximo		2,0% p/p
Clicídios redutores, em sacarose, máximo (excluída a lactose)		60% p/p
Lipídios, mínimo		2,0% p/p
Protídios, mínimo		6,0% p/p
Resíduo mineral fixo, máximo		2,0% p/p

7. CARACTERÍSTICAS MICROBIOLÓGICAS

a) doce de leite envasado e que recebeu tratamento térmico adequado:

Após 10 dias de incubação a 35ºC não deverão observar sinais de alterações das embalagens (estufamento, alterações, vazamentos, corrosões internas) bem como quaisquer modificações de natureza física, química, ou organolética do produto.

b) Os demais tipos de doce de leite deverão obedecer ao seguinte padrão:

Bactérias do grupo coliforme de origem fecal: ausência em 1 g.

Clostrídios sulfito redutores (a 44ºC): máximo, 2 x 10/g.

Staphylococcus aureus: ausência em 0,1 g.

Salmonelas: ausência em 25 g.

Bolores e leveduras: máximo, 2 x 10^2/g.

Deverão ser efetuadas determinações de outros microrganismos e/ou de substâncias tóxicas de origem microbiana, sempre que se tornar necessária a obtenção de dados sobre o estado de higiênico-sanitário dessas classes de alimentos, ou quando ocorrerem toxinfecções alimentares.

8. CARACTERÍSTICAS MICROSCÓPICAS

Ausência de sujidades, parasitos e larvas.

9. ROTULAGEM

No rótulo deverá constar a denominação "Doce de leite" ou "Doce de leite" seguida da substância adicionada.

NTA 57
PRODUTOS DE CONFEITARIA

1. DEFINIÇÃO

Produtos de confeitarias são obtidos por cocção adequada da massa preparada com farinhas, amidos, féculas ou outras substâncias alimentícias, doces ou salgadas, recheados ou não.

2. DESIGNAÇÃO

O produto será designado por nomes populares consagrados, ou de acordo com a substância que o caracteriza, tais como:

a) bolo – produto assado, preparado à base de farinha ou amidos, açúcar, fermento químico ou biológico, podendo conter leite, ovos, manteiga, gordura e outras substâncias alimentícias que caracterizam o produto;

b) brigadeiro – produto cozido preparado à base de leite condensado e chocolate, podendo ser adicionado de outras substâncias como: manteiga, nozes, castanha-do-Pará, castanha-de-caju e uva passa e envolvido em chocolate granulado ou confeitos coloridos;

c) fios de ovos – produto preparado com gemas de ovos passadas por tamis e cozidas em calda de açúcar;

d) manjar branco – massa cozida de consistência mole, preparada à base de amido, leite, leite de coco e açúcar;

e) maria-mole – produto à base de gelatina, açúcar e água, batida até a consistência elástica e recoberto com coco ralado;

f) pão-de-ló – produto assado, preparado à base de farinha, açúcar e ovos, podendo ser adicionado de fermento químico;

g) pudim – massa cozida de consistência mole, preparada à base de amidos ou féculas, leite, ovos e açúcar, podendo conter outras substâncias que o caracterizem;

h) quindim – produto assado, preparado com gemas de ovos, podendo ser adicionado de 20% de ovos de inteiros em relação à quantidade de gemas, manteiga ou margarina, açúcar e coco ralado;

i) suspiro – produto assado preparado à base de claras de ovos batidas e açúcar;

j) torta – massa assada preparada à base de farinha, manteiga ou gordura e outros produtos comestíveis, contendo recheios diversos;

k) coxinha – produto preparado de massa cozida, à base de farinha de trigo, podendo conter leite, ovos, caldo de galinha e condimentos; a massa frita, depois de recheada com carne de galinha e envolvida em ovos batidos e farinha de rosca;

l) croquete – produto preparado à base de carne cozida, moída, condimentada, ovos e farinha de trigo, envolvida em ovos batidos e farinha de rosca e frito;

m) empada – massa preparada à base de farinha de trigo, gordura e sal, contendo recheios diversos;

n) esfirra – massa assada, preparada à base de farinha de trigo, gordura, fermento e sal, coberta com carne moída, condimentada e cozida;

o) pastel – massa frita preparada à de farinha de trigo, podendo conter gordura, fermento, ovos, com recheios diversos;

p) quibe – produto preparado à base de carne moída, trigo partido e condimentos, podendo ser assado ou frito, recheado ou não.

[3. Não consta]

(*) Item 3 ausente na publicação oficial.

4. CARACTERÍSTICAS GERAIS

Os produtos de confeitaria deverão ser preparados com matérias-primas sãs, limpas e em perfeito estado de conservação. Não será tolerado o emprego de corantes na confecção das massas dos produtos de confeitarias. Será tolerado adicionar corantes permitidos aos recheios e revestimentos de produtos de confeitaria, como: torta, doces de massas recheadas e outros, com exceção de corante amarelo em qualquer tipo de recheio e revestimento. Deverão se apresentar sem indícios de fermentação e em perfeito estado de conservação. Os produtos de confeitaria, quando destinarem ao consumo imediato, deverão ser expostos à venda, devidamente protegidos e em temperatura adequada e, mesmo os não embalados e rotulados, deverão estar de acordo com a legislação em vigor.

5. CARACTERÍSTICAS ORGANOLÉTICAS

Aspecto – massa cozida, assada ou torrada, com ou sem recheio ou massa mole.

Cor – própria.

Cheiro – próprio.

Sabor – próprio.

[6. Não consta]

(*) Item 6 ausente na publicação oficial.

7. CARACTERÍSTICAS MICROBIOLÓGICAS

Os produtos de confeitaria Deverão obedecer ao seguinte padrão:

Bactérias do grupo coliforme: máximo, 10^2/g.

Bactérias do grupo coliforme de origem fecal: ausência em 1 g.

Clostrídios sulfito redutores (a 44ºC): máximo, 2 x 10/g.

Staphylococcus aureus: ausência em 0,01 g.

Salmonelas: ausência em 25 g.

Bolores e leveduras: máximo, 10^3/g.

Deverão ser efetuadas determinações de outros microrganismos e/ou de substâncias tóxicas de origem microbiana, sempre que se tornar necessária a obtenção de dados sobre o estado higiênico-sanitário dessa classe de alimento, quando ocorrerem toxinfecções alimentares.

8. CARACTERÍSTICAS MICROSCÓPICAS

Ausência de sujidades, parasitos e larvas.

9. ROTULAGEM

O rótulo deverá trazer o nome do produto de acordo com a denominação constante desta Norma.

NTA 58
BALAS, CARAMELOS E SIMILARES

1. DEFINIÇÃO

Denominam-se balas e caramelos as preparações à base de pasta de açúcar fundido, de formatos variados e de consistência dura ou semidura, com ou sem adição de outras substâncias permitidas.

2. DESIGNAÇÃO

O produto terá a designação genérica de “bala” ou “caramelo” seguida do nome da substância que o caracteriza ou por nomes próprios tradicionais. Ex.: “bala de leite”, “toffe”, “bala recheada de mel”, “bala de nozes”, “drops de coco”.

[3. Não consta]

(*) Item 3 ausente na publicação oficial.

4. CARACTERÍSTICAS GERAIS

As balas, caramelos e similares deverão ser confeccionados com matéria-prima sã, limpa, isenta de matéria terrosa, parasitos e detritos animais ou vegetais. As balas de goma e de goma de amido poderão ser revestidas por açúcar cristalizado. As pastilhas deverão apresentar superfície lisa e homogênea. Será permitido nas pastilhas o emprego de amido ou dextrina, no teor máximo de 5%, no revestimento dos confeitos será permitido o emprego de pequenas porções de cera, estearina, óleos vegetais comestíveis puros. Não será tolerada a adição de substâncias corantes e essências de qualquer natureza no preparo de balas e caramelos de frutas, de leite, chocolate, café, coco, mel e ovos, com exceção de vanilina.

Incluem-se nesta Norma, entre outros, o seguinte:

a) bala dura – produto preparado à base de açúcares fundidos e adicionado de substâncias que caracterize o produto, como sucos de frutas, óleos essenciais e adicionado de outras substâncias permitidas; sua principal característica apresentar-se dura e quebradiça, normalmente transparente ou translúcida;

b) “drops” – bala dura, prensada em formato característico; normalmente transparente ou translúcida;

c) pirulito – bala dura, em formato característico e suportado por um haste;

d) bala mole – produto de composição semelhante à das balas duras, porém submetido a amassamento mecânico até a obtenção da consistência desejada;

e) caramelo – produto preparado à base de leite, açúcar, manteiga ou gordura comestíveis, podendo ser adicionado de amido na quantidade máxima de 3% e de outras substâncias que o caracterizam como, café, coco, ovos e submetidos à cocção até o grau de consistência adequada;

f) "toffe" – caramelo submetido à cocção mais prolongada, até obtenção da massa mais dura;

g) balas e caramelos recheados – produtos contendo em seu núcleo recheios diversos como, doces, geleias, mel, licores;

h) bala de goma – produto preparado à base de goma naturais, açúcares e adicionado de óleos essenciais ou extratos vegetais;

i) bala de goma de amido ou bala ou bala americana – produto preparado à base de goma de amido, açúcares e adicionada de aromatizantes;

j) pastilhas – produto preparado à base de massa açucarada, adicionada de aromatizantes e outras substâncias permitidas e moldada por compressão;

k) confeitos – produtos constituído por um núcleo de massa açucarada, de composição variada, ou ainda, constituído por sementes oleaginosas, frutas, partes de fruta ou frutas secas e revestidas por uma camada açucarada, polida ou de chocolate cobertura; quando o núcleo for constituído de frutas, o produto poderá ser denominado fruta confeitada. Ex.: "passa confeitada".

l) "marzipan" – produto confeccionado com amêndoas e açúcar, na proporção de uma parte de amêndoas para duas de açúcar; não será tolerada quantidade de ácido cianídrico superior a 5 mg/100 g do produto; este produto poderá ser preparado com castanha-do-Pará em lugar de amêndoas, devendo obrigatoriamente ser designado por "marzipan de castanha-do-Pará", o marzipan não poderá ser adicionado de amidos e féculas estranhos, e a umidade não deve ultrapassar a 20%;

m) torrão, torrone ou "Nougat" – produto obtido pela adição de massa cozida de açúcares a outra massa batida de albumina e/ou gelatina, e adicionado ainda de mel e uma ou mais das seguintes substâncias: amendoim, avelãs, nozes, castanha-do-Pará, podendo conter frutas cristalizadas; quando o produto for preparado com amendoim, deverá ser especificamente designado "torrão", "torrone" ou "Nougat de amendoim"; em geral o produto se apresenta sob a forma de barras contidas entre duas folhas de hóstia;

n) "nougatine" – é o produto "torrão" ou "Nougat" revestido por uma camada de chocolate cobertura;

o) crocante – produto preparado com açúcar caramelizado até alcançar a textura quebradiça; este produto poderá ser adicionado de sementes oleaginosas fragmentadas;

p) pé-de-moleque – produto preparado com amendoim inteiro ou fragmentado, açúcares semicaramelizados ou rapadura e de consistência dura ou semidura;

q) paçoca – produto prensado, preparado com amendoim moído, açúcar e farinha de mandioca, podendo ser adicionado de pequena quantidade de cloreto de sódio;

r) "marshmallow" – massa batida preparada por mistura de açúcares, gelatina ou albumina de ovo e adicionada de aromatizantes; o produto deve apresentar textura leve e porosa;

s) "fondant" de leite" – produto semissólido preparado à base de leite e açúcares, contendo microcristais de sacarose dispersos em sua massa.

5. CARACTERÍSTICAS ORGANOLÉTICAS

Aspecto – próprio.

Cor – própria.

Cheiro – próprio.

Sabor – doce.

[6. Não consta]

(*) Item 6 ausente na publicação oficial.

7. CARACTERÍSTICAS MICROBIOLÓGICAS

As balas, caramelos e similares deverão obedecer ao seguinte padrão:

Bactérias do grupo coliforme de origem fecal: ausência em 1 g.

Clostrídios sulfito redutores (a 44ºC): máximo, 2 x 10/g.

Staphylococcus aureus: ausência em 0,1 g.

Salmonelas: ausência em 25 g.

Bolores e leveduras: máximo, 5 x 10^2/g.

Deverão ser efetuadas determinações de outros microrganismos e/ou de substâncias tóxicas de origem microbiana, sempre que se tornar necessária a obtenção de dados sobre o estado higiênico-sanitário dessa classe de alimento, ou quando ocorrerem toxinfecções alimentares.

8. CARACTERÍSTICAS MICROSCÓPICAS

Ausência de sujidades, parasitos e larvas.

9. ROTULAGEM

O produto será denominado de acordo com as designações especificadas nesta Norma.

NTA 59
BOMBONS E SIMILARES

1. DEFINIÇÃO

Bombom é o produto constituído por uma massa de chocolate ou por um núcleo formado de recheios diversos, elaborados com frutas, pedaços de frutas, sementes oleaginosas, açúcar, leite, manteiga, cacau, licores e outras substâncias alimentícias, recobertos por uma camada de chocolate ou glacê de açúcar.

2. DESIGNAÇÃO

O produto será designado "Bombom" seguido de sua classificação ou de nomes de fantasia. Ex.: "Bombom de morango", "Bombom Juçara".

3. CLASSIFICAÇÃO

Os bombons, de acordo com a sua composição ou apresentação, serão classificados em:

a) bombom de chocolate – os que forem constituídos tão-somente por chocolate, incluídos todos os tipos constantes na Norma de chocolate;

b) bombom de fruta – os que contiverem frutas ou pedaços de frutas, quer distribuídas em sua massa, quer fazendo parte de seu recheio;

c) bombom recheado – os que tiverem em seu núcleo qualquer tipo de recheio;

d) bombom crocante – os que tiverem distribuídos em sua massa fragmentos de açúcar caramelizados, com textura quebradiça, podendo ser adicionada de frutas oleaginosas ou cristalizadas;

e) "janduia" ou "gianduia" – massa refinada, homogênea, obtida pela mistura de chocolate com frutas oleaginosas torradas;

f) "praliné" – massa refinada, homogênea, obtida pela mistura de chocolate com frutas oleaginosas torradas e recobertas com uma camada de chocolate.

4. CARACTERÍSTICAS GERAIS

Os bombons deverão ser fabricados com matéria-prima sã e limpa, isenta de matéria terrosa, parasitos e detritos vegetais e animais. Será tolerada a fabricação de produtos similares a bombom, com adição de gorduras hidrogenadas ao cacau, sob a condição de não utilizarem as denominações "Bombom" ou "Chocolate". Tais produtos deverão ser expostos à venda com nomes de fantasia de deverão trazer na rotulagem a declaração expressa: "adicionado de" ou "contém gordura hidrogenada". Os bombons deverão apresentar superfície homogênea, com exceção dos bombons crocantes. Nos bombons de frutas, não será tolerada a adição de essências e corantes.

5. CARACTERÍSTICAS ORGANOLÉTICAS

Aspecto – massa semidura, com ou sem recheio.

Cor – própria e de acordo com as substâncias adicionadas.

Cheiro – próprio.

Sabor – próprio.

[6. Não consta]

(*) Item 6 ausente na publicação oficial.

7. CARACTERÍSTICAS MICROBIOLÓGICAS

Os bombons e similares deverão obedecer ao seguinte padrão:

Bactérias do grupo colorem de origem fecal: ausência em 1 g.

Clostrídios sulfito redutores (a 44 °C): máximo, 2 x 10/g.

Staphylococcus aureus: ausência em 0,1 g.

Salmonelas: ausência em 25 g.

Bolores e leveduras: máximo, 2 x 10^2/g.

Deverão ser efetuadas determinações de outros microrganismos e/ou de substâncias tóxicas de origem microbiana, sempre que se tornar necessária a obtenção de dados sobre o estado higiênico-sanitário dessa classe de alimento, ou quando ocorrerem toxinfecções alimentares.

8. CARACTERÍSTICAS MICROSCÓPICAS

Ausência de sujidades, parasitos e larvas.

9. ROTULAGEM

Deverá constar no rótulo a denominação do produto de acordo com as especificações constantes nesta Norma.

NTA 60
ÁGUAS DE CONSUMO ALIMENTAR

1. DEFINIÇÃO

São consideradas águas potáveis, as águas próprias para a alimentação. Esta Norma trata somente de águas potáveis, excluídas as minerais.

[2. Não consta]

(*) Item 2 ausente na publicação oficial.

3. CLASSIFICAÇÃO

I – Águas para o abastecimento público – captadas por quaisquer processos, tratadas ou não, devendo satisfazer as seguintes características:

Aspecto – límpido.

Odor – nenhum, ou cheiro de cloro levemente perceptível.

Cor – recomendável até 10; tolerável até 20.

Turbidez – recomendável até 2; tolerável até 5.

Resíduo seco – até 500 mg/litro.

pH – entre 5 e 9.

Oxigênio consumido – até 2,5 mg/litro em oxigênio.

Nitrogênio nítrico – até 10 mg/litro em nitrogênio.

Ferro – até 0,3 mg/litro em ferro.

Cloretos – até 250 mg/litro em íon cloreto.

Sulfatos – até 250 mg/litro em íon sulfato.

Cloro residual – até 0,3 mg/litro em cloro.

Não serão tolerados resíduos de pesticidas e outras substância estranhas.

II – Águas para o consumo particular:

a) Águas de fonte – aquelas que provêm de fontes naturais e que afloram naturalmente à superfície do solo. Deverão satisfazer às seguintes características:

Aspecto – límpido.

Cor – até 5.

Odor – nenhum.

Turbidez – até 5.

Resíduo seco – até 500 mg/litro.

pH – entre 4 e 10.

Alcalinidade de hidróxidos – zero.

Alcalinidade de carbonos – até 120 mg/litro em $CaCo_3$.

Oxigênio consumido – 2,0 mg/litro em oxigênio.

Dureza total – até 300 mg/litro em $CaCo_3$.

Nitrogênio amoniacal – até 0,05 mg/litro em nitrogênio.

Nitrogênio albuminóide – até 0,08 mg/litro em nitrogênio.

Nitrogênio nitroso – ausente. Poderá ser tolerado um teor até 0,02 mg/litro em nitrogênio, em face de exames bacteriológicos satisfatórios.

Nitrogênio nítrico – até 2,0 mg/litro em nitrogênio. Poderá ser tolerado um teor até 5,0 mg/litro, em face de exames bacteriológicos satisfatórios.

Ferro – até 0,3 mg/litro em ferro.

Cloretos – até 100 mg/litro em íon cloreto.

Não serão tolerados resíduos de pesticidas e outras substâncias estranhas.

b) Águas de poço – captadas por qualquer processo e que não sofreram qualquer tratamento; deverão satisfazer às seguintes características;

Aspecto – límpido.

Odor – nenhum.

Cor – até 30.

Turbidez – até 10.

Resíduo seco – até 500 mg/litro.

pH – entre 5 e 10.

Alcalinidade de hidróxidos – zero.

Alcalinidade de carbonatos – até 120 mg/litro em $CaCo_3$.

Alcalinidade de bicarbonatos – até 250 mg/litro em $CaCo_3$.

Dureza total – recomendável até 100 mg/litro; tolerável até 200 mg/litro em $CaCo_3$.

Oxigênio consumido – até 3,5 mg/litro em oxigênio.

Nitrogênio amoniacal – até 0,08 mg/litro em nitrogênio.

Nitrogênio albuminóide – até 0,15 mg/litro em nitrogênio.

Nitrogênio nitroso – ausente. Poderá ser tolerado um teor até 0,02 mg/litro em nitrogênio, em face de exames bacteriológicos satisfatórios.

Nitrogênio nítrico – até 2,0 mg/litro em nitrogênio. Poderá ser tolerado um teor até 6,0 mg/litro em face de exames bacteriológicos satisfatórios.

Ferro – até 0,3 mg/litro em ferro.

Cloretos – até 250 mg/litro em íon cloreto.

Não serão tolerados resíduos de pesticidas e outras substâncias estranhas.

As águas para o consumo particular que apresentarem valores diferentes dos estabelecidos nesta Norma, não serão consideradas impróprias para o consumo, desde que tenham sido submetidas a tratamento adequado para enquadrá-las dentro de padrões de potabilidade.

As águas de fonte que não obedecerem às características desta Norma, embora possam ser tornadas potáveis por tratamento adequado, não poderão ser denominadas "água de fonte" para efeito de comercialização.

As águas para o consumo alimentar que não tiverem sido tratadas e apresentarem teor de nitrogênio amoniacal superior a 0,08 mg/litro em N_2, ou nitrogênio albuminóide superior a 0,15 mg/litro em N_2, ou nitrogênio nitroso superior a 0,05 mg/litro em N_2, serão consideradas impróprias para o consumo, a menos que sofram processo de purificação que as torne potáveis.

As águas destinadas ao consumo que tiverem teor de nitrogênio nítrico superior a 10 mg/litro em N_2, serão consideradas impróprias para o consumo alimentar.

Serão considerados impróprias para o consumo alimentar, as água que tiverem íons em teores superiores aos abaixo relacionados:

Fluoretos .... 1,0 mg/litro
Arsênico .... 0,05 mg/litro
Cobre .... 1,0 mg/litro
Chumbo .... 0,05 mg/litro
Zinco .... 5,0 mg/litro
Bário .... 1,0 mg/litro
Selênio 0,01mg/litro
Manganês .... 0,05 mg/litro
Cádmio .... 0,01 mg/litro
Cromo-VI .... 0,05 mg/litro
Cianetos .... 0,2 mg/litro

As águas destinadas ao preparo de produtos alimentícios tais como: refrescos, refrigerantes, sorvetes, xaropes, gelos e outros produtos, deverão obedecer aos padrões estabelecidos nesta Norma.

As águas expostas à venda devem obedecer aos padrões de potabilidade das águas de fonte.

[4. Não consta]

(*) Item 4 ausente na publicação oficial.

[5. Não consta]

(*) Item 5 ausente na publicação oficial.

[6. Não consta]

(*) Item 6 ausente na publicação oficial.

7. CARACTERÍSTICAS MICROBIOLÓGICAS

As águas de consumo alimentar deverão obedecer ao seguinte padrão:

Bactérias do grupo coliforme: ausência em 100 ml.

Deverão ser efetuadas determinações de outros microrganismos e/ou de substâncias tóxicas de origem microbiana, sempre que se tornar necessária a obtenção de dados sobre o estado higiênico-sanitário dessa classe de alimento, ou quando ocorrerem toxinfecções alimentares.

[8. Não consta]

(*) Item 8 ausente na publicação oficial.

9. ROTULAGEM

No rótulo das águas de fonte industrializadas deverá constar a denominação do produto, a sua natureza, o nome e a localização da fonte.

NTA 61
REFRIGERANTES E REFRESCOS

1. DEFINIÇÃO

Refrigerantes e refrescos são bebidas não alcoólicas, obtidas pela dissolução, em água potável, de açúcares, sucos de frutas, extratos de sementes e de outras partes de vegetais inócuos e de outras substâncias permitidas. A bebida gaseificada com dióxido de carbono é denominada refrigerante. O refresco habitualmente de consumo imediato.

2. DESIGNAÇÃO

Os produtos referidos nesta Norma serão designados pelos nomes de matéria-prima que os caracterizam ou por nomes de fantasia. Ex.: "guaraná", "refresco de laranja".

3. CLASSIFICAÇÃO

Quanto ao seu tipo e composição, os refrigerantes são classificados em:

a) Água gaseificada ou água gasosa – obtida pela supersaturação de água com dióxido de carbono puro, com pressão de 0,5 a 1,0 atmosfera a 20ºC.

b) Soda – obtida pela supersaturação de água com dióxido de carbono puro, com pressão superior a 2 atmosferas a 20ºC, podendo ser adicionada de sais atóxicos de cálcio, magnésio, lítio, potássio e sódio; tais produtos podem receber denominação consagradas como "Soda Water", "Soda Gasosa" e outros;

c) Soda limonada ou soda laranjada – obtida pela adição, à água gaseificada, de suco, podendo ser adicionado de óleo essencial de limão ou de laranja, e açúcar. Não poderão ser coloridas artificialmente;

d) Água tônica – obtida pela adição, à água gaseificada, de açúcar, de sulfato ou cloridrato de quinina, podendo ainda conter óleos essenciais cítricos e substâncias amargas provenientes de vegetais permitidos;

e) Refrigerantes de frutas – obtido pela adição, à água gaseificada, de suco de frutas e açúcar;

f) Refresco de leite – obtido pela adição, ao leite pasteurizado, de cacau, sucos de frutas, fruta moída e outras substâncias alimentícias;

g) Refrigerantes de fantasia – obtido pela adição, à água gaseificada, de açúcar, essências naturais e artificiais, podendo conter sucos de frutas e corantes permitidos;

h) Refrigerante de guaraná – é o que contém, obrigatoriamente, extrato de guaraná (*Paulinia cupana* ou *Paulinia sorbilis*);

i) Refrigerante de cola – é o que contém, obrigatoriamente, extrato de cola (*Cola nítida, Cola acuminata, Sterculia cuminata*);

j) Refrigerante de chá – é o que contém, obrigatoriamente, extrato de chá (*Thea sinensis*);

k) Refrigerante de mate – é o que contém, obrigatoriamente, extrato de mate (*Ilex paraguayensis*);

l) Refrigerante de café – é o que contém, obrigatoriamente, extrato de café (*Coffea sp.*)

4. CARACTERÍSTICAS GERAIS

Os refrigerantes deverão ser preparados com água potável e matérias-primas sãs, limpas, isentas de matéria terrosa, detritos animais ou vegetais. Não deverão conter substâncias estranhas à sua composição normal, exceto as previstas nas disposições desta Norma. Os refrigerantes de guaraná, cola, chá, mate e café não poderão conter corantes artificiais, sendo permitida a adição do caramelo e de essências. Tais refrigerantes deverão apresentar as reações e as características do extrato vegetal empregado. O refrigerante de guaraná deverá conter no mínimo 0,02 g e no máximo 0,2 g de semente de guaraná ou o seu equivalente em extrato por 100 ml de bebida. Os refrigerantes que contiverem cafeína, não poderão ter mais de 20 mg por 100 ml. Os refrigerantes à base de suco de frutas deverão conter 10 por cento do suco correspondente. Os refrigerantes à base de suco de limão poderão conter de 2,5 a 3 por cento de sucos, os de caju 5% e os de maracujá 3%.

Os refrigerantes de água tônica deverão conter sulfato ou cloridrato de quinina entre os teores mínimo e máximo de 3 a 5 mg por 100 ml calculado em quinina básica anidra.

5. CARACTERÍSTICAS ORGANOLÉTICAS

Aspecto – líquido límpido. Os refrigerantes preparados com óleos essenciais adicionados de agentes de turvação poderão apresentar ligeira opalescência. Os refrigerantes à base de suco de frutas poderão apresentar turvação e pequeno depósito.

Cor – própria das matérias-primas empregadas.

Cheiro – próprio.

Sabor – próprio.

6. CARACTERÍSTICAS FÍSICAS E QUÍMICAS

Álcool em volume a 15ºC, máximo .... 0,5% v/v

Acidez em ml de solução normal, máximo .... 4,3% v/v

pH electrométrico, mínimo 1,8

Resíduo seco, mínimo .... 10% v/v

Açúcares, mínimo .... 8,0% p/v

7. CARACTERÍSTICAS MICROBIOLÓGICAS

a) Refrigerantes envasados que receberam tratamento térmico adequado:

Após 10 dias de incubação a 35ºC, não se deverão observar sinais de alterações das embalagens (estufamentos, alterações, vazamentos, corrosões internas), bem como, quaisquer modificações de natureza física, química ou organoléticas do produto.

b) Os refrigerantes envasados adicionados de conservadores, deverão obedecer ao seguinte padrão:

Bactérias do grupo coliforme: ausência em 5 porções de 10 ml.

Bolores e leveduras: ausência em 1 ml.

c) Os demais refrigerantes e refrescos, deverão obedecer ao seguinte padrão:

Bactérias do grupo coliforme de origem fecal: ausência em 0,1 ml.

Deverão ser efetuadas determinações de outros microrganismos e/ou de substâncias tóxicas de origem microbiana, sempre que se tornar necessária a obtenção de dados sobre o estado de higiênico-sanitário dessas classes de alimentos, ou quando ocorrerem toxinfecções alimentares.

8. CARACTERÍSTICAS MICROSCÓPICAS

Ausência de sujidades, parasitos e larvas.

9. ROTULAGEM

No rótulo deverá constar a denominação "refrigerante" ou "refresco", conforme a classificação, seguida do nome do componente que o caracteriza, ou o nome já consagrado do produto ou nome de fantasia.

NTA 62
XAROPE

1. DEFINIÇÃO

Xarope é o produto denso obtido por dissolução de açúcar em água potável, podendo conter sucos ou extratos de planta permitidas, aromatizantes e outras substâncias alimentícias.

2. DESIGNAÇÃO

Quando elaborado exclusivamente com açúcar e água potável, o produto será designado "Xarope simples". Quando tiver sucos de frutas ou outras substâncias permitidas, o produto será designado por "Xarope" seguido do nome que o caracteriza ou que pretenda imitar. Ex.: "xarope de framboesa", "xarope sabor artificial de groselha".

[3. Não consta]

(*) Item 3 ausente na publicação oficial.

4. CARACTERÍSTICAS GERAIS

Os xaropes deverão ser preparados pela dissolução de açúcar, sucos de frutas, macerados, extratos de substâncias vegetais inócuas, sãos e limpos, em água potável. Os xaropes não deverão conter substâncias estranhas à sua composição normal, exceto as previstas nesta Norma. Deverão ter a densidade mínima de 1,30 ou seja 62% de açúcar em peso, podendo o açúcar empregado apresentar-se total ou parcialmente hidrolizado. Deverão apresentar aspecto límpidos, sem depósitos exceto quando forem usados sucos de frutas, podendo então aparecer depósito próprio do suco empregado. Os xaropes preparados à base de guaraná deverão conter 0,1 g no mínimo e no máximo 1,0 g por 100 ml da matéria-prima empregada, ou o seu equivalente em extrato, além das reações características dos componentes secundários próprios da matéria-prima empregada. Os xaropes adicionados de mel serão denominados: "xarope de açúcar e mel", e deverão ter, no mínimo 20% p/p de mel.

5. CARACTERÍSTICAS ORGANOLÉTICAS

Aspecto – líquido límpido ou levemente opalescente. Nos xaropes de sucos de frutas, será tolerado pequeno depósito.

Cor – própria.

Cheiro – próprio.

Sabor – próprio.

6. CARACTERÍSTICAS FÍSICAS E QUÍMICAS

Álcool em volume a 15ºC, máximo	10%	v/p
Acidez em ml de solução normal, máximo	10%	v/p
Glicínias totais (sacarose e glicose) mínimo	62,0%	p/p
Peso especifico a 15ºC, mínimo	1,300	
Resíduo seco, mínimo	62,5%	p/p
pH, mínimo	2,8	

7. CARACTERÍSTICAS MICROBIOLÓGICAS

Deverão ser efetuadas determinações de microrganismos e/ou de substâncias tóxicas de origem microbiana, sempre que se tornar necessária a obtenção de dado sobre o estado higiênico-sanitário dessa classe de alimentos, ou quando ocorrerem toxinfecções alimentares.

8. CARACTERÍSTICAS MICROSCÓPICAS

Ausência de sujidades, parasitos e larvas.

9. ROTULAGEM

No rótulo deverá constar a denominação do produto, de acordo com a sua composição e característicos. No xarope de açúcar e mel, deverá constar no rótulo a declaração da porcentagem de mel.

NTA 63
AGUARDENTE DE CANA

1. DEFINIÇÃO

Aguardente de cana é o produto alcoólico obtido pela destilação do caldo de cana (*Saccharum officinarum*) fermentado.

2. DESIGNAÇÃO

O produto será designado por "aguardente de cana". Quando adicionado de substâncias vegetais permitidas, será designado por "aguardente composta" seguida do nome do vegetal. Ex.: "aguardente composta com gengibre".

3. CLASSIFICAÇÃO

As aguardentes de cana serão classificadas em:

a) aguardente de cana – produto correspondente à definição;

b) aguardente de cana adoçada – produto obtido pela adição de açúcar à aguardente de cana;

c) aguardente de cana composta – produto obtido pela maceração de vegetais ou frutas em aguardente de cana, podendo ser submetido à nova destilação.

4. CARACTERÍSTICAS GERAIS

A aguardente de cana deverá ser preparada com caldo de cana limpo, são, de primeira qualidade em perfeito estado de conservação, isento de matéria terrosa, sujidades, insetos e parasitos. Deverão ser usados fermentos selecionados na fermentação do mosto. A aguardente de cara deverá ser límpida e incolor sendo, porém tolerada um leve coloração amarela produzida pelo contato com a madeira do barril que a armazenou. Os vegetais ou frutas empregados no preparo das aguardentes compostas deverão ser sãos, limpos, de primeira qualidade, em perfeito estado de conservação, isentos de matéria terrosa, insetos, parasitos, sujidades. A aguardente de cana composta deverá ser límpida, sendo tolerado depósito de matéria-prima que lhe deu origem, será tolerada, também, a adição de outras substâncias, como: açúcar, caramelo, mel.

5. CARACTERÍSTICAS ORGANOLÉTICAS

Aspecto – líquido límpido ou com depósito.

Cor – incolor ou própria.

Cheiro – próprio.

Sabor – próprio.

6. CARACTERÍSTICAS FÍSICAS E QUÍMICAS

As aguardentes compostas também devem apresentar as mesmas características físicas e químicas, após a separação por processos físicos e químicos dos óleos essenciais que entram em sua composição:

Grau alcoólico em graus Gl a 15ºC

mínimo 38º

máximo 54º

Ácidos voláteis em ácido acético, em g por 100 ml de álcool a 100%, máximo 0,100

Éteres em acetato de etila, em g por 100 ml de álcool a 100%, máximo 0,100

Aldeídos em aldeído acético em g por 100 ml de álcool a 100%, máximo 0,200

Furfural, em g por 100 ml de álcool a 100%, máximo 0,400

Álcoois superiores em álcool isobutílico em g por 100 ml de álcool a 100 %, máximo 0,180

Soma dos componentes secundários avaliados em g por 100 ml de álcool a 100%

mínimo 0,200

máximo 0,400

7. CARACTERÍSTICAS MICROBIOLÓGICAS

(*) Conteúdo do Item 7 ausente na publicação oficial.

8. CARACTERÍSTICAS MICROSCÓPICAS

Ausência de sujidade, parasitos e larvas

9. ROTULAGEM

Deverá constar do produto o grau de alcoólico do produto. Quando se tratar de aguardente composta deverá ser expresso o nome "Aguardente composta" seguido do nome do vegetal, e para aguardente contendo açúcar, o nome "Aguardente de cana adoçada".

NTA 64
AMARGOS

1. DEFINIÇÃO

Amargos são produtos obtidos das macerações ou infusões hidro-alcoólicas ou destilação de infusões de vegetais apropriados, em mistura ou não, e posteriormente, filtrados.

2. DESIGNAÇÃO

O produto será designado por "amargo".

[3. Não consta]

(*) Item 3 ausente na publicação oficial.

4. CARACTERÍSTICAS GERAIS

Os amargos deverão ser preparados com álcool potável, vegetais apropriados, límpidos, sãos, de ótima qualidade, em perfeito estado de conservação, isentos de matéria terrosa e de parasitos. Os amargos deverão ser límpidos e de aroma agradável. Será tolerada a adição de caramelo e açúcar.

5. CARACTERÍSTICAS ORGANOLÉTICAS

Aspecto – líquido, sem depósito.

Cor – castanha.

Cheiro – próprio.

Sabor – próprio.

6. CARACTERÍSTICAS FÍSICAS E QUÍMICAS

Grau alcoólico em graus GL a 15ºC:

mínimo 18º

máximo 54º

Furfural em g por 100 ml de álcool a 100%, máximo 0,003

[7. Não consta]

(*) Item 7 ausente na publicação oficial.

8. CARACTERÍSTICAS MICROSCÓPICAS

Ausência de sujidades, parasitos e larvas.

9. ROTULAGEM

No rótulo deverá constar a denominação "Amargo".

NTA 65
APERITIVOS

1. DEFINIÇÃO

Aperitivo é o produto preparado com vinho, aguardente e outras bebidas alcoólicas, por simples mistura ou adicionado de sucos de frutas, sementes ou outras partes de vegetais inócuos, leite de coco, ovos e outras substâncias alimentícias.

2. DESIGNAÇÃO

Os aperitivos serão designados de acordo com os ingredientes que entrem em seu preparo ou por termos próprios tradicionais.

3. CLASSIFICAÇÃO

Entre os aperitivos incluem-se:

a) Batida – produto preparado com aguardente de cana, suco de frutas, frutas e açúcar. Ex.: "Batida de limão", "batida de maracujá";

b) "Cocktail" – produto preparado com misturas de outras bebidas podendo ser adicionado de frutas.

4. CARACTERÍSTICAS GERAIS

Os aperitivos deverão ser preparados com aguardente, vinhos e demais bebidas com todas as características normais. As frutas usadas no seu preparo deverão ser sãs e limpas. Poderão apresentar depósitos da matéria-prima usada para o seu preparo.

5. CARACTERÍSTICAS ORGANOLÉTICAS

Aspecto – líquido, límpido. Nos aperitivos à base de suco de frutas será permitido um depósito da matéria-prima de origem.

Cor – própria das matérias-primas empregadas.

Cheiro – próprio.

Sabor – próprio.

6. CARACTERÍSTICAS FÍSICAS E QUÍMICAS

Grau alcoólico em graus GL a 15ºC:

mínimo 18º

máximo 35º

Soma dos componentes secundários (no caso de aperitivos à base de aguardente) avaliados em g por 100 ml de álcool a 100%:

mínimo 0,100

máximo 0,400

[7. Não consta]

(*) Item 7 ausente na publicação oficial.

8. CARACTERÍSTICAS MICROSCÓPICAS

Ausência de sujidades, parasitos e larvas.

9. ROTULAGEM

Deverá constar da rotulagem o nome do aperitivo, de acordo com o tipo podendo ser usado o nome de fantasia.

NTA 66
"BITTER"

1. DEFINIÇÃO

"Bitter" é o produto obtido da maceração ou infusão hidro-alcoólica ou destilação de infusões vegetais apropriados, em mistura ou não, e posteriormente, filtrado.

2. DESIGNAÇÃO

O produto será designado por "Bitter".

[3. Não consta]

(*) Item 3 ausente na publicação oficial.

4. CARACTERÍSTICAS GERAIS

O "bitter" deverá ser preparado com álcool potável, vegetais apropriados, limpos, sãos, de ótima qualidade, em perfeito estado de conservação, isentos de matéria terrosa e de parasitos. O "bitter" deverá ser límpido, castanho-escuro e de aroma agradável. Ao "bitter" será tolerada a adição de caramelo, corantes naturais e açúcar.

5. CARACTERÍSTICAS ORGANOLÉTICAS

Aspecto – líquido límpido, sem depósito.

Cor – castanho-escura.

Cheiro – próprio.

Sabor – próprio.

6. CARACTERÍSTICAS FÍSICAS E QUÍMICAS

Graduação alcoólica em graus GL a 15°C:

mínimo .... 18°

máximo .... 54°

Furfural em g por 100 ml de álcool a 100%, máximo 0,003

[7. Não consta]

(*) Item 7 ausente na publicação oficial.

8. CARACTERÍSTICAS MICROSCÓPICAS

Ausência de sujidades, parasitos e larvas.

9. ROTULAGEM

No rótulo deverá constar a denominação "Bitter".

NTA 67
FERNET

1. DEFINIÇÃO

"Fernet" é o produto obtido da maceração ou infusão hidro-alcoólica ou destilação de infusões de vegetais apropriados, em mistura ou não e, posteriormente, filtrado.

2. DESIGNAÇÃO

O produto será designado por "fernet".

[3. Não consta]

(*) Item 3 ausente na publicação oficial.

4. CARACTERÍSTICAS GERAIS

O "fernet" deverá ser preparado com álcool potável, vegetais apropriados, limpos, são, de ótima qualidade em perfeito estado de conservação, isentos de matéria terrosa e de parasitos. Ao "fernet" será tolerada a adição do caramelo e açúcar.

5. CARACTERÍSTICAS ORGANOLÉTICAS

Aspecto – líquido, sem depósito.

Cor – castanho-escura.

Cheiro – próprio.

Sabor – próprio.

6. CARACTERÍSTICAS FÍSICAS E QUÍMICAS

Graduação alcoólica em grau GL a 15°C:

mínimo .... 18°

máximo .... 54°

Furfural em g por 100 ml de álcool a 100%, máximo 0,003

[7. Não consta]

(*) Item 7 ausente na publicação oficial.

8. CARACTERÍSTICAS MICROSCÓPICAS

Ausência de sujidades, parasitos e larvas.

9. ROTULAGEM

No rótulo deverá constar a denominação “Fernet”.

NTA 68
CERVEJAS

1. DEFINIÇÃO

Cerveja é o produto obtido da fermentação alcoólica, pelo *Saccharomyces cerevisiae*, de mosto preparado com cerveja maltada, adicionado ou não de outros cereais maltados, lúpulo e água.

2. DESIGNAÇÃO

O produto será designado “cerveja” seguido do tipo e da classificação. Ex.: “cerveja tipo Porter”, “cerveja tipo Munchen”. Quando o produto for acondicionado em vasilhames apropriados e não for pasteurizado, será designado “Chopp”.

3. CLASSIFICAÇÃO

As cervejas de acordo com grau de fermentação e o processo de preparação, serão classificadas em:

a) baixa fermentação – são as cervejas cuja fermentação se processa a temperaturas inferiores a 4ºC;

b) de alta fermentação – são as cervejas cuja fermentação se processa a temperatura superiores a 20ºC;

c) “Chopp” – são cervejas de baixa fermentação, não pasteurizadas e acondicionadas em vasilhames apropriados.

4. CARACTERÍSTICAS GERAIS

As matérias-primas empregadas deverão ser de primeira qualidade, limpas, isentas de matéria terrosa e de detritos animais. As cervejas deverão ser pasteurizadas e apresentar aspecto límpido ou ligeiramente opalino, sem sedimento, exceto as que sofrerem fermentação posterior ao engarrafamento que, de acordo com o tipo, poderão apresentar um pequeno sedimento constituído de *Saccharomyces cerevisiae*. Será tolerada a intensificação da cor pela adição de caramelo ou malte torrado. Não deverão conter substâncias estranhas à sua composição normal, exceto as previstas nesta Norma.

5. CARACTERÍSTICAS ORGANOLÉTICAS

Aspecto – líquido límpido ou ligeiramente opalino.

Cor – amarelo clara ou castanho-escura.

Cheiro – próprio.

Sabor – próprio.

6. CARACTERÍSTICAS FÍSICAS E QUÍMICAS

Grau alcoólico em graus GL a 20°C:

sem álcool, máximo .... 0,5% p/v

baixo teor alcoólico,

mínimo .... 0,5% p/v

máximo .... 2,0% p/v

médio teor alcoólico,

mínimo .... 2,0% p/v

máximo .... 4,5% p/v

alto teor alcoólico,

mínimo .... 4,5% p/v

máximo .... 7,0% p/v

Acidez em ml de solução normal (após eliminação do gás carbônico):

baixa fermentação, máximo .... 3,4% v/v

alta fermentação, máximo .... 6,7% v/v

Teor de extrato primitivo:

cerveja fraca,

mínimo .... 7,0% p/v

máximo .... 11,0% p/v

cerveja normal,

mínimo .... 11,0% p/v

máximo .... 12,5% p/v

cerveja extra,

mínimo .... 12,5% p/v

máximo .... 14,0% p/v

cerveja forte,

mínimo .... 14,0% p/v

Teor do extrato do produto acabado:

baixo teor,

máximo .... 2,0% p/v

médio teor,

mínimo .... 2,0% p/v

máximo .... 7,0% p/v

alto teor,

mínimo .... 7,0% p/v

Resíduo mineral fixo, mínimo .... 10,0% p/v do extrato primitivo

Fosfatos em P_2O_5, mínimo .... 0,3% p/v do extrato primitivo

Nota: Nas cervejas adoçadas será considerado resíduo seco, para fins de cálculo do extrato primitivo, resíduo seco deduzido dos glicídios totais.

7. CARACTERÍSTICAS MICROBIOLÓGICAS

Deverão ser efetuadas determinações de microrganismos e/ou de substâncias tóxicas de origem microbiana, sempre que se tornar necessária a obtenção de dados sobre o estado higiênico-sanitário dessa classe de alimento, ou quando ocorrerem toxinfecções alimentares.

8. CARACTERÍSTICAS MICROSCÓPICAS

Ausência de sujidades, parasitos e larvas.

9. ROTULAGEM

No rótulo deverá constar a denominação do produto seguida do tipo.

NTA 69
LICORES

1. DEFINIÇÃO

Licor é a bebida alcoólica preparada por misturas, ou destilação de álcool retificado ou aguardente, com partes ou extratos de vegetais e adicionados de açúcar ou mel, podendo ainda conter outras substâncias alimentícias.

2. DESIGNAÇÃO

O produto será designado pelo nome de “licor”, seguida do nome do vegetal, fruta ou matéria-prima que lhe deu origem; será tolerado para os licores o uso de nomes de fantasia que já sejam tradicionais. Ex.: “licor de cacau”, “licor de curaçau”, “creme de ovos”.

[3. Não consta]

(*) Item 3 ausente na publicação oficial.

4. CARACTERÍSTICAS GERAIS

Os licores deverão ser preparados com álcool potável, preferivelmente de cereais. As matérias-primas que originam os licores deverão ser limpas, sãs, de primeira qualidade, em perfeito estado de conservação, isentas de matéria terrosa e de parasitos. Será tolerado o uso de caramelo, corantes naturais ou artificiais, conforme a qualidade do licor. Os licores denominados “creme” deverão ter no mínimo 35% de açúcar.

5. CARACTERÍSTICAS ORGANOLÉTICAS

Aspecto – líquido límpido.

Cor – própria.

Cheiro – próprio.

Sabor – próprio.

6. CARACTERÍSTICAS FISICAS E QUÍMICAS

Grau alcoólico em graus GL a 15°C,

mínimo .... 18°

máximo .... 54°

Glicídios não redutores em sacarose (excetuando-se denominados "doce" e "seco"), mínimo .... 20% p/v

[7. Não consta]

(*) Item 7 ausente na publicação oficial.

8. CARACTERÍSTICAS MICROSCÓPICAS

Ausência de sujidades, parasitos e larvas.

9. ROTULAGEM

No rótulo deverá constar a palavra "licor" seguida do nome do vegetal, fruta ou matéria-prima que lhe deu origem.

NTA 70
CONDIMENTOS OU TEMPEROS

1. DEFINIÇÃO

Condimentos ou temperos são produtos constituídos de uma ou diversas substâncias sápidas de origem natural, com ou sem valor nutritivo, empregado nos alimentos com o fim de modificar ou exaltar o seu sabor.

2. DESIGNAÇÃO

Os condimentos serão designados de acordo com a sua natureza, com nomes de fantasia ou nomes tradicionais.

3. CLASSIFICAÇÃO

Entre os produtos definidos por estas Normas, incluem-se:

I – *Glutamato Monossódico* – obedecerá a padrões estabelecidos pelo *Food Chemical Codex* ou por outra publicação especializada, ou Norma que venha a ser elaborada.

II – *Sais sódicos dos ácidos ribonucléicos* – obedecerá a padrões estabelecidos pelo *Food Chemical Codex* ou por outra publicação especializada, ou Norma que venha a ser elaborada.

III – *Especiarias ou condimento vegetal* – é o produto de origem vegetal que compreende certas plantas ou parte delas, encerrando substâncias aromáticas, sápidas, com ou sem valor alimentício. O condimento vegetal de acordo com a sua composição poderá ser simples quando constituído de uma especiaria genuína e pura, e misto quando constituído de mistura de especiarias.

Entre as especiarias incluem-se:

a) Açafrão – aglomerado filamentoso constituído por estigmas florais secos de *Croocus sativus*, acompanhados ou não dos estiletes. O açafrão, de acordo com a sua forma de apresentação, será classificado em Açafrão comum (acompanhado pelos estiletes), açafrão cortado (isento de estiletes) e açafrão em pó.

Características Organoléticas:

Aspecto – aglomerado filamentoso ou pó homogêneo.

Cor – pardo-avermelhada.

Cheiro – forte, agradável, característico.

Sabor – acre, levemente picante.

Característica Físicas e Químicas:

Substâncias voláteis a 105°C máximo........ 14% p/p

Resíduo mineral fixo, máximo........ 5% p/p

Resíduo mineral fixo, insolúvel em ácido clorídrico a 10% v/v, máximo........ 1% p/p

Extrato aquoso, mínimo .... 60% p/p

Uma infusão de 0,5 g deverá corar 25 litros de água destilada e apresentar reação alcalina.

b) Baunilha – é a fava de *Vanilia planitona Andrews*, convenientemente manipulada. O produto será designado" baunilha" ou "fava de baunilha".

Características Gerais:

A baunilha deverá constituída por favas maduras, sãs e limpas. Deverá estar isentas de corantes e aromatizantes artificiais.

Características Organoléticas:

Aspecto – fava.

Cor – pardo-negra, mais ou menos brilhante.

Cheiro – aromático, característico.

Sabor – próprio.

Características Físicas e Químicas:

Substâncias voláteis a 105ºC, máximo .... 30% p/p

Resíduo mineral fixo, máximo .... 6% p/p

Extrato alcoólicos (70ºGL), mínimo .... 12% p/p

Extrato etéreo, entre .... 6 e 10% p/p

Vanilina natural, mínimo .... 2% p/p

c) Camomila – é o capítulo floral da *Matricaria chamomilla, L.* O produto será designado "Camomila", e, quando moído, por "Camomila em pó ou moída".

Características Gerais:

A camomila deverá ser constituída de capítulos florais inteiros ou moídos, de espécimes vegetais genuínos, sãos, limpos e dessecados.

Características Organoléticas:

Aspecto – capítulo floral ou pó.

Cor – amarelo-pardacenta.

Cheiro – aromático, característico.

Sabor – próprio.

Características Físicas e Químicas:

Resíduo mineral fixo, máximo .... 10% p/p

Resíduo mineral fixo, insolúvel em ácido clorídrico a 10% v/v máximo .... 1,5% p/p

Extrato alcoólico, mínimo .... 10,0% p/p

d) Canela – é a casca da *Cinnamommum cassia* (Ness), *Blume* (canela da China) e a casca de *Cinnamomum Zeylanicum Ness* (canela do Ceilão), ambas secas, sendo a da China parcialmente privada do suber e a do Ceilão totalmente privada do suber e da parte do parênquima cortical externo. O produto será designado "Canela da China" ou "Canela do Ceilão", seguido da sua forma de apresentação, em casca, em ramo ou em pó. Ex.: "Canela da China em casca".

Características Gerais:

A canela deverá ser constituída por cascas procedentes de espécimes vegetais genuínos, sãos e limpos. A canela não deverá estar esgotada.

Características Organoléticas:

Aspecto – casca em forma de semitubo ou pó fino, homogêneo.

Cor – pardo-amarelada escuro, ou marrom claro.

Cheiro – aromático, característico.

Sabor – característico.

Características Físicas e Químicas:

Resíduo mineral fixo, máximo .... 3,0% p/p

Resíduo mineral fixo, insolúvel em ácido clorídrico a 10%, v/v máximo .... 0,8% p/p

Extrato alcoólico, mínimo .... 9,0% p/p

e) Coentro – é o fruto do *Coriandrum sativum, L.* O produto será designado "coentro" ou "coriandro" e, quando moído, por "coentro moído" ou "em pó"

Características Gerais:

O coentro ou coriandro deverá ser constituído por frutos maduros, secos, inteiros ou moídos, de espécimens vegetais genuínos, sãos, limpos e descascados.

Características Organoléticas:

Aspecto – fruto globular, dessecado, ou pó homogêneo, fino ou grosso.

Cor – castanho-amarelada.

Cheiro – próprio.

Sabor – próprio.

Características Físicas e Químicas

Resíduo mineral fixo, máximo .... 5% p/p

Resíduo mineral fixo, insolúvel em ácido clorídrico a 10% v/v, máximo .... 0,5% p/p

Extrato alcoólico, mínimo .... 9,0% p/p

f) Cominho – é o fruto do *Cuminum Cyminym, L.* O produto será designado por "cominho" e, quando moído, por "cominho moído" ou "em pó".

Características Gerais:

O cominho deverá ser constituído por frutos maduros de espécimens vegetais genuínos, inteiros ou em pó, sãos, limpos e dessecados.

Características Organoléticas:

Aspecto – fruto alongado, dessecado ou pó homogêneo, fino ou grosso.

Cor – verde-pardacenta.

Cheiro – aromático.

Sabor – próprio.

Características Físicas e Químicas:

Resíduo mineral fixo, máximo .... 9,0% p/p

Resíduo mineral fixominsolúvel em ácido clorídrico a 10% v/v máximo .... 1,5% p/p

Extrato alcoólico, mínimo .... 11% p/p

g) Cravo – é o botão floral maduro e dessecado da *Eugenia caryophyllata*, *Thumb*. O produto será designado "cravo" ou "cravo da Índia" e, quando moído, por "cravo em pó" ou "moído".

Características Gerais:

O cravo deverá ser constituído por botões florais de espécimens vegetais genuínos, sãos e limpos.

Características Organoléticas:

Aspecto – botão floral maduro, dessecado, ou pó homogêneo fino.

Cor – pardo-negra ou em pó pardo-escura, ou pardo-avermelhada.

Cheiro – fortemente aromático, característico.

Sabor – pungente, característico.

Características Físicas e Químicas:

Resíduo mineral fixo, máximo .... 5% p/p

Resíduo mineral fixo, insolúvel em ácido clorídrico a 10% v/v, máximo .... 0,5% p/p

Extrato alcoólico, mínimo .... 10% p/p

h) Cúrcuma – é o rizoma de *Cúrcuma doméstica* e *Cúrcuma longa, L*. O produto será designado "cúrcuma" e, quando moído, por "cúrcuma em pó".

Características Gerais:

A cúrcuma deverá ser constituída por rizomas sãos e limpos, sem misturas.

Características Organoléticas:

Aspecto – rizomas ovóides ou alongados, com superfície lisa, com cicatrizes circulares provenientes de raízes; sua fratura nítida e de aspecto ceráceo, ou sob a forma de pó homogêneo.

Cor – Os rizomas extremamente são amarelo-cinzentados; a fratura se apresenta de cor amarelo--alaranjado; o pó tem coloração amarelo-escura.

Cheiro – próprio.

Sabor – picante, levemente amargo.

Características Físicas e Químicas:

Resíduo mineral fixo, máximo .... 7,5% p/p

Resíduo mineral fixo, insolúvel em ácido clorídrico a 10% v/v, máximo .... 1% p/p

Extrato alcoólico, mínimo .... 3,0 p/p

i) Erva-doce – é o fruto da *Pimpinella anisum*, *L*. O produto será designado "erva-doce", "anis comum" ou "anis verde" e, quando moído por "erva-doce moída" ou "em pó".

Características Gerais:

A erva-doce deverá ser constituída por frutos maduros, inteiros ou moídos, de espécimens vegetais genuínos, sãos, limpos e dessecados.

Características Organoléticas:

Aspecto – fruto piriforme, dessecado, ou pó homogêneo.

Cor – verde-pardacenta ou verde acizentada ou pó cinza-pardacenta.

Cheiro – aromático.

Sabor – agradável, levemente adocicado.

Características Físicas e Químicas:

Resíduo mineral fixo, máximo .... 7,5% p/p

Resíduo mineral fixo, insolúvel em ácido clorídrico a 10% v/v, máximo .... 1,5% p/p

Extrato alcoólico .... 12% p/p

j) Funcho – é o fruto seco do *Faeniculum vulgare*, *Nill.* O produto será designado "funcho" e, quando moído, por "funcho moído" ou "em pó".

Características Gerais:

O funcho deverá ser constituído por frutos maduros, inteiros ou moídos, de espécimens vegetais genuínos, sãos, limpos e dessecados.

Características Organoléticas:

Aspecto – fruto oblongo, dessecado, ou pó homogêneo.

Cor – verde-acinzentada ou verde-pardacenta.

Cheiro – próprio.

Sabor – próprio.

Características Físicas e Químicas:

Resíduo mineral fixo, máximo.......... 9% p/p

Resíduo mineral fixo, insolúvel em ácido clorídrico a 10% v/v, máximo.......... 2% p/p

Extrato alcoólico, mínimo.......... 15% p/p

k) Gengibre – é o rizoma do *Zingiber offinale, Rose*, dessecado. O produto será designado "gengibre" e, quando moído, por "gengibre moído" ou "em pó".

Características Gerais:

O gengibre deverá ser constituído por rizomas achatados, sãos e limpos. O gengibre quando descoricado, poderá ser recoberto por uma película de cal ou de carbonato de cálcio; o peso desta camada não deverá exceder a 2% de cálcio, calculado em CaO (óxido de cálcio).

Características:

Aspecto – rizoma ramificado ou pó.

Cor – branco-amarelada.

Cheiro – próprio.

Sabor – picante.

Características Físicas e Químicas:

Resíduo mineral fixo, máximo..........7,5% p/p

Resíduo mineral fixo, insolúvel em ácido clorídrico a 10% v/v, máximo..........2% p/p

Extrato alcoólico, mínimo..........4,5% p/p

l) Louro – é a folha do *Laurus nobilis, L.* O produto será designado "louro" e, quando moído, por "louro em pó" ou "moído".

Características Gerais:

O louro deverá ser constituído de folhas sãs, limpas e secas.

Características Organoléticas:

Aspecto – folhas secas ou pó.

Cor – verde-pardacenta.

Cheiro – aromático.

Sabor – próprio.

Características Físicas e Químicas:

Resíduo mineral fixo, máximo..........4,0% p/p

Resíduo mineral fixo, insolúvel em ácido clorídrico a 10% v/v, máximo..........1,0% p/p

Extrato alcoólico, mínimo..........18% p/p

m) Mangerona – é a folha da *Origanum majorana, L.* acompanhada ou não de pequena porção de sumidades florais. O produto será designado por "mangerona" e, quando moído, por "mangerona moída" ou "em pó".

Características Gerais:

A mangerona deverá ser constituída por folhas de espécimens vegetais genuínos, inteiras ou em pó, sãs, limpas e secas.

Características Organoléticas

Aspecto – folha ovalada, seca ou pó grosso.

Cor – verde-pardacenta.

Cheiro – próprio.

Sabor – próprio.

Características Físicas e Químicas:

Resíduo mineral fixo, máximo..........12% p/p

Resíduo mineral fixo, insolúvel em ácido clorídrico a 10% v/v máximo..........3,5% p/p

Extrato alcoólico, mínimo..........6,0% p/p

n) Mostarda em pó – é o produto constituído pelas sementes pulverizadas da mostarda negra (*Sinapis nigra, L.*), parda (*Sinapis juncea, L.*) branca ou amarela (*Sinapis alba, L.*) ou pela mistura delas. O produto será designado "mostarda em pó" ou "farinha de mostarda".

Características Organaléticas:

Aspecto – pó.

Cor – castanho-amarelada.

Cheiro – pungente.

Sabor – próprio.

Características Físicas e Químicas:

Substâncias voláteis a 105ºC, máximo..........9,0% p/p

Resíduo mineral fixo, máximo..........5,0% p/p

Resíduo mineral fixo, insolúvel em acido clorídrico a 10% v/v, máximo..........1,0% p/p

Lipídios entre .... 25 a 40% p/p
Extrato alcoólico, mínimo .... 18,5% p/p
Isotiocinato de alila (mostarda negra), mínimo .... 0,5% p/p

o) Noz-Moscada – noz-moscada é a amêndoa seca da *Myristica fragrans H out,* desprovida de seu envoltório. O produto será designado "noz-moscada" e, quando moída, por "noz-moscada em pó" ou "moída".

Características Gerais:

A Noz-moscada deverá ser constituída por amêndoas secas, inteiras ou moídas. A amêndoa inteira poderá ser recoberta por uma película de cal ou de carbonato de cálcio; o peso desta camada não deverá exceder a de 1% de cálcio, calculado em CaO (óxido de cálcio).

Características Organoléticas:

Aspecto – amêndoa ovóide, de superfície ponteada e reticulada ou pó fino homogêneo.
Cor – castanho-clara.
Cheiro – forte, aromático.
Sabor – picante, fracamente amargo.

Características Físicas e Químicas:

Resíduo mineral fixo, máximo .... 3,0% p/p
Resíduo mineral fixo, insolúvel em ácido clorídrico a 10% v/v máximo .... 0,2% p/p
Extrato alcoólico, mínimo .... 13% p/p

p) Orégano – é a folha do *Origanum vulgares, L.* acompanhada ou não de pequena porção de sumidade florais. O produto será designado por "Orégano".

Características Gerais:

O orégano deverá ser constituído por folhas de espécimens vegetais genuínos, sãs, limpas e secas.

Características Organoléticas:

Aspecto – folha ovalada, seca.
Cor – verde-pardacenta.
Cheiro – próprio.
Sabor – próprio.

Características Físicas e Químicas

Resíduo mineral fixo, máximo .... 10% p/p
Resíduo mineral fixo, insolúvel em ácido clorídrico a 10% v/v, máximo .... 3,0 p/p
Extrato alcoólicos, mínimo .... 8,0% p/p

q) Pimenta-da-Jamaica – é o fruto dessecado da *Pimenta officinans, Berg.* O produto será designado por "pimenta-da-Jamaica" e, quando moída, por "pimenta-da-Jamaica moída" ou "em pó".

Características Gerais:

A pimenta-da-Jamaica deverá ser constituída de frutos de espécimens vegetais genuínos, sãos e limpos. Os frutos deverão ser colhidos ainda verdes porém, desenvolvidos, quase atingindo a maturação e dessecados.

Características Organoléticas:

Aspecto – grão globular de superfície áspera e rugosa, ou pó fino ou grosso.
Cor – castanho-escura avermelhada.
Cheiro – picante.
Sabor – picante.

Características Físicas e Químicas:

Resíduo mineral fixo, máximo .... 6% p/p
Resíduo mineral fixo, insolúvel em ácido clorídrico a 10% v/v, máximo .... 0,4% p/p
Extrato alcoólico, mínimo .... 5% p/p

r) Pimenta-do-reino – é o fruto da *Piper nigrum, L.* colhido antes da maturação e dessecado (pimenta preta) ou fruto maduro, desprovido do pericarpo (pimenta branca). O produto será designado "pimenta-do-reino preta" ou "pimenta-do-reino branca"e, quando moída, por "pimenta-do-reino moída".

Características Gerais:

A pimenta-do-reino deverá provir de frutos maduros ou próximos da maturação, sãos, limpos e dessecados. Os frutos têm forma globular, medindo de 4 a 7 mm de diâmetro com superfície rugosa.

Características Organoléticas:

Aspecto – grão globular de superfície rugosa (pimenta preta) ou grão globular de superfície lisa (pimenta branca) ou pó heterogêneo, grosso ou fino.

Cor – em grão, preta ou branco-acinzentada, de acordo com o estado de maturidade e tratamento; em pó: cinza-escuro, mesclado de partículas acinzentada (pimenta preta) ou acizentada (pimenta branca).

Cheiro – pungente.

Sabor – picante.

Características Físicas e Químicas:

	Pimenta preta	Pimenta branca
Substâncias voláteis a 105ºC, máximo	13,0% p/p	14,5 % p/p
Resíduo mineral fixo, máximo	7,0% p/p	3,0% p/p
Resíduo mineral fixo, insolúvel em ácido clorídrico a 10% v/v, máximo	1,5% p/p	0,5% p/p
Extrato alcoólico (calculado sobre a substância seca), mínimo	8,0% p/p	7,0% p/p
Óleo essencial, mínimo	1,0% p/p	–.–

s) Pimentão moído – é o produto obtido do fruto proveniente de diversas variedades do *Capsicum annuum L.* dessecado e moído. O produto será designado "pimentão moído", "páprica" ou "colorau".

Características Gerais:

O pimentão moído deverá provir de frutos maduros, sãos, limpos e dessecados.

Características Organoléticas:

Aspecto – pó fino, homogêneo.

Cor – vermelho-intensa.

Cheiro – próprio.

Sabor – próprio (doce picante).

Características Físicas e Químicas:

Substâncias voláteis a 105ºC, máximo	12% p/p
Resíduo mineral fixo, máximo	8,0% p/p
Resíduo mineral fixo, insolúvel em ácido clorídrico a 10% v/v máximo	1,0% p/p
Extrato etéreo (calculado sobre a substância seca), mínimo	12% p/p
Extrato alcoólico, mínimo	18% p/p

IV – *Condimento preparado* – produto obtido pela simples mistura de condimentos naturais ou elaboração, com adição ou não de outras substâncias alimentícias e apresentadas sob forma de pós, pastas, molhos, em emulsão ou suspensão.

Entre os condimentos preparados incluem-se:

a) Catchup ou Ketchup – molho elaborado à base de polpa e suco de tomate adicionado de especiarias, sal e açúcar, podendo conter outros condimentos. Deteve ter no mínimo 35% de resíduos secos.

b) Curry – produto obtido pela mistura de várias espécies de pimenta, cúrcuma, gengibre, canela e outras especiarias, podendo ser adicionado de sal e amido.

Características Organoléticas:

Aspecto – pó.

Cor – amarela ou amarelo-esverdeada.

Cheiro – característico.

Sabor – picante.

Características Físicas e Químicas:

Substâncias voláteis a 105ºC, máximo	10% p/p
Amido, máximo	10% p/p
Cloreto de sódio, máximo	5% p/p

c) Maionese – emulsão cremosa obtida com ovos e óleos vegetais, adicionada de condimentos e outras substâncias comestíveis. Não poderá ser adicionada de corantes. Deverá ter no mínimo, três gemas de ovos por litro e, no mínimo 65% de óleo vegetal comestível. Poderá ter, no máximo, 0,5% de amido.

d) Mostarda de mesa ou Mostarda preparada – produto cremoso obtido de mostarda em pó, vinagre e óleo, podendo conter outras especiarias, açúcar e sal.

e) Molho Inglês Worcestershire – produto elaborado à base de extrato de carne, molho de soja, açúcar mascavo, vinagre e outros condimentos

f) Molho Choyu ou Molho Japonês – é o produto obtido pela fermentação de um cozimento de soja e de outros cereais como arroz e milho, podendo ser adicionado de outras substâncias alimentícias.

4. CARACTERÍSTICAS GERAIS:

Condimento vegetal deverá ser constituído de especiarias genuínas e puras, sãs e limpas, que deverão corresponder às suas características botânicas normais e estar isento de substâncias estranhas, elementos vegetais estranhos à espécie de partes de planta de origem, que não possuam as características de condimento vegetal. Os condimentos preparados deverão ser obtidos de especiarias genuínas. Poderão ser adicionados de óleos comestíveis, ovos, sal, açúcar, limão, vinagre e de outras substâncias alimentícias. Todos os ingredientes empregados deverão estar em perfeito estado de conservação. Será permitida a adição de amido na quantidade máxima de 10%, nos casos previstos. Os molhos poderão apresentar-se sob a forma líquida ou cremosa, podendo conter elementos constitutivos em suspensão. Será permitido aos condimentos líquidos, a coloração com caramelo.

[5. Não consta]

(*) Item 5 ausente na publicação oficial.

[6. Não consta]

(*) Item 6 ausente na publicação oficial.

7. CARACTERÍSTICAS MICROBIOLÓGICAS

Os condimentos e temperos deverão obedecer ao seguinte padrão:

Bactérias do grupo coliforme de origem fecal – ausência de 1 g.

Salmonelas: ausência em 25 g.

Deverão ser efetuadas determinações de outros microrganismos e/ou de substâncias tóxicas de origem microbiana, sempre que se tornar necessária a obtenção de dados sobre o estado higiênico-sanitário dessa classe de alimento ou quando ocorrerem toxinfecções alimentares.

8. CARACTERÍSTICAS MICROSCÓPICAS

Ausência de sujidades, parasitos e larvas.

9. ROTULAGEM

O rótulo de condimento vegetal em espécie deverá trazer a denominação da especiaria, seguida da forma de apresentação. O rótulo do condimento preparado deverá trazer a denominação "Condimento preparado", podendo acrescentar nome de fantasia, seguido das especiarias empregadas Os rótulos dos condimentos mistos deverão trazer os nomes das especiarias empregadas. Será obrigatória a declaração do teor de amido adicionado.

NTA 71
SAL

1. DEFINIÇÃO

Sal é o cloreto de sódio cristalizado, extraído de fontes naturais.

2. DESIGNAÇÃO

O produto será designado "sal" seguido de sua classificação. Ex.: "sal refinado", "sal moído".

3. CLASSIFICAÇÃO

O sal de acordo com suas características de pureza e granulação, será classificado em:

a) sal grosso – produto não beneficiado, cujos cristais devem passar totalmente por peneira nº 3 (6,73 mm de abertura) e não por peneira nº 8 (2,38 mm de abertura);

b) sal moído – produto obtido pela moagem do sal grosso, cujos cristais devem passar totalmente por peneira nº 16 (1,00 mm de abertura);

c) sal refinado – produto submetido a beneficiamento para a eliminação de sais higroscópicos de magnésio e cálcio, impurezas orgânicas, areia e fragmentos de conchas; os cristais devem passar totalmente por peneira nº 20 (0,841 mm de abertura) e 25%, no mínimo, deve passar por peneira nº 60 (0,25 mm de abertura);

d) sal de mesa – é o sal refinado adicionado de antiumectante.

4. CARACTERÍSTICAS GERAIS

O sal deverá se apresentar em cristais brancos, de forma cúbica, agrupados e unidos de maneira a constituírem pequenas pirâmides de base quadrangular. A granulação do sal deverá ser uniforme e de acordo com o seu tipo. Será obrigatória a adição de sais de iodo (iodeto de potássio, iodato de potássio ou outro sal de iodo não tóxico) na dosagem mínima de 10 mg e máxima de15 mg de iodo por 1 kg de sal, de acordo com a legislação federal específica.

5. CARACTERÍSTICAS ORGANOLÉTICAS

Aspecto: cristais de granulação, uniforme, de acordo com o tipo.

Cor: branca; e para o sal moído, branca ou branco-acinzentada.

Cheiro: inodoro.

Sabor: salino.

6. CARACTERÍSTICAS FÍSICAS E QUÍMICAS

SAL	Moído	Refinado	De Mesa
Granulação	De acordo com a classificação		
Substâncias voláteis a 150ºC, máximo	3%	2%	0,5%
Substâncias insolúveis em água, máximo	0,3%	0,2%	0,2% (excluído o antiumectante)
Cloreto de sódio (sobre a substância seca), mínimo	96,5%	98,5%	98,5% (*)
Grau de turbidez, máximo	50%	25	–
Iodo em I	–	1,0 a 1,5 mg por 100 g	1,0 a 1,5 mg por 100 g

(*) *No cálculo do NaCL deve ser levada em consideração a quantidade de antiumectante adicionada.*

7. CARACTERÍSTICAS MICROBIOLÓGICAS

Deverão ser efetuadas determinações de microrganismos e/ou de substâncias tóxicas de origem microbiana, sempre que se tornar necessária a obtenção de dados sobre o estado higiênico-sanitário dessa classe de alimento, ou quando ocorrerem toxinfecções alimentares.

8. CARACTERÍSTICAS MICROSCÓPICAS

Ausência de sujidades, parasitos e larvas.

9. ROTULAGEM

O rótulo deverá trazer a denominação "Sal" seguida de sua classificação. Deverá também constar do rótulo a declaração "iodado". Será obrigatória a declaração dos antiumectantes adicionados.

NTA 72
VINAGRE

1. DEFINIÇÃO

Vinagre ou vinagre de vinho é o produto resultante da fermentação acética do vinho. Os vinagres poderão ser oriundos da fermentação acética de outros líquidos alcoólicos.

2. DESIGNAÇÃO

O produto será designado vinagre ou vinagre de vinho. Quando proveniente da fermentação acética de outros líquidos alcoólicos, o produto será designado "vinagre" seguido do nome do vegetal de origem. Ex.: "vinagre de laranja", "vinagre de cidra".

[3. Não consta]

(*) Item 3 ausente na publicação oficial.

4. CARACTERÍSTICAS GERAIS

O vinagre deverá ser preparado de mosto limpo, isento de matéria terrosa e de detritos animais ou vegetais. O vinagre de vinho não deverá conter substâncias estranhas a sua composição normal, exceto as previstas nesta Norma. Será tolerada a adição de sais nutritivos e açúcares para nutrição dos microrganismos acidificantes. Não será permitido o uso de conservadores e corantes. Não deverá conter ácidos orgânicos estranhos, nem ácidos minerais livres.

5. CARACTERÍSTICAS ORGANOLÉTICAS

Aspecto – líquido límpido.

Cor – própria, de acordo com a origem.

Cheiro – próprio.

Sabor – próprio.

6. CARACTERÍSTICAS FÍSICAS E QUÍMICAS

Álcool em volume a 20ºC, máximo .... 1,0% v/v

Acidez volátil, em ácido acético mínimo .... 4,0% p/v

Resíduo mineral fixo, mínimo .... 0,1% p/v

Resíduo seco a 105ºC, mínimo .... 1,2% p/v

7. CARACTERÍSTICAS MICROBIOLÓGICAS

Deverão ser efetuadas determinações de microrganismos e/ou de substâncias tóxicas de origem microbiana, sempre que se tornar necessária a obtenção de dados sobre estado higiênico-sanitário dessa classe de alimento, ou quando ocorrerem toxinfecções alimentares.

8. CARACTERÍSTICAS MICROSCÓPICAS

Ausência de sujidades, parasitos e larvas.

9. ROTULAGEM

No rótulo deverá constar a denominação do produto. Os vinagres oriundos de outros líquidos alcoólicos deverão trazer no rótulo a sua origem. Ex.: "vinagre de cidra", "vinagre de laranja".

NTA 73
VINAGRE DE ÁLCOOL

1. DEFINIÇÃO

Vinagre de álcool é o produto proveniente da fermentação acética de uma mistura constituída de álcool etílico convenientemente diluído e adicionado de elementos nutritivos para os fermentos acéticos.

2. DESIGNAÇÃO

O produto será designado "vinagre de álcool".

[3. Não consta]

(*) Item 3 ausente na publicação oficial.

4. CARACTERÍSTICAS GERAIS

O vinagre de álcool deverá ser preparado de álcool etílico retificado, limpo, isento de matéria terrosa e de detritos animais ou vegetais. O vinagre de álcool não deverá conter substâncias estranhas à sua composição normal, exceto as previstas nesta Norma. Será tolerada a adição de sais nutritivos e açúcares para a nutrição dos microrganismos acidificantes. No vinagre de álcool não será permitido o uso de conservadores. Como corantes será tolerada a adição de caramelo. Não deverá conter ácidos orgânicos estranhos e nem ácidos minerais livres.

5. CARACTERÍSTICAS ORGANOLÉTICAS

Aspecto – líquido límpido, sem depósito.

Cor – incolor ou amarela.

Cheiro – próprio.

Sabor – próprio.

6. CARACTERÍSTICAS FÍSICAS E QUÍMICAS

Álcool em volume a 20ºC, máximo .... 1,0% v/v

Acidez volátil, em ácido acético, mínimo .... 4,0% p/v

Resíduo seco a 105ºC, mínimo .... 0,2% p/v

Substâncias redutoras em glicose, máximo .... 0,1% p/v

Resíduo mineral fixo, mínimo .... 0,02% p/v

7. CARACTERÍSTICAS MICROBIOLÓGICAS

Deverão ser efetuadas determinações de microrganismos e ou de substâncias tóxicas de origem microbiana, sempre que se tornar necessária a obtenção de dados sobre o estado higiênico-sanitário dessa classe de alimento, ou quando ocorrerem toxinfecções alimentares.

8. CARACTERÍSTICAS MICROSCÓPICAS

Ausência de sujidades, parasitos e larvas.

9. ROTULAGEM

No rótulo deverá constar a denominação do produto.

NTA 74
GELO

1. DEFINIÇÃO

Chama-se gelo o produto resultante da congelação de água potável.

2. DESIGNAÇÃO

O produto será designado "gelo".

3. CLASSIFICAÇÃO

De acordo com o método empregado na fabricação do produto, o gelo será classificado em:

a) gelo opaco – quando for obtido pela congelação de água potável, com agitação mecânica;

b) gelo semitransparente ou gelo claro – quando for obtido pela congelação da água potável, em repouso;

c) gelo cristalino – quando for obtido pela congelação de água desionizada ou outras, isentas de ar.

4. CARACTERÍSTICAS GERAIS

O gelo opaco quando em blocos, não deverá ser transparente; quando em placas delgadas deverá ter aspecto branco, leitoso e translúcido. O gelo semitransparente deverá ser transparente em toda a sua espessura, com exceção do núcleo central, que deverá ser opaco. O gelo cristalino deverá ser transparente em toda a sua massa.

5. CARACTERÍSTICAS ORGANOLÉTICAS

O gelo deve ser inodoro, insípido.

6. CARACTERÍSTICAS FÍSICAS E QUÍMICAS

Devem corresponder às da água potável.

7. CARACTERÍSTICAS MICROBIOLÓGICAS

O gelo deverá obedecer ao seguinte padrão:

Bactérias do grupo coliforme: ausência em 100 ml do produto delegado.

Deverão ser efetuadas determinações de outro microrganismo e/ou de substâncias tóxicas de origem microbiana, sempre que se tornar necessária a obtenção de dados sobre o estado higiênico-sanitário dessa classe de alimento, ou quando ocorrerem toxinfecções alimentares.

8. CARACTERÍSTICAS MICROSCÓPICAS

Ausência de sujidades, parasitos e larvas.

NTA 75
GELADOS COMESTÍVEIS

1. DEFINIÇÃO

A presente NTA se aplica aos gelados comestíveis pré-embalados ou não, prontos para o consumo, e aos preparados, preparados concentrados e bases para o fabrico de gelados comestíveis.

1.1. Aplica-se, igualmente, o disposto nesta NTA à fração dos gelados comestíveis que entra na composição dos produtos especiais gelados descritos em 3.2.3.

2. DESCRIÇÃO

2.1. Definições:

2.1.1. Gelados comestíveis – são produtos alimentícios obtidos a partir de uma emulsão de gorduras e proteínas, com ou sem adição de outros ingredientes e substâncias ou de uma mistura de água, açúcares e outros ingredientes e substâncias que tenham sido submetidas ao congelamento, em condições tais que garantam a conservação do produto no estado congelado ou parcialmente congelado durante a armazenação, transporte e até a entrega ao consumo e cuja composição atenda às especificações fixadas na Tabela I anexa à presente NTA.

2.1.2. Preparados para gelados comestíveis – são produtos líquidos que contêm todos os ingredientes necessários em quantidades tais que, quando submetidos ao congelamento, o alimento resultante obedeça a uma das descrições previstas nos itens 3.1.1 a 3.1.7.

2.1.3. Concentrados para gelados comestíveis – são os produtos que, após adição de água, resultem em produto que obedeça à definição dada em 2.1.2.

2.1.3.1. Incluem-se nesta classe os produtos denominados “pó para sorvetes” que podem ser adicionados de outros líquidos em lugar de água e açúcar.

2.1.4. Bases para congelados comestíveis – são os produtos constituídos de estabilizantes e espessantes, podendo conter outros aditivos e ingredientes necessários à obtenção do produto que obedeça à definição dada em 2.1.2., pela adição de água e outros ingredientes.

3. CLASSIFICAÇÃO

3.1. De acordo com a sua composição:

3.1.1. “Sorvetes de creme” – são os preparados com leite, produtos lácteos e gorduras comestíveis.

3.1.2. “Sorvete de leite” – são os preparados com leite e produtos lácteos.

3.1.3. “Sorvete de baixo teor de gordura” – são os preparados com leite e produtos lácteos, contendo pequeno teor de gordura láctea.

3.1.4. “Sorvete sem outra denominação” – são os preparados com leite e produtos lácteos e/ou outras matérias-primas alimentares e nos quais os teores de gordura e/ou proteína são total ou parcialmente de origem láctea.

3.1.5. “Sherbets” são preparados com leite e produtos lácteos ou outras matérias-primas alimentares e que contêm apenas uma pequena proporção de gordura e proteína, as quais podem ser total ou parcialmente de origem não láctea.

3.1.6. “Gelados de frutas” – são preparados com polpa, sucos ou pedaços de frutas e açúcares.

3.1.7. “Gelado” sem outra denominação – são os preparados com açúcares, podendo conter polpas, sucos ou pedaços de frutas, aromatizantes, corantes naturais idênticos ou naturais e/ou artificiais e outras matérias-primas alimentares.

3.2. De acordo com o processo de fabricação e apresentação:

3.2.1. “Sorvete de massa ou cremoso” – são misturas homogêneas ou não de ingredientes alimentares, batidas e resfriadas até o congelamento, resultando massa incluindo ar, de densidade aparente mínima de 475 g/litros.

3.2.2. “Picolé” – são porções individuais de gelos comestíveis, de composições várias, de maior consistência, geralmente suportadas por uma haste, obtidas por resfriamento até congelamento, de mistura homogênea ou não, de ingredientes alimentares, com ou sem batimento, resultando produto de densidade aparente mínima de 475 g/litro.

3.2.3. “Produtos especiais gelados” – são os gelados mistos constituídos por qualquer das modalidades de gelados comestíveis relacionados nesta NTA, em combinação com alimentos não gelados, representados por porções situadas interna ou externamente ao conjunto. Ex.: sanduíche de sorvete; bolo de sorvete; torta gelada; sorvete com cobertura etc.

4. DESIGNAÇÃO

O gelado comestível será designado de acordo com a sua composição, substância que o caracteriza, tipo ou por nome de fantasia. Ex.: sorvete de creme, picolé de coco; espumone; cassata; bolo de sorvete etc.

5. CARACTERÍSTICAS ESSENCIAIS DE COMPOSIÇÃO

5.1. Os gelados comestíveis deverão atender à composição fixada na Tabela I anexa à presente NTA.

5.2. Ingredientes

Serão permitidos nos gelados comestíveis e demais produtos a que se refere a presente NTA, os ingredientes abaixo indicados:

5.2.1. Leite, e seus constituintes e/ou produtos lácteos (gordura, proteínas) frescos, concentrados, em pó, fermentados, reconstituídos ou "recombinados".

5.2.2. Outras gorduras e óleos comestíveis

5.2.3. Outras proteínas comestíveis.

5.2.4. Açúcares: sacarose, xarope de glicose, dextrose, frutose, lactose e açúcar invertido.

5.2.5. Água potável.

5.2.6. Ovos e seus derivados.

5.2.7. Frutas e produtos de frutas.

5.2.8. Outros ingredientes alimentares tais como: café, cacau, mel, nozes, licores e outros.

5.3. Os gelados comestíveis cuja denominação signifique ou dê a entender que contém sementes oleaginosas (avelãs, castanha-do-Pará, nozes e outras) deverão conter, no mínimo, 2% das mesmas.

5.4. Os gelados comestíveis adicionados de ovos e seus derivados quando for apregoados essa condição, devem obedecer ao disposto nas colunas 1.2, 2.2 e 4.2 da Tabela I anexada à presente NTA.

5.5. As especificações relativas a composição dos produtos especiais se aplicam exclusivamente à parte constituída pelos gelados comestíveis.

6. ADITIVOS INTENCIONAIS

6.1. Serão permitidos os aditivos constantes da Tabela II, anexa à presente NTA e outros que vierem a ser aprovados pela Câmara Técnica de Alimentos do Conselho Nacional de Saúde.

6.2. O emprego de aromatizantes será permitido para conferir e reforçar o sabor dos gelados descritos nos itens 3.1.1. a 3.1.6 no fabrico dos gelados descritos em 3.1.7.

6.3. O emprego de corantes obedecerá aos seguintes critérios:

6.3.1. Os corantes naturais serão permitidos na padronização da cor dos gelados comestíveis de fruta e nos gelados e comestíveis definidos nos itens 3.1.1. e 3.1.2 (composições das colunas 1 e 2 da Tabela I, salvo as que contenham ovo, a seguir especificadas).

6.3.2. Os corantes idênticos aos naturais e os artificiais poderão ser utilizados na padronização da cor dos gelados comestíveis das seguintes frutas, a saber: cajá, cereja, framboesa, goiaba, morango, pêssego, laranja e tangerina (mandarino).

6.3.3. Os corantes idênticos aos naturais e os artificiais poderão ser empregados na elaboração dos gelados comestíveis classificados e definidos nos itens 3.1.5 e 3.1.7.

6.3.4. Será permitido o emprego de apenas corantes naturais nos produtos referidos nas colunas 1.2, 2.2 e 4.2 da Tabela I anexa à presente NTA, se não for apregoada a presença de ovo, figurando este, apenas na lista de ingredientes.

6.3.5. Não será permitido, o emprego de corantes nos produtos referidos nas colunas 1.2, 2.2 e 4.2 da Tabela I anexa à presente NTA, se for apregoada a presença de ovo.

6.3.6. Será proibido o emprego de corantes nos produtos contendo cacau.

6.3.7. O emprego de corantes naturais será permitido no fabrico de gelados comestíveis definidos nas colunas 3.1, 4.1, 5 e 7 da Tabela I anexa à presente NTA.

6.4. Será proibido, nos produtos de cacau o emprego de aroma artificial ou aroma imitação de cacau ou chocolate.

Esses produtos contendo cacau serão designados "sabor de chocolate.

7. HIGIENE

Os estabelecimentos que elaboram gelados comestíveis deverão apresentar condições higiênicas satisfatórias, atendendo os requisitos mínimos de higiene alimentar fixados na Resolução nº 33/1977.

7.1. Pasteurização

Os gelados comestíveis elaborados com produtos de laticínios ou ovos serão obrigatoriamente pasteurizados.

7.1.1. A obrigatoriedade de pasteurização não se aplica aos outros ingredientes e aditivos utilizados no preparo de gelados comestíveis a que se refere o item anterior.

7.2. Características Microbiológicas

7.2.1. Contagem máxima de microrganismos:

– contagem padrão em placa: 200.000 colônias por grama.

– coliformes: 100 colônias por grama.

7.2.2. Poderão ser estabelecidas características microbiológicas especiais, sempre que aos gelados comestíveis forem adicionados ingredientes apresentando flora microbiana peculiar.

7.2.3. Os gelados comestíveis não deverão conter germes patogênicos nem substâncias tóxicas elaboradas por microrganismos, em quantidade que represente risco à saúde humana, sendo que estas determinações serão feitos quando:

a) for constatado que a contagem referida no item 7.2.1 ultrapassar sensivelmente os limites fixados, a critério da autoridade competente;

b) tornar-se necessário o levantamento do estado higiênico-sanitário dos estabelecimentos que elaboram, manipulam ou exponham à venda gelados comestíveis;

c) ocorrerem infecções ou toxinfecções alimentares.

7.3. Normas para resfriamento e congelamento

No caso de preparados líquidos a mistura deverá ser esfriada até uma temperatura máxima de +5ºC mantida nessa temperatura até o momento de ser congelada, o que deverá ocorrer antes de passadas 72 horas.

7.4. Recongelamento

Os congelados comestíveis somente poderão ser recongelados no lugar onde foram fabricados.

7.5. Condições de conservação

Durante o armazenamento (antes da distribuição aos pontos de venda) os gelados comestíveis deverão ser mantidos a uma temperatura máxima de -18ºC. Nos pontos de venda a temperatura deverá ser de, no máximo, -5ºC.

8. PESOS E MEDIDAS

Serão obedecidas as normas legais vigentes.

9. ACONDICIONAMENTO

9.1. O produto deve ser acondicionado em continente que ofereça proteção à qualidade do alimento em questão, obedecidas as boas práticas de envasamento.

9.2. Os continentes e os materiais de embalagem devem ser feitos somente de substâncias adequadas e inócuas para os fins a que se destinam.

10. ROTULAGEM

10.1. Deverá constar dos rótulos dos produtos pré-embalados, no painel frontal ou nos laterais, a classe a que pertence o gelado comestível, de acordo com a classificação definida no item 3.1,

10.2. Para efeito de correspondência com os padrões internacionais, poderão ser indicados também os códigos relativos aos grupos e sub-grupos da classificação do *Codex Alimentarius*.

10.3. Poderão ser usadas designações opcionais segundo tradição regional e expressões que contribuam para melhor orientar o consumidor, quanto ao tipo de gelado comestível que lhe é oferecido.

10.4. Os gelados comestíveis, quando destinados à exportação, deverão receber designações correspondentes aos grupos e subgrupos da classificação do *Codex Alimentarius*.

10.5. Declaração de ingredientes:

10.5.1. Serão indicados, no painel frontal ou laterais, os ingredientes, exceto água, na ordem decrescente da quantidade de seu emprego.

10.5.2. Se houver sido empregado outro leite ou seu derivado, que não o de vaca, a origem do leite em questão deve ser indicado no rótulo.

10.5.3. Se tiverem sido empregado outros ovos, que não os de galinha, sua origem também deve ser indicada no rótulo.

10.5.4. As sorveterias e outros locais que vendem gelados comestíveis não pré-embalados, deverão proporcionar aos consumidores informações sobre a natureza de seu produtos de acordo com o item 10 devendo tais informações serem dadas por duas vias:

a) quadro, painel, letreiro ou cartaz, colocado em local facilmente visível e contendo duas colunas: uma, de gelados comestíveis de frutas, frutos ou sementes oleaginosas; outras, dos outros gelados comestíveis;

b) libreto, cartela ou similar, onde serão dadas as informações da classe do gelado comestível como descrito em 3.1 e seus respectivos ingredientes (item 10.5) e aditivos (item 10.6).

10.5.5. As máquinas que fabricam sorvetes por processo instantâneo, na presença do consumidor, deverão ter, junto às mesmas, informações da natureza do gelado comestível oferecido, obedecendo às disposições do item 10.5.4.

10.6. Os aditivos presentes nos gelados comestíveis deverão ser mencionados de acordo com as normas gerais sobre rotulagem dos alimentos pré-embalados.

10.7. Os preparados líquidos (item 2.1.4), os concentrados (item 2.1.3) e as bases (item 2.1.4) deverão conter a denominação do produto, de acordo com o item 3.1, bem como a lista completa de ingredientes e aditivos, de acordo com esta NTA.

10.7.1. Os concentrados (item 2.1.3) e as bases (item 2.1.4) deverão conter instruções detalhadas sobre como deverão ser complementados antes do seu respectivo congelamento, assim como deverão declarar lista completa de ingredientes e aditivos de acordo com esta NTA e mais o tipo do produto a ser obtido após congelamento de acordo com o item 3.1 desta NTA.

10.8. Identificação do lote:

Cada recipiente-estoque (latas ou semelhantes), com volume acima de 2 litros, e embalagem múltipla, deve ser gravada ou marcada de forma permanente, em código ou expressamente, a identificação do lote de fabricação.

10.8.1. As embalagens múltiplas deverão trazer informações necessárias à boa estocagem e conservação do produto.

11. AMOSTRAGEM E MÉTODO DE ANÁLISE

Para os métodos dos itens adiante indicados, serão adotados os seguintes textos:

– Normas Analíticas do Instituto Adolfo Lutz – v. 1, 1977.

– *Association of Official Analytical Chemists* – AOAC.

– *Compendium of Methods for the Microbiological Examination of Foods* – APHA, 1976.

11.1. Amostragem = IAL
11.2. Determinação do teor de gordura = AOAC
11.3. Determinação do tipo de gordura = AOAC
11.4. Determinação de sólidos totais = IAL
11.5. Determinação de lactose = AOAC
11.6. Determinação do teor de proteína = IAL
11.7. Densidade aparente = AOAC
11.8. Fosfatase = IAL
11.9. Contagem padrão em placa = APHA
11.10. Contagem de coliformes = APHA

12. Os produtos a que se refere esta NTA, já registrados nesta data, terão o prazo de 12 (doze) meses para se adaptarem aos termos desta NTA, permitindo-se o apostilamento dos respectivos registros.

TABELA I
COMPOSIÇÃO (VALORES MÍNIMOS EM PORCENTAGEM P/P DE PRODUTO FINAL)

	1-A			2-A			3-A		4-A			5-A	6-A	7-A
	1.1	1.2	1.3	2.1	2.2	2.3	3.1	3.2	4.1	4.2	4.3			
A		+ovo	+fruta		+ovo	+fruta		+fruta		+ovo	+fruta			
	32	32	30	28	28	26	28	26	28	28	26	20	20	10
B														
C	3	3	3 (**)	2,5	2,5	2,5(**)	1	1 (**)	3	3	3 (**)	1		
D	5	5	4 (**)						3	3	3 (**)	1		
E	2,5	2,5	2,5 (**)	2,5	2,5	2,5(**)	2,5	2,5(**)	2,5	2,5	2,5 (**)	1		
F									2,5	2,5	2,5 (**)	1		
G		1,4			1,4					1,4				
H			(*)			(*)		(*)			(*)	(*)	(*)	
I	475	475	475	475	475	475	475	475	475	475	475	475	475	475

A	Sólidos totais
B	Açúcares
C	Gordura Láctea
D	Outras gorduras comestíveis
E	Proteínas de leite
F	Outras proteínas comestíveis
G	Sólidos totais, gema de ovo ou equivalente declarado
H	Frutas ou produtos de frutas
I	Densidade aparente g/litro (***)

1-A	Sorvetes de creme
2-A	Sorvetes de leite
3-A	Sorvetes de baixo teor de gordura
4-A	Sorvetes
5-A	"Sherbets"
6-A	Gelados de frutas
7-A	Gelados

(*) *Os gelados comestíveis cuja denominação signifique ou dê a entender que contém frutas ou produtos de frutas deverão ter no mínimo 3% de fruta fresca, polpa, suco ou seu equivalente. Quando o gelado comestível contiver mistura de frutas e o rótulo não as mencionar individualmente, o teor mínimo total será de 3%.* – Exceção: *Os gelados comestíveis de laranja e tangerina deverão ter no mínimo 6% de fruta fresca, polpa, suco ou seu equivalente.*

(**) *Porcentagem sobre o peso do produto, excluída a fruta.*

(***) *Densidade aparente é a medida do ar incorporado ao sorvete mediante batimento e é expressa em grama/litro.*

Nota: Para efeito destes padrões, a expressão "NATA" equivale a "CREME", limitando o seu uso para os produtos preenchendo as composições indicadas na coluna 1.

TABELA II
ADITIVOS INTENCIONAIS PERMITIDOS EM GELADOS COMESTÍVIES

Estabilizastes e espessantes	*Limite máximo*
Agar-agar	0,5
Ácido algínico e seus sais de sódio e cálcio	0,5
Carragena (musgo irlandês)	0,5
Mono e diglicerídeos	0,5
Goma arábica	0,5
Goma jatasi ou alfarroba	0,5
Goma guar	0,5
Goma caraia	0,5
Goma adragante	0,5
Fosfolipídios (Lecitina)	0,1
Celulose microcristalina	0,5
Polisorbato 65 e Polisorbato 80	0,1
Polisorbato 60	0,08
Ésteres de ácidos graxos de propileno glicol	0,2
Monoestearato, Monopalmitato e Tristearato de sorbitana	0,12

Acidulantes	*Limite máximo*
Ácido adípico	0,2
Ácido cítrico	0,2
Ácido fumárico	0,2
Ácido lático	0,2
Ácido málico	0,02
Ácido tartárico	0,02

Aromatizantes

Aromatizantes autorizados observadas as prescrições da presente NTA.

Corantes

Serão permitidos corantes constantes da presente Tabela, respeitado o limite máximo da soma total de 0,005 gramas x 100 para os corantes artificiais e limitados os corantes naturais à quantidade estritamente necessária à obtenção do efeito desejado, respeitadas a restrições constantes do item 6 da NTA à qual anexada a presente Tabela.

Corantes Artificiais	*Color Index nº*
Azul:	
Azul de idrantreno RS	69.800
Indogotina	73.015
Vermelho:	
Eritrosina	45.430
Escarlete GN	14.815
Vermelho sólido E	16.045
Bordeaux S (Amaranto)	16.185
Ponceau 4R	16.255
Amarelo e Laranja:	
Amarelo sólido	13.015
Laranja GGN	15.980
Amarelo crepúsculo PCF	15.985
Tartrazina	19.140
Corantes naturais:	
Açafrão	75.100
Antocianinas	–
Beterraba	–
Carvão	–
Clorofila	75.810
Indigo	75.780
Páprica	–
Pau Campeche	75.290
Riboflavina	–
Urzela	–

Xantofilas .... –
Carotenóides 75.150
Cochonila 74.470
Cúrcuma 75.500
Pau Brasil 75.280
Urucu 75.120
Caramelo .... –

Nota: Os gelados comestíveis dietéticos serão tratados em normas específicas.

NTA 76
ALIMENTOS RAPIDAMENTE CONGELADOS OU SUPERCONGELADOS

1. DEFINIÇÃO

Alimentos rapidamente congelados ou supercongelados, são os que foram submetidos a processo de congelamento a uma velocidade apropriada, com equipamento adequado, de modo que o centro térmico do produto seja de -18ºC ou inferior.

2. DESIGNAÇÃO

Os alimentos rapidamente congelados deverão ser designados de acordo com a natureza dos produtos, acrescidos da palavra supergelados ou equivalente.

3. CLASSIFICAÇÃO

Os alimentos supergelados classificam-se em:

a) alimentos *in natura* – sendo utilizada apenas a parte comestível;

b) alimentos parcialmente preparados – alimentos que para serem utilizados dependem de cozimento ou operação similar;

c) alimentos preparados – alimentos que para serem utilizados dependem apenas de aquecimento ou operação similar.

4. CARACTERÍSTICAS GERAIS

Os alimentos supergelados devem ser preparados com matérias-primas frescas, sãs, livres de matéria terrosa, bolores, parasitos e detritos animais e vegetais. O armazenamento de produtos supergelados, deve ser feito à temperatura própria, com o mínimo de flutuação nunca superior a -18ºC ou a outra temperatura inferior que tenha sido especificada para determinados produtos. O transporte de supergelados, deverá ser feito de modo a ser mantida a temperatura de produto a -18ºC ou inferior. Será tolerada, por breve período, uma elevação de temperatura, porém, nunca superior a -15ºC. A distribuição, que inclui o transporte local e sua venda em equipamento apropriado, deve manter o produto à temperatura de -18ºC ou inferior. O acondicionamento do produto desde o seu congelamento, armazenamento, transporte e distribuição do produto deve ser tal que:

1. assegure a características organoléticas e a qualidade do produto, protegendo-o de contaminação bacteriológica ou outra;

2. evite perda de umidade, desidratação ou vazamento;

3. evite a fixação de odores, sabores, cores, ou outras características estranhas.

A temperatura de -18ºC deve ser mantida até o momento da venda do produto ao consumidor.

Os aparelhos de refrigeração nos postos de venda ao consumidor deverão estar providos permanentemente de termômetros adequados e de fácil leitura.

[5. Não consta]

(*) Item 5 ausente na publicação oficial.

[6. Não consta]

(*) Item 6 ausente na publicação oficial.

7. CARACTERÍSTICAS MICROBIOLÓGICAS

a) Os alimentos *in natura* de origem animal deverão obedecer ao seguinte padrão:
Bactérias do grupo coliforme de origem fecal: máximo, 5 x10/g.
Clostrídios sulfito redutores (a 44ºC): máximo, 2 x10/g.
Staphylococcus aureus: ausência em 0,01 g.
Salmonelas: ausência em 25 g.

b) Os alimentos *in natura* de origem vegetal deverão obedecer ao seguinte padrão:
Bactérias do grupo coliforme de origem fecal: máximo, 10/g.
Salmonelas: ausência em 25 g.

c) Os alimentos parcialmente preparados deverão obedecer ao seguinte padrão:
Bactérias do grupo coliforme de origem fecal: máximo, 5 x 10/g.
Clostrídios sulfito redutores (a 44ºC): máximo, 2 x 10/g.

Staphylococcus aureus: ausência em 0,01 g.
Salmonelas: ausência em 25 g.

d) Os alimentos preparados deverão obedecer ao seguinte padrão:
Bactérias do grupo coliforme de origem fecal: ausência em 1 g.
Clostrídios sulfito redutores (a 44ºC): máximo, 2 x 10/g.
Salmonelas: ausência em 25 g.

Deverão ser efetuadas determinações de outros microrganismos e/ou de substâncias tóxicas de origem microbiana, sempre que se tornar necessária a obtenção de dados sobre o estado higiênico-sanitário dessas classes de alimentos, ou quando ocorrerem toxinfecções alimentares.

8. CARACTERÍSTICAS MICROSCÓPICAS

Ausência de sujidades, parasitos e larva.

9. ROTULAGEM

Os alimentos supergelados expostos à venda devem trazer no rótulo as seguintes indicações:

a) nome ou natureza do produto e classificação se houver, especificando, quando for o caso, os principais ingredientes, seguido da expressão "rapidamente congelado" ou "supergelado";

b) data da produção;

c) instruções de conservação: indicação do prazo de conservação em congelador e indicação do não recongelamento do produto, uma vez degelado;

d) instruções de uso: sobre degelo, cozimento e outros.

NTA 77
SOPA DESIDRATADA

1. DEFINIÇÃO

Sopa desidratada é o produto obtido pela mistura de ingredientes tais como cereais e vegetais desidratados, farinha de cereais, leite em pó, condimentos, massa alimentícias, extrato de carne e outros.

2. DESIGNAÇÃO

O produto será designado por "sopa desidratada", seguida do nome do ingrediente que o caracteriza ou por nomes consagrados pelo uso. Ex.: "sopa de tomate", "sopa Juliana". Quando o alimento final obtido se apresentar sob aspecto cremoso, o produto poderá ser designado por "creme". Ex.: "creme de espinafre".

[3. Não consta]

(*) Item 3 ausente na publicação oficial.

4. CARACTERÍSTICAS GERAIS

A sopa desidratada deverá ser preparada com substâncias limpas e sãs. Poderá conter legumes pré-cozidos, desidratados, cereais e vegetais desidratados, farinha de cereais, massas alimentícias, ovo desidratado, amido, semolina, dextrina, queijo ralado e sal, açúcar, leite em pó, óleo, gordura, manteiga, pequenos pedaços de carne ou presunto desidratados, extrato de carne, glutamato monossódico e condimentos diversos. Poderá ainda ser enriquecida com levedura inativa, com concentrado de caroteno e com fosfato de cálcio. Não será tolerada a adição de conservadores e corantes.

5. CARACTERÍSTICAS ORGANOLÉTICAS

Aspecto – pó, grânulos ou tabletes.
Cor – própria.
Cheiro – próprio.
Sabor – próprio.

6. CARACTERÍSTICAS FÍSICAS E QUÍMICAS

Umidade, máximo – 10% p/p.

7. CARACTERÍSTICAS MICROBIOLÓGICAS

A sopa desidratada deverá obedecer ao seguinte padrão:

Contagem padrão em placas: máximo, 10^5/g.
Bactérias do grupo coliforme: máximo, 10^2/g.
Bactérias do grupo coliforme de origem fecal: máximo 10/g
Clostrídios sulfito redutores (a 44ºC): máximo, 2 x 10/g.
Staphylococcus aureus: ausência em 0,01 g.
Salmonelas: ausência em 25 g.
Bolores e levedura: máximo, 5 x 10^2/g.

Deverão ser efetuadas determinações de outros microrganismos e/ou de substâncias tóxicas de origem microbiana, sempre que se tornar necessária a obtenção de dados sobre o estado higiênico-sanitário dessa classe de alimento, ou quando ocorrerem toxinfecções alimentares.

8. CARACTERÍSTICAS MICROSCÓPICAS

Ausência de sujidades, parasitos e larvas.

9. ROTULAGEM

O rótulo deverá trazer o nome do produto de acordo com a designação desta Norma. Quando o produto contiver extrato de carne ou galinha, tal circunstância deverá ser declarada no rótulo.

NTA 78
GOMAS DE MASCAR

1. DEFINIÇÃO

Gomas de mascar são massas elásticas, mastigáveis, porém não deglutíveis, constituídas por açúcares, substâncias de uso alimentar, corantes e aromas permitidos e uma base gomosa, podendo apresentar-se sob várias formas, drageadas ou não.

As bases gomosas podem ser constituídas por misturas diversas dos componentes abaixo relacionados:

I – Coágulo de látex natural:

a) Família *Sapotaceas: Manikara sapotilla, Manikara chicle, Manikara huberi, Manikara solimoenses, Manikara williamsii, Micropholis sp, Palaquium leiocarpum, Palaquium oblogifolium;*

b) Família *Apocinaceas: Couma utilis, Couma macrocarpa, Dyera costulata, Dyera lowii;*

c) Família *Moraceas: Prosimun utile, Castilla fallax, Ficus platyphylla;*

d) Família Euphorbiaceas: Hevea brasiliensis (sólidos do látex e laminas defumadas), *Conidosculos elasticus, Conidosculus topiquensis.*

II – Polímeros sintéticos:

Aceto de polivinila (P.M. mínimo – 2.000).

Copolímero estireno-butadieno (isento de monômeros).

Copolímetro isopreno-isobutileno (isento de monômeros).

Polietileno (P.M. entre 2.000 e 21.000).

Poli-isobutileno (P.M. acima de 37.000).

III – Resinas terpênicas:

Polímero de alfapinema.

Polímeros de alfipinema-betapinema e/ou dipentena (ind. acid. máximo 5; ind. sapon. máximo 5).

IV – Plastificantes:

Ácido esteárico.

Éster de glicerol com breu (ind. acid. entre 3 e 9).

Éster de glicerol com breu parcialmente dimerizado (ind. acid. entre 3 e 8).

Éster de glicerol com breu parcialmente hidrogenado (ind. acid. entre 3 e 10).

Éster de glicerol com breu parcialmente polimerizado (ind. acid. entre 3 e 12).

Éster de gliceral com "Tall oil" (ind. acid. entre 5 e 12).

Éster metílico com breu parcialmente hidrogenado (ind. acid. entre 4 e 8; I, refração a 20°C – 1,5170 – 1,5202).

Éster de pentaeritritol com breu parcialmente hidrogênado (ind. acid. entre 7 e 18).

Éster de glicerol com ácido esteário (mono e diestearato).

Gelatina comestível.

Gorduras comestíveis.

Lanolina.

Lecitina.

V – Diversos:

Amido.

Carbonato de cálcio.

Carbonato de magnésio.

Cera de abelhas.

Cera de carnaúba.

Cera de petróleo – mistura de hidrocarbonetos sólidos de natureza parafínica, com as seguintes especificações:

Absorbância (1 cm) (método F.D.A., 121.1.156).

nm 280-289 – máximo 0,15.

nm 290-299 – máximo 0,12.

nm 300-359 – máximo 0,08.

nm 360-400 – máximo 0,02.

Cera de petróleo sintética (microcristalina) mistura de hidrocarbonetos sólidos de natureza parafínica obtida por polimerização de etíleno, com as seguintes especificações:

P.M. entre 500 e 1.200.

Absorbâncias – idênticas as ceras de petróleo.

Estearato de sódio e de potássio.

Fosfato de cálcio.

Parafinas sintéticas – obtidas de monóxido de carbono e hidrogênio segundo Fischer – Tropsh – com as seguintes especificações:

Conteúdo de óleo – máximo 0,5% (método A.S.T M.D-721-56T).

Absorbância a 290 nm- máximo 0,01 em Decahidronaftaleno (método A.S.T.M 131).

P. Congel – 93,3 – 98,8ºC (método ASTM D-938-49).

Sulfato de sódio.

Poderão ser usados antioxidantes permitidos para alimentos, nos limites previstos para os mesmos, calculados sobre o peso da base gomosa.

2. DESIGNAÇÃO

O produto será designado com o nome de "goma de mascar" ou "chicle", seguido do nome do aroma que caracteriza o tipo. Ex.: "goma de mascar de canela", "chicle de hortelã", "chicle de bola".

[3. Não consta]

(*) Item 3 ausente na publicação oficial.

4. CARACTERÍSTICAS GERAIS

As gomas de mascar deverão ser fabricadas com matérias-primas, sãs e limpas, isentas de matéria terrosa, parasitos e sujidades em geral. Os látex naturais e as resinas naturais deverão ser convenientemente purificadas. Os polímeros e as resinas sintéticas deverão ser livres de monômeros, catalizadores e emulsionantes. A parafina e a cera microcristalina deverão ser livres de hidrocarbonetos aromáticos policíclicos.

5. CARACTERÍSTICAS ORGANOLÉTICAS

Aspecto – massa homogênea e elástica, podendo ser drageada.

Cor – própria.

Cheiro – aromático e característicos.

Sabor – doce.

[6. Não consta]

(*) Item 6 ausente na publicação oficial.

7. CARACTERÍSTICAS MICROBIOLÓGICAS

AS gomas de mascar deverão obedecer ao seguinte padrão:

Bactérias do grupo coliforme de origem fecal: ausência em 1 g.

Clostrídios sulfito redutores (a 44ºC): máximo, 2 x 10/g.

Staphylococcus aureus: ausência em 0,1 g.

Salmonelas: ausência em 25 g.

Bolores e leveduras: máximo, 5 x 10^2/g.

Deverão ser efetuadas determinações de outros microrganismos e/ou de substâncias tóxicas de origem microbiana, sempre que se tornar necessária a obtenção de dados sobre o estado higiênico-sanitário dessa classe de alimento, ou quando ocorrerem toxinfecções alimentares.

8. CARACTERÍSTICAS MICROSCÓPICAS

Ausência de sujidades, parasitos e larvas.

9. ROTULAGEM

No rótulo das gomas de mascar ou chicle deverá constar a declaração do aroma ou tipo que o caracteriza.

NTA 79
PÓS PARA PREPARO DE ALIMENTOS

1. DEFINIÇÃO

São produtos constituídos por misturas em pós de vários ingredientes, destinados a preparar alimentos diversos pela complementação com água, leite ou outro produto alimentício, submetido ou não a posterior cozimento.

2. DESIGNAÇÃO

Os produtos serão denominados "pó" ou "mistura", seguido da indicação de sua finalidade. Ex.: "pó para bolo", "mistura para bolo", "mistura para pizza" "pó para refresco".

3. CLASSIFICAÇÃO

Os pós ou misturas, serão classificados de acordo com o tipo de alimento a ser obtido:

a) mistura ou pó para bolo, biscoito, ou bolacha produto constituído por farinhas, amido, féculas, leite, ovos, açúcar, fermento e outras substâncias permitidas;

b) mistura ou pó para flan, pudim ou mingau – produto constituído de amido ou féculas, açúcar, amidos ou féculas pré-gelatinizadas, espessantes e outras substâncias. Os pós de preparo instantâneo poderão ser adicionados de sais de cálcio e fosfatos tamponantes.

c) mistura ou pó para pizza e massas correlatas – produto constituído de farinhas, fermento, sal e outras substâncias;

d) mistura ou pó para soverte – produto constituído por mistura de açúcar, amidos ou dextrinas, espessantes, acidulantes, aromatizantes e outras substâncias;

e) pós para sobremesa de gelatina – produto constituído de gelatina em pó, açúcar, aromatizantes, podendo ser adicionado de corantes;

f) pós para geleia artificiais – produto constituído por mistura de açúcar, espessantes, aromatizantes e corantes;

g) mistura ou pó para preparo de bebidas:

1. utilizados para preparar refrescos ou refrigerantes – constituído por açúcar, acidulantes, aromatizantes e outras substâncias;

2. utilizados para complementar a alimentação – constituído por farinhas de cereais, malte, ovo, leite em pó, cacau, produtos de frutas desidratadas e outras substâncias;

3. utilizados para preparar águas artificialmente – mineralizadas – constituídos por sais minerais, atóxicos, podendo conter bicarbonato de sódio ou de potássio e acidulantes.

4. CARACTERÍSTICAS GERAIS

Os pós para preparo de alimentos e bebidas, devem ser preparados com ingredientes sãos e limpos, de primeira qualidade. Os pós para preparo de águas artificialmente mineralizadas, deverão ter os sais em quantidades tais que a água preparada não apresente concentração de íons maior que a do tipo natural que se seja imitar. Os sais minerais utilizados deverão ter pureza, de acordo com a Farmacopeia ou com *Food Chemical Codex*.

[5. Não consta]

(*) Item 5 ausente na publicação oficial.

6. CARACTERÍSTICAS ORGANOLÉTICAS

Aspecto – pó fino ou granulado.

Cor – de acordo com os componentes.

Cheiro – próprio.

Sabor – próprio.

7. CARACTERÍSTICAS MICROBIOLÓGICAS

Os pós para preparo de alimentos deverão obedecer ao seguinte padrão:

Contagem padrão em placas; máximo, 10^5/g.

Bactérias do grupo coliforme: máximo, 10^2/g.

Bactérias do grupo coliforme de origem fecal: máximo 10/g

Clostrídios sulfito redutores (a 44°C): Máximo, 2x10/g.

Staphylococcus aureus: ausência em 0,01 g.

Salmonelas: ausência em 25 g.

Bolores e leveduras: máximo, 5 x 10^2/g.

Deverão ser efetuadas determinações de outros microrganismos e/ou de substâncias tóxicas de origem microbiana, sempre que se tornar necessária a obtenção de dados sobre o estado higiênico-sanitário dessa classe de alimento, ou quando ocorrerem toxinfecções alimentares.

8. CARACTERÍSTICAS MICROSCÓPICAS

Ausência de sujidades, parasitos e larvas

9. ROTULAGEM

Deverá constar do rótulo a denominação do produto de acordo com a classificação dessa Norma. Nas misturas em pó utilizadas para preparo de águas artificialmente mineralizadas, deverá constar a declaração expressa dos sais componentes da mistura. Nas misturas utilizadas para complementar a alimentação deverá, também, constar do rótulo a declaração dos ingredientes básicos do produto.

NTA 80
FERMENTOS QUÍMICOS

1. OBJETIVO

Os fermentos químicos destinam-se a ser empregados no preparo de pães especiais, broas, biscoitos, bolachas e produtos afins de confeitaria.

2. DEFINIÇÃO

Fermento químico é o produto formado de substâncias químicas que, pela influência do calor e/ou da umidade, produz desprendimento gasoso capaz de expandir massas elaboradas com farinhas, amidos ou féculas, aumentando-lhes o volume e a porosidade.

3. DESIGNAÇÃO

O produto será designado "Fermento Químico".

4. CARACTERÍSTICAS DE COMPOSIÇÃO E QUALIDADE

Na composição dos fermentos químicos poderão entrar como componentes essenciais as seguintes substâncias:

Ácido Adípico	Dihidrogeno Fosfato de Cálcio
Ácido Cítrico	Dihidrogeno Fosfato de Potássio
Ácido Fosfórico	Dihidrogeno Fostato de Sódio
Ácido Fumárico	Dihidrogeno Pirofosfato de Cálcio
Ácido Málico	Dihidrogeno Pirofosfato de Potássio
Ácido Lático	Dihidrogeno Pirofosfato de Sódio
Ácido Tartárico	Fosfato duplo de Alumínio e Sódio
Bicarbonato de Amônio	Gluconato de Cálcio
Bicarbonato de Potássio	Glucono delta lactona
Bicarbonato de Sódio	Hidrogeno Fosfato de Amônio
Carbonato de Amônio	Hidrogeno Fosfato de Cálcio
Carbonato de Potássio	Hidrogeno Fosfato de Potássio
Carbonato de Cálcio	Hidrogeno Fosfato de Sódio
Carbonato de Potássio	Hidrogeno Tartarato de Potássio
Citrato de Potássio	Hidrogeno Tartararo de Sódio
Citrato de Sódio	Lactato de Cálcio
Dihidrogeno Fosfato de Amônico	Sulfato de Cálcio

Substâncias próprias para uso alimentar, tais como: açúcares, farinhas, amidos, féculas, enzimas e fosfato de cálcio e outras aprovadas pela CNNPA.

Características Organoléticas:

Aspecto – próprio.

Cor – própria.

Cheiro – próprio.

Sabor – próprio.

5. CARACTERÍSTICAS FÍSICO-QUÍMICAS

Os produtos expostos à venda para uso doméstico deverão atender à seguinte especificação:

Dioxido de Carbono total: 18 g de fermento químico deverão libertar (média de 3 amostras) no mínimo 1450 ml (mil quatrocentos e cinquenta ml) de dióxido de carbono, calculados a 25°C e 700 mm de Hg.

6. ROTULAGEM

No rótulo deverá constar a designação: "Fermento Químico" e a seguinte recomendação: "Conserve ao abrigo da umidade" ou "Conserve em ambiente seco", ou expressos equivalentes.

7. HIGIENE

O produto não poderá apresentar sujidades e matérias estranhas em 100 g amostra.

8. MÉTODOS DE ANÁLISES

Normas Analíticas do Instituto Adolfo Lutz – v. 1, *Official Methods of Analysis of the Association of official Analytical Chemists.*

NTA 81
FERMENTOS BIOLÓGICOS

1. OBJETIVO

Os fermentos biológicos destinam-se a ser empregados no preparo de pães e certos tipos de biscoitos e produtos afins de confeitaria.

2. DEFINIÇÃO

Fermento biológico o produto obtido de culturas puras de leveduras (*Saccharomyces cerevisiae*) por procedimento tecnológico adequado e empregado para dar sabor próprio e aumentar o volume e a porosidade dos produtos torneados.

3. DESIGNAÇÃO

O produto será designado "Fermento Biológico" ou "Levedura Ativa".

4. CLASSIFICAÇÃO

Os fermentos biológicos, de acordo com o seu teor de umidade, serão classificados em:

a) Fermento Fresco, também denominado:

"Fermento Prensado", "Fermento Verde" e "Levedura Prensada".

b) Fermento Seco, também denominado:

"Fermento Desidratado" e "Levedura Seca".

Características de Composição e Qualidade:

Os fermentos biológicos poderão ser adicionados das seguintes substâncias, próprias para uso alimentar:

Farinhas, Amidos e Féculas, no máximo .... 5% p/p;

Óleos e Gorduras comestíveis;

Sulfato de Cálcio;

Carbonato de Cálcio;

Monolaurato de Sorbitana;

e outras aprovadas pela CNNPA.

Características Organoléticas:

a) Fermento Fresco:

Aspecto – massa prensada, homogênea, pastosa de consistência firme;

Cor – creme claro, característico;

Cheiro – próprio;

Sabor – próprio.

b) Fermento Seco:

Aspecto – pó, escamas, grânulos ou cilindros de tamanhos variáveis;

Cor – do branco ao castanho claro;

Cheiro – próprio;

Sabor – próprio.

Características Físicas e Químicas:

a) Fermento Fresco:

Umidade – máximo .... 75% p/p

Cinzas – máximo .... 5% p/p

Poder fermentativo (Hayduck-Nagel) mínimo de Dióxido de Carbono em 2 horas .... 800 ml

b) Fermento Seco:

Umidade – máximo .... 12% p/p

Poder fermentativo (Hayduck-Nagel) mínimo de Dióxido de Carbono em 2 horas .... 800 ml

5. HIGIENE

O produto deverá ser fabricado com matérias-primas em perfeito estado sanitário, isentos de matéria terrosa e detritos vegetais e animais. O produto não deverá conter substâncias estranhas à sua composição. Não deverá possuir cheiro a mofo e sabor amargo.

Contamintes Microbianos:

Coliformes .... ausência em 0,1 g

E. coli .... ausência em 1 g

Salmonelas .... ausência em 50 g

6. ROTULAGEM

No rótulo deverá constar a denominação "Fermento Biológico Fresco" ou "Fermento Biológico Seco" ou seus sinônimos de acordo com a classificação.

No rótulo deverá ainda constar a seguinte recomendação:

"Mantenha à temperatura inferior a 10°C ou expressões equivalentes.

7. MÉTODO DE ANÁLISE

Normas Analíticas do Instituto Adolfo Lutz – v. 1, *Official Methods of Analysis of the Association of Official Analytical Chemists*.

NTA 82
ALIMENTOS ENRIQUECIDOS

1. DEFINIÇÃO

Considera-se alimento enriquecido, todo alimento ao qual for adicionado substâncias nutriente, com o objetivo de reforçar seu valor nutritivo, seja repondo quantitativamente, os nutrientes destruídos durante o processamento do alimento, seja suplementando-os com nutrientes em nível superior ao seu conteúdo normal.

2. DESIGNAÇÃO

Os alimentos adicionados de vitaminas e/ou sais minerais e/ou aminoácidos, serão designados: enriquecido de vitaminas ou vitaminado; enriquecido de sais minerais ou, simplesmente, enriquecido de minerais, enriquecido de aminoácidos (especificado), respectivamente.

[3. Não consta]

(*) Item 3 ausente na publicação oficial.

4. CARACTERÍSTICAS GERAIS

A suplementação do alimento com vitaminas e/ou sais minerais, obedecerá o critério de correlação entre o consumo médio diário recomendado de um certo alimento a necessidade diária recomendada desses nutrientes.

Para as vitaminas e sais minerais adota-se para adultos, em estado físico normal, as tabelas anexas. Quando o alimento, pelo seu uso variado, não puder dispor, na sua rotulagem, de indicação clara da quantidade diária a ser utilizada, esta será calculada aproximadamente com base no consumo médio diário utilizado.

Quando os alimentos enriquecidos com vitaminas e/ou sais minerais e/ou aminoácidos não de destinarem a adultos em estado físico normal, as necessidades diárias desses nutrientes serão levadas em consideração com base em estudos e recomendações oficialmente aceitas. Para as vitaminas adota-se a tabela do "National Research Council", Washington, U.S.A.

Para os alimentos não constantes da tabela anexa, a autoridade competente estabelecerá quantidade em cada caso, na ocasião oportuna.

Os alimentos enriquecidos de vitaminas e/ou sais minerais, para que assim possam ser denominados, deverão fornecer na porção média diária ingerida, 60% no mínimo da dose diária recomendada para adultos, dos nutrientes citados. Será permitida a adição de até 100% a mais de vitaminas, exceto vitaminada D, para compensar as perdas eventuais decorrentes do tempo de armazenamento do alimento; esse excesso de adição deve ter sua necessidade comprovada e ser declarado em relatório de fórmula que acompanha o processo de registro do alimento.

É proibida a adição de vitaminas às bebidas alcoólicas.

O enriquecimento de alimentos com aminoácidos específicos deverá ser feito para corrigir a relação entre os diversos aminoácidos existentes, ou para atender as necessidades orgânicas específicas. Em caso especiais de comprovada necessidade, para atingir objetivos de Saúde Pública ou para tornar o alimento nutricionalmente autossuficiente, a autoridade sanitária poderá permitir a adição de nutrientes em níveis mais elevados, de modo que o alimento tenha conteúdo superior aos da necessidade diária recomendada.

A margarina deverá conter vitamina A ou provitamina A equivalente a, no mínimo, 15.000 e no máximo, 50.000 Unidades Internacionais (U.I.) de vitamina A, por quilo; e poderá conter a 500 a 2.000 U.I. de vitamina D, por quilo.

Quanto a aparência normal de um produto alimentício não puder sofrer pronunciada alteração de cor, permitida a adição de provitamina A na quantidade mínima equivalente a 200 U.I de vitamina A por 100 g e riboflavina na quantidade mínima de 0,25 mg por 100 g.

NATUREZA DOS NUTRIENTES

No enriquecimento de alimentos, nenhuma substância nociva ou inadequada deverá ser introduzida ou formada como consequência da adição das vitaminas quimicamente puras ou de concentrados vitamínicos, de sais minerais quimicamente puros, de aminoácidos, ou como, consequência de um processamento com o propósito de estabilizar as vitaminas.

As vitaminas podem ser adicionada são:

Vitamina A – retinol ou outra substâncias de ação vitamínica A; petacaroteno ou outra provitanina A ou mistura delas.

Vitamina B1 – tiamina ou outro derivado de tiamina.

Vitamina B2 – riboflavina ou outro derivado da riboflavina.

Vitamina B6 – piridoxina.

Vitamina B12 – cobalamina.

Nicotinamida ou Ácido Nicotínico – niacina ou niacinamida – fator PP.

Ácido Fólico – e derivados.

Pantotenol e Pantotenatos de Sódio ou Cálcio.

Vitamina C – ácido ascórbico ou outro derivado com ação vitamínica C,

Vitamina D – ergocalciferol (Vitamina D2) e Colecalciferol (Vitamina D3) ou outra substância de ação vitamínica D.

Vitamina E – tocoferol ou outras substâncias de ação vitamínica E.

Os sais minerais não nocivos que podem ser adicionados aos alimentos derivam dos seguintes elementos:

Cálcio, sob forma de sal.

Magnésio, sob a forma de sal ou de óxido.

Ferro, sob forma de metal livre ou sal.

Iodo, sob forma de sal iodeto ou iodato.

Cobre, sob a forma de sal.

Fósforo, sob forma de sal fosfato, hipofosfito ou pirofosfato.

Será permitida a utilização de vitaminas e/ou sais minerais e/ou aminoácidos em forma de pré-mistura ou soluções, que utilizem solventes, diluentes ou dispersantes inócuos.

Outras vitaminas e/ou sais minerais poderão ser adicionados aos alimentos, a juízo da autoridade sanitária, desde que solicitado e justificado pelo interessado.

[5. Não consta]

(*) Item 5 ausente na publicação oficial.

[6. Não consta]

(*) Item 6 ausente na publicação oficial.

7. CARACTERÍSTICAS MICROBIOLÓGICAS

Deverão ser obedecidos os padrões microbiológicos dos alimentos correspondentes.

8. CARACTERÍSTICAS MICROSCÓPICAS

Ausência de sujidades, parasitos e larvas.

9. ROTULAGEM

Os alimentos enriquecidos de vitaminas e/ou sais minerais, deverão trazer no rótulo a expressão "Enriquecidos de vitaminas" ou "vitaminado" e, "Enriquecido de sais minerais" ou "Enriquecido de sais minerais" ou "Enriquecido de minerais".

Os alimentos enriquecidos de aminoácidos específicos deverão trazer no rótulo a expressão "Enriquecido de... (nome dos aminoácidos adicionados)".

Os alimentos deverão trazer no rótulo o teor total de vitaminas e/ou sais minerais que contém, expressando-o da seguinte maneira:

a) para Vitamina A, provitamina A e vitamina D – em unidades internacionais (U.I.) por 100 g ou 100 ml do alimento;

b) para as demais vitaminas – em mg por 100 g ou 100 ml do alimento;

c) para os elementos nutrientes dos sais minerais – em mg do elemento por 100 g ou 100 ml do alimento;

d) para aminoácidos – em mg por 100 g ou 100 ml do alimento.

Não será permitido apregoar, para um alimento que não tenha sido adicionado de vitamina, a expressão "excelente fonte de vitamina" ou "ótima fonte de vitamina" ou, ainda, expressão equivalente ou semelhante, a menos que o alimento forneça na ração média diária, quando preparado ou utilizado como indicado no rótulo, no mínimo os seguintes teores das vitaminas citadas isoladamente ou em conjunto:

Vitamina A .... 1.200 U.I

Vitamina B1 .... 0,45 mg

Vitamina B2 .... 0,75 mg

Vitamina C .... 15,0 mg

Niacina ou Niacinamida .... 4,5 mg

Complexo B – uma quantidade que fornecerá, no mínimo, as seguintes quantidades de 3 das vitaminas:

a) Vitamina B1 .... 0,3 mg

b) Vitamina B2 .... 0,3 mg

c) Vitamina B6 .... 0,25 mg

d) Niacina ou Niacinamida .... 1,5 mg

e) Ácido Pantotênico .... 0,5 mg

Doses Diárias de Nutrientes Recomendadas (Adultos)

Vitaminas .... *Doses*

Vitamina A .... 5.000 U.I

Vitamina D .... 400 U.I

Vitamina B1 .... 1 – 1,6 mg

Vitamina B2 .... 1,5 – 1,8 mg

Vitamina B6 .... 1,5 mg

Vitamina B12 .... 0,001 mg

Vitamina C .... 70 – 75 mg

Nicotinamida ou Ácido Nicotínico .... 17 – 21 mg

Ácido Fólico .... 1 – 2 mg

Vitamina E .... 5,0 – mg
Ácido D – Pantotênico .... 3 – 5 mg
Elementos Minerais
Cálcio .... 0,8 g
Cobre .... 0,6 mg
Ferro .... 10 – 15 mg
Fósforo .... 1 – 1,5 g
Iodo .... 0,1 – 0,2 mg
Magnésio .... 0,35 g

NTA 83
ALIMENTOS DIETÉTICOS

1. Classificam-se como "alimento dietéticos" para os efeitos do disposto na alínea V do art. 2º e § 4º do art. 3º do Decreto-Lei nº 986 de 21 de outubro de 1969, os seguintes grupos de alimentos:

a) Alimentos para lactentes e crianças;

b) Alimentos para gestantes e nutrizes;

c) Alimentos para pessoas idosas;

d) Alimento para pessoas que exerçam atividades exigindo esforço físico excepcional ou condições ambientais especiais;

e) Alimentos pobres em sódio, contendo substituto para o sal;

f) Alimentos pobres em glúten;

g) Alimentos pobres em certos aminoácidos;

h) Alimentos pobres em calorias;

i) Alimentos ricos em calorias;

j) Alimentos pobres em gordura;

l) Alimentos pobres em carboidratos;

m) Alimentos pobres em proteínas;

n) Alimentos ricos em proteínas;

o) Alimentos hipoalérgicos;

p) Outros alimentos para fins especiais não incluídos nos grupos acima.

2. Os alimentos dietéticos serão elaborados com produtos de origem animal e/ou vegetal próprios para o consumo e adequados à respectiva destinação, podendo ser supletivamente adicionados de vitaminas, minerais, aminoácidos e outros nutrientes requeridos consoante a finalidade do alimento, em dose não terapêuticas.

3. Os alimentos dietéticos podem ser adicionados dos ativos indicados nos padrões específicos, respeitados os limites e as condições de emprego neles indicados.

4. Os coadjuvantes da tecnologia de fabricação de alimentos dietéticos serão mencionados nos padrões específicos, respeitadas as limitações e restrições neles indicados.

5. Os alimentos dietéticos devem ser:

a) livres de substâncias contaminantes em quantidade que possam torná-los nocivos a saúde;

b) livres de resíduos de pesticidas, observados os limites de tolerância fixados pela CNNPA, para as matérias-primas empregadas;

c) livres de microtoxinas, tolerando-se um limite máximo de aflatoxina nos alimentos passíveis deste tipo de contaminação conforme Resolução da CNNPA.

6. Os alimentos dietéticos devem ser preparados, manipulados, condicionados e conservados em boas condições sanitárias obedecidos os princípios gerais de higiene e atender aos critérios microbiológicos indicados nas Resoluções específicas que lhes forem pertinentes.

7. As embalagens empregadas devem ser resistentes às condições climáticas locais, onde os alimentos devem ser mantidos e devem satisfazer os requisitos exigidos pelas provas de cessão pertinentes àqueles alimentos com os quais entrarão em contato.

8. Os rótulos dos alimentos deverão trazer além dos dizeres exigidos para os alimentos em geral os seguinte:

a) a expressão "Alimento Dietético" com os tipos não inferiores a um terço do tipo de maior tamanho;

b) indicação de sua finalidade conforme a respectiva classificação em tipo do mesmo tamanho da expressão "Alimento Dietético", e contígua a esta;

c) declaração dos ingredientes em ordem decrescente de sua quantidade, podendo ser declarada a percentagem dos mesmos;

d) informações completas relativas a cada tipo de regime, de acordo com as disposições das normas específicas.

8.1. O valor nutritivo bem como o valor energético ou outra características relevante do alimento dietético serão referidos por 100 g do produto, por unidade ou porção utilizada, ou ainda por unidade pré-embalada destinada ao consumidor.

8.2. As normas específicas trarão, quando for o caso, exigências quanto à identificação da partida ou lote, data de fabricação, prazo de validade e cuidados na conservação.

8.3. Quando o alimento dietético apresentar alguma forma de preparo, antes de ser consumido, a orientação deste preparo deve constar claramente no rótulo.

8.4. Os aditivos intencionais deverão ser mencionados expressamente.

9. Excluem-se da classificação de "Alimento Dietético" aqueles adicionados de drogas possuindo efeito terapêutico ou fisiológico definido ou cuja forma de administração não seja aquela normalmente utilizada na alimentação de pessoas sãs, regidos pela Lei nº 6.360 de 23 de outubro de 1976.

10. Os alimentos indicados no item I da presente Resolução deverão atender às características de composição fixadas em cada caso pela CNNPA, para os ingredientes e nutrientes, bem como os critérios microbiológicos indicados nas Resoluções específicas que forem pertinentes.

11. Até que venham a ser aprovadas as características de composição e os critérios microbiológicos adotados nos itens anteriores, serão observadas as Recomendações do Comitê do *Codex Alimentarius* para Alimentos Dietéticos na fase em que se encontram.

NTA 84
PRODUTOS PERECÍVEIS

1. São considerados produtos perecíveis os produtos alimentícios, alimentos *in natura*, produtos semipreparados ou produtos preparados para o consumo que pela sua natureza ou composição, necessitam de condições especiais de temperatura para a sua conservação.

2. Os produtos perecíveis acima definidos são classificados em duas classes:

2.1. produtos pré-embalados; e

2.2. produtos não embalados.

3. Os produtos perecíveis são considerados aptos para o consumo durante alguns dias, dependendo da sua natureza, se forem conservados em ambiente refrigerado com temperatura ao redor de 4ºC, porém não superior a 6ºC ou aquecido acima de 65ºC.

3.1. Os produtos perecíveis pré-embalados são normalmente conservados em ambiente refrigerado e, dependendo de suas características, poderão permanecer aptos para o consumo em prazos que variam de alguns dias a várias semanas. Ex.: Leite e Cremes pasteurizados, Queijos Frescos, Iogurtes, Massas frescas e semelhantes.

3.2. Os alimentos perecíveis não embalados exigem a refrigeração ou aquecimento para a garantia da saúde do consumidor. Ex.: Doces com recheios ou coberturas, mousses, empadas, coxinhas, croquetes e outros.

4. Os produtos perecíveis pré-embalados deverão indicar no rótulo:

a) o prazo de validade ou a data máxima de consumo, apondo-se o dia e o mês;

b) a advertência: "Mantenha sob refrigeração".

5. As informações obrigatórias, contidas no item 4, devem constar do painel principal do rótulo, não podendo o tamanho das letras ser inferior a 5 (cinco) milímetros.

6. A exigência da data máxima de consumo ou prazo de validade depende da natureza do produto e deve ser estipulado pelo fabricante por ocasião do registro do produto no órgão competente do Ministério da Saúde.

7. Os produtos de confeitaria, salgados, recheios, as carnes preparadas, os embutidos de carne e os pratos quentes, prontos para o consumo, devem ser conservados em ambiente de estufa de temperatura não inferior a 65ºC.

8. Os produtos de confeitarias, doces, contenham recheios ou coberturas, de fácil deterioração, devem ser conservados em ambiente refrigerado de temperatura não superior a 6ºC.

9. Para a adaptação dos produtos perecíveis pré-embalados e das instalações necessárias dos locais de venda às determinações desta Resolução, fica fixado o prazo de 180 dias a contar da data de sua publicação no *Diário Oficial da União*.

NTA 85
COLORÍFICO

1. DEFINIÇÃO

Colorífico é o produto constituído pela mistura de fubá ou farinha de mandioca com urucu em pó (*Bixa orellana*) ou extrato oleoso de urucu adicionado ou não de sal e óleos comestíveis.

2. DESIGNAÇÃO

O produto será designado "colorífico".

[3. Não consta]

(*) Item 3 ausente na publicação oficial.

4. CARACTERÍSTICAS GERAIS

O colorífico deverá ser apresentado com matérias-primas de boa qualidade e não deverá apresentar cheiro acre ou rançoso. Não poderá conter substâncias estranhas a sua composição normal, exceto as previstas nesta Norma.

5. CARACTERÍSTICAS ORGANOLÉTICAS

Aspecto – pó fino.

Cor – alaranjada.

Cheiro – próprio.

Sabor – próprio.

6. CARACTERÍSTICAS FÍSICAS E QÚIMICAS

Acidez em ml de solução N por 10 g, máximo .... 5% v/p

Substâncias voláteis a 105ºC, máximo .... 12% p/p

Cloreto de sódio, máximo .... 10% p/p

Amido, máximo .... 78% p/p

7. CARACTERÍSTICAS MICROBIOLÓGICAS

O colorífico deverá obedecer ao seguinte padrão:

Bactérias do grupo coliforme de origem fecal: ausência em 1 g.

Salmonelas: ausência em 25 g.

Deverão ser efetuadas determinações de outros microrganismos e/ou substâncias tóxicas de origem microbiana, sempre que se tornar necessária a obtenção de dados sobre o estado higiênico-sanitário dessa classe de alimento ou quando ocorrerem toxinfecções alimentares.

8. CARACTERÍSTICAS MICROSCÓPICAS

Ausência de sujidades, parasitos e larvas.

9. ROTULAGEM

No rótulo deverá constar a denominação "Colorífico". Será, obrigatória a declaração do teor de sal adicionado.

NTA 86
PICLES

1. DESCRIÇÃO

1.1. Definição

Picles é o produto preparado com as partes comestíveis de frutos e hortaliças, como tal definidos nestes padrões, com ou sem casca, e submetidos ou não a processos fermentativo natural.

1.1.1. Poderão ser opcionalmente adicionados de outros ingredientes comestíveis.

1.1.2. Os picles serão submetidos a adequado processamento tecnológico, antes ou depois de acondicionados nos respectivos recipientes, a fim de garantir satisfatória conservação.

1.2. Classificação

1.2.1. Quanto ao fruto e hortaliça:

a) simples: quando preparado com uma única espécie vegetal;

b) misto: quando preparado com mais de uma espécie vegetal.

1.2.2. Quanto ao tipo de preparação:

a) natural: preparado com frutos e hortaliças sem fermentação natural prévia;

b) fermentado: preparado com frutos e hortaliças submetidas à fermentação natural prévia.

1.2.3. Quanto ao subtipo de preparação: os tipos anteriormente referidos podem ser distinguidos de acordo com a formulação e processamento especiais enquadrados nas características analíticas adiante descritas:

a) fermentado aromatizado: preparado com vegetais submetidos a fermentação natural em meio aromatizado;

b) natural aromatizado: preparado com vegetais sem fermentação natural e aromatizado;

c) ácido: preparado com vegetais submetidos ou não à fermentação natural com características ácida pronunciada;

d) ácido-doce: preparado com vegetais submetidos ou não à fermentação natural, apresentando características ácido-doce;

e) doce: preparado com vegetais submetidos ou não à fermentação natural, apresentando característica doce pronunciada;

f) em molho de mostarda: preparado com vegetais submetidos ou não à fermentação natural em molho de mostarda.

1.3. Apresentação

1.3.1. Quanto ao formato:

Os picles poderão apresentar-se inteiros, cortados ou triturados de tamanhos e formas regulares ou não, com ou sem casca, através de denominações que evidenciem o formato, previstas em padrões específicos.

1.3.2. Os picles elaborados com variedades vegetais cujos tamanhos derem origem a produtos diferenciados, deverão ser apresentados através de denominações que evidenciem seus tamanhos previstas em padrões específicos.

1.3.3. Quanto ao tipo de variedade vegetal:

Os picles elaborados com variedades vegetais que derem origem a produtos diferenciados, deverão ser apresentados conforme o tipo de variedade, através de denominações previstas em padrões específicos.

1.4. Designação

1.4.1. O picles simples será designado pela palavra "picles" seguida do nome do fruto ou hortaliça empregada. Poderão compor a designação, seguidas ou intercaladas, expressões que evidenciem o sub-tipo.

1.4.2. O picles mistos será designado pela expressão "picles misto" seguida do nome do fruto ou hortaliça empregada. Poderão compor a designação, seguida ou intercaladas, expressões que evidenciem o sub-tipo.

1.4.3. No caso particular do produto elaborado com duas espécies vegetais, a designação será feita pela palavra "picles" seguida dos nomes dos frutos ou hortaliças empregadas, vindo em primeiro lugar o principal componente. Deverão compor essa designação, seguidas ou intercaladas, expressões que evidenciem o sub-tipo.

1.4.4. Quando a variedade vegetal diferenciar o produto, deverá ser mencionada, compondo a designação.

1.4.5. Quando o produto apresentar alguma peculiaridade diferencial, a expressão que a caracterizar poderá ser mencionada, compondo a designação.

1.4.6. Os formatos de apresentação deverão compor a designação.

1.4.7. Quando, o tamanho dos frutos e hortaliças diferenciar o produto, a alusão ao mesmo deverá compor a designação.

1.4.8. Quando for utilizada uma guarnição de vegetais esta poderá ser mencionada compondo a designação.

2. COMPOSIÇÃO E FATORES ESSENCIAIS DE QUALIDADE

2.1. Composição

2.1.1. Ingredientes Obrigatórios:

a) Partes comestíveis de frutos e hortaliças, inteiras ou fragmentadas, frescas, congeladas, desidratadas ou por outros meios preservadas, fixado o mínimo de 20% quando empregadas duas espécies vegetais e de 10% quando, empregadas três ou mais espécies vegetais;

b) Vinagre;

c) Sal.

2.1.2. Ingredientes opcionais:

a) Sacarose, açúcar invertido, glicose e seus xaropes;

b) Ervas aromáticas, flavorizantes naturais, especiarias e condimentos em geral;

c) Guarnição composta de um ou mais vegetais, até o máximo de 3% do peso drenado do produto;

d) Amido, somente quando em molho de mostarda.

2.2. Fatores essenciais de qualidade

2.2.1. Cor: adequada ao produto, de acordo com a composição e a tecnologia de fabricação.

2.2.2. Sabor e odor: próprios dos ingredientes, devendo haver ausência de sabores e odores estranhos.

2.2.3. Textura: o produto deverá ser razoavelmente firme, sem partes moles ou unidades flácidas.

2.2.4. Forma e tamanho: deverão apresentar forma caracterizada para cada tipo de produtos e tamanho uniforme.

2.2.5. Ausência de defeitos: os produtos deverão estar isentos de defeitos, tais como a presença de cascas e sementes, unidades manchadas ou descoloridas, presença de resíduos vegetais e outras impurezas, não podendo entretanto serem tolerados defeitos, em quantidade superiores aos limites estabelecidos nos padrões específicos para cada produto. Será tolerado no máximo 0,05% p/p de impurezas minerais para todas as formas, exceto quando se apresentarem sem casca.

2.2.6. Acondicionamento: o produto deverá ser acondicionado de modo a assegurar completa proteção, não devendo o material empregado interferir desfavoravelmente nas suas características de qualidade.

2.3. Características analíticas dos subtipos de picles

SUBTIPOS	Acidez total expressa em % de ácido, acético (p/p)	% sal (como NaCl) (p/p)	% sólidos solúveis (excluído sal)
Fermento aromatizado	mínimo 0,5	1,0 – 3,5	–
Natural aromatizado	0,5 – 1,5	1,5 – 3,5	–
Ácido	1,5 – 3,5	1,5 – 3,0	–
Ácido-doce	0,75 – 3,0	1,5 – 3,0	mínimo 7,0
Doce	0,75 – 3,0	1,5 – 3,0	mínimo 18,0
Em molho de mostarda	0,5 – 3,0	1,0 – 3,0	3,0 – 12,0

3. ADITIVOS INTENCIONAIS E COADJUVANTES DA TECNOLOGIA DE FABRICAÇÃO

3.1. Aditivos Intencionais:

3.1.1. Serão tolerados, na elaboração de picles, os aditivos intencionais constantes no Anexo I deste padrão.

3.2. Coadjuvantes da tecnologia de fabricação

3.2.1. Poderão ser utilizados como coadjuvantes de fabricação as substâncias relacionadas no Anexo II e eventualmente permitidos outros, fixados nos padrões específicos para cada produto, ou quando autorizados pela Comissão Nacional de Normas e Padrões para Alimentos do Ministério da Saúde.

3.2.2. Poderão ser tolerados outros aditivos com os mesmos objetivos e conforme o caso, sua limitação deverão ser indicados no padrões específicos para cada produto ou autorizados pela Comissão Nacional de Normas e Padrões para Alimentos.

4. ADITIVOS INCIDENTAIS

4.1. Dióxido de enxofre

Será tolerado na quantidade máxima de 100 mg/kg (cem miligramas/quilo) decorrente do seu eventual emprego no pré-processamento ou preservação dos vegetais utilizados.

4.2. Resíduos de pesticidas

A ocorrência de remanescentes de pesticidas só será tolerada quando, em correspondência com a quantidade de ingredientes empregados, seja obedecido o limite de tolerância fixado pela Comissão Nacional de Normas e Padrões para Alimentos do Ministério da Saúde, para as matérias-primas consideradas.

4.3. Contaminantes inorgânicos

	Tolerância máxima (mg/kg)
Antimônio	1,00
Arsênico	0,20
Cádmio	0,20
Chumbo	0,50
Cobre	15,00
Cromo	0,10
Estanho	250,00
Mercúrio	0,01
Níquel	1,00
Selênio	0,30
Zinco	25,00

4.4. Outros contaminantes

Poderão sempre que necessário, ser estabelecidos pela Comissão Nacional de Normas e Padrões para Alimentos do Ministério da Saúde, limites residuais para outros aditivos incidentais.

5. HIGIENE

Os picles obedecerão aos requisitos gerais de higiene para alimentos e aos requisitos específicos para as frutas e vegetais processados, não podendo:

5.1. Apresentar sujidades, partes de insetos, fungos, leveduras, detritos de animais ou vegetais e outras substâncias estranhas que indiquem a utilização de ingredientes em condições impróprias, manipulação defeituosa ou emprego de tecnologia de elaboração inadequada.

5.2. Apresentar microrganismos em desenvolvimento sob condições normais de armazenamento.

5.3. Apresentar germes patogênicos e/ou substâncias tóxicas, elaboradas por microrganismos, que possam torná-los nocivos à saúde humana.

6. PESOS E MEDIDAS

6.1. Os picles deverão atender à legislação específica em vigor.

7. CRITÉRIOS DE ENCHIMENTO

7.1. Enchimento dos recipientes.

7.1.1. Enchimento mínimo: ao recipientes deverão estar convenientemente cheios e o produto, incluindo o meio de cobertura, não deverá ocupa menos de 90% da capacidade do mesmo. Excetuam-se os produtos processados à vácuo, cujos critérios de enchimento serão determinados nos padrões específicos, conforme seus tipos e formas de apresentação. A capacidade do recipiente é o volume de água destilada a 20ºC que caiba no recipiente hermeticamente fechado, quando está completamente cheio.

8. ROTULAGEM

Além dos dizeres e indicações exigidos pelo Decreto-Lei nº 986, de 21.10.69, e seus regulamentos, a rotulagem dos picles deverá conter as indicações a seguir:

8.1. Designação correta dos produtos de acordo com o previsto neste padrão.

8.2. Declaração da lista de ingredientes em ordem de proporção decrescente, com exceção da água, quando for o caso.

8.3. Nos casos em que, eventualmente, os produtos forem classificados por sua qualidade, a mesma deverá ser obrigatoriamente declarada.

8.4. Identificação do lote ou partida de fabricação, expressamente ou em código.

9. AMOSTRAGEM E MÉTODOS DE ANÁLISES

9.1. Serão obedecidos as técnicas de amostragem e os métodos de análise adotados e/ou recomendados pela *Association of Official Analytical Chemists* (AOAC), pela Organização Internacional de Normalização (ISO), pela Comissão Panamericana de Normas Técnicas (COPANT), pelo *Food Chemicals Codex*, pelo Instituto Adolfo Lutz e pela Comissão do *Codex Alimentarius* e seus Comitês específicos, até que venham a ser aprovados métodos de amostragem e de análises, oficiais.

9.2. A comprovação do atendimento das características de identidade e qualidade fixadas pelo presente padrão obedecerão ao paradigmas abaixo indicado:

a) Inspeção externa e interna da embalagem;

b) peso líquido total;

c) peso líquido drenado;

d) espaço vazio na embalagem rígida;

e) proporção de vegetais;

f) acidez total, em ácido acético;

g) cloretos, em cloretos de sódio;

h) sólidos solúveis;

i) aditivos;

j) contaminantes;

l) impurezas minerais;

m) exame microscópico;

n) exame microbiológico.

ANEXO I – ADITIVOS INTENCIONAIS

Tolerância máxima mg/kg

I – Solubilizante e Dispersante

1. Polisorbato 80 (somente para picles em molho) 500

II – Conservadores

1. Ácido benzóico ou benzoato de sódio 1.000
2. Ácido sórbico e seus sais de sódio e potássio 1.000
3. Ácido p-hidroxibenzóico e seus ésteres 1.000
4. Propinato de cálcio ou sódio 2.000
5. Quando utilizados em conjunto 1.000

ANEXO II – COADJUVANTES DA TECNOLOGIA DE FABRICAÇÃO

1. Ácido acético e/ou lático como ajustador do pH do produto acabado.

2. Mono e diglicerídeos de óleos e gorduras comestíveis como agentes antiespumíferos, quando necessário e em quantidades mínimas para obter resultados satisfatórios.

3. Ácido cítrico e/ou ascórbico, como coadjuvantes nas operações iniciais de processamento com a finalidade de prevenir oxidações indesejáveis; quando necessário e em quantidades mínimas, para obter resultados satisfatórios.

4. Cloreto de cálcio, lactado de cálcio e gluconato de cálcio, como coadjuvantes nas operações de elaboração com a finalidade de manter as condições de textura razoáveis, na quantidade máxima de 300 mg/kg, (trezentos miligramas/quilograma), expresso em cálcio.

NTA 87
ALIMENTOS INFANTIS

1. Fica fixado para os alimentos infantis, como tais considerados os alimentos para lactentes, pré-escolares e escolares (até 14 anos), os limites de tolerância para contaminantes microbianos dos anexos à presente NTA.

2. A presente NTA se aplica a:

a) Produtos pré-embalados expostos à venda ao consumidor.

b) Produtos pré-embalados ou a granel, objeto de comércio entre produtor e o comprador (atacadista, instituição governamental ou não, distribuidor ou outro).

3. Para efeitos da presente NTA considera-se:

a) Lote – unidade ou conjunto de unidades da mesma natureza, tamanho, tipo e forma de apresentação.

b) Partida – lote ou conjunto de lotes pelos quais responsável o mesmo produtor.

c) Unidade – quantidade de alimento ou bebida contida num recipiente.

d) Tamanho de Amostra (n) – número recipiente ou unidade de amostra que compreende a amostra total tomada de um lote.

e) Número de Aceitação (e) – número que no plano de amostragem, indica a quantidade máxima de unidades defeituosas que pode conter a amostra e que permite considerar o lote aceitável.

f) (m) – limite de contagem que separa os produtos de qualidade aceitável de produtos de qualidades marginal.

g) (M) – limite de contagem que separa produtos de qualidade marginal de produtos de qualidade inaceitável.

3.1. Análise de Rotina

Análise indicativa que dará à autoridade sanitária, elementos de orientação para uma ação futura.

A colheita de amostra feita sem interdição do produto.

Esta análise, normalmente, efetuada com amostras colhidas em estabelecimentos do comércio varejista.

3.2. Análise com interdição do lote.

Esta análise será efetuada em alimento diretamente no consumo, quando ocorrer suspeita quanto à qualidade do produto.

3.3. Análise para verificação de Aceitabilidade do Lote ou Partida de Produção.

Esta análise será efetuada sempre quando ocorrer que o comprador exija do vendedor comprovação prévia da qualidade do produto.

4. Plano de Amostragem

4.1. Análise de Rotina

Serão colhidas em triplicata, unidades de amostras suficientes para análise. A Unidade em exame deverá ser submetida em primeiro lugar à análise microbiológica.

4.2. Análise com interdição de Lote ou Partida

4.2.1. Independente do tamanho de lote, o tamanho da amostra (n) será de 5 (cinco) unidades tomadas em triplicata.

As 5 (cinco) amostras serão examinadas individualmente para os seguintes microrganismos:

– Bactérias mesófilas (contagem total);

– Coliformes;

– *Escheríchia coli*;

– Leveduras e bolores;

– *Bacillus cereus*;

– Organismos anaeróbios sulfito-redutores (*Clostridium perfrigens*);

– *Estafilococcus coagulase* positivos.

4.2.2. Independente do tamanho do lote, o tamanho da amostragem (n) será de 10 (dez) unidades a serem examinadas para os seguintes microrganismos: – Salmonelas.

Estas 10 (dez) unidades serão constituídas da seguinte maneira:

– 5 (cinco) unidades são as mesmas que já foram tomadas em 4.2. e 5 (cinco) outras unidades serão tomadas especialmente para a determinação das salmonelas, sempre em triplicata.

– De cada uma das 10 (dez) unidades, acima indicadas, serão colhidas porções de 25 (vinte e cinco) gramas que, após serem reunidas em uma única amostra de 250 (duzentos e cinquenta) gramas, poder-se-á dar início à determinação de salmonelas.

4.2.3. Dos produtos contidos em unidades com peso líquido superior a 5 (cinco) quilogramas, as amostras poderão ser retiradas com sonda ou outro instrumento adequado, na quantidade necessária para análise e transferidas para recipientes adequados previamente esterilizados.

5. Avaliação do resultado da análise microbiológica segundo os critérios indicados nos anexos.

5.1. Análise de Rotina

I – A amostra apresenta contagem inferior nos limites estabelecidos (m) para cada classe de alimentos.

Há uma indicação de que o produto se apresenta em boas condições.

II – A amostra apresenta contagem situada entre os limites estabelecidos (m e M) para cada classe de alimentos.

Há uma indicação de que o produto apresenta condições marginais.

O resultado da análise será considerado meramente informativo, devendo nova análise do produto ser procedida de inspeção no local de produção, armazenamento, venda ou consumo.

III – A amostra apresenta contagem superior aos limites estabelecidos (M) para cada classe de alimentos.

Há uma indicação que leva à suspensão de que o produto não se encontra em boas condições. Antes de decidir-se pela rejeição do lote ou partida procedida colheita de nova amostra, segundo plano de amostragem com interdição do lote de inspeção.

5.2. A análise com Interdição do Lote ou Partida

A aceitação dos lotes acima mencionados regida pelos anexos à presente NTA.

ANEXO

CRITÉRIOS DE ACEITAÇÃO DE LOTES PARA ALIMENTOS SUBMETIDOS A ANÁLISE MICROBIOLÓGICA

A) Produtos prontos ou instantâneos que serão imediatamente consumidos após adição de líquido.

Microorganismos	Tamanho da amostra (n)	Número de aceitação (c)	Contagem por grama m	M
Contagem total de bactérias mesófilas (1)	5	1	5.10^4	5.10^5
Coliformes	5	1	10	10^2
Escherichia coli	5	0	Ausente em 1 g	
Leveduras e bolores	5	1	10^2	10^3
Bacilus cereus (2)	5	1	10^2	10^3
Organismos anaeróbicos Sulfito redutores (*clostridium perfringens* e outros)	–	–	–	–
Salmonelas	10	0	Ausente em 250 g	
*Estafilococcus coagulase*positivos	5	0	Ausente em 1 g	

(1) Observação – Exceto nos alimentos obtidos por fermentação, onde não são significativos os resultados de contagem.

(2) Para alimentos destinados à crianças de 0 a 1 ano de idade, os limites serão de m – 10 e M – 10^2/g.

B) Produtos que necessitam cocção antes do consumo, respeitadas a instruções de uso.

Microorganismos	Tamanhoda amostra (n)	Númerode aceitação (c)	Contagem por grama m	M
Contagem total de bactérias mesófilas (1)	5	1	10^5	10^6
Coliformes	5	1	10^2	10^3
Escherichia coli	5	1	1	10
Leveduras e bolores	5	1	10^3	10^3
Bacilus cereus (2)	5	1	10^2	10^4
Organismos anaeróbicos Sulfito redutores (*clostridium perfringens* e outros) Produtos prontos para o consumo, não enquadrados em C	5	1	10	10^2
Salmonelas	10	0	Ausente em 250 g	
*Estafilococcus coagulase*positivos	5	1	1	10

(1) Observação – Exceto nos alimentos obtidos por fermentação, onde não são significativos os resultados de contagem.

(2) Para alimentos destinados à criança de 0 a1 ano de idade, os limites serão de m – 10 e M – 10^2/g.

Produtos prontos para o consumo, não enquadrados em C

Microorganismos	Tamanho da amostra (n)	Número de aceitação (c)	Contagem por grama m	M
Contagem total de bactérias mesófilas (1)	5	1	10^4	10^5
Coliformes	5	1	10^2	10^3
Escherichia coli	5	0	Ausente em 1 g	
Leveduras e bolores	5	1	10^2	10^3
Bacilus cereus (2)	5	1	10^2	10^3
Organismos anaeróbicos Sulfito redutores (*clostridium perfringens* e outros)	5	1	1	10
Salmonelas	10	0	Ausente em 250 g	
*Estafilococcus coagulase*positivos	5	0	Ausente em 1 g	

(2) Para os alimentos destinados a criança de 0 a 1 ano de idade, os limites serão de m – 10 M – 10^2/g.

C) Produtos prontos para o consumo, preservados por Tratamento Térmico, em embalagens herméticas e preparações envasadas em condições assépticas (*).

(*) Recomenda-se a pesquisa *Clostiridium botulinum* nos produtos desta classe.

PROVA DE INCUBAÇÃO

Após 7 dias de incubação a 35ºC não se deverão observar sinais de alteração das embalagens (estufamentos, vazamentos, corrosão), bem como quaisquer modificações de natureza física, química ou organolética. O produtor deverá fornecer, por ocasião do registro do produto e quando solicitado por autoridade competente, informações referentes às condições de processamento, particularmente no que se refere ao tratamento térmico.

Para a prova de incubação:

n – 10
c – 0
m – 0
Contagem total de bactérias mesófilas

Produtos de pH superior a 4,5

n – 5
c – 0
M – 10^2

Produtos de pH igual ou menor que 4,5

n – 5
c – 0
m – 10^3

No caso particular do leite esterilizado (asséptico) 0,1 g do produto não deverá conter mais que 10 germes aeróbios, não patogênicos e não produtores de toxinas, após a incubação por 7 dias a 35ºC.

DECRETO Nº 12.660, DE 10 DE NOVEMBRO DE 1978

Aprova Normas Técnicas Especiais (NTE) Relativas às Normas Básicas de Proteção contra Radiação e Riscos Elétricos.

Paulo Egydio Martins, Governador do Estado de São Paulo, usando de suas atribuições legais, decreta:

Art. 1º. Ficam aprovadas as Normas Técnicas Especiais (NTE) anexas a este Decreto, que complementam o Decreto nº 12.342 de 27 de setembro de 1978, na parte relativa as Normas Básicas de Proteção contra Radiação e Riscos Elétricos.

Art. 2º. Este Decreto entrará em vigor no dia 1º de janeiro de 1979.

Palácio dos Bandeirantes, 10 de novembro de 1978.

Paulo Egydio Martins

DOE de 11.11.1978

NORMA TÉCNICA ESPECIAL RELATIVA ÀS NORMAS BÁSICAS DE PROTEÇÃO CONTRA RADIAÇÃO E RISCOS ELÉTRICOS

Capítulo I DISPOSIÇÕES PRELIMINARES

Art. 1º. Para efeito desta Norma Técnica Especial, serão as expressões técnicas assim definidas:

I – radiação – energia radiante que se propaga no espaço na forma corpuscular ou eletromagnética;

II – radiação ionizante – qualquer radiação eletromagnética ou de partículas que, direta ou indiretamente, seja capaz de ionizar o meio propagador;

III – ionização – processo pelo qual o átomo ou molécula eletricamente neutro transforma-se em um íon carregado;

IV – irradiação – a resultante do ato de expor ou o estado de estar exposto a radiação ionizante;

V – radioatividade – desintegração espontânea de um núcleo com emissão de radiação ionizante;

VI – atividade – número de transformações que ocorrem em um núcleo por unidade de tempo. A unidade da atividade é o Becquerel (símbolo Bq). 1 Bq = 1 des/seg $\cong$ 2,703 x 10^{-11} Ci. Sendo desintegração = des e Ci = Curie.

(*) Inciso VI com redação dada pelo Decreto nº 13.980, de 19.9.1979.

VII – raios X – radiação eletromagnética produzida por freamento brusco de elétrons acelerados;

VIII – raios gama – radiação eletromagnética produzida por excitação dos núcleos na ocasião de sua desintegração;

IX – radiação ultravioleta – radiação eletromagnética cujo comprimento de onda varia de 1.700 a 3.900 Angstrons. 1 Angstron = 10^{-8} m;

X – substância radioativa – qualquer matéria sólido, líquido ou gasosos, cujos átomos sofrem espontaneamente desintegração emitindo radiação;

XI – fonte de radiação ou fonte radioativa – substância radioativa ou aparelho emitindo ou capaz de emitir radiação ionizante;

XII – radiação primária – radiação originada diretamente da fonte radiativa;

XIII – radiação secundária – radiação espalhada por qualquer material irradiado;

XIV – feixe útil – parte aproveitável da radiação primária da fonte de radiação ou fonte radioativa que passa através da "janela", cone, diafragma ou outro colimador qualquer;

XV – radiação de vazamento – radiação que escapa da proteção em torno da fonte radioativa, em todas as direções, com exceção do feixe útil;

XVI – barreira protetora – anteparo de material absorvente destinado a atenuar a radiação;

XVII – equivalente em chumbo – espessura de chumbo puro laminado, equivalente, em absorção, a do material utilizado, sob condições determinadas;

XVIII – área controlada – área em que a exposição à radiação, do pessoal em serviço, está sob a supervisão de um responsável pela proteção;

XIX – instalação de radiação – qualquer local onde se instale aparelho que produza radiação ou em que haja produção, armazenamento, emprego ou disposição de substâncias radioativas, para qualquer finalidade;

XX – exposição X – quociente de dq por dm, onde dq é a soma das cargas elétricas de todos os íons de um mesmo sinal produzido no ar quando todos os elétrons (negativos e positivos) liberados por fótons num volume elementar de ar, de massa dm, são completamente freados no ar:

$$X = dg/dm;$$

(*) Inciso XX, com redação dada pelo Decreto nº 13.980, de 19.9.1979.

XXI – dose – quando não acompanhada da palavra absorvida, dose ou dose de radiação usada como sinônimo de dose equivalente;

XXII – dose absorvida – quociente da energia transferida pela radiação ionizante em um volume elementar de matéria, pela massa da matéria. A unidade de dose absorvida é o Gray (símbolo Gy). 1 Gy = 1 joule/kg = 100 rad;

(*) Inciso XXII, com redação dada pelo Decreto nº 13.980, de 19.9.1979.

XXIII – dose equivalente – produto da dose absorvida pelos fatores de qualidade e de outros fatores modificadores. A unidade de dose equivalente Sievert (símbolo Sv). 1 Sv = 100 Rem;

(*) Inciso XXIII, com redação dada pelo Decreto nº 13.980, de 19.9.1979.

XXIV – dose máxima permissível – limite da dose, fixando o valor máximo de dose equivalente que trabalhadores podem receber, em período específico, sob condições definidas e em observância de princípios operacionais fundamentais, tais como, controle médico, físico e administrativo;

(*) Inciso XXIV, com redação dada pelo Decreto nº 13.980, de 19.9.1979.

XXV – transferência linear de energia (LET) – quociente da energia média localmente transferida em uma partícula carregada com uma dada energia, pela distância percorrida no meio;

XXVI – fator qualidade – expressa as variações da efetividade biológica de uma dose absorvida, decorrente da transferência linear de energia (LET):

XXVII – (revogado).

(*) Inciso XXVII, revogado pelo Decreto nº 13.980, de 19.9.1979.

Parágrafo único. As unidades definidas nos incisos VI, XXII e XXIII substituíram as duas primeiras a partir de 1975 e a última a partir de 1977, respectivamente, as unidades Curie (Ci), rad e rem, que poderão ainda ser usadas pelo prazo de 10 (dez) anos, a contar das datas de suas substituições. Essas unidades continuam assim definidas:

a) 1 Ci = $3,7 \times 10^{10}$ des/seg (desintegração = des);

b) 1 rad = 100 erg/grama;

c) 1 rem = unidade de dose equivalente.

(*) Parágrafo único acrescentado pelo Decreto nº 13.980, de 19.9.1979.

Capítulo II
INSTALAÇÕES

Art. 2º. O local das instalações de radiação, além das disposições referentes às habilitações e estabelecimentos de trabalho em geral, deve satisfazer mais as seguintes:

I – as instalações de radiação devem ser localizadas, de preferência em pavilhão isolado ou em local que ofereça condições de segurança e proteção a critério da autoridade sanitária competente, de acordo com os dispositivos legais em vigor;

II – as salas em que se processam irradiações devem ser suficientemente amplas para as instalações a que se destinam, e apresentar boas condições de ventilação e iluminação, a critério da autoridade sanitária competente;

III – as salas devem conter apenas móveis indispensáveis, de preferência de madeira;

IV – a sala em que estiver instalado o aparelho de raios X dentário, deve, não necessariamente dentro dela, permitir ao profissional afastar-se do aparelho, 1,80 m, no mínimo e em sentido contrário ao do feixe útil de raios X.

Art. 3º. As paredes, aberturas, teto e piso da sala de radiação devem oferecer proteção suficiente para não ultrapassar o limite máximo permissível.

§ 1º. Nas salas de raios X dos consultórios dentários, quando houver divisão leve, deve haver biombo móvel de 40 x 40 cm, reforçado com lâmina de chumbo de 1 mm de espessura.

§ 2º. Esse biombo, deve ter altura regulável de modo a poder ser nivelado com a cabeça do paciente, deve ser colocado à 50 cm dela, perpendicularmente a incidência do feixe primário dos raios X.

Art. 4º. O piso da sala de radiologia deve ser recoberto com material isolante adequado, a critério da autoridade sanitária competente.

Art. 5º. Os aparelhos de raios X serão instalado, de preferência, de modo que o feixe útil não seja dirigido para os locais frequentemente ocupados por pessoas.

Art. 6º. Todo serviço ou instituto de radiologia diagnóstica deve conter sala de recepção e secretária com área mínima de 10 m^2, sala de raios X, e câmara escura, quando exigida pelo processo de revelação empregado.

Art. 7º. As ampolas de raios X diagnóstico devem ter proteção adequada e filtro de alumínio de 2 mm de espessura, até 70 Kvp e 2,5 mm, acima de 70 Kvp, independente da filtração inerente.

Parágrafo único. Nos aparelhos de raios X dentários, o diâmetro de feixe útil de radiação deve ser de 7 cm, no máximo, medido à distância de 2 cm, ou mais, da ponta do cone localizador.

Art. 8º. Quando a mesa do comando do aparelho de raios X, de tensão nominal inferior a 125 Kvp, estiver situada dentro da sala de raios X, deve haver um biombo protetor para o operador, provido de visor fixo de vidro plumbífero, ambos com proteção equivalente a 2 mm de chumbo.

§ 1º. O biombo deve ter uma forma adequada de dimensões suficientes para a proteção do operador.

§ 2º. Os aparelhos providos de válvulas retificadoras que emitem radiações, deverão ter proteção adequada.

Art. 9º. Quando a mesa de comando do aparelho de raios X, de tensão nominal superior a 125 Kvp, estiver situada dentro da sala de raios X, exigir-se-á a construção de cabine de comando, de acordo com as especificações prescritas pela autoridade sanitária competente e de acordo com os dispositivos legais em vigor.

Art. 10. Qualquer parte do aparelhamento de raios X, acessível ou destinada à manobra ou controle de uso, deve ser à prova de choque.

Art. 11. Os equipamentos radiológicos providos de condensadores como parte de seu circuito de alta tensão, devem possuir dispositivos especiais para descarga de energia residual desses condensadores.

Art. 12. Todos os componentes dos aparelhos de raios X, seja de diagnóstico ou de terapia, devem ser ligados à terra por intermédio de fio ou cabo condutor descoberto e de bitola não superior a 6 B.F., ligados ao mesmo tempo por braçadeira ou terminais de aperto, de modo a acarretar uma resistência de terra não superior a três décimos de ohms.

Parágrafo único. Excluem-se das exigências deste artigo os aparelhos portáteis.

Art. 13. Os aparelhos de raios X destinados à prática de radiscopia, devem ser providos de um dispositivo destinado a impedir o contínuo funcionamento da instalação, em caso de ligação acidental.

Art. 14. Quando as redes aéreas de alta tensão forem instaladas com isoladores os mesmos devem estar situados à altura de 2,5 m do piso, no mínimo.

Art. 15. A entrada da linha, em local bem visível e de fácil alcance do operador, longe dos dispositivos de alta tensão, deve ser colocada uma chave geral de fácil manejo.

§ 1º. Quando o gerador alimentar mais de uma ampola, cada uma destas linhas secundárias será provida de uma chave secundária, que a isola completamente, quando fora de uso.

§ 2º. A chave primária e as secundárias não devem ter a possibilidade de serem ligadas acidentalmente.

Art. 16. As chaves gerais devem ser do tipo blindado e providas de fusíveis com capacidade adequada.

Art. 17. Nas instalações de radioterapia deve haver dispositivos de segurança, tais como, lâmpadas indicadoras de funcionamento (verde-vermelho) e chaves interruptoras nas portas das salas, que desligue o aparelho correspondente quando uma delas for aberta.

Art. 18. As salas para manipulação de radium ou substâncias radioativas devem ser ventiladas, isoladas de outras utilizadas somente para este trabalho, sendo sinalizadas com o símbolo básico, indicativo da presença de radiação ionizante.

Art. 19. O radium e seus equivalentes, quando fora de uso, serão conservados o mais distante possível do pessoal do serviço e guardados em cofre munido de gavetas, com proteção de chumbo ou equivalente, em todas as direções, de acordo com espessuras calculadas em função da quantidade de mg de radium ou equivalente.

(*) Art. 19, com redação dada pelo Decreto nº 13.980, de 19.9.1979.

Capítulo III
FUNCIONAMENTO

Art. 20. As instalações de radiações somente podem entrar em funcionamento, com as suas especializações definidas, depois de licenciadas sob a responsabilidade de profissional legalmente habilitado, com termos de responsabilidade assinado perante a autoridade sanitária competente, e com pessoal técnico também legalmente habilitado.

§ 1º. As instalações de radiação só podem entrar em funcionamento com a presença e sob a supervisão direta do profissional responsável, que também supervisionará a execução das medidas de proteção radiológica.

§ 2º. Essas instalações podem funcionar com profissional responsável substituto, legalmente habilitado, com termo de responsabilidade assinado perante a autoridade sanitária competente, para suprir os casos de impedimento ou ausência do titular.

Art. 21. O alvará de funcionamento das instalações de radiações será renovado anualmente até o dia 31 de março de cada ano.

Art. 22. É obrigatória a afixação do alvará de funcionamento da instalação, em quadro próprio e em local visível ao público.

Art. 23. As instalações de radiação devem ser mantidas em perfeitas condições de ordem e higiene.

Art. 24. As instalações de abreugrafia, radioterapia, radiumterapia e medicina nuclear, oficiais e particulares, terão livro próprio, com folhas numeradas, com termos de abertura e encerramento pela autoridade sanitária competente e por esta devidamente rubricado, destinado ao registro diário dos exames ou tratamento, indicando, obrigatoriamente, o número de ordem, a data, o nome do paciente, seu endereço completo e o seu documento legal de identificação, com a especificação de sua natureza, número e série.

§ 1º. Quando se tratar de exame e/ou tratamento requisitados pelo INAMPS ou instituições congêneres, em lugar do endereço e do nome do paciente, poderá ser registrado o número de sua matrícula no INAMPS e a designação do posto de atendimento em que está inscrito.

§ 2º. Este livro permanecerá, obrigatoriamente, no estabelecimento, será assinado diariamente pelo profissional responsável, ou seu substituto legalmente habilitado, e exibido à autoridade sanitária competente, sempre que solicitado.

Art. 25. A mudança de local das instalações de radiações dependerá de licença prévia do órgão sanitário competente e do atendimento das condições exigidas para o licenciamento.

Art. 26. Os profissionais responsáveis por esses estabelecimentos, quando não forem proprietários, devem apresentar contrato de trabalho ao órgão sanitário competente, para anotação.

Art. 27. É vedada a presença na sala de irradiação de qualquer pessoa cuja permanência seja dispensável.

Art. 28. Sempre que forem usados anestésicos inflamáveis, seja na sala de raios X, seja em sala de operação, os exames radiológicos, só serão realizados com aparelhos à prova de explosão.

Art. 29. Todo serviço de radioterapia deve possuir monitor devidamente calibrado, destinado à verificação dos níveis de radiação, bem como dosímetro clínico para calibração dos aparelhos.

Parágrafo único. É obrigatório o levantamento radiométrico sempre que houver mudança nas características e localização dos aparelhos.

Art. 30. A manipulação de radium e seus equivalentes deve ser feita à distância de preferência por meio de pinças longas, não devendo ser tocado diretamente com as mãos; na preparação de moldes e aparelhos o operador trabalhará em mesa angular em L. com anteparo de espessura de chumbo calculada em função da quantidade de radium ou seus equivalentes, ou espessura equivalente em outro material.

Art. 31. Ao pessoal que manipula radium ou seus equivalentes recomendável a adoção de sistemas de rodízio, que afaste periodicamente cada servidor do contado com o mesmo e, particularmente, depois de exposições que ultrapassem 1,5 Rem/semana para as mãos ou 0,1 Rem/semana para o corpo inteiro.

Art. 32. O acesso para o pessoal encarregado da assistência às salas onde existem doentes portadores de radium ou com dose terapêuticas de outras substâncias radioativas, ou em salas de tratamento, obedecerá à seguinte norma:

I – acesso sem objeção, quando o nível de radiação ambiente for inferior a 0,03 Rem/semana e onde não haja possibilidade de contaminação;

II – acesso limitado aos que trabalham ocupacionalmente expostos, não sendo necessário vestimentas especiais quando o nível de radiação ambiente for interior a 0,1 Rem/semana e a contaminação possível seja mínima, não exigindo tratamento especial;

III – acesso limitado aos que trabalham ocupacionalmente expostos, sendo necessário vestimenta apropriada, inclusive revestimento para calçados, quando o nível de radiação ambiente for igual a 0,1 Rem/semana e houver necessidade de tratamento próprio na eventualidade de contaminação radioativa;

IV – acesso apenas às pessoas que realizem, na área em questão, suas funções, em condições de trabalho rigorosamente controladas, exigindo-se vestimentas próprias, quando o nível de radiação ambiente for superior a 0,1 Rem/semana e contaminação radioativa elevada.

(*) Art. 32 com redação dada pelo Decreto nº 13.980, de 19.9.1979.

Art. 33. Os pacientes submetidos a braquiterapia devem permanecer com proteção conveniente para terceiros, segundo as normas estabelecidas.

Art. 34. O transporte de material radioativo será feito de acordo com as Normas Internacionais de proteção radiológica.

Art. 35. O transporte de material radioativo nos hospitais e nos centros urbanos será feito em recipientes que ofereçam proteção adequada, observando-se os valores indicados por cálculos, e seus portadores não deverão se expor à dose superior a 0,0025 Rem/hora, para semana de 40 horas de trabalho.

Art. 36. A disposição de resíduos radioativos só pode ser feita nas condições estabelecidas pelas Normas baixadas pelos órgãos legalmente competentes.

(*) Art. 36 com redação dada pelo Decreto nº 13.980, de 19.9.1979.

Art. 37. Toda abreugrafia deve conter o número de ordem do cliente e da data constante do livro de registro, gravados simultaneamente com a respectiva execução.

Art. 38. É obrigatório o uso, nos serviços de raios X, de acessórios necessários e adequados à proteção dos operadores e pacientes, tais como, cones de proteção integral, diafragmas ou outros colimadores de feixe, luvas, aventais e anteparos.

(*) Art. 38 com redação dada pelo Decreto nº 13.980, de 19.9.1979.

Parágrafo único. Para os aparelhos de raios X dentários deve haver um avental plumbífero de 75 cm x 60 cm, com proteção equivalente a 0,5 mm de chumbo, para proteção dos pacientes, especialmente gestantes e crianças, desde o maxilar inferior até o terço médio das coxas.

Capítulo IV
DISPOSIÇÕES GERAIS

Art. 39. A dose máxima permissível para o corpo inteiro, gônadas ou órgãos hematopoiéticos para indivíduos que trabalham em contado direto com a radiação ionizante de 5 Rem/ano.

§ 1º. A dose total acumulada não deve exceder a dose máxima permissível, expressa pela fórmula D=5(N-18), onde D expressa em Rem e N a idade do indivíduo em número inteiro de anos.

§ 2º. A dose máxima permissível em um trimestre (13 semanas) de 3 Rem, desde que a dose total não exceda aos 5 Rem/ano. Esta dose não se aplica a mulheres em idade de procriação, cujo limite de 1,3 Rem por trimestre.

§ 3º. A dose máxima permissível para os indivíduos do público de 0,5 Rem/ano, para o corpo inteiro, gônadas ou órgãos hematopoiéticos.

§ 4º. Menores de 18 anos não podem trabalhar em contado com radiações ionizantes.

Art. 40. Na execução de radioscopias, radiografias e abreugrafias em geral, e em relação à sua repetição em um mesmo paciente, devem ser tomadas as seguintes precauções:

I – a exposição à radiação deve ser reduzida ao mínimo necessário;

II – a exposição sistemática, para fins de cadastro e outros, de menores de 14 anos, deve ser reduzida ao mínimo possível;

III – a autoridade sanitária competente determinará o prazo de validade da abreugrafia normal e de seu relatório, o qual terá o mesmo valor da abreugrafia original;

Art. 41. É proibido o trabalho em regime de exposição ocupacional sem o uso de dosímetro de leitura indireta, ou similares, salvo exceções estabelecidas pela autoridade sanitária competente mediante levantamento radiométrico.

Art. 42. As fábricas de equipamentos de raios X para fins médicos devem apresentar as especificações e características técnicas dos projetos dos aparelhos de sua fabricação ao órgão sanitário competente para a devida apreciação no que tange à proteção radiológica.

Art. 43. O aparelho de raio X para Abreugrafia, instalado em Unidades Móveis deve ter proteção adequada de acordo com a legislação vigente.

Art. 44. Os veículos equipados com aparelhos de raios X para Abreugrafia, devem ter suas faces laterais e posteriores, e as portas de acesso, revestidas até a altura de 1,6 m, no mínimo com lâminas de chumbo de espessura correspondente a carga de trabalho do aparelho.

Parágrafo único. Na frente da mesa de comando do Aparelho de Raio X para Abreugrafia, da Unidade Móvel, deverá haver, em toda a extensão entre suas faces laterais, uma divisão protetora fixa, até a altura mínima de 1,8 m, provida de visor plumbífero também fixo, ambos com a proteção equivalente estabelecida neste artigo.

DECRETO Nº 12.984, DE 15 DE DEZEMBRO DE 1978

Aprova Normas Técnicas Especiais Relativas à Preservação da Saúde.

Paulo Egydio Martins, Governador do Estado de São Paulo, usando de suas atribuições legais e com fundamento no art. 23 do Decreto-Lei nº 211, de 30 de março de 1970, decreta:

Art. 1º. Ficam aprovadas as Normas Técnicas Especiais (NTE), anexas a este Decreto, que complementam o Decreto nº 12.342, de 27 de setembro de 1978, na parte relativa à preservação da saúde.

Art. 2º. Este Decreto entrará em vigor no dia 1º de janeiro de 1979.

Palácio dos Bandeirantes, 15 de dezembro de 1978.

Paulo Egydio Martins

DOE de 16.12.1978

NORMAS TÉCNICAS ESPECIAIS RELATIVAS À PRESERVAÇÃO DA SAÚDE

I – Doenças Notificáveis

São de notificação compulsória imediata às autoridades sanitárias, para os fins do disposto no art. 480 e seguintes do Decreto nº 12.342, de 27.9.1978, os casos suspeitos ou confirmados de:

Grupo 1 – doenças que requerem notificação internacional imediata:

1.1. cólera;

1.2. febre amarela;

1.3. peste;

1.4. varíola: major e minor ou alastrim.

Grupo 2 – doenças abaixo relacionadas de acordo com a Lei Federal nº 6.259, de 30.10.1975, o Decreto Federal nº 78.231, de 12.8.1976, a Portaria do Ministério da Saúde nº 314-Bsb, de 27.8.1976 e a Resolução SS nº 37, de 16.9.1977, que acrescenta as doenças especificadas na Portaria nº 314-Bsb, cuja relação já foi aprovada pelo Ministério da Saúde;

2.1. difteria;

2.2. doença de Chagas (tripanosomiase americana): somente em sua fase aguda;

2.3. doença meningocócica e outras meningites;

2.4. encefalite por arbovirus;

2.5. esquistossomose;

2.6. febre tifóide;

2.7. hanseníase;

2.8. leishmaniose cutânea mucosa;

2.9. leishmaniose visceral;

2.10. malária;

2.11. poliomielite;

2.12. raiva humana;

2.13. sarampo: somente os casos internados em hospitais;

2.14. tétano;

2.15. tuberculose;

2.16. agravos inusitados à saúde;

II – Técnica da Notificação

II.1 – A notificação de qualquer das doenças deverá ser feita à simples e o mais precocemente possível, pessoalmente, por telefone, telegrama, carta ou impresso adequados, dirigidos ao Centro de Saúde ou ao Distrito Sanitário ou Divisão Regional de Saúde ou ainda ao Hospital Emílio Ribas.

II.1.1 – A autoridade sanitária que receber notificação de doença quarentenária (Grupo 1) deverá dar conhecimento, com a máxima urgência, ao órgão federal competente.

II.1.2 – Da notificação deverão constar:

a) identificação do doente: nome completo, sexo, idade, ocupação e, se menor de idade, também o nome do pai ou responsável,

b) residência do doente; rua e número, bairro, sítio ou fazenda, subdistrito e distrito ou município; outras referências que facilitem a localização do doente;

c) o local onde se encontra o doente;

d) o diagnóstico presuntivo ou confirmado;

e) a data da notificação;

f) nome completo, ocupação, endereço e demais dados do notificante; se médico, referir o número de registro do Conselho Regional de Medicina.

III – Atuação da Autoridade Sanitária

III.1 – Recebida a notificação, a autoridade sanitária competente e obrigada a proceder à investigaçãoepidemiológica pertinente para elucidação do diagnóstico e averiguação da doença na população sob risco.

III.2 – A autoridade sanitária deverá comunicar ao notificante o recebimento da notificação, dando-lhe conhecimento das medidas tomadas em consequência.

III.3 – As autoridades sanitárias devem manter as entidades de assistência médica, os médicos e demais interessados, cientes das disposições desta Norma Técnica Especial, bem como das alterações que vierem a ocorrer.

III.4 – As notificações recebidas pela autoridade sanitária local serão comunicadas aos órgãos da Secretaria de Estado da Saúde responsáveis pelo registro, tabulação dos dados referentes às doenças de notificação compulsória.

IV – Medidas de Profilaxia

IV.1 – A autoridade sanitária poderá exigir e executar, de acordo com a doença, uma ou mais das seguintes medidas de profilaxia:

a) tratamento;
b) isolamento;
c) desinfecção;
d) quarentena;
e) vigilância sanitária;
f) quimioprofilaxia;
g) vacinação.

IV.2 – As vacinações obrigatórias são as seguintes:

a) contra tuberculose;
b) contra difteria, tétano e coqueluche;
c) contra sarampo;
d) contra poliomielite;
e) contra varíola.

IV.3 – As vacinações especiais são:

a) contra febre amarela;
b) contra raiva;
c) contra febre tifóide;
d) contra febre maculosa;
e) contra doença meningocócica;
f) contra cólera;
g) contra peste;
h) contra gripe;
i) contra rubéola;
j) contra caxumba;
k) contra encefalite por flavivirus Rocio.

IV.4. As vacinações especiais serão determinadas pelas autoridades sanitárias, quando a situação epidemiológica assim o exigir. Excetua-se o caso da vacinação contra a raiva, cuja indicação decorre da exposição individual ao risco de infecção.

V – Disposições Gerais

V.1 – A Secretaria de Estado da Saúde, baixará Normas Operacionais referentes à execução desta Norma Técnica Especial e de outras medidas previstas no Decreto nº 12.342, de 27 de setembro de 1978.

DECRETO Nº 13.166, DE 23 DE JANEIRO DE 1979

Aprova Norma Técnica Especial (NTE) Relativa a Piscinas.

Paulo Egydio Martins, Governador do Estado de São Paulo, usando de suas atribuições legais, decreta:

Art. 1º. Fica aprovada a Norma Técnica Especial (NTE), anexa a este Decreto, que complementa o art. 124 de Decreto nº 12.342, de 27 de setembro de 1978, na parte relativa à Piscinas.

Art. 2º. Ficam expressamente revogados os preceitos legais, gerais ou especiais, que, direta ou indiretamente, no campo das atribuições da Secretaria de Estado da Saúde, disponham sobre a matéria.

Art. 3º. Este Decreto entrará em vigor na data de sua publicação.

Palácio dos Bandeirantes, 22 de janeiro de 1979.

Paulo Egydio Martins

DOE de 24.1.1979

NORMA TÉCNICA ESPECIAL (NTE) RELATIVA A PISCINAS

Capítulo I
OBJETIVO E CAMPO DE APLICAÇÃO

Art. 1º. Para os efeitos desta Norma Técnica Especial, o termo piscina significa o conjunto de espaços cobertos e descobertos edificados ou não, destinados a atividades aquáticas de recreação de competição e afins.

Art. 2º. As piscinas de uso familiar e de uso especial são dispensadas das exigências desta Norma Técnica Especial, podendo, contudo serem inspecionadas pela autoridade sanitária, quando razões de saúde pública o recomendarem.

Art. 3º. O atendimento a esta NTE, não dispensa o cumprimento de outros dispositivos legais federais, estaduais ou municipais.

Art. 4º. As disposições desta NTE se aplicarão no que couber, aos tanques rasos destinados à recreação infantil.

Capítulo II
CLASSIFICAÇÃO

Art. 5º. Para os fins desta NTE, as piscinas classificam-se, quanto ao uso, nas categorias seguintes:

I – piscinas de uso público – as utilizáveis pelo público em geral;

II – piscinas de uso coletivo restrito – as utilizáveis por grupos restritos, tais como clubes, condomínios, escolas, entidades, associações, hotéis, motéis e congêneres;

III – piscinas de uso familiar – as piscinas de residências unifamilares;

IV – piscinas de uso especial – as destinadas a outros fins que não o esporte ou a recreação, tais como as terapêuticas e outras.

Art. 6º. Quanto ao suprimento de água no tanque, as piscinas classificam-se em:

I – piscinas de recirculação com tratamento obrigatório;

II – piscinas de renovação contínua, com ou sem tratamento;

III – piscinas de "encher e esvaziar".

Capítulo III
LOCALIZAÇÃO

Art. 7º. As piscinas deverão ser localizadas de forma a evitar que sejam atingidas por substâncias poluentes que alterem a qualidade da água ou prejudiquem seu tratamento.

Parágrafo único. A autoridade sanitária poderá estabelecer exigências adicionais relativas à localização de piscinas.

Capítulo IV
ELEMENTOS COMPONENTES

Art. 8º. Nas piscinas deverão existir, obrigatoriamente, os seguintes elementos:

I – tanque;

II – escadas do tanque;

III – divisórias de isolamento da área do tanque;

IV – sistema de circulação, com ou sem tratamento, ou de recirculação com tratamento de água;

V – lavapés;

VI – vestiários;

VII – instalações sanitárias;

VIII – equipamentos de salvamento.

Art. 9º. A critério da autoridade sanitária, e segundo as características da piscina, poderá ser exigida, ainda a existência de posto de salvamento, sala de primeiros socorros e sala para operador da piscina.

Art. 10. Outros elementos, considerados facultativos para os fins de saúde pública e, quando existirem, deverão atender aos requisitos desta Norma Técnica Especial.

Art. 11. Quaisquer elementos, obrigatórios ou facultativos, situados junto à piscina, ainda que não sejam destinados a servi-la exclusivamente, estarão sujeitos às exigências desta NTE.

Capítulo V
CONSTRUÇÃO, FUNCIONAMENTO, REGISTRO E FISCALIZAÇÃO

Art. 12. Toda piscina a ser construída, reformada ou ampliada, deverá ter seu projeto aprovado pela autoridade sanitária.

Art. 13. O projeto será constituído por plantas, cortes, localização de equipamentos e canalizações, diagrama de fluxo, memorial descritivo da construção e memorial técnico.

Parágrafo único. Todos os elementos do projeto deverão ser apresentados em 4 vias, no mínimo.

Art. 14. Os projetos de piscinas de interesse esportivo ou turístico, depois de aprovados, deverão ser registrados nos órgãos estaduais competentes em turismo, esporte e recreação.

Art. 15. (Revogado).

(*) Art. 15 revogado pelo Decreto nº 45.615, de 4.1.2001.

Capítulo VI
TANQUE

Art. 16. O tanque deverá atender às seguintes condições:

I – sua capacidade será baseada no número previsto de banhistas, calculada com base mínima de 2,00 m² de superfície de água por banhista adulto e 1,00 m² por banhista menor, presentes simultaneamente no tanque;

II – as paredes serão verticais e não deverão possuir saliências ou reentrâncias;

III – o revestimento interno será feito com material resistente, liso, impermeável, de fácil limpeza, com superfície contínua ou constituída por elementos de no mínimo, 15 x 15 cm;

IV – o fundo não poderá ter declividade superior a 7% até 1,80 m de profundidade de água, não devendo ter reentrâncias, saliências ou degraus;

V – a profundidade da parte mais rasa não será superior a 1,20 m;

VI – em todo seu perímetro, deverá haver faixa pavimentada com material antiderrapante, com caimento de 1% para fora do tanque, elevada de, no mínimo, 3 cm em relação à área circundante e com largura mínima de 0,60 m;

VII – as paredes do tanque deverão guardar afastamento mínimo de 1,50 m de quaisquer divisas;

VIII – se existir quebra-ondas, os seus ralos deverão ser espaçados de, no mínimo, 3,00 m.

Art. 17. O ingresso na área do tanque só será permitido após passagem obrigatória por chuveiro e lava-pés.

Capítulo VII
ESCADAS

Art. 18. O tanque deverá ter no mínimo 2 escadas, tipo marinheiro, uma na parte rasa e outra na parte profunda, livres e removíveis, penetrando no mínimo 1,20 m abaixo da superfície da água, ou até o fundo nos pontos em que a profundidade for menor que este valor.

Art. 19. É proibida a construção de escadas fixas que avancem para dentro do tanque ou em reentrâncias deste.

Capítulo VIII
DIVISÓRIA DE ISOLAMENTO DA ÁREA DO TANQUE

Art. 20. É obrigatória a existência da divisória de isolamento, adequada a impedir a entrada de não banhistas na área do tanque ou de banhistas, sem que estes passem por chuveiro e lava-pés.

Capítulo IX
SISTEMA DE CIRCULAÇÃO OU DE RECIRCULAÇÃO E TRATAMENTO

Art. 21. Toda piscina terá um sistema de circulação com introdução contínua de água nova ou sistema de recirculação com reintrodução, após tratamento, da água retirada do tanque.

Parágrafo único. Poderão ser permitidas excepcionalmente e a critério da autoridade sanitária, piscinas de "encher e esvaziar", desde que sejam atendidas as demais exigências desta Norma Técnica Especial.

Art. 22. O sistema de recirculação da água será constituído no mínimo de: dispositivos de entrada, grelhas de fundo, canalizações de água suja, retentores de pelos, bombas, dosadores de produtos químicos, filtros, equipamentos de cloração e canalizações de água limpa.

§ 1º. As águas provenientes dos ralos de quebra-ondas poderão, facultativamente, serem rejeitados ou recirculadas com tratamento.

§ 2º. As disposições deste artigo poderão sofrer alterações no caso da adoção de outras técnicas, cuja eficiência seja devidamente comprovada.

Art. 23. Os sistemas mencionados no artigo anterior deverão atender ainda ao seguintes requisitos:

I – permitir que o volume de água do tanque renovado, ou tratado e recirculado cada 6 (seis) horas nas piscinas de uso público e cada 8 (oito) horas nas piscinas de uso coletivo restrito;

II – contar com dispositivo de medição que permita a verificação da vazão e da taxa de filtração, quando for o caso;

III – permitir o esvaziamento do tanque, com rejeição da água, assegurando proteção contra contaminação de água limpa;

Parágrafo único. Ressalvado o disposto no parágrafo único do art. 21, é obrigatório o funcionamento dos sistemas de circulação, ou de recirculação com tratamento, durante o tempo necessário a manter a qualidade da água na forma estabelecida nesta NTE.

Art. 24. A taxa de filtração máxima permitida para filtros convencionais de areia é de 180 m^3/m^2 dia.

Art. 25. Os filtros de alta vazão, de areia ou de outros materiais filtrantes, não poderão funcionar a taxas superiores as que forem certificadas como máximas permissíveis, por órgão tecnológico competente.

Art. 26. O suprimento e a retirada de água do tanque deverão obedecer aos seguintes critérios:

I – a entrada de água no tanque deverá ser feita através de bocais, com espaçamento conveniente e nunca maior que 3,00 m;

II – os bocais deverão ser, de preferência, do tipo regulável ou dotados de registros, e colocados no mínimo a 0,30 m abaixo da superfície líquida;

III – o abastecimento de água ao tanque não deverá ser feito diretamente da rede pública, nem o lançamento da água retirada será direito na rede coletora de esgotos;

IV – a água deverá ser retirada da parte mais profunda, através de grelhas, com dimensões que limitem sua velocidade máxima a 0,80 m/seg. Nos tanques muito largos o espaçamento entre as grelhas deverá ultrapassar de 6,00 m.

Art. 27. Toda piscina disporá de equipamento, dosador para aplicação de cloro ou seus compostos, adequado a manter na água do tanque um teor de cloro compatível com os limites estabelecidos nesta Norma Técnica Especial.

§ 1º. Quando houver utilização de cloro na forma de gás, os cilindros de cloro e o equipamento de cloração deverão ser colocados em compartimentos separados, dotado de instalação de exaustão forçada para o exterior, com aberturas de admissão junto ao piso.

§ 2º. A porta do compartimento mencionado no parágrafo anterior deverá assegurar estanqueidade, e ter visor para percepção de fumaça branca resultante da combinação cloro-amônia.

§ 3º. A entrada do compartimento deverão existir tubo de oxigênio e máscara inaladora.

Capítulo X
QUALIDADE DA ÁGUA

Art. 28. As águas das piscinas deverão manter sua qualidade de acordo com as seguintes especificações de natureza físico-química:

I – a limpidez deverá ser de ordem a permitir perfeita visibilidade, a luz do dia, a observador postado á borda do tanque, de um azulejo negro, de 0,15 m x 0,15 m, colocado na parte mais profunda do tanque, equidistante das paredes laterais;

II – a superfície da água deverá estar livre de matéria flutuante e espuma;

III – o cloro residual deverá estar compreendido entre 0,5 mg/l e 0,8 mg/l de cloro disponível;

IV – o pH deverá estar compreendido entre 6,7 e 7,9.

Parágrafo único. Para a verificação do estabelecido neste artigo, as piscinas deverão dispor dos equipamentos e materiais necessários.

Art. 29. A autoridade sanitária poderá exigir verificação da qualidade bacteriológica da água, através de exames de laboratório.

Capítulo XI
LAVA-PÉS

Art. 30. Será obrigatória a existência de lava-pés em todos os pontos de acesso do usuário à área do tanque, não sendo permitidos aqueles que o circundem totalmente.

§ 1º. As dimensões mínimas dos lava-pés serão de 2,00 m x 2,00 m e 0,20 m de profundidade útil. Quando existirem obstáculos laterais que tornem obrigatório o percurso ao longo de seu cumprimento, a largura poderá ser reduzida a 0,80 m.

§ 2º. Os lava-pés deverão ser esvaziados e lavados diariamente, para o que terão ralo para escoar e torneira para reencher

§ 3º. Nos lava-pés deverá ser mantido cloro residual acima de 25 mg/l.

Capítulo XII
VESTIÁRIOS E INSTALAÇÕES SANITÁRIAS

Art. 31. Os vestiários e instalações sanitárias deverão ser independentes por sexo e, segundo as características da piscina serem assim divididos: para adultos, para infanto-juvenis (6 a 12 anos) e para menores de 6 anos. Deverão obedecer as seguintes exigências:

I – ter pisos de materiais resistentes, laváveis, não absorventes e não escorregadios e as paredes revestidas, até a altura de 2,00 m, no mínimo, de azulejos cerâmicos vidrados ou de material equivalente;

II – ter ventilação direta para o exterior e serem mantidos em perfeitas condições de limpeza e higiene.

Art. 32. As instalações sanitárias para mulheres deverão conter chuveiros, lavatórios, e bacias sanitárias, para os homens, chuveiros, lavatórios, mictórios e bacias sanitárias.

§ 1º. O número de chuveiros obedecerá a proporção de um para cada 40 banhistas.

§ 2º. As demais instalações sanitárias, respeitarão a proporção de uma bacia para cada 50 mulheres, um mictório e uma bacia para cada 60 homens.

§ 3º. Os chuveiros deverão ser localizados de forma a tornar obrigatório sua utilização antes dos banhistas entrarem na área do tanque.

§ 4º. As bacias sanitárias e mictórios deverão se localizados de modo a facilitar seu uso antes do banho de chuveiro.

§ 5º. É vedado o uso de estrados de madeira.

Capítulo XIII
EQUIPAMENTO DE SALVAMENTO

Art. 33. Para prevenção de acidentes, socorros e atendimento de acidentados, as piscinas possuirão, no mínimo, o seguinte material: ganchos, cordas, bóias e caixa de primeiros socorros.

Art. 34. A critério da autoridade sanitária e de acordo com as características da piscina, poderá ainda ser exigida a existência de padiola, cobertores, ressuscitador, posto de salvamento e sala de primeiros socorros, com telefone próximo.

Capítulo XIV
TANQUE DE SALTO

Art. 35. O tanque de salto deverá atender ás seguintes exigências:

I – dimensões mínimas de 18,00 m x 14,00 m, com quebra-ondas obrigatório em todo seu perímetro;

II – nível de água e quebra-ondas a 0,70 m no mínimo, abaixo da borda do tanque;

III – as características gerais serão as mesmas de qualquer piscina, especialmente as características físicas, químicas e bacteriológicas da água.

Art. 36. No tanque de salto as profundidades serão as seguintes:

I – para pranchas ate 1,00 m e trampolim até 3,00 m de altura, a profundidade mínima de água será de 3,00 m.

II – para plataformas acima de 3,00 m e até 10,00 m de altura, a profundidade mínima de água será de 5,00 m.

Art. 37. As plataformas terão, no mínimo 2,00 m x 5,00 m e as tábuas das pranchas e trampolins, no mínimo, 0,50 x 0,40 m.

Art. 38. As pranchas, trampolim, plataformas e suas respectivas escadas serão construídas de material antiderrapante, de fácil limpeza e que não absorva água.

Art. 39. A posição dos aparelhos de salto será tal que sua frente esteja voltada para o sul, com variação máxima de 30º para oeste ou leste.

Art. 40. A distância mínima, entre aparelhos de salto será de 3,00 m, guardando as seguintes distâncias, também mínimas, das paredes laterais:

Altura	*Distância*
Até 1,00 m	3,00 m
de 1,00 m a 3,00 m	3,50 m
de 3,00 m a 5,00 m	3,80 m
de 5,00 m a 7,50 m	4,00 m
de 7,50 a 10,00 m	4,50 m

Art. 41. Os balanços das plataformas e trampolins, considerados da borda, seguirão a seguinte tabela:

Altura	*Distância*
Até 3,00 m	1,00 m
de 3,00 m a 5,00 m	2,00 m
de 5,00 m a 7,50 m	3,00 m
de 7,50 m a 10,00 m	4,00 m

Art. 42. Envolvendo o aparelho de salto deverá haver espaços de segurança, livre e inobstruível, assim definido:

I – sua base, na superfície livre de água, terá como largura mínima, a da prancha ou trampolim, mais 3,00 m de cada lado e como comprimento, o balanço da prancha ou trampolim, mais 5,00 m;

II – sua altura será igual à da prancha ou trampolim, mais 5,00 m.

Capítulo XV
PRANCHAS, TRAMPOLINS E PLATAFORMAS DE SALTO EM PISCINAS

Art. 43. Para a instalação de pranchas, trampolins ou plataformas de salto em piscinas deverão ser atendidas as mesmas condições estabelecidas para sua instalação em tanque de salto, quando a balanços, profundidade e espaços livres.

Art. 44. A simples instalação de aparelhos de salto num tanque, será considerada como reforma, sendo obrigatória a apresentação de projeto para aprovação da autoridade sanitária.

Capítulo XVI
SOLÁRIO

Art. 45. O solário deverá atender as seguintes exigências:

I – os espaços livres dentro da área do tanque serão pavimentados, com material antiderrapante, não absorvente, de fácil limpeza e resistente ao cloro, não sendo permitida a existência de vegetação de qualquer espécie;

II – deverão possuir declividade para fora do tanque, com inclinação de 1%, e serão providos de um sistema de drenagem suficiente para escoamento rápido e contínuo das águas caídas;

III – a vegetação, mesmo fora da área do tanque, não poderá distar menos de 10 m das bordas deste.

Art. 46. Deverá haver bebedouros, com jato inclinado e guarda protetora, nos locais frequentados pelos usuários, sendo um, obrigatoriamente, dentro da área do tanque.

Capítulo XVII
CASA DE MÁQUINAS

Art. 47. A casa de máquinas deverá ser bem iluminada e ventilada, dispor de espaço suficiente para comportar todo o equipamento e permitir fácil circulação do pessoal encarregado de inspeção, operação, manutenção e reparos dos equipamentos.

Art. 48. Quando construída abaixo da superfície do solo, deverá ser protegida contra inundações.

Capítulo XVIII
INSTALAÇÃO ELÉTRICA

Art. 49. Será admitida a iluminação subaquática em nichos secos ou molhados, desde que sejam obedecidas as normas da Associação Brasileira de Normas Técnicas – ABNT sobre o assunto, especialmente no que se refere ao aterramento.

Parágrafo único. A iluminação deverá ser executada de modo a evitar ofuscamento e permitir a observação de cada parte das águas.

Capítulo XIX
OPERADORES DE PISCINAS

Art. 50. As piscinas de uso público e, a critério da autoridade sanitária, as de uso coletivo restrito, deverão ser operadas e controladas por operador especializado e habilitado.

Capítulo XX
USUÁRIOS

Art. 51. Os usuários deverão obrigatoriamente, submeter-se a exame médico prévio e apresentar a respectiva ficha médica de aprovação, assinada por profissional legalmente habilitado.

§ 1º. No exame médico, que será atualizado pelo menos a cada seis meses, procurar-se-á evitar o uso repetido de processo de diagnóstico com o emprego de radiações.

§ 2º. As disposições deste artigo poderão sofrer alterações, a critério da autoridade sanitária, a fim de atender às peculiaridades do tipo de piscina, sua localização e os riscos à sua saúde.

Art. 52. Será proibida a entrada na piscina, de pessoas portadoras de doenças transmissíveis por contágio ou veiculadas pela água, bem como com ferimentos abertos ou curativos de qualquer natureza.

Parágrafo único. Aos portadores de doenças citadas neste artigo, poderá ser vedado também o uso da demais dependências, a critério da autoridade sanitária.

Art. 53. Na entrada da área do tanque deverá existir um fiscal para inspeção sumária dos usuários, verificação dos banhos obrigatórios e do cumprimento do Regulamento de uso da piscina.

Art. 54. Em todas as piscinas, os usuários deverão ser esclarecidos, por cartazes ou outros meios de comunicação, sobre o Regulamento da Piscina e outras instruções a serem observadas.

Capítulo XXI
REGISTRO DE DADOS

Art. 55. As piscinas deverão possuir livro próprio ou outro sistema adequado do registro de dados, onde sejam lançados:

I – com periodicidade mínima de 24 horas e referindo-se ao período:

a) número de banhistas presentes;

b) número máximo de banhista no tanque;

c) volume de água renovado ou recirculado;

d) quantidade de cada produto químico aplicado;

II – com periodicidade mínima de 2 horas:

a) pH da água do tanque;

b) taxa de cloro residual disponível, na água do tanque;

c) taxa de cloro residual disponível no lava-pés.

Parágrafo único. Durante os períodos em que a piscina não estiver sendo usada será apenas a informação: "ausência de banhista".

Capítulo XXII
DISPOSIÇÕES GERAIS

Art. 56. Poderão ser solicitados à autoridade sanitária, prazos para a adaptação das atuais piscinas de uso público e de uso coletivo restrito que não atendam às exigências desta Norma Técnica Especial.

§ 1º. Os pedidos de concessão de prazo deverão ser instruídos com descrição das obras a executar e outras providências a serem tomadas e com os respectivos projetos, memoriais e cronograma físico.

§ 2º. Na apreciação dos pedidos de concessão de prazos, a autoridade sanitária levará em conta as características da piscina, os riscos à saúde, o volume de obras a executar e a imprescindibilidade e urgência das obras ou providências, ao decidir sobre o cronograma físico.

Art. 57. Os casos omisso nesta NTE serão resolvidos pela autoridade sanitária.

DECRETO Nº 14.476, DE 18 DE DEZEMBRO DE 1979

Aprova Norma Técnica Especial relativa ao funcionamento de equipamentos denominados de "soleira de porta" em estabelecimentos que comercializam alimentos.

Paulo Salim Maluf, Governador do Estado de São Paulo, usando de suas atribuições legais, decreta:

Art. 1º. Fica aprovada a Norma Técnica Especial, anexa a este Decreto, que complementa o Decreto nº 12.342, de 27 de setembro de 1978, na parte relativa a comercialização de alimentos.

Art. 2º. Este Decreto entrará em vigor na data de sua publicação.

Palácio do Bandeirantes, 18 de dezembro de 1979.

Paulo Salim Maluf

DOE de 19.12.1979

NORMA TÉCNICA ESPECIAL

RELATIVA AO FUNCIONAMENTO DE EQUIPAMENTOS DENOMINADOS "SOLEIRA DE PORTA" EM ESTABELECIMENTOS QUE COMERCIALIZAM ALIMENTOS

Art. 1º. Os estabelecimentos que comercializam alimentos, utilizando equipamentos com peculiaridades cognominadas de "equipamentos de soleira de portas", tais como "churros", "frango assado", "doces e guloseimas" e "churrasco grego", "massas semipreparadas", "esfiha", e outras atividades análogas e afins, somente poderão exercer estas atividades se satisfizerem as exigências desta Norma Técnica Especial.

Art. 2º. A comercialização de alimentos na forma do artigo anterior somente será permitida quando a abertura dos dispositivos apropriados esteja sempre voltada em sentido oposto ao da via ou logradouro público.

Art. 3º. Quando, para o exercício dessa atividade, for instalado qualquer dispositivo para assar, cozer ou fritar alimentos que exijam manipulação prévia, serão exigidas as seguintes condições:

I – local apropriado para a manipulação prévia com área mínima de 4,00 m², desde que não haja outro compartimento de manipulação, que satisfaça o seguinte:

a) pé direito de 3,00 m de altura;

b) largura mínima de 2,00 metros;

c) piso revestido com material cerâmico;

d) paredes revestidas, até a altura mínima de 2,00 m, de material cerâmico vidrado;

e) pia com água corrente.

II – local ou dispositivo para guarda do produto pré-manipulado ou a manipular, de modo a mantê-lo conservado e em condições higiênicas;

III – vestiário para 1 ou 2 sexos, conforme o caso.

DECRETO Nº 32.955, DE 7 DE FEVEREIRO DE 1991

Regulamenta a Lei nº 6.134, de 2 de junho de 1988 que dispõe sobre a preservação dos depósitos naturais de águas subterrâneas do Estado de São Paulo.

Orestes Quércia, Governador do Estado de São Paulo, no uso de suas atribuições legais e à vista do disposto no art. 11 da Lei nº 6.134, de 2 de junho de 1988, decreta:

Capítulo I
DAS DISPOSIÇÕES PRELIMINARES

Art. 1º. Este Decreto regulamenta a Lei nº 6.134, de 2 de junho de 1988, que dispõe sobre a preservação dos depósitos naturais de águas subterrâneas do Estado de São Paulo e dá outras providências.

Art. 2º. A preservação dos depósitos naturais de águas subterrâneas do Estado de São Paulo reger-se-á pelas disposições da Lei nº 6.134, de 2 de junho de 1988, deste Decreto e dos regulamentos decorrentes.

Art. 3º. As águas subterrâneas terão programa permanente de conservação e proteção, visando ao seu melhor aproveitamento.

Art. 4º. Incluem-se no gerenciamento das águas subterrâneas as ações correspondentes:

I – à avaliação dos recursos hídricos subterrâneos e ao planejamento do seu aproveitamento racional;

II – à outorga e fiscalização dos direitos de uso dessas águas; e

III – à aplicação de medidas relativas à conservação dos recursos hídricos subterrâneos.

Parágrafo único. Na administração das águas subterrâneas sempre serão levadas em conta sua interconexão com as águas superficiais e as interações observadas no ciclo hidrológico.

Art. 5º. As exigências e restrições constantes deste Decreto não se aplicam aos poços destinados a usos considerados isentos ou dispensados de outorga, conforme definido na legislação e na regulamentação decorrente, ficando sujeitos, todavia, à fiscalização dos agentes públicos credenciados, no tocante às condições de ordem sanitária e de segurança.

(*) Art. 5º com redação dada pelo Decreto nº 63.261, de 9.3.2018.

Seção II
Das Definições

Art. 6º. Para os efeitos deste Decreto são adotadas as seguintes definições:

I – água subterrâneas: águas que ocorrem natural ou artificialmente no subsolo, de forma suscetível de extração e utilização pelo homem;

II – aquífero ou depósito natural de águas subterrâneas: solo, rocha ou sedimento permeáveis, capazes de fornecer água subterrânea, natural ou artificialmente captada;

III – aquífero confinado: aquele situado entre duas camadas confinantes, contendo água com pressão suficiente para elevá-la acima do seu topo ou da superfície do solo;

IV – aquífero de rochas fraturadas: aquele no qual a água circula por fraturas e fendas;

V – poço ou obra de captação: qualquer obra; sistema, processo, artefato ou sua combinação, empregados pelo homem com o fim principal ou incidental de extrair água subterrânea;

VI – poço jorrante ou artesiano: poço perfurado em aquífero cujo nível de água eleva-se acima da superfície do solo;

VII – poço tubular: poço de diâmetro reduzido, perfurado com equipamento especializado;

VIII – poluente: toda e qualquer forma de matéria ou energia que, direta ou indiretamente, cause poluição das águas subterrâneas;

IX – poluição: qualquer alteração das propriedades físicas, químicas e biológicas das águas subterrâneas, que possa ocasionar prejuízo à saúde, à segurança e ao bem-estar das populações, comprometer seu uso para fins de consumo humano, agropecuários, industriais, comerciais e recreativos, e causar danos à flora e à fauna;

X – recarga artificial: operação com a finalidade de introduzir água num aquífero;

XI – sistema de disposição de resíduos: aquele que utiliza o solo para disposição, tratamento ou estocagem de resíduos tais como aterros industriais e sanitários, lagoas de evaporação ou infiltração, áreas de disposição de lodo no solo ou de estocagem e

XII – usuário: o proprietário ou detentor de poço, sistema de poços ou de captação de águas subterrâneas.

Seção III
Das Atribuições

Art. 7º. Cabe ao Departamento de Águas e Energia Elétrica – DAEE a administração das águas subterrâneas do Estado, nos campos da pesquisa, captação, fiscalização, extração e acompanhamento de sua interação com águas superficiais e com o ciclo hidrológico.

Parágrafo único. O Departamento de Águas e Energia Elétrica – DAEE manterá serviços indispensáveis à avaliação dos recursos hídricos subterrâneos, ao conhecimento do comportamento hidrológico dos aquíferos, ao controle e à fiscalização da extração.

Art. 8º. Cabe à Companhia Ambiental do Estado de São Paulo – CETESB prevenir e controlar a poluição das águas subterrâneas, para o que manterá os serviços indispensáveis.

(*) Art. 8º com redação dada pelo Decreto nº 63.261, de 9.3.2018.

Art. 9º. Cabe à Secretaria da Saúde a fiscalização das águas subterrâneas destinadas a consumo humano, quanto ao atendimento aos padrões de potabilidade.

Art. 10. Cabe ao Instituto Geológico a execução de pesquisa e estudos geológicos e hidrogeológicos, o controle e arquivo de informações dos dados geológicos dos poços, no que se refere ao desenvolvimento do conhecimento dos aquíferos e da geologia do Estado.

Art. 11. As entidades e os órgãos mencionados nesta Seção poderão recorrer a outros organismos governamentais, para a aplicação das disposições deste Decreto.

Art. 12. Ao Conselho Estadual de Recursos Hídricos caberá baixar normas complementares, necessárias ao cumprimento deste Decreto.

Art. 13. (Revogado).

(*) Art. 13 revogado pelo Decreto nº 63.261, de 9.3.2018.

Capítulo II
DA DEFESA DA QUALIDADE

Seção I
Da Proteção

Art. 14. Nenhuma atividade desenvolvida poderá poluir, de forma intencional ou não, as águas subterrâneas.

Art. 15. Todos os projetos de implantação de empreendimentos de alto risco ambiental, pólo petroquímico, carboquímico e cloroquímico, usinas nucleares e quaisquer outras fontes de grande impacto ambiental ou de periculosidade e risco para as águas subterrâneas deverão conter uma detalhada caracterização da hidrogeologia e vulnerabilidade de aquíferos, assim como medidas de proteção a serem adotadas.

Seção II
Dos Resíduos Sólidos, Líquidos ou Gasosos

Art. 16. Os resíduos sólidos, líquidos ou gasosos provenientes de quaisquer atividades, somente poderão ser transportados ou lançados se não poluírem águas subterrâneas.

Seção III
Da Disposição de Resíduos no Solo

Art. 17. Os projetos de disposição de resíduos no solo devem conter descrição detalhada da caracterização hidrogeológica de sua área de localização, que permitia a perfeita avaliação de vulnerabilidade das águas subterrâneas, assim como a descrição detalhada das medidas de proteção a serem adotadas.

§ 1º. As áreas onde existirem depósitos de resíduos no solo devem ser dotadas de monitoramento das águas subterrâneas, efetuado pelo responsável pelo empreendimento, a ser executado conforme plano aprovado pela Companhia Ambiental do Estado de São Paulo – CETESB e que deverá conter:

(*) § 1º, *caput*, com redação dada pelo Decreto nº 63.261, de 9.3.2018.

1. a localização e os detalhes construtivos do poço de monitoramento;

2. a forma de coleta das amostras, frequência, parâmetros a serem observados e método analítico; e

3. a direção, espessura e o fluxo de aquífero freático e possíveis interconexões com outras unidades aquíferas.

§ 2º. O responsável pelo empreendimento deverá apresentar relatórios à Companhia Ambiental do Estado de São Paulo – CETESB, até 31 de janeiro de cada ano, informando os dados obtidos no monitoramento.

(*) § 2º com redação dada pelo Decreto nº 63.261, de 9.3.2018.

§ 3º. Se houver alteração estaticamente comprovada, em relação aos parâmetros, naturais de qualidade da água nos poços a jusante, por ele causada, o responsável pelo empreendimento deverá executar as obras necessárias para a recuperação das águas subterrâneas.

Seção IV
Da Potabilidade

Art. 18. As águas subterrâneas destinadas a consumo humano deverão atender aos padrões de potabilidade fixados na legislação sanitária.

Capítulo III
DAS ÁREAS DE PROTEÇÃO

Seção I
Do Estabelecimento de Áreas de Proteção

Art. 19. Sempre que, no interesse da conservação, proteção e manutenção do equilíbrio natural das águas subterrâneas, dos serviços de abastecimento de água, ou por motivos geotécnicos ou geológicos, se fizer necessário restringir a captação e o uso dessas águas, o Departamento de Águas e Energia Elétrica – DAEE e a Companhia Ambiental do Estado de São Paulo – CETESB proporão ao Conselho Estadual de Recursos Hídricos a delimitação de áreas destinadas ao seu controle.

(*) Art. 19, *caput*, com redação dada pelo Decreto nº 63.261, de 9.3.2018.

§ 1º. Nas áreas a que se refere este artigo, a extração de águas subterrâneas poderá ser condicionada à recarga natural ou artificial dos aquíferos.

§ 2º. As áreas de proteção serão estabelecidas com base em estudos hidrogeológicos pertinentes, ouvidos os municípios e demais organismos interessados.

Seção II
Da Classificação das Áreas de Proteção

Art. 20. Para os fins deste Decreto, as áreas de proteção classificam-se em:

I – Área de Proteção Máxima: compreendendo, no todo ou em parte, zonas de recarga de aquíferos altamente vulneráveis à poluição e que se constituíam em depósitos de águas essenciais para abastecimento público;

II – Área de Restrição e Controle: caracterizada pela necessidade de disciplina das extrações, controle máximo das fontes poluidoras já implantadas e restrição a novas atividades potencialmente poluidoras; e

III – Área de Proteção de Poços e Outras Captações: incluindo a distância mínima entre poços e outras captações e o respectivo perímetro de proteção.

Seção III
Das Áreas de Proteção Máxima

Art. 21. Nas áreas de Proteção Máxima não serão permitidos:

I – a implantação de indústrias de alto risco ambiental, pólos petroquímicos, carboquímicos e cloroquímicos, usinas nucleares e quaisquer outras fontes de grande impacto ambiental ou de extrema periculosidade;

II – as atividades agrícolas que utilizem produtos tóxicos de grande mobilidade e que possam colocar em risco as águas subterrâneas, conforme relação divulgada pela Companhia Ambiental do Estado de São Paulo – CETESB e Secretaria de Agricultura e Abastecimento;

(*) Inciso II com redação dada pelo Decreto nº 63.261, de 9.3.2018.

III – o parcelamento do solo urbano sem sistema adequado de tratamento de efluente ou de disposição de resíduos sólidos.

Art. 22. Se houver escassez de água subterrânea ou prejuízo sensível aos aproveitamentos existentes nas Áreas de Proteção Máxima, o Departamento de Águas e Energia Elétrica – DAEE e a Companhia Ambiental do Estado de São Paulo – CETESB, de acordo com as respectivas atribuições poderão:

(*) Art. 22, *caput*, com redação dada pelo Decreto nº 63.261, de 9.3.2018.

I – proibir novas captações até que o aquífero se recupere ou seja superado o fato que determinou a carência de água;

II – restringir e regular a captação de água subterrânea, estabelecendo o volume máximo a ser extraído e o regime de operação;

III – controlar as fontes de poluição existentes, mediante programa específico de monitoramento; e

IV – restringir novas atividades potencialmente poluidoras.

Parágrafo único. Quando houver restrição à extração de águas subterrâneas, serão prioritariamente atendidas as captações destinadas ao abastecimento público de água, cabendo ao Departamento de Águas e Energia Elétrica – DAEE estabelecer a escala de prioridades, segundo as condições locais.

Seção IV
Das Áreas de Restrição e Controle

Art. 23. Nas Áreas de Restrição e Controle, quando houver escassez de água subterrânea ou prejuízo sensível aos aproveitamentos existentes, poderão ser adotadas as medidas previstas no art. 22 deste Decreto.

Seção V
Das Áreas de Proteção de Poços e Outras Captações

Art. 24. Nas Áreas de Proteção de Poços e Outras Captações, será instituído Perímetro Imediato de Proteção Sanitária a partir do ponto de captação, dotado de laje de proteção, devendo o seu interior ficar resguardado da entrada ou penetração de poluentes.

(*) Art. 24, *caput*, com redação dada pelo Decreto nº 63.261, de 9.3.2018.

Parágrafo único. As lajes de proteção, de concreto armado, deverão ser fundidas no local, envolver o tubo de revestimento, ter declividade do centro para as bordas, espessura mínima de dez centímetros e área não inferior a três metros quadrados.

(*) Parágrafo único, primitivos §§ 1º e 2º, com redação dada pelo Decreto nº 63.261, de 9.3.2018.

Art. 25. Serão estabelecidos, em cada caso, além do Perímetro Imediato de Proteção Sanitária, Perímetros de Alerta contra poluição, tomando-se por base uma distância coaxial ao sentido do fluxo, a partir do ponto de captação, equivalente ao tempo de trânsito de cinquenta dias de águas no aquífero, no caso de poluentes não conservativos.

Parágrafo único. No interior do Perímetro de Alerta, deverá haver disciplina das extrações, controle máximo das fontes poluidoras já implantadas e restrição a novas atividades potencialmente poluidoras.

Capítulo IV
DAS APROVAÇÕES, OUTORGAS E CADASTRAMENTO

Seção I
Dos Empreendimentos Sujeitos a Aprovação

Art. 26. A implantação de distritos industriais, de grandes projetos de irrigação, de colonização e outros, que dependam da utilização de água subterrânea, ou ponham em risco sua qualidade natural, fica sujeita à aprovação dos órgãos e das entidades referidos no Capítulo I, Seção III, deste Decreto.

Parágrafo único. As atividades mencionadas neste artigo deverão ser precedidas de estudos hidrogeológicos que permitam avaliar o potencial disponível e o correto dimensionamento do sistema de abastecimento.

Seção II
Dos Estudos Hidrogeológicos

Art. 27. Os estudos hidrogeológicos, os projetos e as obras de captação de águas subterrâneas deverão ser realizados por profissionais, empresas ou instituições legalmente habilitados.

(*) Art. 27 com redação dada pelo Decreto nº 63.261, de 9.3.2018.

Art. 28. Deverá ser obtida autorização prévia do Departamento de Águas e Energia Elétrica – DAEE para qualquer obra de captação de água subterrânea, incluída em projetos, estudos e pesquisas, exceto para aquelas consideradas isentas e dispensadas de outorga, conforme definido na legislação e no regulamento decorrente.

(*) Art. 28 com redação dada pelo Decreto nº 63.261, de 9.3.2018.

Art. 29. Os estudos hidrogeológicos e projetos de obras de captação deverão ser protocolados no Departamento de Águas e Energia Elétrica – DAEE, nas condições estabelecidas em norma expedida pelo Superintendente da Autarquia.

(*) Art. 29 com redação dada pelo Decreto nº 63.261, de 9.3.2018.

Seção III
Das Concessões e Autorizações

Art. 30. O uso das águas subterrâneas estaduais depende de concessão ou autorização administrativa, outorgadas pelo Departamento de Águas e Energia Elétrica – DAEE, como segue:

I – concessão administrativa, quando a água destinar-se a uso de utilidade pública ou a captação ocorrer em terreno do domínio público; e

II – autorização administrativa, quando a água extraída destinar-se a outras finalidades.

Art. 31. As outorgas referidas no artigo anterior serão condicionadas aos objetivos do Plano Estadual de Recursos Hídricos, levando-se em consideração os fatores econômicos e sociais.

§ 1º. As concessões e autorizações serão outorgadas por tempo fixo, conforme regulamento do Departamento de Águas e Energia Elétrica – DAEE, determinando-se prazo razoável para início e conclusão das obras, quando couber, sob pena de caducidade.

(*) § 1º com redação dada pelo Decreto nº 63.261, de 9.3.2018.

§ 2º. Se, durante três anos, o outorgado deixar de fazer uso exclusivo das águas, sua concessão ou autorização será declarada caduca.

§ 3º. As captações de águas subterrâneas consideradas isentas ou dispensadas de outorga estão sujeitas à fiscalização da Administração, na defesa da saúde pública e da quantidade e qualidade das águas superficiais e subterrâneas.

(*) § 3º com redação dada pelo Decreto nº 63.261, de 9.3.2018.

§ 4º. Antes de outorgar, total ou parcialmente, ou negar a extração de água pretendida, o Departamento de Águas e Energia Elétrica – DAEE poderá solicitar as informações adicionais que entender necessárias.

§ 5º. As outorgas serão efetuadas pelo Departamento de Águas e Energia Elétrica – DAEE dentro do prazo de sessenta dias contados da data do pedido ou do atendimento à última eventual exigência.

Art. 32. Os atos de outorga para a extração de água subterrânea deverão proibir mudanças físicas ou químicas que possam prejudicar as condições naturais dos aquíferos, ou do solo, assim como os direitos de terceiros.

Seção IV
Das Autorizações

(*) Título da Seção com redação dada pelo Decreto nº 63.261, de 9.3.2018.

Art. 33. A execução das obras destinadas à extração de água subterrânea dependerá de autorização.

§ 1º. Após análise e aprovação o Departamento de Águas e Energia Elétrica – DAEE expedirá a autorização para execução das obras.

§ 2º. Concluída a obra, o responsável técnico deverá elaborar relatório pormenorizado contendo os elementos necessários à exploração da água subterrânea, de forma a possibilitar seu exame pelo Departamento de Águas e Energia Elétrica – DAEE, quando em fiscalização ou quando solicitado.

(*) Art. 33 com redação dada pelo Decreto nº 63.261, de 9.3.2018.

Seção V
Do Cadastro de Poços e Outras Captações

Art. 34. Fica instituído, sob a administração do Departamento de Águas e Energia Elétrica – DAEE, o Cadastro de Poços Tubulares Profundos e Outras Captações, consubstanciado no Sistema de Informação de Águas Subterrâneas – SIDAS.

Art. 35. Os dados e as informações de poços e outras captações contidos no Sistema de Informações de Águas Subterrâneas-SIDAS, assim como os estudos hidrogeológicos desenvolvidos por órgãos e entidades da Administração Estadual estarão à disposição dos usuários, para orientação e subsídio, no sentido de promoverem a utilização racional das águas subterrâneas.

Art. 36. As captações de águas subterrâneas deverão ser cadastradas no Departamento de Águas e Energia Elétrica – DAEE, conforme regulamentação da Autarquia.

(*) Art. 36 com redação dada pelo Decreto nº 63.261, de 9.3.2018.

Capítulo V
DAS MEDIDAS PREVENTIVAS

Seção I
Da Operação e Manutenção de Poços

Art. 37. O usuário de águas subterrâneas deve operar os poços em condições adequadas, de modo a assegurar a capacidade do aquífero e evitar o desperdício de água, podendo o DAEE exigir a reparação das obras e das instalações e a introdução de melhorias.

(*) Art. 37 com redação dada pelo Decreto nº 63.261, de 9.3.2018.

Art. 38. Os poços e outras obras de captação de águas subterrâneas deverão ser dotados de equipamento de medição de volume extraído e do nível da água.

Parágrafo único. Os usuários deverão manter registro dos dados mencionados no *caput* deste artigo, conforme regulamentação, e informar ao Departamento de Águas e Energia Elétrica – DAEE, quando solicitado.

(*) Parágrafo único com redação dada pelo Decreto nº 63.261, de 9.3.2018.

Art. 39. Nas instalações de captação de água subterrânea destinada a abastecimento público, deverão ser efetuadas análises físicas, químicas e bacteriológicas da água, nos termos da legislação sanitária.

Seção II
Dos Poços Abandonados

Art. 40. Os poços abandonados, temporária ou definitivamente, e as perfurações realizadas para outros fins que não a extração de água deverão ser adequadamente tamponados por seus responsáveis, para evitar a poluição dos aquíferos ou acidentes.

§ 1º. Os poços abandonados, perfurados em aquíferos friáveis, próximos à superfície, deverão ser tamponados com material impermeável e não poluente, como argila, argamassa ou pasta de cimento, para evitar a penetração de água da superfície no interior do poço, ou ao longo da parte externa do revestimento.

§ 2º. Os poços abandonados, perfurados em aquíferos de rochas fraturas, deverão ser tamponados com pasta ou argamassa de cimento, colocada a partir da primeira entrada de água, até a superfície com espessura nunca inferior a 20 (vinte) metros.

§ 3º. Os poços abandonados, que captem água de aquífero confinado, deverão ser tamponados com selos de pasta de cimento, injetada sob pressão, a partir do topo do aquífero.

Seção III
Dos Poços Jorrantes ou Artesianos

Art. 41. Os poços jorrantes ou artesianos devem ser dotados de fechamento hermético, para evitar o desperdício de água.

Seção IV
Das Escavações, Sondagens ou Obras

Art. 42. As escavações, sondagens ou obras para pesquisa, lavra mineral ou outros fins, que atingirem águas subterrâneas, deverão ter tratamento idêntico a poço abandonado, de forma a preservar e conservar os aquíferos.

Seção V
Da Recarga Artificial

Art. 43. A recarga artificial de aquíferos dependerá de autorização do Departamento de Águas e Energia Elétrica – DAEE, condicionada à realização de estudos que comprovem sua conveniência técnica, econômica e sanitária e a preservação da qualidade das águas subterrâneas.

Capítulo VI
DA FISCALIZAÇÃO E DAS SANÇÕES

Seção I
Da Fiscalização

Art. 44. O Departamento de Águas e Energia Elétrica – DAEE, a Companhia Ambiental do Estado de São Paulo – CETESB e a Secretaria da Saúde, no âmbito das respectivas atribuições, fiscalizarão a utilização das águas subterrâneas, para protegê-las contra poluição e evitar efeitos indesejáveis aos aquíferos e à saúde pública.

(*) Art. 44 com redação dada pelo Decreto nº 63.261, de 9.3.2018.

Art. 45. Fica assegurado aos agentes credenciados, encarregados de fiscalizar a extração e a qualidade das águas subterrâneas, o livre acesso aos prédios em que estiverem localizadas as captações e aos locais onde forem executados serviços ou obras que, de alguma forma, possam afetar os aquíferos.

Parágrafo único. No exercício de suas funções, os agentes credenciados poderão requisitar força policial, se necessário para garantir a fiscalização de poços ou sistemas de captação.

Art. 46. Aos agentes credenciados, além das funções que lhes forem cometidos pelos respectivos órgãos ou entidades, cabe:

I – efetuar vistorias, levantamentos, avaliações e verificar a documentação técnica pertinente;

II – colher amostras e efetuar medições, a fim de averiguar o cumprimento das disposições deste Decreto;

III – verificar a ocorrência de infrações e expedir os respectivos autos;

IV – intimar, por escrito, os responsáveis pelas fontes poluidoras, ou potencialmente poluidoras, ou por ações indesejáveis sobre as águas, a prestarem esclarecimentos em local oficial e data previamente estabelecidos; e

V – aplicar as sanções previstas neste Decreto.

Seção II
Das Sanções

Art. 47. Nos termos do art. 5º parágrafo único, da Lei nº 6.134, de 2 de junho de 1988, a descarga de poluentes, tais como águas ou refugos industriais, que possam degradar a qualidade das águas subterrâneas, e o descumprimento de suas disposições e das estabelecidas neste Decreto, sujeitarão o infrator às sanções e aos procedimentos previstos nos artigos 80 e 107, do Regulamento aprovado pelo Decreto nº 8.468, de 8 de setembro de 1976, com alterações posteriores, sem prejuízo das sanções penais cabíveis.

Art. 48. A desobediência às disposições da legislação sanitária sujeitará o infrator às sanções e aos procedimentos previstos nas normas sobre promoção, preservação e recuperação da saúde, no campo de competência da Secretaria da Saúde, contidas no Regulamento aprovado pelo Decreto nº 12.342, de 27 de setembro de 1978.

Art. 49. O não atendimento às disposições relativas à extração, ao controle e à proteção das águas subterrâneas, sujeitará o infrator à revogação da outorga, ou à declaração de sua caducidade, e sua responsabilização por eventuais danos causados ao aquífero ou à gestão daquelas águas, conforme regulamento do Departamento de Águas e Energia Elétrica – DAEE.

(*) Art. 49 com redação dada pelo Decreto nº 63.261, de 9.3.2018.

Art. 49-A. Em caso de desobediência às disposições da legislação de recursos hídricos, em especial a Lei nº 7.663, de 30 de dezembro de 1991, serão observados os procedimentos previstos no Decreto nº 41.258, de 31 de outubro de 1996, ou no que o suceder, e nas normas estabelecidas pelo Departamento de Águas e Energia Elétrica – DAEE.

(*) Art. 49-A acrescido pelo Decreto nº 63.261, de 9.3.2018.

Art. 50. Este Decreto entrará em vigor na data de sua publicação.

Palácio dos Bandeirantes, 7 de fevereiro de 1991.

Orestes Quércia

DOE de 8.2.1991

DECRETO Nº 40.400, DE 24 DE OUTUBRO DE 1995

Aprova Norma Técnica Especial relativa à instalação de estabelecimentos veterinários.

Mário Covas, Governador do Estado de São Paulo, no uso de suas atribuições legais,

Decreta:

Art. 1º. Fica aprovada a Norma Técnica Especial, anexa a este Decreto, que dispõe sobre a instalação de estabelecimentos veterinários, determinando as exigências mínimas para este fim, uso de radiações, de drogas, medidas necessárias ao trânsito de animais e do controle de zoonoses.

Art. 2º. Os estabelecimentos aludidos no artigo anterior e existentes na data de publicação deste Decreto, têm prazo de 12 (doze) meses para se adequarem às exigências.

Art. 3º. Este Decreto entrará em vigor na data de sua publicação.

Palácio dos Bandeirantes, 24 de outubro de 1995.

Mário Covas

DOE de 25.10.1995

ANEXO
NORMA TÉCNICA ESPECIAL RELATIVA ÀS CONDIÇÕES DE FUNCIONAMENTO DE ESTABELECIMENTOS VETERINÁRIOS, DETERMINANDO AS EXIGÊNCIAS MÍNIMAS DE INSTALAÇÕES, DE USO DE RADIAÇÕES, DE USO DE DROGAS, DE MEDIDAS NECESSÁRIAS PARA O TRÂNSITO DE ANIMAIS E DO CONTROLE DE ZOONOSES

TÍTULO I
DAS DEFINIÇÕES

Art. 1º. Consideram-se estabelecimentos veterinários para os efeitos desta Norma Técnica Especial:

I – consultório veterinário: o estabelecimento onde os animais são levados apenas para consulta, vedada a realização de cirurgias;

II – clínica veterinária: o estabelecimento onde os animais são atendidos para consulta, tratamento médico e cirúrgico; funciona em horário restrito, podendo ter, ou não, internação de animais atendidos;

III – hospital veterinário: o estabelecimento destinado ao atendimento de animais para consulta, tratamento médico e cirúrgico e internação de animais; funciona durante as vinte e quatro horas do dia;

IV – maternidade veterinária: o estabelecimento destinado ao atendimento de fêmeas prenhes ou paridas, para tratamento pré e pós-natal e realização de partos;

V – ambulatório veterinário: a dependência de estabelecimento industrial, comercial, de recreação ou de ensino e/ou pesquisa, onde são atendidos os animais pertencentes ao mesmo ou sob sua guarda, para exame clínico, curativos e pequenas cirurgias;

VI – serviço veterinário: a dependência de estabelecimento industrial, comercial, de recreação, de ensino e/ou de pesquisa, onde são atendidos animais pertencentes ao mesmo para exame clínico, tratamento médico e cirúrgico e análises clínicas;

VII – parque zoológico: o estabelecimento privado ou oficial, onde são mantidos animais vivos, nativos ou exóticos, domésticos ou silvestres, para visitação pública e exposição, com finalidade de lazer e/ou didática;

VIII – aquário: o estabelecimento onde são mantidos animais cujo *habitat* é natural é a água doce ou salgada, com finalidade de lazer e/ou didática, ou criação comercial;

IX – hipódromo: o estabelecimento destinado à realização de corridas de cavalos e onde são mantidos equinos de propriedade de seus associados;

X – hípica: o estabelecimento onde são mantidos equinos e realizados exercícios de sela e/ou salto, para uso dos seus associados e/ou exibição pública;

XI – haras: o estabelecimento onde são criados equinos para qualquer finalidade;

XII – carrossel-vivo: o estabelecimento fixo ou nômade, destinado à montaria de equinos de sela, em recinto fechado, ao público em geral;

XIII – rodeio: o estabelecimento fixo ou nômade, onde são mantidos equinos, bovinos e bubalinos destinados a espetáculos e/ou competições de monta de chucros;

XIV – cinódromo: o estabelecimento recreativo destinado à realização de corridas de cães, onde são mantidos caninos de sua propriedade ou de seus associados;

XV – circo de animais: o estabelecimento fixo ou nômade, onde são exibidos animais amestrados, domésticos ou silvestres, ao público em geral;

XVI – escola para cães: o estabelecimento onde são recebidos e mantidos cães para adestramento;

XVII – pensão para animais: o estabelecimento onde são recebidos animais para estadia;

XVIII – granja de criação: o estabelecimento onde são criados animais de pequeno e médio porte destinados ao consumo (aves, coelhos, suínos, e outros);

XIX – hotel-fazenda: o estabelecimento de hospedagem de pessoas, localizado em zona rural, em cuja propriedade existem dependências de criação e manutenção de animais destinados ao abastecimento da despensa e cozinha, e/ou atividades esportivas e de lazer;

XX – pocilga ou chiqueiro: o estabelecimento destinado à criação de suínos com a finalidade de consumo ou fornecimento de reprodutores (matrizes);

XXI – canil de criação: o estabelecimento onde são criados caninos com finalidades de comércio;

XXII – gatil de criação: o estabelecimento onde são criados felinos com finalidades de comércio;

XXIII – *pet shop*: a loja destinada ao comércio de animais, de produtos de uso veterinário, exceto medicamentos, drogas e outros produtos farmacêuticos, onde pode ser praticada a tosa e o banho de animais de estimação;

XXIV – drogaria veterinária: o estabelecimento farmacêutico onde são comercializados medicamentos, drogas e outros produtos farmacêuticos de uso veterinário;

XXV – biotério: a dependência de estabelecimento de pesquisa de ensino, comercial ou industrial, onde são mantidos animais vivos destinados à reprodução e desenvolvimento com a finalidade de servirem a pesquisas médicas, científicas, provas e testes de produtos farmacêuticos, químicos e biológicos, ou de diagnóstico;

XXVI – laboratório veterinário: o estabelecimento que realiza análises clínicas ou de diagnóstico referentes à veterinária;

XXVII – salão de banho e tosa: o estabelecimento destinado à prática de banho, tosa e penteado de animais domésticos (*trimming* e *grooming*).

Parágrafo único. São também considerados estabelecimentos veterinários quaisquer outros onde haja animais vivos destinados ao consumo, ao ensino, à pesquisa, ao lazer, ou qualquer outra utilização pelo homem, não especificada nesta Norma, mas que, por sua atividade, possam, direta ou indiretamente, constituir riscos à saúde da comunidade.

TÍTULO II
DO FUNCIONAMENTO

Capítulo I
DISPOSIÇÕES GERAIS

Art. 2º. Os estabelecimentos veterinários que comercializam, manipulam, dispensam e utilizam substâncias constantes da Portaria SVS/MS nº 344/1998 e suas atualizações, bem como medicamentos que as contenham, só poderão funcionar mediante autorização especial emitida pelo Ministério da Saúde e licença de funcionamento emitida pela autoridade sanitária competente.

(*) Art. 2º, *caput*, com redação dada pelo Decreto nº 45.615, de 4.1.2001.

Parágrafo único. Somente será concedida licença e expedido alvará aos estabelecimentos veterinários devidamente legalizados perante o Conselho Regional de Medicina Veterinária e autoridade municipal.

Art. 3º. Os estabelecimentos veterinários são obrigados, na forma da legislação vigente, a manter um médico veterinário responsável pelo seu funcionamento.

Art. 4º. A mudança para local diverso do previsto no licenciamento dependerá de licença prévia da autoridade sanitária competente e ao atendimento às exigências desta Norma.

Art. 5º. Os estabelecimentos veterinários deverão ser mantidos nas mais perfeitas condições de ordem e higiene, inclusive no que se refere ao pessoal e material.

Capítulo II
DAS INSTALAÇÕES

Art. 6º. Para os efeitos desta Norma Técnica Especial constituem dependências, instalações, recintos e partes dos estabelecimentos veterinários:

I – sala de recepção e espera: destina-se à permanência dos animais que aguardam atendimento; deve ter acesso diretamente do exterior; sua área mínima deve ser 10,00 m² sendo a menor dimensão no plano horizontal não inferior a 2,50 m; o piso dever ser liso, impermeável e resistente a pisoteio e desinfetantes; as paredes devem ser impermeabilizadas até a altura de 2,00 m;

II – sala de consultas: destina-se ao exame clínico dos animais; deve ter acesso direto da sala de espera; sua área mínima deve ser 6,00 m², sendo a menor dimensão no plano horizontal não inferior a 2,00 m; o piso deve ser liso, impermeável e resistente a pisoteio e desinfetantes; as paredes devem ser impermeabilizadas até a altura de 2,00 m;

III – sala de curativos: destina-se à prática de curativos, aplicações e outros procedimentos ambulatoriais; obedece às especificações para a sala de consultas;

IV – sala de cirurgia: destina-se à prática de cirurgias em animais; a sua área deve ser compatível com o tamanho da espécie a que se destina, nunca inferior a 10,00 m², sendo a menor dimensão no plano horizontal nunca inferior a 2,00 m; o piso deve ser liso, impermeável e resistente a pisoteio e desinfetantes; suas paredes devem ser impermeabilizadas até a altura de 2,00 m; o forro dever ser de material que permita constante assepsia; não deve haver cantos retos nos limites parede-piso e parede-parede; as janelas devem ser providas de telas que impeçam a passagem de insetos; seu acesso deve ser através de antecâmara;

V – antecâmara: compartimento de passagem; sua área mínima deve ser 4,00 m², sendo a menor dimensão no plano horizontal nunca inferior a 2,00 m; o piso deve ser liso e impermeável; as paredes devem ser impermeabilizadas até a altura de 2,00 m; conterá pia para lavagem e desinfecção das mão e braços dos cirurgiões; poderá conter armários;

VI – sala de esterilização: destina-se à esterilização dos materiais utilizados nas cirurgias, nos ambulatórios e nos laboratórios; seu piso deve ser liso e impermeável, resistente a desinfetantes; as paredes devem ser impermeabilizadas até o teto; sua área mínima de 6,00 m² sendo menor dimensão no plano horizontal nunca inferior a 2,00 m; deve ser provida de equipamento para esterilização seca e úmida;

VII – sala de coleta: destina-se à coleta de material para análise laboratorial médico veterinário; sua área mínima deve ser 4,00 m², sendo a menor dimensão no plano horizontal nunca inferior a 2,00 m; o piso e as paredes devem ser impermeabilizados;

VIII – sala para abrigo de animais: destina-se ao alojamento de animais internados; nela se localizam as instalações e compartimentos de internação; seu acesso deve ser afastado das dependências destinadas a cirurgia e laboratórios; o piso deve ser liso e impermeabilizado, resistente ao pisoteio e desinfetantes; as paredes devem ser impermeabilizadas até a altura de 2,00 m; deve ser provida de instalações necessárias ao conforto e segurança dos animais e propiciar ao pessoal que nela trabalha condições adequadas de higiene e segurança ao desempenho; suas dimensões devem ser compatíveis com o tamanho das espécies a que se destina; deve ser provida de dispositivos que evitem a propagação de ruídos incômodos e exalação de odores; deve ser provida de água corrente suficiente para a higienização ambiental; o escoamento das águas servidas deve ser ligado à rede de esgoto, ou, na inexistência desta, ser ligado à fossa séptica com poço absorvente; as portas e as janelas devem ser providas de tela para evitar a entrada de insetos;

IX – sala de radiografias: deve ter dimensão compatível com o tamanho da espécie a que se destina; suas especificações de proteção ambiental e individual devem obedecer à legislação vigente para radiações;

X – sala de tosa: destina-se ao corte de pelos dos animais; sua área mínima deve ser 2,00 m; o piso deve ser impermeável, liso e resistente a desinfetantes; as paredes devem ser impermeabilizadas até a altura de 2,00 m;

XI – sala para banhos: deve ter piso impermeável e resistente a desinfetantes; as paredes devem ser impermeabilizadas até a altura de 2,00 m; a banheira deve ter paredes lisas e impermeáveis; o escoamento das águas servidas deve ser ligado diretamente à rede de esgoto, sendo o da banheira provido de caixa de sedimentação; a área mínima dever ser 2,00 m²;

XII – sala para secagem e penteado: deve ter piso liso, impermeável e resistente aos desinfetantes; as paredes devem ser impermeabilizadas até 2,00 m de altura;

XIII – canil: o compartimento destinado ao abrigo de cães; deve ser individual, construído em alvenaria, com área compatível com o tamanho dos animais que abriga e nunca inferior a 1,00 m²; as paredes devem ser lisas, impermeabilizadas de altura nunca inferior a 1,50 m; o escoamento das águas servidas não poderá comunicar-se diretamente com outro canil; em estabelecimentos destinados ao tratamento de saúde pode ser adotado o canil de metal inoxidável ou com pintura antiferruginosa, com piso removível; em estabelecimentos destinado ao adestramento e/ou pensão pode ser adotado o canil tipo solário, com área mínima de 2,00 m², sendo o solário totalmente cercado por tela de arame resistente, inclusive por cima;

XIV – gaiola: a instalação destinada ao abrigo de aves, gatos e outros animais de pequeno porte; deve ser construída em metal inoxidável ou com pintura antiferruginosa; não pode ser superposta a outra gaiola nem o escoamento das águas servidas pode comunicar-se diretamente com outra gaiola;

XV – jaula: o compartimento destinado ao abrigo de animais que oferecem risco a pessoas; sua área e volume devem ser compatíveis com o tamanho do animal que abriga; o sistema de limpeza deve ser adequado à eficiência e segurança; nos estabelecimentos de exposição ao público (zoológicos, feiras, e outros) deve estar afastado deste no mínimo 1,50 m;

XVI – fosso: o compartimento destinado ao abrigo de animais silvestres proporcionando-lhes condições ambientais semelhantes às de seu *habitat* natural; sua área deve ser compatível com o número e espécies de animais que abriga; o vão que o separa do público deve ter distância e altura que impeçam, com segurança, a fuga de animais; o escoamento das águas servidas deve ligar-se diretamente à rede de esgotos ou, na inexistência desta, deve ser ligado a fossa séptica provida de poço absorvente; o sistema de limpeza deverá oferecer total segurança ao pessoal;

XVII – viveiro: instalação destinada ao abrigo de aves e répteis; deve ter área e volume compatíveis com as espécies que abriga, de modo a evitar que os animais possam sofrer lesões por restrição aos seus movimentos naturais;

XVIII – baia: compartimento destinado ao abrigo de animais de grande porte (equinos, bovinos, e outros); sua área deve ser compatível com o tamanho dos animais que abriga, nunca inferior a 10,00 m², sendo a menor dimensão no plano horizontal nunca inferior a 3,00 m, com p direito mínimo de 3,00 m; o piso deve ser resistente ao pisoteio e a desinfetantes, provido de escoamento de águas servidas ligado diretamente a rede de esgotos ou a canaleta coletora externa provida de grade protetora;

XIX – *box* ou casela: a instalação destinada à permanência de animais por período restrito de tempo (ordenha, curativo, exposição, e outros); sua área deve ser compatível com a espécie que abriga e a finalidade de seu uso;

XX – estábulo: recinto cercado de alvenaria, provido de cobertura, destinada ao abrigo de gado vacum;

XXI – cocheira: dependência destinada ao abrigo de equinos; pode constituir-se por uma série de baias ou boxes;

XXII – pocilga: um recinto cercado de alvenaria, provido de cobertura, destinado ao abrigo de suínos;

XXIII – curral: um recinto cercado de mourões e arames, ou alvenaria, destinado ao recolhimento de gado vacum;

XXIV – abrigo para resíduos sólidos: destina-se ao armazenamento de resíduos sólidos gerados no estabelecimento enquanto aguardam a coleta; deverá ser dimensionado para conter o equivalente a três dias de geração; as paredes e pisos deverão ser de material resistente a desinfetantes e impermeabilizados; sua área mínima deve ser 1,00 m^2; deve ser provido de dispositivos que impeçam a entrada e proliferação de roedores e artrópodes nocivos, bem como exalação de odores; sua localização deverá ser fora do corpo do prédio principal; o armazenamento de resíduos infectantes deverá ser feito em separado dos resíduos comuns;

XXV – esterqueira: destina-se ao armazenamento das fezes geradas no estabelecimento para posterior aproveitamento; deverá ser hermeticamente fechada e provida de dispositivos que evitem a entrada e proliferação de roedores e artrópodes, bem como a exalação de odores.

Capítulo III
DAS CONDIÇÕES MÍNIMAS PARA FUNCIONAMENTO

Art. 7º. Nenhum estabelecimento veterinário poderá funcionar sem a presença do profissional médico veterinário durante o período de atendimento.

Art. 8º. As instalações mínimas para funcionamento de consultório veterinário são:

I – sala de espera;

II – sala de consultas;

III – sanitário.

Art. 9º. As instalações mínimas para funcionamento de clínica veterinária são:

I – sala de espera;

II – sala de consultas;

III – sala de cirurgias;

IV – sanitário;

V – compartimento de resíduos sólidos.

Parágrafo único. Se a clínica internar animais, deverá ainda ter:

I – sala para abrigo de animais;

II – cozinha.

Art. 10. As instalações mínimas para funcionamento de hospital veterinário são:

I – sala de espera;

II – sala de consulta;

III – centro cirúrgico, constando de:

a) sala de esterilização de materiais;

b) antecâmara de assepsia;

c) sala de cirurgias, com equipamento completo para anestesia geral e ressuscitador;

IV – sala de registro e expediente;

V – serviço de radiologia;

VI – cozinha;

VII – local adequado para abrigo de animais internados;

VIII – compartimento de resíduos sólidos;

IX – sanitários e vestiários.

§ 1º. O descarte das camas e dejetos deverá ser feito de maneira a evitar a proliferação de artrópodes e roedores nocivos; deverá dispor de dispositivos que evitem a exalação de odores.

§ 2º. As gaiolas, jaulas e canis não poderão ser superpostos.

(*) Art. 10 com redação dada pelo Decreto nº 40.646, de 2.2.1996.

Art. 11. As instalações mínimas para funcionamento de serviço veterinário são:

I – local adequado para exame clínico dos animais;

II – sala de cirurgias;

III – sala de expediente e registro;

IV – sala de estoque e almoxarifado geral;

V – local adequado para abrigo dos animais.

Art. 12. As instalações mínimas para funcionamento de ambulatório veterinário são:

I – local para exame clínico dos animais;

II – local adequado para a prática de curativos e pequenas cirurgias.

Art. 13. As instalações mínimas para funcionamento de maternidade veterinária são:

I – sala de recepção e espera;

II – sala de consultas;

III – sala de partos, devidamente equipada;

IV – sala de cirurgias;

V – sala de radiologia;

VI – local adequado para alojamento dos animais internados.

Art. 14. Os parques zoológicos, as hípicas, os hipódromos, os aquários, os cinódromos, e congêneres devem ter, além da estrutura necessária às suas finalidades, serviço veterinário conforme o disposto no art. 11.

Parágrafo único. Quando o estabelecimento não dispuser de condições para manter serviço veterinário próprio, poderá, a critério da autoridade sanitária competente, contratar a assistência veterinária de terceiros.

Art. 15. Os haras, carrosséis-vivos, escolas para cães, pensões para animais, granjas de criação, pocilgas, hotéis-fazenda, e congêneres devem ter, além da estrutura necessária ao desenvolvimento de suas atividades, ambulatórios veterinários conforme o disposto no art. 12.

Art. 16. As instalações mínimas para funcionamento de biotério são:

I – sala para animais acasalados;

II – sala para animais inoculados;

III – sala para higiene e desinfecção e secagem das caixas, gaiolas, comedouros e demais insumos necessários;

IV – depósitos de camas e rações;

V – abrigo para resíduos sólidos;

VI – forno crematório devidamente aprovado pelo órgão de controle ambiental competente.

Parágrafo único. As águas servidas provenientes de animais inoculados devem, obrigatoriamente, ser tratadas antes de serem lançadas na rede de esgoto.

Art. 17. As instalações mínimas para o funcionamento de laboratório de análises clínicas e de diagnóstico veterinário são:

I – sala de espera;

II – sala de coleta de material;

III – sala para realização das análises clínicas ou de diagnósticos próprios do estabelecimento;

IV – sala para abrigo dos animais, quando realizar testes biológicos;

V – abrigo para resíduos sólidos.

Art. 18. As instalações mínimas necessárias para funcionamento de *pet shop*'s são:

I – loja com piso impermeável;

II – sala para tosa (*trimming*);

III – sala para banho com piso impermeável;

IV – sala para secagem e penteado (*grooming*);

V – abrigo para resíduos sólidos.

§ 1º. As instalações para abrigo dos animais expostos à venda deverão ser separadas das demais dependências.

§ 2º. As *pet shop* não podem comercializar medicamentos e produtos terapêuticos.

Art. 19. As demais dependências não específicas de estabelecimento veterinário obedecerão o disposto na legislação sanitária vigente.

Capítulo IV
DO PESSOAL

Art. 20. O quadro de funcionários das clínicas, hospitais, maternidades, serviços e ambulatórios veterinários incluirá, obrigatoriamente: médico veterinário responsável, auxiliar de veterinário, faxineiro, que deverão estar presentes durante todo o período de atendimento.

Art. 21. O quadro de funcionários dos parques zoológicos, aquários, hipódromos, hípicas, haras, carrosséis-vivos, escolas para cães, pensões para animais, granjas de criação, hotéis-fazenda, *canis* e *gatis* de criação, e *pet shop* incluirá, obrigatoriamente, faxineiro e auxiliar de veterinário, que deverão estar presentes durante todo o período de expediente.

Parágrafo único. O médico veterinário responsável, obrigatório para todos os estabelecimentos veterinários, poderá exercer suas atividades em horário mais restrito que o do expediente nos estabelecimentos incluso neste artigo, a critério da autoridade sanitária competente.

Art. 22. Os circos e os rodeios, por serem estabelecimentos nômades, quando não contarem com médico veterinário em seu quadro de pessoal, poderão contratar profissional veterinário em cada praça onde se apresentem.

Capítulo V
DA LOCALIZAÇÃO

Art. 23. Os haras, os rodeios, os carrosséis-vivos, os hotéis-fazenda, as granjas de criação, as pocilgas, e congêneres não poderão localizar-se no perímetro urbano.

§ 1º. Os estabelecimentos incluídos neste artigo que, à data de promulgação desta Norma Técnica Especial, já se encontram localizados dentro do perímetro urbano, poderão, a critério da autoridade sanitária competente, permanecer onde se encontram pelo tempo que esta determinar, desde que satisfeitos os requisitos desta Norma, notadamente no que se refere a exalação de odores, propagação de ruídos incômodos e proliferação de roedores e artrópodes nocivos.

§ 2º. Sempre que o perímetro urbano alcance a área onde esteja instalado algum estabelecimento veterinário incluído neste artigo, este deverá providenciar a sua mudança de localização, no prazo que lhe for determinado pela autoridade sanitária competente.

Art. 24. Os cinódromos, os hipódromos, as hípicas, e parque zoológicos poderão localizar-se no perímetro urbano, desde que fora de área estritamente residencial, a critério da autoridade sanitária competente, satisfeitas as exigências desta Norma Técnica e consideradas as condições locais e os eventuais prejuízos à saúde pública.

Art. 25. As escolas para cães e pensões para animais poderão localizar-se dentro do perímetro urbano, fora das áreas estritamente residenciais, a critério da autoridade sanitária competente e autoridade municipal, que levarão em conta os eventuais prejuízos à saúde pública.

Art. 26. Nos hotéis-fazenda, as baias, cocheiras, estábulos, apriscos e demais instalações de abrigo de animais deverão estar afastadas das instalações de hospedagem no mínimo 100,00 m.

Parágrafo único. As instalações para abrigos de grandes animais deverão estar afastadas dos terrenos limítrofes e da frente das estradas no mínimo 50,00 m.

Art. 27. Os estabelecimentos de caráter médico veterinário para atendimento de animais de pequeno porte poderão localizar-se no perímetro urbano, fora das áreas estritamente residenciais, considerados os eventuais prejuízos à saúde pública.

Capítulo VI
DO USO DE RADIAÇÕES

Art. 28. Os estabelecimentos veterinários destinados ao atendimento médico-cirúrgico poderão manter e utilizar aparelhos emissores de radiação, obedecidas as disposições legais vigentes.

Art. 29. É vedada a manutenção e uso de aparelhos emissores de radiação nos estabelecimentos veterinários comerciais e industriais.

Art. 30. Os estabelecimentos que se dedicam à inseminação artificial e/ou pesquisa científica poderão, a critério da autoridade sanitária competente, manter e usar aparelhos emissores de radiações, desde que comprovada a sua necessidade real.

Art. 31. Os aparelhos radiológicos portáteis, utilizados na clínica médica e cirúrgica de animais de grande porte, dos exóticos e/ou silvestres, deverão ter alvará específico de funcionamento que especifique seus limites de uso.

Capítulo VII
DO USO DE DROGAS SOB CONTROLE ESPECIAL

Art. 32. Os estabelecimentos veterinários destinados a tratamento de saúde, inclusive os ambulatórios e serviços veterinários de escolas de veterinária, dos haras, das hípicas, dos hipódromos, dos cinódromos, e congêneres podem adquirir e utilizar drogas sob controle especial, desde que devidamente legalizadas e reconhecidas pelo Conselho Regional de Medicina Veterinária e pela autoridade sanitária estadual competente.

Art. 33. A aquisição, prescrição e uso de tais drogas deverá obedecer ao disposto na legislação pertinente em vigor.

Art. 34. As drogarias veterinárias obedecem às normas válidas para as drogarias em geral.

Capítulo VIII
DO CONTROLE DE ZOONOSES

Art. 35. A ocorrência de zoonoses em animais de notificação compulsória às autoridades competentes.

Art. 36. São de notificação obrigatória as ocorrências de raiva, de leptospirose, de leishmaniose, de turbeculose, de toxoplasmose, e brucelulose, de hidatidose e de cisticercose.

Art. 37. obrigatória a vacinação de animais contra raiva e leptospirose.

Capítulo IX
DO LICENCIAMENTO DOS ESTABELECIMENTOS

Art. 38. (Revogado).

(*) Art. 38 revogado pelo Decreto nº 45.615, de 4.1.2001.

Art. 39. Conforme a característica do estabelecimento, a critério da autoridade sanitária competente, a responsabilidade veterinária de que trata o art. 3º desta Norma Técnica poderá ser contratada com outro estabelecimento veterinário.

Capítulo X
DO TRÂNSITO DE ANIMAIS

Art. 40. vedada a entrada e o trânsito de animais no território do Estado de São Paulo sem o certificado de vacinação obrigatória e demais medidas sanitárias e de sanidade emitidos por veterinário oficial ou credenciado pelas autoridades sanitárias competentes.

Art. 41. Nenhum animal em trânsito poderá permanecer embarcado por período superior a 24 horas sem que receba alimento e água convenientemente.

Art. 42. Nenhum animal poderá ser transportado sem condições de conforto e segurança que lhes permita perfeita sanidade, de acordo com o preceituado no Decreto-Lei Federal nº 24.645, de 10 de julho de 1934.

Art. 43. Os veículos transportadores de animais em trânsito pelo território do Estado de São Paulo deverão ter prova de desinfecção e limpeza efetuadas antes do embarque.

Art. 44. As condições de segurança e lotação dos veículos transportadores de animais deverão ser rigorosamente obedecidas.

Art. 45. Os casos omissos na presente Norma Técnica Especial serão decididos pela autoridade sanitária estadual competente.

DECRETO Nº 44.954, DE 6 DE JUNHO DE 2000

Dispõe sobre a definição do campo de atuação do Sistema Estadual de Vigilância Sanitária e a necessidade de integração intergovernamental das informações referentes ao Cadastro Estadual de Vigilância Sanitária – CEVS, às licenças de funcionamento, aos termos de responsabilidade técnica e, dá outras providências.

Mário Covas, Governador do Estado de São Paulo, no uso de suas atribuições legais, e

Considerando a necessidade de estabelecer bases de dados consistentes, atualizados e de fácil acesso;

Considerando a necessidade de padronizar e melhorar a qualidade dos procedimentos administrativos referentes ao cadastramento, à emissão da licença de funcionamento e do termo de responsabilidade técnica, no âmbito das competências da vigilância sanitária;

Considerando a necessidade de articular interinstitucionalmente o intercâmbio de informações com outras esferas governamentais, a fim de utilizar as aludidas informações como ferramenta de trabalho, tendo como objetivo o planejamento das ações da vigilância sanitária, no âmbito do Sistema Único de Saúde de São Paulo – SUS SP;

Considerando os termos do pacto realizado no I Encontro Estadual de Vigilância Sanitária, em novembro de 1999, entre o Estado e seus Municípios, consoante o Sistema Único de Saúde de São Paulo – SUS SP, Decreta:

Art. 1º. Para fins do Sistema Estadual de Vigilância Sanitária – Sevisa ficam adotados os códigos IBGE, para a identificação e localização geográfica, e CNAE – Classificação Nacional de Atividades Econômicas, ou similar regulamentado pela federação, para identificação dos estabelecimentos e serviços de interesse à saúde e de assistência à saúde, definindo-se, com estas bases de codificação, o campo de atuação da vigilância sanitária.

Art. 2º. Os estabelecimentos e serviços de interesse à saúde e assistência à saúde que integram o Sistema Estadual de Vigilância Sanitária – Sevisa devem, antes de iniciar suas atividades, cadastrar-se e licenciar-se nos termos da legislação incidente.

Parágrafo único. Os estabelecimentos mencionados no *caput* deste artigo devem encaminhar ao órgão competente de vigilância sanitária declaração de atendimento à legislação sanitária vigente, bem como documentos referentes às suas atividades, a suas instalações, seus equipamentos e seus recursos humanos.

Art. 3º. os estabelecimentos a que se refere o art. 2º deste Decreto devem receber, quando da apresentação da declaração de atividades para cadastro prevista no parágrafo único do art. 2º, um número de cadastro com estrutura básica a ser definida, em portaria, pelo Centro de Vigilância da Secretaria de Estado da Saúde de São Paulo – CVS SES SP.

Art. 4º. O prazo máximo estipulado para que os órgãos competentes de vigilância sanitária realizem as inspeções é de 60 (sessenta) dias, contados da data do cadastramento do estabelecimento.

Art. 5º. Os estabelecimentos de interesse e assistência à saúde devem comunicar, ao órgão competente de vigilância sanitária, a ocorrência de quaisquer alterações definidas pelo Centro de Vigilância Sanitária da Secretaria de Estado da Saúde de São Paulo – CVS SES SP.

Art. 6º. O órgão competente de vigilância sanitária deverá emitir o termo de responsabilidade técnica, sempre que for solicitada a assunção de responsabilidade, conforme definições do Centro de Vigilância Sanitária da Secretaria de Estado da Saúde de São Paulo – CVS SES SP.

Art. 7º. Os estabelecimentos de interesse e assistência à saúde que, por força de legislação específica, estão obrigados à renovação da licença de funcionamento, devem requerer junto ao órgão competente de vigilância sanitária a referida renovação, conforme procedimentos definidos pelo Centro de Vigilância Sanitária da Secretaria de Estado da Saúde de São Paulo – CVS SES SP.

Art. 8º. Os estabelecimentos de interesse e assistência à saúde que não tenham solicitado a renovação da licença de funcionamento há mais de um ano ficam sujeitos à desativação do seu cadastro e às penalidades previstas na legislação incidente.

Parágrafo único. A reativação do cadastro deve obedecer aos procedimentos descritos no parágrafo único do art. 2º deste Decreto, para o recadastramento.

Art. 9º. Após concluídos os procedimentos administrativos para fins de cadastro, o órgão competente de vigilância sanitária deve incluir ou manter o estabelecimento em sua programação de inspeção, observando as prioridades de risco à saúde.

Art. 10. O órgão competente de vigilância sanitária deve disponibilizar o laudo técnico, elaborado pela equipe técnica responsável pela realização da inspeção sanitária, conforme o disposto na Lei nº 10.083, de 23 de setembro de 1998.

Art. 11. Fica definido o Centro de Vigilância Sanitária da Secretaria de Estado da Saúde de São Paulo – CVS SES SP como órgão coordenador do Sistema Estadual de Vigilância Sanitária, responsável pela regulamentação dos arts. 1º, 2º, 3º, 5º, 6º e 7º deste Decreto, mediante portaria do diretor do Centro.

Art. 12. Este Decreto regulamenta a atuação das equipes municipais e estaduais que compõem o Sistema Estadual de Vigilância Sanitária – Sevisa.

Art. 13. Este Decreto entra em vigor na data de sua publicação.

(*) Sobre os valores das Taxas de Fiscalização de Serviços Diversos vide Comunicado CVS para o período anual disponível em: <http://www.cvs.saude.sp.gov.br>.

Mário Covas

DOE de 7.6.2000

DECRETO Nº 45.164, DE 5 DE SETEMBRO DE 2000

Regulamenta a Lei nº 10.507, de 1º de março de 2000, que estabelece normas para elaboração, sob a forma artesanal, de produtos comestíveis de origem animal e sua comercialização no Estado de São Paulo.

Mário Covas, Governador do Estado de São Paulo, no uso de suas atribuições legais e com fundamento no art. 19 da Lei nº 10.507, de 1º de março de 2000,

Decreta:

Art. 1º. A elaboração de produtos comestíveis de origem animal, sob forma artesanal, bem como a sua comercialização no Estado de São Paulo, de que trata a Lei nº 10.507, de 1º de março de 2000, fica regulamentada nos termos deste Decreto.

Art. 2º. A elaboração de produtos comestíveis de origem animal, sob a forma artesanal, será permitida exclusivamente aos produtores rurais que utilizarem matéria-prima de produção própria.

Parágrafo único. Admitir-se-á, na elaboração dos produtos, a utilização de matéria-prima adquirida de terceiros até o limite de 50% (cinquenta por cento) da quantidade de matéria-prima de produção própria, desde que aquela matéria-prima tenha comprovação de inspeção higiênico-sanitária por órgão oficial.

Art. 3º. São considerados passíveis de elaboração sob a forma artesanal, os produtos obtidos a partir da manipulação e/ou transformação, das seguintes matérias-primas:

I – carnes;

II – leite;

III – ovos;

IV – produtos apícolas;

V – peixes, crustáceos e moluscos;

VI – outros produtos comestíveis de origem animal.

Art. 4º. Entende-se por forma artesanal o processo utilizado na elaboração, em pequena escala, de produtos comestíveis de origem animal com características tradicionais ou regionais próprias.

§ 1º. É considerada de pequena escala a produção dentro dos seguintes limites por produtor:

1. até 130 (cento e trinta) quilogramas diários de carnes, provenientes de pequenos, médios e grandes animais, como matéria-prima para produtos cárneos;

2. até 300 (trezentos) litros de leite diários, como matéria-prima para produtos lácteos;

3. até 100 (cem) quilogramas diários de peixes, moluscos e crustáceos, como matéria-prima para produtos oriundos do pescado;

4. até 150 (cento e cinquenta) dúzias diárias de ovos, como matéria-prima para produtos oriundos de ovos;

5. até 3.000 (três mil) quilogramas por ano para mel e produtos da colmeia.

§ 2º. Os animais destinados à elaboração de produtos cárneos deverão ser abatidos em estabelecimento sob inspeção higiênico-sanitária oficial.

§ 3º. Os produtos de que trata este artigo deverão ser elaborados em estabelecimentos apropriados para esse fim, localizados em área rural, ficando vedado o processamento em locais destinados à residência ou a outras atividades que prejudiquem o processamento de produtos comestíveis.

§ 4º. Para os fins da Lei nº 10.507, de 1º de março de 2000, consideram-se:

1. de características tradicionais: os processos de elaboração de produtos comestíveis de origem animal que se transmitam de idade em idade ou de geração em geração;

2. de características regionais: os processos de elaboração de produtos comestíveis de origem animal próprios ou relativos a uma região.

§ 5º. Não serão consideradas como elaboração artesanal a forma de criação ou de alimentação dos animais.

§ 6º. O produtor artesanal deverá possuir relação atualizada de fornecedores de matéria-prima, com os respectivos endereços e quantidade média dos fornecimentos.

§ 7º. A elaboração de produtos em desacordo com este artigo, não será considerada produção artesanal, sujeitando-se às normas técnicas gerais para produtos de origem animal.

§ 8º. Quando ocorrer manipulação de leite ou mel como matéria-prima, deverão ser realizadas análises físico-químicas, no local de processamento, para verificação dos padrões estabelecidos pela legislação federal e estadual.

§ 9º. Os produtos artesanais serão submetidos a análises microbiológicas em laboratórios credenciados junto à Coordenadoria de Defesa Agropecuária, sempre que a fiscalização as determinar.

§ 10. O leite deverá ser pasteurizado quando as normas higiênico-sanitárias e tecnológicas assim o exigirem, aceitando-se a pasteurização lenta, consistente no aquecimento do leite de 63 (sessenta e três) a 65 (sessenta e cinco) graus centígrados por 30 (trinta) minutos, devendo ser utilizado aparelho de dupla parede, provido de agitadores para movimentação do leite nos sentidos horizontal e vertical, de maneira a propiciar seu aquecimento homogêneo.

Art. 5º. Os produtos de que trata este Regulamento poderão ser comercializados em todo o Estado de São Paulo.

Art. 6º. Compete à Coordenadoria de Defesa Agropecuária, da Secretaria de Agricultura e Abastecimento, a fiscalização higiênico-sanitária e tecnológica dos produtos de que trata este Regulamento.

Art. 7º. É de responsabilidade da Coordenadoria de Assistência Técnica Integral, da Secretaria deAgricultura e Abastecimento, a prestação de orientação técnica e a execução de atividades de treinamento aos produtores rurais registrados na forma do art. 9º, deste Decreto, visando garantir os aspectos higiênico-sanitários, tecnológicos e o controle de qualidade dos produtos.

Art. 8º. Ao médico veterinário responsável técnico do estabelecimento produtor, cabe realizar a inspeção higiênico-sanitária e tecnológica dos produtos de origem animal, conforme o art. 5º, alínea "f", da Lei Federal nº 5.517, de 23 de outubro de 1968.

§ 1º. O responsável técnico de que cuida este artigo fará cumprir as normas higiênico-sanitárias e tecnológicas estabelecidas pela Secretaria de Agricultura e Abastecimento, cabendo-lhe, inclusive, autorizar a entrada e permanência, no estabelecimento, de pessoas estranhas às atividades, desde que devidamente uniformizadas.

§ 2º. O Serviço de Inspeção de São Paulo, da Coordenadoria de Defesa Agropecuária, editará as normas para o credenciamento do médico veterinário responsável técnico do estabelecimento processador artesanal, e realizará seu credenciamento.

Art. 9º. O produtor rural processador artesanal de produtos comestíveis de origem animal deverá registrar-se junto ao Centro de Inspeção de Produtos de Origem Animal, do Grupo de Defesa Sanitária Animal, da Coordenadoria de Defesa Agropecuária, da Secretaria de Agricultura e Abastecimento.

§ 1º. Para fins deste registro o produtor rural deverá apresentar os seguintes documentos:

1. requerimento dirigido ao Centro de Inspeção de Produtos de Origem Animal;

2. inscrição de produtor rural;

3. identificação do responsável técnico, credenciado pelo Serviço de Inspeção do Estado de São Paulo;

4. declaração de que se trata de produto comestível de origem animal, com características tradicionais ou regionais, e sua identificação;

5. análise de água, realizada por laboratório oficial ou laboratório credenciado pela Coordenadoria de Defesa Agropecuária;

6. planta baixa das instalações (escala de 1:100), com a disposição dos equipamentos e memorial econômico-sanitário;

7. croqui de localização da propriedade.

§ 2º. A partir da data da comunicação ao interessado da aprovação do projeto, terá este o prazo de 90 (noventa) dias para inicio das obras, sob pena de cancelamento da aprovação e arquivamento do respectivo processo.

§ 3º. As alterações na estrutura física e nos equipamentos do estabelecimento, bem como na forma de processamento dos produtos só poderão ser efetuadas mediante prévia autorização do Centro de Inspeção de Produtos de Origem Animal.

§ 4º. O registro previsto neste artigo terá validade de 1 (um) ano, devendo a solicitação de sua renovação ser providenciada até 30 (trinta) dias antes do seu vencimento.

Art. 10. O produtor artesanal deverá apresentar ao Escritório de Defesa Agropecuária da região onde se localiza o estabelecimento, relatório mensal, até o 10º (décimo) dia útil do mês subsequente, contendo os dados estatísticos de interesse da avaliação da produção, industrialização, transporte e comercialização, e as informações que permitam confrontar, em quantidade, o volume dos produtos elaborados com a matéria-prima que lhe deram origem.

Parágrafo único. Compete ao Centro de Inspeção de Produtos de Origem Animal estabelecer os elementos necessários à avaliação de que cuida este artigo.

Art. 11. O livro para registro das informações, recomendações e visitas da fiscalização, efetuadas para controle higiênico-sanitário e tecnológico da produção, deve ser rubricado pelo Diretor do Escritório de defesa Agropecuária regional e mantido no estabelecimento produtor, à disposição da fiscalização.

Art. 12. Cada produto artesanal deverá ter registro de sua composição e método de processamento junto ao Centro de Inspeção de Produtos de Origem Animal.

Parágrafo único. Nos casos de produto de formulação desconhecida ou de existência de dúvidas quanto à qualidade do produto a ser elaborado, será obrigatório, para o registro, parecer de aprovação por órgão oficial de pesquisa tecnológica na área de alimentos.

Art. 13. O estabelecimento de produtos artesanais só poderá funcionar se devidamente instalado e equipado com as dependências mínimas e maquinários e utensílios necessários, de acordo com a natureza e a capacidade de produção, devendo para esse fim, observar as normas técnicas expedidas pela Secretaria de Agricultura e Abastecimento, normas essas que estabelecerão, também, suas condições de higiene.

Art. 14. O produtor artesanal está obrigado a efetuar o controle sanitário dos rebanhos que gerem a matéria-prima para a sua produção, observando a orientação dos órgãos de defesa sanitária animal do Estado de São Paulo.

Parágrafo único. A matéria-prima adquirida na forma do parágrafo único do art. 2º deste Decreto, deverá provir de rebanho em que se promova o controle sanitário segundo orientação do órgão de defesa sanitária animal do Estado de São Paulo.

Art. 15. A embalagem do produto artesanal de origem animal deverá ser produzida por empresa credenciada junto ao Ministério da Saúde e o rótulo deverá conter:

I – nome do produto segundo nomenclatura oficial;

II – número de registro no Centro de Inspeção de Produtos de Origem Animal e carimbo do "Serviço de Inspeção do Estado de São Paulo – SISP", número do registro do rótulo após a expressão: "Rótulo registrado no SISP, sob nº (...)".

III – data de fabricação e data de validade;

IV – indicação de que é produto artesanal;

V – demais exigências previstas pelo Código de Defesa do Consumidor.

Art. 16. Na armazenagem dos produtos comestíveis de origem animal poderá, a juízo do Centro de Inspeção de Produtos de Origem Animal, ser tolerada a utilização de geladeira industrial, desde que mantenha a temperatura adequada para cada produto.

Art. 17. O produto artesanal será ser transportado, conforme sua natureza, em veículo isotérmico, desde que não perca durante o transporte e distribuição, mais de 2 (dois) graus Celsius e permaneça em temperatura em conformidade com a legislação vigente.

Parágrafo único. Na impossibilidade de ser mantida a temperatura, deverá o transporte ser feito em veículo com equipamento de frio apropriado.

Art. 18. Os infratores da legislação e normas regulamentares pertinentes aos produtos artesanais, ficam sujeitos às seguintes penalidades, sem prejuízo de outras sanções cabíveis:

I – advertência, nos casos de primeira infração, em que não se configure dolo ou má fé e desde que não haja risco iminente de natureza higiênico-sanitária, devendo a situação ser regularizada no prazo estabelecido pela fiscalização.

II – multa, até o limite de 5.000 (cinco mil) UFESPs, nos casos não compreendidos no inciso anterior;

III – apreensão ou condenação das matérias-primas, produtos, subprodutos e derivados de origem animal adulterados ou que não apresentarem condições higiênico-sanitárias adequadas ao fim a que se destinam;

IV – suspensão das atividades, nas hipóteses de risco ou de ameaça de natureza higiênico-sanitária, ou de embaraço à ação fiscalizadora;

V – interdição total ou parcial do estabelecimento na hipótese de adulteração ou falsificação de produto ou de inexistência de condições higiênico-sanitárias;

VI – cancelamento do registro quando o motivo da interdição prevista no inciso anterior não for sanado no prazo de 12 (doze) meses.

§ 1º. A suspensão de atividades de que trata o inciso IV deste artigo cessará quando sanado o risco ou a ameaça de natureza higiênico-sanitária, ou no caso de facilitação do exercício da ação fiscalizadora;

§ 2º. A interdição do estabelecimento de que trata o inciso V deste artigo poderá ser levantada após o atendimento das exigências que motivaram a sanção.

Art. 19. As multas previstas no inciso II, do art. 18 deste Regulamento, ficam fixadas nos seguintes valores:

I – 10 (dez) UFESPs:

a) aos que permitirem a permanência no trabalho de pessoas que não possuam carteira de saúde ou documento equivalente, expedido pela autoridade competente de saúde publica;

b) aos que deixarem de enviar o relatório mensal de produção;

c) aos que utilizarem rótulo em desacordo com o aprovado pelo Serviço de Inspeção do Estado de São Paulo;

d) aos que permitirem a presença, no interior da área de processamento, de funcionários sem uniforme adequado;

II – 50 (cinquenta) UFESPs:

a) aos que após o término dos trabalhos industriais e durante as fases de manipulação não procederem à limpeza e à higienização rigorosa das dependências e equipamentos;

b) aos que ultrapassarem a capacidade máxima de industrialização ou beneficiamento;

c) aos que não realizarem as análises necessárias para matéria-prima;

d) aos que deixarem de comunicar a transferência de responsabilidade técnica, ou que estejam elaborando produtos sem possuírem responsável técnico de acordo com a Lei Federal nº 5.517, de 23 de outubro de 1968;

III – 100 (cem) UFESPs:

a) aos que utilizarem matéria-prima e ingredientes diferentes da composição da fórmula aprovada pelo Serviço de Inspeção do Estado de São Paulo;

b) aos que não comunicarem ao serviço de inspeção a transferência de propriedade, locação ou arrendamento;

c) aos que utilizarem água não potável e não tratada;

IV – 200 (duzentas) UFESPs:

a) aos que realizarem construções novas, remodelações ou ampliações, sem que os projetos tenham sido previamente aprovados pelo serviço de inspeção;

b) aos que enviarem para o consumo produtos sem rotulagem;

V – 300 (trezentas) UFESPs: aos que lançarem no mercado produtos cujos rótulos e formulação não tenham sido aprovados pelo Serviço de Inspeção do Estado de São Paulo;

VI – 500 (quinhentas) UFESPs: aos que embaraçarem ou burlarem a ação dos servidores do Serviço de Inspeção do Estado de São Paulo, no exercício de suas funções;

VII – 1.000 (mil) UFESPs:

a) aos que adulterarem, fraudarem ou falsificarem produtos de origem animal;

b) aos que aproveitarem matérias-primas e produtos condenados ou procedentes de animais não inspecionados;

VIII – 1.500 (mil e quinhentas) UFESPs: aos que oferecerem ou prometerem vantagem indevida ao servidor do serviço de fiscalização no exercício de suas atribuições, ou contra eles usarem de violência;

IX – 2.500 (duas mil e quinhentas) UFESPs: aos que elaborarem produto que comprovadamente puder ou vier a colocar em risco a saúde pública.

§ 1º. As multas serão aplicadas sem prejuízo das demais sanções de que cuidam os incisos III, IV, V e VI do art. 18 deste Decreto;

§ 2º. No caso de reincidência, as multas serão aplicadas em dobro;

§ 3º. Em se tratando de reincidência nas infrações previstas nas alíneas "b", do inciso II e "a" do inciso V, o infrator perderá a condição de produtor rural processador artesanal de que trata este Decreto;

§ 4º. Será responsável pelo pagamento da multa, conforme o caso, o proprietário, o locatário ou o arrendatário do estabelecimento.

§ 5º. Para o cálculo das multas, deverá ser considerado o valor da UFESP vigente no dia em que se lavrar o Auto de Infração.

§ 6º. Se ocorrer substituição da UFESP, o valor da multa corresponderá à quantidade equivalente do novo índice adotado.

Art. 20. O Auto de Infração será lavrado em 3 (três) vias por servidor credenciado, sem rasuras, entrelinhas ou emendas, consignando:

I – nome, qualificação e endereço do autuado;

II – data e local da lavratura;

III – citação do dispositivo legal infringido e descrição circunstanciada da ocorrência;

IV – assinatura do infrator, preposto ou representante legal, ou de 2 (duas) testemunhas devidamente qualificadas quando houver recusa ou impossibilidade de assinar o auto;

V – notificação de prazo e local para apresentar defesa.

§ 1º. Nas hipóteses da lavratura do Auto de Infração em local diverso da ocorrência do fato, ou de impossibilidade ou recusa de sua assinatura, far-se-á menção do ocorrido, encaminhando-se uma das vias ao autuado, por via postal, com Aviso de Recebimento.

§ 2º. Não havendo possibilidade de qualificação do autuado, tal circunstância deverá ser consignada no Auto de Infração, e não implicará em sua nulidade.

§ 3º. Na impossibilidade de localização do autuado, será ele notificado mediante publicação no Diário Oficial do Estado.

§ 4º. A primeira via do Auto de Infração será remetida ao Escritório de Defesa Agropecuária – EDA, onde se situar o estabelecimento do infrator, a segunda será entregue ao infrator e a terceira ficará arquivada no Escritório que o lavrou.

§ 5º. Do processo iniciado por Auto de Infração constarão as provas e demais termos, se houverem, que lhe sirvam de instrução.

Art. 21. O infrator terá, a partir da ciência da autuação, o prazo de 15 (quinze) dias para apresentar defesa dirigida ao Diretor do Centro de Inspeção de Produtos de Origem Animal, do Grupo de Defesa Sanitária Animal.

Parágrafo único. A defesa deve ser protocolada no Escritório de Defesa Agropecuária onde se iniciou o processo, e após ser aele juntada será o processo encaminhado ao Centro de Inspeção de Produtos de Origem Animal.

Art. 22. O Diretor do Centro de Inspeção de Produtos de Origem Animal decidirá, motivadamente, sobre a admissão das provas requeridas, determinando a produção daquelas que deferir, bem como o seu prazo e, julgando procedente a autuação, aplicará a penalidade.

Art. 23. Acolhida a defesa no mérito, o Diretor do Centro de Inspeção de Produtos de Origem Animal determinará o cancelamento do Auto de Infração.

Art. 24. Da decisão que julgar improcedente a defesa caberá recurso ao Diretor do Grupo de Defesa Sanitária Animal, da Coordenadoria de Defesa Agropecuária, no prazo de 15 (quinze) dias, a contar da intimação.

Art. 25. Na hipótese de acolhimento do recurso, o Diretor do Grupo de Defesa Sanitária Animal determinará o cancelamento do Auto de Infração e demais documentos, com arquivamento do processo.

Art. 26. O infrator deverá ser notificado pessoalmente ou por via postal, com Aviso de Recebimento, da decisão que julgar procedente ou improcedente a autuação.

Art. 27. O prazo para pagamento da multa é de 15 (quinze) dias, a contar da notificação pessoal ou por meio de Aviso de Recebimento.

Parágrafo único. Os valores correspondentes às multas previstas no Artigo 19 serão recolhidos ao Fundo Especial de Despesa da Coordenadoria da Defesa Agropecuária, da Secretaria de Agricultura e Abastecimento.

Art. 28. Mantida a decisão, e decorrido o prazo para recolhimento sem o respectivo pagamento, a Coordenadoria de Defesa Agropecuária remeterá o processo à Procuradoria Geral do Estado para inscrição do débito na dívida ativa e sua cobrança judicial.

Parágrafo único. Os débitos não recolhidos até o vencimento, serão atualizados na data do efetivo pagamento e acrescidos de juros de mora de 1% (um por cento) ao mês, contados do dia seguinte ao vencimento.

Art. 29. Os estabelecimentos de produtos artesanais ficam isentos das taxas previstas no § 1º, do art. 7º da Lei nº 8.208,de 30 de dezembro de 1992.

Art. 30. No caso de solicitação motivada, por parte do proprietário, para a paralisação das atividades desenvolvidas pelo estabelecimento, fica estabelecido o prazo de até 180 (cento e oitenta) dias para o reinicio das atividades, sob pena de cancelamento do registro.

§ 1º. O reinicio das atividades dependerá de nova vistoria do estabelecimento pelo Serviço de Inspeção do Estado de São Paulo.

§ 2º. No caso de cancelamento do registro, deverá o proprietário encaminhar ao Escritório de Defesa Agropecuária regional a documentação arquivada, embalagens, bem como todo o material pertinente à fiscalização.

Art. 31. O proprietário, o locatário, o arrendatário do estabelecimento ou o responsável técnico, conforme o caso, responderá pelas consequências à saúde publica, caso se comprove negligência ou omissão no que se refere à observância dos padrões higiênico-sanitários, físico-químicos e microbiológicos, à adição indevida de produtos químicos e biológicos, ao uso impróprio de práticas de recebimento, obtenção e depósito de matéria-prima e ingredientes, elaboração, acondicionamento, armazenagem, transporte e comercialização dos produtos comestíveis de origem animal, elaborados de forma artesanal.

Art. 32. O Secretário de Agricultura e Abastecimento e o Coordenador da Coordenadoria de Defesa Agropecuária baixarão os atos complementares que se fizerem necessários à aplicação do presente regulamento.

Art. 33. Este Decreto entra em vigor na data de sua publicação.

Palácio dos Bandeirantes, 5 de setembro de 2000.

Mário Covas

DOE de 6.9.2000

DECRETO Nº 45.615, DE 4 DE JANEIRO DE 2001

Dispõe sobre a concessão de licenças de funcionamento, certificados de vistoria sanitária, cadernetas de controle sanitário, alvarás de utilização e dá providências correlatas.

Mário Covas, Governador do Estado de São Paulo, no uso de suas atribuições legais,

Considerando o disposto nos arts. 7º e 86 da Lei nº 10.083, de 23 de setembro de 1998, que dispõe sobre o Código Sanitário do Estado;

Considerando a necessidade de desburocratizar a concessão de licenças de funcionamento, certificados de vistoria sanitária, cadernetas de controle sanitário e alvarás de utilização; e

Considerando a importância de dar continuidade ao processo de modernização das ações e serviços de vigilância sanitária,

Decreta:

Art. 1º. Os órgãos de vigilância sanitária competentes deverão manter cadastro de estabelecimentos, atualizando-os sempre que necessário.

Art. 2º. O *caput* do art. 2º da Norma Técnica Especial relativa à instalação de estabelecimentos veterinários, aprovada pelo Decreto nº 40.400, de 24 de outubro de 1995, passa a vigorar com a seguinte redação:

(*) Alteração já efetuada no corpo do Decreto.

Art. 3º. Este Decreto entra em vigor na data de sua publicação, ficando revogados:

I – o art. 84, o § 1º do art. 117, os arts. 143, 165, o parágrafo único do art. 417, o parágrafo único do art. 419, o art. 420, o inciso II e o § 3º do art. 453, o inciso I e o § 2º do art. 460, os arts. 467 e 468, todos do Regulamento aprovado pelo Decreto nº 12.342, de 27 de setembro de 1978;

(*) Alteração já efetuada no corpo do Decreto.

II – o art. 15 da Norma Técnica Especial aprovada pelo Decreto nº 13.166, de 23 de janeiro de 1979;

(*) Alteração já efetuada no corpo do Decreto.

III – o Decreto nº 13.795, de 10 de agosto de 1979;

IV – o Decreto nº 14.477, de 18 de dezembro de 1979;

V – o Decreto nº 24.165, de 25 de outubro de 1985;

VI – o art. 38 da Norma Técnica Especial aprovada pelo Decreto nº 40.400, de 24 de outubro de 1995.

(*) Alteração já efetuada no corpo do Decreto.

Palácio dos Bandeirantes, 4 de janeiro de 2001.

Mário Covas

DOE de 5.1.2001

DECRETO Nº 45.781, DE 27 DE ABRIL DE 2001

Regulamenta a Lei nº 10.670, de 24 de outubro de 2000, que dispõe sobre a adoção de medidas de defesa sanitária animal no âmbito do Estado e dá outras providências correlatas.

Geraldo Alckmin, Governador do Estado de São Paulo, no uso de suas atribuições legais,

Decreta:

Seção I
Disposição Preliminar

Art. 1º. As medidas de defesa sanitária animal, de que trata a Lei nº 10.670, de 24 de outubro de 2000, serão executadas, no âmbito do Estado de São Paulo, de acordo com o presente regulamento.

Seção II
Dos Objetivos

Art. 2º. As atividades de defesa sanitária animal têm por objetivos:

I – prevenir, combater, controlar e erradicar doenças e pragas, visando a proteção da saúde dos animais e da saúde humana;

II – organizar as ações de vigilância epidemiológica, e defesa sanitária dos animais, integrando-as no Sistema Unificado de Atenção à Sanidade Agropecuária de que trata o art. 28-A da Lei Federal nº 9.712, de 20 de novembro de 1998;

III – estimular a participação da comunidade nas ações de defesa sanitária animal;

IV – impedir a introdução de doenças e pragas no Estado.

Seção III
Dos Programas de Sanidade Animal

Art. 3º. Serão definidos, nos termos do § 1º do art. 1º da Lei nº 10.670, de 24 de outubro de 2000, em regulamento específico, programas de sanidade animal, de peculiar interesse do Estado, os quais serão implementados por meio de normas técnicas a serem editadas pelo Secretário de Agricultura e Abastecimento.

Seção IV
Do Peculiar Interesse do Estado para fins de Fiscalização e de Defesa Sanitária Animal

Art. 4º. Considera-se de peculiar interesse do Estado para fins de fiscalização e de defesa sanitária animal:

I – animais:

a) criados ou mantidos com finalidades econômicas, sociais, de lazer ou de sustento familiar, que representem riscos à saúde pública e/ou animal, ou que desempenhem importante papel social ou ambiental;

b) das espécies bovina, bubalina, suína, ovina, caprina e demais espécies biunguladas silvestres;

c) equídeos;

d) aves domésticas, exóticas e silvestres;

e) animais aquáticos em geral;

f) lagomorfos;

g) insetos, crustáceos e anelídeos de interesse econômico;

II – doenças e pragas:

a) febre aftosa;

b) estomatite vesicular;

c) peste suína clássica;

d) doença de Newcastle;

e) doença de Aujeszky;

f) bruceloses;

g) tuberculoses;

h) raiva;

i) anemia infecciosa equina;

j) micoplasmoses aviárias;

l) salmoneloses aviárias;

m) outras doenças e pragas que afetem os animais de peculiar interesse do Estado;

III – produtos e/ou insumos: as substâncias químicas, biológicas, biotecnológicas ou preparações manufaturadas, cuja administração seja aplicada de forma individual ou coletiva, de forma direta ou misturada com os alimentos, destinada à prevenção, ao diagnóstico, à cura ou ao tratamento das doenças dos animais, incluindo os aditivos, suplementos, promotores, melhoradores da produção animal, antissépticos, desinfetantes de uso ambiental ou de equipamentos, pesticidas, e todos os produtos que, utilizados nos animais e/ou no seu *habitat*, protejam, restaurem ou modifiquem suas funções orgânicas e fisiológicas, inclusive os produtos destinados às provas para diagnóstico laboratorial;

IV – atividades pecuárias: as criações de animais abrangidos pelos programas de sanidade de que trata o art. 3º ou explorações dos produtos, subprodutos e derivados a eles relativos, passíveis de apresentarem doenças e pragas e/ou representarem potencial risco sanitário à saúde animal, ao patrimônio genético do Estado ou à saúde pública.

§ 1º. Consideram-se também, de peculiar interesse dos Estado os embriões e os materiais de multiplicação genética das espécies animais relacionadas no inciso I deste artigo.

§ 2º. Outros animais, doenças e pragas, produtos e insumos veterinários e atividades pecuárias, poderão ser considerados de peculiar interesse do Estado através de Resolução do Secretário de Agricultura e Abastecimento.

Seção V
Das Medidas de Fiscalização, de Defesa Sanitária Animal e de Vigilância Epidemiológica

Art. 5º. As medidas destinadas à fiscalização, à defesa sanitária animal e à vigilância epidemiológica compreenderão:

I – cadastro de propriedades voltadas a exploração de atividade pecuária de peculiar interesse do Estado;

II – cadastro de estabelecimentos que abatem animais de peculiar interesse do Estado, ou industrializem ou beneficiem, no todo ou suas partes, produtos, subprodutos, inclusive derivados, excretas e secreções;

III – cadastro de empresas constituídas com a finalidade de promover leilões, feiras, exposições e outros eventos que envolvam concentração de animais de peculiar interesse do Estado;

IV – cadastro de médicos veterinários e de outros profissionais não integrantes da Secretaria de Agricultura e Abastecimento, credenciados para atuação na área de defesa sanitária animal no Estado;

V – cadastro de laboratórios de identificação e diagnóstico de doenças e pragas existentes no Estado;

VI – cadastro de estabelecimentos de comércio de produtos e insumos veterinários existentes no Estado;

VII – inventário da população animal de peculiar interesse do Estado;

VIII – inventário das doenças e pragas identificadas ou diagnosticadas no âmbito do Estado;

IX – controle sanitário do trânsito no Estado de São Paulo de animais de peculiar interesse do Estado, bem como dos respectivos produtos e subprodutos, inclusive, derivados, excretas e secreções;

X – planejamento, organização, execução, supervisão e avaliação dos programas de sanidade animal e dos projetos específicos de fiscalização e de defesa sanitária animal destinados à prevenção, combate, controle e erradicação das doenças e pragas dos animais de peculiar interesse do Estado;

XI – coordenação e participação em projetos de erradicação de doenças e pragas, organizados pela União;

XII – fiscalização sanitária dos animais de peculiar interesse do Estado, bem como dos respectivos produtos e subprodutos, inclusive, derivados, excretas e secreções;

XIII – fiscalização e execução da aplicação e uso de produtos e insumos veterinários;

XIV – treinamento técnico dos servidores da Coordenadoria de Defesa Agropecuária da Secretaria de Agricultura e Abastecimento envolvidos nas ações de defesa sanitária animal e de pessoal credenciado e conveniado;

XV – estabelecimento de normas técnicas para fins de fiscalização e de defesa sanitária animal;

XVI – organização e gerenciamento do sistema estadual de comunicação e divulgação de informações zoossanitárias;

XVII – sacrifício sanitário e abate sanitário de quaisquer animais, destruição de bens, produtos e subprodutos, inclusive derivados, excretas e secreções de origem animal, visando a prevenir, combater, controlar e erradicar doenças e pragas;

XVIII – interdição de áreas, propriedades ou estabelecimentos, públicos ou privados, para evitar a disseminação de doenças e pragas;

XIX – apreensão de animais, produtos de origem animal, subprodutos, inclusive, derivados, excretas e secreções;

XX – suspensão de atividades que causem risco à saúde humana ou à população animal ou embaraço à ação do órgão fiscalizador.

Parágrafo único. A Coordenadoria de Defesa Agropecuária poderá credenciar médicos veterinários e laboratórios de identificação e diagnóstico para atuação no âmbito dos programas de que trata o art. 3º deste Decreto, segundo condições estabelecidas pelo Secretário de Agricultura e Abastecimento, complementadas, se for o caso, pelo Coordenador da Defesa Agropecuária.

Art. 6º. As medidas de defesa sanitária animal, quando determinadas pelo Estado, deverão ser executadas pelas pessoas físicas ou jurídicas responsáveis, no prazo fixado pela Coordenadoria de Defesa Agropecuária.

Parágrafo único. Em caso de omissão, a Coordenadoria de Defesa Agropecuária executará ou mandará executar as medidas necessárias, devendo os interessados ressarcir ao Estado as despesas decorrentes da realização dos procedimentos compulsórios indicados.

Seção VI
Do Sistema Estadual de Informações Zoossanitárias

Art. 7º. O sistema estadual de comunicação e divulgação de informações zoossanitárias compreenderá:

I – mecanismos de coleta, processamento e transmissão de informações;

II – base de dados;

III – modelos de análises e fluxos de informação;

IV – informes sobre alertas de doenças ou pragas;

V – informes relativos à distribuição e ocorrência de focos e diagnósticos;

VI – informes de dados estatísticos e de desenvolvimento de programas.

§ 1º. O sistema tratado neste artigo será desenvolvido para o manejo de dados epidemiológicos como base metodológica para gestão dos programas de que trata o art. 3º.

§ 2º. Os laboratórios públicos, os laboratórios privados e os médicos veterinários bem outros profissionais ligados à agropecuária, credenciados, ou conveniados com a Secretaria de Agricultura e Abastecimento deverão comunicar à Coordenadoria de Defesa Agropecuária a ocorrência ou suspeita de doenças e pragas de peculiar interesse do Estado, comunicação essa que também será prestada em colaboração, por razões de ordem sanitária, pelos demais médicos veterinários e laboratórios privados.

Seção VII
Da Aplicação e Uso de Produtos e Insumos Veterinários

Art. 8º. Os proprietários ou todos aqueles que, a qualquer título, tiverem animais de peculiar interesse do Estado sob seu poder ou guarda, ficam obrigados a aplicar produtos e insumos veterinários, de acordo com os programas de sanidade animal de que cuida este Decreto e nas condições e períodos estabelecidos em Resolução do Secretário de Agricultura e Abastecimento, conforme proposta da Coordenadoria de Defesa Agropecuária da Secretaria de Agricultura e Abastecimento.

§ 1º. As obrigações previstas neste artigo deverão ser executadas pelo proprietário ou detentor dos animais e, em caso de omissão, a Coordenadoria de Defesa Agropecuária providenciará sua execução, cabendo ao proprietário ou detentor do animal fornecer pessoal capacitado para realizar trabalhos de campo, bem como ressarcir ao Estado todas as despesas decorrentes, sem prejuízo das penalidades previstas neste Decreto.

§ 2º. As obrigações da aplicação de produtos e insumos veterinários de que trata o *caput* deste artigo poderão ser estendidas a qualquer espécie animal, por ato da Coordenadoria de Defesa Agropecuária, se razões de defesa sanitária assim o exigirem.

§ 3º. A Coordenadoria de Defesa Agropecuária poderá determinar a qualquer proprietário ou detentor de animais, a reaplicação de produtos e insumos veterinários, em qualquer época, visando controlar ou circunscrever focos de doenças e pragas.

Seção VIII
Do Trânsito

Art. 9º. Os animais e ovos férteis e embrionados, de peculiar interesse do Estado, quando em trânsito no Estado de São Paulo, independentemente da origem, do destino e da finalidade, deverão estar acompanhados da Guia de Trânsito Animal – GTA e demais documentos zoossanitários e fiscais pertinentes, cabendo ao responsável pela condução do veículo transportador apresentá-los à fiscalização quando exigido.

Parágrafo único. A Guia de Trânsito Animal – GTA, somente será emitida, no Estado de São Paulo, mediante comprovação do cumprimento das medidas sanitárias estabelecidas para a espécie animal e indicação de finalidade do trânsito, do pagamento da taxa de vigilância epidemiológica, bem como da apresentação da documentação zoossanitária exigida, da Nota de Produtor ou Nota Fiscal ou de outro documento hábil da Secretaria da Fazenda, podendo a Coordenadoria de Defesa Agropecuária proceder vistorias e outras diligências que se fizerem necessárias para sua emissão.

Art. 10. Os produtos, subprodutos, inclusive derivados, excretas e secreções de origem animal em trânsito no Estado de São Paulo deverão, independentemente do destino, estar acompanhados, além da documentação fiscal pertinente, dos documentos zoossanitários estabelecidos na legislação.

Art. 11. O trânsito dos animais, seus produtos, subprodutos, inclusive os derivados e ovos férteis e embrionados, de peculiar interesse do Estado, provenientes de regiões definidas como "de risco" pelo Ministério da Agricultura e Abastecimento, e com destino a outra Unidade da Federação, será controlado durante o percurso no território do Estado, por meio da emissão, pela Coordenadoria de Defesa Agropecuária, de Permissão de Trânsito, à vista dos documentos referidos nesta Seção.

Parágrafo único. A Permissão de Trânsito de que trata este artigo será emitida nos postos de fiscalização localizados nas fronteiras do Estado, devendo ser devolvida quando da saída do seu território, no posto de fiscalização nela indicado.

Art. 12. Em casos especiais, a Coordenadoria de Defesa Agropecuária, poderá, por razões de defesa sanitária, proibir ou estabelecer condições para o trânsito de animais, bem como dos respectivos produtos e subprodutos, inclusive derivados, excretas e secreções.

Seção IX
Dos Deveres dos Proprietários, Transportadores e Depositários de Animais

Art. 13. Os proprietários, os transportadores e todos aqueles que a qualquer título tiverem animais sob seu poder ou guarda ficam obrigados a:

I – cumprir as medidas de defesa sanitária animal nos prazos e nas condições determinadas pela Secretaria de Agricultura e Abastecimento;

II – comunicar à Coordenadoria de Defesa Agropecuária, a suspeita ou ocorrência de focos de doenças e pragas de peculiar interesse do Estado;

III – permitir a realização de inspeções sanitárias e demais procedimentos de defesa sanitária animal;

IV – prestar à Coordenadoria de Defesa Agropecuária as informações necessárias à defesa sanitária animal;

V – proceder à aplicação de produtos ou insumos veterinários nos períodos ou datas estabelecidas para esse fim;

VI – comprovar junto ao serviço de Defesa Agropecuária da circunscrição onde se encontrem os animais a realização da aplicação de produtos ou insumos veterinários, exames laboratoriais e provas diagnósticas, nos prazos e formas estabelecidos em Resoluções do Secretário de Agricultura e Abastecimento;

VII – exigir, quando da aquisição do domínio ou posse ou transporte de animais, a guia de trânsito animal, com a identificação da guia de recolhimento da taxa de vigilância, os documentos fiscais e demais documentos zoossanitários estabelecidos em Resolução do Secretário de Agricultura e Abastecimento;

VIII – fornecer, quando da venda ou transferência de animais de peculiar interesse do Estado, a qualquer título, a Guia de Trânsito Animal – GTA, com a identificação da guia de recolhimento de taxa de vigilância e demais documentos zoossanitários e fiscais estabelecidos na legislação;

IX – providenciar, junto à Coordenadoria de Defesa Agropecuária, a abertura de ficha cadastral para o controle da população animal de peculiar interesse do Estado, com atualizações cadastrais nos prazos e formas estabelecidos em Resoluções do Secretário de Agricultura e Abastecimento.

§ 1º. As obrigações previstas neste artigo deverão ser cumpridas, no que couber, pelos estabelecimentos de abate, pelas usinas de beneficiamento de leite e seus entrepostos, pelos incumbatórios de ovos, pelos promotores de leilões, feiras, exposições e outros eventos que envolvam concentração de animais e por órgãos públicos responsáveis por apreensão de animais.

§ 2º. Não identificado ou localizado o proprietário dos animais será responsável pelas obrigações previstas neste artigo, aquele que o tiver em seu poder ou guarda, a qualquer título, ficando sujeito às sanções previstas neste Decreto.

§ 3º. Na hipótese de existência de convênio, as obrigações de que tratam os incisos II, IV, V e VI deste artigo poderão ser cumpridas ou comprovadas junto a entidade privada já existente ou que vier a existir, criada para a promoção de defesa sanitária animal.

Seção X
Dos Estabelecimentos de Abate de Animais e de Recebimento de Leite e Ovos Férteis

Art. 14. Os estabelecimentos que abatem animais de peculiar interesse do Estado ou industrializem ou beneficiem suas partes, produtos e subprodutos, inclusive derivados, excretas e secreções serão objeto de fiscalização pela Coordenadoria de Defesa Agropecuária para verificação das Guias de Trânsito Animal – GTA e do cumprimento das medidas de defesa sanitária.

Art. 15. Os estabelecimentos que abatem animais, para o mercado interno e externo, deverão exigir a Guia de Transito Animal – GTA e os exames laboratoriais e provas diagnósticas, na forma estabelecida em Resolução do Secretário de Agricultura e Abastecimento.

§ 1º. As Guias de Trânsito Animal – GTAs devem permanecer arquivadas nos estabelecimentos de destino para fins de fiscalização sanitária, podendo ser destruídas apenas com autorização da Coordenadoria de Defesa Agropecuária.

§ 2º. Para fins da adoção de medidas sanitárias, os estabelecimentos indicados neste artigo deverão manter escrituração para comprovação da origem dos animais e das ocorrências sanitárias.

§ 3º. Fica dispensada a comprovação do pagamento da taxa de vigilância epidemiológica, quando os animais forem provenientes de outros Estados e estiverem acompanhados de Guia de Trânsito Animal – GTA e de documentos zoossanitários emitidos no Estado de origem.

Art. 16. As usinas, laticínios e outros estabelecimentos de processamento de leite e derivados, somente poderão receber leite *in natura* de produtores que comprovem ter realizado a aplicação de produtos ou insumos veterinários compulsórios e os exames laboratoriais e provas diagnósticas, na forma estabelecida em Resolução da Secretaria de Agricultura e Abastecimento bem como comprovem ter efetuado o recolhimento das taxas previstas neste Decreto.

§ 1º. As guias de recolhimento da taxa de vigilância epidemiológica e os comprovantes da aplicação compulsória de produtos ou insumos veterinários, ou cópia dos mesmos, devem permanecer arquivadas nos estabelecimentos de destino para fins de fiscalização sanitária, podendo ser destruídos apenas com autorização da Coordenadoria de Defesa Agropecuária.

§ 2º. Para possibilitar a adoção de medidas sanitárias, os estabelecimentos de que cuida este artigo deverão manter escrituração que comprove a origem do leite e as ocorrências sanitárias.

Art. 17. Os incubatórios de ovos deverão exigir a comprovação do pagamento de taxa de vigilância epidemiológica relativa aos ovos férteis e embrionados destinados a incubação, que necessitarem de Guia de Trânsito Animal, bem como a própria GTA e os exames laboratoriais e provas diagnósticas, na forma estabelecida em Resolução do Secretário de Agricultura e Abastecimento.

§ 1º. Os comprovantes sanitários e/ou da aplicação compulsória de produtos ou insumos veterinários, as Guias de Trânsito Animal, as guias de recolhimento da taxa de vigilância epidemiológica, ou cópia dos mesmos devem permanecer arquivadas nos estabelecimentos de destino para fins de fiscalização sanitária, podendo ser destruídos apenas com autorização da Coordenadoria de Defesa Agropecuária.

§ 2º. Para possibilitar a adoção de medidas sanitárias, os estabelecimentos previstos neste artigo deverão manter escrituração visando a comprovação da origem dos ovos embrionados e as ocorrências sanitárias.

Seção XI
Da Interdição de Áreas e Propriedades

Art. 18. Verificada a ocorrência ou suspeita de doenças e pragas de peculiar interesse do Estado poderá a Coordenadoria de Defesa Agropecuária interditar áreas, propriedades e estabelecimentos públicos ou privados, bem como estabelecer medidas de controle de trânsito de veículos e pessoas e proibir qualquer trânsito de animais, produtos e subprodutos, inclusive derivados, excretas, secreções, resíduos, equipamentos, insumos e objetos ou a realização de qualquer evento que possa propiciar a disseminação da praga ou da doença.

§ 1º. Poderão ser interditados, ainda, por razões de defesa sanitária animal, estabelecimentos públicos ou privados, que tenham recebido animais oriundos de regiões ou rebanhos suspeitos ou infectados.

§ 2º. As interdições ou as proibições de que trata este artigo serão suspensas tão logo cessarem os motivos que as ensejaram.

Art. 19. Os veículos, equipamentos, excretas, secreções, resíduos, insumos e objetos que tenham estado em contato com animais, com doenças ou pragas ou suspeitos de doenças de peculiar interesse do Estado ou provenientes de áreas infectadas ou declaradas de risco, deverão ser descontaminados ou, se for inviável a descontaminação, destruídos, neste caso mediante elaboração de termo de constatação em que se identifique o bem, promovendo-se sua avaliação.

Parágrafo único. Na hipótese de descumprimento do disposto neste artigo pelo proprietário, transportador ou detentor dos animais, produtos, subprodutos, derivados, resíduos, equipamentos, insumos e objetos a Coordenadoria de Defesa Agropecuária realizará as ações que se fizerem necessárias, cabendo ao infrator ressarcir as despesas.

Seção XII
Do Sacrifício Sanitário e do Abate Sanitário de Animais

Art. 20. São passíveis de apreensão e sacrifício sanitário, por motivo de defesa sanitária animal ou de saúde pública, os animais:

I – com sintomas compatíveis com a Febre Aftosa e também aqueles positivos nas provas de isolamento do vírus ou com reação imunológica positiva nas provas oficialmente determinadas;

II – acometidos das seguintes doenças infectocontagiosas: Brucelose, Tuberculose, Mormo, Anemia Infecciosa Equina, Peste Suína Clássica, Doença de Newcastle, Salmoneloses e Micoplasmoses Aviárias, e aqueles com diagnósticos positivos nas provas de isolamento do agente ou reações imunológicas oficialmente determinadas;

III – acometidos de qualquer doença infectocontagiosa ainda não oficialmente reconhecida como existente no país e aqueles com diagnóstico positivo nas provas de isolamento do agente ou reações imunológicas positiva nas provas oficialmente determinadas;

IV – acometidos ou portadores de doenças que representem situações de emergência para as quais o sacrifício sanitário é medida de defesa sanitária recomendada.

§ 1º. A apreensão e sacrifício sanitário se farão na forma estabelecida pela Secretaria de Agricultura e Abastecimento, mediante proposta da Coordenadoria de Defesa Agropecuária, a qual disciplinará, também, a destinação a ser dada aos cadáveres, restos e resíduos.

§ 2º. O sacrifício sanitário previsto neste artigo poderá abranger outros animais da área do foco ou perifoco, quando necessário, para evitar a disseminação da doença, aplicando-se-lhes, o disposto na Seção XIII deste Decreto.

Art. 21. São passíveis de apreensão e abate sanitário, com aproveitamento do produto, os animais:

I – oriundos de estados ou países declarados como "de risco" pelo Ministério da Agricultura e do Abastecimento ou de áreas de risco indicadas em Resolução do Secretário de Agricultura e Abastecimento, e que não tenham atendido as exigências sanitárias estabelecidas;

II – em trânsito ou recebidos em qualquer propriedade ou estabelecimento, público ou privado, desacompanhados de Guia de Trânsito Animal – GTA;

III – abandonados em vias públicas.

§ 1º. O abate sanitário será efetuado em estabelecimento de abate próximo e que possua condições de efetuar o processamento do produto.

§ 2º. Não existindo estabelecimento de abate sanitário adequado nas proximidades, em condições de efetuar o processamento do produto, os animais poderão ser sacrificados, dando-se aos cadáveres, restos e resíduos a destinação prevista em Resolução do Secretário de Agricultura e Abastecimento.

§ 3º. Alternativamente ao abate sanitário dos animais poderá a Coordenadoria de Defesa Agropecuária autorizar o seu retorno à origem, quando for tecnicamente possível, sem risco ao rebanho paulista.

Art. 22. São passíveis de destruição os produtos e subprodutos, inclusive derivados, resíduos e excretas, oriundos de estados ou países declarados como "de risco" pelo Ministério da Agricultura e do Abastecimento ou de áreas indicadas pela Secretaria de Agricultura e Abastecimento que não tenham atendido as exigências sanitárias estabelecidas ou com destinação em desacordo com a prevista no documento zoossanitário.

Art. 23. É facultado ao proprietário dos animais, no prazo estabelecido pela Coordenadoria de Defesa Agropecuária, o aproveitamento do produto resultante do abate sanitário, cabendo-lhe arcar com todas as despesas do abate, transporte e armazenagem.

Parágrafo único. A liberação do produto do abate sanitário para consumo só poderá ocorrer após a autorização do órgão de inspeção sanitária federal, estadual ou municipal competente.

Art. 24. Não efetuando o proprietário o pagamento das despesas do abate sanitário, transporte e armazenagem nos termos do artigo anterior, caberá à Coordenadoria de Defesa Agropecuária arcar com tais despesas, podendo vender o produto e recolher a respectiva receita ao fundo especial de despesa do órgão.

§ 1º. Na hipótese prevista neste artigo, o estabelecimento de abate poderá ser ressarcido das despesas do abate sanitário realizado com parte do respectivo produto, respeitados os limites percentuais fixados pela Coordenadoria de Defesa Agropecuária, em função da espécie animal e das práticas da região.

§ 2º. Ocorrendo o risco de perecimento do produto, poderá a Coordenadoria de Defesa Agropecuária destiná-lo a órgão da administração direta ou doá-lo a entidades filantrópicas.

Art. 25. No caso de abandono de animal, a Coordenadoria de Defesa Agropecuária poderá apreendê-lo e vendê-lo para aproveitamento condicionado, recolhendo o produto da operação ao seu fundo especial de despesa, ou doá-lo a entidade pública ou filantrópica.

Art. 26. Deverá ser providenciada, previamente ao sacrifício sanitário ou ao abate sanitário, a elaboração de laudo de avaliação por uma comissão da Coordenadoria de Defesa Agropecuária, constituída por três servidores, sendo presidida necessariamente por um médico veterinário, devendo conter:

I – dados pessoais disponíveis do proprietário dos animais;

II – termo de determinação do sacrifício ou do abate sanitário;

III – espécie, raça, idade aproximada, sexo, marca, finalidade econômica e outras características consideradas relevantes do animal;

IV – valor arbitrado aos animais.

Art. 27. Quando da realização de sacrifício sanitário ou abate sanitário deverá ser lavrado termo com as informações pertinentes ao ato.

Art. 28. O veículo transportador dos animais destinados ao sacrifício sanitário ou ao abate sanitário deverá ser descontaminado, arcando o transportador, quando for o caso, com as despesas decorrentes e sujeitando-se às penalidades legais.

Seção XIII
Da Indenização

Art. 29. Na hipótese de sacrifício sanitário, abate sanitário ou destruição de bens, poderá ser concedida indenização, ao proprietário de animais ou de bens, cujo sacrifício ou destruição se impuser por razões de defesa sanitária, desde que não tenha infringido, dolosa ou culposamente, a legislação sanitária.

§ 1º. As despesas realizadas pelo Poder Público e o valor do produto aproveitado deverão ser deduzidos da indenização a que se refere este artigo.

§ 2º. Não caberá indenização nas hipóteses de:

1. descumprimento da legislação sanitária;

2. doenças consideradas incuráveis e letais.

§ 3º. Para fins de indenização:

1. no caso de sacrifício sanitário ou abate sanitário do animal, Resolução do Secretário de Agricultura e Abastecimento estabelecerá os critérios para a indenização, de acordo com cada doença ou praga;

2. por destruição de bens, corresponderá ao valor da avaliação.

Art. 30. Para os fins do artigo anterior, o proprietário dos animais ou dos bens deverá apresentar, com o pedido de indenização, declaração pessoal atestando a inexistência de ação judicial em curso, fundada no mesmo fato e no mesmo direito.

§ 1º. Recebido o pedido de indenização, caberá a Coordenadoria de Defesa Agropecuária providenciar sua autuação e a instrução do processo com:

1. os documentos referidos nos arts. 26 e 27 deste Decreto;

2. a avaliação de bens destruídos, se for o caso;

3. informação acerca dos valores das despesas realizadas pelo órgão e do produto aproveitado pelo requerente.

§ 2º. Cumprido o disposto no parágrafo anterior, será o processo encaminhado à Procuradoria Geral do Estado para análise e decisão, em conformidade com o Decreto nº 44.422, de 23 de novembro de 1999.

§ 3º. Nas hipóteses do § 2º do art. 29 o pedido de indenização será indeferido liminarmente pelo Coordenador da Coordenadoria de Defesa Agropecuária.

§ 4º. A posterior opção do interessado pela via judicial implicará na extinção do processo administrativo previsto neste artigo.

Seção XIV
Dos Eventos e Recintos de Concentração de Animais

Art. 31. Dependerá de prévia autorização da Coordenadoria de Defesa Agropecuária a realização de leilões, feiras, exposições e outros eventos de concentração de animais do peculiar interesse do Estado.

§ 1º. A autorização tratada neste artigo deverá ser requerida até 30 (trinta) dias antes da realização do evento, junto ao órgão da Coordenadoria de Defesa Agropecuária em cuja circunscrição se encontrar o recinto.

§ 2º. No caso de leilões realizados periodicamente o pedido de autorização poderá ser formulado anualmente, em um único requerimento, para todos os eventos programados.

§ 3º. A autorização prevista neste artigo poderá ser cancelada, a qualquer momento, por razões de defesa sanitária animal.

Art. 32. Para a obtenção da autorização de que trata o artigo anterior, o interessado deverá fazer constar do requerimento os seguintes elementos básicos:

I – tipo de promoção pecuária;

II – número do cadastro da Coordenadoria de Defesa Agropecuária;

III – declaração de responsabilidade técnica, firmada por médico veterinário credenciado pela Coordenadoria de Defesa Agropecuária;

IV – local do evento;

V – data da realização;

VI – croqui das instalações com os seguintes requisitos mínimos:

a) área cercada em todo o seu perímetro, de modo a impedir o trânsito de pessoas e animais fora dos locais destinados a esse fim;

b) acesso dos animais através de desembarcadouro apropriado, provido de pedilúvio;

c) alojamento de animais em galpões ou currais adequados, providos de bebedouros, comedouros se necessário, e que atendam às exigências higiênico-sanitárias;

d) estacionamento de veículos localizado em área externa ou, quando interna, em local devidamente delimitado;

e) equipamentos de lavagem, desinfecção e pulverização.

Parágrafo único. Recebido o requerimento, será providenciada inspeção prévia do local pela Coordenadoria de Defesa Agropecuária, para verificação do preenchimento dos requisitos constantes do inciso VI deste artigo.

Art. 33. Nos intervalos entre os eventos deve ser realizada a descontaminação das instalações, equipamentos e demais materiais ali existentes, na forma estabelecida em Resolução do Secretário de Agricultura e Abastecimento.

Art. 34. Os recintos permanentes destinados a leilões, feiras, exposições e outros eventos que envolvam concentração de animais de peculiar interesse do Estado deverão ser objeto de vistoria anual pela Coordenadoria de Defesa Agropecuária, a qual emitirá o correspondente certificado de sanidade, independentemente da vigilância epidemiológica durante o evento.

Art. 35. A Guia de Trânsito Animal dos animais egressos de recintos de concentração, será fornecida pelo médico veterinário responsável pelo evento, credenciado para atuação em Defesa Sanitária Animal e preenchida com base nos dados da Guia de Trânsito Animal de ingresso.

Art. 36. Caberá ao promotor de leilões, feiras, exposições e outros eventos que envolvam concentração de animais, zelar por sua higiene e trato durante toda a sua permanência no recinto.

Seção XV
Das Entidades Promotoras de Leilão, Feiras e Exposições

Art. 37. As entidades promotoras de leilões, feiras, exposições e outros eventos que envolvam concentração de animais, de peculiar interesse do Estado, deverão:

I – cadastrar-se junto à Coordenadoria de Defesa Agropecuária;

II – manter escrituração de controle da origem e destino dos animais, da documentação zoossanitária e do recolhimento das taxas de vigilância epidemiológica.

Art. 38. Para efeito do cadastro previsto no artigo anterior, as entidades deverão apresentar os seguintes documentos:

I – contrato social devidamente registrado na Junta Comercial do Estado ou no Cartório de Registro de Títulos e Documentos;

II – inscrição no Cadastro Nacional de Pessoas Jurídicas;

III – prova de responsabilidade técnica por médico veterinário credenciado pela Coordenadoria de Defesa Agropecuária;

IV – Certificado de Regularidade e Registro de Pessoa Jurídica emitido pelo Conselho Regional de Medicina Veterinária do Estado de São Paulo.

§ 1º. A documentação prevista neste artigo deverá ser apresentada no original ou por cópia autenticada.

§ 2º. Quando da realização de leilões comprovadamente beneficentes fica dispensado o cumprimento dos incisos I, II e IV deste artigo.

Art. 39. As entidades cadastradas deverão apresentar, até o dia 10 (dez) de cada mês, relatório mensal de atividades, junto ao órgão da Coordenadoria de Defesa Agropecuária em cuja circunscrição se encontre o recinto, contendo:

I – número e local dos leilões realizados;

II – número de animais que ingressaram no recinto;

III – origem e destino dos animais que ingressaram no recinto;

IV – os documentos zoossanitários que acompanharam os animais quando da entrada e saída do recinto;

V – comprovante do recolhimento das taxas de vigilância epidemiológica;

VI – registro de ocorrências sanitárias.

Seção XVI
Das Propriedades Voltadas à Exploração de Atividade Pecuária de Peculiar Interesse do Estado

Art. 40. As propriedades voltadas à exploração de atividade pecuária de peculiar interesse do Estado sujeitam-se a:

I – cadastro, na forma a ser estabelecida pela Coordenadoria de Defesa Agropecuária;

II – certificado de sanidade anual, a ser emitido pela Coordenadoria de Defesa Agropecuária, nos casos e na forma que vierem a ser exigidos em normas técnicas relativas aos Programas Sanitários, propostos pela Coordenadoria de Defesa Agropecuária e estabelecidos em Resolução do Secretário da Agricultura e Abastecimento, e após fiscalização do atendimento às exigências de defesa sanitária animal ali previstas.

Seção XVII
Da Distribuição e Comércio de Produtos e Insumos Veterinários

Art. 41. Todos aqueles que comerciem, armazenem e distribuam para comercialização, produtos e insumos veterinários de peculiar interesse do Estado, deverão estar cadastrados junto à Coordenadoria de Defesa Agropecuária e devidamente instalados e aparelhados para atender as condições de validade, acondicionamento e armazenagem desses produtos e insumos.

§ 1º. Para efeito do cadastro previsto neste artigo deverão ser apresentados os seguintes documentos:

1. contrato social devidamente registrado na Junta Comercial do Estado ou no Cartório de Registro de Títulos e Documentos;

2. inscrição no Cadastro Nacional de Pessoas Jurídicas;

3. Certificado de Regularidade e Registro de Pessoa Jurídica emitido pelo Conselho Regional de Medicina Veterinária do Estado de São Paulo.

§ 2º. As pessoas de que trata este artigo ficam obrigadas a fornecer à Coordenadoria de Defesa Agropecuária, em formulário próprio, os dados referentes à distribuição dos produtos e insumos veterinários, bem como seus adquirentes, estoque e outros informes que forem necessários ao bom desenvolvimento das atividades de defesa sanitária animal, na forma a ser estabelecida em Resolução do Secretário da Agricultura e Abastecimento, por proposta da Coordenadoria de Defesa Agropecuária.

§ 3º. A Coordenadoria de Defesa Agropecuária fixará o modelo do formulário previsto no parágrafo anterior e a periodicidade de sua apresentação.

Art. 42. Os estabelecimentos que descumprirem o disposto no artigo anterior poderão ter suas atividades suspensas, a critério da Coordenadoria de Defesa Agropecuária, até a regularização de sua situação.

Seção XVIII
Dos Profissionais e Laboratórios que Atuam na Área de Defesa Sanitária Animal

Art. 43. Os médicos veterinários e outros profissionais credenciados para atuação na área de defesa sanitária animal e os laboratórios de identificação e diagnóstico de doenças e pragas existentes no Estado, sujeitam-se a cadastro, na forma a ser estabelecida em Resolução do Secretário da Agricultura e Abastecimento.

Seção XIX
Dos Serviços e sua Organização

Art. 44. Caberá à Coordenadoria de Defesa Agropecuária o exercício das atividades de vigilância epidemiológica e de defesa sanitária animal.

Art. 45. Os Escritórios de Defesa Agropecuária da Coordenadoria de Defesa Agropecuária deverão manter registros atualizados das atividades programadas e realizadas nas respectivas áreas territoriais de atuação, fornecendo aos proprietários as informações e documentos necessários para o atendimento das obrigações pertinentes ao desenvolvimento dos programas sanitários estabelecidos na legislação pertinente.

Art. 46. Para o exercício da fiscalização e para a execução das medidas de defesa sanitária animal previstas neste Decreto, a Coordenadoria de Defesa Agropecuária poderá inspecionar propriedades públicas ou privadas e estabelecimentos rurais ou urbanos.

Art. 47. Os servidores encarregados da execução do presente decreto terão, mediante a apresentação da carteira de identidade funcional, livre acesso às propriedades, públicas ou privadas, estabelecimentos rurais ou urbanos, meios de transporte ou locais de concentração de animais para fins de fiscalização sanitária.

Art. 48. Sempre que houver necessidade e for conveniente ao bom andamento dos trabalhos de defesa sanitária, os animais poderão ser inspecionados pela Coordenadoria de Defesa Agropecuária, devendo o proprietário fornecer pessoal habilitado para a realização dos serviços.

Art. 49. Para o desempenho das atribuições previstas neste Decreto, a Coordenadoria de Defesa Agropecuária contará com a colaboração dos órgãos e entidades públicas estaduais, especialmente as Secretarias da Saúde, do Meio Ambiente, da Educação, da Fazenda, da Justiça, da Segurança Pública e dos Transportes e da Procuradoria Geral do Estado.

Art. 50. Os dirigentes de órgãos e entidades públicas ou privadas das áreas de saúde, ensino, pesquisa e diagnóstico deverão dar ciência à Coordenadoria de Defesa Agropecuária dos indicativos de ocorrência de problemas de saúde animal, inclusive comunicar irregularidades constatadas na fiscalização de alimentos.

Art. 51. Compete aos Diretores de Escritórios de Defesa Agropecuária da Coordenadoria de Defesa Agropecuária, no âmbito de sua área de atuação e nos termos previstos neste Decreto e em Resoluções do Secretário de Agricultura e Abastecimento:

I – determinar o isolamento ou interdição de estabelecimentos ou áreas, face à suspeita ou ocorrência de doenças e pragas;

II – estabelecer, face à suspeita ou ocorrência de doenças e pragas, restrições e proibições ao trânsito, à concentração de animais e ao transporte de produtos derivados;

III – determinar o sacrifício sanitário ou abate sanitário de animais e demais medidas profiláticas pertinentes;

IV – determinar a destinação condicionada ou destruição de produtos, subprodutos e derivados e outros bens, como medida de defesa sanitária animal;

V – determinar a aplicação de produtos e insumos veterinários de animais;

VI – determinar a aplicação de medidas profiláticas em geral;

VII – determinar o ressarcimento, mediante recolhimento ao fundo especial de despesa da Coordenadoria de Defesa Agropecuária, das despesas realizadas com materiais, serviços, produtos e insumos veterinários, quando da adoção de medidas profiláticas;

VIII – determinar a suspensão de atividade que cause risco à saúde humana ou à população animal ou embaraço à ação do órgão fiscalizador;

IX – autorizar e suspender a realização de leilões, feiras, exposições e outros eventos que envolvam concentração de animais;

X – comunicar à autoridade policial a ocorrência de fatos que possam configurar crime ou contravenção penal;

XI – requerer auxílio de força policial para assegurar o cumprimento do disposto neste Decreto;

XII – requerer a adoção de providências de ordem judicial.

Parágrafo único. São também competentes para as providências previstas neste artigo o Coordenador e os diretores do Grupo de Defesa Sanitária Animal e do Centro de Defesa Sanitária Animal da Coordenadoria de Defesa Agropecuária.

Art. 52. O Secretário de Agricultura e Abastecimento, o Coordenador e o Diretor do Grupo de Defesa Sanitária Animal da Coordenadoria de Defesa Agropecuária poderão estabelecer os critérios técnicos e administrativos que se fizerem necessários para a execução da interdição de áreas, sacrifício sanitário, abate sanitário, trânsito de animais, suspensão de atividades e demais medidas de controle zoossanitário previstas neste Decreto, bem como poderão determinar sua publicação no Diário Oficial do Estado, com vistas às informações de que trata o art. 7º deste Decreto.

Seção XX
Das Penalidades

Art. 53. Aos infratores das disposições deste Decreto, sem prejuízo de outras sanções previstas em legislação própria, será aplicada multa de até 5000 UFESPs, assim graduadas:

I – multa de 01 UFESP – Unidade Fiscal do Estado de São Paulo, por cabeça: aos estabelecimentos de abate que deixarem de exigir os documentos previstos neste Decreto, ressalvada a hipótese prevista no inciso IX deste artigo;

II – multa de 03 UFESPs por cabeça aos que deixarem de comunicar à Coordenadoria de Defesa Agropecuária a aplicação de produtos ou insumos veterinários, a realização de exames laboratoriais e provas diagnósticas previstos nos programas sanitários, nos prazos estabelecidos, ou fizerem falsa comunicação;

III – multa de 05 UFESPs – Unidades Fiscais do Estado de São Paulo, por cabeça: aos adquirentes de animais e aos promotores de leilões, feiras e outros eventos agropecuários, que deixarem de exigir do proprietário os documentos previstos neste Decreto;

IV – multa de 05 UFESPs – Unidades Fiscais do Estado de São Paulo, por cabeça: aos proprietários que efetuarem movimentação ou transferência, a qualquer título, de animais de peculiar interesse do Estado, sem a Guia de Trânsito Animal – GTA, e demais documentos zoossanitários estabelecidos na legislação;

V – multa de 05 UFESPs – Unidade Fiscal do Estado de São Paulo – por cabeça: àquele que deixar de aplicar produtos e insumos veterinários, realizar exames laboratoriais e provas diagnósticas nos períodos e forma estabelecidos nos programas sanitários;

VI – multa de 60 UFESPs – Unidades Fiscais do Estado de São Paulo, por fornecedor: às usinas de beneficiamento de leite e seus entrepostos que deixarem de exigir os documentos previstos neste Decreto, ressalvada a hipótese prevista no inciso XVI, alínea b deste artigo;

VII – multa de 60 UFESPs – Unidades Fiscais do Estado de São Paulo, ao incubatório, por lote de ovos férteis recebidos sem a respectiva Guia de Trânsito;

VIII – multa de 60 UFESPs – Unidades Fiscais do Estado de São Paulo: aos proprietários, transportadores e depositários de animais a qualquer título, bem como aos laboratórios públicos ou credenciados ou conveniados, médicos veterinários e outros profissionais credenciados ligados à agropecuária, que deixarem de comunicar à Coordenadoria de Defesa Agropecuária a existência de diagnóstico de doenças e pragas de peculiar interesse do Estado, bem como de animais suspeitos ou acometidos das mesmas;

IX – multa de 70 UFESPs – Unidades Fiscais do Estado de São Paulo: aos que transportarem animais sem os documentos previstos neste Decreto ou em desobediência às suas disposições;

X – multa de 100 UFESPs – Unidades Fiscais do Estado de São Paulo – aos que deixarem de requerer a abertura de ficha cadastral de animais ou de prestar as informações previstas neste Decreto à Coordenadoria de Defesa Agropecuária;

XI – multa de 100 UFESPs – Unidades Fiscais do Estado de São Paulo: aos que transportarem produtos, subprodutos, derivados, excretas e secreções de origem animal sem os documentos previstos neste Decreto ou em desobediência às suas disposições;

XII – multa de 200 UFESPs – Unidades Fiscais do Estado de São Paulo – aos estabelecimentos de abate e às usinas de beneficiamento de leite e seus entrepostos e incubatórios que não mantiverem arquivados os documentos ou não realizarem a escrituração de origem dos animais, leite ou ovos férteis ou embrionados destinados à incubação, conforme previsto neste Decreto;

XIII – multa de 200 UFESPs – Unidades Fiscais do Estado de São Paulo – aos que, sem estarem cadastrados junto à Coordenadoria de Defesa Agropecuária comerciem, armazenem e distribuam para comercialização produtos e insumos veterinários de peculiar interesse do Estado ou não estejam devidamente instalados e aparelhados para atender as condições de validade, acondicionamento e armazenagem desses produtos e insumos;

XIV – multa de 400 UFESPs – Unidades Fiscais do Estado de São Paulo – aos promotores de leilões, feiras, exposições e outros eventos agropecuários que não mantiverem arquivados os documentos ou não apresentarem os relatórios mensais de atividade, nos termos do art. 39 deste Decreto;

XV – multa de 60 a 500 UFESPs- Unidades Fiscais do Estado de São Paulo – aos que comerciem, armazenem e distribuem para comercialização produtos e insumos veterinários de peculiar interesse do Estado e que não estejam devidamente conservados, assim graduada:

a) em se tratando de vacinas:

1. 60 UFESPs: até mil doses de vacina;
2. 120 UFESPs: de mil e uma até cinco mil doses;
3. 200 UFESPs: de cinco mil e uma até dez mil doses;
4. 500 UFESPs: acima de dez mil doses;

b) em se tratando de outros produtos e insumos veterinários: multa de 100 UFESPs – Unidades Fiscais do Estado de São Paulo;

XVI – multa de 2.500 UFESPs – Unidades Fiscais do Estado de São Paulo – àquele que:

a) impedir a realização de fiscalizações e inspeções sanitárias;

b) descumprir as determinações de ordem sanitária da Coordenadoria de Defesa Agropecuária;

c) promover leilões, feiras, exposições e outros eventos agropecuários de animais de peculiar interesse do Estado sem a prévia autorização da Coordenadoria de Defesa Agropecuária;

XVII – multa correspondente a 4.000 UFESPs:

a) aos estabelecimentos de abate que deixarem de exigir o comprovante do recolhimento das taxas quando do recebimento de animais, ou ovos;

b) às usinas de beneficiamento de leite ou seus entrepostos que deixarem de exigir o comprovante de recolhimento das taxas;

XVIII – multa de 5000 UFESPs Unidades Fiscais do Estado de São Paulo: aos transportadores, pessoas físicas ou jurídicas, de animais, seus produtos, subprodutos e derivados, e ovos férteis, de peculiar interesse do Estado, provenientes de regiões definidas como "de risco" pelo Ministério da Agricultura e Abastecimento que não portarem a permissão de trânsito de que trata o art. 11 ou não a entregarem no local especificado naquele documento.

§ 1º. Para o cálculo das multas deverá ser considerado o valor da UFESP vigente no dia em que for efetuado o seu recolhimento.

§ 2º. Na hipótese prevista no inciso XVII, alínea "b", deste artigo, os comprovantes de recolhimento das taxas a serem exigidas pelas usinas de beneficiamento ou entrepostos, referir-se-ão ao mês anterior ao do recebimento do leite.

§ 3º. A multa prevista no inciso XVII deste artigo não será aplicada, se os estabelecimentos de abate ou usinas de beneficiamento de leite ou seus entrepostos providenciarem o recolhimento do valor da taxa dentro do mês em que ocorrer o recebimento dos animais ou do leite.

§ 4º. As multas previstas neste artigo serão agravadas até o dobro de seu valor, nos casos de reincidência, genérica ou específica, artifício, ardil, simulação, desacato, embaraço ou resistência à ação fiscal, limitado a 5.000 UFESPs.

§ 5º. Na aplicação das multas será considerada como circunstância atenuante, implicando em redução de até 15% (quinze por cento) de seu valor, a comunicação do fato pelo infrator à autoridade competente.

Art. 54. Aos infratores das disposições deste Decreto, além da multa prevista no artigo anterior, serão aplicadas as seguintes penalidades:

I – interdição parcial ou total de propriedades ou estabelecimentos, públicos ou privados, voltados às atividades pecuárias de peculiar interesse do Estado e de recintos onde ocorra a concentração de animais para a realização de leilões, feiras, exposições e outros eventos da mesma natureza, quando em tais propriedades e recintos se verificar o descumprimento das determinações da Coordenadoria de Defesa Agropecuária;

II – apreensão de animais, seus produtos, subprodutos e derivados, e ovos férteis ou embrionados que não estiverem acompanhados da documentação prevista neste Decreto ou em Resolução do Secretário de Agricultura e Abastecimento;

III – suspensão de atividades que causem risco à saúde humana ou à população animal ou no caso de embaraço à ação da Coordenadoria de Defesa Agropecuária.

§ 1º. A suspensão de que trata o inciso III deste artigo cessará quando sanado o risco ou findo o embaraço oposto à ação da fiscalização.

§ 2º. A interdição de que trata o inciso I deste artigo será levantada após o atendimento das exigências que motivaram a sanção.

§ 3º. O não cumprimento das exigências que motivaram a interdição acarretará o cancelamento do cadastro.

§ 4º. A inexistência ou o cancelamento do cadastro implica exercício ilegal da atividade, sujeitando o transgressor às sanções de ordem administrativa previstas neste Decreto, sem prejuízo das sanções penais cabíveis.

Seção XXI
Do Processo de Aplicação de Multas

Art. 55. Constatada qualquer infração às normas previstas neste Decreto ou em demais atos normativos, será lavrado, em 3 (três) vias, Auto de Infração.

§ 1º. O Auto de Infração deverá consignar:

1. nome, RG, CIC ou CNPJ, quando houver, e endereço do autuado;
2. dia, local e hora da lavratura;
3. descrição clara e circunstanciada da ocorrência;
4. indicação do dispositivo legal infringido;
5. qualificação e identificação do responsável pela lavratura;
6. assinatura do infrator ou de seu representante legal ou de seu preposto e do servidor da Coordenadoria de Defesa Agropecuária, bem como de duas testemunhas, se houver, devidamente qualificadas.

§ 2º. Nas hipóteses de lavratura do Auto de Infração em local diverso do fato, ou de impossibilidade ou recusa de sua assinatura, far-se-á menção do ocorrido, encaminhando-se uma das vias ao autuado, por correio, com Aviso de Recebimento.

§ 3º. A primeira via do Auto de Infração destina-se ao Escritório de Defesa Agropecuária da Coordenadoria de Defesa Agropecuária, a segunda ao infrator e a terceira à unidade responsável pela sua lavratura.

§ 4º. Na impossibilidade de localização do autuado, será ele notificado mediante publicação no Diário Oficial do Estado.

Art. 56. Do processo iniciado por Auto de Infração constarão as provas e demais termos, se houver, que lhe sirvam de instrução.

Art. 57. O infrator, a partir da ciência da autuação, terá um prazo de 15 (quinze) dias para apresentar defesa dirigida ao Diretor do Centro de Defesa Sanitária Animal, do Grupo de Defesa Sanitária Animal, da Coordenadoria de Defesa Agropecuária.

§ 1º. Com a apresentação da defesa poderão ser indicadas testemunhas, no máximo de 5 (cinco), com sua respectiva qualificação, bem como de outras provas, se necessárias.

§ 2º. A defesa deve ser protocolada pelo interessado no Escritório de Defesa Agropecuária onde seiniciou o processo, devendo ser encaminhada ao Centro de Defesa Sanitária Animal.

Art. 58. Compete ao Diretor do Centro de Defesa Sanitária Animal decidir, motivadamente, sobre a admissão das provas, determinando sua produção e fixando o prazo para esse fim.

Art. 59. Julgando procedente a autuação aplicará, o Diretor do Centro de Defesa Sanitária Animal, a penalidade cabível.

Art. 60. Deverá ser intimado o infrator, pessoalmente ou por via postal, com Aviso de Recebimento, da decisão que julgar procedente ou improcedente a autuação.

Art. 61. Caberá recurso ao Diretor do Grupo de Defesa Sanitária Animal, da Coordenadoria de Defesa Agropecuária, no prazo de 15 (quinze) dias, a contar da intimação do julgamento.

Art. 62. Acolhido o recurso, no mérito, o Diretor do Grupo de Defesa Sanitária Animal da Coordenadoria de Defesa Agropecuária, determinará o cancelamento do Auto de Infração, de eventuais sanções e de outras medidas de defesa sanitária animal adotadas.

Art. 63. Mantida a multa será intimado o infrator da decisão, pessoalmente ou por via postal, com Aviso de Recebimento, observando-se no tocante ao recolhimento, o disposto no art. 69 e seus parágrafos deste Decreto.

Art. 64. Decorrido o prazo para o recolhimento da multa, sem o respectivo pagamento, a Coordenadoria de Defesa Agropecuária remeterá o processo à Procuradoria Geral do Estado para inscrição do débito na dívida ativa e sua cobrança judicial.

Seção XXII
Das Taxas

Art. 65. As taxas, instituídas pelo art. 13 da Lei nº 10.670, 24 de outubro de 2000, para custeio dos serviços e pelo exercício do poder de polícia de vigilância epidemiológica e de defesa sanitária animal, têm como fato gerador:

I – a vacinação e a aplicação preventiva de outros produtos ou insumos veterinários, feitas pelo Poder Público, de forma compulsória, em decorrência do descumprimento de obrigação;

II – a vigilância epidemiológica sobre recintos onde estiver ocorrendo a concentração de animais para a realização de leilões, feiras, exposições e outros eventos da mesma natureza;

III – a vigilância epidemiológica sobre o trânsito de animais e de ovos férteis ou embrionados, com aemissão da Guia de Trânsito Animal – GTA e de outros documentos zoossanitários, exceto para os animais provenientes de outros Estados e destinados ao abate, quando acompanhados destes documentos emitidos no Estado de origem dos animais;

IV – a vigilância epidemiológica sobre animais destinados ao abate, exceto aves e animais provenientes de outros Estados, quando acompanhados da Guia de Trânsito Animal – GTA e de outros documentos zoossanitários emitidos no Estado de origem dos animais;

V – a vigilância epidemiológica sobre as propriedades produtoras de leite de espécies animais de peculiar interesse do Estado;

VI – a expedição de Certificado de Sanidade anual para propriedades voltadas à exploração de atividade pecuária de peculiar interesse do Estado;

VII – a expedição de Certificado de Sanidade anual para locais destinados à realização de leilões, feiras, exposições e outros eventos que envolvam concentração de animais de peculiar interesse do Estado.

Parágrafo único. A expedição da Guia de Trânsito Animal – GTA, na hipótese de trânsito de animais destinados ao abate, não constitui fato gerador de taxa, exceto quando se tratar de trânsito de aves.

Art. 66. O sujeito passivo das taxas de que trata o artigo anterior é:

I – a pessoa física ou jurídica à qual o serviço seja prestado, nos casos do inciso I do artigo anterior;

II – o promotor de leilões, feiras, exposições e outros eventos que envolvam concentração de animais, nos casos dos incisos II e VII do artigo anterior;

III – o proprietário dos animais ou dos imóveis, nos casos dos incisos III a VI do artigo anterior.

Art. 67. O valor das taxas previstas no art. 65 deste Decreto é fixado em quantidades de Unidades Fiscais do Estado de São Paulo – UFESPs, na seguinte conformidade:

I – 0,3 UFESP por animal objeto das medidas previstas no inciso I do art. 65, na ocorrência do fato gerador de que trata o referido dispositivo;

II – 0,1 UFESP por animal concentrado, na ocorrência do fato gerador de que trata o inciso II do art. 65;

III – 0,6 UFESP por Guia de Trânsito Animal – GTA, independentemente do número de animais transportados e ovos embrionados, na ocorrência do fato gerador previsto no inciso III do art. 65, exceto nas hipóteses de animais egressos de concentração de animais e de trânsito de ovinos, caprinos, suínos, bovinos, bubalinos e equideos, quando destinados ao abate;

IV – 0,04 UFESP por animal destinado ao abate, na ocorrência do fato gerador previsto no inciso IV do art. 65 e quando se tratar de ovinos, caprinos e suínos;

V – 0,12 UFESP por animal destinado ao abate, na ocorrência do fato gerador previsto no inciso IV do art. 65 e quando se tratar de bovinos, bubalinos e equideos;

VI – 0,00024 UFESP, por litro de leite de espécies animais de peculiar interesse do Estado, entregue em usina de beneficiamento ou seus entrepostos, na ocorrência do fato gerador previsto no inciso V do art. 65;

VII – 10 UFESPs por Certificado de Sanidade anual emitido para propriedades voltadas à exploração de atividade pecuária de peculiar interesse do Estado, participantes de um Programa Sanitário ou 25 UFESPs, quando se tratar de propriedades participantes de dois ou mais Programas, na ocorrência do fato gerador previsto no inciso VI do art. 65;

VIII – 25 UFESPs por Certificado de Sanidade anual, emitido para os locais destinados à realização de leilões, feiras, exposições e outros eventos que envolvam concentração de bovinos, bubalinos e equídeos e 10 UFESPs quando se tratar de outros animais de peculiar interesse do Estado, na ocorrência do fato gerador previsto no inciso VII do art. 65.

§ 1º. A taxa de que trata o inciso VI deste artigo deverá ser recolhida mensalmente, correspondendo à quantidade de leite entregue em usina de beneficiamento ou entrepostos.

§ 2º. As usinas de beneficiamento de leite ou entrepostos deverão manter sistema de escrituração do leite recebido.

§ 3º. O valor das taxas previstas neste artigo poderá ser reduzido até 0 (zero) ou restabelecido no todo ou em parte por decreto.

Seção XXIII
Do Pagamento das Taxas, Multas e Serviços

Art. 68. O recolhimento das taxas e multas e das importâncias correspondentes aos serviços efetuados será feito ao fundo especial de despesa da Coordenadoria de Defesa Agropecuária, por meio de Guia de Recolhimento própria, cujo modelo constará de Portaria do dirigente da referida Coordenadoria.

§ 1º. O recolhimento das taxas dar-se-á:

1. até a data da emissão da Guia de Trânsito Animal – GTA, estabelecido para o trânsito de animais, independentemente da finalidade da movimentação;

2. até o dia 10 (dez) do mês subsequente ao fato gerador, para os demais casos;

3. até o último dia do mês subsequente ao fato gerador para os filiados às entidades conveniadas, de que trata o art. 69.

§ 2º. O ressarcimento de despesas decorrentes de realização de medidas de defesa sanitária animal, previsto no parágrafo único do art. 10 da Lei nº 10.670, de 24 de outubro de 2000, deverá ser efetuado dentro do prazo de 15 (quinze) dias, contados da respectiva notificação.

§ 3º. As multas deverão ser recolhidas no prazo de 15 (quinze) dias, contados da intimação pessoal ou por via postal com Aviso de Recebimento, da decisão ou do julgamento do recurso.

§ 4º. A conversão em moeda corrente do valor das taxas far-se-á pela UFESP – Unidade Fiscal do Estado de São Paulo – vigente no primeiro dia do mês em que se efetuar o recolhimento.

§ 5º. Em se tratando de multas, a conversão far-se-á pela UFESP – Unidade Fiscal do Estado de São Paulo – vigente no primeiro dia do mês em que se efetuar o recolhimento.

§ 6º. Os débitos decorrentes das taxas, não liquidados até o vencimento, serão acrescidos de juros de mora, calculados na forma prevista nos §§ 1º ao 7º do art. 1º da Lei nº 10.175, de 30 de dezembro de 1998.

Seção XXIV
Dos Convênios com Entidades Privadas

Art. 69. A Secretaria de Agricultura e Abastecimento atuará em conjunto com entidades privadas sem fins lucrativos, instituídas por pecuaristas, indústrias processadoras de carne, de leite, ou indústrias farmacêuticas e outros interessados com o objetivo de promoção da defesa sanitária animal.

§ 1º. A atuação prevista neste artigo far-se-á mediante convênio sob planejamento, orientação, acompanhamento e fiscalização da Coordenadoria de Defesa Agropecuária, para os fins de:

1. divulgar e estimular a participação da comunidade na defesa sanitária animal;

2. proceder à aplicação de produtos e insumos veterinários previstos nos programas sanitários;

3. realizar inspeções sanitárias em propriedades de filiados da entidade;

4. manter sob controle sanitário os rebanhos de animais de peculiar interesse do Estado, de propriedade de filiados, em conformidade com as normas baixadas pelo Grupo de Defesa Sanitária Animal, da Coordenadoria de Defesa Agropecuária;

5. emitir declarações de controle sanitário de rebanhos de propriedade de filiados.

§ 2º. As atividades previstas nos itens 2 a 5 do § 1º deste artigo deverão ser realizadas sob responsabilidade de médicos veterinários dessas entidades, credenciados junto ao Centro de Defesa Sanitária Animal, do Grupo de Defesa Sanitária Animal, da Coordenadoria de Defesa Agropecuária.

§ 3º. As atividades de defesa sanitária animal poderão ser exercidas em conjunto com as entidades referidas neste artigo, às quais poderá ser prestado auxílio financeiro, nos termos da legislação federal, observado, como limite, o montante da arrecadação das multas e taxas fixadas neste Decreto.

§ 4º. Será dada prioridade na celebração dos convênios às entidades que abranjam mais de um programa de sanidade animal.

§ 5º. Compete ao Secretário de Agricultura e Abastecimento celebrar os convênios de que trata o presente artigo, na forma do modelo anexo, bem como rescindi-los ou denunciá-los ou, ainda, aditá-los para fins de prorrogação do prazo de vigência.

Seção XXV
Das Disposições Finais

Art. 70. O Secretário de Agricultura e Abastecimento e o Coordenador da Coordenadoria de Defesa Agropecuária poderão baixar atos complementares necessários à aplicação deste Decreto, bem como as normas técnicas necessárias à implementação dos programas e medidas preconizados na Lei nº 10.670, de 24 de outubro de 2000.

Art. 71. Este Decreto entra em vigor na data de sua publicação.

Palácio dos Bandeirantes, 27 de abril de 2001.

Geraldo Alckmin

DOE de 28.4.2001

ANEXO
A que se refere o art. 69, § 5º, do Decreto nº 45.781, de 27 de abril de 2001

Termo de Convênio que celebram o Estado de São Paulo, por intermédio da Secretaria de Agricultura e Abastecimento e (...), objetivando a implementação de ações de defesa sanitária animal no Estado de São Paulo.

O Estado de São Paulo, por sua Secretaria de Agricultura e Abastecimento, doravante denominada SECRETARIA, neste ato representada por seu Titular, (...), devidamente autorizado pelo Governador do Estado nos termos do Decreto nº 45.781, de 27 de abril de 2001, sediada à Rua (...), nº (...), Município de (...), inscrita no CNPJ do Ministério da Fazenda sob número (...), doravante denominada simplesmente CONVENIADA, celebram o presente convênio, que se regerá pelas cláusulas e condições seguintes:

CLÁUSULA PRIMEIRA

Do Objeto

O presente convênio tem por objeto a conjugação de esforços entre os partícipes com vista à implementação de ações de defesa sanitária animal, nos termos do Decreto nº 45.781, de 27 de abril de 2001.

CLÁUSULA SEGUNDA

Das Obrigações da CONVENIADA

Para os fins da cláusula anterior, compromete-se a CONVENIADA:

I – a exercer, em conjunto com a Coordenadoria de Defesa Agropecuária da SECRETARIA, as seguintes atividades previstas no Decreto nº (...), em conformidade com plano de trabalho que integra o presente convênio:

II – a inserir em seus estatutos, quando a ação for prevista em Plano de Trabalho, dispositivo permitindo-lhe realizar inspeções sanitárias de rebanhos em propriedades de filiados;

III – controlar o recolhimento das taxas previstas na Lei nº 10.670, de 24 de outubro de 2000, de responsabilidade de seus filiados, apresentando relatórios mensais à Coordenadoria de Defesa Agropecuária;

IV – responsabilizar-se integralmente por todos os encargos trabalhistas, previdenciários, fiscais e demais ônus decorrentes deste convênio;

V – contar com pessoal técnico e auxiliar para execução do programa de trabalho;

VI – aplicar, integralmente, os recursos financeiros repassados pela SECRETARIA para o desenvolvimento de atividades especificadas no inciso I e em conformidade com o plano de trabalho;

VII – apresentar à SECRETARIA todos e quaisquer documentos de que disponha, requeridos à fiscalização deste convênio, especialmente para assegurar a adequada aplicação dos recursos financeiros repassados;

VIII – oferecer, no prazo de trinta dias a contar do recebimento de cada parcela, o demonstrativo da aplicação dos recursos financeiros repassados pela SECRETARIA, sem prejuízo ao atendimento das instruções específicas do Tribunal de Contas do Estado de São Paulo;

IX – apresentar, até o décimo quinto dia subsequente ao encerramento do prazo de que cuida o inciso anterior, relatório circunstanciado das atividades desenvolvidas no período, para apreciação por parte da Coordenadoria de Defesa Agropecuária;

XI – recolher ao Fundo *Especial de Despesas da Coordenadoria de Defesa* Agropecuária as importâncias não utilizadas até o final de cada exercício, com os eventuais rendimentos de aplicações financeiras.

§ 1º. Os recursos repassados pela SECRETARIA deverão ser movimentados em conta especial junto à agência da Nossa Caixa – Nosso Banco S.A.

§ 2º. Fica facultado à CONVENIADA efetuar aplicação financeira, através da Nossa Caixa, dos recursos em disponibilidade transitória, de forma a preservá-los da desvalorização monetária.

§ 3º. A prestação de contas a ser feita no prazo de até trinta dias da aplicação de cada parcela abrangerá todos os recursos financeiros repassados pela Secretaria e os rendimentos das aplicações financeiras.

CLÁUSULA TERCEIRA

Das Obrigações da SECRETARIA

I – orientar e acompanhar a execução das atividades previstas no programa de trabalho que integra o presente convênio;

II – fiscalizar o desempenho das atividades atribuídas à CONVENIADA;

III – repassar à CONVENIADA recursos financeiros no montante e forma assinalados na cláusula quarta.

CLÁUSULA QUARTA

Dos Recursos

A Secretaria repassará à CONVENIADA auxílio financeiro no montante de R$ (...), em (...) parcelas, a iniciar-se em (...), conforme demonstrativo constante do programa de trabalho.

§ 1º. Os recursos necessários à execução do presente convênio são originados do Tesouro do Estado.

§ 2º. Os recursos transferidos serão depositados em conta especial junto à agência da Nossa Caixa – Nosso Banco S.A., situada no Município em que a CONVENIADA está sediada ou, no caso de inexistência, em outra agência da Nossa Caixa Nosso Banco S.A. indicada pela CONVENIADA.

§ 3º. No período correspondente ao intervalo entre a liberação das parcelas e sua efetiva aplicação, a CONVENIADA obriga-se a proceder à aplicação dos recursos financeiros, por meio da Nossa Caixa – Nosso Banco S/A, revertendo em benefício do objeto do convênio os rendimentos auferidos.

§ 4º. O descumprimento do disposto no § 3º obriga a CONVENIADA à reposição ou restituição do numerário, acrescido dos rendimentos da caderneta de poupança do período correspondente à data da transferência até o dia de sua efetiva devolução aos cofres estaduais.

CLÁUSULA QUINTA

Do Orçamento

As despesas decorrentes do auxílio financeiro previsto no inciso III da Cláusula Terceira, onerarão a Classificação Econômica e a Funcional Programática.

CLÁUSULA SEXTA

Da Vigência, Denúncia e Rescisão

O presente convênio terá vigência de (...) a partir de sua assinatura.

§ 1º. O convênio poderá ser denunciado durante o prazo de vigência, por qualquer dos partícipes, mediante notificação prévia, com antecedência mínima de 90 (noventa) dias.

§ 2º. O convênio poderá ser rescindido de comum acordo ou por infração legal ou convencional.

§ 3º. Havendo motivo relevante e interesse dos partícipes, o convênio poderá ter seu prazo prorrogado, mediante termo aditivo, observado o limite máximo de 05 (cinco) anos de vigência.

§ 4º. Findo o prazo do convênio, ou ocorrida sua denúncia ou extinção, obriga-se a CONVENIADA, nos casos de não utilização dos recursos para o fim conveniado ou de aplicação indevida desses recursos, a devolvê-los, acrescidos de correção monetária a ser aplicada a partir da data de seu repasse.

CLÁUSULA SÉTIMA

Do Foro

As dúvidas oriundas deste convênio serão dirimidas, na esfera judicial, no foro da Comarca da Capital de São Paulo.

Por estarem de acordo, assinam o presente em três vias, na presença das testemunhas abaixo indicadas.

DECRETO Nº 45.782, DE 27 DE ABRIL DE 2001

Define os Programas de Sanidade Animal, de Peculiar Interesse do Estado, em conformidade com o Decreto nº 45.781, de 27 de abril de 2001, que regulamenta a Lei nº 10.670, de 24 de outubro de 2000, que dispõe sobre a adoção de medidas de defesa sanitária animal no âmbito do Estado e dá outras providências correlatas.

Geraldo Alckmin, Governador do Estado de São Paulo, no uso de suas atribuições legais,

Decreta:

Art. 1º. Ficam definidos os Programas de Sanidade Animal no âmbito do Estado de São Paulo, de que trata o art. 3º do Decreto nº 45.781, de 27 de abril de 2001 que regulamenta a Lei nº 10.670, de 24 de outubro de 2000, como segue:

I – Programa de Sanidade Avícola;

II – Programa de Sanidade Equídea;

III – Programa de Sanidade Suídea;

IV – Programa de Sanidade Bovídea;

V – Programa de Sanidade Ovina e Caprídea;

VI – Programa de Sanidade dos Animais Aquáticos;

VII – Programa de Sanidade dos Animais Silvestres;

VIII – Programa de Sanidade dos Lagomorfos.

Art. 2º. Os Programas de Sanidade Animal têm as seguintes finalidades:

I – estabelecer critérios relativos às medidas sanitárias, visando a proteção da saúde dos animais e da saúde humana;

II – dar continuidade às ações já implantadas, através de projetos de combate e de erradicação específicos para cada doença e praga de peculiar interesse do Estado;

III – estabelecer critérios no que se refere às medidas sanitárias visando a intensificar a vigilância epidemiológica, através de barreiras sanitárias, principalmente quando o Estado for reconhecido, nos âmbitos nacional e internacional, como área livre de determinada doença ou praga;

IV – estabelecer critérios visando a proteção do patrimônio genético dos animais de peculiar interesse do Estado;

V – fornecer subsídios para normatização do trânsito de animais e produtos no Estado;

VI – aumentar, com a implementação dos programas de sanidade animal específicos, a produtividade no Estado, promovendo a geração de renda e oferta de novos empregos.

Art. 3º. Caberá ao Secretário de Agricultura e Abastecimento mediante Resolução, estabelecer os projetos específicos de prevenção, combate, controle e de erradicação das doenças e pragas, abrangidos pelos programas definidos neste Decreto e as medidas específicas de fiscalização e de defesa sanitária pertinentes, mediante proposta da Coordenadoria de Defesa Agropecuária.

Art. 4º. Este Decreto entra em vigor na data de sua publicação.

Palácio dos Bandeirantes, 27 de abril de 2001.

Geraldo Alckmin

DOE de 28.4.2001 – Republicação 1º.5.2001

DECRETO Nº 54.311, DE 7 DE MAIO DE 2009

Institui a Política Estadual para o Controle do Fumo, regulamenta a Lei nº 13.541, de 7 de maio de 2009, que proíbe o consumo de produtos fumígenos, derivados ou não do tabaco, em ambientes de uso coletivo, total ou parcialmente fechados, e dá providências correlatas.

José Serra, Governador do Estado de São Paulo, no uso de suas atribuições legais,

Decreta:

Capítulo I
DISPOSIÇÃO PRELIMINAR

Art. 1º. Este Decreto institui a Política Estadual para o Controle do Fumo e regulamenta a Lei nº 13.541, de 7 de maio de 2009, que proíbe o consumo de cigarros, cigarilhas, charutos, cachimbos ou de qualquer outro produto fumígeno, derivado ou não do tabaco, na forma que especifica.

Capítulo II
POLÍTICA ESTADUAL PARA O CONTROLE DO FUMO

Seção I
Objetivos e Diretrizes da Política Estadual para o Controle do Fumo

Art. 2º. A Política Estadual para o Controle do Fumo tem por objetivos:

I – a redução do risco de doenças provocadas pela exposição à fumaça do tabaco e de outros produtos fumígenos;

II – a defesa do consumidor;

III – a criação de ambientes de uso coletivo livres do fumo.

Art. 3º. A Política Estadual para o Controle do Fumo será implementada com a integração de providências:

I – do Poder Público;

II – dos empresários e demais responsáveis por ambientes de uso coletivo, fechados ou parcialmente fechados;

III – da comunidade.

§ 1º. Caberá ao Estado fornecer informações, exercer a fiscalização e prestar assistência terapêutica e medicamentos antitabagismo, conforme o disposto no art. 6º deste Decreto.

§ 2º. Caberá aos empresários e demais responsáveis por ambiente de uso coletivo, fechados ou parcialmente fechados, adotar as medidas previstas no art. 7º deste Decreto.

§ 3º. Para o controle do fumo em ambientes de uso coletivo, fechados ou parcialmente fechados, é facultada a participação de qualquer pessoa ou de entidades de classe e da sociedade civil, na forma prevista nos arts. 13, 14 e 15 deste Decreto.

Seção II
Informação Oficial, Fiscalização e Assistência Terapêutica

Art. 4º. As Secretarias da Saúde e da Justiça e da Defesa da Cidadania, observados os respectivos campos funcionais:

I – realizarão campanhas de saúde pública e divulgação, de cunho educativo, nos meios de comunicação, como jornais, revistas, rádio e televisão, para amplo conhecimento quanto à nocividade do fumo e esclarecimento sobre os deveres, proibições e sanções da Lei nº 13.541, de 7 de maio de 2009;

II – divulgarão as medidas administrativas adotadas para aplicação da Lei nº 13.541, de 7 de maio de 2009, e os estudos mais relevantes sobre o tabagismo, com a manutenção de sítio específico na rede mundial de computadores – internet.

Art. 5º. O cumprimento da Lei nº 13.541, de 7 de maio de 2009, será fiscalizado, no âmbito de suas respectivas atribuições, pela Fundação de Proteção e Defesa do Consumidor – PROCON/SP e pelo Sistema Estadual de Vigilância Sanitária.

§ 1º. O PROCON/SP poderá celebrar, para esse fim, convênios com a União e Municípios, observado o disposto no Decreto nº 40.722, de 20 de março de 1996.

§ 2º. No exercício da fiscalização de que trata o *caput* deste artigo, orientada, precipuamente, para a proteção ao fumante passivo e a identificação de barreiras impeditivas da dispersão de fumaça, observar-se-á o seguinte:

1 – os quartos de hotéis, pousadas e similares, desde que ocupados, equiparar-se-ão a residências;

2 – os estabelecimentos prisionais e as unidades de cumprimento de medidas socioeducativas se sujeitarão às normas próprias de execução penal e de proteção à criança e ao adolescente, respectivamente;

3 – o PROCON/SP e o Centro de Vigilância Sanitária compartilharão as informações coligidas e coordenarão as respectivas atuações de fiscalização.

§ 3º. As Secretarias da Saúde e da Justiça e da Defesa da Cidadania divulgarão, em conjunto e periodicamente, relatório tendo por objeto os resultados da fiscalização de que trata este artigo.

(*) Art. 5º com redação dada pelo Decreto nº 54.622, de 31.7.2009.

Art. 6º. A Secretaria da Saúde organizará a prestação de assistência terapêutica aos dependentes do tabaco, incluído o fornecimento de medicamentos prescritos por médico integrante do Sistema Único de Saúde – SUS.

Seção III
Medidas de cuidado, Proteção e Vigilância nos Ambientes de Uso Coletivo, Fechados ou Parcialmente Fechados, e Sanções Aplicáveis

Art. 7º. A obrigação de cuidado, proteção e vigilância para impedir a prática das infrações previstas na Lei nº 13.541, de 7.5.2009, compreende a adoção, por empresários e responsáveis, das seguintes medidas:

I – afixação de avisos de proibição, previstos no § 3º do art. 2º da Lei nº 13.541, de 7 de maio de 2009, que deverão ser confeccionados na forma e dimensões indicadas em resolução conjunta dos Secretários da Saúde e da Justiça e da Defesa da Cidadania;

II – determinação às pessoas sujeitas ao seu poder de direção, inclusive empregados e prepostos, para que, nos ambientes de uso coletivo, total ou parcialmente fechados:

a) não consumam produtos fumígenos;

b) informem os respectivos frequentadores da proibição de fumar;

III – determinação ao fumante para que não consuma produtos fumígenos;

IV – comunicação à Polícia Militar para que providencie o auxílio necessário à imediata retirada do fumante que não atender à determinação de que trata o inciso III deste artigo.

§ 1º. Os avisos de proibição serão afixados em número suficiente para garantir sua visibilidade na totalidade dos respectivos ambientes.

§ 2º. Nos veículos de transporte coletivo, viaturas oficiais e táxis, admitir-se-á a redução das dimensões do aviso, desde que assegurada sua visibilidade.

§ 3º. Nos meios de transporte sobre trilhos, afixar-se-á o número suficiente de avisos para garantir sua visibilidade em cada vagão.

Art. 8º. A adoção, no âmbito das repartições públicas estaduais, das medidas relacionadas no art. 7º deste Decreto constituirá atribuição da chefia de cada órgão.

Parágrafo único. O descumprimento, por servidor público estadual, do disposto na Lei nº 13.541, de 7 de maio de 2009, e neste Decreto, acarretará as sanções disciplinares previstas na Lei nº 10.261, de 28 de outubro de 1968 – Estatuto dos Funcionários Públicos Civis do Estado.

Art. 9º. O empresário que se omitir na adoção das medidas a que se refere o art. 7º deste Decreto ficará sujeito às sanções previstas no art. 56 da Lei federal nº 8.078, de 11 de setembro de 1990 – Código de Defesa do Consumidor, aplicáveis na forma de seus arts. 57 a 60, sem prejuízo das sanções previstas no art. 112 da Lei nº 10.083, de 23 de setembro de 1998 – Código Sanitário do Estado, aplicáveis na forma de seus arts. 113 a 122.

Parágrafo único. Considera-se empresário, nos termos do art. 966 do Código Civil, quem exerce profissionalmente atividade econômica organizada para a produção ou a circulação de bens ou de serviços.

Art. 10. Quando não houver relação de consumo, o responsável por ambiente de uso coletivo, total ou parcialmente fechado, fica sujeito unicamente às sanções previstas no art. 112 da Lei nº 10.083, de 23 de setembro de 1998 – Código Sanitário do Estado, aplicáveis na forma de seus arts. 113 a 122.

Art. 11. Os órgãos encarregados da fiscalização de que trata o art. 5º deste Decreto, na imposição de sanções, levarão em conta a reincidência, respeitadas as normas próprias sobre a matéria.

Art. 12. O PROCON/SP e o Centro de Vigilância Sanitária, observada a legislação pertinente a cada esfera de atribuição, harmonizarão a aplicação das respectivas sanções, editando, se necessário, normas específicas para a dosimetria das multas.

Seção IV
Participação da Comunidade

Art. 13. Os relatos de fatos que possam configurar infração à Lei nº 13.541, de 7 de maio de 2009, serão feitos mediante o preenchimento e a assinatura de formulário, nos moldes do Anexo deste Decreto, o qual poderá ser remetido pelo correio ou entregue diretamente nos postos de atendimento do PROCON/SP ou do Centro de Vigilância Sanitária.

Parágrafo único. Os empresários ou responsáveis pelos ambientes a que se refere o § 2º do art. 2º da Lei nº 13.541, de 7 de maio de 2009, deverão fornecer ao interessado, gratuitamente, o formulário de que trata este artigo.

Art. 14. O PROCON/SP e o Centro de Vigilância Sanitária disponibilizarão, nos sítios da rede mundial de computadores – internet a que se refere o inciso II do art. 4º deste Decreto, canal específico para o recebimento de denúncias de descumprimento do disposto na Lei nº 13.541, de 7 de maio de 2009, e neste Decreto.

Parágrafo único. Para o fim de que trata o *caput* deste artigo, poderão o PROCON/SP e o Centro de Vigilância Sanitária disponibilizar linhas telefônicas exclusivas.

Art. 15. O Poder Executivo, por intermédio das Secretarias da Saúde e da Justiça e da Defesa da Cidadania, incentivará a atuação de entidades de classe, de empregados e empregadores, e de entidades da sociedade civil organizadas para a defesa do consumidor ou proteção da saúde, notadamente mediante a celebração de convênios tendo por objeto:

I – o compartilhamento de informações acerca do cumprimento da Lei nº 13.541, de 7 de maio de 2009;

II – a adoção de ações destinadas a auxiliar o fumante a abandonar o consumo de produtos fumígenos;

III – o estímulo a iniciativas que promovam os direitos assegurados pela Lei nº 13.541, de 7 de maio de 2009.

Capítulo III
DISPOSIÇÕES FINAIS

Art. 16. Os Secretários da Saúde e da Justiça e da Defesa da Cidadania poderão editar normas complementares para o cumprimento deste Decreto.

Art. 17. Este Decreto entra em vigor 90 (noventa) dias após sua publicação.

Palácio dos Bandeirantes, 7 de maio de 2009.

José Serra

DOE de 8.5.2009

ANEXO
RELATO DE INFRAÇÃO À LEI ANTIFUMO
(Lei nº 12.541, de 7 de maio de 2009)

DADOS DO ESTABELECIMENTO

Nome do estabelecimento: ____________________

Razão Social (*): ____________________

CNPJ (*): ____________________

Inscr. Estadual (*): ____________________

Tipo: ____________________

(casa de espetáculo, teatro, cinema, bar, lanchonete, boate, restaurante, praça de alimentação, hotel, pousada, centro comercial, banco ou similares, açougue, padaria, farmácia, drogaria, repartição pública, instituição de saúde, escola, museu, biblioteca, espaço de exposições, veículo público ou privado de transporte coletivo, viatura oficial, táxi, área comum de condomínio, local de trabalho, de estudo, de cultura, de culto religioso, de lazer, de esporte ou de entretenimento).

Endereço (Rua, Av.): ____________________

Bairro: ____________________

Cidade (*): ____________________

CEP: ____________ Telefone: ____________

(*) Embora de preenchimento opcional, as informações contidas nestes campos são importantes, pois facilitam e agilizam as ações de fiscalização e as medidas administrativas. Se houver consumo no estabelecimento, peça nota fiscal, onde constam as informações acima.

Declaro que em ____/____/______, às ____ h ____ min, observei, no estabelecimento acima citado, as seguintes situações que contrariam o disposto na Lei nº 13.541, de 7 de maio de 2009 (*):

( ) não estava afixado aviso de proibição do fumo, em pontos de ampla visibilidade, com indicação de telefone e endereço dos órgãos estaduais responsáveis pela vigilância sanitária e pela defesa do consumidor (art. 2º, § 3º).

( ) havia pessoa(s) consumindo ( ) cigarros, ( ) cigarrilhas, ( ) charuto ou ( ) qualquer outro produto fumígeno, derivado ou não do tabaco, sem que o responsável pelo ambiente advertisse o(s) infrator(res) ou, na persistência da conduta coibida, providenciasse meios (auxílio de força policial, inclusive) para cessação do ato ou retirada do(s) fumante(s) (arts. 2º e 3º).

Além das ocorrências acima, relate outras circunstâncias relacionadas ao ato presenciado que considerar relevantes

___

___

___

___

DADOS DO AUTOR: (*)

Nome: ___

Endereço: ___

Cidade: ___ CEP: ___

RG: ___ CPF: ___

e-mail: ___ Telefone: ___

(*) O correto preenchimento de todos os campos relativos aos "dados do autor" é imprescindível para a validação da denúncia.

Declaro, sob as penas da lei, em especial aquelas estipuladas no art. 299 do Código Penal, que as informações constantes do presente são a expressão da verdade.

___, ___/___/___

Cidade data

___

Assinatura

DECRETO Nº 54.645, DE 5 DE AGOSTO DE 2009

Regulamenta dispositivos da Lei nº 12.300, de 16 de março de 2006, que institui a Política Estadual de Resíduos Sólidos, e altera o inciso I do art. 74 do Regulamento da Lei nº 997, de 31 de maio de 1976, aprovado pelo Decreto nº 8.468, de 8 de setembro de 1976.

José Serra, Governador do Estado de São Paulo, no uso de suas atribuições legais,

Decreta:

Capítulo I
DISPOSIÇÕES GERAIS

Seção I
Da Finalidade

Art. 1º. Este Decreto regulamenta dispositivos da Lei nº 12.300, de 16 de março de 2006, que institui a Política Estadual de Resíduos Sólidos, e dá nova redação ao inciso I do art. 74 do Regulamento da Lei nº 997, de 31 de maio de 1976, aprovado pelo Decreto nº 8.468, de 8 de setembro de 1976.

Seção II
Das Definições

Art. 2º. Para efeito deste Decreto, entende-se por:

I – avaliação de risco: processo pelo qual são identificados, avaliados e quantificados os riscos à saúde humana, ao meio ambiente e a outros bens a proteger;

II – disposição final: última etapa do processo de gerenciamento em que os resíduos sólidos são depositados no solo com a finalidade de reduzir sua nocividade à saúde pública e ao meio ambiente;

III – gerador de resíduos sólidos: pessoa física ou jurídica de direito público ou direito privado, que gera resíduos sólidos por meio de seus produtos e atividades, inclusive consumo, bem como a que realiza ações que envolvam o manejo e o fluxo de resíduos sólidos;

IV – gerenciamento de resíduos sólidos: conjunto de ações encadeadas e articuladas aplicadas aos processos de segregação, coleta, caracterização, classificação, manipulação, acondicionamento, transporte, armazenamento, recuperação, reutilização, reciclagem, tratamento e disposição final dos resíduos sólidos;

V – gestão de resíduos sólidos: conjunto de decisões estratégicas e de ações voltadas à busca de soluções para os resíduos sólidos, envolvendo políticas, instrumentos e aspectos institucionais e financeiros;

VI – órgão ambiental: o órgão ambiental estadual responsável pelo licenciamento e pela fiscalização;

VII – recuperação de áreas degradadas: retorno da área degradada a uma forma de utilização, de acordo com um plano pré-estabelecido para uso do solo, que vise à obtenção de estabilidade do meio ambiente;

VIII – rejeitos: resíduos que não apresentam qualquer possibilidade de reciclagem, reutilização e recuperação, devendo ser encaminhados para disposição final;

IX – resíduos sólidos de interesse: aqueles que, por suas características de periculosidade, toxicidade ou volume, possam ser considerados relevantes para o controle ambiental.

Capítulo II
DA GESTÃO DE RESÍDUOS SÓLIDOS

Seção I
Das Disposições Preliminares

Art. 3º. Para fins deste Regulamento, são instrumentos de planejamento e gestão de resíduos sólidos:

I – os Planos de Resíduos Sólidos;

II – o Sistema Declaratório Anual de Resíduos Sólidos;

III – o Inventário Estadual de Resíduos Sólidos;

IV – o monitoramento dos indicadores da qualidade ambiental.

Seção II
Dos Planos de Resíduos Sólidos

Art. 4º. Os planos de resíduos sólidos deverão atender aos objetivos da Lei nº 12.300, de 16 de março de 2006.

Art. 5º. Os planos estadual e regionais de resíduos sólidos a que se refere o art. 4º, inciso II, da Lei nº 12.300, de 16 de março de 2006, elaborados pelo Estado, são os documentos que apontam e descrevem as ações relativas à gestão de resíduos sólidos, nos âmbitos estadual e regional.

Art. 6º. A Secretaria do Meio Ambiente, em conjunto com outros órgãos e entidades da Administração Direta e Indireta, elaborará o plano estadual de resíduos sólidos no prazo de até 8 (oito) meses, contados da data de publicação deste Decreto, contendo no mínimo:

I – critérios para a regionalização segundo variáveis ambientais de vulnerabilidade, economia, conurbação e demais consideradas relevantes;

II – diagnóstico da situação atual, incluindo a origem, a quantidade e a caracterização dos resíduos sólidos gerados por região;

III – estratégia para integração e cooperação intermunicipal visando à solução conjunta dos problemas de gestão de resíduos sólidos, assegurada a participação da sociedade civil;

IV – metas e prazos para gestão de resíduos sólidos e a proposta econômica e institucional para a implantação do plano, incluindo obrigatoriamente alternativas de tratamento dos resíduos que visem à redução progressiva de volume para disposição final de rejeitos;

V – estratégia geral para prevenção da poluição, redução da geração e nocividade de resíduos sólidos, universalização da coleta convencional e seletiva e utilização de tecnologias mais eficientes de tratamento dos resíduos sólidos gerados em seu território;

VI – estratégia geral para recuperação das áreas degradadas e a remediação de áreas contaminadas por resíduos sólidos;

VII – programa de monitoramento das metas, que será constituído de indicadores de geração de resíduos sólidos, coleta seletiva, tratamento e destinação final.

Art. 7º. A Secretaria do Meio Ambiente, em conjunto com outros órgãos e entidades da Administração Direta e Indireta, elaborará os planos regionais de resíduos sólidos a que se refere o art. 5º deste Decreto, de acordo com as diretrizes do plano referido no art. 6º deste Decreto, contendo no mínimo:

I – conjunto de Municípios abrangidos;

II – diagnóstico da situação atual, incluindo a origem, a quantidade e a caracterização dos resíduos sólidos gerados na região;

III – metas e prazos compatíveis com os definidos no plano referido no art. 6º deste Decreto;

IV – diretrizes de articulação entre os sistemas municipais de gerenciamento, incluindo a definição e a localização das infraestruturas regionais de tratamento e a destinação final dos rejeitos;

V – medidas que conduzam à otimização de recursos, com vista à implantação de soluções conjuntas e ação integrada, assegurada a participação da sociedade civil;

VI – proposta econômica e institucional para a gestão do sistema.

Parágrafo único. Fica facultada a participação dos Municípios abrangidos na elaboração do plano a que se refere este artigo.

Art. 8º. A Secretaria do Meio Ambiente, em conjunto com órgãos e entidades estaduais de gestão das regiões metropolitanas, elaborará o plano metropolitano de resíduos sólidos, mencionado no parágrafo único do art. 13 da Lei nº 12.300, de 16 de março de 2006, contemplando todos os itens mencionados no art. 7º deste Decreto.

Parágrafo único. O plano referido no *caput* deverá:

1. incluir a definição de tecnologias mais eficientes de tratamento dos resíduos sólidos gerados, estabelecendo obrigatoriamente, a partir da data de sua publicação, a redução mínima de 6% (seis por cento) do volume para disposição final de rejeitos a cada 5 (cinco) anos;

2. ser elaborado no prazo máximo de 1 (um) ano, contado da publicação do plano estadual de resíduos sólidos.

Art. 9º. A sociedade civil poderá participar da elaboração dos planos previstos nos arts. 6º a 8º deste Decreto por meio das audiências e consultas públicas, bem como acompanhar sua implantação mediante programa de monitoramento de metas a ser disponibilizado em sitio próprio na internet.

Art. 10. As pessoas jurídicas de direito público ou de direito privado geradoras de resíduos sólidos cujas atividades estão sujeitas ao licenciamento ambiental deverão elaborar, para os fins do disposto nos arts. 19 e 21, especialmente o § 4º, da Lei nº 12.300, de 16 de março de 2006, plano de resíduos sólidos de acordo com os planos, programas, projetos e metas estabelecidos pelos órgãos e entidades da Administração Direta e Indireta, em especial as Secretarias do Meio Ambiente, de Saneamento e Energia e da Saúde, e demais setores envolvidos, contendo:

I – a identificação, a classificação, a quantificação e a forma de segregação dos resíduos sólidos;

II – a forma de acondicionamento, coleta interna e externa, transporte, armazenamento interno e tratamento preliminar, no que couber;

III – os procedimentos de transporte e de transbordo, quando necessário;

IV – os procedimentos de reutilização, recuperação e reciclagem, quando permitidos;

V – as formas e procedimentos de tratamento;

VI – a forma, local e procedimentos de disposição final;

VII – o programa de gradação de metas e de monitoramento e a forma de avaliação que permita seu acompanhamento;

VIII – o programa de ação emergencial;

IX – o programa de gerenciamento de risco, quando necessário;

X – o programa de comunicação.

Art. 11. O plano de resíduos sólidos a ser elaborado pelo gerador na forma do artigo anterior constitui documento obrigatório do procedimento de licenciamento ambiental e deve atender aos critérios estabelecidos neste Decreto.

Parágrafo único. O plano aludido no *caput* deste artigo deve ser revisto a cada renovação da Licença de Operação das atividades ou sempre que solicitado.

Art. 12. Os responsáveis por empreendimentos e atividades geradoras de resíduos de baixo impacto, assim caracterizados em manifestação do órgão ambiental, deverão apresentar plano de resíduos sólidos simplificado, contendo os elementos previstos nos incisos I a VI do art. 10 deste Decreto.

Seção III
Do Apoio Financeiro aos Municípios

Art. 13. O apoio financeiro do Estado a Municípios paulistas, por intermédio do Fundo Estadual de Prevenção e Controle da Poluição – FECOP, atendidas as disposições da Lei nº 11.160, de 18 de junho de 2002, e seu regulamento, dependerá da apresentação de plano de resíduos sólidos à Secretaria do Meio Ambiente, nos termos do art. 20 da Lei nº 12.300, de 16 de março de 2006.

§ 1º. O plano a que alude o *caput* deste artigo deverá contemplar todos os aspectos do gerenciamento dos resíduos sólidos urbanos, bem assim os elementos relacionados pelo § 1º do art. 20 da Lei nº 12.300, de 16 de março de 2006, e ainda:

1. mecanismos consistentes que induzam a parceria com os setores produtivos e a sociedade civil organizada para a execução de ações que promovam práticas de minimização da geração de resíduos sólidos, coleta seletiva, reutilização e reciclagem;

2. propostas de ações sociais e alternativas para a inclusão social de catadores, bem como ações voltadas à educação ambiental;

3. mecanismos que assegurem a regularidade e continuidade dos serviços de limpeza pública, bem como um sistema de acompanhamento das metas de eficiência e qualidade;

4. estrutura de custos fundamentada;

5. participação em solução regionalizada.

§ 2º. No caso de Municípios com menos de 10.000 (dez mil) habitantes de população urbana, o plano a que se refere o *caput* deverá conter, no mínimo, as formas de coleta convencional e seletiva e os elementos especificados nos incisos I, III, V e VI do art. 10 deste Decreto.

Seção IV
Do Sistema Declaratório Anual de Resíduos Sólidos

Art. 14. Para os fins do disposto no art. 46 da Lei nº 12.300, de 16 de março de 2006, a Secretaria do Meio Ambiente instituirá, mediante resolução, no prazo de até 6 (seis) meses contados da data de publicação deste Decreto, formulário eletrônico padronizado para declaração formal a ser prestada pelos geradores, transportadores e unidades receptoras de resíduos sólidos.

§ 1º. O formulário deverá ser enviado ao órgão ambiental até o dia 31 de janeiro de cada ano e abrangerá as informações relativas ao movimento do ano anterior.

§ 2º. A Secretaria do Meio Ambiente publicará a relação dos resíduos sólidos que, por suas características de periculosidade, toxicidade e volume, serão considerados resíduos de interesse ambiental para fins de assegurar sua rastreabilidade e controle.

§ 3º. A declaração relativa aos resíduos de interesse ambiental observará periodicidade diferenciada, nos termos de resolução da Secretaria do Meio Ambiente.

Art. 15. As informações constantes dos planos previstos nos arts. 10 e 12 deste Decreto deverão ser compatíveis com as informações do Sistema Declaratório Anual.

Seção V
Do Inventário Estadual de Resíduos Sólidos

Art. 16. O Inventário Estadual de Resíduos Sólidos constitui o conjunto de informações oficiais sobre os resíduos sólidos gerados no Estado de São Paulo, devendo ser apresentado pela Secretaria do Meio Ambiente anualmente, até 31 de março, à Assembleia Legislativa, publicando-se, até essa mesma data, no Diário Oficial e em sítio próprio na internet.

Art. 17. O Inventário Estadual de Resíduos Sólidos conterá:

I – compilação das informações oriundas do Sistema Declaratório Anual de Resíduos Sólidos;

II – cadastro de fontes prioritárias, efetiva ou potencialmente poluidoras;

III – relação de fontes e substâncias consideradas relevantes para o meio ambiente;

IV – situação de conformidade da gestão de resíduos sólidos das instalações públicas e privadas geradoras e receptoras de resíduos sólidos;

V – balanço de massa geral entre geração e tratamento de resíduos sólidos no Estado de São Paulo;

VI – avaliação da gestão municipal dos resíduos sólidos urbanos.

Parágrafo único. A indisponibilidade de quaisquer dos itens aludidos no *caput* não dispensará a Secretaria do Meio Ambiente de apresentar o respectivo inventário, com os dados existentes, dentro do prazo estipulado.

Seção VI
Do Monitoramento dos Indicadores da Qualidade Ambiental

Art. 18. A Secretaria do Meio Ambiente realizará o monitoramento da qualidade da gestão dos resíduos sólidos por meio de indicadores provenientes das informações do Inventário Estadual de Resíduos Sólidos.

Capítulo III
DAS RESPONSABILIDADES

Seção I
Da Responsabilidade Pós-consumo

Art. 19. Os fabricantes, distribuidores ou importadores de produtos que, por suas características, venham a gerar resíduos sólidos de significativo impacto ambiental, mesmo após o consumo desses produtos, ficam responsáveis, conforme o disposto no art. 53 da Lei nº 12.300, de 16 de março de 2006, pelo atendimento das exigências estabelecidas pelos órgãos ambientais e de saúde, especialmente para fins de eliminação, recolhimento, tratamento e disposição final desses resíduos, bem como para a mitigação dos efeitos nocivos que causem ao meio ambiente ou à saúde pública.

Parágrafo único. A Secretaria do Meio Ambiente publicará, mediante resolução, a relação dos produtos a que se refere o *caput* deste artigo.

Seção II
Das Responsabilidades sobre Áreas Contaminadas e Áreas Degradadas

Art. 20. Os responsáveis pela degradação ou contaminação de áreas em decorrência de suas atividades econômicas, de acidentes ambientais ou pela disposição de resíduos sólidos deverão promover sua recuperação ou remediação, em conformidade com procedimentos específicos a serem estabelecidos pela Secretaria do Meio Ambiente, mediante resolução, no prazo de 1 (um) ano contado da data de publicação deste Decreto.

Parágrafo único. A remediação de área contaminada deverá ser precedida de avaliação de risco,observadas as regras a serem definidas pela Secretaria do Meio Ambiente na resolução a que alude o *caput* deste artigo.

Capítulo IV
DAS INFRAÇÕES E DAS PENALIDADES

Art. 21. Constitui infração toda ação ou omissão que importe inobservância aos preceitos da Lei nº 12.300, de 16 de março de 2006, e deste Decreto.

Art. 22. As infrações de que trata o art. 21 deste Decreto serão punidas com as seguintes penalidades:

I – advertência;

II – multa, na forma do art. 30 da Lei nº 9.509, de 20 de março de 1997;

III – interdição temporária ou definitiva;

IV – embargo;

V – demolição;

VI – suspensão de financiamento e benefícios fiscais;

VII – apreensão ou recolhimento, temporário ou definitivo.

Parágrafo único. Os procedimentos para aplicação das penalidades previstas neste artigo, de responsabilidade do órgão ambiental, obedecerão ao previsto no Regulamento da Lei nº 997, de 31 de maio de 1976, aprovado pelo Decreto nº 8.468, de 8 de setembro de 1976.

Art. 23. Consideram-se, ainda, infrações a este Regulamento, sujeitas a multa de 100 (cem) a 3.000 (três mil) UFESP, as seguintes condutas:

I – não apresentar os planos de resíduos sólidos previstos nos arts. 10 a 12 deste Decreto;

II – não prestar informações pelo formulário eletrônico padronizado do Sistema Declaratório Anual, no prazo determinado no § 1º do art. 14 deste Decreto, ou prestá-las de forma incompleta ou incorreta.

Capítulo V
DISPOSIÇÕES FINAIS

Art. 24. Para fins do parágrafo único do art. 50 da Lei nº 12.300, de 16 de março de 2006, são obrigados a formalizar o pedido de registro de encerramento da atividade, acompanhado de relatório conclusivo de auditoria ambiental, os responsáveis por:

I – armazenamento e transbordo de resíduos sólidos;

II – tratamento de resíduos sólidos;

III – disposição em aterro;

IV – deposição de resíduos sólidos.

Art. 25. O inciso I do art. 74 do Regulamento da Lei nº 997, de 31 de maio de 1976, aprovado pelo Decreto nº 8.468, de 8 de setembro de 1976, e modificado pelo Decreto nº 47.397, de 4 de dezembro de 2002, passa a vigorar com a seguinte redação:

"I – pareceres técnicos e certificados de movimentação de resíduos de interesse ambiental: 70 (setenta) UFESP;". (NR)

Art. 26. Fica instituída a Comissão Estadual de Gestão de Resíduos Sólidos, com as seguintes atribuições:

I – cooperar na elaboração e participar na execução do plano de resíduos sólidos a que alude o art. 6º deste Decreto;

II – propor, em conjunto com instituições de normalização, quando necessário, padrões de qualidade para materiais obtidos por meio da reciclagem, para fins de certificação ambiental de produtos;

III – estabelecer, em conjunto com os setores produtivos, instrumentos e mecanismos econômicos para fomentar a gestão e o gerenciamento dos resíduos sólidos.

Art. 27. A Comissão Estadual de Gestão de Resíduos Sólidos será composta de 20 (vinte) membros, sendo:

I – 4 (quatro) representantes da Secretaria do Meio Ambiente;

II – 2 (dois) representantes da Secretaria de Saneamento e Recursos Hídricos;

III – 2 (dois) representantes da Secretaria de Energia e Mineração;

IV – 2 (dois) representantes da Secretaria da Saúde;

V – 2 (dois) representantes da Secretaria de Agricultura e Abastecimento;

VI – 2 (dois) representantes da Casa Civil, do Gabinete do Governador;

VII – 2 (dois) representantes da Secretaria de Planejamento e Gestão;

VIII – 2 (dois) representantes da Secretaria da Fazenda;

IX – 2 (dois) representantes da Secretaria de Desenvolvimento Econômico, Ciência, Tecnologia e Inovação.

(*) Art. 27, *caput*, com redação dada pelo Decreto nº 62.229, de 14.10.2016.

§ 1º. Os representantes dos órgãos a que alude o *caput* deste artigo, bem assim seus suplentes, serão designados pelo Governador do Estado mediante indicação das respectivas Pastas, a ser efetuada no prazo de 30 (trinta) dias contados da data de publicação deste Decreto.

§ 2º. A coordenação dos trabalhos da comissão caberá a um dos representantes da Secretaria do Meio Ambiente, na forma que dispuser o regimento interno.

§ 3º. Os membros da comissão serão designados sem prejuízo de suas atribuições normais, sendo suas atividades consideradas como relevante serviço público, porém não remuneradas.

§ 4º. Os membros da comissão terão mandato de 2 (dois) anos, permitida a recondução.

Art. 28. A Secretaria do Meio Ambiente dará suporte administrativo ao funcionamento da Comissão Estadual de Gestão de Resíduos Sólidos.

Art. 29. Para os fins do disposto no inciso II do art. 63 da Lei nº 12.300, de 16 de março de 2006, os mecanismos de cooperação entre o Sistema Estadual de Administração da Qualidade Ambiental, Proteção, Controle e Desenvolvimento do Meio Ambiente e Uso Adequado dos Recursos Naturais – SEAQUA, o Sistema Integrado de Gerenciamento de Recursos Hídricos – SIGRH e o Sistema Estadual de Saneamento – SESAN encontram-se consubstanciados:

I – nos instrumentos indicados no art. 3º deste Decreto;

II – na atuação da Comissão Estadual de Gestão de Resíduos Sólidos.

Art. 30. O Secretário do Meio Ambiente editará normas complementares para o cumprimento deste Decreto.

Art. 31. Este Decreto e sua disposição transitória entram em vigor na data de sua publicação.

Capítulo VI
DISPOSIÇÃO TRANSITÓRIA

Artigo Único. Para efeito do disposto no § 1º do art. 14 desde decreto, a entrega do primeiro formulário deve-se dar até 31 de janeiro do ano subsequente ao da implantação do Sistema Declaratório Anual.

Palácio dos Bandeirantes, 5 de agosto de 2009.

José Serra

DOE de 6.8.2009

DECRETO Nº 55.565, DE 15 DE MARÇO DE 2010

Dispõe sobre a prestação de serviços públicos de saneamento básico relativos à limpeza urbana e ao manejo de resíduos sólidos urbanos no Estado de São Paulo e dá providências correlatas.

José Serra, Governador do Estado de São Paulo, no uso de suas atribuições legais e considerando o disposto no art. 241 da Constituição Federal; na Lei federal nº 11.445, de 5 de janeiro de 2007; no art. 13, § 5º, da Lei federal nº 11.107, de 6 de abril de 2005; na Lei Complementar estadual nº 1.025, de 7 de dezembro de 2007; na Lei estadual nº 12.300, de 16 de março de 2006; na Lei estadual nº 119, de 29 de junho de 1973; no Decreto estadual nº 54.645, de 5 de agosto de 2009; e no Decreto estadual nº 52.455, de 7 de dezembro de 2007,

Decreta:

Art. 1º. Fica a Secretaria de Saneamento e Energia autorizada a representar o Estado de São Paulo na celebração de convênios de cooperação com Municípios paulistas, observado o modelo constante do Anexo deste Decreto, objetivando:

I – a gestão associada dos serviços públicos de saneamento básico relativos à limpeza urbana e ao manejo de resíduos sólidos urbanos, de titularidade municipal, nos termos do art. 241 da Constituição Federal;

II – a transferência ao Estado, mediante delegação, das competências de titularidade municipal de regulação, inclusive tarifária, e de fiscalização dos serviços públicos de que trata o inciso I deste artigo, nos termos e limites estabelecidos no respectivo instrumento;

III – a autorização da execução dos serviços públicos mencionados no inciso I deste artigo pela Companhia de Saneamento Básico do Estado de São Paulo – SABESP, mediante contrato de programa.

Parágrafo único. A instrução dos processos referentes a cada convênio de cooperação deverá compreender lei municipal autorizando a celebração do ajuste e manifestação da Consultoria Jurídica afeta à Pasta a que alude o *caput* deste artigo, bem como observará o disposto em resolução a ser expedida pelo Titular da Secretaria de Saneamento e Energia.

Art. 2º. Os contratos de programa a que se refere o inciso III do art. 1º deste Decreto serão celebrados no âmbito da Companhia de Saneamento Básico do Estado de São Paulo – SABESP, observada a Lei federal nº 11.445, de 5 de janeiro de 2007; o art. 13 da Lei federal nº 11.107, de 6 de abril de 2005; o Decreto federal nº 6.017, de 17 de janeiro de 2007; a Lei Complementar estadual nº 1.025, de 7 de dezembro de 2007; e demais normas estaduais e municipais atinentes à matéria.

Art. 3º. A celebração de convênios de cooperação e contratos de programa que estabeleçam a submissão da Companhia de Saneamento Básico do Estado de São Paulo – SABESP a política tarifária exclusivamente municipal dependerá de prévia aprovação por ato específico do Governador do Estado.

Parágrafo único. São condições indispensáveis à aprovação referida no *caput* deste artigo:

1. existência de laudo econômico-financeiro idôneo comprovando que a tarifa prevista no contrato é suficiente para o custeio dos serviços e a amortização integral dos investimentos no prazo avençado, independentemente de qualquer subsídio externo, direto ou indireto;

2. indicação de entidade da Administração municipal que atenda aos princípios estabelecidos no art. 21 da Lei federal nº 11.445, de 5 de janeiro de 2007, incumbida da regulação dos serviços de saneamento básico objeto de gestão associada;

3. existência de normas municipais de regulação que contemplem os meios para cumprimento das diretrizes da Lei federal nº 11.445, de 5 de janeiro de 2007, assim como do regulamento da ARSESP, aprovado pelo Decreto estadual nº 52.455, de 7 de dezembro de 2007.

Art. 4º. Este Decreto entra em vigor na data de sua publicação.

Palácio dos Bandeirantes, 15 de março de 2010.

José Serra

DOE de 16.3.2010

ANEXO
A que se refere o art. 1º do Decreto nº 55.565, de 15 de março de 2010

CONVÊNIO DE COOPERAÇÃO QUE CELEBRAM O ESTADO DE SÃO PAULO, POR INTERMÉDIO DA SECRETARIA DE SANEAMENTO E ENERGIA, E O MUNICÍPIO DE (...), VISANDO À GESTÃO ASSOCIADA DOS SERVIÇOS PÚBLICOS DE SANEAMENTO BÁSICO RELATIVOS À LIMPEZA URBANA E AO MANEJO DE RESÍDUOS SÓLIDOS URBANOS, COM A DELEGAÇÃO AO ESTADO DAS COMPETÊNCIAS MUNICIPAIS DE FISCALIZAÇÃO E REGULAÇÃO, INCLUSIVE TARIFARIA, E À AUTORIZAÇÃO PARA SUA EXECUÇÃO PELA COMPANHIA DE SANEAMENTO BÁSICO DO ESTADO DE SÃO PAULO – SABESP.

O Estado de São Paulo, por intermédio da Secretaria de Saneamento e Energia, neste ato representada por seu Titular, nos termos da autorização conferida pelo Governador do Estado no Decreto nº 55.565, de 15 de março de 2010, doravante designado ESTADO, e o Município de (...), neste ato representado por seu(ua) Prefeito(a), autorizado pela Lei municipal nº (...), de (...) de (...) de (...), doravante designado MUNICÍPIO, com a interveniência da Companhia de Saneamento Básico do Estado de São Paulo – SABESP, sociedade de economia mista, com sede na Rua Costa Carvalho, nº 300, Município de São Paulo, Estado de São Paulo, inscrita no CNPJ/MF sob nº 43.776.517/0001-80, neste ato representada, na forma de seu estatuto social, por seu Diretor-Presidente, (...), e por seu Diretor de (...), (...), doravante designada SABESP, observadas as disposições do art. 241 da Constituição Federal; da Lei federal nº 11.445, de 5 de janeiro de 2007; da Lei federal nº 11.107, de 6 de abril de 2005; do Decreto federal nº 6.017, de 17 de janeiro de 2007; da Lei Complementar estadual nº 1.025, de 7 de dezembro de 2007; da Lei estadual nº 12.300, de 16 de março de 2006; da Lei estadual nº 119, de 29 de junho de 1973; do Decreto estadual nº 54.645, de 5 de agosto de 2009; e do Decreto estadual nº 52.455, de 7 de dezembro de 2007, resolvem celebrar o presente convênio de cooperação, mediante as cláusulas e condições a seguir estipuladas.

CLÁUSULA PRIMEIRA
Do Objeto

1. Constituem objeto deste convênio de cooperação:

1.1. a gestão associada dos serviços públicos de saneamento básico relativos à limpeza urbana e ao manejo de resíduos sólidos urbanos, do MUNICÍPIO, nos termos estabelecidos em contrato de programa a ser formalizado com a SABESP;

1.2. a delegação, ao ESTADO, das competências de regulação, inclusive tarifária, e de fiscalização dos serviços públicos objeto deste convênio, definidos no subitem 1.1 desta cláusula;

1.3. a autorização para a execução pela SABESP dos serviços públicos objeto deste convênio, nos termos e limites definidos no contrato mencionado no subitem 1.1 desta cláusula.

2. as competências delegadas ao ESTADO a que alude o subitem 1.2 desta cláusula serão exercidas pela Agência Reguladora de Saneamento e Energia do Estado de São Paulo – ARSESP, doravante designada ARSESP.

CLÁUSULA SEGUNDA
Da Regulação e Fiscalização

1. as atividades de regulação e fiscalização dos serviços públicos objeto deste convênio consistem em:

1.1. estabelecer normas técnicas ou recomendações e procedimentos para a prestação e fruição adequada dos serviços;

1.2. definir diretrizes, recomendações e procedimentos para a prestação dos serviços, disciplinando os respectivos contratos de programa e o plano de contas a ser observado para a escrituração da SABESP;

1.3. cumprir e fazer cumprir a legislação, os convênios e os contratos relacionados ao objeto do presente ajuste;

1.4. fixar critérios, indicadores, fórmulas, padrões e parâmetros de qualidade dos serviços e de desempenho da SABESP, zelando por sua observância e estimulando a constante melhoria da qualidade, produtividade e eficiência, bem como a preservação, conservação e recuperação do meio ambiente;

1.5. fiscalizar os serviços, garantindo à ARSESP o acesso aos dados relativos à administração, à contabilidade e aos recursos técnicos, econômicos e financeiros da SABESP, observado o sigilo sobre informações industriais e comerciais, na forma da lei;

1.6. aplicar as sanções previstas no contrato de programa ou na legislação pertinente;

1.7. coibir práticas abusivas que afetem os serviços regulados;

1.8. comunicar aos órgãos competentes fatos que possam configurar infração à ordem econômica, ao meio ambiente ou a direitos do consumidor;

1.9. dirimir, no âmbito administrativo, as divergências entre os agentes setoriais, bem como entre estes e os usuários, com o apoio, quando couber, de peritos especificamente designados;

1.10. deliberar quanto à interpretação de leis, normas e contratos, bem como sobre casos omissos;

1.11. cumprir e fazer cumprir a sistemática de reajustes e revisões previstas no contrato de programa e na legislação pertinente, de forma a assegurar o equilíbrio econômico-financeiro original da avença, bem como a eficiência na prestação dos serviços;

1.12. auditar e certificar anualmente os investimentos realizados pela SABESP, inclusive sua depreciação e amortização, e acompanhar o encerramento administrativo do contrato de programa;

1.13. divulgar anualmente relatório detalhado das atividades realizadas, indicando os objetivos e resultados alcançados.

CLÁUSULA TERCEIRA
Da Execução dos Serviços Públicos Objeto do Convênio

1. a execução dos serviços públicos objeto deste convênio será realizada pela SABESP, nos termos do contrato de programa a que alude o subitem 1.1 da Cláusula Primeira.

1.1. o contrato de programa deverá observar a legislação estadual específica de resíduos sólidos e de gestão associada de serviços públicos, além das diretrizes nacionais e estaduais para o saneamento básico, e especificará, em seu objeto, os serviços a serem executados pela SABESP, bem como preverá mecanismos que garantam a transparência da gestão econômica e financeira da prestação dos mesmos serviços públicos.

CLÁUSULA QUARTA
Das Obrigações do ESTADO

1. são obrigações do ESTADO, por intermédio da Secretaria de Saneamento e Energia:

1.1. estabelecer as metas e definir a política de saneamento básico do Estado de São Paulo relativa à limpeza urbana e ao manejo de resíduos sólidos urbanos, incorporando os objetivos específicos do MUNICÍPIO, constantes do contrato de programa a que alude o subitem 1.1 da Cláusula Primeira;

1.2. acompanhar e avaliar o cumprimento das metas estabelecidas;

1.3. fornecer, mediante solicitação formal e motivada do MUNICÍPIO, as informações e os dados disponíveis acerca do planejamento dos serviços de âmbito estadual atinentes a resíduos sólidos;

1.4. disponibilizar recursos institucionais, técnicos e financeiros necessários ao desenvolvimento das funções de regulação e fiscalização a que alude o subitem 1.2 da Cláusula Primeira;

1.5. promover, com a participação do MUNICÍPIO, a necessária integração das ações relacionadas à regulação e fiscalização dos serviços públicos objeto deste convênio com aquelas ligadas aos setores de recursos hídricos e proteção do meio ambiente, da saúde pública e do consumidor.

CLÁUSULA QUINTA
Das Obrigações do MUNICÍPIO

1. são obrigações do MUNICÍPIO:

1.1. celebrar contrato de programa com a SABESP, visando à prestação dos serviços públicos objeto deste convênio, vinculando, no que couber, os demais prestadores de outras atividades interdependentes na forma homologada pela ARSESP, consoante os arts. 12 da Lei federal nº 11.445, de 5 de janeiro de 2007, e 10, inciso V, da Lei Complementar estadual nº 1.025, de 7 de dezembro de 2007.

1.2. fornecer ao ESTADO e à ARSESP todas as informações referentes aos serviços públicos objeto deste convênio;

1.3. colaborar com a ARSESP:

a) no acompanhamento e avaliação do cumprimento das metas de expansão dos serviços públicos objeto deste convênio, previstas no contrato de programa a ser firmado com a SABESP;

b) no estabelecimento e revisão de normas regulamentares visando à eficiência na regulação, fiscalização e prestação dos serviços públicos objeto deste convênio.

1.4. realizar, mediante entendimentos específicos com a SABESP e a ARSESP, investimentos visando à antecipação de metas e ao atendimento de demandas não previstas no contrato de programa a que alude o subitem 1.1 da Cláusula Primeira, assegurado o respectivoequilíbrio econômico-financeiro;

1.5. declarar bens imóveis de utilidade pública, em caráter de urgência, para fins de desapropriação ou instituição de servidão administrativa; estabelecer limitações administrativas e autorizar ocupações temporárias de bens imóveis, com a finalidade de assegurar a realização de serviços e obras, bem como sua conservação, vinculados à prestação dos serviços públicos objeto deste convênio e ao cumprimento dos planos e metas do presente acordo;

1.6. comunicar à ARSESP e à SABESP reclamações recebidas de usuários;

1.7. inserir anualmente, em seu projeto de lei orçamentária, dotações bastantes para os pagamentos a seu cargo atinentes ao contrato de programa a que alude o subitem 1.1 da Cláusula Primeira.

CLÁUSULA SEXTA
Das Obrigações Comuns

1. são obrigações comuns aos partícipes:

1.1. zelar pela boa qualidade dos serviços públicos objeto deste convênio, conforme especificado no contrato de programa a que alude o subitem 1.1 da Cláusula Primeira, e estimular o aumento de sua eficiência;

1.2. cumprir e fazer cumprir as disposições do presente convênio de cooperação e das normas pertinentes;

1.3 manter em seus arquivos todas as informações e documentos atinentes à prestação dos serviços públicos objeto deste convênio;

1.4. promover a articulação entre a SABESP e os órgãos reguladores de setores dotados de interface com o saneamento básico, especialmente os de recursos hídricos e proteção de meio ambiente, saúde pública e ordenamento urbano.

CLÁUSULA SÉTIMA
Da Vigência

1. o presente convênio de cooperação vigorará por ( ) anos, extinguindo-se após o efetivo cumprimento de todas as condições legais.

1.1. o ajuste poderá ser prorrogado por igual período, por meio de termo de aditamento, precedido de justificativa e mediante autorização do Governador do Estado, desde que haja manifestação expressa dos partícipes até 1 (um) ano antes do advento de seu termo final.

CLÁUSULA OITAVA
Da Denúncia e Rescisão

1. o presente convênio poderá ser denunciado por qualquer dos partícipes, com antecedência mínima de 1 (um) ano, mediante comunicação por escrito, observado, no que couber, o pagamento de indenização no bojo do contrato de programa a que alude o subitem 1.1 da Cláusula Primeira, e será rescindido por infração legal ou descumprimento de qualquer de suas cláusulas, assegurado o cumprimento das obrigações previstas no contrato de programa.

CLÁUSULA NONA
Do Foro

1. fica eleito o foro da Comarca da Capital do Estado de São Paulo, com renúncia expressa a qualquer outro, por mais privilegiado que seja, para dirimir as questões decorrentes deste convênio de cooperação que não puderem ser resolvidas de comum acordo pelos partícipes.

E, por estarem de acordo, os partícipes assinam o presente instrumento em 3 (três) vias, de igual teor e forma, na presença das testemunhas abaixo.

São Paulo, (...) de (...) de (...).

Prefeito do Município de (___)

Secretaria de Saneamento d Energia (___)

Companhia de Saneamento Básico do Estado de São Paulo – Sabesp (___)

Testemunhas:

1. Nome / RG / CPF

2. Nome / RG / CPF

DECRETO Nº 55.660, DE 30 DE MARÇO DE 2010

Institui o Sistema Integrado de Licenciamento, cria o Certificado de Licenciamento Integrado, e dá providências correlatas.

José Serra, Governador do Estado de São Paulo, no uso de suas atribuições legais,

Considerando a necessidade de assegurar a entrada única de dados facilitando a integração do processo de licenciamento entre os órgãos e entidades estaduais responsáveis pela fiscalização dos requisitos de controle sanitário, controle ambiental, segurança contra incêndio, e os municípios, visando favorecer a legalização de empresários e pessoas jurídicas;

Considerando que a disciplina estabelecida pelo Decreto estadual nº 52.228, de 5 de outubro de 2007, sofreu alterações com a superveniência da Lei federal nº 11.598, de 3 de dezembro de 2007, e da Lei Complementar federal nº 128, de 19 de dezembro de 2008;

Considerando as diretrizes fixadas pelo Programa Estadual de Desburocratização sobre a necessidade de a simplificação anteceder a informatização dos processos; e

Considerando a necessidade de distinguir os procedimentos de licenciamento entre as atividades de baixo e alto risco, após a promulgação da Lei federal nº 11.598, de 3 de dezembro de 2007, e da Lei Complementar federal nº 123, de 14 de dezembro de 2006,

Decreta:

Capítulo I
DAS DISPOSIÇÕES GERAIS

Seção I
Do Sistema Integrado de Licenciamento

Art. 1º. Fica instituído, junto à Secretaria de Gestão Pública, o Sistema Integrado de Licenciamento.

Parágrafo único. O sistema de que trata este artigo será a entrada única das solicitações de licenciamento de atividades requeridas perante os órgãos e entidades da Administração Direta e Indireta do Estado, responsáveis pela fiscalização das áreas de controle sanitário, controle ambiental e de segurança contra incêndio.

Art. 2º. Os municípios paulistas poderão integrar o sistema instituído pelo art. 1º, mediante adesão voluntária, conforme Termo constante do Anexo que faz parte integrante deste Decreto.

§ 1º. Observado o disposto no *caput* deste artigo, o Sistema Integrado de Licenciamento será também a entrada única das solicitações de licenciamento de responsabilidade do município.

§ 2º. A adesão voluntária a que se refere o *caput* deste artigo será considerada efetuada após a sua homologação pelo colegiado de que trata o art. 5º deste decreto, mediante o protocolo de ofício encaminhando o termo referido no Anexo deste Decreto à Secretaria de Desenvolvimento Econômico, Ciência e Tecnologia, o cumprimento do disposto no art. 3º, bem como das obrigações assumidas pelo município no mencionado termo.

(*) § 2º com redação dada pelo
Decreto nº 57.437, de 17.10.2011.

Art. 3º. Para as finalidades do Sistema Integrado de Licenciamento, aos órgãos e entidades da Administração Direta e Indireta do Estado responsáveis e os municípios aderentes, cabe:

I – identificar e classificar os graus de risco, a partir dos códigos da Classificação Nacional de Atividade Econômica – CNAE e da lista de atividades auxiliares do estabelecimento a ela associada;

II – elaborar o texto de perguntas que exija resposta positiva ou negativa, em relação a cada código da CNAE, se a atividade identificada não for suficiente para a classificação do risco da solicitação;

III – elaborar os textos das declarações que devem ser registradas no Certificado de Licenciamento Integrado de que trata o art. 7º deste Decreto;

IV – elaborar os textos de restrições que devem ser observadas para o exercício da atividade licenciada e registradas no Certificado de Licenciamento Integrado;

V – elaborar os textos das orientações associadas a cada código da CNAE que indiquem o procedimento a ser seguido, caso a solicitação seja classificada de alto risco;

VI – elaborar os textos das motivações para o indeferimento da solicitação de licenciamento e para esclarecimento do parecer negativo de viabilidade;

VII – indicar o prazo de validade do respectivo licenciamento.

Parágrafo único. Os órgãos e entidades da Administração Direta e Indireta do Estado utilizarão obrigatoriamente o Sistema para fins de licenciamento de atividades nos demais municípios, inclusive aquelas desenvolvidas pelos microempreendedores individuais, a partir de 1 (um) ano contado da data da publicação deste Decreto, ou da adesão voluntária do município ao Sistema, o que ocorrer antes.

(*) Parágrafo único acrescido pelo
Decreto nº 56.241, de 29.9.2010.

Art. 4º. Compete à Secretaria de Desenvolvimento Econômico, Ciência e Tecnologia:

(*) Art. 4º, *caput*, com redação dada pelo
Decreto nº 57.437, de 17.10.2011.

I – promover a implementação, implantação e manutenção do Sistema Integrado de Licenciamento com todas as suas funcionalidades;

II – contratar os serviços necessários para o desenvolvimento, manutenção, disponibilização, operação e garantia da usabilidade do Sistema Integrado de Licenciamento;

III – enviar para o município e para os demais órgãos e entidades da Administração Direta e Indireta do Estado, de forma controlada e imediatamente após o recebimento, os dados coletados, por meio do uso de tecnologia que garanta a sincronização ou integração das respectivas bases de dados ou por meio de funcionalidade que disponibilize esses dados para consulta;

IV – disponibilizar funcionalidade especifica no Sistema Integrado de Licenciamento que garanta somente aos agentes públicos indicados pelos municípios e pelos demais órgãos e entidades da Administração Direta e Indireta do Estado o acesso às funcionalidades de administração de regras e homologação de procedimentos, respeitando os perfis e respectivas permissões;

V – disponibilizar funcionalidade específica no Sistema Integrado de Licenciamento que garanta ao município e aos demais órgãos e entidades da Administração Direta e Indireta do Estado, o domínio da administração das suas próprias regras de licenciamento.

Art. 5º. O Sistema Integrado de Licenciamento conta com um Colegiado, composto por representantes:

I – da Secretaria de Desenvolvimento Econômico, Ciência e Tecnologia, que será o responsável pela coordenação dos trabalhos;

(*) Inciso I com redação dada pelo
Decreto nº 57.437, de 17.10.2011.

II – da Casa Civil;

III – da Secretaria da Fazenda;

IV – da Secretaria do Meio Ambiente;

V – da Secretaria da Segurança Pública;

VI – da Secretaria da Saúde;

VII – da Secretaria de Gestão Pública.

(*) Inciso VII com redação dada pelo
Decreto nº 57.437, de 17.10.2011.

Art. 6º. Ao Colegiado a que se refere o art. 5º, cabe:

I – editar normas complementares às disposições deste Decreto;

II – adotar as medidas necessárias ao aprimoramento do Sistema Integrado de Licenciamento de que trata este Decreto;

III – homologar a adesão voluntária dos municípios ao Sistema Integrado de Licenciamento;

IV – definir, em lista única, as atividades cujo grau de risco seja considerado baixo, para os efeitos do Decreto nº 54.498, de 30 de junho de 2009;

V – adotar providências para divulgar aos interessados e disponibilizar, para consulta, na rede mundial de computadores a lista única de que trata o inciso anterior.

Seção II

Do Certificado de Licenciamento Integrado

Art. 7º. Fica criado o Certificado de Licenciamento Integrado, expedido por meio do Sistema Integrado de Licenciamento, instituído por este Decreto.

Parágrafo único. O Certificado de que trata este artigo:

1. somente será expedido após o deferimento da solicitação por todos os órgãos e entidades daAdministração Direta e Indireta do Estado responsáveis e municípios aderentes;

2. produz todos os efeitos legais próprios das licenças de funcionamento expedidas pelos órgãos e entidades da Administração Direta e Indireta responsáveis e dos municípios aderentes

Art. 8º. Para o inicio de suas atividades o empresário e/ou a pessoa jurídica devem obter o Certificado de Licenciamento Integrado, não sendo suficiente a sua simples solicitação.

Art. 9º. O Certificado de Licenciamento Integrado será disponibilizado pelo Sistema e impresso pelo próprio solicitante, devendo ser afixado no estabelecimento em local visível ao público.

Art. 10. Do Certificado de Licenciamento Integrado deverá constar:

I – o número do protocolo da solicitação;

II – o deferimento de cada órgão e entidade da Administração Direta e Indireta do Estado responsáveis e município aderente, bem como o prazo de validade da licença concedida;

III – a data de sua emissão;

IV – o teor das declarações prestadas pelo órgão ou entidade da Administração Direta ou Indireta do Estado responsáveis e pelo município aderente ao Sistema Integrado de Licenciamento, para comprovação do cumprimento de exigências necessárias ao licenciamento;

V – o teor das restrições que forem pertinentes, de acordo com as regras de cada órgão e entidade da Administração Direta e Indireta do Estado responsáveis e município aderente.

Art. 11. A validade do Certificado de Licenciamento Integrado corresponde ao menor prazo de licenciamento nele indicado por órgão ou entidade da Administração Direta e Indireta do Estado responsáveis e município aderente.

Art. 12. A alteração do endereço do estabelecimento, de sua atividade ou grupo de atividades, ou de qualquer outra das condições que determinaram a expedição do Certificado de Licenciamento Integrado, implica na perda de sua validade, e obriga o empresário e/ou a empresa jurídica a renovar a solicitação.

Art. 13. O microempreendedor individual está dispensado de obter o Certificado de Licenciamento Integrado para sua residência, se exercer atividade de baixo risco exclusivamente fora dela, observado o disposto no art. 14 deste Decreto.

Parágrafo único. No caso previsto no *caput* deste artigo, o Sistema Integrado de Licenciamento poderá expedir comprovante de dispensa de licenciamento, mediante o registro de informações e declarações do microempreendedor individual.

Art. 14. O empresário e/ou a pessoa jurídica devem obter permissão específica junto aos municípios em que pretendam atuar, no caso de atividade em local público.

Art. 15. A consulta sobre a autenticidade e validade do Certificado de Licenciamento Integrado será pública.

Seção III

Da Classificação de Risco

Art. 16. As solicitações de expedição do Certificado de Licenciamento Integrado para atividades que forem classificadas como de baixo risco, receberão tratamento diferenciado e favorecido, em função da atividade econômica exercida, associada ou não a outros critérios de controle sanitário, controle ambiental e segurança contra incêndio.

§ 1º. A classificação de baixo risco permite ao empresário e/ou à pessoa jurídica a obtenção do Certificado de Licenciamento Integrado mediante o fornecimento de dados, e a substituição da comprovação prévia do cumprimento de exigências e restrições, por declarações do titular ou responsável.

§ 2º. Caberá aos órgãos e entidades da Administração Direta e Indireta do Estado e municípios aderentes, responsáveis pelo licenciamento, deferir as solicitações cujo grau de risco seja considerado baixo em função de seu potencial de lesividade aos parâmetros de controle sanitário, controle ambiental, segurança contra incêndio e da legislação municipal.

§ 3º. A classificação de baixo risco da atividade dispensa a realização de vistoria para a comprovação prévia do cumprimento de exigências ou de restrições.

Art. 17. Quando o grau de risco envolvido na solicitação de licenciamento for classificado como alto, o empresário e/ou a pessoa jurídica obedecerão ao procedimento administrativo determinado pelo respectivo órgão ou entidade da Administração Direta e Indireta do Estado responsável e pelos municípios aderentes, para comprovação do cumprimento das exigências e das restrições necessárias à sua obtenção, cabendo inclusive a realização da respectiva vistoria prévia.

Parágrafo único. O grau de risco da solicitação será considerado alto se uma ou mais atividades do estabelecimento forem assim classificadas.

Art. 18. Os órgãos e entidades da Administração Direta e Indireta do Estado e os municípios aderentes identificarão os graus de risco por meio das ações previstas no art. 3º deste Decreto.

Capítulo II
DOS PROCEDIMENTOS

Seção I
Da Expedição do Certificado de Licenciamento Integrado

Art. 19. O processo de expedição do Certificado de Licenciamento Integrado exige a utilização, por todos os intervenientes, de certificado digital válido emitido por Autoridade Certificadora integrante da Infraestrutura de Chaves Públicas Brasileira – ICP Brasil.

Art. 20. Caberá ao empresário ou ao responsável pela pessoa jurídica constante dos registros perante o Cadastro nacional de Pessoa Jurídica solicitar a expedição do Certificado de Licenciamento Integrado, apresentando as informações necessárias e declarando o cumprimento de exigências e restrições a elas vinculadas, respondendo penal, administrativa e civilmente pela sua veracidade e exatidão.

Art. 21. O contabilista ou o responsável pelo escritório contábil constante dos registros da empresa perante o Cadastro Nacional de Pessoa Jurídica poderá atuar como seu procurador para os atos do Sistema Integrado de Licenciamento.

Parágrafo único. O contabilista ou o responsável pelo escritório contábil atuará junto ao processo de licenciamento utilizando a sua assinatura digital e manterá em seu poder o instrumento de mandato para os atos perante o Sistema Integrado de Licenciamento, apresentando-o quando notificado.

Art. 22. O escritório contábil responsável pelo atendimento ao microempreendedor individual poderá atuar em nome deste para os atos do Sistema Integrado de Licenciamento, observado o parágrafo único do artigo anterior.

Art. 23. O empresário e a pessoa jurídica solicitante da expedição do Certificado de Licenciamento Integrado deverão indicar todas as atividades que serão efetivamente desenvolvidas no estabelecimento.

Art. 24. Previamente à expedição do Certificado de Licenciamento Integrado, o município no qual está sediado o estabelecimento do solicitante deverá emitir parecer sobre a viabilidade de sua instalação e funcionamento no local indicado, diante da legislação de uso e ocupação do solo, das posturas municipais e das restrições da legislação ambiental em relação às áreas de proteção.

§ 1º. O município aderente receberá pelo Sistema Integrado de Licenciamento a solicitação de análise da viabilidade a que se refere o *caput* deste artigo, registrando no sistema seu parecer, indicando as eventuais restrições que devem ser observadas ou os motivos do indeferimento, se o caso.

§ 2º. O interessado deverá solicitar o exame de viabilidade diretamente ao município, caso este não tenha aderido ao Sistema Integrado de Licenciamento.

§ 3º. Os órgãos e entidades da Administração Direta e Indireta do Estado somente reconhecerão o resultado positivo ou negativo do exame de viabilidade inserido no Sistema Integrado de Licenciamento desde que registrado por servidor público municipal previamente cadastrado.

§ 4º. A Secretaria de Desenvolvimento Econômico, Ciência e Tecnologia disponibilizará suporte aos municípios não aderentes com as funções de informação, orientação e treinamento aos servidores responsáveis pelo registro a que se refere o § 3º deste artigo.

(*) § 4º com redação dada pelo Decreto nº 57.437, de 17.10.2011.

§ 5º. Sendo negativo o exame da viabilidade, o Certificado de Licenciamento Integrado não será expedido.

Art. 25. Quando o órgão ou entidade da Administração Direta e Indireta do Estado responsável e o município aderente classificarem a atividade constante da solicitação com o grau de risco alto, devem:

I – comunicar ao Sistema Integrado de Licenciamento a necessidade do comparecimento inicial do solicitante para os procedimentos a que alude o art. 17 deste Decreto;

II – autorizar, após cumprido o disposto no art. 17 deste Decreto, a expedição do Certificado de Licenciamento Integrado, mediante o fornecimento ao Sistema Integrado de Licenciamento, dos seguintes dados:

a) o número da licença;

b) o prazo de sua validade.

Art. 26. Na hipótese de indeferimento da solicitação, o Sistema Integrado de Licenciamento disponibilizará ao interessado informação a respeito da motivação.

§ 1º. Os recursos cabíveis serão interpostos diretamente perante os órgãos e entidades da Administração Direta e Indireta do Estado e os municípios aderentes, responsáveis pelo indeferimento, nos termos de suas respectivas legislações.

§ 2º. Os órgãos e entidades da Administração Direta e Indireta do Estado responsáveis e os municípios aderentes devem comunicar ao Sistema Integrado de Licenciamento a interposição de recurso contra o indeferimento e a conclusão do processo.

Seção II
Da Invalidação e Cassação do Certificado de Licenciamento Integrado

Art. 27. A invalidação ou cassação do licenciamento por qualquer órgão ou entidade da Administração Direta ou Indireta responsáveis ou município aderente resulta na perda de eficácia do Certificado de Licenciamento Integrado.

Parágrafo único. A decisão final, ou contra a qual não caiba recurso com efeito suspensivo, será comunicada ao Sistema Integrado de Licenciamento pelo órgão ou entidade da Administração Direta ou Indireta responsáveis e município aderente.

Art. 28. Para efeito de garantir a aplicação das normas gerais previstas no Capitulo VII da Lei Complementar nº 123, de 14 de dezembro de 2006, os órgãos e entidades da Administração Direta e Indireta do Estado responsáveis e os municípios aderentes deverão instituir procedimentos de natureza orientadora ao microempreendedor individual, às microempresas e empresas de pequeno porte de que trata a referida lei complementar, aplicáveis quando:

I – a atividade contida na solicitação for considerada de baixo risco, nos termos deste Decreto;

II – não ocorrer situação de risco grave e iminente à saúde, reincidência, fraude, resistência ou embaraço à fiscalização.

Art. 29. Os procedimentos de natureza orientadora previstos no artigo anterior deverão prever, no mínimo:

I – a lavratura de "Termo de Adequação de Conduta", em primeira visita, do qual constará a orientação e o respectivo prazo para cumprimento;

II – a verificação, em segunda visita, do cumprimento da orientação referida no inciso anterior, previamente à lavratura de auto de infração ou instauração de processo administrativo para declaração da invalidade ou cassação do Certificado de Licenciamento Integrado.

Capítulo III
DAS DISPOSIÇÕES FINAIS

Art. 30. Os órgãos e entidades da Administração Direta e Indireta do Estado responsáveis e os municípios aderentes poderão, a qualquer tempo, proceder à verificação das informações e declarações prestadas, inclusive por meio da realização de vistorias e solicitação de documentos.

Art. 31. Extrato do Certificado de Licenciamento Integrado, contendo nome do empresário ou da pessoa jurídica, número de inscrição no Cadastro Nacional de Pessoa Jurídica e número do protocolo de solicitação, será publicado no Diário Oficial do Estado.

Art. 32. Permanecem em vigor as disposições do Decreto nº 54.498, de 30 de junho de 2009, que institui, no âmbito da Administração Direta, autárquica e fundacional, tratamento diferenciado e favorecido ao Microempreendedor Individual – MEI, para o licenciamento de atividades de baixo risco.

Parágrafo único. O licenciamento de atividades de alto risco do Microempreendedor Individual – MEI observará o disposto neste Decreto.

Art. 33. Para os efeitos do Decreto nº 54.498, de 30 de junho de 2009, permanece vigente a Portaria CG-CADEMP nº 1, do Comitê Gestor do Cadastro Integrado de Empresas Paulistas, enquanto não revogada em razão do estabelecido no inciso III do art. 6º deste Decreto.

Art. 34. Este Decreto e suas disposições transitórias entram em vigor na data de sua publicação, ficando revogado o art. 2º do Decreto nº 54.498, de 30 de junho de 2009.

DISPOSIÇÕES TRANSITÓRIAS

Art. 1º. O procedimento administrativo para licenciamento iniciado antes da vigência deste Decreto em órgão e entidade da Administração Direta e Indireta do Estado responsáveis e no município aderente será mantido se a atividade constante da solicitação apresentada ao Sistema Integrado de Licenciamento seja considerada de alto risco.

Parágrafo único. No caso do disposto no *caput* deste artigo, o resultado da solicitação deverá ser registrado no Sistema Integrado de Licenciamento.

Art. 2º. O empresário e a pessoa jurídica que possuem licenciamentos válidos em todos os órgãos e entidades da Administração Direta e Indireta do Estado responsáveis e município aderente, devem solicitar a expedição do Certificado de Licenciamento Integrado somente após o vencimento do primeiro deles.

Art. 3º. O Sistema Integrado de Licenciamento instituído por este Decreto será utilizado, obrigatoriamente, para fins de licenciamento de atividades desenvolvidas nos municípios aderentes, inclusive pelos microempreendedores individuais, conforme o disposto nos arts. 1º, parágrafo único, e 2º, deste Decreto.

Parágrafo único. Os órgãos e entidades da Administração Direta e Indireta do Estado utilizarão obrigatoriamente o Sistema para fins de licenciamento de atividades nos demais municípios, inclusive aquelas desenvolvidas pelos microempreendedores individuais, a partir de 180 (cento e oitenta) dias contados da publicação deste Decreto, ou da adesão voluntária do município ao Sistema, o que ocorrer antes.

Palácio dos Bandeirantes, 30 de março de 2010.

José Serra

DOE de 31.3.2010 – Retificação DOE de 1º.4.2010

ANEXO
A que se refere o art. 2º do Decreto nº 55.660, de 30 de março de 2010
TERMO DE ADESÃO VOLUNTÁRIA AO SISTEMA INTEGRADO DE LICENCIAMENTO

TERMO DE ADESÃO QUE SUBSCREVE O MUNICÍPIO DE (...) VISANDO A ADESÃO AO SISTEMA INTEGRADO DE LICENCIAMENTO, INSTITUÍDO PELO DECRETO ESTADUAL Nº 55.660, DE 30 DE MARÇO DE 2010.

O Município de neste ato representado pelo Prefeito (...), doravante denominado simplesmente MUNICÍPIO nos termos do art. 2º do Decreto estadual nº 55.660, de 30 de março de 2010, firma o presente Termo de Adesão ao Sistema Integrado de Licenciamento, instituído pelo Decreto estadual nº 55.660, de 30 de março de 2010, mediante as seguintes cláusulas e condições:

CLÁUSULA PRIMEIRA
Do Objeto

A adesão do Município ao Sistema Integrado de Licenciamento observará integralmente as disposições do Decreto nº 55.660, de 30 de março de 2010, envolvendo a sua implementação, implantação, manutenção e operação por meio de sítio do Governo do Estado de São Paulo na rede mundial de computadores, definido como um serviço consistente na entrada única de dados, processamento integrado dos órgãos públicos estaduais e municipais, e resposta única e final das etapas do processo de licenciamento de atividades, necessário para tornar apto ao funcionamento o empresário e a pessoa jurídica estabelecidos no Estado de São Paulo.

CLÁUSULA SEGUNDA
Das Obrigações do MUNICÍPIO

O MUNICÍPIO se compromete a coordenar internamente as competências de seus órgãos com a finalidade de:

I – cumprir as ações que garantam a obediência aos requisitos técnicos definidos para as funções do Sistema Integrado de Licenciamento, previstos no Decreto nº 55.660, de 30 de março de 2010, especialmente aqueles relativos ao:

a) recebimento e processamento dos dados necessários à emissão do parecer de viabilidade do Município, incluindo a comunicação do resultado ao Sistema Integrado de Licenciamento;

b) recebimento e processamento dos dados necessários à emissão das licenças de funcionamento para os casos de atividades classificadas como de alto risco, incluindo as comunicações dos resultados de cada etapa ao Sistema Integrado de Licenciamento;

c) uso de funcionalidade disponibilizada pelo Sistema Integrado de Licenciamento que permita a comunicação dos resultados dos processamentos previstos nas alíneas anteriores, diretamente pelos agentes públicos municipais responsáveis, ou o uso da tecnologia apoiada em "*webservises*" para esse fim;

II – cumprir as ações que garantam a obediência aos requisitos técnicos previstos para as funções de informação, orientação e treinamento dos usuários do Sistema Integrado de Licenciamento;

III – indicar e manter atualizada a lista dos agentes públicos do Município que deverão ter acesso às funcionalidades de administração de regras próprias e homologação de procedimentos, informando seu nome, número de inscrição no CPF/MF e o respectivo perfil de permissões perante o Sistema Integrado de Licenciamento;

IV – (revogado);

(*) Inciso IV revogado pelo Decreto nº 57.437, de 17.10.2011.

V – fornecer o arquivo eletrônico da imagem do brasão do Município, em alta resolução, em fundo branco para aplicação no Certificado de Licenciamento Integrado;

VI – uso da funcionalidade de alteração de ofício do Sistema Integrado de Licenciamento, e sempre imediatamente após a constatação, os dados cadastrais efetivamente encontrados nos procedimentos de fiscalização;

VII – observar as normas complementares e as medidas necessárias ao aprimoramento do Sistema Integrado de Licenciamento previstas nos incisos I e II do art. 6º do Decreto estadual nº 55.660, de 30 de março de 2010;

VIII – responder aos questionamentos e às sugestões recebidas pela Secretaria de Desenvolvimento Econômico, Ciência e Tecnologia em relação ao Sistema Integrado de Licenciamento, especialmente às relativas a inconformidades, incorreções ou solicitações de esclarecimentos sobre regras e procedimentos municipais.

(*) Inciso VIII com redação dada pelo Decreto nº 57.437, de 17.10.2011.

CLÁUSULA TERCEIRA

Dos Recursos

A adesão ao Sistema Integrado de Licenciamento não importará em transferência de recursos financeiros do Estado ou do MUNICÍPIO, e as despesas de custeio decorrentes das obrigações assumidas onerarão diretamente os seus respectivos orçamentos.

CLÁUSULA QUARTA

Da Divulgação

Em qualquer ação promocional relacionada ao Sistema Integrado de Licenciamento deverá ser obrigatoriamente destacada a participação do Governo do Estado de São Paulo e do Município.

CLÁUSULA QUINTA

Da Vigência

A adesão ao Sistema Integrado de Licenciamento produzirá efeitos por prazo indeterminado.

CLÁUSULA SEXTA

Da Denúncia

A adesão ao Sistema Integrado de Licenciamento poderá ser denunciada a qualquer tempo, mediante comunicação formal, com antecedência mínima de 180 (cento e oitenta) dias.

São Paulo, (...) de (...) de (...).

Prefeito do Município de (...)

DECRETO Nº 57.437, DE 17 DE OUTUBRO DE 2011

Transfere da Secretaria de Gestão Pública para a Secretaria de Desenvolvimento Econômico, Ciência e Tecnologia o Sistema Integrado de Licenciamento instituído pelo Decreto nº 55.660, de 30 de março de 2010, e dá providências correlatas.

Geraldo Alckmin, Governador do Estado de São Paulo, no uso de suas atribuições legais,

Decreta:

Art. 1º. Fica transferido da Secretaria de Gestão Pública para a Secretaria de Desenvolvimento Econômico, Ciência e Tecnologia o Sistema Integrado de Licenciamento instituído pelo Decreto nº 55.660, de 30 de março de 2010.

Art. 2º. Os dispositivos adiante indicados do Decreto nº 55.660, de 30 de março de 2010, passam a vigorar com a seguinte redação:

I – do art. 2º, o § 2º:

II – o *caput* do art. 4º:

III – do art. 5º:

a) o inciso I:

b) o inciso VII:

IV – do art. 24, o § 4º:

(*) Alterações já efetuadas no corpo do Decreto.

Art. 3º. O inciso VIII da Cláusula Segunda do Termo de Adesão Voluntária que se constitui no Anexo a que se refere o art. 2º do Decreto nº 55.660, de 30 de março de 2010, passa a vigorar com a seguinte redação:

(*) Alteração já efetuada no corpo do Decreto.

Art. 4º. Este Decreto entra em vigor na data de sua publicação, ficando revogado o inciso IV da Cláusula Segunda do Termo de Adesão Voluntária que se constitui no Anexo a que se refere o art. 2º do Decreto nº 55.660, de 30 de março de 2010.

Palácio dos Bandeirantes, 17 de outubro de 2011

Geraldo Alckmin

DOE de 18.10.2011

DECRETO Nº 59.113, DE 23 DE ABRIL DE 2013

Estabelece novos padrões de qualidade do ar e dá providências correlatas.

Geraldo Alckmin, Governador do Estado de São Paulo, no uso de suas atribuições legais,

Decreta:

Art. 1º. Para os efeitos deste Decreto, consideram-se:

I – poluentes primários: aqueles diretamente emitidos pelas fontes de poluição, tais como, partículas em suspensão, monóxido de carbono e dióxido de enxofre;

II – poluentes secundários: aqueles formados a partir de reações entre outros poluentes, tal como o ozônio;

III – emissões: liberação de substâncias para a atmosfera a partir de fontes pontuais ou difusas;

IV – óxidos de enxofre: óxidos de enxofre, expressos em dióxido de enxofre (SO_2);

V – óxidos de nitrogênio: óxido de nitrogênio e dióxido de nitrogênio, expresso em dióxido de nitrogênio (NO_2);

VI – composto orgânico volátil (COV) não metano: todo composto orgânico, exceto o metano (CH_4), medido por um método de referência ou determinado por procedimentos estabelecidos pela CETESB;

VIII – microescala: relativa a representatividade espacial de áreas de dimensão de poucos metros até 100 metros;

IX – média-escala: relativa a representatividade espacial de blocos de áreas urbanas (poucos quarteirões com características semelhantes), com dimensões entre 101 e 500 metros;

X – escala de bairro: relativa a representatividade espacial de áreas de bairros urbanos, com atividade uniforme e dimensões entre 501 e 4.000 metros;

XI – escala urbana: relativa a representatividade espacial de cidades ou regiões metropolitanas, da ordem de 4 a 50 km.

Art. 2º. A administração da qualidade do ar será realizada pela CETESB – Companhia Ambiental do Estado de São Paulo, e terá como meta o atendimento aos padrões de qualidade do ar, considerando o respeito aos limites máximos de emissão e exigências complementares efetuadas pela CETESB.

Art. 3º. Para o gerenciamento da qualidade do ar, o território do Estado de São Paulo fica dividido em regiões denominadas Regiões de Controle de Qualidade do Ar – RCQA, que coincidirão com as 22 (vinte e duas) Unidades de Gerenciamento de Recursos Hídricos (UGRHI) do Estado de São Paulo, definidas pela Lei nº 9.034, de 27 de dezembro de 1994.

§ 1º. Na execução de programas de controle de poluição do ar, as RCQA poderão ser divididas ouagrupadas em sub-regiões, constituídas de um ou mais municípios, ou ainda, por parte deles, podendo abranger municípios de diferentes UGRHI.

§ 2º. Os níveis de poluição observados nas estações de monitoramento de qualidade do ar serão determinantes para o estabelecimento de sub-regiões.

§ 3º. A sub-região é determinada de acordo com os seguintes critérios:

1. para o ozônio, o território compreendido pelos municípios que, no todo ou em parte, estejam situados a uma distância de 30 (trinta) km da estação de monitoramento da qualidade do ar;

2. para os demais poluentes, o território do município onde está localizada a estação de monitoramento da qualidade do ar;

3. nos casos de conurbação, a CETESB poderá, mediante decisão tecnicamente justificada, ampliar a área compreendida pela sub-região, de modo a incluir municípios vizinhos;

4. a sub-região pode ser modificada, a critério da CETESB, por meio da aplicação de modelos regionais de qualidade do ar;

5. os modelos regionais de qualidade do ar a que se refere o item anterior devem ser apresentados pelos interessados em alterar a abrangência da sub-região e serão validados por monitoramento de qualidade do ar representativo da área de estudo e devidamente aprovados pela CETESB.

§ 4º. No caso de estação de medição da qualidade do ar não operada pela CETESB, a validação dos dados será condicionada à verificação da adequabilidade do local em que ela estiver instalada, dos procedimentos operacionais e da manutenção dos equipamentos utilizados, conforme diretrizes e procedimentos estabelecidos pela CETESB.

Art. 4º. Poderão ser estabelecidos por decreto, padrões especiais de qualidade do ar aos municípios considerados estâncias balneárias, hidrominerais ou climáticas, incluindo exigências específicas para evitar a deterioração de sua qualidade do ar.

Art. 5º. A classificação da qualidade do ar de uma sub-região quanto a um poluente específico, nas seguintes categorias Maior que M1, M1, M2, M3 e MF, será determinada cotejando-se as concentrações com os Padrões de Qualidade do Ar (PQAR) estabelecidos no art. 9º deste Decreto.

§ 1º. As sub-regiões a que se refere o *caput* deste artigo serão classificadas de acordo com os seguintes critérios:

1. para exposição de longo prazo, aplicável a sub-regiões com pelo menos 3 (três) anos representativos nos últimos 4 anos:

a) maior que M1: média aritmética das médias anuais dos últimos 3 (três) anos representativos maior que o MI1;

b) M1: média aritmética das médias anuais dos últimos 3 (três) anos representativos menor ou igual ao MI1 e maior que o MI2;

c) M2: média aritmética das médias anuais dos últimos 3 (três) anos representativos menor ou igual ao MI2 e maior que o MI3;

d) M3: média aritmética das médias anuais dos últimos 3 (três) anos representativos menor ou igual ao MI3 e maior que o PF;

e) MF: média aritmética das médias anuais dos últimos 3 (três) anos representativos menor ou igual ao PF;

2. para exposição de curto prazo, aplicável a sub-regiões em que existam valores diários válidos em cada um dos últimos 3 (três) anos:

a) maior que M1: média aritmética do quarto maior valor diário de cada um dos últimos 3 (três) anos maior que o MI1;

b) M1: média aritmética do quarto maior valor diário de cada um dos últimos 3 (três) anos menor ou igual ao MI1 e maior que o MI2;

c) M2: média aritmética do quarto maior valor diário de cada um dos últimos 3 (três) anos menor ouigual ao MI2 e maior que o MI3;

d) M3: média aritmética do quarto maior valor diário de cada um dos últimos 3 (três) anos menor ou igual ao MI3 e maior que o PF;

e) MF: média aritmética do quarto maior valor diário de cada um dos últimos 3 (três) anos menor ou igual ao PF;

3. quando não se aplicarem as disposições anteriores por ausência de dados de monitoramento, a CETESB poderá propor a classificação das sub-regiões com base nos dados disponíveis das fontes fixas já instaladas e das fontes móveis em circulação, nas características da região e, se necessário, no uso de modelos de dispersão.

§ 2º. Para efeito de aplicação deste artigo, considera-se o seguinte:

1. ano representativo: aquele cujo número de médias diárias válidas de amostragem da qualidade do ar em cada quadrimestre seja maior que 50% (cinquenta por cento) do período, respeitadas as metodologias de frequência de amostragem;

2. média anual válida de amostragem da qualidade do ar: somente aquela obtida em ano representativo;

3. média diária válida de amostragem da qualidade do ar: valor obtido em dia em que 2/3 (dois terços) dos dados horários sejam válidos;

4. dado horário válido: aquele que foi submetido à análise técnica e validado, pela CETESB;

5. médias anuais de valores de amostragem da qualidade do ar: médias calculadas nos termos do art. 9º deste Decreto ou regulamentação correlata superveniente;

6. valor diário de cada poluente: concentração máxima verificada no dia, observados os tempos de exposição dos padrões de curto prazo estabelecidos no art. 9º deste Decreto ou regulamentação correlata superveniente.

§ 3º. Para a classificação da qualidade do ar serão considerados os seguintes poluentes: partículas inaláveis (MP_{10}), partículas inaláveis finas ($MP_{2,5}$), dióxido de enxofre (SO_2), dióxido de nitrogênio (NO_2) e ozônio (O_3).

§ 4º. A CETESB deverá classificar as estações de monitoramento da qualidade do ar segundo sua representatividade espacial, considerando as seguintes categorias:

1. microescala;

2. média-escala;

3. bairro;

4. urbana.

§ 5º. As estações com significativa influência das emissões veiculares e classificadas como de microescala para os poluentes primários, poderão, a critério da CETESB, não ter seus dados considerados para a classificação da qualidade do ar.

§ 6º. Municípios não pertencentes à Região Metropolitana de São Paulo, quando dotados de estação de monitoramento, terão, no caso do ozônio, sua classificação definida pela sua própria estação de monitoramento, juntamente com municípios conurbados, mediante decisão tecnicamente justificada.

§ 7º. Municípios pertencentes a mais de uma sub-região deverão receber a mesma classificação da sub-região com o maior nível de poluição, sempre que não tiverem classificação estabelecida por estação instalada em seu próprio território ou em município conurbado, nos termos do parágrafo anterior.

§ 8º. A CETESB poderá, a seu critério, desconsiderar dados de monitoramento com diferenças significativas de altitude ou de situações temporárias e atípicas para efeito de classificação das sub-regiões.

§ 9º. As sub-regiões a que se refere o *caput* deste artigo serão classificadas a cada 3 (três) anos, por proposta da CETESB, aprovada pelo CONSEMA.

§ 10. A CETESB deverá planejar a expansão de sua rede de monitoramento de qualidade do ar visando à melhoria contínua das informações para classificação das sub-regiões.

Art. 6º. Nas sub-regiões classificadas em M3, M2, M1 e Maior que M1, a CETESB estabelecerá, conforme a vigência de cada padrão de qualidade do ar, por sub-região, um Plano de Controle de Emissões Atmosféricas, composto de um Plano de Redução de Emissão de Fontes Estacionárias – PREFE, em conjunto com o Plano de Controle de Poluição Veicular – PCPV, para as fontes de poluição que se encontrem em operação.

§ 1º. Para atingir os padrões de qualidade do ar constantes no art. 9º deste Decreto, o PREFE deverá conter metas proporcionais à participação das fontes fixas e móveis no total das emissões da sub-região.

§ 2º. Em até um ano da publicação deste Decreto, a CETESB deverá apresentar ao CONSEMA e publicar o PREFE atualizando-o a cada 3 (três) anos.

§ 3º. O PREFE deverá conter, no mínimo, os seguintes instrumentos e diretrizes:

1. a classificação das estações de monitoramento de qualidade do ar com relação aos padrões de qualidade do ar, nos termos do art. 5º deste Decreto;

2. o inventário de fontes fixas e móveis, com metodologias divulgadas publicamente;

3. a lista de empreendimentos integrantes do PREFE, será formada pelo conjunto de empreendimentos que integrem a classe A da curva ABC, que será definida por sub-região e calculada com base no inventário de fontes fixas do(s) poluente(s);

4. as metas do PREFE que serão calculadas com base na diferença entre as médias de concentração de classificação da subregião nos últimos 3 (três) anos e o padrão de qualidade do ar a ser atingido;

5. a participação de redução de emissões das fontes fixas e móveis, calculada com base nos inventários;

6. convergência com Planos, programas, ações e metas definidos para o atendimento da Política Estadual de Mudanças Climáticas;

7. estudos para adoção de medidas de incentivo fiscal para ações que levem à redução de emissões de poluentes atmosféricos;

8. acompanhamento das melhores práticas nacionais ou internacionais para a melhoria da qualidade do ar e o estudo de viabilidade de implantação dessas práticas no Estado de São Paulo;

9. planejamento da expansão da rede de monitoramento de qualidade do ar;

10. priorização para a renovação da Licença de Operação dos empreendimentos integrantes do PREFE condicionando-os às exigências técnicas especiais, conforme a seguinte ordem de prioridade para atingir as metas das fontes fixas:

a) quando se tratar de empreendimento integrante da classe A da curva ABC e com fontes sem controle de emissões;

b) a instalação de sistemas de controle de poluição do ar baseados na melhor tecnologia prática disponível, tanto para processos produtivos, como para equipamentos de controle propriamente ditos;

c) quando se tratar de empreendimento integrante da classe A da curva ABC e com fontes com controle de emissões sem representar a melhor tecnologia prática disponível;

d) a instalação de sistemas de controle de poluição do ar baseados na melhor tecnologia prática disponível, tanto para processos produtivos, como para equipamentos de controle propriamente ditos;

11. no caso das medidas anteriores não terem sido suficientes para atingir as metas, deverá ser proposto um programa setorial de controle de emissões de fontes que não integrem a classe A da curva ABC, porém que no conjunto possam representar uma redução significativa nas emissões.

§ 4º. Todos os empreendimentos industriais que integrem o inventário de fontes fixas e outros que venham a ser designados pela CETESB serão obrigados a declarar anualmente as emissões atmosféricas, segundo Termo de Referência estabelecido pela CETESB.

§ 5º. A elaboração do PREFE não impede que outros programas ou planos de controle de emissões atmosféricas, inclusive para as fontes novas de emissão, sejam estabelecidos pela CETESB para atender a problemas regionais específicos.

§ 6º. No caso de alguma sub-região não atender ao padrão final para os poluentes chumbo e monóxido de carbono, poderão ser executadas ações de controle específicas, as quais serão definidas pela CETESB.

Art. 7º. Para o atendimento à meta estabelecida para as fontes móveis o PCPV, a que se refere o artigo anterior, deverá considerar os seguintes instrumentos e diretrizes:

I – aprimoramento da fiscalização de fontes móveis;

II – incentivo à melhoria da eficiência energética de fontes móveis;

III – desenvolvimento e incentivo a adoção de políticas de gestão ambiental em empresas de transporte;

IV – apoio às alternativas tecnológicas de transporte com baixa ou sem emissão de poluentes;

V – desenvolvimento de estudos específicos para avanço no controle de emissões;

VI – fomento à implantação de programas de renovação de frota circulante com sucateamento de veículos com alta emissão de poluentes;

VII – estudos sobre restrição à circulação de veículos automotores;

VIII – acompanhamento das metas de melhoria da qualidade do diesel.

Art. 8º. A administração da qualidade do ar no território do Estado de São Paulo será efetuada através de Padrões de Qualidade do Ar, observados os seguintes critérios:

I – Metas Intermediárias – (MI) estabelecidas como valores temporários a serem cumpridos em etapas, visando à melhoria gradativa da qualidade do ar no Estado de São Paulo, baseada na busca pela redução gradual das emissões de fontes fixas e móveis, em linha com os princípios do desenvolvimento sustentável;

II – Padrões Finais (PF) – Padrões determinados pelo melhor conhecimento científico para que a saúde da população seja preservada ao máximo em relação aos danos causados pela poluição atmosférica.

§ 1º. As Metas Intermediárias devem ser obedecidas em 3 (três) etapas assim determinadas:

1. Meta Intermediária Etapa 1 – (MI1) – Valores de concentração de poluentes atmosféricos que devem ser respeitados a partir da publicação deste Decreto;

2. Meta Intermediária Etapa 2 – (MI2) – Valores de concentração de poluentes atmosféricos que devem ser respeitados subsequentemente à MI1, que entrará em vigor após avaliações realizadas na Etapa 1, reveladas por estudos técnicos apresentados pelo órgão ambiental estadual, convalidados pelo CONSEMA;

3. Meta Intermediária Etapa 3 – (MI3) – Valores de concentração de poluentes atmosféricos que devem ser respeitados nos anos subsequentes à MI2, sendo que o seu prazo de duração será definido pelo CONSEMA, a partir do início de sua vigência, com base nas avaliações realizadas na Etapa 2.

§ 2º. São aplicados sem etapas intermediárias os padrões finais aqui estabelecidos que não deixarem explícitos os valores de metas intermediárias como monóxido de carbono, partículas totais em suspensão e chumbo.

§ 3º. Para os poluentes não citados no parágrafo anterior, os padrões finais passam a valer a partir do final do prazo de duração do MI3.

Art. 9º. Ficam estabelecidos para todo o território do Estado de São Paulo os seguintes Padrões de Qualidade do Ar:

I – para o dióxido de enxofre (SO_2):

a) para concentrações médias de 24 (vinte e quatro) horas consecutivas:

1. MI1 – 60 µg/m³ (sessenta microgramas por metro cúbico);

2. MI2 – 40 µg/m³ (quarenta microgramas por metro cúbico);

3. MI3 – 30 µg/m³ (trinta microgramas por metro cúbico);

4. PF – 20 µg/m³ (vinte microgramas por metro cúbico).

b) para concentrações médias aritméticas anuais:

1. MI1 – 40 µg/m³ (quarenta microgramas por metro cúbico);

2. MI2 – 30 µg/m³ (trinta microgramas por metro cúbico);

3. MI3 – 20 µg/m³ (vinte microgramas por metro cúbico).

II – para o monóxido de carbono (CO): é estabelecido apenas padrão final (PF) de concentração da média de 8 (oito) horas consecutivas de 9 (nove) partes por milhão (ppm);

III – Para o material particulado com diâmetro aerodinâmico equivalente de corte de 10 (dez) micrômetros – MP_{10}:

a) Para concentrações médias de 24 (vinte e quatro) horas consecutivas:

1. MI1 – 120 µg/m³ (cento e vinte microgramas por metro cúbico);

2. MI2 – 100 µg/³(cem microgramas por metro cúbico);

3. MI3 – 75 µg/m³ (setenta e cinco microgramas por metro cúbico);

4. PF – 50 µg/m³ (cinquenta microgramas por metro cúbico);

b) para concentrações médias aritméticas anuais:

1. MI1 – 40 µg/m³ (quarenta microgramas por metro cúbico);

2. MI2 – 35 µg/m³ (trinta e cinco microgramas por metro cúbico);

3. MI3 – 30 µg/m³ (trinta microgramas por metro cúbico);

4. PF – 20 µg/m³ (vinte microgramas por metro cúbico);

IV – para o material particulado com diâmetro aerodinâmico equivalente de corte de 2,5 (dois e meio) micrômetros – $MP_{2,5}$:

a) para concentrações médias de 24 (vinte e quatro) horas consecutivas:

1. MI1 – 60 µg/m³ (sessenta microgramas por metro cúbico);

2. MI2 – 50 µg/m³ (cinquenta microgramas por metro cúbico);

3. MI3 – 37 µg/m³ (trinta e sete microgramas por metro cúbico);

4. PF – 25 µg/m³ (vinte e cinco microgramas por metro cúbico);

b) para concentrações médias aritméticas anuais:

1. MI1 – 20 µg/m³ (vinte microgramas por metro cúbico);

2. MI2 – 17 µg/m³ (dezessete microgramas por metro cúbico);

3. MI3 – 15 µg/m³ (quinze microgramas por metro cúbico);

4. PF – 10 µg/m³ (dez microgramas por metro cúbico);

V – para as partículas totais em suspensão – PTS – definidas como parâmetro auxiliar a ser utilizado apenas em situações específicas, a critério da CETESB:

a) para concentrações médias de 24 (vinte e quatro) horas consecutivas: PF – 240 µg/m³ (duzentos e quarenta microgramas por metro cúbico);

b) para concentrações médias geométricas anuais: PF – 80 µg/m³ (oitenta microgramas por metro cúbico);

VI – para o material particulado em suspensão na forma de fumaça – FMC – definido como parâmetro auxiliar a ser utilizado apenas em situações específicas, a critério da CETESB:

a) para concentrações médias de 24 (vinte e quatro) horas consecutivas:

1. MI1 – 120 µg/m³ (cento e vinte microgramas por metro cúbico);

2. MI2 – 100 µg/m³ (cem microgramas por metro cúbico);

3. MI3 – 75 µg/m³ (setenta e cinco microgramas por metro cúbico);

4. PF – 50 µg/m³ (cinquenta microgramas por metro cúbico);

b) para concentrações médias aritméticas anuais:

1. MI1 – 40 µg/m³ (quarenta microgramas por metro cúbico);

2. MI2 – 35 µg/m³ (trinta e cinco microgramas por metro cúbico);

3. MI3 – 30 µg/m³ (trinta microgramas por metro cúbico);

4. PF – 20 µg/m³ (vinte microgramas por metro cúbico);

VII – para o chumbo no material particulado – a ser monitorado apenas em áreas específicas, a critério da CETESB, sendo estabelecido apenas o padrão final (PF) para concentrações médias aritméticas anuais de 0,5 µg/m³ (cinco décimos de micrograma por metro cúbico), sendo a sua revisão coincidente com a definição do prazo de vigência dos padrões de qualidade do ar;

VIII – para o dióxido de nitrogênio (NO_2):

a) para concentrações médias de 1 (uma) hora:

1. MI1 – 260 µg/m³ (duzentos e sessenta microgramas por metro cúbico);

2. MI2 – 240 µg/m³ (duzentos e quarenta microgramas por metro cúbico);

3. MI3 – 220 µg/m³ (duzentos e vinte microgramas por metro cúbico);

4. PF – 200 µg/m³ (duzentos microgramas por metro cúbico);

b) para concentrações médias aritméticas anuais:

1. MI1 – 60 µg/m³ (sessenta microgramas por metro cúbico);

2. MI2 – 50 µg/m³ (cinquenta microgramas por metro cúbico);

3. MI3 – 45 µg/m³ (quarenta e cinco microgramas por metro cúbico);

4. PF – 40 µg/m³ (quarenta microgramas por metro cúbico);

IX – para o ozônio (O_3), estabelecido como concentração da média de 8 (oito) horas consecutivas:

a) MI1 – 140 µg/m³ (cento e quarenta microgramas por metro cúbico);

b) MI2 – 130 µg/m³ (cento e trinta microgramas por metro cúbico);

c) MI3 – 120 µg/m³ (cento e vinte microgramas por metro cúbico);

d) PF – 100 µg/m³ (cem microgramas por metro cúbico).

Parágrafo único. Os Padrões de Qualidade do Ar para outros poluentes aqui não considerados, serão objeto de regulamentação quando evidências científicas, especialmente baseadas nas recomendações da Organização Mundial da Saúde, e necessidades específicas de controle, sejam consistentemente demonstradas.

Art. 10. As metodologias de medição dos poluentes atmosféricos mencionados no art. 9º deste Decreto serão as aceitas pela CETESB.

Art. 11. Fontes novas de poluição ou no caso da ampliação das já existentes que pretendam instalar-se ou operar, quanto à localização, serão:

I – proibidas de instalar-se ou de operar quando, a critério da CETESB, mediante motivação técnica, houver o risco potencial a que alude o inciso V do art. 3º do Regulamento da Lei nº 997, de 31 de maio de 1976, aprovado pelo Decreto nº 8.468, de 8 de setembro de 1976, e suas alterações, ainda que as emissões provenientes de seu processamento estejam enquadradas nos incisos I, II, III e IV do mesmo artigo;

II – quando localizarem-se em regiões classificadas como Maior que M1 e aludidas no art. 12 deste Decreto:

a) obrigadas a compensar, conforme estabelecido no art. 13, em 110% (cento e dez por cento) das emissões atmosféricas a serem adicionadas dos poluentes que causaram essa classificação;

b) implantar a tecnologia mais eficiente no controle das emissões a qual deverá proporcionar os menores níveis de emissão atingíveis para o(s) poluente(s) que causou(ram) a classificação;

c) empreendimentos de tratamento e destinação final de resíduos sólidos urbanos e de serviços públicos de saneamento, que adotarem a melhor tecnologia prática disponível no controle de suas emissões, serão dispensados da compensação;

III – quando localizarem-se em sub-regiões com as demais classificações:

a) obrigadas a utilizar sistemas de controle de poluição do ar baseados na melhor tecnologia prática disponível para processos produtivos e para equipamentos de controle, quando necessário;

b) e aludidas no art. 12 deste Decreto, comprovar, por modelo matemático (excetuando o ozônio), que não modificará a classificação atual da área de influência do empreendimento considerando a contribuição da fonte nova ou ampliação das existentes;

c) no caso do dióxido de enxofre (SO_2), a comprovação a que se refere o item anterior, deverá ser feita por meio da comparação com o padrão anual de qualidade do ar aplicável para a subregião;

IV – quando localizarem-se em sub-regiões sem classificação:

a) obrigadas a utilizar sistemas de controle de poluição do ar baseados na melhor tecnologia prática disponível para processos produtivos e para equipamentos de controle, quando necessário;

b) e aludidas no art. 12 deste Decreto, comprovar, por modelo matemático (excetuando o ozônio e o dióxido de enxofre), que o quarto maior valor diário é menor ou igual ao MI2, considerando a contribuição da fonte nova ou ampliação das existentes;

c) comprovar, por meio de modelo matemático (excetuando o ozônio), que a média anual é menor ou igual ao MI2, considerando a contribuição da fonte nova ou ampliação das existentes.

Parágrafo único. Para os fins de que trata o inciso II deste artigo, para empreendimentos localizados em municípios pertencentes a mais de uma sub-região, a compensação de emissões poderá ser efetuada entre os empreendimentos situados em qualquer dessas sub-regiões, considerando as exigências previstas para a sub-região.

Art. 12. Devem se submeter, após a publicação do PREFE ou de outros programas previstos no § 5º do art. 6º, às regras de licenciamento, conforme estabelecido no artigo anterior, os novos empreendimentos e ampliações de existentes, cujo total de emissões adicionadas seja igual ou superior a:

I – material particulado (MP): 100 t/ano;

II – óxidos de nitrogênio (NO_x): 40 t/ano;

III – compostos orgânicos voláteis, exceto metano (COVs, não CH_4): 40 t/ano;

IV – óxidos de enxofre (SO_x): 250 t/ano.

Art. 13. Os empreendimentos portuários e aeroportuários, que sejam considerados pela CETESB como fonte relevante de emissão, devem apresentar, no prazo de 1 (um) ano, planos e ações de controle de emissão de poluentes.

Art. 14. Após 1 (um) ano da publicação deste Decreto, deverá a CETESB, objetivando maior e mais efetiva proteção à saúde pública:

I – complementar os estudos de qualidade do ar para embasar a redefinição do critério de determinação da sub-região, a que se refere o item 1, do § 3º, do art. 3º;

II – complementar, para fins de atendimento às determinações do inciso II, do art. 11 deste Decreto, o inventário de emissões visando à definição do limite máximo anual das emissões de material particulado; dióxido de enxofre (SO_2); dióxido de nitrogênio (NO_2); e compostos orgânicos voláteis, exceto metano.

Art. 15. A compensação prevista no art. 11 deste Decreto, dar-se-á pela geração e utilização de crédito de emissões reduzidas.

§ 1º. A geração de crédito, em fontes fixas, dar-se-á mediante a redução de emissões dos poluentes que levaram à classificação Maior que M1 da sub-região:

1. em sub-regiões classificadas como Maior que M1, para o ozônio, a compensação de emissões dar-se-á por cada categoria de seus precursores, quais sejam, óxidos de nitrogênio (NO_x) e compostos orgânicos voláteis (COVs), excluído o metano (CH_4);

2. a redução de emissões em fontes fixas deverá ser comprovada por meio de medições efetuadas antes e, com exceção dos casos de desativação de fontes, depois das alterações realizadas;

3. a validação dos resultados de medições realizadas por empreendedores ou por terceiros, fica condicionada ao atendimento dos procedimentos estabelecidos pela CETESB;

4. excepcionalmente, na ausência de procedimentos para medições de emissões, as reduções poderão ser comprovadas mediante utilização de métodos ou fatores de emissões baseados na literatura internacional e reconhecidos pela CETESB.

§ 2º. As reduções permanentes de emissão em fontes fixas serão convertidas em créditos aplicando-se o fator de conversão 1,0 (um) para sub-regiões classificadas como Maior que M1.

§ 3º. A geração do crédito em fontes fixas será efetivada no processo de renovação da Licença de Operação ou do licenciamento das alterações do processo produtivo, bem como por ocasião da desativação de fontes, atendidos os critérios de conversibilidade de reduções de emissões estabelecidos neste artigo:

1. a titularidade do crédito dar-se-á pelo registro, por parte da CETESB, na Licença de Operação, de acordo com o seguinte:

a) constarão da Licença de Operação a data de expiração do crédito, o poluente a que se refere e seu valor em toneladas por ano e em quilos por hora;

b) o crédito refere-se, inicialmente, ao empreendimento gerador da redução das emissões, podendo ser transferido total ou parcialmente entre empreendimentos localizados na mesma sub-região;

c) o crédito deverá ser solicitado num período máximo de 1 (um) ano após sua geração, após o que o crédito se tornará público e comporá um fundo estadual a ser criado e regulado por decreto;

d) os empreendimentos, obrigados a reduzir emissões devido ao cumprimento de metas estabelecidas, poderão gerar créditos equivalentes aos valores que superarem suas metas;

2. a geração de crédito deverá ser solicitada pelo interessado previamente à implantação das alterações redutoras de emissões;

3. o crédito gerado por fontes fixas terá validade de 10 (dez) anos, extinguindo-se em duas situações:

a) quando da expiração de sua validade;

b) no momento de sua utilização.

§ 4º. A compensação de emissões ocorrerá apenas entre fontes localizadas em uma mesma sub-região, devendo ser comprovada pelo balanço de massas em toneladas/ano, entre a estimativa da emissão da(s) nova(s) fonte(s) e a emissão registrada no crédito a ser utilizado, sem prejuízo ao inciso I do art. 11 deste Decreto, condicionando a utilização de créditos por empreendimentos que não detenham sua titularidade, a apresentação da anuência do(s) detentor(es) de crédito(s), formalizada em documento que a autorize perante a CETESB;

§ 5º. Os créditos gerados por fontes móveis poderão ser efetivados mediante reduções de emissões de poluentes em frotas cativas que comprovadamente circulem na sub-região classificada como Maior que M1:

1. a geração de crédito será autorizada somente após a constatação pela CETESB da efetiva implantação das medidas de redução das emissões da frota, respeitada a legislação vigente relativa às emissões de gases, partículas e ruído externo e atendida a capacidade operacional da frota;

2. entende-se por frota cativa aquela composta por veículos licenciados no Estado de São Paulo e de propriedade de uma única empresa ou entidade de transporte coletivo de passageiros, carga ou outra atividade, caracterizada pela uniformidade da operação, do serviço e área de circulação;

3. a atribuição de fatores de emissão das frotas para fins de cálculo das respectivas reduções de emissão será feita com base nos valores publicados pela CETESB, consideradas também as características tecnológicas das frotas;

4. os créditos serão calculados com base na quilometragem total rodada na sub-região classificada como Maior que M1;

5. as reduções a que se refere o *caput* deste parágrafo serão convertidas em créditos mediante multiplicação pelos seguintes fatores:

a) 1,0 (um) para substituição da frota existente por veículos novos menos poluentes;

b) 0,9 (nove décimos) para substituição dos motores existentes por motores novos menos poluentes;

c) 0,8 (oito décimos) para instalação de equipamentos novos de controle de emissões nos veículos existentes;

6. a geração de crédito em fontes móveis deverá ser solicitada pelo interessado previamente à implantação das medidas de redução de emissões;

7. o crédito gerado em fontes móveis perderá sua validade se não utilizado em no máximo:

a) 5 (cinco) anos para o caso de substituição da frota por veículos novos, ou de sua motorização por motores novos;

b) 2 (dois) anos para o caso de instalação de equipamentos novos de controle de emissões em veículos existentes;

8. os equipamentos de controle de emissões citados nos incisos anteriores deverão ser certificados por órgãos competentes nacionais ou estrangeiros quanto à sua durabilidade e eficiência na redução das emissões, mediante procedimentos reconhecidos internacionalmente, sendo os testes de certificação realizados com combustível de especificação similar ao comercializado no Brasil;

9. os veículos existentes a serem substituídos para fins de geração de crédito devem ter comprovada sua operação na frota cativa por pelo menos três anos anteriormente à solicitação de geração de crédito;

10. o proprietário ou responsável legal pela frota cativa deverá, após aprovação da proposta técnica pela CETESB, assinar Termo de Compromisso, visando a manter em plena operação os novos veículos, motores ou equipamentos de controle de sua frota por pelo menos 5 (cinco) anos de acordo com as exigências definidas pela CETESB nesse Termo, sujeitando-se pelo seu descumprimento às penalidades previstas neste Decreto;

11. em caso de necessidade de modificações da frota e/ou de sua operação, durante o período de 5 (cinco) anos, estas devem ser previamente autorizadas pela CETESB, de modo que resultem em reduções de emissões equivalentes ou superiores às previstas no Termo de Compromisso;

12. o Termo de Compromisso deve incluir obrigatoriamente:

a) declaração da quantidade de crédito e o respectivo prazo de validade;

b) a identificação e as especificações técnicas e características tecnológicas de cada veículo pertencente à frota objeto dos créditos e responsabilidade de que essas serão mantidas pelo prazo de 5 (cinco) anos;

c) a região de operação da frota objeto dos créditos e responsabilidade de manutenção desta pelo prazo de 5 (cinco) anos;

d) as características operacionais da frota objeto dos créditos e responsabilidade de que essas serão mantidas pelo prazo de 5 (cinco) anos;

e) a responsabilidade de que quaisquer modificações na operação da frota, nas características tecnológicas que afetem as emissões, bem como na sua região de operação, só serão realizadas mediante prévia autorização da CETESB;

13. as penalidades por descumprimento às exigências do Termo de Compromisso incidirão individualmente sobre cada veículo em desconformidade autuado pelos agentes credenciados da CETESB;

14. constatada a infração, o agente credenciado da CETESB lavrará o Auto de Infração e Imposição de Penalidade de Multa, contendo a identificação do veículo, o local, hora e data da infração, o ato, fato ou omissão que resultou na infração, a penalidade aplicada e o prazo de no máximo 60 (sessenta) dias para a regularização das desconformidades encontradas, dando ciência ao proprietário ou responsável legal pela frota cativa;

15. o recolhimento das multas aplicadas em decorrência deste dispositivo deverá ser feito em qualquer estabelecimento bancário do Banco do Brasil – através de guia específico a ser definido pela CETESB, consultada a Secretaria da Fazenda;

16. os veículos objeto da compensação não estão isentos das demais exigências relacionadas com a emissão de poluentes atmosféricos;

17. não será renovada a licença de trânsito de veículo em débito de multas impostas por infração às disposições deste Decreto.

§ 6º. Além dos mecanismos de geração de créditos para as fontes fixas e móveis previstos neste Decreto, serão consideradas, para efeito de geração de créditos de emissão, as medidas que, comprovadamente, resultem em reduções reais, mensuráveis e permanentes de emissão de poluentes para a atmosfera, sendo válidas as seguintes determinações:

1. a validação dos créditos de emissão reduzida a que se refere o *caput* deste parágrafo estará condicionada à avaliação da metodologia empregada para o cálculo da redução de emissão e do respectivo fator de conversão de cada medida empregada;

2. entende-se como fator de conversão, o fator de incerteza de cada metodologia de avaliação das reduções de emissões de poluentes;

3. as reduções comprovadas, ocorridas no período de 3 (três) anos imediatamente anterior à data de aprovação deste Decreto poderão ser convertidas em créditos de emissões.

Art. 16. A CETESB publicará, em conjunto com os planos de controle, as seguintes informações:

I – o inventário de emissões atmosféricas de fontes fixas e móveis do Estado de São Paulo, identificando os principais empreendimentos emissores por sub-região e por poluente;

II – valor e titularidade dos créditos disponíveis nas sub-regiões, com os respectivos prazos de validade.

Art. 17. Fica instituído o Plano de Emergência para episódios críticos de poluição do ar, visando coordenar o conjunto de medidas preventivas a cargo do Governo do Estado, dos Municípios das entidades privadas e da comunidade que objetivam evitar graves e iminentes riscos à saúde da população.

§ 1º. Considera-se episódio crítico de poluição do ar a presença de altas concentrações de poluentes na atmosfera em curto período de tempo, resultante da ocorrência de condições meteorológicas desfavoráveis à sua dispersão.

§ 2º. O Plano de Emergência será executado pela CETESB, em articulação com a Coordenadoria Estadual de Defesa Civil – CEDEC e Secretaria da Saúde.

Art. 18. Para execução do Plano de Emergência de que trata o art. 17 deste Decreto, ficam estabelecidos os níveis de Atenção, de Alerta e de Emergência.

§ 1º. Para a ocorrência de qualquer dos níveis enumerados no *caput* deste artigo serão consideradas as concentrações de dióxido de enxofre (SO_2), material particulado (MP_{10} e $MP_{2,5}$), monóxido de carbono (CO), dióxido de nitrogênio (NO_2) e ozônio (O_3), bem como as previsões meteorológicas e os fatos e fatores intervenientes, previstos e esperados.

§ 2º. As providências a serem tomadas a partir da ocorrência dos níveis de Atenção e de Alerta têm por objetivo evitar o atingimento do Nível de Emergência.

Art. 19. Será declarado o Nível de Atenção quando, prevendo-se a manutenção das emissões, bem como condições meteorológicas desfavoráveis à dispersão dos poluentes nas 24 (vinte e quatro) horas subsequentes, for excedida uma ou mais das seguintes condições:

I – concentração de dióxido de enxofre (SO_2), média de 24 (vinte e quatro) horas, de 800 (oitocentos) microgramas por metro cúbico;

II – concentração de material particulado, MP_{10}, média de 24 (vinte e quatro) horas, de 250 (duzentos e cinquenta) microgramas por metro cúbico;

III – concentração de material particulado $MP_{2,5}$, média de 24 (vinte e quatro) horas, de 125 (cento e vinte e cinco) microgramas por metro cúbico;

IV – concentração de monóxido de carbono (CO), média de 8 (oito) horas, de 15 (quinze) partes por milhão;

V – concentração de ozônio (O_3), média de 8 (oito) horas, de 200 (duzentos) microgramas por metro cúbico;

VI – concentração de dióxido de nitrogênio (NO_2), média de 1 (uma) hora, de 1.130 (mil cento e trinta) microgramas por metro cúbico.

Art. 20. Será declarado o Nível de Alerta quando, prevendo-se manutenção das emissões, bem como condições meteorológicas desfavoráveis à dispersão de poluentes nas 24 (vinte e quatro) horas subsequentes, for excedida uma ou mais das condições a seguir enumeradas:

I – concentração de dióxido de enxofre (SO_2), média de 24 (vinte e quatro) horas, de 1.600 (mil e seiscentos) microgramas por metro cúbico;

II – concentração de material particulado MP_{10}, média de 24 (vinte e quatro) horas, de 420 (quatrocentos e vinte) microgramas por metro cúbico;

III – concentração de material particulado $MP_{2,5}$, média de 24 (vinte e quatro) horas, de 210 (duzentos e dez) microgramas por metro cúbico;

IV – concentração de monóxido de carbono (CO), média de 8 (oito) horas, de 30 (trinta) partes pormilhão;

V – concentração de ozônio (O_3), média de 8 (oito) horas, de 400 (quatrocentos) microgramas por metro cúbico;

VI – concentração de dióxido de nitrogênio (NO_2), média de 1 (uma) hora, de 2.260 (dois mil duzentos e sessenta) microgramas por metro cúbico.

Art. 21. Será declarado o Nível de Emergência quando, prevendo-se a manutenção das emissões, bem como condições meteorológicas desfavoráveis à dispersão dos poluentes nas 24 (vinte e quatro) horas subsequentes, for excedida uma ou mais das condições a seguir enumeradas:

I – concentração de dióxido de enxofre (SO_2), média de 24 (vinte e quatro) horas, de 2.100 (dois mil e cem) microgramas por metro cúbico;

II – concentração de material particulado MP_{10}, média de 24 (vinte e quatro) horas, de 500 (quinhentos) microgramas por metro cúbico;

III – concentração de material particulado $MP_{2,5}$, média de 24 (vinte e quatro) horas, de 250 (duzentos e cinquenta) microgramas por metro cúbico;

IV – concentração de monóxido de carbono (CO), média de 8 (oito) horas, de 40 (quarenta) partes por milhão;

V – concentração de ozônio (O_3), média de 8 (oito) hora, de 600 (seiscentos) microgramas por metro cúbico;

VI – concentração de dióxido de nitrogênio (NO_2), média de 1 (uma) hora, de 3.000 (três mil) microgramas por metro cúbico.

Art. 22. Caberá à CETESB declarar o Estado de Atenção, ao Secretário do Meio Ambiente declarar o Estado de Alerta e ao Governador do Estado declarar o Estado de Emergência.

Art. 23. Durante os episódios críticos, as fontes de poluição do ar estarão sujeitas às seguintes restrições:

I – quando estabelecido o Nível de Atenção devido ao monóxido de carbono e/ou ozônio, será solicitada a restrição voluntária do uso de veículos automotores particulares na RCQA;

II – quando estabelecido o Nível de Atenção, devido ao material particulado, dióxido de nitrogênio e/ou dióxido de enxofre, na RCQA:

a) a limpeza por sopragem de caldeiras que utilizem óleo combustível ou biomassa somente poderá realizar-se das 12:00 (doze) às 16:00 (dezesseis) horas;

b) deverão ser adiados o início de novas operações e processamentos industriais e o reinício dos paralisados para manutenção ou por qualquer outro motivo;

III – quando declarado Nível de Alerta, devido ao monóxido de carbono e/ou ozônio, ficará restringido o acesso de veículos automotores particulares em áreas estabelecidas em planos específicos definidos para RCQA;

IV – quando declarado Nível de Alerta, devido ao material particulado, dióxido de nitrogênio e/ou dióxido de enxofre, na RCQA:

a) fica proibida a limpeza por sopragem de caldeiras que utilizem óleo combustível ou biomassa, enquanto durar o episódio;

b) devem ser imediatamente extintas as queimas de palha de cana-de-açúcar na RCQA;

c) devem ser imediatamente paralisadas as emissões, por fontes estacionárias prioritárias, estabelecidas em planos específicos definidos para RCQA;

V – quando decretado o Nível de Emergência, devido ao monóxido de carbono e/ou ozônio, fica proibida a circulação de veículos automotores particulares e de transporte de carga na RCQA.

VI – quando declarado Nível de Emergência, devido ao material particulado, dióxido de nitrogênio e/ou dióxido de enxofre, na RCQA:

a) fica proibido o processamento industrial, que emita tais poluentes;

b) devem ser imediatamente extintas as queimas de palha de cana-de-açúcar na RCQA;

c) fica proibida a queima de combustíveis líquidos e sólidos em fontes estacionárias;

d) fica proibida a circulação de veículos a óleo diesel, com exceção dos ônibus.

Parágrafo único. Em casos de necessidade, a critério da CETESB, poderão ser feitas exigências complementares.

Art. 24. Caberá à CETESB e também a Polícia Militar, sob a orientação técnica da CETESB, o cumprimento do artigo anterior.

Art. 25. O § 2º do art. 85 do regulamento aprovado pelo Decreto nº 8.468, de 8 de setembro de 1976, acrescentado pelo art. 4º do Decreto nº 50.753, de 28 de abril de 2006, passa a vigorar com a seguinte redação:

(*) Alteração já efetuada no corpo do Decreto.

Art. 26. Este Decreto entra em vigor na data de sua publicação, ficando revogadas as disposições em contrário, em especial:

I – os arts. 21, 22, 25, 29 e 30 do regulamento aprovado pelo Decreto nº 8.468, de 8 de setembro de 1976;

II – o art. 1º, na parte em que dá nova redação aos arts. 45, 46, 47, 48 e 49 do regulamento aprovado pelo Decreto nº 8.468, de 8 de setembro de 1976, e o art. 2º ambos do Decreto nº 28.313, de 4 de abril de 1988;

III – o art. 1º do Decreto nº 28.429, de 27 de maio de 1988, na parte em que dá nova redação ao art. 44 do regulamento aprovado pelo Decreto nº 8.468, de 8 de setembro de 1976;

IV – o inciso IV do art. 1º do Decreto nº 50.753, de 28 de abril de 2006;

V – os incisos I, II, III, IV, V e VI do art. 1º e o art. 2º do Decreto nº 52.469, de 12 de dezembro de 2007;

VI – os Anexos 1, 2, 3 e 4 do regulamento aprovado pelo Decreto nº 8.468, de 8 de setembro de 1976.

(*) Alterações já efetuadas no corpo dos Decretos.

Palácio dos Bandeirantes, 23 de abril de 2013.

Geraldo Alckmin

DOE de 24.4.2013 – Retificação DOE de 25.4.2013

DECRETO Nº 62.973, DE 28 DE NOVEMBRO DE 2017

Dá nova redação a dispositivos do Regulamento da Lei nº 997, de 31 de maio de 1976, aprovado pelo Decreto nº 8.468, de 8 de setembro de 1976, que dispõe sobre a prevenção e o controle da poluição do meio ambiente, e a dispositivos do Decreto nº 47.400, de 4 de dezembro de 2002, que regulamenta disposições da Lei nº 9.509, de 20 de março de 1997, referentes ao licenciamento ambiental.

Geraldo Alckmin, Governador do Estado de São Paulo, no uso de suas atribuições legais,

Decreta:

Art. 1º. Os dispositivos adiante discriminados do Regulamento da Lei nº 997, de 31 de maio de 1976, aprovado pelo Decreto nº 8.468, de 8 de setembro de 1976, e suas alterações posteriores, passam a vigorar com a seguinte redação:

(*) Alterações já efetuadas no corpo do Decreto.

Art. 2º. Ficam acrescentados ao Regulamento da Lei nº 997, de 31 de maio de 1976, aprovado pelo Decreto nº 8.468, de 8 de setembro de 1976, os seguintes dispositivos e anexo:

(*) Alterações já efetuadas no corpo do Decreto.

Art. 3º. O Anexo 5 do Regulamento da Lei nº 997, de 31 de maio de 1976, aprovado pelo Decreto nº 8.468, de 8 de setembro de 1976, passa a vigorar com a redação dada pelo Anexo 1 deste Decreto.

(*) Alterações já efetuadas no corpo do Decreto.

Art. 4º. Os Quadros I a III do Anexo Único do Decreto nº 47.400, de 4 de dezembro de 2002, passam a vigorar com a redação dada pelo Anexo 3 deste Decreto.

Art. 5º. Este Decreto entra em vigor em 30 (trinta) dias após a sua publicação, exceto o inciso I do art. 2º que entra em vigor em 19 de março de 2018, ficando revogados o § 3º do art. 57, os §§ 1º ao 3º do art. 58, o art. 61-A e seus §§ 1º ao 6º, o art. 62, o § 2º do art. 73-E, o art. 103 e seu parágrafo único, e os anexos 9 e 10 do Regulamento da Lei nº 997, de 31 de maio de 1976, aprovado pelo Decreto nº 8.468, de 8 de setembro de 1976, e suas alterações, bem como o Quadro V do Anexo Único do Decreto nº 47.400, de 4 de dezembro de 2002.

(*) Art. 5º com redação dada pelo Decreto nº 63.119, de 27.12.2017.

Palácio dos Bandeirantes, 28 de novembro de 2017

Geraldo Alckmin

DOE de 29.11.2017

ANEXO 1

A que se refere o art. 3º do Decreto nº 62.973, de 28 de novembro de 2017

(*) Alterações já efetuadas no corpo do Decreto.

ANEXO 2

A que se refere o inciso XII do art. 2º do Decreto nº 62.973, de 28 de novembro de 2017, que acrescenta o Anexo 14 ao Regulamento da Lei Estadual nº 997/1976, aprovado pelo Decreto nº 8.468/1976, conforme § 2º da nova redação do art. 58-A (inciso III do art. 1º deste Decreto)

(*) Alterações já efetuadas no corpo do Decreto.

ANEXO 3

A que se refere o art. 4º do Decreto nº 62.973, de 28 de novembro de 2017

Quadro I

Preço para análise dos serviços de Licenciamento de Empreendimentos sujeitos a avaliação de impacto ambiental

Tipo de Serviço	Valor em UFESP
CONSULTA	375
TERMO DE REFERÊNCIA – TR	525
Licença prévia – ESTUDO AMBIENTAL SIMPLIFICADO (EAS)	525
Licença prévia – RELATÓRIO AMBIENTAL PRELIMINAR (RAP)	2250
Licença prévia – ESTUDO DE IMPACTO AMBIENTAL – (EIA)	6750
Licença de instalação (LI) – EAS	525
Licença de instalação (LI) – RAP	2250
Licença de instalação (LI) – EIA	6750
Licença de operação (LO) e Renovação de LO – EAS	525

(*cont.*)

Tipo de Serviço	Valor em UFESP
Licença de operação (LO) e Renovação de LO – RAP	2250
Licença de operação (LO) e Renovação de LO – EIA	6750
Licença de operação de Regularização LOR* – (EAS)	525
Licença de operação de Regularização LOR* – (RAP)	2250
Licença de operação de Regularização LOR* – (EIA)	6750
Autorização de supressão de vegetação e intervenção em APP – impacto	(1)
(1) 50 UFESP, para área menor ou igual 1,0 ha; 300 UFESP, para área maior que 1,0 ha e menor que 300 ha; 600 UFESP, para área maior que 300 ha.	

(*) *Licença de Operação para empreendimentos implantados antes da data de publicação da Lei Federal nº 6.938, de 31 de agosto de 1981 (Política Nacional de Meio Ambiente – PNMA)*

Quadro II

Preço para análise de intervenções em áreas de proteção aos mananciais, áreas de proteção e recuperação dos mananciais e na Serra do Itapeti

O preço para análise das solicitações será de 20 UFESP.

Quadro III

Preço para análise de solicitações de supressão de vegetação nativa, de intervenção em áreas de preservação permanente e documentos específicos

I – o preço de análise de solicitações de autorização para corte de árvores nativas isoladas, dentro ou fora de área de preservação permanente, será de 20 UFESP;
II – o preço de análise de solicitações de autorização para supressão de fragmento de vegetação nativa, dentro ou fora de área de preservação permanente, será fixado pelas seguintes fórmulas: a) para áreas rurais (área informada em hectares): P = 15 + 50 x As, onde: P = preço a ser cobrado, expresso em UFESP; As = área de vegetação que será suprimida, em hectares; b) para áreas urbanas (área informada em metros quadrados): P = 15 + 0,005 x As, onde: P = preço a ser cobrado, expresso em UFESP; As = área de vegetação que será suprimida, em metros quadrados;
III – o preço de análise de solicitações de autorização para manejo florestal sob regime sustentado será de 40 UFESPs;
IV – o preço de análise de solicitações de autorização para intervenção em áreas de preservação permanente sem vegetação nativa será de 20 UFESP;
V – o preço de análise de solicitações de Parecer Técnico Florestal será de 30 UFESP;
VI – o preço de análise de solicitações de licenciamento para Estruturas de Apoio Náutico será de: a) Estruturas classe A: será cobrado o preço para análise das autorizações, caso haja intervenção em áreas de preservação permanente, supressão de vegetação nativa ou corte de árvore isolada; b) Estruturas classe B: 120 UFESP; e c) Estruturas classe C: 300 UFESP;

VII – o preço para emissão de Autorização do uso de fogo em queima controlada e em queima da palha da cana-de-açúcar será de 15 UFESP;
VIII – o preço de análise de solicitações de autorização para movimentação de terra em Área de Proteção Ambiental – APA acima de 100 m³ será de 15 UFESP;
IX – o preço de análise de solicitações de autorização para exploração de áreas de várzea localizadas em imóveis rurais será de 30 UFESP.
Nota: Serão dispensadas de pagamento de preço de análise: *– as solicitações para autorização para queima de restos de culturas agrícolas para controle fitossanitário, desde que recomendada pela Secretaria da Agricultura e Abastecimento ou decorrente de exigência legal específica;* *– as solicitações para autorizações passíveis de procedimentos simplificados e informatizados, estabelecidas em Deliberação CONSEMA.*

DECRETO Nº 63.261, DE 9 DE MARÇO DE 2018

Altera o Decreto nº 32.955, de 7 de fevereiro de 1991, que regulamenta a Lei nº 6.134, de 2 de junho de 1988.

Geraldo Alckmin, Governador do Estado de São Paulo, no uso de suas atribuições legais,

Decreta:

Art. 1º. Os dispositivos e Seção adiante mencionados do Decreto nº 32.955, de 7 de fevereiro de 1991, passam a vigorar com a seguinte redação:

I – o art. 5º:

II – o art. 8º:

III – do art. 17:

a) o *caput* do § 1º, mantidos os seus itens:

b) o § 2º:

IV – do artigo 19, o *caput*:

V – do art. 21, o inciso II:

VI – do art. 22, o *caput*:

VII – o art. 24:

VIII – o art. 27:

IX – o art. 28:

X – o art. 29:

XI – do art. 31:

a) o § 1º:

b) o § 3º:

XII – a Seção IV do Capítulo IV:

XIII – o art. 36:

XIV – o art. 37:

XV – do art. 38, o parágrafo único:

XVI – o art. 44:

XVII – o art. 49:

(*) Alterações já efetuadas no corpo do Decreto.

Art. 2º. Fica acrescentado ao Decreto nº 32.955, de 7 de fevereiro de 1991, o art. 49-A, com a seguinte redação:

(*) Alteração já efetuada no corpo do Decreto.

Art. 3º. O DAEE disponibilizará aos usuários de recursos hídricos um sistema eletrônico para concessão de outorgas conforme procedimentos estabelecidos em Portaria.

Art. 4º. Este Decreto entra em vigor na data de sua publicação, ficando revogado o art. 13 do Decreto nº 32.955, de 7 de fevereiro de 1991.

(*) Alteração já efetuada no corpo do Decreto.

Palácio dos Bandeirantes, 9 de março de 2018

Geraldo Alckmin

DOE de 10.3.2018

PORTARIAS, RESOLUÇÕES E COMUNICADOS

PORTARIA CVS/DITEP Nº 6, DE 1º DE JUNHO DE 1998

Dispõe sobre o Manual de Orientação para Registro de Alimentos – "MORA" (Versão 1998) – Adaptado pelo Grupo Técnico de Alimentos através do Manual de Orientação do Ministério da Saúde – SVS.

A Diretora Técnica do Centro de Vigilância Sanitária, da Secretaria de Estado da Saúde, no uso de suas atribuições e considerando:

– a política de descentralização preconizada pelo Sistema Único de Saúde – SUS;

– a necessidade de padronizar as ações de Vigilância Sanitária;

– a necessidade de verificar a adoção das boas práticas de fabricação pelas unidades produtivas para liberação do registro de alimentos, resolve:

Art. 1º. Repassar às Direções Regionais de Saúde -DIR, o recebimento da documentação necessária para o registro de produtos na área de alimentos, constante no Manual de Orientação de Registro de Alimentos – MORA – Versão 1998, Anexo I.

Art. 2º. O protocolamento das petições deve ser realizado no setor de protocolo das Direções Regionais de Saúde responsável pela área de abrangência em que a empresa está localizada.

Parágrafo único. Excetuam-se do disposto no *caput* deste artigo o protocolamento das petições de empresas localizadas no município de São Paulo, que continuará a ser realizado no Centro de Vigilância Sanitária, Av. São Luiz, 99, Térreo, São Paulo.

Art. 3º. Os Grupos de Vigilância Sanitária deverão efetuar inspeção aplicando a ficha padronizada pelo Programa de Inspeção de Estabelecimento na área de alimentos, anexo II.

§ 1º. O processo de solicitação de registro somente terá avaliação técnica quando a empresa for considerada apta, ou seja, atender a todos os itens de pontuação 4 e 8 da referida ficha.

§ 2º. No caso de as ações estarem municipalizadas, deverá ser solicitada inspeção ao serviço municipal, ou ser realizada em conjunto.

§ 3º. Caso haja necessidade de adequações, o prazo concedido não deve exceder a 60 (sessenta dias).

Art. 4º. Esta Portaria entrará em vigor a partir da data de publicação.

Art. 5º. Ficam revogados a Portaria CVS-30/1994, o Comunicado CVS-140/1992 e o Comunicado CVS-115/1993.

DOE de 16.5.1998
– Republicação DOE de 2.6.1998

ANEXO I
MANUAL DE ORIENTAÇÃO PARA REGISTRO DE ALIMENTOS "MORA" (Versão 1998)

Adaptado pelo Grupo Técnico de Alimentos através do Manual de Orientação do Ministério da Saúde – SVS.

I – Informações sobre Registro de Alimentos

DO LICENCIAMENTO

Todo estabelecimento que fabrique produtos para fins alimentícios, deve estar legalizado junto ao Órgão de Vigilância Sanitária Regional ou Municipal, conforme legislação vigente.

DO REGISTRO

Todo alimento, aditivo, coadjuvante de tecnologia, embalagem que entra em contato direto com o alimento, somente poderá ser comercializado, após registrado no Ministério da Saúde.

O registro de alimentos é um procedimento legal e obrigatório. É um importante instrumento de controle da qualidade sanitária do alimento e está regulamentado pelo Decreto-Lei nº 986 de 21.10.1969.

Os produtos a serem registrados e/ou comercializados devem obedecer aos padrões de identidade e qualidade (PIQ) aprovados pelo Ministério da Saúde.

As petições devem ser protocoladas pessoalmente nas Direções Regionais de Saúde-DIR'S onde a empresa estiver localizada, exceto na DIR-I.

Somente serão protocolados os documentos de empresas instaladas no Estado de São Paulo.

Notas:

1. O número do registro é emitido para cada tipo de produto, segundo sua especificidade, tal como: chocolate com nozes, chocolate ao leite, chocolate com amendoim. Não é emitido registro para formato como: espaguete, talharim, bolinha, estrelinha, entre outros.

2 .Os produtos de origem animal (leite e derivados, pescados, carnes e derivados, mel) bebidas, sucos, pós para preparo de bebidas, polpas de frutas são registrados e os estabelecimentos legalizados e fiscalizados pelo Ministério da Agricultura e Abastecimento.

PRODUTOS ISENTOS DE REGISTRO

Ficam dispensados de registro no Ministério da Saúde, os seguintes produtos:

a) As matérias-primas alimentares, os alimentos *in natura*, conforme art. 60 do Decreto-Lei nº 986/1969 e Resolução nº 1/68 da CNNPA.

b) Os produtos de panificação, pastelaria, rotisseria e de sorveteria, quando exclusivamente destinados a venda direta ao consumidor, efetuada em balcão do próprio produtor, mesmo quando acondicionados em recipientes ou embalagens com a finalidade de facilitar a sua comercialização (Portaria SVS-MS nº 9 de 23.2.1990).

c) Os aditivos intencionais, os coadjuvantes, excipientes, veículos, desde que inscritos na "Farmacopeia Brasileira", no CODEX Alimentarius e demais códigos similares, aprovados pela Organização Mundial da Saúde e aceitos pelo Ministério da Saúde.

Notas:

1. Os estabelecimentos fabricantes dos produtos considerados isentos de registro não estão dispensados das exigências legais quanto ao licenciamento e funcionamento.

2. Estes produtos não estão dispensados das exigências legais e normas técnicas específicas, quanto à designação, composição, padrões microbiológicos e rotulagem, na qual deve constar a expressão: "Produto isento de registro pelo Ministério da Saúde".

DA VALIDADE DO REGISTRO

O registro é válido por 10 (dez) anos em todo território nacional. A renovação do registro deve ser solicitada em prazo nunca superior a 60 (sessenta) dias, antes da data de vencimento (Portaria SNVSnº 33/1980)

DA ANÁLISE DE CONTROLE

A análise de controle tem por objetivo confrontar o produto que está sendo comercializado com a última fórmula aprovada.

Após a publicação do número de registro do alimento no Diário Oficial da União, a empresa deverá retirar no órgão onde protocolou os documentos 01 (uma) via do FP1 e FP2 aprovados e modelo do rótulo ou dizeres de rotulagem vistados.

Iniciada a comercialização, a empresa tem 30 (trinta) dias para comunicar à DIR Regional através de requerimento que o produto está sendo comercializado para que se proceda a colheita de amostra para a análise de controle (art. 7º Decreto-Lei nº 986/1969).

A análise deve ser realizada em Laboratório Oficial.

Após a expedição do Laudo de Análise de Controle, ficam concluídos os procedimentos referentes ao registro do alimento.

Este procedimento aplica-se também para renovação de registro.

DA ANÁLISE PRÉVIA

Após o protocolamento os documentos para registro de aditivos, embalagens e alimentos institucionais, serão analisados e vistados a fim de que se proceda a colheita de amostra para análise prévia (art. 9º do Decreto-Lei nº 986/1969 e Portaria 034/1980-SVS).

Este procedimento aplica-se também para renovação de registro.

II – Informações Gerais

As solicitações devem ser formuladas através dos Formulários de Petição (FP1e FP2).

No Formulário de Petição 1 (FP1) devem ser colocados os dados gerais do produto. No Formulário de Petição 2 (FP2) devem ser colocados os dados referentes às apresentações do produto e da empresa requerente.

Os FP2 devem ser assinados também pelo responsável técnico nos procedimentos previstos.

O preenchimento dos documentos pode ser datilografado ou à mão, em letra de forma, sem rasuras e recomenda-se a maior clareza possível dos caracteres.

Todos os campos devem ser preenchidos com apenas um caracter numérico ou alfabético por quadrícula.

No campo numérico iniciar o preenchimento sempre da direita para esquerda, preenchendo com 0 (zero) as quadrículas eventualmente vagas à esquerda.

No campo alfabético ou alfanumérico, iniciar o preenchimento pela primeira quadrícula à esquerda, deixando sempre uma quadrícula em branco entre as palavras ou expressões.

O campo quadriculado de linha dobrada deve ser considerado como única linha de preenchimento, não sendo portanto, consideradas as regras de divisão silábica na mudança de linha, não havendo necessidade do uso de hífen.

Quando a informação por extenso não couber no campo previsto, a mesma deve ser abreviada segundo o critério usual isto é, manutenção das palavras-chave e abreviatura das demais que forem necessárias, sem prejuízo do entendimento da informação (tabela 34).

As microempresas estão isentas de taxas devendo apresentar 2 (duas) cópias do comprovante do cadastro geral do contribuinte (CGC).

Todos os encaminhamentos referentes às petições previstas neste manual serão publicados em Diário Oficial do Estado, para conhecimento e acompanhamento da empresa. As informações sobre andamento de processos deverão ser obtidas na Seção de Expediente da Divisão Técnica de Produtos do Centro de Vigilância Sanitária.

O Grupo Técnico de Alimentos do Centro de Vigilância Sanitária atende pessoalmente o usuário, quanto às questões técnicas às 2as e 5as feiras, das 9 às 12 e das 13 às 16 horas.

III – Procedimentos Adotados para Registro de Produtos

1 – PROCEDIMENTO ADMINISTRATIVO:

Aplicável aquelas petições que independem de análise técnica, mas dependem de publicação no *DO*.

CÓDIGOS

sem código: Alteração de razão social

sem código: Alteração de endereço

sem código: Fusão ou incorporação de empresas

438 – Cancelamento de registro a pedido

490 – Retificação de publicação

2 – PROCEDIMENTO TÉCNICO

Aplicável às petições que dependem de análise técnica

CÓDIGOS:

411 – Alteração de embalagem quanto ao tipo

437 – Revalidação de registro

439 – Cancelamento de registro por irregularidade

444 – Registro de Aditivo

451 – Modificação de nome do produto (atender as novas Portarias)

452 – Registro de Alimentos e Água Mineral

453 – Registro de Embalagem

454 – Modificação de fórmula

455 – Modificação de marca

456 – Alteração de rotulagem

457 – Inclusão de marca

496 – Inclusão de nova embalagem

sem código: Inclusão de aditivo novo/coadjuvante de tecnologia de fabricação

sem código: extensão de uso de aditivo/coadjuvante de tecnologia de fabricação

492 – Alimento não enquadrado na legislação vigente

IV – Relação de Documentos Necessários

ALTERAÇÃO DE RAZÃO SOCIAL

2 vias do requerimento

2 vias da F.C.E

2 vias do DARF (original e cópia)

1 via do Contrato Social com a devida alteração registrada na Junta Comercial

Obs.: Esta solicitação não pode vir acompanhada de outras solicitações

ALTERAÇÃO DE ENDEREÇO

2 vias do requerimento

2 vias da F.C.E

2 vias do DARF (original e cópia)

438 – CANCELAMENTO DE REGISTRO A PEDIDO

2 vias do FP1 e FP 2

certificado de registro (original) ou publicação do registro no *DOU*

originais da fórmula e *lay out* do rótulo ou dizeres de rotulagem aprovados/ vistados e LAC

490 – RETIFICAÇÃO DE PUBLICAÇÃO DE REGISTRO

2 vias do requerimento, mencionando o código 490 e as retificações a serem efetuadas

2 vias do FP1e FP2

2 vias da publicação de Registro no DOU

411 – ALTERAÇÃO DE EMBALAGEM QUANTO AO TIPO ou

496 – INCLUSÃO DE NOVA EMBALAGEM

4 vias do FP1 e FP2

2 vias do DARF (original e cópia)

1 cópia do Certificado de Registro ou Publicação do Registro no Diário Oficial da União

Obs.: As alterações quanto ao volume ou peso líquido, formato da embalagem, não necessitam de comunicação ao Órgão de Vigilância Sanitária.

Quando o produto tiver mais de um tipo de embalagem, deverá conter 01 (um) FP2 para cada tipo

FUSÃO OU INCORPORAÇÃO DE EMPRESA

2 vias do requerimento

2 vias do DARF (original e cópia)

2 vias de contrato social

437 – REVALIDAÇÃO DE REGISTRO

4 vias do FP1 e FP2

1 via original do rótulo em uso

1 via da procuração registrada em Cartório (quando for o caso)

1 via da fórmula aprovada

2 vias do DARF (original e cópia)

1 via do laudo de análise de controle correspondente à fórmula aprovada

1 cópia do Certificado de Registro ou publicação do registro no Diário Oficial da União

Obs.: Qualquer alteração no produto, enquadrar no código 444 ou 452.

Para as empresas que estão terceirizando a produção, além dos documentos previstos, apresentar 1 cópia do contrato de terceirização

444 – REGISTRO DE ADITIVO

4 vias do FP1 e FP2

2 vias do DARF (original e cópia)

4 vias de dizeres de rotulagem

2 vias da FCE (para empresa não cadastrada)

3 vias do Relatório Técnico do Produto

1 via da Procuração registrada em Cartório (quando for o caso)

1 via da Licença de funcionamento para empresas instaladas no município de São Paulo (DIR I)

Obs.: Para as empresas que estão terceirizando a produção, além dos documentos previstos, apresentar 1 cópia do contrato de terceirização.

452 – REGISTRO DE ALIMENTOS (INCLUSIVE PRODUTOS REEMBALADOS)

4 vias do FP1 e FP2

2 vias do DARF (original e cópia)

4 vias dos Dizeres de Rotulagem

1 via da Procuração registrada em Cartório (quando for o caso)

2 vias do Relatório Técnico do Produto

2 vias da FCE (para empresa não cadastrada)

1 cópia de publicação em DOU do registro do produto e rótulo original do fabricante, (quando se trata de produto reembalado)

1 via da Licença de funcionamento para empresas instaladas no município de São Paulo (DIR I)

*Obs.:*1. Além dos documentos previstos, atender às exigências das normas específicas (alimentos para fins especiais, suplementos vitamínicos e minerais, entre outros).

2. Para as empresas que estão terceirizando a produção, além dos documentos previstos, apresentar 1 cópia do contrato de terceirização.

3. Anexar cópia do rótulo de todos os produtos, coadjuvantes e aditivos formulados tais como: Chocolate ao leite, melhorador para produto de panificação, base para gelados comestíveis, utilizados como matérias-primas. Os demais ingredientes são dispensados, como é o caso de sal, açúcar, farinha e outros.

4. As empresas que colocarem declaração nutricional nos seus rótulos, deverão apresentar cópias dos laudos de análise das amostras representativas do produto.

5. Para os alimentos adicionados de nutrientes essenciais, alimentos para fins especiais e suplementos vitamínicos e minerais, as empresas deverão apresentar em anexo, os cálculos que comprovem as informações declaradas na rotulagem.

452 – REGISTRO DE ÁGUAS MINERAIS

4 vias do FP1 e FP2

2 vias do DARF (original e cópia)

2 vias da FCE (para empresa não cadastrada)

1 cópia do Decreto de Concessão de Lavra de

Produção Mineral, expedido pelo DNPM/MME (Departamento Nacional de Produção Mineral/Ministério das Minas e Energia)

4 vias do modelo do rótulo previamente aprovado pelo DNPM

1 via do laudo de análise expedido pelo Laboratório de Mineração-LAMIN credenciado pelo DNPM/MME

1 via do relatório técnico

1 via da Procuração registrada em Cartório (quando for o caso)

1 via da Licença de funcionamento para empresas instaladas no município de São Paulo (DIR I)

453 – REGISTRO DE EMBALAGEM QUE ENTRA EM CONTATO COM ALIMENTO

4 vias do FP1 e FP2

2 vias de Memorial Descritivo

2 vias do DARF (original e cópia)

2 vias da FCE (para empresa não cadastrada)

1 via da procuração (quando for o caso)

1 via da Licença de funcionamento para empresas instaladas no município de São Paulo (DIR I)

Obs.: 1. Para as empresas que estão terceirizando a produção, além dos documentos previstos, apresentar 1 cópia do Contrato de Terceirização.

2. No memorial descritivo deverá constar: a) os tipos de alimentos destinados a entrar em contato e condições estimadas de temperatura e tempo em que serão processados e comercializados; b) número do Color Index dos pigmentos, quando for o caso.

456 – MODIFICAÇÃO DE DIZERES DE ROTULAGEM

4 vias do FP1 e FP2

2 vias dos dizeres de rotulagem

2 vias do DARF (original e cópia)

1 via do Certificado de registro ou publicação no DOU

Obs.: 1. Esta alteração refere-se apenas à inclusão, exclusão de expressões e textos não decorrentes da alteração de fórmula.

2. Não há necessidade de comunicação ao órgão da VISA, a alteração do prazo de validade do produto.

457 – INCLUSÃO DE MARCA

4 vias do FP1 e FP 2

2 vias do DARF

3 vias dos dizeres de rotulagem

1 via do Certificado de Registro ou Publicação no *DOU*

Obs.: Quando houver inclusão de mais de uma marca, deverá ser preenchido 1 FP2 para cada marca.

454 – MODIFICAÇÃO DE FÓRMULA

4 vias do FP1 e FP2

3 vias dos dizeres de rotulagem

2 vias do DARF (original e cópia)

1 via do Certificado de registro ou publicação no DOU

2 vias do relatório técnico

Obs.: Esta alteração refere-se às modificações quantitativas e/ou qualitativas na fórmula do produto desde que sejam conservados as características iniciais, inclusive o nome do produto. Caso contrário, solicitar novo registro.

455 – MODIFICAÇÃO DE MARCA

4 vias do FP1 e FP2

2 vias do DARF (original e cópia)

3 vias dos dizeres de rotulagem

1 via do Certificado de Registro ou Publicação no *DOU*

Obs.: Quando o produto tiver mais de uma marca, deverá ser preenchido 1 FP2 para cada marca.

INCLUSÃO DE ADITIVO NOVO/COADJUVANTE DE TECNOLOGIA

1 via do Requerimento

1 via de Documentação técnico científica, apresentando:

a) os nomes comuns e científicos dos aditivos;

b) a finalidade do emprego;

c) a relação dos alimentos aos quais será incorporado;

d) a natureza química e suas propriedades;

e) a documentação científica comprovando sua inocuidade dentro dos limites em que será empregado;

f) o método analítico que permita a identificação e dosagem do aditivo no alimento, bem como a verificação do seu grau de pureza.

EXTENSÃO DE USO DE ADITIVO/COADJUVANTE DE TECNOLOGIA

1 via do Requerimento

a) Justificativa tecnológica quanto ao uso no alimento ou classe de alimentos solicitados;

b) Função do aditivo e respectivo limite a ser utilizado;

c) Comprovação do uso do aditivo nos respectivos alimentos através de literatura internacional.

492 – ALIMENTO NÃO ENQUADRADO NA LEGISLAÇÃO VIGENTE

4 vias do FP1 e FP2

2 vias do Relatório Técnico do produto

3 vias dos dizeres de rotulagem

2 vias do DARF (original e cópia)

2 vias do FCE (para empresa não cadastrada)

1 via da proposta de norma de padrão de identidade e qualidade que será avaliada pela Divisão competente do Ministério da Saúde

1 via da procuração registrada em Cartório (quando for o caso)

451 – MODIFICAÇÃO DO NOME DO PRODUTO (válido somente para atender as novas portarias, dentro do prazo concedido pelo regulamento técnico específico).

INSTRUÇÕES DE PREENCHIMENTO DO FORMULÁRIO DE PETIÇÃO 1 (FP1)

QUADRO A: Identificação do Documento de uso exclusivo do Órgão de Vigilância Sanitária.

QUADRO B:

Campo 01: Número do processo/origem

Preencher o número do processo que deu origem ao registro do produto, mesmo que sejam solicitadas modificações desse registro. No caso de petição de registro inicial, não preencher.

Campo 02: Não preencher

Campo 03: Não preencher

QUADRO C: Dados da empresa

Campo 04: Colocar a razão social da empresa que detém ou que está pleiteando registro de produto, conforme consta no FCE ou como consta no cadastro do Ministério da Saúde.

Campo 05: Colocar o número de cadastro da empresa. A última quadrícula da direita é destinada a colocação do digito verificador.

Obs.: Quando se tratar de empresa ainda não cadastrada no Ministério da Saúde, não preencher.

Campo 06: Não preencher

Campo 07: Não preencher

QUADRO D: Dados do produto

Campo 08: Colocar o código da categoria do produto (TABELA 37), bem como a descrição por extenso, da referida categoria.

Obs.: Quando o alimento em questão não estiver codificado na tabela, colocar o nome por extenso e deixar em branco o espaço, destinado ao código.

Campo 09: Colocar o mês e ano de vencimento do registro do produto quando se tratar de produto já registrado.

Campo 10: Colocar a designação do produto. Se a designação for extensa, e não couber no campo, abreviá-la consultando a tabela 34.

QUADRO E: Não preencher

QUADRO F: Dados relacionados à fórmula

Campo 14: Não preencher

Campo 15: Não preencher

Campo 16: Descrever os componentes da fórmula do produto, em ordem decrescente de quantidade (porcentagem). Descrever separadamente a composição de cada sub-fórmula do produto (massa recheio, cobertura).

*Obs.:*1. Para os aditivos e produtos formulados utilizados na composição do produto, informar a procedência e o nº de registro.

2. Quando o produto for adquirido de terceiros e reembalado, deve ser mencionado o nome do fabricante e o nº de registro no Ministério da Saúde, devendo ser anexados: cópia da publicação de registro no *DOU* e o rótulo original do fabricante do produto reembalado.

3. Quando se tratar de água minerais, preencher com a composição química.

4. Quando se tratar de embalagem, preencher com a composição química dos componentes.

Campo 17: Não preencher

Campo 18: Destinado à identificação da substância quanto à sua função na fórmula. Devem ser considerados apenas os códigos:

01 – ADITIVO

09 – COADJUVANTE DE TECNOLOGIA

18 – INGREDIENTE

Campo 19: Indicar a quantidade dos ingredientes na fórmula. Essa indicação deve ser feita em porcentagem.

Obs.: Quando se tratar de produto reembalado preencher-100%.

Campo 20: Não preencher

INSTRUÇÕES DE PREENCHIMENTO DO FORMULÁRIO DE PETIÇÃO 2 (FP2)

QUADRO A: Identificação do documento (de uso exclusivo do Órgão de Vigilância Sanitária).

QUADRO B:

Campo 01: Número do processo/origem: preencher quando se tratar de petição relacionado à produto já registrado. Quando se tratar de petição de registro, o campo é preenchido pelo Órgão de Vigilância Sanitária.

Campo 02: Não preencher

QUADRO H: Assuntos da Petição

Informar os assuntos objeto da petição. Cada assunto deve ser apresentado através do código específico, acompanhado da respectiva descrição (vide código dos procedimentos adotados).

QUADRO I: Dados do fabricante ou do requerente (no caso de reembalados)

Campo 22: Razão social do fabricante

Campo 23: Número de cadastro da empresa. A última quadrícula da direita é destinada à colocação do digito verificador.

Campo 24 e 25: Nome do município e da sigla da unidade Federada onde está instalado a empresa.

Campo 26: Colocar o código do município definido pelo Ministério da Saúde (vide Tabela de Códigos do Município)

QUADRO J: Dados de apresentação

Campo 27: Colocar o número de registro vigente. Quando se tratar de petição de registro, não preencher.

Campo 28: Assinalar o destino do produto

Obs.: Institucional: quando o produto for destinado a Programa Institucional de Alimentação.

Campo 29: Colocar o número de dias, meses ou ano de validade do produto e assinalar a quadrícula de tempo correspondente.

Campo 30: Colocar a designação do produto

Campo 31: Indicar a marca do produto. Quando tiver mais de uma marca, preencher 1 FP2 para cada uma.

Campo 32: Preencher sempre o código 001

Campo 33: Indicar o(s) material(ais) de embalagem em contato direto com o alimento.

Campo 34: (Preencher somente quando se tratar de adoçante dietético e suplementos vitamínicos e minerais – tabela 13)

Campo 35: Não preencher

Campo 36: Deve ser considerado apenas o código 0017: "cuidados especiais de conservação indicados nos textos de rotulagem".

Campo 37: Colocar o código e a descrição da embalagem que entra em contato direto com o alimento (tabela 22).

Campo 38: Não preencher

QUADRO L: Termo de responsabilidade assinado e carimbado pelo representante legal e técnico responsável ou proprietário da empresa.

Obs.: É exigido responsável técnico para estabelecimentos que fabriquem e/ou manipulem suplementos vitamínicos e minerais, alimentos para fins especiais, embalagens, aditivos.

(nome legível e nº de registro no respectivo Conselho Regional)

QUADRO M: Reservado ao uso exclusivo do órgão da vigilância sanitária.

MODELO DE DIZERES DE ROTULAGEM

Os dizeres de rotulagem serão descritos obedecendo os seguintes itens:

DESIGNAÇÃO DO PRODUTO: O(s) termo(s) utilizado(s) para indicar especificamente o alimento como tal, conceituado no respectivo padrão de identidade e qualidade.

MARCA: Elemento que identifica um ou vários produtos de um mesmo fabricante.

CONTEÚDO LÍQUIDO: Refere-se ao peso ou volume do produto.

PRAZO DE VALIDADE: Refere-se a vida média do produto. Este dado é estabelecido pelo fabricante e é de sua inteira responsabilidade. Deve-se descrever o dia, mês e ano ou, apenas, mês e ano, em caracteres legíveis, visíveis, e com processo indelével.

LOTE: Refere-se a uma partida ou uma tiragem de mercadorias;

MODO DE CONSERVAÇÃO: Informação de responsabilidade do fabricante. Devem ser mencionados os cuidados especiais exigidos ao produto em relação à tempo e temperatura.

MODO DE PREPARO: Esclarecer ao consumidor, as instruções necessárias quando o produto não se apresenta pronto para o consumo.

OUTRAS DECLARAÇÕES OBRIGATÓRIAS: Existem certos grupos de alimentos que exigem dizeres de rotulagem complementares, conforme normas específicas.

DADOS DO DETENTOR DO REGISTRO: Refere-se à razão social e endereço completos, CGC, Inscrição Estadual.

INGREDIENTES: Refere-se a relação completa de ingredientes, em ordem decrescente da respectiva proporção do produto pronto para exposição à venda.

ADITIVOS: Os aditivos intencionais utilizados, devem ser descritos com as respectivas funções e nomes por extenso.

NOME DO PAÍS DE ORIGEM: Refere-se ao país onde está instalado a indústria fabricante do produto ou Indústria Brasileira

REGISTRO NO MINISTÉRIO DA SAÚDE: Refere-se ao número de registro fornecido pelo Órgão competente do Ministério da Saúde.

RELATÓRIO TÉCNICO

Este relatório consiste na descrição do conjunto de etapas que compreende o processamento do produto, até a sua finalização e entrega ao consumo.

INSTRUÇÕES PARA PREENCHIMENTO DA FICHA DE CADASTRO DE EMPRESAS (FCE) MÓDULO I

Assinalar com "x" a quadrícula 1 quando se tratar de registro inicial, para empresas não cadastradas

Assinalar com "x" a quadrícula 2 quando se tratar de alteração de razão social ou endereço

Preencher com a data em que está sendo protocolado o processo, com a respectiva assinatura do representante legal da empresa

CAMPO 10: IDENTIFICAÇÃO DA EMPRESA

Razão social: Preencher com a razão social completa de empresa

Nº DE PROCESSO: Não preencher

Nº DA AUTORIZAÇÃO: Preencher com o nº de cadastro da empresa, junto ao M.S., quando se tratar de alteração de razão social ou endereço

DATA DA AUTORIZAÇÃO: Não preencher

TIPO DE AUTORIZAÇÃO: Não preencher

ORIGEM: Assinalar o item 1 para os produtos fabricados no país

Assinalar o item 2 para os produtos fabricados no exterior

CAMPO 20: REPRESENTANTE LEGAL

Nome: Preencher com o nome do representante legal, conforme assinado no termo de responsabilidade do FP2

CGC DA EMPRESA: Colocar o nº completo do CGC da empresa requerente

CAMPO 30: ATIVIDADES AUTORIZADAS

Assinalar todas as atividades desenvolvidas pela empresa

CAMPO 40: CLASSES DE PRODUTOS AUTORIZADOS

Assinalar o tipo de produto, conforme petição

CAMPO 50: ENDEREÇO DA SEDE

C.E.: não preencher

Os demais itens, devem ser totalmente preenchidos, com os dados do local de fabricação do produto.

NOTA: Através destes dados, a empresa é cadastrada junto ao M.S. Qualquer informação incorreta ou diferente do cadastro inicial implica em recusa pelo M.S.

INSTRUÇÕES PARA PREENCHIMENTO DO DOCUMENTO DE ARRECADAÇÃO DE RECEITAS FEDERAIS – DARF

CAMPO 01: Deverá conter a razão social e o nº do telefone da empresa requerente.

CAMPO 02: Preencher com a data de pagamento.

CAMPO 03: Preencher com o CGC da empresa requerente

CAMPO 04: código 6470

CAMPO 05: Não preencher

CAMPO 06: Não preencher

CAMPOS 07 e 10: Preencher conforme assunto da Petição e Portaria M.S.

CAMPO 08: Não preencher

CAMPO 09: Não preencher

CAMPO 11: de uso exclusivo do agente arrecadador.

NOTA: Refere-se à Empresa Requerente, àquela que será detentora do registro

Obs.: O documento de arrecadação da Receita Federal (DARF) deverá ser autenticado e carimbado pelo banco (a taxa de recolhimento deve obedecer os valores estabelecidos por Portaria do Ministério da Saúde vigente, de acordo com o assunto da petição, podendo ser recolhida em qualquer banco).

As microempresas estão isentas desse recolhimento devendo apresentar, como tal, cópia do comprovante do Cadastro Geral do Contribuinte (C.G.C.).

ANEXO 1
TABELA Nº 13
FORMA FÍSICA/FARMACÊUTICA

102016 – CÁPSULA
101011 – COMPRIMIDO SIMPLES
107018 – GRANULADO
000736 – LÍQUIDO PREMIDO
001042 – PÓ SECO

ANEXO 2
TABELA Nº 34
ABREVIATURAS PADRONIZADAS

Al	Alumínio
Aromat	Aromatizado
Artif	Artificial
Associ	Associadas
Band	Bandeja
Bg	Bisnaga
Bl	Blister
Cx	Caixa
Cap	Cápsula
Ct	Cartucho
Col	Colorido
C/	Com
Coml	Comercial
Com	Comprimido
CIA	Companhia
Cp	Copo
Crem	Creme
X	DE
Ds	Dose
Drg	Drágeas
Emb	Embalagem
Emul	Emulsão
Env	Envelope
Espec	Espécie
Est	Estojo
Fl	Fluído
Fr	Frasco
Gel	Gelatinoso
Gran	Grânulo
Inc	Incolor
Ind	Indústria
Inf	Infantil
Infus	Infusão
Lt	Lata
Liof	Liofilizado

(*cont.*)

Liq	Líquido
Mast	Mastigável
Opc	Opaco
Pst	Pasta
Pas	Pastilha
Plast	Plástico
Pt	Pote
Rec	Reconstituição
Revest	Revestimento
Sbr	Sabor
Sach	Sache
Soc	Sociedade
SA	Sociedade Anônima
Sol	Solução
Sus	Suspensão
Table	Tablete
Trans	Transparente
Vd	Vidro
Xpe	Xarope

ANEXO 3
TABELA Nº 37
CATEGORIA DE ALIMENTOS

CÓDIGO	DESCRIÇÃO
4100115	AÇÚCARES
4200047	ADITIVOS (FORMULADOS)
4100190	ADITIVOS DE SUBSTÂNCIA ÚNICA
4300017	ADITIVOS NOVOS
4200020	GUAS MINERAIS E DE MESA
4200111	ALIMENTOS E BEBIDAS DIETÉTICAS
4300076	ALIMENTOS E BEBIDAS PARA ATLETAS
4200081	ALIMENTOS PARA DIETA ENTERAL
4300034	ALIMENTOS PARA FINS ESPECIAIS
4100174	ALIMENTOS CONGELADOS
4200039	ALIMENTOS ENRIQUECIDOS
4300033	ALIMENTOS INFANTIS
4300162	BANANA
4300161	BATATA FRITA
4300167	BALAS E SIMILARES
4300170	BEBIDAS PRONTAS
4100085	BISCOITOS
4100018	CAFÉS

(*cont.*)

CÓDIGO	DESCRIÇÃO
4300151	CEREAIS E DERIVADOS
4300025	CHÁS
4300068	HOCOLATE DIETÉTICO
4200055	COADJUVANTES DE TECNOLOGIA
4100107	COLORÍFICO
4100093	CONDIMENTOS PREPARADOS
4100077	CONSERVAS VEGETAIS
4300192	COMPOSTO ALIMENTAR À BASE DE CREME VEGETAL
4300084	CREMES VEGETAIS
4100034	DOCES
4200071	EMBALAGENS
4100042	ESPECIARIAS
4100026	FARINHAS
4100050	FRUTAS EM CONSERVAS
4300164	FRUTAS (DESSECADAS E LIOFILIZADAS)
4300141	FRUTAS DESSECADAS (CRISTALIZADAS)
4200012	GELADOS COMESTÍVEIS (Sorvetes)
4300131	GELEIAS
4100131	MASSA
4200098	MISTURA OU PÓ P/ O PREPARO DE ALIMENTOS E BEBIDAS
4300051	MISTURAS DE VITAMINAS E SAIS MINERAIS (PRÉ-MIX)
4100158	ÓLEOS E GORDURAS VEGETAIS
4100123	PÃES
4300169	PASTAS (Patê)
4300181	POLPA DE FRUTAS
4300191	POLPA DE VEGETAIS
4300092	PREPARAÇÕES E PRODS P/ TEMP. A BASE DE SAL
4100166	PRODUTOS DE CACAU/ CHOCOLATE
4200063	PRODUTOS DE COCO
4100141	PRODUTOS DE CONFEITARIA
4100182	PRODUTOS DE SOJA
4100069	PRODUTOS DE TOMATE
4100204	SAL
4300101	SALGADINHOS
4300163	SEMENTES OLEAGINOSAS
4300168	SOPAS DESIDRATADAS
4200101	SUCEDÂNEOS DO SAL (Sal hipossódico)

(*cont.*)

CÓDIGO	DESCRIÇÃO
4300041	SUPLEMENTOS ALIMENTARES
4300188	TEMPEROS
4300165	VEGETAIS (DESSECADOS E LIOFILIZADOS)

TABELA Nº 22
ACONDICIONAMENTO

CÓDIGO	DESCRIÇÃO
0620	PAPEL KRAFT
0647	PLÁSTICO
0752	VIDRO
0019	ALUMÍNIO
0760	ACONDICIONAMENTO NÃO PREVISTO NA TABELA
0663	SACHÊ
0590	LATA
0809	PLÁSTICO-VIDRO-LATA
0302	ALUMÍNIO E POLIETILENO
0329	KRAFT E POLIETILENO

ANEXO 4
AVERBAÇÕES/MODIFICAÇÕES

Somente serão consideradas averbações as seguintes situações:

Modificação quanto ao tipo de embalagem (inclusão e mudança)

Modificação de marca (mudança e inclusão de outra(s) marca(s)

Modificação razão social e endereço

Modificações quantitativas e/ou qualitativas na fórmula do produto desde que não altere suas características iniciais inclusive o nome do produto.

Notas: 1. Para qualquer modificação quantitativa e/ou qualitativa na fórmula que altere as características iniciais e o nome do produto, haverá necessidade da solicitação de novo registro.

2. Não serão considerada averbação, a alteração do prazo de validade do produto.

ANEXO 5
CRITÉRIO PARA EMISSÃO DE DILIGÊNCIAS

Somente será emitida diligência quando os dados do relatório técnico do produto não forem claros para a conclusão do estudo.

Notas:

1. Será emitida somente uma diligência por petição

2. Para as demais situações, serão adotados os critérios para indeferimento.

ANEXO 6
CRITÉRIOS PARA INDEFERIMENTO DAS PETIÇÕES DE REGISTRO

Documentação incompleta, conforme exigido pelo MORA

Preenchimento incorreto e/ou incompleto da documentação

Dados incorretos e/ou incompletos quanto a procedência e nº de registro de produtos formulados e fabricados por terceiros

Formulação que não atende à legislação vigente

Não cumprimento de diligência no prazo concedido e publicado no *DOE*

Não atendimento da diligência na íntegra

Produtos *in natura*

Produtos considerados isentos de registro

Produtos cuja competência de registro é do MAA

O estabelecimento não apresenta condições de funcionamento, conforme inspeção realizada.

Solicitação de arquivamento de processos

ANEXO 7
RELAÇÃO DE DIR's E RESPECTIVOS MUNICÍPIOS

DIR I – CAPITAL
End.: Av. Conselheiro Nébias,1355 – CEP 01203-002
Fone: (011) 222-5633/221-5794/222-3408
Fax: (011) 222-5633 – R 62

DIR II – SANTO ANDRÉ
End.: Rua Doutor Cesário Motta, 351
CEP 09010-100
Fone: 454-5433 r. 148 e 444-0099 – Fax: 412-6233

13801 Diadema
29401 Mauá
43303 Ribeirão Pires
44103 Rio Grande da Serra
47809 Santo André
48708 São Bernardo do Campo
48807 São Caetano do Sul

DIR III – MOGI DAS CRUZES
End.: Rua. Prof. Flaviano de Mello, 244
CEP 08710-620
Fone: 4727-5113 – Fax: 4727-2611

03901 Arujá
06607 Biritiba Mirim
15707 Ferraz de Vasconcelos
18305 Guararema
18800 Guarulhos
23107 Itaquaquecetuba
30607 Mogi das Cruzes
39806 Poá
45001 Salesópolis
46801 Santa Isabel
52502 Suzano

DIR IV – FRANCO DA ROCHA
End.: Avenida dos Coqueiros, 300 – CEP 07780-000
Fone: 432-5111 r. 215/224 – Fax: 432-5444

09007 Caieiras
09205 Cajamar
16309 Francisco Morato
16408 Franco da Rocha
28502 Mairiporã

DIR V – OSASCO
End.: Rua Fiorino Beltramo, 169 – CEP 06097-040
Fone: 705-9666 – Fax: 701-9607

05708 Barueri
10609 Carapicuiba
13009 Cotia
15004 Embu
15103 Embu-Guaçu
22208 Itapecerica da Serra
22505 Itapevi
25003 Jandira
26209 Juquitiba
34401 Osasco
39103 Pirapora do Bom Jesus
47304 Santana do Parnaíba
49953 São Lourenço da Serra
52809 Taboão da Serra
56453 Vargem Gde. Paulista

DIR VI – ARAÇATUBA
End.: Rua Oscar Rodrigues Alves, 1296
CEP 16015-030
Fone: (018) 623-0682/623-7010 r.121/141
Fax: (018) 623-7401

01103 Alto Alegre
02101 Andradina
02804 Araçatuba
04206 Auriflama
04404 Avanhandava
05104 Barbosa
06201 Bento de Abreu
06409 Bilac
06508 Birigui
07704 Braúna
08108 Buritama
11003 Castilho
11904 Clementina
12506 Coroados
16507 Gabriel Monteiro
16804 Gastão Vidigal
16903 General Salgado
17109 Glicério
17802 Guaraçaí
18206 Guararapes
18909 Guzolândia
20442 Ilha Solteira
23008 Itapurá
26506 Lavínia
27256 Lourdes

27702 Luiziânia
30102 Mirandópolis
32108 Muritinga do Sul
33205 Nova Independência
33304 Nova Luzitânia
37305 Penapólis
37404 Pereira Barreto
37701 Piacatu
44400 Rubiacea
48401 Santópolis do Aguapeí
49250 São João de Iracema
52304 Sud Menucci
52551 Suzanapólis
55208 Turiuba
56305 Valparaiso

DIR VII – ARARAQUARA

End.: Avenida Espanha, 188 – CEP 14801-130
Fone: (016) 222-3121 – Fax: (016) 222-4655 r. 208

01707 Américo Brasiliense
03208 Araraquara
06706 Boa Esperança do Sul
07407 Borborema
10104 Cândido Rodrigues
13702 Descalvado
14007 Dobrada
14304 Dourado
15608 Fernando Prestes
19303 Ibaté
19600 Ibitinga
22703 Itápolis
29302 Matão
32058 Motuca
32900 Nova Europa
40705 Porto Ferreira
42909 Ribeirão Bonito
43709 Rincão
46504 Santa Ernestina
46900 Santa Lúcia
47502 Sta.Rita do Passa Quatro
48906 São Carlos
52700 Tabatinga
53708 Taquaritinga

DIR VIII – ASSIS

End.: Rua Quintino Bocaiúva, 289 – CEP 19800-000
Fone: (018) 322-3311 – Fax: (018) 322-7909

04008 Assis
06300 Bernardino de Campos
07209 Bora
10005 Cândido Mota
10153 Canitar
13306 Cruzália
16101 Florínia
19501 Ibirarema
27900 Lutécia
28809 Maracaí
35309 Palmital
35507 Paraguaçu Paulista
37156 Pedrinhas Paulista
39707 Platina
43204 Ribeirão do Sul
53955 Tarumã

DIR IX – BARRETOS

End.: Avenida 21, 1238 – CEP 14780-310
Fone: (017) 322-9100 – Fax: (017) 322-7406

00907 Altair
05500 Barretos
06102 Bebedouro
09304 Cajobi
12001 Colina
12100 Colombia
14957 Embaúba
17406 Guaira
17901 Guaraci
24204 Jaborandi
31506 Monte Azul Paulista
33908 Olimpia
39004 Pirangi
51900 Severínia
53104 Taiaçu
53203 Taiúva
54409 Terra Roxa
56800 Viradouro
56909 Vista Alegre do Alto

DIR X – BAURU

End.: Rua Quintino Bocaiúva, 5-45 – CEP 17504-000
Fone: (014) 234-8017 – Fax. (014) 234-8166

00709 Agudos
03406 Arealva
04305 Avaí
04701 Balbinos
05203 Bariri
05302 Barra Bonita
06003 Bauru
06805 Bocaina
07308 Boraceia
07456 Borebi
07902 Brotas
08306 Cabrália Paulista
08801 Cafelândia
14106 Dois Córregos
14502 Duartina
17000 Getulina
17208 Guaiçara
17307 Guaimbé
18107 Guarantã
19105 Iacanga
20004 Igaraçu do Tietê
22000 Itaju
22901 Itapuí
25300 Jaú
26803 Lençóis Paulista
27108 Lins

27504 Lucianópolis
28007 Macatuba
29807 Mineiros do Tietê
36703 Pederneiras
38907 Pirajuí
39400 Piratininga
40101 Pongaí
41109 Presidente Alves
41604 Promissão
42503 Reginópolis
44608 Sabino
54706 Torrinha
55505 Ubirajara
55901 Uru

DIR XI – BOTUCATU

End.: Rua General Telles, 251 – CEP 18603-710
Fone: (014) 821-2322 – Fax: (014) 821-2322 r. 48

00550 Águas Sta. Bárbara
02309 Anhembi
03109 Arandu
03604 Areiópolis
04503 Avaré
05005 Barão de Antonina
06904 Bofete
07506 Botucatu
11409 Cerqueira César
12308 Conchas
12605 Coronel Macedo
15400 Fartura
19253 Iaras
21804 Itaí
22802 Itaporanga
23503 Itatinga
26407 Laranjal Paulista
28601 Manduri
35804 Paranapanema
36109 Pardinho
37503 Pereiras
38808 Piraju
40507 Porangaba
50100 São Manuel
51207 Sarutáia
53005 Taguaí
53807 Taquarituba
54201 Tejupá
54656 Torre de Pedra

DIR XII – CAMPINAS

End.: Avenida Orozimbo Maia, 75 – CEP 13023-909
Fone: (019) 231-8464/234 8466 r. 170
Fax: (019) 231-8724

00501 Águas de Lindóia
01608 Americana
01905 Amparo
04107 Atibaia
07605 Bragança Paulista
07100 Bom Jesus dos Perdões
08405 Cabreúva
09502 Campinas
09601 Campo Limpo Paulista
12803 Cosmópolis
19071 Hortolândia
20509 Indaiatuba
23404 Itatiba
24006 Itupeva
25201 Jarinu
25508 Joanópolis
25904 Jundiaí
27009 Lindóia
27306 Louveira
31209 Monte Alegre do Sul
31803 Monte Mor
32009 Morungaba
32405 Nazaré Paulista
33403 Nova Odessa
36505 Paulínia
36802 Pedra Bela
37107 Pedreira
38204 Pinhalzinho
38600 Piracaia
45803 Santa Barbara D'Oeste
51603 Serra Negra
52106 Socorro
52403 Sumaré
54953 Tuiuti
56206 Valinhos
56354 Vargem
56503 Várzea Paulista
56701 Vinhedo

DIR XIII – FRANCA

End.: Rua Frei Germano, 2001 – CEP 14405-215
Fone: (016) 724.4775/724.4399 r. 228
Fax: (016) 721.3222

03000 Aramina
08207 Buritizal
13207 Cristais Paulista
16200 Franca
17703 Guará
20103 Igarapava
21309 Ipuã
23701 Itirapuã
24105 Ituverava
25409 Jeriquara
29708 Miguelópolis
31902 Morro Agudo
33601 Nuporanga
34302 Orlândia
36307 Patrocínio Paulista
37008 Pedregulho
42701 Restinga
43105 Ribeirão Corrente
43600 Rifaina
44905 Sales de Oliveira

49409 São Joaquim da Barra
49508 São José da Bela Vista

DIR XIV – MARÍLIA
End.: Rua XV de Novembro, 1151 – CEP 17504-000
Fone: (014) 433-8899 – Fax: (014) 433-9343

00105 Adamantina
01400 Álvaro de Carvalho
01509 Alvilândia
05807 Bastos
09809 Campos Novos Paulista
14700 Echaporã
15806 Flora Rica
16002 Flórida Paulista
16606 Gália
16705 Garça
19006 Herculândia
19204 Iacri
20806 Inúbia Paulista
21606 Irapuru
25805 Júlio Mesquita
27405 Lucélia
27801 Lupércio
28908 Mariápolis
29005 Marília
33700 Ocauçu
34104 Oriente
34500 Oscar Bressane
34609 Osvaldo Cruz
34906 Pacaembu
36000 Parapuã
40002 Pompeia
41703 Quatá
41802 Queiroz
42008 Quintana
43808 Rinópolis
44707 Sagres
45100 Salmorão
55000 Tupã
56602 Vera Cruz

DIR XV – PIRACICABA
End.: Rua XV de Novembro,798 – CEP 13400-370
Fone: (019) 422-2293/433-6704
Fax: (019) 422-2293

00600 Águas de São Pedro
02002 Analândia
03307 Araras
10401 Capivari
11706 Charqueada
12209 Conchal
12407 Cordeirópolis
12704 Corumbataí
14908 Elias Fausto
21101 Ipeúna
21408 Iracemápolis
23602 Itirapina
26704 Leme
26902 Limeira
30904 Mombuca
38709 Piracicaba
39301 Pirassununga
42107 Rafard
43907 Rio Claro
44004 Rio das Pedras
45159 Saltinho
46207 Sta.Cruz da Conceição
46702 Santa Gertrudes
47007 Santa Maria da Serra
50407 São Pedro

DIR XVI – PRESIDENTE PRUDENTE
End.: Av. Coronel José Soares Marcondes, 2357
CEP 19013-050 – Vila Roberto
Fone:(018) 221-7412 – Fax: (018) 221-5589 r. 280

00808 Alfredo Marcondes
01301 Alvares Machado
02408 Anhumas
08900 Caiabu
14403 Dracena
15129 Emilianópolis
15301 Estrela do Norte
19907 Iepê
20608 Indiana
25607 João Ramalho
26001 Junqueirópolis
29203 Martinópolis
31605 Monte Castelo
32207 Narandiba
33106 Nova Guataporanga
34807 Ouro Verde
35408 Panorama
36406 Pauliceia
39202 Pirapozinho
41208 Pres.Bernardes
41406 Pres.Prudente
42206 Rancharia
42404 Regente Feijó
45506 Sandovalina
48302 Santo Expedito

DIR XVII – REGISTRO
End.: Rua Pariquera-Açu, 41 – CEP 11900-000
Fone: (013) 821-3431/821-2546
Fax: (013) 821-2780

05401 Barra do Turvo
09254 Cajati
09908 Cananeia
14809 Eldorado
20301 Iguape
20426 Ilha Comprida
23305 Itariri
24600 Jacupiranga
26100 Juquiá
29906 Miracatu
36208 Pariquera-Açu

37206 Pedro de Toledo
42602 Registro
51801 Sete Barras

DIR XVIII – RIBEIRÃO PRETO
End.: Rua Lafaiete, 1000 – CEP 14015-080
Fone: (016) 625-6333 r. 268 e 636-7072
Fax: (016) 634-6299

01004 Altinópolis
05609 Barrinha
05906 Batatais
07803 Brodosqui
09403 Cajuru
10906 Cássia dos Coqueiros
13108 Cravinhos
14601 Dumont
18602 Guariba
18859 Guatapará
Ibitiuva
24303 Jaboticabal
25102 Jardinópolis
27603 Luiz Antonio
31308 Monte Alto
39509 Pitangueiras
40200 Pontal
40903 Pradópolis
43402 Ribeirão Preto
Santa Cruz da Esperança
47601 Santa Rosa de Viterbo
47908 Santo Antonio da Alegria
50902 São Simão
51405 Serra Azul
51504 Serrana
51702 Sertãozinho
Taquaral

DIR XIX – BAIXADA SANTISTA
End.: Praça Rotary,1 – Gonzaga – CEP 11055-900
Fone: (013) 289-3900 r. 119 – Fax: (013) 284-9961

06359 Bertioga
13504 Cubatão
18701 Guarujá
22109 Itanhaém
31100 Mongaguá
37602 Peruibe
41000 Praia Grande
48500 Santos
51009 São Vicente

DIR XX – SÃO JOÃO DA BOA VISTA
End.: Rua Benedito Araujo, 125 – CEP 13870-000
Fone: (019) 622-2058/623-4659 – Fax: (019) 623-4211

00303 Aguaí
00402 Águas da Prata
03802 Artur Nogueira
08702 Caconde
10807 Casa Branca
13900 Divinolândia
15152 Engenheiro Coelho
15186 Esp.Sto.do Pinhal
57303 Estiva Gerbi
19055 Holambra
22604 Itapira
23800 Itobi
24709 Jaguariúna
30508 Mococa
30706 Mogi-Guaçu
30805 Mogi-Mirim
46306 Sta. Cruz das Palmeiras
48104 Sto. Antonio do Jardim
48005 Sto. Antonio da Posse
49102 S. João da Boa Vista
49706 São José do Rio Pardo
50803 São Sebastião da Grama
53302 Tambaú
53609 Tapiratiba
56404 Vargem Grande do Sul

DIR XXI – SÃO JOSÉ DOS CAMPOS
End.: Alameda Cândido Marciano Leite, 65
CEP 12245-220
Fone: (012) 341-7211/322-7260 – Fax: (012) 341-7650

08504 Caçapava
20202 Igaratá
24402 Jacareí
24907 Jambeiro
31704 Monteiro Lobato
35606 Paraibuna
46009 Santa Branca
49904 São José dos Campos
10500 Caraguatatuba
20400 Ilhabela
50704 São Sebastião
55406 Ubatuba

DIR XXII – SÃO JOSÉ DO RIO PRETO
End.: Rua General Glicério, 3330 – CEP 15015-400
Fone: (017) 232-0388/233-8802
Fax: (017) 233-2716

00204 Adolfo
01202 Alvares Florence
01806 Américo de Campos
03703 Ariranha
04602 Bady Bassit
04800 Bálsamo
10708 Cardoso
11102 Catanduva
11201 Catiguá
11300 Cedral
12902 Cosmorama
14924 Elisiário
15905 Floreal
17505 Guapiaçu
19402 Ibirá
19808 Icém
21507 Irapuã
21903 Itajobi

24501	Jaci
25706	José Bonifácio
28106	Macaubal
28304	Magda
28858	Marapoama
29500	Mendonça
30300	Mirassol
30409	Mirassolândia
31001	Monções
31407	Monte Aprazível
32504	Neves Paulista
32603	Nhandeara
32702	Nipoã
32801	Nova Aliança
33007	Nova Granada
33254	Novais
33502	Novo Horizonte
34005	Onda Verde
34203	Orindiúva
35002	Palestina
35101	Palmares Paulista
35705	Paraíso
36257	Parisi
36604	Paulo de Faria
38105	Pindorama
39608	Planalto
39905	Poloni
40309	Pontes Gestal
40804	Potirendaba
44202	Riolândia
44806	Sales
45605	Sta. Adélia
49805	São José Rio Preto
51306	Sebastianópolis Sul
52601	Tabapuã
53401	Tanabi
55356	Ubarana
55604	Uchôa
55703	União Paulista
56008	Urupês
56107	Valentim Gentil
57105	Votuporanga
57154	Zacarias
02606	Aparecida D'Oeste
03950	Aspásia
13850	Dirce Reis
14205	Dolcinópolis
15202	Estrela D'Oeste
15509	Fernandópolis
18008	Guarani D'Oeste
20707	Indiaporã
24808	Jales
28205	Macedônia
29104	Marinópolis
29609	Meridiano
29658	Mesópolis
30003	Mira Estrela
32843	Nova Canaã Paulista
35200	Palmeira D'Oeste
35903	Paranapuã
36901	Pedranópolis
40259	Pontalinda
40408	Populina
44509	Rubineia
45704	Santa Albertina
46108	Santa Clara d'Oeste
	Vitória Brasil Oeste
46603	Santa Fé do Sul
47403	Sta. Rita do Oeste
	Santa Salete
47205	Santana da Ponte Pensa
49003	São Francisco
49201	São João das Duas Pontes
54904	Três Fronteiras
55307	Turmalina
55802	Urânia

DIR XXIII – SOROCABA

End.: Avenida Comendador Pereira Inácio, 105
CEP 18031-000 – Caixa Postal 661
Fone: (015) 232-8643/231-1799 – Fax: (015) 233-1177

00758	Alambari
01152	Alumínio
02200	Angatuba
02754	Araçariguama
02903	Araçoiaba da Serra
07001	Boituva
09452	Campina Mte.Alegre
10302	Capela do Alto
11508	Cerquilho
11607	Cesário Lange
18503	Guareí
19709	Ibiúna
21002	Iperó
22307	Itapetininga
23909	Itú
28403	Mairinque
37800	Piedade
37909	Pilar do Sul
40606	Porto Feliz
	Quadra
43204	Ribeirão do Sul
45209	Salto
45308	Salto de Pirapora
50209	São Miguel Arcanjo
50605	São Roque
51108	Sarapuí
52205	Sorocaba
53500	Tapiraí
54003	Tatui
54508	Tietê
57006	Votorantim
02705	Apiaí
05351	Barra do Chapéu
07159	Bom Sucesso do Itararé

08009 Buri
10203 Capão Bonito
17604 Guapiara
21200 Iporanga
21705 Itabera
22158 Itaoca
22406 Itapeva
Itiapirapuã Paulista
23206 Itararé
32827 Nova Campina
42800 Ribeira
43253 Ribeirão Grande
43006 Ribeirão Branco
43501 Riversul
53856 Taquarivai

DIR XXIV – TAUBATÉ

End.: Rua Dona Chiquinha de Matos, 92
CEP 12020-010
Fone: (012) 233-4188/233-2182
Fax: (012) 232-3879

02507 Aparecida
03158 Arapeí
03505 Areias
04909 Bananal
08603 Cachoeira Paulista
09700 Campos do Jordão
Canas
13405 Cruzeiro
13603 Cunha
18404 Guaratinguetá
26308 Lagoinha
26605 Lavrinhas
27207 Lorena
32306 Natividade da Serra
38501 Piquete
38006 Pindamonhangaba
40754 Potim
41901 Queluz
42305 Redenção da Serra
44301 Roseira
48203 Santo Antonio do Pinhal
48609 São Bento do Sapucaí
49607 São José do Barreiro
50001 São Luiz Paraitinga
52007 Silveiras
54102 Taubaté
54805 Tremembé

ANEXO II
FICHA DE INSPEÇÃO DE ESTABELECIMENTOS NA ÁREA DE ALIMENTOS

PARTE A – IDENTIFICAÇÃO

FICHA Nº ____________________

1. Empresa: ____________________
2. Endereço: ____________________
3. Tipo de Estabelecimento: ____________________
4. Regional: ____________________
5. Município: ____________________
6. Código de Local: ____________________
7. Sublocal: ____________________
8. Grupo de Risco: ____________________
9. Cadastro: ____________________
10. Data: _______/_______/_______

PARTE B – AVALIAÇÃO

1. SITUAÇÃO E CONDIÇÕES DA EDIFICAÇÃO

1.1. Localização adequada: área livre de focos de insalubridade. Ausência de lixo, objetos em desuso, animais, insetos e roedores, na área externa e vizinhança.

(2) Sim (0) Não (2) NA

1.2. Acesso adequado: direto e independente. Não comum a outros usos (habitação).

(2) Sim (0) Não (2) NA

1.3. Pisos adequados:

1.3.1. Material liso, resistente, impermeável, de fácil limpeza e em bom estado de conservação (livre de defeitos, rachaduras, trincas e buracos).

(1) Sim (0) Não (1) NA

1.3.2. Em perfeitas condições de limpeza.

(1) Sim (0) Não (1) NA

1.4. Forros/tetos adequados:

1.4.1. Acabamento liso, impermeável, lavável, em cor clara e em bom estado de conservação (livre de trincas, rachaduras, umidade, bolor, descascamentos).

(1) Sim (0) Não (1) NA

1.4.2. Em perfeitas condições de limpeza.

(1) Sim (0) Não (1) NA

1.5. Paredes/divisórias adequadas:

1.5.1. Acabamento liso, impermeável, lavável, em cor clara e em bom estado de conservação (livre de falhas, rachaduras, umidade, bolor, descascamentos).

(1) Sim (0) Não (1) NA

1.5.2. Em perfeitas condições de limpeza.

(1) Sim (0) Não (1) NA

1.6. Portas e janelas adequadas:

1.6.1. Com superfície lisa, fácil limpeza em bom estado de conservação (ajustadas aos batentes, sem falhas de revestimento e limpas).

(1) Sim (0) Não (1) NA

1.7. Existência de proteção contra insetos e roedores: todas aberturas teladas (telas milimétricas), portas com mola e proteção inferior, ralos com sifão e proteção.

(4) Sim (0) Não (4) NA

1.8. Iluminação adequada a atividade desenvolvida, sem ofuscamento, reflexos fortes, sombras e contrastes excessivos. Luminárias limpas e em bom estado de conservação.

(1) Sim (0) Não (1) NA

1.9. Ventilação adequada, garantindo o conforto térmico e ambiente livre de fungos, bolores, gases, fumaças e condensação de vapores.

(1) Sim (0) Não (1) NA

1.10. Instalações sanitárias adequadas:

1.10.1. Separadas por sexo, com vasos sanitários, mictórios e lavatórios em número suficiente, servidos de água corrente e conectados a rede de esgotos ou fossa aprovada. Pisos, paredes, forros, iluminação e ventilação, portas e janelas adequadas e em bom estado de conservação. Sem comunicação direta com áreas de trabalho e de refeições.

(2) Sim (0) Não (2) NA

1.10.2. Em perfeitas condições de higiene e limpeza. Dotadas de produtos adequados a higienização das mãos – sabão, toalhas claras e rigorosamente limpas ou outro sistema adequado para secagem.

(4) Sim (0) Não (4) NA

1.11.Vestiários adequados:

1.11.1. Separadas por sexo, dotados de antecâmara, área compatível e 1 (hum) armário por funcionário, duchas ou chuveiros em número suficiente, com água fria e quente, pisos, paredes, forros, iluminação e ventilação, portas e janelas adequadas e em bom estado de conservação.

(1) Sim (0) Não (1) NA

1.11.2. Em perfeitas condições de limpeza e organização dotados de produtos adequados a higiene pessoal.

(2) Sim (0) Não (2) NA

1.12. Lavatórios na área de manipulação:

1.12.1. Existência de lavatórios com água corrente, em posição estratégica em relação ao fluxo de produção e serviço.

(2) Sim (0) Não (2) NA

1.12.2. Em perfeitas condições de higiene e limpeza. Dotado de sabão, escovas para as mãos, desinfetantes, toalhas claras rigorosamente limpas ou outro sistema adequado para secagem.

(4) Sim (0) Não (4) NA

1.13. Abastecimento de água potável. Ligado a rede pública ou com potabilidade atestada através de laudo oficial (validade 6 meses).

(8) Sim (0) Não (8) NA

1.14. Caixa d'agua e instalações hidráulicas:

1.14.1. Com volume e pressão adequada. Dotada de tampa e em perfeitas condições de uso – livre de vazamento, infiltração, descascamentos.

(4) Sim (0) Não (4) NA

1.14.2. Em perfeitas condições de higiene e limpeza. Livre de resíduos na superfície ou depositados. Execução de limpeza periódica (6 meses).

(8) Sim (0) Não (8) NA

1.15. Destino adequado dos resíduos:

1.15.1. Lixo doméstico no interior do estabelecimento em recipientes tampados, limpos e higienizados constantemente e adequadamente armazenado para coleta.

(4) Sim (0) Não (4) NA

1.15.2. Outros resíduos (sólido e gasosos) adequadamente tratados e lançados sem causar incomodo a vizinhança e ao meio ambiente.

(2) Sim (0) Não (2) NA

1.16. Local apropriado para limpeza e desinfecção de equipamentos e utensílios, dotado de água quente e produtos adequados e isolado das áreas de processamento.

(2) Sim (0) Não (2) NA

TOTAIS .... TS1 ( ) TNA ( )

NA = Não se Aplica

PB1 – Pontuação Bloco 1

TS1 – somatória das notas sim obtidas

TNA1 – somatória das notas não aplicáveis obtidas

K1 – 60 (constante no bloco 1)

P1 – 10 (peso do bloco)

$$PB1 = \frac{TS1}{K1 - TNA1} \times P1$$

$$PB1 = \frac{(\ \ )}{60 - (\ \ )} \times 10$$

PB1 ( )

2. EQUIPAMENTOS E UTENSÍLIOS

2.1. Equipamentos / maquinários adequados:

2.1.1. Equipamentos dotados de superfície lisa de fácil limpeza e desinfecção. Em bom estado de conservação e funcionamento.

(2) Sim (0) Não (2) NA

2.1.2. Em perfeitas condições de limpeza.

(4) Sim (0) Não (4) NA

2.2. Utensílios adequados:

2.2.1. Utensílios lisos, em material não contaminante, de tamanho e forma permitam fácil limpeza. Em bom estado de conservação.

(2) Sim (0) Não (2) NA

2.2.2. Em perfeitas condições de limpeza.

(4) Sim (0) Não (4) NA

2.3. Móveis (mesas, bancadas, vitrines etc.)

2.3.1. Em número suficiente, de material resistente, liso e impermeável, com superfícies íntegras (sem rugosidade e frestas). Em bom estado deconservação.

(2) Sim (0) Não (2) NA

2.3.2. Em perfeitas condições de limpeza.

(4) Sim (0) Não (4) NA

2.4. Equipamentos para proteção e conservação sob refrigeração adequados:

2.4.1. Equipamentos com capacidade adequada com elementos e superfícies lisas, impermeáveis e resistentes. Com termômetro e em bom estado de conservação e funcionamento.

(8) Sim (0) Não (8) NA

2.4.2. Em perfeitas condições de limpeza.

(8) Sim (0) Não (8) NA

2.5. Limpeza e desinfecção adequadas:

2.5.1. Utilização de água quente, detergentes e desinfetantes registrados no Ministério da Saúde.

(8) Sim (0) Não (8) NA

2.6. Armazenamentos de utensílios e equipamentos em local apropriado, de forma ordenada e protegidos de contaminação.

(8) Sim (0) Não (8) NA

TOTAIS .... TS2 ( ) TNA2 ( )

NA = Não se Aplica

PB2 – Pontuação Bloco 2

TS2 – somatória das notas sim obtidas

TNA2 – somatória das notas não aplicáveis obtidas

K2 – 50 (constante no bloco 1)

P2 – 15 (peso do bloco)

$$PB2 = \frac{TS2}{K2 - TNA2} \times P2$$

$$PB2 = \frac{(\ )}{50 - (\ )} \times 15$$

PB2 ( )

3. PESSOAL NA ÁREA DE PRODUÇÃO/ MANIPULAÇÃO/VENDA

3.1. Roupas adequadas:

3.1.1. Utilização de aventais fechados ou macacões de cor clara, sapatos fechados e gorros que contenham todo o cabelo, em bom estado de conservação.

(2) Sim (0) Não (2) NA

3.1.2. Rigorosamente limpos.

(8) Sim (0) Não (8) NA

3.2. Asseio pessoal adequado. Boa apresentação, asseio corporal, mãos limpas, unhas curtas, sem esmalte, sem adornos (dedos, pulso e pescoço).

(8) Sim (0) Não (8) NA

3.3. Hábitos higiênicos adequados. Lavagem cuidadosa das mãos antes damanipulação de alimentos e depois do uso de sanitários. Não espirrar sobre alimentos não cuspir, não tossir, não fumar, não manipular dinheiro, não executar ato físico que possa contaminar o alimento.

(4) Sim (0) Não (4) NA

3.4. Estado de saúde controlado.

3.4.1. Ausência de afecções cutâneas, feridas e supurações, ausência de sintomas de infecção respiratória, gastrointestinais.

(8) Sim (0) Não (8) NA

3.4.2. Realização de exames periódicos.

(2) Sim (0) Não (2) NA

TOTAIS .... TS3 ( ) TNA3 ( )

NA = Não se Aplica

PB3 – Pontuação Bloco 3

TS3 – somatória das notas sim obtidas

TNA3 – somatória das notas não aplicáveis obtidas

K3 – 32 (constante no bloco 3)

P3 – 25 (peso do bloco)

$$PB3 = \frac{TS3}{K3 - TNA3} \times P3$$

$$PB3 = \frac{(\ )}{32 - (\ )} \times 25$$

PB3 ( )

4. MATÉRIAS-PRIMAS / PRODUTOS EXPOSTOS A VENDA:

4.1. Procedência controlada: matérias-primas e/ou produtos expostos a venda provenientes de fornecedores autorizados; embalagens, rótulos eexplicações regulamentadas, registradas no Ministério da Saúde e/ ou Ministério da Agricultura.

(4) Sim (0) Não (4) NA

4.2. Características organolépticas normais: alimentos e matérias-primas com cor, sabor, odor, consistência e aspectos sem alteração.

(8) Sim (0) Não (8) NA

4.3. Conservação adequada: condições de tempo e temperatura de conservação das matérias-primas e/ ou produtos expostos a venda quegarantam a não alteração dos mesmos.

(4) Sim (0) Não (4) NA

4.4. Empacotamento e identificação adequadas: embalagens integras e identificação visível. Prazo de validade respeitado.

(8) Sim (0) Não (8) NA

TOTAIS .... TS4 ( ) TNA4 ( )

NA = Não se Aplica

PB4 – Pontuação Bloco 4

TS4 – somatória das notas sim obtidas

TNA4 – somatória das notas não aplicáveis obtidas

K4 – 24 (constante no bloco 4)

P4 – 20 (peso do bloco)

$$PB4 = \frac{TS4}{K4 - TNA4} \times P4$$

$$PB4 = \frac{(\ )}{24 - (\ )} \times 20$$

PB4 ( )

5. FLUXO DE PRODUÇÃO / MANIPULAÇÃO / VENDA E CONTROLE DE QUALIDADE:

5.1. Fluxo adequado:

5.1.1. Fluxo linear de um só sentido, evitando a contaminação cruzada. Locais para pré-preparo ("área suja") e preparo ("área limpa") isolados (a separação física é necessária em estabelecimentos com grande produção).

(4) Sim (0) Não (4) NA

5.1.2. Manipulação mínima e higiênica.

(8) Sim (0) Não (8) NA

5.2. Proteção contra contaminação:

5.2.1. Alimentos protegidos contra pó, saliva, insetos e roedores.

(4) Sim (0) Não (4) NA

5.2.2. Substâncias perigosas como inseticidas, detergentes e desinfetantes, identificadas, armazenadas e utilizadas de forma a evitar a contaminação.

(4) Sim (0) Não (4) NA

5.3. Armazenamento adequado:

5.3.1. Alimentos perecíveis mantidos a temperatura de congelação (-150ºC), refrigeração (20º a 100ºC), ou acima de 650ºC de acordo com o produto.

(8) Sim (0) Não (8) NA

5.3.2. Alimentos armazenados separados por tipo ou grupo; sobre estrados ou prateleiras adequadas; ausência de material estranho, estragado ou tóxico; em local limpo e conservado.

(8) Sim (0) Não (4) NA

5.4. Eliminação imediata das sobras de alimentos.

(4) Sim (0) Não (4) NA

5.5. Características organolépticas normais do produto acabado/produtos expostos a venda: cor, odor, consistência e aspecto sem alterações.

(4) Sim (0) Não (4) NA

5.6. Empacotamento e identificação adequada do produto acabado/ produtos expostos a venda:

5.6.1. Embalagens íntegras com identificação visível (nome do produto, nome do fabricante, endereço, número de registro, prazo de validade).

(2) Sim (0)Não (2) NA

5.6.2. Dizeres de rotulagem de acordo com o aprovado.

(1) Sim (0) Não (1) NA

5.7. Controle de qualidade adequado na matéria-prima, do produto acabado e dos produtos expostos a venda.

(4) Sim (0) Não (4) NA

5.8. Pessoal qualificado: pessoal devidamente treinado para a atividade.

(2) Sim (0) Não (2) NA

5.9. Análise laboratorial com frequência adequada: todos os lotes produzidos no estabelecimento devem ser analisados.

(2) Sim (0) Não (2) NA

5.10. Transporte adequado, protegido e limpo.

(2) Sim (0) Não (2) NA

TOTAIS .... TS5 ( ) TNA5 ( )

NA = Não se Aplica

PB5 – Pontuação Bloco 5

TS5 – somatória das notas sim obtidas

TNA5 – somatória das notas não aplicáveis obtidas

K5 – 53 (constante no bloco 5)

P5 – 30 (peso do bloco)

$$PB5 = \frac{TS5}{K5 - TNA5} \times P5$$

$$PB5 = \frac{(\ )}{53 - (\ )} \times 30$$

PB5 ( )

PARTE C
PONTUAÇÃO DO ESTABELECIMENTO

PE – pontuação do estabelecimento, onde:

PE = PB1 + PB2 + PB3 + PB4 + PB5 = ( )

PE = ( ) + ( ) + ( ) + ( ) + ( ) = ( )

Qualificação: ______________________________

____

PARTE D
OBSERVAÇÕES:

( ) Estabelecimento apto para fabricar o produto.

( ) Estabelecimento não apto para fabricar o produto.

Concedidos ________dias para adequação.

Proxima inspeção: ____________________

Autoridades Sanitárias: ____________________

____

____

ANEXO III
FICHA DE INSPEÇÃO DE FONTES/DISTRIBUIDORAS DE ÁGUA MINERAL

PARTE A – IDENTIFICAÇÃO

FICHA Nº______________________________

1. Empresa: ______________________________

2. Endereço: ______________________________

3. Tipo de Estabelecimento: ____________________

4. Regional: ______________________________

5. Município: ______________________________

6. Código de Local: ____________________

7. Sublocal: ______________________________

8. Grupo de Risco: ____________________

9. Cadastro: ______________________________

10. Data: ______/________/____________

PARTE B – AVALIAÇÃO

1. SITUAÇÃO E CONDIÇÕES DA EDIFICAÇÃO

1.1. Localização adequada: área livre de focos de insalubridade. Ausência de lixo, objetos em desuso, animais, insetos e roedores, na área externa e vizinhança.

(2) Sim (0) Não (2) NA

1.2. Acesso adequado: direto e independente. Não comum a outros usos (habitação).

(2) Sim (0) Não (2) NA

1.3. Pisos adequados:

1.3.1. Material liso, resistente, impermeável, de fácil limpeza e em bom estado de conservação (livre de defeitos, rachaduras, trincas e buracos).

(1) Sim (0) Não (1) NA

1.3.2. Em perfeitas condições de limpeza.

(1) Sim (0) Não (1) NA

1.4. Forros/tetos adequados:

1.4.1. Acabamento liso, impermeável, lavável, em cor clara e em bom estado de conservação (livre de trincas, rachaduras, umidade, bolor, descascamentos).

(1) Sim (0) Não (1) NA

1.4.2. Em perfeitas condições de limpeza.

(1) Sim (0) Não (1) NA

1.5. Paredes/divisórias adequadas:

1.5.1. Acabamento liso, impermeável, lavável, em cor clara e em bom estado de conservação (livre de falhas, rachaduras, umidade, bolor,descascamentos).

(1) Sim (0) Não (1) NA

1.5.2. Em perfeitas condições de limpeza.

(1) Sim (0) Não (1) NA

1.6. Portas e janelas adequadas:

1.6.1. Com superfície lisa, fácil limpeza em bom estado de conservação (ajustadas aos batentes, sem falhas de revestimento e limpas).

(1) Sim (0) Não (1) NA

1.7. Existência de proteção contra insetos e roedores: todas aberturas teladas (telas milimétricas), portas com mola e proteção inferior, ralos com sifão e proteção.

(4) Sim (0) Não (4) NA

1.8. Iluminação adequada a atividade desenvolvida, sem ofuscamento, reflexos fortes, sombras e contrastes excessivos. Luminárias limpas e em bom estado de conservação.

(1) Sim (0) Não (1) NA

1.9. Ventilação adequada, garantindo o conforto térmico e ambiente livre de fungos, bolores, gases, fumaças e condensação de vapores.

(1) Sim (0) Não (1) NA

1.10. Instalações sanitárias adequadas:

1.10.1. Separadas por sexo, com vasos sanitários, mictórios e lavatórios em número suficiente, servidos de água corrente e conectados a rede de esgotos ou fossa aprovada. Pisos, paredes, forros, iluminação e ventilação, portas e janelas adequadas e em bom estado de conservação. Sem comunicação direta com áreas de trabalho e de refeições.

(2) Sim (0) Não (2) NA

1.10.2. Em perfeitas condições de higiene e limpeza. Dotadas de produtos adequados a higienização das mãos – sabão, toalhas claras e rigorosamente limpas ou outro sistema adequado para secagem.

(4) Sim (0) Não (4) NA

1.11. Vestiários adequados:

1.11.1. Separadas por sexo, dotados de antecâmara, área compatível e 1 (um) armário por funcionário, duchas ou chuveiros em número suficiente, com água fria e quente, pisos, paredes, forros, iluminação e ventilação, portas e janelas adequadas e em bom estado de conservação.

(1) Sim (0) Não (1) NA

1.11.2. Em perfeitas condições de limpeza e organização dotados de produtos adequados a higiene pessoal.

(2) Sim (0) Não (2) NA

1.12. Lavatórios na área de manipulação:

1.12.1. Existência de lavatórios com água corrente, em posição estratégica em relação ao fluxo de produção e serviço.

(2) Sim (0) Não (2) NA

1.12.2. Em perfeitas condições de higiene e limpeza. Dotado de sabão, escovas para as mãos, desinfetantes, toalhas claras rigorosamente limpas ou outro sistema adequado para secagem.

(4) Sim (0) Não (4) NA

1.13. Abastecimento de água potável. Ligado a rede pública ou com potabilidade atestada através de laudo oficial (validade 6 meses).

(8) Sim (0) Não (8) NA

1.14. Caixa d'agua e instalações hidráulicas:

1.14.1. Com volume e pressão adequada. Dotada de tampa e em perfeitas condições de uso – livre de vazamento, infiltração, descascamentos.

(4) Sim (0) Não (4) NA

1.14.2. Em perfeitas condições de higiene e limpeza. Livre de resíduos na superfície ou depositados. Execução de limpeza periódica (6 meses).

(8) Sim (0) Não (8) NA

1.15. Destino adequado dos resíduos:

1.15.1. Lixo doméstico no interior do estabelecimento em recipientes tampados, limpos e higienizados constantemente e adequadamente armazenado para coleta.

(4) Sim (0) Não (4) NA

1.15.2. Outros resíduos (sólido e gasosos) adequadamente tratados e lançados sem causar incomodo a vizinhança e ao meio ambiente.

(2) Sim (0) Não (2) NA

1.16. Local apropriado para limpeza e desinfecção de equipamentos e utensílios, dotado de água quente e produtos adequados e isolado das áreas de processamento.

(2) Sim (0) Não (2) NA

TOTAIS .... TS1 ( ) TNA1 ( )

NA = Não se Aplica

PB1 – Pontuação Bloco 1

TS1 – somatória das notas sim obtidas

TNA1 – somatória das notas não aplicáveis obtidas

K1 – 60 (constante no bloco 1)

P1 – 10 (peso do bloco)

$$PB1 = \frac{TS1}{K1 - TNA1} \times P1$$

$$PB1 = \frac{(\ \ )}{60 - (\ \ )} \times 10$$

PB1 ( )

2. CAPTAÇÃO/ENGARRAFAMENTO

2.1. Área de proteção da fonte.

2.1.1. Adequadamente cercada e protegida.

(2) Sim (0) Não (2) NA

2.1.2. Dotada de adequado sistema de escoamente.

(2) Sim (0) Não (2) NA

2.2. Caixa de captação.

2.2.1. Estanque, calafetada e revestida de material liso, impermeavel e de fácil limpeza.

(2) Sim (0) Não (2) NA

2.2.2. Em perfeitas condições de limpeza.

(8) Sim (0) Não (8) NA

2.2.3. Protegida com adequada construção de alvenaria, com porta dotada de proteção inferior e com todas as aberturas protegidas com telas milimétricas e contra proliferação de algas.

(2) Sim (0) Não (2) NA

2.3. Canalização.

2.3.1. Condutos e instalações para distribuição de água situados em nível superior, ou instalados em calhas (se ao nível do solo).

(2) Sim (0) Não (2) NA

2.3.2. Calhas assentadas com inclinação suficiente para impedir a estagnação da água.

(2) Sim (0) Não (2) NA

2.3.3. Condutos da água da fonte completamente independente dos condutos da rede de abastecimento.

(2) Sim (0) Não (2) NA

2.3.4. Execução de limpeza periódica (mensal).

(8) Sim (0) Não (8) NA

2.4. Elevação mecânica.

2.4.1. Feita por bomba localizada fora da área de captação.

(2) Sim (0) Não (2) NA

2.4.2. Em perfeitas condições de limpeza.

(8) Sim (0) Não (8) NA

2.5. Reservatórios

2.5.1. Estanques, calafetados, revestidos de material liso, impermeável e de fácil limpeza.

(4) Sim (0) Não (4) NA

2.5.2. Dotados de visor adequado para facilitar inspeção interna.

(2) Sim (0) Não (2) NA

2.5.3. Dotados de torneira para limpeza e descarga, sem passar pela linha de engarrafamento.

(2) Sim (0) Não (2) NA

2.5.4. Execução de limpeza periódica (mensal).

(8) Sim (0) Não (8) NA

2.6. Envasamento.

2.6.1. Existência de local adequado para deposito de recipientes vazios e engarrafados.

(2) Sim (0) Não (2) NA

2.6.2. Existência de local adequado para lavavem e desinfetante de recipientes, sustâncias (para lavagem e desinfecção) identificadas, armazenadas e utilizadas corretamente.

(2) Sim (0) Não (2) NA

2.6.3. Existência de local adequado para enchimento, fechamento e rotulagem de recipientes.

(2) Sim (0) Não (2) NA

2.6.4. Em perfeitas condições de limpeza.

(4) Sim (0) Não (4) NA

2.7. Fontanário

2.7.1. Instalado em local de fácil acesso e isolado das fontes e de suas instalações.

(1) Sim (0) Não (1) NA

2.7.2. Pisos e paredes de material liso, impermeável e de fácil limpeza, com perfeito escoamento das águas servidas.

(1) Sim (0) Não (1) NA

2.7.3. Área externa (não construída) calçada, gramada ou coberta de pedregulho, limpa e sem água estagnada.

(1) Sim (0) Não (1) NA

TOTAIS .... TS2 ( ) TNA2 ( )

NA = Não se aplica

PB2 – Pontuação Bloco 2

TS2 – somatória das notas sim obtidas

TNA2 – somatória das notas não aplicáveis obtidas

K2 – 61 (constante no bloco 2)

P2 – 20 (peso do bloco 2)

$$PB2 = \frac{TS2}{K2 - TNA2} \times P2$$

$$PB2 = \frac{(\ )}{61 - (\ )} \times 20$$

PB2 ( )

3. EQUIPAMENTOS E UTENSÍLIOS

3.1. Equipamentos/maquinários adequados.

3.1.1. Equipamentos dotados de superfície lisa de fácil limpeza e desinfecção. Em bom estado de conservação e funcionamento.

(2) Sim (0) Não (2) NA

3.1.2. Em perfeitas condições de limpeza.

(4) Sim (0) Não (4) NA

3.2. Utensílios adequados:

3.2.1. Utensílios lisos, em material não contaminante, de tamanho e forma permitam fácil limpeza. Em bom estado de conservação.

(2) Sim (0) Não (2) NA

3.2.2. Em perfeitas condições de limpeza.

(4) Sim (0) Não (4) NA

3.3. Móveis (mesas, bancadas, vitrines etc.).

3.3.1. Em número suficiente, de material resistente, liso e impermeável, com superfícies íntegras (sem rugosidade e frestas). Em bom estado de conservação.

(2) Sim (0) Não (2) NA

3.3.2. Em perfeitas condições de limpesa.

(4) Sim (0) Não (4) NA

3.4. Limpeza e desinfecção adequadas:

3.4.1. Utilização de água quente, detergentes e desinfetantes registrados no Ministério da Saúde.

(8) Sim (0) Não (8) NA

3.5. Armazenamento de utensílios e equipamentos em local apropriado, de forma ordenada e protegidos de contaminação.

(8) Sim (0) Não (8) NA

TOTAIS .... TS3 ( ) TNA3 ( )

NA = Não se aplica

PB3 – Pontuação do bloco 3

TS3 – Somatória das notas obtidas

TNA3 – Somatória das notas não aplicáveis obtidas

K3 = 34 (constante do bloco 3)

P3 = (Peso do bloco 3)

$$PB3 = \frac{TS3}{K3 - TNA3} \times P3$$

$$PB3 = \frac{(\ )}{34 - (\ )} \times 15$$

PB3 ( )

4. PESSOAL NA ÁREA DE PRODUÇÃO E MANIPULAÇÃO

4.1. Roupas adequadas:

4.1.1. Utilização de aventais fechados ou macacões de cor clara, sapatos fechados e gorros que contenham todo o cabelo, em bom estado de conservação.

(2) Sim (0) Não (2) NA

4.1.2. Rigorosamente limpos.

(8) Sim (0) Não (8) NA

4.2. Asseio pessoal adequado. Boa apresentação, asseio corporal, mãos limpas, unhas curtas, sem esmalte, sem adornos (dedos, pulso e pescoço).

(8) Sim (0) Não (8) NA

4.3. Hábitos higiênicos adequados. Lavagem cuidadosa das mãos antes da manipulação de alimentos e depois do uso de sanitários. Não espirrar sobre alimentos, não cuspir, não tossir, não fumar, não manipular dinheiro, não executar ato físico que possa contaminar o alimento.

(4) Sim (0) Não (4) NA

4.4. Estado de saúde controlado:

4.4.1. Ausência de afecções cutaneas, feridas e supurações, ausência de sintomas de infecção respiratória, gastrointestinais.

(8) Sim (0) Não (8) NA

4.4.2. Realização de exames periódicos.

(2) Sim (0) Não (2) NA

TOTAIS .... TS4 ( ) TNA4 ( )

NA = Não se aplica

PB4 – Pontuação Bloco 4

TS4 – somatória das notas sim obtidas

TNA4 – somatória das notas não aplicáveis obtidas

K4 – 32 (constante no bloco 4)

P4 – 25 (peso do bloco 4)

$$PB4 = \frac{TS4}{K4 - TNA4} \times P4$$

$$PB4 = \frac{(\ \ )}{32 - (\ \ )} \times 25$$

PB4 ( )

5. FLUXO DE PRODUÇÃO E CONTROLE DE QUALIDADE:

5.1. Fluxo adequado:

5.1.1. Fluxo linear de 1 (um) só sentido, com circulação de recipientes vazíos e limpos através de esteiras rolantes, desde a lavagem até o fechamento (produção).

(4) Sim (0) Não (4) NA

5.2. Caracteristicas organolépticas normais do produto acabado: com cor, sabor, odor, consistência e aspecto sem alteração.

(4) Sim (0) Não (4) NA

5.3. Engarrafamento e identificação adequada do produto acabado:

5.3.1. Embalagens íntegras com identificação visível (nome do produto, nome do fabricante, endereço, nº do registro, prazo de validade).

(2) Sim (0) Não (2) NA

5.3.2. Dizeres de rotulagem de acordo com o aprovado.

(1) Sim (0) Não (1) NA

5.4. Controle de qualidade adequado na materia prima e do produto acabado.

(4) Sim (0) Não (4) NA

5.5. Pessoal qualificado: pessoal devidamente treinado para a atividade.

(2) Sim (0) Não (2) NA

5.6. Análise laboratorial com frequência adequada: todos os lotes produzidos nos estabelecimentos devem ser analisados.

(2) Sim (0) Não (2) NA

5.7. Transporte adequado protegido e limpo.

(2) Sim (0) Não (2) NA

TOTAIS TS5 .... ( ) TNA5 ( )

NA = Não se aplica

PB5 – Pontuação Bloco 5

TS5 – somatória das notas sim obtidas

TNA5 – somatória das notas não aplicáveis obtidas

K5 – 21 (constante no bloco 5)

P5 – 30 (peso do bloco 5)

$$PB5 = \frac{TS5}{K5 - TNA5} \times P5$$

$$PB5 = \frac{(\ \ )}{21 - (\ \ )} \times 30$$

PB5 ( )

PARTE C – PONTUAÇÃO DO ESTABELECIMENTO

PE = PB1 + PB2 + PB3 + PB4 + PB5

PE = ( ) + ( ) + ( ) + ( ) + ( ) = ( )

Qualificação; ______________________

Autoridades Sanitárias: ______________________

____

RESOLUÇÃO CONJUNTA SS/SAA Nº 1, DE 26 DE DEZEMBRO DE 2001

Regulamenta o § 2º do art. 461, do Decreto nº 45.248, de 28 de setembro de 2000.

Os Secretários da Saúde e da Agricultura e Abastecimento, considerando:

– a necessidade de constante aperfeiçoamento das ações de controle sanitário na área de alimentos, visando a proteção da saúde da população;

– que os estabelecimentos que manipulam alimentos estão sujeitos à obrigatoriedade de cumprimento dos princípios fundamentais de boas práticas de produção e prestação de serviços, análises de perigos e pontos críticos de controle, e controle e garantia de qualidade, conforme disposto em legislações vigentes;

– a implementação do Programa de Qualidade nos estabelecimentos varejistas de carnes, proposto pelo Sindicato do Comércio Varejista de Carnes Frescas do Estado de São Paulo;

– a necessidade de regulamentar o § 2º do art. 461, do Decreto nº 45.248 de 28 de setembro de 2000, resolvem:

Art. 1º. Os açougues e estabelecimentos do comércio varejista de carnes frescas que optarem por temperar as carnes, deverão dispor de local apropriado que atenda aos requisitos estabelecidos nas legislações sanitárias vigentes.

Art. 2º. Os açougues e estabelecimentos de comércio varejista de carnes frescas que preparam e temperam carnes, estão obrigados a ter um responsável que trabalhe efetivamente no local e conheça criteriosamente o processo, devidamente treinado em manipulação higiênico sanitária de carnes frescas temperadas, com certificado emitido por entidade de ensino com reconhecimento técnico nacional ou internacional.

§ 1º. O responsável treinado deverá apresentar o certificado referido no *caput* do artigo à autoridade sanitária, sempre que solicitado.

Art. 3º. O conteúdo programático mínimo do treinamento em manipulação higiênico sanitária de carnes frescas temperadas deve incluir.

– noções de microbiologia;

– noções sobre doenças transmitidas por alimentos;

– boas práticas de manipulação de alimentos;

– controle de pragas;

– segurança do trabalhador;

– Legislações Sanitárias: Decreto nº 45.248/2000; Lei nº 10.083/1998; Portaria CVS nº 6/1999; Portaria nº CVS 1.428/1993; Portaria CVS nº 326/1997; Lei nº 8.078/1990 – Código de Defesa do Consumidor.

Art. 4º. Esta Resolução entrará em vigor na data da publicação.

Fonte: <www.cvs.saude.sp.gov.br>.

RESOLUÇÃO CONJUNTA SS/SMA Nº 1, DE 6 DE JUNHO DE 2002

Define procedimentos para ação conjunta das Secretarias de Estado da Saúde e Meio Ambiente no tocante a áreas contaminadas por substâncias perigosas.

Os Secretários de Estado da Saúde e de Meio Ambiente,

– considerando que cabe à Secretaria de Estado do Meio Ambiente estabelecer mecanismos para a prevenção e correção de situações que gerem degradação ambiental e promover ações visando um desenvolvimento ambientalmente sustentado;

– considerando que cabe à Secretaria de Estado da Saúde promover ações no sentido da melhoria da qualidade do meio ambiente, garantindo condições de saúde, segurança e bem-estar público e atuar sobre os fatores ambientais de risco à saúde;

– considerando a existência de áreas contaminadas por substâncias perigosas no Estado de São Paulo;

– considerando que algumas destas áreas contaminadas podem representar risco significativo à qualidade do meio ambiente e à saúde da população;

– considerando a necessidade da manutenção de ações contínuas e integradas para efetiva avaliação e intervenção nestas áreas, resolvem:

Art. 1º. Fica estabelecido como instrumento básico de referência para a definição de prioridades nas ações integradas entre as Secretarias de Saúde e de Meio Ambiente o Cadastro de Áreas Contaminadas, elaborado pela Companhia de Tecnologia de Saneamento Ambiental – CETESB.

Art. 2º. Caberá à CETESB, representando a Secretaria de Estado do Meio Ambiente, e ao Centro de Vigilância Sanitária – CVS, pela Secretaria de Estado da Saúde, a coordenação destas ações, devendo estes órgãos definir procedimentos e rotinas comuns para uma atuação mais efetiva e integrada das Secretarias.

Art. 3º. Nos procedimentos e rotinas deverão ser consideradas as ações comuns e específicas das Secretarias para avaliação, monitoramento e intervenção em áreas contaminadas – de acordo com suas competências legais já estabelecidas –, além de contemplados aspectos relativos à capacitação técnica, pesquisa, fluxos de informação e comunicação de risco, levando-se em conta as questões ambientais, sanitárias e epidemiológicas.

Art. 4º. Esta Resolução entrará em vigor na data de sua publicação.

DOE de 7.6.2002

PORTARIA CVS Nº 15, DE 26 DE DEZEMBRO DE 2002

(*) Portaria CVS nº 16, de 24.10.2003 que havia sido revogada pela Portaria CVS nº 12, de 19.11.2005, posteriormente foi revigorada pela Portaria nº 1, de 26.1.2006 e novamente revogada pela Portaria CVS nº 1, de 22.1.2007.

Define diretrizes, critérios e procedimentos para a avaliação físico-funcional de projetos de edificações dos estabelecimentos de interesse à saúde para emissão de LTA – Laudo Técnico de Avaliação.

A Diretora Técnica do Centro de Vigilância Sanitária, da Coordenação dos Institutos de Pesquisa da Secretaria de Estado da Saúde de São Paulo, no uso de suas atribuições legais, em conformidade com o disposto na Lei nº 10.083/1998 (*Código Sanitário do Estado de São Paulo*), combinado com o Decreto Estadual nº 44.954/2000 que dispõe sobre o *SEVISA – Sistema Estadual de Vigilância Sanitária* e o *CEVS – Cadastro Estadual de Vigilância Sanitária*, entre outros e, considerando:

– o disposto no § 3º do art. 7º da Portaria CVS nº 01 de 2.1.2002, que estabelece a necessidade de detalhamento técnico dos procedimentos relacionados à avaliação físico-funcional de projetos de edificações e emissão do correspondente Laudo Técnico de Avaliação (LTA);

(*) A Portaria CVS nº 1, de 2.1.2002 foi revogada pela Portaria CVS nº 12, de 19.11.2005.

(*) Vide Portaria CVS nº 1, de 22.1.2007.

– que o Laudo Técnico de Avaliação – LTA, estabelecido pela Portaria CVS nº 01/2002, é pré-requisito para o cadastramento e/ou licenciamento de determinados estabelecimentos de interesse à saúde;

(*) Vide Portaria CVS nº 1, de 22.1.2007.

– que a avaliação físico-funcional de projetos de edificações constitui importante instrumento para avaliação de risco e prevenção de impactos à saúde;

– que o processo de municipalização das ações de vigilância sanitária exige a padronização de critérios e procedimentos para a avaliação dos projetos de edificações destinadas às atividades de interesse à saúde.

Expede a presente Portaria que trata de:

Art. 1º. Estabelecer diretrizes, critérios e procedimentos para a avaliação físico-funcional de projetos de edificações, instalações e outros empreendimentos destinados a abrigar ou desenvolver atividades de interesse à saúde, conforme definidas no Anexo I da Portaria CVS nº 01/2002.

(*) Vide Portaria CVS nº 1, de 22.1.2007.

Art. 2º. A avaliação do projeto segundo os critérios e objetivos estabelecidos no Anexo I da presente Portaria, não substitui a aprovação do mesmo pelos órgãos responsáveis pelo controle das edificações e uso do solo no município como também não elimina a necessidade da observância às demais legislações e normas técnicas expedidas por órgãos federais, estaduais e municipais, referentes à salubridade e segurança dos ambientes construídos e ao saneamento ambiental.

Art. 3º. Esta Portaria entra em vigor na data de sua publicação.

DOE de 27.12.2002

ANEXO I

DIRETRIZES, CRITÉRIOS E PROCEDIMENTOS PARA A AVALIAÇÃO FÍSICO-FUNCIONAL DE PROJETOS DE EDIFICAÇÕES DE ESTABELECIMENTOS DE INTERESSE À SAÚDE

1. OBJETIVOS

1.1. Garantir a adequação das edificações, instalações e outros empreendimentos de interesse à saúde às finalidades propostas, segundo as normas técnicas gerais e específicas aplicáveis no âmbito de competência do SUS, proporcionando o máximo de eficiência para o desempenho das atividades; a salubridade dos ambientes construídos; e, a proteção do meio ambiente.

1.2. Aprimorar os procedimentos de avaliação físico-funcional de forma a dar maior transparência eficiência ao processo, minimizando possíveis conflitos nas instâncias do SUS.

2. OBJETOS DE AVALIAÇÃO

2.1. As edificações que abrigam atividades de interesse à saúde, cujos projetos estão sujeitos a avaliação físico-funcional por parte da vigilância sanitária, são aquelas indicadas nos Anexos IV, V, VI, VII e VIII da Portaria CVS nº 01/2002.

(*) Vide Portaria CVS nº 1, de 22.1.2007.

2.2. As atividades referidas no item anterior que não necessitam de prévia avaliação físico-funcional por parte da vigilância sanitária continuam sujeitas às normas contidas na legislação sanitária vigente e são passíveis de inspeção para verificação de suas condições físicas e de salubridade.

3. PROCEDIMENTOS DE SOLICITAÇÃO

3.1. A solicitação da avaliação do projeto deve ser formalizada junto ao órgão de vigilância sanitária competente em etapa anterior ao cadastramento/licenciamento – definida como pré-cadastro no art. 7º da Portaria CVS nº 01/2002 – de forma a possibilitar que esta atenda aos seus propósitos de orientação para a execução da obra de acordo com a legislação sanitária vigente.

(*) Vide Portaria CVS nº 1, de 22.1.2007.

3.2. A referida solicitação deve identificar a atividade de interesse à saúde a ser exercida no estabelecimento projetado, conter expressa declaração de conformidade com as normas sanitárias, conforme modelo constante do Anexo I-A desta Portaria e, estar devidamente assinada pelo responsável legal pelo estabelecimento e pelo responsável técnico pelo projeto.

4. DOCUMENTOS QUE ACOMPANHAM A SOLICITAÇÃO

4.1. O projeto deve ser apresentado em escala 1:100 (um para cem), podendo-se admitir – em casos específicos ou quando a legislação assim o exigir – outras escalas para melhor entendimento da proposta.

4.1.1. O projeto deve conter informações que permitam a avaliação físico-funcional quanto aos aspectos relacionados no item 7 desta Portaria, além daqueles que, a critério da autoridade sanitária competente, sejam considerados relevantes para a perfeita compreensão da proposta.

4.1.2. Além da planta baixa, o projeto deve conter implantação das edificações, instalações e equipamentos no lote, cortes longitudinais e transversais, permitindo uma perfeita compreensão da circulação vertical e horizontal de pessoas, materiais e equipamentos.

4.2. Ao projeto deve ser anexada a cópia da ART (Anotação de Responsabilidade Técnica) do profissional responsável.

4.3. O projeto deve estar acompanhado de memorial de projeto – que complementa as peças gráficas; e, de memorial de atividades – contendo minimamente a descrição dos processos, da quantificação e qualificação de pessoal e equipamentos, turnos de trabalho e demais informações que auxiliem a análise e compreensão da atividade.

4.3.1. Os memoriais de projeto e de atividades devem ser assinados pelo responsável legal pelo estabelecimento e pelo responsável técnico pelo projeto.

4.4. No caso de ambientes climatizados artificialmente, o responsável pelo projeto deve apresentar compromisso expresso de que o projeto executivo das instalações será elaborado de acordo com as normas técnicas oficiais vigentes, destacando em planta os compartimentos que serão ventilados artificialmente, os pontos de captação de ar exterior, a localização dos equipamentos, devendo ser previsto acesso para limpeza de dutos e componentes.

4.5. Em caso de avaliação de projetos de cemitérios deve ser apresentado o laudo de prospecção do solo, contendo informações do tipo de solo e nível do lençol freático.

4.6. Em função de peculiaridades da edificação é facultado à autoridade exigir informações, complementações, esclarecimentos e documentos sempre que julgar necessário para melhor compreensão do projeto.

4.7. O projeto, acompanhado do memorial, deve ser apresentado, no mínimo em duas vias, de forma que, juntamente com o LTA, um jogo possa ficar arquivado no setor de avaliação e fiscalização e outro devolvido ao interessado.

5. DOCUMENTOS COMPLEMENTARES

5.1. Cópia de comprovante de existência de rede pública de água e esgoto no local ou projeto do sistema individual, de acordo com as normas técnicas vigentes.

5.2. Licença de Instalação da CETESB – exigida para as atividades previstas no Decreto Estadual nº 8.468 de 8.9.1976 que regulamenta a Lei Estadual nº 997 de 31.5.1976 ou outra legislação que venha substituí-la.

5.3. Fica a critério da autoridade sanitária a solicitação de documento que comprove a regularidade da edificação perante os órgãos municipais responsáveis pelo controle do uso do solo e das edificações ou, estabelecer um fluxo de análise e aprovação, vinculando estes órgãos num processo sistemático de Ava-liação de projeto.

6. EQUIPE TÉCNICA DE AVALIAÇÃO

6.1. A equipe técnica multiprofissional de vigilância sanitária para fins de avaliação físico-funcional dos projetos de edificações deve ser constituída de profissionais de nível superior cuja formação se relacione com a atividade ou processo desenvolvido no estabelecimento objeto da análise, sendo obrigatória a participação de um profissional legalmente habilitado pelo sistema CONFEA – CREA nas áreas de arquitetura ou engenharia civil.

6.1.1. É facultado ao município, em seu âmbito de atuação e em caráter excepcional, designar equipe multiprofissional para avaliação dos projetos, composta por profissionais de outros órgãos da administração pública municipal, desde que, sob a coordenação do órgão de vigilância sanitária competente.

6.2. Cabe ao profissional – técnico contratado para a execução do projeto de edificação – cumprir todas as exigências legais definidas pela legislação sanitária vigente quanto aos aspectos construtivos, inclusive aqueles não abordados durante a avaliação físico-funcional.

7. PROCEDIMENTOS DE AVALIAÇÃO FÍSICO-FUNCIONAL DO PROJETO

7.1. A avaliação físico-funcional do projeto deve ocorrer em etapa anterior ao cadastramento/licenciamento – definida como pré-cadastro no art. 7º da Portaria CVS nº 01/2002.

(*) Vide Portaria CVS nº 1, de 22.1.2007.

7.2. A avaliação físico-funcional dos projetos deve ser realizada por equipe técnica multiprofissional do órgão de vigilância sanitária competente, conforme composição explicitada no item 6 do presente anexo.

7.3. A avaliação físico-funcional do projeto deve contemplar, minimamente, aspectos relacionados: ao fluxo operacional das atividades a serem desenvolvidas no estabelecimento; à identificação e dimensionamento dos compartimentos; à disposição geral do mobiliário e dos equipamentos; aos acessos; e, às condições de saneamento do entorno.

7.3.1. Entende-se por fluxo operacional a sequência de operações presentes nas atividades desenvolvidas.

7.4. Na avaliação do projeto será observado o cumprimento das normas técnicas específicas aplicáveis às atividades desenvolvidas.

7.5. A edificação que se destina a abrigar qualquer atividade de interesse à saúde deve garantir rigorosa condição de salubridade a todos os ambientes internos e ao seu entorno imediato.

7.5.1. Entende-se por "condições gerais de salubridade" da edificação, as características referentes à iluminação e ventilação; à estanqueidade da cobertura e dos elementos de vedação; aos revestimentos dos elementos estruturais, das áreas de uso geral e das instalações sanitárias; ao isolamento térmico e acústico; às instalações de água e esgoto; aos recuos e afastamentos, bem como ao saneamento ambiental.

7.5.2. A condição de conformidade do prédio às normas gerais referentes à salubridade das edificações é de responsabilidade do proprietário – ou de quem detenha legalmente sua posse – e do responsável técnico pelo projeto.

7.6. Caso, na vistoria subsequente ao cadastramento provisório, for verificado que as condições exigidas no processo não foram cumpridas, contrariando as declarações do proprietário e responsável técnico pelo projeto, fica indeferida a solicitação de cadastramento e o estabelecimento sujeito às penalidades previstas na legislação sanitária, conforme o disposto nos §§ 1º e 2º do art. 21 da Portaria CVS nº 01/2002.

(*) Vide Portaria CVS nº 1, de 22.1.2007.

7.7. Deferida a solicitação, todas as peças gráficas e descritivas que compõem o projeto devem receber o visto relativo ao deferimento, contendo: a data; a assinatura; o nome legível e número de registro no CREA, do engenheiro ou arquiteto da equipe responsável pela avaliação; e o número do LTA emitido, vinculado ao projeto.

8. LAUDO TÉCNICO DE AVALIAÇÃO – LTA

8.1. A avaliação físico-funcional favorável ao projeto deve resultar na emissão de Laudo Técnico de Avaliação – LTA, conforme modelo padronizado no Anexo II desta Portaria.

8.2. O Laudo Técnico de Avaliação – LTA deve expressar a concordância do órgão de vigilância sanitária a respeito da adequação da edificação à finalidade proposta, informando ao interessado os termos relativos ao deferimento.

8.2.1. Nos termos relativos ao deferimento devem constar explícita e detalhadamente os condicionantes e exigências pendentes a serem verificadas no ato da vistoria, desde que não impliquem em alterações na estrutura físico funcional e que não comprometam as finalidades de uso dos ambientes definidas em projeto.

8.3. A não concordância do órgão de vigilância sanitária em relação ao projeto apresentado deve resultar em termo de indeferimento, com as respectivas justificativas, conforme lauda padronizada no Anexo XII da Portaria CVS nº 01/2002.

(*) Vide Portaria CVS nº 1, de 22.1.2007.

8.4. O deferimento ou indeferimento do solicitado deve ser publicado em Diário Oficial ou em outro meio que torne pública essa decisão.

8.5. Quando do deferimento do requerido, a equipe técnica deve emitir no mínimo 2 (duas) vias do Laudo Técnico de Avaliação – LTA, contendo a assinatura, o nome legível e o número do registro no respectivo conselho profissional, de todos os participantes da equipe de avaliação.

8.5.1. O Laudo Técnico de Avaliação – LTA é parte integrante do projeto avaliado que teve sua solicitação deferida, devendo ambos, serem apresentados no momento da solicitação de cadastramento/licenciamento do estabelecimento.

ANEXO I-A

SOLICITAÇÃO DE AVALIAÇÃO DE PROJETOS DE EDIFICAÇÕES, INSTALAÇÕES E EMPREENDIMENTOS DE INTERESSE À SAÚDE

Modelo de Formulário

(*) Este anexo pode ser encontrado no CVS, no *DOE* de 27.12.2002 ou no site <www.cvs.saude.sp.gov.br/legislacao.asp>.

ANEXO II
LAUDO TÉCNICO DE AVALIAÇÃO – LTA
Modelo de Formulário

(*) Este anexo pode ser encontrado no CVS, no *DOE* de 27.12.2002 ou no site <www.cvs.saude.sp.gov.br/legislacao.asp>.

RESOLUÇÃO SS Nº 15, DE 7 DE FEVEREIRO DE 2003

Dispõe sobre procedimentos para atendimento ao disposto na Lei nº 10.995, de 21 de dezembro de 2001, que trata da instalação de antenas transmissoras de telefonia celular no Estado de São Paulo.

O Secretário de Estado da Saúde no uso de suas atribuições legais e considerando:

A necessidade de atendimento à crescente demanda gerada pela sociedade, em razão da preocupação quanto aos riscos à saúde decorrentes da exposição às radiações não ionizantes, oriundas das antenas transmissoras de telefonia celular;

O art. 7º da Lei Estadual nº 10.995/2001, que estabelece a responsabilidade da Secretaria da Saúde em fiscalizar o cumprimento da referida lei;

Os princípios da descentralização das ações de saúde, expressos na Constituição Federal e Lei nº 8.080/1990 (Lei Orgânica do SUS);

A necessidade de regulamentar e propor o aprimoramento da legislação relativa às antenas transmissoras de telefonia celular, resolve:

Art. 1º. Cabe aos órgãos de vigilância sanitária competentes municipal e estadual a execução das ações para atendimento ao disposto na Lei nº 10.995/2001 e na presente Resolução.

Art. 2º. Cabe às concessionárias responsáveis pela instalação de antenas transmissoras de telefonia celular apresentar aos serviços de Vigilância Sanitária das Direções Regionais de Saúde – VISA DIR, no prazo de 60 (sessenta) dias, relação das antenas de transmissão de telefonia celular instaladas nos municípios de abrangência das respectivas regionais, constando: endereço completo e data da instalação.

Art. 3º. Cabe às concessionárias responsáveis pela instalação de antenas transmissoras de telefonia celular a comprovação, para cada antena instalada, do atendimento aos limites de emissão, assim como das distâncias em relação às divisas do lote, estabelecidos pelos arts. 3º, 4º e 5º da Lei nº 10.995/2001.

Parágrafo único. A comprovação se dará por meio de relatórios conclusivos, que devem ser apresentados aos serviços de Vigilância Sanitária das Direções Regionais de Saúde – VISA DIR num prazo de 120 (cento e vinte) dias.

Art. 4º. O relatório deve conter croquis da implantação do equipamento no lote, com as respectivas distâncias da base e do ponto de emissão em relação às divisas e às edificações existentes no próprio lote; caracterização do uso e endereço do imóvel, nome e endereço de seu proprietário; data de instalação e documento que ateste o atendimento aos limites de densidade de potencia estabelecidos na referida Lei.

Parágrafo único. Os relatórios conclusivos devem ser acompanhados das respectivas licenças ou autorizações emitidas pelos órgãos municipais e federal competentes.

Art. 5º. Caberá ao Centro de Vigilância Sanitária a composição e coordenação de grupo técnico de trabalho para, num prazo de 180 dias, propor a regulamentação e o aprimoramento da legislação relativa ao assunto.

Art. 6º. Esta Resolução entrará em vigor na data de sua publicação.

DOE de 8.2.2003

COMUNICADO CVS Nº 134, DE 7 DE MAIO DE 2004 GT DE ALIMENTOS/DITEP

Dispõe sobre a utilização de filme plástico na parte externa de garrafões retornáveis de 20 (vinte) litros.

A Diretora Técnica do Centro de Vigilância Sanitária, da Coordenadoria dos Institutos de Pesquisa, da Secretaria de Estado da Saúde, de acordo com o DOC CVS nº 468, de 26.1.2004, referente ao Parecer Técnico da Associação Brasileira da Indústria de Águas Minerais – ABINAM, sobre a utilização de filme plástico na parte externa de garrafões retornáveis de 20 (vinte) litros e considerando que:

– apresenta carga eletrostática que atrai, poeira e contaminantes;

– pode propiciar a retenção de água entre a película do plástico e a parede do garrafão, propiciando o desenvolvimento excessivo de fungos e bactérias entre a película interna e a parede do garrafão;

– pode provocar a contaminação da água por esporos de fungos e bactérias contaminantes, caso esses microrganismos tenham acesso a água;

– pode introduzir na água compostos químicos presentes no filme plástico;

– pedaços de filme plástico têm sido encontrados em contato com a água no interior de alguns garrafões, devido a não retirada do mesmo por parte do consumidor, provocando formação de biofilmes e flocos brancos na água envasada, podendo alterar as suas características microbiológicas e organolépticas;

– pode impedir a visualização da água no garrafão quando da utilização de plástico com cores fortes não transparentes;

– o item 4.8 da Portaria nº 222 – DNPM de 28 de julho de 1997: as embalagens utilizadas no envasamento das águas minerais e potáveis de mesa deverão garantir a integridade do produto, sem alteração das suas características físicas, físico-químicas, químicas, microbiológicas e organolépticas, determina:

a) a proibição da prática do uso do filme plástico na parte externa do garrafão retornável de 20 (vinte) litros;

b) as envasadoras têm 30 (trinta) dias, a partir da data da publicação deste comunicado para a eliminação do filme plástico na parte externa dos garrafões retornáveis de 20 (vinte) litros, que se encontram no comércio;

c) decorrido o prazo previsto os garrafões retornáveis de 20 (vinte) litros, que se encontram envolvidos em filme plástico, desde as linhas de envasamento até a sua exposição ao consumidor, devem ser inutilizados pelos órgãos de Vigilância Sanitária com a lavratura do Termo de Inutilização;

O não cumprimento desta determinação resultará nas medidas legais cabíveis de acordo com o art. 122, inciso XX, da Lei Estadual nº 10.083/1998 e Lei Federal nº 8.078/1990.

DOE de 12.5.2004

PORTARIA CONJUNTA CVS/IAL Nº 9, DE 12 DE NOVEMBRO DE 2004

Aprova o Manual de Procedimentos Operacionais Padronizados para Análise Fiscal de Produtos da Área de Alimentos.

As Diretorias Técnicas do Centro de Vigilância Sanitária e do Instituto Adolfo Lutz, da Coordenação dos Institutos de Pesquisa, da Secretaria de Estado da Saúde de São Paulo, considerando:

– a necessidade de constante aperfeiçoamento das ações de controle sanitário na área de alimentos, visando a proteção à saúde da população;

– que a colheita de amostras para análise fiscal deve ser procedida conforme o art. 97 da Lei nº 10.083, de 23 de setembro de 1998;

– a integração entre os órgãos de Vigilância Sanitária municipais e regionais e os laboratórios do Instituto Adolfo Lutz, no desenvolvimento de suas ações;

– a necessidade de estabelecer Procedimentos Operacionais Padronizados para o desenvolvimento das ações de Vigilância Sanitária referentes a análise fiscal de alimentos, determina:

Art. 1º. Aprovar o Manual de Procedimentos Operacionais Padronizados para Análise Fiscal de Produtos da Área de Alimentos, conforme anexo.

Art. 2º. Esta Portaria entra em vigor na data de sua publicação.

DOE de 17.3.2005

ANEXO

MANUAL DE PROCEDIMENTOS OPERACIONAS PADRONIZADOS PARA ANÁLISE FISCAL DE PRODUTOS DA ÁREA DE ALIMENTOS

Capítulo I
CONSIDERAÇÕES GERAIS

1. Âmbito de aplicação

Aplica-se às Visa regionais e municipais do Estado de São Paulo, que executam colheita de amostras de produtos da área de alimentos, bem como às unidades do IAL e outros laboratórios oficiais que executam análise fiscal de produtos da área de alimentos.

2. Objetivo

Estabelecer Procedimentos Operacionais Padronizados (POP), referentes à colheita de amostras, análises laboratoriais das amostras, Notificação do resultado da Análise Fiscal, aplicação do Auto de Infração (AI), Auto de Imposição de Penalidades (AIP) e assuntos complementares.

3. Siglas

AI – Auto de Infração

AIP – Auto de Imposição de Penalidade

AIPM – Auto de Imposição de Penalidade de Multa

Anvisa – Agência Nacional de Vigilância Sanitária

AR – Aviso de Recebimento

BP – Boas Práticas

BPF – Boas Práticas de Fabricação

CVS – Centro de Vigilância Sanitária

DFA/SP – Delegacia Federal da Agricultura no Estado de São Paulo

DO – Diário Oficial – DOE – Diário Oficial do Estado

DOU – Diário Oficial da União

IAL – Instituto Adolfo Lutz

MS – Ministério da Saúde

NRM – Notificação de Recolhimento de Multa

POP – Procedimento Operacional Padronizado

SIF – Serviço de Inspeção Federal

SIM – Serviço de Inspeção Municipal

Sisp – Serviço de Inspeção Estadual de São Paulo

Sivisa – Sistema de Informação em Vigilância Sanitária

TCA – Termo de Colheita de Amostra

TI – Termo de Inutilização

TN – Termo de Notificação

Visa – Vigilância Sanitária

4. Definições

Adequada: entende-se como suficiente para alcançar a finalidade proposta.

Alimento: toda substância ou mistura de substâncias nos estados: sólido, líquido, pastoso ou qualquer outra forma adequada, destinadas a fornecer ao organismo humano os elementos normais à sua formação, manutenção e desenvolvimento (BRASIL, 1969).

Amostra: é o conjunto de unidades amostrais do produto colhido para fins de análise fiscal.

Amostra de Contraprova: parte da amostra em triplicata, em poder do detentor, destinada ao primeiro exame da perícia de contraprova.

Amostra de Prova: parte da amostra em triplicata, enviada ao laboratório, na qual é realizada a primeira análise.

Amostra Representativa: é a amostra constituída por um determinado número de unidades amostrais, estabelecido de acordo com o plano de amostragem. No caso de produto a granel é a quantidade tomada de diversos pontos do lote ou partida de grande volume num único recipiente.

Amostra de Testemunho: parte da amostra em triplicata, enviada ao laboratório, destinada ao segundo exame da perícia de contraprova.

Amostra em triplicata: é aquela dividida em três partes iguais – prova, contraprova e testemunho – composta por produtos de mesmo lote, rótulo, apresentação e conteúdo líquido.

Amostra única: é aquela colhida em uma única parte, quando a quantidade ou natureza do produto não permitir a colheita em triplicata.

Análise Fiscal: aquela efetuada pelo laboratório oficial sobre a amostra de um produto colhido pelo órgão de Visa para verificar a sua conformidade com a legislação. Para esta modalidade de análise pode ser colhida uma amostra em triplicata ou única.

A rogo: solicitação por parte do interessado analfabeto, fisicamente incapacitado ou acometido de doença, para que um terceiro tome ciência e assine documento em seu nome.

Ata: narração por escrito do que se passou na perícia de contraprova ou na análise fiscal de amostraúnica.

Auto de Infração: instrumento legal onde se lavra a infração sanitária.

Autoridade Sanitária: profissional dos órgãos de vigilância sanitária investido de sua função fiscalizadora, competente para fazer cumprir as leis e regulamentos sanitários, expedir termos, Auto de Infração e Auto de Imposição de Penalidade.

Ciência: dar conhecimento ao interessado sobre decisões da Visa, pessoalmente, por carta registrada com AR ou por edital quando da impossibilidade de cientificar diretamente.

Credencial: documento de identificação da Autoridade Sanitária, expedido pelo órgão competente.

Detentor: pessoa física ou jurídica responsável pela guarda do produto (amostra de contraprova), até a conclusão da análise fiscal.

Edital: publicação em Diário Oficial (DO), jornal de grande circulação ou mural público, com a finalidade de dar ciência ao interessado ou para comunicar a população.

Expediente: o setor, seção, departamento ou funcionário responsável pela expedição e/ou protocolo e arquivo da Visa.

Fabricante: pessoa física (representante legal), ou jurídica, responsável pela produção, manipulação, beneficiamento e embalagem de produto alimentício.

Importador: pessoa física, ou jurídica, responsável pela introdução de um produto estrangeiro no mercado nacional.

Infração Sanitária: desobediência, ou inobservância, ao disposto nas normas legais, regulamentares e outras, que por qualquer forma se destinem à promoção, preservação e recuperação da saúde.

Laboratório Oficial: laboratório de Saúde Pública credenciado para a realização da análise fiscal dealimentos.

Laudo analítico: documento emitido pelo laboratório oficial, onde constam os resultados e a conclusão da análise fiscal, conforme disposto na legislação pertinente.

Laudo técnico circunstanciado: documento contendo avaliação técnica e conclusão definitiva quanto ao produto avaliado, elaborado pela autoridade sanitária em conformidade com a sua categoria profissional.

Notificação de resultado de análise: instrumento legal pelo qual é dada a ciência do resultado insatisfatório da análise da prova ao interessado.

Órgão competente: órgãos técnicos federal, distrital, estaduais ou municipais devidamente credenciados para a execução de determinada atividade pública.

Perícia de Contraprova: processo analítico realizado no caso de discordância do resultado da análise fiscal por parte do interessado. Este processo pode incluir dois exames periciais, um na amostra de contraprova e outro na amostra testemunho.

Perito: profissional tecnicamente habilitado para realização ou acompanhamento da análise laboratorial de produtos da área de alimentos, legalmente habilitado e registrado em Conselho Profissional.

Prescrição administrativa: a perda do prazo para o interessado recorrer de decisão administrativa ou a perda do prazo para a Administração rever os próprios atos ou aplicar as penalidades administrativas.

Produtos da área de alimentos: abrangem os produtos alimentícios, aditivos e coadjuvantes alimentares, matérias-primas alimentares e embalagens destinadas aos alimentos.

Produto Alimentício: todo alimento, derivado de matéria-prima alimentar ou de alimento *in natura*, adicionado ou não de outras substâncias permitidas, obtido por processo tecnológico adequado.

Produto perecível: produto de fácil deterioração que requer condição especial de conservação para a manutenção das características originais.

Publicação: tornar pública a ação efetuada, através de Diário Oficial, jornal de grande circulação ou mural público.

Reincidência: constatação da ocorrência da mesma infração sanitária cometida pela mesma pessoa física, ou jurídica, apurada através de processo administrativo de auto de infração com decisão final.

Rótulo: qualquer identificação impressa, ou litografada, bem como dizeres pintados ou gravados a fogo, por pressão ou decalcação, aplicados sobre o recipiente, vasilhame, envoltório, cartucho ou qualquer outro tipo de embalagem do alimento, ou sobre o que acompanha o continente.

Testemunha: pessoa que presencia o procedimento da análise fiscal de alimentos ou a pessoa que está presente no momento da recusa do interessado em tomar ciência, no caso dos procedimentos administrativos.

Unidade Amostral: porção ou embalagem individual do produto que se analisará, tomada de forma aleatória.

5. Bibliografia

(*) Disponível em: <http://www.cvs.saude.sp.gov.br/zip/E_PT-CVS-IAL-09_121104.pdf>.

Capítulo II

PROCEDIMENTO OPERACIONAL PADRONIZADO PARA COLHEITA DE AMOSTRA

1. Âmbito de aplicação

Aplica-se às Visa regionais e municipais do Estado de São Paulo, que executam a colheita de amostra para análise fiscal de produtos da área de alimentos.

2. Objetivo

Padronizar o procedimento de colheita de amostras para análise fiscal de produtos da área de alimentos.

3. Definições e siglas

Vide Capítulo I.

4. Bibliografia

Vide Capítulo I.

5. Procedimentos

5.1. Planejamento da colheita de amostra

a) Identificar os locais de colheita dentre o universo das indústrias/estabelecimentos comerciais dealimentos da sua região de abrangência, utilizando o Sivisa ou outra fonte de informação.

b) Estabelecer o número de técnicos para a colheita de amostras, prevendo-se técnicos substitutos.

c) Elaborar planilha de colheita de amostras com as seguintes informações: data, hora, local de colheita, produto, quantidade, recursos materiais e tipo de análise.

d) Requisitar viaturas, agendando conforme datas definidas na planilha.

e) Organizar os materiais necessários para a colheita:

- Invólucros: sacos plásticos de primeiro uso de matéria-prima não reciclada, sem costura no fundo, resistentes, e de tamanhos adequados aos produtos que serão colhidos;
- Lacres: invioláveis, numerados aleatoriamente, de fácil identificação e leitura;
- Termômetros: preferencialmente tipo digital e com faixa de temperatura entre -50° e 150° C;
- Produto saneante para higienização dos termômetros;
- Produto sanitizante regularizado no MS, para os termômetros; recomenda-se álcool etílico 70%;
- Caixa isotérmica: revestida com material plástico para facilitar a limpeza e provida de termômetro de haste para facilitar a leitura da temperatura;
- Gelo reaproveitável: em quantidade suficiente para manter a temperatura do produto;
- Gelo seco: recomendado quando se tratar de produto congelado, transporte a longa distância ou longo período de tempo;
- Tesoura, barbante, caneta, papel carbono, furador de papel, grampeador, etiquetas, prancheta e carimbo da autoridade sanitária;
- TCA, etiqueta de identificação da amostra, Termo (multifuncional), AI e AIP.

f) Lavar o gelo reaproveitável com água e sabão, secar naturalmente e armazenar em congelador ou freezer.

g) Lavar a caixa isotérmica antes e após a colheita com água e sabão, secar naturalmente e guardar em local ventilado e protegido.

5.2. Execução da colheita de amostra

a) A autoridade sanitária deve utilizar avental limpo de mangas compridas e de cor clara, sapatos fechados e cabelos protegidos. Não usar adornos (anéis, brincos, correntes etc.).

b) Identificar-se apresentando a credencial ao responsável técnico ou legal da empresa e informar sobre os objetivos da colheita de amostras. Solicitar ao responsável acompanhar os procedimentos.

c) Lavar as mãos antes e após a colheita das amostras.

d) Solicitar local apropriado para o preenchimento dos documentos e colocação dos lacres e etiquetas nas amostras.

e) Orientar o detentor sobre a importância de conservar adequadamente a amostra que está em seu poder, para o caso de perícia de contraprova.

5.2.1. Quando colher amostra

a) Em caso de suspeita de alimento contaminado, adulterado ou fraudado.

b) Em atendimento a programas federal, estadual ou municipal de colheita de amostras.

c) Em atendimento a reclamações/denúncias e solicitações oficiais.

(*) *Obs: No caso de denúncia do consumidor ou solicitação oficial e a embalagem estiver aberta e/ou parcialmente consumida, deve ser colhida amostra fechada do mesmo lote.*

5.2.2. Quando não colher amostra

a) Produto com o prazo de validade vencido.

b) Produto clandestino (quando não é possível identificar o produtor e/ou distribuidor).

c) Com embalagem rasgada, amassada, enferrujada ou estufada.

d) Alimento parcialmente consumido.

e) Alimento visivelmente adulterado ou deteriorado.

f) Alimento armazenado fora das condições ideais da temperatura recomendada pelo fabricante ou que conste na embalagem.

g) Produto com rotulagem que não está em conformidade com a legislação vigente, verificando as informações obrigatórias de rotulagem:

- Denominação de venda do alimento;
- Lista de ingredientes;
- Conteúdos líquidos;
- Identificação da origem (nome ou razão social do fabricante, ou produtor, ou fracionador, ou titular/proprietário da marca, endereço completo, país de origem e município, número do registro ou código de identificação do estabelecimento fabricante junto ao órgão competente);
- Nome ou razão social e endereço do importador (no caso de alimentos importados);
- Nº de registro no Ministério da Saúde ou no Ministério da Agricultura (quando obrigatório);
- Identificação do lote.

5.2.3. Quantidade da amostra

Colher amostras em quantidades estabelecidas pelo laboratório oficial de Saúde Pública, ou as estabelecidas pelos Programas.

5.2.4. Como colher

a) Colher a amostra em triplicata, sendo que uma parte fica em poder do detentor e duas partes são encaminhadas ao laboratório.

b) As partes da amostra devem ser compostas por produtos de mesmo lote, rótulo, apresentação, prazo de validade e conteúdo líquido.

c) Acondicionar as partes da amostra no invólucro e lacrar, garantindo a inviolabilidade da amostra.

- *Obs.: O invólucro contendo a amostra deve ser dobrado em suas partes laterais e superior. Na parte central da dobra superior deve ser feito um furo por onde se passa a parte mais fina do lacre, ou o barbante, com a finalidade de lacrar a amostra e fixar a etiqueta do lado de fora. Manter espaço disponível que permita pequena movimentação da amostra no interior do invólucro para conferência de dados pelo laboratório. É recomendável proteger a etiqueta com saco plástico transparente.*

5.2.4.1. Produtos com características ou em circunstâncias especiais

5.2.4.1.1. Produto perecível

a) Colher amostra única. (vide, neste capítulo, item 5.2.4.1.4)

b) Quando o congelamento não interferir no resultado da análise, colher a amostra em triplicata, com o congelamento da contraprova e da amostra testemunho.

c) Verificar a temperatura no momento da colheita e anotar no TCA.

d) Acondicionar as amostras em caixas isotérmicas com gelo reaproveitável. No caso de produtos congelados, recomenda-se o uso de gelo seco, evitando o contato direto com o produto.

e) Nos produtos congelados, use gelo suficiente para manter a integridade dos mesmos.

f) Encaminhar as amostras ao laboratório no mesmo dia da colheita e nas mesmas condições de temperatura do momento da colheita.

5.2.4.1.2. Produtos a granel ou fracionados

a) Colher amostra representativa do produto em triplicata ou única, em quantidade pré-estabelecida pelo laboratório.

Para obtenção de amostra representativa do produto é recomendado:

- Colher a amostra de vários pontos do lote ou partida (parte superior, central e fundo da embalagem) ou de vários recipientes quando o lote for composto por diversas embalagens.
- Produtos não homogêneos devem ser cuidadosamente misturados antes da tomada da amostra.
- Tomar precaução para que a amostra seja semelhante, em qualidade, à quantidade total da mercadoria, após ser cuidadosamente homogeneizada.
- Quanto maior for a partida ou o lote, tanto maior o número de pontos a serem amostrados.
- A amostra retirada de um único ponto é casual e não permite avaliar a qualidade correspondente ao lote.

b) Solicitar uma cópia da Nota Fiscal do produto, para identificar o produtor e/ou distribuidor no TCA. Não havendo tal identificação, o comerciante é o responsável pelo produto.

c) No caso de produto industrializado, solicitar a embalagem original para obter as informações de rotulagem.

5.2.4.1.3. Produto de grande volume ou peso

Quando não houver a possibilidade da amostra ser acondicionada em invólucro, lacrar de modo a garantir sua inviolabilidade. Exemplo: garrafão de 20 litros de água mineral: ensacar a boca do garrafão, amarrar com barbante, afixar a etiqueta e lacrar.

5.2.4.1.4. Amostra única

a) Amostra única para análise fiscal somente é colhida nos seguintes casos:

- A quantidade não permitir a colheita de amostra em triplicata.
- Pela natureza do alimento (como por exemplo: perecível), situação ou circunstância especial (art. 98, § 1º da Lei Estadual nº 10.083/1998).

b) Acondicionar a amostra no invólucro e lacrar, garantindo a inviolabilidade, adotando os mesmos procedimentos da amostra em triplicata.

c) A Autoridade Sanitária informa ao detentor e/ou fabricante o direito de acompanhamento da análise por um perito, não cabendo neste caso perícia de contraprova. Emitir Comunicado de Indicação de Perito para Análise Fiscal de Amostra Única (modelo Anexo 10).

5.2.4.1.5. Produto com interdição como medida cautelar no momento da colheita

a) Após a colheita de amostra do produto, proceder a interdição cautelar de lote ou partida encontrada, nas situações previstas no § 2º do art. 23 da Lei Federal nº 6.437 e art. 97, parágrafo único da Lei Estadual nº 10.083 (São Paulo, 1998).

b) Lavrar o Termo (multifuncional), assinalando o item: Interdição do Produto. Descrever: Interdição Cautelar. Neste caso não cabe a lavratura de AI.

c) Isolar e identificar a partida ou lote interditado em local separado com cópia do Termo de Interdição Cautelar ou com Interdito e afixar na pilha interditada. O local é indicado pelo detentor, respeitando as condições de armazenamento indicadas pelo fabricante.

- *Obs.: A interdição do produto como medida cautelar, durará o tempo necessário à realização de testes, provas, análises e outras providências requeridas, não podendo, em qualquer caso, exceder o prazo de 90 dias e de 48 horas para os produtos perecíveis, findo o qual o produto ficará automaticamente liberado.*

5.3. Termo de Colheita de Amostra (TCA)

5.3.1. Preenchimento

a) Preencher em 4 vias, identificando-o com os dados da Visa e da Autoridade Sanitária que lavrou o termo.

b) Preencher todos os campos de maneira clara e precisa informando, inclusive, as condições de conservação do produto. As informações constantes do TCA são correspondentes às do rótulo do produto.

c) Assinalar as alternativas de exames a serem realizados.

5.3.2. Destino das vias do TCA

O TCA, como documento oficial das Visa, é controlado em bloco com numeração sequencial, tendo as suas vias a seguinte destinação:

- 1ª via (original) fica em poder do detentor;

- 2ª via é encaminhada ao Laboratório Oficial;
- 3ª via é arquivada no Expediente, aguardando o laudo de análise fiscal para instrução de processo administrativo, em caso de laudo condenatório;
- 4ª via é mantida no bloco ou arquivada sequencialmente.

5.4. Etiqueta de identificação da amostra

Identificar a amostra única ou as partes da amostra em triplicata por etiquetas (modelo Anexo 6) devidamente protegidas por envoltório plástico e fixadas no lacre da amostra. As informações constantes na etiqueta são fiéis às do produto (rótulo ou nota fiscal) e às do TCA.

5.5. Encaminhamento das partes da amostra

a) Encaminhar as partes prova e testemunho da amostra em triplicata ao Laboratório Oficial acompanhadas por duas vias do ofício e a 2ª via do TCA. No caso de amostra única, juntar a comunicação de indicação de perito.

b) Na entrega será registrado o número do protocolo do laboratório e assinadas as duas vias do ofício da Visa, ficando uma via para o laboratório e a outra para a Visa.

c) Entregar a 1ª via do TCA e a parte da amostra contraprova ao detentor ou responsável, no local onde se realizou a colheita.

5.5.1. Transporte das amostras

Orientar o portador das amostras quanto à necessidade de atendimento aos procedimentos do laboratório:

- Produto perecível: manter as amostras em caixas isotérmicas, com quantidade adequada de gelo que garanta a temperatura necessária à conservação e integridade do produto.
- Produto não perecível: manter as amostras acondicionadas de maneira a evitar danos durante o transporte.

Capítulo III

PROCEDIMENTO OPERACIONAL PADRONIZADO PARA RECEPÇÃO DE AMOSTRA E ANÁLISE FISCAL PELO LABORATÓRIO OFICIAL

1. Âmbito de aplicação

Este procedimento se aplica às unidades do IAL e aos demais laboratórios oficiais que executam análise fiscal de produtos da área de alimentos.

2. Objetivo

Padronizar o recebimento de amostras e emissão de laudos nas unidades do IAL e nos demais laboratórios oficiais.

3. Definições e siglas

Vide Capítulo I.

4. Bibliografia

Vide Capítulo I.

5. Procedimentos

5.1. Apresentação e recebimento da amostra

a) Receber a amostra única ou as partes prova e testemunho da amostra em triplicata, lacradas eidentificadas com etiquetas.

b) Conferir se as unidades amostrais são do mesmo lote, rótulo, apresentação, prazo de validade e conteúdo líquido e se as etiquetas de identificação estão presas nos lacres e protegidas por invólucros transparentes.

c) Registrar o número do protocolo do laboratório e assinar nas duas vias do ofício da Visa, ficando uma via para o laboratório e a outra para a Visa.

d) No caso de recusa na recepção da amostra, o laboratório emite documento para este fim em duas vias, sendo uma para a Visa e outra para os arquivos do Laboratório Oficial.

5.2. Documentos que acompanham a amostra

Conferir os seguintes documentos, perante o portador:

- Ofício da Visa em duas vias, com endereço e telefone atualizados;
- Segunda via do TCA devidamente preenchida, com os campos correspondentes contendo informações idênticas às do rótulo e da etiqueta de identificação;
- No caso de amostra única, a comunicação de indicação de perito;
- Os documentos devem estar datados, assinados e com a identificação da Autoridade Sanitária.

a) 5.3. (*) Registro da entrada da amostra no laboratório oficial

(*) Conforme publicação oficial.

b) Montar o processo com a documentação que acompanha a amostra.

c) Preencher os campos correspondentes no livro de registro de folhas numeradas sequencialmente com as informações:

- Número do protocolo;
- Número do ofício da Visa;
- Modalidade da análise;
- Número da amostra;
- Nome do produto;
- Requerente;
- Unidade analítica envolvida na análise;
- Data de recebimento da amostra.

5.4. Execução da análise

Iniciar preferencialmente em até 24 horas, a contar da data do recebimento da amostra, ou armazenar adequadamente visando manter a integridade do produto.

5.5. Laudo analítico

a) Emitir para cada amostra analisada, um laudo contendo:

- Dados de identificação da amostra e do requerente;
- Resultados analíticos;
- Observações, caso necessárias;
- Conclusão;
- Complemento da conclusão;
- Data e assinaturas.

b) Emitir o laudo analítico em 4 vias no prazo máximo de 30 dias, a contar da data de recebimento da amostra, destinando-se três vias à Visa e uma ao arquivo do Laboratório Oficial.

5.6. Defesa contra o laudo condenatório

a) No caso do fabricante ou responsável pelo produto não concordar com o resultado constante no laudo analítico condenatório, poderá apresentar junto a Visa defesa escrita ou requerer perícia de contraprova, no prazo de 10 dias, a partir da data da ciência da notificação. Observar que para produtos perecíveis o procedimento é de colheita de amostra única, não cabendo neste caso o requerimento de perícia de contraprova;

b) No caso de defesa enviada pelo correio, será considerada a data de postagem, para contagem do prazo legal;

c) No caso de contestação técnica, referente ao resultado analítico, o laboratório recebe a defesa escrita do fabricante ou responsável pelo produto, encaminhada pela Visa (vide Capítulo IV item 5.4).

d) O setor de protocolo do laboratório junta a defesa escrita ao processo de análise fiscal e encaminha para a área competente analisar.

e) A emissão de parecer conclusivo referente à defesa apresentada não deve exceder o prazo de 10 dias.

f) A defesa só é apreciada quando apresentada dentro do prazo legal de 10 dias. A apresentação de defesa significa desistência à perícia de contraprova;

g) O processo com o parecer anexado deve retornar ao expediente do laboratório e uma cópia deste parecer deve ser encaminhada a Visa para ciência ao interessado.

5.7. Perícia de contraprova

5.7.1. Solicitação e Agendamento

a) Receber a solicitação da perícia de contraprova encaminhada pela Visa que realizou a colheita do produto (vide Capítulo IV item 5.4). No requerimento deve constar:

- Indicação do perito;
- Seu registro profissional;
- Endereço completo;
- Telefone e fax.

(*) *Obs.: A perícia pode ser acompanhada por até dois peritos, o do detentor e o do fabricante, desde que solicitado através de requerimento.*

b) Agendar a perícia de contraprova, caso as informações estejam completas e o requerimento apresentado dentro do prazo legal, com antecedência mínima de 10 dias. Na impossibilidade de agendamento comunicar oficialmente à Visa.

c) O laboratório deve comunicar oficialmente a data, hora e local da perícia de contraprova ao requerente (fabricante e/ou detentor), ao perito e à Visa.

5.7.2. Análise da perícia de contraprova

a) A perícia de contraprova deve ser efetuada no Laboratório Oficial que tenha realizado a análise fiscal sobre a amostra em poder do fabricante e/ou detentor, com a presença do(s) perito(s) indicado(s).

b) O laboratório deve fornecer ao(s) perito(s) indicado(s), as informações solicitadas sobre a análise, os procedimentos da perícia, os métodos utilizados e os demais elementos julgados indispensáveis.

c) Aplicar na perícia de contraprova o mesmo método de análise empregado na análise fiscal condenatória, salvo se houver concordância dos peritos quanto à adoção de outro método.

d) A análise laboratorial não deve ser efetuada no caso da amostra em poder do fabricante e/ou detentor apresentar:

- Indícios de alteração ou violação dos envoltórios e/ou lacre;
- Condições inadequadas de conservação e/ou sinais de alteração do produto; e
- Prazo de validade do produto vencido.

Nestas hipóteses prevalecerá como definitivo o laudo condenatório.

e) A análise laboratorial não deve ser efetuada no caso da amostra em poder do fabricante e/ou detentor possuir lote, rótulo, forma de apresentação, prazo de validade e/ou conteúdo líquido diferentes da parte já analisada na prova.

f) O não comparecimento do perito indicado pela parte interessada, no dia e hora marcados, sem motivo previamente justificado, acarretará no encerramento automático da perícia prevalecendo como definitivo o laudo condenatório.

g) No caso do resultado da perícia de contraprova confirmar o laudo condenatório inicial, este será considerado definitivo, encerrando o processo do laboratório.

h) Lavrar a ata circunstanciada, datada e assinada por todos os participantes, em 4 vias, sendo uma para o livro ata, uma para o processo do laboratório, uma para a Visa e outra para o interessado. Pode ser emitida mais uma via da ata por solicitação do(s) perito(s).

5.8. Análise da amostra de testemunho

a) No caso de divergência entre os resultados da análise da prova e da perícia de contraprova, agendar análise na amostra de testemunho em poder do laboratório, no prazo máximo de 10 dias. Mediante concordância entre os peritos, esta análise poderá ser realizada em ato contínuo à perícia de contraprova.

b) Confirmado o laudo condenatório inicial, este será definitivo, conforme constará na ata e no laudo. A Visa adotará as medidas cabíveis (vide Capítulo IV).

c) Não confirmado o laudo condenatório inicial, prevalece o resultado da análise de amostra de testemunho.

d) Todo o procedimento constará em ata.

5.9. Análise fiscal de amostra única

a) A data e hora da análise fiscal de amostra única devem ser estabelecidas previamente entre a Visa e o laboratório e informadas ao interessado no ato da colheita (Comunicado de Indicação de Perito para Análise Fiscal de Amostra Única – modelo Anexo 10).

b) Iniciar a análise no prazo de 24 horas, na presença do perito indicado ou, na sua falta, de duas testemunhas.

c) Lavrar a ata circunstanciada, datada e assinada por todos os participantes, em 4 vias, sendo uma para o livro ata, uma para o processo do laboratório, uma para a Visa e outra para o interessado. Pode ser emitida mais uma via da ata por solicitação do(s) perito(s).

d) Emitir o laudo analítico que é definitivo e encaminhar para a Visa.

e) No caso de resultado satisfatório a Autoridade Sanitária encaminha o comunicado do resultado (Comunicado de Laudo Satisfatório – modelo Anexo 7) com uma via do laudo analítico ao detentor dentro do prazo de 10 dias do recebimento do mesmo.

f) No caso dos produtos com interdição cautelar, se a análise não comprovar infração a legislação, a autoridade comunicará ao interessado a liberação do produto, com a lavratura do termo de liberação ou de desinterdição, imediatamente após o recebimento da ata de amostra única ou do laudo analítico da amostra única.

g) No caso de resultado insatisfatório na análise dos produtos com interdição cautelar, o laboratório encaminha a ata ou o laudo analítico, por fax a Visa que colheu a amostra, para que os procedimentos administrativos ocorram dentro do prazo de 48 h, previsto para a interdição cautelar dos alimentos perecíveis.

Capítulo IV
PROCEDIMENTO OPERACIONAL PADRONIZADO DA VISA DURANTE A ANÁLISE FISCAL ATÉ O LAUDO DEFINITIVO OU DECISÃO FINAL

1. Âmbito de aplicação

Aplica-se às Visa regionais e municipais do Estado de São Paulo que executam as ações durante o desenvolvimento da análise fiscal de produtos da área de alimentos até o laudo definitivo ou decisão final.

2. Objetivo

Padronizar as ações durante o desenvolvimento da análise fiscal de alimentos até o laudo definitivo ou decisão final.

2. Definições e siglas

Vide Capítulo I

4. Bibliografia

Vide Capítulo I

5. Procedimentos

5.1. Recebimento do laudo

O laudo recebido em 3 vias é protocolizado pela Visa responsável pela colheita. A Visa destina uma via ao detentor, uma ao fabricante e outra é juntada ao TCA como parte do procedimento administrativo interno.

5.2. Resultado satisfatório

5.2.1. Comunicação do resultado satisfatório da amostra de prova

a) A Autoridade Sanitária comunica oficialmente o resultado satisfatório (Comunicado de Laudo Satisfatório – modelo Anexo 7) com a via do laudo analítico e a liberação da contraprova ao detentor; dentro do prazo de 10 dias do recebimento do resultado do laudo satisfatório.

b) A comunicação é entregue pessoalmente ou por correio, com carta registrada e AR.

5.2.2. Comunicação do resultado satisfatório da amostra única

a) A Autoridade Sanitária encaminha o Comunicado de Laudo Satisfatório (modelo Anexo 7) com uma via do laudo analítico ao detentor dentro do prazo de 10 dias do recebimento do mesmo.

b) No caso dos produtos com interdição cautelar, se a análise não comprovar infração a legislação, a autoridade comunicará ao interessado a liberação do produto, com a lavratura do termo de liberação ou de desinterdição, imediatamente após o recebimento da ata de amostra única ou do laudo analítico da amostra única.

c) A comunicação é entregue pessoalmente ou por correio, com carta registrada e AR.

5.3. Resultado Insatisfatório

5.3.1. Notificação do resultado insatisfatório da amostra de prova

a) A Autoridade Sanitária responsável pela colheita notifica de imediato o detentor, fabricante ou importador, conforme Notificação de Laudo Insatisfatório (modelo Anexo 9), junto com a via do laudo.

b) A Notificação é entregue pessoalmente ou por correio, com carta registrada e AR.

c) No caso de recusa ou impossibilidade de localização do interessado, essa circunstância é mencionada na Notificação pela Autoridade Sanitária, efetivando-se a ciência através de edital.

d) No caso de edital, a publicação será feita uma única vez, considerando-se efetivada a Notificação após 5 dias da publicação.

e) Aguardar o prazo de 10 dias para apresentação de defesa ou solicitação de perícia de contraprova.

5.3.2. Notificação do resultado insatisfatório da amostra única

A Autoridade Sanitária responsável pela colheita notifica de imediato o detentor, fabricante ou importador, conforme Comunicado de Laudo Insatisfatório de Amostra Única (modelo Anexo 8) junto com a via do laudo e lavra o AI (vide Capítulo V).

5.3.3. Apresentação de defesa ao resultado do laudo de análise da prova ou solicitação da perícia de contraprova

a) A defesa ou solicitação de perícia de contraprova são apresentadas em três vias, no prazo de 10 dias a partir da ciência da notificação do laudo insatisfatório, protocoladas pelo interessado diretamente na Visa que realizou a colheita ou encaminhadas pelo correio, respeitando-se a data de postagem para a contagem do prazo legal.

b) A defesa só é apreciada pela Autoridade Sanitária quando apresentada dentro do prazo legal de 10 dias. A apresentação de defesa significa desistência à perícia de contraprova.

c) A Autoridade Sanitária emite o parecer à defesa escrita e propõe à Diretoria da Visa o deferimento ou indeferimento de acordo com as circunstâncias atenuantes ou agravantes.

d) No caso de contestação técnica, como por exemplo, metodologia analítica, a Visa encaminha a defesa escrita do fabricante ou responsável pelo produto para o laboratório (vide Capítulo III item 5.6).

e) No caso de análise fiscal de amostra única não cabe requerimento de perícia de contraprova.

f) No requerimento de perícia de contraprova deve constar indicação do perito, seu registro profissional, endereço completo, telefone e fax.

g) A perícia pode ser acompanhada por até dois peritos, o do detentor e o do fabricante, desde que solicitado através de requerimento.

h) Para fins de perícia de contraprova nas análises de produtos da área de alimentos, o perito indicado será um profissional legalmente habilitado, conforme o âmbito determinado pelo respectivo Conselho Profissional.

i) A Visa encaminha ofício com cópia do requerimento da empresa ao laboratório com a finalidade de agendar data e hora para a realização da perícia (vide Capítulo III item 5.7.1).

5.3.3.1. Defesa deferida

a) A Visa que realizou o procedimento de análise fiscal dá ciência do deferimento pessoalmente, por correio com carta registrada e AR ou por edital.

b) No caso de edital, a publicação será feita uma única vez, considerando-se efetivada a ciência após 5 dias da publicação.

c) Quando se tratar de interdição cautelar comunica o CVS via fax e depois por ofício, com cópia de todos os documentos (TCA, laudos de análise, notificação, relatório de inspeção do estabelecimento onde foi realizada a colheita), para publicação do comunicado de liberação, com prazo de 5 dias para a liberação do produto.

5.3.3.2. Defesa indeferida

a) A Visa que realizou o procedimento de análise fiscal dá ciência do indeferimento pessoalmente, por correio com carta registrada e AR ou por edital.

b) No caso de edital, a publicação será feita uma única vez, considerando-se efetivada a ciência após 5 dias da publicação.

c) Efetivada a ciência, o laudo é considerado definitivo.

d) No caso de o produto apresentar resultado analítico que constitua risco à saúde, comunicar o CVS via fax e depois por ofício, com cópia de todos os documentos (TCA, laudos de análise, notificação, relatório de inspeção do estabelecimento onde foi realizada a colheita), para publicação de comunicado.

e) Lavrar Auto de Infração (vide Capítulo V).

f) Quando o laudo condenatório definitivo for de um produto de indústria de competência da Saúde de outra jurisdição regional, encaminhar cópias dos documentos de todo o procedimento, inclusive notificação, atas de contraprovas, relatórios, para a Visa regional competente para as devidas providências.

g) Quando o laudo condenatório definitivo for de um produto de indústria de competência da Saúde de outra unidade federativa, encaminhar cópias dos documentos de todo o procedimento, inclusive notificação, atas e relatórios ao CVS para as devidas providências.

h) Quando o laudo condenatório definitivo for de um produto de indústria de competência da Agricultura, proceder conforme descrito no item 5.5.2 deste capítulo.

5.3.4. Resultado da perícia de contraprova

a) Confirmado na contraprova o resultado condenatório da prova, este é considerado definitivo e a Visa que realizou o procedimento de análise fiscal lavra o AI (vide Capítulo V).

b) Havendo divergência entre os resultados da análise da prova e da análise da contraprova, deve ser agendada análise na amostra testemunho em poder do laboratório, no prazo máximo de 10 dias. Mediante concordância entre os peritos, as duas análises serão realizadas em ato contínuo.

c) Não confirmado o resultado condenatório da prova a Visa arquiva os documentos e libera o produto para comercialização, no prazo de 5 dias do recebimento da ata, caso tenha havido uma interdição cautelar.

d) No caso de não comparecimento do perito indicado pela parte interessada, no dia e hora marcados, sem motivo previamente justificado, prevalecerá como definitivo o laudo condenatório da prova e a Visa que realizou o procedimento de análise fiscal lavra o AI (vide Capítulo V).

e) Se o fabricante ou importador for de outra jurisdição, proceder conforme descrito no item 5.5 deste capítulo.

5.3.5. Perícia de contraprova não solicitada ou solicitada fora do prazo legal

a) O laudo da prova é considerado definitivo.

b) A Visa que realizou o procedimento de análise fiscal dá ciência ao interessado e lavra o AI (vide Capítulo V).

c) Se o fabricante ou importador for de outra jurisdição, proceder conforme descrito no item 5.5 deste capítulo.

5.3.6. Interdição como medida cautelar após laudo insatisfatório de análise da amostra de prova

a) No caso de o produto apresentar resultado analítico que constitua risco à saúde, a Visa que colheu o produto deve proceder a interdição como medida cautelar.

b) Informar imediatamente o CVS via fax, sobre a interdição como medida cautelar, e encaminhar ofício com cópia dos documentos (TCA, laudos de análise, notificação do resultado da prova, relatório de vistoria do estabelecimento onde foi realizada a colheita), para publicação de comunicado.

c) Lavrar o Termo (multifuncional), assinalando o item: Interdição do Produto. Descrever: Interdição Cautelar. Neste caso não cabe a lavratura de AI.

d) Separar e identificar a partida ou lote interditado com cópia do Termo de Interdição Cautelar ou com Interdito e afixar na pilha interditada. O local deve ser indicado pelo detentor, respeitando as condições de armazenamento recomendadas pelo fabricante.

e) A interdição do produto como medida cautelar, durará o tempo necessário à realização das análises de contraprova/testemunho e outras providências requeridas, não podendo, em qualquer caso, exceder o prazo de 90 dias ou de 48 horas para os produtos perecíveis, findo o qual o produto ficará automaticamente liberado.

f) Caso o interessado não apresente defesa nem solicite perícia de contraprova, proceder conforme descrito nos Capítulos V e VI.

g) Caso o interessado apresente defesa e esta seja deferida, liberar o produto dentro de 5 dias a contar do recebimento da defesa.

h) Caso o interessado apresente defesa e esta seja indeferida, proceder conforme descrito nos Capítulos V e VI.

i) Caso o interessado solicite perícia de contraprova, e esta confirme o resultado da análise da prova, proceder conforme descrito nos Capítulos V e VI.

j) Caso a perícia de contraprova não confirme o resultado da análise da prova, liberar o produto dentro de 5 dias a contar do recebimento da ata.

5.4. Ações após resultado da análise de amostra única colhida com interdição cautelar

a) Caso a análise não comprove infração, liberar o produto no prazo de 5 dias (ou de 48 horas para os produtos perecíveis) com a lavratura do termo de liberação ou de desinterdição.

b) Caso a análise conclua pela condenação do produto, a autoridade sanitária comunica ao responsável (modelo anexo 8) e lavra o AI (vide Capítulo V).

c) No caso de o produto apresentar resultado analítico que constitua risco à saúde, a Visa que colheu o produto informa o CVS com cópia dos documentos (TCA, laudos de análise, notificação do resultado da prova, relatório de vistoria do estabelecimento onde foi realizada a colheita), para publicação de comunicado.

5.5. Produtos de outra jurisdição

5.5.1. Ações após resultado insatisfatório para produtos sob fiscalização da Saúde

5.5.1.1. Notificação do resultado

No caso de o produto ser de fabricante ou importador de outra regional ou unidade federada (estadual ou distrital), a Visa que colheu o produto encaminha a Notificação do resultado da prova diretamente ao fabricante ou importador e procede conforme descrito no item 5.3 deste capítulo.

5.5.1.2. Após laudo definitivo

a) No caso de produto de outra regional dentro do estado, a Visa que colheu o produto, encaminha cópia dos documentos (laudos de análise, notificação do resultado da prova, relatório de vistoria do estabelecimento onde foi realizada a colheita e outros documentos relacionados) acompanhados de ofício diretamente à Visa regional da jurisdição da empresa (Ofício às Visa sobre Resultado Insatisfatório – modelo Anexo 11).

b) No caso da colheita ter sido realizada por Visa municipal, esta encaminha ofício (Ofício às Visa sobre Resultado Insatisfatório – modelo Anexo 11) e cópia dos documentos (laudos de análise, notificação do resultado da prova, relatório de vistoria do estabelecimento onde foi realizada a colheita e outros documentos relacionados) à regional de sua abrangência, que por sua vez encaminha a documentação à Visa regional da jurisdição da empresa.

c) No caso de o fabricante ou importador de outra jurisdição estadual ou distrital, a Visa regional encaminha ofício ao CVS acompanhado de cópia dos documentos (laudos de análise, notificação do resultado da prova, relatório de vistoria do estabelecimento onde foi realizada a colheita e outros documentos relacionados) para o encaminhamento a outra Visa estadual ou distrital.

5.5.2. Ações após resultado insatisfatório para produtos sob fiscalização prévia da Agricultura

5.5.2.1. De competência do Ministério da Agricultura (Serviço de Inspeção Federal – SIF) – Delegacia Federal da Agricultura no Estado de São Paulo – DFA/SP

a) A Visa que colheu a amostra notifica diretamente o produtor, fabricante ou importador, do resultado da análise.

b) Após concluído o procedimento de análise fiscal com laudo definitivo, a Visa regional encaminha ofício ao CVS com cópia de todos os documentos (TCA, laudos de análise, notificação do resultado da prova, relatório de inspeção do estabelecimento onde foi realizada a colheita e outros documentos relacionados).

c) O CVS encaminha a documentação pertinente à DFA/SP.

d) No caso da colheita de amostra ter sido realizada pela Visa municipal, esta informa à Visa regional de sua abrangência que por sua vez encaminha a documentação ao CVS.

5.5.2.2. De competência da Secretaria da Agricultura e Abastecimento do Estado de São Paulo (Serviço de Inspeção Estadual de São Paulo – SISP)

a) A Visa que colheu a amostra notifica diretamente o produtor ou fabricante do resultado da análise.

b) Após concluído o procedimento de análise fiscal com laudo definitivo, a Visa regional encaminha ofício ao CVS com cópia de todos os documentos (TCA, laudos de análise, notificação do resultado da prova, relatório de inspeção do estabelecimento onde foi realizada a colheita e outros documentos relacionados).

c) CVS encaminha a documentação pertinente à Secretaria de Agricultura e Abastecimento do Estado de São Paulo.

d) No caso da colheita da amostra ter sido realizada pela Visa municipal, esta informa a Visa regional de sua abrangência, que por sua vez encaminhará a documentação ao CVS.

5.5.2.3. De competência do Serviço de Inspeção Municipal (SIM)

a) A Visa que colheu a amostra notifica diretamente ao produtor ou fabricante o resultado da análise.

b) Após concluído o procedimento de análise fiscal com laudo definitivo, a Visa encaminha ofício ao Órgão municipal responsável pelo produto com cópia de todos os documentos (TCA, laudos de análise, notificação do resultado da prova, relatório de inspeção do estabelecimento onde foi realizada a colheita e outros documentos relacionados).

Capítulo V

PROCEDIMENTO OPERACIONAL PADRONIZADO PARA APLICAÇÃO DO AUTO DE INFRAÇÃO DECORRENTE DE LAUDO CONDENATÓRIO DEFINITIVO

1. Âmbito de aplicação

Aplica-se às Visa regionais e municipais do Estado de São Paulo que aplicam o Auto de Infração decorrente de laudo condenatório definitivo de análise fiscal de produtos da área de alimentos.

2. Objetivo

Padronizar os procedimentos administrativos referentes à aplicação do Auto de Infração.

3. Definições e siglas

Vide Capítulo I.

4. Bibliografia

Vide Capítulo I.

5. Procedimentos

5.1. Aplicação do AI

a) O AI é lavrado após a análise fiscal concluir pela condenação definitiva do produto.

b) Responde pela infração quem por ação ou omissão lhe deu causa, concorreu para sua prática ou dela se beneficiou conforme art. 111 da Lei Estadual nº 10.083/1998.

c) A Visa deve avaliar a circunstância com base no resultado analítico e na inspeção, para determinar a quem cabe a responsabilidade pela irregularidade (detentor e/ou fabricante, produtor ou importador).

d) Para cada infração deve ser lavrado um AI em 3 vias destinando-se a primeira ao autuado, a segunda juntada ao processo de origem e a terceira via mantida no bloco ou arquivada sequencialmente.

e) O AI deve conter os seguintes campos com preenchimento obrigatório:

- Nome da pessoa física ou denominação da entidade autuada, quando se tratar de pessoa jurídica, especificando seu ramo de atividade e endereço;
- O ato ou fato constitutivo da infração;
- O local, a hora e a data da lavratura;
- A disposição legal ou regulamentar transgredida;
- Indicação do dispositivo legal que culmina a penalidade a que fica sujeito o infrator;
- O prazo de 10 dias, para defesa ou impugnação do Auto de Infração;
- Nome e cargo legíveis da autoridade autuante e sua assinatura;
- Nome e identificação do autuado ou na sua ausência de seu representante legal ou preposto.

5.1.1. Ciência ao autuado

A Visa deve dar ciência do AI ao autuado utilizando uma das possibilidades:

- Pessoalmente por meio de assinatura do autuado. Em caso de recusa, registrar o fato incluindo sempre que possível a assinatura de duas testemunhas. Quando o autuado for analfabeto ou fisicamente incapacitado, o AI pode ser assinado *a rogo* na presença de duas testemunhas, ou na falta destas, deverá ser feita a devida ressalva pela Autoridade Sanitária;
- Pelo correio (por meio de carta registrada com AR contendo a especificação do assunto); ou
- Por edital publicado uma única vez, informando este procedimento no processo. No caso de edital, considera-se efetivada a ciência após 5 dias da publicação.

5.2. Processo administrativo

a) Cada AI inicia um processo, com o seu respectivo número, o qual será mantido, ainda que seja remetido para outro órgão ou instância.

b) Encaminhar o Auto de Infração ao expediente para abertura do processo administrativo.

c) O expediente abre a ficha de andamento processual por meio eletrônico ou manual com a finalidade de registro do histórico da empresa.

d) O expediente aguarda o prazo legal de 10 dias para a apresentação da defesa.

5.2.1. Peças do processo

a) Todos os documentos que forem compor o processo, como: termos, informações, laudos de análises, pareceres, relatórios de inspeções, defesas, recursos e outros documentos, devem ser juntados em ordem cronológica e cada folha deve ser rubricada e numerada.

b) No caso de reorganização do processo pelo expediente, renumerar e rubricar as folhas, registrando a reorganização.

c) Toda informação e/ou despacho contido no processo deve ser legível, com redação clara, de forma concisa e precisa contendo a transcrição dos textos legais e, quando for o caso, ressalva no final. Não deve existir espaço entrelinhas e os espaços em branco devem ser inutilizados.

5.3. Defesa do AI

5.3.1. Dentro do prazo legal

a) A defesa é protocolada em duas vias, sendo uma para o autuado e a outra juntada ao processo.

b) O expediente informa no processo o recebimento da defesa dentro do prazo legal e encaminha à diretoria da Visa.

c) O superior imediato à autoridade autuante encaminha o processo àquela Autoridade Sanitária para se manifestar quanto à defesa.

d) A autoridade autuante aprecia a defesa, emite parecer técnico propondo o deferimento ou indeferimento da defesa apresentada e retorna ao superior imediato para prosseguimento.

e) O superior imediato à autoridade autuante, com base no parecer daquela Autoridade Sanitária, decide pelo deferimento ou não da defesa apresentada, exarando despacho fundamentado.

f) A ciência do julgamento da defesa deve ser dada pessoalmente, por correio com carta registrada e AR ou por edital. No caso de edital, a publicação será feita uma única vez, considerando-se efetivada a ciência após 5 dias da publicação.

g) O expediente informa no processo a maneira pela qual foi dada ciência.

h) Quando a defesa for deferida, o superior imediato à Autoridade Autuante encaminha o processo para o expediente, para arquivamento.

i) Quando a defesa for indeferida, o superior imediato à autoridade autuante estabelece a penalidade e, no caso de multa, determina o seu valor e encaminha o processo àquela Autoridade Sanitária para lavratura do AIP (Vide Capítulo VI).

5.3.2. Fora do prazo legal

a) A defesa será protocolada em duas vias, sendo uma para o autuado e a outra para juntada ao processo.

b) O expediente ou a Autoridade Sanitária informa no processo a apresentação da defesa fora do prazo legal e encaminha à diretoria da Visa.

c) O superior imediato à autoridade autuante informa que a defesa não será apreciada, considerando que foi protocolada fora do prazo legal.

d) O superior imediato à autoridade autuante estabelece a penalidade e encaminha o processo àquela Autoridade Sanitária para lavratura do AIP (Vide Capítulo VI).

5.4. Sem apresentação de defesa

a) Decorrido o prazo legal sem que haja apresentação da defesa, o expediente informa e encaminha o processo para o superior imediato à autoridade autuante.

b) O superior imediato à autoridade autuante estabelece a penalidade e, no caso de multa, determina o seu valor e encaminha o processo àquela Autoridade Sanitária para lavratura do AIP (Vide Capítulo VI).

Capítulo VI

PROCEDIMENTO OPERACIONAL PADRONIZADO PARA A APLICAÇÃO DO AUTO DE IMPOSIÇÃO DE PENALIDADES APÓS LAUDO CONDENATÓRIO DEFINITIVO

1. Âmbito de aplicação

Aplica-se às Visa regionais e municipais do Estado de São Paulo que lavram o Auto de Imposição de Penalidade após laudo condenatório definitivo.

2. Objetivo

Padronizar os procedimentos administrativos de aplicação do AIP.

2. Definições e siglas

Vide Capítulo I.

4. Bibliografia

Vide Capítulo I.

5. Procedimentos

5.1. Aplicação do AIP

a) A Visa que colheu o produto informa ao CVS via fax e depois por ofício as ações decorrentes do laudo condenatório definitivo.

b) As penalidades a serem aplicadas devem estar previstas na legislação e estarem relacionadas com as infrações sanitárias, configuradas no Auto de Infração.

c) A diretoria da Visa estabelece a penalidade, alternativa ou cumulativamente, sem prejuízo das sanções de natureza civil ou penal cabíveis, dentre as abaixo citadas:

- Advertência;
- Prestação de serviços à comunidade;
- Multa;
- Apreensão de produtos, equipamentos e recipientes;
- Interdição de produtos, equipamentos e recipientes;
- Inutilização de produtos, equipamentos e recipientes;
- Suspensão de venda de produtos;
- Suspensão de fabricação de produtos;
- Interdição parcial ou total do estabelecimento, seções, dependências e veículos;
- Proibição de propaganda;
- Cancelamento do cadastro e licença de funcionamento do estabelecimento.

5.1.1. Critério para a graduação e imposição da penalidade

a) A diretoria da Visa, para graduação e imposição da penalidade, deve considerar:

- A gravidade do fato, tendo em vista as suas consequências para a saúde pública;
- O laudo condenatório definitivo, a defesa, se houver, e a manifestação da autoridade sanitária autuante;
- As circunstâncias atenuantes e agravantes. Havendo concurso de circunstâncias atenuantes e agravantes, a aplicação de penalidade deve ser considerada em razão das que sejam preponderantes.
- Os antecedentes do infrator quanto às legislações sanitárias.

5.1.1.1. Circunstâncias atenuantes

a) A ação do infrator não ter sido fundamental para a concepção do evento.

b) O infrator, por espontânea vontade, imediatamente reparar ou minorar as consequências do ato lesivo à saúde pública.

c) Ser infrator primário.

5.1.1.2. Circunstâncias agravantes

a) Cometer a infração consciente de estar contrariando a legislação vigente.

b) Agir cometendo fraude.

c) Cometer a infração para obter vantagem pecuniária decorrente de ação ou omissão que contrarie o disposto na legislação sanitária.

d) Deixar de tomar providências de sua alçada, tendentes a evitar ou sanar a situação que caracterizou a infração.

e) Coagir outrem para execução material da infração.

f) Reincidir. A reincidência torna o infrator passível de enquadramento na penalidade máxima.

5.1.2. Prazo para a lavratura do AIP

O AIP deve ser lavrado pela Autoridade Sanitária depois de decorrido o prazo de 10 dias sem a apresentação de defesa ou impugnação do AI, ou imediatamente após a data de ciência do indeferimento da defesa ou impugnação do AI.

5.1.3. Lavratura do AIP e do respectivo termo

a) A Visa que autuou lavra o AIP e, quando for o caso, o respectivo Termo (multifuncional) em 4 vias, destinando-se a 1ª via ao infrator, as 2ª e 3ª vias ao processo de origem, e a 4ª via ao expediente da Visa.

b) O AIP contém os seguintes campos com preenchimento obrigatório:

- O nome da pessoa física ou denominação da entidade autuada, quando se tratar de pessoa jurídica, especificando seu ramo de atividade e seu endereço;
- O número, série, data e o local do AI respectivo;
- O ato ou fato constitutivo da infração;
- A disposição legal regulamentar infringida;
- A penalidade imposta e seu fundamento legal;
- Nome e cargo legíveis da autoridade autuante e sua assinatura;
- Nome e identificação do autuado ou na sua ausência de seu representante legal ou preposto.

c) O termo (multifuncional) de apreensão, interdição, inutilização ou outro pertinente deverá especificar a natureza, quantidade e qualidade do produto.

5.1.4. Ciência

A Visa deve dar ciência do AIP ao autuado utilizando uma das possibilidades:

- Pessoalmente por meio de assinatura do autuado ou na sua ausência de seu representante legal ou preposto. Em caso de recusa, registrar o fato incluindo sempre que possível a assinatura de duas testemunhas. Quando o autuado for analfabeto ou fisicamente incapacitado, o AI pode ser assinado *a rogo* na presença de duas testemunhas, ou na falta destas, deverá ser feita a devida ressalva pela Autoridade Sanitária;
- Pelo correio, por meio de carta registrada com AR, contendo a especificação do assunto; ou
- Por edital publicado uma única vez, informando este procedimento no processo. No caso de edital, considera-se efetivada a ciência após 5 dias da publicação.

5.2. Penalidades e Ações Complementares

5.2.1. Advertência

A Visa que autuou lavra o AIP de advertência, dá ciência ao interessado, publica o AIP e arquiva o processo.

Obs.: A publicação do AIP será em DO, jornal de grande circulação ou mural público.

5.2.2. Prestação de serviços à comunidade

d) A Autoridade Sanitária determina ao infrator a veiculação de mensagens educativas dirigidas à comunidade, discriminando detalhadamente no AIP a forma, prazo e outras especificações do serviço a ser prestado.

e) A Visa que autuou lavra o AIP de Prestação de Serviço, dá ciência ao interessado, publica o AIP, acompanha o cumprimento da penalidade e arquiva o processo.

5.2.3. Interdição cautelar

A interdição cautelar consta como penalidade no art. 115 da Lei Estadual 10.083/1998, mas tendo em vista que é uma medida tomada antes de constatada a infração é tratada neste manual no Capítulo II item 5.2.4.1.5.

5.2.4. Interdição do produto

a) Quando o produto for impróprio para consumo e não for possível proceder a inutilização imediata, lavrar o AIP de Interdição e o Termo de Interdição especificando a natureza, a quantidade e a qualidade do produto, para posterior inutilização.

b) A Visa que realizou o procedimento publica a interdição em DO, jornal de grande circulação ou mural público.

c) Quando o motivo da condenação, citado no laudo, não significar produto impróprio para consumo e o responsável pelo produto não autorizar sua doação e não for possível proceder a inutilização imediata, lavrar o AIP de Interdição e o Termo de Interdição especificando a natureza, a quantidade e a qualidade do produto para posterior inutilização.

5.2.4.1. Desinterdição do produto

a) O fabricante solicita a desinterdição, quando sanada a irregularidade.

b) Apresentada a solicitação de desinterdição, o expediente junta a mesma ao processo e encaminha à diretoria, que determina à autoridade sanitária autuante a avaliação e inspeção do estabelecimento e do produto.

c) Sanadas as irregularidades que motivaram a penalidade a Autoridade Sanitária:

- Elabora relatório e propõe a desinterdição, justificando o seu parecer;
- Encaminha o processo à diretoria da Visa, que manifestará sua decisão por escrito;
- Dá ciência ao interessado quanto à decisão, através do termo de liberação (1ª via);
- Junta as 2ª e 3ª vias do termo de liberação no processo do AI;
- Torna pública a desinterdição do produto por edital;

d) Não sanadas as irregularidades a Autoridade Sanitária propõe, em seu parecer, a manutenção da interdição e encaminha à diretoria da Visa que determinará a inutilização do produto.

5.2.5. Apreensão de produto

a) No caso de o produto estar insatisfatório para consumo e a Autoridade Sanitária considerar a necessidade de removê-lo para outro local para posterior inutilização, lavrar o AIP e o Termo de apreensão.

b) Quando o produto apresentar laudo condenatório, mas for próprio para consumo humano, pode ser destinado para doação, acompanhado de laudo técnico circunstanciado lavrado pela Autoridade Sanitária, e encaminhado às instituições públicas ou privadas, desde que beneficentes, de caridade ou filantrópicas. Lavrar o AIP e o Termo de apreensão e o Termo de Doação.

c) Quando o produto não servir para o consumo humano, mas puder ser destinado para outra finalidade, pode ser aproveitado ou reprocessado acompanhado de laudo técnico circunstanciado lavrado pela Autoridade Sanitária.

d) A Visa que realizou o procedimento torna pública a apreensão do produto por edital.

5.2.6. Inutilização de produto

a) Quando o produto for considerado impróprio ao consumo, a Visa que colheu lavra o AIP de inutilização do lote ou partida condenada e o TI (multifuncional) especificando a natureza, a quantidade e a qualidade do produto.

b) A Visa que realizou o procedimento torna pública a inutilização do produto por edital.

c) Ao detentor ou responsável pelo produto cabe o ônus do recolhimento, transporte e inutilização,acompanhado pela Autoridade Sanitária até não mais ser possível sua utilização.

d) No caso de produto com comunicado de inutilização publicado pelo CVS, as Visa devem providenciar a inutilização onde o produto for encontrado.

5.2.7. Suspensão da venda/fabricação de produtos

5.2.7.1. Suspensão da venda de produtos

a) A Autoridade Sanitária retorna ao local de colheita e lavra AIP de suspensão de venda de produtos, mencionando a quantidade do lote existente no estoque.

b) A Visa que realizou o procedimento publica a suspensão de venda.

c) Informa o CVS via fax e depois por ofício para que seja publicado comunicado de suspensão de venda onde o produto for encontrado.

d) No caso de o fabricante ou importador pertencer a outra jurisdição ou ser de competência da Agricultura, a Visa que realizou a colheita, encaminha ofício, cópias dos laudos, atas de contraprova e do AIP de suspensão de venda, à Visa responsável ou Órgão competente da Agricultura para as devidas providências.

5.2.7.2. Suspensão da fabricação de produto

a) A Visa realiza inspeção na empresa fabricante e se constatadas irregularidades no processo produtivo que comprometam a qualidade do produto, com consequências para a saúde pública, lavra AIP de suspensão de fabricação de produtos.

b) A suspensão de fabricação pode ocorrer tanto para o produto com laudo de análise insatisfatório como para os demais produtos com processo produtivo comprometido.

c) A Visa que realizou o procedimento torna pública a suspensão de fabricação por edital.

5.2.7.3. Liberação da venda e/ou fabricação

a) Sanadas as irregularidades que motivaram a penalidade:

- A Autoridade Sanitária elabora relatório e propõe a liberação da venda e/ou fabricação do produto justificando o seu parecer;
- Encaminha o processo para a diretoria da Visa, que manifesta sua decisão por escrito;

• Lavra o Termo de liberação e dá ciência ao interessado (1ª via);

• Junta as 2ª e 3ª vias do Termo de liberação no processo;

• Publica o Termo de liberação de venda e/ou fabricação;

• Informa o CVS via fax e depois por ofício para que seja publicado comunicado de liberação de venda do produto.

b) Não sanadas as irregularidades a Autoridade Sanitária propõe, em seu parecer, a manutenção da suspensão de venda e ou fabricação do produto e encaminha à diretoria da Visa, que determina a penalidade cabível.

5.2.8. Interdição parcial ou total do estabelecimento, seções, dependências e veículos, por tempo determinado ou definitiva

a) A Autoridade Sanitária realiza inspeção na empresa fabricante e constatadas irregularidades que comprometam a qualidade do produto com consequências para a saúde pública, lavra AIP de interdição parcial ou total do estabelecimento, seções, dependências e veículos.

b) A Visa que realizou o procedimento torna pública a interdição por edital.

5.2.8.1. Desinterdição do estabelecimento

a) O fabricante solicita a desinterdição, quando sanada a irregularidade.

b) Apresentada a solicitação de desinterdição, o expediente da Visa junta a mesma ao processo e encaminha à diretoria, que determina à Autoridade Sanitária a avaliação e inspeção do estabelecimento.

c) A violação do interdito por parte da empresa acarretará pena de responsabilização civil ou criminalatravés do registro de boletim de ocorrência pela autoridade sanitária.

d) Sanadas as irregularidades que motivaram a penalidade a Autoridade Sanitária:

• Elabora relatório, propõe a desinterdição do estabelecimento, justifica o seu parecer e encaminha o processo para a diretoria da Visa, que manifesta sua decisão por escrito;

• Deferida a solicitação de desinterdição, lavra o Termo de desinterdição;

• Dá ciência ao interessado, através do Termo de desinterdição (1ª via);

• Junta as 2ª e 3ª vias do Termo de desinterdição no processo do AI;

e) A Visa que realizou o procedimento torna pública a desinterdição por edital.

f) Não sanadas as irregularidades a Autoridade Sanitária propõe em seu parecer, a manutenção da interdição e encaminha à diretoria da Visa.

5.2.9. Proibição de Propaganda

a) A Visa que autuou, lavrar o AIP de proibição de propaganda.

b) Torna público por edital o comunicado de proibição de propaganda do produto.

5.2.10. Cancelamento do cadastro e licença de funcionamento do estabelecimento.

A Visa que emitiu a licença publica por edital o cancelamento do cadastro ou da licença.

5.2.11. Multa

a) A diretoria da Visa determina o valor da multa por meio de despacho no processo de AI.

b) A Autoridade Sanitária lavra o AIPM em 4 vias, destinando-se a 1ª via ao infrator, as 2ª e a 3ª vias, juntadas ao processo de origem, e a 4ª via permanece no bloco para arquivo no expediente.

c) O AIPM deve conter a informação do prazo de 10 dias para interposição de recurso, contado da ciência do autuado.

d) O AIPM deve ter os seguintes campos com preenchimento obrigatório:

• O nome da pessoa física ou jurídica e seu endereço;

• Número, série e data do AI respectivo;

• O ato ou fato constitutivo da infração e o local;

• A disposição legal regulamentar infringida;

• A penalidade imposta e seu fundamento legal;

• Nome e cargo legíveis da Autoridade Autuante e sua assinatura;

• Nome e identificação do autuado ou na sua ausência de seu representante legal ou preposto.

5.2.11.1. Ciência da penalidade de multa

A Visa deve dar ciência do AIPM ao autuado utilizando uma das possibilidades:

• Pessoalmente por meio de assinatura do autuado ou na sua ausência de seu representante legal ou preposto. Em caso de recusa, registrar o fato incluindo sempre que possível a assinatura de duas testemunhas. Quando o autuado for analfabeto ou fisicamente incapacitado, o AI pode ser assinado *a rogo* na presença de duas testemunhas, ou na falta destas, deverá ser feita a devida ressalva pela Autoridade Sanitária;

• Pelo correio, por meio de carta registrada com AR contendo a especificação do assunto; ou

• Por edital publicado uma única vez, informando este procedimento no processo. No caso de edital, considera-se efetivada a ciência após 5 dias da publicação.

5.2.11.2. Recurso ao AIPM

• O prazo legal para interposição de recurso é de 10 dias.

• No caso de recurso enviado por correio, é considerada a data de postagem, para contagem do prazo legal.

• O recurso só tem efeito suspensivo no caso de penalidade de multa.

a) Dentro do prazo legal

• O recurso é protocolado em 2 vias, uma para o autuado e a outra para juntada ao processo.

• O expediente informa no processo o recebimento do recurso dentro do prazo legal e encaminha à diretoria da Visa.

• A diretoria da Visa encaminha o processo para a Autoridade autuante que deve se manifestar quanto ao recurso.

• A autoridade autuante aprecia o recurso e emite parecer propondo o deferimento ou indeferimento do recurso apresentado.

• A diretoria, com base no parecer da autoridade autuante, decide pelo deferimento ou não do recurso apresentado, exarando despacho fundamentado.

- A ciência do julgamento do recurso ocorre por meio de edital, pessoalmente ou por carta registrada com AR.
- O expediente informa no processo o procedimento adotado para esta ciência.
- Deferido o recurso a diretoria encaminha o processo para o expediente arquivar.
- Indeferido o recurso a diretoria encaminha o processo à Autoridade Sanitária para lavrar a Notificação do Recolhimento da Multa.
- O interessado pode recorrer do indeferimento do recurso às instâncias hierarquicamente superiores, no prazo de 10 dias, a partir da ciência.
- Não recolhida a multa no prazo de 30 dias, o processo administrativo é encaminhado ao órgão competente para cobrança judicial.

b) Fora do prazo legal

- O recurso é protocolado em 2 vias, sendo uma para o autuado e a outra para juntada ao processo.
- O expediente informa no processo a apresentação do recurso fora do prazo legal e encaminha à diretoria da Visa.
- A diretoria exara despacho informando que não será apreciado o recurso considerando o vencimento do prazo legal.
- Dar ciência da não apreciação do recurso ao autuado pessoalmente, por meio de edital ou por carta registrada com AR.
- A diretoria encaminha o processo à Autoridade Sanitária para lavrar a Notificação do Recolhimento da Multa.
- Não recolhida a multa no prazo de 30 dias, o processo administrativo é encaminhado ao órgão competente para cobrança judicial.

c) Não apresentação do recurso

- Decorrido o prazo legal sem interposição de recurso e sem comprovação do recolhimento da multa, o expediente informa e encaminha o processo à diretoria da Visa.
- A diretoria encaminha o processo à Autoridade Sanitária para lavrar a Notificação do Recolhimento da Multa.
- Não recolhida a multa no prazo de 30 dias, o processo administrativo é encaminhado ao órgão competente para cobrança judicial.

5.2.11.3. Recolhimento da multa

a) Para recolhimento de multa, o prazo é de 30 dias, contados da ciência da Notificação de Recolhimento de Multa (NRM), conforme legislação.

b) A multa é considerada recolhida quando da apresentação da guia de recolhimento original ao expediente devidamente autenticada pelo órgão arrecadador.

c) O expediente faz a juntada da guia, informa e encaminha o processo à diretoria da Visa.

d) A diretoria, após ciência, determina ao expediente a publicação por edital de todas as penalidades aplicadas e posterior arquivo do processo.

5.2.11.4. Não recolhimento da multa

a) O expediente encaminha o processo à diretoria da Visa, informando o não recolhimento de multa.

b) A diretoria, após ciência, determina ao expediente a publicação por edital, de todas as penalidades aplicadas e o encaminhamento do processo para cobrança judicial.

c) O processo administrativo é encaminhado ao órgão competente para cobrança judicial, conforme legislação.

d) Depois de retornar da cobrança judicial, o processo é arquivado.

Capítulo VII
DISPOSIÇÕES COMPLEMENTARES

1. Prescrição das ações sanitárias

Conforme estabelecido na legislação:

a) As infrações às disposições legais de ordem sanitária prescrevem em 5 anos.

b) A prescrição interromper-se-á pela notificação ou qualquer outro ato da Autoridade Sanitária que objetive a sua apuração e consequente imposição de penalidade.

c) Não corre prazo prescricional enquanto houver processo administrativo pendente de decisão.

2. Autuado analfabeto ou fisicamente incapacitado

a) O autuado indica uma pessoa para assinar por ele na presença de duas testemunhas (*a rogo*).

b) Na falta das testemunhas, será feita a devida ressalva no verso do impresso do auto, pela Autoridade Sanitária.

3. Ausência de normas legais

a) Na ausência de normas legais específicas previstas no Código Sanitário e nos demais diplomas federais e estaduais vigentes, a Autoridade Sanitária, fundamentada em documentos técnicos reconhecidos pela comunidade científica, pode fazer exigências que assegurem o cumprimento da proteção, promoção e preservação da saúde conforme art. 144 da Lei nº 10.083/1998.

b) A Autoridade Sanitária determina as providências adequadas à instrução do processo, ouvindo, em caso de dúvida quanto à matéria jurídica, o órgão de consultoria jurídica.

4. Desacato à autoridade sanitária

a) O desrespeito ou desacato direcionados a Autoridade Sanitária no exercício de suas atribuições, sujeitam o infrator às penalidades previstas em Lei.

b) Fica a critério da Autoridade Sanitária o registro de Boletim de Ocorrência.

c) A Autoridade Sanitária lavra o AI por desrespeito ou desacato, conforme previsto no art. 145, estando sujeito às penalidades previstas nos inciso II e III do art. 112, capituladas no inciso VIII do art. 122 da Lei Estadual nº 10.083/1998.

d) Dar ciência ao autuado, pessoalmente, por carta registrada com AR ou por meio de edital, conforme art. 138 da Lei nº 10.083/1998.

ANEXOS (MODELOS)

(*) Disponíveis em: <http://www.cvs.saude.sp.gov.br/zip/E_PT-CVS-IAL-09_121104.pdf>.

1. Exemplo de Informação de Juntada de Documento do Expediente à Diretoria da VISA
2. Exemplo de Encaminhamento à Autoridade Sanitária da Diretoria da VISA para Apreciação de Defesa

3. Exemplo de Despacho da Diretoria da VISA

4. Exemplo de Informação do Expediente sobre Publicação

5. Exemplo de Despacho do Diretor para a Autoridade Sanitária Lavrar a Penalidade

6. Modelo de Etiqueta de Identificação da Amostra

7. Modelo de Comunicado de Laudo Satisfatório

8. Modelo de Comunicado de Laudo Insatisfatório de Amostra Única

9. Modelo de Notificação de Laudo Insatisfatório

10. Modelo de Comunicado de Indicação de Perito para Análise Fiscal de Amostra Única

11. Modelo de Ofício as VISA sobre Resultado Insatisfatório

12. Modelo de Ofício à Coordenadoria da Defesa Agropecuária da Secretaria de Estado da Agricultura e Abastecimento de São Paulo sobre resultado insatisfatório de análise

13. Modelo de Ofício à Delegacia Federal de Agricultura no Estado de São Paulo de resultado insatisfatório de análise

14. Modelo de Termo de Colheita de Amostra

15. Modelo de Auto de Infração

16. Modelo de Auto de Imposição de Penalidade

17. Modelo de Termo (Multifuncional)

18. Modelo de Notificação de Recolhimento de Multa.

RESOLUÇÃO SS Nº 65, DE 12 DE ABRIL DE 2005

Estabelece os procedimentos e responsabilidades relativos ao Controle e Vigilância da Qualidade da Água para Consumo Humano no Estado de São Paulo e dá outras providências.

O Secretário da Saúde, com fundamento no inciso VI do art. 200 da Constituição Federal e na Portaria nº 518 de 25 de março de 2004 do Ministério da Saúde, e:

Considerando a importância de garantir que a água destinada ao consumo humano atenda ao padrão de potabilidade e esteja sujeita ao controle e vigilância previstos pela legislação e pelas normas específicas, como medida de prevenção de doenças e promoção da saúde;

Considerando os deveres e obrigações dos níveis federal, estadual e municipal na vigilância da qualidade da água para consumo humano em sua área de competência, conforme Portaria MS nº 518/2004, ou diploma legal que vier a substituí-la;

Considerando os deveres e obrigações do responsável pela operação de sistema e/ou solução alternativa de abastecimento de água, conforme Portaria MS nº 518/2004, ou diploma legal que vier a substituí-la;

Considerando que todo e qualquer sistema de abastecimento de água, seja público ou privado, individual ou coletivo, está sujeito à fiscalização da autoridade sanitária competente em todos os aspectos que possam afetar a saúde pública conforme disposto no art. 18 da Lei Estadual nº 10.083/1998, ou diploma legal que vier a substituí-la;

Considerando que o Centro de Vigilância Sanitária, no âmbito da Secretaria de Estado da Saúde, é o responsável pela coordenação, acompanhamento e normalização do PROÁGUA – Programa de Vigilância da Qualidade da Água para Consumo Humano, conforme disposto na Resolução Estadual SS nº 45, de 31.1.1992;

Considerando a relevância das ações desenvolvidas pelo Programa de Vigilância da Qualidade da Água para Consumo Humano "PROÁGUA" no Estado de São Paulo, no contexto das ações integrais de saúde;

Considerando os princípios e diretrizes do SUS, conforme Lei federal nº 8.080, de 19.9.1990;

Considerando a publicação da Portaria MS nº 518 de 25 de março de 2004 que revogou a Portaria MS nº 1.469 de 29 de dezembro de 2000;

Considerando a necessidade de adequar os procedimentos do PROÁGUA à legislação vigente, no tocante à relação entre os responsáveis pelos Sistemas e Soluções Alternativas de Abastecimento de Água, os Consumidores e a Autoridade Sanitária, resolve:

Art. 1º. Para efeito desta Resolução são adotadas as seguintes definições:

I – Água potável: Água para consumo humano cujos parâmetros microbiológicos, físicos, químicos e radioativos atendam ao padrão de potabilidade e que não ofereça riscos à saúde.

II – *Sistema de abastecimento de água para consumo humano*: instalação composta por conjunto deobras civis, materiais e equipamentos, destinada à produção e à distribuição canalizada de água potável para populações, sob a responsabilidade do poder público, mesmo que administrada em regime de concessão ou permissão.

III – *Solução alternativa de abastecimento de água para consumo humano*: toda modalidade de abastecimento coletivo de água distinta do sistema de abastecimento de água, incluindo, entre outras, fontes, poços comunitários, distribuição por veículo transportador, instalações condominiais horizontais e verticais, estabelecimentos comerciais, industriais, prestadores de serviços e destinados ao lazer.

Art. 2º. É dever e obrigação da Secretaria de Estado da Saúde promover e acompanhar a vigilância da qualidade da água para consumo humano em sua área de competência, em articulação com o nível municipal e os responsáveis pelo controle de qualidade da água, nos termos da legislação que regulamenta o SUS e Portaria MS nº 518/2004, ou diploma legal que vier a substituí-la.

Art. 3º. É dever e obrigação da Secretaria Municipal de Saúde exercer a vigilância da qualidade da água para consumo humano em sua área de competência, em articulação com os responsáveis pelo controle da qualidade da água, nos termos da legislação que regulamenta o SUS e Portaria MSnº 518/2004, ou diploma legal que vier a substituí-la.

Art. 4º. É dever e obrigação do responsável pela operação do sistema e/ou solução alternativa deabastecimento de água exercer o controle da qualidade da água de acordo com a Portaria MS nº 518/2004, ou diploma legal que vier a substituí-la.

Art. 5º. É dever do usuário, construir e/ou manter, as instalações hidráulicas e sanitárias de seu imóvel em condições que garantam a manutenção da qualidade da água fornecida, bem como evitar o comprometimento da qualidade da água na rede de distribuição do sistema ou solução alternativa de abastecimento de água.

Art. 6º. Compete ao responsável pelo sistema ou solução alternativa coletiva de abastecimento de água para consumo humano inserir os dados referentes ao cadastro, plano de amostragem e controle de qualidade diretamente no Sistema de Informação de Vigilância da Qualidade da Água para Consumo Humano – SISAGUA nas datas e prazos indicados:

I – até o dia 10 de janeiro, o cadastro e respectivo plano de amostragem atualizados;

II – até o dia 10 de cada mês, os dados do controle da qualidade da água referentes ao mês anterior;

III – até o dia 10 de cada mês, os dados do controle da qualidade da água para os parâmetros de frequência semestral;

Parágrafo único. O acesso ao SISAGUA deverá ser feito pelo responsável do sistema ou solução alternativa coletiva de abastecimento de água para consumo humano mediante cadastramento, conforme instruções constantes no sítio eletrônico http://sisagua.saude.gov.br/sisagua.

(*) Art. 6º com redação dada pela Resolução SS nº 65, de 2.8.2016.

Art. 7º. A autoridade sanitária municipal a seu critério e a qualquer tempo realizará inspeção nos sistemas e nas soluções alternativas de abastecimento de água de modo a avaliar o potencial de risco para a saúde pública, notificando os responsáveis pelos sistemas e soluções alternativas a sanar a(s) irregularidade(s) detectada(s).

Art. 8º. A autoridade sanitária municipal deve solicitar aos responsáveis pelos sistemas e soluções alternativas de abastecimento de água a apresentação de dados sobre outros parâmetros de qualidade de água no caso de suspeita ou comprovação de presença de agentes físicos, químicos, biológicos e radioativos na saída do tratamento, na rede de distribuição ou no manancial.

Art. 9º. A autoridade sanitária municipal deve encaminhar a Vigilância Epidemiológica do seu município, os resultados anômalos dos parâmetros microbiológicos, resultante das análises de controle e vigilância, e outros resultados que aquela julgar necessário, com os respectivos endereços de ocorrência para verificação de impactos a saúde decorrentes da anomalia identificada.

Parágrafo único. A autoridade sanitária municipal deve encaminhar, trimestralmente, ao responsável pelo Programa de Saúde Bucal do município, dados referentes ao monitoramento dos teores de flúor, das águas destinadas ao consumo humano.

Art. 10. Cabe a autoridade sanitária municipal a manutenção atualizada dos registros no sistema de informações de qualidade da água, definido pelo nível federal e/ou estadual, e o envio de informações das ações do "PROÁGUA" desenvolvidas pelo município, à autoridade sanitária estadual regional.

Art. 11. Os veículos transportadores de água deverão atender a Portaria MS nº 518/2004 e a Resolução Estadual SS nº 48 de 31.3.1999, ou instrumento normativo que vier a substituí-las.

Art. 12. Ficam os sistemas de abastecimento de água obrigados a manter a concentração de íon fluoreto no intervalo 0,6 a 0,8 mg/L.

Parágrafo único. Outros teores serão aceitos mediante comprovação do atendimento da Portaria nº 635/BSB de 26.12.1975 e Resolução Estadual SS nº 250 de 26.4.1995, ou instrumento normativo que vier a substituí-las.

Art. 13. Para fins de determinação de trihalometanos (THM), na rede de distribuição, deverão ser eleitos como local de amostragem os pontos de consumo mais distantes da entrada da rede e/ou dos reservatórios de distribuição, respeitando os critérios para elaboração do Plano de Amostragem constantes na Portaria MS nº 518/2004, ou instrumento normativo que vier à substituí-la.

Art. 14. Fica proibida a utilização de dados de qualidade da água pelo consumidor, para propaganda, comercialização de produtos ou outros fins que possam prejudicar o desempenho e a qualidade do serviço prestado pelo sistema e/ou solução alternativa de abastecimento de água.

Art. 15. O não atendimento ao estabelecido na presente resolução, pelos responsáveis dos sistemas ou soluções alternativas de abastecimento de água, constitui infração sanitária, com sanções administrativas previstas em legislação específica.

Art. 16. Os dispositivos constantes nesta Resolução tem como referência a Portaria Federal MS nº 518 de 25 de março de 2004, ou outro diploma legal que vier a substituí-la, complementá-la ou alterá-la desde que a presente Resolução não apresente disposições em contrário à legislação em vigor no âmbito nacional.

Art. 17. Esta Resolução entrará em vigor na data de sua publicação ficando revogada a Resolução SS nº 04/2003 e disposições em contrário, retroagindo seus efeitos a 25 de março de 2004.

(*) Vide Anexos no site: <www.cvs.saude.sp.gov.br>.
DOE de 13.4.2005

PORTARIA CVS Nº 5, DE 12 DE MAIO DE 2005

Aprova as normas que dispõem sobre a elaboração e a comercialização de alimentos artesanais deorigem vegetal, no Estado de São Paulo.

A Diretora Técnica do Centro de Vigilância Sanitária, da Coordenadoria de Controle de Doenças, da Secretaria de Estado da Saúde de São Paulo, à vista do que expressa o art. 18, inciso I, alínea "f", do Decreto Estadual nº 26.048, de 15 de outubro de 1986 e em conformidade com o disposto na Lei nº 10.083, de 23 de setembro de 1998, e considerando:

A necessidade de regulamentar o disposto no item III, do art. 1º da Lei Estadual nº 11.270, de 29.11.2002;

Os arts. 170 e 179 da Constituição da República Federativa do Brasil, que asseguram tratamento diferenciado às microempresas;

As políticas públicas de geração de emprego e de redução das desigualdades sociais,

Resolve:

Art. 1º. Aprovar as normas que dispõem sobre a elaboração e a comercialização de alimentos artesanais de origem vegetal, no Estado de São Paulo.

Art. 2º. Para efeito desta Portaria, se define como:

– Alimento artesanal de origem vegetal: aquele produzido com características tradicionais, culturais ou regionais, e em conformidade com as exigências específicas de identidade e qualidade estabelecidas pelas legislações de alimentos e aditivos.

– Características tradicionais e culturais: os processos de elaboração de produtos alimentícios, que se transmitem de geração em geração, conforme a tradição cultural.

– Características regionais: os processos de elaboração de produtos alimentícios, que se utilizam de matérias-primas de produção da região.

– Boas Práticas de Fabricação: procedimentos adotados para garantir a qualidade higiênico-sanitária e a conformidade dos alimentos com a legislação sanitária.

– Licença de Funcionamento: ato privativo do órgão de Vigilância Sanitária Municipal ou Estadual competente, com a permissão para o funcionamento de estabelecimento de alimento.

– Manipulação de alimentos: operação efetuada sobre a matéria-prima, para a obtenção e a entrega ao consumo, do alimento preparado, envolvendo as etapas de preparação, embalagem, armazenamento, transporte, distribuição e exposição à venda.

– Microempresas: são aquelas legalmente constituídas nos termos da Lei Federal nº 9.841, de 5 de outubro de 1.999.

– Propaganda: a difusão de informações, por qualquer meio de comunicação, bem como a distribuição de alimentos, com objetivo de promover ou incrementar o seu consumo;

Art. 3º. Pela presente Portaria são alimentos artesanais de origem vegetal aqueles previstos no Anexo I;

Art. 4º. Produtor de alimento artesanal de origem vegetal é a pessoa física, produtor rural ou pessoa jurídica com faturamento bruto anual definido para microempresa, com licença de funcionamento concedida pelo órgão de Vigilância Sanitária Municipal ou Estadual.

§ 1º. A licença de funcionamento será concedida mediante a apresentação dos seguintes documentos:

I – para pessoa física e produtor rural:

– Formulário de Informação em Vigilância Sanitária, Anexo XI, da Portaria CVS nº 16, de 24 de outubro de 2003, ou outro que vier substituí-lo;

– Cópia do Cadastro de Pessoa Física (CPF) e da Inscrição de Produtor Rural, quando for o caso;

– Cópia da declaração de Imposto de Renda ou Declaração anual de isento, do último ano calendário;

– Certificado do curso de Boas Práticas de Fabricação.

II – para pessoa jurídica:

– Formulário de Informação em Vigilância Sanitária, Anexo XI, da Portaria CVS nº 16, de 24 de outubro de 2003, ou outro que vier substituí-lo;

– Cópia do Cadastro Nacional de Pessoa Jurídica (CNPJ);

– Certidão de enquadramento de microempresa expedida pela Junta Comercial do Estado de São Paulo;

– Certificado do curso de Boas Práticas de Fabricação.

§ 2º. A apresentação do Formulário de Informação em Vigilância Sanitária dispensa o preenchimento de todos seus anexos, inclusive o denominado Atividade Relacionada a Produtos de Interesse da Saúde.

§ 3º. O certificado do curso de Boas Práticas de Fabricação deve ser emitido por instituição de ensino, capacitação ou qualificação profissional ou pela Vigilância Sanitária, cujo conteúdo programático deve abordar: noções de microbiologia e de doenças transmitidas por alimentos; boas práticas de manipulação de alimentos; controle integrado de vetores e pragas; saúde do trabalhador e noções de legislação sanitária.

§ 4º. Para a emissão da Licença de Funcionamento os estabelecimentos serão inspecionados pelo órgão de Vigilância Sanitária competente.

Art. 5º. Os produtores de alimento artesanal de origem vegetal de que trata o art. 4º estão dispensados de pagamento de Taxa de Fiscalização de Serviços Diversos vinculadas ao exercício de poder de polícia, conforme a Lei nº 10.086, de 19 de novembro de 1998;

Art. 6º. Os produtores de alimento artesanal de origem vegetal estão sujeitos ao cumprimento dos requisitos higiênico-sanitários do estabelecimento e das Boas Práticas de Fabricação e devem ser produzidos em local distinto das dependências residenciais.

Art. 7º. Os alimentos artesanais de origem vegetal constantes do Anexo I da presente Portaria, devem ser produzidos conforme os regulamentos técnicos de padrões de identidade e qualidade e demais exigências estabelecidas pela legislação de alimentos e pelo Código de Defesa do Consumidor.

§ 1º. Nos rótulos dos alimentos artesanais deve constar: Alimento Artesanal e respectivo número de Cadastro Estadual ou Municipal de Vigilância Sanitária, além das demais informações exigidas pelas legislações específicas de rotulagem.

§ 2º. Os alimentos artesanais estão dispensados da Comunicação do Início de Fabricação de Produtos Dispensados de Registro, Anexo X, da Resolução nº 23, de 15 de março de 2000, da Agência Nacional de Vigilância Sanitária.

Art. 8º. Fica assegurado ao produtor de alimentos artesanais de origem vegetal, o direito de fabricar e comercializar seus produtos diretamente ao consumidor, em local apropriado para este fim, no estabelecimento fabricante, ou em estabelecimentos comerciais de terceiros no Estado de São Paulo.

Art. 9º. É vedado ao produtor de alimento artesanal de origem vegetal: terceirizar a linha de produtos, ou a linha de produção, à outras pessoas físicas, produtores rurais ou pessoas jurídicas fabricantes de alimentos, e fazer propaganda de alimentos em desacordo com o estabelecido na legislação sanitária e no Código de Defesa do Consumidor.

Art. 10. O órgão de Vigilância Sanitária competente exercerá suas atividades e ações, nos termos do Código Sanitário Estadual e ou Municipal, verificando o cumprimento das Boas Práticas de Fabricação e das condições higiênico-sanitárias do estabelecimento.

Art. 11. O órgão de Vigilância Sanitária competente deve manter atualizadas as informações das atividades de alimentos artesanais de sua jurisdição, inspecionando o estabelecimento e monitorando a qualidade dos produtos, através de análise fiscal.

Art. 12. Sem prejuízo das sanções de natureza civil ou penal, os infratores do disposto nesta Portaria ficam sujeitos às penalidades previstas no Código Sanitário, alternativa ou cumulativamente.

Art. 13. Esta Portaria entra em vigor a partir da data da publicação.

DOE de 19.5.2005
Republicação DOE de 16.7.2005

ANEXO I
ALIMENTOS ARTESANAIS DE ORIGEM VEGETAL
Categorias de Produtos

Alimentos Congelados
Amidos e Féculas
Balas, Bombons e Similares
Biscoitos e Bolachas
Cafés
Cereais e Derivados
Chás/Erva Mate/Composto de Erva-Mate
Doces
Especiarias/Tempero/Condimentos Preparados/ Colorífico/Preparações e Produtos para Tempero a Base de Sal
Farinhas
Frutas e Vegetais (Dessecadas)
Frutas em Conservas
Gelados Comestíveis
Geleias (Frutas)
Massas Alimentícias
Pães
Pastas e Patês Vegetais
Misturas para o Preparo de Alimentos
Chocolate
Produtos de Coco
Produtos de Confeitaria
Produtos de Soja
Produtos de Tomate
Salgadinhos
Sementes Oleaginosas
Sobremesas
Sopas
Vegetais em Conserva (Exceto Palmito)

PORTARIA CVS Nº 7, DE 24 DE JUNHO DE 2005

Dispõe sobre o Núcleo de Tecnovigilância do Centro de Vigilância Sanitária e dá outras providências.

A Diretora Técnica do Centro de Vigilância Sanitária, da Coordenadoria de Controle de Doenças da Secretaria de Estado da Saúde, considerando:

– o conteúdo da definição de produto correlato, contida na Lei nº 5.991, de 17 de dezembro de 1973, em especial quando aponta que esse grupo de produtos compõem-se de "substância, produto, aparelho ou acessório não enquadrado como droga, medicamento e insumo farmacêutico, cujo uso ou aplicação esteja ligado à defesa e proteção da saúde individual ou coletiva, ou a fins diagnósticos e analíticos, e, ainda, os produtos óticos, de acústica médica e odontológicos";

– os termos da Lei Federal nº 6.360, de 23.9.1976, estabelecendo que ficam sujeitos às normas de vigilância sanitária os produtos correlatos e aqueles destinados à correção estética, definidos na Lei nº 5.991,de 17 de dezembro de 1973;

– o estabelecido na Lei nº 8.080, de 19.9.1990 (Lei Orgânica da Saúde) e na Lei Estadual Complementar nº 791, de 9.3.1995 (Código de Saúde no Estado), que dispõem sobre a promoção e a proteção da saúde e, ainda, na Lei nº 10.083, de 23.9.1998 (Código Sanitário do Estado), que em seu art. 38 dispõe sobre a competência da autoridade sanitária para avaliar e controlar o risco do uso de produtos e substâncias de interesse da saúde;

– os termos do Decreto Estadual nº 26.048, de 15.10.1986, que dispõe sobre o Centro de Vigilância Sanitária e dá providências correlatas, que estabelece as atribuições deste órgão no que se refere aos estabelecimentos envolvidos com a cadeia de produtos relacionados à saúde e a seus efeitos na saúde individual e coletiva;

– o disposto no Decreto Estadual nº 44.954, de 6.6.2000, que dispõe sobre a definição do campo de atuação do Sistema Estadual de Vigilância Sanitária, no qual fica definido o Centro de Vigilância Sanitária da Secretaria de Estado da Saúde de São Paulo – CVS – SES – SP como órgão coordenador do Sistema Estadual de Vigilância Sanitária;

– a delimitação dos agrupamentos de produtos correlatos objeto de prioridade sanitária e sua denominação genérica de produtos para a saúde pela Agência Nacional de Vigilância Sanitária – Anvisa do Ministério da Saúde – MS; a legislação sanitária que trata destes produtos vigente no país e a organização e coordenação do Sistema Nacional de Tecnovigilância pela Anvisa/MS;

– o crescimento da detecção e da notificação de desvio de qualidade e suspeita de evento adverso a produto para a saúde e o custo social e econômico derivado desta situação;

– a necessidade de estruturar o Sistema Estadual de Tecnovigilância, inserido no Sistema Nacional homônimo coordenado pela Anvisa/MS, destinado a monitorar e investigar permanentemente a ocorrência de desvio de qualidade e suspeita de evento adverso a produto para a saúde; e

– a importância de desenvolver bases de dados a este respeito e, por fim, a urgência de sistematizar o processo de análise de notificações de desvios de qualidade e de suspeitas de ocorrência de eventos adversos a produtos para a saúde objetivando contribuir para garantir a segurança sanitária destes produtos e, assim, proteger a saúde e a vida dos indivíduos nos quais os mesmos são empregados, resolve:

DAS DEFINIÇÕES

Art. 1º. Para os efeitos desta Portaria são adotadas as seguintes definições:

I – Evento adverso a produto para a saúde (produto correlato): agravo à saúde de usuário ou paciente que ocorre durante o uso rotineiro de um produto, ou seja, quando este uso foi realizado nas condições e parâmetros prescritos pelo fabricante. São efeitos não intencionais e não desejáveis, que ocorrem durante a prática clínica ou sanitária;

II – Desvio de qualidade de produto para a saúde (produto correlato): entende-se como desvio de qualidade a(s) queixa(s) técnica(s) relacionada(s) a produto para a saúde que compreenda(m) qualquer afastamento dos parâmetros de qualidade exigidos para a comercialização e ou aprovação no processo de registro do produto e, também, as alterações na função durante atividades rotineiras de uso do produto (redução ou ausência do efeito) conforme indicado por ensaios de laboratório ou por dados clínicos desenvolvidos e controlados adequadamente na fase de pré-registro;

III – Pesquisa clínica: investigação utilizando seres humanos, destinada a verificar o desempenho, segurança e eficácia de um produto para a saúde, na forma da legislação sanitária que dispõe sobre esta matéria;

IV – Estabelecimento de saúde:

IV-1 – Estabelecimento de assistência à saúde: estabelecimentos, nos quais é prestada a atenção à saúde, definidos e regulamentados em norma técnica, destinados precipuamente à promoção e proteção da saúde, prevenção das doenças, recuperação e reabilitação da saúde;

IV-2 – Estabelecimento de interesse da saúde: estabelecimentos, nos quais se realizam ações que direta ou indiretamente estejam relacionadas com a proteção, promoção e preservação da saúde, dirigidas à população e realizadas por órgãos públicos, empresas públicas, empresas privadas, instituições filantrópicas, outras pessoas jurídicas de direito público, direito privado e pessoas físicas;

V – Fabricante: qualquer pessoa que projeta, fabrica, monta ou processa no País um produto médico acabado, incluindo terceiros autorizados para esterilizar, rotular e ou embalar este produto;

VI – Importador: pessoa jurídica, pública ou privada, que desenvolve atividade de ingressar no País produto médico fabricado fora do mesmo;

VII – Operador: pessoa que desenvolve atividade profissional utilizando um produto médico;

VIII – Orifício do corpo: qualquer abertura natural do corpo humano, incluindo a cavidade ocular ou qualquer abertura artificialmente criada tal como um estoma;

IX – Instruções de uso: manuais, prospectos e outros documentos que acompanham o produto médico, contendo informações técnicas sobre o produto;

X – Acessório: produto fabricado exclusivamente com o propósito de integrar um produto médico, outorgando a esse produto uma função ou característica técnica complementar;

XI – Instrumento cirúrgico reutilizável: instrumento destinado a uso cirúrgico para cortar, furar, serrar, fresar, raspar, grampear, retirar, pinçar ou realizar qualquer outro procedimento similar, sem conexão com qualquer produto médico ativo e que pode ser reutilizado após ser submetido a procedimentos apropriados;

XII – Categoria de produto para a saúde (produto correlato) denominado produto médico: produto para a saúde, tal como equipamento, aparelho, material, artigo ou sistema de uso ou aplicação médica, odontológica ou laboratorial, destinado à prevenção, diagnóstico, tratamento, reabilitação ou anticoncepção e que não utiliza meio farmacológico, imunológico ou metabólico para realizar sua principal função em seres humanos, podendo entretanto ser auxiliado em suas funções por tais meios;

XIII – Sub-categorias de produtos para a saúde (produtos correlatos) denominados produtos médicos:

a) Produto médico ativo: qualquer produto médico cujo funcionamento depende de fonte de energia elétrica ou qualquer outra fonte de potência distinta da gerada pelo corpo humano ou gravidade e que funciona pela conversão desta energia. Não são considerados produtos médicos ativos, os produtos médicos destinados a transmitir energia, substâncias ou outros elementos entre um produto médico ativo e o paciente, sem provocar alteração significativa;

b) Produto médico ativo para diagnóstico: qualquer produto médico ativo, utilizado isoladamente ou em combinação com outros produtos médicos, destinado a proporcionar informações para a detecção, diagnóstico, monitoração ou tratamento das condições fisiológicas ou de saúde, enfermidades ou deformidades congênitas;

c) Produto médico ativo para terapia: qualquer produto médico ativo, utilizado isoladamente ou em combinação com outros produtos médicos, destinado a sustentar, modificar, substituir ou restaurar funções ou estruturas biológicas, no contexto de tratamento ou alívio de uma enfermidade, lesão ou deficiência;

d) Produto médico de uso único: qualquer produto médico destinado a ser usado na prevenção, diagnóstico, terapia, reabilitação ou anticoncepção, utilizável somente uma vez, segundo especificado pelo fabricante e na legislação sanitária vigente;

e) Produto médico implantável: qualquer produto médico projetado para ser totalmente introduzido no corpo humano ou para substituir uma superfície epitelial ou ocular, por meio de intervenção cirúrgica, e destinado a permanecer no local após a intervenção. Também é considerado um produto médico implantável, qualquer produto médico destinado a ser parcialmente introduzido no corpo humano através de intervenção cirúrgica e permanecer após esta intervenção por longo prazo;

f) Produto médico invasivo: produto médico que penetra total ou parcialmente dentro do corpo humano, seja através de um orifício do corpo ou através da superfície corporal, e

g) Produto médico invasivo cirurgicamente: produto médico invasivo que penetra no interior do corpo humano através da superfície corporal por meio ou no contexto de uma intervenção para diagnóstico.

DO NÚCLEO DE TECNOVIGILÂNCIA DO CVS

Art. 2º. A equipe de profissionais de saúde que desenvolve, no Centro de Vigilância Sanitária – CVS, as atividades inerentes ao Programa de Tecnovigilância, denominar-se-á Núcleo de Tecnovigilância do CVS.

Parágrafo único. O Núcleo de Tecnovigilância constitui-se em equipe técnica subordinada à Diretoria Técnica da Divisão de Produtos Relacionados à Saúde deste órgão – DITEP/CVS.

Art. 3º. O Núcleo de Tecnovigilância contará com um coordenador ao qual compete:

I – dirigir os trabalhos do Núcleo;

II – convocar e coordenar as reuniões do Núcleo;

III – assinar o expediente do Núcleo;

IV – coordenar o processo de avaliação de notificações de desvios de qualidade ou suspeitas de eventos adversos a produtos para a saúde;

V – representar o Núcleo junto a entidades e órgãos, em especial junto à Unidade de Tecnovigilância da Gerência-Geral de Tecnologia de Produtos para a Saúde da Agência Nacional de Vigilância Sanitária do Ministério da Saúde – Anvisa/MS, e

VI – encaminhar à Diretoria Técnica da Divisão de Produtos Relacionados à Saúde as proposições aprovadas pelo Núcleo.

Parágrafo único. À Seção de Expediente e Cadastro da Divisão de Produtos Relacionados à Saúde deste órgão – Ditep/CVS, cabe dar suporte administrativo ao Núcleo de Tecnovigilância.

DAS ATRIBUIÇÕES DO NÚCLEO DE TECNOVIGILÂNCIA DO CVS

Art. 4º. São atribuições do Núcleo de Tecnovigilância do CVS:

I – acompanhar as ações de vigilância sanitária referentes aos produtos para a saúde (produtos correlatos) e a seus efeitos na saúde individual e coletiva;

II – analisar desvios de qualidade e a ocorrência de suspeitas de eventos adversos envolvendo equipamentos, produtos de diagnósticos de uso *in vitro* e materiais de uso em saúde, notificados por profissionais de saúde, estabelecimentos de saúde ou, ainda, por estabelecimentos que fabricam, distribuem, armazenam, transportam, importam e comercializam estes produtos;

III – estabelecer normas e procedimentos referentes ao fluxo de notificações de desvios de qualidade e suspeitas de eventos adversos a produtos para a saúde;

IV – garantir que um dos objetivos principais das ações em tecnovigilância seja a identificação precoce de um novo evento adverso, ou a elevação do conhecimento sobre um evento adverso pouco descrito e potencialmente nocivo para usuários e pacientes, que tenha uma possível relação de causalidade com produto para a saúde comercializado;

V – encaminhar, por meio eletrônico, as notificações de desvios de qualidade e suspeitas de eventos adversos a produtos para a saúde, analisadas, para o Centro Nacional de Tecnovigilância (CNT), sediado na Unidade de Tecnovigilância da Agência Nacional de Vigilância Sanitária – Anvisa/MS, mantendo-as em Banco de Dados informatizado;

VI – estudar detalhadamente, junto com órgãos de vigilância das municipalidades, estratégias de descentralização do processo de coleta e análise (revisar, validar, codificar causalidade no caso de suspeita de evento adverso, informar o produto para a saúde e descrever a característica do desvio de qualidade) das notificações recebidas, capacitando e dando suporte às Vigilâncias Municipais para tal fim;

VII – receber notificações de desvios de qualidade e suspeitas de eventos adversos a produtos para a saúde encaminhadas por órgãos de vigilância regionais e municipais, que estejam desenvolvendo atividades sistematizadas em tecnovigilância, e encaminhá-las, por meio eletrônico, para a Unidade de Tecnovigilância da Anvisa/MS, mantendo-as em Banco de Dados informatizado;

VIII – propor normas, relacionadas com seu campo de atuação, que visem eliminar, minimizar ou prevenir riscos envolvendo o uso ou emprego de produtos para a saúde, com a seguinte distinção:

a) proposição de normas técnicas de abrangência estadual, tais como: Alertas e outras medidas de natureza regulatória relativas a produtos para a saúde que vise ampliar as notificações;

b) proposição formal, à Unidade de Tecnovigilância da Anvisa/MS, de edição de normas técnicas ou outras medidas de natureza regulatória, quando o objeto de intervenção constituir-se em competência legal privativa da União;

IX – emitir pareceres e informes técnicos, bem como elaborar publicações institucionais e realizar estudos que envolvam equipamentos, produtos de diagnósticos de uso *in vitro* e materiais de uso em saúde, relacionados com seu campo de atuação, visando, dentre outras finalidades, disseminar informações atualizadas para profissionais de saúde, profissionais responsáveis pela manutenção ou pelo acondicionamento de produtos para a saúde e administradores de estabelecimentos de saúde;

X – promover a execução de programas de treinamento de profissionais de saúde, no seu campo de atuação, em particular de componentes de equipes de órgãos de vigilância regionais e municipais com a finalidade de propiciar o desenvolvimento de atividades sistematizadas em tecnovigilância;

XI – manter articulação técnica permanente com o Grupo Técnico de Correlatos da Ditep/CVS, com os Grupos Técnicos da Divisão de Serviços de Saúde – Sersa/CVS e com outros Grupos Técnicos deste órgão, bem como articular-se com as instâncias técnicas da Coordenadoria de Controle de Doenças, e de outras Coordenadorias, desta Secretaria de Estado da Saúde, para a melhor execução de suas atribuições;

XII – manter articulação constante com órgãos das Administrações Federal, Estadual e Municipal, que desenvolvam atividades de vigilância sanitária, inclusive de tecnovigilância, bem como que desenvolvam atividades de normalização, metrologia e qualificação industrial; com entidades representativas de estabelecimentos de saúde e, quando se fizer necessário, com entidades representativas do segmento de produtos para a saúde, para a melhor execução de suas atribuições;

XIII – manter articulação constante com os conselhos e associações científicas representativas das categorias de profissionais de saúde de que trata a Resolução CNS nº 287, de 8.10.1998, do Conselho Nacional de Saúde, em especial com os órgãos e entidades representativas de médicos, cirurgiões-dentistas, enfermeiros e farmacêuticos, para a melhor execução de suas atribuições;

XIV – identificar e monitorar a presença, no mercado, de equipamentos, de produtos de diagnósticos de uso *in vitro* e de materiais de uso em saúde tecnologicamente obsoletos que comprometam a sua segurança e eficácia, adotando-se providências pertinentes visando proteger a saúde pública, e

XV – esclarecer a opinião pública sobre as atividades do Centro de Vigilância Sanitária, dentro de sua área de atuação, e sobre fatos referentes à proteção da saúde individual ou coletiva que envolvam as ações em tecnovigilância.

Parágrafo único. O Núcleo de Tecnovigilância do CVS, no âmbito do Estado, investigará ou, se for o caso, encaminhará as providências solicitadas pela Unidade de Tecnovigilância da Anvisa/MS como decorrência da ação dessa unidade no monitoramento das atividades internacionais desenvolvidas no campo da tecnovigilância.

DA NOTIFICAÇÃO DE SUSPEITA DE DESVIO DE QUALIDADE OU SUSPEITA DE EVENTO ADVERSO A PRODUTO PARA A SAÚDE

Art. 5º. Cabe o relato, à autoridade sanitária competente, de qualquer desvio de qualidade ou manifestação clínica suspeita de ser um evento adverso a produto para a saúde, a:

I – profissionais de saúde, em especial os profissionais elencados na Resolução CNS nº 287, de 8 de outubro de 1998, que trabalham em estabelecimentos de saúde nos quais se dá o processo de diagnóstico, de terapia, de reabilitação e de acompanhamento clínico de pacientes;

II – profissionais responsáveis pela manutenção e/ou pelo acondicionamento de produtos para a saúde, bem como administradores de estabelecimentos de saúde, e

III – profissionais que trabalham nos estabelecimentos que fabricam, distribuem, armazenam, transportam, importam e comercializam produtos para a saúde, em especial farmacêuticos.

Parágrafo único. Os profissionais de saúde de que trata a Resolução CNS nº 287, de 8.10.1998, aludidos no inciso I deste artigo são os seguintes:

a) assistentes sociais;

b) biólogos;

c) biomédicos;

d) profissionais de educação física;

e) enfermeiros;

f) farmacêuticos;

g) fisioterapeutas;

h) fonoaudiólogos;

i) médicos;

j) nutricionistas;

l) cirurgiões-dentistas (odontólogos);

m) psicólogos, e

n) terapeutas ocupacionais.

Art. 6º. Os estabelecimentos de saúde deverão relatar à autoridade sanitária competente as circunstâncias que os levam a deixar de adquirir produtos para a saúde em face de suspeita ou detecção de falhas de segurança nestes produtos.

Art. 7º. Os estabelecimentos que fabricam, distribuem, armazenam, transportam, importam e comercializam produtos para a saúde aos quais for comunicada a ocorrência de desvio de qualidade ou manifestação clínica suspeita de ser um evento adverso a produto para a saúde, deverão notificar, imediatamente, o fato à autoridade sanitária competente.

Art. 8º. A escassez de dados não deverá se constituir em impedimento para o encaminhamento da notificação de desvio de qualidade ou suspeita de evento adverso a produto para a saúde, à autoridade sanitária competente, de que trata os arts. 5º, 6º e 7º desta Portaria.

Art. 9º. Para a notificação de desvio de qualidade ou suspeita de evento adverso a produto para a saúde deverá ser preenchido o modelo de formulário denominado Notificação em Tecnovigilância, adotado pela Agência Nacional de Vigilância Sanitária – Anvisa/MS, conforme Anexo I.

§ 1º. A fim de propiciar a análise acurada da notificação de suspeita de evento adverso a produto para a saúde, é de extrema importância preencher, nos campos pertinentes do formulário, o conjunto de informações obtidas.

§ 2º. No caso de notificação de desvio de qualidade de produto para a saúde, preencher, nos campos pertinentes do formulário, o conjunto de observações e de informações obtidas, a fim de propiciar a investigação eficaz do relatado.

Art. 10. O autor de estudo publicado sobre eventos adversos a produtos para a saúde graves e/ouinesperados, ou, ainda, que envolvam óbitos de pacientes, ocorridos no território do Estado, deverá encaminhar a cópia do artigo científico ao Centro de Vigilância Sanitária em até 30 (trinta) dias corridos após a sua publicação.

Art. 11. Deverá ser garantido o caráter confidencial das notificações envolvendo os produtos para a saúde.

DO FLUXO DA NOTIFICAÇÃO DE DESVIO DE QUALIDADE OU SUSPEITA DE EVENTO ADVERSO A PRODUTO PARA A SAÚDE

Art. 12. Na página do Centro de Vigilância Sanitária na Internet será disponibilizado o formulário de Notificação em Tecnovigilância, de que trata o art. 9º desta Portaria, nos seguintes formatos:

I – para preenchimento eletrônico, de modo a permitir a notificação ágil, à autoridade sanitária competente, do desvio de qualidade ou suspeita de evento adverso a produto para a saúde, e

II – para cópia e impressão.

Art. 13. O notificante poderá protocolar o formulário Notificação em Tecnovigilância diretamente no protocolo do Centro de Vigilância Sanitária, no seguinte endereço:

Av. Dr. Arnaldo, 351, Anexo III, 3º andar, Cerqueira César, São Paulo – SP. CEP: 01246-000.

Parágrafo único. O notificante poderá enviar pelo correio o formulário Notificação em Tecnovigilância desde que não se trate de evento adverso grave e ou inesperado ou, ainda, que envolva óbito de paciente.

Art. 14. Os eventos adversos graves e ou inesperados ou, ainda, que envolvam óbitos de pacientes deverão ser notificados através de meios ágeis de comunicação, tais como:

I – preenchimento do formulário eletrônico;

II – formulário preenchido enviado por correio eletrônico para o endereço:

tecnovigilancia@cvs.saude.sp.gov.br, e

III – no caso de estabelecimento de saúde que não conte com acesso a Internet, o formulário preenchido enviado por fax para o número (11) 30654735.

DO PROCESSO DE TRABALHO DO NÚCLEO DE TECNOVIGILÂNCIA DO CVS

Art. 15. O Núcleo de Tecnovigilância do CVS, sem prejuízo da divisão interna de trabalho que vier a ser estabelecida pelo Coordenador do Núcleo, se caracterizará por manter dinâmica de funcionamento que privilegiará o processo de trabalho em equipe.

DAS PRIORIDADES EM TECNOVIGILÂNCIA

Art. 16. O Centro de Vigilância Sanitária, no que se refere à programação em tecnovigilância, permanentemente priorizará:

I – estimular o desenvolvimento das atividades de tecnovigilância nos hospitais instalados no Estado, públicos ou privados, vinculados ou não ao Sistema Único de Saúde – SUS, bem como nos estabelecimentos de assistência à saúde de natureza ambulatorial;

II – buscar sensibilizar e estimular, por todas as formas e meios, a notificação de desvio de qualidade ou suspeita de evento adverso relacionado a equipamentos, produtos de diagnósticos de uso *in vitro* e materiais de uso em saúde, especialmente aqueles produtos que expõem a risco a saúde e a vida de pacientes e usuários, pelos seguintes profissionais:

a) profissionais de saúde, principalmente o médico, o cirurgião-dentista, o enfermeiro e o farmacêutico;

b) profissionais responsáveis pela manutenção e ou pelo acondicionamento destes produtos, e

c) administradores de estabelecimentos de saúde;

III – promover a execução de programas de treinamento de profissionais de saúde, em particular de componentes de equipes de órgãos de vigilância sanitária regionais e municipais propiciando, assim, a incorporação de atividades sistematizadas em tecnovigilância à prática destas equipes;

IV – elaborar informes técnicos periódicos e publicações institucionais, relacionados com o campo de atuação em tecnovigilância, visando disseminar informações atualizadas para profissionais de saúde, profissionais responsáveis pela manutenção e ou pelo acondicionamento destes produtos e, ainda, administradores de estabelecimentos de saúde;

V – manter articulação constante com os conselhos e associações científicas de profissionais de saúde, em especial com os órgãos e entidades representativas de médicos, cirurgiões-dentistas, enfermeiros e farmacêuticos, objetivando dirimir dúvidas sobre fluxo de notificação, sensibilizar os profissionais de saúde e outros.

DAS DISPOSIÇÕES FINAIS

Art. 17. A notificação de desvio da qualidade de produto para a saúde será investigada em todos os seus detalhes, e, uma vez comprovada ou descartada a ocorrência, será adotada a medida técnico-administrativa ou o encaminhamento pertinente.

Art. 18. No caso de instituição de pesquisa, localizada no Estado, que esteja desenvolvendo pesquisa com produto para a saúde deverá ser observado:

I – a ciência da Agência Nacional de Vigilância Sanitária – Anvisa/MS sobre o desenvolvimento da pesquisa, em conformidade com os termos da Resolução CNS nº 196, de 10.10.1996, do Conselho Nacional de Saúde;

II – a ocorrência de evento adverso grave, ou que envolva óbito, deverá ser comunicada, pelo Conselho de Ética em Pesquisa – CEP e pelo pesquisador responsável, à Agência Nacional de Vigilância Sanitária – Anvisa/MS e ao Conselho Nacional de Ética em Pesquisa – Conep, do Conselho Nacional de Saúde, em conformidade com legislação aplicável à espécie e com os termos gerais da Resolução CNS nº 196, de 10.10.1996, que trata de pesquisa envolvendo seres humanos.

Art. 19. O Coordenador do Núcleo de Tecnovigilância, ouvida a direção da Divisão de Produtos Relacionados à Saúde deste órgão, solucionará eventuais pendências que decorram de circunstâncias imprevisíveis, relevantes e pouco frequentes relacionadas ao fluxo e ao encaminhamento de notificações de desvios de qualidade ou suspeitas de eventos adversos a produtos para a saúde.

DAS DISPOSIÇÕES TRANSITÓRIAS

Art. 20. O Centro de Vigilância Sanitária está ultimando a elaboração de:

I – formulário eletrônico de Notificação em Tecnovigilância, e

II – formulário de Notificação em Tecnovigilância, a fim de disponibilizá-lo na Internet para cópia e impressão.

Art. 21. O descumprimento dos termos desta Portaria pelos estabelecimentos de que trata os artigos 6ºe 7º; a não notificação de ocorrência de evento adverso a produto para a saúde grave, ou que envolva óbito de paciente, e, ainda, o descumprimento dos artigos 10 e 18, caracterizam infração à legislação sanitária vigente.

Art. 22. Esta Portaria entra em vigor na data de sua publicação.

DOE de 2.7.2005

PORTARIA CVS Nº 13, DE 4 DE NOVEMBRO DE 2005

Aprova Norma Técnica que trata das condições de funcionamento dos Laboratórios de Análises e Pesquisas Clínicas, Patologia Clínica e Congêneres, dos Postos de Coleta Descentralizados aos mesmos vinculados, regulamenta os procedimentos de coleta de material humano realizados nos domicílios dos cidadãos, disciplina o transporte de material humano e dá outras providências.

A Diretora Técnica do Centro de Vigilância Sanitária, da Coordenadoria de Controle de Doenças da

Secretaria de Estado da Saúde, no uso de suas atribuições legais, considerando:

– que as Constituições Federal e Estadual, a Lei Federal nº 8.080, de 19.9.1990 (Lei Orgânica da Saúde) e a Lei Estadual Complementar nº 791, de 9.3.1995 (Código de Saúde do Estado), regulamentam as condições para a promoção, proteção e recuperação da saúde como direito dos cidadãos;

– que a Constituição Federal estabelece as competências da União e dos Estados da Federação para legislar concorrentemente sobre as questões que dizem respeito à saúde dos cidadãos, assim como as competências das municipalidades para tratarem dos assuntos de interesse local;

– que compete ao Estado estabelecer normas para o controle e a avaliação das ações e dos serviços de saúde, incluindo Normas Técnicas especiais de vigilância sanitária, conforme dispõe a Lei Estadual Complementar nº 791, de 9.3.1995;

– que a Lei Estadual nº 10.083, de 23.9.1998 (Código Sanitário do Estado), em seu art. 5º, estabelece que cabe "à direção estadual do Sistema Único de Saúde – SUS, enquanto atividade coordenadora do Sistema a elaboração de normas, Códigos e orientações, observadas as normas gerais de competência da União, no que diz respeito à vigilância sanitária e epidemiológica";

– que a Lei Estadual nº 10.083, de 23.9.1998, em seu art. 144, estabelece que a autoridade sanitária, fundamentada em documentos técnicos reconhecidos pela comunidade científica, poderá fazer exigências na ausência de norma legal específica prevista no Código Sanitário do Estado e nos demais diplomas federais e estaduais vigentes, objetivando assegurar condições adequadas de qualidade na produção e consumo de serviços de interesse à saúde, incluídos procedimentos, métodos e técnicas que as afetem;

– que o Decreto nº 26.048, de 15.10.1986, que dispõe sobre o Centro de Vigilância Sanitária, estabelece as atribuições deste órgão no que se refere aos estabelecimentos e aos serviços relacionados direta ou indiretamente à saúde individual ou coletiva;

– que o Decreto nº 44.954, de 6.6.2000, que dispõe sobre a definição do campo de atuação do Sistema Estadual de Vigilância Sanitária, define o Centro de Vigilância Sanitária da Secretaria de Estado da Saúde de São Paulo – CVS – SES – SP como órgão coordenador do Sistema Estadual de Vigilância Sanitária;

– que a Lei Federal nº 8.078, de 11.9.1990 (Código de Proteção e Defesa do Consumidor), estabelece que os produtos e serviços não acarretarão riscos à saúde e segurança dos consumidores, exceto os considerados normais e previsíveis, obrigando-se os fornecedores, em qualquer hipótese, a dar as informações necessárias e adequadas a seu respeito;

– que no interesse da proteção da saúde, segurança e bem-estar do indivíduo e da coletividade de pessoas contra os agravos provocados por práticas no fornecimento e na prestação de serviços, impõe-se disciplinar e normalizar o funcionamento dos estabelecimentos que, por suas características e finalidades, destinem-se à coleta e processamento de material humano visando à realização de exames e testes laboratoriais, bem como dos estabelecimentos que destinem-se, exclusivamente, à coleta de material humano em regime ambulatorial;

– que no interesse da proteção da saúde, segurança e bem-estar do indivíduo e da coletividade de pessoas, faz-se necessário normalizar a execução dos procedimentos de coleta de material humano nos domicílios dos cidadãos, assim como disciplinar a coleta, o transporte e o processamento destes materiais, objetivando a adoção de medidas destinadas a prevenir acidentes que envolvam clientes e profissionais, preservar a saúde dos trabalhadores envolvidos com tais atividades e, ainda, o meio ambiente;

– que no interesse da informação e segurança do indivíduo e da coletividade de pessoas, medidas devem ser adotadas para disciplinar a veiculação de publicidade e o fornecimento de informações que possam induzir ou estimular a realização de exames e testes laboratoriais sem indicação de médico ou de cirurgião-dentista, e

– que é imperioso fornecer subsídios técnicos aos Grupos de Vigilância Sanitária Regionais e Municipais a fim de uniformizar a atuação de seus profissionais e dotar de agilidade as relações inter-institucionais com o Ministério Público e com os órgãos de defesa do consumidor, resolve:

Art. 1º. Aprovar a NORMA TÉCNICA de que trata o ANEXO desta Portaria.

Art. 2º. O disposto nesta Portaria, aplica-se às pessoas físicas e jurídicas, de direito privado e público, envolvidas direta e indiretamente com o funcionamento de Laboratórios de Análises e Pesquisas Clínicas, Patologia Clínica e Congêneres, com o funcionamento de Postos de Coleta Descentralizados, com a execução de procedimentos de coleta de material humano nos domicílios dos cidadãos, com o transporte do material humano coletado para a realização de exames ou testes laboratoriais e, ainda, com a veiculação de publicidade e informações sobre a realização de exames e testes laboratoriais.

Art. 3º. O descumprimento do estabelecido no ANEXO desta Portaria constituirá infração à legislação sanitária e, no que couber, à Lei Federal nº 8.078, de 11.9.1990, ou instrumento legal que vier a substituí-la, sem prejuízo das demais penalidades cabíveis previstas em lei.

Art. 4º. Esta Portaria entrará em vigor na data de sua publicação, ficando revogada a Portaria CVS-1, de 18 de janeiro de 2000.

DOE de 9.11.2005

ANEXO
NORMA TÉCNICA

TÍTULO I
DAS DEFINIÇÕES

1. Para os efeitos desta Norma Técnica, são adotadas as seguintes definições:

1.1. LABORATÓRIOS DE ANÁLISES E PESQUISAS CLÍNICAS, PATOLOGIA CLÍNICA E CONGÊNERES:

Estabelecimentos destinados à coleta e ao processamento de material humano visando a realização de exames e testes laboratoriais, que podem funcionar em sedes próprias ou, ainda, no interior ou anexados a estabelecimentos assistenciais de saúde sob responsabilidade médica dotados de maior complexidade estrutural e tecnológica, cujos ambientes e áreas específicas obrigatoriamente devem constituir conjuntos individualizados dos pontos de vista físico e funcional.

Para os efeitos desta Norma Técnica, a prestação de serviços que tipifica os estabelecimentos de saúde denominados Laboratórios de Análises e Pesquisas Clínicas, Patologia Clínica e Congêneres, constitui-se no processamento de material humano visando a realização de exames e testes laboratoriais, podendo a coleta ser realizada no interior ou fora de suas dependências.

1.2. LABORATÓRIOS DE ANÁLISES E PESQUISAS CLÍNICAS, PATOLOGIA CLÍNICA E CONGÊNERES AUTÔNOMOS:

Estabelecimentos com as finalidades descritas no subitem anterior, que não compartilham o uso de dependências comuns com outros estabelecimentos de saúde, tais como hospitais, serviços de urgência e emergência, hospital-dia, ambulatórios e congêneres, sendo que são completamente independentes e não são interligados a quaisquer estabelecimentos e serviços.

Para os efeitos desta Norma, estes estabelecimentos serão também denominados Laboratórios Clínicos Autônomos.

1.3. UNIDADES DE LABORATÓRIOS DE ANÁLISES E PESQUISAS CLÍNICAS, PATOLOGIA CLÍNICA E CONGÊNERES:

Estabelecimentos com as finalidades descritas no primeiro subitem, que localizam-se no interior ou anexados a estabelecimentos de saúde sob responsabilidade médica, tais como hospitais, serviços de urgência e emergência, hospital-dia, ambulatórios e congêneres, compartilhando, portanto, o uso de dependências comuns com outras unidades e serviços destes estabelecimentos.

Entende-se por Unidades de Laboratórios de Análises e Pesquisas Clínicas, Patologia Clínica e Congêneres, tanto os estabelecimentos operados pelas próprias empresas, instituições ou entidades onde estão inseridos, quanto os estabelecimentos operados por terceiros.

Para os efeitos desta Norma, estes estabelecimentos serão também denominados Unidades de Laboratórios Clínicos.

1.4. LABORATÓRIOS CLÍNICOS AUTÔNOMOS E UNIDADES DE LABORATÓRIOS CLÍNICOS GERAIS:

Estabelecimentos com as características e finalidades descritas nos subitens anteriores, que realizam os exames e testes laboratoriais mínimos, afetos aos campos de diagnose específicos em Parasitologia, Urinálise, Microbiologia, Bioquímica, Hematologia e Imunologia, previstos nos números 1 a 6, letra c – Desempenho mínimo de exames, Inciso I – Laboratórios de Análises Clínicas ou de Patologia Clínica, Artigo 45, Título III, do Decreto Estadual nº 12.479, de 18.10.1978, podendo ou não realizar demais exames e testes laboratoriais, inclusive aqueles exames e testes afetos a outros campos de diagnose específicos.

1.5. LABORATÓRIOS CLÍNICOS AUTÔNOMOS E UNIDADES DE LABORATÓRIOS CLÍNICOS ESPECÍFICOS:

Estabelecimentos com as características e finalidades descritas no primeiro subitem e com as características descritas, respectivamente, no segundo e terceiro subitem, que realizam exames e testes laboratoriais em um ou mais campos de diagnose específicos.

1.6. POSTOS DE COLETA DESCENTRALIZADOS:

São estabelecimentos de saúde destinados, exclusivamente, à prestação de serviços, em regime ambulatorial, caracterizados pela execução de procedimentos de coleta de material humano com finalidades diagnóstica, pré-operatória e de acompanhamento clínico.

Para os efeitos desta Norma, entende-se como Postos de Coleta Descentralizados os estabelecimentos que não compartilham o uso de dependências com outros estabelecimentos de saúde, tais como hospitais, serviços de urgência e emergência, Laboratórios Clínicos Autônomos, hospital-dia, ambulatórios e congêneres, não podendo ser interligados a quaisquer outros estabelecimentos e serviços.

Os Postos de Coleta Descentralizados devem ser vinculados técnica e formalmente a Laboratórios de Análises e Pesquisas Clínicas, Patologia Clínica e Congêneres.

1.7. PROCEDIMENTOS DE COLETA DE MATERIAL HUMANO:

Procedimentos de coleta de sangue, urina, fezes, suor, lágrima, linfa (lóbulo do pavilhão auricular, muco nasal e lesão cutânea), escarro, esperma, secreção vaginal, raspado de lesão epidérmica (esfregaço), mucosa oral (esfregaço), raspado de orofaringe, secreção e mucosa nasal (esfregaço), conjuntiva tarsal superior (esfregaço), secreção mamilar (esfregaço), secreção uretral (esfregaço), swab anal, raspados de bubão inguinal e anal/perianal, coleta por escarificação de lesão seca/swab em lesão úmida e de pelos.

1.8. COLETA DOMICILIAR:

Prestação de serviços que consiste na execução domiciliar de procedimentos de coleta de material humano, com finalidades diagnóstica, pré-operatória, de acompanhamento clínico ou de investigação epidemiológica.

1.9. AMBULATÓRIOS:

São estabelecimentos de saúde sob responsabilidade médica, que prestam serviços em regime de não internação (ambulatorial), que podem funcionar em sedes próprias ou, ainda, no interior ou anexados a estabelecimentos assistenciais de saúde sob responsabilidade médica dotados de maior complexidade estrutural e tecnológica, cujos ambientes e áreas específicas obrigatoriamente devem constituir conjuntos individualizados dos pontos de vista físico e funcional.

Nos ambulatórios são executados procedimentos por profissionais médicos, assim como por profissionais de saúde componentes de equipes multiprofissionais, com finalidades de investigação clínica e epidemiológica, de diagnose ou apoio diagnóstico, de avaliação pré-operatória, terapêutica e de acompanhamento clínico.

Os estabelecimentos de saúde sob responsabilidade médica, de natureza ambulatorial, que, exclusivamente ou prioritariamente, prestam serviços de diagnose ou de apoio diagnóstico, em regime de não internação, inclusive aqueles que também desenvolvem atividades de coleta de material humano ou que possuem Unidades de Laboratórios Clínicos que se enquadrem nos termos do definido no subitem Unidade de Laboratórios de Análises e Pesquisas Clínicas, Patologia Clínica e Congêneres, serão também denominados equivalentemente Centros de Diagnose, Centros de Diagnóstico, Centros de Medicina Diagnóstica ou Centros de Apoio Diagnóstico.

1.10. TERCEIRIZAÇÃO DE SERVIÇOS:

Para os efeitos desta Norma Técnica, entende-se por terceirização de serviços o envio de material humano, com a finalidade de realização de exames e testes laboratoriais, para estabelecimentos, formalmente contratados, que pertençam a empresas, instituições ou entidades distintas daquelas às quais se vinculam os Laboratórios Clínicos Autônomos e Unidades de Laboratórios Clínicos contratantes.

Entende-se também por terceirização de serviços a realização de atividades específicas por parte de serviços, formalmente contratados, que pertençam a empresas, instituições ou entidades distintas daquelas às quais se vinculam os Laboratórios Clínicos Autônomos, Unidades de Laboratórios Clínicos, hospitais, ambulatórios e congêneres sob responsabilidade médica contratantes.

TÍTULO II
DOS PRINCÍPIOS E DOS OBJETIVOS

DOS OBJETIVOS

2. A presente Norma Técnica, consonante com a política de saúde implementada a nível estadual, que tem como fundamento maior a proteção da saúde do indivíduo e da coletividade de pessoas, tem por objetivos centrais:

2.1. Disciplinar o funcionamento dos Laboratórios de Análises e Pesquisas Clínicas, Patologia Clínica e Congêneres e sistematizar as disposições inscritas em diplomas legais e normativos vigentes que a estes estabelecimentos de saúde se aplicam.

2.2. Normalizar o funcionamento dos Postos de Coleta Descentralizados.

2.3. Normalizar a prestação de serviços de coleta de material humano nos domicílios dos cidadãos.

2.4. Disciplinar os procedimentos de transporte de material humano, objetivando prevenir acidentes e proteger a saúde dos trabalhadores, bem como preservar a integridade das amostras coletadas.

2.5. Disciplinar a veiculação de publicidade e o fornecimento de informações que possam induzir ou estimular a realização de exames e testes laboratoriais sem indicação médica ou de cirurgião-dentista no desempenho de suas respectivas atividades profissionais.

TÍTULO III
DA PUBLICIDADE

3. Os proprietários e os Responsáveis Técnicos pelos estabelecimentos de que trata esta Norma Técnica, na veiculação de peças publicitárias deverão informar com clareza e em linguagem acessível à população a natureza dos serviços prestados, conforme exige a Lei nº 8.078 (Código de Proteção e Defesa do Consumidor).

3.1. O não cumprimento do disposto no item 3, poderá caracterizar propaganda enganosa, sujeitando-se os infratores às penalidades da Lei Federal nº 8.078, de 11.9.1990, ou diploma legal que vier a substituí-la.

TÍTULO IV
DOS LABORATÓRIOS DE ANÁLISES E PESQUISAS CLÍNICAS, PATOLOGIA CLÍNICA, POSTOS DE COLETA E CONGÊNERES

DA LICENÇA DE FUNCIONAMENTO

4. Os Laboratórios de Análises e Pesquisas Clínicas, Patologia Clínica e Postos de Coleta Descentralizados e Congêneres (Laboratórios Clínicos Autônomos e Unidades de Laboratórios Clínicos) somente poderão funcionar mediante licença de funcionamento, expedida pelos órgãos sanitários competentes de suas jurisdições.

4.1. Aos estabelecimentos de saúde sob responsabilidade médica, de natureza ambulatorial, que possuam Unidades de Laboratórios Clínicos que se enquadrem nos termos do definido no subitem Unidades de Laboratórios de Análises Clínicas, Patologia Clínica e Congêneres, deverão ser concedidas licenças de funcionamento como ambulatórios, assim como as licenças específicas para as Unidades de Laboratórios Clínicos, após a verificação do cumprimento das disposições e normas legais aplicáveis, em especial as contidas nesta Portaria.

4.2. Aos Centros de Diagnoses, que prestem serviços que envolvam a utilização de radiação ionizante e/ou que contem com Unidades de Laboratórios Clínicos, deverão ser concedidas licenças de funcionamento como ambulatórios, assim como licenças específicas para funcionamento de equipamentos emissores de radiação ionizante e/ou para as Unidades de Laboratórios Clínicos, após a verificação do cumprimento das disposições legais em vigor, em especial as contidas nesta norma.

4.3. Somente será concedida e expedida, pelas autoridades sanitárias competentes, licença de funcionamento para Laboratórios Clínicos Autônomos e Unidades de Laboratórios Clínicos após:

4.3.1. Aprovação, pelos órgãos sanitários competentes, dos projetos de construção, reforma ou adaptação de edificações que sediarão estes estabelecimentos de saúde, respeitadas as regras em vigor quando da expedição do alvará relativo à reforma ou adaptação das edificações anteriores à atual norma vigente.

4.3.2. Análise dos documentos que contenham a relação dos equipamentos, já alocados no interior dos estabelecimentos, que serão utilizados no processamento e realização de exames e testes laboratoriais.

4.3.3. Análise dos documentos contendo a relação dos nomes dos exames e testes laboratoriais que serão fornecidos, assim discriminado(s) segundo a(s) responsabilidade(s) por sua realização:

a) exames e testes realizados pelos próprios estabelecimentos;

b) exames e testes realizados por outros estabelecimentos pertencentes às próprias empresas, instituições ou entidades;

c) exames e testes realizados por estabelecimentos, formalmente contratados, pertencentes a outras empresas, instituições ou entidades.

4.3.4. Análise de documentos, emitidos pelos Responsáveis Técnicos pelos estabelecimentos de que trata o presente Título, que comprovem e relacionem:

a) os nomes dos profissionais de saúde designados coordenadores dos Programas de Garantia de Qualidade (PGQs), caso não sejam os próprios Responsáveis Técnicos;

b) os nomes dos profissionais de saúde designados membros das Comissões Internas de Garantia de Qualidade (CIGQs), se for o caso, bem como o cronograma contendo as medidas destinadas à viabilização daqueles programas;

c) o cronograma anual, contemplando as atividades de atualização técnica dos profissionais.

4.3.5. Averiguação do cumprimento do disposto na presente Portaria, ou em instrumento regulamentador que vier a substituí-la, pelos Laboratórios Clínicos Autônomos e pelas Unidades de Laboratórios Clínicos, mesmo quando estas últimas forem operadas por terceiros.

4.4. Os Laboratórios Clínicos Autônomos e Unidades de Laboratórios Clínicos que manuseiam radioisótopos, *in vitro* ou *in vivo*, deverão apresentar a autorização pertinente expedida pela Comissão Nacional de Energia Nuclear – CNEN.

4.5. Os Laboratórios Clínicos Autônomos e Unidades de Laboratórios Clínicos, no caso de exames ou testes que demandem a utilização de tecnologias – de produto e de processo – complexas e/ou de alto custo, poderão realizá-los em estabelecimentos formalmente contratados, ainda que localizados em outros países, desde que observem as seguintes disposições:

4.5.1. Enviem às autoridades sanitárias competentes cópias dos contratos de prestação de serviços firmados com as empresas, instituições ou entidades que realizarão os exames e testes laboratoriais.

4.5.1.1. Deverá constar dos contratos de prestação de serviços:

a) os nomes dos exames e testes laboratoriais que serão terceirizados;

b) os nomes dos métodos que serão empregados nas análises clínico-laboratoriais, segundo exames específicos;

c) os nomes dos Responsáveis Técnicos pelos Laboratórios Clínicos Autônomos e Unidades de Laboratórios Clínicos de empresas, instituições ou entidades que realizarão os exames e testes laboratoriais.

4.5.2. Adotem os procedimentos de transporte de material humano, em conformidade com o disposto nesta Norma.

4.5.3. Atendam o disposto na Resolução nº 196, de 10.10.1996, do Conselho Nacional de Saúde, ou em diploma legal ou normativo que vier a substituí-la, que trata da pesquisa envolvendo o ser humano, se for o caso.

4.5.4. Atendam o disposto na legislação federal que trata da vigilância sanitária de portos, aeroportos e fronteiras, se for o caso.

4.6. As autoridades sanitárias competentes deverão inspecionar, no mínimo uma vez anualmente, os Laboratórios Clínicos Autônomos e as Unidades de Laboratórios Clínicos e avaliar detalhadamenteos seguintes pontos:

4.6.1. Estrutura: estrutura organizacional e práticas gerenciais, efetiva implantação das programações e comissões obrigatórias, condições dos ambientes de trabalho, estrutura físico-funcional, equipamentos, produtos, artigos, insumos, veículos automotores para transporte e recursos humanos.

4.6.2. Execução de procedimentos.

4.6.3. Resultados.

4.7. Os estabelecimentos de saúde de que trata o presente Título, no caso de mudança de suas sedes de funcionamento, deverão atender às disposições para licenciamento desta Norma Técnica e da legislação vigente.

4.8. As disposições dos sub-itens de cumprimento da legislação vigente pelos estabelecimentos, e, também, aprovação, inspeções e análise documental pelas autoridades sanitárias, deverão ser observadas para a concessão e emissão de licenças de funcionamento dos Postos de Coleta Descentralizados vinculados técnica e formalmente a Laboratórios de Análises e Pesquisas Clínicas, Patologia Clínica e Congêneres.

DAS RESPONSABILIDADES TÉCNICAS

4.9. Os Laboratórios Clínicos Autônomos, Unidades de Laboratórios Clínicos e Postos de Coletas Descentralizados, somente poderão funcionar com a presença de profissionais responsáveis ou seus substitutos.

4.9.1. As autoridades sanitárias competentes expedirão os pertinentes Termos de Responsabilidade Técnica perante os órgãos de vigilância sanitária para os profissionais, legalmente habilitados, responsáveis pelos estabelecimentos.

4.9.2. Os estabelecimentos de saúde deverão contar com Responsáveis Técnicos Substitutos perante os órgãos de vigilância sanitária, legalmente habilitados, para suprirem os casos de ausência ou impedimento dos Responsáveis Técnicos.

4.9.3. Os estabelecimentos de saúde do presente Título, que funcionarem por mais de 08 (oito) horas, diariamente, poderão contar com mais de um Responsável Técnico Substituto perante os órgãos de vigilância sanitária.

4.10. A assunção de responsabilidades técnicas pelos Laboratórios Clínicos Autônomos, Unidades de Laboratórios Clínicos e Postos de Coletas Descentralizados poderá ser pleiteada pelos seguintes profissionais legalmente habilitados:

a) médico, em conformidade com o Decreto Federal nº 20.931, 11.1.1932, que Regula e Fiscaliza o Exercício da Medicina no Brasil;

b) farmacêutico, em conformidade com o Decreto Federal nº 20.377, de 8.9.1931, a Lei Federal nº 3.820, de 11.11.1960, o Decreto Federal nº 85.878, de 7.4.1981, que Estabelece Normas Sobre o Exercício da Profissão de Farmacêutico;

c) biomédico, em conformidade com a Lei Federal nº 6.684, de 3.9.1979, que Regulamenta as Profissões de Biólogo e de Biomédico, o Decreto Federal nº 88.439, de 28.6.1983, que Dispõe sobre a Regulamentação do Exercício da Profissão de Biomédico, a Lei Federal nº 6.686, de 11.9.1979, sem as expressões consideradas inconstitucionais e a Lei Federal nº 7.135, de 26.10.1983, sem as expressões e o artigo considerados inconstitucionais, pelo Supremo Tribunal Federal, Representação 1.256-DF, Acórdão STF, de 20.11.1985, ratificado pela Resolução nº 86, de 24.6.1986, do Senado Federal.

4.11. A assunção de responsabilidades técnicas pelos Laboratórios de Toxicologia Clínica, poderá ser pleiteada pelos seguintes profissionais legalmente habilitados:

a) médico;

b) farmacêutico;

c) químico, em conformidade com a Lei Federal nº 2.800, de 18.6.1956, e o Decreto Federal nº 85.877, de 7.4.1981, que Estabelece Normas Sobre o Exercício da Profissão de Químico.

4.12. A assunção de responsabilidades técnicas pelos Laboratórios Clínicos Autônomos e Unidades de Laboratórios Clínicos administradas e vinculadas legalmente à Administração Pública Estadual, poderá ser pleiteada pelos profissionais pertencentes aos quadros da instituição, legalmente habilitados, enquadrados:

a) nas denominadas classes de biologista, conforme o inscrito na Lei Complementar Estadual nº 674, de 8.4.1992;

b) na denominada classe de pesquisador científico, instituída pela Lei Complementar Estadual nº 335, de 22.12.1983.

4.13. Os Responsáveis Técnicos pelos Laboratórios Clínicos Autônomos e Unidades de Laboratórios Clínicos, obrigatoriamente serão, também, os Responsáveis Técnicos pelos Postos de Coleta Descentralizados aos mesmos vinculados técnica e formalmente.

4.14. Os Responsáveis Técnicos pelos Laboratórios Clínicos Autônomos e Unidades de Laboratórios Clínicos, estes últimos solidariamente com os Responsáveis Técnicos pelos estabelecimentos assistenciais de saúde, responderão por quaisquer transtornos ou danos ocasionados aos clientes derivados da inapropriada orientação, coleta, conservação, preparo, acondicionamento, transporte do material coletado, processamento e realização de exames e testes laboratoriais, assim como por transtornos ou danos decorrentes de erros na informação de resultados.

4.14.1. A operação de Unidades de Laboratórios Clínicos por terceiros, não eximirá os Responsáveis Técnicos pelos estabelecimentos assistenciais de saúde de responsabilização por quaisquer transtornos ou danos ocasionados aos clientes.

4.14.2. O disposto nos sub-itens 4.14 e 4.14.1, aplica-se também às pessoas físicas ou jurídicas que mantêm os estabelecimentos.

4.15. O disposto nos sub-itens 4.14, 4.14.1 e 4.14.2 do presente Título, aplicar-se-á, também, a quaisquer transtornos ou danos ocasionados aos profissionais de saúde e aos trabalhadores de frotas de veículos automotores, bem como de empresas que transportam objetos e coisas, que sejam derivados do descumprimento do estabelecido nesta Norma Técnica em relação ao transporte de material humano para a realização de exames e testes laboratoriais.

DOS CADASTROS

4.16. Os órgãos de vigilância sanitária competentes organizarão o Cadastro da seguinte forma:

a) registro, no Cadastro destes estabelecimentos, de informações sobre a execução domiciliar de procedimentos de coleta de material humano;

b) registro, no Cadastro destes estabelecimentos, de informações sobre a implantação do Programa de Garantia de Qualidade.

DA ORGANIZAÇÃO

DA IDENTIFICAÇÃO DOS ESTABELECIMENTOS

4.17. Os Laboratórios Clínicos Autônomos e Unidades de Laboratórios Clínicos e Postos de Coletas Descentralizados, deverão ser clara e precisamente identificados, mediante o emprego de artefatos de comunicação visual de quaisquer natureza, de forma que as suas finalidades sejam facilmente compreendidas pelo público.

4.18. Deverão ser afixados em locais onde possam ser facilmente lidas por clientes, acompanhantes e circunstantes, utilizando-se para este fim de quaisquer artefatos de comunicação visual, as seguintes informações: os nomes dos Responsáveis Técnicos e os números de suas inscrições nos Conselhos Regionais de Exercício Profissional do Estado de São Paulo.

DOS REGISTROS E DOS INSTRUMENTOS DE CONTROLE

4.19. Os Laboratórios Clínicos Autônomos, Unidades de Laboratórios Clínicos e Postos de Coletas Descentralizados, deverão manter cópias de instrumentos organizacionais e de relações contendo os nomes dos profissionais que trabalham regularmente nestes estabelecimentos, bem como manter registros de todos os equipamentos ou instrumentos críticos, contendo sua identificação e individualização, bem como seu arquivamento, de maneira que possam ser objeto de rápida verificação por parte das autoridades sanitárias competentes.

4.19.1. Os registros a que se refere o subitem anterior, deverão propiciar a rastreabilidade de todo o processo de produção nos dois sentidos, ou seja, tomando-se como início do rastreamento a amostra ouo Laudo Técnico.

4.19.2. Os Laboratórios Clínicos Autônomos, Unidades de Laboratórios Clínicos e Postos de Coletas Descentralizados, deverão manter os arquivos dos seguintes Instrumentos de Controle, devidamente atualizados e organizados de tal forma que possam ser objeto de rápida verificação por parte das autoridades sanitárias competentes:

a) Cadastro de Clientes Atendidos.

b) Controle de Laudos Técnicos (Controle de Laudos Técnicos Emitidos e Entregues).

c) Controle de Amostras Comprometidas Tecnicamente (Controle de Rejeição e Repetição de Coleta de Material Humano Comprometido Tecnicamente).

4.19.3. Os arquivos dos Instrumentos de Controle de que tratam os sub-itens a, b e c do item 4.19.2, deverão conter os seguintes registros mínimos:

1. identificação dos clientes: nome completo, idade, sexo, endereço, forma de contato ágil (telefone do trabalho, de parentes, de vizinhos, residencial ou outros) e o nome do responsável legal quando for o caso;

2. as datas e os horários em que foram efetuadas as coletas, as datas e os horários de recebimento do

material e, ainda, os nomes dos profissionais responsáveis pela coleta e recebimento do material humano;

3. os nomes completos dos médicos ou dos cirurgiões-dentistas solicitantes, seus respectivos números de inscrição nos Conselhos Regionais de Exercício Profissional do Estado de São Paulo e os nomes de todos os exames e testes laboratoriais solicitados;

4. as datas da entrega dos Laudos Técnicos de todos os exames e testes laboratoriais aos clientes, nos seus domicílios ou a terceiros mediante prévia autorização dos clientes e/ou aos médicos ou cirurgiões-dentistas solicitantes;

5. as datas das coletas que foram repetidas em função das primeiras amostras se apresentarem comprometidas tecnicamente para a realização de exames e testes laboratoriais;

6. as razões de natureza técnico-operacional que resultaram no comprometimento das amostras e demandaram a sua rejeição e/ou a repetição dos procedimentos de coleta de material humano.

4.19.4. Os arquivos de Cadastro de Clientes Atendidos e de Controle de Laudos Técnicos, deverão ser mantidos, no mínimo, durante 05 (cinco) anos, utilizando-se no processo de arquivamento o ordenamento cronológico.

4.19.5. Recomenda-se a manutenção dos arquivos de Controle de Amostras Tecnicamente Comprometidas, no mínimo, durante 02 (dois) anos, utilizando-se no processo de arquivamento o ordenamento cronológico.

4.19.6. Os resultados dos exames e testes realizados, obrigatoriamente, serão emitidos em impressos próprios para Laudos Técnicos.

4.19.7. É obrigatório registrar nos Laudos Técnicos a realização de exames e testes laboratoriais em amostras comprometidas tecnicamente.

4.19.8. Os Laudos Técnicos emitidos pelos Laboratórios Clínicos Autônomos e Unidades de Laboratórios Clínicos, deverão ser devidamente assinados pelos seus Responsáveis Técnicos e/ou por profissionais legalmente habilitados, de nível superior, pertencentes aos quadros de recursos humanos destes estabelecimentos.

DAS PROGRAMAÇÕES E COMISSÕES PERMANENTES

4.20. Os Laboratórios Clínicos Autônomos e Unidades de Laboratórios Clínicos, deverão instituir programações e manter em funcionamento as Comissões Internas de Prevenção de Acidentes – CIPAs, ou seguir as recomendações das CIPAs dos estabelecimentos onde estão inseridos, sendo que as ações programáticas desenvolvidas também deverão produzir efeitos no funcionamento dos seus Postos de Coleta Descentralizados, no que for aplicável.

4.21. Os estabelecimentos de que trata o presente Título, obrigatoriamente, instituirão seus próprios Programas de Garantia de Qualidade (PGQs) objetivando avaliar a qualidade das coletas e do processamento de material humano, assim como dos resultados de exames e testes laboratoriais obtidos e, ainda, garantir processos contínuos de busca da qualificação dos serviços prestados ao indivíduo e à coletividade de pessoas.

4.22. Os Responsáveis Técnicos pelos estabelecimentos de que trata o presente Título, deverão definir as estratégias de implantação dos PGQs e assumir a coordenação dos Programas de Garantia de Qualidade (Coordenador do PGQ).

4.23. Os Laboratórios Clínicos Autônomos e Unidades de Laboratórios Clínicos, visando implementar as programações de garantia de qualidade, obrigatoriamente, constituirão suas Comissões Internas de Garantia de Qualidade (CIGQs).

4.23.1. A Comissão Interna de Garantia de Qualidade (CIGQ), deverá ser formalmente instalada pelo Responsável Técnico que, em ato próprio, designará para constituí-la o próprio Coordenador do PGQ e mais 02 (dois) profissionais de nível universitário pertencentes ao quadro do estabelecimento.

4.24. Como parte dos seus Programas de Garantia de Qualidade, os Laboratórios Clínicos Autônomos e Unidades de Laboratórios Clínicos, que também tenham por finalidade a execução domiciliar de procedimentos de coleta de material humano, deverão instituir ações programáticas específicas voltadas para o monitoramento da coleta domiciliar de material humano.

4.24.1. O monitoramento da coleta domiciliar de material humano, deverá ser objeto de supervisão por parte de profissionais de nível superior, pertencentes aos quadros dos estabelecimentos de que trata o presente Título, sendo que os seus Responsáveis Técnicos indicarão formalmente os profissionais responsáveis por estas atividades.

4.25. Os Laboratórios Clínicos Autônomos e Unidades de Laboratórios Clínicos, como parte dos seus Programas de Garantia de Qualidade, deverão instituir o desenvolvimento de ações programáticas sistematizadas, deliberadas e permanentes visando garantir a incorporação do Princípio da Biossegurança aos seus Programas de Garantia de Qualidade.

4.25.1. Entende-se como incorporação do Princípio da Biossegurança, a adoção de um conjunto de medidas voltadas para a prevenção, minimização ou eliminação de riscos inerentes às atividades de prestação de serviços, produção, ensino, pesquisa e desenvolvimento tecnológico, que possam comprometer a saúde do homem, o meio ambiente e, ainda, a qualidade dos trabalhos desenvolvidos.

4.25.1.1. Inicialmente, deverão ser priorizados os seguintes pontos:

1. a normalização de procedimentos de segurança, a fim de preservar a saúde de profissionais e clientes;

2. a sinalização das áreas de risco, a fim de prevenir a ocorrência de acidentes e preservar a saúde dos profissionais;

3. o uso de equipamentos de proteção coletiva (EPCs) quando aplicável e dos equipamentos de proteção individual (EPIs), a fim de preservar a saúde de profissionais e clientes;

4. o gerenciamento dos resíduos de serviços de saúde – infectantes, químicos e rejeitos radioativos – que potencialmente exponham a riscos os profissionais, os clientes e o meio ambiente;

5. a criação de um sistema interno de monitoramento da saúde dos trabalhadores, que inclua a notificação de acidentes e a realização de exames admissionais e periódicos.

4.26. Os Responsáveis Técnicos pelos Laboratórios Clínicos Autônomos, Unidades de Laboratórios Clínicos e Postos de Coletas Descentralizados, deverão providenciar os recursos materiais e humanos necessários, a calibração e manutenção preventiva periódica de equipamentos e, ainda, organizar treinamentos de profissionais, dentre outras medidas que se façam pertinentes, de forma a propiciar condições técnico-operacionais favoráveis ao desenvolvimento dos Programas de Garantia de Qualidade (PGQs) nos estabelecimentos de que trata a presente Portaria.

4.27. No interesse da preservação da saúde e segurança dos indivíduos e da coletividade de pessoas, bem como dos profissionais de saúde, para os efeitos desta Norma Técnica, tipificará infração à legislação sanitária vigente a não implantação dos Programas de Garantia de Qualidade (PGQs) nos Laboratórios Clínicos Autônomos e Unidades de Laboratórios Clínicos.

DA ESTRUTURA FÍSICO-FUNCIONAL

4.28. Os Laboratórios Clínicos Autônomos, Unidades de Laboratórios Clínicos e Postos de Coletas Descentralizados, de acordo com suas especificidades e em conformidade com a complexidade dos procedimentos executados, deverão dispor de documentos e registros legais para o seu funcionamento, atualizados e aprovados pelas autoridades competentes, observadas as normas gerais de edificações previstas na legislação municipal e estadual, em normas e regulamentos pertinentes e na Resolução RDC nº 50, de 21 de fevereiro de 2002, da Agência Nacional de Vigilância Sanitária – ANVISA, do Ministério da Saúde, ou em instrumento normativo que vier a substituí-la.

4.29. Para efeitos desta Norma Técnica, é terminantemente proibida a instalação dos estabelecimentos de que trata o presente Título, nas dependências de farmácias, drogarias e congêneres.

4.29.1. As dependências destes estabelecimentos não poderão ser utilizadas para outras finalidades.

DOS AMBIENTES E ÁREAS MÍNIMAS DOS LABORATÓRIOS CLÍNICOS AUTÔNOMOS E UNIDADES DE LABORATÓRIOS CLÍNICOS GERAIS

4.30. Nos Laboratórios Clínicos Autônomos e Unidades de Laboratórios Clínicos e Postos de Coletas Descentralizados, obrigatoriamente, deverão ser cumpridas as seguintes exigências:

4.30.1. Os Laboratórios Clínicos Autônomos, Unidades de Laboratórios Clínicos Gerais e Postos de Coletas Descentralizados, que desenvolvem atividades de coleta no interior de suas dependências, deverão contar com:

a) (um) lavatório localizado o mais próximo possível dos ambientes de coleta.

4.30.2. Os estabelecimentos que contarem com mais de 02 (dois) Boxes de Coleta, deverão possuir 01 (um) lavatório para cada 02 (dois) Boxes de Coleta adicionais ou fração, localizado o mais próximo possível dos ambientes de coleta.

4.31. Os ambientes e áreas especificas e ou individualizadas, deverão estar contidos em espaço físico com dimensão mínima conforme Resolução RDC nº 50/2002, da ANVISA, ou outro instrumento normativo que vier a substituí-la .

4.32. Os Laboratórios Clínicos Autônomos e Unidades de Laboratórios Clínicos Gerais, deverão:

4.32.1. Contar com mobiliário, inclusive bancadas, nos postos de trabalho, que apresentem as características dimensionais que possibilitem posicionamento e movimentação adequados dos segmentos corporais, conforme dispõe a Norma Regulamentadora 17 – Ergonomia, aprovada pela Portaria MTb/GM nº 3.214, de 8.6.1978, e alterada pela Portaria MTb/PS/GM nº 3.751, de 23.1.1990.

4.32.2. Dispor de espaços em torno dos equipamentos dimensionados de forma que os profissionais possam se movimentar com segurança, conforme dispõe a Norma Regulamentadora 12 – Máquinas e Equipamentos, aprovada pela Portaria MTb/GM nº 3.214, de 8.6.1978, e alterada pelas Portarias MTb/SSST nº 13, de 24.10.1994, nº 25, de 3.12.1996 e nº 04, de 28.1.1997.

4.32.3. Manter a distância mínima entre equipamentos de 0,60cm, conforme dispõe a Norma Regulamentadora 12 – Máquinas e Equipamentos, aprovada pela Portaria MTb/GM nº 3.214, de 8.6.1978, e alterada pelas Portarias MTb/SSST nº 13, de 24.10.1994, nº 25, de 3.12.1996 e nº 04, de 28.1.1997.

4.32.4. Contar com área provida de instalação para lavagem dos olhos.

4.32.5. Nos estabelecimentos em que trabalhem mais de 30 (trinta) até 300 (trezentos) profissionais, as condições de área para alimentação, conforme dispõe a Norma Regulamentadora 24 – Condições Sanitárias e de Conforto nos Locais de Trabalho, aprovada pela Portaria MTb/GM nº 3.214, de 8.6.1978, e alterada pela Portaria MTb/SSST nº 13, de 17.9.1993, deverão preencher os seguintes requisitos mínimos:

1. os locais deverão ser arejados e bem iluminados;
2. os locais deverão ser providos de lavatórios e pias instalados nas suas proximidades ou no seu interior;
3. nos locais deverá haver o fornecimento de água potável para os profissionais.

DOS AMBIENTES E ÁREAS MÍNIMAS DOS LABORATÓRIOS CLÍNICOS AUTÔNOMOS E UNIDADES DE LABORATÓRIOS CLÍNICOS ESPECÍFICOS

4.33. Aos Laboratórios Clínicos Autônomos e Unidades de Laboratórios Clínicos Específicos, que desenvolvem atividades de coleta no interior de suas dependências, aplicam-se os termos dos sub-itens anteriores do presente Título.

4.34. Os Laboratórios Clínicos Autônomos e Unidades de Laboratórios Clínicos Específicos, deverão:

a) cumprir a legislação vigente, bem como os termos da Resolução nº RDC nº 50/2002, da ANVISA, ou de outro instrumento normativo que vier a substituí-la.

DOS EQUIPAMENTOS, PRODUTOS, ARTIGOS E VEÍCULOS AUTOMOTORES PARA TRANSPORTE

4.35. Os Laboratórios Clínicos Autônomos e Unidades de Laboratórios Clínicos e Postos de Coletas Descentralizados de acordo com suas especificidades e em conformidade com a complexidade dos procedimentos executados, no que for aplicável, somente poderão ser utilizados equipamentos, produtos e artigos, de fabricação nacional ou importados, cuja comercialização tenha sido objeto de autorização por parte dos órgãos públicos competentes.

4.36. Os grupos de equipamentos, produtos e artigos, de fabricação nacional ou importados, classificados como produtos correlatos, deverão ser objeto de registros, ou da isenção dos mesmos, junto ao Órgão de Vigilância Sanitária, do Ministério da Saúde.

4.37. Os Responsáveis Técnicos pelos Laboratórios Clínicos Autônomos e Unidades de Laboratórios Clínicos, deverão manter disponíveis no interior das dependências destes estabelecimentos, para análise das autoridades sanitárias competentes, Instrumentos de Controle atualizados contendo as seguintes informações em relação aos equipamentos empregados no processamento de material humano e realização de exames e testes laboratoriais:

4.37.1. Planilha do Equipamento: data do último conserto ou reparo, data da última calibração, data da última manutenção preventiva e sua periodicidade.

4.37.1.1. Na Planilha do Equipamento deverá constar campo específico para registro do nome do técnico responsável pela execução das atividades de conserto ou reparo, calibração e manutenção preventiva.

4.37.2. Planilha dos Equipamentos ou Aparelhos Volumétricos de Vidro: tipos de equipamentos ouaparelhos volumétricos de vidro utilizados nos processos analíticos e data da última calibração.

4.37.2.1. Na Planilha dos Equipamentos ou Aparelhos Volumétricos de Vidro, deverá constar campo específico para registro do nome do técnico responsável pela execução das atividades de calibração.

4.37.3. Contrato(s) de Prestação de Serviços, firmado(s) com pessoa(s) física(s) ou jurídica(s), com capacitação técnica para executar(em) os procedimentos de conserto ou reparo, calibração e manutenção preventiva, sendo que o(s) contrato(s) deverá(ão) conter a(s) especificação(ões) do(s) equipamento(s).

4.37.3.1. Entende-se capacitação técnica como o conhecimento do(s) processo(s) tecnológico(s) do(s) equipamento(s).

4.37.4. Comprovantes de Capacitação de profissionais dos próprios estabelecimentos que executam os procedimentos de conserto ou reparo, calibração e manutenção preventiva de equipamentos empregados no processamento de material humano e realização de exames e testes laboratoriais.

4.37.4.1. Os Comprovantes de Capacitação deverão conter as especificações, fornecidas pelos fabricantes, dos equipamentos objeto de conserto ou reparo, calibração e manutenção preventiva.

4.38. Deverão contar com conjuntos para atendimento de emergências, os estabelecimentos de que trata o presente Título onde são executados procedimentos que apresentem as seguintes características: exijam a prévia administração, por via oral ou parenteral, de quaisquer substâncias ou medicamentos, sejam de longa duração e exijam monitoramento durante os seus processos de execução.

4.39. Nos estabelecimentos de que trata o presente Título, os equipamentos que não estiverem em perfeitas condições de uso deverão ser retirados do interior dos ambientes de trabalho ou, quando a remoção for impossível, exibir aviso inequívoco de proibição de uso.

4.40. Os Laboratórios Clínicos Autônomos e Unidades de Laboratórios Clínicos, e Postos de Coletas Descentralizados, deverão dispor de veículos automotores para o transporte de todos os materiais coletados até suas dependências.

4.41. Os Laboratórios Clínicos Autônomos e Unidades de Laboratórios Clínicos que também tenham por finalidade a coleta domiciliar de material humano, deverão dispor de veículos automotores próprios para o transporte até suas dependências das amostras coletadas, bem como para o transporte dos profissionais até os domicílios dos cidadãos.

DOS RECURSOS HUMANOS

4.42. Os Laboratórios Clínicos Autônomos, Unidades de Laboratórios Clínicos e Postos de Coletas Descentralizados, deverão ser dotados de quadros de recursos humanos dimensionados de forma a garantir a sua operacionalização sem quaisquer transtornos ou danos para os clientes.

4.43. No dimensionamento dos quadros de recursos humanos, deverão ser considerados pontos quantitativos e pontos qualitativos, relacionados às formações técnicas diferenciadas e às habilitações dos profissionais necessárias e exigidas pela legislação em vigor para a execução de atividades específicas.

4.43.1. A escala de trabalho deve assegurar a cobertura ou disponibilidade de pessoal, de acordo com o funcionamento do serviço;

4.44. Nos termos da legislação em vigor, nos estabelecimentos de que trata o presente Título, os procedimentos de coleta de material humano poderão ser executados pelos seguintes profissionais legalmente habilitados:

4.44.1. De nível superior: médicos e enfermeiros; farmacêuticos e biomédicos e, ainda, biólogos e químicos que no curso de graduação e/ou em caráter extracurricular frequentaram disciplinas que confiram capacitação para a execução das atividades de coleta.

4.44.2. De nível técnico: técnicos de enfermagem, assim como técnicos de laboratório, técnicos em patologia clínica e profissionais legalmente habilitados que concluíram curso em nível de ensino de 2º grau, que, no curso de graduação e/ou em caráter extracurricular, frequentaram disciplinas que confiram capacitação para a execução das atividades de coleta.

4.44.2.1. Os profissionais de que trata o subitem anterior, poderão executar todas as atividades técnicas relacionadas às etapas de tratamento pré-analítico, mediante prévio treinamento.

4.44.2.2. É dispensável prévio treinamento para técnicos de laboratório e técnicos em patologia clínica.

4.44.3. De nível intermediário (médio): auxiliares de enfermagem, assim como profissionais legalmente habilitados que concluíram curso em nível de ensino de 1º grau, que, no curso de graduação e/ou em caráter extracurricular, frequentaram disciplinas que confiram capacitação para a execução das atividades de coleta.

4.44.3.1. Os profissionais de que trata o subitem anterior, poderão executar todas as atividades auxiliares relacionadas às etapas de tratamento pré-analítico, mediante prévio treinamento.

4.45. Nos termos da legislação em vigor, nos estabelecimentos de que trata o presente Título, os procedimentos de processamento de material humano e realização de exames e testes laboratoriais, poderão ser executados pelos seguintes profissionais legalmente habilitados:

4.45.1. De nível superior: médicos, farmacêuticos, biomédicos e biólogos, responsáveis pelas análises clínico-laboratoriais.

4.45.1.1. No caso de Laboratórios de Toxicologia Clínica, os seguintes profissionais de nível superior: médicos, farmacêuticos e químicos, responsáveis pelas análises clínico-laboratoriais, e, ainda, biomédicos e biólogos.

4.45.1.2. No caso de Laboratórios Clínicos Autônomos ou de Unidades de Laboratórios Clínicos administradas e vinculadas legalmente à Administração Pública Estadual, os profissionais pertencentes aos quadros da instituição, legalmente habilitados, enquadrados nas denominadas classes de biologista e de pesquisador científico, inscritas, respectivamente, nas Leis Complementares Estaduais nº 674, de 8.4.1992, e nº 335, de 22.12.1983.

4.45.2. De nível técnico: técnico de laboratório, técnico em patologia clínica e profissionais legalmente habilitados que comprovem conclusão de curso em nível de ensino de 2º grau que confira capacitação para a execução de atividades técnicas afetas à fase pré-analítica e, sob supervisão dos profissionais responsáveis pelas análises clínico-laboratoriais, afetas à fase analítica.

4.45.3. De nível intermediário (médio): profissionais legalmente habilitados que concluíram curso em nível de ensino de 1º grau que confira capacitação para a execução de atividades auxiliares relacionadas às fases pré-analítica e analítica.

4.46. Para os efeitos desta Norma Técnica, todos os profissionais deverão estar legalmente habilitados, sendo que, serão considerados legalmente habilitados, os profissionais que apresentarem:

4.46.1. Documentos comprobatórios de conclusão dos seguintes cursos de formação ou qualificação profissional:

1. de nível superior: medicina, farmácia, ciências biológicas – modalidade médica (biomedicina), ciências biológicas ou história natural (biólogo), química e enfermagem;

2. de nível técnico: técnico de enfermagem e profissionais que concluíram curso em nível de ensino de 2º grau que confira capacitação para a execução das atividades de coleta;

3. de nível técnico: técnico de laboratório, técnico de patologia clínica e profissionais que concluíram curso em nível de ensino de 2º grau que confira capacitação para a execução de atividades técnicas afetas às fases pré-analítica e analítica;

4. de nível intermediário (médio): auxiliar de enfermagem e profissionais legalmente habilitados que concluíram curso em nível de ensino de 1º grau que confira capacitação para a execução das atividades de coleta;

5. de nível intermediário (médio): profissionais legalmente habilitados que concluíram curso em nível de ensino de 1º grau que confira capacitação para a execução de atividades auxiliares relacionadas às fases pré-analítica e analítica.

4.46.2. Diplomas ou Certificados de Conclusão expedidos por instituições ou entidades reconhecidas pelas autoridades do setor da educação, a nível federal e estadual, que ministrem cursos de formação ou qualificação profissional no campo da saúde.

4.46.3. Diplomas ou Certificados de Conclusão de cursos de formação ou qualificação profissional reconhecidos pelo Ministério da Educação ou por instâncias técnico-administrativas que o antecederam.

4.46.4. Inscrições e obrigações legais regularizadas junto aos Conselhos Regionais de Exercício Profissional do Estado de São Paulo, quando for o caso.

4.47. Os Responsáveis Técnicos pelos Laboratórios Clínicos Autônomos e Unidades de Laboratórios Clínicos, deverão:

4.47.1. Manter organizados e acessíveis às autoridades sanitárias competentes os contratos de trabalho dos profissionais, bem como os documentos legais que corroborem e deem forma jurídica à prestação de serviços nas dependências dos estabelecimentos, quando for o caso, por profissionais não contratados nos termos da legislação trabalhista vigente.

4.47.2. Manter organizados e acessíveis às autoridades sanitárias competentes os comprovantes de habilitação dos profissionais contratados e dos prestadores de serviços, quando for o caso, assim como os números dos seus registros junto aos Conselhos Regionais de Exercício Profissional do Estado de São Paulo.

4.47.3. Prover uniformes de trabalho (jalecos de mangas longas, dentre outros) para os profissionais de suas equipes técnicas, bem como de suas equipes de higienização ambiental (vestimenta apropriada, dentre outros), consideradas as características e especificidades técnicas das atividades executadas.

4.47.4. Providenciar a vacinação contra o tétano e contra o Vírus da Hepatite B de todos os profissionais que executam as atividades de coleta, processamento de material humano e higienização ambiental.

4.47.4.1. É obrigatória a manutenção dos registros comprobatórios da vacinação dos profissionais no interior das dependências dos estabelecimentos de que trata o presente Título, de forma a propiciar a rápida verificação por parte das autoridades sanitárias competentes.

4.47.5. Garantir o treinamento teórico-prático dos profissionais, sempre que a execução de novos procedimentos e recursos tecnológicos forem incorporados ao processo de produção de serviços destes estabelecimentos.

4.47.6. Garantir o treinamento dos profissionais das equipes de higienização ambiental, no que se refere ao manuseio, acondicionamento, transporte, armazenamento, tratamento e destinação final de resíduos de serviços de saúde.

4.47.7. Organizar atividades de atualização, no mínimo anuais, dos profissionais de nível universitário, de nível técnico e, também, de nível intermediário (médio), contratados nos termos da legislação trabalhista vigente, que executam os procedimentos de coleta, transporte de material humano, processamento e realização de exames e testes laboratoriais, e, quando for o caso, também dos profissionais prestadores de serviços cuja atuação se relacione com as atividades fim destes estabelecimentos de saúde.

4.47.7.1. As atividades de atualização dos profissionais a que se refere o subitem 4.47.7, poderão ser ministradas pelos próprios Responsáveis Técnicos pelos estabelecimentos de saúde e/ou por profissionais pelos mesmos indicados ou, ainda, em cooperação com instituições universitárias, órgãos públicos, conselhos de exercício profissional e sociedades científicas.

4.47.7.2. É obrigatória a emissão de Certificados de Participação em Atividades de Atualização, por parte dos Responsáveis Técnicos pelos Laboratórios Clínicos Autônomos, Unidades de Laboratórios Clínicos, e Postos de Coletas Descentralizados contendo os nomes dos profissionais, suas profissões ou ocupações, os temas técnicos abordados, as cargas horárias, as datas e os nomes dos palestrantes e, quando for o caso, os nomes de instituições, órgãos públicos ou entidades envolvidas.

4.47.7.3. É obrigatória a confecção de Planilhas de Participação em Atividades de Atualização, no mínimo anuais, contendo os nomes dos profissionais, suas profissões ou ocupações, os temas técnicos abordados, as cargas horárias e as datas de realização das atividades.

DOS PROCEDIMENTOS

DOS PROCEDIMENTOS GERENCIAIS

4.48. Os Laboratórios Clínicos Autônomos, Unidades de Laboratórios Clínicos e Postos de Coletas Descentralizados deverão compilar em formato de MANUAL DE ROTINAS DE FUNCIONAMENTO os seguintes procedimentos operacionais e orientações técnicas:

1. procedimentos administrativos: rotinas de recepção, registros de clientes e entrega de Laudos Técnicos contendo resultados de exames e testes;

2. procedimentos de preparo do cliente, segundo exames específicos;

3. procedimentos de coleta de material humano, segundo exames específicos;

4. procedimentos de identificação do material humano coletado;

5. procedimentos de preservação e conservação de material humano, segundo exames específicos;

6. procedimentos de preparo de material humano, segundo exames específicos;

7. procedimentos analíticos contendo a descrição de métodos e técnicas utilizadas, segundo exames específicos;

8. critérios de rejeição de material humano coletado e critérios para aproveitamento de amostras comprometidas tecnicamente para a realização de exames e testes laboratoriais;

9. valores de referência normais;

10. prazos previstos para emissão de Laudos Técnicos contendo resultados de exames e testes laboratoriais de rotina.

4.49. Os Laboratórios Clínicos Autônomos e Unidades de Laboratórios Clínicos e Postos de Coletas Descentralizados que também tenham por finalidade a coleta domiciliar de material humano e, ainda, que transportam amostras de material dos Postos de Coleta Descentralizados até suas dependências, deverão acrescer aos seus Manuais de Rotinas de Funcionamento os seguintes procedimentos operacionais:

1. procedimentos de preservação, conservação e acondicionamento de amostras de material humano, segundo grupos de exames;

2. procedimentos para transporte de amostras de material humano em Veículos Automotores para Transporte;

3. procedimentos de limpeza e desinfecção dos Veículos Automotores para Transporte.

4.50. Os Laboratórios Clínicos Autônomos e Unidades de Laboratórios Clínicos e Postos de Coletas Descentralizados poderão optar por compilar em formato de MANUAL DE ROTINAS DE FUNCIONAMENTO os procedimentos operacionais gerais e elaborar, em igual formato, MANUAIS DE PROCEDIMENTOS OPERACIONAIS PADRÃO (POP) relativos especificamente a:

1. fase pré-analítica (POP Tipo I ou POP I);

2. fases analíticas inerentes a cada campo de diagnose (POP Tipo II ou POP II);

3. coleta domiciliar de material humano (POP Tipo III ou POP III);

4. transporte de amostras coletadas (POP Tipo IV ou POP IV).

4.51. Os estabelecimentos de que trata o presente Título, deverão possuir MANUAIS DE BIOSSEGURANÇA com o seguinte conteúdo mínimo: a identificação dos riscos, a especificação das práticas e procedimentos para eliminar os riscos e, ainda, as providências imediatas a serem adotadas pelos profissionais no caso da ocorrência de acidentes e incidentes.

4.52. Os estabelecimentos de que trata o presente Título, deverão possuir MANUAIS DE PROCESSAMENTO DE ARTIGOS E SUPERFÍCIES e de GERENCIAMENTO DE RESÍDUOS DE SERVIÇOS DE SAÚDE.

4.53. Os estabelecimentos de que trata o presente Título, poderão optar pela elaboração de Instrumentos únicos, ou seja, MANUAIS DE PROCESSAMENTO DE ARTIGOS E SUPERFÍCIES E GERENCIAMENTO DE RESÍDUOS DE SERVIÇOS DE SAÚDE.

DOS PROCEDIMENTOS DE CONTROLE DE PRODUTOS E ARTIGOS

4.54. Os Laboratórios Clínicos Autônomos e Unidades de Laboratórios Clínicos, deverão desenvolver ações voltadas para o controle das datas de recebimento, dos registros obrigatórios, dos prazos de validade e das condições de conservação, armazenamento e estocagem de produtos e artigos.

4.54.1. No desenvolvimento destas ações, deverá haver o intercâmbio formal de informações entre os setores técnicos e os setores organizacionais responsáveis pela aquisição, armazenagem e controle de estoques de produtos e artigos.

4.55. Os estabelecimentos de saúde cuja maior complexidade organizacional determine a existência de distintos departamentos com funções de coordenação técnica e de coordenação da aquisição, armazenamento e controle de estoques de produtos e artigos, deverão:

1. garantir que os setores organizacionais responsáveis pelas atividades afetas à fase pré-analítica e à fase analítica forneçam as especificações técnicas dos produtos e artigos a serem adquiridos;

2. garantir que os setores organizacionais responsáveis pela aquisição, antes de adquirirem produtos e artigos, se certifiquem da existência dos registros obrigatórios;

3. garantir que os setores organizacionais responsáveis pela aquisição informem aos responsáveis pelo processo de produção de serviços as datas de recebimento e os respectivos prazos de validade dos lotes de produtos e artigos de uso corrente.

4.56. Deverão ser estritamente observadas as recomendações dos fabricantes, contidas nas Instruções de Uso ou em documentos com igual finalidade, relativas às condições de armazenamento e conservação de reagentes e de demais insumos utilizados no processamento de material humano e realização de exames e testes laboratoriais.

4.57. Recomenda-se a verificação, periódica, do desempenho dos reagentes.

4.57.1. Deverão ser registradas as datas de início do uso dos reagentes em Instrumentos de Registro próprios para tal finalidade.

4.58. Para os efeitos desta Norma Técnica, é proibida a utilização de produtos e artigos cujos prazos de validade tenham expirado.

4.59. É proibido o reprocessamento de artigos médico-hospitalares descartáveis de uso único.

4.59.1. A reesterilização de artigos médico-hospitalares descartáveis de uso único não utilizados e cujos prazos de validade da esterilização inicial tenham expirado, constitui-se em situação excepcional e prevista na legislação vigente, sendo que a sua concretização deverá ser precedida do cumprimento das seguintes exigências:

1. os Responsáveis Técnicos pelos estabelecimentos objeto da presente regulamentação, ou profissionais pelos mesmos indicados por escrito, deverão autorizar a reesterilização destes artigos;

2. é obrigatório certificar-se de que os artigos descartáveis de uso único não tenham sido utilizados previamente e, ainda, avaliar se são apropriadas as suas condições de conservação e armazenamento;

3. é obrigatório, cumprido o estabelecido neste subitem, número 2, certificar-se da inviolabilidade e absoluta integridade de invólucros e embalagens originais destes artigos;

4. é obrigatório, cumprido o estabelecido neste subitem, números 2 e 3, autorizar por escrito, em impressos próprios que contenham a identificação dos estabelecimentos, a reesterilização destes artigos e indicar o emprego de processos de esterilização pertinentes.

DOS PROCEDIMENTOS DE MANUTENÇÃO DA INFRAESTRUTURA PREDIAL, DE GRUPOS DE EQUIPAMENTOS E DE VEÍCULOS AUTOMOTORES PARA TRANSPORTE

4.60. Nos estabelecimentos de que trata o presente Título, deverão ser implantadas rotinas visando garantir a manutenção da infraestrutura predial.

4.61. Nos Laboratórios Clínicos Autônomos e Unidades de Laboratórios Clínicos, deverão ser implantadas rotinas visando garantir a manutenção preventiva dos equipamentos, incluindo os equipamentos empregados na fase pré-analítica, na esterilização de materiais, no tratamento adicional e específico da água potável e no processamento de dados, observando-se, no mínimo, a periodicidade recomendada pelos fabricantes e/ou fornecedores.

4.62. Deverão ser implantadas rotinas visando calibrar, aferir e controlar, periodicamente, a eficiência dos equipamentos específicos utilizados em todos os campos de diagnose.

4.63. Deverão ser implantadas rotinas visando calibrar e aferir, periodicamente, os equipamentos ou aparelhos volumétricos de vidro utilizados na fase analítica em todos os campos de diagnose.

4.64. Deverão ser implantadas rotinas visando controlar, periodicamente, com meios bacteriológicos, a eficácia do processamento de materiais em equipamentos para esterilização.

4.65. Deverão ser implantadas rotinas visando controlar, periodicamente, a eficácia do tratamento adicional e específico da água potável em equipamentos para estes fins, assim como para afastar a possibilidade de contaminação bacteriológica e química da água tratada.

4.66. Os estabelecimentos de que trata o presente Título, deverão implantar rotinas visando garantir a manutenção preventiva dos Veículos Automotores para Transporte.

DOS PROCEDIMENTOS TÉCNICOS

4.67. Aos clientes que se dirigirem aos estabelecimentos de que trata o presente Título para o agendamento de exames e testes laboratoriais, deverão ser fornecidas instruções de preparo, por escrito, utilizando-se para tal finalidade de textos claros, precisos e de fácil compreensão.

4.68. No caso da utilização de equipamentos de telefonia, os profissionais deverão informar seus nomes e transmitir aos clientes as instruções de preparo de forma clara, precisa e em linguagem de fácil compreensão.

4.69. Os profissionais dos Laboratórios Clínicos Autônomos e Unidades de Laboratórios Clínicos, quando da coleta de material humano, deverão prestar aos clientes explicações simples, claras e precisas sobre estes procedimentos técnicos, em linguagem de fácil compreensão.

4.70. Os profissionais responsáveis pelas atividades de coleta de material humano não poderão, no mesmo período de trabalho, responsabilizar-se tanto pelo atendimento de clientes quanto pelas atividades de registro de informações.

4.71. Quando o número de coletas for inferior a 15 coletas/hora, o mesmo funcionário poderá proceder ao registro de informações, desde que retire e descarte o par de luvas.

4.72. Os profissionais responsáveis pelas atividades de coleta, no desempenho de suas funções, sempre que tocarem com as mãos sangue e fluídos corpóreos e/ou tiverem suas luvas danificadas deverão descartar os pares de luvas que usavam, lavar as mãos, secá-las e calçar novos pares de luvas antes do reinicio da execução de procedimentos.

4.73. Nos estabelecimentos de que trata o presente Título, obrigatoriamente, os procedimentos de coleta de sangue de clientes somente poderão ser executados mediante o emprego de artigos médico-hospitalares descartáveis de uso único.

4.74. As disposições dos sub-itens 4.70, 4.71, 4.72 e 4.73 do presente Título, aplicam-se à execução de procedimentos de coleta de material humano nos domicílios dos cidadãos por parte dos Laboratórios Clínicos Autônomos e Unidades de Laboratórios Clínicos.

4.75. Os estabelecimentos de que trata o presente Título, deverão:

4.75.1. Definir em suas Rotinas de Funcionamento, o grau de pureza da água empregada em cada método analítico e garantir o provimento de quantidades suficientes de água potável tratada adicional e especificamente.

4.75.2. Para os efeitos desta Norma, recomenda-se o emprego dos padrões adotados pelo Instituto de Metrologia, Normalização e Qualidade Industrial – INMETRO, para as especificações da água potável tratada adicional e especificamente (Água Reagente) empregada nos Laboratórios Clínicos Autônomos e Unidades de Laboratórios Clínicos.

4.75.3. Definir em seus Manuais de Processamento de Artigos e Superfícies, o grau de pureza daágua empregada na limpeza da vidraria, quando for o caso.

4.76. Os estabelecimentos de que trata o presente Título, nos ambientes e áreas de coleta, processamento de material humano e realização de exames e testes laboratoriais, deverão prover os lavatórios de produtos antissépticos eficazes, junto aos quais haverão meios apropriados para os profissionais secarem as mãos (toalhas descartáveis acondicionadas em suportes específicos).

4.77. Nos Laboratórios Clínicos Autônomos e Unidades de Laboratórios Clínicos, os procedimentos de limpeza, desinfecção e esterilização de artigos e superfícies, deverão obedecer ao preconizado em normas técnicas pertinentes e aos termos do Manual de Processamento de Artigos e Superfícies, do Ministério da Saúde, 1994, ou de instrumento normativo que vier a substituí-lo.

4.78. Nos estabelecimentos de que trata o presente Título, os profissionais deverão ser treinados e supervisionados de forma a observar estritamente as precauções padrão de controle de infecções.

4.79. Nos Laboratórios Clínicos Autônomos e Unidades de Laboratórios Clínicos, os profissionaisde nível superior deverão orientar os profissionais de nível técnico e, quando for o caso, os profissionais denível intermediário (médio), quanto aos procedimentos normalizados pelas comissões regulares destes estabelecimentos.

4.80. É obrigatória a utilização de Equipamentos de Proteção Individual (EPIs) por todos os profissionais que executem procedimentos de coleta, processamento de material humano e realização de exames e testes laboratoriais nestes estabelecimentos.

4.81. Os profissionais dos Laboratórios Clínicos Autônomos e Unidades de Laboratórios Clínicos, sempre que se acidentarem e ficarem expostos ao contato com material biológico, objetos pérfuro-cortantes, produtos químicos e, se for o caso, rejeitos radioativos, deverão ser afastados de suas atividades imediatamente após o ocorrido e encaminhados para orientação médica.

4.81.1. Quando da ocorrência de acidentes deverão ser adotadas as seguintes providências:

1. comunicação às Comissões Internas de Prevenção de Acidentes – CIPAs dos próprios Laboratórios Clínicos Autônomos, se for o caso, ou às CIPAs dos estabelecimentos de saúde nos quais estão inseridas as Unidades de Laboratórios Clínicos;

2. notificação dos Acidentes de Trabalho, nos termos da legislação em vigor.

4.81.2. No caso de acidentes que exponham clientes e/ou profissionais ao contato com sangue e objetos pérfuro-cortantes, além da notificação dos acidentes, obrigatoriamente, os envolvidos serão objeto de monitoramento clínico e laboratorial.

4.82. Os estabelecimentos de que trata o presente Título, que realizarem Testes para a Detecção de Anticorpos Antivírus da Imunodeficiência Humana (HIV), obrigatoriamente, cumprirão as etapas do conjunto de Procedimentos Sequenciados conforme o estabelecido no Anexo I, da Portaria nº 488/SVS, de 17.6.1998, do Ministério da Saúde.

DOS RESÍDUOS SÓLIDOS DE SERVIÇOS DE SAÚDE

4.83. Nos Laboratórios Clínicos Autônomos e Unidades de Laboratórios Clínicos e Postos de Coleta, deverão ser cumpridos os termos da Resolução RDC nº 306/2004, da Agência Nacional de Vigilância Sanitária – ANVISA, ou de instrumento normativo que vier a substituí-la.

4.84. Deverão os Responsáveis Técnicos pelos Laboratórios Clínicos Autônomos e Unidades de Laboratórios Clínicos, garantir o gerenciamento de seus resíduos sólidos, desde a geração até a disposição final, de forma a atender aos requisitos ambientais e de saúde pública.

4.85. Os Responsáveis Técnicos pelos estabelecimentos de que trata este Título, deverão prover os recursos humanos e os equipamentos de uso coletivo e individual necessários, a fim de propiciar às equipes responsáveis pela coleta e processamento de material humano, bem como pela higienização dos ambientes de trabalho, condições para a execução das atividades inerentes ao gerenciamento dos resíduos sólidos de serviços de saúde.

TÍTULO V
DA COLETA DOMICILIAR DE MATERIAL HUMANO

5. Os estabelecimentos assistenciais de saúde que também tenham por finalidade a coleta domiciliar de material humano, somente poderão funcionar mediante licença de funcionamento, expedida pelos órgãos sanitários competentes de suas jurisdições.

5.1. Os estabelecimentos assistenciais de saúde a que refere o item anterior, são os seguintes: hospitais, ambulatórios e congêneres sob responsabilidade médica, assim como Laboratórios Clínicos Autônomos e Unidades de Laboratórios Clínicos.

5.2. Somente será concedida e expedida, pelas autoridades sanitárias competentes, licença de funcionamento após:

5.2.1. Análise, por parte das autoridades sanitárias competentes, de documentos contendo a relação de procedimentos de coleta domiciliar de material humano realizados pelos estabelecimentos de saúde.

5.2.2. Análise de documentos contendo o(s) nome(s) do(s) estabelecimento(s) que realizará(ão) os exames e testes laboratoriais, assim discriminado(s) segundo o(s) responsável(eis) por sua realização:

1. exames e testes realizados por Unidades de Laboratórios Clínicos vinculadas técnica e legalmente a hospitais, ambulatórios e congêneres sob responsabilidade médica;

2. exames e testes realizados por outras Unidades de Laboratórios Clínicos pertencentes aos próprios hospitais, ambulatórios e congêneres sob responsabilidade médica;

3. exames e testes realizados por Laboratórios Clínicos Autônomo e/ou por Unidades de Laboratórios Clínicos formalmente contratados pelos hospitais, ambulatórios e congêneres sob responsabilidade médica, pertencentes a outras empresas, instituições ou entidades.

5.2.3. Análise, por parte das autoridades sanitárias competentes, de documentos, emitidos pelos Responsáveis Técnicos pelos estabelecimentos de saúde, que comprovem a implantação dos Programas de Coleta Domiciliar de Material Humano (PCDs), no caso de hospitais, ambulatórios e congêneres sob responsabilidade médica.

5.3. Para os efeitos desta Norma Técnica, todos os hospitais, ambulatórios e congêneres sob responsabilidade médica que também tenham por finalidade a coleta domiciliar de material humano, obrigatoriamente, instituirão os Programas de Coleta Domiciliar de Material Humano (PCDs).

5.4. Para os efeitos desta Norma Técnica, os Serviços de Coleta Domiciliar de Material Humano, não vinculados técnica e legalmente a hospitais, ambulatórios e congêneres sob responsabilidade médica, assim como a Laboratórios Clínicos Autônomos e a Unidades de Laboratórios Clínicos, somente poderão funcionar após a aprovação de seus cadastros junto aos órgãos de vigilância sanitária competentes.

5.4.1. A aprovação de cadastros, junto aos órgãos de vigilância sanitária competentes, dos Serviços de Coleta Domiciliar de Material Humano, estará condicionada ao cumprimento das seguintes exigências:

a) os responsáveis por estes serviços deverão ser profissionais legalmente habilitados que concluíram os seguintes cursos de formação profissional: medicina, enfermagem, farmácia, ciências biológicas – modalidade médica (biomedicina).

b) os profissionais que executarão as coletas domiciliares de material humano, pertencentes aos quadros de pessoal destes serviços, deverão ser profissionais legalmente habilitados.

c) os serviços deverão contar com veículos automotores para o transporte das amostras coletadas até as dependências dos Laboratórios Clínicos Autônomos e/ou das Unidades de Laboratórios Clínicos que realizarão os exames e testes laboratoriais, bem como para o transporte dos profissionais até os domicílios dos clientes;

d) os serviços deverão dispor de sedes, de forma a garantir que os produtos e artigos empregados na coleta de material humano de clientes possam ser conservados, armazenados e estocados adequadamente;

e) apresentação de documentos contendo a relação de procedimentos de coleta domiciliar de material humano realizados pelos Serviços de Coleta Domiciliar, em conformidade com a Norma Técnica;

f) apresentação dos contratos de prestação de serviços celebrados com todos os estabelecimentos assistenciais de saúde contratantes, cujos termos atendam ao disposto na legislação em vigor;

g) apresentação de MANUAIS DE PROCEDIMENTOS OPERACIONAIS PADRÃO (POP) que tratem dos procedimentos de coleta de material, dos procedimentos de transporte de amostras coletadas e dos procedimentos de biossegurança;

h) apresentação de documentos, emitidos pelos responsáveis pelos Serviços de Coleta Domiciliar, que comprovem a implantação dos Programas de Coleta Domiciliar de Material Humano (PCDs), devendo tais documentos conter os nomes dos profissionais de nível superior que coordenam estes programas (Coordenadores dos PCDs).

5.5. Os responsáveis pelos Serviços de Coleta Domiciliar de Material Humano deverão indicar formalmente os Coordenadores dos PCDs, dentre os profissionais de nível superior pertencentes aos quadros destes serviços.

5.5.1. Os profissionais de nível superior de que trata o são os seguintes: médico, enfermeiro, farmacêutico, biomédico e biólogo.

5.5.2. Os responsáveis pelos Serviços de Coleta Domiciliar de Material Humano, poderão ser os Coordenadores dos PCDs.

5.5.3. Os Coordenadores dos PCDs deverão elaborar Relatórios de Avaliação semestrais e entregá-los aos responsáveis pelos serviços, se for o caso, e manter uma cópia arquivada para averiguação das autoridades sanitárias competentes.

5.6. Aos Serviços de Coleta Domiciliar de Material Humano, é vedado coletar amostras destes materiais visando à realização de exames e testes laboratoriais sem solicitação médica ou de cirurgião-dentista no desempenho de suas respectivas atividades profissionais.

5.6.1. Aos profissionais médicos ou aos cirurgiões-dentistas solicitantes, exclusivamente, cabe a avaliação, consideradas as condições clínicas dos clientes, da pertinência técnica da execução nos domicílios dos cidadãos dos procedimentos de coleta de material humano.

5.7. No caso de hospitais, ambulatórios e congêneres sob responsabilidade médica, assim como de Laboratórios Clínicos Autônomos e Unidades de Laboratórios Clínicos, que contratarem Serviços de Coleta Domiciliar de Material Humano, os Responsáveis Técnicos pelos estabelecimentos contratantes e os responsáveis pelos serviços contratados assumirão total responsabilidade por quaisquer transtornos ou danos ocasionados aos clientes que possam ser relacionados a:

5.7.1. Resultados de exames e testes laboratoriais comprometidos pela coleta de material humano tecnicamente inapropriada.

5.7.2. Resultados de exames e testes laboratoriais comprometidos pelo transporte de material humano tecnicamente inapropriado.

5.7.3. O disposto nos sub-itens 5.7.1 e 5.7.2, aplica-se também às pessoas físicas ou jurídicas que mantêm os estabelecimentos.

TÍTULO VI
DO TRANSPORTE DE MATERIAL HUMANO COLETADO

6. Os Laboratórios Clínicos Autônomos e Unidades de Laboratórios Clínicos, os Postos de Coleta Descentralizados, os hospitais, ambulatórios e congêneres sob responsabilidade médica, os hospitais, ambulatórios e congêneres sob responsabilidade médica que também tenham por finalidade a coleta nos domicílios os cidadãos, os Serviços Hemoterápicos e, ainda, os Serviços de Coleta Domiciliar que transportam amostras de material humano para a realização de exames ou testes laboratoriais, deverão cumprir as disposições do presente Título desta Norma Técnica, além de outros dispositivos legais.

6.1. É vedado, em quaisquer hipóteses, transportar amostras de material humano, bem como recipientes contendo resíduos infectantes, na parte dianteira dos Veículos Automotores para Transporte.

6.2. Os Recipientes de Segurança para Transporte contendo no seu interior os Recipientes paraAcondicionamento do Material Humano, deverão ser transportados na parte traseira ou em compartimento especial dos Veículos Automotores para Transporte.

DA REMESSA DE MATERIAL HUMANO POR MEIO DE EMPRESAS TRANSPORTADORAS

6.3. Os Responsáveis Técnicos pelos estabelecimentos para as situações em que for necessária a remessa de material humano por meio de empresas que transportam objetos e coisas, deverão adotar as medidas estabelecidas nesta Norma Técnica, visando garantir o transporte seguro do material e a chegada do mesmo ao destinatário em tempo hábil e em condições de ser analisado.

DAS RESPONSABILIDADES DO REMETENTE

6.4. O remetente deverá entrar em contato, previamente à remessa do material, com a empresade transporte e com o destinatário, a fim de garantir que as amostras sejam recebidas e imediatamente examinadas.

6.4.1. Cuidará da preparação dos documentos para a remessa do material.

6.4.2. Preencherá o Relatório de Segurança para Transporte de Material Humano, em três vias, sendo que uma deverá ser entregue à empresa transportadora e a outra aposta à superfície da embalagem, se possível.

O Relatório de Segurança para Transporte de Material Humano conterá, obrigatoriamente, informações sobre os perigos decorrentes do contato com o material transportado e orientações, claras e precisas, sobre os procedimentos que deverão ser adotados em caso de acidente, quebra ou vazamento através da embalagem.

6.4.3. Informará ao destinatário, em tempo hábil, sobre todos os procedimentos adotados em relação ao transporte do material humano.

DAS RESPONSABILIDADES DA EMPRESA TRANSPORTADORA

6.5. No âmbito do Estado de São Paulo, no interesse da preservação da saúde e segurança dos profissionais que trabalham em transportadoras, os proprietários e gerentes destas empresas deverão garantir o cumprimento do seguinte procedimento padrão para o transporte de material humano em seus veículos automotores ou em aeronaves:

a) providenciar o meio de transporte do material, preferentemente, através de empresa de transporte aéreo e preferencialmente em voo direto para a localidade onde encontra-se o destinatário;

b) exigência de prévia entrega do Relatório de Segurança para Transporte de Material Humano, por parte do Responsável Técnico pelo estabelecimento de saúde que está remetendo o material, sem o que a mercadoria não deverá ser transportada;

c) de posse da cópia do Relatório de Segurança para Transporte de Material Humano, os responsáveis pelos setores de transporte de mercadorias destas empresas deverão entregá-los aos profissionais que entrarão em contato com o material humano já embalado, a fim de que os mesmos tomem conhecimento dos perigos decorrentes de acidentes envolvendo a mercadoria.

DAS RESPONSABILIDADES DO DESTINATÁRIO

6.6. Colaborar com o remetente no atendimento de exigências legais que envolvam o transporte, se for o caso, de forma que o material humano não venha a ficar retido em veículos automotores ou em aeronaves e, ainda, em dependências de terminais de embarque e desembarque.

6.7. Os Responsáveis Técnicos e responsáveis pelos estabelecimentos assistenciais de saúde e serviços referidos no item 6 do presente Título, deverão providenciar o cumprimento do estabelecido nesta Norma em relação aos procedimentos de transporte de material humano.

6.7.1. O disposto no subitem anterior, também, aplica-se aos proprietários das empresas, caso os seus Responsáveis Técnicos e responsáveis não as integrem na qualidade de sócios.

6.8. Os Responsáveis Técnicos e responsáveis pelos estabelecimentos assistenciais de saúde e serviços referidos no item 6 do presente Título, deverão providenciar o treinamento dos profissionais de saúde, assim como dos trabalhadores de frotas de veículos automotores.

TÍTULO VII
DAS DISPOSIÇÕES FINAIS

7. Para os efeitos desta Norma Técnica, os Laboratórios Clínicos Autônomos e Unidades de Laboratórios Clínicos, no desenvolvimento de seus Programas de Garantia de Qualidade (PGCs), deverão adotar como padrões mínimos a serem atingidos aqueles compilados nas BOAS PRÁTICAS DE LABORATÓRIO CLÍNICO, trabalho elaborado pelo Instituto de Metrologia, Normalização e Qualidade Industrial – INMETRO, 1997.

7.1. Recomenda-se, a juízo dos seus Responsáveis Técnicos, a participação dos estabelecimentos de que trata o subitem anterior em Programas de Controle de Qualidade Externos.

8. É proibida a execução de coleta de sangue para fins de doação nos Postos de Coleta Descentralizados,

vinculados técnica e formalmente a Laboratórios Clínicos Autônomos e a Unidades de Laboratórios Clínicos, sob quaisquer justificativas.

9. Aos estabelecimentos assistenciais de saúde que também tenham por finalidade a coleta domiciliar de material humano, assim como aos Serviços de Coleta Domiciliar de Material Humano, é vedada a execução de coleta de sangue para fins de doação nos domicílios dos cidadãos, sob quaisquer justificativas.

10. Aos Postos de Coleta Descentralizados, é vedado o fornecimento e a prestação de serviços que tenham como finalidade a execução domiciliar de procedimentos de coleta de material humano.

11. Nos termos da legislação em vigor, no interior das dependências de Laboratórios Clínicos Autônomos, de Unidades de Laboratórios Clínicos e de Postos de Coleta Descentralizados, é vedado o fornecimento e a prestação de serviços cuja execução seja de competência exclusiva de profissionais com formação em medicina, tais como: consultas médicas, procedimentos de diagnose não afetos ao Laboratório Clínico, procedimentos de terapia, dentre outros.

11.1. Os procedimentos de que trata o item anterior, deverão ser executados no interior das dependências de estabelecimentos sob responsabilidade médica: consultórios médicos, ambulatórios e congêneres, hospitais e outros, ou, em Centros de Diagnose.

12. As autoridades sanitárias competentes deverão conceder as pertinentes licenças de funcionamento como ambulatórios, aos estabelecimentos mantidos por Laboratórios Clínicos Autônomos ou por Unidades de Laboratórios Clínicos, que apresentem:

a) como características a individualização de seus conjuntos físico-funcionais e a execução de atividades em regime de não internação;

b) como finalidades o fornecimento e a prestação de serviços médicos, dentre eles os serviços de diagnose não afetos ao Laboratório Clínico, assim como a prestação de serviços executados por profissionais de saúde componentes de equipes multiprofissionais.

13. As autoridades sanitárias competentes deverão conceder as pertinentes licenças de funcionamento aos estabelecimentos de saúde sob responsabilidade médica, de natureza ambulatorial, mantidos por Laboratórios Clínicos Autônomos ou por Unidades de Laboratórios Clínicos, em conformidade com o disposto nesta Norma Técnica.

14. Os profissionais dos órgãos de vigilância sanitária competentes, ao analisarem projetos de construção, reforma ou adaptação de Laboratórios Clínicos Autônomos e Unidades de Laboratórios Clínicos, deverão considerar as características dos processos de produção de serviços, bem como os equipamentos aos mesmos incorporados, na avaliação estrutural de ambientes e áreas destinadas à execução de procedimentos de natureza técnica.

15. Os Laboratórios de Toxicologia Clínica poderão manter Postos de Coleta Descentralizados aos mesmos vinculados técnica e formalmente, bem como realizar os procedimentos de coleta domiciliar de material humano, desde que cumpram as disposições desta Norma.

16. Nos ambulatórios e congêneres sob responsabilidade médica, que prestam serviços de coleta de material humano, tais atividades ficarão sob a responsabilidade dos profissionais que ocupam as funções de Responsáveis Técnicos, sendo que os mesmos deverão garantir a qualificação de etapas de tratamento pré-analítico, se for o caso, e do transporte do material coletado até os estabelecimentos que realizarão os exames e testes laboratoriais, fazendo cumprir o estabelecido nos PGQs dos Laboratórios Clínicos Autônomos ou das Unidades de Laboratórios Clínicos que realizarão as análises clínico-laboratorais.

16.1. Caso não esteja previsto o transporte das amostras coletadas nos contratos de prestação de serviços celebrados entre os estabelecimentos de que trata o subitem anterior e os Laboratórios Clínicos Autônomos ou as Unidades de Laboratórios Clínicos que realizarão os exames e testes laboratoriais, os próprios ambulatórios e congêneres sob responsabilidade médica deverão garantir o transporte do material humano, em conformidade com as disposições desta Norma, e cumprir o estabelecido nos PGQs dos Laboratórios Clínicos Autônomos ou das Unidades de Laboratórios Clínicos que realizarão as análises clínico-laboratorais.

17. As pessoas físicas e jurídicas, de direito público ou privado, que, eventualmente, venham a organizar POSTOS DE COLETA MÓVEIS, em veículos automotores ou em reboques ou semirreboques sobre rodas (trailers) movidos por veículos automotores, inclusive para fins de coleta de sangue para doação, no que for aplicável, deverão cumprir o estabelecido nesta Norma Técnica e o disposto no presente.

17.1. Os Responsáveis Técnicos pelas empresas, instituições ou entidades às quais estejam vinculados técnica e legalmente os Postos de Coleta Móveis, deverão apresentar às autoridades sanitárias competentes Declarações contendo: o cálculo da capacidade de reservação de água potável dos Postos de Coleta Móveis, dimensionado considerando o consumo de água durante 08 horas, a execução no período de 08 horas do número máximo de procedimentos possível segundo grupos específicos, acrescido de 20% do total; a qualificação e quantificação dos profissionais; e, as distâncias a serem percorridas.

17.2. Os Postos de Coleta Móveis deverão contar com privadas químicas.

18. As autoridades sanitárias competentes deverão inspecionar os veículos automotores e os reboques ou semirreboques sobre rodas (trailers) movidos por veículos automotores, a que se refere o subitem anterior, como parte do processo de cadastramento de Postos de Coleta Móveis.

18.1. Os Postos de Coleta Móveis, deverão cumprir todas as disposições referentes aos PCDs estabelecidas nesta Norma.

18.2. Caso os veículos automotores e os reboques ou semirreboques sobre rodas (trailers), a que se refere o subitem anterior do presente Título, não atendam o estabelecido nesta Norma, as autoridades sanitárias competentes deverão tomar as seguintes providências:

18.2.1. Interditar o funcionamento dos Postos de Coleta Móveis.

18.2.2. Oficiar o Órgão Público detentor de Poder de Polícia de Trânsito, ao qual está afeta a competência de licenciar veículos automotores, no sentido de que seja cassado os Certificados de Registro de Veículos, como Postos de Coleta Móveis, dos veículos automotores e dos reboques ou semirreboques sobre rodas (*trailers*).

19. Os Veículos Automotores para Transporte dos estabelecimentos assistenciais de saúde de que trata esta Norma, não necessitam de Certificados de Vistoria de Veículos.

20. As autoridades sanitárias competentes deverão preservar o caráter confidencial de quaisquer informações que, por força do seu dever, venham a tomar conhecimento visando garantir a privacidade dos cidadãos.

21. A definição de quais profissionais de saúde legalmente habilitados estão capacitados a executar os procedimentos de coleta de material para a realização de citologia oncótica de colo uterino, obedecerá a regulamentação específica estabelecida pelas autoridades de saúde federais.

22. Para os efeitos desta Norma Técnica, entende-se por produção de serviços em Laboratórios Clínicos Autônomos e em Unidades de Laboratórios Clínicos um processo que, concretizada a orientação dos clientes, tem seu início na fase pré-analítica, onde dentre outras atividades se incluem as de coleta e recebimento de amostras, desenvolve-se na fase analítica, na fase pós-analítica e termina na emissão de Laudos Técnicos, após a qual passa a se impor a entrega dos Laudos Técnicos aos clientes e/ou aos médicos ou aos cirurgiões-dentistas solicitantes.

22.1. O objeto deste processo são as amostras de material humano, que requerem cuidados para garantir a sua preservação, conservação e estabilidade após a coleta e recebimento, o seu tratamento apropriado e a correção técnica das análises nas mesmas realizadas, objetivando, assim, conferir qualificação e confiabilidade aos resultados de exames e testes laboratoriais obtidos.

23. Para os efeitos desta Norma Técnica, entende-se supervisão como as ações de orientação, de direção e de inspeção em plano superior, portanto, como categoria eminentemente gerencial.

24. As disposições desta Norma Técnica não se aplicam aos Laboratórios de Anatomia Patológica.

RESOLUÇÃO SS Nº 2, DE 6 DE JANEIRO DE 2006

Aprova Norma Técnica que disciplina as exigências para o funcionamento dos estabelecimentos que realizam procedimentos médico-cirúrgicos de curta permanência institucional no âmbito do Estado de São Paulo.

O Secretário da Saúde,

Considerando as disposições constitucionais e da Lei Federal nº 8.080, de 19.9.1990 que tratam das condições para a promoção, proteção e recuperação como direito fundamental do ser humano;

Considerando os riscos inerentes aos procedimentos médico-cirúrgicos, a que fica exposto o paciente que se submete a tais tratamentos;

Considerando a necessidade de atendimento adequado e imediato do paciente, quando houver intercorrências que coloquem em risco a vida;

Considerando a tendência mundial de aumento dos procedimentos médico-cirúrgicos realizados em ambulatório, seja pela redução dos custos, seja pela humanização da assistência médica;

Considerando a necessidade de atualizar as exigências para funcionamento dos estabelecimentos que realizam procedimentos médico-cirúrgicos que demandam curtos períodos de internação com vistas a evitar situações de risco para o paciente;

Considerando o crescimento do número de estabelecimentos que realizam esses procedimentos.

Resolve:

Art. 1º. Fica aprovada a Norma Técnica, que faz parte integrante desta Resolução, que disciplina as exigências para o funcionamento de estabelecimentos que realizam procedimentos médico-cirúrgicos de curta permanência institucional, no âmbito do Estado de São Paulo.

Art. 2º. O disposto nesta Norma Técnica aplica-se a pessoas físicas e jurídicas, de direito privado e público, envolvidas na realização de procedimentos médico-cirúrgicos de curta permanência institucional.

Art. 3º. Esta Resolução entra em vigor na data de sua publicação, ficando revogada a Resolução SS nº 169, de 19.6.1996.

DOE de 7.1.2006 – Retificação DOE de 14.1.2006

[ANEXO]
NORMA TÉCNICA

1. INTRODUÇÃO

No Estado de São Paulo, tem aumentado consideravelmente o número de estabelecimentos que realizam procedimentos médico-cirúrgicos sob anestesia, destacadamente os denominados vídeo assistidos e endoscópicos, tanto em ambulatório quanto em regime de internação por período inferior a 60 (sessenta) horas.

Estes procedimentos, quando realizados por profissional e equipe habilitados e capacitados, em ambientes adequados, apresentam vantagens para o paciente e para a instituição.

2. OBJETIVOS

A presente Norma Técnica tem por objetivos:

2.1. Instituir diretrizes para o funcionamento de estabelecimentos que realizam procedimentos médico-cirúrgicos de curta permanência, dentro de uma política estadual de proteção à saúde.

2.2. Classificar os estabelecimentos que realizam procedimentos médico-cirúrgicos ambulatoriais e aqueles cuja permanência institucional seja inferior a 60 (sessenta) horas de internação, segundo a complexidade e riscos dos procedimentos.

3. DOS PRINCÍPIOS

3.1. Os princípios que devem nortear o funcionamento dos estabelecimentos que realizam procedimentos médico-cirúrgicos ambulatoriais e aqueles cuja permanência institucional seja inferior a 60 (sessenta) horas de internação são:

a) princípio da habilitação: os estabelecimentos de que trata a presente Norma Técnica deverão ter instalações, equipamentos e recursos humanos habilitados e capacitados para estes procedimentos;

b) princípio da categorização: os estabelecimentos serão classificados de acordo com a complexidade e riscos dos procedimentos que realizam, o que permite estabelecer exigências de condições estruturais mínimas para funcionamento;

c) princípio da qualidade: os estabelecimentos deverão organizar seus recursos e atividades de forma a garantir a prestação de uma atenção à saúde adequada.

3.2. Para efeito desta Norma Técnica, são considerados estabelecimentos que realizam procedimentos médico-cirúrgico-ambulatoriais ou de curta permanência: consultório médico, centro de saúde, unidade básica de saúde, ambulatório isolado, clínica, posto de assistência médica, instituto, hospital, e outros que executem os procedimentos médico-cirúrgicos propostos pela Tabela de Procedimentos do SIA e SIH/SUS e outros constantes desta Norma Técnica, caracterizadas como cirurgias ambulatoriais ou não, cuja permanência do paciente na instituição seja inferior a 60 (sessenta) horas de internação.

4. DAS DEFINIÇÕES

4.1. Para efeito desta Norma Técnica, considera-se:

Cirurgia Ambulatorial: todos os procedimentos médico-cirúrgicos, com exceção daqueles que acompanham os partos, que pelo seu porte e pela ausência de necessidade de cuidados especiais no pós-operatório, dispensem o pernoite do paciente. O pernoite do paciente poderá ocorrer em casos excepcionais, sendo que o tempo de permanência do paciente no estabelecimento neste caso não pode ser superior a 24 horas.

Procedimentos médicos-cirúrgicos de curta permanência institucional: todos os procedimentos médico-cirúrgicos, incluindo as cirurgias ambulatoriais, com exceção daqueles que acompanham os partos, que pelo seu porte e pela ausência ou pequena necessidade de cuidados especiais no pós-operatório, prescindem de períodos de internação superiores a 60 (sessenta) horas, período este limitado a dois pernoites.

Anestesia Ambulatorial: todos os procedimentos anestésicos realizados em ambulatório ou hospital, que permitam pronta ou rápida recuperação do paciente, sem necessidade de pernoite, exceto em casos excepcionais. Os tipos de anestesia que permitem rápida recuperação do paciente são: anestesia loco-regional com ou sem sedação e anestesia geral com drogas anestésicas de eliminação rápida.

5. DA CLASSIFICAÇÃO DOS ESTABELECIMENTOS

5.1. Os estabelecimentos de saúde que realizam procedimentos médico-cirúrgicos de curta permanência deverão ser classificados em:

a) unidade ambulatorial tipo I;

b) unidade ambulatorial tipo II;

c) unidade ambulatorial tipo III ou unidade médico-cirúrgica de curta permanência.

5.1.1. Da Unidade Ambulatorial tipo I:

5.1.1.1. É o consultório médico independente do hospital, destinado à realização de procedimentos-médico-cirúrgicos de pequeno porte, sob anestesia local.

5.1.1.2. Não é permitido o pernoite do paciente.

5.1.2. Da Unidade Ambulatorial tipo II:

5.1.2.1. É o estabelecimento de saúde, independente do hospital, destinado à realização de procedimentos médico-cirúrgicos de pequeno e médio porte, em ambulatório, em salas cirúrgicas adequadas a essa finalidade.

5.1.2.2. Enquadram-se neste tipo as Unidades Básicas de Saúde, os Ambulatórios Isolados, os Centros de Saúde, os Postos de Assistência Médica, e outros.

5.1.2.3. Deve contar com sala de recuperação ou de observação de pacientes.

5.1.2.4. Realiza cirurgias/procedimentos médico-cirúrgicos de pequeno e médio porte, sob anestesia loco-regional (com exceção dos bloqueios subaracnóideo e peridural), com ou sem sedação.

5.1.2.5. Não são permitidos o pernoite e a internação do paciente.

5.1.2.6. A internação, quando necessária, deve ser feita no hospital de retaguarda.

5.1.3. Da Unidade Ambulatorial tipo III ou Unidade Médico-Cirúrgica de curta permanência

5.1.3.1. É o estabelecimento de saúde que, anexo ou não a um hospital geral ou especializado, realiza procedimentos médico-cirúrgicos em regime ambulatorial ou de internação, em salas cirúrgicas próprias ou do centro cirúrgico do hospital, podendo utilizar a estrutura de apoio (Serviço de Nutrição e Dietética, Centro de Esterilização de Material e Lavanderia) e equipamentos de infraestrutura (Central de Gases, Central de Vácuo, Central de Ar Comprimido, Central de Ar Condicionado, Sistema de Coleta de Lixo etc.) do hospital.

5.1.3.1.1. Em se tratando de estabelecimento independente do hospital, que não possua serviço próprio de Nutrição e Dietética, Centro de Esterilização de Material e Lavanderia, deve apresentar contrato formal de terceirização destes serviços.

5.1.3.2. Deve contar com equipamentos de apoio e de infraestrutura adequados para o atendimento ao paciente.

5.1.3.3. Realiza cirurgias de pequeno e médio porte, bem como por métodos endoscópicos e o tratamento videolaparoscópico da obesidade mórbida, sob anestesia loco-regional com ou sem sedação e anestesia geral com agentes anestésicos de eliminação rápida.

5.1.3.4. Nela está previsto o pernoite e a internação do paciente por período não superior a 60 (sessenta) horas. Caso necessária internação do paciente, este deve ser transferido para o hospital de referência.

6. DAS INDICAÇÕES E CONTRAINDICAÇÕES

6.1. Os critérios estabelecidos para a seleção destes pacientes são os seguintes:

a) estado físico: os pacientes que podem ser submetidos à cirurgia/procedimento ambulatorial e de curta permanência são os classificados nas categorias ASA-I e ASA-II da *American Society of Anesthesiologists* (1962), ou seja:

a1) ASA I – pacientes sem transtornos orgânicos, fisiológicos, bioquímicos ou psicológicos. A enfermidade que necessita de intervenção é localizada e não gera transtornos sistêmicos (ex.: hérnia inguinal em pessoa sã);

a2) ASA II – pacientes apresentam pequenos ou moderados transtornos gerais, seja pela enfermidade sob intervenção ou outra (exemplo: enfermidade cardíaca leve, diabetes leve ou moderado, anemia, hipertensão compensada, idades extremas, obesidade);

b) a extensão e localização do procedimento a ser realizado permitem o tratamento ambulatorial ou de curta permanência;

c) não há necessidade de procedimentos especializados e controles estritos no pós-operatório;

d) o paciente deve estar acompanhado de pessoa adulta, lúcida e responsável;

e) aceitação, pelo paciente, do tratamento médico-cirúrgico proposto, mediante assinatura de termo de aceitação, conforme modelo do Anexo III.

6.2. O procedimento médico-cirúrgico de curta permanência é contraindicado quando:

a) os pacientes sejam portadores de distúrbios orgânicos de certa gravidade, como: diabetes descompensado, alergias, coagulopatias, infecção sistêmica, infecção respiratória alta, temperatura superior a 38ºC, paciente em choque, pacientes que requerem monitorização invasiva extensa, prematuros com idade inferior a três meses de vida, asmáticos mal controlados, anemia severa não corrigida, transtornos psiquiátricos, dentre outros.

b) os procedimentos a serem realizados são extensos;

c) há risco de sangramento ou outras perdas de volume que necessitem de reposição importante;

d) há necessidade de imobilização prolongada no pós-operatório;

e) os procedimentos estão associados a dores que exijam a aplicação de narcóticos, com efeitos por tempo superior à permanência do paciente no estabelecimento.

6.3. A cirurgia deverá ser suspensa se o paciente se apresentar ao serviço sem acompanhante que permaneça durante todo o tempo da intervenção cirúrgica até a alta.

6.4. Se o estabelecimento não apresentar as condições exigidas, como falta de: luz, material, roupa esterilizada; ausência de pessoal de enfermagem no centro cirúrgico ou outros fatores que possam colocar em risco a segurança do paciente, a cirurgia também deve ser suspensa.

7. DAS RESPONSABILIDADES

7.1. A indicação de procedimento médico-cirúrgico-ambulatorial ou de curta permanência no estabelecimento apontado é de inteira responsabilidade do médico executante.

7.2. Toda a investigação pré-operatória/pré-procedimento do paciente (realização de exames laboratoriais, radiológicos, consultas a outros especialistas etc.) para diagnóstico da condição pré-operatória/pré-procedimento do paciente, é de responsabilidade do médico ou da equipe médica executante, devendo esta documentação ficar arquivada no prontuário do paciente.

7.3. A avaliação pré-operatória/pré-procedimento dos pacientes a serem selecionados para os procedimentos médico-cirúrgico-ambulatoriais e de curta permanência exige no mínimo:

a) ASA I: história clínica, exame físico e exames laboratoriais quando indicados;

b) ASA II: história clínica, exame físico e exames laboratoriais especiais que cada caso requeira.

7.4. Deve ser anexado ao prontuário do paciente:

a) Termo de Responsabilidade Médica (assinado pelo médico executante), pela indicação da cirurgia/ procedimento e do Serviço, conforme modelo do Anexo I;

b) Termo de Aceitação do Tratamento médico-cirúrgico preconizado, assinado pelo paciente ou acompanhante responsável, conforme modelo do Anexo II;

c) Termo de Acompanhamento de Paciente conforme modelo do Anexo III.

7.5. O médico deve orientar o paciente e seu acompanhante, verbalmente e por escrito, quanto aos cuidados pré e pós-operatórios / pré e pós-procedimentos necessários e complicações possíveis.

7.6. Deve ser arquivada, no prontuário do paciente, uma cópia destas orientações assinada pelo paciente ou por seu responsável.

7.7. Após a realização do procedimento médico-cirúrgico de curta permanência, a alta do serviço será dada pelo médico executante do procedimento.

7.8. A responsabilidade do acompanhamento do paciente, após a realização da cirurgia/procedimento até a alta definitiva, é do médico ou da equipe médica que executou o procedimento médico-cirúrgico de curta permanência.

8. DOS REQUISITOS GERAIS

8.1. Os estabelecimentos destinados à realização de procedimentos médico-cirúrgico-ambulatoriais e de curta permanência institucional devem obedecer às normas gerais e específicas de edificações previstas nas legislações estadual e municipal vigentes, bem como na Resolução RDC nº 50, de 21 de fevereiro de 2002, da Agência Nacional de Vigilância Sanitária – ANVISA – Ministério da Saúde, ou instrumento legal que venha a substituí-la ou complementá-la.

8.1.1. Cada ambiente deve ter dimensões físicas compatíveis com o uso proposto, sendo que devem ainda apresentar as seguintes características:

a) permitir o acesso, para a livre e rápida retirada do paciente em situações emergenciais, levando-se em conta as possíveis limitações em situações de risco;

b) permitir a adequada organização e higienização do ambiente. É vedada a utilização de qualquer espaço, tanto das salas quanto das circulações horizontais e verticais como depósitos de materiais ou de equipamentos em desuso;

c) permitir a livre circulação do pessoal de serviço.

8.2. A equipe multiprofissional deve ser capacitada, por meio de programas de educação permanente, devidamente registrados.

8.3. A manutenção preventiva periódica deve ser realizada mediante protocolos estabelecidos e manter registro da mesma acessível aos profissionais de vigilância sanitária.

8.4. Manter disponível os registros de aferição de termômetros, balanças, esfigmomanômetros dentre outros de acordo com os padrões do órgão oficial de metrologia – INMETRO.

9. DA ÁREA FÍSICA

– Unidades Ambulatoriais Tipo I – II e III ou Unidade Médico – Cirúrgica de curta permanência.

9.1. A área física deve obedecer às normas gerais e específicas de edificações previstas na legislação estadual e municipais vigentes, bem como na Resolução RDC nº 50, de 21 de fevereiro de 2002, da Agência Nacional de Vigilância Sanitária – ANVISA – Ministério da Saúde, ou instrumento legal que venha a substituí-la ou complementá-la.

9.2. A coleta, armazenamento, tratamento e destinação de resíduos sólidos devem obedecer ao disposto na RDC nº 306, de 7 de dezembro de 2004, da Agência Nacional de Vigilância Sanitária – ANVISA – Ministério da Saúde, que dispõe sobre o Regulamento Técnico para o gerenciamento de resíduos de serviços de saúde, ou outro instrumento normativo que venha a complementá-la ou substitui-la.

9.3. Quanto ao destino dos resíduos líquidos, a edificação deve estar ligada à rede pública ou atender à legislação ambiental e às normas da ABNT pertinentes.

9.4. Todos os estabelecimentos mencionados no item 5.1 devem ser abastecidos com água potável, conforme recomendações da Portaria nº 518, de 25 de março de 2004, do Ministério da Saúde, ou outro instrumento normativo que venha a complementá-la ou substituí-la, que estabelece os procedimentos e responsabilidades relativos ao controle e vigilância da qualidade da água para consumo humano e seu padrão de potabilidade, e dá outras providências.

10. DOS MATERIAIS NECESSÁRIOS

10.1. A Unidade Ambulatorial tipo I deve contar com os seguintes materiais:

a) instrumental cirúrgico;

b) aspirador de secreções;

c) conjunto de emergência, equipado com medicação e material de reanimação cárdio respiratória;

d) fonte de oxigênio;

e) dispositivos para iluminação adequada no campo cirúrgico;

f) mesa adequada para a realização da cirurgia;

g) equipamentos específicos da especialidade praticada (como microscópio cirúrgico, entre outros);

h) estufa/autoclave para a esterilização de material, se necessário;

i) dispositivo com chave para a guarda de medicamentos sujeitos a controle especial;

j) tensiômetro ou esfigmomanômetro;

k) equipamento para ausculta cardíaca;

l) armário provido de porta, ou outro dispositivo com proteção, para a guarda de material esterilizado e descartável;

m) mobiliário padrão hospitalar nas áreas ocupadas por pacientes;

n) material de consumo adequadamente esterilizado, de acordo com as normas em vigor;

o) material para a coleta de resíduos, incluindo recipiente rígido e impermeável para descarte de perfuro cortantes conforme disposto na RDC nº 306, de 07 de dezembro de 2004, da ANVISA, que dispõe sobre o Regulamento Técnico para o gerenciamento de resíduos de serviços de saúde, ou outro instrumento normativo que venha a complementá-la ou substituí-la.

p) armário para guarda de roupa limpa;

10.2. A Unidade Ambulatorial tipo II deve contar com os materiais constantes da unidade tipo I, acrescidos de:

a) mesa cirúrgica;

b) oxímetro de pulso;

c) monitor cardíaco e desfibrilador;

d) lavadora pequena com barreira, ou outra de pequeno porte, desde que não seja a de uso doméstico;

e) secadora de roupas;

f) fogão ou similar;

g) geladeira ou similar.

10.2.1. O conjunto de emergência deve estar localizado na sala de recuperação anestésica ou de observação de pacientes, ou na área de quartos e enfermarias, e estar provido de equipamentos exclusivos, diversos daqueles utilizados na Unidade de Centro Cirúrgico.

10.3. A Unidade Ambulatorial tipo III ou Unidade Médico-Cirúrgica de curta permanência deve possuir os seguintes materiais:

a) mesas cirúrgicas simples;

b) mesa para instrumental;

c) aparelho de anestesia, segundo normas da ABNT;

d) aspirador cirúrgico elétrico, móvel;

e) dispositivos para iluminação do campo cirúrgico;

f) banqueta ajustável, inox;

g) balde a chute;

h) tensiômetro ou similar;

i) equipamento para ausculta cardíaca;

j) fontes de gases e vácuo;

k) monitor cardíaco;

l) oxímetro de pulso;

m) laringoscópio adulto e infantil, tubos traqueais, guia e pinça condutora de tubos traqueais, cânulas orofaríngeas, agulhas e material para bloqueios anestésicos;

n) instrumental cirúrgico;

o) bisturi elétrico;

p) material de consumo adequadamente esterilizado, de acordo com as normas em vigor;

q) medicamentos (anestésicos, analgésicos e medicações essenciais para utilização imediata), caso haja necessidade de procedimento de manobras de recuperação cárdio respiratória.

r) material para a coleta de resíduos, incluindo recipiente rígido e impermeável para descarte de perfuro cortantes conforme disposto na RDC nº 306, de 07 de dezembro de 2004, da ANVISA, que dispõe sobre o Regulamento Técnico para o gerenciamento de resíduos.

10.3.1. Se forem realizadas cirurgias artroscópicas e/ou colecistectomias por videolaparoscopia, devem as mesmas ocorrer em sala baritada, dotada de arco cirúrgico com intensificador de imagem, equipamentos de proteção contra radiações para a equipe de saúde e paciente, além de mesa com tampo radiotransparente quando realizados procedimentos com controle radiológico.

10.3.2. Deve haver capnógrafo quando da realização de cirurgias videolaparoscópicas.

10.3.3. A sala de indução anestésica/recuperação pós-cirúrgica deve estar equipada com:

a) cama de recuperação com grade;

b) conjunto de emergência, com desfibrilador;

c) tensiômetro ou similar;

d) laringoscópio adulto e infantil;

e) capnógrafo;

f) ventilador pulmonar adulto e infantil;

g) aspirador contínuo elétrico;

h) estetoscópio;

i) fonte de oxigênio e vácuo;

j) monitor cardíaco;

k) oxímetro de pulso;

l) eletrocardiógrafo;

m) maca hospitalar com grade;

n) material de consumo;

o) medicamentos.

10.3.4. Nas áreas de apoio deve haver:

a) estufa/autoclave para esterilização de materiais;

b) geladeira ou similar;

c) fogão ou similar;

d) lavadora pequena com barreira, ou outra de pequeno porte, desde que não seja a de uso doméstico;

e) secadora e equipamento para passagem de roupas;

f) outros.

10.3.5. O conjunto de emergência deve estar localizado na sala de recuperação anestésica ou de observação de pacientes e na área de quartos e enfermarias, e estar provido de equipamentos exclusivos, diversos daqueles utilizados na Unidade de Centro Cirúrgico.

10.3.6. Em caso de atendimento a pacientes com obesidade mórbida, o serviço deve dispor de mesa cirúrgica, maca, cama, aparelho de anestesia e ventilador mecânico, que suportem peso superior a 200 kg.

10.3.7. A sala onde se realizam procedimentos médico-cirúrgicos vídeo assistidos deve dispor deequipamentos, insumos e pessoal preparados e disponíveis para atendimento de conversão imediata.

11. DOS RECURSOS HUMANOS NECESSÁRIOS

11.1. Os serviços de saúde que realizam procedimentos médico-cirúrgico-ambulatoriais e de curta permanência institucional devem contar com os seguintes profissionais:

a) Unidade Ambulatorial tipo II: médicos responsáveis pela anestesia, quando houver sedação e pela cirurgia, enfermeiro, técnico ou auxiliar de enfermagem, e outros.

b) Unidade Ambulatorial tipo III ou Unidade Médico-Cirúrgica de curta permanência: médicos responsáveis pela anestesia e pela cirurgia, enfermeiros, técnicos ou auxiliares de enfermagem e outros. Neste estabelecimento deverá estar prevista a contratação de funcionários médicos, enfermeiros, técnicos ou auxiliares de enfermagem e pessoal de serviços de apoio para o período noturno, em número suficiente para a assistência adequada ao número de pacientes previstos para pernoite.

11.2. Todos os profissionais deverão estar inscritos nos respectivos Conselhos, conforme determina a legislação em vigor.

12. DA ORGANIZAÇÃO

12.1. Todos os serviços mencionados no item 5.1 devem possuir:

a) registro diário do mapa de todas as cirurgias;

b) registro da ocorrência de complicações pós-operatórias, ocorridas até o 30º dia após a realização da cirurgia;

c) registro de dados de ocorrência de infecção pós-cirúrgica, mantendo estatística mensal de ocorrência de infecção, topografia da infecção e o tipo de cirurgia realizada;

d) registro de uso das substâncias e medicamentos sujeitos a controle especial (entorpecentes e psicotrópicos).

e) registro de acidentes ocupacionais;

f) registro dos sistemas de controle dos processos de esterilização de artigos.

12.2. Deve haver uma programação diária de cirurgias para todas as salas.

12.3. Os procedimentos para controle de infecção pós-operatória, incluindo limpeza, esterilização e desinfecção de artigos e superfícies, devem obedecer as determinações da Portaria nº 2.616, de 12 de maio de 1998 do Ministério da Saúde, que trata das condições de controle das Infecções Hospitalares, ou de outro instrumento normativo que venha a complementá-la ou substituí-la.

12.4. Os medicamentos e substâncias sujeitos a controle especial devem obedecer ao estabelecido na Portaria nº 344, de 12 de maio de 1998, da Secretaria de Vigilância Sanitária do Ministério da Saúde, que aprova o Regulamento Técnico sobre substâncias e medicamentos sujeitos a controle especial, ou outro instrumento normativo que venha complementá-la ou substituí-la.

12.5. Devem ser estabelecidas rotinas para os serviços de limpeza, de enfermagem e de lavanderia.

12.6. Os estabelecimentos devem ser mantidos em perfeitas condições de ordem e limpeza.

13. DO FUNCIONAMENTO

13.1. Os serviços que realizam procedimentos médico-cirúrgico-ambulatoriais e de curta permanência institucional, mencionados no item 5.1, à exceção da Unidades Ambulatoriais tipo I, devem ter seus projetos de construção, adaptação ou reforma aprovados pela autoridade sanitária competente.

13.2. Os serviços que realizam procedimentos médico-cirúrgico-ambulatoriais e de curta permanência institucional, mencionados no item 5.1, só podem funcionar depois de devidamente licenciados pela autoridade sanitária competente, com suas especificações definidas.

13.2.1. A licença de funcionamento deve conter o tipo de serviço, segundo classificação do item 5.1. desta Norma Técnica com validade de doze meses, devendo ser renovada anualmente.

13.2.2. A Unidade Ambulatorial tipo III ou Unidade Médico-Cirúrgica de curta permanência poderá ter a mesma licença de funcionamento do hospital, se fizer parte do mesmo.

13.3. Os estabelecimentos mencionados no item 5.1 devem contar com responsável técnico legalmente habilitado, inscrito no CREMESP, que assuma sua responsabilidade perante a autoridade sanitária competente.

13.4. Os estabelecimentos classificados como unidades ambulatoriais tipos II, III ou Unidade Médico-Cirúrgica de curta permanência, devem contar com retaguarda hospitalar incluindo laboratório, radiologia, serviço hemoterápico, e outros recursos que venham a ser necessários, para tratamento de complicações que porventura ocorram durante a realização da cirurgia e devem, no momento da vistoria, apresentar os respectivos contratos. O hospital deve estar localizado a uma distância compatível com o atendimento emergencial ao doente que está sendo removido.

13.5. As unidades ambulatoriais tipos I a III ou Unidade Médico-Cirúrgica de curta permanência poderão contratar serviços de esterilização de materiais, lavanderia e serviço de nutrição e dietética, estando, nestes casos, dispensados de possuir instalações físicas e equipamentos necessários para a esterilização de materiais, lavagem de roupas e preparo de dietas. Entretanto a edificação não estará dispensada de possuir áreas como:

1. Copa para o recebimento das dietas e refeições.
2. Área para a descontaminação e lavagem do material a ser esterilizado.
3. Área para o recebimento e guarda do material esterilizado.
4. Área para a guarda da roupa suja que poderá ser a mesma área da sala de utilidades das unidades.
5. Área para a guarda de roupa limpa.

13.5.1. Devem apresentar documentação que comprove a contratação dos serviços, com definição de responsabilidades entre as partes.

13.6. O transporte dos materiais (roupas, materiais de uso médico-cirúrgico e alimentos) deve ser feito em condições de acondicionamento e embalagem, sem risco de contaminação entre os materiais sujos e limpos.

13.7. Nos municípios onde haja coleta diferenciada de resíduos de serviços de saúde, os estabelecimentos mencionados no item 5.1 devem estar cadastrados junto ao serviço de coleta.

13.8. Os estabelecimentos classificados como unidades ambulatoriais tipos II e III ou Unidade Médico-Cirúrgica de curta permanência devem ter condições de efetuar a remoção de pacientes que necessitem de internação, sem agravar suas condições clínicas, podendo dispor de serviço próprio ou contratado.

13.8.1. Em ambas as situações devem ser atendidas as exigências da regulamentação específica para o transporte de pacientes.

14. DISPOSIÇÕES GERAIS

14.1. Os casos suspeitos de eventos adversos relacionados ao uso de medicamentos, devem ser notificados ao Centro de Vigilância Sanitária, ou às unidades de vigilância sanitária, estaduais e municipais, através do formulário "Notificação de Suspeita de Reação Adversa a Medicamento ou Desvio da Qualidade de Medicamento", conforme legislação vigente.

Parágrafo único. As notificações podem ser encaminhadas pela internet através do site do Centro de Vigilância Sanitária – <*www.cvs.saude.sp.gov.br*>; por correio eletrônico para o endereço *peri@cvs.saude. sp.gov.br*; pelo correio para o seguinte endereço: Av. Dr. Arnaldo, 351, Anexo III, 3º andar, Cerqueira César, São Paulo – SP; CEP 01246-901; por Fax para o número (11) 3065-4744 e, ainda, por meio das sedes de vigilância sanitária estadual ou municipal pertinentes.

14.2. Os casos suspeitos de eventos adversos relacionados à qualidade de equipamentos, produtos e materiais de uso em saúde, devem ser notificados ao Centro de Vigilância Sanitária, ou às unidades de vigilância sanitária, estaduais e municipais, através do formulário "Notificação de Desvio de Qualidade ou Suspeita de Evento Adverso a Produto para a Saúde", conforme legislação vigente.

Parágrafo único. As notificações podem ser encaminhadas pela internet através do site do Centro de Vigilância Sanitária – <*www.cvs.saude.sp.gov.br*>; por correio eletrônico para o endereço *tecnovigilancia@ cvs. saude.sp.gov.br*; pelo correio para o seguinte endereço: Av. Dr. Arnaldo, 351, Anexo III, 3º andar, Cerqueira César, São Paulo – SP; CEP 01246-901; por Fax para o número (11) 3065-4738 e, ainda, por meio das sedes de vigilância sanitária estadual ou municipal pertinentes.

14.3. Os estabelecimentos que realizam procedimentos médico-cirúrgicos de curta permanência institucional terão prazo de 180 (cento e oitenta) dias para atender às exigências desta Norma Técnica.

ANEXO I
IDENTIFICAÇÃO DO SERVIÇO

(Razão Social – Endereço Completo)

TERMO DE RESPONSABILIDADE MÉDICA

Eu, (*nome completo do médico*), inscrito no CREMESP sob nº (...), assumo total responsabilidade pela indicação e realização do tratamento médico-cirúrgico a que será submetido o(a) Sr(a). (*nome completo*), RG nº (...), de (...) anos de idade, no (*nome do serviço*), em (...).

Cidade / dia/mês/ano / assinatura e carimbo com nome e nº CRM

ANEXO II
IDENTIFICAÇÃO DO SERVIÇO

(Razão Social – Endereço Completo)

TERMO DE ACEITAÇÃO
DO TRATAMENTO MÉDICO-CIRÚRGICO
DE CURTA PERMANÊNCIA

Eu, (*nome completo do paciente*), RG nº (...), aceito plenamente o tratamento médico-cirúrgico preconizado, sob responsabilidade do Dr. (*nome completo do médico*), inscrito no CREMESP sob nº (...), a ser realizado no (*nome do serviço*), em (*data*), tendo recebido esclarecimentos sobre todos os procedimentos a serem realizados, incluindo eventual transferência para outro serviço de saúde, se necessário.

Cidade / dia/mês/ano / assinatura

ANEXO III
IDENTIFICAÇÃO DO SERVIÇO

(Razão Social – Endereço Completo)

TERMO DE ACOMPANHAMENTO DE PACIENTE

Eu, (*nome completo do acompanhante*), RG nº (...), responsabilizo-me por acompanhar o(a) Sr(a). (*nome completo do paciente*), RG nº (...), durante o tratamento cirúrgico, no (*nome do serviço*), em (*data*), bem como até o retorno à sua residência, salvo se houver intercorrência que torne necessária sua internação em hospital.

Cidade / dia/mês/ano / assinatura

RESOLUÇÃO CONJUNTA SMA/SERHS/SES Nº 3, DE 21 DE JUNHO DE 2006

Dispõe sobre procedimentos integrados para controle e vigilância de soluções alternativas coletivas de abastecimento de água para consumo humano proveniente de mananciais subterrâneos.

Os Secretários de Estado do Meio Ambiente, de Energia, Recursos Hídricos e Saneamento, e da Saúde considerando que:

A Lei Estadual nº 7.663, de 30 de dezembro de 1991, estabelece a Política Estadual de Recursos Hídricos, bem como o Sistema Integrado de Gerenciamento de Recursos Hídricos, e tem por objetivo assegurar que a água, recurso natural e essencial a vida, ao desenvolvimento econômico e ao bem estar social, possa ser controlada e utilizada, em padrões de qualidade satisfatórios, por seus usuários atuais e pelas gerações futuras, em todo território do Estado de São Paulo.

A Lei Estadual nº 6.134, de 2 de junho de 1988, dispõe sobre a preservação e conservação das águas subterrâneas no Estado de São Paulo, fiscalização de sua exploração, medidas de prevenção e controle de sua poluição e manutenção do seu equilíbrio físico, químico e biológico.

A Portaria do Ministério da Saúde nº 518, de 26 de março de 2004, estabelece os procedimentos e responsabilidades relativos ao controle e a vigilância da qualidade da água e o seu padrão de potabilidade, para sistemas e soluções alternativas de abastecimento para consumo humano.

O histórico de uso e ocupação do solo, no tocante aos passivos ambientais e às atividades com potencial de contaminação, pode comprometer a qualidade das águas subterrâneas.

Há necessidade do usuário de recursos hídricos de solução alternativa coletiva de abastecimento de água de executar o controle operacional das unidades de captação, adução, tratamento, reservação e distribuição.

Há necessidade de maior aprimoramento, compatibilização e integração dos procedimentos técnicos e administrativos de controle de exploração, poluição e uso dos recursos hídricos subterrâneos como solução alternativa de abastecimento de água para consumo humano, resolvem:

Art. 1º. Estabelecer procedimentos entre os órgãos e entidades dos Sistemas Estaduais do Meio Ambiente, Saúde e Recursos Hídricos para compatibilização das autorizações, licenças ambientais e do cadastro e monitoramento com as outorgas de recursos hídricos subterrâneos.

§ 1º. Serão consideradas como condicionantes para análise e emissão da outorga, as áreas de restrição e controle estabelecidas pelo Conselho Estadual de Recursos Hídricos – CRH, as áreas contaminadas declaradas pela Companhia de Tecnologia de Saneamento Ambiental – CETESB e as fontes pontuais com potencial de contaminação do solo e das águas subterrâneas listadas na relação do Anexo I.

§ 2º. Os procedimentos de análise técnica das autorizações, das licenças ambientais e das outorgas de recursos hídricos devem considerar as prioridades estabelecidas nos Planos, Estadual de Recursos Hídricos e de Bacias e a manifestação das autoridades envolvidas com as concessões, autorizações e permissões dos serviços de abastecimento público, relativa a disponibilidade de quantidade e de qualidade da água, quando for o caso.

Art. 2º. Para fins desta Resolução serão adotadas as seguintes definições:

I – Atos de Outorga de recursos hídricos:

a) Outorga de Implantação de Empreendimento: ato administrativo pelo qual o Departamento deÁguas e Energia Elétrica – DAEE declara a disponibilidade de água para os usos requeridos ou aprova uma interferência no recurso hídrico, não conferindo a seu titular o direito de uso ou interferência, destinando-se apenas a reservar a vazão passível de outorga, ou aprovar a implantação de obras;

b) Licença de Execução de Poço: é o ato pelo qual o DAEE faculta a execução de obra que possibilita a exploração ou pesquisa de água subterrânea;

c) Outorga de direito de uso de recursos hídricos: ato administrativo mediante o qual o DAEE faculta ao requerente o direito de uso dos recursos hídricos, por prazo determinado, nos termos e condições expressas no respectivo ato;

II – Autorizações, licenças ou manifestações ambientais:

a) Licença Ambiental: ato administrativo pelo qual o órgão ambiental competente estabelece as condições, restrições e medidas de controle ambiental que deverão ser obedecidas pelo empreendedor, pessoa física ou jurídica, para localizar, instalar, ampliar e operar empreendimentos ou atividades utilizadoras dos recursos ambientais consideradas efetiva ou potencialmente poluidoras ou aquelas que, sob qualquer forma, possam causar degradação ambiental;

b) Parecer Técnico CETESB: relatório ou manifestação da Companhia de Tecnologia de Saneamento Ambiental para instruir os processos de obtenção de outorgas em tramitação no DAEE, para os casos de poços localizados até uma distância de 500 m de uma área já declarada contaminada pela CETESB;

c) Parecer Técnico Florestal: relatório ou manifestação do Departamento Estadual Proteção dos Recursos Naturais – DEPRN, para instruir os processos de obtenção de outorgas em tramitação no DAEE;

d) Autorização para supressão de vegetação: ato administrativo pelo qual o DEPRN autoriza a supressão de vegetação, o corte de árvores nativas e a intervenção em áreas de preservação permanente definidas na Lei Federal nº 4.771/1965;

III – Cadastro da Vigilância Sanitária: procedimento administrativo relativo ao registro do estabelecimento, equipamentos e instalações de interesse à vigilância sanitária para fins de avaliação e gerenciamento de riscos à saúde;

IV – Sistema de abastecimento de água para consumo humano: instalação composta por conjunto de obras civis, materiais e equipamentos, destinados à produção e à distribuição canalizada de água potável para populações, sob a responsabilidade do poder público, mesmo que administrada em regime de concessão ou permissão;

V – Solução alternativa coletiva de abastecimento de água para consumo humano: toda modalidade de abastecimento coletivo de água, distinta do sistema de abastecimento para consumo humano sob responsabilidade do poder público. Para efeito dessa Resolução classificam-se em dois tipos:

a) Solução alternativa coletiva Tipo I: modalidade de abastecimento com captação de água subterrânea destinada a uso próprio, incluindo entre outros poços comunitários e condominiais;

b) Solução alternativa coletiva Tipo II: modalidade de abastecimento com captação de água subterrânea destinada a uso de terceiros, por meio da distribuição por veículos transportadores;

VI – Fonte potencial de contaminação de solo e águas subterrâneas: área, local, instalação, edificação ou benfeitoria onde são ou foram desenvolvidas atividades que por suas características possam manipularou acumular quantidades ou concentrações de matérias e/ou substâncias em condições que possam torná-la contaminada;

VII – Área contaminada: área, terreno, local, instalação, edificação ou benfeitoria, que contém quantidades ou concentrações de matérias e/ou substâncias em condições que causem ou possam causar danos à saúde humana, ao meio ambiente ou a outro bem a proteger.

Art. 3º. Para requerer a Outorga de Autorização de Implantação de Empreendimento, para as soluções alternativas coletivas de abastecimento de água dos Tipo I e II junto ao DAEE o interessado, além das exigências estabelecidas na Portaria DAEE nº 717, de 12 de dezembro de 1996, deverá indicar a localização do poço em mapa na escala 1:10.000, quando disponível, ou 1:50.000, descrevendo o uso e a ocupação do solo e indicando as fontes pontuais com potencial de contaminação do solo e das águas subterrâneas (relação do anexo I) e áreas já declaradas contaminadas pela CETESB, abrangido um raio de 500 m do ponto de perfuração.

Parágrafo único. Nos casos em que houver área declarada contaminada em um raio de 500 m do ponto da perfuração, o usuário deverá apresentar ao DAEE Parecer Técnico da CETESB, referente a qualidade ambiental.

Art. 4º. Quando o poço estiver em área de restrição e controle declarada pelo Conselho Estadual de Recursos Hídricos – CRH, o DAEE considerará as condicionantes estabelecidas na respectiva deliberação, para análise do pedido de Outorga de Autorização de Implantação de Empreendimento.

Art. 5º. Ao requerer a Outorga de Autorização de Implantação de Empreendimento para as soluções alternativas coletivas de abastecimento de água do Tipo II, o usuário deverá apresentar ao DAEE, além do disposto na Portaria DAEE nº 717, de 12 de dezembro de 1996, a manifestação do poder público municipal quanto à compatibilidade da implantação da atividade em relação ao uso e ocupação do solo.

Art. 6º. Para requerer a Outorga de Licença de Execução de Poço, para as soluções alternativas coletivas de abastecimento de água dos Tipos I e II, o interessado deverá também atender as exigências estabelecidas na Portaria DAEE nº 717, de 12 de dezembro de 1996.

Art. 7º. Para requerer a Outorga de Direito de Uso das Águas Subterrâneas para as soluções alternativas coletivas de abastecimento de água dos tipos I e II, o interessado deverá atender as exigências da Portaria DAEE nº 717, de 12 de dezembro de 1996, as condicionantes estabelecidas na Licença de Execução de Poço e apresentar:

I – Cadastro do órgão de Vigilância Sanitária, de acordo com a Resolução SS-4 de 10.1.2003 ou outra que venha substituí-la.

II – Laudos analíticos da água bruta coletada diretamente no poço, para pH e para os parâmetros listados nas tabelas 1, 3 e 5 da Portaria nº 518, do Ministério da Saúde, de 26 de março de 2004, exceto o parâmetro microcistinas, desinfetantes e produtos secundários da desinfecção.

III – Licença de Instalação emitida pelo órgão ambiental competente, no caso de poços localizados em empreendimentos sujeitos ao licenciamento ambiental.

IV – Parecer Técnico Florestal do DEPRN, nos casos em que for necessária a intervenção para implantação do poço, em áreas cobertas com vegetação nativa, áreas de preservação permanente definidas pelo Código Florestal e demais áreas especialmente protegidas.

Parágrafo único. Não existindo alternativa técnica locacional para implantação de poços em áreas de preservação permanente, a Outorga de Licença de Execução de Poço e a Outorga de Direito de Uso as Águas Subterrâneas deverão estar condicionadas à autorização do DEPRN, e a anuência prévia do IBAMA, quando couber.

Art. 8º. Na renovação da Outorga de Direito de Uso das Águas Subterrâneas utilizadas em soluções alternativas coletivas de abastecimento de água dos tipos I e II deverá ser apresentado ao DAEE:

I – Laudos analíticos da água bruta coletada diretamente no poço, para pH e para os parâmetros constantes das tabelas 1, 3 e 5, constantes da Portaria do Ministério da Saúde nº 518, de 26 de março de 2004, exceto o parâmetro microcistinas, desinfetantes e produtos secundários da desinfecção.

II – Atualizar no Relatório de Avaliação de Eficiência (RAE) os dados relativos ao uso e a ocupação do solo, indicando as fontes pontuais com potencial de contaminação de solo e das águas subterrâneas ou áreas já declaradas contaminadas pela CETESB, em um raio de até 500 metros do ponto de perfuração do poço.

Art. 9º. Em caso de renovação da Outorga de Direito de Uso das Águas Subterrâneas e da regularização de poços já existentes, o DAEE fará as exigências do disposto nesta Resolução, adequando-as as situações existentes.

Art. 10. Para fins de monitoramento da qualidade da água para consumo humano e seu padrão de potabilidade, além das exigências descritas na Portaria nº 518, do Ministério da Saúde, de 26 de março de 2004, o usuário deverá apresentar à autoridade sanitária competente:

I – Laudos analíticos anuais da água com os parâmetros constantes das tabelas 1, 3 e 5, exceto o parâmetro microcistinas, constantes da Portaria do Ministério da Saúde nº 518, de 26 de março de 2004 em locais onde existam fontes pontuais com potencial de contaminação do solo e das águas subterrâneas,em um raio de até 500 metros do ponto de perfuração do poço.

II – Laudos analíticos da água conforme os parâmetros e frequência determinados pelo órgão ambiental em locais onde existam áreas contaminadas em um raio de até 500 metros do ponto de perfuração do poço.

§ 1º. A critério dos órgãos ambientais e de saúde, poderá ser exigida uma amostragem mais rigorosa, em termos de periodicidade e de parâmetros analisados, em decorrência das características e do histórico de uso e ocupação do solo da região.

§ 2º. Para soluções alternativas de abastecimento coletivo do tipo II aplica-se a Resolução nº 48, da Secretaria Estadual da Saúde, de 31 de março de 1999, ou outra que venha a substituí-la.

Art. 11. As amostras deverão ser coletadas pelos laboratórios que executarão as análises, garantida a rastreabilidade da amostra.

Art. 12. Os laudos de análises físico-químicas da água devem ser apresentados segundo o modelo constante no anexo 2 desta Resolução que tem por referência a Portaria nº 518, do Ministério da Saúde, de 26 de março de 2004.

Parágrafo único. Recomenda-se que as análises sejam realizadas em laboratórios que atendam aos quesitos estabelecidos pela Norma NBR ISO/IEC 17025, de janeiro de 2001 ou outra que venha substituí-la, demonstrando que têm implementado um sistema de qualidade, são tecnicamente competentes e que são capazes de produzir resultados tecnicamente válidos.

Art. 13. Os Órgãos Gestores das águas subterrâneas, nos casos em que constatarem desconformidades em relação ao uso, quantidade e a qualidade, deverão notificar-se mutuamente.

Art. 14. O DAEE, a CETESB, o Instituto Geológico – IG e o Centro de Vigilância Sanitária, deverão, em um prazo de até 360 dias, estruturar e propor um Sistema de Informações destinado ao conhecimento e controle de informações referentes ao uso da água subterrânea em soluções alternativas coletivas de abastecimento de água, assim como promover ações de comunicação social visando a orientação de usuários de poços e a população em geral.

Art. 15. Esta Resolução não se aplica aos poços que abastecem residências unifamiliares, objeto de outorga, de acordo com a Portaria DAEE nº 717, de 12 de dezembro de 1996, Decreto Estadual nº 32.955, de 7 de fevereiro de 1991, Lei Estadual nº 6.134, de 2 de junho de 1988, e passíveis de vigilância dos órgãos de saúde.

Art. 16. Esta Resolução entra em vigor na data de sua publicação.

DOE de 24.6.2006

ANEXO 1

FONTES PONTUAIS COM POTENCIAL DE CONTAMINAÇÃO DO SOLO E DAS ÁGUAS SUBTERRÂNEAS

Tipologia	Atividades	Principais contaminantes
Minerais Metálicos	Extração e beneficiamento de minerais metálicos ferrosos e não ferrosos	Ferro, chumbo, alumínio, cobre, cromo, cádmio, estanho, níquel, manganês, vanádio, antimônio
Minerais Não Metálicos	Extração e beneficiamento de minerais não metálicos (fosfatos, baritas, piritas, nitratos, potássio, fósforo, enxofre, amianto, talco, grafita natural)	Alumínio, ferro, manganês, bário, berílio, nitratos, sulfatos, fluoretos, asbestos
Petróleo, Gás Natural, Carvão Mineral	Extração de petróleo cru, gás natural, xisto, carvão, areias betuminosas, linhito, turfa, antracito, hulha	Hidrocarbonatos, fenóis, ácidos e bases
Refino de Petróleo, Coque, Combustíveis Nucleares e Álcool	Fabricação de: produtos do refino do petróleo (butano, GLP, metano, propano, gasolina, nafta, gás natural, querosene comum e de aviação); óleos (diesel, combustível, gasóleo); produtos aromáticos; ceras minerais; parafina; hexano vaselina; aguarrás; lubrificantes; asfalto; coque e alcatrão de petróleo; alcatrão e gás de hulha, álcool anidro e hidratado; combustíveis nucleares (urânio e tório)	Hidrocarbonatos, fenóis, ácidos e bases, potássio, nitrato, sulfato, vanádio, antimônio, bário, berílio, tálio, mercúrio, selênio, resíduos radioativos, hidrocarbonetos policíclicos-PAH
Produtos Minerais Não Metálicos	Fabricação de canos, manilhas, ladrilhos, azulejos, tubos, conexões, mosaicos, pastilhas, artefatos de cré, material sanitário, porcelana, faiança e misturas betuminosas	Chumbo, cobre, cromo, níquel, cádmio, antimônio, bário, alumínio, tálio, silicatos
Material Refratário	Fabricação de materiais aluminosos, silicosos, sílico-aluminosos, grafitosos, pós-exotérmicos e refratários	Chumbo, cobre, cromo, níquel, silicatos, alumínio

(*cont.*)

Tipologia	Atividades	Principais contaminantes
Metalurgia Básica	Produção de ferro e aço; fundidos, laminados, forjados, soldas e ânodos; metalurgia de metais preciosos; galvânica (têmpera, cementação, cromação, zincagem, niquelação, anodização, estanhagem e douração)	Ferro, cádmio, chumbo, cobre, cromo, bário, níquel, antimônio, cianeto, asbestos, bifenilas policloradas-PCB, solventes, hidrocarbonetos, tintas, óleos e graxas
Máquinas e Equipamentos	Fabricação de máquina, equipamentos e acessórios em geral	Ferro, alumínio, chumbo, cobre, cromo, cádmio, níquel, vanádio, antimônio, tungstênio, cianetos, hidrocarbonetos, óleos e graxas, solventes
Material Elétrico e Material Eletrônico	Fabricação de: materiais, equipamentos e acessórios para produção, transmissão e distribuição de energia elétrica de alta e baixa tensão; pilhas, baterias e lâmpadas	Ácidos, bases, fenóis, hidrocarbonetos, chumbo, cobre, cromo, níquel, cádmio, mercúrio, antimônio, bário, óleos e graxas
Equipamentos de Transporte	Fabricação e montagem de veículos (rodoviários e ferroviários), reboques, carrocerias, máquinas, motores e turbinas, construção e reparação de embarcações e aeronaves, incluindo peças e acessórios	Ferro, cádmio, chumbo, cobre, cromo, berílio, níquel, cianetos, hidrocarbonetos, tintase solventes
Produtos de madeira	Peças e artefatos de madeira com tratamento a base de produtos químicos, preservação e imunização de madeira	Hidrocarbonetos, chumbo, cobre, cromo, compostosorganoclorados
Celulose e Papel	Fabricação de: celulose, pasta mecânica, polpa de madeira, papel, papelão e cartolina	Óleos e graxas, ácidos, bases, bário, alumínio, chumbo, cádmio, cromo, sulfetos, cloretos
Borracha	Beneficiamento de borracha natural e produção de borracha sintética	Selênio, hidrocarbonetos, cianetos
Couros e Peles	Preparação de couros e fabricação de artefatos de couro, artigos de viagem e calçados; secagem, salga, curtimento e outras preparações de couros e peles, inclusive subprodutos	Cromo, níquel, cádmio, bário, cianeto, fluoretos, ácidos, óleos e graxas, sódio, corantes
Química	Fabricação de produtos químicos, petroquímicos e agroquímicos	Ácidos, bases, metais, solventes, fenóis, cianetos
Farmacêutica e Veterinária	Fabricação de medicamentos	Ácidos, bases, metais, solventes, fenóis, cianetos
Perfumaria	Fabricação de produtos de perfumaria e cosméticos	Óleos e graxas, glicerina, chumbo, zinco
Sabões e Detergentes	Fabricação de sabões, detergentes e domossanitários	Fluoretos, surfactantes
Utilidade Pública e Tratamento de Efluentes e Resíduos	Aterros sanitários, aterros industriais, estações de tratamento de esgotos, cemitérios, incineradores; estações de tratamento de águas residuárias industriais, recuperação de tambores e bombonas; unidades de reciclagem de resíduos; produção e distribuição de eletricidade e gás	Ácidos, bases, metais, solventes, fenóis, cianetos
Serviços	Lavanderias a seco, oficinas mecânicas, garagens de veículos de transporte coletivo, transportadoras, postos de abastecimento de combustível	Amônia, solventes, hidrocarbonetos, hidrocarbonetos policíclicos aromáticos-PAH
Têxtil	Beneficiamento e acabamento de fios e tecidos	Chumbo, cobre, cromo, cianetos, hidrocarbonetos, corantes

(*cont.*)

Tipologia	Atividades	Principais contaminantes
Gráfica	Serviços de impressão em geral, excetuando serviços de computação gráfica e utilização de meios digitais	Chumbo, cádmio, cromo, solventes
Alimentícia	Abatedouros, matadouros, frigoríficos	Sódio
Combustíveis e Produtos Químicos	Bases de distribuição de produtos químicos e combustíveis	Hidrocarbonetos, fenol, óleos e graxas, etanol e metanol, hidrocarbonetos policíclicos aromáticos-PAH
Fontes: Manual de Gerenciamento de Áreas Contaminadas – CETESB Cadastro Nacional de Atividades Econômicas – CNAE		

ANEXO 2

MODELO DE BOLETIM DE ANÁLISE (1-2-3)

1. IDENTIFICAÇÃO DO LABORATÓRIO		
Razão social:		CNPJ:
Endereço: Rua:	nº	Complemento:
Bairro	CEP:	Município:
Telefone:		

2. NÚMERO DA AMOSTRA:

3. DADOS DO CLIENTE		
Nome/Razão social:		
CNPJ/CPF		
Endereço	Rua:	Complemento:
	Bairro:	CEP:
	Fone/Fax:	
	Município:	
	Estado:	

4. DADOS DE COLETA DE CAMPO				
Local/descrição				
Coletor	Nome:		RG:	
Data e hora da Coleta	/	/		
Tipo de amostra	Água bruta		Água tratada	
Chuvas ultm. 24 horas	Sim		Não	
Cloro residual livre		mg/L Cl		
pH				
Temperatura	do ar	ºC	da água	ºC

5. DADOS DO RECEBIMENTO DA AMOSTRA NO LABORATÓRIO	
Data e hora do recebimento	
Observações:	

6. RESULTADOS ANÁLITICOS						
Parâmetro	**Resultado**	**VMP (Valor Máximo Permitido)**	**Unidade de Medida**	**Limite de Detecção**	**Método de Referência**	**Data do Ensaio**
6.1. BACTERIOLÓGICO						
Coleiformes totais		Ausência/ 100 ml				
Coleiformestermotole-rante		Ausência/ 100 ml				
Escherichia coli		Ausência/ 100 ml				
Contagem de bactérias heterotrófica		500/ml				
6.2. QUÍMICOS INORGÂNICOS						
Alumínio		0,2	mg/L			
Antimônio		0,005	mg/L			
Amônia (como NH_3)		1,5	mg/L			
Arsênio		0,01	mg/L			
Bário		0,7	mg/L			
Cádmio		0,005	mg/L			
Chumbo		0,01	mg/L			
Cianeto		0,07	mg/L			
Cloreto		250	mg/L			
Cobre		2	mg/L			
Cor Aparente		15	uH			
Cromo		0,05	mg/L			
Dureza		500	mg/L			
Ferro		0,3	mg/L			
Fluoreto		1,5	mg/L			
Manganês		0,1	mg/L			
Mercúrio		0,001	mg/L			
Nitrato (como N)		10	mg/L			
Nitrito (como N)		1	mg/L			
Odor		N.O.				
Gosto		N.O.				
Selênio		0,01	mg/L			
Sódio		200	mg/L			
Sólidos dissolvidos totais		1.000	mg/L			
Sulfato		250	mg/L			
Sulfato de Hidrogênio		0,05	mg/L			
Turbidez		5	UT			
Zinco		5	mg/L			
6.3. QUÍMICOS ORGÂNICOS						
Acrilamida		0,5	μg/L			
Alaclor		20,0	μg/L			

(*cont.*)

Aldrin e Dieldrin		0,03	μg/L			
Atrazina		2	μg/L			
Bentazona		300	μg/L			
Benzemo		5	μg/L			
Benzo[a]pireno		0,7	μg/L			
Clodarmo (isômeros)		0,2	μg/L			
Cloreto de Vinila		5	μg/L			
2,4D		30	μg/L			
DDT (isômeros)		2	μg/L			
1,2 Dicloroetano		10	μg/L			
1,1 Dicloroeteno		30	μg/L			
Diclorometano		20	μg/L			
Endossulfan		20	μg/L			
Endrin		0,6	μg/L			
Estireno		20	μg/L			
Etilbenzeno		0,2	mg/L			
Glifosato		500	μg/L			
Heptacloro eHeptacloro epóxido		0,03	μg/L			
Hexaclorobenzeno		1	μg/L			
Lindano (g-BHC)		2	μg/L			
Metalocloro		10	μg/L			
Metoxicloro		20	μg/L			
Molinato		6	μg/L			
Monoclorobenzeno		0,12	mg/L			
Pendimetalina		20	μg/L			
Pentaclorofenol		9	μg/L			
Permitrina		20	μg/L			
Propanil		20	μg/L			
Simazina		2	μg/L			
Surfactantes		0,5	mg/L			
Tetracloreto de Carbono		2	μg/L			
Tetracloroeteno		40	μg/L			
Tolueno		0,17	mg/L			
Triclorobenzeno		20	μg/L			
Tricloroeteno		70	μg/L			
Trifluralina		20	μg/L			
Xileno		0,3	mg/L			
6.4. DESINFETANTES E PRODUTOS SECUNDÁRIOS DE DESINFECÇÃO						
Bromato		0,025	mg/L			
Clorito		0,2	mg/L			
Cloro livre		5	mg/L			
Monocloraminas		3	mg/L			
2,4,6 Triclorofenol		0,2	mg/L			
Trihalometanos totais		0,1	mg/L			

(*cont.*)

6.5. OUTROS PARÂMETROS EXIGIDOS PELAS AUTORIDADES SANITÁRIAS E AMBIENTAIS
(art. 10 da Resolução Conjunta SMA/SRHS/SES nº 3, de 21.6.2006)

7. LEGENDA	
8. OBSERVAÇÕES	
9. CONCLUSÃO	
10. APROVADO POR	
Nome:	Cargo:
Registro Conselho de Classe:	Assinatura:

Notas:

1. Este Boletim de Análise só pode ser reproduzido por inteiro, sem qualquer alteração.
2. Os resultados desta análise referem-se somente à amostra analisada.
3. Os laudos devem ser paginados considerando o número total de páginas: 1/7, 2/7,..., 7/7.

PORTARIA CVS Nº 4, 21 DE MARÇO DE 2011

Dispõe sobre o Sistema Estadual de Vigilância Sanitária (SEVISA), define o Cadastro Estadual de Vigilância Sanitária (CEVS) e os procedimentos administrativos a serem adotados pelas equipes estaduais e municipais de vigilância sanitária no Estado de São Paulo e dá outras providências.

A Diretoria Técnica do Centro de Vigilância Sanitária, da Coordenadoria de Controle de Doenças da Secretaria de Estado da Saúde de São Paulo (CVS/CCD-SES-SP), no uso de suas atribuições legais, em conformidade com o disposto na Lei nº 10.083/1998 (Código Sanitário do Estado de São Paulo), combinado com o Decreto Estadual nº 44.954/2000, Decreto Estadual nº 55.660/2010 e, considerando a necessidade de:

– Padronizar, regulamentar e disciplinar os procedimentos administrativos referentes ao cadastramento e licenciamento dos estabelecimentos e equipamentos de assistência e de interesse à saúde, bem como os procedimentos administrativos referentes ao termo de responsabilidade técnica, quando for o caso;

– Compatibilizar as atividades econômicas que estão sujeitas ao cadastramento e/ou licenciamento pelos órgãos de vigilância sanitária com a "Classificação Nacional de Atividades Econômica (CNAE-Fiscal)", elaborada originalmente pelo Instituto Brasileiro de Geografia e Estatística – IBGE;

– Definir o Cadastro Estadual de Vigilância Sanitária (CEVS) e;

– Facilitar o intercâmbio de informações com outros órgãos governamentais;

Resolve:

Capítulo I
O SISTEMA ESTADUAL DE VIGILÂNCIA SANITÁRIA (SEVISA) E O SISTEMA DE INFORMAÇÕES EM VIGILÂNCIA SANITÁRIA (SIVISA)

Art. 1º. Regulamentar a atuação das equipes municipais e estaduais que compõem o Sistema Estadual de Vigilância Sanitária (SEVISA), sendo o Centro de Vigilância Sanitária o órgão coordenador deste Sistema.

§ 1º. Cabe ao Centro de Vigilância Sanitária (CVS), como coordenador do SEVISA, a elaboração de normas técnicas especiais, instruções e orientações, observando as normas gerais de competência da União, no que diz respeito às questões de vigilância sanitária.

Art. 2º. Fica instituído o Sistema de Informações em Vigilância Sanitária (SIVISA), enquanto ferramenta de trabalho e gerência dos órgãos de vigilância sanitária que compõem o Sistema Estadual de Vigilância Sanitária (SEVISA), no âmbito do Sistema Único de Saúde do Estado de São Paulo (SUS SP).

§ 1º. O SIVISA é um sistema informatizado, sob a coordenação do Centro de Vigilância Sanitária e por ele desenvolvido, com base municipal, descentralizado e hierarquizado, que tem por finalidade subsidiar o planejamento e a avaliação das ações de vigilância sanitária nos diferentes níveis de gestão do SUS SP.

§ 2º. O SIVISA é o instrumento definido para a padronização do Cadastro Estadual de Vigilância Sanitária (CEVS), conforme previsto no art. 3º do Decreto nº 44.954/2000, ora regulamentado.

Capítulo II
CADASTRO ESTADUAL DE VIGILÂNCIA SANITÁRIA (CEVS)

Art. 3º. Os estabelecimentos e equipamentos de assistência e de interesse à saúde, de que trata o Anexo I desta Portaria, passam a ser identificados por meio de um número padronizado no Cadastro Estadual de Vigilância Sanitária (CEVS), do Sistema Estadual de Vigilância Sanitária (SEVISA).

§ 1º. Para os efeitos desta Portaria, o número padronizado a que se refere o *caput* deste artigo é denominado Número CEVS.

§ 2º. O Número CEVS, que identifica o Cadastro Estadual de Vigilância Sanitária (Anexo II) ou a Licença de Funcionamento (Anexo III) dos estabelecimentos e equipamentos de assistência e de interesse à saúde, é fornecido pelo órgão de vigilância sanitária competente, após a entrada dos dados cadastrais no Sistema de Informação em Vigilância Sanitária (SIVISA), obedecendo a estrutura representada pelo Quadro I, do Anexo XVI da presente Portaria.

§ 3º. Na solicitação inicial de cadastramento dos estabelecimentos e equipamentos referidos no *caput* deste artigo é emitido um Número CEVS, cujo dígito identificador de situação (análise da solicitação) é zero.

§ 4º. Para os efeitos desta Portaria, posteriormente às inspeções que constatem o cumprimento das exigências legais e aprovação das autoridades sanitárias, ficam definidos:

– Licença de Funcionamento: ato privativo do órgão de saúde competente que permite o funcionamento dos estabelecimentos que desenvolvem atividades de acordo com a legislação sanitária vigente, cujo dígito identificador de situação do Número CEVS é um.

– Cadastro Estadual de Vigilância Sanitária: é o conjunto de dados de um estabelecimento que desenvolve atividade de interesse à saúde, cujo dígito identificador de situação do Número CEVS é dois.

Art. 4º. As solicitações de licenciamento dos Estabelecimentos e Equipamentos de Assistência e de Interesse à Saúde, de que trata o Anexo I desta Portaria, cujo município tenha aderido ao Sistema Integrado de Licenciamento (SIL), devem ser feitas unicamente pelo SIL, instituído pelo Decreto nº 55.660, de 30 de março de 2010.

§ 1º. Os estabelecimentos classificados de baixo risco no Sistema Integrado de Licenciamento receberão o Certificado de Licenciamento Integrado (CLI) via Internet, sem a execução da inspeção prévia realizada pelas equipes de Vigilância Sanitária, substituída por ato declaratório.

§ 2º. Os estabelecimentos classificados de alto risco no Sistema Integrado de Licenciamento serão encaminhados para as vigilâncias sanitárias para execução do processo convencional de licenciamento, conforme legislação sanitária vigente.

§ 3º. O Sistema Integrado de Licenciamento (SIL) e o Sistema de Informação de Vigilância Sanitária (SIVISA) devem ser integrados com a finalidade de troca de dados e informações necessárias ao processamento decorrente, de forma a garantir completude do processo em todos os órgãos envolvidos.

Capítulo III
OBJETOS DE CADASTRAMENTO ESTABELECIMENTOS E EQUIPAMENTOS

Art. 5º. São objetos de cadastramento para fins de obtenção de Cadastro Estadual de Vigilância Sanitária (Anexo II) e de Licença de Funcionamento (Anexo III) junto aos órgãos de vigilância sanitária competentes do estado de São Paulo, os estabelecimentos e equipamentos de assistência e de interesse à saúde, constantes no Anexo I da presente Portaria.

§ 1º. Constitui-se também em objeto do disposto no *caput* deste artigo, as fontes radioativas seladas usadas em radioterapia, conforme legislação vigente.

§ 2º. Os estabelecimentos previstos originalmente na tabela CNAE-Fiscal do IBGE, que não constam na relação de Estabelecimentos e Equipamentos de Assistência e de Interesse à Saúde (Anexo I), seja na sua coluna "Descrição", seja na sua coluna "Compreensão", estão isentos, atualmente, de Cadastro e de Licença, ficando sujeitos à legislação sanitária e à fiscalização pelos órgãos de vigilância sanitária competentes.

§ 3º. Devem ser objetos de monitoramento e/ou intervenção quaisquer outros locais, tais como: ambientes de trabalho, locais públicos, mananciais, domicílios, entre outros, assim como produtos, equipamentos e procedimentos que possam, direta ou indiretamente, acarretar riscos à saúde da população, independente da obrigatoriedade de seu cadastramento ou licenciamento pelo órgão de vigilância sanitária competente.

§ 4º. Os estabelecimentos integrantes da administração pública federal, estadual e municipal estão sujeitos ao Nº CEVS (que identifica o Cadastro ou a Licença, quando for o caso) e, ao registro de seus responsáveis técnicos, junto ao órgão de vigilância sanitária competente, bem como ao cumprimento das demais exigências pertinentes ao seu funcionamento.

§ 5º. Os estabelecimentos integrantes da administração pública direta, as autarquias e fundações, instituídos por lei deste estado, estão isentos do pagamento de taxas estaduais.

§ 6º. As Micro Empresas Individuais (MEI) estão isentas de taxas, de acordo com art. 4º da Lei Complementar nº 123/2006.

Art. 6º. Os estabelecimentos prestadores de serviços de remoção de pacientes devem solicitar ao órgão de vigilância sanitária competente o seu cadastramento, dispensando-se da emissão de documento específico para cada veículo, sendo estes considerados como sua extensão.

Art. 7º. O transporte de produtos de interesse à saúde está sujeito ao Número CEVS que identifica o Cadastro Estadual de Vigilância Sanitária ou a Licença de Funcionamento, quando for o caso, conforme Agrupamento 22 do Anexo I da presente Portaria.

§ 1º. Para os efeitos desta Portaria, o Cadastro Estadual de Vigilância Sanitária ou a Licença de Funcionamento (ambos identificados pelo Nº CEVS) substitui o Certificado de Vistoria de Veículo ou instrumento assemelhado, dispensando-se, portanto, a emissão de documento específico para cada veículo pertencente à empresa transportadora de produtos de interesse à saúde.

§ 2º. A publicação do Cadastro Estadual de Vigilância Sanitária ou da Licença de Funcionamento da empresa transportadora de produtos de interesse à saúde no Diário Oficial ou em outro meio público de divulgação escrita, é suficiente para comprovar que todos os seus veículos atendem aos requisitos mínimos relativos ao transporte de produtos de interesse à saúde, em especial de alimentos, exigidos pela legislação vigente.

§ 3º. O responsável e proprietário autônomo de um único veículo de transporte de produtos de interesse à saúde, inclusive de alimentos, deve cadastrar-se junto ao órgão de vigilância sanitária competente para obtenção do Número CEVS.

Capítulo IV
PROCEDIMENTOS PARA O LAUDO TÉCNICO DE AVALIAÇÃO

Art. 8º. A avaliação físico-funcional dos projetos de edificações dos estabelecimentos constantes nos Anexos IV, V, VI, VII, VIII e IX deve ser realizada por equipe técnica multiprofissional do órgão de vigilância sanitária competente.

§ 1º. O Laudo Técnico de Avaliação (LTA) deve ser solicitado para fins de cadastramento inicial e quando da alteração de estrutura física (ampliação ou adaptação).

§ 2º. A equipe técnica multiprofissional de vigilância sanitária para fins de avaliação físico-funcional dos projetos de edificações deve ser constituída por profissionais de nível superior, cuja formação se relacione com a atividade e/ou o processo desenvolvido no estabelecimento objeto do projeto, assim como aqueles profissionais de saúde definidos pela Resolução CNS nº 287/1998, do Conselho Nacional de Saúde, sendo obrigatória a participação de engenheiro civil e/ou arquiteto.

Capítulo V
PROCEDIMENTOS PARA CADASTRAMENTO

Documentação

Art. 9º. Os responsáveis pelos estabelecimentos e equipamentos, definidos no Anexo I e art. 5º da presente Portaria, devem solicitar o cadastramento do respectivo estabelecimento e/ou equipamento, por meio do preenchimento de formulário padronizado (Anexo XI e seus sub-anexos), segundo suas instruções (Anexo XII), que integram esta Portaria.

I – No ato da solicitação do cadastramento, o respectivo responsável, referido no *caput* deste artigo, deve declarar, quando for o caso:

a) a atividade econômica de interesse a saúde (Anexo I – coluna "Descrição"), a ser verificada na inspeção pelo órgão de vigilância sanitária competente para definição do Número CEVS.

b) que as atividades desenvolvidas, as instalações, os equipamentos, os recursos humanos e os responsáveis técnicos atendem ao disposto na legislação vigente.

c) é imprescindível a assinatura do responsável técnico no formulário de Informações em Vigilância Sanitária (Anexo XI) para os estabelecimentos que, por força da legislação específica, estão obrigados a mantê-lo.

d) que cumprem o disposto nas Resoluções CNS nºs 196/1996, e CNS 251/1997, ambas do Conselho Nacional de Saúde, no que diz respeito aos protocolos de pesquisa, no caso de estabelecimentos que desenvolvem pesquisas envolvendo o ser humano.

II – A relação dos documentos exigidos para todos os procedimentos administrativos e técnicos previstos na presente Portaria constam dos Anexos IV, V, VI, VII, VIII, IX e X.

III – As Micro Empresas (ME) e as Empresas de Pequeno Porte (EPP) devem apresentar, por ocasião da solicitação da licença inicial, o comprovante expedido por órgão com competência legal para tal fim, com o objetivo de isenção de taxa, quando for o caso.

Art. 10. As solicitações de licenciamento dos Estabelecimentos e Equipamentos de Assistência e de Interesse à Saúde, de que trata o Anexo I desta Portaria, cujo município tenha aderido ao sistema Integrado de Licenciamento (SIL), devem seguir os procedimentos e cumprir as exigências previstas no Decreto nº 55.660, de 30 de março de 2010.

I – O Certificado de Licenciamento Integrado obtido pelos estabelecimentos classificados como de baixo risco equivale, para todos os efeitos, o Cadastro Estadual de Vigilância Sanitária ou a Licença de Funcionamento.

II – No ato da solicitação de licenciamento junto ao Sistema Integrado de Licenciamento (SIL), o responsável deve declarar que as atividades desenvolvidas, as instalações, os equipamentos, os recursos e responsáveis técnicos atendem ao disposto na legislação vigente.

III – Para acessar as funcionalidades do Sistema Integrado de Licenciamento – SIL, é necessária a utilização de um certificado digital (e-cpf ou e-cnpj), emitido por Autoridade Certificadora integrante da infraestrutura de Chaves Públicas Brasileira – ICP Brasil.

Art. 11. Os estabelecimentos (Anexo I) que possuem uma ou mais etapas de produção e/ou comercialização de produtos, equipamentos ou de prestação de serviços, por empresas terceirizadas, devem possuir contrato de terceirização.

Parágrafo único. No aludido contrato de terceirização, qualquer que seja a forma de relação comercial, deve constar cláusulas que definam clara e detalhadamente as ações necessárias para a garantia da qualidade do produto, do equipamento ou do serviço prestado, bem como, do ambiente interno e externo, o que não exime a empresa contratante da plena responsabilidade legal pela qualidade dos mesmos.

Art. 12. De acordo com a legislação sanitária vigente, o comércio atacadista de produtos sujeito à atuação da vigilância sanitária não compreende o fracionamento, o acondicionamento, o empacotamento, o engarrafamento ou qualquer outra forma de embalagem. Essas operações são consideradas etapas do processo produtivo, portanto, o estabelecimento que as exercem deve se enquadrar no código CNAE-Fiscal (Anexo I) da respectiva atividade industrial.

Parágrafo único. Excetua-se do disposto no *caput* deste artigo, somente os estabelecimentos que exercem a atividade de:

– Comércio atacadista de insumos farmacêuticos (princípios ativos e excipientes); insumos farmacêuticos de controle especial (substâncias ativas de entorpecentes e/ou psicotrópicos ou outras substâncias de controle especial prevista na legislação vigente) e precursores; e,

– Comércio atacadista de frutas, verduras, raízes, tubérculos, hortaliças e legumes frescos, submetidos a processos iniciais como descascamento, desconchamento, remoção das partes não comestíveis, fracionamento, procedimentos de higienização e embalagem para consumo imediato.

Capítulo VI
SOBRE O CADASTRO ESTADUAL DE VIGILÂNCIA SANITÁRIA E A LICENÇA DE FUNCIONAMENTO

Art. 13. O deferimento da solicitação para fins de cadastramento concretiza-se após constatação do cumprimento das exigências legais, resultando na emissão do Número CEVS que identifica o Cadastro Estadual de Vigilância Sanitária (Anexo II) ou a Licença de Funcionamento (Anexo III), conforme o § 4º do art. 3º desta Portaria.

Parágrafo único. O Certificado de Licenciamento Integrado emitido pelo SIL concretiza-se conforme estabelecido no art. 4º desta Portaria.

Art. 14. A Licença de Funcionamento passa a vigorar a partir da data do deferimento da solicitação, devendo ser emitida conforme o Anexo III da presente Portaria e tornada pública em Diário Oficial ou em outro meio de divulgação.

Art. 15. O prazo de validade da Licença de Funcionamento é de um ano a partir da data de deferimento de sua solicitação.

§ 1º. Os estabelecimentos que obtiverem o Certificado de Licenciamento Integrado nos termos do art. 4º desta Portaria, devem observar o respectivo prazo de validade nele consignado.

§ 2º. Os estabelecimentos regidos pelo Decreto Federal nº 986/1969, referentes à área de alimentos, não estão sujeitos à renovação de Licença de Funcionamento.

Art. 16. Os estabelecimentos que por força de legislação específica estão obrigados à renovação da Licença de Funcionamento, devem requerê-la junto ao órgão de vigilância competente, conforme o Anexo XI e seus sub-anexos, até 60 (sessenta) dias antes de expirar sua validade.

§ 1º. Para fins de renovação de Licença de Funcionamento é imprescindível a assinatura do responsável técnico no formulário de Informações em Vigilância Sanitária (Anexo XI).

§ 2º. Os estabelecimentos a que se refere o *caput* deste artigo devem apresentar, junto com a solicitação de renovação (Anexo XI), o comprovante de pagamento da taxa de fiscalização, dispensando-se a apresentação da Licença de Funcionamento anterior.

Art. 17. Os estabelecimentos que não tenham solicitado a renovação da Licença de Funcionamento, conforme estabelecido no art. 16 da presente Portaria, devem fazê-lo para o presente exercício, estando sujeitos às penalidades previstas na legislação vigente.

Art. 18. Os responsáveis pelos estabelecimentos definidos no art. 3º da presente Portaria devem comunicar ao órgão de vigilância sanitária competente quaisquer alterações referentes a:

I – Endereço;

II – Estrutura física;

III – Processo produtivo ou atividade;

IV – Número de leitos e equipamentos de saúde;

V – Razão social, fusão, cisão, incorporação ou sucessão;

VI – Cancelamento de cadastro ou de Licença de Funcionamento;

VII – Responsabilidade técnica – assunção e baixa;

VIII – Responsabilidade legal;

IX – Outras alterações que intervenham na identidade e/ou qualidade do produto, equipamento, serviço ou estabelecimento de saúde, transporte ou remoção de pacientes e transporte de produtos de interesse à saúde, em especial de alimentos.

§ 1º. As alterações de que tratam os incisos I a IX deste artigo, devem ser comunicadas ao órgão de vigilância sanitária competente, em conformidade com o Anexo XI da presente Portaria, segundo instruções do Anexo XII, no prazo de trinta dias, sendo apresentados os documentos relacionados nos Anexos IV, V, VI, VII, VIII, IX ou X, conforme pertinência a essas solicitações.

§ 2º. As alterações de que tratam o parágrafo anterior devem ser publicadas em Diário Oficial ou em outro meio de divulgação, conforme lauda padronizada no Anexo XIII.

§ 3º. A ocorrência das alterações constantes nos incisos I a IX deste artigo que possam comprometer a identidade, a qualidade e a segurança dos produtos ou dos serviços oferecidos à população, implica em realização de inspeção sanitária no respectivo estabelecimento.

§ 4º. Os estabelecimentos classificados como de baixo risco e que obtiverem o Certificado de Licenciamento Integrado nos termos do art. 4º desta Portaria, devem solicitar a respectiva renovação dentro do Sistema Integrado de Licenciamento (SIL), na ocorrência das hipóteses previstas nos incisos I, III, V, VI e IX.

Art. 19. Em caso de mudança de endereço do estabelecimento deve ser obrigatoriamente observado o disposto nos arts. 13, 14 e 15 da presente Portaria.

§ 1º. Alteração de endereço do estabelecimento para outro município do estado de São Paulo ou para outro subdistrito/região do mesmo município, ou seja, sob a competência de outro serviço de vigilância sanitária, resulta na emissão de novo Nº CEVS.

§ 2º. Na alteração de endereço do estabelecimento sob a competência do mesmo serviço de vigilância sanitária o Nº CEVS permanece inalterado.

Art. 20. No caso das alterações previstas nos incisos de II a IX do art. 18 da presente Portaria, deve ser emitida uma nova Licença de Funcionamento, com os dados atualizados, permanecendo inalterado o Nº CEVS e o prazo de validade da licença anterior.

Art. 21. Os estabelecimentos (Anexo I) que não tenham solicitado as devidas alterações, há mais de trinta dias, ficam sujeitos à desativação de seu Cadastro Estadual de Vigilância Sanitária e, quando for o caso, ao cancelamento da Licença de Funcionamento, assim como às demais penalidades previstas na legislação vigente.

§ 1º. O cancelamento da Licença de Funcionamento ou da desativação de seu Cadastro Estadual de Vigilância Sanitária deve ser publicado com a respectiva justificativa legal, em Diário Oficial ou em outro meio que torne pública esta decisão.

§ 2º. A reativação do Número CEVS (que identifica o Cadastro Estadual de Vigilância Sanitária ou a Licença de Funcionamento) deve obedecer aos procedimentos previstos no art. 9º, ficando sujeitos ao disposto nos arts. 11, 13, 14 e 15 da presente Portaria.

Capítulo VII
AUTORIZAÇÃO DE FUNCIONAMENTO

Art. 22. As empresas e/ou estabelecimentos que, por força da legislação específica, estão sujeitos a possuir Autorização de Funcionamento de Empresa (AFE), Autorização de Funcionamento para os estabelecimentos de comércio varejista de medicamentos como farmácias e drogarias, e Autorização Especial (AE), devem efetuar o peticionamento junto ao órgão competente do Ministério da Saúde (ANVISA), conforme relação de documentos e prazos instituídos pelo referido órgão, obedecendo aos seguintes requisitos e orientações:

§ 1º. Fica estabelecido que as empresas que estão sujeitas a Autorização de Funcionamento de Empresa (AFE), estabelecida pelo art. 2º da Lei Federal nº 6.360/1976 devem solicitar a Licença de Funcionamento / Cadastro Estadual de Vigilância Sanitária – CEVS no órgão de vigilância sanitária competente antes do peticionamento da AFE junto a ANVISA.

§ 2º. A Licença de Funcionamento/Cadastro Estadual de Vigilância Sanitária – CEVS deve ser deferida pelo órgão de vigilância sanitária competente após a publicação da Autorização de Funcionamento de Empresa pela ANVISA em Diário Oficial da União.

Capítulo VIII
RESPONSABILIDADE LEGAL E TÉCNICA

Art. 23. Os responsáveis legais pelos estabelecimentos e/ou equipamentos, perante a vigilância sanitária são aqueles definidos na legislação em vigor.

Art. 24. Os responsáveis técnicos pelos estabelecimentos e/ou equipamentos, perante a vigilância sanitária são aqueles legalmente habilitados definidos na legislação em vigor.

Art. 25. A responsabilidade técnica passa a vigorar na data do deferimento da solicitação, devendo ser emitida conforme o Anexo III da presente Portaria, observando-se o § 1º do art. 19 e o art. 20 e tornada pública em Diário Oficial ou outro meio de divulgação.

Art. 26. O Termo de Responsabilidade Técnica é parte integrante do Cadastro Estadual de Vigilância Sanitária (Anexo II) e da Licença de Funcionamento (Anexo III), quando for o caso.

Parágrafo único. O responsável técnico, seja pelo estabelecimento e/ou pelo equipamento de assistência e de interesse à saúde, deve assinar a Licença de Funcionamento em duas vias, onde uma será retirada pelo responsável pelo estabelecimento e ou equipamento e, a outra, que será incorporada ao processo.

Capítulo IX
PROCEDIMENTOS DE INSPEÇÃO SANITÁRIA

Art. 27. Entende-se por "Inspeção Sanitária" todo procedimento realizado pela autoridade de vigilância sanitária competente que busca levantar e avaliar *in loco* os riscos à saúde da população presentes na produção e circulação de mercadorias, na prestação de serviços e na intervenção sobre o meio ambiente, inclusive o de trabalho.

§ 1º. O órgão de vigilância sanitária competente deve iniciar as inspeções sanitárias no prazo máximo de sessenta dias da solicitação inicial de cadastramento, de acordo com o Decreto Estadual nº 44.954/ 2000, sendo que o deferimento da solicitação fica sujeito ao estabelecido na presente Portaria, através dos arts. 9º e 14, quando for o caso.

§ 2º. Após a realização do procedimento de inspeção sanitária, a equipe técnica responsável por sua execução deve elaborar um Laudo Técnico de Inspeção (LTI), onde conste o relato da situação, a avaliação e as exigências pertinentes à situação encontrada, em conformidade com a ficha de Procedimentos em Vigilância Sanitária (Anexo XIV), segundo instruções de preenchimento constantes no Anexo XV.

§ 3º. Institui-se a utilização dos "Roteiros de Inspeções Sanitárias", instrumentos técnicos publicados pelos órgãos de vigilância sanitária das esferas federal, estadual e municipal para orientar a ação de fiscalização, na estruturação do texto que relata a situação encontrada na realização do aludido procedimento.

Art. 28. As etapas de produção, comercialização e prestação de serviço derivada a terceiros devem ser consideradas como extensão da empresa contratante e, como tais, são passíveis de inspeção sanitária.

Parágrafo único. Caso a empresa contratada esteja instalada em outra unidade federada, o órgão de vigilância sanitária competente deve solicitar o Laudo Técnico de Inspeção (LTI) atualizado ao órgãode vigilância sanitária com competência no local de instalação de origem, bem como ainda requisitar os documentos que entender necessários para a avaliação sanitária.

Capítulo X
DISPOSIÇÕES FINAIS

Art. 29. Em face da introdução do processo de cadastramento de estabelecimentos e equipamentos de assistência e de interesse da saúde (Anexo I) por legislação estadual (Lei nº 10.083/1998 – Código Sanitário do Estado e Decreto nº 44.954/2000) os órgãos municipais e estaduais de vigilância sanitária devem organizar ou reorganizar os métodos empregados na formação e manutenção dos processos administrativos desde a fase de pré-cadastramento até o de arquivamento final, resguardadas todas as etapas do referido processo, inclusive o de arquivamento das publicações de seu deferimento em Diário Oficial ou em outro meio público de divulgação escrita.

Parágrafo único. Os métodos aludidos no *caput* deste artigo serão objeto de normalização específica pelo Centro de Vigilância Sanitária da Secretaria de Estado da Saúde de São Paulo.

Art. 30. Esta Portaria entra em vigor a partir da data de sua publicação, quando então serão revogados: os incisos 7 e 8 do art. 1º da Portaria CVS-15, de 7.11.1991; o art. 6º e seu parágrafo único da Portaria CVS-9, de 16.3.1994; as Portarias CVS-4, CVS-9, CVS-10, CVS-11, CVS-12 e CVS-13, publicadas no ano de 1996; o Apêndice I da Portaria CVS-15 de 19.11.1999; a Portaria CVS-11, de 22.11.2000; a Portaria CVS-01, de 2.1.2002; a Portaria CVS-16 de 24.10.2003 e, a Portaria CVS 1 de 22.1.2007.

DOE de 23.3.2011

Republicação DOE de 31.3.2011

Retificações da Portaria CVS nº 4, de 21.3.2011: DOE de 17.1.2013, 27.3.2013 e 24.20.2014.

ANEXO I
ESTABELECIMENTOS E EQUIPAMENTOS DE ASSISTÊNCIA E DE INTERESSE À SAÚDE

Tabela CNAE
Fiscal IBGE adaptada para a Vigilância Sanitária

As tabelas a seguir apresentam os estabelecimentos e equipamentos de assistência e de interesse à saúde (Tabela VISA), objetos de cadastramento, licenciamento e atuação pelos órgãos competentes de vigilância sanitária, segundo a Classificação Nacional de Atividades Econômicas (CNAE Fiscal), CNAE Subclasses 2.1 de 12/2010, do Instituto Brasileiro de Geografia e Estatística (IBGE).

As duas primeiras colunas da "Tabela VISA" apresentam os códigos e descrições da referida CNAE. Cabe observar que as atividades descritas originalmente pelo IBGE que não estão contempladas na coluna "DESCRIÇÃO" da tabela a seguir, não são passíveis de cadastro e/ou licença de funcionamento pelos órgãos competentes de vigilância sanitária.

As três colunas subsequentes referem-se à interpretação de interesse da área da saúde, quanto à compreensão dessas atividades e o que representam para a atuação da vigilância sanitária.

– A coluna "**COMPREENSÃO**" apresenta três categorias:

(*) "**COMPREENDE**" – Define as atividades que, dentre aquelas relacionadas na tabela CNAE Fiscal, são de competência da vigilância sanitária para fins de obtenção de Cadastro Estadual de Vigilância Sanitária e de Licença de Funcionamento;

(*) "**NÃO COMPREENDE**" – Define as atividades de competência da vigilância sanitária, para fins de obtenção de Cadastro Estadual de Vigilância Sanitária e de Licença de Funcionamento, que estão compreendidas em outros códigos/descrições da tabela CNAE Fiscal, informando os códigos do Anexo I para onde devem ser remetidas.

(*) "**NÃO COMPETE**" – Define as atividades que, dentre aquelas relacionadas originalmente na compreensão da tabela CNAE Fiscal, não são passíveis de cadastro/licença de funcionamento pela vigilância sanitária, ficando sujeitos à legislação sanitária e à fiscalização pelos órgãos de vigilância sanitária competentes.

– A coluna "**SITUAÇÃO CEVS**" identifica se o estabelecimento e/ou equipamento está sujeito a Cadastro Estadual de Vigilância Sanitária (**2**) ou a Licença de Funcionamento (**1**).

– A última coluna "**Sistema Integrado de Licenciamento**

SIL, Decreto n º 55.660 de 30.2.2010", identifica o risco da atividade (Baixo, Alto, Alto com Perguntas).

(*) **Baixo**: A classificação de baixo risco permite ao empresário e/ ou a pessoa jurídica a obtenção do Certificado de Licenciamento Integrado mediante o fornecimento de dados, e a substituição da comprovação prévia do cumprimento de exigências e restrições, por declarações do titular ou responsável.

A classificação de baixo risco da atividade dispensa a realização de vistoria para a comprovação prévia do cumprimento de exigências ou de restrições.

(*) **Alto**: Quando a atividade for classificada como Alto, o empresário e/ou a pessoa jurídica obedecerão ao procedimento administrativo determinado pelo respectivo órgão ou entidade da Administração Direta e Indireta do Estado responsável e pelos municípios aderentes, para a comprovação do cumprimento das exigências e das restrições necessárias à sua obtenção, cabendo a realização da vistoria prévia.

(*) **Alto com perguntas**: Quando a atividade identificada não for o suficiente para a classificação do risco, o sistema apresenta pergunta que exije resposta positiva ou negativa, em relação a cada código CNAE.

A partir da resposta à pergunta o sistema classificará a atividade em baixo ou alto risco.

As tabelas apresentam-se organizadas em três grandes grupos de atividades, segundo o tipo de anexo do formulário de "Informações em Vigilância Sanitária" a ser preenchido:

GRUPO I
ATIVIDADES RELACIONADAS A PRODUTOS DE INTERESSE DA SAÚDE

PREENCHIMENTO OBRIGATÓRIO DO SUBANEXO DAS INFORMAÇÕES EM VIGILÂNCIA SANITÁRIA:
XI – C – "ATIVIDADE RELACIONADA A PRODUTOS DE INTERESSE DA SAÚDE"

Subgrupo A

FABRIL

Agrupamentos:

01 – Indústria de Alimentos
02 – Indústria de Água Mineral
03 – Indústria de Aditivos para Alimentos
04 – Indústria de Embalagens de Alimentos
05 – Indústria de Correlatos/Produtos para a Saúde
06 – Indústria de Cosméticos, Produtos de Higiene e Perfumes
07 – Indústria de Saneantes Domissanitários

08 – Indústria de Medicamentos

09 – Indústria de Farmoquímicos

10 – Indústria de Produtos e Preparados Químicos Diversos/Precursores

Subgrupo B

DISTRIBUIDORA/IMPORTADORA

Agrupamentos:

13 – Comércio Atacadista de Alimentos

14 – Comércio Atacadista de Correlatos/Produtos para a Saúde

15 – Comércio Atacadista de Cosméticos, Produtos de Higiene e Perfumes

16 – Comércio Atacadista de Saneantes Domissanitários

17 – Comércio Atacadista de Medicamentos

19 – Comércio Atacadista de Diversas Classes de Produtos

Subgrupo C

COMÉRCIO VAREJISTA

Agrupamentos:

20 – Comércio Varejista de Alimentos

21 – Comércio Varejista de Medicamentos

29 – Comércio Varejista de Cosméticos

Subgrupo D

PRESTAÇÃO DE SERVIÇOS COM PRODUTOS RELACIONADOS À SAÚDE

Agrupamentos:

11 – Envasamento e Empacotamento de Produtos Relacionados à Saúde

12 – Depósito de Produtos Relacionados à Saúde

22 – Transporte de Produtos Relacionados à Saúde

25 – Esterilização e Controle de Pragas Urbanas

GRUPO II

ATIVIDADES DE PRESTAÇÃO DE SERVIÇOS DE SAÚDE /EQUIPAMENTOS DE SAÚDE

PREENCHIMENTO DOS SUBANEXOS DAS INFORMAÇÕES EM VIGILÂNCIA SANITÁRIA

OBRIGATÓRIO: XI.A – "ATIVIDADE DE PRESTAÇÃO DE SERVIÇO DE SAÚDE"

QUANDO FOR O CASO:

XI.B – "EQUIPAMENTOS DE SAÚDE"

Agrupamento:

23 – Prestação de Serviços de Saúde

GRUPO III

DEMAIS ATIVIDADES RELACIONADAS À SAÚDE

DISPENSADAS DO PREENCHIMENTO DE QUAISQUER DOS SUBANEXOS

Subgrupo A

PRESTAÇÃO DE SERVIÇOS COLETIVOS E SOCIAIS

Agrupamento:

24 – Prestação de Serviços Coletivos e Sociais

Subgrupo B

PRESTAÇÃO DE SERVIÇOS RELACIONADOS À SAÚDE

Agrupamento:

26 – Prestação de Serviços Veterinários

Subgrupo C

ATIVIDADES RELACIONADAS À SAÚDE

Agrupamento:

27 – Outras Atividades Relacionadas à Saúde

GRUPO I ATIVIDADES RELACIONADAS A PRODUTOS DE INTERESSE À SAÚDE				
PREENCHIMENTO OBRIGATÓRIO DO SUBANEXO XI-C "ATIVIDADE RELACIONADA A PRODUTOS DE INTERESSE À SAÚDE"				
(SC) = Situação CEVS: (1) Licença de Funcionamento X (2) Cadastro Definitivo – (CA) = Complexidade da Ação				
SUBGRUPO A – FABRIL				
01 – INDÚSTRIA DE ALIMENTOS				
CNAE FISCAL		VIGILÂNCIA SANITÁRIA		
CÓDIGO	**DESCRIÇÃO**	**COMPREENSÃO**	**(SC)**	**(CA)**
0892-4/03	REFINO E OUTROS TRATAMENTOS DO SAL	**Compreende:** • Moagem, purificação, refino e outros tratamentos do sal. • As atividades de armazenamento do produto acima citado em depósito fechado. (ver nota) **Não Compete:** • A extração de sal e sua produção mediante a evaporação da água do mar. • A extração de sal-gema. **Nota:** • As atividades de armazenamento de produtos próprios, em depósitos próprios, que dispõe de instalações, equipamentos e recursos humanos próprios para o exercício desta atividade, instalado em endereço diverso da empresa fabricante/distribuidora, considerado extensão da mês-ma, é denominado depósito fechado e necessita de Licença de Funcionamento.	1	ALTO

1031-7/00	FABRICAÇÃO DE CONSERVAS DE FRUTAS	**Compreende:**
		• A fabricação de:
		  • Conservas de frutas (frutas conservadas em álcool, secas, desidratadas, polpas conservadas, purês e semelhantes).
		  • Frutas em calda (compotas).
		  • Doces em massa ou pastas e geleias.
		  • Concentrados de tomate (extratos, purês, polpas).
		  • Leite de coco.
		• Alimentos artesanais de origem vegetal. (ver nota 1)
		• As atividades de armazenàmento dos produtos acima citados em depósito fechado. (ver nota 2)
		Não compreende:
		• A fabricação de:
		• Molhos de tomate preparados (**1095-3/00**).
			1	ALTO

		• Doces e geleias de outras matérias-primas exceto frutas (**1099-6/99**). • Frutas cristalizadas (**1093-7/02**). • Alimentos dietéticos e para crianças (**1099-6/99**). **Não compete**: • A fabricação de: • Polpas de frutas para sucos. • Sucos concentrados de frutas. • Sucos integrais, prontos para beber, néctares, refrescos e semelhantes, de frutas. • Doce de leite. **Notas:** **1.** A elaboração de alimentos artesanais, definidos em regulamento estadual específico, é atividade considerada de complexidade básica. **2.** As atividades de armazenamento de produtos próprios, em depósitos próprios, que dispõe de instalações, equipamentos e recursos humanos próprios para o exercício desta atividade, instalado em endereço diverso da empresa fabricante/distribuidora, considerado extensão da mesma, é denominado depósito fechado e necessita de Licença de Funcionamento.		
1032-5/01	FABRICAÇÃO DE CONSERVAS DE PALMITO	**Compreende:** • A fabricação de conservas de palmito. • As atividades de armazenamento do produto acima citado em depósito fechado. (ver nota) **Não compreende:** • A fabricação de conservas de legumes e de outros vegetais (**1032-5/99**). **Nota:** • As atividades de armazenamento de produtos próprios, em depósitos próprios, que dispõe de instalações, equipamentos e recursos humanos próprios para o exercício desta atividade, instalado em endereço diverso da empresa fabricante/distribuidora, considerado extensão da mesma, é denominado depósito fechado e necessita de Licença de Funcionamento.	1	ALTO

1032-5/99	FABRICAÇÃO DE CONSERVAS DE LEGUMES E OUTROS VEGETAIS, EXCETO PALMITO	**Compreende:**
		• A produção de conservas de legumes e outros vegetais, cogumelos comestíveis, mediante congelamento, cozimento, imersão em azeite e vinagre.
		• A fabricação de:
		  • Vegetais desidratados e liofilizados.
		  • Farinha e sêmola de batata.
		  • Batata frita e aperitivos à base de batata.
		• Alimentos artesanais de origem vegetal. (ver nota 1)
		• As atividades de armazenamento dos produtos acima citados em depósito fechado. (ver nota 2)
			1	ALTO COM PERGUNTAS

		Não compreende:
		• A fabricação de:
		  • Conservas de palmito (**1032-5/01**).
		  • Pratos prontos, congelados, à base de legumes e de outros vegetais (**1096-1/00**).
		  • Sopas de legumes e de outros vegetais (**1099-6/99**).
		  • Amidos e féculas de outros vegetais (**1065-1/01**).
		Notas:
		1. A elaboração de alimentos artesanais, definidos em regulamento estadual específico, é atividade considerada de complexidade básica.
		2. As atividades de armazenamento de produtos próprios, em depósitos próprios, que dispõe de instalações, equipamentos e recursos humanos próprios para o exercício desta atividade, instalado em endereço diverso da empresa fabricante/distribuidora, considerado extensão da mesma, é denominado depósito fechado e necessita de Licença de Funcionamento.		

1041-4/00	FABRICAÇÃO DE ÓLEOS VEGETAIS EM BRUTO, EXCETO ÓLEO DE MILHO	**Compreende:**
		• A fabricação de óleos vegetais em bruto comestíveis (óleo de soja, caroço de algodão, oliva, girassol etc.).
		• A obtenção de tortas, farinhas e farelos de sementes oleaginosas e de subprodutos residuais da produção de óleos (p. ex.: linter de algodão).
		• As atividades de armazenamento dos produtos acima citados em depósito fechado. (ver nota)
		Não compreende:
		• A fabricação de:
		  • Óleos vegetais refinados (**1042-2/00**).
		  • Óleos de milho em bruto (**1065-1/02**).
		  • Óleos essenciais (**2094-1/00**).
		Não compete:
		• A fabricação de:
		  • Óleos comestíveis de origem animal.
		  • Margarina.
		Nota:
		• As atividades de armazenamento de produtos próprios, em depósitos próprios, que dispõe de instalações, equipamentos e recursos humanos próprios para o exercício desta atividade, instalado em endereço diverso da empresa fabricante/distribuidora, considerado extensão da mesma, é denominado depósito fechado e necessita de Licença de Funcionamento.
			1	ALTO

1042-2/00	FABRICAÇÃO DE ÓLEOS VEGETAIS REFINADOS, EXCETO ÓLEO DE MILHO	**Compreende:** • A fabricação de ceras de origem vegetal, para fins alimentícios. • Refino de óleos vegetais, comestíveis. • Outros beneficiamentos processados em óleos vegetais (sopragem, oxidação, polimerização, hidrogenação etc.).	1	ALTO

		• Alimentos artesanais de origem vegetal. (ver nota 1)
		• As atividades de armazenamento dos produtos acima citados em depósito fechado. (ver nota 2)
		Não compreende:
		• A fabricação de:
		  • Óleo de milho refinado (**1065-1/03**).
		  • Óleos vegetais em bruto (**1041-4/00**).
		  • Óleos e gorduras essenciais para fins alimentícios (**2029-1/00**).
		Não compete:
		• A produção de óleos comestíveis de origem animal.
		Notas:
		1. A elaboração de alimentos artesanais, definidos em regulamento estadual específico, é atividade considerada de complexidade básica.
		2. As atividades de armazenamento de produtos próprios, em depósitos próprios, que dispõe de instalações, equipamentos e recursos humanos próprios para o exercício desta atividade, instalado em endereço diverso da empresa fabricante/distribuidora, considerado extensão da mesma, é denominado depósito fechado e necessita de Licença de Funcionamento.		

1043-1/00	FABRICAÇÃO DE MARGARINA E OUTRAS GORDURAS VEGETAIS E DE ÓLEOS NÃO COMESTÍVEIS DE ANIMAIS	**Compreende:**
		• A fabricação de:
		  • Óleos e gorduras vegetais, comestíveis.
		  • Preparações a base de creme vegetal.
		• Alimentos artesanais de origem vegetal. (ver nota 1)
		• As atividades de armazenamento dos produtos acima citados em depósito fechado. (ver nota 2)
		Não compete:
		• A fabricação de:
		  • Margarina.
		  • Banha e outros óleos e gorduras de origem animal.
		  • Óleos vegetais quimicamente tratados (oxidados, polimerizados etc.).
		• A extração de óleos de peixe e de mamíferos marinhos.
		Notas:
		1. A elaboração de alimentos artesanais, definidos em regulamento estadual específico, é atividade considerada de complexidade básica.
		2. As atividades de armazenamento de produtos próprios, em depósitos próprios, que dispõe de instalações, equipamentos e recursos humanos próprios para o exercício desta atividade, instalado em endereço diverso da empresa fabricante/distribuidora, considerado extensão da mesma, é denominado depósito fechado e necessita de Licença de Funcionamento.
			1	ALTO COM PERGUNTAS

1053-8/00	FABRICAÇÃO DE SORVETES E OUTROS GELADOS COMESTÍVEIS	**Compreende:** • A fabricação de gelados comestíveis, como sorvetes, picolés, bolos e tortas geladas. • A fabricação de bases líquidas ou pastosas para a elaboração de sorvetes. • Alimentos artesanais de origem vegetal. (ver nota 1) • As atividades de armazenamento dos produtos acima citados em depósito fechado. (ver nota 2) **Não compreende:** • A fabricação de pós para a preparação de sorvetes, picolés (**1099-6/02**). **Notas:** **1.** A elaboração de alimentos artesanais, definidos em regulamento estadual específico, é atividade considerada de complexidade básica. **2.** As atividades de armazenamento de produtos próprios, em depósitos próprios, que dispõe de instalações, equipamentos e recursos humanos próprios para o exercício desta atividade, instalado em endereço diverso da empresa fabricante/distribuidora, considerado extensão da mesma, é denominado depósito fechado e necessita de Licença de Funcionamento.	1	ALTO

1061-9/01	BENEFICIAMENTO DE ARROZ	**Compreende:**
		• Beneficiamento do arroz (arroz descascado, moído, branqueado, polido, parbolizado etc.).
		• As atividades de armazenamento dos produtos acima citados em depósito fechado. (ver nota)
		Não compreende:
		• A produção de:
		  • Óleo de arroz em bruto (**1041-4/00**).
		  • Óleo de arroz refinado (**1042-2/00**).
		  • Farinhas, flocos e outros produtos de arroz (**1061-9/02**).
		Nota:
		• As atividades de armazenamento de produtos próprios, em depósitos próprios, que dispõe de instalações, equipamentos e recursos humanos próprios para o exercício desta atividade, instalado em endereço diverso da empresa fabricante/distribuidora, considerado extensão da mesma, é denominado depósito fechado e necessita de Licença de Funcionamento.
			1	ALTO

1061-9/02	FABRICAÇÃO DE PRODUTOS DO ARROZ	**Compreende:**
		• A produção de:
		  • Farinha de arroz.
		  • Flocos e outros produtos de arroz.
		• As atividades de armazenamento dos produtos acima citados em depósito fechado. (ver nota)
		Não compreende:
		• O beneficiamento do arroz (**1061-9/01**).
		• A produção de:
		  • Óleo de arroz em bruto (**1041-4/00**).
		  • Óleo de arroz refinado (**1042-2/00**).
		  • Amidos e féculas de arroz (**1065-1/01**)
			1	ALTO

		Nota: • As atividades de armazenamento de produtos próprios, em depósitos próprios, que dispõe de instalações, equipamentos e recursos humanos próprios para o exercício desta atividade, instalado em endereço diverso da empresa fabricante/distribuidora, considerado extensão da mesma, é denominado depósito fechado e necessita de Licença de Funcionamento.		

1062-7/00	MOAGEM DE TRIGO E FABRICAÇÃO DE DERIVADOS	**Compreende:**
		• A fabricação de:
		  • Farinha de trigo, inclusive integral.
		  • Sêmolas e farelo de trigo etc.
		  • Outros derivados de trigo.
		• A produção de farinhas e massas (em pó) mescladas e preparadas para a fabricação de pães, bolos, biscoitos.
		• As atividades de armazenamento dos produtos acima citados em depósito fechado. (ver nota)
		Não compreende:
		• A fabricação de amidos e féculas de trigo (**1065-1/01**).
		Nota:
		• As atividades de armazenamento de produtos próprios, em depósitos próprios, que dispõe de instalações, equipamentos e recursos humanos próprios para o exercício desta atividade, instalado em endereço diverso da empresa fabricante/distribuidora, considerado extensão da mesma, é denominado depósito fechado e necessita de Licença de Funcionamento.
			1	ALTO

1063-5/00	PRODUÇÃO DE FARINHA DE MANDIOCA E DERIVADOS	**Compreende:** • A produção de farinha de mandioca. • A fabricação de outros derivados da mandioca: raspa, farinha de raspa etc. • Alimentos artesanais de origem vegetal. (ver nota 1) • As atividades de armazenamento dos produtos acima citados em depósito fechado. (ver nota 2) **Não compreende:** • A fabricação de amidos e féculas de mandioca (**1065-1/01**). **Notas:** **1.** A elaboração de alimentos artesanais, definidos em regulamento estadual específico, é atividade considerada de complexidade básica. **2.** As atividades de armazenamento de produtos próprios, em depósitos próprios, que dispõe de instalações, equipamentos e recursos humanos próprios para o exercício desta atividade, instalado em endereço diverso da empresa fabricante/distribuidora, considerado extensão da mesma, é denominado depósito fechado e necessita de Licença de Funcionamento.	1	ALTO

1064-3/00	FABRICAÇÃO DE FARINHA DE MILHO E DERIVADOS
	EXCETO ÓLEO DE MILHO
		Compreende:
		• A fabricação de:
		  • Milho (fubá).
		  • Farinhas cruas de milho (creme de milho, gritz de milho etc.), canjica, farelo de milho etc.
		  • Farinhas de milho, termicamente tratadas e alimentos a base de milho (pós, flocos, produtos pré-cozidos etc.).
		• A preparação de milho para pipoca.
		• Alimentos artesanais de origem vegetal. (ver nota 1)
		• As atividades de armazenamento dos produtos acima citados em depósito fechado. (ver nota 2)
		Não compreende:
		• A fabricação de:
		  • Amidos e féculas de milho (**1065-1/01**).
		  • Óleo de milho em bruto (**1065-1/02**).
		  • Óleo de milho refinado (**1065-1/03**).
		Nota:
		1. A elaboração de alimentos artesanais, definidos em regulamento estadual específico, é atividade considerada de complexidade básica.
		2. As atividades de armazenamento de produtos próprios, em depósitos próprios, que dispõe de instalações, equipamentos e recursos humanos próprios para o exercício desta atividade, instalado em endereço diverso da empresa fabricante/distribuidora, considerado extensão da mesma, é denominado depósito fechado e necessita de Licença de Funcionamento.
			1	ALTO

1065-1/01	FABRICAÇÃO DE AMIDOS E FÉCULAS DE VEGETAIS	**Compreende:**
		• A fabricação de:
		  • Amidos e féculas de vegetais: milho, arroz, trigo, mandioca etc.
		  • Dextrose (açúcar de milho).
		  • Produtos elaborados a partir de amidos vegetais: açúcares (glicose, maltose e inulina), glúten, tapioca etc.
		• Alimentos artesanais de origem vegetal. (ver nota 1)
		• As atividades de armazenamento dos produtos acima citados em depósito fechado. (ver nota 2)
		Não compreende:
		• A fabricação de:
		  • Óleo de milho em bruto (**1065-1/02**).
		  • Óleo de milho refinado (**1065-1/03**).
		  • Fubá e farinha de milho (**1064-3/00**).
		  • Adoçantes de mesa ou dietéticos (**1099-6/06**).
			1	ALTO

<table>
<tr><td></td><td></td><td>Notas:
1. A elaboração de alimentos artesanais, definidos em regulamento estadual específico, é atividade considerada de complexidade básica.
2. As atividades de armazenamento de produtos próprios, em depósitos próprios, que dispõe de instalações, equipamentos e recursos humanos próprios para o exercício desta atividade, instalado em endereço diverso da empresa fabricante/distribuidora, considerado extensão da mesma, é denominado depósito fechado e necessita de Licença de Funcionamento.</td><td></td><td></td></tr>
<tr><td>1065-1/02</td><td>FABRICAÇÃO DE ÓLEO DE MILHO EM BRUTO</td><td>Compreende:
• A fabricação de óleo de milho em bruto.
• As atividades de armazenamento dos produtos acima citados em depósito fechado. (ver nota)
Não compreende:
• A fabricação de óleo de milho refinado (1065-1/03).
Nota:
• As atividades de armazenamento de produtos próprios, em depósitos próprios, que dispõe de instalações, equipamentos e recursos humanos próprios para o exercício desta atividade, instalado em endereço diverso da empresa fabricante/distribuidora, considerado extensão da mesma, é denominado depósito fechado e necessita de Licença de Funcionamento.</td><td>1</td><td>ALTO</td></tr>
<tr><td>1065-1/03</td><td>FABRICAÇÃO DE ÓLEO DE MILHO REFINADO</td><td>Compreende:
• A fabricação de óleo de milho refinado.
• As atividades de armazenamento dos produtos acima citados em depósito fechado. (ver nota)
Não compreende:
• A fabricação de óleo de milho em bruto (1065-1/02).
Nota:
• As atividades de armazenamento de produtos próprios, em depósitos próprios, que dispõe de instalações, equipamentos e recursos humanos próprios para o exercício desta atividade, instalado em endereço diverso da empresa fabricante/distribuidora, considerado extensão da mesma, é denominado depósito fechado e necessita de Licença de Funcionamento.</td><td>1</td><td>ALTO</td></tr>
<tr><td>1069-4/00</td><td>MOAGEM E FABRICAÇÃO DE PRODUTOS DE ORIGEM VEGETAL, NÃO ESPECIFICADOS ANTERIORMENTE</td><td>Compreende:
• A fabricação de:
  • Farinhas de araruta, centeio, cevada, aveia, legumes secos etc.
  • Farinhas compostas, germens de cereais etc.
• Aperitivos e alimentos para o café da manhã a base destes produtos.
• Alimentos artesanais de origem vegetal. (ver nota 1)
• As atividades de armazenamento dos produtos acima citados em depósito fechado. (ver nota 2)
Não compreende:
• A fabricação de farinhas e alimentos a base de batatas (1032-5/99).</td><td>1</td><td>ALTO</td></tr>
</table>

		Notas: **1.** A elaboração de alimentos artesanais, definidos em regulamento estadual específico, é atividade considerada de complexidade básica. **2.** As atividades de armazenamento de produtos próprios, em depósitos próprios, que dispõe de instalações, equipamentos e recursos humanos próprios para o exercício desta atividade, instalado em endereço diverso da empresa fabricante/distribuidora, considerado extensão da mesma, é denominado depósito fechado e necessita de Licença de Funcionamento		

1071-6/00	FABRICAÇÃO DE AÇÚCAR EM BRUTO	**Compreende:**
		• A fabricação de:
		  • Açúcar em bruto (açúcar VHP – *very high polarization* – cristal, demerara e mascavo).
		  • Derivados e sub-produtos da fabricação de açúcar (rapadura, melado, melaço etc.).
		• As atividades de armazenamento dos produtos acima citados em depósito fechado. (ver nota)
		Não compreende:
		• A fabricação de açúcar de cana refinado e moído (**1072-4/01**).
		Nota:
		• As atividades de armazenamento de produtos próprios, em depósitos próprios, que dispõe de instalações, equipamentos e recursos humanos próprios para o exercício desta atividade, instalado em endereço diverso da empresa fabricante/distribuidora, considerado extensão da mesma, é denominado depósito fechado e necessita de Licença de Funcionamento.
			1	ALTO

1072-4/01	FABRICAÇÃO DE AÇÚCAR DE CANA REFINADO	**Compreende:**
		• A fabricação de:
		  • Açúcar moído e triturado, refinado e líquido.
		  • Glicose de cana-de-açúcar.
		• As atividades de armazenamento dos produtos acima citados em depósito fechado. (ver nota)
		Não compreende:
		• A fabricação de:
		  • Glicose e outros açúcares a partir de amidos vegetais (**1065-1/01**).
		  • Açúcar natural (stévia) (**1099-6/06**).
		  • Adoçantes (**1099-6/06**).
		Nota:
		• As atividades de armazenamento de produtos próprios, em depósitos próprios, que dispõe de instalações, equipamentos e recursos humanos próprios para o exercício desta atividade, instalado em endereço diverso da empresa fabricante/distribuidora, considerado extensão da mesma, é denominado depósito fechado e necessita de Licença de Funcionamento.
			1	ALTO

1072-4/02	FABRICAÇÃO DE AÇÚCAR DE CEREAIS (DEXTROSE) E DE BETERRABA	**Compreende:**
		• A fabricação de açúcar de cereais (dextrose) e de beterraba moído ou triturado, refinado e líquido.
		• As atividades de armazenamento dos produtos acima citados em depósito fechado. (ver nota)
		Não compreende:
		• A fabricação de:
		  • Açúcar de cana, refinado e moído (**1072-4/01**).
		  • Glicose e outros açúcares a partir de amidos vegetais (**1065-1/01**).
		  • Açúcar natural (stévia) (**1099-6/06**).
		  • Adoçantes (**1099-6/06**).
		Nota:
		• As atividades de armazenamento de produtos próprios, em depósitos próprios, que dispõe de instalações, equipamentos e recursos humanos próprios para o exercício desta atividade, instalado em endereço diverso da empresa fabricante/distribuidora, considerado extensão da mesma, é denominado depósito fechado e necessita de Licença de Funcionamento.
			1	ALTO

1081-3/01	BENEFICIAMENTO DE CAFÉ	**Compreende:**
		• O beneficiamento do café em coco para café em grão, não associado ao cultivo.
		• As atividades de armazenamento dos produtos acima citados em depósito fechado. (ver nota)
		Não compreende:
		• A fabricação de:
		  • Café torrado em grãos (**1081-3/02**).
		  • Café solúvel (**1082-1/00**).
		Não compete:
		• O beneficiamento do café em coco para café em grão, quando realizado no estabelecimento agrícola.
		• Outros beneficiamentos pós-colheita, preparatórios para colocação do produto no mercado, realizados sob contrato.
		Nota:
		• As atividades de armazenamento de produtos próprios, em depósitos próprios, que dispõe de instalações, equipamentos e recursos humanos próprios para o exercício desta atividade, instalado em endereço diverso da empresa fabricante/distribuidora, considerado extensão da mesma, é denominado depósito fechado e necessita de Licença de Funcionamento.
			1	ALTO

1081-3/02	TORREFAÇÃO E MOAGEM DO CAFÉ	**Compreende:**
		• A produção de café:
		  • Torrado em grãos.
		  • Torrado e moído.
		  • Descafeinado.
		• As atividades de armazenamento dos produtos acima citados em depósito fechado. (ver nota)
			1	ALTO

		Não compreende: • A produção de café solúvel (**1082-1/00**). **Nota:** • As atividades de armazenamento de produtos próprios, em depósitos próprios, que dispõe de instalações, equipamentos e recursos humanos próprios para o exercício desta atividade, instalado em endereço diverso da empresa fabricante/distribuidora, considerado extensão da mesma, é denominado depósito fechado e necessita de Licença de Funcionamento.		

1082-1/00	FABRICAÇÃO DE PRODUTOS A BASE DE CAFÉ	**Compreende:**
		• A produção de:
		  • Café solúvel.
		  • Extratos e concentrados de café e de outras preparações a base de café.
		• As atividades de armazenamento dos produtos acima citados em depósito fechado. (ver nota)
		Não compreende:
		• A produção de café torrado em grãos, moído e descafeínado (**1081-3/02**).
		Nota:
		• As atividades de armazenamento de produtos próprios, em depósitos próprios, que dispõe de instalações, equipamentos e recursos humanos próprios para o exercício desta atividade, instalado em endereço diverso da empresa fabricante/distribuidora, considerado extensão da mesma, é denominado depósito fechado e necessita de Licença de Funcionamento.
			1	ALTO

1091-1/01	FABRICAÇÃO DE PRODUTOS DE PANIFICAÇÃO INDUSTRIAL	**Compreende:**
		• A fabricação de:
		  • Produtos de panificação industrial: pães e roscas, bolos, tortas etc.
		  • Farinhas de rosca.
		  • Produtos de panificação congelados.
		• As atividades de armazenamento dos produtos acima citados em depósito fechado. (ver nota 1)
		Não compreende:
		• A fabricação de:
		  • Biscoitos e bolachas (**1092-9/00**).
		  • Massas alimentícias (**1094-5/00**).
		  • Massas preparadas e misturadas, em pó, para pães, bolos etc. (**1062-7/00**).
		• As padarias tradicionais com venda predominante de produtos de fabricação própria (**1091-1/02**).
		• A padaria e confeitaria com predominância de revenda (**4721-1/02**).
		Nota:
		• As atividades de armazenamento de produtos próprios, em depósitos próprios, que dispõe de instalações, equipamentos e recursos humanos próprios para o exercício desta atividade, instalado em endereço diverso da empresa fabricante/distribuidora, considerado extensão da mesma, é denominado depósito fechado e necessita de Licença de Funcionamento.
			1	ALTO

1091-1/02	FABRICAÇÃO DE PRODUTOS DE PADARIA E CONFEITARIA COM PREDOMINÂNCIA DE PRODUÇÃO PRÓPRIA	**Compreende:**
		• A fabricação de:
		  • Pães e roscas, bolos, tortas e outros produtos de padaria com venda predominante de produtos fabricados no próprio estabelecimento (padarias tradicionais).
		  • Alimentos artesanais de origem vegetal. (ver nota 1)
		Não compreende:
		• A fabricação de:
		  • Produtos de panificação industrial (**1091-1/01**).
		  • Biscoitos e bolachas (**1092-9/00**).
		  • Massas alimentícias (**1094-5/00**).
		  • Massas preparadas e misturadas em pó para pães, bolos, tortas etc. (**1062-7/00**).
		• As padarias e confeitarias com predominância de revenda (**4721-1/02**).
		• As lanchonetes, casas de chá, de sucos e similares (**5611-2/03**).
		Nota:
		• A elaboração de alimentos artesanais, definidos em regulamento estadual específico, é atividade considerada de complexidade básica.
			1	BAIXO

1092-9/00	FABRICAÇÃO DE BISCOITOS E BOLACHAS	**Compreende:**
		• A fabricação de:
		  • Biscoitos e bolachas.
		  • Casquinhas para sorvetes e formas para recheios de doces e semelhantes.
		• Alimentos artesanais de origem vegetal. (ver nota 1)
		• As atividades de armazenamento dos produtos acima citados em depósito fechado. (ver nota 2)
		Notas:
		1. A elaboração de alimentos artesanais, definidos em regulamento estadual específico, é atividade considerada de complexidade básica.
		2. As atividades de armazenamento de produtos próprios, em depósitos próprios, que dispõe de instalações, equipamentos e recursos humanos próprios para o exercício desta atividade, instalado em endereço diverso da empresa fabricante/distribuidora, considerado extensão da mesma, é denominado depósito fechado e necessita de Licença de Funcionamento.
			1	ALTO

1093-7/01	FABRICAÇÃO DE PRODUTOS DERIVADOS DO CACAU E DE CHOCOLATES	**Compreende:**
		• A fabricação de:
		  • Pasta de cacau (massa) e, de outros derivados do beneficiamento do cacau (cacau em pó, manteiga de cacau, chocolate amargo para uso industrial, torta de cacau etc.).
		  • Bombons, chocolates e farinhas a base de chocolates.
		• Alimentos artesanais de origem vegetal. (ver nota 1)
		• As atividades de armazenamento dos produtos acima citados em depósito fechado. (ver nota 2)
			1	ALTO

		Não compreende: • A fabricação de balas, confeitos, frutas cristalizadas e semelhantes (**1093-7/02**). **Não compete:** • A produção de bebidas achocolatadas. **Notas:** **1.** A elaboração de alimentos artesanais, definidos em regulamento estadual específico, é atividade considerada de complexidade básica. **2.** As atividades de armazenamento de produtos próprios, em depósitos próprios, que dispõe de instalações, equipamentos e recursos humanos próprios para o exercício desta atividade, instalado em endereço diverso da empresa fabricante/distribuidora, considerado extensão da mesma, é denominado depósito fechado e necessita de Licença de Funcionamento.		

1093-7/02	PRODUÇÃO DE FRUTAS CRISTALIZADAS, BALAS E SEMELHANTES	**Compreende:**
		• A fabricação de:
		  • Balas, confeitos, gomas de mascar e semelhantes.
		  • Frutas cristalizadas.
		• Alimentos artesanais de origem vegetal. (ver nota 1)
		• As atividades de armazenamento dos produtos acima citados em depósito fechado. (ver nota 2)
		Não compreende:
		• A fabricação de bombons, chocolates e farinhas á base de chocolates (**1093-7/01**).
		Notas:
		1. A elaboração de alimentos artesanais, definidos em regulamento estadual específico, é atividade considerada de complexidade básica.
		2. As atividades de armazenamento de produtos próprios, em depósitos próprios, que dispõe de instalações, equipamentos e recursos humanos próprios para o exercício desta atividade, instalado em endereço diverso da empresa fabricante/distribuidora, considerado extensão da mesma, é denominado depósito fechado e necessita de Licença de Funcionamento.
			1	ALTO

1094-5/00	FABRICAÇÃO DE MASSAS ALIMENTÍCIAS	**Compreende:**
		• A fabricação de:
		  • Massas alimentícias (talharim, espaguete, ravióli etc.).
		  • Massas preparadas (frescas, congeladas ou resfriadas) para lasanha, canelone etc., com ou sem recheio.
		• Alimentos artesanais de origem vegetal. (ver nota 1)
		• As atividades de armazenamento dos produtos acima citados em depósito fechado. (ver nota 2)
		Não compreende:
		• A produção de massas preparadas e misturadas em pó para pães, bolos e biscoitos (**1062-7/00**).
		• A fabricação de pratos prontos congelados a base de massas (lasanhas, pizzas etc.) (**1096-1/00**).
		• A fabricação de pós para pudins, gelatinas etc. (**1099-6/02**).
			1	ALTO

<table>
<tr><td></td><td></td><td>Notas:
1. A elaboração de alimentos artesanais, definidos em regulamento estadual específico, é atividade considerada de complexidade básica.
2. As atividades de armazenamento de produtos próprios, em depósitos próprios, que dispõe de instalações, equipamentos e recursos humanos próprios para o exercício desta atividade, instalado em endereço diverso da empresa fabricante/distribuidora, considerado extensão da mesma, é denominado depósito fechado e necessita de Licença de Funcionamento.</td><td></td><td></td></tr>
<tr><td>1095-3/00</td><td>FABRICAÇÃO DE ESPECIARIAS, MOLHOS, TEMPEROS E CONDIMENTOS</td><td>Compreende:
• A preparação de:
  • Especiarias e condimentos (canela, baunilha, colorau, mostarda, sal preparado com alho etc.).
  • Molhos de tomate, molhos em conservas, maionese etc.
  • Bases para molhos.
  • Temperos diversos – desidratados, congelados, liofilizados, em conservas etc.
• Alimentos artesanais de origem vegetal. (ver nota 1)
• As atividades de armazenamento dos produtos acima citados em depósito fechado. (ver nota 2)
Não compreende:
• A produção de concentrados de tomate: extratos, purês, polpas (1031-7/00).
• O sal refinado (0892-4/03).
Notas:
1. A elaboração de alimentos artesanais, definidos em regulamento estadual específico, é atividade considerada de complexidade básica.
2. As atividades de armazenamento de produtos próprios, em depósitos próprios, que dispõe de instalações, equipamentos e recursos humanos próprios para o exercício desta atividade, instalado em endereço diverso da empresa fabricante/distribuidora, considerado extensão da mesma, é denominado depósito fechado e necessita de Licença de Funcionamento.</td><td>1</td><td>ALTO</td></tr>
<tr><td>1096-1/00</td><td>FABRICAÇÃO DE ALIMENTOS E PRATOS PRONTOS</td><td>Compreende:
• A produção de:
  • Pratos prontos ou refeições – congelados a base de vegetais.
  • Pratos prontos congelados a base de massas (pizzas, lasanhas etc.).
• A fabricação de:
  • Sobremesa pronta para consumo.
  • Salgadinhos congelados.
• Alimentos artesanais de origem vegetal. (ver nota 1)
• As atividades de armazenamento dos produtos acima citados em depósito fechado. (ver nota 2)
Não compreende:
• A fabricação de alimentos perecíveis para revenda (1099-6/99);
• A preparação de refeições para consumo em restaurantes, aviões, hospitais etc. (5620-1/01).</td><td>1</td><td>ALTO</td></tr>
</table>

		Notas: **1.** A elaboração de alimentos artesanais, definidos em regulamento estadual específico, é atividade considerada de complexidade básica. **2.** As atividades de armazenamento de produtos próprios, em depósitos próprios, que dispõe de instalações, equipamentos e recursos humanos próprios para o exercício desta atividade, instalado em endereço diverso da empresa fabricante/distribuidora, considerado extensão da mesma, é denominado depósito fechado e necessita de Licença de Funcionamento e necessita de Licença de Funcionamento.		
1099-6/02	FABRICAÇÃO DE PÓS ALIMENTÍCIOS	**Compreende:** • A fabricação de pós para pudins, gelatinas etc. • Alimentos artesanais de origem vegetal. (ver nota 1) • As atividades de armazenamento dos produtos acima citados em depósito fechado. (ver nota 2) **Não Compete:** • A fabricação de pós para refrescos ou outras bebidas **Notas:** **1.** A elaboração de alimentos artesanais, definidos em regulamento estadual específico, é atividade considerada de complexidade básica. **2.** As atividades de armazenamento de produtos próprios, em depósitos próprios, que dispõe de instalações, equipamentos e recursos humanos próprios para o exercício desta atividade, instalado em endereço diverso da empresa fabricante/distribuidora, considerado extensão da mesma, é denominado depósito fechado e necessita de Licença de Funcionamento.	1	ALTO
1099-6/04	FABRICAÇÃO DE GELO COMUM	**Compreende:** • A fabricação de gelo para consumo humano ou o que entra em contato com alimentos. • As atividades de armazenamento dos produtos acima citados em depósito fechado. (ver nota) **Nota:** • As atividades de armazenamento de produtos próprios, em depósitos próprios, que dispõe de instalações, equipamentos e recursos humanos próprios para o exercício desta atividade, instalado em endereço diverso da empresa fabricante/distribuidora, considerado extensão da mesma, é denominado depósito fechado e necessita de Licença de Funcionamento.	1	ALTO COM PERGUNTAS
1099-6/05	FABRICAÇÃO DE PRODUTOS PARA INFUSÃO	**Compreende:** • Beneficiamento de chá, mate e outras ervas para infusão. • Alimentos artesanais de origem vegetal. (ver nota 1) • As atividades de armazenamento dos produtos acima citados em depósito fechado. (ver nota 2) **Não Compete:** • A fabricação de chá, mate e semelhantes prontos para beber.	1	ALTO

		Notas: **1.** A elaboração de alimentos artesanais, definidos em regulamento estadual específico, é atividade considerada de complexidade básica. **2.** As atividades de armazenamento de produtos próprios, em depósitos próprios, que dispõe de instalações, equipamentos e recursos humanos próprios para o exercício desta atividade, instalado em endereço diverso da empresa fabricante/distribuidora, considerado extensão da mesma, é denominado depósito fechado e necessita de Licença de Funcionamento.		

1099-6/06	FABRICAÇÃO DE ADOÇANTES NATURAIS E ARTIFICIAIS	**Compreende:**
		• A fabricação de:
		  • Açúcar de stévia e outros adoçantes naturais.
		  • Adoçantes artificiais.
		• As atividades de armazenamento dos produtos acima citados em depósito fechado. (ver nota)
		Nota:
		• As atividades de armazenamento de produtos próprios, em depósitos próprios, que dispõe de instalações, equipamentos e recursos humanos próprios para o exercício desta atividade, instalado em endereço diverso da empresa fabricante/distribuidora, considerado extensão da mesma, é denominado depósito fechado e necessita de Licença de Funcionamento.
			1	ALTO

1099-6/07	FABRICAÇÃO DE ALIMENTOS DIETÉTICOS E COMPLEMENTOS ALIMENTARES	**Compreende:** • A fabricação de: • Suplementos vitamínicos ou minerais. (ver nota) **Nota:** • As atividades de armazenamento de produtos próprios, em depósitos próprios, que dispõe de instalações, equipamentos e recursos humanos próprios para o exercício desta atividade, instalado em endereço diverso da empresa fabricante/distribuidora, considerado extensão da mesma, é denominado depósito fechado e necessita de Licença de Funcionamento.	1	ALTO

1099-6/99	FABRICAÇÃO DE OUTROS PRODUTOS ALIMENTÍCIOS NÃO ESPECIFICADOS ANTERIORMENTE	**Compreende:**
		• A fabricação de:
		  • Preparações salgadas para aperitivos.
		  • Produtos a base de soja.
		  • Sopas em pó ou em tabletes ou líquido.
		  • Doces de matéria-prima diferente de leite.
		  • Alimentos adicionados de nutrientes essenciais.
		  • Alimentos para fins especiais.
		  • Alimentos com alegações de propriedades funcionais e ou de saúde.
		  • Alimentos infantis.
		  • Alimentos irradiados.
			1	ALTO

		• Alimentos para gestantes e nutrizes. • Alimentos para idosos. • Alimentos para praticantes de atividades físicas. • Dieta enteral. • Sal hipossódico e sucedâneos do sal. • Composto líquido pronto para o consumo, preparado líquido aromatizado, guaraná em pó ou bastão. • Produtos alimentícios não especificados em outras classes. • Alimentos artesanais de origem vegetal. (ver nota 2) • As atividades de armazenamento dos produtos acima citados em depósito fechado. (ver nota 3) **Não compreende:** • A fabricação de adoçantes naturais e artificiais (**1099-6/06**). **Notas:** **1.** A fabricação de preparações salgadas para aperitivos, produtos a base de soja, sopas em pó ou em tabletes ou líquidas, doces de matéria-prima diferente de leite e produtos alimentícios não especificados em outras classes, é atividade considerada de média complexidade. **2.** A elaboração de alimentos artesanais, definidos em regulamento estadual específico, é atividade considerada de complexidade básica. **3.** As atividades de armazenamento de produtos próprios, em depósitos próprios, que dispõe de instalações, equipamentos e recursos humanos próprios para o exercício desta atividade, instalado em endereço diverso da empresa fabricante/distribuidora considerado extensão da mesma, é denominado depósito fechado e necessita de Licença de Funcionamento.		
1122-4/04	FABRICAÇÃO DE BEBIDAS ISOTÔNICAS	**Compreende:** • A fabricação de: • Bebidas isotônicas	1	ALTO
		02 – INDÚSTRIA DE ÁGUA MINERAL		
1121-6/00	FABRICAÇÃO DE ÁGUAS ENVASADAS	**Compreende:** • Engarrafamento na fonte de águas (mineral e natural). • Fabricação de águas adicionadas de sais. • As atividades de armazenamento dos produtos acima citados em depósito fechado. (ver nota) **Não compreende:** • Fabricação de águas naturais, com adoçantes ou aromatizantes. (**1099-6/99**). **Nota:** • As atividades de armazenamento de produtos próprios, em depósitos próprios, que dispõe de instalações, equipamentos e recursos humanos próprios para o exercício desta atividade, instalado em endereço diverso da empresa fabricante/distribuidora, considerado extensão da mesma, é denominado depósito fechado e necessita de Licença de Funcionamento.	1	ALTO

03 – INDÚSTRIA DE ADITIVOS PARA ALIMENTOS				
1099-6/03	FABRICAÇÃO DE FERMENTOS E LEVEDURAS	**Compreende:** • A fabricação de fermentos e leveduras. • As atividades de armazenamento dos produtos acima citados em depósito fechado. (ver nota) **Nota:** • As atividades de armazenamento de produtos próprios, em depósitos próprios, que dispõe de instalações, equipamentos e recursos humanos próprios para o exercício desta atividade, instalado em endereço diverso da empresa fabricante/distribuidora, considerado extensão da mesma, é denominado depósito fechado e necessita de Licença de Funcionamento.	1	ALTO

2019-3/99	FABRICAÇÃO DE OUTROS PRODUTOS INORGÂNICOS, NÃO ESPECIFICADOS	**Compreende:**
		• A fabricação de:
		  • Corantes e pigmentos inorgânicos de origem mineral ou sintética, em forma básica ou concentrada para fins alimentícios.
		  • Outros produtos químicos inorgânicos como ácidos, bases, seus sais etc., para fins alimentícios.
		• As atividades de armazenamento dos produtos acima citados em depósito fechado. (ver nota)
		Não Compete:
		• A fabricação de:
		  • Elementos químicos – inclusive: metais, gases industriais elementares e elementos radioativos produzidos pela indústria de combustíveis nucleares.
		  • Sílica-gel.
		Nota:
		• As atividades de armazenamento de produtos próprios, em depósitos próprios, que dispõe de instalações, equipamentos e recursos humanos próprios para o exercício desta atividade, instalado em endereço diverso da empresa fabricante/distribuidora, considerado extensão da mesma, é denominado depósito fechado e necessita de Licença de Funcionamento.
			1	ALTO

2029-1/00	FABRICAÇÃO DE OUTROS PRODUTOS QUÍMICOS ORGÂNICOS NÃO ESPECIFICADOS	**Compreende:**
		• A fabricação de:
		  • Ácidos graxos para fins alimentícios.
		  • Compostos químicos utilizados como auxiliares de processo ou de performance do produto final alimentício, como: corantes, aromatizantes, conservadores espessantes e outros.
		  • Corantes, pigmentos, ácidos graxos, óleos essenciais, compostos químicos utilizados como auxiliares de processo ou de performance e outros produtos orgânicos para fins alimentícios que utilizam precursores (ver notas 1 e 2) no processo de síntese química (fabricação) destes compostos.
		  • Corantes e pigmentos orgânicos de origem animal, vegetal ou sintética em forma básica ou concentrada para fins alimentícios.
		  • Óleos essenciais para fins alimentícios.
		  • Outros compostos orgânicos para fins alimentícios.
		• As atividades de armazenamento dos produtos acima citados em depósito fechado. (ver nota 3)
			1	ALTO

		Não compreende:
		• A fabricação de:
		  • Óleos essenciais para outros fins (**2093-2/00**).
		  • Intermediários para detergentes tensoativos (**2093-2/00**).
		  • Intermediários para farmoquímicos, defensivos agrícolas e aditivos em geral (**2093-2/00**).
		Não compete:
		• A fabricação de:
		1. Álcool etílico obtido por fermentação.
		2. Solventes orgânicos.
		3. Negro de fumo (negro de carbono).
		4. Plastificantes.
		5. Breu e coque de breu e outros produtos da destilação do alcatrão de hulha.
		6. Produtos da destilação da madeira.
		7. Borracha sintética e matérias plásticas de base.
		Notas:
		1. Entende-se por precursores, as substâncias utilizadas para a obtenção de entorpecentes ou psicotrópicos e constantes das listas aprovadas pela Convenção Contra o Tráfico Ilícito de Entorpecentes e Substâncias Psicotrópicas, relacionadas na lista D1 da Portaria SVS/MS nº 344/1998 e suas atualizações, como exemplo ácido fenil acético, piperonal, safrol.
		2. O estabelecimento que utiliza ou importa para uso próprio precursores, está sujeito a licença de funcionamento e autorização especial, conforme legislação vigente.
		3. As atividades de armazenamento de produtos próprios, em depósitos próprios, que dispõe de instalações, equipamentos e recursos humanos próprios para o exercício desta atividade, instalado em endereço diverso da empresa fabricante/distribuidora, considerado extensão da mesma, é denominado depósito fechado e necessita de Licença de Funcionamento.		

04 – INDÚSTRIA DE EMBALAGENS DE ALIMENTOS				

1731-1/00	FABRICAÇÃO DE EMBALAGENS DE PAPEL	**Compreende:**
		• A fabricação de embalagens de papel, impressas ou não, simples, plastificadas ou de acabamento especial (saco de papel kraft, comuns e multifolhados; de papel impermeável etc.), que entram em contato com alimento.
		• As atividades de armazenamento dos produtos acima citados em depósito fechado. (ver nota)
		Não compreende:
		• A fabricação de:
		  • Embalagens de papel-cartão (**1732-0/00**).
		  • Polipropileno bi-orientado (**2221-8/00**).
			1	ALTO COM PERGUNTAS

		Não Compete: • A fabricação de: • Embalagens de papel, impressas ou não, simples, plastificadas ou de acabamento especial (sacos de papel "Kraft" – comuns ou multifoliados; de papel impermeável etc.; de papel metalizado e semelhantes) – inclusive de papel celofane, que não entram em contato com alimento. • Envelopes. **Nota:** • As atividades de armazenamento de produtos próprios, em depósitos próprios, que dispõe de instalações, equipamentos e recursos humanos próprios para o exercício desta atividade, instalado em endereço diverso da empresa fabricante/distribuidora, considerado extensão da mesma, é denominado depósito fechado e necessita de Licença de Funcionamento.		
1732-0/00	FABRICAÇÃO DE EMBALAGENS DE CARTOLINA E PAPEL CARTÃO	**Compreende:** • A fabricação de embalagem de cartolina e de papel-cartão, mesmo laminadas entre si, que entram em contato com alimento. • As atividades de armazenamento dos produtos acima citados em depósito fechado. (ver nota) **Não Compete:** • A fabricação de embalagem de cartolina e de papel-cartão que não entra em contato com alimento. **Nota:** • As atividades de armazenamento de produtos próprios, em depósitos próprios, que dispõe de instalações, equipamentos e recursos humanos próprios para o exercício desta atividade, instalado em endereço diverso da empresa fabricante/distribuidora, considerado extensão da mesma, é denominado depósito fechado e necessita de Licença de Funcionamento.	1	ALTO COM PERGUNTAS
1733-8/00	FABRICAÇÃO DE CHAPAS E DE EMBALAGENS DE PAPELÃO ONDULADO	**Compreende:** • A fabricação de embalagens e acessórios de papelão ondulado, que entra em contato com alimentos. • As atividades de armazenamento dos produtos acima citados em depósito fechado. (ver nota) **Não Compete:** • A fabricação de: • Chapas de papelão ondulado. • Faces simples de papelão ondulado. • Embalagens e acessórios de papelão ondulado, que não entram em contato com alimentos. **Nota:** • As atividades de armazenamento de produtos próprios, em depósitos próprios, que dispõe de instalações, equipamentos e recursos humanos próprios para o exercício desta atividade, instalado em endereço diverso da empresa fabricante/distribuidora, considerado extensão da mesma, é denominado depósito fechado e necessita de Licença de Funcionamento.	1	ALTO COM PERGUNTAS

2071-1/00	FABRICAÇÃO DE TINTAS, VERNIZES, ESMALTES E LACAS	**Compreende:** • A fabricação de: • Verniz sanitário, utilizado para o revestimento interno de embalagens que entram em contato com alimento. • Tintas, vernizes, esmaltes e lacas e de pigmentos e corantes preparados que utilizam precursores no processo de síntese química desses compostos. (ver notas 1 e 2) • As atividades de armazenamento dos produtos acima citados em depósito fechado. (ver nota 3) **Notas:** **1.** Entende-se por precursores, as substâncias utilizadas para a obtenção de entorpecentes ou psicotrópicos e constantes das listas aprovadas pela Convenção Contra o Tráfico Ilícito de Entorpecentes e Substâncias Psicotrópicas, relacionadas na lista D1 da Portaria SVS/MS nº 344/1998 e suas atualizações, como, por exemplo, ácido fenil acético, piperonal e safrol. **2.** O estabelecimento que utiliza ou importa para uso próprio precursores, está sujeito a licença de funcionamento e autorização especial, conforme legislação vigente. **3.** As atividades de armazenamento de produtos próprios, em depósitos próprios, que dispõe de instalações, equipamentos e recursos humanos próprios para o exercício desta atividade, instalado em endereço diverso da empresa fabricante/distribuidora, considerado extensão da mesma, é denominado depósito fechado e necessita de Licença de Funcionamento. **Não Compete:** • A fabricação de: • Tintas, vernizes, esmaltes e lacas para pintura e repintura de: imóveis, automóveis e móveis. • Pigmentos e corantes preparados, como por exemplo, pó xadrez.	1	ALTO COM PERGUNTAS
2222-6/00	FABRICAÇÃO DE EMBALAGEM DE MATERIAL PLÁSTICO	**Compreende:** • A fabricação de embalagens de material plástico que entram em contato com alimento. • As atividades de armazenamento dos produtos acima citados em depósito fechado. (ver nota) **Não compete:** • A fabricação de embalagens de material plástico para outros fins (caixas, sacos, garrafas, frascos etc.). **Nota:** • As atividades de armazenamento de produtos próprios, em depósitos próprios, que dispõe de instalações, equipamentos e recursos humanos próprios para o exercício desta atividade, instalado em endereço diverso da empresa fabricante/distribuidora, considerado extensão da mesma, é denominado depósito fechado e necessita de Licença de Funcionamento.	1	ALTO COM PERGUNTAS
2312-5/00	FABRICAÇÃO DE EMBALAGENS DE VIDRO	**Compreende:** • A fabricação de embalagens de vidro que entram em contato com alimento. • As atividades de armazenamento dos produtos acima citados em depósito fechado. (ver nota)	1	ALTO COM PERGUNTAS

2341-9/00	FABRICAÇÃO DE PRODUTOS CERÂMICOS REFRATÁRIOS	**Não compete:** • A fabricação de garrafas, garrafões e bombonas de vidro para outros fins. • A fabricação de vasilhames de vidro para laboratórios farmacêuticos e perfumarias. **Nota:** • As atividades de armazenamento de produtos próprios, em depósitos próprios, que dispõe de instalações, equipamentos e recursos humanos próprios para o exercício desta atividade, instalado em endereço diverso da empresa fabricante/distribuidora, considerado extensão da mesma, é denominado depósito fechado. **Compreende:** • A fabricação de produtos refratários utilizados como embalagem que entram em contato com alimentos. • As atividades de armazenamento dos produtos acima citados em depósito fechado. (ver nota) **Não compete:** • A fabricação de artefatos refratários de cerâmica (tijolos, ladrilhos e semelhantes). • A fabricação de materiais refratários aluminosos, silicosos, silicoaluminosos, grafitosos, pos-exotérmicos, chamote e semelhantes. • A fabricação de cimento refratário.	1	ALTO COM PERGUNTAS

2349-4/99	FABRICAÇÃO DE PRODUTOS CERÂMICOS NÃO REFRATÁRIOS NÃO ESPECIFICADOS ANTERIORMENTE	**Nota:**
		• As atividades de armazenamento de produtos próprios, em depósitos próprios, que dispõe de instalações, equipamentos e recursos humanos próprios para o exercício desta atividade, instalado em endereço diverso da empresa fabricante/distribuidora, considerado extensão da mesma, é denominado depósito fechado e necessita de Licença de Funcionamento.
		Compreende:
		• A fabricação de produtos cerâmicos não refratários utilizados como embalagem que entram em contato com alimento.
		• As atividades de armazenamento dos produtos acima citados em depósito fechado. (ver nota)
		Não compete:
		• A fabricação de:
		  • Artefatos de cerâmica ou de barro cozido para uso doméstico ou de adorno (panelas, talhas, filtros, potes etc.).
		  • Produtos cerâmicos para uso na indústria do material elétrico (isoladores, interruptores, receptáculos etc.).
		  • Cerâmica branca.
		  • Louças de mesa (aparelhos completos e peças avulsas de louças para serviços de mesa como aparelhos de jantar, chá, café, bolo e semelhantes).
		  • Cerâmica artística.
		  • Cerâmica técnica (para uso químico, elétrico, térmico, mecânico etc.).
		  • Cerâmicos de alta tecnologia (para uso de acordo com a sua função: eletroeletrônicos, magnéticos, ópticos, químicos, térmicos, mecânicos, biológicos etc.).
			1	ALTO COM PERGUNTAS

2591-8/00	FABRICAÇÃO DE EMBALAGENS METÁLICAS	**Nota:**
		• As atividades de armazenamento de produtos próprios, em depósitos próprios, que dispõe de instalações, equipamentos e recursos humanos próprios para o exercício desta atividade, instalado em endereço diverso da empresa fabricante/distribuidora, considerado extensão da mesma, é denominado depósito fechado e necessita de Licença de Funcionamento.
		Compreende:
		• A fabricação de:
		  • Latas, tubos e bisnagas metálicas que entram em contato com alimento.
		  • Tonéis, latões para transporte de leite, tambores, bujões e outros recipientes metálicos para transporte de alimentos.
		  • Tampas metálicas para embalagens que entram em contato com alimentos.
		• As atividades de armazenamento dos produtos acima citados em depósito fechado. (ver nota)
		Não compete:
		• A fabricação das embalagens metálicas para outros fins.
		Nota:
		• As atividades de armazenamento de produtos próprios, em depósitos próprios, que dispõe de instalações, equipamentos e recursos humanos próprios para o exercício desta atividade, instalado em endereço diverso da empresa fabricante/distribuidora, considerado extensão da mesma, é denominado depósito fechado e necessita de Licença de Funcionamento.
			1	ALTO COM PERGUNTAS

05 – INDÚSTRIA DE CORRELATOS/PRODUTOS PARA A SAÚDE				

2219-6/00	FABRICAÇÃO DE ARTEFATOS DE BORRACHA NÃO ESPECIFICADOS ANTERIORMENTE	**Compreende:**
		• A fabricação de:
		  • Preservativos.
		  • Luvas cirúrgicas e para procedimentos.
		• As atividades de armazenamento dos produtos acima citados em depósito fechado. (ver nota 1)
		Não compreende:
		• A fabricação de artigos de uso médico, cirúrgico e odontológico (**3250-7/05**).
		Não Compete:
		• A fabricação de
		  • Laminados e fios de borracha.
		  • Espuma de borracha e de artefatos de espuma de borracha.
		  • Colchões infláveis de borracha.
		  • Materiais para reparação de câmaras de ar e outros artigos de borracha.
		  • Artefatos de borracha para uso nas indústrias de material elétrico, eletrônico, transporte, mecânica etc. (correias, tubos, gaxetas, juntas etc.).
		  • Artefatos de borracha para uso doméstico, pessoal, higiênico.
			1	ALTO COM PERGUNTAS

		• Artigos diversos de borracha natural, sintética ou regenerada, vulcanizada ou não, inclusive borracha endurecida. • Pentes, escovas, prendedores de cabelos, feitos de borracha. • Botas de borracha. • Tecido impregnado, coberto ou laminado com borracha, onde a borracha é o componente principal. • Bicos para mamadeiras, chupetas e protetores de mamilo. (ver nota 2) **Notas:** **1.** As atividades de armazenamento de produtos próprios, em depósitos próprios, que dispõe de instalações, equipamentos e recursos humanos próprios para o exercício desta atividade, instalado em endereço diverso da empresa fabricante/distribuidora, considerado extensão da mesma, é denominado depósito fechado e necessita de Licença de Funcionamento. **2.** O fabricante de bicos para mamadeiras, chupetas e protetores de mamilo, não necessita de Licença de Funcionamento, Autorização de Funcionamento de Empresa e registro de seus produtos junto a ANVISA, entretanto está sujeito a regime de Vigilância Sanitária para os demais efeitos previstos na legislação sanitária vigente.		
2660-4/00	FABRICAÇÃO DE APARELHOS ELETRO-MÉDICOS E ELETRO-TERAPÊUTICOS E EQUIPAMENTOS DE IRRADIAÇÃO	**Compreende:** • A fabricação de: • Aparelhos, equipamentos, suas partes e acessórios de uso ou de aplicação médica, hospitalar, odontológica ou laboratorial destinadas ao diagnóstico, prevenção, apoio, tratamento ou reabilitação da saúde, inclusive os de educação física, embelezamento e correção estética. • Marca-passos. • Aparelhos auditivos. • As atividades de armazenamento dos produtos acima citados em depósito fechado. (ver nota) **Não Compreende:** • A fabricação de: • Câmaras de bronzeamento (**2829-1/99**). • Instrumentos e utensílios não eletrônicos para uso médico-cirúrgico, odontológico e de laboratório (termômetros médicos, bisturis, pinças, tesouras, sondas, boticões, fórceps etc.) (**3250-7/01**). • Seringas, inclusive agulhas (**3250-7/01**). • Mobiliário de uso médico e odontológico (**3250-7/02**). • Aparelhos e instrumentos para correção de defeitos físicos, membros artificiais e aparelhos ortopédicos em geral (**3250-7/03** e **3250-7/04**). • O desenvolvimento de sistemas ou programas de computador (*software*), reconhecido como produto para saúde, destinado ao planejamento de radioterapia, processamento de dados médicos (imagens, sinais etc.) para o diagnóstico e monitoramento e/ou sugestão de diagnósticos: para o cálculo, a estimativa, modelagem e previsão de posicionamentos cirúrgicos (navegadores cirúrgicos) ou regimes de dosimetria; e, ainda, ao uso para ou por pacientes a fim de sugerir automaticamente diagnósticos, monitoramento ou tratar uma condição física, mental ou doença (**6203-1/00**).	1	ALTO COM PERGUNTAS

		Não Compete: • A fabricação de equipamentos de irradiação para a indústria alimentar. • A manutenção e reparação de aparelhos e equipamentos eletrônicos para uso médico-hospitalar, odontológico e de laboratório, quando executada por empresa especializada. • A instalação de aparelhos e equipamentos eletrônicos para uso médico-hospitalar, odontológico e de laboratório, quando executada por empresa especializada. **Nota:** • As atividades de armazenamento de produtos próprios, em depósitos próprios, que dispõe de instalações, equipamentos e recursos humanos próprios para o exercício desta atividade, instalado em endereço diverso da empresa fabricante/distribuidora, considerado extensão da mesma, é denominado depósito fechado e necessita de Licença de Funcionamento.		
2829-1/99	FABRICAÇÃO DE OUTRAS MÁQUINAS E EQUIPAMENTOS DE USO GERAL, NÃO ESPECIFICADOS ANTERIORMENTE, PEÇAS E ACESSÓRIOS	**Compreende:** • A fabricação de câmaras de bronzeamento. • As atividades de armazenamento dos produtos acima citados em depósito fechado. (ver nota) **Não Compete:** • A fabricação de: • Unidades de retificação e destilação para refinarias de petróleo, indústrias químicas e de bebidas etc. • Balanças industriais, comerciais e domésticas, automáticas ou não. • Plataformas para pesagem de caminhões. • Extintores de incêndio. • Máquinas de filtrar e depurar líquidos. • Intercambiadores (trocadores) de calor. • Vaporizadores, exceto agrícolas. • Máquinas automáticas para venda de produtos. • Equipamentos não elétricos para solda. • Carrosséis, balanços, galerias de tiro e outros equipamentos para feiras e parques de diversões. • Outras máquinas e equipamentos de uso geral. • Peças e acessórios para máquinas e equipamentos de uso geral. • Balanças de precisão. • Máquinas e equipamentos para uso industrial específico. • Ferros para soldar e pistolas para solda elétrica. • Instalação, manutenção e reparação de máquinas e equipamentos de uso geral, quando executadas pelo fabricante. • Manutenção e reparação de máquinas e equipamentos de uso geral, quando executadas por empresas especializadas. • Instalação de máquinas e equipamentos de uso geral, quando executada por empresa especializada.	1	ALTO COM PERGUNTAS

3092-0/00	FABRICAÇÃO DE BICICLETAS E TRICICLOS NÃO MOTORIZADOS, PEÇAS E ACESSÓRIOS	• As atividades de comércio atacadista exercida por estabelecimento de empresa importadora, conforme definido na Portaria CVS nº 10/2008 e suas atualizações. (ver nota 1)
		• As atividades de armazenamento dos produtos acima citados em depósito fechado. (ver nota 2)
		Não compreende:
		• O comércio atacadista de:
		  • Artigos de higiene bucal, produtos para absorção de líquidos corporais, lenços umedecidos e discos demaquilantes e hastes com extremidades envoltas em algodão (**4646-0/02**).
		  • Produtos de higiene, limpeza e conservação domiciliar (**4649-4/08**).
		  • Odorizante de ambientes/aromatizante de ambientes (**4649-4/08**).
		Notas:
		1. Fica sujeito ao Cadastro Estadual de Vigilância Sanitária – CEVS o estabelecimento definido na Portaria CVS nº 10/2008 e suas atualizações. Conforme estabelece esta Portaria, o estabelecimento acima mencionado é definido como unidade administrativa da empresa importadora de produtos sujeitos a regime de Vigilância Sanitária, que não possui local próprio de armazenamento e utiliza da contratação de prestador de serviço para esta atividade.
		2. As atividades de armazenamento de produtos próprios, em depósito próprio, que dispõe de instalações, equipamentos e recursos humanos próprios para o exercício desta atividade, instalado em endereço diverso da empresa fabricante/distribuidora, considerado extensão da mesma, é denominado depósito fechado e necessita de Licença de Funcionamento.
		Nota:
		• As atividades de armazenamento de produtos próprios, em depósitos próprios, que dispõe de instalações, equipamentos e recursos humanos próprios para o exercício desta atividade, instalado em endereço diverso da empresa fabricante/distribuidora, considerado extensão da mesma, é denominado depósito fechado e necessita de Licença de Funcionamento.
		Compreende:
		• A fabricação de cadeiras de rodas.
		• As atividades de armazenamento dos produtos acima citados em depósito fechado. (ver nota)
		Não Compete:
		• A fabricação de:
		  • Unidades de bicicletas e triciclos não motorizados.
		  • Outros veículos para inválidos, com ou sem motor.
		  • Carrinhos para bebês.
		  • Peças e acessórios para bicicletas.
		Nota:
		• As atividades de armazenamento de produtos próprios, em depósitos próprios, que dispõe de instalações, equipamentos e recursos humanos próprios para o exercício desta atividade, instalado em endereço diverso da empresa fabricante/distribuidora, considerado extensão da mesma, é denominado depósito fechado e necessita de Licença de Funcionamento.
			1	ALTO COM PERGUNTAS

<table>
<tr><td>3250-7/01</td><td>FABRICAÇÃO DE INSTRUMENTOS NÃO ELETRÔNICOS E UTENSÍLIOS PARA USO MÉDICO, CIRÚRGICO, ODONTOLÓGICO E DE LABORATÓRIO</td><td>Compreende:
• A fabricação de instrumentos não eletrônicos e utensílios de uso ou de aplicação médica, hospitalar, odontológica ou laboratorial destinadas ao diagnóstico, prevenção, apoio, tratamento ou reabilitação da saúde, inclusive os de educação física, embelezamento e correção estética (termômetros clínicos/médicos, bisturis, pinças, tesouras, cânulas, sondas, seringas, agulhas, cateteres e outros).
• As atividades de armazenamento dos produtos acima citados em depósito fechado. (ver nota)
Não compreende:
• A fabricação de:
  • Ataduras, “catgut”, fios para suturas, curativos etc. (3250-7/05).
  • Esterilizadores (3250-7/02).
Nota:
• As atividades de armazenamento de produtos próprios, em depósitos próprios, que dispõe de instalações, equipamentos e recursos humanos próprios para o exercício desta atividade, instalado em endereço diverso da empresa fabricante/distribuidora, considerado extensão da mesma, é denominado depósito fechado e necessita de Licença de Funcionamento.</td><td>1</td><td>ALTO COM PERGUNTAS</td></tr>
<tr><td>3250-7/02</td><td>FABRICAÇÃO DE MOBILIÁRIO PARA USO MÉDICO, CIRÚRGICO, ODONTOLÓGICO E DE LABORATÓRIO</td><td>Compreende:
• A fabricação de:
  • Mobiliário de uso médico, hospitalar e odontológico. (ver nota 1)
  • Equipamentos e aparelhos de uso ou aplicação médica, hospitalar, odontológica ou laboratorial destinadas ao diagnóstico, prevenção, apoio, tratamento ou reabilitação da saúde, inclusive os de educação física, embelezamento e correção estética.
• As atividades de armazenamento dos produtos acima citados em depósito fechado. (ver nota 2)</td><td>1</td><td>ALTO COM PERGUNTAS</td></tr>
<tr><td></td><td></td><td>Notas:
1. Entende-se por mobiliário de uso médico, hospitalar e odontológico, todo móvel destinado a fornecer suporte a procedimento diagnóstico, terapêutico ou cirúrgico.
2. As atividades de armazenamento de produtos próprios, em depósitos próprios, que dispõe de instalações, equipamentos e recursos humanos próprios para o exercício desta atividade, instalado em endereço diverso da empresa fabricante/distribuidora, considerado extensão da mesma, é denominado depósito fechado e necessita de Licença de Funcionamento.
Não compreende:
• A fabricação de:
  • Cadeiras de rodas (3092-0/00).
  • Aparelhos eletromédicos, eletroterapêuticos e equipamentos de irradiação (2660-4/00).
  • Aparelhos e utensílios para correção de defeitos físicos e aparelhos ortopédicos em geral, em escala industrial (3250-7/04).</td><td></td><td></td></tr>
</table>

		• Aparelhos e utensílios para correção de defeitos físicos e aparelhos ortopédicos em geral sob encomenda (**4773-3/00**). • Câmaras de bronzeamento (**2829-1/99**).		
NOTA: O CNAE **3250-7/03**: FABRICAÇÃO DE APARELHOS E UTENSÍLIOS PARA CORREÇÃO DE DEFEITOS FÍSICOS E APARELHOS ORTOPÉDICOS EM GERAL SOB ENCOMENDA, enquadra-se, conforme legislação sanitária vigente, na atividade do estabelecimento denominado casas de artigos cirúrgicos, ortopédicos, fisioterápicos e odontológicos contemplada no código CNAE 4773-3/00.				

3250-7/04	FABRICAÇÃO DE APARELHOS E UTENSÍLIOS PARA CORREÇÃO DE DEFEITOS FÍSICOS E APARELHOS ORTOPÉDICOS EM GERAL, EXCETO SOB ENCOMENDA	**Compreende:**
		• Exclusiva e unicamente a fabricação, em escala industrial, de artigos e aparelhos para correção de defeitos físicos, membros artificiais e aparelhos ortopédicos em geral, sujeitos a aprovação da ANVISA/MS.
		• As atividades de armazenamento dos produtos acima citados em depósito fechado. (ver nota)
		Não compreende:
		• A fabricação, sob encomenda, de órteses e próteses prescritas por:
		  • Cirurgiões dentistas (**3250-7/06**).
		  • Médicos (**4773-3/00**).
		• A fabricação de:
		  • Calçados ortopédicos sob medida (**4773-3/00**).
		  • Marca-passos (**2660-4/00**).
		  • Cadeiras de rodas (**3092-0/00**).
			1	ALTO

3250-7/05	FABRICAÇÃO DE MATERIAIS PARA MEDICINA E ODONTOLOGIA	**Não compete:** • A fabricação de calçados ortopédicos prontos. **Nota:** • As atividades de armazenamento de produtos próprios, em depósitos próprios, que dispõe de instalações, equipamentos e recursos humanos próprios para o exercício desta atividade, instalado em endereço diverso da empresa fabricante/distribuidora, considerado extensão da mesma, é denominado depósito fechado e necessita de Licença de Funcionamento. **Compreende:** • A fabricação de materiais, artigos, produtos, partes e acessórios de uso ou de aplicação médica, hospitalar, odontológica ou laboratorial destinadas ao diagnóstico, prevenção, apoio, tratamento ou reabilitação da saúde,inclusive os de educação física, embelezamento e correção estética (Produtos: descartáveis, implantáveis, líquidos, sólidos, semissólidos, bolsas de sangue, dispositivos intra-uterino, produtos para diagnóstico de uso *in vitro* e outros). • As atividades de armazenamento dos produtos acima citados em depósito fechado. (ver nota) **Não Compreende:** • A fabricação de curativos, emplastos e materiais semelhantes impregnados com qualquer substância (**2121-1/01**). • O desenvolvimento de sistemas ou programas de com-putador (*software*), reconhecido como produto para saúde, destinado ao planejamento de radioterapia, processamento de dados médicos (imagens, sinais etc.) para o diagnóstico e monitoramento e/ou sugestão de diagnósticos: para o cálculo, a estimativa, modela-	1	ALTO

		gem e previsão de posicionamentos cirúrgicos (navegadores cirúrgicos) ou regimes de dosimetria; e, ainda, ao uso para ou por pacientes a fim de sugerir automaticamente diagnósticos, monitoramento ou tratar uma condição física, mental ou doença (**6203-1/00**). **Nota:** • As atividades de armazenamento de produtos pró-prios, em depósitos próprios, que dispõe de instalações, equipamentos e recursos humanos próprios para o exercício desta atividade, instalado em endereço diverso da empresa fabricante/distribuidora, considerado extensão da mesma, é denominado depósito fechado e necessita de Licença de Funcionamento.		
3250-7/07	FABRICAÇÃO DE ARTIGOS ÓPTICOS	**Compreende:** • A fabricação de lentes de contato e lentes intraoculares. • As atividades de armazenamento dos produtos acima citados em depósito fechado. (ver nota) **Não compreende:** • As óticas com montagem de lentes oftálmicas com grau sob prescrição médica (**4774-1/00**). • Serviços de laboratórios ópticos (**3250-7/09**). **Não Compete:** • A fabricação de artigos ópticos (óculos, lentes para óculos, armações para óculos e óculos de sol). • A fabricação de óculos para segurança e proteção. **Nota:** • As atividades de armazenamento de produtos próprios, em depósito próprio, que dispõe de instalações, equipamentos e recursos humanos próprios para o exercício desta atividade, instalado em endereço diverso da empresa fabricante/distribuidora, considerado extensão da mesma, é denominado depósito fechado e necessita de Licença de Funcionamento.	1	ALTO COM PERGUNTAS
3292-2/02	FABRICAÇÃO DE EQUIPAMENTOS E ACESSÓRIOS PARA SEGURANÇA PESSOAL E PROFISSIONAL	**Compreende:** • A fabricação de artefatos de tecido não tecidos para uso odonto-médico-hospitalar (gorros, máscaras protetoras, aventais, outros). • As atividades de armazenamento dos produtos acima citados em depósito fechado. (ver nota) **Nota:** • As atividades de armazenamento de produtos próprios, em depósito próprio, que dispõe de instalações, equipamentos e recursos humanos próprios para o exercício desta atividade, instalado em endereço diverso da empresa fabricante/distribuidora, considerado extensão da mesma, é denominado depósito fechado e necessita de Licença de Funcionamento. **Não compete:** • A confecção de luvas, máscaras protetoras, cintos de segurança, capacetes de qualquer material etc. • A fabricação de artefatos de cortiça para segurança e proteção. • A confecção de roupas profissionais. • A confecção de calçados de segurança.	1	ALTO

<table>
<tr><td>6203-1/00</td><td>DESENVOLVIMENTO E LICENCIAMENTO DE PROGRAMAS DE COMPUTADOR NÃO CUSTOMIZÁVEIS</td><td>Compreende:
• O desenvolvimento de sistemas ou programas de com-putador (software), reconhecido como produto para saúde, destinado ao planejamento de radioterapia, processamento de dados médicos (imagens, sinais etc.) para o diagnóstico e monitoramento e/ou sugestão de diagnósticos: para o cálculo, a estimativa, modelagem e previsão de posicionamentos cirúrgicos (navegadores cirúrgicos) ou regimes de dosimetria; e, ainda, ao uso para ou por pacientes a fim de sugerir automaticamente diagnósticos, monitoramento ou tratar uma condição física, mental ou doença.
Não Compreende:
• A fabricação de:
• Aparelhos, equipamentos, suas partes e acessórios de uso ou de aplicação médica, hospitalar, odontológica ou laboratorial destinadas ao diagnóstico, prevenção, apoio, tratamento ou reabilitação da saúde, inclusive os de educação física, embelezamento e correção estética, marca-passos e aparelhos auditivos (2660-4/00).
• Materiais, artigos, produtos, partes e acessórios de uso ou de aplicação médica, hospitalar, odontológica ou laboratorial destinadas ao diagnóstico, prevenção, apoio, tratamento ou reabilitação da saúde, inclusive os de educação física, embelezamento e correção estética (Produtos: descartáveis, implantáveis, líquidos, sólidos, semissólidos, bolsas de sangue, dispositivos intra-uterino, produtos para diagnóstico de uso in vitro e outros) (3250-7/05).
Não Compete:
• O desenvolvimento Softwares que não realizam ou influenciam diretamente no diagnóstico, monitoramento, terapia (tratamento) para a saúde.</td><td>1</td><td>ALTO COM PERGUNTAS</td></tr>
<tr><td colspan="5">06 – INDÚSTRIA DE COSMÉTICOS, PRODUTOS DE HIGIENE E PERFUMES</td></tr>
<tr><td>1742-7/01</td><td>FABRICAÇÃO DE FRALDAS DESCARTÁVEIS</td><td>Compreende:
• A fabricação de fraldas descartáveis.
• As atividades de armazenamento dos produtos acima citados em depósito fechado. (ver nota 2)
Notas:
1. Quando a empresa/estabelecimento, além de exercer a atividade fabril de fraldas descartáveis, também exercer a atividade fabril de outros produtos de higiene pessoal, cosméticos ou perfumes, optar pelo CNAE correspondente a atividade fabril principal ou predominante (2063-1/00, 1742-7/01, 1742-7/02, ou 3291-4/00).
2. As atividades de armazenamento de produtos próprios, em depósito próprio, que dispõe de instalações, equipamentos e recursos humanos próprios para o exercício desta atividade, instalado em endereço diverso da empresa fabricante/distribuidora, considerado extensão da mesma, é denominado depósito fechado e necessita de Licença de Funcionamento.</td><td>1</td><td>ALTO</td></tr>
</table>

<table>
<tr><td>1742-7/02</td><td>FABRICAÇÃO DE ABSORVENTES HIGIÊNICOS</td><td>Compreende:
• A fabricação de:
  • Absorventes e tampões higiênicos.
  • Lenços umedecidos e discos demaquilantes.
  • Hastes com extremidades envoltas em algodão.
  • Outros produtos para absorção de líquidos corporais.
• As atividades de armazenamento dos produtos acima citados em depósito fechado. (ver nota)
Nota:
1. Quando a empresa/estabelecimento, além de exercer as atividades compreendidas nesse CNAE, também exercer a atividade fabril de outros produtos de higiene pessoal, cosméticos ou perfumes, optar pelo CNAE correspondente a atividade fabril principal ou predominante (2063-1/00, 1742-7/01, 1742-7/02, ou 3291-4/00).
2. As atividades de armazenamento de produtos próprios, em depósito próprio, que dispõe de instalações, equipamentos e recursos humanos próprios para o exercício desta atividade, instalado em endereço diverso da empresa fabricante/distribuidora, considerado extensão da mesma, é denominado depósito fechado e necessita de Licença de Funcionamento.</td><td>1</td><td>ALTO</td></tr>
<tr><td>2063-1/00</td><td>FABRICAÇÃO DE COSMÉTICOS, PRODUTOS DE PERFUMARIA E DE HIGIENE PESSOAL</td><td>Compreende:
• A fabricação de:
  • Cosméticos, perfumes, produtos de higiene pessoal.
  • Repelentes de uso tópico.
• As atividades de armazenamento dos produtos acima citados em depósito fechado. (ver nota 2)
Não compreende:
• A fabricação de sabonetes medicinais em barra, pedaços etc. (2121-1/01).
• Neutralizador de odores/eliminador de odores (2062-2/00).
• Odorizante de ambientes/aromatizante de ambientes (2062-2/00).
Não Compete:
• A fabricação de óleos essenciais e de velas que não possuem a finalidade de odorizar o ambiente.
Notas:
1. Quando a empresa/estabelecimento, além de exercer as atividades compreendidas nesse CNAE, também exercer a atividade fabril de outros produtos de higiene pessoal, optar pelo CNAE correspondente a atividade fabril principal ou predominante (2063-1/00, 1742-7/01, 1742-7/02,ou 3291-4/00).</td><td>1</td><td>ALTO</td></tr>
</table>

		2. As atividades de armazenamento de produtos próprios, em depósito próprio, que dispõe de instalações, equipamentos e recursos humanos próprios para o exercício desta atividade, instalado em endereço diverso da empresa fabricante/distribuidora, considerado extensão da mesma, é denominado depósito fechado e necessita de Licença de Funcionamento.		
3291-4/00	FABRICAÇÃO DE ESCOVAS, PINCÉIS E VASSOURAS	**Compreende:** • A fabricação de: • Escova dental para uso humano. • Fio e fita dental para uso humano. • As atividades de armazenamento dos produtos acima citados em depósito fechado. (ver nota 2) **Não compete:** • A fabricação de pincéis, vassouras e escovas que não sejam de uso dental humano. **Nota:** **1.** Quando a empresa/estabelecimento, além de exercer as atividades compreendidas nesse CNAE, também exercer a atividade fabril de outros produtos de higiene pessoal, cosméticos ou perfumes, optar pelo CNAE correspondente a atividade fabril principal ou predominante (**2063-1/00**, **1742-7/01**, **1742-7/02**, ou **3291-4/00**). **2.** As atividades de armazenamento de produtos próprios, em depósito próprio, que dispõe de instalações, equipamentos e recursos humanos próprios para o exercício desta atividade, instalado em endereço diverso da empresa fabricante/distribuidora, considerado extensão da mesma, é denominado depósito fechado e necessita de Licença de Funcionamento.	1	ALTO COM PERGUNTAS
07 – INDÚSTRIA DE SANEANTES DOMISSANITÁRIOS				
2052-5/00	FABRICAÇÃO DE DESINFETANTES DOMISSANITÁRIOS	**Compreende:** • A fabricação de desinfestantes domissanitários, formulações químicas com a finalidade de repelir animais indesejáveis (sinantrópicos): • Repelentes. • Inseticidas. • Rodenticidas. • Produtos para jardinagem amadora. • As atividades de armazenamento dos produtos acima citados em depósito fechado. (ver nota) **Não compreende:** • A fabricação de: • Repelentes de uso tópico (**2063-1/00**). • Intermediários de síntese (**2029-1/00**). • Produtos químicos e preparações com propriedades antissépticas, bactericidas ou germicidas, com fins terapêuticos ou profiláticos (**2121-1/01**).	1	ALTO

		Não compete: • A fabricação de defensivos agrícolas (inseticidas, fungicidas, herbicidas e demais defensivos agrícolas) sob regulamentação do Ministério da Agricultura. **Nota:** • As atividades de armazenamento de produtos próprios, em depósito próprio, que dispõe de instalações, equipamentos e recursos humanos próprios para o exercício desta atividade, instalado em endereço diverso da empresa fabricante/distribuidora, considerado extensão da mesma, é denominado depósito fechado e necessita de Licença de Funcionamento.		

2061-4/00	FABRICAÇÃO DE SABÕES E DETERGENTES SINTÉTICOS	**Compreende:**
		• A fabricação de:
		  • Sabões e detergentes, para uso doméstico, institucional e profissional.
		• As atividades de armazenamento dos produtos acima citados em depósito fechado. (ver nota)
		Não compreende:
		• A fabricação de:
		  • Saponáceos (**2062-2/00**).
		  • Suavizantes/amaciantes de tecidos (**2062-2/00**).
		  • Xampus (**2063-1/00**).
		  • Sabonetes (**2063-1/00**).
		  • Glicerina (**2110-6/00**).
		  • Sabonetes medicinais, em barras, pedaços (**2121-1/01**).
		  • Intermediários para detergentes e tensoativos (**2093-2/00**).
		Nota:
		• As atividades de armazenamento de produtos próprios, em depósito próprio, que dispõe de instalações, equipamentos e recursos humanos próprios para o exercício desta atividade, instalado em endereço diverso da empresa fabricante/distribuidora, considerado extensão da mesma, é denominado depósito fechado e necessita de Licença de Funcionamento.
			1	ALTO

2062-2/00	FABRICAÇÃO DE PRODUTOS DE LIMPEZA E POLIMENTO	**Compreende:**
		• A fabricação de produtos:
		  • Para limpeza geral e afins, como: alvejantes, branqueadores, desincrustrantes, saponáceos, finalizadores (amaciantes, lustradores, ceras para pisos, facilitadores de passagem de roupas, polidores, engomadores de roupas, acidulantes, neutralizadores para lavagem de roupas), limpadores, polidores de metais, produtos para pré e pós-lavagem e removedores.
		  • Neutralizador de odores/Eliminador de odores.
		  • Odorizante de ambientes/Aromatizante de ambientes. (ver nota 1)
		  • Com ação antimicrobiana como hipoclorito de sódio, potabilizadores de águas, desinfetantes, desodorizantes e algicidas.
		  • Biológicos.
		• As atividades de armazenamento dos produtos acima citados em depósito fechado. (ver nota 2)
			1	ALTO

		Não compreende: • A produção de ceras de origem vegetal (**1042-2/00**). **Nota:** **1.** A Resolução RDC nº 40, de 05 de junho de 2008, define Odorizante de Ambientes/Aromatizante de Ambientes como um produto que tem em sua composição substâncias capazes de mascarar odores desagradáveis e, classifica como produto de limpeza geral. **2.** As atividades de armazenamento de produtos próprios, em depósito próprio, que dispõe de instalações, equipamentos e recursos humanos próprios para o exercício desta atividade, instalado em endereço diverso da empresa fabricante/distribuidora, considerado extensão da mesma, é denominado depósito fechado e necessita de Licença de Funcionamento.		
08 – INDÚSTRIA DE MEDICAMENTOS				

2014-2/00	FABRICAÇÃO DE GASES INDUSTRIAIS	**Compreende:**
		• A fabricação de:
		  • Gases industriais ou medicinais, líquidos ou comprimidos para fim terapêutico ou para esterilização de produtos, gases elementares (oxigênio, nitrogênio e hidrogênio) e misturas de gases medicinais. (ver nota 4)
		  • Óxido de etileno.
		• As atividades de armazenamento dos produtos acima citados em depósito fechado. (ver nota 3)
		Notas:
		1. O óxido de etileno é um saneante domissanitário sujeito ao registro e, o estabelecimento fabricante, assim como o prestador de serviço que utiliza este produto, está sujeito a autorização de funcionamento junto ao órgão federal competente.
		2. Os gases com finalidade terapêutica são considerados medicamentos sujeitos ao registro e, o estabelecimento fabricante está sujeito a autorização de funcionamento de empresa junto ao órgão federal competente.
		3. As atividades de armazenamento de produtos próprios, em depósito próprio, que dispõe de instalações, equipamentos e recursos humanos próprios para o exercício desta atividade, instalado em endereço diverso da empresa fabricante/distribuidora, considerado extensão da mesma, é denominado depósito fechado e necessita de Licença de Funcionamento.
		4. A atividade de envazamento de gases medicinais compreende etapa do processo fabril (RDC nº 69, de 1º.10.2008).
			1	ALTO COM PERGUNTAS

2121-1/01	FABRICAÇÃO DE MEDICAMENTOS ALOPÁTICOS PARA USO HUMANO	**Compreende:**
		• A fabricação de:
		  • Especialidades farmacêuticas alopáticas compreendidas nas classes terapêuticas.
		  • Soros e vacinas.
		  • Derivados do sangue.
		  • Medicamentos opoterápicos.
		  • Soluções parenterais de grande volume (SPGV).
		  • Soluções parenterais de pequeno volume (SPPV).
			1	ALTO COM PERGUNTAS

<table>
<tr>
<td></td>
<td></td>
<td>• Medicamentos oftálmicos.
• Produtos e preparações com propriedades antissépticas, bactericidas ou germicidas, com fins terapêuticos ou profiláticos.
• Curativos, bandagens, algodão em rama, gazes, hastes com extremidades envoltas em algodão etc. impregnados de substância com finalidade terapêutica.
• As atividades de armazenamento dos produtos acima citados em depósito fechado. (ver nota 4)
Não compreende:
• A fabricação de medicamentos:
• Homeopáticos para uso humano (2121-1/02).
• Fitoterápicos para uso humano (2121-1/03).
• Farmacopeicos ou oficinais, tais como: água oxigenada, tintura de iodo etc. (2123-8/00).
Não Compete:
• Centrais de manipulação de produtos farmacêuticos. (ver nota 2)
Notas:
1. A fabricação de produtos de controle especial está sujeita a Autorização Especial, conforme legislação vigente.
2. As centrais de manipulação de produtos farmacêuticos não estão previstas e, contrariam a legislação sanitária vigente.
3. Para empresas fabricantes de diferentes tipos de medicamentos (alopáticos, fitoterápicos, homeopáticos ou preparações farmacêuticas), adotar o código CNAE correspondente à atividade fabril principal, assinalando todas as linhas de produção/categorias de medicamentos fabricados, conforme tabela (item 66) do Subanexo XI – C das Informações em Vigilância Sanitária, do Formulário "Atividade Relacionada a Produtos de Interesse da Saúde", da presente Portaria.
4. As atividades de armazenamento de produtos próprios, em depósito próprio, que dispõe de instalações, equipamentos e recursos humanos próprios para o exercício desta atividade, instalado em endereço diverso da empresa fabricante/distribuidora, considerado extensão da mesma, é denominado depósito fechado e necessita de Licença de Funcionamento.</td>
<td></td>
<td></td>
</tr>
<tr>
<td>2121-1/02</td>
<td>FABRICAÇÃO DE MEDICAMENTOS HOMEOPÁTICOS PARA USO HUMANO</td>
<td>Compreende:
• A fabricação de especialidades farmacêuticas homeopáticas para uso humano.
• As atividades de armazenamento dos produtos acima citados em depósito fechado. (ver nota 4)
Não compreende:
• A fabricação de medicamentos:
• Alopáticos para uso humano (2121-1/01).
• Fitoterápicos para uso humano (2121-1/03).
Não Compete:
• Centrais de manipulação de produtos farmacêuticos. (ver nota 1)
Notas:
1. As centrais de manipulação de produtos farmacêuticos não estão previstas e, contrariam a legislação sanitária vigente.</td>
<td>1</td>
<td>ALTO COM PERGUNTAS</td>
</tr>
</table>

		2. A fabricação de produtos de controle especial está sujeita a autorização especial. **3.** Para empresas fabricantes de diferentes tipos de medicamentos (alopáticos, fitoterápicos, homeopáticos ou pré-parações farmacêuticas), adotar o código CNAE correspondente à atividade fabril principal, assinalando todas as linhas de produção/categorias de medicamentos fabricados, conforme tabela (item 66) do Subanexo XI – C das Informações em Vigilância Sanitária, do Formulário "Atividade Relacionada a Produtos de Interesse da Saúde", da presente Portaria. **4.** As atividades de armazenamento de produtos próprios, em depósito próprio, que dispõe de instalações, equipamentos e recursos humanos próprios para o exercício desta atividade, instalado em endereço diverso da empresa fabricante/distribuidora, considerado extensão da mesma, é denominado depósito fechado e necessita de Licença de Funcionamento.		

2121-1/03	FABRICAÇÃO DE MEDICAMENTOS FITOTERÁPICOS PARA USO HUMANO	**Compreende:**
		• A fabricação de medicamentos fitoterápicos para uso humano.
		• As atividades de armazenamento dos produtos acima citados em depósito fechado. (ver nota 3)
		Não compreende:
		• A fabricação de medicamentos:
		  • Alopáticos para uso humano (**2121-1/01**).
		  • Homeopáticos para uso humano (**2121-1/02**).
		Não Compete:
		• Centrais de manipulação de produtos farmacêuticos. (ver nota 1)
		Notas:
		1. As centrais de manipulação de produtos farmacêuticos não estão previstas e, contrariam a legislação sanitária vigente.
		2. Para empresas fabricantes de diferentes tipos de medicamentos (alopáticos, fitoterápicos, homeopáticos ou pré-parações farmacêuticas), adotar o código CNAE correspondente à atividade fabril principal, assinalando todas as linhas de produção/categorias de medicamentos fabricados, conforme tabela (item 66) do Subanexo XI – C das Informações em Vigilância Sanitária, do Formulário "Atividade Relacionada a Produtos de Interesse da Saúde", da presente Portaria.
		3. As atividades de armazenamento de produtos próprios, em depósito próprio, que dispõe de instalações, equipamentos e recursos humanos próprios para o exercício desta atividade, instalado em endereço diverso da empresa fabricante/distribuidora, considerado extensão da mesma, é denominado depósito fechado e necessita de Licença de Funcionamento.
			1	ALTO COM PERGUNTAS

2123-8/00	FABRICAÇÃO DE PREPARAÇÕES FARMACÊUTICAS	**Compreende:**
		• A fabricação de:
		  • Medicamentos farmacopeicos ou oficinais, tais como: água oxigenada 10 V, tintura de iodo etc.
		• As atividades de armazenamento dos produtos acima citados em depósito fechado. (ver nota 5)
		Não compreende:
		• A fabricação de medicamentos:
		  • Alopáticos para uso humano (**2121-1/01**).		

<table>
<tr><td></td><td></td><td>• Homeopáticos para uso humano (2121-1/02).
• Fitoterápicos para uso humano (2121-1/03).
• Produtos e preparações com propriedades antisépticas, bactericidas ou germicidas, com fins terapêuticos ou profiláticos (2121-1/01).
• Curativos, bandagens, algodão em rama, gazes, hastes com extremidades envoltas em algodão etc. impregnados de substância com finalidade terapêutica (2121-1/01, 2121-1/02 e 2121-1/03).
• A fabricação de kits e preparações para diagnósticos médicos (3250-7/05).
Não Compete:
• Centrais de manipulação de produtos farmacêuticos. (ver nota 2)
Notas:
1. Este CNAE aplica-se exclusivamente a empresas fabricantes de medicamentos oficinais e/ou farmacopeicos, conforme acima descrito.
2. As centrais de manipulação de produtos farmacêuticos não estão previstas e contrariam a legislação sanitária vigente.
3. A fabricação de produtos de controle especial está sujeita a autorização especial.
4. Para empresas fabricantes de diferentes tipos de medicamentos (alopáticos, fitoterápicos, homeopáticos ou preparações farmacêuticas), adotar o código CNAE correspondente à atividade fabril principal, assinalando todas as linhas de produção/categorias de medicamentos fabricados, conforme tabela (item 66) do Subanexo XI – C das Informações em Vigilância Sanitária, do Formulário “Atividade Relacionada a Produtos de Interesse da Saúde”, da presente Portaria.
5. As atividades de armazenamento de produtos próprios, em depósito próprio, que dispõe de instalações, equipamentos e recursos humanos próprios para o exercício desta atividade, instalado em endereço diverso da empresa fabricante/distribuidora, considerado extensão da mesma, é denominado depósito fechado e necessita de Licença de Funcionamento.</td><td>1</td><td>ALTO</td></tr>
<tr><td colspan="5">09 – INDÚSTRIA DE FARMOQUÍMICOS</td></tr>
<tr><td>2110-6/00</td><td>FABRICAÇÃO DE PRODUTOS FARMOQUÍMICOS</td><td>Compreende:
• A fabricação de insumos farmacêuticos como:
• Substâncias químicas ativas utilizadas nas preparações de medicamentos como: antibióticos, vitaminas, sulfas, alcalóides, e outros.
• Excipientes e adjuvantes, essências, aromas com ou sem utilização de precursores. (ver notas 1 e 2)
• A fabricação de:
• Insumo de controle especial, ou seja, substâncias ativas de entorpecentes e/ou psicotrópicos ou outras substâncias de controle especial prevista na legislação vigente.
• Precursores. (ver notas 1 e 2)
• Intermediários para a produção de farmoquímicos que se enquadram em uma das definições acima (insumos farmacêuticos, insumos de controle especial ou precursores).
• As atividades de armazenamento dos produtos acima citados em depósito fechado. (ver nota 3)</td><td>1</td><td>ALTO COM PERGUNTAS</td></tr>
</table>

		Notas:
		1. Entende-se por precursores, as substâncias utilizadas para a obtenção de entorpecentes ou psicotrópicos e constantes das listas aprovadas pela Convenção Contra o Tráfico Ilícito de Entorpecentes e Substâncias Psicotrópicas, relacionadas na lista D1 da Portaria SVS/MSnº 344/1998 e suas atualizações, como por exemplo, ácido fenil acético, piperonal, safrol.
		2. O estabelecimento que utiliza ou importa para uso próprio precursores, está sujeito a licença de funcionamento e autorização especial, conforme legislação vigente.
		3. As atividades de armazenamento de produtos próprios, em depósito próprio, que dispõe de instalações, equipamentos e recursos humanos próprios para o exercício desta atividade, instalado em endereço diverso da empresa fabricante/distribuidora, considerado extensão da mesma, é denominado depósito fechado e necessita de Licença de Funcionamento.
		Não compreende:
		• As especialidades farmacêuticas (**2121-1/01**, **2121-1/02** e **2121-1/03**).
		• A fabricação de:
		  • Aditivos para uso industrial (**2093-2/00**).
		  • Açúcares sintéticos, mesmo modificados – adoçantes (**1099-6/99**).
		• A coleta de sangue humano (**8640-2/12**).		

10 – INDÚSTRIA DE PRODUTOS E PREPARADOS QUÍMICOS DIVERSOS/PRECURSORES				
2091-6/00	FABRICAÇÃO DE ADESIVOS E SELANTES	**Compreende:** • A fabricação de adesivos, colas, decalques e selantes para uso industrial e doméstico, de origem animal, vegetal e sintética, que utiliza precursores (ver notas 1 e 2) na síntese química destes compostos. • As atividades de armazenamento dos produtos acima citados em depósito fechado. (ver nota 3) **Notas:** **1.** Entende-se por precursores, as substâncias utilizadas para a obtenção de entorpecentes ou psicotrópicos e constantes das listas aprovadas pela Convenção Contra o Tráfico Ilícito de Entorpecentes e Substâncias Psicotrópicas, relacionadas na lista D1 da Portaria SVS/MS nº 344/1998 e suas atualizações, como, por exemplo, ácido fenil acético, piperonal, safrol. **2.** O estabelecimento que utiliza ou importa precursores, para uso próprio, está sujeito a licença de funcionamento e autorização especial, conforme legislação vigente. **3.** As atividades de armazenamento de produtos próprios, em depósito próprio, que dispõe de instalações, equipamentos e recursos humanos próprios para o exercício desta atividade, instalado em endereço diverso da empresa fabricante/distribuidora, considerado extensão da mesma, é denominado depósito fechado e necessita de Licença de Funcionamento.	1	ALTO COM PERGUNTAS
2093-2/00	FABRICAÇÃO DE ADITIVOS DE USO INDUSTRIAL	**Compreende:** • A fabricação dos compostos abaixo relacionados, UTI-lizados na produção de insumos para fins diversos, tais como: insumos e componentes destinados à fabricação dos produtos saneantes domissanitários, cosméticos, produtos de higiene pessoal, perfumes e produtos para saúde/correlatos, que utilizam precursores (ver notas 1 e 2) no seu processo de síntese química:	1	ALTO COM PERGUNTAS

		• Corantes e pigmentos. • Essências e ácidos graxos. • Óleos essenciais. • Compostos químicos utilizados como auxiliares de processo ou de performance como: conservadores e espessantes. • Outros compostos. • As atividades de armazenamento dos produtos acima citados em depósito fechado. (ver nota 3) **Notas:** **1.** Entende-se por precursores, as substâncias utilizadas para a obtenção de entorpecentes ou psicotrópicos e constantes das listas aprovadas pela Convenção Contra o Tráfico Ilícito de Entorpecentes e Substâncias Psicotrópicas, relacionadas na lista D1 da Portaria SVS/MSnº 344/1998 e suas atualizações, como, por exemplo, ácido fenil acético, piperonal, safrol. **2.** O estabelecimento que utiliza ou importa para uso próprio precursores, está sujeito a licença de funcionamento e autorização especial, conforme legislação vigente. **3.** As atividades de armazenamento de produtos próprios, em depósito próprio, que dispõe de instalações, equipamentos e recursos humanos próprios para o exercício desta atividade, instalado em endereço diverso da empresa fabricante/distribuidora, considerado extensão da mesma, é denominado depósito fechado e necessita de Licença de Funcionamento. **Não compete:** • A fabricação de: • Lubrificantes sintéticos não derivados do petróleo. • Compostos químicos utilizados como auxiliares de pro-cesso ou de performance do produto final nos diversos segmentos de mercado, como: sucro-álcool, papel e celulose, construção civil, couro, têxtil, lubrificantes etc. • Óleos essenciais que não utilizam precursores. • Os insumos destinados à fabricação dos produtos saneantes domissanitários, cosméticos, produtos de higiene pessoal, perfumes e produtos para saúde/correlatos, não estão sujeitos a regime de vigilância sanitária e não necessitam de Licença de Funcionamento, conforme legislação vigente.		
SUBGRUPO B – DISTRIBUIDORA/IMPORTADORA				
13 – COMÉRCIO ATACADISTA DE ALIMENTOS				
4621-4/00	COMÉRCIO ATACADISTA DE CAFÉ EM GRÃO	**Compreende:** • O comércio atacadista que armazena café em grão, em coco ou verde. • As atividades de comércio atacadista exercida por estabelecimento de empresa importadora, conforme definido na Portaria CVS nº 10/2008 e suas atualizações. (ver nota 1) • As atividades de armazenamento dos produtos acima citados em depósito fechado. (ver nota 2)	1	BAIXO

		Notas: **1.** Fica sujeito ao Cadastro Estadual de Vigilância Sanitária – CEVS o estabelecimento definido na Portaria CVSnº 10/2008 e suas atualizações. Conforme estabelece esta Portaria, o estabelecimento acima mencionado é definido como unidade administrativa da empresa importadora de produtos sujeitos a regime de Vigilância Sanitária, que não possui local próprio de armazenamento e utiliza da contratação de prestador de serviço para esta atividade. **2.** As atividades de armazenamento de produtos próprios, em depósito próprio, que dispõe de instalações, equipamentos e recursos humanos próprios para o exercício desta atividade, instalado em endereço diverso da empresa fabricante/distribuidora, considerado extensão da mesma, é denominado depósito fechado e necessita de Licença de Funcionamento.		
4622-2/00	COMÉRCIO ATACADISTA DE SOJA	**Compreende:** • O comércio atacadista que armazena soja. • As atividades de comércio atacadista exercida por estabelecimento de empresa importadora, conforme definido na Portaria CVS nº 10/2008 e suas atualizações. (ver nota 1) • As atividades de armazenamento dos produtos acima citados em depósito fechado. (ver nota 2) **Notas:** **1.** Fica sujeito ao Cadastro Estadual de Vigilância Sanitária – CEVS o estabelecimento definido na Portaria CVS nº 10/2008 e suas atualizações. Conforme estabelece esta Portaria, o estabelecimento acima mencionado é definido como unidade administrativa da empresa importadora de produtos sujeitos a regime de Vigilância Sanitária, que não possui local próprio de armazenamento e utiliza da contratação de prestador de serviço para esta atividade. **2.** As atividades de armazenamento de produtos próprios, em depósito próprio, que dispõe de instalações, equipamentos e recursos humanos próprios para o exercício desta atividade, instalado em endereço diverso da empresa fabricante/distribuidora, considerado extensão da mesma, é denominado depósito fechado e necessita de Licença de Funcionamento.	1	BAIXO
4623-1/05	COMÉRCIO ATACADISTA DE CACAU	**Compreende:** • O comércio atacadista que armazena cacau em amêndoas. • As atividades de comércio atacadista exercida por estabelecimento de empresa importadora, conforme definido na Portaria CVS nº 10/2008 e suas atualizações. (ver nota 1) • As atividades de armazenamento dos produtos acima citados em depósito fechado. (ver nota 2) **Notas:** **1.** Fica sujeito ao Cadastro Estadual de Vigilância Sanitária – CEVS o estabelecimento definido na Portaria CVS nº 10/2008 e suas atualizações. Conforme estabelece esta Portaria, o estabelecimento acima mencionado é definido como unidade administrativa da empresa importadora de produtos sujeitos a regime de Vigilância Sanitária, que não possui local próprio de armazenamento e utiliza da contratação de prestador de serviço para esta atividade. **2.** As atividades de armazenamento de produtos próprios, em depósito próprio, que dispõe de instalações, equipamentos e recursos humanos próprios para o exercício desta atividade, instalado em endereço diverso da empresa fabricante/distribuidora, considerado extensão da mesma, é denominado depósito fechado e necessita de Licença de Funcionamento.	1	BAIXO

4631-1/00	COMÉRCIO ATACADISTA DE LEITE E LATICÍNIOS	**Compreende:**
		• O comércio atacadista que armazena:
		  • Leite resfriado, pasteurizado, aromatizado e em pó.
		  • Derivados do leite, tais como: manteigas, iogurtes, queijos, requeijões e similares.
		  • Margarinas.
		• As atividades de comércio atacadista exercida por estabelecimento de empresa importadora, conforme definido na Portaria CVS nº 10/2008 e suas atualizações. (ver nota 1)
		• As atividades de armazenamento dos produtos acima citados em depósito fechado. (ver nota 2)
		Notas:
		1. Fica sujeito ao Cadastro Estadual de Vigilância Sanitária – CEVS o estabelecimento definido na Portaria CVS nº 10/2008 e suas atualizações. Conforme estabelece esta Portaria, o estabelecimento acima mencionado é definido como unidade administrativa da empresa importadora de produtos sujeitos a regime de Vigilância Sanitária, que não possui local próprio de armazenamento e utiliza da contratação de prestador de serviço para esta atividade.
		2. As atividades de armazenamento de produtos próprios, em depósito próprio, que dispõe de instalações, equipamentos e recursos humanos próprios para o exercício desta atividade, instalado em endereço diverso da empresa fabricante/distribuidora, considerado extensão da mesma, é denominado depósito fechado e necessita de Licença de Funcionamento.
			1	BAIXO

4632-0/01	COMÉRCIO ATACADISTA DE CEREAIS E LEGUMINOSAS BENEFICIADOS	**Compreende:** • O comércio atacadista que armazena cereais beneficiados (arroz, feijão, milho, trigo, centeio, sorgo). • As atividades de comércio atacadista exercida por estabelecimento de empresa importadora, conforme definido na Portaria CVS nº 10/2008 e suas atualizações. (ver nota 1) • As atividades de armazenamento dos produtos acima citados em depósito fechado. (ver nota 2) **Notas:** **1.** Fica sujeito ao Cadastro Estadual de Vigilância Sanitária – CEVS o estabelecimento definido na Portaria CVS nº 10/2008 e suas atualizações. Conforme estabelece esta Portaria, o estabelecimento acima mencionado é definido como unidade administrativa da empresa importadora de produtos sujeitos a regime de Vigilância Sanitária, que não possui local próprio de armazenamento e utiliza da contratação de prestador de serviço para esta atividade. **2.** As atividades de armazenamento de produtos próprios, em depósito próprio, que dispõe de instalações, equipamentos e recursos humanos próprios para o exercício desta atividade, instalado em endereço diverso da empresa fabricante/distribuidora, considerado extensão da mesma, é denominado depósito fechado e necessita de Licença de Funcionamento.	1	BAIXO
4632-0/02	COMÉRCIO ATACADISTA DE FARINHAS, AMIDOS E FÉCULAS	**Compreende:** • O comércio atacadista que armazena farinhas, amidos e féculas. • As atividades de comércio atacadista exercida por estabelecimento de empresa importadora, conforme definido na Portaria CVS nº 10/2008 e suas atualizações. (ver nota 1)	1	BAIXO

		• As atividades de armazenamento dos produtos acima citados em depósito fechado. (ver nota 2) **Notas:** **1.** Fica sujeito ao Cadastro Estadual de Vigilância Sanitária – CEVS o estabelecimento definido na Portaria CVS nº 10/2008 e suas atualizações. Conforme estabelece esta Portaria, o estabelecimento acima mencionado é definido como unidade administrativa da empresa importadora de produtos sujeitos a regime de Vigilância Sanitária, que não possui local próprio de armazenamento e utiliza da contratação de prestador de serviço para esta atividade. **2.** As atividades de armazenamento de produtos próprios, em depósito próprio, que dispõe de instalações, equipamentos e recursos humanos próprios para o exercício desta atividade, instalado em endereço diverso da empresa fabricante/distribuidora, considerado extensão da mesma, é denominado depósito fechado e necessita de Licença de Funcionamento.		
4633-8/01	COMÉRCIO ATACADISTA DE FRUTAS, VERDURAS, RAÍZES, TUBÉRCULOS, HORTALIÇAS E LEGUMES FRESCOS	**Compreende:** • O comércio atacadista que armazena: • Frutas, verduras, raízes, tubérculos, hortaliças e legumes frescos. • Frutas, verduras, raízes, tubérculos, hortaliças e legumes frescos, submetidos a processos iniciais como descascamento, desconchamento, remoção das partes não comestíveis, fracionamento, procedimentos de higienização e embalagem, entre outros.	1	ALTO COM PERGUNTAS
		• As atividades de comércio atacadista exercida por estabelecimento de empresa importadora, conforme definido na Portaria CVS nº 10/2008 e suas atualizações. (ver nota 1) • As atividades de armazenamento dos produtos acima citados em depósito fechado. (ver nota 2) **Não compreende:** • O comércio atacadista de frutas e legumes em conservas e congeladas (**4639-7/01**). **Notas:** **1.** Fica sujeito ao Cadastro Estadual de Vigilância Sanitária – CEVS o estabelecimento definido na Portaria CVS nº 10/2008 e suas atualizações. Conforme estabelece esta Portaria, o estabelecimento acima mencionado é definido como unidade administrativa da empresa importadora de produtos sujeitos a regime de Vigilância Sanitária, que não possui local próprio de armazenamento e utiliza da contratação de prestador de serviço para esta atividade. **2.** As atividades de armazenamento de produtos próprios, em depósito próprio, que dispõe de instalações, equipamentos e recursos humanos próprios para o exercício desta atividade, instalado em endereço diverso da empresa fabricante/distribuidora, considerado extensão da mesma, é denominado depósito fechado e necessita de Licença de Funcionamento.		
4633-8/02	COMÉRCIO ATACADISTA DE AVES VIVAS E OVOS	**Compreende:** • O comércio atacadista que armazena ovos. • As atividades de comércio atacadista exercida por estabelecimento de empresa importadora, conforme definido na Portaria CVS nº 10/2008 e suas atualizações. (ver nota 1) • As atividades de armazenamento dos produtos acima citados em depósito fechado. (ver nota 2).	1	ALTO COM PERGUNTAS

		Não Compete: • O comércio atacadista de aves vivas. **Notas:** **1.** Fica sujeito ao Cadastro Estadual de Vigilância Sanitária – CEVS o estabelecimento definido na Portaria CVS nº 10/2008 e suas atualizações. Conforme estabelece esta Portaria, o estabelecimento acima mencionado é definido como unidade administrativa da empresa importadora de produtos sujeitos a regime de Vigilância Sanitária, que não possui local próprio de armazenamento e utiliza da contratação de prestador de serviço para esta atividade. **2.** As atividades de armazenamento de produtos próprios, em depósito próprio, que dispõe de instalações, equipamentos e recursos humanos próprios para o exercício desta atividade, instalado em endereço diverso da empresa fabricante/distribuidora, considerado extensão da mesma, é denominado depósito fechado e necessita de Licença de Funcionamento		

4634-6/01	COMÉRCIO ATACADISTA DE CARNES BOVINAS, SUÍNAS E DERIVADOS	**Compreende:**
		• O comércio atacadista que armazena:
		  • Carne fresca, frigorificada ou congelada de bovinos e suínos.
		  • Carne preparada de bovinos e suínos, seca e salgada e produtos de salsicharia.
		• As atividades de comércio atacadista exercida por estabelecimento de empresa importadora, conforme definido na Portaria CVS nº 10/2008 e suas atualizações. (ver nota 1)
		• As atividades de armazenamento dos produtos acima citados em depósito fechado. (ver nota 2)
		Notas:
		1. Fica sujeito ao Cadastro Estadual de Vigilância Sanitária – CEVS o estabelecimento definido na Portaria CVS nº 10/2008 e suas atualizações. Conforme estabelece esta Portaria, o estabelecimento acima mencionado é definido como unidade administrativa da empresa importadora de produtos sujeitos a regime de Vigilância Sanitária, que não possui local próprio de armazenamento e utiliza da contratação de prestador de serviço para esta atividade.
		2. As atividades de armazenamento de produtos próprios, em depósito próprio, que dispõe de instalações, equipamentos e recursos humanos próprios para o exercício desta atividade, instalado em endereço diverso da empresa fabricante/distribuidora, considerado extensão da mesma, é denominado depósito fechado e necessita de Licença de Funcionamento.
			1	BAIXO

NOTA: O CNAE **4632-0/03** COMÉRCIO ATACADISTA DE CEREAIS E LEGUMINOSAS BENEFICIADOS, FARINHAS, AMIDOS E FÉCULAS COM ATIVIDADE DE FRACIONAMENTO E ACONDICIONAMENTO ASSOCIADA, enquadra-se no Artigo 10 da presente Portaria. Essas atividades são consideradas etapas do processo produtivo, portanto, os estabelecimentos que as exercem devem se enquadrar nos códigos da respectiva atividade industrial.				
4634-6/02	COMÉRCIO ATACADISTA DE AVES ABATIDAS E DERIVADOS	**Compreende:** • O comércio atacadista que armazena aves abatidas frescas e seus derivados, frigorificados e congelados. • As atividades de comércio atacadista exercida por estabelecimento de empresa importadora, conforme definido na Portaria CVS nº 10/2008 e suas atualizações. (ver nota 1) • As atividades de armazenamento dos produtos acima citados em depósito fechado. (ver nota 2)	1	BAIXO

		Notas: **1.** Fica sujeito ao Cadastro Estadual de Vigilância Sanitária – CEVS o estabelecimento definido na Portaria CVS nº 10/2008 e suas atualizações. Conforme estabelece esta Portaria, o estabelecimento acima mencionado é definido como unidade administrativa da empresa importadora de produtos sujeitos a regime de Vigilância Sanitária, que não possui local próprio de armazenamento e utiliza da contratação de prestador de serviço para esta atividade. **2.** As atividades de armazenamento de produtos próprios, em depósito próprio, que dispõe de instalações, equipamentos e recursos humanos próprios para o exercício desta atividade, instalado em endereço diverso da empresa fabricante/distribuidora, considerado extensão da mesma, é denominado depósito fechado e necessita de Licença de Funcionamento.		
4634-6/03	COMÉRCIO ATACADISTA DE PESCADOS E FRUTOS DO MAR	**Compreende:** • O comércio atacadista que armazena peixes e outros frutos do mar, frescos, frigorificados ou congelados. • As atividades de comércio atacadista exercida por estabelecimento de empresa importadora, conforme definido na Portaria CVS nº 10/2008 e suas atualizações. (ver nota 1) • As atividades de armazenamento dos produtos acima citados em depósito fechado. (ver nota 2) **Notas:** **1.** Fica sujeito ao Cadastro Estadual de Vigilância Sanitária – CEVS o estabelecimento definido na Portaria CVS nº 10/2008 e suas atualizações. Conforme estabelece esta Portaria, o estabelecimento acima mencionado é definido como unidade administrativa da empresa importadora de produtos sujeitos a regime de Vigilância Sanitária, que não possui local próprio de armazenamento e utiliza da contratação de prestador de serviço para esta atividade. **2.** As atividades de armazenamento de produtos próprios, em depósito próprio, que dispõe de instalações, equipamentos e recursos humanos próprios para o exercício desta atividade, instalado em endereço diverso da empresa fabricante/distribuidora, considerado extensão da mesma, é denominado depósito fechado e necessita de Licença de Funcionamento.	1	BAIXO

4634-6/99	COMÉRCIO ATACADISTA DE CARNES E DERIVADOS DE OUTROS ANIMAIS	**Compreende:**
		• O comércio atacadista que armazena carnes e derivados de caprinos, ovinos, equídeos, coelhos e outros animais, frescas, frigorificadas ou congeladas.
		• As atividades de comércio atacadista exercida por estabelecimento de empresa importadora, conforme definido na Portaria CVS nº 10/2008 e suas atualizações. (ver nota 1)
		• As atividades de armazenamento dos produtos acima citados em depósito fechado. (ver nota 2)
		Não compreende:
		• O comércio atacadista de:
		  • Carne fresca, frigorificada ou congelada de bovinos e suínos (**4634-6/01**).
		  • Aves abatidas frescas, frigorificadas ou congeladas (**4634-6/02**).
		  • Peixes e outros frutos do mar, frescos, frigorificados ou congelados (**4634-6/03**).
			1	BAIXO

		Não Compete: • O comércio atacadista de coelhos e outros pequenos animais vivos para alimentação. **Notas:** **1.** Fica sujeito ao Cadastro Estadual de Vigilância Sanitária – CEVS o estabelecimento definido na Portaria CVS nº 10/2008 e suas atualizações. Conforme estabelece esta Portaria, o estabelecimento acima mencionado é definido como unidade administrativa da empresa importadora de produtos sujeitos a regime de Vigilância Sanitária, que não possui local próprio de armazenamento e utiliza da contratação de prestador de serviço para esta atividade. **2.** As atividades de armazenamento de produtos próprios, em depósito próprio, que dispõe de instalações, equipamentos e recursos humanos próprios para o exercício desta atividade, instalado em endereço diverso da empresa fabricante/distribuidora, considerado extensão da mesma, é denominado depósito fechado e necessita de Licença de Funcionamento.		
4635-4/01	COMÉRCIO ATACADISTA DE ÁGUA MINERAL	**Compreende:** • O comércio atacadista que armazena água mineral. • As atividades de comércio atacadista exercida por estabelecimento de empresa importadora, conforme definido na Portaria CVS nº 10/2008 e suas atualizações. (ver nota 1) • As atividades de armazenamento dos produtos acima citados em depósito fechado. (ver nota 2) **Não compreende:** • O engarrafamento: • Na fonte, de águas minerais e água adicionada de sais (**1121-6/00**). **Notas:** **1.** Fica sujeito ao Cadastro Estadual de Vigilância Sanitária – CEVS o estabelecimento definido na Portaria CVS nº 10/2008 e suas atualizações. Conforme estabelece esta Portaria, o estabelecimento acima mencionado é definido como unidade administrativa da empresa importadora de produtos sujeitos a regime de Vigilância Sanitária, que não possui local próprio de armazenamento e utiliza da contratação de prestador de serviço para esta atividade. **2.** As atividades de armazenamento de produtos próprios, em depósito próprio, que dispõe de instalações, equipamentos e recursos humanos próprios para o exercício desta atividade, instalado em endereço diverso da empresa fabricante/distribuidora, considerado extensão da mesma, é denominado depósito fechado e necessita de Licença de Funcionamento.	1	BAIXO
4635-4/02	COMÉRCIO ATACADISTA DE CERVEJA, CHOPE E REFRIGERANTE	**Compreende:** • O comércio atacadista que armazena cerveja, chope, refrigerante e outras bebidas não alcoólicas. • As atividades de comércio atacadista exercida por estabelecimento de empresa importadora, conforme definido na Portaria CVS nº 10/2008 e suas atualizações. (ver nota 1) • As atividades de armazenamento dos produtos acima citados em depósito fechado. (ver nota 2)	1	BAIXO

		Não Compete • O engarrafamento próprio ou sob responsabilidade de terceiros, regulamentados pelo órgão competente da Agricultura. **Notas:** **1.** Fica sujeito ao Cadastro Estadual de Vigilância Sanitária – CEVS o estabelecimento definido na Portaria CVS nº 10/2008 e suas atualizações. Conforme estabelece esta Portaria, o estabelecimento acima mencionado é definido como unidade administrativa da empresa importadora de produtos sujeitos a regime de Vigilância Sanitária, que não possui local próprio de armazenamento e utiliza da contratação de prestador de serviço para esta atividade. **2.** As atividades de armazenamento de produtos próprios, em depósito próprio, que dispõe de instalações, equipamentos e recursos humanos próprios para o exercício desta atividade, instalado em endereço diverso da empresa fabricante/distribuidora, considerado extensão da mesma, é denominado depósito fechado e necessita de Licença de Funcionamento.		
4635-4/99	COMÉRCIO ATACADISTA DE BEBIDAS NÃO ESPECIFICADAS ANTERIORMENTE	**Compreende:** • O comércio atacadista que armazena outras bebidas alcoólicas (vinho, cachaça, bebidas destiladas e etc.) e, não alcoólicas. • As atividades de comércio atacadista exercida por estabelecimento de empresa importadora, conforme definido na Portaria CVS nº 10/2008 e suas atualizações. (ver nota 1) • As atividades de armazenamento dos produtos acima citados em depósito fechado. (ver nota 2) **Não Compete:** • O engarrafamento próprio ou sob responsabilidade de terceiros, regulamentados pelo órgão competente da Agricultura. **Notas:** **1.** Fica sujeito ao Cadastro Estadual de Vigilância Sanitária – CEVS o estabelecimento definido na Portaria CVS nº 10/2008 e suas atualizações. Conforme estabelece esta Portaria, o estabelecimento acima mencionado é definido como unidade administrativa da empresa importadora de produtos sujeitos a regime de Vigilância Sanitária, que não possui local próprio de armazenamento e utiliza da contratação de prestador de serviço para esta atividade. **2.** As atividades de armazenamento de produtos próprios, em depósito próprio, que dispõe de instalações, equipamentos e recursos humanos próprios para o exercício desta atividade, instalado em endereço diverso da empresa fabricante/distribuidora, considerado extensão da mesma, é denominado depósito fechado e necessita de Licença de Funcionamento.	1	BAIXO
4637-1/01	COMÉRCIO ATACADISTA DE CAFÉ TORRADO, MOÍDO E SOLÚVEL	**Compreende:** • O comércio atacadista que armazena café torrado, moído e solúvel. • As atividades de comércio atacadista exercida por estabelecimento de empresa importadora, conforme definido na Portaria CVS nº 10/2008 e suas atualizações. (ver nota 1) • As atividades de armazenamento dos produtos acima citados em depósito fechado. (ver nota 2)	1	BAIXO

		Notas: **1.** Fica sujeito ao Cadastro Estadual de Vigilância Sanitária – CEVS o estabelecimento definido na Portaria CVS nº 10/2008 e suas atualizações. Conforme estabelece esta Portaria, o estabelecimento acima mencionado é definido como unidade administrativa da empresa importadora de produtos sujeitos a regime de Vigilância Sanitária, que não possui local próprio de armazenamento e utiliza da contratação de prestador de serviço para esta atividade. **2.** As atividades de armazenamento de produtos próprios, em depósito próprio, que dispõe de instalações, equipamentos e recursos humanos próprios para o exercício desta atividade, instalado em endereço diverso da empresa fabricante/distribuidora, considerado extensão da mesma, é denominado depósito fechado e necessita de Licença de Funcionamento.		
NOTA: O CNAE **4635-4/03** COMÉRCIO ATACADISTA DE BEBIDAS COM ATIVIDADE DE FRACIONAMENTO E ACONDICIONAMENTO ASSOCIADA, enquadra-se no Artigo 10 da presente Portaria. Essas atividades são consideradas etapas do processo produtivo, portanto, os estabelecimentos que as exercem devem se enquadrar nos códigos da respectiva atividade industrial.				
4637-1/02	COMÉRCIO ATACADISTA DE AÇÚCAR	**Compreende:** • O comércio atacadista que armazena açúcar. • As atividades de comércio atacadista exercida por estabelecimento de empresa importadora, conforme definido na Portaria CVS nº 10/2008 e suas atualizações. (ver nota 1) • As atividades de armazenamento dos produtos acima citados em depósito fechado. (ver nota 2) **Notas:** **1.** Fica sujeito ao Cadastro Estadual de Vigilância Sanitária – CEVS o estabelecimento definido na Portaria CVS nº 10/2008 e suas atualizações. Conforme estabelece esta Portaria, o estabelecimento acima mencionado é definido como unidade administrativa da empresa importadora de produtos sujeitos a regime de Vigilância Sanitária, que não possui local próprio de armazenamento e utiliza da contratação de prestador de serviço para esta atividade. **2.** As atividades de armazenamento de produtos próprios, em depósito próprio, que dispõe de instalações, equipamentos e recursos humanos próprios para o exercício desta atividade, instalado em endereço diverso da empresa fabricante/distribuidora, considerado extensão da mesma, é denominado depósito fechado e necessita de Licença de Funcionamento.	1	BAIXO
4637-1/03	COMÉRCIO ATACADISTA DE ÓLEOS E GORDURAS	**Compreende:** • O comércio atacadista que armazena óleos refinados e gorduras de origem animal e vegetal. • As atividades de comércio atacadista exercida por estabelecimento de empresa importadora, conforme definido na Portaria CVS nº 10/2008 e suas atualizações. (ver nota 1) • As atividades de armazenamento dos produtos acima citados em depósito fechado. (ver nota 2) **Notas:** **1.** Fica sujeito ao Cadastro Estadual de Vigilância Sanitária – CEVS o estabelecimento definido na Portaria CVS nº 10/2008 e suas atualizações. Conforme estabelece esta Portaria, o estabelecimento acima mencionado é definido como unidade administrativa da empresa importadora de produtos sujeitos a regime de	1	BAIXO

		Vigilância Sanitária, que não possui local próprio de armazenamento e utiliza da contratação de prestador de serviço para esta atividade. **2.** As atividades de armazenamento de produtos próprios, em depósito próprio, que dispõe de instalações, equipamentos e recursos humanos próprios para o exercício desta atividade, instalado em endereço diverso da empresa fabricante/distribuidora, considerado extensão da mesma, é denominado depósito fechado e necessita de Licença de Funcionamento.		
4637-1/04	COMÉRCIO ATACADISTA DE PÃES, BOLOS, BISCOITOS E SIMILARES	**Compreende:** • O comércio atacadista que armazena pães, bolos, biscoitos e similares. **Não compreende:** • O comércio atacadista de massas alimentícias (**4637-1/05**). • As atividades de comércio atacadista exercida por estabelecimento de empresa importadora, conforme definido na Portaria CVS nº 10/2008 e suas atualizações. (ver nota 1) • As atividades de armazenamento dos produtos acima citados em depósito fechado. (ver nota 2) **Notas:** **1.** Fica sujeito ao Cadastro Estadual de Vigilância Sanitária – CEVS o estabelecimento definido na Portaria CVS nº 10/2008 e suas atualizações. Conforme estabelece esta Portaria, o estabelecimento acima mencionado é definido como unidade administrativa da empresa importadora de produtos sujeitos a regime de Vigilância Sanitária, que não possui local próprio de armazenamento e utiliza da contratação de prestador de serviço para esta atividade. **2.** As atividades de armazenamento de produtos próprios, em depósito próprio, que dispõe de instalações, equipamentos e recursos humanos próprios para o exercício desta atividade, instalado em endereço diverso da empresa fabricante/distribuidora, considerado extensão da mesma, é denominado depósito fechado e necessita de Licença de Funcionamento.	1	BAIXO
4637-1/05	COMÉRCIO ATACADISTA DE MASSAS ALIMENTÍCIAS	**Compreende:** • O comércio atacadista que armazena massas alimentícias em geral. **Não compreende:** • O comércio atacadista de pães, bolos, biscoitos e similares (**4637-1/04**). • As atividades de comércio atacadista exercida por estabelecimento de empresa importadora, conforme definido na Portaria CVS nº 10/2008 e suas atualizações. (ver nota 1) • As atividades de armazenamento dos produtos acima citados em depósito fechado. (ver nota 2) **Notas:** **1.** Fica sujeito ao Cadastro Estadual de Vigilância Sanitária – CEVS o estabelecimento definido na Portaria CVS nº 10/2008 e suas atualizações. Conforme estabelece esta Portaria, o estabelecimento acima mencionado é definido como unidade administrativa da empresa importadora de produtos sujeitos a regime de Vigilância Sanitária, que não possui local próprio de armazenamento e utiliza da contratação de prestador de serviço para esta atividade. **2.** As atividades de armazenamento de produtos próprios, em depósito próprio, que dispõe de instalações, equipamentos e recursos humanos próprios para o exercício desta atividade, instalado em endereço diverso da empresa fabricante/distribuidora, considerado extensão da mesma, é denominado depósito fechado e necessita de Licença de Funcionamento.	1	BAIXO

4637-1/06	COMÉRCIO ATACADISTA DE SORVETES	**Compreende:** • O comércio atacadista que armazena sorvetes, picolés, tortas geladas e similares. • As atividades de comércio atacadista exercida por estabelecimento de empresa importadora, conforme definido na Portaria CVS nº 10/2008 e suas atualizações. (ver nota 1) • As atividades de armazenamento dos produtos acima citados em depósito fechado. (ver nota 2) **Notas:** **1.** Fica sujeito ao Cadastro Estadual de Vigilância Sanitária – CEVS o estabelecimento definido na Portaria CVS nº 10/2008 e suas atualizações. Conforme estabelece esta Portaria, o estabelecimento acima mencionado é definido como unidade administrativa da empresa importadora de produtos sujeitos a regime de Vigilância Sanitária, que não possui local próprio de armazenamento e utiliza da contratação de prestador de serviço para esta atividade. **2.** As atividades de armazenamento de produtos próprios, em depósito próprio, que dispõe de instalações, equipamentos e recursos humanos próprios para o exercício desta atividade, instalado em endereço diverso da empresa fabricante/distribuidora, considerado extensão da mesma, é denominado depósito fechado e necessita de Licença de Funcionamento.	1	BAIXO
4637-1/07	COMÉRCIO ATACADISTA DE CHOCOLATES, CONFEITOS, BALAS, BOMBONS E SEMELHANTES	**Compreende:** • O comércio atacadista que armazena chocolates, com-feitos, balas, bombons e semelhantes. **Não compreende:** • O comércio atacadista de produtos de padaria: pães, bolos, biscoitos e similares (**4637-1/04**). • As atividades de comércio atacadista exercida por estabelecimento de empresa importadora, conforme definido na Portaria CVS nº 10/2008 e suas atualizações. (ver nota 1) • As atividades de armazenamento dos produtos acima citados em depósito fechado. (ver nota 2) **Notas:** **1.** Fica sujeito ao Cadastro Estadual de Vigilância Sanitária – CEVS o estabelecimento definido na Portaria CVS nº 10/2008 e suas atualizações. Conforme estabelece esta Portaria, o estabelecimento acima mencionado é definido como unidade administrativa da empresa importadora de produtos sujeitos a regime de Vigilância Sanitária, que não possui local próprio de armazenamento e utiliza da contratação de prestador de serviço para esta atividade. **2.** As atividades de armazenamento de produtos próprios, em depósito próprio, que dispõe de instalações, equipamentos e recursos humanos próprios para o exercício desta atividade, instalado em endereço diverso da empresa fabricante/distribuidora, considerado extensão da mesma, é denominado depósito fechado e necessita de Licença de Funcionamento.	1	BAIXO

4637-1/99	COMÉRCIO ATACADISTA ESPECIALIZADO EM OUTROS PRODUTOS ALIMENTÍCIOS NÃO ESPECIFICADOS ANTERIORMENTE	**Compreende:**
		• O comércio atacadista que armazena:
		  • Chás, mel, sucos e conservas de frutas e legumes, frutas secas etc.
		  • Condimentos e vinagres.
		  • Alimentos preparados em frituras (batata frita e similares).
			1	ALTO COM PERGUNTAS

<table>
<tr><td></td><td></td><td>
• Alimentos congelados para preparo em microondas.
• Complementos e suplementos alimentícios.
• As atividades de comércio atacadista exercida por estabelecimento de empresa importadora, conforme definido na Portaria CVS nº 10/2008 e suas atualizações. (ver nota 1)
• As atividades de armazenamento dos produtos acima citados em depósito fechado. (ver nota 2)
Notas:
1. Fica sujeito ao Cadastro Estadual de Vigilância Sanitária – CEVS o estabelecimento definido na Portaria CVS nº 10/2008 e suas atualizações. Conforme estabelece esta Portaria, o estabelecimento acima mencionado é definido como unidade administrativa da empresa importadora de produtos sujeitos a regime de Vigilância Sanitária, que não possui local próprio de armazenamento e utiliza da contratação de prestador de serviço para esta atividade.
2. As atividades de armazenamento de produtos próprios, em depósito próprio, que dispõe de instalações, equipamentos e recursos humanos próprios para o exercício desta atividade, instalado em endereço diverso da empresa fabricante/distribuidora, considerado extensão da mesma, é denominado depósito fechado e necessita de Licença de Funcionamento.
</td><td></td><td></td></tr>
<tr><td>4639-7/01</td><td>COMÉRCIO ATACADISTA DE PRODUTOS ALIMENTÍCIOS EM GERAL</td><td>
Compreende:
• O comércio atacadista que armazena outros produtos alimentícios em geral.
• As atividades de comércio atacadista exercida por estabelecimento de empresa importadora, conforme definido na Portaria CVS nº 10/2008 e suas atualizações. (ver nota 1)
• As atividades de armazenamento dos produtos acima citados em depósito fechado. (ver nota 2)
Notas:
1. Fica sujeito ao Cadastro Estadual de Vigilância Sanitária – CEVS o estabelecimento definido na Portaria CVS nº 10/2008 e suas atualizações. Conforme estabelece esta Portaria, o estabelecimento acima mencionado é definido como unidade administrativa da empresa importadora de produtos sujeitos a regime de Vigilância Sanitária, que não possui local próprio de armazenamento e utiliza da contratação de prestador de serviço para esta atividade.
2. As atividades de armazenamento de produtos próprios, em depósito próprio, que dispõe de instalações, equipamentos e recursos humanos próprios para o exercício desta atividade, instalado em endereço diverso da empresa fabricante/distribuidora, considerado extensão da mesma, é denominado depósito fechado e necessita de Licença de Funcionamento.
</td><td>1</td><td>BAIXO</td></tr>
<tr><td colspan="5">NOTA: O CNAE 4639-7/02
COMÉRCIO ATACADISTA DE PRODUTOS ALIMENTÍCIOS EM GERAL, COM ATIVIDADE DE FRACIONAMENTO E ACONDICIONAMENTO ASSOCIADA, enquadra-se no Artigo 10 da presente Portaria. Essas atividades são consideradas etapas do processo produtivo, portanto, os estabelecimentos que as exercem devem se enquadrar nos códigos da respectiva atividade industrial.</td></tr>
</table>

<table>
<tr><th colspan="5">14 – COMÉRCIO ATACADISTA DE CORRELATOS/PRODUTOS PARA A SAÚDE</th></tr>
<tr><td>4645-1/01</td><td>COMÉRCIO ATACADISTA DE INSTRUMENTOS E MATERIAIS PARA USO MÉDICO, CIRÚRGICO, HOSPITALAR E DE LABORATÓRIOS</td><td>Compreende:
• O comércio atacadista que armazena:
• Instrumentos, utensílios, materiais, artigos, produtos, partes e acessórios de uso ou aplicação médica, hospitalar ou laboratorial destinados ao diagnóstico, prevenção, apoio, tratamento ou reabilitação da saúde, inclusive os de educação física, embelezamento e correção estética (Produtos: descartáveis, implantáveis, líquidos, sólidos, semissólidos, bolsas de sangue, dispositivo intra-uterino, produtos para diagnósticos de uso in vitro e outros).
• Preservativo.
• As atividades de comércio atacadista exercida por estabelecimento de empresa importadora, conforme definido na Portaria CVS nº 10/2008 e suas atualizações. (ver nota 1)
• As atividades de armazenamento dos produtos acima citados em depósito fechado. (ver nota 2)
Não compreende:
• O comércio atacadista de:
• Equipamentos odonto-médico-hospitalares e laboratoriais (4664-8/00).
• Produtos odontológicos (4645-1/03).
• Próteses e artigos de ortopedia (4645-1/02).
Não Compete:
• O comércio atacadista de artigos de vidro, vidraria em geral, sem reagentes para laboratório.
Notas:
1. Fica sujeito ao Cadastro Estadual de Vigilância Sanitária – CEVS o estabelecimento definido na Portaria CVS nº 10/2008 e suas atualizações. Conforme estabelece esta Portaria, o estabelecimento acima mencionado é definido como unidade administrativa da empresa importadora de produtos sujeitos a regime de Vigilância Sanitária, que não possui local próprio de armazenamento e utiliza da contratação de prestador de serviço para esta atividade.
2. As atividades de armazenamento de produtos próprios, em depósito próprio, que dispõe de instalações, equipamentos e recursos humanos próprios para o exercício desta atividade, instalado em endereço diverso da empresa fabricante/distribuidora, considerado extensão da mesma, é denominado depósito fechado e necessita de Licença de Funcionamento.</td><td>1</td><td>ALTO COM PERGUNTAS</td></tr>
<tr><td>4645-1/02</td><td>COMÉRCIO ATACADISTA DE PRÓTESES E ARTIGOS DE ORTOPEDIA</td><td>Compreende:
• O comércio atacadista que armazena próteses e artigos de ortopedia, aprovados/registrados pela ANVISA/MS.
• As atividades de comércio atacadista exercida por estabelecimento de empresa importadora, conforme definido na Portaria CVS nº 10/2008 e suas atualizações. (ver nota 1)
• As atividades de armazenamento dos produtos acima citados em depósito fechado. (ver nota 2)
Não Compete:
• O comércio atacadista de calçados ortopédicos prontos.</td><td>1</td><td>ALTO COM PERGUNTAS</td></tr>
</table>

		Notas: **1.** Fica sujeito ao Cadastro Estadual de Vigilância Sanitária – CEVS o estabelecimento definido na Portaria CVS nº 10/2008 e suas atualizações. Conforme estabelece esta Portaria, o estabelecimento acima mencionado é definido como unidade administrativa da empresa importadora de produtos sujeitos a regime de Vigilância Sanitária, que não possui local próprio de armazenamento e utiliza da contratação de prestador de serviço para esta atividade. **2.** As atividades de armazenamento de produtos próprios, em depósito próprio, que dispõe de instalações, equipamentos e recursos humanos próprios para o exercício desta atividade, instalado em endereço diverso da empresa fabricante/distribuidora, considerado extensão da mesma, é denominado depósito fechado e necessita de Licença de Funcionamento.		
4645-1/03	COMÉRCIO ATACADISTA DE PRODUTOS ODONTOLÓGICOS	**Compreende:** • O comércio atacadista que armazena material, artigo, instrumento odontológico para o cirurgião-dentista e para as clínicas odontológicas. • As atividades de comércio atacadista exercida por estabelecimento de empresa importadora, conforme definido na Portaria CVS nº 10/2008 e suas atualizações. (ver nota 1) • As atividades de armazenamento dos produtos acima citados em depósito fechado. (ver nota 2) **Não compreende:** • O estabelecimento que comercializa produtos odontológicos e outras classes de produtos, tais como: sabonetes antissépticos, desinfetantes, esterilizantes, medicamentos com anestésicos e outros, enquadra-se no CNAE (**4691-5/00**). **Notas:** **1.** Fica sujeito ao Cadastro Estadual de Vigilância Sanitária – CEVS o estabelecimento definido na Portaria CVS nº 10/2008 e suas atualizações. Conforme estabelece esta Portaria, o estabelecimento acima mencionado é definido como unidade administrativa da empresa importadora de produtos sujeitos a regime de Vigilância Sanitária, que não possui local próprio de armazenamento e utiliza da contratação de prestador de serviço para esta atividade.	1	ALTO COM PERGUNTAS
4664-8/00	COMÉRCIO ATACADISTA DE MÁQUINAS, APARELHOS E EQUIPAMENTO PARA USO ODONTO-MÉDICO-HOSPITALAR; PARTE E PEÇAS	**2.** As atividades de armazenamento de produtos próprios, em depósito próprio, que dispõe de instalações, equipamentos e recursos humanos próprios para o exercício desta atividade, instalado em endereço diverso da empresa fabricante/distribuidora, considerado extensão da mesma, é denominado depósito fechado e necessita de Licença de Funcionamento. **Compreende:** • O comércio atacadista que armazena equipamentos, aparelhos, partes, acessórios e mobiliários (ver nota 1), de uso ou aplicação médica, hospitalar, odontológica ou laboratorial, destinadas ao diagnóstico, prevenção, apoio, tratamento ou reabilitação da saúde, inclusive os de educação física, embelezamento e correção estética. • As atividades de comércio atacadista exercida por estabelecimento de empresa importadora, conforme definido na Portaria CVS nº 10/2008 e suas atualizações. (ver nota 2) • As atividades de armazenamento dos produtos acima citados em depósito fechado. (ver nota 3)	1	ALTO COM PERGUNTAS

<table>
<tr><td></td><td></td><td>Notas:
1. Entende-se por mobiliário de uso médico, hospitalar e odontológico, todo móvel destinado a fornecer suporte a procedimento diagnóstico, terapêutico ou cirúrgico.
2. Fica sujeito ao Cadastro Estadual de Vigilância Sanitária – CEVS o estabelecimento definido na Portaria CVS nº 10/2008 e suas atualizações. Conforme estabelece esta Portaria, o estabelecimento acima mencionado é definido como unidade administrativa da empresa importadora de produtos sujeitos a regime de Vigilância Sanitária, que não possui local próprio de armazenamento e utiliza da contratação de prestador de serviço para esta atividade.
3. As atividades de armazenamento de produtos próprios, em depósito próprio, que dispõe de instalações, equipamentos e recursos humanos próprios para o exercício desta atividade, instalado em endereço diverso da empresa fabricante/distribuidora, considerado extensão da mesma, é denominado depósito fechado e necessita de Licença de Funcionamento.
Não compreende:
• O comércio atacadista de instrumentos e materiais médico-cirúrgico-hospitalares (4645-1/01).
Não Compete:
• O comércio atacadista de:
• Componentes eletrônicos e não eletrônicos para máquinas, equipamentos, aparelhos odonto-médico-hospitalar e laboratorial.
• Mobiliário sem indicação para apoio a procedimento médico ou odontológico.</td><td></td><td></td></tr>
<tr><td colspan="5">15 – COMÉRCIO ATACADISTA DE COSMÉTICOS, PRODUTOS DE HIGIENE E PERFUMES</td></tr>
<tr><td>4646-0/01</td><td>COMÉRCIO ATACADISTA DE COSMÉTICOS E PRODUTOS DE PERFUMARIA</td><td>Compreende:
• O comércio atacadista que armazena:
• Cosméticos e perfumes.
• Produtos de higiene pessoal.
• Repelentes de uso tópico.

• As atividades de comércio atacadista exercida por estabelecimento de empresa importadora, conforme definido na Portaria CVS nº 10/2008 e suas atualizações. (ver nota 1)
• As atividades de armazenamento dos produtos acima citados em depósito fechado. (ver nota 2)
Não compreende:
• O comércio atacadista de:
• Artigos de higiene bucal, produtos para absorção de líquidos corporais, lenços umedecidos e discos demaquilantes e hastes com extremidades envoltas em algodão (4646-0/02).
• Produtos de higiene, limpeza e conservação domiciliar (4649-4/08).
• Odorizante de ambientes/aromatizante de ambientes (4649-4/08).</td><td>1</td><td>ALTO COM PERGUNTAS</td></tr>
</table>

<table>
<tr><td></td><td></td><td>Notas:
1. Fica sujeito ao Cadastro Estadual de Vigilância Sanitária – CEVS o estabelecimento definido na Portaria CVS nº 10/2008 e suas atualizações. Conforme estabelece esta Portaria, o estabelecimento acima mencionado é definido como unidade administrativa da empresa importadora de produtos sujeitos a regime de Vigilância Sanitária, que não possui local próprio de armazenamento e utiliza da contratação de prestador de serviço para esta atividade.
2. As atividades de armazenamento de produtos próprios, em depósito próprio, que dispõe de instalações, equipamentos e recursos humanos próprios para o exercício desta atividade, instalado em endereço diverso da empresa fabricante/distribuidora, considerado extensão da mesma, é denominado depósito fechado e necessita de Licença de Funcionamento.</td><td></td><td></td></tr>
<tr><td>4646-0/02</td><td>COMÉRCIO ATACADISTA DE PRODUTOS DE HIGIENE PESSOAL</td><td>Compreende:
• O comércio atacadista que armazena artigos de:
  • Higiene bucal (fio/fita/escova dental).
  • Produtos para absorção de líquidos corporais (fraldas/absorventes e outros).
  • Lenços umedecidos e discos demaquilantes.
  • Hastes com extremidades envoltas em algodão.
• As atividades de comércio atacadista exercida por estabelecimento de empresa importadora, conforme definido na Portaria CVS nº 10/2008 e suas atualizações. (ver nota 1)
• As atividades de armazenamento dos produtos acima citados em depósito fechado. (ver nota 2)
Não compreende:
• O comércio atacadista de:
  • Produtos de cosméticos e produtos de perfumaria (4646-0/01).
  • Produtos de higiene, limpeza e conservação domiciliar (4646-4/08).
Notas:
1. Fica sujeito ao Cadastro Estadual de Vigilância Sanitária – CEVS o estabelecimento definido na Portaria CVS nº 10/2008 e suas atualizações. Conforme estabelece esta Portaria, o estabelecimento acima mencionado é definido como unidade administrativa da empresa importadora de produtos sujeitos a regime de Vigilância Sanitária, que não possui local próprio de armazenamento e utiliza da contratação de prestador de serviço para esta atividade.
2. As atividades de armazenamento de produtos próprios, em depósito próprio, que dispõe de instalações, equipamentos e recursos humanos próprios para o exercício desta atividade, instalado em endereço diverso da empresa fabricante/distribuidora, considerado extensão da mesma, é denominado depósito fechado e necessita de Licença de Funcionamento.</td><td>1</td><td>ALTO COM PERGUNTAS</td></tr>
<tr><td colspan="5">16 – COMÉRCIO ATACADISTA DE SANEANTES DOMISSANITÁRIOS</td></tr>
<tr><td>4649-4/08</td><td>COMÉRCIO ATACADISTA DE PRODUTOS DE HIGIENE, LIMPEZA E CONSERVAÇÃO DOMICILIAR</td><td>Compreende:
• O comércio atacadista que armazena produtos saneantes e domissanitários, tais como:
  • Para limpeza geral e afins, como: alvejantes, branqueadores, desincrustrantes, saponáceos, finalizadores (amaciantes, lustradores, ceras para pisos, facilitadores de passagem de roupas, polidores, engoma</td><td>1</td><td>ALTO COM PERGUNTAS</td></tr>
</table>

		dores de roupas, acidulantes, neutralizadores para lavagem de roupas), limpadores, polidores de metais, produtos para pré e pós-lavagem, removedores, sabões, saponáceos e detergentes. • Com ação antimicrobiana, água sanitária, potabilizadores de água, desinfetantes, desodorizantes e algicidas. • Sabões e detergentes. • Neutralizador de odores/Eliminador de odores. • Odorizante de ambientes/Aromatizante de ambientes. (ver nota 1) • Biológicos para uso profissional. • desinfestantes domissanitários, tais como: Inseticidas, repelentes, rodenticidas. • Produtos para jardinagem amadora. • As atividades de comércio atacadista exercida por estabelecimento de empresa importadora, conforme definido na Portaria CVS nº 10/2008 e suas atualizações. (ver nota 1) • As atividades de armazenamento dos produtos acima citados em depósito fechado. (ver nota 2) • As atividades de comércio atacadista exercida por estabelecimento de empresa importadora, conforme definido na Portaria CVS nº 10/2008 e suas atualizações. (ver nota 2) • As atividades de armazenamento dos produtos acima citados em depósito fechado. (ver nota 3) **Não compreende:** • O comércio atacadista de produtos de higiene pessoal (**4646-0/02**). • O comércio atacadista de produtos de higiene, limpeza e conservação domiciliar, com atividade de fracionamento e acondicionamento associada (**4649-4/09**). **Notas:** **1.** A Resolução RDC nº 40, de 5 de junho de 2008, define Odorizante de Ambientes/Aromatizante de Ambientes como um produto que tem em sua composição substâncias capazes de mascarar odores desagradáveis e, clas-sifica como produto de limpeza geral. **2.** Fica sujeito ao Cadastro Estadual de Vigilância Sanitária – CEVS o estabelecimento definido na Portaria CVS nº 10/2008 e suas atualizações. Conforme estabelece esta Portaria, o estabelecimento acima mencionado é definido como unidade administrativa da empresa importadora de produtos sujeitos a regime de Vigilância Sanitária, que não possui local próprio de armazenamento e utiliza da contratação de prestador de serviço para esta atividade. **3.** As atividades de armazenamento de produtos próprios, em depósito próprio, que dispõe de instalações, equipamentos e recursos humanos próprios para o exercício desta atividade, instalado em endereço diverso da empresa fabricante/distribuidora, considerado extensão da mesma, é denominado depósito fechado e necessita de Licença de Funcionamento.		
4683-4/00	COMÉRCIO ATACADISTA DE DEFENSIVOS AGRÍCOLAS, ADUBOS, FERTILIZANTES E CORRETIVOS DO SOLO	**Compreende:** • O comércio atacadista que armazena desinfestantes domissanitários: • Inseticidas. • Repelentes. • Rodenticidas. • Produtos para jardinagem amadora.	1	ALTO COM PERGUNTAS

<table>
<tr><td></td><td></td><td>• As atividades de comércio atacadista exercida por estabelecimento de empresa importadora, conforme definido na Portaria CVS nº 10/2008 e suas atualizações. (ver nota 1)
• As atividades de armazenamento dos produtos acima citados em depósito fechado. (ver nota 2)
Não Compete:
• O comércio atacadista de defensivos agrícolas, adubos fertilizantes e corretivos do solo, sob regulamentação do Ministério da Agricultura.
Notas:
1. Fica sujeito ao Cadastro Estadual de Vigilância Sanitária – CEVS o estabelecimento definido na Portaria CVS nº 10/2008 e suas atualizações. Conforme estabelece esta Portaria, o estabelecimento acima mencionado é definido como unidade administrativa da empresa importadora de produtos sujeitos a regime de Vigilância Sanitária, que não possui local próprio de armazenamento e utiliza da contratação de prestador de serviço para esta atividade.
2. As atividades de armazenamento de produtos próprios, em depósito próprio, que dispõe de instalações, equipamentos e recursos humanos próprios para o exercício desta atividade, instalado em endereço diverso da empresa fabricante/distribuidora, considerado extensão da mesma, é denominado depósito fechado e necessita de Licença de Funcionamento.</td><td></td><td></td></tr>
<tr><td colspan="5">NOTA: O CNAE 4649-4/09
COMÉRCIO ATACADISTA DE PRODUTOS DE HIGIENE, LIMPEZA E CONSERVAÇÃO DOMICILIAR, COM ATIVIDADE DE FRACIONAMENTO E ACONDICIONAMENTO ASSOCIADA, enquadra-se no Artigo 10 da presente Portaria. Essas atividades são consideradas etapas do processo produtivo, portanto, os estabelecimentos que as exercem devem se enquadrar nos códigos da respectiva atividade industrial.</td></tr>
<tr><td colspan="5">17 – COMÉRCIO ATACADISTA DE MEDICAMENTOS</td></tr>
<tr><td>4644-3/01</td><td>COMÉRCIO ATACADISTA DE MEDICAMENTOS E DROGAS DE USO HUMANO</td><td>Compreende:
• O comércio atacadista que armazena:
  • Produtos farmacêuticos de uso humano (medicamento e medicamento de controle especial).
  • Insumos Farmacêuticos como:
  • Substâncias químicas ativas utilizadas nas preparações de medicamentos como: antibióticos, vitaminas, sulfas, alcalóides, e outros. (ver nota 1)
  • Excipientes e adjuvantes, essências, aromas. (ver nota 1)
  • Insumos de Controle Especiais como:
  • Substâncias ativas de entorpecentes e ou psicotrópicos. (ver notas 1, 2 e 3)
  • Outras substâncias de controle especial previstas na legislação vigente. (ver notas 1, 2 e 3)
  • Precursores. (ver notas 1, 2 e 3)
  • Gases industriais ou medicinais, líquidos ou comprimidos para fim terapêutico ou para esterilização de produtos, gases elementares (oxigênio, nitrogênio e hidrogênio) e misturas de gases medicinais.
• As atividades de comércio atacadista exercida por estabelecimento de empresa importadora, conforme definido na Portaria CVS nº 10/2008 e suas atualizações. (ver nota 4)
• As atividades de armazenamento dos produtos acima citados em depósito fechado. (ver nota 5)</td><td>1</td><td>ALTO COM PERGUNTAS</td></tr>
</table>

<table>
<tr><td></td><td></td><td>Notas:
1. O fracionamento somente está previsto para o comércio atacadista de:
– Insumos farmacêuticos (princípios ativos e excipientes).
– Insumos farmacêuticos de controle especial (substâncias ativas de entorpecentes e/ou psicotrópicos ou outras substâncias de controle especial prevista na legislação vigente).
– Precursores.
2. Entende-se por precursores, as substâncias utilizadas para a obtenção de entorpecentes ou psicotrópicos e constantes das listas aprovadas pela Convenção Contra o Tráfico Ilícito de Entorpecentes e Substâncias Psicotrópicas, relacionadas na lista D1 da Portaria SVS/MS nº 344/1998 e suas atualizações, como exemplo ácido fenil acético, piperonal, safrol.
3. O comércio atacadista de produtos e substancias de controle especial está sujeito a autorização especial.
4. Fica sujeito ao Cadastro Estadual de Vigilância Sanitária – CEVS o estabelecimento definido na Portaria CVS nº 10/2008 e suas atualizações. Conforme estabelece esta Portaria, o estabelecimento acima mencionado é definido como unidade administrativa da empresa importadora de produtos sujeitos a regime de Vigilância Sanitária, que não possui local próprio de armazenamento e utiliza da contratação de prestador de serviço para esta atividade.
5. As atividades de armazenamento de produtos próprios, em depósito próprio, que dispõe de instalações, equipamentos e recursos humanos próprios para o exercício desta atividade, instalado em endereço diverso da empresa fabricante/distribuidora, considerado extensão da mesma, é denominado depósito fechado e necessita de Licença de Funcionamento.</td><td></td><td></td></tr>
<tr><td colspan="5">19 – COMÉRCIO ATACADISTA DE DIVERSAS CLASSES DE PRODUTOS</td></tr>
<tr><td>4691-5/00</td><td>COMERCIO ATACADISTA DE MERCADORIAS EM GERAL, COM PREDOMINÂNCIA DE PRODUTOS ALIMENTÍCIOS</td><td>Compreende:
• O comércio atacadista que armazena diversas classes de produtos relacionados à saúde, sujeitos a atuação da vigilância sanitária, como exemplo alimentos, medicamentos, produtos para saúde/correlatos, cosméticos, produtos de higiene, perfumes, saneantes domissanitários, insumos farmacêuticos; insumos farmacêuticos de controle especial e precursores (ver notas 2 e 3), com predominância de produtos alimentícios.
• As atividades de comércio atacadista exercida por estabelecimento de empresa importadora, conforme definido na Portaria CVS nº 10/2008 e suas atualizações. (ver nota 5)
• As atividades de armazenamento dos produtos acima citados em depósito fechado. (ver nota 6)
Notas:
1. Ao estabelecimento armazenador de distintas classes de produtos, numa mesma área física, deve ser emitida uma única licença de Funcionamento.
2. Entende-se por precursores, as substâncias utilizadas para a obtenção de entorpecentes ou psicotrópicos e constantes das listas aprovadas pela Convenção Contra o Tráfico Ilícito de Entorpecentes e Substâncias Psicotrópicas, relacionadas na lista D1 da Portaria SVS/MS nº 344/1998 e suas atualizações, como exemplo ácido fenil acético, piperonal, safrol.
3. Os estabelecimentos que estocam insumos farmacêuticos de controle especial e precursores necessitam de Autorização Especial, conforme legislação vigente Portaria SVS/MS nº 344/1998.</td><td>1</td><td>ALTO COM PERGUNTAS</td></tr>
</table>

		4. Ficam desobrigados a Licença de Funcionamento os distribuidores e importadores de matérias-primas, insumos e componentes destinados à fabricação dos produtos Saneantes Domissanitários, Cosméticos, Produtos de Higiene Pessoal, Perfumes e Correlatos (produtos para saúde). **5.** Fica sujeito ao Cadastro Estadual de Vigilância Sanitária – CEVS o estabelecimento definido na Portaria CVS nº 10/2008 e suas atualizações. Conforme estabelece esta Portaria, o estabelecimento acima mencionado é definido como unidade administrativa da empresa importadora de produtos sujeitos a regime de Vigilância Sanitária, que não possui local próprio de armazenamento e utiliza da contratação de prestador de serviço para esta atividade. **6.** As atividades de armazenamento de produtos próprios, em depósito próprio, que dispõe de instalações, equipamentos e recursos humanos próprios para o exercício desta atividade, instalado em endereço diverso da empresa fabricante/distribuidora, considerado extensão da mesma, é denominado depósito fechado e necessita de Licença de Funcionamento. **Não compete:** • O comércio atacadista de mercadorias variadas de produtos não sujeitos à atuação da vigilância sanitária.		
4693-1/00	COMÉRCIO ATACADISTA DE MERCADORIAS EM GERAL, SEM PREDOMINÂNCIA DE ALIMENTOS OU DE INSUMOS AGROPECUÁRIOS	**Compreende:** • O comércio atacadista que armazena diversas classes de produtos relacionados à saúde, sujeitos a atuação da vigilância sanitária, como exemplo alimentos, medicamentos, produtos para saúde/correlatos, cosméticos, produtos de higiene, perfumes, saneantes domissanitários, insumos farmacêuticos; insumos farmacêuticos de controle especial e precursores (ver notas 2 e 3), sem predominância de produtos alimentícios. **Notas:** **1.** Ao estabelecimento armazenador de distintas classes de produtos, numa mesma área física, deve ser emitida uma única licença de Funcionamento. **2.** Entende-se por precursores, as substâncias utilizadas para a obtenção de entorpecentes ou psicotrópicos e constantes das listas aprovadas pela Convenção Contra o Tráfico Ilícito de Entorpecentes e Substâncias Psicotrópicas, relacionadas na lista D1 da Portaria SVS/MSnº 344/1998 e suas atualizações, como exemplo ácido fenil acético, piperonal, safrol. **3.** Os estabelecimentos que estocam insumos farmacêuticos de controle especial e precursores necessitam de Autorização Especial, conforme legislação vigente Portaria SVS/MS nº 344/1998. **4.** Ficam desobrigados a Licença de Funcionamento os distribuidores e importadores de matérias-primas, insumos e componentes destinados à fabricação dos produtos Saneantes Domissanitários, Cosméticos, Produtos de Higiene Pessoal, Perfumes e Correlatos (produtos para saúde). **5.** Fica sujeito ao Cadastro Estadual de Vigilância Sanitária – CEVS o estabelecimento definido na Portaria CVS nº 10/2008 e suas atualizações. Conforme estabelece esta Portaria, o estabelecimento acima mencionado é definido como unidade administrativa da empresa importadora de produtos sujeitos a regime de Vigilância Sanitária, que não possui local próprio de armazenamento e utiliza da contratação de prestador de serviço para esta atividade. **6.** As atividades de armazenamento de produtos próprios, em depósito próprio, que dispõe de instalações, equipamentos e recursos humanos próprios para o exercício desta atividade, instalado em endereço diverso da empresa fabricante/distribuidora, considerado extensão da mesma, é denominado depósito fechado e necessita de Licença de Funcionamento.	1	ALTO COM PERGUNTAS

		Não compete: • O comércio atacadista de mercadorias variadas de produtos não sujeitos à atuação da vigilância sanitária. O comércio atacadista de alimentos agropecuários ou de insumos agropecuários.		
SUBGRUPO C – COMÉRCIO VAREJISTA				
20 – COMÉRCIO VAREJISTA DE ALIMENTOS				
4711-3/01	COMÉRCIO VAREJISTA DE MERCADORIAS EM GERAL, COM PREDOMINÂNCIA DE PRODUTOS ALIMENTÍCIOS HIPERMERCADOS	**Compreende:** • As atividades dos estabelecimentos comerciais com venda predominante de produtos alimentícios variados e que também oferecem uma gama variada de outras mercadorias, tais como: utensílios domésticos, roupas, ferragens etc. com área de venda superior a 5000 metros quadrados.	1	BAIXO
4711-3/02	COMÉRCIO VAREJISTA DE MERCADORIAS EM GERAL, COM PREDOMINÂNCIA DE PRODUTOS ALIMENTÍCIOS SUPERMERCADOS	**Compreende:** • As atividades dos estabelecimentos comerciais com venda predominante de produtos alimentícios variados e que também oferecem uma gama variada de outras mercadorias, tais como: utensílios domésticos, roupas, ferragens etc. com área de venda entre 300 a 5000 metros quadrados.	1	BAIXO

4712-1/00	COMÉRCIO VAREJISTA DE MERCADORIAS EM GERAL, COM PREDOMINÂNCIA DE PRODUTOS ALIMENTÍCIOS MINIMERCADOS, MERCEARIAS E ARMAZÉNS	**Compreende:**
		• As atividades dos estabelecimentos comerciais sem autoatendimento e com venda predominante de produtos alimentícios variados, em minimercados, mercearias, armazéns, empórios, secos e molhados, com área de venda inferior a 300 metros quadrados.
		Não compreende:
		• Estabelecimentos comerciais com venda:
		  • Predominante de produtos alimentícios industrializados (lojas de conveniência), além de outros produtos não alimentícios (**4729-6/99**).
		  • De produtos alimentícios variados (lojas de delicatessen) (**4729-6/99**).
			1	BAIXO

4721-1/02	PADARIA E CONFEITARIA COM PREDOMINÂNCIA DE REVENDA	**Compreende:** • O comércio varejista de pães e roscas, bolos, tortas e outros produtos de padaria quando a revenda de outros produtos é predominante. **Não compreende:** • A fabricação de produtos de panificação industrial (**1091-1/01**). • As lojas de tortas, sorvetes, doces e salgados de fabricação própria e venda ao público, com consumo no local ou não (**5611-2/03**).	1	BAIXO

4721-1/03	COMÉRCIO VAREJISTA DE LATICÍNIOS E FRIOS	**Compreende:**
		• O comércio varejista de:
		  • Leite e derivados, tais como: manteiga, creme de leite, iogurte e coalhadas.
		  • Frios e carnes conservadas.
		  • Conservas de frutas, legumes, verduras e similares.
		Não compreende:
		• As lojas de tortas, sorvetes, doces e salgados de fabricação própria e venda ao público, com consumo no local ou não (**5611-2/03**).
			1	BAIXO

4721-1/04	COMÉRCIO VAREJISTA DE DOCES, BALAS, BOMBONS E SEMELHANTES	**Compreende:** • O comércio varejista de doces, balas, bombons, confeitos e semelhantes.	1	BAIXO

4722-9/01	COMÉRCIO VAREJISTA DE CARNES AÇOUGUES	**Compreende:**
		• O comércio varejista de:
		  • Carnes de bovino, suíno, caprino, ovino e equídeo – frescas, frigorificadas ou congeladas.
		  • Aves abatidas – frescas, frigorificadas ou congeladas.
		  • Pequenos animais abatidos – coelhos, patos, perus, galinhas e similares.
		Não Compete:
		• O comércio varejista de aves vivas, coelhos e outros pequenos animais vivos para alimentação.
		• O abate de animais associados ao comércio.
			1	ALTO COM PERGUNTAS

4722-9/02	PEIXARIA	**Compreende:** • O comércio varejista de pescados, crustáceos e moluscos frescos, congelados, conservados ou frigorificados.	1	BAIXO

4723-7/00	COMÉRCIO VAREJISTA DE BEBIDAS	**Compreende:**
		• O comércio varejista de:
		  • Bebidas alcoólicas e não alcoólicas.
		  • Águas (mineral natural, natural e adicionada de sais).
			1	BAIXO

4724-5/00	COMÉRCIO VAREJISTA DE HORTIFRUTI-GRANJEIROS	**Compreende:** • O comércio varejista de hortifrutigranjeiros. **Não Compete**: • O comércio varejista de aves vivas, coelhos e outros pequenos animais vivos para alimentação. • O abate de animais associados ao comércio.	1	ALTO COM PERGUNTAS

4729-6/99	COMÉRCIO VAREJISTA DE PRODUTOS ALIMENTÍCIOS EM GERAL, OU ESPECIALIZADO EM PRODUTOS ALIMENTÍCIOS NÃO ESPECIFICADOS ANTERIORMENTE	**Compreende:** ● Comércio varejista em lojas especializadas de produtos alimentícios em geral não especificados anteriormente, tais como: produtos naturais e dietéticos, comidas congeladas, mel, café moído, sorvetes embalados. ● Estabelecimentos comerciais com venda predominante de produtos alimentícios industrializados (lojas de conveniência), além de outros produtos não alimentícios. ● Estabelecimentos comerciais com venda de produtos alimentícios variados (lojas de *delicatessen*). **Não compreende:** ● A fabricação de sorvetes e outros gelados comestíveis (**1053-8/00**). ● As lojas de tortas, sorvetes, doces e salgados de fabricação própria e venda ao público com consumo no local ou não (**4721-1/03**). ● Mercearias, armazéns e mini mercados (**4712-1/00**).	1	BAIXO
4729-6/02	COMÉRCIO VAREJISTA DE MERCADORIAS EM LOJAS DE CONVENIÊNCIA	**Compreende:** ● As atividades dos estabelecimentos comerciais com venda predominante de produtos alimentícios industrializados além de outros não alimentícios, usualmente associado a outra atividade, com horário de funcionamento de 24 horas por dia. **Não compreende:** ● As atividades dos estabelecimentos comerciais sem autoatendimento e com venda predominante de produtos alimentícios variados em minimercados, mercearias, armazéns, empórios, secos e molhados, com área de venda inferior a 300 metros quadrados (**4712-1/00**).	1	BAIXO
5611-2/01	RESTAURANTE E SIMILARES	**Compreende:** ● As atividades de manipular, preparar, armazenar, vender e servir comida preparada, com ou sem bebida alcoólica ao público em geral (ex.: pizzarias, churrascarias, entre outros). ● Os restaurantes *self-services* ou de comida a quilo. ● As atividades de restaurantes e bares em embarcações exploradas por terceiros. ● Rotisserias. **Não compreende:** ● Cozinha industrial (**5620-1/01**). ● As atividades de servir bebidas alcoólicas, com ou sem entretenimento, ao público em geral, com serviço completo (**5611-2/02**). ● As atividades de preparação de refeição ou prato cozido, inclusive congelado, entregue ou servido em domicílio (**5620-1/04**).	1	BAIXO
5611-2/02	BARES E OUTROS ESTABELECIMENTOS ESPECIALIZADOS EM SERVIR BEBIDAS	**Compreende:** ● Estabelecimento comercial varejista: ● Com atividades de servir bebidas alcoólicas, com ou sem entretenimento, ao público em geral, com serviço completo. **Não compreende:** ● As atividades de vender e servir comida preparada, com ou sem bebida alcoólica ao público em geral, com serviço completo (**5611-2/01**).	1	BAIXO

5611-2/03	LANCHONETE, CASAS DE CHÁ, DE SUCOS E SIMILARES	**Compreende:**
		• O serviço de alimentação para consumo no local, com venda ou não de bebidas em estabelecimento comercial varejista que não oferece serviço completo, tais como:
		  • Lanchonetes.
		  • *Fast-food*.
		  • Pastelarias.
		  • Casas de chá.
		  • Casas de sucos.
		  • Botequins e similares.
		  • Sorveterias, com consumo no local, de fabricação própria ou não.
		Não compreende:
		• Serviço de alimentação para o público em geral, em locais abertos, permanentes ou não, tais como: quiosque, trailers e ambulantes de alimentação (**5612-1/00**).
		• Fabricação de sorvetes (**1053-8/00**).
		• Cantinas privativas (**5620-1/03**).
		• Estabelecimentos especializados na venda de bebidas alcoólicas (**5611-2/02**).
			1	BAIXO

5612-1/00	SERVIÇOS AMBULANTES DE ALIMENTAÇÃO	**Compreende:**
		• Os serviços de alimentação de comida preparada, para o público em geral, em locais abertos, permanentes ou não, tais como:
		  • Trailer.
		  • Quiosque.
		  • Carrocinhas.
		  • Outros tipos de ambulantes de alimentação preparada para consumo imediato.
		• A venda de alimentos preparados em máquinas de serviços automáticas.
		Nota:
		• O cadastramento do comércio ambulante, devido ao seu caráter estritamente local, deve ser regulamentado pelo legislativo e executivo municipal, que devem definir os critérios para este procedimento.
			2	BAIXO

5620-1/01	FORNECIMENTO DE ALIMENTOS PREPARADOS PREPONDERANTEMENTE PARA EMPRESAS	**Compreende:** • A preparação de refeições em cozinha central (cozinha industrial), por conta de terceiros, para fornecimento a empresas de linhas aéreas e outras empresas de transporte, cantinas, restaurantes de empresas e outros serviços de alimentação privativos e sob contrato. (ver nota 1) **Nota:** **1.** As instalações físicas da cozinha central que irá preparar alimentos para fornecer para restaurantes de empresas e outros serviços de alimentação privativos sob contrato, está sujeita a Licença de Funcionamento e deve estar regularizada junto ao órgão de vigilância sanitária onde está instalada. No objeto do contrato social deve constar a atividade desenvolvida pela empresa: fornecer alimentos preparados preponderantemente para empresas.	1	ALTO

5620-1/02	SERVIÇOS DE ALIMENTAÇÃO PARA EVENTOS E RECEPÇÕES BUFÊ	**Compreende:** Os serviços de alimentação fornecidos: bufê para banquetes, coquetéis, recepções etc.	1	BAIXO
5620-1/03	CANTINA SERVIÇO DE ALIMENTAÇÃO PRIVATIVO	**Compreende:** ● O serviço de alimentação e a venda de bebidas em caráter privativo (exploração por terceiros ou própria), para grupos de pessoas em fábricas, universidades, colégios, associações, casernas, outros públicos etc. (ver nota 1) **Nota:** **1.** A Licença de Funcionamento deve ser emitida para as instalações físicas onde o alimento é preparado, que é de propriedade da empresa contratante (fábricas, universidades, colégios, associações, escolas, e outros), portanto, a razão social é da empresa contratante.	1	ALTO
5620-1/04	FORNECIMENTO DE ALIMENTOS PREPARADOS PREPONDERANTE-MENTE PARA CONSUMO DOMICILIAR	**Compreende:** ● Preparação de refeições ou pratos cozidos, inclusive congelados, entregues ou servidos em domicílio.	1	BAIXO
21 – COMÉRCIO VAREJISTA DE MEDICAMENTOS				
4771-7/01	COMÉRCIO VAREJISTA DE PRODUTOS FARMACÊUTICOS, SEM MANIPULAÇÃO DE FÓRMULAS	**Compreende:** ● Drogarias, Postos de Medicamentos e Ervanarias. ● Drogarias com fracionamento de medicamentos. **Não compreende**: ● As farmácias de manipulação (**4771-7/02**). ● O comércio varejista de: ● Medicamentos homeopáticos (**4771-7/03**). ● Produtos odontológicos: cera, compostos para restaurações dentárias e similares (**4645-1/03**).	1	ALTO
4771-7/02	COMÉRCIO VAREJISTA DE PRODUTOS FARMACÊUTICOS, COM MANIPULAÇÃO DE FÓRMULAS	**Compreende:** ● Farmácias: ● De manipulação – Alopática. ● De manipulação – Homeopática. ● Com fracionamento de medicamentos. **Não Compete:** ● Centrais de manipulação de produtos farmacêuticos (ver nota 3).	1	ALTO

		Notas: **1.** A farmácia também pode realizar o comércio varejista de produtos farmacêuticos. **2.** A manipulação de substância sujeita ao controle especial, depende de Autorização Especial. **3.** As centrais de manipulação de produtos farmacêuticos não estão previstas e, contrariam a legislação sanitária vigente.		

4771-7/03	COMÉRCIO VAREJISTA DE PRODUTOS FARMACÊUTICOS HOMEOPÁTICOS	**Compreende:**
		• Drogarias homeopáticas.
		Não compreende:
		• Comércio varejista de:
		  • Medicamentos alopáticos (**4771-7/01** e **4771-7/02**).
		  • Drogarias (**4771-7/01**).
		  • Farmácias (**4771-7/02**).
			1	ALTO

		29 – COMÉRCIO VAREJISTA DE COSMÉTICOS		

4772-5/00	COMÉRCIO VAREJISTA DE COSMÉTICOS, PRODUTOS DE PERFUMARIA E DE HIGIENE PESSOAL	**Compreende:**
		• O comércio varejista de cosméticos, produtos de perfumaria e de higiene pessoal que realizam atividade de fracionamento e embalagem (ver notas), com venda direta ao consumidor de:
		  • Perfumes e similares.
		  • Sabonetes.
		  • Sais para banho.
		  • Xampus e condicionadores.
		Notas:
		1. Os referidos produtos devem estar em sua forma definitiva, requerendo apenas serem fracionados e embalados antes de serem entregues ao consumo, que atenda a Resolução RDC nº 108, de 27/04/2005 e suas atualizações. Os produtos devem estar devidamente regularizados no Órgão competente do Ministério da Saúde pelo fabricante/importador e especificados quanto a sua destinação: fracionamento com venda direta ao consumidor.
		2. É vedado:
		  • A comercialização dos produtos em sistema de atendimento pelo próprio consumidor (*self-service*).
		  • O reaproveitamento de embalagens
		  • O fracionamento de produtos de Grau de Risco II.
		Não compreende:
		• As empresas que realizam atividades de fracionamento e embalagem como prestadoras de serviços a fabricantes/importadores que não efetuem venda direta ao consumidor (**8292-0/00**).
		Não compete:
		• O comércio varejista de artigos de perfumaria, toucador, cosméticos e de higiene pessoal (creme dental, pasta de dente, sabonetes etc.), que comercializam produtos na embalagem original e não efetuam o fracionamento, conforme regulamento técnico acima citado.
			1	ALTO COM PERGUNTAS

SUBGRUPO D – PRESTAÇÃO DE SERVIÇOS COM PRODUTOS RELACIONADOS À SAÚDE				
11 – ENVASAMENTO E EMPACOTAMENTO DE PRODUTOS RELACIONADOS À SAÚDE				
8292-0/00	ENVASAMENTO E EMPACOTAMENTO SOB CONTRATO	**Compreende:** • As atividades de envasamento, fracionamento e empacotamento de produtos relacionados à saúde, sujeitos a atuação de vigilância sanitária, para terceiros sob contrato, tais como: • Engarrafamento de produtos líquidos, incluindo alimentos e bebidas. • Empacotamento de sólidos (à vácuo, com papel alumínio etc.). • Envasamento em aerossóis. • Etapas de fabricação de produtos sujeitos à atuação da vigilância sanitária. **Não compreende:** • As atividades de engarrafamento de água mineral (**1121-6/00**). **Não Compete:** • As atividades de envasamento e empacotamento dos demais produtos, por conta de terceiros. • O engarrafamento próprio ou sob responsabilidade de terceiros, de bebidas regulamentadas pelo órgão competente da Agricultura.	1	ALTO COM PERGUNTAS
12 – DEPÓSITO DE PRODUTOS RELACIONADOS À SAÚDE				
5211-7/01	ARMAZÉNS GERAIS EMISSÃO DE WARRANTS	**Compreende:** • As atividades de armazenamento e depósito, inclusive em câmaras frigoríficas e silos, de todo tipo de produto relacionado à saúde – sólidos, líquidos e gasosos – sujeitos a atuação da vigilância sanitária, por conta de terceiros, com emissão de *warrants*.	1	ALTO COM PERGUNTAS
5211-7/99	DEPÓSITOS DE MERCADORIAS PARA TERCEIROS EXCETO ARMAZÉNS GERAIS E GUARDA-MÓVEIS	**Compreende:** • As atividades de armazenamento e depósito, inclusive em câmaras frigoríficas, de todo tipo de produto relacionado à saúde, sujeitos a atuação da vigilância sanitária, por conta de terceiros. • As atividades de armazenamento e depósito de benzeno.	1	ALTO COM PERGUNTAS
22 – TRANSPORTE DE PRODUTOS RELACIONADOS À SAÚDE				
4930-2/01	TRANSPORTE RODOVIÁRIO DE CARGAS EXCETO PRODUTOS PERIGOSOS E MUDANÇAS, MUNICIPAL	**Compreende:** • O transporte rodoviário intramunicipal de produtos relacionados à saúde, sujeitos a atuação da vigilância sanitária. • Inclui o transporte de alimentos e água para trabalhadores por veículos adaptados, dotados de reservatórios específicos para o armazenamento (ônibus, carretas, entre outros). • Transporte de amostra de sangue de doadores, bolsas de sangue e hemocomponentes;	1	ALTO COM PERGUNTAS

		• Material biológico humano, para fins de diagnostico, provenientes de laboratórios de analises clinicas/ anatomia patológica, postos de coleta laboratorial. **Não compreende:** • A distribuição de água em carro pipa (**3600-6/00**). **Não Compete:** • O transporte rodoviário intramunicipal de produtos Perigosos e de mudanças. **Notas:** **1.** Fica sujeito ao Cadastro Estadual de Vigilância Sanitária – CEVS e dispensado de Licença de Funcionamento: • O referido estabelecimento que não possuir local destinado ao armazenamento de produtos. • O proprietário autônomo (pessoa física) de um único veículo, responsável pelo transporte de produto de interesse à saúde, inclusive de alimentos. **2.** Quanto à transportadora que realiza transporte de amostra de doadores de sangue, bolsas de sangue e hemocomponentes e material biológico humano para fins de diagnostico, provenientes de laboratórios de analises clinicas/ anatomia patológica, postos de coleta laboratorial é exigida licença de funcionamento (Resolução ANVISA nº 20/2014 e Portaria Conjunta ANVISA/SAS nº 370/2014), independentemente da existência de local de armazenamento.		
4930-2/02	TRANSPORTE RODOVIÁRIO DE CARGAS EXCETO PRODUTOS PERIGOSOS E MUDANÇAS INTERMUNICIPAL, INTERESTADUAL E INTERNACIONAL	**Compreende:** • O transporte rodoviário intermunicipal, interestadual e internacional de produtos relacionados à saúde, sujeitos a atuação da vigilância sanitária. • Inclui o transporte de alimentos e água para trabalhadores por veículos adaptados, dotados de reservatórios específicos para o armazenamento (ônibus, carretas, entre outros). • Transporte de amostra de sangue de doadores, bolsas de sangue e hemocomponentes; • Material biológico humano, para fins de diagnostico, provenientes de laboratórios de analises clinicas/ anatomia patológica, postos de coleta laboratorial. **Não compreende:** • A distribuição de água em carro pipa (**3600-6/00**). **Não Compete:** • O transporte rodoviário intermunicipal, interestadual e internacional de produtos perigosos e de mudanças. **Nota:** **1.** Fica sujeito ao Cadastro Estadual de Vigilância Sanitária – CEVS e dispensado de Licença de Funcionamento: • O referido estabelecimento que não possuir local destinado ao armazenamento de produtos. • O proprietário autônomo (pessoa física) de um único veículo, responsável pelo transporte de produto de interesse à saúde, inclusive de alimentos. **2.** Quanto à transportadora que realiza transporte de amostra de doadores de sangue, bolsas de sangue e hemocomponentes e material biológico humano para fins de diagnostico, provenientes de laboratórios de analises clinicas/ anatomia patológica, postos de coleta laboratorial é exigida licença de funcionamento (Resolução ANVISA nº 20/2014 e Portaria Conjunta ANVISA/SAS nº 370/2014), independentemente da existência de local de armazenamento.	1	ALTO COM PERGUNTAS

25 – ESTERILIZAÇÃO E CONTROLE DE PRAGAS URBANAS				
8122-2/00	CONTROLE DE PRAGAS URBANAS	**Compreende:** • Os serviços de dedetização, desinsetização, desratização e descupinização para fins de controle de praga urbana. **Não compreende:** • Os serviços de eliminação de microorganismos nocivos por meio de esterilização em produtos agrícolas, livros, equipamentos médico-hospitalares e outros (**8129-0/00**). **Não compete:** • O controle de pragas agrícolas (**0161-0/01**).	1	ALTO

8129-0/00	ATIVIDADES DE LIMPEZA NÃO ESPECIFICADOS ANTERIORMENTE	**Compreende:**
		• Os serviços de eliminação de microorganismos nocivos por meio de esterilização em equipamentos médico hospitalares e outros.
		• As unidades de esterilização de:
		  • Empresa fabricante e de prestadores de serviço que exerçam as atividades de esterilização ou reprocessamento por gás óxido de etileno (E.T.O.) ou suas misturas, radiação ionizante ou outro método considerado complexo.
		  • Hospital ou entidade a ele assemelhada, que exerça a atividade de reprocessamento por gás óxido de etileno ou suas misturas ou outro método considerado complexo.
		Não compreende:
		• As centrais de esterilização de materiais médicos hospitalares por outros processos, que não E.T.O. e radiação ionizante, realizados em estabelecimentos autônomos e independentes de outros estabelecimentos de assistência à saúde e de interesse à saúde (**8650-0/99**).
		• Os serviços de dedetização, desinsetização, desratização e descupinização para fins de controle de praga urbana (**8122-2/00**).
		Não compete:
		• As atividades de limpeza e de tratamento de piscinas.
		• As atividades de limpeza especializada como a limpeza de chaminés, de fornos, incineradores, caldeiras, dutos de ventilação e de refrigeração de ar.
		• A atividade de limpeza de máquinas industriais.
		• A atividade de limpeza em trens, ônibus, embarcações etc.
		• A atividade de limpeza do interior de tanques marítimos.
		• A atividade de limpeza de garrafas.
		• A atividade de limpeza de ruas.
		• A atividade de limpeza de caixas de água e caixas de gordura.
		• As outras atividades de limpeza não especificadas anteriormente.
			1	ALTO

		Notas: **1.** A prestação de serviços por irradiação gama está sujeita a normalização da CNEN – Comissão Nacional de Energia Nuclear. **2.** Cada unidade de esterilização está sujeita a uma licença de funcionamento específica.		

GRUPO II ATIVIDADES DE PRESTAÇÃO DE SERVIÇOS DE SAÚDE/EQUIPAMENTOS DE SAÚDE				
23 – PRESTAÇÃO DE SERVIÇOS DE SAÚDE				
8650-0/03	ATIVIDADES DE PSICOLOGIA E PSICANÁLISE	**Compreende:** • Serviços de psicologia. **Não compreende:** • Atividades dos centros de assistência psicossocial (**8720-4/01**).	1	BAIXO
8610-1/01	ATIVIDADES DE ATENDIMENTO HOSPITALAR EXCETO PRONTO SOCORRO E UNIDADES PARA ATENDIMENTO E URGÊNCIAS	**Compreende:** • Os serviços prestados: • A pacientes em regime de internação, realizados em hospitais gerais e especializados, sanatórios e outras instituições de saúde com internação, incluindo-se os hospitais de bases militares e penitenciários. • Pelas Unidades Mistas de Saúde, que são compostas por um Centro de Saúde e uma Unidade de Internação com características de Hospital Local de pequeno porte, sob administração única. • As atividades: • Dos Navios-Hospital. • Enquadradas como Unidade de Cirurgia Estética III (Portaria CVS nº 15, de 19.11.1999). • De cirurgias ambulatoriais, enquadradas como Unidade Ambulatorial Tipo III ou Unidade Médico-cirúrgica de curta permanência (Resolução SS nº 2, de 6.1.2006). • Centros de Parto Normal – autônomo e independente de outro estabelecimento. • Hospital-dia – autônomo e independente de outro estabelecimento. **Não compreende:** • Atividades: • De atenção ambulatorial executadas por médicos (**8630-5/03**). • De serviços de complementação diagnóstica ou terapêutica (**8640-2/99**). • De consulta e tratamento médico e odontológico, sem internação (**8630-5/03**) (**8630-5/04**). • Exercidas em prontos-socorros com assistência 24 horas e com leitos de observação (**8610-1/02**). • Enquadradas como Clínicas de Estética II, não realizadas em ambulatórios de hospitais (**8630-5/01**). • Serviços: • Veterinários (**7500-1/00**). • Móveis de atendimento a urgências (**8621-6/02**). • De remoção de pacientes (**8622-4/00**).	1	ALTO

8610-1/02	ATIVIDADES DE ATENDIMENTO EM PRONTO-SOCORRO E UNIDADES HOSPITALARES PARA ATENDIMENTO A URGÊNCIAS	**Compreende:** • O serviço prestado em Pronto-Socorro – autônomo e independente de outro estabelecimento – com assistência 24 horas e com leitos de observação. • As atividades exercidas em serviços de Pronto Atendimento autônomo e independente de outro estabelecimento. **Não compreende:** • Os estabelecimentos prestadores de serviços de atendimento/transporte de urgência e emergência de pacientes – unidades móveis terrestres, aéreas ou aquaviárias, quando classificadas como: • Ambulâncias de Suporte Avançado (tipos D, E ou F – Portaria GM/MS nº 2.048, de 5.11.2002) – (**8621-6/01**). • Ambulâncias (tipos B, C, E ou F – Portaria GM/MS nº 2.048, de 5.11.2002) – (**8621-6/02**). • Os estabelecimentos prestadores de serviços de ambulância cuja função é unicamente o transporte/remoção de pacientes – ambulâncias do tipo A (**8622-4/00**).	1	ALTO
8621-6/01	UTI MÓVEL	**Compreende:** • Os estabelecimentos prestadores de serviços de atendimento/transporte de urgência e emergência de pacientes – unidades móveis terrestres, aéreas ou aquaviárias, quando classificadas como Ambulâncias de Suporte Avançado (tipos D, E ou F – Portaria GM/MS nº 2.048, de 5.11.2002). **Não compreende:** • Os estabelecimentos prestadores de serviços de ambulância cuja função é unicamente o transporte/remoção de pacientes – ambulâncias do tipo A (**8622-4/00**).	1	ALTO
8621-6/02	SERVIÇOS MÓVEIS DE ATENDIMENTO A URGÊNCIAS EXCETO POR UTI MÓVEL	**Compreende:** • Os estabelecimentos prestadores de serviços de atendimento/transporte de urgência de pacientes – unidades móveis terrestres, aéreas ou aquaviárias, classificadas como Ambulâncias dos tipos B, C, E ou F (Portaria GM/MS nº 2.048, de 5.11.2002). **Não compreende:** • Os estabelecimentos prestadores de serviços de ambulância cuja função é unicamente o transporte/remoção de pacientes – ambulâncias do tipo A (**8622-4/00**).	1	ALTO
8622-4/00	SERVIÇOS DE REMOÇÃO DE PACIENTES, EXCETO OS SERVIÇOS MÓVEIS DE ATENDIMENTO A URGÊNCIAS	**Compreende:** • Os estabelecimentos prestadores de serviços de ambulância cuja função é unicamente o transporte/remoção de pacientes – ambulâncias do tipo A (Portaria GM/MS nº 2.048, de 5.11.2002). • Os estabelecimentos autônomos e independentes de outro estabelecimento que prestam serviços de coleta domiciliar de material humano. **Não compreende:** • As atividades de unidades móveis terrestres (ambulâncias), aéreas ou aquaviárias equipadas para atendimento a urgências, inclusive as UTI móvel (**8621-6/01 e 8621-6/02**).	2	ALTO

8630-5/01	ATIVIDADE MÉDICA AMBULATORIAL COM RECURSOS PARA REALIZAÇÃO DE PROCEDIMENTOS CIRÚRGICOS	**Compreende:**
		• As atividades de consultas e tratamento médico prestados a pacientes que não estão sob regime de internação. Os locais de realização destas atividades são em consultórios, ambulatórios, postos de assistência médica, clínicas médicas especializadas ou não, policlínicas, consultórios privados em hospitais, clínicas de empresas e clínicas, serviços e empresas especializadas em medicina do trabalho, desde que sejam equipados para a realização de procedimentos cirúrgicos.
		• Clínica de Estética tipos I e II.
		Nota:
		• A Clínica de Estética I é considerada atividade de **média** complexidade.
		Não compreende:
		• Atividade médica ambulatorial:
		  • Realizada em locais com recursos para realização de exames complementares (**8630-5/02**).
		  • Exclusiva de consultas (**8630-5/03**).
		• Atividades em unidades de saúde destinadas a prestar atendimento a urgências (**8610-1/02**).
			1	ALTO

8630-5/02	ATIVIDADE MÉDICA AMBULATORIAL COM RECURSOS PARA REALIZAÇÃO DE EXAMES COMPLEMENTARES	**Compreende:**
		• Atividades de consultas prestadas em consultórios, ambulatórios, postos de assistência médica, clínicas médicas e outros locais equipados também para a realização de exames complementares, inclusive as atividades extraestabelecimentos, com uso de unidades móveis, transportáveis, portáteis.
		• Atividades de clínica médica com emprego de equipamentos de raios X.
		Não compreende:
		• Atividade médica ambulatorial:
		  • Prestada em locais com recursos para realização de procedimentos cirúrgicos (**8630-5/01**).
		  • Exclusiva de consultas (**8630-5/03**).
			1	ALTO

8630-5/03	ATIVIDADE MÉDICA AMBULATORIAL RESTRITA A CONSULTAS	**Compreende:**
		• As atividades de consultas e tratamento médico prestados a pacientes externos. Os locais de realização destas atividades são em consultórios, ambulatórios, postos de assistência médica, clínicas médicas, oftalmológicas e policlínicas, clínicas de empresas, centros geriátricos, clínicas, serviços e empresas especializadas em medicina do trabalho, bem como, realizadas no domicílio do paciente, inclusive as atividades extraestabelecimentos, com uso de unidades móveis, transportáveis, portáteis.
		• Atividades de unidades móveis fluviais, equipadas apenas de consultório médico e sem leitos para internação.
		Não compreende:
		• Atividade médica ambulatorial com recursos para realização de:
		  • Procedimentos cirúrgicos (**8630-5/01**).
		  • Exames complementares (**8630-5/02**).
		• Atividades:
		  • Realizadas em unidades hospitalares destinadas a prestar atendimento de urgência (**8610-1/02**).
			1	ALTO COM PERGUNTAS

		• Exercidas por outros profissionais da área de saúde (**8650-0/01**, **8650-0/02**, **8650-0/03**, **8650-0/04**, **8650-0/05**, **8650-0/06** e **8650-0/99**). • De práticas integrativas e complementares em saúde humana (**8690-9/01**).		
8630-5/04	ATIVIDADE ODONTOLÓGICA	**Compreende:** • Atividades odontológicas exercidas com emprego ou não de equipamento de raios X intraoral, em áreas autônomas, e/ou no interior de escola, hospital, ou outro espaço social, inclusive as atividades extraestabelecimentos, com uso de unidades móveis, transportáveis, portáteis. **Não compreende:** • Atividades exercidas em laboratórios de prótese dentária (**3250-7/06**). • Estabelecimento Odontológico com equipamentos de raios x panorâmico ou de tomografia odontológica (**8640-2/05**). • Os institutos de radiologia odontológica e os institutos de documentação odontológica com ou sem tomografia (**8640-2/05**). • Serviço de tomografia exclusivo. (**8640-2/04**).	1	ALTO COM PERGUNTAS
8630-5/06	SERVIÇOS DE VACINAÇÃO E IMUNIZAÇÃO HUMANA	**Compreende:** • Serviços de vacinação e imunização humana (Resolução SS 24, de 8.3.2000). **Nota**: • Os hospitais, privados ou não, que desenvolvem atividades de imunização no seu interior, estão desobrigados de licenciamento específico mencionado no artigo 7 da Resolução SS nº 24, de 8.3.2000), devendo no entanto, relacionar tais atividades quando da solicitação de licenciamento para funcionamento do hospital.	1	ALTO
8630-5/07	ATIVIDADE DE REPRODUÇÃO HUMANA ASSISTIDA	**Compreende:** • Banco de Esperma. • Banco de Sêmen Humano. • Clínica de Reprodução Humana assistida. • Atividade de Fertilização In Vitro de Seres Humanos. • Inseminação Artificial de Seres Humanos. • Laboratórios Relacionados a Fertilização Humana Assis-tida. • Atividade de Reprodução Humana Assistida.	1	ALTO
8640-2/01	LABORATÓRIOS DE ANATOMIA PATOLÓGICA E CITOLÓGICA	**Compreende:** • O preparo de peças a serem examinadas. • A realização de exames morfológicos de materiais teciduais ou citológicos, obtidos por coleta a partir de biópsias ou necropsias. • A manutenção de documentação fotográfica científica, peças de anatomia humana e arquivo de lâminas. • As atividades realizadas em Laboratório de Anatomia Patológica do Instituto Médico Legal. **Não compreende:** • Atividades dos laboratórios de patologia clínica e de análises clínicas (**8640-2/02**).	1	ALTO

8640-2/02	LABORATÓRIOS CLÍNICOS	**Compreende:**
		• As atividades de:
		  • Laboratórios de análises e pesquisas clínicas/patologias clínicas.
		  • Unidades móveis terrestres equipadas apenas de laboratório de análises clínicas, com pessoal especializado, sem fornecimento de consultas médicas.
		  • Diagnóstico utilizando métodos de Medicina Nuclear *in vitro* (Radioimunoensaio).
		• Os laboratórios de:
		  • Biologia molecular.
		  • Análises Clínicas Toxicológicas.
		Não compreende:
		• Atividades dos laboratórios de anatomia patológica e citológica (**8640-2/01**).
		• Os postos de coleta isolados (**8690-9/99**).
			1	ALTO

8640-2/03	SERVIÇOS DE DIÁLISE E NEFROLOGIA	**Compreende:** • Serviços de diálise e nefrologia.	1	ALTO
8640-2/04	SERVIÇOS DE TOMOGRAFIA	**Compreende:** • Serviços de tomografia médico ou odontológico exclusivo. **Não compreende:** • Serviços de: • Radiodiagnóstico médico ou odontológico com tomografia não exclusivo (**8640-2/05**).	1	ALTO

8640-2/05	SERVIÇOS DE DIAGNÓSTICO POR IMAGEM COM USO DE RADIAÇÃO IONIZANTE EXCETO TOMOGRAFIA	**Compreende:**
		• Institutos de radiologia odontológica e de documentação odontológica com ou sem Tomografia.
		• Atividade Odontológica com equipamentos de raios X panorâmico ou de tomografia odontológica.
		• Serviços de raios X médico com ou sem tomografia.
		• Serviço de Hemodinâmica.
		• Serviços de Litotripsia com raios X, autônomos e independentes de outro estabelecimento.
		• Medicina Nuclear *in vivo* com ou sem iodoterapia.
		• Medicina Nuclear *in vitro* (Radioimunoensaio).
		• Atividades de Densitometria Óssea.
		• Centro de Diagnóstico com radiação ionizante.
		• Mamografia com ou sem estereotaxia.
		• Atividades de unidades móveis terrestres equipadas apenas com equipamentos de raios X, com pessoal especializado, sem fornecimento de consultas médicas.
		Não compreende:
		• As atividades de:
		  • Clínica médica com emprego de equipamentos de **raios X** (**8630-5/02**).
		  • Atividade odontológica com emprego de equipamentos de raios-X intraoral (**8630-5/04**).
			1	ALTO

		• Serviços de: • Tomografia **exclusivo** (**8640-2/04**). • Radioterapia (**8640-2/11**).		
8640-2/06	SERVIÇOS DE RESSONÂNCIA MAGNÉTICA	**Compreende:** • Serviços de ressonância magnética exclusivo. **Não compreende:** • Demais serviços de diagnóstico por imagem sem uso de radiação ionizante (**8640-2/07**).	1	ALTO
8640-2/07	SERVIÇOS DE DIAGNÓSTICO POR IMAGEM, SEM USO DE RADIAÇÃO IONIZANTE EXCETO RESSONÂNCIA MAGNÉTICA	**Compreende:** • Serviços de diagnóstico por imagem sem uso de radiação ionizante, com ou sem ressonância magnética e equipamentos de ultrassom. **Não compreende:** • Serviços de ressonância magnética **exclusivos** (**8640-2/06**).	1	ALTO
8640-2/08	SERVIÇOS DE DIAGNÓSTICO POR REGISTRO GRÁFICO ECG, EEG E OUTROS EXAMES ANÁLOGOS	**Compreende:** • Serviços de diagnóstico por registro gráfico, autônomos e independentes de outro estabelecimento – ECG, EEG e outros exames análogos. **Não compreende:** • Métodos gráficos em cardiologia e neurologia exclusivamente em serviço de diagnóstico (**8640-2/99**).	1	ALTO
8640-2/09	SERVIÇOS DE DIAGNÓSTICO POR MÉTODOS ÓPTICOS ENDOSCOPIA E OUTROS EXAMES ANÁLOGOS	**Compreende:** • Serviços de diagnóstico por métodos ópticos, autônomos e independentes de outro estabelecimento como os de endoscopia e outros exames análogos.	1	ALTO
8640-2/10	SERVIÇO DE QUIMIOTERAPIA	**Compreende:** • Serviços de terapia antineoplásica.	1	ALTO
8640-2/11	SERVIÇOS DE RADIOTERAPIA	**Compreende:** • Serviços de radioterapia.	1	ALTO
8640-2/12	SERVIÇOS DE HEMOTERAPIA	**Compreende:** • Os seguintes serviços hemoterápicos: • Agência Transfusional. • Banco de sangue/Serviço de Hemoterapia. • Hemocentro. • Hemonúcleo.	1	ALTO

		• Posto de Coleta (de doador de sangue). • Unidade de Coleta e Transfusão. • Central de Triagem Laboratorial de Doadores/ Unidade Sorológica. **Não compreende:** • Transformação do sangue e a fabricação de seus derivados (**2110-6/00**). • Banco de Cordão Umbilical e Placentário (**8640-2/14**). • Laboratório de Processamento de Células Progenitoras Hematopoéticas (**8640-2/14**). **Nota:** • O Banco de Sangue/Serviço de Hemoterapia, Hemocentro, Hemonúcleo (Níveis I ou II da Resolução RDC nº 151/2001), ou Centro de Transplante que incluir em suas instalações um laboratório de processamento de Células Progenitoras Hematopoéticas de Medula Óssea e Sangue Periférico e ou Banco de Sangue de Cordão Umbilical e Placentário, podem solicitar a inclusão desta(s) atividade(s) na licença de funcionamento do respectivo serviço hemoterápico devendo no entanto, relacionar tais atividades no ato desta solicitação (Resolução RDC nº 56 de 16.12.2010).		
8640-2/13	SERVIÇOS DE LITOTRIPSIA	**Compreende:** • Serviços de litotripsia (sem raios X), autônomos e inde-pendentes de outro estabelecimento.	1	ALTO
8640-2/14	SERVIÇOS DE BANCOS DE CÉLULAS E TECIDOS HUMANOS	**Compreende:** • Banco de tecidos músculo-esquelético e Banco de Pele de origem humana. • Banco de válvulas. • Banco de olhos. • Banco de multitecidos. • Banco de Sangue de Cordão Umbilical e Placentário Laboratório de Processamento de Células Progenitoras Hematopoéticas de Medula Óssea e Sangue Periférico.	1	ALTO
8640-2/99	ATIVIDADES DE SERVIÇOS DE COMPLEMENTAÇÃO DIAGNÓSTICA E TERAPÊUTICA NÃO ESPECIFICADAS ANTERIORMENTE	**Compreende:** • Outros serviços de complementação diagnóstica e terapêutica, autônomos e independentes de outro estabelecimento, não especificados anteriormente. • Centro de diagnósticos – sem radiação ionizante. • Prestadores de Serviços de Radiometria e de Testes de Qualidade em Radiodiagnóstico. **Nota:** • Os prestadores de serviços de radiometria e de testes de qualidade estão sujeito ao Cadastro Estadual de Vigilância Sanitária – CEVS (**Situação CEVS 2**).	1	ALTO
8650-0/01	ATIVIDADES DE ENFERMAGEM	**Compreende:** • Atividades de enfermagem realizadas por profissional habilitado, em consultório isolado. **Não compreende:** • As atividades associadas ao fornecimento de infraestrutura de apoio e assistência a paciente no domicílio (**8712-3/00**).	1	BAIXO

8650-0/02	ATIVIDADES DE PROFISSIONAIS DA NUTRIÇÃO	**Compreende:** • Atividades de nutrição realizadas por profissional da nutrição, em consultório isolado.	1	BAIXO
8650-0/04	ATIVIDADES DE FISIOTERAPIA	**Compreende:** • Atividades de fisioterapia realizadas por profissional habi-litado, em consultório isolado. • Atividades de hidroterapia realizada por profissionais habi-litados, nos centros e núcleos de reabilitação física. • Atividades de fisioterapia realizadas por profissionais habi-litados, nos centros e núcleos de reabilitação física.	1	BAIXO
8650-0/05	ATIVIDADES DE TERAPIA OCUPACIONAL	**Compreende:** • Atividades de terapia ocupacional realizada por profissional habilitado, em consultório isolado.	1	BAIXO
8650-0/06	SERVIÇOS DE FONOAUDIOLOGIA	**Compreende:** • Serviços de fonoaudiologia realizados por profissional habilitado, em consultório isolado.	1	BAIXO
8650-0/99	ATIVIDADES DE PROFISSIONAIS DA ÁREA DE SAÚDE NÃO ESPECIFICADAS ANTERIORMENTE	**Compreende:** • As centrais de esterilização de materiais médicos hospitalares realizados em estabelecimentos autônomos e independentes de outros estabelecimentos de assistência à saúde e de interesse à saúde, sem emprego de ETO ou radiação ionizante. **Não compreende:** • A prestação de serviço de esterilização hospitalar com emprego de óxido de etileno – ETO (**8122-2/00**). • A prestação de serviço de esterilização por raio gama (**8122-2/00**). • Prestação de serviços de radiometria e testes de qualidade em equipamentos de raios x médico e odontológico.	1	ALTO COM PERGUNTAS
8690-9/01	ATIVIDADES DE PRÁTICAS INTEGRATIVAS E COMPLEMENTARES EM SAÚDE HUMANA	**Compreende:** • As atividades relacionadas a terapias alternativas, como: • Cromoterapia, do-in, shiatsu, yoga e similares. **Nota:** • Atividades de acupuntura realizadas por profissionais legalmente habilitados por cursos reconhecidos pelo MEC, em consultórios isolados.	2	ALTO
8690-9/02	ATIVIDADES DE BANCO DE LEITE HUMANO	**Compreende:** • Atividades de bancos de leite humano.	1	ALTO
8690-9/03	ATIVIDADES DE ACUPUNTURA	**Compreende:** • Atividades de acupuntura realizadas por profissionais de saúde de nível superior, legalmente habilitados, com especialização em acupuntura, exercidas em serviços autônomos e independentes de outros estabelecimentos.	1	BAIXO
8690-9/04	ATIVIDADES DE PODOLOGIA	**Compreende:** • Atividade de podologia exercida por podólogo, em consultório isolado.	2	ALTO

8690-9/99	OUTRAS ATIVIDADES DE ATENÇÃO À SAÚDE HUMANA NÃO ESPECIFICADAS ANTERIORMENTE	**Compreende:** • Posto de coleta descentralizado de laboratório de análises e pesquisas clínicas/patologia clínica. • Posto de Coleta de Leite Humano. • Unidade de Saúde tipo SPA. **Nota:** • Posto de coleta descentralizado de laboratório de análises e pesquisas clínicas/patologia clínica é alta complexidade por estar vinculado ao Laboratório.	1	ALTO
8711-5/01	CLÍNICAS E RESIDÊNCIAS GERIÁTRICAS	**Compreende:** • Casa de repouso para pacientes em regime de internato e com mais de 60 anos, sob responsabilidade médica, destinada à prestação de serviços médicos, de enfermagem e demais serviços de apoio terapêutico. **Não compreende:** • Atividades das instituições de longa permanência para idosos (**8711-5/02**). • Albergues assistenciais (**8790-5/02**).	1	ALTO
8711-5/03	ATIVIDADES DE ASSISTÊNCIA A DEFICIENTES FÍSICOS, IMUNODEPRIMIDOS E CONVALESCENTES	**Compreende:** • Instituições de saúde com alojamento, alimentação, cuidados médicos e psicológicos, serviços de enfermagem e de acompanhantes, tais como: • Instituições de saúde para o tratamento de pessoas convalescentes e imunodeprimidas, isoladas e independentes de outro estabelecimento. • Instituições de assistência médica e psicossocial para deficientes físicos, isoladas e independentes de outro estabelecimento. • Casas de apoio para portadores de enfermidades crônicas, sob responsabilidade médica, em regime de internato. • Casa de Apoio Tipo II de portadores de HIV/AIDS (Portaria Conjunta 2 CVS-DST/AIDS, de 28.11.2001). • Instituições de assistência médica e psicossocial para usuários de substâncias psicoativas e outras drogas, isoladas e independentes de outros estabelecimentos. **Não Compreende:** • Centros de apoio a pacientes com câncer e com AIDS (**8711-5/04**). • Alberques assistenciais (**8790-5/02**). • Atividades de assistência psicossocial e à saúde a portadores de distúrbios psíquicos, deficiência mental e dependência química, não especificadas anteriormente (**8720-4/99**). • Atividades de assistência social prestada em residências coletivas e particulares não especificadas anteriormente (**8730-1/99**).	1	ALTO
8711-5/04	CENTROS DE APOIO A PACIENTES COM CÂNCER E COM AIDS	**Compreende:** • Atividades de atenção à saúde humana especializadas em apoio a pacientes portadores de câncer. • Centros de convivência para portadores de HIV/AIDS. **Não compreende:** • Atividades de assistência a deficientes físicos, imunodeprimidos e convalescentes prestadas em residências coletivas (**8711-5/03**).	2	ALTO

8712-3/00	ATIVIDADES DE FORNECIMENTO DE INFRAESTRUTURA DE APOIO E ASSISTÊNCIA A PACIENTE NO DOMICÍLIO	**Compreende:** ● Serviço de atenção domiciliar (RDC 11, de 26.1.2006). **Não compreende:** ● Atividades de enfermagem prestadas por profissionais independentes (**8650-0/01**). ● Clínicas e residências geriátricas (**8711-5/01**).	1	ALTO
8720-4/01	ATIVIDADES DE CENTROS DE ASSISTÊNCIA PSICOSSOCIAL	**Compreende:** ● Os serviços públicos com atividades de fornecimento de assistência médica e psicossocial realizadas em centros de assistência psicossocial. Estes locais atendem a pessoas com deficiência ou doença mental, distúrbios psíquicos e/ou problemas causados pelo uso de drogas. A infraestrutura oferecida por estes locais inclui alimentação, alojamento, acompanhamento e cuidados médicos, conforme disposto na Portaria GM/MS nº 336, de 19.2.2002. **Não compreende:** ● Os centros de apoio a pacientes com câncer e com AIDS (**8711-5/04**).	1	ALTO
8720-4/99	ATIVIDADES DE ASSISTÊNCIA PSICOSSOCIAL E À SAÚDE A PORTADORES DE DISTÚRBIOS PSÍQUICOS, DEFICIÊNCIA MENTAL E DEPENDÊNCIA QUÍMICA NÃO ESPECIFICADAS ANTERIORMENTE	**Compreende:** ● Espaços sociais destinados a fornecerem assistência psicossocial, alojamento, alimentação, supervisão e acompanhamento à pessoas com distúrbios psíquicos e/ou problemas causados pelo uso de drogas, por tempo determinado. **Não compreende:** ● As atividades de centros de assistência psicossocial (**8720-4/01**). ● Atividades de assistência a deficientes físicos, imunodeprimidos e convalescentes (**8711-5/03**). ● Atividades de assistência social prestada em residências coletivas e particulares não especificadas anteriormente (**8730-1/99**).	1	ALTO
GRUPO III DEMAIS ATIVIDADES RELACIONADAS À SAÚDE				
SUBGRUPO A – PRESTAÇÃO DE SERVIÇOS COLETIVOS E SOCIAIS				
DISPENSADO O PREENCHIMENTO DE QUAISQUER DOS ANEXOS				
24 – PRESTAÇÃO DE SERVIÇOS COLETIVOS E SOCIAIS				
3600-6/01	CAPTAÇÃO, TRATAMENTO E DISTRIBUIÇÃO DE ÁGUA	**Compreende:** ● Sistema de Abastecimento de Água para Consumo Humano. ● Solução Alternativa de Abastecimento de Água para Consumo Humano. ● Unidades que operam conjuntamente a captação, tratamento e distribuição de água e, a coleta e tratamento de esgotos. **Não compreende**: ● Tratamento de águas residuais para prevenção da poluição (**3701-1/00**). ● Distribuição de água através de caminhões (**3600-6/02**).	2	ALTO

3600-6/02	DISTRIBUIÇÃO DE ÁGUA POR CAMINHÕES	**Compreende:** • O abastecimento de água para consumo humano por meio de caminhões-pipa ou outro veículo de transporte similar, sendo: • Captação, tratamento de água para consumo humano, com distribuição exclusivamente por caminhão-pipa ou outro veículo similar de transporte. • Distribuição de água para consumo humano por carro-pipa ou outro veículo similar de transporte. **Não compreende:** • O tratamento e a distribuição de água por dutos urbanos (**3600-6/01**).	2	ALTO
3701-1/00	GESTÃO DE REDES DE ESGOTO	**Compreende:** • Serviços de coleta e tratamento de esgotos urbanos. • Unidade de tratamento de efluente líquido, proveniente de Estação de Tratamento de Esgoto (ETE), para fins de reuso da água. • Unidade de tratamento de efluente sólido (biosólidos), proveniente de Estação de Tratamento de Esgoto (ETE), para fim agrícola ou para outras finalidades. **Não compreende:** • As unidades que operam simultaneamente nas áreas de captação e distribuição de água e sistemas de esgoto (**3600-6/01**). **Não compete:** • O tratamento de águas residuais de indústrias para prevenção da poluição.	2	BAIXO
3702-9/00	ATIVIDADES RELACIONADAS A ESGOTO EXCETO A GESTÃO DE REDES	**Compreende:** • Serviços relacionados à limpeza de tanques sépticos e poços absorventes de sistemas individuais e coletivos privados de esgotamento sanitário. • Serviços de limpeza em sanitários químicos de aeronaves, ônibus rodoviário, entre outros. **Não compreende:** • Captação, tratamento e distribuição de água (**3600-6/00**). • Locação de sanitários químicos para uso em eventos, construção civil etc. (**7729-2/99**). • Desinfecção, desratização e descupinização de edifícios (**8122-2/00**).	2	BAIXO
3811-4/00	COLETA DE RESÍDUOS NÃO PERIGOSOS	**Compreende:** • Coleta e transporte de resíduo sólido urbano, incluindo resíduo domiciliar e outros de competência dos serviços municipais de limpeza urbana, mesmo que executados por terceiros, tais como, coleta de resíduos de podas, de limpeza de logradouros e de feiras-livres. • Limpeza urbana em geral. Inclui limpeza de logradouros, varrição, transbordo, entre outros de competência municipal, inclusive empresas terceirizadas. • Coleta e transporte de resíduos sólidos, que não sejam da competência dos serviços municipais de limpeza urbana, tais como, coleta de resíduos de estabelecimentos comerciais, prestadores de serviços e industriais não perigosos. • Pontos de entrega de resíduos não perigosos tais como: pneus (ecopontos), recicláveis, entre outros. • Coleta e transporte de resíduos de serviços de saúde não perigosos.	2	BAIXO

		Não compreende: • Coleta de resíduos perigosos (**3812-2/00**). • A operação de unidades de tratamento e disposição final de resíduos não perigosos (**3821-1/00**). • A operação de unidades de tratamento e disposição final de resíduos perigosos (**3822-0/00**). • Recuperação de materiais (**3831-9/01**, **3831-9/99**, **3832-7/00**, **3839-4/01** e **3839-4/99**). **Não compete:** • A coleta e transporte de entulhos e refugos de obras e demolições.		
3812-2/00	COLETA DE RESÍDUOS PERIGOSOS	**Compreende:** • Coleta, transporte e transbordo de resíduos de serviços de saúde perigosos de qualquer tipo em qualquer estado físico. **Não compreende:** • A recuperação de materiais (**3831-9/01**, **3831-9/99**, **3832-7/00**, **3839-4/01** e **3839-4/99**). **Não compete:** • A coleta de: • Resíduos perigosos em qualquer estado físico, exceto os resíduos de serviços de saúde. • Óleo usado de estaleiros e de postos de combustíveis. • Resíduos nucleares. • Baterias usadas. • Operação de estações de transferência para resíduos perigosos, exceto resíduos de serviços de saúde.	2	BAIXO
3821-1/00	TRATAMENTO E DISPOSIÇÃO DE RESÍDUOS NÃO PERIGOSOS	**Compreende:** • Gestão e operação de aterro sanitário, aterro controlado e qualquer outra modalidade de disposição final de resíduos não perigosos, independente de sua condição de regularidade perante órgãos ambientais ou qualquer outro. Inclui unidades de disposição final de resíduos sólidos não perigosos de todos os tipos e classes, tais como: domiciliares e urbanos em geral, resíduos industriais, resíduos de serviços de saúde, resíduos inertes e especiais. • Gestão e operação de unidade de tratamento de resíduos sólidos não perigosos, de qualquer tipo – domiciliares, urbanos, industriais, de serviços de saúde – tais como: a eliminação de resíduos não perigosos pela combustão ou incineração, com ou sem o objetivo de geração de eletricidade ou vapor, cinzas ou outros subprodutos para posterior aproveitamento etc. **Não compreende:** • A recuperação de materiais (**3831-9/01**, **3831-9/99**, **3832-7/00**, **3839-4/01** e **3839-4/99**). • Operação de usinas de compostagem (**3839-4/01**). • Tratamento e disposição de resíduos de serviços de saúde perigosos (**3822-0/00**).	2	BAIXO
3822-0/00	TRATAMENTO E DISPOSIÇÃO DE RESÍDUOS PERIGOSOS	**Compreende:** • Tratamento e disposição final de resíduos de serviços de saúde perigosos, em qualquer estado físico. **Não compreende:** • Tratamento e disposição de resíduos não perigosos (**3821-1/00**). • Recuperação de materiais (**3831-9/01**, **3831-9/99**, **3832-7/00**, **3839-4/01** e **3839-4/99**). **Não Compete:** • Qualquer tipo de tratamento e disposição final de resíduos perigosos, em qualquer estado físico, exceto os resíduos de serviços de saúde.	2	BAIXO

3831-9/01	RECUPERAÇÃO DE SUCATAS DE ALUMÍNIO	**Compreende:** • A seleção, limpeza, compactação, trituração, recuperação de sucatas de alumínio em geral. **Nota**: • A fabricação de produtos novos a partir de sucatas deve ser classificada como indústria produtora. Está sujeita ao Cadastro Estadual de Vigilância Sanitária – CEVS ou a licença de funcionamento, somente aquelas previstas neste Anexo I. **Não compreende**: • Tratamento e a disposição de resíduos não perigosos (**3821-1/00**) e perigosos (**3822-0/00**). • Recuperação de materiais metálicos, exceto alumínio (**3831-9/99**). • Comércio atacadista de resíduos e sucatas (**4687-7/01**, **4687-7/02**, **4687-7/03**).	2	BAIXO
3831-9/99	RECUPERAÇÃO DE MATERIAIS METÁLICOS EXCETO ALUMÍNIO	**Compreende:** • Seleção, limpeza, compactação, trituração, desmanche de bens usados (automóveis, geladeiras etc.). • Compactação de sucatas de metais ferrosos e não ferrosos. • Recuperação de metais de resíduos fotográficos e chapas de raio X. **Nota:** • A fabricação de produtos novos a partir de sucatas deve ser classificada como indústria produtora. Está sujeita ao Cadastro Estadual de Vigilância Sanitária – CEVS ou a licença de funcionamento, somente e conforme aquelas previstas neste Anexo I. **Não compreende:** • Tratamento e a disposição de resíduos não perigosos (**3821-1/00**). • Recuperação de sucatas de alumínio (**3831-9/01**). • Recuperação de outros materiais, exceto metais e plásticos (**3839-4/00**).	2	BAIXO
3832-7/00	RECUPERAÇÃO DE MATERIAIS PLÁSTICOS	**Compreende:** • Seleção, limpeza, trituração, recuperação, compactação e reciclagem de plásticos. **Nota**: • A fabricação de produtos novos a partir de sucatas deve ser classificada como indústria produtora. Está sujeita ao Cadastro Estadual de Vigilância Sanitária – CEVS ou a licença de funcionamento, somente aquelas previstas neste Anexo I. **Não compreende**: • Tratamento e a disposição de resíduos não perigosos (**3821-1/00**). • Recuperação de materiais metálicos (**3831-9/01** e **3831-9/99**). • Comércio atacadista de resíduos e sucatas (**4687-7/01, 4687-7/02** e **4687-7/03**).	2	BAIXO
3839-4/01	USINA DE COMPOSTAGEM	**Compreende:** • Operação de usinas de compostagem resíduos urbanos.	2	BAIXO
3839-4/99	RECUPERAÇÃO DE MATERIAIS NÃO ESPECIFICADOS ANTERIORMENTE	**Compreende:** • Seleção, limpeza, trituração, recuperação, compactação e reciclagem de materiais não metálicos diversos (papéis, artigos têxteis, vidros e borrachas). • A trituração, limpeza e triagem de outros desperdícios não especificados anteriormente.	2	BAIXO

		Nota: • A fabricação de produtos novos a partir de sucatas deve ser classificada como indústria produtora. Está sujeita ao Cadastro Estadual de Vigilância Sanitária – CEVS ou a licença de funcionamento, somente aquelas previstas neste Anexo I. **Não compreende**: • Tratamento e a disposição de resíduos não perigosos (**3821-1/00**) e perigosos (**3822-0/00**). • Operação de usinas de compostagem (**3839-4/01**). • Comércio atacadista de resíduos e sucatas (**4687-7/01, 4687-7/02** e **4687-7/03**).		
4687-7/01	COMÉRCIO ATACADISTA DE RESÍDUOS DE PAPEL E PAPELÃO	**Compreende:** • O comércio atacadista de resíduos de papel e papelão.	2	BAIXO
4687-7/02	COMÉRCIO ATACADISTA DE RESÍDUOS E SUCATAS NÃO METÁLICOS EXCETO DE PAPEL E PAPELÃO	**Compreende:** • O comércio atacadista de resíduos e sucatas não metálicos – exceto de papel e papelão, tais como: • Plástico e vidros usados. **Não compreende:** • A reciclagem de resíduos não metálicos (**3832-7/00** e **3839-4/00**). • O comércio atacadista de papel e papelão recicláveis (**4687-7/01**). **Não compete:** • Resíduos de fiação e tecelagem têxteis. • Sacos usados. • Melaço de Cana. • Pó e Cavaco de Madeira.	2	BAIXO
4687-7/03	COMÉRCIO ATACADISTA DE RESÍDUOS E SUCATAS METÁLICOS	**Compreende:** • Comércio atacadista de resíduos e sucatas metálicas. **Não compreende:** • A recuperação de resíduos metálicos (**3831-9/01** e **3831-9/99**).	2	BAIXO
5590-6/02	CAMPING	**Compreende:** • As atividades de camping (acampamentos).	2	BAIXO
5590-6/99	OUTROS TIPOS DE ALOJAMENTO NÃO ESPECIFICADO ANTERIORMENTE	**Compreende:** • Habitação coletiva especialmente construída ou edificação adaptada para esse fim, instalada no ambiente rural ou no ambiente urbano, disponibilizada pelos empregadores, destinada ao repouso do trabalhador rural alojado entre as jornadas de trabalho. **Nota:** • Compreende qualquer tipo de imóvel utilizado como alo-jamento de trabalhadores rurais, independente do tipo de contrato de uso, quando houver. **Não compete:** • Outros tipos de alojamento/habitação coletiva destinado a trabalhadores urbanos. • Imóveis residenciais para fins turísticos (hotéis/pousadas/spas, apart-hotéis, motéis, combinadas ou não com o serviço de alimentação).	2	ALTO COM PERGUNTAS

7739-0/03	ALUGUEL DE PALCOS, COBERTURAS E OUTRAS ESTRUTURAS DE USO TEMPORÁRIO, EXCETO ANDAIMES	**Compreende:** • Locação de sanitários químicos para uso em eventos, construção civil etc. **Não Compete:** • Locação de: • Palcos, coberturas e estandes para qualquer uso. • Tabuleiros de feiras. • Outras estruturas de uso temporário.	2	ALTO COM PERGUNTAS
8511-2/00	EDUCAÇÃO INFANTIL CRECHES	**Compreende:** • As atividades de instituições de ensino que se destinam ao desenvolvimento integral da criança, em geral, de até 6 anos de idade, de acordo com a Lei nº 9.394 de 20.12.1996 (LDB). • Instituições assistenciais que abrigam crianças normais ou com deficiências mentais/físicas, cujas mães são necessitadas ou trabalham fora do lar.	2	ALTO
8591-1/00	ENSINO DE ESPORTES	**Compreende:** • Estabelecimento de ensino de esportes praticados em piscinas. **Não compreende:** • Atividades de condicionamento físico e esportes recreacionais (**9313-1/00**). **Não compete:** • Outras atividades de ensino em escolas esportivas ou por professores independentes, tais como futebol, basquete, vôlei, artes marciais, equitação, entre outras. • Atividades dos técnicos e assistentes de atividades es-portivas praticadas por atletas profissionais.	2	ALTO COM PERGUNTAS
8730-1/01	ORFANATOS	**Compreende:** • A assistência social a crianças, em regime de internato, quando o tratamento médico não constitui o elemento central deste atendimento.	2	BAIXO
8730-1/02	ALBERGUES ASSISTENCIAIS	**Compreende:** • Atividades de assistência social a adultos desabrigados temporariamente e outras categorias especiais de pessoas com impedimentos para viverem por conta própria, exceto idosos e incapacitados físicos ou mentais. Essas atividades são prestadas, em geral, em locais que fornecem também alimentação e dormitórios coletivos e em alguns casos fornecem também cuidados médicos e educação. • Asilos para desabrigados. • Casas de apoio para crianças e adolescentes. • Casas de Solidariedade. • Casas de triagem. • Casas transitórias. **Não compreende:** • Casas de apoio Tipo I, para portadores de HIV/Aids (**8730-1/99**). • Residências Terapêuticas (**8730-1/99**).	2	BAIXO

8730-1/99	ATIVIDADES DE ASSISTÊNCIA SOCIAL PRESTADAS EM RESIDÊNCIAS COLETIVAS E PARTICULARES NÃO ESPECIFICADAS ANTERIORMENTE	**Compreende:** ● Espaços sociais destinados a pessoas em regime de internato, com necessidade de readaptação social e de cuidados de apoio e assistência social, como: ● Casas de apoio Tipo I, para portadores de HIV/Aids. ● Residências Terapêuticas. **Não compreende:** ● Atividades de assistência a idosos em clínicas e residências geriátricas (**8711-5/01**). ● Orfanatos (**8730-1/01**). ● Albergues assistenciais (**8730-1/02**). ● Atividades de assistência social à vítimas de catástrofes (**8800-6/00**). ● Asilos para desabrigados (**8730-1/02**). ● Casas: ● De apoio para crianças e adolescentes (**8730-1/02**). ● De Solidariedade (**8730-1/02**). ● De triagem (**8730-1/02**). ● Transitórias (**8730-1/02**). ● Atividades de assistência a deficientes físicos, imunodeprimidos e convalescentes (**8711-5/03**). ● Atividades de assistência psicossocial e à saúde a portadores de distúrbios psíquicos, deficiência mental e dependência química não especificadas anteriormente (**8720-4/99**).	1	ALTO
9311-5/00	GESTÃO DE INSTALAÇÕES DE ESPORTE	**Compreende:** ● Instalações esportivas para a prática de esportes em piscinas. ● Instalações destinadas a competições esportivas com capacidade de público superior a 2.000 torcedores. **Não compreende:** ● Instalações dedicadas às atividades de condicionamento físico (**9313-1/00**). **Não compete:** ● Operação e organização de eventos esportivos.	2	ALTO COM PERGUNTAS
9312-3/00	CLUBES SOCIAIS, DESPORTIVOS E SIMILARES	**Compreende:** ● Clubes sociais que possibilitam a prática de atividades e esportes em piscinas, como recreação, natação, hidroginástica, polo aquático entre outros. **Não compreende:** ● Atividades de ensino de esportes em escolas esportivas ou por professores independentes (**8591-1/00**). ● Gestão de instalações esportivas e a organização e operação de eventos esportivos, para profissionais ou amadores, realizados por unidades que utilizam suas próprias instalações (**9311-5/00**). **Não Compete:** ● Clubes sociais destinados a outras modalidades de práticas esportivas e sociais que não tenham piscinas como: ● Centros de equitação.	2	ALTO COM PERGUNTAS

		• Clubes de:
		  • Golfe.
		  • Boxe.
		  • Xadrez.
		  • Trilhas.
		  • Tiro, entre outros.		

9319-1/99	OUTRAS ATIVIDADES ESPORTIVAS NÃO ESPECIFICADAS ANTERIORMENTE	**Compreende:**
		• Local explorado para a atividade de pesca de lazer: pesqueiros, pesque e pague e similares.
		Não Compete:
		• Atividades de:
		  • Profissionais que atuam por conta própria em atividades esportivas como atletas, árbitros, treinadores, juízes etc.
		  • Apoio à pesca e caça – esportivas.
			2	ALTO COM PERGUNTAS

9321-2/00	PARQUES DE DIVERSÕES E PARQUES TEMÁTICOS	**Compreende:** • Parques aquáticos e parques temáticos.	2	ALTO
9603-3/01	GESTÃO E MANUTENÇÃO DE CEMITÉRIOS	**Compreende:** • Atividades de manutenção desenvolvidas em cemitérios horizontais e verticais. **Não compreende:** • Serviços de cremação (**9603-3/02**). • Serviços de sepultamento (**9603-3/03**). • Serviços de higienização e maquiagem de cadáveres (**9603-3/04**). • Serviços de somatoconservação (embalsamamento, formolização) e tanatopraxia (**9603-3/05**). • Serviços de remoção de cadáveres, de exumação de cadáveres, de necropsia e locais para velórios (**9603-3/99**). **Não compete** • Administração de Necrópole. • Cessão do Uso de Jazigos. • Locação de Jazigos. • Aluguel e locação de Lóculos. • Venda de Gavetas de Cemitérios. • Venda de Jazigo. • Venda de Sepulturas.	2	BAIXO
9603-3/02	SERVIÇOS DE CREMAÇÃO	**Compreende:** • Estabelecimentos dotados de fornos, onde se faz a cremação de cadáveres humanos ou de animais. **Não compreende:** • Gestão e manutenção de cemitérios (**9603-3/01**).	2	BAIXO

		• Serviços de sepultamento (**9603-3/03**). • Serviços de higienização e maquiagem de cadáveres (**9603-3/04**). • Serviços de somatoconservação (embalsamamento, formolização) e tanatopraxia (**9603-3/05**). • Serviços de remoção de cadáveres, de exumação de cadáveres, de necropsia e locais para velórios (**9603-3/99**). **Não compete:** • Forno crematório. • Apreensão e transporte de animais abandonados em vias públicas para cremação.		
9603-3/03	SERVIÇOS DE SEPULTAMENTO	**Compreende:** • Serviços de sepultamento. **Não compreende:** • Gestão e manutenção de cemitérios (**9603-3/01**). • Serviços de cremação (**9603-3/02**). • Serviços de higienização e maquiagem de cadáveres (**9603-3/04**). • Serviços de somatoconservação (embalsamamento, formolização) e tanatopraxia (**9603-3/05**). • Serviços de remoção de cadáveres, de exumação de cadáveres, de necropsia e locais para velórios (**9603-3/99**). **Não compete:** • Cerimônias religiosas de honras fúnebres.	2	BAIXO
9603-3/04	SERVIÇOS DE FUNERÁRIAS	**Compreende:** • Serviços de funerárias que realizam higienização e maquiagem de cadáveres. **Não compreende:** • Gestão e manutenção de cemitérios (**9603-3/01**). • Serviços de cremação (**9603-3/02**). • Serviços de sepultamento (**9603-3/03**). • Serviços de somatoconservação (embalsamamento, formolização) e tanatopraxia (**9603-3/05**). • Serviços de remoção de cadáveres, de exumação de cadáveres, de necropsia e locais para velórios (**9603-3/99**).	2	BAIXO
9603-3/05	SERVIÇOS DE SOMATO CONSERVAÇÃO	**Compreende:** • Serviços de somato-conservação de cadáveres (formolização e embalsamento). • Serviços de tanatopraxia. **Nota:** • Compreende qualquer serviço funerário que realiza procedimentos de conservação de cadáveres humanos através da utilização de produtos químicos.	1	BAIXO

		Não compreende: • Gestão e manutenção de cemitérios (**9603-3/01**). • Serviços de cremação (**9603-3/02**). • Serviços de sepultamento (**9603-3/03**). • Serviços de higienização e maquiagem de cadáveres (**9603-3/04**). • Serviços de remoção de cadáveres, de exumação de cadáveres, de necropsia e locais para velórios (**9603-3/99**)		
9603-3/99	ATIVIDADES FUNERÁRIAS E SERVIÇOS RELACIONADOS NÃO ESPECIFICADOS ANTERIORMENTE	**Compreende:** • Serviços de remoção de cadáveres. • Serviços de exumação de cadáveres. • Locais para velórios. • Serviços de necropsia. (ver notas 1 e 2) **Nota:** **1.** Compreende os serviços de necropsia aqueles onde são realizados os exames do cadáver para determinar a causa e o modo de morte, realizados nas instalações dos Serviços de Verificação de Óbito (SVO), Institutos Médico Legais (IML) e Hospitais. **2.** Para os IML que realizam outras atividades, além da necropsia, deve-se observar o enquadramento e a legislação sanitária correspondente aos serviços realizados [ex.: consultórios para realização de perícias especializadas (**8630-5/03**); laboratórios de anatomia patológica e citológica (**8640-2/01**); posto de coleta descentralizado de laboratório de análises e pesquisas clínicas/patologia clínica (**8690-9/99**) etc.] **Não compreende:** • Gestão e manutenção de cemitérios (**9603-3/01**). • Serviços de cremação (**9603-3/02**). • Serviços de sepultamento (**9603-3/03**). • Serviços de higienização e maquiagem de cadáveres (**9603-3/04**). • Serviços de somatoconservação (embalsamamento, formolização) e tanatopraxia (**9603-3/05**). **Não compete:** • Aluguel de capelas. • Venda de tumbas.	2	BAIXO
4729-6/01	TABACARIA	**Compreende:** • O comércio varejista, com consumo no local, de cigarros, charutos, cigarilhas ou outros produtos similares.	2	BAIXO

<table>
<tr><th colspan="5">SUBGRUPO B – PRESTAÇÃO DE SERVIÇOS RELACIONADOS À SAÚDE</th></tr>
<tr><td colspan="5">DISPENSADO O PREENCHIMENTO DE QUAISQUER DOS ANEXOS</td></tr>
<tr><th colspan="5">26 – PRESTAÇÃO DE SERVIÇOS VETERINÁRIOS</th></tr>
<tr><td>7500-1/00</td><td>ATIVIDADES VETERINÁRIAS</td><td>Compreende:
• Consultórios, clínicas, ambulatórios, hospitais (incluindo maternidades) e outros estabelecimentos veterinários, com:
• Manipulação, dispensação e uso de substâncias ou medicamentos sujeitos ao controle especial.
• Atividades de diagnóstico por imagem ou terapia com uso de radiação ionizante.
Notas:
• A prestação de serviço de remoção de animais é considerada extensão do serviço veterinário.
• Os equipamentos de raios X (médico ou odontológico) para uso veterinário devem atender ao disposto no Anexo VI desta Portaria.
• Clínicas, consultórios ou hospitais de uso veterinário com equipamentos de raios X devem atender ao disposto no Anexo VI desta Portaria.</td><td>1</td><td>ALTO COM PERGUNTAS</td></tr>
<tr><th colspan="5">SUBGRUPO C – ATIVIDADES RELACIONADAS À SAÚDE</th></tr>
<tr><td colspan="5">DISPENSADO O PREENCHIMENTO DE QUAISQUER DOS ANEXOS</td></tr>
<tr><th colspan="5">27 – OUTRAS ATIVIDADES RELACIONADAS À SAÚDE</th></tr>
<tr><td>3250-7/06</td><td>SERVIÇOS DE PRÓTESE DENTÁRIA</td><td>Compreende:
• Atividades exercidas em laboratórios de prótese dentária.</td><td>1</td><td>BAIXO</td></tr>
<tr><td>4773-3/00</td><td>COMÉRCIO VAREJISTA DE ARTIGOS MÉDICOS E ORTOPÉDICOS</td><td>Compreende:
• Comércio varejista de artigos médicos e ortopédicos tais como: muletas, cadeiras de rodas, aparelhos auditivos, termômetros, kits diagnósticos, nebulizadores, vaporizadores, aparelhos de pressão e outros similares.
• A fabricação de:
  • Próteses, sob encomenda, prescritas por médicos.
  • Calçados ortopédicos sob medida.
Não compreende:
• A fabricação de cadeiras de rodas (3092-0/00).
Não compete:
• A fabricação de calçados ortopédicos prontos.</td><td>1</td><td>ALTO COM PERGUNTAS</td></tr>
<tr><td>4774-1/00</td><td>COMÉRCIO VAREJISTA DE ARTIGOS DE ÓTICA</td><td>Compreende:
• As óticas com montagem de lentes oftálmicas com grau sob prescrição médica.
• Comércio de artigos ópticos, inclusive os de lentes de contato descartáveis.
Não compreende:
• A fabricação de lentes de contato e lentes intraoculares. (3250-7/07).</td><td>1</td><td>ALTO COM PERGUNTAS</td></tr>
</table>

<table>
<tr>
<td>7120-1/00</td>
<td>TESTES E ANÁLISES TÉCNICAS</td>
<td>Compreende:
• A realização de testes físicos, químicos, e outros testes analíticos de todos os tipos de materiais e de produtos sujeitos a atuação da Vigilância Sanitária, como exemplo: alimentos, água para consumo humano, medicamentos, produtos para saúde, cosméticos, produtos de higiene, perfumes, saneantes domissanitários, contaminantes e resíduos de agrotóxicos e metais pesados, e insumos farmacêuticos.
• Laboratório de análises de alimentos.
• Laboratório de análise mineral.
• Laboratório de ensaios biológicos.
• Laboratório de pesquisa química, ensaios de medicamentos e produtos para saúde.
• Laboratório de análise bacteriológica, físico-química da água para consumo humano e outros fins.
• Serviços de análises bromatológicas.
• Serviços de análises de teste biológicos.
• Serviços de análises químico-biológicas.
• Serviços de análises químicas.
• Serviços de análises microbiológicas.
• Serviços de análises cromatográficas.
• Serviços de análises biotecnológicas.
• Laboratório de análises toxicológicas.
• Laboratório de resíduos.
Não compreende:
• Os diagnósticos por imagem e demais testes e análises médicas e odontológicas (8640-2/01 e 8640-2/02).
Não compete:
• A realização de testes físicos, químicos, e outros testes analíticos de todos os tipos de materiais e de produtos não sujeitos a atuação da Vigilância Sanitária.
• Testes no campo da higiene alimentar relacionados à produção de alimentos para animais.
• Testes de desempenho completo de máquinas e motores: automóveis, equipamentos eletrônicos não sujeitos a atuação da Vigilância Sanitária.
• A realização de provas de resistência e inspeção, visando a:
  • Avaliar o funcionamento ou o envelhecimento de instalações e materiais não sujeitos a atuação da Vigilância Sanitária.
  • Controle técnico de construções.
  • Avaliar periodicamente veículos motorizados, visando à segurança das estradas.
  • Fornecer certificados de homologação de barcos, aviões, veículos motorizados, projetos nucleares etc.
• A operação de laboratórios policiais.
• A realização de testes em espécies animais.</td>
<td>1</td>
<td>ALTO</td>
</tr>
<tr>
<td>8711-5/02</td>
<td>INSTITUIÇÕES DE LONGA PERMANÊNCIA PARA IDOSOS</td>
<td>Compreende:
• Asilos – Assistência social a idosos, em regime de internato, quando o tratamento médico não constitui o elemento central deste atendimento.</td>
<td>1</td>
<td>ALTO</td>
</tr>
</table>

		Não compreende: ● Albergues assistenciais (**8790-5/02**). ● Casas de repouso (**8711-5/01**).		
8800-6/00	SERVIÇOS DE ASSISTÊNCIA SOCIAL SEM ALOJAMENTO	**Compreende:** ● Os centros de convivência de idosos. ● Centro de convivência para portadores de necessidades especiais. ● Outros centros de convivência. **Não compreende:** ● Atividades de assistência social que incluem alojamento (**8711-5/02**, **8730-1/01**, **8730-1/02** e **8730-1/99**).	2	BAIXO
9313-1/00	ATIVIDADES DE CONDICIONAMENTO FÍSICO	**Compreende:** ● Academias com atividades de: ● Condicionamento físico (*fitness*). ● Condicionamento físico, não especificado anteriormente. ● Hidroginástica. **Não compreende:** ● Atividades de fisioterapeutas (**8650-0/04**). ● Clínicas de emagrecimento e de massagem estética (**9609-2/01**).	2	BAIXO
9601-7/01	LAVANDERIAS	**Compreende:** ● Lavanderias que processam roupas hospitalares (lavanderias hospitalares autônomas e independentes de outro estabelecimento).	1	ALTO
9602-5/01	CABELEIREIROS	**Compreende:** ● As atividades de lavagem, corte, penteado, tingimento e outros tratamentos de cabelo.	2	BAIXO
9602-5/02	ATIVIDADES DE ESTÉTICA E OUTROS SERVIÇOS DE CUIDADOS COM A BELEZA	**Compreende:** ● Serviços de: Manicures, pedicuros e barbearia. ● Atividades de: Limpeza de pele, massagem facial, ma-quiagem etc. ● Depilação. ● Bronzeamento artificial sem uso de câmara de brônzea-mento. ● SPA que não operem estabelecimentos hoteleiros. **Não compreende:** Clinicas de emagrecimento e de massagem estética (**9609-2/01**).	2	BAIXO
9609-2/05	ATIVIDADES DE SAUNA E BANHOS	**Compreende:** ● As atividades de: ● Banhos turcos, saunas, banhos de vapor, massagem e relaxamento.	2	BAIXO
9609-2/06	SERVIÇOS DE TATUAGEM E COLOCAÇÃO DE PIERCING	**Compreende:** ● Atividades de *piercing* exercidas por profissional habilitado, em consultório isolado. ● Serviços de tatuagem exercidos por profissional habilitado, em consultório isolado. ● Maquiagem definitiva exercida por profissional habilitado, em consultório isolado.	2	BAIXO

ANEXOS II A XVI

(*) *Vide Modelos no site: <www.cvs.saude.sp.gov.br>.*

ANEXO II

Modelo de Emissão do Cadastro Estadual de Vigilância Sanitária (CEVS)

ANEXO III

Modelo de Emissão da Licença de Funcionamento

ANEXO IV

Relação de documentos para solicitação de Licença de Funcionamento ou de Cadastro Estadual de Vigilância Sanitária (CEVS) e, para solicitação de alteração de dados cadastrais referentes a atividade e tipo ou forma de apresentação de produtos, segundo o tipo de estabelecimento de alimentos, e a fase de apresentação dos documentos (procedimentos)

ANEXO V

Relação de documentos para solicitação de Licença de Funcionamento ou de Cadastro Estadual de Vigilância Sanitária (CEVS) e, para solicitação de alteração de dados cadastrais referentes a atividade e tipo ou forma de apresentação de produtos, segundo o tipo de estabelecimento de produtos relacionados à saúde (exceto alimentos), e a fase de apresentação dos documentos (procedimentos)

ANEXO VI

Relação de documentos para solicitação de Licença de Funcionamento ou de Cadastro Estadual de Vigilância Sanitária (número CEVS) e, para solicitação de alteração de dados cadastrais referentes ao endereço e a atividade, segundo o tipo de estabelecimento prestador de serviço de saúde com equipamentos ou fontes que emitem radiação ionizante e para prestadores de serviços de radiometria e testes de qualidade com equipamentos medidores de radiação ionizante, segundo sua fase de apresentação (procedimentos)

ANEXO VII

Relação de documentos para solicitação de Licença de Funcionamento ou Cadastro Estadual de Vigilância Sanitária (CEVS) e, para solicitação de alteração de dados cadastrais referentes a atividade, segundo o tipo de estabelecimento prestador de serviço de saúde sem equipamentos e, a fase de apresentação (procedimentos)

ANEXO VIII

Relação de documentos para solicitação de Licença de Funcionamento ou de Cadastro Estadual de Vigilância Sanitária (número CEVS) e para alteração de dados cadastrais referentes a atividade, segundo o tipo de estabelecimento com atividades relacionadas à saúde e a fase de apresentação dos documentos (procedimentos)

ANEXO IX

Relação de documentos para solicitação de Licença de Funcionamento ou de Cadastro Estadual de Vigilância Sanitária (número CEVS) para estabelecimentos prestadores de serviços coletivos, sociais e veterinários, segundo a sua fase de apresentação (procedimentos)

ANEXO X

Relação de documentos para solicitação de 2ª via de Licença de Funcionamento; desativação de cadastro estadual de vigilância sanitária; cancelamento de licença de funcionamento; alteração de dados cadastrais referentes a razão social e responsabilidades legal e técnica

ANEXO XI

Informações em vigilância sanitária

Subanexo XI-A

Atividade de prestação de serviço de saúde

Subanexo XI-B

Equipamento de saúde

Subanexo XI-C

Atividade relacionada a produtos de interesse da saúde

ANEXO XII

Instruções de Preenchimento do Formulário de *Informações em Vigilância Sanitária* e seus Subanexos

ANEXO XIII

Modelos de laudas padronizadas para publicação de comunicados da vigilância sanitária em Diário Oficial ou outro meio escrito de divulgação pública

ANEXO XIV

Procedimentos em Vigilância Sanitária

ANEXO XV

Instruções de Preenchimento da ficha de Procedimentos em Vigilância Sanitária

ANEXO XVI

Representação da Estrutura Numérica do Cadastro Estadual de Vigilância Sanitária

RESOLUÇÃO SS Nº 28, DE 25 DE FEVEREIRO DE 2013

Aprova Norma Técnica que disciplina os serviços de necrotério, serviço de necropsia, serviço de somatoconservação de cadáveres, velório, cemitério e as atividades de exumação, cremação e transladação, e dá outras providências.

O Secretário de Saúde do Estado de São Paulo, considerando:

A Lei Orgânica da Saúde nº 8.080, de 19 de setembro de 1990, em seu inciso II, § 1º do art. 6º;

O Decreto nº 2.657, de 3 de julho de 1998, que promulga a Convenção nº 170 da Organização Internacional do Trabalho, relativa à segurança na utilização de produtos químicos no trabalho;

A Lei nº 9.782, de 26 de janeiro de 1999, que determina a regulamentação, o controle e a fiscalização dos produtos e serviços que envolvam risco à saúde pública;

A Portaria MS nº 1.405, de 29 de junho de 2006 do Ministério da Saúde, que institui a rede nacional de Serviços de Verificação de Óbito e esclarecimento da *causa mortis*;

A Resolução de Diretoria Colegiada – RDC nº 33, de 8 de julho de 2011 da Agência Nacional de Vigilância Sanitária – Anvisa, que dispõe sobre o controle e fiscalização sanitária do translado de restos mortais humanos;

As disposições dos arts. 148 a 161 sobre necrotérios, velórios, cemitérios e crematórios e dos arts. 547 a 551 sobre inumações, exumações, transladações e cremações do Decreto nº 12.342, de 27 de setembro de 1978 (Regulamento da promoção, preservação e recuperação da saúde no campo de competência da Secretaria de Estado da Saúde de São Paulo) que devem ser atualizadas;

A Lei Estadual Complementar nº 791, de 9 de março de 1995, que estabelece o Código de Saúde no Estado de São Paulo;

A Lei Estadual nº 10.083, de 23 de setembro de 1998, que estabelece o Código Sanitário no Estado de São Paulo, e dispõe em seu art. 85 que as inumações, exumações, transladações e cremações deverão ser disciplinadas através de normas técnicas;

A Portaria CVS nº 4, de 21 de março de 2011, do Centro de Vigilância Sanitária, que dispõe sobre o Sistema Estadual de Vigilância Sanitária (Sevisa), define o Cadastro Estadual de Vigilância Sanitária (CEVS) e os procedimentos administrativos a serem adotados pelas equipes estaduais e municipais de Vigilância Sanitária no Estado de São Paulo;

Que os estabelecimentos que executam atividades funerárias e congêneres são estabelecimentos prestadores de serviços de interesse à saúde;

A especificidade da situação regulamentada, em função dos aspectos emocionais, religiosos e sociais envolvidos e às demandas da sociedade civil;

As contribuições encaminhadas à minuta desta Norma Técnica, submetida à Consulta Pública por meio da Portaria CVS nº 001/2011;

A necessidade de normatizar e delimitar as obrigações de pessoas físicas e jurídicas envolvidas na prestação de serviços funerários bem como uniformizar os procedimentos técnico-administrativos no âmbito da Vigilância Sanitária;

Resolve:

Art. 1º. Fica aprovada a Norma técnica que disciplina sobre necrotério, serviço de necropsia, serviço de somatoconservação de cadáveres, velório, cemitério, inumação, exumação, cremação e transladação, que faz parte integrante desta Resolução em seu Anexo I.

Art. 2º. O disposto nesta Resolução aplica-se aos estabelecimentos prestadores de serviços de atividades funerárias e congêneres, públicos e privados, que desenvolvam as atividades descritas no Anexo I da Portaria CVS nº 4/2011.

Art. 3º. A realização da Tanatopraxia é facultativa às famílias, devendo o prestador de serviço, quando contratado para sua realização, obedecer ao preconizado nesta Norma Técnica.

Art. 4º. Os serviços de necropsia, serviços de somatoconservação de cadáveres, velórios, cemitérios, crematórios a serem instalados devem estar de acordo com esta Resolução, e os serviços já existentes terão prazo de 1 (um) ano para se adequarem, a partir da data de sua publicação.

Art. 5º. A inobservância ou descumprimento ao disposto nesta Resolução constitui infração de natureza sanitária, sujeitando-se, o infrator, às penalidades previstas na Lei nº 10.083, de 23 de setembro de 1998, Código Sanitário do Estado de São Paulo.

Art. 6º. Os Roteiros de Inspeções Sanitárias, para fins de fiscalização pelas autoridades sanitárias, dos estabelecimentos prestadores de serviços de atividades funerárias e congêneres, serão disciplinados por meio de Portaria CVS, após a publicação desta Resolução.

Art. 7º. Todos os estabelecimentos objeto desta Resolução devem garantir a acessibilidade às pessoas com deficiência ou com mobilidade reduzida, incluindo os trabalhadores, de acordo com as legislações específicas vigentes, em especial o Decreto Federal nº 5.296/2004, a Norma ABNT NBR 9050/2004; a Lei Estadual nº 12.907/2008 e as legislações municipais.

Art. 8º. Todos os estabelecimentos objeto desta Resolução devem atender ao disposto na legislação municipal referente a edificações e uso e ocupação do solo e demais legislações municipais e estaduais pertinentes ao assunto.

Art. 9º. Todos os atos normativos mencionados nesta Norma Técnica, quando substituídos ou atualizados por novos atos, terão a referência automática atualizada em relação ao ato de origem.

Art. 10. Esta Resolução entra em vigor na data da sua publicação.

DOE de 26.3.2013

ANEXO I

NORMA TÉCNICA QUE DISCIPLINA SOBRE NECROTÉRIO, SERVIÇO DE NECROPSIA, SERVIÇO DE SOMATOCONSERVAÇÃO DE CADÁVERES, VELÓRIO, CEMITÉRIO, INUMAÇÃO, EXUMAÇÃO, CREMAÇÃO E TRANSLADAÇÃO

1. Objetivos

1.1. Atualizar a regulamentação referente aos serviços de necrotério, velório, cemitério e as atividades de inumação, exumação, cremação e transladação.

1.2. Normatizar os serviços de somatoconservação de cadáveres (formolização, embalsamamento e tanatopraxia) em relação à documentação, edificação, procedimento operacional para a realização de somatoconservação, uso de produtos químicos, resíduos e condições da disposição no meio ambiente.

1.3. Efetivar medidas para a prevenção, controle e vigilância dos riscos à saúde dos trabalhadores e da população em geral.

2. Abrangência

Esta norma técnica se aplica aos serviços, públicos ou privados, de necropsia, de somatoconservação de cadáveres, necrotérios, velórios, cemitérios e as atividades de inumação, exumação, cremação e transladação, no âmbito do Estado de São Paulo.

Os serviços de necropsia de que trata esta Norma são aqueles realizados nos Serviços de Verificação de Óbito, nos Institutos Médicos Legais e nos Hospitais.

Esta não abrange os laboratórios de Anatomia-Patológica e Histopatologia.

3. Cadastro e Licença de Funcionamento

3.1. Os estabelecimentos prestadores de serviços de atividades funerárias, exceto os estabelecimentos que realizam procedimentos de somatoconservação de cadáveres, somente podem funcionar mediante cadastramento junto à Vigilância Sanitária de sua área de jurisdição.

3.2. Os estabelecimentos que realizam procedimentos de somatoconservação de cadáveres somente podem funcionar mediante solicitação de licença de funcionamento junto à Vigilância Sanitária de sua área de jurisdição.

3.3. Os procedimentos para cadastramento e licenciamento dos estabelecimentos junto à Vigilância Sanitária estão descritos na Portaria CVS nº 4/2011.

4. Definições

Para os efeitos desta norma técnica são adotadas as seguintes definições:

Autoridade Sanitária: profissionais de Vigilância Sanitária e Epidemiológica, investidos de funções fiscalizadoras, competentes para fazer cumprir as leis e regulamentos sanitários, expedindo termos, autos de infração e de imposição de penalidades, referentes à prevenção e controle de tudo quanto possa comprometer a saúde.

Cadáver: corpo humano sem vida.

Cadastro Estadual de Vigilância Sanitária: documento emitido pelo órgão de vigilância sanitária competente aos estabelecimentos e equipamentos de assistência e de interesse à saúde, que permite o funcionamento dos mesmos após a constatação do cumprimento das exigências legais, com a emissão do Nº CEVS, que o identifica.

Caixão, ataúde, esquife ou urna funerária: caixa com formato adequado para conter pessoa falecida ou partes, com fundo provido de material biodegradável que garanta o não extravasamento de líquidos provenientes do cadáver.

Carro funerário: veículo especialmente destinado ao transporte de cadáveres humanos.

Cemitério horizontal: local destinado ao sepultamento de cadáveres humanos, localizado em área descoberta, compreendendo os tradicionais e o do tipo parque ou jardim.

Cemitério parque ou jardim: local destinado ao sepultamento de cadáveres humanos, predominantemente recobertos por jardins. São isentos de construções tumulares e as sepulturas são identificadas por uma lápide, de pequenas dimensões, localizada no chão.

Cemitério vertical: edifício de um ou mais pavimentos, dotados de compartimentos destinados aos sepultamentos.

Construção tumular: construção erigida em uma sepultura, dotada ou não de compartimentos para sepultamento, compreendendo-se:

a) jazigo: compartimento destinado a sepultamento contido;

b) carneiro ou gaveta: unidade de cada um dos compartimentos para sepultamentos existentes em uma construção tumular e;

c) cripta: compartimento destinado a sepultamento no interior de edificações, templos ou suas dependências.

Chuveiros de emergência ou segurança: locais especificamente projetados para fornecer um fluxo de água abundante e de baixa pressão, suficiente para remover do corpo humano qualquer tipo de contaminante ou calor.

Cosméticos: preparações constituídas por substâncias naturais ou sintéticas, de uso externo nas diversas partes do cadáver humano, com o objetivo de proporcionar uma aparência o mais próximo de quando em vida.

Cremação: ato de queimar, incinerar cadáveres humanos e partes amputadas de humanos.

Crematório: local dotado de fornos, onde se faz a cremação de cadáveres humanos.

Embalsamamento: método de conservação de cadáveres humanos com o objetivo de promover sua conservação total e permanente.

Estabelecimentos prestadores de serviços de atividades funerárias e congêneres: estabelecimentos funerários e congêneres, públicos ou privados, que desenvolvam qualquer uma das atividades em cadáveres humanos, quais sejam: higienização, tamponamento, somatoconservação (formolização, embalsamamento, tanatopraxia), tanatoestética, necromaquiagem, transporte, translado, cremação, necrotério, velório e cemitério.

Exumação: ato de retirar restos mortais humanos da sepultura; desenterramento. A exumação pode ser administrativa, para fins de mudança ou desocupação de sepultura ou por determinação judicial.

Formolização: método de conservação de cadáveres humanos com o objetivo de promover sua conservação de forma temporária.

Higienização de cadáveres humanos: medidas e procedimentos utilizados para limpeza dos cadáveres humanos, com o objetivo de prepará-los para inumação ou outra forma de destino.

Instituto Médico Legal – IML: instituição da Secretaria de Segurança Pública do Estado de São Paulo legalmente capacitada e habilitada para a elucidação dos casos de morte decorrentes de causas externas.

Inumação: ato de sepultar, sepultamento, enterramento.

Laboratório de Anatomia Patológica: área de apoio diagnóstico, responsável pela elaboração dos seguintes procedimentos: exames citológicos de líquidos orgânicos, punções aspirativas, escarro, lavados cavitários, esfregaços cérvico-vaginais, exames de peças cirúrgicas e de material de biópsia, necropsias, entre outros.

Laboratório de Histologia: área de apoio diagnóstico, responsável pelo estudo dos tecidos.

Lava-olhos: equipamentos projetados para fornecer um fluxo de água abundante e de baixa pressão, com o objetivo específico de livrar os olhos de contaminantes.

Licença de Funcionamento: documento emitido pelo órgão de vigilância sanitária competente para os estabelecimentos e equipamentos de assistência e de interesse à saúde, que permite o funcionamento dos mesmos após a constatação do cumprimento das exigências legais, com a emissão do Nº CEVS, que o identifica.

Lóculo: compartimento destinado à sepultura em cemitérios verticais.

Necropsia: procedimento médico que consiste em examinar o cadáver para determinar a causa e o modo de morte.

Necrotério: local de permanência dos cadáveres para a realização da identificação ou necropsia.

Óbito: falecimento ou morte de pessoa.

Ossuário ou ossário: local para acomodação dos ossos, contidos ou não em urna ossuária.

Produto da coliquação: produto biodegradável oriundo do processo de decomposição dos corpos ou partes.

Restos mortais humanos: constituem-se o próprio cadáver ou partes deste, ossadas e cinzas provenientes de sua cremação. Excetuam-se as células, tecidos e órgãos humanos destinados a transplantes e implantes, cujo transporte deverá obedecer à legislação sanitária pertinente.

Sepultador: auxiliam nos serviços funerários, constroem, preparam, limpam, abrem e fecham sepulturas. Realizam sepultamento, exumam e cremam cadáveres, transportam corpos e despojos. Conservam cemitérios, suas máquinas e ferramentas de trabalho, zelam pela segurança do cemitério.

Sepultura: espaço unitário, destinado aos sepultamentos.

Serviço de Verificação de Óbito – SVO: instituição integrante do Sistema Nacional de Vigilância em Saúde, que têm por finalidade esclarecer a *causa mortis* em caso de óbito por moléstia mal definida ou sem assistência médica.

Somatoconservação de cadáveres: emprego de técnicas através das quais os cadáveres humanos são submetidos a tratamento químico com vistas a manterem-se conservados. Para fins de transladação de restos mortais humanos em áreas de portos, aeroportos e fronteiras devem ser seguidas as disposições da RDC Anvisa nº 33/2011, que dispõe sobre o controle e fiscalização sanitária do translado de restos mortais humanos.

Tamponamento de cadáveres humanos: uso de tampões para vedação dos orifícios do cadáver.

Tanatoestética ou necromaquiagem: técnica de embelezamento do cadáver, a fim de proporcionar uma aparência o mais próximo de quando em vida, através da aplicação de cosméticos, excetuando-se os casos de reconstituição ou reconstrução.

Tanatopraxia: emprego de técnicas que visam à conservação do cadáver, reconstrução de partes do corpo e embelezamento por necromaquiagem.

Tanatopraxista: executam a conservação de cadáveres por meio de técnicas de tanatopraxia, substituindo fluidos naturais por líquidos conservantes. Realizam reconstrução de partes do corpo, embelezam cadáveres aplicando cosméticos.

Translado de restos mortais humanos: todas as medidas relacionadas ao transporte de restos mortais humanos, em urna funerária, inclusive àquelas referentes à sua armazenagem ou guarda temporária até sua destinação final, de acordo com a RDC Anvisa nº 33/2011.

Transporte de restos mortais humanos: remoção de restos mortais humanos, em urna funerária, bandeja ou embalagens plásticas específicas, desde o local do óbito até o serviço funerário, Serviço de Verificação de Óbito, Instituto Médico Legal, local do velório, local de inumação ou destinação final.

Velório: local para exposição do cadáver antes do sepultamento.

Urna Funerária: caixa ou recipiente externo em madeira, forrado internamente com folhas de zinco ou outro material que o venha a substituir com as mesmas funções, impermeável e sem visor, utilizada no translado de restos mortais humanos, de acordo com a Resolução Anvisa RDC nº 33/2011.

Urna ossuária: recipiente utilizado para conter ossos ou partes de corpos exumados.

5. Necrotério

5.1. O necrotério deve ter sala de preparo e guarda de cadáver, com área mínima de 14,00 m^2 para dois cadáveres, ou dimensionada de acordo com a demanda do serviço, segundo o estabelecido na RDC Anvisa nº 50/2002.

5.2. Quando não há realização da necropsia, compete aos hospitais a higienização e tamponamento do cadáver, que devem ser realizados pelo serviço de enfermagem.

5.3. Os necrotérios que funcionam dentro dos cemitérios, e que realizam necropsia, devem obedecer aos itens 6 e 8 desta norma.

5.4. Os necrotérios que possuem câmara fria devem ter gerador de energia elétrica.

6. Serviço de Necropsia

6.1. As necropsias podem ser realizadas nos Hospitais, Serviço de Verificação de Óbitos – SVO e Instituto Médico Legal – IML.

6.2. A sala onde se realiza os procedimentos de necropsia deve possuir área mínima de 17,00 m^2 conforme o estabelecido na RDC Anvisa nº 50/2002.

6.3. Para salas com maior número de mesas de procedimentos devem ser respeitadas as seguintes distâncias:

6.3.1. Entre mesas paralelas, mínimo de 1,00 m.

6.3.2. Entre mesas e paredes (incluindo cabeceira e pé da mesa) deve haver uma distância mínima que permita a circulação do profissional.

6.4. As paredes e pisos devem ser constituídos de material liso, impermeável, resistente à lavagem e ao uso de desinfetantes. A junção entre o rodapé e o piso deve permitir a completa limpeza do canto formado.

6.5. O piso deve possuir inclinação suficiente para possibilitar o escoamento da água durante a lavagem. Deve ser dotado de ralo sifonado, com fecho escamoteável ou grelhas com dispositivo que impeça a entrada de vetores.

6.6. A sala deve dispor de lavatório ou pia com água corrente, devendo ser exclusivo para higienização das mãos dos trabalhadores e independente do dispositivo utilizado para a lavagem da mesa de procedimentos.

6.6.1. As torneiras devem ser de comando que dispensam o contato das mãos.

6.6.2. Devem dispor de sabonete líquido, toalha descartável e lixeira provida de sistema de abertura sem contato manual.

6.6.3. Deve dispor de preparação alcoólica para a higienização das mãos.

6.7. A mesa para necropsia deve ser de aço ou outro material que possa substituí-lo, devendo manter facilidade de limpeza, ser resistente à corrosão e não reter resíduos. O fundo da mesa deve manter uma ligeira inclinação para o escoamento contínuo do fluxo de água utilizada, que será lançada no sistema de esgotos.

6.8. O serviço de necropsia deve dispor de câmara fria para cadáveres, com área mínima de 8,00 m^2 ou dimensionada para a quantidade de cadáveres que ficarão acondicionados.

6.8.1. A higienização da câmara fria deve ser periódica. O intervalo para a higienização deve ser previamente definido e deve constar do Procedimento Operacional Padrão – POP, que deve ser elaborado pelo serviço.

6.8.2. O serviço de necropsia que possui câmara fria deve ter gerador de energia elétrica.

6.9. Deve ter sala de recepção e espera para atendimento ao público, com área mínima de 6,00 m^2 ou dimensionada de acordo com a demanda dos serviços oferecidos.

6.10. Deve ter instalações sanitárias para o público com, pelo menos, uma bacia sanitária e um lavatório para cada sexo.

6.11. O serviço deve ser provido de reservatório de água (caixas d'água), com capacidade mínima correspondente ao consumo de dois dias ou mais.

6.12. As instalações de água fria devem ser projetadas, executadas, testadas e mantidas em conformidade com a Norma ABNT NBR 5626:1998.

6.13. O serviço deve dispor de iluminação natural e artificial, de acordo com a Norma ABNT NBR 5413:1992.

6.14. Os padrões de controle para segurança do ar ambiente nos serviços de necropsia são aqueles preconizados no item 8 desta norma.

6.15. O controle dos riscos à saúde decorrente das atividades desenvolvidas nos serviços de necropsia deve ser baseado no conjunto de medidas de controle ambiental, práticas de trabalho adequadas, uso adequado dos Equipamentos de Proteção Individual – EPI e adoção de medidas de precaução padrão.

6.16. Devem ser adotadas medidas para prevenção de acidentes e contaminações com materiais perfurocortantes (Anexo II), devendo ser observadas as orientações descritas na Norma Regulamentadora nº 32 e Portaria nº 1.748/2011 do Ministério do Trabalho e Emprego.

6.17. Todo material perfurocortante deve ser desprezado em recipiente resistente à perfuração e com tampa, conforme RDC Anvisa nº 306/2004, Resolução Conama nº 358/2005, Portaria nº 1.748/2011 do Ministério do Trabalho e Emprego e NBR 13.853:1997 sobre coletores para resíduos de serviços de saúde perfurantes ou cortantes.

6.17.1. O limite máximo de enchimento dos recipientes destinados a coleta de material perfurocortante é 5 cm abaixo do bocal.

6.17.2. O recipiente deve ser mantido em suporte exclusivo e em altura que permita a visualização da abertura para descarte.

6.18. Na sala de necropsia devem ser adotados procedimentos para evitar respingos e formação de aerossóis.

6.18.1. Não devem ser utilizadas altas pressões de água, para que não haja formação de respingos e aerossóis que possam vir a contaminar os trabalhadores e o ambiente de trabalho.

6.19. As serras utilizadas nos procedimentos de necropsia (evisceração e craniotomia) devem ter mecanismos de proteção contra acidentes e serem higienizadas após o uso.

6.20. A higienização da mesa de necropsia deve ser realizada após cada procedimento, sendo que a desinfecção deve seguir o disposto no manual da Anvisa "Segurança do paciente em serviços de saúde: limpeza e desinfecção de superfícies".

6.21. A higienização da sala de necropsia deve ser realizada, no mínimo, ao final da jornada de trabalho, ou mais vezes quando necessário.

6.22. Os instrumentais utilizados na necropsia devem ser lavados e desinfetados após cada procedimento, visando a proteção do trabalhador.

6.22.1. Os instrumentais devem ser lavados em local exclusivo para esse fim, que deve ser separado do local destinado à lavagem das mãos.

6.23. Deve ser fornecido aos trabalhadores, gratuitamente, as vestimentas adequadas às atividades desempenhadas e os Equipamento de Proteção Individual – EPI, com Certificado de Aprovação – CA do Ministério do Trabalho e Emprego.

6.24. O trabalhador deve utilizar os seguintes Equipamentos de Proteção Individual – EPI:

6.24.1. Proteção para o rosto e olhos: óculos de proteção com lente incolor (policarbonato), abas laterais e hastes reguláveis ou protetor facial de material rígido transparente (policarbonato).

6.24.2. Proteção respiratória: a) respirador descartável tipo PFF2 com camada de carvão ativado para odores (peça facial filtrante); ou b) respirador tipo semifacial com filtro combinado (P2 e filtro químico para formaldeído).

6.24.3. Proteção das mãos: a) luva de procedimento e luva nitrílica de cano médio por cima; ou b) luva de procedimento e luva resistente a cortes e ferimentos (kevlar, aramida) por cima.

6.24.4. Proteção do corpo: aventais impermeáveis para proteção de tronco e membros superiores.

6.24.5. Proteção dos pés: botas impermeáveis e cano médio de Policloreto de Vinila – PVC ou similar.

6.25. Os EPI, antes de serem reutilizados ou descartados, devem ser descontaminados de acordo com as orientações do fabricante.

6.26. Outro dispositivo, tipo touca, pode ser utilizado na cabeça.

6.26. Os EPI não podem ser utilizados fora da sala de necropsia, devendo ter local específico destinado à guarda dos mesmos.

(*) Numeração do item "6.26", conforme DOE de 26.3.2013, p. 34.

6.27. Outras prescrições relacionadas à Saúde do Trabalhador, descritas no item 16 desta norma, devem ser observadas pelos serviços.

6.28. O acesso à sala de necropsia deve ser restrito apenas aos trabalhadores necessários para que os procedimentos sejam executados.

6.29. O estabelecimento deve dispor de Depósito de Material de Limpeza – DML, com área mínima de 2,00 m² e dimensão mínima de 1,00 metro equipado com tanque.

6.30. O estabelecimento deve possuir área de embarque e desembarque de carro funerário com área mínima de 21,00 m², devendo ter acesso privativo distinto do acesso público.

6.31. Os estabelecimentos que tenham trabalhadores em regime de plantão devem dispor de sala de plantonista, com área mínima de 6,00 m² e condições de conforto para repouso.

6.32. O gerenciamento de todos os resíduos da sala de necropsia deve atender a legislação sanitária vigente e a ambiental aplicável.

6.33. O estabelecimento deve elaborar Plano de Gerenciamento de Resíduos de Serviços de Saúde – PGRSS, baseado nos resíduos gerados e de acordo com a resoluções Anvisa RDC nº 306/2004 e Conama nº 358/2005.

6.34. Os efluentes líquidos podem ser lançados em rede pública coletora de esgoto com tratamento ou diretamente em corpo receptor, desde que observado o disposto no Regulamento da Lei Estadualnº 997/1996, aprovado pelo Decreto Estadual nº 8.468/1976 e suas alterações, e nas Resoluções Conama nº 357/2005 e nº 430/2011.

6.35. Efluentes e resíduos líquidos ou semissólidos, que ultrapassarem os limites máximos permitidos pela legislação e suas normas não podem ser lançados no sistema de esgotamento sanitário, devendo ter destinação específica como resíduo sólido, conforme autorizado pelo órgão ambiental competente.

6.36. Os líquidos cujo descarte não é permitido no sistema de esgotamento sanitário devem ter procedimentos de destinação similar ao de resíduo sólido. Devem ser contidos em recipientes individualizados, vedados e estanques, resistentes, identificados e constituídos de material compatível com o resíduo contido, atendendo ao estabelecido nas normas técnicas específicas relativas ao armazenamento, coleta, transporte, tratamento e disposição final de resíduos sólidos e de transporte de cargas perigosas.

6.37. Diante de um caso suspeito de Encefalopatias Espongiformes Transmissíveis-EET deve ser consultado o manual "Vigilância da Doença de Creutzfeldt-Jakob e outras Doenças Priônicas" da Secretaria de Estado da Saúde de São Paulo, disponível no site www.cve.saude.sp.gov.br, em Doenças Transmitidas por Água e Alimentos, e RDC Anvisa nº 33/2011.

6.37.1. Não há impedimento para a realização de necropsia nos casos suspeitos de Encefalopatias Espongiformes Transmissíveis, devendo ser observados os cuidados para controle de infecção no manuseio de cadáveres e as orientações contidas no Manual "Vigilância da Doença de Creutzfeldt-Jakob e outras Doenças Priônicas".

6.37.2. O cadáver deve ser colocado em bolsa selada ou impermeável, e dentro da urna funerária.

6.38. O médico patologista ou legista deve comunicar à autoridade sanitária local os casos de doenças transmissíveis de Notificação Compulsória, de acordo com a Lei Federal nº 6.259/1975, Portaria nº 104/2011 e Resolução nº SS-20/2006.

7. Serviços de Somatoconservação de Cadáveres

7.1. Considerações Gerais

7.1.1 São considerados serviços de somatoconservação de cadáveres os estabelecimentos que realizam os procedimentos de formolização, embalsamamento e tanatopraxia.

7.1.2. Fica vedada, em todo o Estado de São Paulo, a realização de procedimentos de formolização, embalsamamento e tanatopraxia, quando o óbito tenha tido como causa a encefalite espongiforme, febre hemorrágica ou outra nova doença infectocontagiosa que porventura venha a surgir, a critério da Organização Mundial da Saúde – OMS e concordância da Anvisa e Secretaria de Vigilância em Saúde do Ministério da Saúde – SVS/MS.

7.1.3. Os procedimentos de formolização, embalsamamento e tanatopraxia devem ser registrados em livro próprio para fins de levantamentos estatísticos, que deve estar à disposição da autoridade sanitária.

7.1.3.1. O livro deve ser aberto pelo responsável técnico ou legal do estabelecimento.

7.1.3.2. O livro deve ter páginas numeradas e conter as seguintes informações: nome do cadáver, nome do responsável pelo cadáver, data do óbito, *causa mortis*, data do procedimento, procedimento realizado, produtos químicos utilizados, nome do responsável pelo procedimento.

7.1.4. Os estabelecimentos prestadores de serviços de formolização, embalsamamento e tanatopraxia devem possuir área de embarque e desembarque de carro funerário, com área mínima de 21,00 m^2, devendo ter acesso privativo distinto do acesso público.

7.2. Formolização e Embalsamamento

7.2.1. Para fins de transladação de restos mortais humanos em áreas de portos, aeroportos e fronteiras devem ser seguidas as disposições da RDC Anvisa nº 33/2011, que considera como procedimentos de conservação a formolização e o embalsamamento.

7.2.2. Uma cópia da Ata de Conservação de Restos Mortais Humanos, conforme previsto na RDC nº 33/2011, deve ser mantida no estabelecimento à disposição da autoridade sanitária, por 5 (cinco) anos.

7.2.3. O responsável técnico pelo serviço que realiza embalsamamento e formolização deve ser médico, legalmente habilitado para o exercício da profissão.

7.2.4. Os procedimentos de somatoconservação de restos mortais humanos, excetuando a tanatopraxia, devem ser realizados por profissional médico ou por técnico em necropsia/embalsamadores, sob a supervisão direta e responsabilidade do médico, cuja ata será por ele subscrita.

7.2.5. Os técnicos em necropsia ou embalsamadores devem ser legalmente habilitados, de acordo com a legislação vigente.

7.3. Tanatopraxia

7.3.1. A realização da tanatopraxia é facultativa às famílias, devendo o prestador de serviço, quando contratado para sua realização, obedecer ao preconizado nesta norma técnica.

7.3.2. O serviço que realiza a tanatopraxia deve ter um responsável técnico de nível superior da área da saúde, legalmente habilitado.

7.3.3. Os procedimentos de tanatopraxia devem ser realizados por profissional capacitado (tanatopraxistas), de acordo com a Classificação Brasileira de Ocupações – CBO, e sob supervisão do responsável técnico.

7.3.4. A tanatopraxia só pode ser realizada mediante autorização, por escrito, da pessoa responsável pelo cadáver, através de formulário para este fim (Anexo III).

7.3.5. Os estabelecimentos que oferecem o serviço de tanatopraxia devem afixar placa em local visível e de fácil acesso ao público com os dizeres: "Os procedimentos de conservação do corpo 'tanatopraxia' e necromaquiagem não são obrigatórios".

7.4. Edificação para os serviços de somatoconservação (formolização, embalsamamento e tanatopraxia)

7.4.1. A sala de procedimentos deve possuir área mínima de 17,00 m^2, para comportar 1 (uma) mesa de procedimento.

7.4.2. Para sala com maior número de mesas de procedimentos devem ser respeitadas as seguintes distâncias:

7.4.2.1. Entre mesas paralelas: mínimo de 1,00 m.

7.4.2.2. Entre mesas e paredes (incluindo cabeceira e pé da mesa): deve haver uma distância mínima que permita a circulação do profissional.

7.4.3. As paredes, tetos e pisos devem ser constituídos de material liso, impermeável e resistente à lavagem e ao uso de desinfetantes. A junção entre o rodapé e o piso deve ser permitir a completa limpeza do canto formado.

7.4.4. O piso deve ser dotado de ralo sifonado, com fecho escamoteável ou grelhas para escoamento dos resíduos com dispositivo que impeça a entrada de vetores.

7.4.5. A sala deve dispor de lavatório ou pia com água corrente, devendo ser exclusivo para higienização das mãos dos trabalhadores e independente do dispositivo utilizado para a lavagem da mesa de procedimentos.

7.4.6. As torneiras devem ser de comando que dispensam o contato das mãos.

7.4.7. Devem dispor de sabonete líquido, toalha descartável e lixeira provida de sistema de abertura sem contato manual.

7.4.8. Deve dispor de preparação alcoólica para a higienização das mãos.

7.4.9. A mesa de procedimentos deve ser de aço ou outro material que possa substituí-lo, devendo manter facilidade de limpeza, ser resistente à corrosão e não reter resíduos. Deve ter suportes para manter o cadáver suspenso do fundo da mesa, os quais devem ser do tipo removível para facilitar a limpeza. O fundo da mesa deve manter uma ligeira inclinação, com fluxo de água corrente contínuo durante a preparação do cadáver. A tubulação hidráulica da mesa deve ser embutida, com mangueira com esguicho para lavagem do cadáver durante sua preparação.

7.4.10. O instrumental deve ser compatível com o procedimento de somatoconservação realizado.

7.4.11. Os instrumentais devem ser lavados e desinfetados após cada procedimento, para proteção dos trabalhadores.

7.4.12. As bombas (aspiradora e injetora), suas mangueiras e cânulas devem ser lavadas e higienizadas após cada procedimento, de acordo com orientações do fabricante.

7.4.13. A higienização da mesa deve ser realizada a cada procedimento, sendo que para a desinfecção deve ser seguido o disposto no manual da Anvisa "Segurança do paciente em serviços de saúde: limpeza e desinfecção de superfícies".

7.4.14. A higienização da sala de procedimentos deve ser realizada no mínimo ao final do dia ou mais vezes se necessário.

7.4.15. A sala de procedimentos deve ter os padrões de controle para segurança do ar ambiente de acordo com o item 8 desta norma.

7.4.16. Em caso de grande demanda do serviço, o estabelecimento deve dispor de câmara fria para cadáveres, com área mínima dimensionada para a quantidade de cadáveres que ficarão acondicionados.

7.4.16.1 Os serviços de somatoconservação que possuem câmara fria devem ter gerador de energia elétrica.

7.5.14. O estabelecimento deve dispor de iluminação natural e artificial, de acordo com a Norma ABNT NBR 5413:1992.

7.5.15. O estabelecimento deve ser provido de reservatório de água (caixas d'água) com capacidade mínima correspondente ao consumo de dois dias ou mais.

7.5.16. As instalações de água fria devem ser projetadas, executadas, testadas e mantidas em conformidade com a Norma ABNT NBR 5626:1998.

7.5.17. As instalações elétricas da sala e equipamentos devem estar protegidas e aterradas.

7.5.18. O estabelecimento deve ter uma sala para recepção e registro das atividades, com área mínima de 7,5 m^2.

7.5.19. O estabelecimento deve dispor de Depósito de Material de Limpeza (DML), com área mínima de

2,00 m² e dimensão mínima de 1,00 metro, equipado com tanque.

7.5.20. As instalações sanitárias, vestiários, refeitórios e o fornecimento de água potável para os trabalhadores, devem atender o preconizado na Norma Regulamentadora nº 24 do Ministério do Trabalho e Emprego.

7.6. Produtos Químicos

7.6.1. Os estabelecimentos devem escrever Procedimentos Operacionais Padrão – POP para utilização dos produtos químicos.

7.6.2. Sempre que possível, o formaldeído deve ser substituído por outro produto menos perigoso. Sua caracterização encontra-se descrita no Anexo IV.

7.6.3. No ambiente onde houver a presença, manuseio e estocagem de formaldeído e outros produtos químicos utilizados no preparo do cadáver, os padrões de controle para segurança do ar ambiente devem estar de acordo com o item 8 desta norma.

7.6.4. Considera-se nesta norma técnica o Limite de Exposição Ocupacional para o formaldeído definido pela ACGIH (*American Conference of Governmental Industrial Hygienists*, de 2008), cujo valor teto é de 0,3 ppm. Outros limites, desde que mais restritivos, podem ser adotados. Este valor não pode ser excedido em nenhum momento da exposição do trabalhador.

7.6.5. Devem ser realizadas avaliações ambientais quantitativas da exposição dos trabalhadoresexpostos ao formaldeído, de acordo com o estabelecido no Programa de Prevenção de Riscos Ambientais (PPRA) e no Programa Médico de Saúde Ocupacional (PCMSO).

7.6.6. Todos os produtos químicos utilizados nos procedimentos de somatoconservação devem ter rotulagem de acordo com o preconizado na Norma ABNT NBR 14725-3:2009 e na Portaria nº 229/2011 do Ministério do Trabalho e Emprego.

7.6.7. Todos os produtos químicos utilizados nos procedimentos de somatoconservação devem ter a Ficha de Informação de Segurança do Produto Químico – FISPQ em local visível e acessível ao trabalhador, considerando as disposição da Norma ABNT NBR 14.725-4:2009 e da Portaria nº 229/2011 do Ministério do Trabalho e Emprego.

7.6.8. As embalagens de todos os produtos químicos não podem exceder o volume de 10 litros.

7.6.9. Os trabalhadores devem ser informados sobre a identificação do produto, a composição, a identificação dos perigos, as medidas de primeiros-socorros, as medidas de combate a incêndio, as medidas de controle para derramamento ou vazamento, as instruções para manuseio e armazenamento, as medidas de controle de exposição e proteção individual, as informações sobre estabilidade e reatividade, as informações toxicológicas e as considerações sobre tratamento e disposição dos resíduos.

7.6.10. O PPRA deve conter um inventário de produtos químicos perigosos utilizados, que deve servir de base para a elaboração do sistema de controle e definição das medidas de segurança e proteção dos trabalhadores, conforme previsto na Norma Regulamentadora nº 9 e na Norma Regulamentadora nº 32, do Ministério do Trabalho e Emprego.

7.6.11. Deve ser instalado chuveiro de emergência e lava-olhos, em área de acesso livre e próximo ao trabalhador, devendo ser higienizados a cada uso.

7.6.12. Em caso de derramamento ou vazamento dos produtos químicos que contenham formaldeído deve-se: promover isolamento, exaustão e ventilação do local; evitar inalação, contato com a pele e olhos; remover fontes de ignição; usar EPI adequado para entrar no local; fazer a contenção e recolher o produto com material ligante para líquido (areia, ligante ácido, ligante universal, serragem); coletar em recipientes adequados devidamente identificados para posterior remoção de acordo com a legislação vigente.

7.6.13. Para todos os produtos químicos utilizados deve-se seguir o preconizado na Ficha de Informação de Segurança do Produto Químico – FISPQ, quanto à segurança e procedimentos de primeiros socorros.

7.7. Armazenamento dos produtos químicos

7.7.1. Os produtos químicos utilizados devem ser armazenados em local apropriado e devem:

7.7.1.1. Ter sinalização gráfica de fácil visualização para identificação do ambiente, de acordo com a Norma Regulamentadora nº 26 e na Portaria nº 229/2011 do Ministério do Trabalho e Emprego.

7.7.1.2. Ser armazenados de acordo com a compatibilidade e em local seguro e bem ventilado onde não possa ocorrer confinamento de vapores e gases produzidos por estes.

7.7.1.3. Ter mecanismo de contenção que comporte o mesmo volume, no caso de extravasamento do produto.

7.8. Equipamento de Proteção Individual – EPI para os serviços de somatoconservação (formolização, embalsamamento e tanatopraxia)

7.8.1. Deve ser fornecido aos trabalhadores, gratuitamente, as vestimentas adequadas às atividades desempenhadas e os EPI com Certificado de Aprovação – CA do Ministério do Trabalho e Emprego.

7.8.2. Devem ser disponibilizados os seguintes EPI:

7.8.2.1. Proteção respiratória: a) respirador facial inteiro com filtro combinado (P2 e filtro químico para formaldeído e os produtos que o contenham) ou b) respirador purificador de ar motorizado com capuz com filtro combinado (P2 e filtro químico para formaldeído) ou c) respirador com linha de ar comprimido tipo de fluxo contínuo com peça facial inteira ou demanda com pressão positiva.

7.8.2.2. Proteção das mãos: luvas nitrílicas com cano longo; devendo ser colocadas sobre o punho do avental.

7.8.2.3. Proteção do corpo: avental impermeável.

7.8.2.4. Proteção dos pés: botas impermeáveis de cano médio (Policloreto de Vinila – PVC ou similar).

7.8.3. A higienização dos EPI deve seguir o preconizado pelos fabricantes.

7.8.5. Os trabalhadores devem efetuar a troca da vestimenta de trabalho a cada jornada de trabalho depositando em recipiente específico para este fim, impermeável e com tampa, ficando sob a responsabilidade dos empregadores a limpeza, manutenção e guarda.

7.8.6. A higienização, de que trata o item anterior, deve ser realizada por profissional devidamente paramentado, obedecendo às normas de segurança.

7.9. Resíduos dos Serviços de Somatoconservação (formolização, embalsamamento e tanatopraxia)

7.9.1. O gerenciamento de todos os resíduos dos serviços de somatoconservação de cadáveres deve atender a legislação sanitária vigente e a ambiental aplicável.

7.9.2. O estabelecimento deve elaborar Plano de Gerenciamento de Resíduos de Serviços de Saúde –

PGRSS, baseado nos resíduos gerados, de acordo com as Resoluções Anvisa RDC nº 306/2004 e Conama nº 358/2005.

7.9.3. Os efluentes líquidos podem ser lançados em rede pública coletora de esgoto com tratamento ou diretamente em corpo receptor, desde que observado o disposto no regulamento da Lei Estadual nº 997/1996, aprovado pelo Decreto Estadual nº 8.468/1976 e suas alterações, e nas Resoluções Conaman° 357/2005 e nº 430/2011.

7.9.4. Efluentes e resíduos líquidos ou semissólidos que ultrapassarem os limites máximos permitidos na legislação e suas normas não poderão ser lançados no sistema de esgotamento sanitário, devendo ter destinação específica como resíduo sólido, conforme autorizado pelo órgão ambiental competente.

7.9.5. Os líquidos cujo descarte não é permitido no sistema de esgotamento sanitário devem ter procedimentos de destinação similar ao de resíduo sólido. Devem estar devidamente contidos em recipientes individualizados, vedados e estanques, resistentes, identificados e constituídos de material compatível com o resíduo contido, atendendo ao estabelecido nas normas técnicas específicas relativas ao armazenamento, coleta, transporte, tratamento e disposição final de resíduos sólidos e de transporte de cargas perigosas.

7.9.6. Deve haver um local específico para o abrigo dos resíduos, de acordo com as resoluções Anvisa RDC nº 306/2004 e Conama nº 358/2005.

7.9.7. Todo resíduo químico deve ser acondicionado em recipiente estanque, resistente e devidamente identificado.

7.9.8. Todo material perfurocortante deve ser desprezado em recipiente resistente à perfuração e com tampa, conforme RDC Anvisa nº 306/2004, Resolução Conama nº 358/2005, Norma Regulamentadora nº 32 e Portaria nº 1.748/2011, do Ministério do Trabalho e Emprego, e NBR 13853:1997 (Coletores para resíduos de serviços de saúde perfurantes ou cortantes – Requisitos e métodos de ensaio).

7.9.8.1. Para os recipientes destinados a coleta de material perfurocortante o limite máximo de enchimento deve estar localizado 5 cm abaixo do bocal.

7.9.8.2. O recipiente para acondicionamento dos perfurocortantes deve ser mantido em suporte exclusivo e em altura que permita a visualização da abertura para descarte.

8. Padrões de controle para segurança do ar ambiente

8.1. Os padrões de controle para segurança do ar ambiente se aplicam aos locais em que se armazenam, preparam ou utilizam formaldeído, produtos químicos que o contenham e seus resíduos.

8.2. Estes locais devem ter:

8.2.1. Sistema de ventilação forçada ou mecânica por exaustão que promova, no mínimo, 12 renovações de ar por hora de acordo com a Norma ABNT NBR 7256:2005.

8.2.2. Pressão negativa em relação aos ambientes contíguos. A pressão negativa do local sob exaustão se obtém admitindo o ar de reposição do ar retirado do local exclusivamente através de grelha dimensionada de forma a apresentar uma determinada resistência à passagem do ar, que representa a pressão negativa no local.

8.2.3. As portas devem ser mantidas fechadas e serem dotadas de dispositivos de fechamento automático.

8.2.4. O sistema de ventilação deve ser projetado de forma a evitar a circulação de aerossóis. O fluxo do ar no ambiente deve ser direcionado da área mais limpa para a área contaminada e daí para o exterior, a fim de minimizar a disseminação de aerossóis no ambiente.

8.2.5. O sistema de exaustão deve ter saída direta para o ambiente externo, de no mínimo 1 (um) metro acima da cobertura do edifício e dirigida para cima, ou em local que não possa haver volta do ar ao próprio edifício, penetração em outros locais ou em áreas frequentadas por pessoas, contaminação de plantas e corpos de água.

8.3. Caso o serviço opte pela instalação de sistema central de climatização deve seguir as seguintes recomendações, além das estipuladas nos itens 8.2.

8.3.1. Não é permitida a instalação de aparelhos de ar condicionado de janela ou "Split".

8.3.2. O ar exaurido não pode ser recirculado e deve ser totalmente rejeitado ao exterior por um sistema de exaustão forçado.

8.3.3. O sistema central de climatização deve ser projetado, executado, testado e mantido conforme as recomendações da Norma ABNT NBR 16401:2008, RDC/Anvisa nº 50/2002, Portaria GM/MS nº 3.523/1998 e Resolução RE/Anvisa nº 9/2003.

8.4. Deve haver capela de segurança química, de acordo com a RDC nº 50/2002, onde houver a diluição e fracionamento do formaldeído.

9. Serviços de Verificação de Óbito – SVO

9.1. Os Serviços de Verificação de Óbito – SVO devem atender a Portaria MS/GM nº 1.405/2006 e as especificações desta norma técnica referente ao item 6 – serviço de necropsia e item 7 – serviço de somatoconservação de cadáveres.

9.2. Os Serviços de Verificação de Óbito que realizam necropsias e somatoconservação de cadáveres devem adotar as medidas de biossegurança pertinentes para garantir a saúde dos trabalhadores, conforme o preconizado nesta norma técnica no item 8 – padrões de controle para segurança do ar ambiente e item 16 – saúde dos trabalhadores.

10. Velório

10.1. Os velórios devem ter, pelo menos:

10.1.1. Sala de vigília, com área superior a 20,00 m^2;

10.1.2. Instalações sanitárias com, pelo menos, uma bacia sanitária e um lavatório para cada sexo;

10.1.3. Bebedouro, fora das instalações sanitárias e das salas de vigília.

10.1.4. Copa ou lanchonete em locais próximo.

11. Cemitério

11.1. Os cemitérios horizontais e verticais, doravante denominados cemitérios, devem ser submetidos ao processo de licenciamento ambiental, do órgão competente e atender os requisitos dispostos nas Resoluções Conama nº 335/2003, nº 368/2006 e nº 402/2008.

11.2. No cemitério, deve haver, pelo menos:

11.2.1. Local para administração e recepção.

11.2.2. Depósito de materiais e ferramentas.

11.2.3. Instalações sanitárias, para o público, separadas para cada sexo.

11.2.4. Bebedouro ou água potável para o público.

11.3. Instalações sanitárias, vestiário com armários duplos, refeitório ou local para refeição e fornecimento de água potável para os trabalhadores, devendo atender o preconizado na Norma Regulamentadora nº 24 do Ministério do Trabalho e Emprego.

11.4. Os serviços de alimentação ou lanchonete existentes devem atender a legislação sanitária vigente.

11.5. Os cemitérios que realizam atividades de necropsia devem atender aos itens 6, 7 e 8 desta norma.

11.6. Pelo menos 20% da área do lote do cemitério – excluídos os cemitérios-parques – deve ser destinada à arborização ou ajardinamento, não devendo ser computado neste percentual os jardins sobre jazigos.

11.7. Floreiras, vasos, canaletas, reservatórios, dentre outros recipientes sujeitos ao acúmulo de água, devem ser mantidas em condições sanitárias adequadas, para evitar à proliferação do mosquito *Aedes aegypti*.

11.8. As sepulturas de cemitérios horizontais devem ser construídas e revestidas de modo que dificultem a entrada das águas de chuva ou as provenientes da lavagem externa dos túmulos, bem como do acesso de animais sinantrópicos.

11.9. Nos cemitérios verticais, os lóculos devem ser construídos e convenientemente vedados de modo a evitar a exalação de odores e incômodos aos trabalhadores e visitantes, assim como dotados de dispositivos (chaminés), com saídas devidamente teladas e protegidas de interpéries, que permitam exaustão.

11.11. Os resíduos sólidos resultantes da exumação dos corpos, isentos de restos humanos (membros, ossos ou tecidos orgânicos), são classificados como não perigosos e devem ter destinação ambiental e sanitária adequada, em aterro sanitário de resíduos domiciliares ou equivalente.

11.11.1. Os cemitérios devem dispor de local exclusivo para acondicionamento dos resíduos de exumação, com acesso facilitado para os veículos coletores. Pode ser utilizado contêiner ou outro recipiente similar, desde que dimensionado para o volume de resíduos gerados no cemitério.

11.11.2. Os resíduos de exumação devem ser prontamente recolhidos após o procedimento e encaminhados para um abrigo de resíduo de acesso restrito.

11.11.3. Os resíduos de todas as atividades do cemitério devem ser armazenados de forma a impedir o acesso de pessoas não autorizadas, insetos e outros animais.

11.12. Nos cemitérios devem ser realizado controle de vetores e pragas urbanas por empresas licenciadas pela Vigilância Sanitária.

11.13. Os cemitérios horizontais devem possuir descensores para a descida do caixão na sepultura.

11.14. Os cemitérios verticais devem possuir ascensores para a colocação dos caixões nos lóculos superiores ou outros meios técnicos apropriados, em acordo com a Norma Regulamentadora nº 17, item 17.2.4 e subitens.

11.15. Os corpos sepultados podem estar envoltos por mantas ou urnas constituídas de materiais biodegradáveis, não sendo recomendado o uso de plásticos, tintas, vernizes, metais pesados ou qualquer material nocivo ao meio ambiente, ficando vedado o emprego de material impermeável que impeça a troca gasosa do corpo sepultado com o meio que o envolve.

11.16. Os Equipamentos de Proteção Individual, disposto na Norma Regulamentadora nº 6 do Ministério do Trabalho e Emprego, com redação dada pela Portaria Federal nº 25/2001, para os trabalhadores dos cemitérios (sepultadores, coveiros e oficial de obras) deve contemplar no mínimo:

11.16.1. Respirador tipo PFF2;

11.16.2. Óculos de segurança para proteção dos olhos;

11.16.3. Luvas nitrílicas com forro;

11.16.4. Botas de PVC e cano médio;

11.16.5. Capa de chuva.

11.17. Outros dispositivos devem ser fornecidos aos trabalhadores como chapéu ou boné e protetor solar.

11.18. Deve ser fornecida aos trabalhadores, gratuitamente, vestimenta adequada às atividades desempenhadas, considerando as condições climáticas, não podendo estas serem utilizadas fora do local de trabalho.

12. Inumação

12.1. Na suspeita de óbito decorrente de doença infectocontagiosa, a autoridade sanitária pode solicitar a necropsia para determinar a causa da morte.

12.2. É proibido o uso de caixões metálicos, ou de madeira revestida com material metálico, excetuando-se os destinados:

12.2.1. Aos embalsamados;

12.2.2. Aos exumados;

12.2.3. Aos cadáveres que não serão enterrados com os caixões, como por exemplo nos casos de recolhimento de corpos em locais públicos ou residências. É obrigatório à desinfecção dos caixões após o uso.

12.2.4. Durante o velório o caixão deve manter-se íntegro, ser de formato adequado para conter a pessoa falecida ou partes, com fundo provido de material biodegradável que garanta o não extravasamento de líquidos provenientes do cadáver.

12.3. Outros materiais podem ser utilizados na confecção de caixões, desde que submetidos à aprovação da autoridade sanitária.

12.4. Os caixões podem ser lacrados em casos de óbito de politraumatizados e acidentes graves.

12.5. Na vigência de epidemias ou óbitos em situações de interesse público atentar para as recomendações dos órgãos de vigilância.

12.6. Nos óbitos por doenças infectocontagiosas não há a necessidade de lacrar o caixão ou usar cordões de isolamento durante o velório e sepultamento.

12.6.1. Em situação de dúvida consultar a Vigilância Epidemiológica.

13. Exumação

13.1. O prazo mínimo para a exumação de corpos é de 3 (três) anos, contados da data do óbito, e 2 (dois) anos no caso de criança até a idade de seis anos, inclusive.

13.1.1. Se o cadáver estiver íntegro deve-se inumar novamente.

13.2. Não está sujeita aos prazos fixados no item 13.1 a exumação de caixão funerário inteiro para simples deslocamento dentro do mesmo cemitério, e nos casos de construção, reconstrução ou reforma de túmulos. Deve-se aguardar um prazo mínimo de 60 (sessenta) dias, independentemente de o óbito ter sido ou não causado por doenças infectocontagiosas.

13.3. As exumações podem ser feitas sob a responsabilidade dos órgãos ou entidades responsáveis pelo cemitério, independentemente de comunicação à autoridade sanitária estadual, desde que observados os prazos estabelecidos no item 13.1 e as medidas indicadas no item 11.16 EPI para os sepultadores.

13.4. Fora dos prazos estabelecidos no item 13.1, a exumação de corpos pode ser autorizada, previamente, pela autoridade sanitária estadual quando há interesse público comprovado ou nos de pedido de autoridade judicial para instrução de inquéritos.

13.5. Os trabalhadores devem utilizar os seguintes EPI durante a exumação e de acordo com orientações do Serviço Especializado em Engenharia de Segurança e em Medicina do Trabalho – SESMT: respirador tipo PFF2, óculos de proteção, luvas nitrílicas com forro ou luvas de procedimento (nitrílica ou similar), botas de PVC e cano médio.

14. Cremação

14.1. O crematório deve possuir licença ambiental, de acordo com a legislação ambiental vigente e atender as Resoluções Conama nº 316/2002 e nº 386/2006.

14.2. O crematório deve ser provido de câmaras frias e atender aos requisitos mínimos estabelecidos no item 6.8 e seu subitem 6.8.1.

14.3. A localização do crematório deve ser condizente com as determinações expressas na legislação de uso e ocupação do solo do município e suas instalações devem atender ao disposto no código de obras ou outras posturas municipais, de forma a não provocar incômodos ou outros prejuízos à população circunvizinha.

14.4. Em complemento à legislação ambiental e aos cuidados no ato da incineração previstos nesta norma, o responsável pelo crematório deve providenciar e manter a disposição da autoridade sanitária laudos anuais comprobatórios de que as emissões atmosféricas decorrentes da incineração não acarretam exposição humana a poluentes, dentre eles o mercúrio, e consequentes prejuízos à saúde de trabalhadores, usuários e moradores vizinhos.

14.4. Os corpos podem ser cremados dentro de urnas funerárias (caixões) ou envoltos em tecidos (mantas), desde que estas atendam às seguintes exigências:

14.4.1. Ser de material de fácil combustão;

14.4.2. Ter alças removíveis, sem quaisquer peças metálicas ou de vidro;

14.4.3. Não serem pintados, laqueados ou envernizados;

14.4.4. Quando incinerados, não emitir gases e outros contaminantes atmosféricos, acima dos padrões vigentes, nem deixar resíduos aglutinados.

14.5. Os cadáveres devem ser cremados individualmente, podendo no caso de óbito de gestante, incluir o feto ou natimorto no mesmo processo.

14.6. Os cadáveres devem ser cremados sem marca-passo ou outro dispositivo similar, para evitar o risco de explosões no forno crematório.

14.6.1. No caso de corpo com marca-passo ou outro dispositivo similar, o serviço de cremação deve informar os familiares sobre a necessidade de remoção do equipamento.

14.7. As instalações sanitárias, vestiário, refeitório e aquelas relativas ao fornecimento de água potável para os trabalhadores devem atender o preconizado na Norma Regulamentadora nº 24 do Ministério do Trabalho e Emprego.

14.8. Os trabalhadores devem utilizar Equipamentos de Proteção Individual – EPI, compatíveis com altas e baixas temperaturas, assim caracterizados:

14.8.1. Proteção do tronco e partes dos membros inferiores do trabalhador, para risco de queimaduras provocadas por calor radiante e fagulhas quentes (avental kevlar);

14.8.2. Proteção do tronco, membros superiores e inferiores para baixa temperatura;

14.8.3. Proteção das vias respiratórias: respirador tipo PFF2 contra poeiras nevoas e fumos;

14.8.4. Protetor facial ou óculos de segurança para proteção dos olhos;

14.8.5. Luvas adequadas à função e ao risco das atividades;

14.8.6. Protetor auricular de inserção ou tipo concha;

14.8.7. Botas de PVC.

15. Transporte de Cadáveres

15.1. O transporte de cadáveres só pode ser realizado em carro funerário específico para esse fim.

15.2. O carro funerário deve ter, no local em que pousar o caixão, revestimento de placa metálica ou de outro material impermeável deslizante.

15.3. O carro funerário deve ser higienizado diariamente e após o uso.

15.4. O carro funerário deve dispor de compartimentos separados para o cadáver e para o motorista.

15.5. O transporte dos restos mortais exumados deve ser feito em urna adequada, respeitando os prazos para exumação no item 13 e sob a responsabilidade dos órgãos e entidades responsáveis pelos cemitérios.

15.5.1. As legislações municipais sobre transporte de cadáveres devem ser compatíveis com a legislação estadual e federal pertinente.

15.6. Quando da necessidade de embarque intermunicipal, interestadual ou internacional de restos mortais humanos, em urna funerária, que ocorra por meio de transporte que trafegam em áreas de portos, aeroportos e fronteiras, devem ser seguidas às disposições da RDC Anvisa nº 33/2011.

16. Saúde dos Trabalhadores

16.1. Devem ser asseguradas a todos os trabalhadores, independente do vínculo empregatício ou contratual, condições técnicas, físicas, humanas e de organização do trabalho que impliquem na promoção da saúde e prevenção de acidentes, agravos e doenças relacionadas ao trabalho, adotando medidas preventivas e priorizando as medidas coletivas às individuais, de acordo com a característica das atividades desenvolvidas e dos fatores de risco existentes no local de trabalho, cumprindo o estabelecido na Lei Estadual nº 10.083/1998 (Código Sanitário), Lei Estadual nº 9.505/1995, nas Normas Regulamentadoras sobre Segurança e Medicina do Trabalho do Ministério do Trabalho e Emprego – MTE ou outras disposições legais ou normativas.

16.2. O Programa de Prevenção de Riscos Ambientais (PPRA), conforme previsto na NR nº 9 do Ministério do Trabalho e Emprego deve conter:

16.2.1. A descrição dos riscos relacionados às atividades desenvolvidas pelo estabelecimento;

16.2.2. A avaliação e monitoramento dos riscos e da exposição do trabalhador;

16.2.3. A implantação de medidas de controle necessárias para a eliminação, minimização e controle dos riscos;

16.2.4. Um inventário de produtos químicos perigosos utilizados, que deve servir de base para a elaboração do sistema de controle e definição das medidas de segurança e proteção dos trabalhadores, conforme previsto na Norma Regulamentadora nº 9 e na Norma Regulamentadora nº 32, do Ministério do Trabalho e Emprego.

16.3. O Programa de Controle Médico de Saúde Ocupacional (PCMSO), conforme determinado na Norma Regulamentadora nº 7 do Ministério do Trabalho e Emprego, deve ser elaborado e implantado, baseado nos riscos identificados e mensurados no PPRA.

16.4. Os equipamentos utilizados para proteção respiratória devem estar inseridos em Programa de Proteção Respiratória (PPR), conforme estabelecido na Instrução Normativa Federal nº 01/1994, e devem ter o Certificado de Aprovação (CA) do Ministério do Trabalho e Emprego.

16.5. Deve ser estabelecido Programa de Imunização com disponibilização gratuita a todos os trabalhadores, inclusive os da limpeza, de vacinas contra hepatite B, sarampo, rubéola, caxumba, tétano, difteria, e outras estabelecidas no PCMSO, obedecendo às diretrizes e recomendações do Ministério da Saúde. A vacinação deve ser realizada previamente ao ingresso do profissional de saúde em sua prática diária.

16.6. Os trabalhadores de quaisquer serviços descritos nesta Norma técnica devem receber capacitação inicial e continuada que contenha no mínimo: conhecimentos sobre as rotinas, processo de trabalho, riscos e agravos à saúde, medidas de proteção coletiva e individual, produtos químicos a serem utilizados, normas e procedimentos a serem adotadas no caso de ocorrência de incidentes ou acidentes.

16.7. Devem ser fornecidas aos trabalhadores instruções escritas, de fácil compreensão e em linguagem acessível, sobre os temas especificados no item anterior.

16.8. Em casos de acidentes, incidentes ou danos à saúde dos trabalhadores, mesmo que o trabalhador não necessite ser afastado do trabalho, o empregador deve proceder à notificação previdenciária e epidemiológica, através de Comunicação de Acidente de Trabalho – CAT e Ficha de Notificação do Sistema de Informação de Agravos de Notificação – SINAN, para que sejam tomadas as medidas necessárias para o caso (investigação do acidente, medidas profiláticas etc.).

16.9. O estabelecimento deve implantar fluxo de atendimento médico e de enfermagem para emergência em caso de exposição a material biológico, produtos químicos ou quando da ocorrência de quaisquer outros acidentes, e também procedimentos para acompanhamento e monitoramento dos trabalhadores expostos.

16.10. As instalações sanitárias, vestiários, refeitórios e fornecimento de água potável para os trabalhadores, devem atender o preconizado na Norma Regulamentadora nº 24 do Ministério do Trabalho e Emprego.

16.11. O vestiário deve ser dimensionado de acordo com o número de trabalhadores, possuir armários duplos e ser separados por sexo.

16.12. Todos os Equipamentos de Proteção Individual – EPI devem possuir Certificado de Aprovação – CA do Ministério do Trabalho e Emprego, serem fornecidos gratuitamente de acordo com o biótipo do trabalhador.

16.13. Os trabalhadores não devem deixar o local de trabalho com os EPI.

16.14. As vestimentas utilizadas nos procedimentos de necropsia, somatoconservação de cadáveres, devem ser lavadas, sob a responsabilidade do empregador, de acordo com a Lei Estadual nº 12.254/2006.

16.15. Todos os procedimentos, sejam técnicos ou administrativos, devem estar descritos no Manual de Rotinas do estabelecimento, em linguagem acessível e de fácil acesso ao trabalhador.

17. Disposições Finais

17.1. Devem ser adotadas escalas de trabalho que permitam reduzir o tempo de exposição dos trabalhadores a situações de risco, fazendo rodízios de função.

17.2. Os recipientes, acessórios, utensílios, mobiliários e bancadas de trabalho devem ser adaptados ao trabalhador, de tal forma que a tarefa seja desenvolvida de modo seguro.

17.3. Devem ser fornecidas ordens de serviço de acordo com a Norma Regulamentadora do Ministério do Trabalho e Emprego – NR-1, aos trabalhadores que executam tarefas onde os fatores de risco estejam presentes.

18. Referências Bibliográficas

(*) Disponível em: <www.legisweb.com.br/legislacao/?legislacao=252750>.

ANEXO II
PROCEDIMENTOS PARA EVITAR RESPINGOS E FORMAÇÃO DE AEROSSÓIS

- Todos os procedimentos devem ser realizados de forma a evitar ou minimizar o contato dos trabalhadores com materiais biológicos no manuseio dos cadáveres.
- Deve-se sempre tomar precauções especiais em relação a qualquer objeto perfurocortante, incluindo seringas, agulhas, bisturis, serras, devendo ser assegurado o uso dispositivos de segurança, conforme disposto na NR-32 e Portaria nº 1.748/2011 do MTE.
- Agulhas, seringas ou outros instrumentos perfurocortantes devem ficar restritos na sala de procedimento e devem ser usados somente quando indicados.

ANEXO III
MODELO DE AUTORIZAÇÃO PARA TANATOPRAXIA

Timbre da Empresa

Nome do Responsável Técnico

Eu (...) RG nº (...) estou ciente de que a tanatopraxia não é um procedimento obrigatório, e como representante do falecido, Sr.(a). (...), idade (...) anos, falecido (a) às (...) horas do dia (...), *causa mortis* (...). Declaração de óbito – (...) da cidade (...), Estado (...), recebi as devidas orientações e autorizo a realização do procedimento de tanatopraxia (conservação do corpo) do mesmo.

....

Representante do(a) falecido(a)

....

Responsável da Empresa

Cidade: .... Data......./......./............

ANEXO IV
INFORMAÇÕES SOBRE O FORMALDEÍDO

I. Caracterização da substância química formaldeído e produtos derivados

1 – Identificação

Integra o grupo dos aldeídos; composto químico orgânico representado pela fórmula química: CH2O, e fórmula estrutural H2C=O.

Registrado sob número CAS: 50-00-0

Descrição: nas condições normais de temperatura e pressão é um gás inflamável, incolor, de odor penetrante característico e sufocante. Tem tendência a polimerizar-se. Nas soluções aquosas adiciona-se metanol, forma como é comercializado, em soluções de formaldeído a 37%, 44% ou 50%, apresentando-se como líquido, claro ou incolor. Tem limiar de odor em 0.05 ppm, é ácido, com pH: 2,8-4,0 na solução 32-50 % p/p.

Comercializado em soluções de formaldeído a 37%, 44% ou 50%. O número ONU: 1198= solução inflamável; 2209= solução com no mínimo 25% de formaldeído. Classe de risco = 8.

Sinônimo: aldeído fórmico, formalit, metanal, metaldeído, óxido de metileno, oximetileno, oxometano. Adicionado de água e metanol recebe o nome de formalina ou formol.

Peso molecular: 30,03

Ponto de fusão: -92ºC (menos noventa e dois graus Celsius)

Ponto de ebulição: ºC (decompõe-se)

Solubilidade: a 20,5ºC (RAD) em água, etanol, acetona é de \>=100 mg/ml.

Temperatura de autoignição: 300ºC

Ponto de fulgor: 63 – 85ºC

Limite de explosividade: 7,0% V/V (inferior) e 73% V/V (superior)

Densidade do vapor: 1.0

Densidade: 1,100 a 1,150 a 20ºC

Pressão de vapor/volatilidade: 93,60 mm Hg a 38ºC (RAD)

Inflamabilidade: Ponto de inflamação: 85ºC cc (185 F). É um composto combustível.

Estabilidade e Reatividade (18): Instabilidade: produto estável, porém podem ocorrer polimerizações em temperaturas acima de 40ºC. Reações perigosas: na presença de oxidantes fortes. Condições a evitar: calor, chama, fontes de ignição. Materiais ou substâncias incompatíveis: cloretos, ácidos, álcalis, agentes oxidantes, isocianatos e anidridos. Produtos perigosos de decomposição: a queima pode produzir gases tóxicos e irritantes além gás carbônico (CO_2) e monóxido de carbono (CO).

2. Mecanismos de Ação: o formaldeído tem potente ação biocida, é bactericida, virucida, fungicida e esporicida, sendo um potente oxidante, que reage com vários compostos orgânicos nas células, razão pela qual deprime suas funções, levando-as à morte.

3. Toxicidade

3.1. Efeitos Adversos na Saúde Humana

O formaldeído é um irritante primário. Por ser muito solúvel em água, irrita membranas mucosas do nariz, trato respiratório superior e olhos. O padrão geral da resposta respiratória é semelhante ao produzido pelo dióxido de enxofre.

Efeitos Locais (agudas e crônicas)

Via respiratória/inalação: Os vapores são altamente irritantes da mucosa do aparelho respiratório. Resulta em mal-estar, dor de cabeça, distúrbios do sono e irritabilidade, podendo comprometer a destreza, memória e equilíbrio. Em alta concentração ou por exposição prolongada provocam: tosse, crise asmática, laringite, rouquidão, bronquite, broncopneumonia, edema pulmonar, podendo haver complicação e levar à morte.

Via cutânea, olhos e mucosa: causa dermatite de contato e hipersensibilidade, rachaduras na pele (ressecamento) e ulcerações principalmente entre os dedos; nos olhos, causa irritação, lacrimejamento, conjuntivite, pode causar severa queimadura nos olhos, lesão na córnea, podendo chegar à cegueira. O líquido causa queimadura de primeiro grau em curta exposição. A alteração das unhas é característica, notando-se escurecimento e amolecimento das pontas dos dedos.

Via digestiva/ingestão: causa severa irritação no trato gastrintestinal, náuseas, vômitos, diarreia, ulceração e necrose. Uma dose de 100 ml da solução pode ser fatal.

Efeitos sistêmicos: acidose metabólica devido ao seu metabolismo; poderão ocorrer lesões renais como oligúria, albuminúria, hematúria e a anúria; queda da pressão arterial, agitação, espasmos, narcose, coma. Os sintomas podem manifestar-se após ter decorrido o período de latência. As perturbações respiratórias e a opressão podem ser seguidas de síncope. A morte ocorre por insuficiência circulatória.

Há diversas informações sobre a relação dose-resposta, como por exemplo:

Concentração de formaldeído no ar de 1 a 3 ppm = irritação nos olhos, nariz e garganta;

Concentração de formaldeído no ar entre 4 e 5 ppm = muitos indivíduos não suportam uma exposição prolongada;

Concentração de formaldeído no ar entre 10 a 20 ppm = irritação imediata nos olhos, sensação de queimadura aguda no nariz e garganta, dificuldade de respirar profundamente, espirros, tosse; recuperação é rápida destes efeitos transitórios;

Concentração de formaldeído no ar de 5 a 30 ppm = efeitos pulmonares, obstrução crônica pulmonar;

Concentração de formaldeído no ar de 50 a 100 ppm com exposição estimada por 5 a 10 minutos de pode causar lesão e diminuir a passagem respiratória;

Concentração de formaldeído no ar 100 ppm resulta em morte;

Ingestão de grandes quantidades de formaldeído pode provocar irritação gastrointestinal, dor, vômito, coma e possivelmente a morte. A EPA recomenda que os adultos não tomem água que contenha mais de 1 mg de formaldeído por litro de água (1 mg/l) para exposição em sua vida; e às crianças que não tomem água que contenha mais de 10 mg/l por um período de 1 dia a 5 mg/l por 10 dias.

Carcinogenicidade:

– para humanos: formaldeído foi incluído no grupo 1 que designa os carcinogênicos comprovados para humanos, na monografia 88, ano 2006 pela IARC. A associação positiva é de carcinoma na região nasofaringe e leucemia, em particular leucemia mielóide, em trabalhadores expostos.

– para animais: desde 1984 o Programa Nacional de Toxicologia dos EUA, no *Fourth Annual Report on Carcinogens* considerou que o formaldeído é um agente cancerígeno nas seguintes doses para ratos: por via oral, 1.170 mg/kg; por via dérmica 350 mg/kg e por via inalatória 15 ppm/ 6 horas.

Teratogenicidade: não existem evidências convincentes quanto a teratogenicidade para seres humanos e animais.

Efeitos na reprodução: não existem evidências convincentes quanto aos efeitos na reprodução para seres humanos e animais.

3.2 – Ecotoxicidade

Impacto Ambiental: o formaldeído é passível de biodegradação rápida, não bioacumulativa na cadeia alimentar. O formaldeído se dissolve facilmente, mas não dura muito na água. Oxida-se lentamente a ácido fórmico e monóxido de carbono em presença do ar. Definido como resíduo tóxico pela EPA. Classe de risco 8, produto líquido inflamável corrosivo – ONU 1198 e 2209.

Ecotoxicidade: é muito tóxica para organismos aquáticos. Toxicidade para peixes: *Brachidanio rerio* CL50 = 41 mg/L/96hs; *Pimephales promelas* CL50 = 24 mg/L/96hs. Toxicidade para algas: *Phyllospora comosa* NOEC \< 100 mg/L/96hs. Toxicidade para aves: *Anas platyrhynchos* CL50 5.000 ppm/8 dias.

Outras informações:

Precauções Ambientais: evitar a emissão de gases para a o meio ambiente. Evitar a contaminação dos cursos d'água vedando a entrada de galerias de águas pluviais (boca de lobo). Evitar que resíduos do produto derramado atinjam coleções de água construindo diques com terra, areia ou outro material absorvente, como pó de cimento, adicione bissulfeto de sódio. No caso de contaminação de água se a concentração foi igual ou superior a 10 ppm, adicionar carvão ativado, com a finalidade adsorver o produto.

Prevenção de perigos secundários: evitar que o produto contamine riachos, lagos, fontes de água, poços, esgotos pluviais e efluentes.

Métodos para Limpeza: não utilizar ferramentas ou equipamentos que gerem faíscas. Absorver a substância com areia ou outro material absorvedor e dispor em recipiente de poliuretano para posterior descarte ou reciclagem. O material pode ser dissolvido ou misturado com solvente combustível e queimado em um incinerador químico devidamente regulamentado.

Métodos para neutralização: é possível neutralizar o formaldeído somente quando existir a certeza de que a concentração é menor que 2%. Para isso utiliza-se hipoclorito de sódio com cautela uma vez que este procedimento acarreta uma reação exotérmica muito intensa. Nas situações em que a concentração exceder 2% tratar conforme descrito acima no Item Métodos para limpeza.

Métodos para disposição do produto: desativar o produto através de incineração em fornos destinados para este tipo de operação, equipados com câmaras de lavagem de gases efluentes e aprovados por órgão competente. Restos de produtos: não são recomendadas evaporação ou hidrólise alcalina com restos do produto, os mesmos devem ser tratados conforme descrito acima.

Seguir a orientação do fabricante do produto.

PORTARIA CVS Nº 5, DE 9 DE ABRIL DE 2013

Aprova o regulamento técnico sobre boas práticas para estabelecimentos comerciais de alimentos e para serviços de alimentação, e o roteiro de inspeção, anexo.

A Diretora Técnica do Centro de Vigilância Sanitária, da Coordenadoria de Controle de Doenças, da Secretaria de Estado da Saúde de São Paulo, no uso de suas atribuições legais e tendo em vista o disposto na Lei Estadual nº 10.083, de 23 de setembro de 1998: art. 2º, inciso III; arts. 3º, 5º, 37, 38, 39, 59, 60, 63 e 122, inciso XI; e considerando a necessidade de aperfeiçoar as ações de vigilância sanitária de alimentos, visando à proteção à saúde da população do estado de São Paulo, resolve:

Art. 1º. Aprovar o Regulamento Técnico de Boas Práticas para Estabelecimentos Comerciais de Alimentos e para Serviços de Alimentação, e o Roteiro de Inspeção, anexo.

§ 1º. A avaliação do cumprimento do Regulamento Técnico dar-se-á por intermédio do Roteiro de Inspeção.

§ 2º. Devem ser atendidos de imediato, os itens discriminados no Roteiro de Inspeção que são pertinentes às atividades desenvolvidas pelo estabelecimento comercial de alimentos e pelo serviço de alimentação, não se excluindo a obrigatoriedade destes cumprirem outras exigências relativas ao controle sanitário dos alimentos.

Art. 2º. O descumprimento desta Portaria constitui infração sanitária, sujeitando os infratores às penalidades nos temos da Lei nº 10.083, de 23 de setembro de 1998.

Art. 3º. Esta Portaria entra em vigor na data de sua publicação.

Art. 4º. Ficam revogadas as Portaria CVS nº 6, de 10 de março de 1999 e a Portaria CVS nº 18, de 9 de setembro de 2008.

DOE de 19.4.2013

REGULAMENTO TÉCNICO DE BOAS PRÁTICAS PARA ESTABELECIMENTOS COMERCIAIS DE ALIMENTOS E PARA SERVIÇOS DE ALIMENTAÇÃO

Capítulo I
DAS DISPOSIÇÕES INICIAIS

Seção I
Objetivo

Art. 5º. Este Regulamento tem como objetivo estabelecer os requisitos essenciais de Boas Práticas e de Procedimentos Operacionais Padronizados para os estabelecimentos comerciais de alimentos e para os serviços de alimentação, a fim de garantir as condições higiênico-sanitárias dos alimentos.

Seção II
Abrangência

Art. 6º. Este Regulamento se aplica aos estabelecimentos comerciais de alimentos e serviços de alimentação, cujas respectivas definições encontram-se apresentadas na Seção III.

Seção III
Definições

Art. 7º. Para efeito deste Regulamento Técnico são adotadas as seguintes definições:

I – alimento: toda substância ou mistura no estado sólido, líquido, pastoso ou qualquer outra forma adequada, destinada a fornecer ao organismo humano os nutrientes necessários para sua formação, manutenção e desenvolvimento, e satisfazer as necessidades sensoriais e socioculturais do indivíduo;

II – alimento preparado: aquele manipulado em serviços de alimentação, exposto à venda, embalado ou não;

III – antissepsia: operação destinada à redução de micro-organismos presentes na pele, em níveis seguros.

IV – antisséptico: são substâncias aplicadas à pele para reduzir o número de agentes da microbiota transitória e residente;

V – autoridade Sanitária: funcionário público investido de função fiscalizadora, competente para fazer cumprir as leis e regulamentos sanitários na sua demarcação territorial, com livre acesso a todos os locais sujeitos à legislação sanitária, observados os preceitos constitucionais;

VI – Boas Práticas: procedimentos que devem ser adotados para garantir a qualidade higiênico-sanitária dos alimentos;

VII – contaminantes: substâncias de origem biológica, química ou física, estranhas ao alimento, que comprometem sua integridade e que são nocivas à saúde humana;

VIII – contaminação cruzada: transferência da contaminação de uma área ou produto para áreas ou produtos anteriormente não contaminados, por meio de superfícies de contato, mãos, utensílios e equipamentos, entre outros;

IX – controle: condição obtida pelo correto cumprimento dos procedimentos e do atendimento dos critérios estabelecidos;

X – controle integrado de vetores e pragas urbanas: sistema de ações preventivas e corretivas, incluindo medidas físicas, químicas e biológicas destinadas a impedir a atração, o abrigo, o acesso e/ou a proliferação de vetores e pragas urbanas, que comprometam a qualidade higiênico-sanitária e a segurança do alimento;

XI – cozinhas industriais: estabelecimentos que preparam e fornecem alimentos prontos em larga escala, para o consumo coletivo no local, ou não, de comunidades fechadas ou fixas, como indústrias, empresas, bufês, e instituições como presídios, quartéis, entre outros;

XII – desinfecção: operação por método físico e/ou químico, de redução parcial do número de microrganismos patogênicos ou não, situados fora do organismo humano e não necessariamente matando os esporos;

XIII – desinfetante: produto que elimina ou reduz microrganismos patogênicos ou não de superfícies inanimadas, mas não necessariamente as formas microbianas esporuladas;

XIV – Doenças Transmitidas por Alimentos (DTA): doenças causadas pela ingestão de alimentos ou bebidas contaminados com microrganismos patogênicos;

XV – embalagem: recipiente, pacote ou invólucro destinado a garantir a conservação e facilitar o transporte e manuseio dos alimentos;

XVI – estabelecimento: edificação, área ou local onde são desenvolvidas atividades relacionadas à produção, manipulação, acondicionamento, transporte, armazenamento, distribuição, embalagem, reembalagem, fracionamento e/ou comercialização de alimentos;

XVII – estabelecimentos comerciais de alimentos: unidades do comércio varejista e atacadista, cuja atividade predominante é a exposição de alimentos industrializados, produtos hortifrutigranjeiros, carnes e pescados, podendo inclusive, expor alimentos preparados, embalados ou não, para venda direta ao consumidor, pessoa física ou jurídica. Exemplos: hipermercados, supermercados, mercearias, padarias, açougues, comércios atacadistas de produtos alimentícios de todos os tipos;

XVIII – fracionamento: operação pela qual o alimento é dividido e acondicionado para atender a sua distribuição, comercialização e disponibilização ao consumidor;

XIX – higienização: operação que compreende duas etapas, a limpeza e a desinfecção;

XX – higienização das mãos: ato de higienizar as mãos com água, sabonete líquido e um agente antisséptico;

XXI – ingrediente: é toda substância, incluídos os aditivos alimentares, que se emprega na fabricação ou preparo dos alimentos e que está presente no produto final em sua forma original ou modificada;

XXII – limpeza: operação de remoção de sujidades, substâncias minerais e/ou orgânicas indesejáveis à qualidade do alimento, tais como terra, poeira, resíduos alimentares, gorduras, entre outras;

XXIII – lote: é o conjunto de produtos de um mesmo tipo, processados pelo mesmo fabricante ou fracionador, em um espaço de tempo determinado, sob condições essencialmente iguais;

XXIV – manipulação de alimentos: operações efetuadas sobre matérias-primas para obtenção de um alimento e sua entrega ao consumo, envolvendo as etapas de preparação, fracionamento, embalagem, armazenamento, transporte, distribuição e exposição à venda, entre outras;

XXV – manipulador de alimentos: toda pessoa que trabalhe num estabelecimento comercial de alimentos ou serviço de alimentação, que manipule ingredientes e matérias-primas, equipamentos e utensílios utilizados na produção, embalagens, produtos alimentícios embalados ou não, e que realizem fracionamento, distribuição e transporte de alimentos;

XXVI – manual de Boas Práticas: documento que descreve as operações específicas realizadas num estabelecimento comercial de alimentos ou serviço de alimentação, incluindo, no mínimo, os requisitos higiênico-sanitários dos edifícios, a manutenção e higienização das instalações, dos equipamentos e dos utensílios, o controle da qualidade da água para consumo humano, o controle integrado de vetores e pragas urbanas, a capacitação profissional, o controle da higiene e saúde dos manipuladores, o manejo de resíduos e o controle e a garantia da qualidade do produto final;

XXVII – matéria-prima: toda substância, que para ser utilizada como alimento necessita sofrer tratamento e/ou transformação de natureza física, química ou biológica;

XXVIII – perigo: agente biológico, químico ou físico, presente no alimento, ou condição apresentada pelo alimento que pode causar efeitos adversos a saúde;

XXIX – pré-preparo: etapa onde os alimentos sofrem operações preliminares de seleção, escolha, higienização, corte, fracionamento, moagem, tempero e/ou adição de outros ingredientes;

XXX – Procedimento Operacional Padronizado (POP): procedimento escrito de forma objetiva que estabelece instruções sequenciais para a realização de operações rotineiras e específicas na manipulação de alimentos;

XXXI – produção: conjunto de setores do processo de elaboração de alimentos, compreendendo desde a recepção e controle de ingredientes e matérias-primas (industrializadas, congeladas, resfriadas, pré-preparadas), inclusive seu armazenamento, e as áreas de pré-preparo e preparo, cocção, resfriamento, até as operações de higienização, fracionamento e oferta dos produtos;

XXXII – registro: anotação de um ato, em planilha ou outro documento, apresentando a data e identificação do funcionário responsável pelo seu preenchimento;

XXXIII – resíduos: materiais a serem descartados;

XXXIV – Responsável Técnico (RT): profissional legalmente habilitado, responsável pela qualidade e segurança do estabelecimento e dos alimentos perante os órgãos de vigilância sanitária;

XXXV – risco: estimativa da probabilidade de ocorrer um perigo físico-químico ou biológico que possa afetar a inocuidade do alimento;

XXXVI – rotulagem: inscrição, legenda, imagem ou qualquer matéria descritiva ou gráfica que seja indelével, sob forma escrita, impressa, estampada, gravada ou colada sobre a embalagem do alimento;

XXXVII – rótulo: qualquer identificação impressa ou litografada bem como os dizeres pintados ou gravados a fogo por pressão ou decalcação aplicados sobre o recipiente, vasilhame envoltório, cartucho ou qualquer outro tipo de embalagem do alimento ou sobre o que acompanha o continente;

XXXVIII – sanitizante: é um agente ou produto que reduz o número de bactérias a níveis seguros de acordo com as normas de saúde;

XXXIX – saneantes: substâncias ou formulações destinadas à higienização, desinfecção, desinfestação, desodorização e odorização de ambientes domiciliares, coletivos e/ou públicos, para aplicação por qualquer pessoa para fins domésticos ou entidades especializadas para fins profissionais;

XL – serviços de alimentação: empresas comerciais (exemplos: restaurantes de todo tipo inclusive industriais, lanchonetes, bufês, entre outros) ou serviços incluídos em instituições sociais (exemplos: cozinhas de creches, escolas, asilos, hospitais, entre outros), cuja atividade predominante é a preparação e a oferta de refeições prontas para consumo individual ou coletivo, servidas, principalmente, no mesmo local;

XLI – sobras de alimentos: o alimento que não foi distribuído e que foi conservado adequadamente, incluindo-se a sobra do balcão térmico ou refrigerado, quando se tratar de alimento pronto para o consumo;

XLII – surtos: episódio em que duas ou mais pessoas apresentam doença semelhante após ingerirem alimentos e/ou água da mesma origem;

XLIII – transportador de alimento: é a empresa que realiza o transporte de ingredientes, matérias-primas e embalagens alimentícias, e de alimentos industrializados ou manipulados, prontos ou não para o consumo;

XLIV – veículo transportador de alimento: é o veículo que realiza o transporte de ingredientes, matérias-primas e embalagens alimentícias, e de alimentos industrializados ou manipulados, prontos ou não para o consumo.

Capítulo II
HIGIENE E SAÚDE DOS FUNCIONÁRIOS, RESPONSABILIDADE TÉCNICA E CAPACITAÇÃO DE PESSOAL

Seção I
Controle de saúde dos funcionários

Art. 8º. Para evitar a veiculação de doenças aos consumidores pelos produtos alimentícios, a saúde do manipulador de alimentos deve ser comprovada por meio de atestados médicos, exames e laudos laboratoriais originais ou suas cópias. Estes documentos devem permanecer à disposição da autoridade sanitária sempre que solicitados, no efetivo local de trabalho do manipulador, ou seja, no serviço de alimentação ou no estabelecimento comercial de alimentos. A periodicidade dos exames médicos e laboratoriais deve ser anual, mas poderá ser reduzida a critério do médico responsável da empresa. Dependendo das ocorrências endêmicas de certas doenças, a periodicidade deverá obedecer às exigências dos órgãos de Vigilância Sanitária e Epidemiológica.

Parágrafo único. Os funcionários de serviços de alimentação e estabelecimentos comerciais de alimentos estão sujeitos também, aos exames exigidos pelo Programa de Controle Médico de Saúde Ocupacional (PCMSO) e da Norma Regulamentadora vigente, do Ministério do Trabalho e Emprego, cujo objetivo é avaliar e prevenir problemas de saúde consequentes da atividade profissional. Este controle deve ser realizado por médico especializado em Medicina do Trabalho. A comprovação dos exames do PCMSO e o Atestado de Saúde Ocupacional (ASO) podem também ser exigidos pela Autoridade Sanitária.

Art. 9º. Não devem manipular alimentos, os funcionários que apresentam patologias ou lesões de pele, mucosas e unhas, feridas ou cortes nas mãos e braços, infecções oculares, pulmonares ou orofaríngeas e infecções/infestações gastrintestinais agudas ou crônicas. O funcionário deverá ser encaminhado para exame médico e tratamento, e afastado das atividades de manipulação de alimentos, enquanto persistirem essas condições de saúde.

Seção II
Higiene e segurança dos funcionários

Art. 10. Asseio e estética dos manipuladores de alimentos: banho diário; barba e bigode raspados diariamente; unhas curtas, limpas, sem esmalte ou base; maquiagem leve. É vedada a utilização de adornos, por exemplo: colares, amuletos, pulseiras, fitas, brincos, *piercing*, relógio, anéis e alianças, entre outros. Os objetos necessários para uso no trabalho tais como, caneta, lápis, papéis, termômetro, entre outros, devem ser colocados nos bolsos inferiores do uniforme.

Art. 11. Uniformes: bem conservados e limpos, com troca diária e utilização somente nas dependências internas da empresa; cabelos presos e totalmente protegidos; sapatos fechados, antiderrapantes, em boas condições de higiene e conservação; botas de borracha, para a limpeza e higienização do estabelecimento ou quando necessário.

Parágrafo único. A empresa deve dispor, em local de fácil acesso, de Equipamentos de Proteção Individual (EPI), limpos e em bom estado de conservação, em número suficiente e em tamanhos adequados, considerando-se o quadro de funcionários e visitantes e as atividades desenvolvidas no local. É obrigatório o uso de Equipamentos de Proteção Individual (EPI), tais como blusas, capa com capuz, luvas e botas impermeáveis para trabalhos em câmaras frias, ou para trabalhos que frequentemente alternem ambientes quentes e frios, ou quando necessário. É vedado o uso de panos ou sacos plásticos para proteção do uniforme. O uso de avental plástico deve ser restrito às atividades onde há grande quantidade de água e não deve ser utilizado próximo à fonte de calor. Nenhuma peça do uniforme deve ser lavada dentro da cozinha.

Art. 12. Os manipuladores de alimentos devem adotar procedimentos de antissepsia frequente das mãos, especialmente antes de usar utensílios higienizados e de colocar luvas descartáveis. A manipulação de alimentos prontos para o consumo, que sofreram tratamento térmico ou que não serão submetidos a tratamento térmico, bem como a manipulação de frutas, legumes e verduras já higienizadas, devem ser realizadas com as mãos previamente higienizadas, ou com o uso de utensílios de manipulação, ou de luvas descartáveis. Estas devem ser trocadas e descartadas sempre que houver interrupção do procedimento, ou quando produtos e superfícies não higienizadas forem tocados com as mesmas luvas, para se evitar a contaminação cruzada.

§ 1º. O uso da luva descartável de borracha, látex ou plástico não é permitido em procedimento que envolva calor, como cozimento e fritura e também, quando se usam máquinas de moagem, tritura, mistura ou outros equipamentos que acarretem riscos de acidentes.

§ 2º. Luvas de malha de aço devem ser utilizadas durante o corte e desossa de carnes. Luvas térmicas devem ser utilizadas em situações de calor intenso, como cozimento em fornos e devem estar conservadas e limpas.

§ 3º. A luva nitrílica (borracha) de cano longo é obrigatória na manipulação de produtos saneantes durante a higienização do ambiente, equipamentos e utensílios, coleta e transporte de lixo, higienização de contentores de lixo e limpeza de sanitários.

§ 4º. É vetado o uso de máscara nasobucal.

Art. 13. Durante a manipulação dos alimentos é vetado: falar, cantar, assobiar, tossir, espirrar, cuspir sobre os produtos; mascar goma, palito, fósforo ou similares; chupar balas, comer ou experimentar alimentos com as mãos; tocar o corpo, colocar o dedo no nariz, ouvido, assoar o nariz, mexer no cabelo ou pentear-se; enxugar o suor com as mãos, panos ou qualquer peça da vestimenta; fumar; tocar maçanetas, celulares ou em qualquer outro objeto alheio à atividade; fazer uso de utensílios e equipamentos sujos; manipular dinheiro e praticar outros atos que possam contaminar o alimento.

Art. 14. Os funcionários devem higienizar as mãos sempre que necessário e especialmente: ao chegar ao trabalho; utilizar os sanitários; tossir, espirrar ou assoar o nariz; usar esfregões, panos ou materiais de limpeza; fumar; recolher lixo e outros resíduos; tocar em sacarias, caixas, garrafas e sapatos; tocar em alimentos não higienizados ou crus; houver interrupção do serviço e iniciar um outro; pegar em dinheiro.

Art. 15. Devem ser afixados cartazes sobre o procedimento correto da higienização das mãos em pias exclusivas para este fim, instaladas estrategicamente na linha de produção e inclusive, nos lavatórios dos banheiros e vestiários.

Parágrafo único. Instruções para a higienização de mãos: umedecer as mãos e antebraços com água; lavar com sabonete líquido, neutro, inodoro e com ação antisséptica. Massagear bem as mãos, antebraços, entre os dedos e unhas, por pelo menos 3 minutos; enxaguar as mãos e antebraços e secá-los com papel toalha descartável não reciclado ou outro procedimento não contaminante, e coletor de papel acionado sem contato manual. Os produtos de higiene com ação antisséptica devem ser aprovados pela Agência Nacional de Vigilância Sanitária (ANVISA) para antissepsia de mãos.

Seção III
Responsabilidade Técnica e Capacitação de Pessoal

Art. 16. As cozinhas industriais e os serviços de nutrição e dietética hospitalares devem ter um Responsável Técnico inscrito no órgão fiscalizador de sua profissão, cuja categoria profissional seja competente e regulamentada para a área de alimentos.

Art. 17. Nos estabelecimentos comerciais de alimentos e serviços de alimentação, aos quais não se exige um Responsável Técnico profissional, a responsabilidade pela elaboração, implantação e manutenção de Boas Práticas pode estar a cargo do proprietário do estabelecimento, ou de funcionário capacitado, que trabalhe efetivamente no local, acompanhe integralmente o processo de produção e implemente os parâmetros e critérios estabelecidos neste Regulamento. Este funcionário deve ser comprovadamente submetido a curso de capacitação em Boas Práticas oferecido por instituição de ensino ou qualificação profissional ou pela vigilância sanitária, cujo conteúdo programático mínimo deve abordar os seguintes temas: doenças transmitidas por alimentos; higiene e saúde dos funcionários; qualidade da água e controle integrado de pragas; qualidade sanitária na manipulação de alimentos; Procedimentos Operacionais Padronizados para higienização das instalações e do ambiente.

Art. 18. O Responsável Técnico, profissional ou não, deve ter autoridade e competência para:

I – capacitar os funcionários nas Boas Práticas de manipulação incluindo aspectos de segurança e saúde no trabalho;

II – elaborar, atualizar e implementar o manual de Boas Práticas e os Procedimentos Operacionais Padronizados específicos para o estabelecimento;

III – acompanhar as inspeções realizadas pela autoridade sanitária e prestação de informações necessárias, sobre o processo de produção e procedimentos adotados;

IV – notificar o órgão de vigilância epidemiológica os surtos de doenças transmitidas por alimentos.

Art. 19. Os estabelecimentos comerciais de alimentos e serviços de alimentação devem possuir um programa próprio ou terceirizado de capacitação de pessoal em Boas Práticas, mantendo-se em arquivo o registro nominal da participação dos funcionários. A referida capacitação deve ser realizada na admissão de novos funcionários ou sempre que necessário.

Seção IV
Visitantes

Art. 20. Todas as pessoas que não fazem parte da equipe de funcionários da área de alimentos são consideradas visitantes. Devem estar minimamente informadas sobre Boas Práticas de manipulação de alimentos e cumprir os requisitos de higiene e saúde estabelecidos para os funcionários. Os visitantes, que no exercício de suas funções necessitem supervisionar ou fiscalizar os procedimentos de Boas Práticas, ou executar manutenção e instalação de equipamentos, devem estar devidamente uniformizados com avental, rede ou gorro para proteção dos cabelos, e quando necessário, com botas ou protetores para os pés, fornecidos pela empresa.

Capítulo III
QUALIDADE SANITÁRIA DA MANIPULAÇÃO DE ALIMENTOS

Seção I
Recepção e controle de mercadorias

Art. 21. Os entregadores de matérias-primas, ingredientes, embalagens, alimentos industrializados ou prontos para consumo, assim como seus veículos de transporte, devem se apresentar em condições de higiene. Sua recepção deve ocorrer em área exclusiva para este fim, protegida de chuva, sol, poeira e livre de materiais ou equipamentos inservíveis.

Art. 22. As embalagens de matérias-primas, ingredientes, alimentos industrializados ou prontos para consumo devem estar limpas e íntegras, os dizeres de rotulagem devem ser conferidos.

Art. 23. No ato do recebimento de matérias--primas, ingredientes, alimentos industrializados ou prontos para consumo devem se realizar avaliações quantitativas, qualitativas e sensoriais (cor, gosto, odor, aroma, aparência, textura, consistência e sabor) dos produtos de acordo com os padrões de identidade e qualidade definidos.

Art. 24. No ato do recebimento de matérias--primas, ingredientes, alimentos industrializados ou prontos para consumo, devem ser conferidas e registradas em planilhas próprias, as temperaturas dos produtos que necessitam de condições especiais de conservação, conforme as indicações a seguir:

Congelados	-12ºC (doze graus Celsius negativos) ou temperatura menor, ou conforme recomendação do fabricante	
Refrigerados	Pescados	de 2 a 3ºC (dois a três graus Celsius) ou conforme recomendação do estabelecimento produtor
	Carnes	de 4 a 7ºC (quatro a sete graus Celsius) ou conforme recomendação do frigorífico produtor
	Demais produtos	de 4 a 10ºC (quatro a dez graus Celsius) ou conforme recomendação do fabricante

Art. 25. Os alimentos industrializados, quando embalados na ausência dos consumidores, devemapresentar as informações de rotulagem de acordo com a legislação vigente: nome do produto; lista de ingredientes; conteúdo líquido; razão social, endereço completo e CNPJ do fabricante (ou do produtor, ou do importador, ou do distribuidor); identificação do lote; prazo de validade; instruções sobre a conservação, o preparo e o uso do produto; e número de registro na ANVISA ou no Ministério da Agricultura, Pe-cuária e Abastecimento (MAPA), quando for o caso. Assim como, devem apresentar a informação nutricional exigida pela legislação vigente: valor energético, carboidratos, proteínas, gorduras totais, gorduras saturadas, gorduras trans, fibra alimentar e sódio.

Seção II
Armazenamento de produtos

Art. 26. As matérias-primas, os ingredientes, as embalagens e outros produtos devem ser armazenados em local limpo, organizado, ventilado, sem receber luz solar direta, livre de entulho ou material tóxico, e de acordo com as características intrínsecas do alimento e as recomendações do produtor. Armazenar separadamente dos alimentos, os materiais de limpeza, embalagens e descartáveis.

Art. 27. As embalagens de madeira e de uso único, provenientes diretamente do fabricante ou produtor, utilizadas para o acondicionamento de peixes salgados e secos e alguns tipos de frutas, devem apresentar rotulagem e ser armazenadas em equipamento de refrigeração exclusivo. Na impossibilidade, as mesmas devem ser separadas dos demais produtos. Ficam vetados outros tipos de caixas de madeira nas áreas de armazenamento. Caixas de papelão podem permanecer sob refrigeração ou congelamento, se armazenadas em local delimitado, ou num equipamento exclusivo para este fim e não devem apresentar sinais de umidade ou bolores.

Art. 28. Os alimentos, ou recipientes com alimentos, não devem estar em contato direto com o piso. As matérias-primas, os ingredientes e as embalagens devem ser armazenados sobre paletes, prateleiras e ou estrados, estando estes obrigados a manter distâncias necessárias do forro, das paredes e do piso, para garantir adequada ventilação, limpeza e quando for o caso, a desinfecção do local ou a circulação de pessoas. Os paletes, prateleiras e/ou estrados devem ser de material liso, resistente, impermeável e lavável.

Art. 29. Os produtos reprovados na recepção, ou com prazo de validade vencido, inclusive aqueles destinados para devolução ao fornecedor, devem ser identificados, colocados em local apropriado e fora da área de produção. Não é permitido comercializar alimentos com embalagens que apresentem sujidades, rasgadas e/ou furadas; latas amassadas, com ferrugem e/ou estufadas.

Art. 30. Matérias-primas e ingredientes que sofrerem fracionamento ou forem transferidos de suas embalagens originais, devem ser manipulados com utensílio exclusivo e acondicionados em recipientes adequados, identificados com o rótulo original, ou através de etiquetas contendo: nome do fornecedor ou do fabricante, nome e marca do produto, modo de conservação, prazo de validade e data de transferência. Alimentos preparados crus, manipulados, parcialmente cozidos, ou prontos para o consumo, devem ser armazenados sob refrigeração, protegidos e identificados com, no mínimo, as seguintes informações: designação, data de preparo e prazo de validade.

Art. 31. Acondicionar alimentos destinados à refrigeração em volumes que permitam adequado resfria-mento do centro geométrico do produto. Quando houver necessidade de armazenar diferentes alimentos num mesmo refrigerador, aqueles prontos ao consumo devem estar dispostos nas prateleiras superiores, os pré-preparados nas prateleiras do meio e os produtos crus nas prateleiras inferiores, separados entre si e dos demais produtos. O refrigerador deve estar regulado para o alimento que necessitar a temperatura mais baixa.

Art. 32. Produtos crus, ou minimamente processados, ou que exalem odor, ou exsudem devem ser armazenados em equipamentos diferentes dos produtos termicamente processados. Não estocar os alimentos sob condensadores e evaporadores das câmaras frigoríficas, para evitar a contaminação.

Art. 33. Os equipamentos de refrigeração e freezers devem apresentar-se em bom estado de conservação e higiene e adequados quanto ao volume de produto armazenado. É proibido desligá-los com objetivo de economizar energia e utilizar termômetros de haste de vidro para controlar suas temperaturas.

Art. 34. As temperaturas de armazenamento de produtos sob congelamento e sob refrigeração devem obedecer às recomendações dos fabricantes indicadas nos rótulos. Na ausência destas informações e para alimentos preparados no estabelecimento devem ser usadas as recomendações a seguir:

I – produtos congelados:

Temperatura recomendada (°C)	Prazo de validade (dias)
0 a -5 (entre zero e 5 graus negativos)	10
- 6 a -10 (entre seis e 10 graus negativos)	20
-11 a -18 (entre onze e dezoito graus negativos)	30
< -18 (menor que dezoito graus negativos)	90

II – produtos resfriados:

Produtos Resfriados	Temperatura recomendada (Graus Celsius)	Prazo de validade (dias)
Pescados e seus produtos manipulados crus	Máximo 2 (dois graus)	3
Pescados pós-cocção	Máximo 2 (dois graus)	1
Alimentos pós-cocção, exceto pescados	Máximo 4 (quatro graus)	3
Carnes bovina e suína, aves, entre outras, e seus produtos manipulados crus	Máximo 4 (quatro graus)	3
Espetos mistos, bife rolê, carnes empanadas cruas e preparações com carne moída	Máximo 4 (quatro graus)	2
Frios e embutidos, fatiados, picados ou moídos	Máximo 4 (quatro graus)	3
Maionese e misturas de maionese com outros alimentos	Máximo 4 (quatro graus)	2
Sobremesas e outras preparações com laticínios	Máximo 4 (quatro graus)	3
Demais alimentos preparados	Máximo 4 (quatro graus)	3
Produtos de panificação e confeitaria com coberturas e recheios, prontos para o consumo	Máximo 5 (cinco graus)	5
Frutas, verduras e legumes higienizados, fracionados ou descascados; sucos e polpas de frutas	Máximo 5 (cinco graus)	3
Leite e derivados	Máximo 7 (sete graus)	5
Ovos	Máximo 10 (dez graus)	7

Seção III
Pré-preparo dos alimentos

Art. 35. Produtos em embalagens originais e limpas, de madeira ou de papelão, podem adentrar na área de pré-preparo, e produtos em embalagens impermeáveis originais devem ser lavados antes de serem abertos, sempre que possível.

Art. 36. Na área de pré-preparo, não é permitido o contato entre os alimentos crus, semipreparados e prontos para consumo.

Art. 37. O descongelamento de alimentos deve ser efetuado segundo a recomendação do fabricante. É proibido descongelar alimentos em temperatura ambiente. O descongelamento rápido pode ser feito em forno de microondas. O descongelamento lento deve ser efetuado sob refrigeração, em temperatura inferior a cinco graus Celsius. Após o descongelamento, o produto não deve ser recongelado.

Art. 38. Para dessalgar carnes e pescados devem ser seguidas as recomendações do fabricante, ou utilizar-se água potável sob refrigeração até cinco graus Celsius, ou em água sob fervura.

Art. 39. A higienização de hortifrutícolas deve ser feita em local apropriado, com água potável e produtos desinfetantes para uso em alimentos, regularizados na ANVISA, e deve atender as instruções recomendadas pelo fabricante. A higienização compreende a remoção mecânica de partes deterioradas e de sujidades sob água corrente potável, seguida de desinfecção por imersão em solução desinfetante. Quando esta for realizada com solução clorada, os hortifrutícolas devem permanecer imersos por quinze a trinta minutos, seguidos de enxágue final com água potável. Recomendações de diluições para a solução clorada desinfetante:

I – dez mililitros ou uma colher de sopa rasa de hipoclorito de sódio na concentração de dois a dois vírgula cinco por cento, diluída em um litro de água potável;

II – vinte mililitros ou duas colheres de sopa rasas de hipoclorito de sódio na concentração de um por cento, diluídas em um litro de água potável.

Art. 40. Devem ser afixadas instruções facilmente visíveis e compreensíveis, sobre o correto procedimento de higienização de hortifrutícolas, no local onde ocorre essa operação.

Seção IV
Preparo dos alimentos

Art. 41. Cocção é a etapa onde os alimentos são submetidos a tratamento térmico por um tempo determinado ao produto, devendo atingir no mínimo setenta e quatro graus Celsius no seu centro geométrico. Outras operações, combinando-se um tempo de duração sob determinada temperatura, podem ser utilizadas, desde que sejam suficientes para assegurar a qualidade higiênico-sanitária do alimento em questão.

Art. 42. A cocção por fritura deve atender aos seguintes requisitos:

I – os óleos e gorduras utilizados nas frituras não devem ser aquecidos a mais de cento e oitenta graus Celsius;

II – a reutilização do óleo só pode ser realizada quando este não apresentar quaisquer alterações das características sensoriais como cor, sabor e odor, ou não apresentar formação de espuma e fumaça. Se isso ocorrer deve ser desprezado;

III – para ser reutilizado, o óleo deve ser filtrado em filtros próprios;

IV – o óleo não pode ser descartado na rede de esgoto nem em águas pluviais, porque entope tubulações e provoca poluição;

V – óleos de fritura utilizados e inservíveis devem ser reciclados por empresas que os utilizam para a fabricação de biodiesel, sabões e tintas.

Art. 43. Utilização de ovos: os ovos podem estar contaminados com *Salmonella*, tanto na casca como na gema. A qualidade sanitária das preparações à base de ovos pode ser garantida com os seguintes procedimentos:

I – os estabelecimentos comerciais de alimentos e os serviços de alimentação devem reconhecer a qualidade dos seus fornecedores de ovos e as aves que realizam a postura não podem estar contaminadas com *Salmonella*;

II – são proibidas as preparações onde os ovos permaneçam crus ou mal cozidos. Os ovos cozidos devem ser fervidos por sete minutos e os ovos fritos devem apresentar a gema dura;

III – devem ser utilizados ovos pasteurizados, desidratados ou cozidos em preparações sem cocção, tais como maioneses, cremes, mousses, entre outros;

IV – o conteúdo do ovo não deve entrar em contato com a superfície externa da casca;

V – é proibido vender ovos com a casca rachada;

VI – é proibido utilizar ovos com a casca rachada ou suja em preparações de alimentos;

VII – armazenar os ovos, preferencialmente, refrigerados;

VIII – conferir o prazo de validade dos ovos;

IX – não reutilizar as embalagens de ovos, nem utilizá-las para outras finalidades;

X – não é recomendável a lavagem de ovos por estabelecimentos comerciais de alimentos ou serviços de alimentação. Geralmente, as grandes granjas realizam a higienização automatizada de ovos. Estudos científicos têm mostrado que a lavagem de ovos, para produzir ovos líquidos de uso industrial, não tem influência na qualidade microbiológica do produto final que sofrerá pasteurização, desde que a matéria-prima seja de boa qualidade. A lavagem dos ovos pode reduzir a carga microbiológica da casca, porém alguns agentes químicos utilizados nessa lavagem podem causar danos físicos ao produto, facilitando a entrada de microrganismos através da casca.

Art. 44. O resfriamento e o armazenamento de alimentos pré-preparados e preparados deve ser realizado em equipamento de refrigeração e os produtos devem estar identificados com a sua denominação, data de preparo e prazo de validade.

Art. 45. O processo de resfriamento de um alimento preparado deve ser realizado de forma a minimizar o risco de contaminação cruzada e a permanência do mesmo em temperaturas que favoreçam a multiplicação microbiana. A temperatura do alimento preparado deve ser reduzida de sessenta graus Celsius a dez graus Celsius em até duas horas. Em seguida, o mesmo deve ser conservado sob refrigeração a temperaturas inferiores a cinco graus Celsius, ou congelado à temperatura igual ou inferior a dezoito graus Celsius negativos.

Seção V
Distribuição de alimentos preparados

Art. 46. Os alimentos expostos para o consumo imediato devem estar protegidos contra poeiras, insetos e outras pragas urbanas, e contra contaminantes oriundos dos consumidores, tais como gotículas de saliva e fios de cabelo, e também, distantes de saneantes, produtos de higiene e demais produtos tóxicos.

Art. 47. Os alimentos expostos para o consumo imediato devem obedecer aos critérios de tempos x temperaturas, apresentados na tabela a seguir. Os alimentos que não observarem esses critérios devem ser desprezados.

	Temperatura em °C (no centro geométrico)	Tempo de exposição em horas
Alimentos quentes	mínima de 60	máximo 6
	abaixo de 60	máximo 1
Alimentos frios	Até 10	máximo 4
	entre 10 e 21	máximo 2

Art. 48. A água do balcão térmico deve ser trocada diariamente e mantida a temperatura de oitenta a noventa graus Celsius. Esta temperatura deve ser aferida durante o tempo de distribuição.

Art. 49. Os ornamentos localizados na área de consumação ou refeitórios não devem constituir fonte de contaminação para os alimentos preparados. Não devem estar entre o fluxo de ar e os alimentos, nem sobre os balcões de distribuição. Ventiladores e ar condicionado são permitidos, desde que o fluxo de ar não incida diretamente sobre os ornamentos e os alimentos.

Art. 50. O recebimento de dinheiro, cartões ou outros para o pagamento de despesas, deve ocorrer em área específica e os funcionários responsáveis por essa atividade não devem manipular alimentos.

Art. 51. É permitida a reutilização de alimentos para fins de doação gratuita, incluindo-se as sobras, em quaisquer das etapas da produção, desde que tenham sido elaborados com observância das Boas Práticas, descritas nesta norma, entre outras estabelecidas pela legislação sanitária vigente. As sobras de alimentos não incluem os restos dos pratos dos consumidores.

Seção VI
Guarda de Amostras em Cozinhas Industriais e Serviços de Alimentação

Art. 52. Para auxiliar a esclarecer a ocorrência de doença transmitida por alimento devem ser guardadas amostras de pratos prontos elaborados em serviços de alimentação, que oferecem refeições prontas para alimentação coletiva, tais como cozinhas industriais de empresas, restaurantes comerciais por quilo, bufê, cozinhas e restaurantes de escolas, creches, asilos, presídios e hospitais. Os alimentos devem ser colhidos na segunda hora do tempo de distribuição, utilizando-se os mesmos utensílios empregados na distribuição, e de acordo com o seguinte método de colheita:

I – identificar as embalagens higienizadas, ou sacos esterilizados ou desinfetados, com o nome do estabelecimento, nome do produto, data, horário e nome do responsável pela colheita;

II – proceder à higienização das mãos;

III – abrir a embalagem ou o saco sem tocá-lo internamente nem soprá-lo;

IV – colocar a amostra do alimento (mínimo de cem gramas);

V – retirar o ar, se possível, e fechar a embalagem;

VI – temperatura e tempo de guarda dos alimentos:

a) alimentos que foram distribuídos sob refrigeração devem ser guardados no máximo a quatro graus Celsius, por setenta e duas horas, sendo que alimentos líquidos devem ser guardados somente nesta condição;

b) alimentos que foram distribuídos quentes devem ser guardados sob congelamento a dezoito graus negativos Celsius por setenta e duas horas.

Seção VII
Transporte de Alimentos

Art. 53. Os serviços de alimentação e estabelecimentos comerciais que transportam alimentos devem apresentar a relação individualizada de cada veículo transportador e suas características técnicas ao órgão competente de vigilância sanitária, conforme o art. 87 da Lei Estadual nº 10.083, de 23 de setembro de 1998, e outras normas complementares vigentes.

Parágrafo único. As características técnicas dos veículos transportadores de alimentos referem-se:

I – ao tipo de compartimento de carga, cujo revestimento interno deve ser liso, impermeável, atóxico e resistente aos procedimentos de higienização, para transportar alimentos manipulados prontos ou não para o consumo;

II – ao tipo de controle térmico existente no compartimento de carga, conforme o tipo de produto alimentício transportado.

Art. 54. Os veículos transportadores de ingredientes e matérias-primas alimentícias, embalagens para alimentos, alimentos preparados ou industrializados, prontos ou não para o consumo, devem possuir a cabine do condutor isolada de um compartimento de carga fechado. Devem apresentar-se em bom estado de conservação, livres de produtos, substâncias, animais, pessoas e objetos estranhos à atividade de transporte de alimentos, higienizados e com a temperatura do compartimento de carga em conformidade com as cargas transportadas.

Art. 55. Os serviços de alimentação e estabelecimentos comerciais que transportam alimentos devem possuir Procedimentos Operacionais Padronizados que descrevam o método de higienização dos veículos e sua frequência de realização.

§ 1º. Se o método for químico, pelo emprego de produtos de limpeza e desinfecção registrados na ANVISA, devem ser descritos o método, a frequência de realização, os ingredientes ativos e a concentração das soluções de limpeza e desinfecção usadas, e as temperaturas e os tempos de contato das soluções desinfetantes com as superfícies em higienização. Os produtos usados não devem deixar resíduos ou odores que possam contaminar os alimentos.

§ 2º. Se o método for físico, por emprego de vapor, devem ser descritos o método, sua frequência de realização, a temperatura e o tempo de contato do vapor com as superfícies em higienização.

Art. 56. Ingredientes e matérias-primas alimentícias, embalagens para alimentos, alimentos preparados ou industrializados, prontos ou não para o consumo, não devem ser transportados em contato direto com o piso do compartimento de carga, quando suas naturezas ou suas embalagens assim exigirem. Para evitar danos ou contaminação, eles devem estar separados e protegidos sobre prateleiras, estrados ou paletes e estes, assim como todos os materiais usados para separar e proteger a carga, não devem constituir fonte de contaminação aos produtos transportados, e devem ser higienizados da mesma forma que o compartimento de carga.

Art. 57. Não é permitido o transporte concomitante, num mesmo compartimento de carga, de alimentos preparados ou industrializados crus, semiprocessados ou prontos para o consumo com ingrediemtes, matérias-primas e embalagens alimentícias, se estes representarem risco de contaminação cruzada àqueles.

Art. 58. Durante o transporte de alimentos preparados ou industrializados crus, ou semiprocessados, ou prontos para o consumo, quando apresentados em volumes a ser fracionados, os produtos devem apresentar um rótulo com, no mínimo, as seguintes informações: nome do produto, nome da empresa produtora com seu endereço completo e CNPJ, prazo de validade e instruções sobre sua conservação.

Art. 59. O transporte do alimento deve ser realizado em condições de tempo e temperatura que impeçam a contaminação e o desenvolvimento de microrganismos patogênicos ao homem.

Art. 60. Alimentos perecíveis preparados ou industrializados crus, ou semiprocessados, ou prontos para o consumo, que devem ser conservados sob refrigeração ou congelamento, devem ser transportados em compartimentos de carga fechados com a temperatura controlada por um termômetro fixo, calibrado e de fácil leitura. Ao ser carregado, o compartimento de carga deve estar pré-condicionado com a temperatura do produto alimentício que exigir a menor temperatura de conservação.

Art. 61. Durante todo o período de tempo do transporte, por horas ou dias, os alimentos perecíveis preparados ou industrializados, crus, semiprocessados ou prontos para o consumo, que necessitam ser conservados sob congelamento ou refrigeração, devem encontrar-se em conformidade com as temperaturas estabelecidas no art. 24.

Capítulo IV
HIGIENIZAÇÃO DAS INSTALAÇÕES E DO AMBIENTE

Seção I

Art. 62. As instalações, equipamentos, móveis e utensílios devem ser mantidos em condições higiênico-sanitárias apropriadas e bom estado de conservação. Etapas obrigatórias do procedimento de higienização: remoção de sujidades; lavagem com água e sabão ou detergente; enxágue; desinfecção química seguida de enxague final, ou desinfecção física pelo emprego de vapor. A higienização dos equipamentos e utensílios deve ocorrer, preferencialmente, em área própria. Os procedimentos e a periodicidade da higienização devem ser estabelecidos em Procedimentos Operacionais Padronizados.

§ 1º. Se o método de higienização for químico, pelo emprego de produtos de limpeza e desinfecção registrados na ANVISA, devem ser descritos o método, a frequência de realização, os ingredientes ativos e a concentração das soluções de limpeza e de desinfecção usadas, e as temperaturas e os tempos de contato das soluções desinfetantes com as superfícies em higienização. Os produtos usados não devem deixar resíduos ou odores que possam contaminar os alimentos.

§ 2º. Se o método de desinfecção for pelo emprego de vapor, devem ser descritos o método, a frequência de realização, a temperatura e o tempo de contato do vapor com as superfícies em higienização.

Art. 63. É proibido:

I – varrer a seco e lavar panos de limpeza na área de manipulação;

II – fazer uso de panos não descartáveis para secar utensílios e equipamentos;

III – reaproveitar vasilhames de produtos alimentícios para envasar produtos de limpeza;

IV – animais domésticos no local de trabalho;

V – escoar a água residual da higienização ambiental para a via pública.

Art. 64. Os produtos usados nos procedimentos de limpeza e desinfecção devem ser identificados e armazenados em local específico, fora das áreas de preparo e armazenamento de alimentos. Devem ser notificados/registrados na ANVISA, possuir todos os dizeres de rotulagem obrigatórios para produtos saneantes, estabelecidos pela legislação federal, e dentre eles informar:

I – os dados completos sobre a empresa fabricante: nome, endereço, telefone, CNPJ e o Número de Autorização de Funcionamento na ANVISA;

II – o nome do Responsável Técnico e o número de inscrição em seu Conselho Profissional;

III – informações sobre precauções e cuidados em casos de acidente.

Art. 65. As operações de higienização devem ser realizadas por funcionários capacitados. Durante a aplicação de produtos de limpeza e desinfecção fortemente alcalinos (ex.: produtos para limpeza de fornos e desincrustação de gorduras), fortemente ácidos, ou oxidantes fortes (ex.: hipoclorito de sódio e derivados), os manipuladores devem utilizar luvas nitrílicas de cano alto, óculos e botas de borracha. Devem ser obedecidas as instruções de uso e de segurança recomendadas pelo fabricante dos produtos.

Capítulo V
SUPORTE OPERACIONAL

Seção I
Abastecimento de água

Art. 66. A água utilizada para o consumo direto ou no preparo dos alimentos deve ser proveniente de abastecimento público, sendo permitida a utilização de soluções alternativas, tais como água de poço, mina e outras fontes, após a licença de outorga de uso concedida pelo órgão competente. Deve ser tratada e a qualidade controlada por análise laboratorial na periodicidade determinada pela legislação específica vigente. As empresas operadoras do sistema alternativo (a concessionária da água e a transportadora) devem possuir cadastro junto ao órgão de vigilância sanitária competente. Os documentos de concessão da exploração do poço e os laudos laboratoriais devem estar à disposição da autoridade sanitária, sempre que solicitado.

Art. 67. A água potável transportada em caminhão pipa deve atender ao disposto na legislação vigente. A empresa fornecedora da água deve apresentar os laudos de análise deste produto, tanto para o estabelecimento comprador, quanto para a autoridade sanitária.

Art. 68. É obrigatória a existência de reservatório de água potável tampado e de fácil higienização, cuja superfície interna deve ser lisa, resistente, impermeável, livre de descascamentos, rachaduras, infiltrações e vazamentos. A higienização do reservatório deve ser executada conforme métodos recomendados por órgãos oficiais, e realizada a cada 6 meses ou na ocorrência de acidentes que possam contaminar a água, tais como queda de animais, sujeira, enchentes, entre outros.

Art. 69. O gelo para utilização em alimentos deve ser fabricado com água potável, de acordo com o padrão de identidade e qualidade vigente. Deve ser protegido contra contaminação e manipulado em condições higiênico-sanitárias.

Art. 70. O vapor, quando utilizado em contato direto com alimentos, ou aplicado sobre superfícies que entram em contato com alimentos, deve ser produzido com água potável e não deve representar riscos de contaminação.

Seção II
Esgotamento sanitário

Art. 71. O sistema de esgoto deve estar ligado à rede pública de coleta e quando utilizado um sistema alternativo, o esgoto deve ser tratado adequadamente e seu destino deve ser aprovado pela autoridade ambiental competente.

Art. 72. Os despejos das pias da área de produção devem passar por uma caixa de gordura instalada fora da área de manipulação e armazenamento, e ela deve ser limpa periodicamente.

Seção III
Materiais recicláveis e resíduos sólidos

Art. 73. Materiais recicláveis e resíduos sólidos, considerados lixo, devem ser separados e removidos, quantas vezes forem necessárias, para um local exclusivo, em condições de higiene, revestido de material de fácil limpeza e protegido contra intempéries, animais, vetores e pragas urbanas. Nas áreas de produção de alimentos, o lixo deve ser depositado em recipientes com tampas acionadas por pedal, sem contato manual.

Art. 74. O lixo não deve sair da cozinha pelo mesmo local onde entram as matérias-primas e nessa impossibilidade, determinar horários diferentes para cada atividade.

Seção IV
Abastecimento de gás

Art. 75. A área para armazenamento de botijões de gás liquefeito de petróleo deve ser instalada em local ventilado, protegido da passagem ou entrada de pessoas estranhas e atender ao disposto em legislação específica.

Seção V
Controle integrado de vetores e pragas urbanas

Art. 76. Devem ser implantados procedimentos de Boas Práticas de modo a prevenir ou minimizar a presença de vetores e pragas urbanas, tais como insetos, roedores, aves e outros. A aplicação de produtos desinfestantes deve ser realizada quando as medidas de prevenção adotadas não forem eficazes. Deve ser efetuada de modo a evitar a contaminação dos alimentos, equipamentos e utensílios, e garantir a segurança dos operadores e do meio ambiente. Deve ser executada por empresa prestadora de serviço de controle de vetores e pragas urbanas, licenciada no órgão de vigilância sanitária competente e os produtos utilizados devem estar regularizados na ANVISA.

Capítulo VI
QUALIDADE SANITÁRIA DAS EDIFICAÇÕES E DAS INSTALAÇÕES

Seção I
Localização

Art. 77. Área externa livre de focos de insalubridade, tais como lixo, objetos em desuso, animais, poeira, água estagnada, e de vetores e pragas urbanas. Acesso direto e independente, não comum à habitação e outros usos. A construção deve atender às normas de edificações vigentes estaduais ou municipais. Deve ser concebida de modo a restringir o trânsito de pessoas não essenciais à produção e garantir acessibilidade à pessoa com deficiência ou mobilidade reduzida.

Seção II
Instalações

Art. 78. Em todas as etapas do processo produtivo, as instalações devem ser separadas por meios físicos ou por outras medidas efetivas, de forma a facilitar os procedimentos de higienização e manutenção, por meio de fluxos contínuos, sem cruzamento de etapas e linhas do processo produtivo. O retorno de utensílios sujos não deve oferecer risco de contaminação aos utensílios limpos. Se não houver áreas separadas para as várias atividades, devem existir locais específicos para o pré-preparo e para o preparo dos alimentos. Se a área física não permitir esta separação, todas as operações de pré-preparo devem ser realizadas inicialmente, seguidas da higienização dos equipamentos, utensílios, recipientes, bancadas, superfícies, pias, piso e qualquer local contaminado. As operações do preparo final dos alimentos devem se realizar em horário diferente do pré-preparo num ambiente higienizado.

Art. 79. O dimensionamento dos equipamentos, utensílios e mobiliário deve ter relação direta com o volume de produção, os tipos de produtos ou o padrão de cardápio e o sistema de distribuição e venda. Reformas devem ser executadas fora do horário de manipulação dos alimentos.

Art. 80. Devem existir lavatórios exclusivos para a higiene das mãos na área de manipulação, em posições estratégicas em relação ao fluxo de preparo dos alimentos e em número suficiente de modo a atender toda a área de preparação. Os lavatórios devem possuir sabonete líquido, neutro, inodoro e com ação antisséptica, com papel toalha descartável não reciclado ou outro procedimento não contaminante, e coletor de papel acionado sem contato manual.

Art. 81. A higienização de material de limpeza, tais como baldes, vassouras, pano de chão, entre outros, deve ocorrer em local exclusivo fora da área de preparo de alimentos.

Seção III
Equipamentos, utensílios e móveis

Art. 82. Os equipamentos, utensílios e móveis que entram em contato com alimentos devem ser de fácil higienização e não devem transmitir substâncias tóxicas, odores ou sabores.

Art. 83. Não é permitido o funcionamento de equipamentos sem a proteção das partes de maior risco de acidentes, tais como motor, prensa, peça cortante, sucção, correia e outros.

Art. 84. As câmaras frigoríficas devem apresentar as seguintes características:

I – revestimento com material lavável, impermeável e resistente;

II – termômetro de fácil leitura e calibrado, com visor instalado no lado externo da câmara;

III – interruptor de segurança localizado na parte externa que sinalize "ligado" e "desligado

IV – prateleiras e estrados em material impermeável, resistente e lavável;

V – dispositivo de segurança interno que permita abrir a porta por dentro;

VI – isento de ralo ou grelha.

Seção IV
Piso

Art. 85. Deve ser constituído de material liso, antiderrapante, resistente, impermeável, lavável, íntegro, sem trincas, vazamento e infiltrações. Deve ter inclinação em direção aos ralos, não permitindo que a água fique estagnada. Em áreas que permitam a existência de ralos, esses devem ser sifonados, dotados de dispositivos que permitam seu fechamento, evitando a entrada de insetos e roedores.

Seção V
Paredes, tetos e forros

Art. 86. As paredes e divisórias devem ser sólidas, com acabamento liso e impermeável, não sendo permitidas divisórias ocas, com vazios internos, ou construídas de material poroso, tal como o compensado.

Art. 87. Tetos e forros não devem transmitir contaminantes aos alimentos. Os acabamentos de tetos e forros devem ser lisos, de material não inflamável e impermeável. Devem ser livres de goteiras, vazamentos, umidade, trincas, rachaduras, bolores, infiltrações, descascamento, dentre outros.

Seção VI
Portas e Janelas

Art. 88. Portas devem ser ajustadas aos batentes e de fácil limpeza. As portas de entrada para asáreas de armazenamento e manipulação de alimentos devem possuir mecanismo de fechamento automático e proteção, na parte inferior, contra insetos e roedores.

Art. 89. Janelas devem ser ajustadas aos batentes e protegidas com telas milimétricas removíveis para facilitar a limpeza e não devem permitir que raios solares incidam diretamente sobre os funcionários, alimentos ou equipamentos mais sensíveis ao calor.

Seção VII
Iluminação

Art. 90. A iluminação deve ser uniforme, sem ofuscamento e não deve alterar as características sensoriais dos alimentos. As lâmpadas e luminárias devem estar protegidas contra quedas acidentais ou explosão. As instalações elétricas devem ser embutidas e, quando externas, devem estar protegidas por tubulações presas e distantes das paredes e teto, para permitir a higienização e manutenção do ambiente.

Seção VIII
Ventilação

Art. 91. O sistema de ventilação deve garantir o conforto térmico, a renovação do ar e a manutenção do ambiente livre de fungos, gases, fumaça, gordura e condensação de vapores, dentre outros.

Art. 92. A circulação de ar poderá ser feita, através de ar insuflado filtrado ou através de exaustão. O fluxo de ar deve ser direcionado da área limpa para a suja. Os exaustores devem possuir telas milimétricas removíveis para impedir a entrada de vetores e pragas urbanas. Periodicamente, os equipamentos e filtros devem sofrer manutenção e higienização.

Art. 93. Não devem ser utilizados ventiladores e climatizadores com aspersão de neblina sobre os alimentos, ou nas áreas de manipulação e armazenamento.

Seção IX
Vestiários e Instalações Sanitárias

Art. 94. Os vestiários dos funcionários e suas instalações sanitárias, não devem se comunicar diretamente com a área de armazenamento, manipulação e de distribuição e consumo de alimentos. Devem ser separados por gênero e as portas externas devem ser dotadas de fechamento automático. Os vestiários devem possuir armários individuais e chuveiros. Os banheiros devem dispor de vaso sanitário sifonado com tampa e descarga, mictório com descarga, papel higiênico, lixeira com tampa acionada por pedal, pias com sabonete líquido, neutro, inodoro e com ação antisséptica, com papel toalha descartável não reciclado ou outro procedimento não contaminante, e coletor de papel acionado sem contato manual.

Seção X
Área de distribuição e consumo dos alimentos

Art. 95. Na área de consumo de alimentos, ou o mais próximo possível, deve haver um lavatório para higienização das mãos dos consumidores e as instalações sanitárias para os clientes não devem se comunicar com as áreas de produção de alimentos.

Capítulo VII
DOCUMENTAÇÃO E REGISTRO DAS INFORMAÇÕES

Seção I
Manual de Boas Práticas e Procedimentos Operacionais Padronizados (POP)

Art. 96. Os estabelecimentos comerciais de alimentos e serviços de alimentação devem dispor de manual de Boas Práticas e de POP, que descrevam as práticas desenvolvidas no processo. Os documentos devem estar organizados, aprovados, datados e assinados pelo responsável, e acessíveis aos funcionários e à autoridade sanitária. No mínimo, devem existir POP para:

I – higiene e saúde dos funcionários;

II – capacitação dos funcionários em Boas Práticas com o conteúdo programático mínimo estabelecido no art. 17;

III – o controle de qualidade na recepção de mercadorias;

IV – transporte de alimentos;

V – higienização e manutenção das instalações, equipamentos e móveis;

VI – higienização do reservatório e controle da potabilidade da água;

VII – controle integrado de vetores e pragas urbanas.

Art. 97. O POP relacionado à saúde dos funcionários deve especificar os exames médicos realizados, a periodicidade de sua execução e contemplar as medidas a serem adotadas nos casos de problemas de saúde detectados.

Art. 98. O POP referente às operações de higienização de instalações, equipamentos, móveis e do reservatório de água, deve conter, no mínimo, a descrição dos procedimentos de limpeza e desinfecção, inclusive o princípio ativo germicida, sua concentração de uso, tempo de contato e temperatura que devem ser utilizados. Quando aplicável, deve contemplar a manutenção e a calibração de equipamentos.

Art. 99. O POP relacionado ao controle integrado de vetores e pragas urbanas deve contemplar as medidas preventivas e corretivas destinadas a impedir sua atração, abrigo, acesso e proliferação.

ANEXO

ROTEIRO DE INSPEÇÃO DAS BOAS PRÁTICAS EM ESTABELECIMENTOS COMERCIAIS DE ALIMENTOS E SERVIÇOS DE ALIMENTAÇÃO

IMPORTANTE: O Roteiro de Inspeção das Boas Práticas em Estabelecimentos Comerciais de Alimentos e Serviços de Alimentação é subsídio para a elaboração do relatório de inspeção. Deve ser descrita detalhadamente a situação encontrada no momento da inspeção, no campo "Relato da Situação Encontrada no Local", da "Ficha de Procedimentos em Vigilância Sanitária" do SIVISA – Sistema de Informações em Vigilância Sanitária. O Roteiro de Inspeção, preenchido, pode ser inserido no referido campo.

Legenda	
Artigo	Esta coluna faz referência ao artigo do Regulamento Técnico de Boas Práticas para Estabelecimentos Comerciais de Alimentos e para Serviços de Alimentação que trata o quesito correspondente na coluna Itens de Avaliação.
Itens de Avaliação	Esta coluna apresenta os questionamentos sobre o conteúdo dos Capítulos e Seções do Regulamento Técnico de Boas Práticas para Estabelecimentos Comerciais de Alimentos e para Serviços de Alimentação.
Conformidade	
S	Sim = o estabelecimento inspecionado atende todos os quesitos do item de avaliação.
N	Não = o estabelecimento inspecionado não atende a um ou mais quesitos do item de avaliação.
NA	Não se aplica = o item de avaliação não se aplica ao estabelecimento inspecionado.

ITENS DE AVALIAÇÃO				
Artigo	**CAPÍTULO II HIGIENE E SAÚDE DOS FUNCIONÁRIOS, RESPONSABILIDADE TÉCNICA E CAPACITAÇÃO DE PESSOAL**	**Conformidade**		
		S	**N**	**NA**
	Seção I Controle de Saúde dos Funcionários			
Art. 8º	1 – A saúde dos funcionários é comprovada por atestado médico e laudos laboratoriais.			
Art. 9º	2 – Os funcionários estão aparentemente saudáveis, observadas as ausências de lesões cutâneas e de sinais e sintomas de infecções respiratórias e oculares.			

	Seção II **Higiene e Segurança dos Funcionários**			
Art. 10	3 – Os funcionários apresentam-se asseados, com mãos limpas, unhas curtas, sem esmalte ou adornos.			
Arts. 11 e 12	4 – Os funcionários encontram-se com uniformes limpos e com os equipamentos de proteção individual, quando necessários.			
Arts. 12, 13 e 14	5 – Durante as atividades de produção, foram observados hábitos e comportamentos que evitam a contaminação dos alimentos.			
Art. 15	6 – Há cartazes educativos sobre a higienização das mãos nas instalações sanitárias e lavatórios.			
	Seção III **Responsabilidade Técnica e Capacitação de Pessoal**			
Arts. 16, 17 e 18	7 – O estabelecimento possui um responsável técnico comprovadamente capacitado para implantar Boas Práticas.			
Art. 19	8 – O estabelecimento possui um programa de capacitação do pessoal em Boas Práticas.			
	Seção IV **Visitantes**			
Art. 20	9 – Os visitantes apresentam-se devidamente uniformizados			
Artigo	**CAPÍTULO III** **QUALIDADE SANITÁRIA DA PRODUÇÃO DE ALIMENTOS**	**S**	**N**	**NA**
	Seção I **Recepção e Controle de Mercadorias**			
Arts. 21, 22, 23, 24 e 25	10 – A recepção de produtos é realizada em local apropriado, com observações sobre a qualidade de: transportadores, embalagens, rotulagens, avaliação sensorial e medições de temperaturas, entre outros.			
	Seção II **Armazenamento de Produtos**			
Arts. 26, 27, 28, 30, 32, 34	11 – Embalagens, matérias-primas, ingredientes, alimentos preparados, que necessitam ou não de refrigeração ou congelamento são identificados, protegidos e armazenados adequadamente, de acordo com suas características e necessidades de localização, organização e controle de temperatura.			
Art. 29	12 – Produtos reprovados com prazo de validade vencido ou para devolução aos fornecedores estão armazenados adequadamente quanto à organização e ao local.			
Arts. 31 e 33	13 – Refrigeradores e freezers estão adequados às necessidades, quanto ao estado de conservação, higienização e controle de temperatura, assim como os volumes e as disposições dos alimentos naqueles equipamentos estão adequados.			
	Seção III **Pré-preparo dos Alimentos**			
Arts. 35 e 36	14 – Os procedimentos de pré-preparo evitam a contaminação cruzada entre alimentos crus, semipreparados e prontos ao consumo, e as embalagens dos produtos são higienizadas e adequadas à área de pré-preparo.			
Arts. 37 e 38	15 – O descongelamento e a retirada do sal de produtos são realizados de maneira adequada.			
Art. 39	16 – A higienização de hortifrutícolas é realizada em local adequado e conforme as recomendações desta Portaria. Princípios ativos desinfetantes e a concentração de uso encontram-se adequados.			
Art. 40	17 – Há instruções facilmente visíveis e compreensíveis, sobre a higienização dos hortifrutícolas no local dessa operação.			

Seção IV **Preparo dos Alimentos**				
Arts. 41, 44 e 45	18 – Os procedimentos de cocção, resfriamento e refrigeração dos alimentos são realizados em locais apropriados e sob controle de tempos e temperaturas adequadas.			
Art. 42	19 – Existe controle de temperatura do procedimento de fritura e as características sensoriais dos óleos utilizados nesse procedimento encontram-se adequadas.			
Art. 43	20 – O estabelecimento não oferece aos consumidores ovos crus, nem preparações onde os ovos permanecem crus. O Responsável Técnico conhece as regras sobre a utilização de ovos determinadas nessa Portaria.			
Seção V **Distribuição de Alimentos Preparados**				
Arts. 46 e 47	21 – Os alimentos expostos ao consumo imediato encontram-se protegidos e sob adequados critérios de tempo e temperatura de exposição.			
Art. 48	22 – A água do balcão térmico encontra-se limpa e sua temperatura é controlada.			
Art. 49	23 – Os ornamentos e ventiladores da área de consumação encontram-se adequados.			
Art. 50	24 – O pagamento de despesas ocorre em local específico e reservado e o funcionário do caixa não manipula os alimentos.			
Art. 51	25 – A doação de sobras de alimentos, quando realizada observam-se as Boas Práticas.			
Seção VI **Guarda de Amostras em Cozinhas Industriais e Serviços de Alimentação**				
Art. 52	26 – A cozinha industrial ou o serviço de alimentação guarda amostras das refeições preparadas conforme as determinações desta Portaria.			
Seção VII **Transporte de Alimentos**				
Arts. 53, 54, 55, 56, 57, 58, 59, 60 e 61	27 – Os alimentos são transportados de maneira adequada e identificados, em veículos apropriados e higienizados, e em condições adequadas de tempo e temperatura.			
Artigo	**CAPÍTULO IV** **HIGIENIZAÇÃO DAS INSTALAÇÕES E DO AMBIENTE**	**S**	**N**	**NA**
Arts. 62 e 63	28 – Os procedimentos de higienização do ambiente e das instalações são adequados e seguem as etapas obrigatórias determinadas nessa Portaria.			
Art. 64	29 – Os produtos saneantes são rotulados, adequados e armazenados separadamente dos alimentos.			
Art. 65	30 – Os funcionários que realizam as operações de higienização são capacitados para isso e utilizam equipamentos de proteção individual, quando necessário.			
Artigo	**CAPÍTULO V** **SUPORTE OPERACIONAL**	**S**	**N**	**NA**
Seção I **Abastecimento de Água**				
Arts. 66 e 67	31 – A água utilizada no abastecimento da empresa é adequada e sua qualidade é satisfatória, controlada por análise laboratorial periódica, conforme a legislação em vigor.			

Artigo		S	N	NA
Art. 68	32 – O reservatório de água está adequado e sua higienização periódica encontra-se documentada.			
Art. 69	33 – O gelo utilizado para entrar em contato com alimentos e bebidas é produzido com água potável e manipulado com higiene.			
Art. 70	34 – O vapor em contato com alimentos ou usado para higienização é produzido com água potável, sem produtos químicos que possam provocar contaminação.			
	Seção II **Esgotamento Sanitário**			
Art. 71	35 – Há um sistema de esgoto adequado.			
Arts. 72 e 42	36 – Os despejos das pias de produção passam por caixa de gordura higienizada periodicamente e instalada fora da área de manipulação e armazenamento dos alimentos. Resíduos de óleo da produção não são descartados na rede de esgoto.			
	Seção III **Materiais Recicláveis e Resíduos Sólidos**			
Arts. 73 e 74	37 – Na área de produção, o lixo é depositado em recipientes com tampas acionadas por pedal, sem contato manual e é periodicamente retirado de maneira que não provoca contaminação cruzada com alimentos. Os recicláveis e o lixo encontram-se adequadamente armazenados em local que impossibilita atração de vetores e pragas urbanas.			
	Seção IV **Abastecimento de Gás**			
Art. 75	38 – A área para armazenamento de gás é instalada em local ventilado e protegido.			
	Seção V **Controle integrado de vetores e pragas urbanas**			
Art. 76	39 – Existem procedimentos para o controle de pragas e vetores urbanos. Há comprovação dos serviços efetuados por empresa licenciada no órgão competente de vigilância sanitária.			
Artigo	**CAPÍTULO VI** **QUALIDADE SANITÁRIA DAS EDIFICAÇÕES E DAS INSTALAÇÕES**	**S**	**N**	**NA**
	Seção I **Localização**			
Art. 77	40 – Área externa livre de focos de insalubridade, ausência de lixo e objetos em desuso, livre de focos de vetores, animais domésticos e roedores. Acesso independente, não comum a habitação e outros usos.			
	Seção II **Instalações**			
Arts. 78 e 79	41 – As instalações são separadas por meios físicos que facilitam higienização e a produção ocorre em fluxo contínuo e não promove contaminação cruzada. Existem locais específicos para pré-preparo e para preparo. O dimensionamento das instalações é proporcional ao volume de produção.			
Art. 79	42 – As reformas são executadas fora do horário de manipulação dos alimentos.			
Art. 80	43 – Existe lavatório exclusivo para higiene das mãos, com um cartaz educativo sobre isso, em posição estratégica em relação ao fluxo de preparações dos alimentos.			
Art. 81	44 – A higienização de materiais de limpeza, tais como baldes, vassouras, pano de chão, entre outros, ocorre em local exclusivo, fora da área de preparo de alimentos.			

Seção III Equipamentos, Utensílios e Móveis				
Arts. 82 e 83	45 – Equipamentos, utensílios e móveis são de fácil higienização, não transmitem substâncias tóxicas, odores ou sabores aos alimentos e têm as partes de maior risco protegidas, tais como motor, prensa, peça cortante, sucção, correia e outros.			
Art. 84	46 – As câmaras frigoríficas encontram-se adequadas.			
Seção IV Piso				
Art. 85	47 – O piso é constituído de material liso, antiderrapante, resistente, impermeável, lavável, íntegro, sem trincas, vazamento e infiltrações. Os ralos são sifonados com dispositivos que permitem seu fechamento.			
Seção V Paredes, Tetos e Forros				
Arts. 86 e 87	48 – As paredes e divisórias, assim como tetos e forros são sólidos, com acabamento liso e impermeável. Não possuem vazamentos, umidade, bolores, infiltrações, trincas, rachaduras, descascamento, goteiras, dentre outros.			
Seção VI Portas e Janelas				
Arts. 88 e 89	49 – As portas são ajustadas aos batentes, de fácil limpeza, possuem mecanismo de fechamento automático e proteção na parte inferior contra insetos e roedores. As janelas são ajustadas aos batentes e protegidas com telas milimétricas removíveis para limpeza.			
Seção VII Iluminação				
Art. 90	50 – As lâmpadas e luminárias encontram-se protegidas contra quedas acidentais ou explosão. As instalações elétricas são embutidas ou encontram-se protegidas por tubulações presas e distantes das paredes e teto.			
Seção VIII Ventilação				
Arts. 91 e 92	51 – O sistema de ventilação da edificação garante conforto térmico, renovação do ar e a manutenção do ambiente livre de fungos, gases, fumaça, gordura e condensação de vapores, dentre outros. A ventilação/exaustão do ar é direcionada da área limpa para a suja. Os exaustores possuem telas milimétricas removíveis para impedir a entrada de vetores e pragas urbanas. Os equipamentos e filtros são higienizados.			
Art. 93	52 – Não são utilizados ventiladores nem climatizadores com aspersão de neblina sobre os alimentos, ou nas áreas de manipulação e armazenamento.			
Seção IX Vestiários e Instalações Sanitárias				
Art. 94	53 – Os vestiários dos funcionários não se comunicam diretamente com a área de armazenamento, manipulação de alimentos e refeitórios. São separados por gênero, possuem armários individuais, chuveiros e as portas externas são dotadas de fechamento automático. Os banheiros dispõem de bacia sifonada com tampa e descarga, mictório com descarga, papel higiênico, lixeira com tampa acionada por pedal, pias com sabonete ou produto antisséptico, toalha de papel não reciclado ou outro método de secagem higiênico e seguro.			
Seção X Área de Distribuição e Consumo dos Alimentos				
Art. 95	54 – As instalações sanitárias de clientes dispõem de bacia sifonada com tampa e descarga, mictório com descarga, papel higiênico, lixeira com tampa acionada por pedal, lavatórios com sabonete ou produto antisséptico, toalha de papel não reciclado ou outro método de secagem higiênico e seguro.			

Artigo	CAPÍTULO VII DOCUMENTAÇÃO E REGISTRO DAS INFORMAÇÕES	S	N	NA
	Seção I **Manual de Boas Práticas e Procedimentos Operacionais Padronizados**			
Art. 96	55 – O estabelecimento possui um manual de Boas Práticas e os POPs estabelecidos nesta Portaria, que encontram-se disponíveis aos funcionários e à fiscalização sanitária.			

DIRETRIZES PARA A DECISÃO SOBRE A QUALIDADE SANITÁRIA DO ESTABELECIMENTO
O Roteiro de Inspeção é um instrumento que auxilia no raciocínio sobre o risco sanitário que pode existir num determinado estabelecimento. Os itens de avaliação do Roteiro de Inspeção são quesitos de Boas Práticas, que devem ser cumpridos pelos estabelecimentos comerciais de alimentos e serviços de alimentação. A autoridade sanitária se fundamenta no conhecimento científico e utiliza o Roteiro de Inspeção para fazer a avaliação do risco sanitário. A autoridade sanitária deve empregar o seu poder discricionário para concluir sobre a condição de funcionamento do estabelecimento inspecionado: SATISFATÓRIO [ ] INSATISFATÓRIO [ ]

RESOLUÇÃO SS Nº 26, DE 17 DE ABRIL DE 2017

Institui o Sistema de Informação em Vigilância Sanitária – Sivisa no Estado de São Paulo e trata das atribuições comuns das esferas de poder estadual e municipal na organização e coordenação do sistema e dá providências correlatas.

O Secretário de Estado da Saúde, considerando que são atribuições comuns da União, dos Estados, do Distrito Federal e dos Municípios, em seu âmbito administrativo, a organização e coordenação do Sistema de Informação em Saúde, conforme disposto na legislação vigente, e ainda que:

O Código de Saúde do Estado (Lei Estadual Complementar nº 791, de 9.3.1995) estabelece que o Estado deve organizar, em articulação com os municípios, o Sistema Estadual de Informação em Saúde, abrangendo questões epidemiológicas e de prestação de serviços;

O Código Sanitário do Estado (Lei Estadual nº 10.083, de 23.9.1998) estabelece que em consonância com o Sistema Estadual de Informação em Saúde, a Secretaria de Estado da Saúde deverá organizar, em articulação com os Municípios, o Sistema de Informações em Vigilância Sanitária e Epidemiológica;

O Decreto nº 44.954, de 6.6.2000, define o Centro de Vigilância Sanitária da Secretaria de Estado da Saúde de São Paulo (CVS/SES-SP) como órgão coordenador do Sistema Estadual de Vigilância Sanitária – Sevisa;

Impõe-se prover o Sevisa de sistema de informação em vigilância sanitária, de forma a dotar as esferas de gestão estadual e municipal de ferramenta para o planejamento de ações e atividades de vigilância sanitária no âmbito do Sistema Único de Saúde (SUS-SP);

Impõe-se estabelecer ferramentas que viabilizem procedimentos para fins de licenciamento e emissão de documentos legais de vigilância sanitária, bem como que propiciem a integração, inter e intragovernamental, de informações de interesse da saúde; e,

Impõe-se estabelecer bases de dados consistentes, atualizadas e de fácil acesso, que propiciem transparência dos atos de vigilância sanitária.

Resolve:

Art. 1º. Fica instituído o Sistema de Informação em Vigilância Sanitária (Sivisa) como ferramenta de trabalho e de gerência dos órgãos de vigilância sanitária do Sistema Estadual de Vigilância Sanitária (Sevisa) no âmbito do Sistema Único de Saúde do Estado de São Paulo (SUS-SP).

Parágrafo único. O Sivisa é um sistema informatizado de base municipal, descentralizado e hierarquizado, que tem por finalidades subsidiar o planejamento e a avaliação das ações de vigilância sanitária, padronizar o licenciamento dos estabelecimentos e equipamentos de interesse da saúde e registrar os procedimentos realizados pelos órgãos de vigilância sanitária do Estado de São Paulo, atendendo ao disposto no Decreto Estadual nº 44.954, de 6.6.2000.

Art. 2º. O Centro de Vigilância Sanitária (CVS), da Coordenadoria de Controle de Doenças (CCD) é o órgão de nível central da Secretaria de Estado da Saúde de São Paulo (SES-SP) responsável pelo desenvolvimento e coordenação do Sivisa, no Estado de São Paulo.

Art. 3º. São atribuições do CVS enquanto coordenador do Sivisa:

1. Definir a estrutura do Sivisa e disponibilizar gratuitamente o software aos órgãos públicos usuários do Sevisa, bem como demais órgãos no âmbito do Sistema Único de Saúde.

2. Capacitar e orientar profissionais técnicos e administrativos do Sevisa para a operacionalização do Sivisa.

3. Viabilizar a interoperabilidade de informações e identificar a necessidade de elaboração de aplicativos ou recursos técnicos assemelhados.

4. Criar espaços técnicos e institucionais para promover sistematicamente a discussão, avaliação e aperfeiçoamento do Sivisa no âmbito do SUS.

Art. 4º. É atribuição dos órgãos de vigilância sanitária integrantes do Sevisa a alimentação do Sivisa, de acordo com sua competência técnico-administrativa.

Art. 5º. Objetivando garantir a alimentação e a permanente atualização do Sivisa, os responsáveis pelo fornecimento de informações às autoridades sanitárias competentes, na forma solicitada, são os seguintes:

1. Responsáveis legais ou técnicos pelos estabelecimentos e equipamentos de interesse da saúde, bem como de quaisquer outros locais, empresas, produtos, equipamentos e procedimentos que estão sob vigilância sanitária;

2. Responsáveis legais e técnicos pelos estabelecimentos e equipamentos de interesse da saúde, participantes ou não do SUS, vinculados aos órgãos e entidades públicas e às entidades do setor privado;

3. Proprietários de empresas, componentes de colegiados dirigentes de instituições que mantenham quaisquer estabelecimentos e equipamentos de interesse da saúde, sujeitos à vigilância sanitária, e prestadores de serviços, quando for pertinente;

4. Autoridades públicas do setor saúde responsáveis por estabelecimentos e equipamentos de interesse da saúde.

Art. 6º. Os órgãos e entidades públicas e as entidades do setor privado, participantes ou não do SUS, estão obrigados a fornecer informações às direções estadual e municipal do SUS, na forma solicitada, para fins de planejamento, de correção finalística de atividades e de elaboração de estatísticas de saúde, de acordo com o disposto no art. 8º do Código Sanitário Estadual (Lei nº 10.083/1998).

Parágrafo único. O não atendimento ao disposto no *caput* deste artigo constitui infração sanitária.

Art. 7º. Esta Resolução entra em vigor na data de sua publicação, ficando revogadas as disposições em contrário, em especial a Resolução SS nº 72, de 5.6.2002.

DOE de 18.4.2017

PORTARIA CVS Nº 7, DE 26 DE ABRIL DE 2017

Dispõe sobre as características sanitárias dos caixões funerários.

A Diretoria Técnica do Centro de Vigilância Sanitária (CVS), órgão da Coordenadoria de Controle de Doenças (CCD) da Secretaria de Estado da Saúde de São Paulo (SES-SP), considerando: os arts. 2º (incisos II e III), 5º, 11 e 12 (parágrafo único) da Lei nº 10.083, de 23.9.1998 (Código Sanitário do Estado de São Paulo);

O disposto nos arts. 548 e 549 do Decreto Estadual nº 12.342, de 27.9.1978; nos itens 12.2 e 12.3 da Resolução SS nº 28, de 25.2.2013; no art. 20 da Resolução do Conselho Nacional de Meio Ambiente (Conama) nº 316, de 29.10.2002 e no art. 8º da Resolução Conama nº 335, de 3.4.2003; a necessidade de se estabelecer referências técnicas suplementares para o controle do risco sanitário em atividades funerárias;

Resolve:

Art. 1º. Os caixões funerários devem ter dimensões e formato compatíveis com seus fins, estanqueidade para conter eventuais líquidos liberados pelo cadáver ou suas partes e estrutura sólida o suficiente para acomodar e suportar o corpo nele colocado, de maneira a garantir segurança durante os procedimentos associados ao translado, velório e quaisquer outros que antecedam a inumação (sepultamento) ou cremação.

Art. 2º. Os caixões funerários que acompanham o corpo ou suas partes no sepultamento ou na cremação devem ter estrutura, revestimentos e ornamentos em madeira, papelão ou outros materiais biodegradáveis e permeáveis o suficiente para a troca de gases entre o corpo e o meio, de modo a não interferir nos processos naturais de decomposição do corpo quando sepultado, não gerar resíduos adicionais durante os procedimentos de exumação e não produzir poluentes no decorrer da cremação.

§ 1º. Quaisquer outros materiais biodegradáveis, que não a madeira e o papelão, utilizados na estrutura, revestimentos e ornamentos de caixões funerários destinados ao sepultamento ou à cremação devem ser previamente submetidos à aprovação da Autoridade Sanitária;

§ 2º. Excetuam-se das exigências deste artigo as alças e outras partes removíveis do caixão funerário não destinadas ao sepultamento ou cremação.

Art. 3º. Os caixões funerários que forem reutilizados no translado de corpos ou suas partes, ou em outras atividades que não impliquem sepultamento ou cremação, devem atender às exigências constantes do artigo 1º e ser de material de fácil higienização e desinfecção, procedimentos obrigatórios sempre antes de um novo uso.

DOE de 27.4.2017

PORTARIA CVS Nº 10, DE 5 DE AGOSTO DE 2017

Define diretrizes, critérios e procedimentos no âmbito do Sistema Estadual de Vigilância Sanitária – SEVISA, para avaliação físico funcional de projetos de edificações de atividades de interesse da saúde e emissão do Laudo Técnico de Avaliação – LTA.

A Diretoria Técnica do Centro de Vigilância Sanitária, da Coordenadoria de Controle de Doenças, da Secretaria de Estado da Saúde de São Paulo (CVS/CCD-SES-SP), em conformidade com a Lei estadual nº 10.083, de 23.9.1998, que dispõe sobre o Código Sanitário do Estado de São Paulo e o Decreto estadual nº 44.954, de 6 de junho de 2000, que dispõe sobre o campo de atuação do Sistema Estadual de Vigilância Sanitária – Sevisa, considerando:

– O disposto nos arts. 12 e 23 da Portaria CVS nº 01, de 5.8.2017, que estabelece a necessidade da avaliação físico-funcional de projetos de edificações;

– Que o LTA é pré-requisito para o licenciamento de determinados estabelecimentos de interesse da saúde, conforme estabelece a Portaria CVS nº 01, de 5.8.2017, ou outra que vier a substituí-la;

– Que a avaliação físico-funcional de projetos de edificações, bem como dos memoriais descritivos do projeto, da obra e das atividades, com consequente emissão do LTA, constitui importante posicionamento técnico das equipes de Vigilância Sanitária frente à legislação vigente, tendo como enfoque principal o controle do risco sanitário, bem como assegurar que a nova edificação, ampliação, reforma ou adaptação estejam de acordo com as prerrogativas da Lei;

– Que a descentralização das ações de vigilância sanitária preconizada no Sistema Único de Saúde – SUS exige padronizar critérios e procedimentos para a avaliação dos projetos de edificações destinadas às atividades de interesse à saúde.

Resolve:

Art. 1º. Estabelecer diretrizes, critérios e procedimentos para a avaliação físico-funcional de projetos de edificações destinadas à prática de atividades de interesse da saúde definidas no Anexo I da Portaria CVS nº 01, de 5.8.2017, ou a que vier a substituí-la.

Parágrafo único. A avaliação do projeto, segundo os critérios e objetivos estabelecidos no Anexo I desta portaria, não dispensa sua aprovação pelos órgãos responsáveis pelo controle das edificações e uso do solo no município, como também não elimina a necessidade da observância das demais legislações e normas técnicas expedidas por órgãos federais, estaduais e municipais, referentes à salubridade e segurança dos ambientes construídos e ao saneamento ambiental.

Art. 2º. Esta Portaria entra em vigor na data de sua publicação, ficando revogada a Portaria CVS nº 15 de 26.12.2002. – DOE *de 16.8.2017*

ANEXO I

DIRETRIZES, CRITÉRIOS E PROCEDIMENTOS PARA A AVALIAÇÃO FÍSICO-FUNCIONAL DE PROJETOS DE EDIFICAÇÕES DE ATIVIDADES DE INTERESSE DA SAÚDE

1. OBJETIVOS

1.1. Garantir a prévia adequação física-funcional das edificações destinadas às atividades de interesse da saúde às finalidades propostas, segundo as normas técnicas gerais e específicas aplicáveis no âmbito de competência do SUS, assegurando eficiência para o desempenho das atividades, salubridade dos ambientes construídos e a proteção do meio ambiente.

1.2. Aprimorar os procedimentos de avaliação físico-funcional de forma a dar maior transparência e eficiência ao processo, assegurando de antemão a compatibilidade entre a edificação e suas instalações com as atividades de interesse à saúde nela propostos.

2. OBJETOS DE AVALIAÇÃO

2.1. As edificações que abrigam atividades de interesse da saúde, cujos projetos estão sujeitos a avaliação físico-funcional por parte da vigilância sanitária, são aquelas indicadas no Anexo I (Coluna "Documentos") da Portaria CVS 01 de 05-08-2017 ou a que vier a substituí-la.

2.2. Os estabelecimentos cujas atividades constantes do anexo citado no item anterior, que não necessitam de prévia avaliação físico-funcional pela vigilância sanitária, permanecem sujeitos às normas sanitárias vigentes e são passíveis de inspeção para verificar suas condições físico-funcionais e de salubridade.

3. PROCEDIMENTOS DE SOLICITAÇÃO

3.1. A solicitação da avaliação físico-funcional do projeto de edificações deve ser formalizada no órgão de vigilância sanitária competente em etapa anterior ao licenciamento sanitário, de forma a atender seus propósitos de orientar previamente os interessados para adequar a edificação e suas instalações à legislação sanitária vigente e para compatibilizá-las às exigências das atividades propostas.

3.2. A referida solicitação deve identificar a atividade de interesse à saúde a ser exercida no estabelecimento projetado, conter expressa declaração de conformidade com as normas sanitárias, de acordo com o formulário do Anexo IA desta Portaria, e estar devidamente assinada pelo responsável legal pelo estabelecimento e pelo responsável técnico pelo projeto.

4. DOCUMENTOS QUE ACOMPANHAM A SOLICITAÇÃO

4.1. O projeto deve ser apresentado em escala 1:100 (1cm para 100cm), podendo-se admitir, em casos específicos ou quando a legislação assim o exigir, outras escalas para melhor entendimento da proposta.

4.1.1. O projeto deve conter informações que permitam a avaliação físico-funcional quanto aos aspectos considerados relevantes para a perfeita compreensão da atividade proposta, de forma a prevenir riscos sanitários.

4.1.2. Além da planta baixa, o projeto deve apresentar:

– gráficos com a implantação das edificações, instalações e equipamentos no lote, cortes longitudinais e transversais, permitindo perfeita compreensão da circulação vertical e horizontal de pessoas, materiais e equipamentos, com foco no controle do risco sanitário.

4.2. Ao projeto deve ser anexada a cópia da ART (Anotação de Responsabilidade Técnica) ou RRT (Registro de Responsabilidade Técnica) do profissional responsável.

4.3. O projeto deve estar acompanhado de memoriais descritivos do projeto, da obra e das atividades.

4.3.1. Os Memoriais do Projeto e da obra são complementos das peças gráficas que caracterizam o projeto e têm por função apresentar um relato descritivo das soluções arquitetônicas propostas.

4.3.2. O Memorial de Atividades tem por função descrever processos, pessoal, equipamentos e outras informações que auxiliem a compreensão e análise da atividade a ser exercida na edificação.

4.3.3. Ambos os memoriais devem ser assinados pelo responsável legal pelo estabelecimento e pelo responsável técnico pelo projeto.

4.4. No caso de ambientes climatizados artificialmente, o responsável pelo projeto deve apresentar compromisso expresso de que o projeto executivo das instalações será elaborado de acordo com as normas técnicas oficiais vigentes, destacando em planta os compartimentos que serão ventilados artificialmente, os pontos de captação de ar exterior, a localização dos equipamentos e os acessos para limpeza de dutos e componentes.

5.5. Para projetos de cemitérios, deve ser apresentado o laudo de prospecção do solo, contendo informações do tipo de solo e do nível do lençol freático.

4.6. Em função das peculiaridades da edificação e da atividade é facultado à autoridade sanitária exigir informações, complementações, esclarecimentos e documentos sempre que julgar necessário para melhor entendimento do projeto.

4.7. O projeto, acompanhado dos memoriais, deve ser apresentado em duas vias, de forma que, após a emissão do LTA, um jogo possa ser arquivado no órgão de vigilância sanitária competente e outro devolvido ao interessado.

5. DOCUMENTOS COMPLEMENTARES

5.1. Comprovante de existência de rede pública de água e esgoto no local ou projeto do sistema individual, de acordo com as normas técnicas vigentes.

5.2. Licença prévia emitida pela Companhia Estadual de Tecnologia de Saneamento Ambiental – CETESB, para as atividades previstas em legislação específica.

5.3. Documento que comprove a regularidade da edificação perante os órgãos municipais responsáveis pelo controle do uso do solo e das edificações.

5.3.1. O comprovante é dispensável se a vigilância sanitária dispuser de fluxo integrado de análise e aprovação com os órgãos municipais citados.

6. PROCEDIMENTOS PARA AVALIAÇÃO FÍSICO-FUNCIONAL DE PROJETO DE EDIFICAÇÕES

6.1. A avaliação físico-funcional do projeto deve ocorrer em etapa anterior ao licenciamento sanitário dos estabelecimentos de interesse da saúde previstos no Anexo I da Portaria CVS 01 de 05-08-2017, ou outra que vier a substituí-la.

6.2. A avaliação físico-funcional de projeto deve ser realizada por equipe técnica multiprofissional do órgão de vigilância sanitária competente, conforme composição descrita no item 7 do presente anexo.

6.3. A avaliação físico-funcional de projeto deve contemplar, especialmente, aspectos relacionados ao fluxo operacional das atividades a serem desenvolvidas no estabelecimento, à identificação e dimensionamento dos compartimentos, à disposição geral do mobiliário e dos equipamentos, aos acessos e às condições de saneamento do entorno.

6.3.1. Entende-se por fluxo operacional a sequencia lógica de operações presentes nas atividades desenvolvidas.

6.4. Na avaliação do projeto deve ser observado o cumprimento das normas técnicas específicas aplicáveis às atividades desenvolvidas.

6.5. A edificação que se destina a abrigar atividades de interesse da saúde deve garantir rigorosa condição de salubridade a todos os ambientes internos e ao seu entorno imediato.

6.5.1. Entende-se por "condições gerais de salubridade" da edificação, as características referentes à iluminação e ventilação;

– à estanqueidade da cobertura e dos elementos de vedação;

– aos revestimentos dos elementos estruturais, das áreas de uso geral e das instalações sanitárias; ao isolamento térmico e acústico;

– às instalações de água e esgoto; aos recuos e afastamentos, bem como ao saneamento ambiental.

6.5.2. A condição de conformidade do prédio às normas gerais de salubridade das edificações é de responsabilidade do proprietário – ou de quem detenha legalmente sua posse – e do responsável técnico pelo projeto.

6.6. Deferida a solicitação, todas as peças gráficas e descritivas que compõem o projeto devem receber o visto relativo ao deferimento, contendo data, assinatura, nome legível e número de registro no Conselho Regional de Engenharia e Agronomia – CREA ou no Conselho de Arquitetura e Urbanismo – CAU, do engenheiro ou arquiteto da equipe responsável pela avaliação, e o número do LTA emitido, vinculado ao projeto.

7. EQUIPE TÉCNICA DE AVALIAÇÃO

7.1. A equipe técnica multiprofissional de vigilância sanitária para fins de avaliação físico-funcional dos projetos de edificações deve ser, conforme preconizada no item 6.2 deste anexo, constituída por profissionais de nível superior, cuja formação se relacione com a atividade ou processo desenvolvido no estabelecimento objeto da análise, sendo obrigatória a participação de um profissional legalmente habilitado pelo CREA ou CAU.

7.1.1. É facultado ao município designar equipe multiprofissional para avaliação dos projetos, composta por profissionais de outros órgãos da administração pública municipal, desde que, sob a coordenação do órgão de vigilância sanitária competente.

8. LAUDO TÉCNICO DE AVALIAÇÃO – LTA

8.1. A avaliação físico-funcional do projeto resulta na emissão de Laudo Técnico de Avaliação – LTA, conforme Anexo II desta portaria.

8.1.1. O LTA, ao expressar a concordância do órgão de vigilância sanitária competente a respeito da adequação da edificação à finalidade proposta, deve informar ao interessado todos os condicionantes que porventura a equipe técnica multiprofissional tenha considerado por bem apresentar.

8.1.1.1. Os condicionantes dizem respeito a determinados aspectos do projeto de edificações que merecem adequação, mas que não comprometem diretamente as finalidades de uso dos ambientes contemplados, constituindo pendências a serem verificadas pela autoridade sanitária durante as inspeções para fins de licenciamento da atividade.

8.1.2. A discordância da equipe técnica multiprofissional em relação ao projeto apresentado deve resultar em indeferimento, devidamente justificado no LTA.

8.2. O deferimento ou indeferimento do solicitado deve ser publicado em Diário Oficial ou em outro meio oficial que torne pública essa decisão.

8.3. Quando do parecer conclusivo do solicitado, a equipe técnica deve emitir no mínimo duas vias do LTA, contendo assinatura, nome legível e número do registro no respectivo conselho profissional, de todos os participantes da equipe de avaliação.

8.3.1. O LTA é parte integrante do projeto avaliado que teve sua solicitação deferida, devendo ambos seres apresentados no momento da solicitação de licenciamento do estabelecimento.

8.4. A ampliação, reforma ou adaptação em edificação com atividades de interesse da saúde implicará em nova avaliação de projeto para emissão de novo LTA.

9. COMPATIBILIDADE ENTRE PROJETO E EDIFICAÇÃO

9.1. O responsável técnico pela execução da obra deve cumprir todas as exigências definidas no LTA e na legislação sanitária vigente quanto aos aspectos construtivos, inclusive aqueles não abordados durante a avaliação físico-funcional.

9.2. Caso, durante as inspeções sanitárias relativas ao licenciamento do estabelecimento, sejam identificadas situações diversas das documentadas no processo de aprovação físico-funcional do projeto de edificações e das eventuais exigências constantes do LTA, contrariando as declarações do proprietário e responsável técnico pelo projeto, será indeferida a solicitação de licenciamento e o estabelecimento estará sujeito às penalidades previstas na legislação sanitária.

ANEXO II

AVALIAÇÃO FÍSICO FUNCIONAL DE PROJETO DE EDIFICAÇÃO DE ESTABELECIMENTO DE INTERESSSE DA SAÚDE FORMULÁRIO DE SOLICITAÇÃO DE LAUDO TÉCNICO DE AVALIAÇÃO – LTA

(*) Formulários disponíveis em: <http://www.cvs.saude.sp.gov.br/zip/E_PT-CVS-10_050817%20LTA%202017.pdf>. Acesso em 15.1.2018.

ÍNDICE REMISSIVO

(*) Os artigos mencionados referem-se ao próprio Código Sanitário. As demais indicações estão devidamente identificadas com a norma a que se referem.

A

C

D

E

F

I

M

Q

T

U

V

X

Z

Este livro foi impresso pela Paym
em fonte Arial para a Edipro no verão de 2019.